Knaur

Von Franz Konz sind außerdem erschienen:

1000 ganz legale Steuertricks
Der Goldene Konz (mit CD-ROM »Taxman compact«
1000 Tips und Tricks für Selbständige und zur Existenzgründung
Das Reisemobil-Bordbuch

Quellenhinweise

Dieses Werk soll dem Leser helfen, seine Steuererklärung für das Jahr 1999 zu erstellen. Demzufolge wurde die für das Jahr 1999 gültige Rechtslage zugrunde gelegt. Gültig sind das Einkommensteuergesetz in seiner zuletzt am 20. 12. 1996 geänderten Fassung mit Durchführungsverordnungen, die aktuellen amtlichen Richtlinien, die Schreiben des Bundesministers der Finanzen, die Rechtsprechung des Bundesfinanzhofs und der Finanzgerichte nach dem Stand bis zum 15. 6. 1999, das Eigenheimzulagegesetz, das Steuerentlastungsgesetz 1999/2000/2002 vom 24. 3. 1999, BStBl 1999 I S. 304, und das Gesetz zur Neuregelung der geringfügigen Beschäftigungsverhältnisse vom 24. 3. 1999, BStBl 1999 I S. 302. Vorzugsweise wird auf Veröffentlichungen des Bundesfinanzhofs im »Bundessteuerblatt« (BStBl) und der Finanzgerichte in den »Entscheidungen der Finanzgerichte« (EFG), beide Stollfuß-Verlag Bonn, Bezug genommen.

Dieses Buch wurde sorgfältig bearbeitet. Gleichwohl kann eine Garantie für die Ratschläge nicht übernommen werden. Eine Haftung der Autoren und des Verlages ist ausgeschlossen.

Jedermanns Steuerberater

Als Verfasser der millionenfach verkauften »1000 ganz legalen Steuertricks« gilt Franz Konz als »Jedermanns Steuerberater«. Zeile für Zeile gehen Franz Konz und Friedrich Borrosch in diesem Buch die aktuellen Steuerformulare durch und zeigen knallhart, was sich an Steuereinsparungen herauswirtschaften läßt. Ein Bestseller im Urteil der Steuerzahler: In acht Jahren hat sich fast eine Million Leser für den »Kleinen Konz« entschieden!

Dazu eine Leserzuschrift:
»... Endlich ein Fachbuch, das verständlich geschrieben ist.«

Franz Konz
Steuerinspektor a. D.

und

Friedrich Borrosch
Dipl.-Finanzwirt/Steuerberater

Der Kleine Konz 1999/2000

1000 Steuertricks

Das Arbeitsbuch

Formularberater für
Lohn- und Einkommensteuer 1999/2000

Knaur

Besuchen Sie uns im Internet:
www.droemer-knaur.de

Völlig überarbeitete Neuausgabe November 1999
Copyright © 1999 by Droemersche Verlagsanstalt Th. Knaur Nachf., München
Alle Rechte vorbehalten. Das Werk darf – auch teilweise –
nur mit Genehmigung des Verlags wiedergegeben werden.
Redaktion: Oliver Neumann
Umschlaggestaltung: Agentur Zero, München
Satz: MPM, Wasserburg
Druck und Bindung: Ebner Ulm
Printed in Germany
ISBN 3-426-82291-1
5 4 3 2 1

Steuervorschau und wichtige Nachrichten vorab

Die Zeit ist reif zum Steuerstreik!

Was von unseren Steuergesetzen zu halten ist, beklagen wir schon seit Jahren: Sie sind zu einem grandiosen Unfug verkommen. Leider haben wir uns jahrelang von den Politikern vertrösten lassen, es seien nun endlich bessere Gesetze in Sicht. Doch diese Hoffnung ist inzwischen der Einsicht gewichen, daß damit nicht zu rechnen ist, wenn wir uns weiterhin lammfromm alles gefallen lassen. Wir müssen den gewählten Staatsvertretern die Zähne zeigen, damit sie endlich damit aufhören, ihre politischen Ränkeleien untereinander zu Lasten der arbeitenden Bevölkerung auszutragen.

Das Maß ist jetzt voll, nachdem auch die neue Bundesregierung im alten Schlendrian fortfährt und sich unfähig zeigt, eine Änderung herbeizuführen. Es ist schon verbitternd zu erleben, wie uns seit Jahren das Leben schwer gemacht wird durch fiskalische Auflagen, die einen ungeheuren Tribut an Mühen, Nervenkraft und Zeitaufwand verlangen, von der hohen Steuerlast ganz zu schweigen. Unsere Geduld ist jetzt zu Ende. Wir gehen aber nicht mit wehenden Fahnen auf die Barrikaden, indem wir einfach keine Steuern mehr zahlen. Dabei würden wir nur durch Säumniszuschläge und Zinsen noch stärker zur Kasse gebeten. Nein, wir rufen auf zum Kleinkrieg im Steuerdschungel.

Wie hierbei wirksam vorzugehen ist, wird jeder selbst entscheiden müssen. Auf jeden Fall ziehen wir nicht mehr kooperativ mit. Soll sich doch zum Beispiel das Finanzamt selbst die Steuernummer raussuchen, unter der wir gepeinigt werden. Wir wenden uns aber nicht nur an alle Steuerbürger, hier mitzuziehen, sondern auch an die Finanzbeamten mit dem Aufruf, nun endlich in den Bummelstreik zu treten und nur Dienst nach Vorschrift zu machen, um damit nach oben zu signalisieren: *Wir können und wollen nicht mehr.*

Familienförderung 1998 bis 2000

Der Unterhalt für Kinder soll nach dem Willen des Bundesverfassungsgerichts von der Besteuerung freigestellt sein. Der Gesetzgeber ist diesem Willen weitgehend gefolgt. Die Freistellung geschieht zunächst durch Zahlung von Kindergeld. Wird bei höherem Einkommen der Eltern die steuerliche Freistellung nicht in vollem Umfang erreicht, ist bei der Veranlagung nach vorangegangener Günstigerprüfung ein Freibetrag abzuziehen. Die Günstigerprüfung erfolgt automatisch, ist also nicht antragsgebunden. Die Günstigerprüfung verläuft positiv, wenn die unten angeführten Einkommensteuersätze überschritten werden.

	Kindergeld			Freibetrag			Steuersatz, ab welchem Freibetrag günstiger ist als das Kindergeld		
	1998	1999	2000	1998	1999	2000	1998	1999	2000
	DM	DM	DM	DM	DM	DM	v. H.	v. H.	v. H.
1. Kind	2 640	3 000	3 240	6 912	6 912	9 936	38,2	43,4	32,6
2. Kind	2 640	3 000	3 240	6 912	6 912	9 936	38,2	43,4	32,6
3. Kind	3 600	3 600	3 600	6 912	6 912	9 936	52,1	52,1	36,2
4. Kind	4 200	4 200	4 200	6 912	6 912	9 936	60,8	60,8	42,3

Alleinerziehende Eltern können für 1998 und 1999 zusätzlich zum Kinderfreibetrag noch Kinderbetreuungskosten von bis zu 4000 DM abziehen. Dieser Abzug fällt ab dem Kalenderjahr 2000 weg, dafür wird der Kinderfreibetrag von 6912 DM um einen sogenannten Betreuungsfreibetrag von 3024 DM auf 9936 DM erhöht. Der Betreuungs-

Steuervorschau und wichtige Nachrichten vorab

freibetrag steht allen Eltern zu, nicht nur den Alleinerziehenden, womit dem Willen des Bundesverfassungsgerichts Genüge getan ist, die verheirateten Eltern mit den bis 1999 besser gestellten alleinerziehenden Eltern gleichzustellen.

Anhand der Steuerbelastungstabelle unter > Rz 32 läßt sich leicht feststellen, für wen die Günstigerprüfung positiv ausfällt. Der Steuersatz bei dem der Abzug des Kinderfreibetrages günstiger ist als das ausgezahlte Kindergeld, muß für 1999 bei einem Kind mehr als 43,4% betragen. Das ist bei Verheirateten der Fall, wenn das zu versteuernde Einkommen mehr als 180 000 DM beträgt.

Nachträgliche Kinderermäßigung für die Jahre 1995 und früher

Mit der am 19. 1. 1999 veröffentlichten Entscheidung des BVerfG (BStBl 1999 II S. 174 ff.) bekamen alle diejenigen verheirateten und berufstätigen Eltern recht, die bislang vergeblich Kinderbetreuungskosten steuerlich geltend gemacht hatten. Zugleich erklärte das BVerfG die Gewährung des Haushaltsfreibetrages nur für unverheiratete Eltern für grundgesetzwidrig. Außerdem bekundete das BverfG, die Kinderfreibeträge für die Jahre 1985 und 1988 seien zu niedrig, weil unterhalb des Existenzminimums.

Im Hinblick auf die laufenden Verfahren hat der Fiskus ab 1985 verheiratete Eltern weitgehend nur noch vorläufig zur Einkommensteuer veranlagt. Es sind also mehrere Millionen Steuerbescheide hinsichtlich einer solchen Nachbesserung offen. Allerdings können nur solche Eltern mit einer Nachbesserung rechnen, deren zu versteuerndes Einkommen eine bestimmte Grenze überschreitet. Dazu hat der Bundesfinanzminister Berechnungen angestellt und die Einkommensgrenzen nebst den Grenzsteuersätzen in mehreren Tabellen ausgewiesen. Die maßgebenden Zahlen für Steuerzahler mit z. B. *einem* Kind betragen:

Jahr	Zu verst. Einkommen in DM		Grenzsteuersatz	Nachbesserungsfälle
	Grundtabelle	Splittingtabelle	v. H.	
1985	35 532	71 064	40,2	105
1986	28 836	57 672	33,1	12 209
1987	26 568	53 136	31,1	29 681
1988	27 216	54 432	28,7	64 970
1989	24 030	48 060	26,5	426 873
1990	41 688	83 376	29,2	460 323
1991	29 160	58 320	25,4	1 618 275
1992	–	–	53,4	0
1993	96 282	192 564	45,8	99 379
1994	84 456	168 912	42,2	154 911
1995	79 542	159 084	40,7	171 759

Während für 1992 keine Nachbesserungen zu erwarten sind, weil der ausgewiesene Grenzsteuersatz dem Höchststeuersatz entspricht, kommen für das Jahr 1991 immerhin 1 618 275 Veranlagungsfälle für eine Nachbesserung in Betracht. Die Berichtigung der Steuerbescheide ist für Herbst 1999 angekündigt. Steuerzahler mit einem Kind können anhand der obigen Zahlen leicht prüfen, ob für sie eine Nachbesserung in Betracht kommt.

Für ganz eilige Leser:
Liste der Steuertips ab Seite 16

INHALT
Seite

5. Steuerermäßigung für Kinder (Anlage Kinder) 193

14

LISTE DER STEUERTIPS 1999

> Alles wird teurer, auch der fiskalische Obolus. Aber niemand zwingt Dich, das widerstandslos hinzunehmen. Hier die Liste der Steuertips. Sieh nach, welche Tips auf Dich zutreffen.

Abzocken nach Strich und Faden?

Die ersten Schritte

Tarif

Sonderausgaben

Liste der Steuertips 1999

Außergewöhnliche Belastungen

Kinder

Liste der Steuertips 1999

Arbeitseinkünfte

Steuerfreie Einnahmen

Pauschalsteuer auf Arbeitslohn

Sachbezüge

Kirchensteuer

Außerordentliche Einnahmen

Werbungskosten

Fahrten zum Betrieb

Liste der Steuertips 1999

Liste der Steuertips 1999

Liste der Steuertips 1999

Liste der Steuertips 1999

Die Steuergesetze sind nicht sittlich verankert – sie sind nichts als Ausfluß der staatlichen Machtansprüche

Auch wenn wir sie in höchstem Maße verachten und darauf spucken möchten – mißachten dürfen wir sie nicht. Befolgen müssen wir den Wahnsinn. Wenn auch mit Fäusten in den Taschen und mit knirschenden Zähnen. Aber an Gesetze müssen wir uns halten, sonst ginge es drunter und drüber bei uns. Eine andere Sache ist es, gegen sie mit den wenigen dem Bürger noch verbliebenen Rechten ganz legal zu kämpfen. Denn es gibt zwei Arten von Gesetzen: gute und schlechte. Und Steuergesetze sind nicht nur schlechte und schlecht gemachte, es sind dazu auch noch unglaublich ungerechte und unmoralische Gesetze. Denn Steuergesetze sind schon dann ungerecht, wenn sie dem Bürger mehr als 10% seines erarbeiteten Verdienstes abnehmen. Und weil sie in ihrer Fülle, ihrer Gegensätzlichkeit und ihrem Sprachchinesisch von einem normalen Bürger nicht verstanden werden können.

Die Strafgesetze, die Gesetze des bürgerlichen Rechts und die des Handelsrechts, die den Umgang der Menschen untereinander bestimmen, sind aus den moralischen Anschauungen der Menschen erwachsen. Wenn jemand einen Menschen heimtückisch ermordet, muß er dafür bestraft werden – das sieht jeder Mörder von sich aus ein, ja, viele stellen sich sogar, weil sie ihre Untat büßen wollen. Die Steuergesetze dagegen sind nicht aus dem gesunden Empfinden der Bürger entstanden! Sie sind nicht im geringsten sittlich fundiert. Sie sind nichts als Edikte der Mächtigen, die die Schaffenden zu immer mehr Abgaben verurteilen, mit denen sie ihre eigene Prunk- und Verschwendungssucht finanzieren wollen unter dem Vorwand des angeblichen Wohls für den Staat. Der dann um so besser für die sorgen kann, die ihn repräsentieren und von ihm profitieren: Politiker und Bürokraten. Steuern müssen zwar auch heute sein – Straßen wollen unterhalten, Polizisten bezahlt und Bedürftige versorgt werden. Daß dies machbar ist, ohne die fleißigen Bürger bis aufs Blut zu schröpfen, das zeige ich Dir im folgenden:

Das ist zu ersparen bzw. an Steuereinnahmen zu gewinnen, wenn der Staat

- **die Steuerbefreiung der höchstverdienenden Kaste bei uns endlich aufhebt und sie wie alle anderen Selbständigen steuerpflichtig macht. Das sind 16% Umsatzsteuer von 400 000 DM durchschnittlicher Einnahmen der Ärzte. Macht 60 000 DM Steuereinnahmen pro Arzt. Bei 250 000 freiberuflich tätigen, meist die Krankenkassen und Steuerzahler zusätzlich jährlich um Hunderte Millionen betrügenden Ärzten, die mit ihren Chemiemitteln ihren Patienten größte Körperschäden zufügen und sie damit chronisch krank halten, macht das .. 15 Mrd.**
- **Da die Mediziner so sehr ihren eigenen Profit im Auge haben und ihren Beruf inzwischen mehr als Geschäft betreiben, ist von ihnen Gewerbesteuer zu verlangen .... 2 Mrd.**

Zusätzlich, wenn der Staat

- die Kirchen steuerpflichtig macht und wie die Trinkgelder der Klofrauen höher besteuert.................................... **21 Mrd.**
- die Gewerkschaften steuerpflichtig macht, welche die meiste Schuld an der steigenden Arbeitslosigkeit tragen...................... **5 Mrd.**
- die Sparkassen privatisiert..................................... **50 Mrd.**
- die Landwirte wie alle anderen besteuert und ihnen Entschädigungen für die Erd- und Wasservergiftungen abverlangt.............. **20 Mrd.**
- die für Kriegsmaterialeinkauf mißbrauchte Entwicklungshilfe streicht, welche nur den Regierungsbonzen, aber nicht den Armen zugute kommt... **8 Mrd.**
- die Kosten für den unnützen Eurojäger 2000 streicht und die Bundeswehr mangels Feind um 80% vermindert und sich mit einer kleinen Berufsarmee bescheidet...................................... **45 Mrd.**
- die Bürokraten, die das Geld der Steuerzahler verschludern (ca. 60 Mrd. laut Bundesrechnungshof jährlich) haftbar dafür macht und sie dann entläßt... **60 Mrd.**
- den Rechnungshof verstärkt, damit er mehr als diese 60 Mrd. aufdecken kann, die ja nur die Spitze des Verschwendungseisberges sind .... **100 Mrd.**
- den Druck und Versand von auf Hochglanz gedruckten Sich-selbst-Belobigungsbroschüren und Heftchen der Länder, Gemeinden und der Regierung endlich aufgibt, die kein Mensch liest und die nur die Papierkörbe füllen... **3 Mrd.**
- die parlamentarischen Staatssekretäre mit ihren Büros endlich zum Teufel jagt... **2 Mrd.**
- die Zahl der 672 Bundestagsabgeordneten um die Hälfte vermindert (selbst die Supermacht USA mit ihrem riesigen Land leistet sich nur 384 Abgeordnete.) .... **1 Mrd.**
die absolut unfähige und jetzt völlig überflüssige und nutzlose Behörde – den Bundesnachrichtendienst – auflöst .... **1 Mrd.**
- die unsinnigsten Subventionen an Landwirte u. a., Zuschüsse an Krankenhäuser, Reha-Kliniken und Theater streicht. Jede zweite Steuermark geht dafür drauf! Jeder hat vor dem Gesetz gleich zu sein. (Die reichen Landwirte wurden so vielfache Millionäre, die kleinen gehen vor die Hunde.) Von 303 Milliarden sind ohne weiteres zu kürzen:... **203 Mrd.**
- die Unkündbarkeit und Pensionsansprüche von Staatsdienern streicht und zwei faule Beamte für einen entläßt, statt den angeblich Fleißigen noch zusätzliche Prämien zu zahlen.................. **80 Mrd.**
- die unnützen Statistischen Ämter und weitere unnütze 118 Behörden auflöst – und plötzlich sind 38 000 unproduktive Behördenknilche frei, etwas wirklich Sinnvolles zu tun! .... **13 Mrd.**
- den aus dummem Nationalstolz geborenen Berlin-Umzug aufgibt.

Das ist jetzt schon verpatzt – es wären 25 Milliarden ersparte Gelder
gewesen! .... 0 Mrd.
- die Empfänger von Sozialleistungen (aus *unseren* Steuerzahlungen!)
  dienstverpflichtet und zu Haushaltsarbeit bei den schaffenden Menschen, zu Sozialdiensten, Unkrautjäten bei den Chemielandwirten
  und zu Heimarbeiten verpflichtet .... 8 Mrd.
- alle Regierungspräsidien als völlig nutzlos aufgelöst, die Beamten
  zum Arbeiten schickt, die Häuser an Wohnungsunternehmen
  verkauft .... 25 Mrd.

(Peanuts will ich hier gar nicht ansetzen, wie den Protzumbau des
Berliner Bundestagsgebäudes für 500 Mio., den Forschungsreaktor
Garching, unnötige Mitgliedsbeiträge an den Staat und die Parteien nur
lobende Nassauervereine für 50 Mio.)

- Um .... 662 Mrd.

ist damit die jährliche Steuerausraubung der Bürger von
780 Mrd. um ca. 90% zu vermindern. Nochmals:
**Die von Dir zu zahlenden Steuern können um 90% gesenkt werden! Wenn dieser
Verschwendungsstaat endlich bei sich selbst zu sparen anfängt!**

Die Peitsche diesem vermaledeiten Steuer- und Abzockerstaat:

**Streik gegen die steuerliche Verdummungstaktik der Politiker und ihrer
Ministerialbürokratie!**

Der neue Finanzminister hat großspurig einen Spitzensteuersatz von 25 Prozent
versprochen. Doch er täuscht uns erneut: Mit Gewerbesteuer und Solidaritätszuschlag landen wir bei 40 Prozent. Damit liegen wir weit über dem Mittelfeld im
internationalen Vergleich! Und dazu gilt dieser Satz nur für Gewerbebetriebe. Der
Spitzensteuersatz für die meisten Steuerbürger liegt noch immer bei 45 Prozent.
Die Unternehmenssteuerreform war zum 1. 1. 2000 zugesagt. Durch das Hickhack
der Dilettantenregierung ist sie nun erneut ins Wasser gefallen! Die Folge: Es
werden weiter Unternehmen ins Ausland gehen – nicht nur die großen, sondern
mehr und mehr auch die Mittelständler. So rückt das Ziel, das wir alle anstreben,
nämlich der Abbau der Arbeitslosigkeit, in immer weitere Ferne. Ja, die Zahl der
Arbeitslosen wird sich noch weiter erhöhen.

**Denn: Die Unternehmen verdienen nur noch im Ausland gut. Und nur ein Betrieb,
der gut verdient, kann Arbeitnehmer einstellen.**

Wie aber soll der bislang im europäischen Wettbewerb stehende Unternehmer das
können, wenn ein deutscher Arbeiter doppelt soviel brutto verdient wie sein
englischer Kollege? Letzterer hat aber trotzdem netto fast genauso viel. Weil er
weniger Steuern und Abgaben zu zahlen hat!

Denn das sollten wir klar sehen: Die Unternehmer sind es, die den Karren des
Staates ziehen! Ohne sie kann dieses aufgeblasene Monster einpacken. Ohne sie
wäre er ein Nichts. Denn nur Fleiß, Arbeit und Kapitaleinsatz der Selbständigen
verschaffen uns Arbeit und dem Staat die Mittel.

Nicht angebracht ist daher der Neid auf die vielleicht Reicheren, die noch unseren Wohlstand sichern. Die ihr Geld in ihren Betrieben einsetzen. Und dabei das Risiko eingehen, alles zu verlieren. Da sind uns die Amis voraus. Denen imponiert es, wenn jemand viel verdient. Ich kann's ihm ja nachmachen, heißt es bei denen. (Doch wer will sich schon deren Sorgen und deren immenses Arbeitspensum aufladen?) Je wohlhabender einer ist, je angesehener ist er dort.

Deshalb müssen die Steuern sofort gesenkt werden. Nicht in ein paar Jahren und in Kleckerbeträgen! Und das für jeden. Und in einer Höhe, welche die Selbständigen in den Stand setzt, neue Arbeitsplätze einzurichten! Und nicht nur Kinderreiche, *alle* müssen weniger Steuer zu zahlen haben!

Soll es uns allen schlechter gehen, nur weil niemand da ist, der dem Pfuscher Staat endlich mal Saures gibt?

Da müssen wir, die Steuerzahler, die wir nirgendwo eine Lobby haben und die wir unmittelbar und am stärksten von seinem Murks und seiner Unfähigkeit betroffen sind, endlich selbst die Initiative ergreifen!

Zeigen wir ihm, endlich handgreiflich werdend, was wir davon halten, wenn dieser nur aus Gier bestehende Staat uns ständig bestiehlt! Lassen wir es uns nicht länger gefallen, wenn er uns um große Teile unseres sauer erarbeiteten Verdienstes bringt. Machen wir ihm jetzt Beine. Nur Taten werden ihn zur Umkehr bewegen: Ziehen wir unseren Steuerstreik bei jeder Gelegenheit und auf allen Gebieten gegen seine Verdummungs- und Verarmungspolitik durch!

Die er so geschickt eingefädelt hat, daß es nicht mal den Medien bewußt wird, wie er uns mit seinem Wort »Steuersparpaket« eingelullt hat.

Doch einem alten Steuerfuchs vermag er nichts vorzumachen: Dieses Steuersparpaket ist nicht nur nicht ein bescheidenes Sparpäckchen, wie ich im Vorwort meines »Großen Konz« aufweise, es bringt auch den meisten Arbeitnehmern und Angestellten nicht viel mehr Groschen in die Tasche.

Warum?

- Weil es ihnen dafür bisherige Steuererleichterungen entzieht.
- Weil es nur einer Minderzahl von Steuerzahlern, nämlich denen mit Kindern, etwas mehr bringt – Singles, Ältere und kinderlos Verheiratete gehen leer aus.
- Und: Durch Erhöhen der Benzinsteuer und Ökosteuer werden den Bürgern die angeblichen Geschenke hintenherum wieder abgenommen!

Dieses »Steuersparpaket« ist nichts anderes als eine Mogelpackung, mit der man uns an der Nase herumführt.

Was tut ein verantwortungsbewußter Haushaltsvorstand, wenn er feststellt, er kommt mit seinem Geld nicht mehr aus?

Er gibt weniger aus!

Er schränkt sich in seinen bisherigen verschwenderischen Ausgaben ein! Er sieht vor allem zu, daß er seine Schulden los wird und daß ihn nicht die Zinsen erdrücken. Er schnallt also den Gürtel enger. Wenn er sich nicht, wie es unser Staat hält, als Räuber auf die Socken machen und das Geld stehlen will, um weiter sorglos draufloswirtschaften zu können.

In seinem Hause muß der Staat zuerst das Kehren beginnen! Und solange er das nicht tut und Einkommen- und Lohnsteuer um mindestens die Hälfte für alle herunterschraubt, solange müssen wir ihm die Räuberei durch Bestreiken auszutreiben suchen.

Die von einem Steuerzahlerstreik betroffenen Behördenbediensteten rufen wir zum gemeinsamen Handeln auf. Nämlich zu einem alles lahmlegenden Dienst nach ihren Dienstvorschriften.

Indem sie nun noch mal so pingelig und kleinlich arbeiten, wie wir das schon von ihnen kennen. Immer mehr eigentlich zu Erledigendes muß liegenbleiben und uns veranlassen, Dienstaufsichtsbeschwerde-Briefe an die Ministerien zu richten. Und dort ständig an deren Bearbeitung zu erinnern. Damit auch sie ersticken in Arbeit und abgehalten werden, noch mehr von dem Steuerwahnsinn zu ersinnen.

Der Staat zwingt uns, Steuern zu zahlen. Dazu aber hat er nur ein moralisches Recht, wenn er mit unserem Geld vernünftig wirtschaftet.

Tut er das nicht, so haben wir das Recht, ihn zu Räson zu bringen. Mit allen legalen Mitteln, die wir zur Verfügung haben!

Inzwischen haben mich über fünf Millionen Leser zu ihrem Steuerberater gewählt. Ich glaube, daß es mir zufällt, für sie das Panier einer *echten* Abgabenentlastung zu ergreifen. Und endlich eine Steuervereinfachung zu fordern, die dieses Wort auch voll verdient. Schluß daher mit der bisherigen Flickschusterei und allen Halbheiten!

Wehren wir uns!

Steuerstreik heißt:

Um jede Mark kämpfen, auch wenn es noch so aussichtslos erscheint. Mit ständigen Eingaben, Anträgen, Auskunftsersuchen, Fehlangaben, Abgabe geschätzter Steuererklärungen*, Vergeßlichkeitsmerkmalen (wie etwa 'ne fehlende Unterschrift*), Nutzung der Behörde als Schreibbüro, Stundungsanträgen, Erlaßersuchen, Fristverlängerungsverlangen, Einsprüchen, Finanzgerichtsklagen, Petitionsdrohungen an den Landtag* und Dienstaufsichtsbeschwerden der Bürokratie Berge von Papier und Arbeit in die Ämter jagen. Bis ihnen die Luft ausgeht. Bis sie ebenfalls streiken müssen und sie nur noch »Dienst nach Vorschrift« machen. Solange, bis dieser Wahnsinnsladen zusammenzubrechen droht. Und so die Ministerialbürokraten und Politiker gezwungen sind, endlich die Steuergesetze zu vereinfachen und die Steuer um mindestens die Hälfte für *jeden* Bürger zu senken. (Was möglich ist, wie der Verfasser nachweist.)

Dies aber nicht durch die altbekannten Täuschungsmanöver scheinbarer Steuernachlässe und die darauf folgenden, versteckten Erhöhungen auf anderen Ebenen.

Sondern mittels rigoroser Ausgabensenkung im Verschwenderstaat selbst.

Steuerstreik heißt auch: Dem Staat durch Kapitalflucht zeigen, daß wir nicht ganz so ohnmächtig sind, wie er mit uns Steuerzahlern verfährt.

* (► Rz 1382, 1365, 1385, 1408)

Vorwort

Lieber Leser,

der Fiskus kassiert inzwischen von jeder Mark des persönlichen Einkommens beinahe die Hälfte. Wer dabei noch über die Runden kommen will, muß mehr denn je darüber nachdenken, die Steuerlast zu senken. Hier hilft der *Kleine Konz* mit seinen Tips.

Er enthält aber auch die genaue Anleitung zum Ausfüllen der wichtigsten Steuerformulare für **Arbeitnehmer, Kapitalanleger, Rentner, Häuslebauer und Vermieter.** Damit kann er Dir doppelten Nutzen bringen: Er zeigt, wie Du Deine steuerlichen Verhältnisse günstig gestaltest, und außerdem, wie Du die Tips in den Steuerformularen so unterbringst, daß sie zur höchsten Steuerersparnis führen.

Ich denke, mit dem *Kleinen Konz* auch zur Gleichmäßigkeit der Besteuerung beizutragen. Von Steuergesetzen erwartet man, daß sie gerecht sind, zumal gerade die Finanzverwaltung das Wort von der Gleichmäßigkeit der Besteuerung aller Steuerzahler in goldenen Lettern auf ihre Fahnen geschrieben hat. Leider sieht die Praxis anders aus. Wer die Steuergesetze nur ein wenig kennt, der weiß:
Vor den Steuergesetzen sind die Bürger denkbar ungleich!!

Der eine muß nur ein bißchen mehr wissen als der andere, und schon kann er ungeahnte Vorteile erzielen. Der andere braucht sich nur ein bißchen dumm anzustellen, und schon bezahlt er doppelt und dreifach.

Deshalb solltest Du bei den Steuern schon wissen, wo's langgeht.

Dazu gehört auch, die Anträge in den Formularen richtig auf den Weg zu bringen. Ich weiß, lieber Leser, wenn Du lohnsteuerpflichtig bist, dann ist nicht allzuviel beim Finanzamt zu ergattern. Deshalb habe ich in diesem Buch für Dich – aber natürlich auch für die Kapitalanleger, Rentner und für die Hausbesitzer – die wichtigsten Steuertricks und noch eine Reihe anderer guter Ratschläge versammelt, damit Du – so oder so – auf Deine Kosten kommst.

franz Konz

Abkürzungen

AfA	=	Absetzung für Abnutzung (Abschreibung)
AO	=	Abgabenordnung
BB	=	Betriebsberater
BdF	=	Bundesfinanzminister
BewG	=	Bewertungsgesetz
BFH	=	Bundesfinanzhof
BFH/NV	=	nicht amtlich veröffentlichtes BFH-Urt.
BGB	=	Bürgerliches Gesetzbuch
BMF	=	Bundesministerium der Finanzen
BStBl	=	Bundessteuerblatt
BUKG	=	Bundesumzugskostengesetz
BV	=	II. Berechnungs-Verordnung
BVG	=	Bundesverfassungsgericht
DB	=	Der Betrieb
DStZ	=	Deutsche Steuer-Zeitung
EB-FAGO	=	Ergänzende Bestimmungen zur Finanzamts-Geschäftsordnung
EFG	=	Entscheidungen der Finanzgerichte
EStDV	=	Einkommensteuer-Durchführungsverordnung
EStG	=	Einkommensteuergesetz
EStH	=	Amtliche Einkommensteuer-Hinweise
EStR	=	Einkommensteuer-Richtlinien
FA	=	Finanzamt
FG	=	Finanzgericht
FGG	=	Fördergebietsgesetz
HFR	=	Höchstrichterliche Finanzrechtsprechung
KapESt	=	Kapitalertragsteuer
LStDV	=	Lohnsteuerdurchführungs-Verordnung
LStR	=	Lohnsteuer-Richtlinien
nrk	=	nicht rechtskräftig
NWB	=	Neue Wirtschafts-Briefe, Herne
rk	=	rechtskräftiges Urteil
Rz	=	Randziffer
SolZ	=	Solidaritätszuschlag
UStG	=	Umsatzsteuergesetz
VermBG	=	Vermögensbildungsgesetz
WK	=	Werbungskosten
WoPG	=	Wohnungsbauprämien-Gesetz
ZASt	=	Zinsabschlagsteuer
ZPO	=	Zivilprozeßordnung
✎	=	**Für viele Steuerzahler besonders wichtig**
✎✎	=	**Verdient ganz besondere Beachtung**

1. Abzocken nach Strich und Faden?

*In diesem Kapitel erfährst Du, was Du von dem Buch erwarten und
wie Du es am besten nutzen kannst.*

Sind die Deutschen ein Volk von Schlaumeiern und Trickbetrügern? Gehört 1
**es bei uns zum guten Ton, nach Strich und Faden abzusetzen, abzuschrei-
ben, einzuklagen, abzuzocken? Den Staat trickreich zu betrügen, sich
durch Steuerhinterziehung und Subventionsbetrug auf Kosten der anderen
zu bereichern, die deshalb mehr zu zahlen haben? Zugegeben, viele Wirt-
schaftsblätter und auch dieses Buch mögen diesen Eindruck vermitteln.**

Ich sage nein. Die Deutschen sind nach wie vor ein fleißiges und steuerehr- 2
liches Volk, wie unser Wohlstand und die Steuereinnahmen zeigen. Der
übermächtige Staat ist es, der seine Bürger abzockt wie nie zuvor! Und die
Sucht des Fiskus, die Bürger immer mehr bluten zu lassen, wird immer
stärker, die steuerlichen Bestimmungen ungerechter, wie die vielen Urteile
unseres höchsten Verfassungsgerichts zeigen. In Serie hat es einzelne
Steuerparagraphen, wie z. B. die Regelungen zu den Kinderermäßigungen,
oder gar ganze Steuergesetze (siehe Vermögensteuer) für verfassungswidrig erklärt. Diese verfassungswidrigen Vorschriften bleiben aber in Kraft,
bis der Staat genügend Geld für eine rechtmäßige Besteuerung hat.
Solange er aber rechtswidrige Vorschriften weiter anwendet, um den
Bürgern das Geld abzujagen, liegt ja regelrecht »Steuerhinterziehung«
durch den Staat vor, und somit ein »übergesetzlicher Notstand« für den
Bürger, der die Wahrnehmung aller Steuerschlupflöcher rechtfertigt.

Dafür gibt es neben dem »Großen« (den »1000 ganz legalen Steuer- 3
**tricks«) auch noch den »Kleinen Konz«: Er hilft Dir, beim Ausfüllen der
Steuerformulare alle Möglichkeiten des Steuersparens aufzuspüren und
den Rahmen der Gesetze trickreich auszuschöpfen. Außerdem kannst Du
doppelt sparen: die Steuer und das Steuerberaterhonorar. Denn mit dem
Kleinen Konz bist Du von fremder Hilfe unabhängig. Aber erwarte nicht
das *Schema F* von mir. Auch ist einiges ungewöhnlich dargestellt, aber
nur mit dem Ziel, Dich zum Nachdenken anzuregen, wo für Dich steuerlich noch ein Spielraum besteht – nicht hingegen, das Finanzamt mit
einer Steuererklärung zu erfreuen, in der nichts steuermindernd geltend
gemacht wird.**

Wir erleben doch fast täglich, wie das eine Finanzamt z. B. den Abzug bestimmter Aufwendungen als Werbungskosten streicht, wohingegen das Nachbarfinanzamt bei einem anderen Steuerzahler Aufwendungen derselben Art ohne weiteres anerkennt. Was nur geht, wenn Du alles mögliche geltend machst. Hier will ich Deine steuerliche Phantasie etwas anregen. Außerdem ändert sich die Rechtsprechung schon fast täglich. Kaum ein Urteil ohne Gegenurteil. Selbst der BFH ändert immer häufiger seine Meinung. Wo noch Dein Sachbearbeiter munter Posten in Deiner Steuererklärung gestrichen hat, macht die Einspruchstelle locker einen Haken daran – was nur möglich ist, wenn Du auch Einspruch einlegst und Dich nicht vorschnell ins Bockshorn jagen läßt. Auch sollte Dich das Wort ›Steuerverkürzung‹ nicht schrecken. Solange Du Deinem Finanzamt alles fein vorlegst und es zu Deinem Antrag entweder ja oder nein sagen kann, ist die nicht drin. Denn das Amt kann ja entscheiden, ob es die ›Steuerverkürzung‹ anerkennen will oder nicht.

 Das Ausfüllen der Formulare

8 Ob Du überhaupt eine Steuererklärung abgeben mußt und wenn ja, bis zu welchem Termin, erfährst Du unter ➤ Rz 65 und unter ➤ Rz 1366 ff. Vom Finanzamt hast Du einen doppelten Formularsatz erhalten. Einen davon legst Du erst mal auf die Seite. Der zweite ist sozusagen Deine Ideenschmiede oder Spielwiese: Du fertigst hierauf eine Probeerklärung an, am besten mit Bleistift. So kannst Du ganz nach Belieben radieren, ändern, ergänzen. Du grast Zeile für Zeile ab: links das Formular – rechts den *Kleinen Konz* und möglichst auch den *Großen Konz* zum Nachlesen. So kommen Dir wie von selbst die richtigen Einfälle zum Steuernsparen. Die endgültige Fassung überträgst Du dann auf die noch unberührten Formulare, die Du zu guter Letzt noch kopierst: Du mußt schließlich nachprüfen können, was das Finanzamt von Deinen Angaben (un)freundlicherweise unter den Tisch hat fallen lassen. Vergiß auch nicht, etwaige Bescheinigungen und die Rückseite der Lohnsteuerkarte zu kopieren und auch Zusammenstellungen der Zahlen aufzubewahren.

Der Umgang mit dem Finanzamt

9 Damit Du nicht enttäuscht bist: Für Dein Finanzamt bist Du kein guter Kunde oder Geschäftspartner, obwohl Du mit Deinen Steuern die Beamtengehälter zahlst. Vielmehr bist Du *Steuerpflichtiger*, und so wirst Du auch behandelt: Du erhältst keine Briefe, sondern *Anhörungen, Verwaltungsakte* oder *Bescheide*. Zwar ist das Finanzamt verpflichtet, Deine Rechte zu beachten, aber es schadet ja nichts, wenn Du die wenigen Rechte, die Du hast, auch kennst. Lies dazu das Kapitel 11 – Umgang mit dem Finanzamt ➤ Rz 1358.

Denkst Du an Deine Fahrtkosten?
Wenn Du diese Hinweise beachtest, werden sich das Buch und Dein Tüfteln in den Steuerformularen voll bezahlt machen. Voll bezahlt macht sich das Buch bereits, wenn Du als Steuerberatungskosten in Zeile > 80 des Hauptformulars nicht nur den Kaufpreis dieses Buches, sondern auch dessen Erwerbsnebenkosten (Fahrtkosten) ansetzt. Setze die Fahrtkosten aber nur an, wenn Du ausschließlich zum Erwerb des Buches in eine weit entfernte Buchhandlung gefahren bist (➤ Rz 214).

Und haben Dir die Steuerformulare einen ganzen Abend oder gar ein **10** Wochenende verdorben, so mag dich vielleicht trösten: 48% der Deutschen füllen wie Du ihre Steuererklärung allein aus, ohne steuerkundigen Beistand. Wenn Du dann den Knüller gefunden hast, mit dem sich bei der Steuer was deichseln läßt, dann geh ran und laß nicht locker, bis der Fiskus einen gehörigen Abschlag hinnimmt. Außerdem rate ich Dir:

▀▀ TIP Stell Dich unter dem Zeichen unseres Steuerstreiks **11** dümmer, als Du bist

Du brauchst Dich dem Finanzamt gegenüber nicht unbedingt als Steuerexperte zu erkennen geben, auch wenn Du einer bist. Du kannst Dich zunächst ruhig etwas dumm stellen. Um so weniger erwartet man von Dir. Bedenke nämlich: Du unterschreibst die Steuererklärung mit der Versicherung, die Angaben nach bestem Wissen und Gewissen gemacht zu haben. Und je weniger das Finanzamt meint, daß Du vom Steuerrecht verstehst, um so weniger wird man Dir anlasten, wenn Dir der eine oder andere Fehler unterläuft.

Wisse aber: Bei den Einnahmen heißt es aufpassen. Gibst Du bestimmte **12** Einnahmen nicht an, erklärst Du damit dem Finanzamt, diese nicht bezogen zu haben. Das kann ins Auge gehen, ganz besonders dann, wenn Du für einen Bekannten oder Verwandten eine Quittung unterschrieben hast, die der seinem Finanzamt präsentiert. Über die tückischen ›Kontrollmitteilungen‹, die meistens Betriebsprüfer auf den Weg geben, und zwar über alles, was ihnen bedeutsam erscheint, kann der Fiskalritter evtl. von den Einnahmen wissen und ganz scheinheilig nach Nebenjobs als Gärtner, Hauswart oder als Hüter von Kindern fragen.

»Alles halb so schlimm. Ich bin eben vergeßlich«, sagst Du, »dann kann mir keiner was wollen.«

Solche Ausreden ziehen vielleicht einmal, aber dann stinken sie bald.

Bei den Einnahmen regelt das Gesetz klipp und klar, was zu versteuern ist und was nicht. Stammen die Einnahmen aus einer der sieben im Gesetz genannten Einkunftsarten, setzt der Fiskus gleich seine Schröpfköpfe an. Bei den Ausgaben hingegen läßt Dir der Gesetzgeber etwas mehr »Spielraum«, den Du unbedingt nutzen solltest. Ausgaben sind nämlich bereits dann absetzbar, wenn sie im Zusammenhang mit den steuerpflichtigen Einnahmen stehen. Ob Deine Ausgaben durch die zu versteuernden Einnahmen veranlaßt wurden, der Zusammenhang zwischen Einnahmen und Ausgaben daher gegeben ist, entscheidest Du selbst. Bei den Kosten mußt Du also aus dem vollen schöpfen und alles geltend machen, was nur eben geht. Wenn Du hierbei die Karten offen auf den Tisch legst, hat das Finanzamt den Schwarzen Peter. Es muß alle Kosten prüfen und jede Streichung begründen. Denn, ob der Zusammenhang zwischen Einnahmen und Ausgaben für den steuerlichen Abzug der Kosten ausreicht, darüber läßt sich trefflich streiten. Da läßt der Bearbeiter schon mal Fünfe gerade sein.

13 Und außerdem:
Die Höhe der Ausgaben wird auch vom Umfang der steuerlichen Kenntnisse beeinflußt. So setzt ein steuerlich Unbedarfter oft ganz arglos und meistens mit Erfolg Ausgaben an, die ein Steuerexperte erst überhaupt nicht als abzugsfähig in Erwägung zieht ...

14 TIP Folge Deinem Rechtsempfinden!

Du denkst: ›Was ich nicht weiß, macht mich nicht heiß‹ und überlegst nicht lange und setzt frechweg einfach alle Ausgaben an, die Du nach Deinem natürlichen Empfinden für absetzbar hältst. Dabei bist Du schlau genug, dies zunächst ohne jegliche Begründung zu tun. Schließlich willst Du ja nicht für den Fiskalritter den Vordenker spielen. Will der jedoch nicht mitmachen und streichen, muß er seinen Bescheid stichhaltig begründen. Damit verwirklichen wir bereits einen wichtigen Aspekt unseres Steuerstreiks: der Bürokratie Arbeit, viel Arbeit zu machen, wo immer es geht! Bist Du damit nicht zufrieden, legst Du vorsorglich Einspruch ein und bittest um nähere Erläuterung. Die zu prüfen hast Du nun ausgiebig Zeit. Es wäre aber verwegen, es diesmal nach gesundem Rechtsempfinden zu tun. Dafür ist das deutsche Steuerrecht zu pervers und zu verbogen. Dir bleibt es deshalb manchmal nicht erspart, der Sache auf den Grund zu gehen.
Zum Einspruch mehr unter ➤ Rz 1406 ff.

15 TIP So kommst Du günstig an Fundstellen

In besonderen Fällen kommst Du also nicht umhin, Gesetzestexte, Richtlinien und Urteile nachzulesen.
Du bist gut bedient, wenn Du Dir dafür zulegst:

● Wichtige Steuergesetze mit Durchführungsverordnungen, ca. 770 Seiten, 14,80 DM

- Wichtige Steuerrichtlinien (in Auszügen), ca. 600 Seiten, 14,80 DM beide Verlag NWB, erhältlich im Buchhandel oder direkt vom Verlag in 44629 Herne, Eschstr. 22.

Die Urteile der Fiskalgerichte besorgst Du Dir vom Stollfuß Verlag Bonn, 53105 Bonn, indem Du z. B. schreibst:

```
Sehr geehrte Damen und Herren,                              16
ich benötige für meine Steuerangelegenheit Kopien
des oftmals zitierten BFH-Urteils vom ...... BStBl
19.. Teil II S. .. und des Urteils des FG ....
vom ..., EFG 19.. S...
Gern erstatte ich Ihnen die entstandenen Kosten.
Vielen Dank im voraus.

Mit freundlichen Grüßen
```

(Zu den Abkürzungen siehe Seite 32)

Der Verlag liefert dann das Heft, in dem das von Dir angeforderte Urteil veröffentlicht ist. Das Heft mit BFH-Urteilen kostet ca. 4–8 Mark und das Heft mit FG-Urteilen ca. 18,40 Mark.

Oder Du wendest Dich gleich an die Pressestelle des Bundesfinanzhofs **17** oder des jeweiligen Finanzgerichts. Dort erhältst Du kostenlose Auskunft. Allerdings läßt der Bundesfinanzhof Anfrager oft abblitzen und verweist auf die Veröffentlichungen im Stollfuß Verlag. Bei den Finanzgerichten hast Du aber gute Chancen, das angeforderte Urteil zu erhalten.

Hier die Anschriften:

> **Gleich, ob wir gewinnen oder nicht, wir wollen sie im Zuge des Steuerstreiks mit vielen Klagen über das ungerechte Steuerwesen eindecken. Die Chance besteht ja, daß einige Urteile nach dem gesunden Menschenverstand fallen werden.**

Bundesfinanzhof
Ismaninger Straße 109
81675 München
Telefon (089) 92 31-0
Telefax (089) 92 31-201

Finanzgerichte
Finanzgericht Baden-Württemberg
Moltkestraße 80
76133 Karlsruhe
Telefon (07 21) 9 26-0
Telefax (07 21) 9 26-35 59

Finanzgericht Berlin
Schönstedtstr. 5
13357 Berlin
Telefon (0 30) 4 60 01-0
Telefax (0 30) 4 60 01-3 46

Finanzgericht
Brandenburg
Von-Schön-Straße 10
03050 Cottbus
Telefon (03 55) 47 69-2 00
Telefax (03 55) 47 69-2 99

Finanzgericht Bremen
Schillerstraße 22
28195 Bremen
Telefon (04 21) 3 61 22 97
Telefax (04 21) 3 61 60 79

Finanzgericht Düsseldorf
Ludwig-Erhard-Allee 21
40227 Düsseldorf
Telefon (02 11) 77 70-0
Telefax (02 11) 77 70-6 00

Finanzgericht Hamburg
Oberstraße 18 d
20144 Hamburg
Telefon (0 40) 4 21 20
Telefax (0 40) 42 12-27 50

Hessisches Finanzgericht
Königstor 35
34117 Kassel
Telefon (05 61) 72 06-0
Telefax (05 61) 72 06-1 11

Finanzgericht Köln
Appellhofplatz
50667 Köln
Telefon (02 21) 20 66-0
Telefax (02 21) 20 66-4 20

Finanzgericht Leipzig
Bernhard-Göring-Str. 64
04275 Leipzig
Telefon (03 41) 7 02 30-0
Telefax (03 41) 7 02 30-99

Finanzgericht Mecklenburg-
Vorpommern
Lange Straße 2a
17489 Greifswald
Telefon (0 38 34) 7 95-0
Telefax (0 38 34) 7 95-2 28

Finanzgericht München
Maria-Theresia-Straße 17
81675 München
Telefon (0 89) 41 60 20
Telefax (0 89) 45 50 46 00

Finanzgericht Münster
Warendorfer Straße 70
48145 Münster
Telefon (02 51) 37 84-0
Telefax (02 51) 37 84-1 00

Niedersächsisches Finanzgericht
Hermann-Guthe-Str. 3
30519 Hannover
Telefon (05 11) 84 08-0
Telefax (05 11) 84 08-4 99

Finanzgericht Nürnberg
Deutschherrnstraße 8
90429 Nürnberg
Telefon (09 11) 2 70 76-0
Telefax (09 11) 2 70 76-24

Finanzgericht Rheinland-Pfalz
Robert-Stolz-Straße 20
67433 Neustadt
Telefon (0 63 21) 4 01-1
Telefax (0 63 21) 4 01-2 66

Finanzgericht des Saarlandes
Hardenbergstraße 3
66119 Saarbrücken
Telefon (06 81) 5 01-55 42
Telefax (06 81) 5 01-55 95

Finanzgericht Sachsen-Anhalt
Antoinettenstraße 37
06844 Dessau
Telefon (03 40) 2 02-0
Telefax (03 40) 2 02-23 04

Finanzgericht Thüringen
Bahnhofstr. 3a
99867 Gotha
Telefon (0 36 21) 4 32-0
Telefax (0 36 21) 4 32-2 99

Schleswig-Holstein. Finanzgericht
Deliusstraße 22
24114 Kiel
Telefon (04 31) 6 04-0
Telefax (04 31) 6 04-45 70

TIP Zu Deiner Beruhigung: Irren ist menschlich   18

Jawohl, irren ist menschlich, so sagt man, und nur wer gar nichts tut, macht keinen Fehler. Zu den Fehlern, die immer wieder gemacht werden, gehören Übertragungsfehler.

»Völlig unverständlich ist mir, wie es dazu gekommen ist, daß in meiner letzten Steuererklärung nur Mieteinnahmen in Höhe von 34 822 Mark stehen, wo doch laut Mietbuch die Mieten 43 822 Mark betragen haben. Da muß mir wohl irrtümlich ein Zahlendreher unterlaufen sein«, so sagst Du.

Dieses Versehen mußt Du unverzüglich dem Finanzamt mitteilen, indem Du eine berichtigte Steuererklärung abgibst. Das schreibt die Abgabenordnung für diesen Fall ausdrücklich vor.

»Das mache ich auch. Wenn ich aber den Fehler nicht erkannt hätte?« fragst Du weiter.

Dann würde ein Fehler mehr in den Steuerakten schlummern. Vielleicht würde das Finanzamt später den Fehler entdecken und den Steuerbescheid berichtigen, aber steuerstrafrechtlich wärest Du aus dem Schneider, denn, wie gesagt: Irren ist menschlich ...

Übrigens:
Um Zahlendreher oder Übertragungsfehler in Steuererklärungen aufzudecken, werden die Angaben vom Bearbeiter im Finanzamt zumindest stichprobenweise mit denen der Vorjahrserklärung verglichen. Denn auch der Fiskus weiß, wie allzu leicht ein Irrtum möglich ist. Zur sogenannten Schlüssigkeit einer Steuererklärung mehr unter ➤ Rz 40.

TIP **Wann ist es Zeit zu tricksen? (Im Zeichen des Steuerstreiks eigentlich immer!)**

Es ist eigentlich ein alter Hut, trotzdem sage ich es immer wieder: Steuerersparnisse ergeben sich nur aufgrund steuergünstiger Verhältnisse. **Überlege also, ob Deine Verhältnisse steuergünstig sind. Sind sie es nicht, so mache sie dazu.**

Wisse indessen: Eine Änderung der Verhältnisse kann sich steuerlich immer nur für die Zukunft auswirken, weil der Fiskus Änderungen mit Wirkung für die Vergangenheit nicht anerkennt.

Du mußt also schon im laufenden Jahr Deine Verhältnisse ändern, damit Du sie in der nächsten Steuererklärung dem Finanzamt präsentieren kannst.

In diesem *Kleinen Konz* findest Du viele Tips für das laufende Steuerjahr, aber insbesondere jede Menge Tips und Hinweise, was Du steuerlich noch reißen kannst, wenn das Steuerjahr bereits abgelaufen ist und die Abgabe der Steuererklärung bevorsteht.

Das Beste geben die
Götter uns umsonst.
(Ernst Jünger)

2. Überblick

> *In diesem Kapitel zeige ich, welche Formulare Du benötigst. Außerdem erkläre ich einige wichtige Begriffe aus dem Steuerrecht.*

2.1 Diese Formulare benötigst Du

Kleine Vorbemerkung

Bist Du beim Finanzamt als Einkommensteuerzahler erfaßt (Kennzeichen **20** ist die Vergabe einer Steuernummer), so erwartet man von Dir die jährliche Abgabe einer Steuererklärung.

Bist Du kein Einkommensteuerzahler, willst nur zuviel gezahlte Lohn- **21** steuer erstattet haben, mußt Du ebenfalls eine Einkommensteuererklärung abgeben, und wenn alles gutgeht, bekommst Du Lohnsteuer zurück.

Dazu wisse: Egal ob Du Einkommensteuerzahler bist oder nicht, es wird immer nach demselben Schema gerechnet und auch dieselbe Steuertabelle angewendet, auch beim Lohnsteuerabzug/Anwendung der Lohnsteuertabelle. Das Schema für die Steuerberechnung findest Du unter ➤ Rz 33, und die Tabelle unter ➤ Rz 1415.

2.1.1 Formulare für die Einkommensteuererklärung

Das Hauptformular (➤ Rz 69)
Dieses Formular ist für alle obligatorisch. Es fragt nach Deinen persönli- **22** chen Daten und erfordert Deine Unterschrift. Hier beantragst Du außerdem die persönlichen Steuerermäßigungen in Form von

- Sonderausgaben (> Zeile 62–88) und
- außergewöhnlichen Belastungen (> Zeile 95–119).

Zum Hauptformular gehören unter anderem die Anlagen Kinder, K und U. **23**

Mit der Anlage Kinder beantragst Du den Kinderfreibetrag, den Haushaltsfreibetrag sowie den Ausbildungsfreibetrag und den Abzug von Kinderbetreuungskosten, ➤ Rz 363 ff.

Die Anlage K dient der Übertragung des Kinderfreibetrags und des Haushaltsfreibetrags auf die Stief- oder Großeltern, ➤ Rz 429.

41

Die Anlage U benötigst Du für den Abzug von Unterhaltsleistungen an den geschiedenen oder dauernd getrennt lebenden Ehegatten als Sonderausgaben (➤ Rz 183 ff.).

Die Anlage KSO (➤ Rz 1005)

24 Dieses Formular gilt für Sparer und Rentner. Seit Einführung des Zinsabschlags ab 1993 ist dieses Formular nicht mehr obligatorisch und braucht auch nicht mehr unterschrieben zu werden. Die Seite 1 für Sparer ist nur auszufüllen, wenn die Kapitalerträge 6 100 DM, bei Zusammenveranlagung von Ehegatten 12 200 DM überschreiten oder Kapitalertragsteuer/Zinsabschlag oder Körperschaftsteuer zu erstatten sind. Lies dazu ➤ Rz 98 und 1045. Ausländische Zinsen, zum Beispiel aus einer Beteiligung an einem Investmentfonds, mußt Du zusätzlich in einer Anlage AUS erklären.

Die Anlage N (➤ Rz 485)

25 Die Anlage N ist von Arbeitnehmern (Einkünfte aus nichtselbständiger Arbeit) abzugeben.

Die Anlage FW (➤ Rz 1232)

26 Mit diesem Formular beantragst Du die Förderung des selbstgenutzten Wohneigentums. Hast Du Dein selbst genutztes Eigenheim <u>nach</u> 1995 erworben, kannst Du mit einem gesonderten Antrag die Eigenheimzulage beanspruchen. ➤ Rz 1152.

Die Anlage V (➤ Rz 1258)

27 In der Anlage V werden die Einkünfte aus vermietetem Grundbesitz und aus der Nutzungswertbesteuerung erklärt. Die Besteuerung des Nutzungswerts der Wohnung im eigenen Haus kommt im Einzelfall noch beim selbstbewohnten Zweifamilienhaus vor.

Die Anlage GSE

28 Mit diesem Formular erklärst Du gewerbliche Einkünfte und Einkünfte aus selbständiger Arbeit.
Die Anlage GSE wird nicht behandelt.

Sei dem Fiskalritter mal gut und kreuze im Hauptformular in > Zeile 31–42 die entsprechenden Kästchen für die von Dir beigefügten Anlagen an, damit er sieht, daß alles vollständig ist und er beruhigt seinen Haken daran machen kann.

2.1.2 Formular für die Lohnsteuerermäßigung (Freibetrag auf Lohnsteuerkarte). Du findest es unter ➤ Rz 1343.

Fehlende Formulare läßt Du Dir vom Sachbearbeiter des Finanzamts zuschicken. Anruf unter Angabe Deiner Steuernummer genügt.

2.2 Allgemeines zur Lohn- und Einkommensteuer

2.2.1 Begriffe aus dem Steuerrecht

In diesem Formularberater werden folgende Begriffe verwendet, die noch **29**
der Erläuterung bedürfen:

Einkommen-steuer	Steuer, die natürliche Personen (also Du und ich) nach ihrem zu versteuernden Jahreseinkommen zu entrichten haben.
Körperschaft-steuer	Steuer, die juristische Personen (z. B. AG oder GmbH) nach ihrem zu versteuernden Jahreseinkommen zu entrichten haben.
Lohnsteuer	Die vom Arbeitslohn einbehaltene Einkommensteuer. Die Lohnsteuer wird bei der Veranlagung zur Einkommensteuer angerechnet.
Kapitalertrag-steuer	Die von Gewinnausschüttungen der Kapitalgesellschaften einbehaltene Einkommensteuer. Sie wird bei der Veranlagung zur Einkommensteuer angerechnet.
Zinsabschlag	Die Bank hält bei der Auszahlung von Zinsen den Zinsabschlag ein, wenn Du ihr keinen Freistellungsauftrag erteilt hast. Der Zinsabschlag wird aber bei der Veranlagung auf Deine Einkommensteuer angerechnet.
Werbungskosten	Alle Ausgaben, die Du im Zusammenhang mit steuerpflichtigen Einnahmen der folgenden Einkunftsarten 4–7 hattest.
Einkunftsarten	Das Einkommensteuergesetz kennt sieben Einkunftsarten:

1. Land- und Forstwirtschaft
2. Gewerbebetrieb
3. Selbständige Arbeit
4. Nichtselbständige Arbeit
5. Kapitalvermögen
6. Vermietung und Verpachtung
7. Sonstige Einkünfte (z. B. Renten)

Einkünfte	Einkünfte sind bei den Einkunftsarten 1–3 der Gewinn oder Verlust, bei den Einkunftsarten 4–7 der Überschuß der Einnahmen über die Werbungskosten oder Verlust.
Veranlagung	Festsetzung einer Steuer durch Steuerbescheid.
Lohnsteuer-ermäßigung	Freibetrag auf der Lohnsteuerkarte.
Steuersatz	Deine Steuer in % Deines zu versteuernden Einkommens (➤ Rz 32).
Progressions-vorbehalt	Arbeitslosengeld, Kurzarbeiter- und Schlechtwettergeld usw. sind zwar steuerfrei, werden aber bei der Ermittlung des Steuersatzes berücksichtigt.
Verheiratete	Eheleute, die nicht dauernd getrennt leben.
Alleinstehende	Unverheiratete; Ehegatten, die dauernd getrennt leben.

30 2.2.2 Steuerbelastungstabelle

Hier findest Du eine einfache, aber nützliche Tabelle, mit deren Hilfe Du leicht feststellen kannst, wieviel Steuerersparnis Dir eine Ausgabe bringt. Dazu mußt Du nur in etwa die Höhe Deines zu versteuernden Einkommens ausrechnen. Für die Berechnung verwendest Du am besten das Schema unter ➤ Rz 33.

Zugleich zeigt Dir die Tabelle in aller Deutlichkeit, wie unverschämt der Fiskus in Deine Taschen langt und was Du z. B. fordern mußt, wenn es um die Gehaltserhöhung oder um den Lohn für eine Nebenbeschäftigung geht.

Zur besseren Übersicht ist die Steuerbelastungstabelle in größeren Stufen von je 1 000 DM aufgebaut, wobei die steuerliche Belastung der letzten 1 080 DM des zu versteuernden Einkommens angegeben wird. Dazu sei bemerkt, daß die letzten 1 080 DM jeweils 20 Sprüngen der Grundtabelle und 10 Sprüngen der Splittingtabelle entsprechen.

Mit Hilfe der Steuerbelastungstabelle kannst Du schnell die steuerliche Belastung (durch eine Einkommenserhöhung) und die Entlastung (durch eine Einkommensminderung) veranschlagen.

Beispiel: Durch zusätzliche Ausgaben wird sich Dein zu versteuerndes Einkommen für 1999 von 115 000 DM um 3 000 DM auf 112 000 DM verringern. Die Steuerbelastungstabelle für den Splittingtarif zeigt Dir: Der Fiskus beteiligt sich an den

ersten 1 000 DM mit	34,81% =	348,10 DM
zweiten 1 000 DM mit	34,63% =	346,30 DM
dritten 1 000 DM mit	34,44% =	344,40 DM
Insgesamt mit		1 038,80 DM

Steuerbelastungstabelle 1999 für den Grundtarif (ohne KiSt und SolZ)

Zu ver-steuern-des Ein-kommen	Einkommensteuer insgesamt nach Grundtabelle		Belastung der letzten 1 080 DM	Zu ver-steuern-des Ein-kommen	Einkommensteuer insgesamt nach Grundtabelle		Belastung der letzten 1 080 DM
DM	DM	%	%	DM	DM	%	%
12 000	0	0,00	0,00	39 000	7 368	18,89	31,02
13 000	0	0,00	0,00	40 000	7 672	19,18	31,30
14 000	235	1,68	21,76	41 000	7 994	19,50	31,39
15 000	477	3,18	24,81	42 000	8 302	19,77	31,67
16 000	740	4,63	25,56	43 000	8 629	20,07	31,85
17 000	996	5,86	26,30	44 000	8 941	20,32	32,04
18 000	1 271	7,06	26,76	45 000	9 272	20,60	32,31
19 000	1 533	8,07	26,94	46 000	9 587	20,84	32,41
20 000	1 812	9,06	27,13	47 000	9 922	21,11	32,59
21 000	2 079	9,90	27,41	48 000	10 242	21,34	32,87
22 000	2 362	10,74	27,59	49 000	10 581	21,59	33,06
23 000	2 632	11,44	27,78	50 000	10 905	21,81	33,33
24 000	2 920	12,17	28,06	51 000	11 248	22,05	33,43
25 000	3 194	12,78	28,24	52 000	11 576	22,26	33,70
26 000	3 485	13,40	28,43	53 000	11 923	22,50	33,89
27 000	3 779	14,00	28,61	54 000	12 273	22,73	34,07
28 000	4 059	14,50	28,80	55 000	12 606	22,92	34,26
29 000	4 357	15,02	29,07	56 000	12 960	23,14	34,44
30 000	4 641	15,47	29,26	57 000	13 298	23,33	34,72
31 000	4 943	15,95	29,44	58 000	13 656	23,54	34,91
32 000	5 231	16,35	29,63	59 000	13 997	23,72	35,09
33 000	5 537	16,78	29,81	60 000	14 359	23,93	35,28
34 000	5 829	17,14	30,00	61 000	14 704	24,10	35,46
35 000	6 139	17,54	30,19	62 000	15 071	24,31	35,74
36 000	6 435	17,88	30,37	63 000	15 420	24,48	35,93
37 000	6 750	18,24	30,65	64 000	15 790	24,67	36,11
38 000	7 049	18,55	30,83	65 000	16 143	24,84	36,30

Zu ver-steuern-des Ein-kommen	Einkommensteuer insgesamt nach Grundtabelle		Belastung der letzten 1 080 DM	Zu ver-steuern-des Ein-kommen	Einkommensteuer insgesamt nach Grundtabelle		Belastung der letzten 1 080 DM
DM	DM	%	%	DM	DM	%	%
66 000	16 518	25,03	36,48	75 000	19 920	26,56	39,17
67 000	16 875	25,19	36,76	76 000	20 325	26,74	39,44
68 000	17 255	25,38	37,04	77 000	20 712	26,90	39,81
69 000	17 618	25,53	37,31	78 000	21 123	27,08	40,09
70 000	18 004	25,72	37,59	79 000	21 515	27,23	40,37
71 000	18 373	25,88	37,96	80 000	21 933	27,42	40,74
72 000	18 766	26,06	38,24	90 000	26 164	29,07	43,70
73 000	19 140	26,22	38,52	100 000	30 699	30,70	46,76
74 000	19 539	26,40	38,80	120 000	40 707	33,92	52,78

Schau Dir diesen Wahnsinn an: 52,78% allein an Einkommensteuer! Das ist kalte Enteignung! Das ist mehr als steuerstreikwürdig!

Steuerbelastungstabelle 1999 für den Splittingtarif (ohne KiSt und SolZ)

Zu ver-steuern-des Ein-kommen	Einkommensteuer insgesamt nach Splitting-Tabelle		Belastung der letzten 1 080 DM	Zu ver-steuern-des Ein-kommen	Einkommensteuer insgesamt nach Splitting-Tabelle		Belastung der letzten 1 080 DM
DM	DM	%	%	DM	DM	%	%
23 000	0	0,00	0,00	46 000	5 264	11,44	27,78
24 000	0	0,00	0,00	47 000	5 566	11,84	27,96
25 000	0	0,00	0,00	48 000	5 840	12,17	28,15
26 000	0	0,00	0,00	49 000	6 112	12,47	28,15
27 000	232	0,86	21,48	50 000	6 388	12,78	28,33
28 000	470	1,68	24,44	51 000	6 694	13,13	28,33
29 000	710	2,45	24,63	52 000	6 970	13,40	28,33
30 000	954	3,18	25,00	53 000	7 248	13,68	28,52
31 000	1 230	3,97	25,56	54 000	7 558	14,00	28,70
32 000	1 480	4,63	25,74	55 000	7 838	14,25	28,89
33 000	1 734	5,25	26,11	56 000	8 118	14,50	28,89
34 000	1 992	5,86	26,48	57 000	8 400	14,74	29,07
35 000	2 282	6,52	26,85	58 000	8 714	15,02	29,07
36 000	2 542	7,06	26,85	59 000	8 998	15,25	29,26
37 000	2 804	7,58	27,04	60 000	9 282	15,47	29,26
38 000	3 066	8,07	27,04	61 000	9 568	15,69	29,44
39 000	3 360	8,62	27,22	62 000	9 886	15,95	29,44
40 000	3 624	9,06	27,22	63 000	10 174	16,15	29,63
41 000	3 890	9,49	27,22	64 000	10 462	16,35	29,63
42 000	4 158	9,90	27,41	65 000	10 752	16,54	29,81
43 000	4 456	10,36	27,59	66 000	11 074	16,78	29,81
44 000	4 724	10,74	27,59	67 000	11 366	16,96	30,00
45 000	4 994	11,10	27,78	68 000	11 658	17,14	30,00

Zu versteuerndes Einkommen	Einkommensteuer insgesamt nach Splitting-Tabelle		Belastung der letzten 1 080 DM	Zu versteuerndes Einkommen	Einkommensteuer insgesamt nach Splitting-Tabelle		Belastung der letzten 1 080 DM
DM	DM	%	%	DM	DM	%	%
69 000	11 952	17,32	30,19	101 000	22 170	21,95	33,33
70 000	12 278	17,54	30,19	102 000	22 496	22,05	33,52
71 000	12 574	17,71	30,37	103 000	22 824	22,16	33,70
72 000	12 870	17,88	30,37	104 000	23 152	22,26	33,89
73 000	13 168	18,04	30,56	105 000	23 516	22,40	33,70
74 000	13 500	18,24	30,74	106 000	23 846	22,50	33,89
75 000	13 798	18,40	30,74	107 000	24 178	22,60	34,07
76 000	14 098	18,55	30,74	108 000	24 546	22,73	34,07
77 000	14 400	18,70	30,93	109 000	24 878	22,82	34,07
78 000	14 736	18,89	31,11	110 000	25 212	22,92	34,26
79 000	15 040	19,04	31,30	111 000	25 548	23,02	34,44
80 000	15 344	19,18	31,30	112 000	25 920	23,14	34,44
81 000	15 682	19,36	31,30	113 000	26 258	23,24	34,63
82 000	16 988	19,50	31,48	114 000	26 596	23,33	34,81
83 000	16 296	19,63	31,67	115 000	26 934	23,42	34,81
84 000	16 604	19,77	31,67	116 000	27 312	23,54	35,00
85 000	16 948	19,94	31,85	117 000	27 652	23,63	35,00
86 000	17 258	20,07	31,85	118 000	27 994	23,72	35,19
87 000	17 570	20,20	32,04	119 000	28 336	23,81	35,19
88 000	17 882	20,32	32,22	120 000	28 718	23,93	35,37
89 000	18 230	20,48	32,22	130 000	32 286	24,84	36,30
90 000	18 544	20,60	32,41	140 000	36 008	25,72	37,59
91 000	18 858	20,72	32,41	150 000	39 840	26,56	39,26
92 000	19 174	20,84	32,41	160 000	43 866	27,42	40,74
93 000	19 526	21,00	32,59	170 000	48 044	28,26	42,22
94 000	19 844	21,11	32,59	180 000	52 328	29,07	43,70
95 000	20 164	21,23	32,78	190 000	56 812	29,90	45,37
96 000	20 484	21,34	32,96	200 000	61 398	30,70	46,85
97 000	20 840	21,48	32,96	210 000	66 188	31,52	48,52
98 000	21 162	21,59	33,15	220 000	71 128	32,33	49,81
99 000	21 486	21,70	33,33	230 000	76 168	33,12	51,30
100 000	21 810	21,81	33,33	240 000	81 414	33,92	52,78

Zeile		Stpfl./Ehemann DM	Ehefrau DM	Stpfl./Ehemann DM	Ehefrau DM
1	1. Einkünfte aus Land- und Forstwirtschaft				
2	2. Einkünfte aus Gewerbebetrieb	+	+		
3	3. Einkünfte aus selbständiger Arbeit	+	+		
4	4. Einkünfte aus nichtselbständiger Arbeit Arbeitslohn lt. Zeile 2, 8 bis 10, 13 der Anlage N			–	–
5	Versorgungs-Freibetrag (40 % der Versorgungsbezüge, höchst. 6 000 DM je Pers.)			–	–
6	verbleiben				
7	Werbungskosten (ggf. Pauschbetrag von je 2 000 DM)	▲	▲	–	–
8	5. Einkünfte aus Kapitalvermögen				
9	Einnahmen			–	–
10	Werbungskosten (ggf. Pauschbetrag von 100 DM; bei Ehegatten 200 DM)	▲	▲	–	–.
11	Sparer-Freibetrag (6 000 DM; bei Ehegatten 12 000 DM)	+	+		
12	6. Einkünfte aus Vermietung und Verpachtung				
13	7. Sonstige Einkünfte Einnahmen (bei Leibrenten nur Ertragsanteil)	▲	▲	–	
14	Werbungskosten (ggf. Pauschbetrag von 200 DM) Zwischensumme				
15	Altersentlastungsbetrag für vor dem 2. 1. 1935 Geborene Bruttoarbeitslohn, **ohne** Versorgungsbezüge	+	+	+	+
16	Positive Summe der Einkünfte lt. Nummern 1 bis 3 und 5 bis 7 (jedoch ohne Einkünfte aus Leibrenten)			+	
17	**Summe der Einkünfte**				
18	Davon 40 %, höchstens je 3 720 DM			zusammen	
19	Freibetrag für Land- und Forstwirte (ggf. 1 300 DM, bei Ehegatten 2 600 DM)	–	–		
20	**Gesamtbetrag der Einkünfte**	–	–		

Sonderausgaben, die nicht Vorsorgeaufwendungen sind:

	DM	
Sonderausgaben lt. den Zeilen 73 bis 80 des Hauptvordrucks · · · ·		21
Aufwendungen für die eigene Berufsausbildung lt. den Zeilen 81 und 82 des Hauptvordrucks · · ·	+	22
30 % des Schulgeldes (Zeile 83 des Hauptvordrucks) · · · ·	+	23
Abziehbarer Betrag der Spenden und Beiträge (Zeilen 85, 86, 87 des Hauptvordrucks, soweit nicht in Zeile 40 des Schemas zu berücksichtigen)	+	24
Abziehbar (mindestens Pauschbetrag von 108 DM, bei Anwendung der Splittingtabelle 216 DM)	–	25
		26

Abziehbarer Betrag für Vorsorgeaufwendungen

– Vorsorgeaufwendungen aus Zeile 68 · · · · ·		27
– Vorsorgepauschale aus Zeile 81, 84 oder 101 · · · ·		28
Höherer Betrag der Zeile 27 oder 28 (Vorspalte) · · · ·		29
Außergewöhnliche Belastungen nach §§ 33 bis 33 c EStG. · · · ·	+	30
Förderung des Wohneigentums nach §§ 10 e, 10 i EStG · · · ·	+	31
	+	32

Einkommen

	–	33
		34
Haushaltsfreibetrag (5 616 DM) · · · ·	+	35
Härteausgleich nach § 46 Abs. 3 EStG, § 70 EStDV · · · ·	+	36
	+	37

Zu versteuerndes Einkommen

Steuer 1999 (ggf. Sonderberechnung, z. B. bei Bezug bestimmter Lohnersatzleistungen) · · · · ·		38
Steuerermäßigungen (z. B. für Kinder nach § 34 f EStG, Mitgliedsbeiträge und Spenden an politische Parteien und unabhängige Wählervereinigungen) · · ·	–	39
Davon ab:		40
Lohnsteuer ————— DM + Kapitalertragsteuer/Zinsabschlag ————— DM + Körperschaftsteuer	–	41
Geleistete Vorauszahlungen	–	42
Erstattungsbetrag/Abschlußzahlung		43

Sollte der Kinderfreibetrag ausnahmsweise günstiger sein als das Kindergeld, so wird der Kinderfreibetrag bei Ermittlung des zu versteuernden Einkommens abgezogen und das gezahlte Kindergeld der Einkommensteuer hinzugerechnet.

49

2.2.4 Die Grenzbelastung im Einkommensteuertarif 1999

34 Für Deine künftigen Planungen zeigt die folgende Übersicht in graphischer Form die Einkommensteuergrenzbelastung in % ab 1999.

Die Grenzbelastung ist für Fragen der Steuerersparnis maßgebend.

Der %-Satz zeigt Dir:

a) In dieser Höhe wird jede zusätzlich verdiente Mark besteuert.
b) In dieser Höhe beteiligt sich der Fiskus an jeder Mark, die Du zusätzlich einkommensteuermindernd abziehst.

Die Durchschnittsbelastung ist niedriger als die Grenzbelastung, weil sie den Grundfreibetrag berücksichtigt. Für Fragen der Steuerplanung ist indessen nur die Grenzbelastung maßgebend.

Grenzbelastung im Einkommensteuertarif 1999

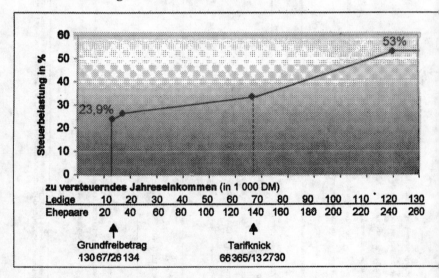

Wenn der Staat endlich seine Verschwendung einstellt, muß er nur die Hälfte der obigen Steuersätze einfordern!
Bewegen wir ihn kräftig dazu: durch unseren Steuerstreik!

2.2.5 Aufbau des Einkommensteuertarifs 1999

Der Einkommensteuertarif 1999 unterteilt das zu versteuernde Einkommen in drei Zonen:

I. Steuerfreie Zone	II. Progressionszone	III. Proportionalzone
Steuersatz 0%	**Steuersatz 23,9 bis 53%**	**Steuersatz 53%**
Darunter fallen:	Darunter fallen:	Darunter fallen:
Ledige bis 13 067 DM	**Ledige** mit 13 068 bis 120 041 DM	**Ledige** ab 120 042 DM
Verheiratete bis 26 134 DM	**Verheiratete** mit 26 135 bis 240 082 DM	**Verheiratete** ab 240 084 DM
Jahreseinkommen*	Jahreseinkommen*	Jahreseinkommen*
* nach Abzug aller Freibeträge und Pauschalen		

Kennst Du überhaupt die Wirkung der Steuerprogression? Nein, nicht so gut? Paß auf und sieh, wie Dir der Fiskus durch die Steuerprogression in die Tasche langt:

Steuerprogression 1999		
Einkommen	Steuer nach Grundtarif	Steuersatz
30 000 DM	4 641 DM	rd. 15,5%
60 000 DM	14 359 DM	rd. 24%

Also, bei doppelt hohem Einkommen beträgt die Steuer mehr als das Doppelte. Die ganze Misere wird aber erst so recht deutlich, wenn Du Dir die Steuerbelastung für die zweiten 30 000 DM ansiehst. Dafür bittet Dich der Fiskus mit sage und schreibe 9 718 Mark zur Kasse. Das sind schon mehr als 32%.

2.2.6 Zum Grundfreibetrag

Nach einem Machtwort des Bundesverfassungsgerichts in Karlsruhe darf Kleinverdienern nicht ihr Existenzminimum besteuert werden. Als Existenzminimum wird das angesehen, was den Sozialhilfeempfängern auch ohne Beschäftigung steuerfrei zusteht. Das Existenzminimum ist in den Steuertabellen als Grundfreibetrag ausgewiesen.

Die folgende Übersicht zeigt, wie hoch Dein zu versteuerndes Einkommen sein darf, damit bei Dir keine Steuer anfällt:

Grundfreibeträge	Alleinstehende	Ehegatten
1999	13 067 DM	26 134 DM
2000	13 499 DM	26 998 DM
2002	14 093 DM	26 186 DM

Die Grundfreibeträge sind in die Einkommensteuertabellen eingearbeitet (vgl. ➤ Rz 1415). Auch in den für den monatlichen Lohnsteuerabzug maßgebenden Tabellen sind die Grundfreibeträge berücksichtigt. Dein monatlicher Arbeitslohn muß demnach folgende Grenze überschreiten, bevor bei Dir Lohnsteuer, Kirchensteuer und der Soli-Zuschlag einbehalten werden:

	1999
Alleinstehender, Steuerklasse I	1 579,65 DM
Alleinstehender (mit Kind), Steuerklasse II	2 133,15 DM
Verheirateter, Steuerklasse III	2 952,15 DM
Verheirateter, Steuerklasse IV	1 579,65 DM
Verheirateter, Steuerklasse V	171,15 DM

Benutzerhinweis:
➤ So macht sich das Buch voll bezahlt ◄

Du gehst Zeile für Zeile die Steuerformulare durch und liest im Kleinen Konz nach, was dazu geschrieben steht. Das jeweilige Formular wird oben auf der Seite, ab ➤ Rz 67, genannt. Die Nummer der Formularzeile steht im laufenden Text zwischen zwei Balken, ab ➤ Rz 71. Die nachfolgenden Tips und Übersichten beziehen sich immer auf die voranstehende Formularzeile.

Antworten auf bestimmte Fragen findest Du am schnellsten über das Inhaltsverzeichnis oder über das Stichwortregister.

Stellen mit diesem ✎ Zeichen sind für viele Steuerzahler besonders wichtig. Besondere Aufmerksamkeit verdienen Stellen mit ✎✎ doppeltem Zeichen. Hier werden in der Steuererklärung oft Chancen zur Steuerersparnis vertan.

Prüfe zuvor, welche Steuerformulare für Dich überhaupt in Frage kommen, und mache Dir klar, wie die Einkommensteuer berechnet wird. In welche Richtung hier der Hase läuft, erfährst Du im Kapitel 2, ➤ Rz 20–38.

Starte mit der richtigen Strategie: Bei der Entwicklung Deiner Strategie hilft Dir das Kapitel 3, ➤ Rz 39–66.

3. Die ersten Schritte

> Dieses Kapitel enthält Hinweise, was Du tun kannst, bevor Du mit
> dem Ausfüllen der Formulare beginnst.

3.1 Diese Unterlagen liegen vorher schon bereit   39

Die erste Steuererklärung ist immer die schwerste. Bei der zweiten Steuererklärung arbeitest Du nach dem Motto: Hoch lebe der Vorgang. Das
bedeutet: Du nimmst die Vorjahreserklärung als Vorlage. Hat sich bei Dir
nichts geändert, trägst Du ruckizucki die neuen Zahlen in die entsprechenden Kästchen ein, und die Steuererklärung ist fertig.

Bevor Du anfängst, solltest Du bereitlegen:

● Die für Dich in Frage kommenden **Erklärungsformulare**, jeweils dop-   40
  pelt. Einen der beiden Formularsätze verwendest Du für eine Probeerklärung (➤ Rz 8).
  Welche Formulare für Dich in Frage kommen, findest Du unter ➤Rz
  22 ff.
  Die Steuererklärung für das Vorjahr nimmst Du dazu, denn Steuererklärungen müssen nicht nur vollständig, sondern auch in sich schlüssig
  sein. (Für Einfältige unter meinen Lesern will ich das schnell erklären:
  Du hast vielleicht im Vorjahr z. B. Zinsen aus Sparguthaben angegeben,
  weil Dich der Stempel der Bank im Sparbuch »Zinsen sind steuerpflichtig« leicht irritierte. Nun aber hast Du inzwischen Dein Geld ins
  Steuerparadies Luxemburg verbracht und setzt deshalb keinen Betrag
  mehr unter die ›Einkünfte aus Kapitalvermögen‹ an.
  »War doch schlau«, meinst Du.
  Mein' ich nicht! Denn der Finanzer sieht sich *auf jeden Fall* Deine
  vorhergegangene Steuererklärung an und fragt zuerst sich – und später
  Dich – ei, wie denn das? Und je nachdem, wie hoch der Betrag ist, den
  Du ins Ausland verbracht hast, kannst Du nicht einfach sagen: ›Hab' ich
  für Reisen gebraucht.‹)

Außerdem legst Du bereit: 41
● **Lohnsteuerkarte**, falls Arbeitseinkünfte erklärt werden.

42 ● **Versicherungsunterlagen,** denn die benötigst Du auf jeden Fall. Welche Versicherungsbeiträge absetzbar sind, dazu mehr unter ➤Rz 115 ff.

43 ● **Anlage VL des jeweiligen Anlageinstituts,** wenn Du vermögenswirksame Leistungen angelegt hast.

44 ● **Steuerbescheinigung der Bank,** falls Du Wertpapiere besitzt.

*Meyn geduld
hat Ursach.*
(Alter Wappenspruch)

3.2 Erklärungsstrategie – so machst Du es richtig

3.2.1 Beweisen durch Belegen

45 Bei den Einnahmen trägt der Fiskus die Beweislast, bei den Ausgaben der Steuerzahler, so will es das Gesetz (§ 88 AO). Damit Du nicht unnötig in Beweisnot kommst, wirst Du schon im **Laufe des Jahres alle möglichen Belege für die Steuererklärung sammeln.** Vielleicht machst Du auch schon mal eine grobe Vorsortierung in private und berufliche Ausgaben.

Will Dir jemand für eine Ausgabe keine Quittung unterschreiben, so fertigst Du einfach einen Eigenbeleg, auf dem Du angibst, aus welchem Grunde Du wann an wen welchen Betrag ausgezahlt hast, auch auf die Gefahr hin, daß der Finanzer eine Kontrollmitteilung schreibt. Schließlich bist Du Dir selbst der Nächste.

46 **TIP** **Belege vom Finanzamt zurück? Aufbewahren!**

Gehörst Du auch zu denen, die alles aufbewahren? Macht nichts, denn in diesem Fall wird Deine Sammelleidenschaft belohnt. Willst Du Ausgaben steuerlich geltend machen, mußt Du sie bei Bedarf anhand entsprechender Belege nachweisen können. Oder im Steuerdeutsch: Auf der Ausgabenseite trägst Du die Beweislast.

Jetzt könnte man meinen, wenn das Finanzamt Dir die Belege nach Bearbeitung Deiner Steuererklärung zurückgibt, könntest Du die Quittungen endgültig zum Altpapier geben. Falsch gedacht. Denn vielleicht streicht der Fiskaliero Deine Ausgaben kurz und klein, und Du mußt den Bescheid später anfechten. Dann mußt Du Deine Kosten ggf. erneut nachweisen. Also: Alles aufbewahren.

3.2.2 Mit EB-FAGO geht es ohne Belege

Der Bundesfinanzminister hat im sogenannten EB-FAGO-Erlaß die Finanzämter angewiesen, größere Steuerfälle intensiver zu überprüfen, was ja durchaus nicht unvernünftig erscheint. Dafür sollen die Finanzämter – müssen aber nicht – bestimmte Aufwendungen **ohne Nachprüfung und ohne Belege** anerkennen.
EB-FAGO ist das Kürzel der Fiskalbürokraten für »Ergänzende Bestimmungen zur Finanzamts-Geschäftsordnung«.

TIP Schreiben statt Belegen 48

Nach EB-FAGO genügt es vielfach, statt Belege beizufügen, eine Aufstellung über die Ausgaben zu fertigen. Anerkannt werden:

Außergewöhnliche Belastungen mit Einzelaufstellung 49
(➤ Rz 328 ff.)

Krankheitskosten (selbstgetragene) jährlich bis zu	4 000 DM
Beerdigungskosten	unbegrenzt
Fahrtkosten Behinderter bis zu	1 560 DM

Sonderausgaben mit Einzelaufstellung (➤ Rz 104 ff.) 50

Versicherungsbeiträge jährlich bis zu	4 000 DM
Spenden mit Einzelbeträgen unter 50 DM jährlich bis zu insges.	200 DM

Berufliche Werbungskosten (➤ Rz 718 ff.) 51

Doppelte Haushaltsführung monatlich bis zu	200 DM

Arbeitsmittel (➤ Rz 766 ff.) 52

Fachliteratur jährlich bis zu	200 DM
Berufskleidung (typische) jährlich bis zu	200 DM
Berufskleidung bei Schmutzberufen jährlich bis zu	240 DM
Werkzeug jährlich bis zu	200 DM
Schreibmaschine, Aktentasche jährlich bis zu	300 DM
Kontoführungsgebühren jährlich bis zu	30 DM
Beiträge an Berufsverbände jährlich bis zu	300 DM
Telefonkosten jährlich bis zu	150 DM
Andere berufliche Kosten mit Einzelaufstellung jährlich bis zu	1 000 DM

Fahrten zur Arbeitsstätte (➤ Rz 730 ff.) 53

Anzahl der Arbeitstage bei Fünf-Tage-Woche bis zu	230 Tage
Anzahl der Arbeitstage bei Sechs-Tage-Woche bis zu	285 Tage
Pauschsätze für besondere Berufe siehe ➤ Rz 1000	

Hausbesitz (➤ Rz 1319 ff.) 54

Reparaturkosten jährlich bis zu lt. Einzelaufstellung	50 000 DM

Noch einfacher durch die GNOFÄ?

55 Ebenso wie die EB-FAGO soll die GNOFÄ – Abkürzung für Grundsätze zur Neuorganisation der Finanzämter – den Finanzämtern die Arbeit erleichtern, damit nicht jeder Kleinkram genau überprüft werden muß.

So ist den Finanzämtern danach erlaubt, zusätzlich bis zu folgenden Beträgen auch ohne Einzelnachweis einen Haken zu machen:
- Anschaffung, Reparatur von Arbeitsmitteln bis zu 300 DM;
- Beiträge an Berufsverbände ohne Begrenzung, sofern Berufsverband angegeben wurde;
- Reisekosten bis zu 500 DM.

Wisse: In vielen Bundesländern wurden die Beträge aus den Arbeitsanweisungen der Finanzer mittlerweile gestrichen. Da die meisten Fiskalritter diese ›Unbedenklichkeitsgrenzen‹ aber noch kennen und oftmals anwenden, solltest auch Du in diesem Punkte weiterhin im Bilde sein.

56 **TIP** **Mit unverfänglichen Belegen zudecken**

Der EB-FAGO-Erlaß sollte Dich aber nicht dazu verleiten, Deiner Steuererklärung nun möglichst wenig Belege beizufügen, im Gegenteil. Du solltest alle unverfänglichen Belege, die Du hast, beifügen und damit Deinen Fiskalritter ordentlich zupflastern. Auf ihn macht das den Eindruck, es sei bei Dir alles bestens in Ordnung.

Notfalls müssen Eigenbelege herhalten, so z. B. für Trinkgelder, Parkgebühren, Telefonkosten oder Zahlungen an Handwerker, die keine Quittung ausschreiben wollen. Hattest Du dagegen Ausgaben, die Du nicht belegen kannst, oder liegen heikle Ausgaben vor, so machst Du nur Beträge bis zu den oben angeführten EB-FAGO-Grenzen geltend, also ohne Belege.

Bedenke dabei folgendes: Der Bearbeiter beim Finanzamt nimmt sich im Normalfall für jede Steuererklärung eine bestimmte Menge Zeit. Findet er keine Belege, fieselt er unruhig in den Formularen herum und fordert womöglich für einige heikle Sachen nachträglich noch Belege an. So etwas solltest Du nicht unnötig provozieren. Deshalb rate ich Dir, jede Menge Belege beizufügen, die Du klugerweise bereits im Laufe des Jahres gesammelt hast.

Besteht Dein Fiskalritter aber hartnäckig auf Belegen für alle Ausgaben, so antworte ihm höflich: »Leider habe ich die Belege im letzten Jahr nicht alle aufbewahrt. Ich kann nachträglich auch keine mehr herbeischaffen. Aber ich bin gerne bereit, ab sofort für alle Posten die Unterlagen zu sammeln. In der Ihnen vorliegenden Steuererklärung habe ich aber durch meine Unterschrift versichert, daß alle Angaben vollständig und richtig sind. Ich bitte Sie daher, die Veranlagung erklärungsgemäß durchzuführen.« Und schon klappt der Laden.

Gehörst Du zu denen, die alles 120%ig machen wollen und meinen, daß es das beste sei, die Erklärung an Amtsstelle gleich durchzusprechen, dann laß Dir sagen: Gehe nicht zu Deinem Fürst, wenn Du nicht gerufen wirst. Es kann Dir nämlich passieren, daß Du dort sehr schnell ein dummes Gesicht machst, wenn Fragen gestellt werden, auf die Du nicht vorbereitet bist. Außerdem verlierst Du dort sehr leicht Dein ›Recht auf Gehör‹. Was es damit auf sich hat, dazu mehr unter ➤ Rz 1362.

Das beste ist also, die Erklärung postalisch zuzustellen oder einfach in den Hausbriefkasten des Finanzamts zu werfen.

TIP Bevor Du zum Kugelschreiber greifst 58

● Fertige auf dem doppelten Formularsatz zunächst eine ›**Probeerklärung**‹ an; hier kannst Du ganz nach Belieben ändern, streichen, ergänzen. Die endgültigen Angaben überträgst Du in den zweiten Formularsatz. Von diesem fertigst Du eine Ablichtung an. So kannst Du später nachprüfen, ob das Finanzamt Deinen Anträgen auch voll entsprochen hat.

● Fülle nur die weißen Felder der Vordrucke aus. Wenn der Platz dort 59 nicht ausreicht, mache weitere Angaben auf einem besonderen Blatt, das Du als Anlage bezeichnest.

● Runde immer zu Deinen Gunsten auf volle Mark auf oder ab, sofern 60 nicht im besonderen Fall Pfennigbeträge verlangt werden, also Einnahmen abrunden und Ausgaben aufrunden.

TIP Kopie genügt, denn sicher ist sicher 61

Normalerweise erhältst Du Deine Belege zurück, wenn der Bearbeiter sie durchgesehen hat. Um jedoch Ärger wegen verlorengegangener Unterlagen vorzubeugen, reiche wichtige Unterlagen wie z. B. Versicherungspolicen oder amtliche Dokumente (z. B. Behinderten- oder Vertriebenenausweis) nur als Kopie ein.

TIP Bist Du vergeßlich beim Frankieren? 62

Für die Korrespondenz mit dem Fiskus ist das kein Beinbruch. Denn wie alle Behörden müssen auch die Finanzämter jeden Postzugang annehmen, auch wenn er unfrankiert ist (§ 12 FAGO – sprich Finanzamts-Geschäftsordnung).

Dann setzt es im Finanzamt gehörig Nachporto. So wandert Geld von einem Staatssäckel in den anderen. Humorlosen Postboten, die unfrankierte Briefe für Behörden an den Absender zurückschicken, begegnen clevere Absender, indem sie die Absenderangabe auf ihren Briefen vergessen ...

Allerdings, die Finanzämter sind vom Annahmezwang entbunden, wenn ein Steuerzahler diese Regelung bewußt ausnutzt (Erlaß FinMin NRW vom 28. 2. 1963 – O 2160-19-IIC2).

»Ob jemand das ausnutzt, wissen die doch nur, wenn ein Absender draufsteht«, sinnierst Du.

Richtig, und trotzdem gibt es hier und da Ämter, die nehmen unfrankierte Post ohne Absenderangabe nicht an, so auf Anweisung der OFD Frankfurt a. M. einige Finanzämter in Hessen. Solche Post wird dann in einer Zentralstelle amtlich geöffnet, um den Absender zum nachträglichen Abkassieren festzustellen.

»Nicht mal die Ämter halten sich an die Vorschriften«, empörst Du Dich. »Also muß ich wohl oder übel Terminsachen sicherheitshalber ordentlich frankieren. Ansonsten werde ich aber wie bisher bei Behördenpost meine einfache, ganz persönliche Gebührentabelle verwenden: Pro Brief, egal wie schwer, eine Mark zehn Pfennig Porto ...«

63 **TIP** Quittung aus Gefälligkeit?

Hast Du andere für ihre Hilfe bezahlt, z. B. für Schreibarbeiten, Hüten der Kinder, für Hilfe beim Bau oder für Reparaturen am Haus, will der Fiskalritter meistens eine unterschriebene Quittung sehen, wenn Deine Ausgaben in der Steuererklärung erscheinen.

»Na gut, meine Kumpels unterschreiben notfalls alles«, sagst Du.

Doch rechne damit, daß der Fiskalritter eine Kontrollmitteilung für das Finanzamt Deines Kumpels fertigt, wenn die Quittung nach Gefälligkeit riecht. Denn ein alter Steuergrundsatz lautet: »Was der eine als Ausgabe absetzt, muß der andere als Einnahme versteuern.« Es sind aber schon wegen solcher Vorfälle langjährige Freundschaften in die Brüche gegangen.

64 Sollte ein Bekannter Dir mit dem unfreundlichen Schreiben des Finanzamtes vor der Nase wedeln, bewahre ruhig Blut. Übersende dem Finanzamt eine Lohnsteueranmeldung über das Bare für die Freundschaftshilfe – und zwar über das gesamte! Dann mußt Du für die Aushilfe zwar 25% dieses Betrages als pauschale Lohnsteuer und zusätzlich 22% an Sozialversicherungsbeiträgen extra bezahlen (➤ Rz 618), aber für alle Beteilig-

ten ist damit die Sache erledigt, und Du kannst Dich wieder an Deinem Stammtisch blicken lassen. Die pauschale Lohnsteuer und die Sozialversicherungsbeiträge kannst Du natürlich steuerlich absetzen.

Beim Hausbau besteht die Gefahr, daß der Fiskalritter dem Arbeitsamt und dieses der Berufsgenossenschaft Mitteilung macht. Dann muß u. U. der Bau nachversichert werden (§ 31a AO).

≡ TIP Wann solltest Du geneigt sein, die Steuererklärung einzureichen?

65

Als Arbeitnehmer bist Du eigentlich gar nicht verpflichtet, Jahr für Jahr eine Steuererklärung abzugeben. Durch den monatlichen Abzug der Lohnsteuer hast Du Deinen Obolus an Vater Staat ja schon entrichtet. Trotzdem wollen die Fiskalritter eine Steuererklärung von Dir sehen, wenn Du z. B.

● neben Deinem Arbeitslohn noch sonstige steuerpflichtige Einnahmen von mehr als 800 DM jährlich hattest (z. B. als Trainer oder Übungsleiter, Zinseinnahmen, Überschüsse aus Vermietung oder auch Renteneinkünfte),

● Arbeitslohn von mehreren Arbeitgebern gleichzeitig erhalten hast (eine Lohnsteuerkarte mit Steuerklasse VI),

● als Beamter oder Pensionär zeitweise nach der allgemeinen Lohnsteuertabelle besteuert worden bist, oder

● wenn Ihr als Ehegatten die Steuerklassen III/V statt IV/IV gewählt habt,

● falls ein Freibetrag auf der Lohnsteuerkarte eingetragen wurde oder

● wenn der Haushalts- oder Ausbildungsfreibetrag übertragen wurde.

In diesen Fällen könnte es nämlich sein, daß der Lohnsteuerabzug nicht ausreicht, die Jahressteuer abzudecken, so daß es zu einer Steuernachzahlung kommen könnte.

Allerdings:
Das Finanzamt kann Dir erst dann eine Nachzahlung aufbrummen, wenn es Deine Steuererklärung vorliegen hat. Dasselbe gilt, wenn es zuviel gezahlte Steuern wieder herausrücken soll. Je nachdem wirst Du die Steuererklärung möglichst spät oder möglichst zeitig abgeben. Dazu mehr unter ➤ Rz 1366 bis 1395.

Antragsveranlagung (ehemals Lohnsteuer-Jahresausgleich)

66

Auch wenn Du nicht zur Abgabe verpflichtet bist, aber mit einer Steuererstattung rechnest, liegt es in Deinem Interesse, eine Steuererklärung abzugeben.

Mit einer Erstattung kannst Du rechnen, wenn

- Du im vergangenen Jahr nicht ununterbrochen gearbeitet hast,
- Dein Arbeitslohn stark schwankt,
- Deine Werbungskosten mehr als 2 000 Mark betragen haben,
- oder wenn Ihr im vergangenen Jahr geheiratet oder Familienzuwachs bekommen habt (siehe hierzu auch ➤ Rz 1395).

4. Das Hauptformular für die Einkommensteuererklärung

> *Im Hauptformular machst Du allgemeine Angaben zu Deiner Person und zu Deinen Familienangehörigen. Außerdem beantragst Du hier die persönlichen Steuervergünstigungen (Sonderausgaben und außergewöhnliche Belastungen).*

4.1 Formularkopf   67

**Du denkst an den Steuerstreik?
Dann vergiß als erstes die Steuernummer anzugeben! Und schreib nicht alles in die dafür vorgesehenen Kästchen – auch dazwischen ist ja Platz!**

An das Finanzamt …

Für die Bearbeitung Deiner Steuererklärung ist das Finanzamt zuständig, **68** in dessen Bezirk Du Deinen Wohnsitz hast. Diesem Finanzamt läßt Du die Steuererklärung zukommen. Doch denke an den Tip unter ➤ Rz 57.
Bist Du bereits finanzamtlich erfaßt, weißt Du ja, wo die Papierchen ankommen müssen. Bist Du umgezogen, könnte ein anderes Finanzamt für Dich zuständig sein. Trotzdem solltest Du die Steuererklärung dem bisher zuständigen Finanzamt zusenden. Es leitet Deine Steuererklärung nebst Steuerakten »zuständigkeitshalber« dem anderen Finanzamt zu, das sich dann bei Dir meldet. So geht alles schneller, und Du kommst eher an Deine Erstattung.

Die letzte Steuer-Nummer – aus dem Bescheid des Vorjahres – trägst Du im Kopf des Formulars ein. Rechnest Du mit einer Steuererstattung, dann mach in das entsprechende Kästchen **ein großes rotes Kreuz,** damit das Finanzamt – hoffentlich – Deine Erklärung bevorzugt bearbeitet und Du möglichst schnell zu Deinem Geld kommst.

Hier beantragst Du im Formularkopf

☐ **Arbeitnehmer-Sparzulage** (Dazu hörst Du mehr unter ➤ Rz 708)

Ferner beantragst Du

☐ **Verlustabzug** (Einzelheiten dazu unter ➤ Rz 245)

4.2 Probieren ist besser als studieren

69   In das Hauptformular auf den nächsten vier Seiten kannst Du »probeweise« Eintragungen für die endgültige Fassung vornehmen.

EINKOMMENSTEUERERKLÄRUNG
Hauptformular

1999

Die grünen Felder werden vom Finanzamt ausgefüllt.

Nummer	Zeitr.	Steuernummer		Vorg.	Falgruppe
12	11		10	99	

1999

Eingangsstempel

☐ Einkommensteuererklärung
☐ Antrag auf Festsetzung der Arbeitnehmer-Sparzulage
☐ Erklärung zur Feststellung des verbleibenden Verlustabzugs

An das Finanzamt

Steuernummer	bei Wohnsitzwechsel: bisheriges Finanzamt	Ich rechne mit einer Einkommensteuererstattung.

99 10 Allgemeine Angaben
Steuerpflichtige Person (Stpfl.), bei Ehegatten: Ehemann

Telefonische Rückfragen tagsüber unter Nr.

Zeile		
2	Name	
3	Vorname	
4	Geburtsdatum — Tag Monat Jahr Religion — Ausgeübter Beruf	
5	Straße und Hausnummer	
6	Postleitzahl, derzeitiger Wohnort	
7	Verheiratet seit dem / Verwitwet seit dem / Geschieden seit dem / Dauernd getrennt lebend seit dem	

8	Ehefrau: Vorname	99 17		An der Steuerfestsetzung
9	ggf. von Zeile 2 abweichender Name	10	
10	Geburtsdatum — Tag Monat Jahr Religion — Ausgeübter Beruf	11 A B A B	Alter / Religion
11	Straße und Hausnummer, Postleitzahl, derzeitiger Wohnort (falls von Zeilen 5 und 6 abweichend)	77	von bis — A Dauer der KiSt.-Pflicht
12	Nur von Ehegatten auszufüllen: ☐ Zusammenveranlagung ☐ Getrennte Veranlagung ☐ Besondere Veranlagung für das Jahr der Eheschließung / Wir haben Gütergemeinschaft vereinbart ☐ Nein ☐ Ja	78	von bis — B von Monat bis Monat
13	**Bankverbindung** Bitte stets angeben!	73	Angaben zur Erstattung 83 — Bescheid ohne Anschrift Ja = 1
14	Kontonummer / Bankleitzahl	74	Veranlagungsart 75 — Zahl d. zusätzl. Bescheide
15	Geldinstitut (Zweigstelle) und Ort	KSO 22 / N 19 Anzahl / KIN 59 Anzahl
16	Kontoinhaber Name (im Fall der Abtretung bitte amtlichen Abtretungsvordruck beifügen) lt. Zeilen 2 u. 3 oder:	GSE 21 / L 20 / V 23
17	Der Steuerbescheid soll nicht mir/uns zugesandt werden, sondern	AUS 55 Anzahl / FW 53 / GV 51
18 41	Name	FO 57 / VL 58 Anzahl
19 42	Vorname	70 — nichtamtlicher Vordruck Ja = 2
20 43	Straße und Hausnummer oder Postfach	
21 45	Postleitzahl, Wohnort	

Unterschrift Die mit der Steuererklärung angeforderten Daten werden aufgrund der §§ 149 ff. der Abgabenordnung und der §§ 25, 46 des Einkommensteuergesetzes erhoben.

22
23 Ich versichere, daß ich die Angaben in dieser Steuererklärung wahrheitsgemäß nach bestem Wissen und Gewissen gemacht habe. Mir ist bekannt, daß Angaben über Kindschaftsverhältnisse und Pauschbeträge für Behinderte erforderlichenfalls der Gemeinde mitgeteilt werden, die für die Ausstellung der Lohnsteuerkarten zuständig ist.

Bei der Anfertigung dieser Steuererklärung hat mitgewirkt:

24
25
26

27 Datum, Unterschrift(en)
Steuererklärungen sind eigenhändig - bei Ehegatten von beiden - zu unterschreiben.

ESt 1 A - Einkommensteuererklärung für unbeschränkt Steuerpflichtige - März 99

EINKOMMENSTEUERERKLÄRUNG
Hauptformular

1999

– 2 –

Zeile				
29	**Einkünfte im Kalenderjahr 1999** aus folgenden Einkunftsarten:			
30				Die Einnahmen aus Kapitalvermögen betragen nicht mehr als 6 100 DM, bei Zusammenveranlagung 12 200 DM. Zur Anrechnung von Steuerabzugsbeträgen und bei vergüteter Körperschaftsteuer bitte Anlage KSO abgeben.
31	Kapitalvermögen	lt. Anlage KSO (Seite 1)		
32	Sonstige Einkünfte	lt. Anlage KSO (Seite 2)		
33	Nichtselbständige Arbeit	lt. Anlage N (bei Ehegatten: Ehemann) für steuerpflichtige Person	lt. Anlage N für Ehefrau	
34	Gewerbebetrieb/Selbständige Arbeit	lt. Anlage GSE		
35	Land- und Forstwirtschaft	lt. Anlage L		
36	Vermietung und Verpachtung	lt. Anlage(n) V	Anzahl	
37				
38	**Ausländische Einkünfte und Steuern** lt. Anlage(n) AUS		Anzahl	
39				
40	**Angaben zu Kindern** lt. Anlage(n) Kinder		Anzahl	
41				
42	**Förderung des Wohneigentums** lt. Anlage(n) FW		Anzahl	
43				

Sonstige Angaben und Anträge

Zeile							
44						99	18
45	Für alle 1999 bezogenen außerordentlichen Einkünfte wird die ermäßigte Besteuerung unwiderruflich beantragt.					75	Ja = 1
46	Steuerfreier Arbeitslohn aufgrund geringfügiger Beschäftigung (sog. 630-DM-Arbeitsverhältnisse)		73 Stpfl./Ehemann DM	74 Ehefrau DM		73	
47	Nur bei getrennter Veranlagung von Ehegatten auszufüllen: Laut beigefügtem gemeinsamen Antrag beträgt der bei mir zu berücksichtigende Anteil an den Aufwendungen für ein hauswirtschaftliches Beschäftigungsverhältnis und den außergewöhnlichen Belastungen				%	74	
48	Im Kalenderjahr 1999 hingegebene Darlehen nach § 7 a des Fördergebietsgesetzes laut beigefügter Bescheinigung der Kapitalsammelstelle			49 DM		49	
49	Einkommensersatzleistungen, die dem Progressionsvorbehalt unterliegen, z. B. Krankengeld, Mutterschaftsgeld (soweit nicht in Zeile 21 der Anlage N eingetragen) lt. beigefügter Bescheinigung		20 Stpfl./Ehemann DM	21 Ehefrau DM		20	
						21	
50	**Nur bei zeitweiser unbeschränkter Steuerpflicht im Kalenderjahr 1999:**		vom – bis				
51	Im Inland ansässig						
52	Ausländische Einkünfte, die außerhalb des in Zeile 51 genannten Zeitraums bezogen wurden und nicht der deutschen Einkommensteuer unterlegen haben			22 DM		22	
53	**Nur bei im Ausland ansässigen Personen, die auf Antrag als unbeschränkt steuerpflichtig behandelt werden:**						
54	Positive Summe der nicht der deutschen Einkommensteuer unterliegenden Einkünfte			24 DM		24	
55	**Nur bei im Ausland ansässigen steuerpflichtigen Personen:** Ich beantrage, für die Anwendung personen- und familienbezogener Steuervergünstigungen als unbeschränkt steuerpflichtig behandelt zu werden.						
56	Die „Bescheinigung EU/EWR" ist beigefügt.						
57	Die „Bescheinigung außerhalb EU/EWR" ist beigefügt.						
58	**Nur bei im EU-/EWR-Ausland lebenden Ehegatten/Kindern:**						
59	Ich beantrage als Staatsangehöriger eines EU-/EWR-Mitgliedstaates die Anwendung familienbezogener Steuervergünstigungen. Die „Bescheinigung EU/EWR" ist beigefügt.						
60	**Nur bei im Ausland ansässigen Angehörigen des deutschen öffentlichen Dienstes, die im dienstlichen Auftrag außerhalb der EU oder des EWR tätig sind:**						
61	Ich beantrage die Anwendung familienbezogener Steuervergünstigungen. Die „Bescheinigung EU/EWR" ist beigefügt.						

– 3 –

Zeile	**Sonderausgaben**					99	52
62							
						30	
63	Arbeitnehmeranteil am Gesamtsozialversicherungsbeitrag und/oder befreiende Lebensversicherung sowie andere gleichgestellte Aufwendungen (ohne steuerfreie Zuschüsse des Arbeitgebers)		**DM**	**DM**		31	
64	– in der Regel der Lohnsteuerkarte beschelnigt –		30 Stpfl./Ehemann	31 Ehefrau		82	
			82	87			
65	Nur bei steuerpflichtigen Personen, die nach dem 31. 12. 1957 geboren sind: Zusätzliche freiwillige Pflegeversicherung (nicht in Zeilen 64 und 68 enthalten)					87	
66							
67	Freiwillige Angestellten-, Arbeiterrenten-, Höherversicherung (abzüglich steuerfreier Arbeitgeberzuschuß) sowie Beiträge von Nichtarbeitnehmern zur Sozialversicherung				41 Stpfl./Ehegatten	41	
68	Kranken- und Pflegeversicherung (abzüglich steuerfreie Zuschüsse, z. B. des Arbeitgebers; ohne Beiträge in den Zeilen 64 und 65)	1999 gezahlte Beiträge	1999 erstattete Beiträge		40	40	
69	Unfallversicherung	– ▶			42	42	
70	Lebensversicherung – nicht in der Anlage VL enthalten – (einschl. Sterbekasse u. Zusatzversorgung; ohne Beiträge in Zeile 64)	– ▶			44	44	
71	Haftpflichtversicherung (ohne Kasko-, Hausrat- und Rechtsschutzversicherung)	– ▶			43	43	
72						11	
73	**Renten**	Rechtsgrund, Datum des Vertrags		11 tatsächlich gezahlt	12 abziehbar	12	%
74	**Dauernde Lasten**	Rechtsgrund, Datum des Vertrags			10	10	%
75	Unterhaltsleistungen an den geschiedenen/dauernd getrennt lebenden Ehegatten lt. Anlage U				39	39	
76							
77	**Kirchensteuer**			13 1999 gezahlt	14 1999 erstattet	13	
78	Rentenversicherungspflichtig Beschäftigte in der Hauswirtschaft (ohne sog. 630 DM-Arbeitsverhältnisse)					14	
79	vom – bis	Höhe der Aufwendungen DM	Steuerfreie Einnahmen DM	– ▶		22	22
80	**Steuerberatungskosten**					16	16
81	Aufwendungen für die eigene Berufsausbildung oder die Weiterbildung in einem nicht ausgeübten Beruf	Art der Aus-/Weiterbildung					
82	Art und Höhe der Aufwendungen				17	17	
83	Schulgeld an Ersatz- oder Ergänzungsschulen für das Kind lt. Zeile ... der Anlage Kinder	Bezeichnung der Schule			71	71	
84							
85	Spenden und Beiträge für wissenschaftliche, mildtätige und kulturelle Zwecke	lt. beigef. Bestätigungen	lt. Nachweis Betriebsfinanzamt	18 + ▶		18	
86	für kirchliche, religiöse und gemeinnützige Zwecke	+ ▶		19		19	
87	Mitgliedsbeiträge und Spenden an politische Parteien (§§ 34 g, 10 b EStG)	+ ▶		20		20	
88	an unabhängige Wählervereinigungen (§ 34 g EStG)	+ ▶		70		70	
89						Summe der Umsätze Löhne und Gehälter 21	
90							
91	**Verlustabzug**					72	
92	Verlustabzug nach § 10 d EStG lt. Feststellungsbescheid zum 31. 12. 1998 (Bitte weder in Rot noch mit Minuszeichen eintragen.)			72 Stpfl./Ehemann	73 Ehefrau	73	
93	Antrag auf Beschränkung des Verlustrücktrags nach 1998 für nicht ausgeglichene Verluste 1999			76	77	76	
94						77	

65

Zeile	Außergewöhnliche Belastungen									
95	**Behinderte und Hinterbliebene**			Nachweis	ist beigefügt.		hat bereits vorgelegen.		99	53
96	Name	Ausweis-/Rentenbescheid/Bescheinigung ausgestellt am	gültig bis	hinter-blieben	behindert	blind / ständig hilflos	geh- und steh-behindert	Grad der Behinderung		
97									56	56 1. Person *)
98									57	57 2. Person *)
99	Nur bei geschiedenen oder dauernd getrennt lebenden Eltern oder bei Eltern nichtehelicher Kinder: Laut beigefügtem gemeinsamen Antrag sind die für Kinder zu gewährenden Pauschbeträge für Behinderte/Hinterbliebene in einem anderen Verhältnis als je zur Hälfte aufzuteilen.								*) bei Blinden u. ständig Pflege-bedürftigen „300" eintragen	
100	**Beschäftigung einer Hilfe im Haushalt**	vom – bis		Aufwendungen im Kalenderjahr			DM		Hinterbleb.-Pauschbetrag 58	Anzahl
101	Antragsgrund, Name und Anschrift der beschäftigten Person oder des mit den Dienstleistungen beauftragten Unternehmens								Hilfe im Haushalt/Unterbr. 60	
102	**Heimunterbringung**	vom – bis		der steuerpflichtigen Person		des Ehegatten			Pflege-Pauschbetrag 79	
103	ohne Pflegebedürftigkeit	zur dauernden Pflege		Art der Dienstleistungskosten					Summe der Unterhalts-zeiträume in Monaten insgesamt	
104	Bezeichnung, Anschrift des Heims								50	
105	**Pflege-Pauschbetrag** wegen unentgeltlicher persönlicher Pflege einer ständig hilflosen Person in ihrer oder in meiner Wohnung im Inland			Nachweis der Hilflosigkeit	ist beigefügt.		hat bereits vorgelegen.		Eigene Einnahmen der unterhaltenen Person(en), ggf. „0" 51	
106	Name, Anschrift und Verwandtschaftsverhältnis der hilflosen Person(en)				Name anderer Pflegepersonen				Betriebsausgaben / Werbungskosten / Kostenpauschale	
107	**Unterhalt für bedürftige Personen** Name und Anschrift der unterhaltenen Person, Beruf, Familienstand								52	
108	Hatte jemand Anspruch auf Kindergeld oder einen Kinderfreibetrag für diese Person?		Nein	Ja	Verwandtschaftsver-hältnis zu dieser Person		Geburtsdatum		Unterhaltsleistungen Dritter 53	
109	Die unterstützte Person ist der geschiedene Ehegatte.		Die unterstützte Person ist als Kindesmutter/Kindesvater gesetzlich unterhaltsberechtigt.						Tatsächl. Unterhalts-leistungen d. Stpfl. 54	
110	Die unterstützte Person ist nicht unterhaltsberechtigt, jedoch werden bei ihr öffentliche Mittel wegen der Unterhaltszahlungen gekürzt um							DM	Personell berechneter Betrag (§§ 33a, 33b EStG) 61	
111	Aufwendungen für die unterhaltene Person (Art)				vom – bis		Höhe	DM	Anerkannte außer-gewöhnliche Belastung – vor Abzug der zumut-baren Belastung –	
112	Diese Person hatte a) im Unterhalts-zeitraum	Bruttoarbeitslohn DM	Öfftl. Ausbildungshilfen DM	Renten und andere Einkünfte / Bezüge sowie Vermögen (Art und Höhe)					62	
113	b) außerhalb des Unterhalts-zeitraums	DM	DM							
114	Diese Person lebte in meinem Haushalt	im eigenen / anderen Haushalt	zusammen mit folgenden Angehörigen						99	12
115	Zum Unterhalt dieser Person haben auch beigetragen (Name, Anschrift, Zeitraum und Höhe der Unterhaltsleistungen)								Nr.	Wert
116	**Andere außergewöhnliche Belastungen** Art der Belastung			Gesamtaufwand im Kalenderjahr DM	Erhaltene / zu erwartende Versicherungsleistungen, Beihilfen, Unterstützungen; Wert des Nachlasses usw. DM					
117										
118										
119										

99	30	11	Versp. Zuschl. in DM		45	Dauer der Verspätung in Monaten 38	Vorauszahlungen

Verfügung

1. Die aufgeführten Daten sind mit Hilfe des geprüften und genehmigten Programms sowie unter Berücksichtigung der ggf. gespeicherten Daten maschinell zu ver-arbeiten. In Höhe der maschinell ermittelten Ergebnisse werden die Steuern, die Zinsen, die Arbeitnehmer-Sparzulagen, der Verspätungszuschlag und die Vor-auszahlungen festgesetzt oder es wird die Nichtveranlagung verfügt. Der verbleibende Verlustabzug wird festgestellt. Das Ergebnis ist bekanntzugeben.

		Erledigt (Namensz., Datum)			Erledigt (Namensz., Datum)
2. ☐ Grunddaten prüfen			6. Von der Steuererklärung wurde abgewichen ☐ nein ☐ ja	7. Zur Datenerfassung/Bearbeitereingabe	
3. ☐ KM fertigen			Stpfl. wurde(n) vorher angehört ☐ ja ☐ nein	8. ☐ Bescheid ergänzen (Anlage beifügen)	
4. ☐ Belege zurückgeben			Die Abweichung wurde im Bescheid erläutert ☐ ja ☐ nein	9. ☐ LSt-Karte(n) entwerten	
5. ☐ Änderung/Berichtigung vermerken				10. Z. d. A.	

Erfaßt		Kontrollzahl

> *Das Joch des guten Willens*
> *ist sanft, und seine Last ist leicht.*
> (Jesus von Nazareth)

4.3 Allgemeine Angaben – Zeile 2–27

◆ *Musterfall Familie Huber*   **70**

So sehr wir die uns zustehenden Steuervergünstigungen mit allem Nachdruck verfechten, so sehr wollen wir dem Finanzamt aber helfen, daß es sich mit unserer Erklärung nicht allzu lange aufhalten muß.

Deshalb sind wir dem Finanzamt auch mal gut und füllen die Formulare so musterhaft aus, wie es sich der Finanzminister selbst in seinem Beispiel in der amtlichen Anleitung für Familie Huber vorstellt.

Die Eheleute Huber wollen für 1999 eine Lohnsteuererstattung erreichen. Sie stellen deshalb einen Antrag auf Einkommensteuerveranlagung. Herr Huber kreuzt deshalb zunächst einmal das Kästchen auf Seite 1 ganz oben links an. Da bereits für das Jahr 1998 eine Antragsveranlagung durchgeführt worden ist, trägt er außerdem die Steuernummer aus dem Einkommensteuerbescheid 1998 ein.

Herr Huber ist Kraftfahrzeugschlosser. Er heißt mit Vornamen Heribert, ist am 18. 10. 1942 geboren und wohnt zusammen mit seiner Ehefrau Hannelore in Köln. Sie haben am 12. 1. 1968 geheiratet. Frau Huber ist am 17. 10. 1947 geboren; sie arbeitet in der Nähe ihrer Wohnung das ganze Jahr über halbtags in einer Exportfirma als Buchhalterin.

»Bei mir liegen die Verhältnisse aber ganz anders«, sagst Du.

Dann laß mich erklären und zugleich zeigen, was an Vorteilen zu ergattern ist.

71 Zeile 4 Geburtsdatum

Das Geburtsdatum hat Bedeutung für

a) Altersentlastungsbetrag
Er wird automatisch berücksichtigt in dem Jahr, in dem Du 65 wirst. Der Altersentlastungbetrag beträgt 40% des Arbeitslohns und der positiven Summe der übrigen Einkünfte, allerdings ohne Versorgungsbezüge und ohne Renten. Er ist der Höhe nach begrenzt auf 3 720 DM (§ 24 a EStG, Tip ➤ Rz 72 und 1123).

b) Steuerfreiheit von Abfindungen, die aufgrund vom Arbeitgeber veranlaßter Kündigung gezahlt werden (§ 3 Nr. 9 EStG, ➤ Rz 695 f.)

c) Beschäftigst Du eine Hausgehilfin, erhältst Du auf Antrag einen Freibetrag, sofern Du älter als 60 Jahre oder zu mindestens 45% körperbehindert bist. Die Aufwendungen für die Hausgehilfin trägst Du in > Zeile 100–104 ein. Begünstigt sind höchstens 1 800 DM (➤ Rz 277).

d) Wenn Du über 55 Jahre bist, steht Dir ein Freibetrag für Gewinne aus dem Verkauf oder der Aufgabe eines Betriebs von 60 000 DM zu.

e) Versorgungsfreibetrag ab 62 Jahre für Betriebspensionen und Vorruhestandsgeld. Dazu mehr unter ➤ Rz 691.

72 ▀▀ TIP Wie Du mit Deiner besseren Hälfte Steuern sparst!

Haltet Ihr es traditionell? Du sorgst für das Geld, Deine bessere Hälfte für den Haushalt? Dann geht Dir vielleicht schon seit längerem ein zweiter Altersentlastungsbetrag von DM 3720 durch die Lappen. Übertrage ihr doch einen Teil von Deinem Hab und Gut, so daß sie Einkünfte von 9 300 DM hat, denn 40% von 9 300 DM sind 3 720 DM. In Frage kommt Kapitalvermögen, ein Mietshaus oder was sonst noch Geld bringt, für das Du bisher Steuern zahlen mußtest. Also nicht nur die Übertragung auf Kinder kann lukrativ sein, auch den eigenen Ehepartner solltest Du dafür einspannen.

Zeile 4 Religion 73

Gehörst Du keiner kirchensteuerberechtigten Religionsgemeinschaft an, so trage einfach »vd« oder »–« ein. Bist Du im Laufe des Jahres aus der Kirche ausgetreten, so weise durch entsprechende Angaben darauf hin, z. B. »ev. bis 31. 3.« und füge als Nachweis für den Kirchenaustritt eine Kopie der Bescheinigung des Amtsgerichts bei.

Deine Befreiung von der Kirchensteuer wird mit Beginn des folgenden Monats – im obigen Beispiel also ab April – wirksam.

»Keine Steuer kann man so leicht einsparen wie die Kirchensteuer: durch Kirchenaustritt, egal, ob auf die coole oder die softe Tour«, sagst Du. »Wer aber nur aus diesem Grund aus der Kirche austritt, der handelt doch wenig menschlich, der sollte doch wenigstens einen ähnlichen Betrag als Spende aufbringen, wenn er es sich leisten kann.«
Mag sein, doch sag, was ist beim Kirchenaustritt die coole und was die softe Tour?
»Cool bedeutet förmlich beim Amtsgericht den Austritt erklären mit mehr oder weniger schlechtem Gewissen. Soft bedeutet: einfach keine Angaben zur Religion machen bei Umzug in eine andere Gemeinde. Die nächste Lohnsteuerkarte ist dann jungfräulich.«
Zur Kirchensteuer mehr unter ➤Rz 191 u. 675 ff.

Zeile 4 Ausgeübter Beruf 74

Das Finanzamt erkennt viele Werbungskosten pauschal ohne Einzelnachweis an. Die Höhe des zusätzlichen pauschalen Betrages richtet sich nach Deiner Berufsgruppe. Die meisten pauschalen Beträge stehen in der Richtlinie 47 LStR.
Berufe mit Pauschbeträgen: ➤Rz 1000

Zeile 5–6 Anschrift 75

An Deine dort angegebene Anschrift geht der Bescheid des Finanzamts. Die Anschrift ist auch wichtig für beruflich veranlaßte Fahrten zwischen Wohnung und Betrieb. Hast Du zwei Anschriften, unter denen Du gemeldet bist, so überlege Dir, welche Anschrift Du hier angibst (Tip ➤Rz 754). Diese Anschrift ist maßgebend für die Entfernungsangabe, die einzutragen ist in > Zeile 35 Anlage N.

76 Zeile 7 Familienstand

Angaben zum Familienstand machen nur Verheiratete, Verwitwete oder Geschiedene.

Die Angaben zum Familienstand und die Angaben zur Veranlagungsform (> Zeile 12) – beide sind im Zusammenhang zu sehen – sind entscheidend dafür, ob die Einkommensteuer nach der Grundtabelle oder nach der wesentlich günstigeren Splittingtabelle erhoben wird.

77 **Übrigens, kennst Du den Unterschied zwischen der Grundtabelle und der Splittingtabelle?** Nicht so genau? Also höre:

Alleinstehende versteuern ihr Einkommen nach der Grundtabelle. Bei Verheirateten gilt die Splittingtabelle. Dafür wird gedanklich ein gemeinsames Einkommen festgestellt und dieses sodann durch zwei geteilt (gesplittet). Jeder versteuert die Hälfte des gemeinsamen Einkommens nach der Grundtabelle. Die Steuerbeträge werden sodann zusammengerechnet und in einem Steuerbescheid zusammengefaßt. Um die doppelte Rechnerei zu vermeiden, gibt es die Splittingtabelle.

Die Folge des Splittens: Die Steuerprogression schlägt nur halb so brutal zu. Sie steigt pro 10 000 Mark Einkommen um ca. 1,5 %, beim Grundtarif dagegen um ca. 3 %.

Preisfrage: **Lohnt sich Heiraten wegen der Steuer?**

Antwort: **Nur wenn die Einkünfte der beiden Partner unterschiedlich hoch sind.**

Beziehen beide ein gleich hohes Einkommen, ist der Steuervorteil Null. Hat einer kein Einkommen, beträgt der Splittingvorteil im Höchstfall, bei einem Einkommen ab 240 Mille = 22 886 Mark. Da staunste, wa?

Auch Verwitwete zahlen im ersten Jahr nach dem Tode des Ehegatten – noch einmal – nach der Splittingtabelle. Die Fiskalbürokraten nennen dies sinnigerweise »Witwensplitting«.

78 Prüfe aber nach, ob Dir das »Witwensplitting« auch wirklich gewährt wurde. Denn möglicherweise hat der Bearbeiter bei der Computereingabe statt einer 2 für »Splittingtarif« eine 1 für »Grundtarif« gesetzt.

Verheiratete erhalten den Splittingtarif auch dann, wenn sie in > Zeile 12 kein Kästchen ankreuzen, weil sie ohne besonderen Antrag immer automatisch – mit Splittingtarif – zusammenveranlagt werden.

Anders bei der getrennten Veranlagung, die extra beantragt werden muß. **79** Dann zahlt jeder Ehegatte für sich Steuern nach der Grundtabelle. Die Steuer ist aber zusammengerechnet fast immer höher als bei der Zusammenveranlagung, so daß sich dieses Verfahren zum Zwecke der Steuerersparnis im Normalfall nicht lohnt. Zu den Ausnahmen ➤ Rz 86 f.

Viele Ehepaare, in deren Ehe es knistert, wählen trotzdem die getrennte Veranlagung, damit jeder für sich eine Steuererklärung abgeben kann und jeder für sich einen Steuerbescheid erhält. Wie Ihr trotz günstiger Zusammenveranlagung allem Ärger aus dem Weg geht? Lies dazu ➤ Rz 83.

Hast Du das ganze Jahr über getrennt gelebt oder bist Du schon geschieden, ist der Anspruch auf den Splittingtarif vertan.
Zum Tarif und zur Steuerprogression findest Du mehr unter ➤ Rz 34 ff.

> *Es gibt Zeiten für Vereinbarungen*
> *und Zeiten,*
> *in denen Vereinbarungen überprüft werden müssen.*
> (McCarthy)

TIP **Schiebe Deine Scheidung hinaus,** **80**
so lange es geht

Wieder heiraten kannst Du noch früh genug. Weißt Du eigentlich, wie günstig der Splittingtarif ist? Sieh selbst:

Zu versteuerndes Einkommen z. B.	120 000 DM
Einkommensteuer darauf nach Grundtarif	40 707 DM
Einkommensteuer darauf nach Splittingtarif	28 718 DM
Steuervorteil des Splittingtarifs – pro Jahr –	11 989 DM

Im Höchstfall beträgt der Splittingvorteil 22 886 DM bei einem Einkommen ab 240 000 DM.

81 **TIP** Mit gemeinsamem Wohnsitz den Splittingtarif retten

Lebst Du das ganze Jahr über schon getrennt, weil Ihr Euch scheiden lassen wollt? Dann ist der wirklich günstige Splittingtarif für Euch vertan, selbst wenn Ihr noch auf dem Papier verheiratet seid. Auch ein gemeinsamer Urlaub reicht steuerlich zum Kitten nicht mehr aus. Also fackle nicht lange! Nimm eine Flasche Wein, klemm Dir einen Blumenstrauß unter den Arm und mach gutes Wetter bei Deinem Exehepartner. Du hast – steuerlich betrachtet – alles erreicht, wenn Du bei ihm Deinen Hauptwohnsitz anmelden darfst. Dann habt Ihr nämlich eine gemeinsame Anschrift, und alles ist klar. Runzelt der Fiskalritter die Stirn, antwortest Du: »Keine Frechheiten oder dreiste Unterstellungen, bitte! Lesen Sie doch mal in den Einkommensteuer-Hinweisen 174 unter ›Getrennt leben‹ nach. Da steht drin, daß das Finanzamt den Angaben der Ehegatten zu folgen hat.« Oder Du sagst ihm: »Wir sind im Veranlagungsjahr wieder zusammengezogen, um unsere Ehe dauerhaft zu retten. Meldebescheinigung anbei.« Das reicht aus für den Splittingtarif, auch wenn Du nach kurzer Zeit wieder ausgezogen bist, weil es erneut gekracht hat (FG Köln vom 21. 12. 1993 – EFG 1994 S. 791 nrk).

Und jetzt spitzt mal die Ohren, Ihr Lieben. Die Masche mit der gemeinsamen Wohnung läuft neuerdings unter dem Begriff »Versöhnungsversuch«. Eherechtlich unterbricht ein Versöhnungsversuch nicht die Jahresfrist, vor deren Ablauf im Normalfall eine Scheidung nicht möglich ist (§ 1567 Abs. 2 BGB). Wenn Ihr also partout nach einem Jahr Trennung geschieden werden wollt, steht dem nicht entgegen, daß Ihr zwischendurch einen Versöhnungsversuch unternehmt.

Für die Einkommensteuer gibt es jedoch keine Sonderregelungen für Versöhnungsversuche. Das hat zur Folge, daß in dem Jahr, in dem Ihr – wenn auch nur für kurze Zeit – nicht getrennt lebt, die Zusammenveranlagung und damit der Splittingtarif möglich ist (FG Münster vom 22. 3. 1996 – 14 K 3008/94 E, Rev. eingelegt, AZ des BFH X R 102/96).

Wie sich damit zudem noch für später die Eigenheimzulage retten läßt, dazu mehr unter ➤ Rz 1197.

82 **TIP** Einen Tag verheiratet reicht für den Splittingtarif

Der Splittingtarif steht Dir bereits zu, wenn Du nur einen Tag im Kalenderjahr verheiratet gewesen bist.

»Wenn ich also am 31. 12. heirate, erhalte ich für das volle abgelaufene Jahr noch den Splittingtarif«, staunst Du.

Ja, sicher. Genauso erhältst Du den Splittingtarif noch für das Jahr, in dem Du zu Jahresbeginn noch nicht getrennt gelebt hast.

»Aha, ich verstehe. Wenn ich beispielsweise im Monat Mai geschieden werde und zu Beginn des Jahres nicht getrennt gelebt habe, erhalte ich noch für das Jahr der Ehescheidung den Splittingtarif.«

Richtig. Dazu wisse: Die Angaben im Scheidungsprozeß zum Getrenntleben sind steuerlich nicht maßgebend (BFH-Urteil vom 12. 6. 1991 – BStBl 1991 II S. 806). Erkläre also dem Finanzamt, daß die **wirkliche** Trennung erst nach Jahresbeginn stattgefunden hat – sofern das zutrifft.

»Ich habe trotz eingereichter Scheidung sogar zwei Jahre gebraucht, um mich von meiner Frau zu trennen – seelisch. Und weil wir eine friedliche Scheidung hatten und wir uns auch öfter sahen, hätte ich Dummkopf ja eigentlich damals den Splittingtarif noch ein Jahr länger in Anspruch nehmen können«, sinnierst Du. »Oder was meinst Du?«

Ich bin da überfragt. Das mußt Du schon selbst herausfinden.

▬▬ TIP Der Trick mit dem Aufteilungsantrag   83

Viele demnächst Geschiedene wählen die getrennte Veranlagung und nehmen damit finanzielle Nachteile in Kauf, nur um Auseinandersetzungen mit ihrem Partner aus dem Weg zu gehen. Denn schon die heikle Frage, wer bei Zusammenveranlagung für die Nachzahlung aufkommen muß, kann bei ihnen zu Streit führen.

Besser als die getrennte Veranlagung ist in diesem Fall aber, zunächst die Splitting-Zusammenveranlagung zu wählen und beim Finanzamt die Aufteilung der gemeinsamen Steuerschuld zu beantragen. Jedem Ehepartner wird dann im Aufteilungsbescheid bescheinigt, wieviel Steuern er auf Grund seiner Einkünfte nachzahlen muß. Quelle: § 268 AO.

Winkt eine Erstattung, so beantrage, das Finanzamt möge die Erstattung anteilig vornehmen, unter Beachtung der von jedem geleisteten Vorauszahlungen und der einbehaltenen Lohnsteuer bzw. Kapitalertragsteuer.
(Quelle: BFH-Urt. vom 19. 10. 1982 – BStBl 1983 II S. 162.) So gehst Du unnötigem Streit aus dem Weg.

Übrigens: Der Aufteilungsantrag schützt auch vor Haftungsansprüchen des Fiskus, wenn dieser Dich nach vorangegangener Splitting-Zusammenveranlagung als Haftungsschuldner für die Einkommensteuerschulden Deines pleite gegangenen Ehepartners in Anspruch nehmen will.

Mit dem Aufteilungsantrag kann es sogar glücken, daß Dir das Finanzamt Lohnsteuer erstattet, während es Deinem pleite gegangenen Ehepartner noch mehr Steuern aufbrummt, ihn aber sodann mangels Masse in Ruhe läßt. Quelle: § 261 AO (Niederschlagung von Steueransprüchen).

84 TIP Am Versorgungsausgleich noch verdienen

Im Versorgungsausgleich müßt Ihr auch Eure Alterssicherung untereinander aufteilen – also das Konto bei der Rentenversicherung oder Versorgungskasse halbieren. Willst du Deinen Ruhegeldanspruch nicht gefährden, kannst Du den Anspruch Deines Expartners auch *kapitalisieren*, also in einem Schlag auszahlen.

»Woher nehmen, wenn nicht stehlen?« fragst Du.

Na, von der Bank, per Darlehen. Die Schuldzinsen setzt Du als *vorweggenommene Werbungskosten* bei den sonstigen Einkünften an. Du trägst sie also in > Zeile 42 der Anlage KSO unter Werbungskosten ein, und schon sparst Du Steuern. Sagt der BFH (Urteil vom 5. 5. 93 – BStBl. 1993 II S. 867).

85 TIP Das Besondere im Jahr der Eheschließung

Manche Eheleute stehen nach der Eheschließung trotz Splitting-Zusammenveranlagung steuerlich schlechter da als vorher. So können ihnen z. B. durch die Zusammenveranlagung das Witwensplitting oder der Haushaltsfreibetrag für Alleinstehende mit Kind (5 616 DM) verlorengehen. Deshalb ist unter Umständen die Wahl der **besonderen Veranlagung** günstiger. Denn dabei werden sie so gestellt, als ob sie nicht geheiratet hätten. Das Wahlrecht besteht aber nur für das Jahr der Eheschließung. Für die besondere Veranlagung muß jeder eine Steuererklärung so ausfüllen, als bestünde die Ehe nicht.

Geht Dir also durch Zusammenveranlagung das Witwensplitting oder der Haushaltsfreibetrag verloren, so kann die besondere Veranlagung günstiger sein (§ 26c EStG). Wenn Du Zweifel hast, ruf deswegen beim Finanzamt an und erkundige Dich, was für Dich günstiger ist, die Zusammenveranlagung oder die besondere Veranlagung.

86 TIP Ist die getrennte Veranlagung doch günstiger?

Bei der getrennten Veranlagung werdet Ihr im Prinzip wie Alleinstehende besteuert, also nach dem Grundtarif und nicht nach dem generell günstigeren Splittingtarif.

In Ausnahmefällen kann aber die getrennte Veranlagung günstiger sein.
Als solche Ausnahmefälle gelten: @ZZZ =

- Einer von Euch hat negative Einkünfte, also Verluste, und der andere positive Einkünfte, also Überschüsse. Bei Zusammenveranlagung würden die negativen und positiven Einkünfte miteinander verrechnet, und es ergibt sich vielleicht ein Nulleinkommen, also kein Verlustrücktrag. Bei getrennter Veranlagung wäre aber ein Verlustrücktrag möglich, was günstiger sein kann. Zum Verlustrücktrag ➤ Rz 245.

- Einer von Euch beiden hat gewerbliche Einkünfte, für die es einen günstigeren Tarif gibt. Dieser ermäßigte Steuersatz kann bei Zusammenveranlagung verlorengehen.

- Einer von Euch ist Arbeitnehmer mit Anspruch auf die Vorsorgepauschale. Wenn der andere hohe Vorsorgeaufwendungen hat, kann eine getrennte Veranlagung günstiger sein.

Ob für Euch die getrennte Veranlagung günstiger ist, kann nur ein ganz versierter Steuerfuchs ausbaldowern. Vielleicht findet Ihr einen. Oder bist Du vielleicht selbst einer?

»Ich gehe ins Finanzamt und laß mir ausrechnen, was günstiger ist«, sagst Du.

Gute Idee!

TIP **Durch getrennte Veranlagung zur Eigenheimzulage** 87

Für die Eigenheimzulage ist unter anderem Voraussetzung, daß im Erstjahr und im Vorjahr der Selbstnutzung der Gesamtbetrag der Einkünfte insgesamt 240 000 DM, im Falle der Zusammenveranlagung 480 000 DM nicht übersteigt. Wenn nun Eheleute unterschiedlich hohe Einkünfte haben, kann es passieren, daß sie zusammen zwar über 480 000 Mark kommen, einer von beiden aber unter 240 000 Mark liegt. Wenn sie nun im Erstjahr die getrennte Veranlagung wählen, steht demjenigen, der unter 240 000 DM liegt, die Eigenheimzulage zu, allerdings nur zur Hälfte, wenn das Haus nicht einem allein, sondern beiden je zur Hälfte gehört.

Beispiel:		Ehemann	Ehefrau
Gesamtbetrag der Einkünfte	Erstjahr	185 000 DM	60 000 DM
	Vorjahr	185 000 DM	60 000 DM
		370 000 DM	120 000 DM

Die Ehefrau hat also Anspruch sowohl auf die Hälfte der Eigenheimzulage als auch auf die Kinderzulage. Und lohnt sich der Aufwand, fragst Du? Rechnen wir mal:

Einkommensteuer bei der <u>Zusammenveranlagung:</u>		56 812 DM
<u>Getrennte Veranlagung:</u>		
Einkommensteuer Ehemann		
(anteiliges zvE angenommen140 000 DM)	51 297 DM	
Einkommensteuer Ehefrau		
(anteiliges zvE angenommen 50 000 DM)	<u>10 905 DM</u>	
Steuerbelastung insgesamt:	62 202 DM	
Abzüglich		
Eigenheimzulage für die Ehefrau: zur Hälfte	2 500 DM	
Kinderzulage bei zwei Kindern: 2 x 1 500 DM	<u>3 000 DM</u>	
Verbleiben	56 702 DM	56 702 DM
Belastung im Erstjahr:		110 DM
zuzüglich		
Zulagen in den sieben Folgejahren		<u>38 500 DM</u>
Vorteil insgesamt:		<u>38 610 DM</u>

Dafür lohnt sich die Rechnerei schon, oder? Und wisse, in den folgenden Jahren wählst Du wieder die günstigere Zusammenveranlagung, denn die Zulage hast Du bereits jetzt für acht Jahre in der Tasche. Glaubst Du, der Fall trifft Deine Situation, so geh doch einfach zum Finanzamt und laß Dir ausrechnen, ob sich für Dich ein Vorteil ergibt. Schließlich ist ja das Finanzamt ein Dienstleistungsbetrieb, auch für die Steuerzahler.

Wisse: Die Einkunftsgrenzen könnten schon bald auf 160 000 bzw. 320 000 DM (bzw. 80 000/160 000 DM jährlich) sinken.

Mehr zur Eigenheimzulage ➤ Rz 1152.

---

88   ## Zeile 12   Angaben zum Güterstand der Gütergemeinschaft

---

Dies betrifft wiederum nur Verheiratete. Im Normalfall gilt für Ehegatten der gesetzliche Güterstand der Zugewinngemeinschaft. Vorsichtige Leute haben Gütertrennung vereinbart. Hier ist aber auch zu bedenken, daß die Erbschaftsteuer wesentlich höher ist, wenn ein Ehegatte stirbt. Deshalb rate ich Dir:

▬▬ Vereinbare für den Fall der Scheidung
TIP die Gütertrennung!

Ansonsten die Zugewinngemeinschaft. Ihr wählt also keinen besonderen Güterstand und landet dann automatisch in der Zugewinngemeinschaft. Für den Fall der Scheidung könnt Ihr aber in einem Ehevertrag vereinbaren, daß dann abgerechnet wird, als hättet Ihr die Gütertrennung vereinbart. Dieser Trick ist unter dem Stichwort ›modifizierte Zugewinngemeinschaft‹ bekannt. Auf diese Weise wird sichergestellt, daß im Todesfalle der sogenannte Zugewinn von der Erbschaftsteuer befreit bleibt. Zugleich findet aber im Falle der Ehescheidung eine Verteilung des Vermögens nicht statt.

Gütergemeinschaft

In ganz seltenen Fällen wählen Verheiratete die Gütergemeinschaft. Auf diesen Güterstand richtet sich das Interesse des Fiskus, weil hier Arbeitsverträge zwischen den Ehegatten steuerlich nicht zulässig sind. Kreuze deshalb das Kästchen ☐ »Nein« an, wenn »Nein« zutrifft.
»Wird das Finanzamt nachprüfen, wenn ich mich hier vertue und einen anderen Güterstand ankreuze, als ich ihn wirklich habe?« fragst Du.

Da hätten die aber viel zu tun! Nein, so pingelig sind die Finanzämter Gott sei Dank nicht. Obschon sie genau wissen, daß es viele Steuerzahler gibt, die wirklich nicht wissen, welchem Güterstand sie angehören. Du aber solltest schon genau hinsehen, wo Du Dein Kreuzchen machst, oder lasse es einfach weg.

Zeile 14 Bankverbindung

Hast Du eine Steuererstattung zu erwarten, so kommst Du um die Angabe einer Bankverbindung nicht herum, denn die Finanzämter führen Steuererstattungen nur unbar aus.
Hat sich Deine Kontonummer geändert, schreib es dick drüber, damit die Erstattung auf dem neuen Konto landet!

12		veranlagung	Veranlagung	das Jahr der Eheschließung		Nein	Ja	78			
13	X	Bankverbindung	Bitte stets angeben!	Achtung 🟨 Neues Konto 🟨				73	Angaben zur Erstattung	83	Bescheid ohne Anschrift Ja = 1
14		Kontonummer 2,79,5,72,-,4,66		Bankleitzahl 4,4,0,10,0,4,6				74	Veranlagungsart	75	Zahl d. zusätzl. Bescheide
15		Geldinstitut (Zweigstelle) und Ort Postbank Dortmund						KSO 22	N 19	KIN 59	
16	X	Kontoinhaber lt. Zeilen 2 u. 3 oder:	Name (im Fall der Abtretung bitte amtlichen Abtretungsvordruck beifügen)					GSE 21	L 20	V 23	

Keine Familie kann das Schild vor die Tür hängen:
»Hier ist alles in Ordnung.«

(Aus China)

92 TIP Mit einem Kredithai die Steuererstattung teilen?

Überlege gut, wenn Du Dir, vielleicht auf Anraten des für Dich tätigen Lohnsteuer-Hilfevereins, den Erstattungsbetrag von einem Kredithai durch Abtretung an ihn vorfinanzieren lassen willst (§ 46 AO). Das Finanzamt spielt mit, wenn Du den dafür vorgesehenen Abtretungsvordruck beifügst. Der einbehaltene Abschlag für Zinsen und Gebühren beträgt aber mindestens 10% der Steuererstattung. Und leichter als durch ein bis zwei Monate Warten, kannst Du Dein Geld nicht verdienen.

Zukunft, das ist für
mich heute.

(Heinrich)

93 TIP Hüte Dein Bankgeheimnis

Hast Du Verbindung zu mehr als einer Bank, gib nicht unbedingt Deine Hauptbankverbindung an. Solltest Du nämlich mit Deinen Steuern in Rückstand geraten, grast der Steuerbulle als erstes Deine Bankkonten ab. Es sei denn, er kennt sie nicht alle …

Solche Geheimnistuerei kann sich auch in einem Steuerstrafverfahren bezahlt machen, denn das Wort Bankgeheimnis nötigt Steuerprüfern im Strafverfahren nur ein müdes Lächeln ab (§ 30a Abs. 5 AO).

Hast Du noch immer alle Konten bei einer einzigen Bank und hat die Bank Deine Konten durchnumeriert, gib immer das erste Konto an.

»Wieso denn gerade das erste Konto, da läuft doch das meiste«, sagst Du.

Trotzdem, denn Dein Fiskalritter erkennt oft schon an der Kontonummer, daß Du noch andere Konten hast. Mal angenommen, Du gibst das Konto ... 0219 an. Da sieht er: Die letzte Ziffer 9 ist die Prüfziffer, die ist uninteressant. Die vorletzte Ziffer 1 ist die Kontoart, hier Girokonto. Die dritt- und viertletzten Ziffern 02 geben die Kontonummer an. Also ist klar, da muß noch ein Konto 01 sein. Also immer Konto 01 angeben, dann weiß er von dem Konto 02 nichts.

Zeile 24–26 Mitwirkung bei Anfertigung der Steuererklärung

94

Hier trägst Du ein, wer Dir geschäftsmäßig bei der Steuererklärung geholfen hat. Nicht einzutragen brauchst Du Angehörige (§ 5 StBerG), ferner nicht diejenigen, die Dir aus Gefälligkeit oder bei Gelegenheit geholfen haben, so OLG Düsseldorf vom 25. 2. 1988 – 5 Ss (Owi) 9/88 – 37/88 I. Ich brauche Dir ja nicht noch zu sagen, daß unbefugte geschäftsmäßige Hilfe in Steuersachen vom Fiskus mit einem dicken Bußgeld (bis zu 10 Mille) geahndet wird (§ 160 StBerG).

Zeile 27 Unterschrift

95

Ehegatten müssen das Hauptformular gemeinsam unterschreiben, auch wenn nur ein Ehegatte Einkünfte bezogen hat.

Wird die Unterschrift eines Ehegatten vergessen, verzögert sich die Bearbeitung der Erklärung. Denn die fehlende Unterschrift muß zunächst nachgeholt werden. Über die Verzögerung ärgert sich das Finanzamt, wenn eine Steuernachzahlung von Dir zu erwarten ist ...

Muß ein minderjähriges Kind wegen eigener Einkünfte eine Steuererklärung abgeben, unterschreiben die Eltern für das Kind als dessen gesetzliche Vertreter.

Fehlerfrei bei jeder
Fehlentscheidung.
(Verstand des BFH)

96   4.4 Einkünfte im Kj. 1999 – Zeile 29–38

Deine Einkünfte erklärst Du in den dafür vorgesehenen Anlagen zum
Hauptformular. Kreuze deshalb die entsprechenden Kästchen für die von
Dir verwendeten Anlagen an.

97   ◆ *Musterfall Huber*

*Welche Einkünfte hatten die Hubers? Herr und Frau Huber haben beide
Arbeitslohn bezogen. Herr Huber kreuzt deshalb in > Zeile 33 bei »nichtselb-
ständiger Arbeit« die beiden Kästchen an, da er für sich selbst und seine
Ehefrau jeweils eine Anlage N beifügt.*
*Hubers haben für ihre Ersparnisse 503 DM Zinsen erhalten. Aufgrund ihres
Freistellungsauftrages (➤ Rz 1018) wurde kein Zinsabschlag vorgenommen.
Sie kreuzen deshalb in > Zeile 31 das rechte Auswahlkästchen an, weil in
diesem Fall die Abgabe der Anlage KSO entbehrlich ist.*

Zeile 29	Einkünfte im Kalenderjahr 1999	aus folgenden Einkunftsarten:		
30				Die Einnahmen aus Kapitalvermögen betragen nicht mehr als 6 100 DM, bei Zusammenveranlagung 12 200 DM. Zur Anrechnung von Steuerabzugsbeträgen und bei ver-
31	Kapitalvermögen		☐ lt. Anlage KSO (Seite 1)	☒ güteter Körperschaftsteuer bitte Anlage KSO abgeben.
32	Sonstige Einkünfte		☐ lt. Anlage KSO (Seite 2)	
33	Nichtselbständige Arbeit	☒ lt. Anlage N für steuerpflichtige Person (bei Ehegatten: Ehemann)	☒ lt. Anlage N für Ehefrau	

**98 ✏️✏️ TIP   Soli-Zuschlag zu hoch – Betrug oder nur
Schlamperei?**

Der Soli-Zuschlag beträgt 5,5% der Hauptsteuer, das ist klar. Wirst Du zur
Einkommensteuer veranlagt, beträgt der Soli-Zuschlag 5,5% der festgesetzten Einkommensteuer, die jedoch zuvor um vergütete Körperschaftsteuer verringert werden muß (§3 Nr. 1 SolZG). Von der vergüteten
Körperschaftsteuer hat der Fiskus seinen Soli-Zuschlag nämlich bereits
erhalten.
Wenn das Finanzamt aber nichts weiß von einer vergüteten Körperschaftsteuer, dann ist der Soli-Zuschlag zu hoch.

»Das verstehe ich nicht, gib ein Beispiel«, sagst Du.

Als Mitarbeiter der Deutschen Bank hast Du 400 Belegschaftsaktien im Depot. Die Dividendengutschrift bei Freistellungsauftrag lautet:

400 Aktien,	Bruttoertrag 19,50 DM p. Stück	7 800 DM
	vergütete Körperschaftsteuer $3/7$	3 343 DM
	Gutschrift	11 143 DM

Eine Anlage KSO abzugeben ist nicht nötig, weil Deine Kapitalerträge unter 12 200 Mark liegen, so Dein Kalkül, und Du kreuzt deshalb in > Zeile 31 das hintere Kästchen an. Folge: Der Soli-Zuschlag beträgt 5,5% Deiner Einkommensteuer von angenommen 10 000 DM = 550 Mark. Anspruch hat der Fiskus aber nur auf 10 000 DM abzüglich vergüteter Körperschaftsteuer 3 343 DM = 6 657 DM, davon 5,5% = 366 DM. Also zahlst Du 184 DM Soli-Zuschlag zuviel.

»Und was muß ich tun?« möchtest Du wissen.

Ist Dir wegen Freistellungsauftrag Körperschaftsteuer vergütet worden, mußt Du trotzdem die Anlage KSO abgeben. In > Zeile 31 lockt Dich der Fiskus auf eine falsche Fährte, denn mit dem kleingedruckten Hinweis zur vergüteten Körperschaftsteuer wissen nur wenige etwas anzufangen. »So eine linke Bazille«, sagst Du wütend.

Wo man Eigennutz und Konkurrenz unterdrückt,
versinkt die Gesellschaft in Lethargie.
(Bernard de Mandeville)

4.5 Weitere Angaben – Zeile 39–61

Zeile 40 Angaben zu Kindern   99

Wie der Name schon sagt, trägst Du in der Anlage Kinder Deinen Nachwuchs und das von Dir in 1999 bereits kassierte Kindergeld ein, damit das Finanzamt berechnen kann, ob Du mit dem Kinderfreibetrag besser fährst als mit dem Kindergeld. Außerdem kannst Du in der Anlage verschiedene Freibeträge geltend machen, bei denen Kinder mit von der Partie sind, z. B. den Haushaltsfreibetrag, den Ausbildungsfreibetrag oder Kinderbetreuungskosten. Alles, was Du zum Ausfüllen der Anlage Kinder wissen mußt, erfährst Du unter ➤ Rz 363 ff.

100 Zeile 42 Förderung des Wohneigentums

Steht Dir die Steuerbegünstigung zur Förderung des Wohneigentums nach § 10e EStG zu, so füllst Du die Anlage FW aus und kreuzt das entsprechende Kästchen in > Zeile 42 an. Mehr zur Förderung des Wohneigentums unter ➤ Rz 1152 ff.

101 Zeile 47 Aufteilung von Kosten bei getrennter Veranlagung

Habt Ihr die getrennte Veranlagung gewählt (➤ Rz 86), so werden Aufwendungen für die Haushaltshilfe (bei rentenversicherungspflichtiger Beschäftigung) und außergewöhnliche Belastungen wie bei der Zusammenveranlagung ermittelt und sodann je zur Hälfte abgezogen. Auf gemeinsamen Antrag könnt Ihr Eure Aufwendungen aber beliebig untereinander aufteilen. Dazu kreuzt Ihr einfach das Kästchen in > Zeile 47 an und wählt einen anderen Aufteilungsschlüssel.

Günstiger ist eine andere Aufteilung als je zur Hälfte, wenn sich Abzugsbeträge bei einem Ehegatten wegen zu geringer Einkünfte nicht auswirken können. Auch kann es günstiger sein, bei einem Ehegatten alles abzuziehen, wenn sich bei ihm die Abzugsbeträge wegen eines wesentlich höheren Steuersatzes stärker auswirken.

102 Zeile 48 Darlehen für den Aufbau Ost

Hast Du der Kreditanstalt für Wiederaufbau oder der Deutschen Ausgleichsbank Deine sauer verdienten Mäuse anvertraut, damit diese das Geld als Darlehen für den Aufbau Ost wieder unters Volk bringen, dann kannst Du im Jahr der Darlehensgewährung immerhin 12% der Darlehenssumme (max. 50% Deiner Einkommensteuer) von Deiner Steuer abziehen. Zusammen mit der üblichen Verzinsung kommt unterm Strich immerhin eine Rendite von 5,31% dabei heraus (Anlagebetrag 10 000 Mark, Laufzeit: 10 Jahre, Stand: Ende 1998). Vorausgesetzt die Zinseinkünfte übersteigen nicht die steuerlichen Freibeträge von 6 100 Mark für Alleinstehende bzw 12 200 Mark für Ehegatten.

Von der betreffenden Bank erhältst Du eine Bescheinigung, die als Nach-

weis für Deine 12%ige Steuerermäßigung dient. Bist Du interessiert an einer sicheren Geldanlage mit angemessener Rendite und volkswirtschaftlichem Nutzen, so wende Dich an:
Kreditanstalt für Wiederaufbau
Postfach 143, 10104 Berlin
(Stichwort: Beteiligungsfonds Ost)
Wisse: Die 12%ige Förderung läuft Ende 2000 aus.

Zeile 50–61 Beschränkt oder unbeschränkt, so lautet hier die Frage 103

Das Einkommensteuerrecht unterscheidet zwischen unbeschränkt und beschränkt steuerpflichtigen Personen. Alle in Deutschland ansässigen Personen sind unbeschränkt steuerpflichtig. Wer sich aber nur vorübergehend in Deutschland aufhält – nicht länger als sechs Monate –, ist beschränkt steuerpflichtig mit seinen inländischen Einkünften.

Da hier so allerlei zu berücksichtigen ist, rufst Du in diesem Fall am besten erst einmal bei irgendeinem Finanzamt an und fragst, welches für Deinen Wohnsitzstaat zuständig ist. Mit diesem setzt Du Dich sodann in Verbindung und besprichst Deine Steuererklärung.
Als EU-Bürger hast Du auch die Möglichkeit, Dich für die unbeschränkte Steuerpflicht zu entscheiden. Ob das für Dich ein Vorteil oder, was wohl eher zu vermuten ist, ein Nachteil ist, das läßt Du Dir am besten von einem Steuerberater ausbaldowern.

4.6 Sonderausgaben/Verlustabzug – Zeile 62–94

Zeile 62–94 Übersicht 104

Sonderausgaben sind private Aufwendungen (= Kosten der Lebensführung), die Du steuerlich absetzen kannst.
Zwar läßt das Gesetz Aufwendungen für die Lebensführung, z. B. für Miete, Nahrung, Kleidung, Freizeit usw., grundsätzlich nicht zum Abzug zu. Einige Aufwendungen sind aber vom Abzugsverbot ausgenommen, weil sie für die Altersversorgung, für die soziale Absicherung oder aus anderen Gründen für den Steuerbürger *besonders* wichtig sind. Diese Aufwendungen werden als Sonderausgaben bezeichnet.

Das Gesetz unterscheidet bei den Sonderausgaben zwischen Vorsorgeaufwendungen (➤ Rz 105 ff.) und übrigen Sonderausgaben (➤ Rz 164 ff.).

105 ### 4.6.1 Vorsorgeaufwendungen – Zeile 62–72

Dies ist die zusammenfassende Bezeichnung für die in § 10 EStG aufgeführten Versicherungsbeiträge. Aufwendungen dafür tragen zur Krankheits- und Altersversorgung bei und werden deshalb steuerlich gefördert. Sie sind allerdings nur im Rahmen bestimmter Höchstbeträge absetzbar. Wäre das nicht so, würden Besserverdienende hohe Beträge in ihre Altersversorgung investieren. Dies ginge dann zu Lasten der Allgemeinheit.

Vorsorgeaufwendungen der Arbeitnehmer

106 Damit Du als Arbeitnehmer gleich weißt, wie dürftig hier Deine Möglichkeiten zum Steuersparen sind:

Arbeitnehmer erhalten immer die sog. Vorsorgepauschale, egal, wieviel sie an Vorsorgeaufwendungen tatsächlich geleistet haben.

Die einzige Berufsgruppe gut verdienender Arbeitnehmer mit Jahresgehältern über 38 000/75 000 Mark (ledig/verheiratet), die steuerlich wirksam überhaupt noch Vorsorgeaufwendungen ansetzen kann, sind Beamte, Soldaten, Geistliche und ähnlich Privilegierte. Sie zahlen zum einen keine Zwangsbeiträge zur Sozialversicherung, andererseits erhalten sie deshalb eine gekürzte Vorsorgepauschale, die ungefähr die Hälfte des möglichen Vorsorgehöchstbetrages ausmacht. Diese »Lücke« können sie mit entsprechenden Versicherungsbeiträgen füllen.

107 Alle anderen Arbeitnehmer mit Jahresgehältern von mehr als 38/75 Mille (ledig/verheiratet) erhalten unabhängig von ihren tatsächlichen Vorsorgeleistungen eine Vorsorgepauschale, die mit dem Höchstbetrag übereinstimmt. Und der maximal mögliche Höchstbetrag wird bereits durch die Sozialversicherungsbeiträge erreicht. Ergo: Zusätzliche Versicherungen lohnen sich – steuerlich gesehen – nicht. Einziger Vorteil einer Lebensversicherung ist, daß Du die Überschußanteile (derzeit noch) steuerfrei kassieren kannst.

Damit Du genauer ausrechnen kannst, in welcher Höhe sich Deine Vorsorgeaufwendungen steuerlich auswirken, habe ich die *Konz-Vorsorgetabellen* entwickelt. Du findest sie unter ➤ Rz 159.

Die Vorsorgepauschale ist von der Höhe des Arbeitslohns abhängig. Das **108** Finanzamt prüft automatisch, welcher Betrag günstiger ist, der Vorsorge-höchstbetrag oder die Vorsorgepauschale.
Konz-Vorsorgetabellen mit Vorsorgehöchstbetrag und Vorsorgepauschalen siehe ➤ Rz 159.

Vorsorgeaufwendungen sind **109**

Aufwendungen für	Zeile
● gesetzliche Sozialversicherung, Gesamtbetrag aus > Zeile 23 der Lohnsteuerkarte	64
● Zusätzliche freiwillige Pflegeversicherung	65
● freiwillige Rentenversicherung der Arbeitnehmer, Höherver-sicherung	67
● freiwillige Kranken- und Pflegeversicherung	68
● private Unfallversicherung, auch Kfz-Insassen-Versicherung	69
● Lebensversicherung, auch Sterbegeld-, Aussteuer-, Ausbil-dungs-, Berufsunfähigkeitsversicherung, Beiträge an Sterbe- und Versorgungskassen, Erbschaftsteuerversicherung, Witwen-/Waisen-Fürsorge	70
● private Haftpflichtversicherung (Kfz-Vers. ohne Kasko, ferner Privathaftpflicht, Hunde-, Bootshaftpflicht)	71

Nicht gut zu wissen: Rechtsschutz-, Hausrat-, Kasko- und andere Sachver- **110** sicherungen sind hier nicht absetzbar.
Deckt Deine Versicherung allerdings auch berufliche Risiken ab, wie z. B. die Reisegepäckversicherung Verluste auf Dienstreisen, so kannst Du den beruflichen Teil der Versicherungsprämie als Werbungskosten geltend machen (Quelle: BFH-Urt. vom 19. 2. 1993 – BStBl 1993 II S. 519). Vgl. hierzu auch ➤ Rz 925.

◆ *Musterfall Familie Backs* **111**

Backs ist Beamter und zahlt deshalb keine Sozialversicherung. Seine bessere Hälfte durfte dagegen lt. Lohnsteuerkarte als Angestellte 4 852 DM berappen, die Backs in > Zeile 64 einträgt. Weil Backs für einen Teil seiner Krankenversi-cherung selbst aufkommen muß, kann er 2 040 DM Beiträge zur privaten Kran-

*kenversicherung einschließlich gesetzlicher Pflegeversicherung in > Zeile 68
unterbringen. Und weil er genauso kerngesund wie ehrlich und außerdem nicht
im geringsten vergeßlich ist, gibt er auch die Beitragserstattung von 285 DM für
im Vorjahr nicht in Anspruch genommene Krankenversicherungsleistungen an.*

»Aber wäre das Finanzamt überhaupt dahintergekommen, wenn er sie
versehentlich nicht angegeben hätte?« fragst Du.

Ich glaube kaum, daß das aufgefallen wäre. Aber wenn er das später
festgestellt hätte, hätte er das natürlich dem Finanzamt mitteilen müssen.

*Als weitere Versicherungen trägt Backs noch seine Pkw-Insassen-Unfallversi-
cherung von 110 DM in > Zeile 69, die Lebensversicherung von 1 260 DM in
> Zeile 70, die Privathaftpflichtversicherung von 98 DM und die Pkw-Haft-
pflichtversicherung von 730 DM in > Zeile 71 ein.*

112

Zeile	Sonderausgaben				
62					
63 / 64	Arbeitnehmeranteil am Gesamtsozialversicherungsbeitrag und/oder befreiende Lebensversicherung sowie andere gleichgestellte Aufwendungen (ohne steuerfreie Zuschüsse des Arbeitgebers) – in der Regel auf der Lohnsteuerkarte bescheinigt –	**DM** 30 Stpfl./Ehemann		**DM** 31 Ehefrau 4.852	
65	Nur bei steuerpflichtigen Personen, die nach dem 31. 12. 1957 geboren sind: Zusätzliche freiwillige Pflegeversicherung (nicht in Zeilen 64 und 68 enthalten)	82		87	
66					
67	Freiwillige Angestellten-, Arbeiterrenten-, Höherversicherung (abzüglich steuerfreier Arbeitgeberzuschuß) · sowie Beiträge von Nichtarbeitnehmern zur Sozialversicherung			41 Stpfl./Ehegatten	
68	Kranken- und Pflegeversicherung (abzüglich steuerfreie Zuschüsse, z. B. des Arbeitgebers; ohne Beträge in den Zeilen 64 und 65)	1999 gezahlte Beiträge 2.040	1999 erstattete Beiträge – 285 ▸	40 1.755	
69	Unfallversicherung		– ▸	42 110	
70	Lebensversicherung – nicht in der Anlage VL enthalten – (einschl. Sterbekasse u. Zusatzversorgung; ohne Beträge in Zeile 64)		– ▸	44 1.260	
71	Haftpflichtversicherung (ohne Kasko-, Hausrat- und Rechtsschutzversicherung)	Privat 98,- Kfz 730,-	– ▸	43 828	

113 **TIP** Keine Belege einreichen

Die Sozialversicherungsbeiträge sind auf der Lohnsteuerkarte bescheinigt,
und für die übrigen Versicherungen braucht Backs Belege nicht vorzulegen.
Das Finanzamt muß nämlich auch ohne Belege bis zu 4 000 DM anerkennen (EB-FAGO-Erlaß). Es kann natürlich nicht alles überprüfen, und
deshalb hat sich Backs auch besondere Mühe gegeben und alles sorgfältig
eingetragen.

»Und wenn sich Backs beim Ausfüllen doch einmal irrt?« fragst Du.

Diese Fälle hat das Finanzamt offenbar einkalkuliert. Ob es aber klug ist, keine Belege einzureichen, das möchte ich bezweifeln.

Dazu mehr im Tip unter ➤ Rz 56.

TIP Trau, schau, wem! 114

Wovon ein falscher Versicherungsvertreter nicht reden wird, zeigen Dir die Konz-Vorsorgetabellen unter ➤ Rz 159.

Bist Du ledig und hast einen versicherungspflichtigen Bruttoarbeitslohn von mehr als 37 500 Mark oder verheiratet und einen Bruttolohn von mehr als 75 000 Mark, wirken sich Vorsorgeaufwendungen praktisch nicht aus, da die Vorsorgepauschale, die Du auf jeden Fall bekommst, nahezu mit dem gesetzlichen Höchstbetrag übereinstimmt.

»Da kann ich mir die ganze Arbeit mit dem Ausfüllen sparen«, seufzt Du.

Stimmt! Belege interessieren dann auch niemand mehr. Und: Prüfe genau, ob es sich lohnt, einen Vertrag *nur* wegen der Steuer abzuschließen.

Zum gesetzlichen Höchstbetrag und zur Vorsorgepauschale mehr unter ➤ Rz 145 ff.

*Es ist genauso leicht,
sich in ein reiches wie in ein
armes Mädchen zu verlieben.*

(Väterlicher Rat)

Zeile 64   Gesetzliche Sozialversicherung   115

Hier in > Zeile 64 trägst Du die in > Zeile 23 der Lohnsteuerkarte aufgeführten Arbeitnehmeranteile zur gesetzlichen Sozialversicherung ein. Die Arbeitnehmeranteile sind Dir vom Lohn oder Gehalt abgezogen worden und betragen 20,6% des Bruttoarbeitslohns (9,75% des Arbeitslohns für die Rentenversicherung, 3,25% des Arbeitslohns für die Arbeitslosenversicherung, je nach Krankenkasse ca. 6,75% für die Krankenversicherung und 0,85% für die Pflegeversicherung). Zusätzlich hat der Arbeitgeber für Dich Beiträge in derselben Höhe zu leisten, die allerdings bei Dir nicht abzugsfähig sind, weil Du sie nicht zu versteuern brauchtest.

Die Sozialversicherungsbeiträge werden durch sogenannte Beitragsbemessungsgrenzen des Arbeitslohns eingeschränkt. Die Beitragsbemessungsgrenze beträgt für die Renten- und die Arbeitslosenversicherung 1999: 8 500/7 200 DM monatlich, für die Kranken- und Pflegeversicherung 75% davon = 6 375/5 400 DM monatlich (Werte West/Ost).

Bist Du von der gesetzlichen Rentenversicherung befreit, so trage Deine selbst geleisteten Beiträge für eine entsprechende – befreiende – Lebensversicherung ebenfalls in die > Zeile 64 ein, desgleichen die Beiträge für eine freiwillige Weiterversicherung in der gesetzlichen Rentenversicherung. Allerdings mußt Du Zuschüsse Deines Brötchengebers von Deinen Beitragsaufwendungen abziehen.

116 Guter Rat!

Wer in Deutschland Kinder großzieht, hat von der Allgemeinheit wenig zu erwarten, das wissen wir. Da sollten doch wenigstens die Eltern bei der Pflegeversicherung begünstigt werden, da doch die Kinder im Normalfall deren Pflege übernehmen, wohingegen die kinderlosen Singles später die Pflegeversicherung beanspruchen werden. Gegen die unterschiedslose Inanspruchnahme der Versicherten mit und ohne Kinder laufen aber bereits Verfassungsbeschwerden, so unter anderem unter dem AZ 1 BVR 57/95. Willst Du Deine Rechte sichern, richte ein Widerspruchsschreiben an die Pflegekassen unter Hinweis auf die anhängigen Verfassungsbeschwerden.

> *Wer von seinem Leiden nichts weiß*
> *und auch keinerlei Beschwerden hat,*
> *ist nicht arbeitsunfähig.*
> (Management Wissen)

117 Zeile 65 Zusätzliche freiwillige Pflegeversicherung

Ab 1. 1. 1995 sind alle, egal ob arm oder reich, werktätig oder selbständig, auch die reichen Privatiers, zur gesetzlichen Pflegeversicherung verdonnert. Wenn Du zusätzlich über den gesetzlichen Obolus hinaus noch freiwillige Beiträge in eine Pflegeversicherung zahlst und nach 1957 geboren bist, kannst Du diese Beiträge gesondert bis zu höchstens 360 DM jährlich absetzen. Die Eintragung in > Zeile 65 ist also wichtig für den zusätzlichen Höchstbetrag von 360 DM.

Zeile 67 Freiwillige Höherversicherung   118

Die Arbeitnehmeranteile zur gesetzlichen Rentenversicherung hast Du bereits in der > Zeile 64 angegeben. Darüber hinausgehende freiwillige Zahlungen an die Rentenversicherungsanstalt gehören ebenfalls zu den Vorsorgeaufwendungen. Hast Du als Selbständiger oder als Hausfrau freiwillige Zahlungen geleistet, so trage diese hier ein.

Zeile 68 Kranken- und Pflegeversicherung   119

Als Selbständiger, Beamter, Berufssoldat, Geistlicher bist Du sozialversicherungsfrei. Deine Beiträge in die private Krankenversicherung einschließlich der **gesetzlichen Pflegeversicherung,** der Krankenhaustagegeld- und Krankentagegeldversicherung machst Du in > Zeile 68 geltend.

Auch Arbeiter und Angestellte, die versicherungsfrei sind, weil ihre Jahresbezüge 75 % der Beitragsbemessungsgrenze für die Rentenversicherung überschreiten (1999: 76 500/64 800 DM – Werte West/Ost) tragen hier ihre private Krankenversicherung ein. Steuerfreie Zuschüsse des Brötchengebers zur Krankenversicherung sind abzuziehen, versteht sich.

Arbeiter und Angestellte, die pflichtversichert sind, tragen hier ihre **Zusatz-**   120
versicherung ein, z. B. Krankentagegeld- und Krankenhaustagegeldversicherungen.

Auch **Rentner** machen hier ihren **Eigenanteil** zur Krankenversicherung geltend.

Zum Eigenanteil der Rentner mehr unter ➤ Rz 1125 u. 1133.

TIP Erst raus, dann wieder rein in die Krankenversicherung   121

Du hast Dich damals wegen ein paar Mark weniger Monatsbeitrag verleiten lassen, aus der gesetzlichen Krankenversicherung auszusteigen. Jetzt, nachdem Du mächtig auf der Nase liegst und die private Krankenversicherung die Kosten für eine längere Reha-Behandlung nicht übernehmen will, ja nicht einmal die Kosten für eine Pflege zu Hause, jetzt wärst Du gern wieder drin in der gesetzlichen.

Mit offenen Armen wirst Du dort nicht empfangen, das kannst Du Dir denken. Aber es gibt verschiedene Hintertürchen. Wenn Dein Ehepartner z. B. sozialversicherungspflichtig ist, dann kündige doch einfach die priva-

te Krankenversicherung, und dann bist Du automatisch zusammen mit Deinem Ehepartner wieder drin in der gesetzlichen. Aber erkundige Dich vorher, ob die gesetzliche Krankenversicherung am Ort auch mitspielt.

122 **TIP** Profitiere vom Wettbewerb der Krankenkassen

Mit Einführung der freien Kassenwahl Anfang 1996 hat der Wettbewerb unter den Krankenkassen um die Gunst der Arbeitnehmer eingesetzt. Sie legen mehr und mehr ihre gewohnte Zurückhaltung ab und gehen auf Mitgliederfang. Du kannst von diesem Wettbewerb profitieren, wenn Du Dich von Deiner ortsansässigen Kasse löst und Dich z. B. für eine der vielen Betriebskrankenkassen entscheidest. Bei gleicher Leistung sind die Beiträge hier vielfach um mehr als einen Prozentpunkt günstiger, was Dir schnell Monat für Monat einen Fünfziger oder gar mehr im Portemonnaie bringt. Also, wie heißt es doch: Gut, daß wir verglichen haben.

123 **Zeile 69 Unfallversicherung**

Beiträge für eine private Unfallversicherung gehören zu den Vorsorgeaufwendungen. Sie gehen oftmals steuerlich ins Leere, wenn die Höchstbeträge anderweitig schon ausgeschöpft sind oder die Vorsorgepauschale zum Zuge kommt. Anders hingegen, wenn die Unfallversicherung ein berufliches oder betriebliches Risiko abdeckt. Dann kannst Du die Beiträge als Werbungskosten (> Zeile 45 Anlage N) bzw. Betriebsausgaben ansetzen. Ein erhöhtes berufliches oder betriebliches Unfallrisiko besteht z. B. bei häufiger Benutzung eines Pkw zu beruflichen oder betrieblichen Fahrten.

124 **TIP** Gemischte Unfallversicherung

Wird von Deiner Unfallversicherung sowohl Dein berufliches als auch Dein privates Risiko abgedeckt, möchte der Fiskus die gesamte Prämie als Vorsorgeaufwand behandelt sehen. Ist das für Dich nicht so günstig, weil Du Deinen Vorsorgehöchstbetrag schon durch andere Aufwendungen verbraucht hast, teile die Versicherungsprämie entsprechend in Vorsorgeaufwendungen und in Werbungskosten/Betriebsausgaben auf. Das FG München hält die Aufteilung einer einheitlichen Versicherungsprämie für zulässig (n. v. Urt. v. 16. 3. 1988 X/IX 135/85 L), bestätigt durch den BFH (DB Heft 32 vom 13. 8. 1993, S. 1597).
Siehe hierzu auch unter ➤ Rz 925.

Zeile 70 Lebensversicherung 125

Zu den Lebensversicherungen gehören auch Pensions-, Versorgungs- und Sterbekassen sowie die Ausbildungs- und Aussteuerversicherungen. Auch eine Versicherung zur Deckung der zu erwartenden Erbschaftsteuer zählt dazu. Die Aufwendungen kann nur der Versicherungsnehmer geltend machen, also der unmittelbare Vertragspartner der Versicherungsgesellschaft. Gleichgültig ist, wer versichert ist und wem die Versicherungssumme letztendlich zufließt. Bei Kapitalversicherungen, bei denen also im Gegensatz zu Risikoversicherungen auch im Erlebensfall die Versicherungssumme fällig wird, muß die Vertragsdauer mindestens 12 Jahre betragen.

Ist eine vorgezogene Leistung der Versicherung bei bestimmten schweren Erkrankungen (Herzinfarkt, Bypass-Operation, Krebs, Schlaganfall, Nierenversagen, multiple Sklerose) vereinbart, so steht das einem steuerlichen Abzug nicht entgegen. Voraussetzung ist allerdings, wie bei allen kapitalbildenden Lebensversicherungen, die nach dem 31. März 1996 abgeschlossen wurden, daß die Versicherungsleistung im Todesfall stets mindestens 60% der während der gesamten Vertragsdauer zu leistenden Prämien beträgt (sog. Mindesttodesfallschutz). (Für ältere Steuerzahler in den neuen Bundesländern gilt eine kürzere Mindestlaufzeit: Lebensalter – 47 = Kürzung der 12 Jahre, Mindestlaufzeit jedoch 6 Jahre.)

Bis einschließlich 1996 konnte die 12jährige Mindestvertragsdauer für Lebensversicherungen durch den Erwerb von Alt-Lebensversicherungsverträgen geschickt umgangen werden. Die nach Übernahme der Versicherung geleisteten Prämien waren als Sonderausgaben abzugsfähig und die Zinserträge steuerfrei. Ab 1997 bleiben Sonderausgabenabzug und Steuerfreiheit nur dann erhalten, wenn durch die Übertragung des Lebensversicherungsvertrages arbeits- oder familienrechtliche Ansprüche erfüllt werden (z. B. Abfindungen, Versorgungsausgleich, Abfindung von Unterhaltsansprüchen). Lebensversicherung als vermögenswirksame Leistungen siehe ➤ Rz 711.

Guter Rat: Vorsicht bei Zinsversprechen der Lebensversicherer! 126

Die Kunden der Lebensversicherungen zahlen im Schnitt 27 Jahre lang Monat für Monat brav ihre Beiträge. Was die Versicherung damit macht und, was viel wichtiger ist, was der Versicherte später dabei heraus bekommen wird, daß weiß vorher keiner so ganz genau. In rosigen Farben schildert Dir der Vertreter bei Abschluß des Vertrages die Zahlung von Überschußbeteiligungen und errechnet stattliche Ablaufleistungen. Wisse aber, diese Hochrechnungen sind keinesfalls verbindlich und basieren zumeist auf dem in der

Vergangenheit erreichten Zinsniveau. Dieses ist allerdings schon seit geraumer Zeit ordentlich in den Keller gegangen, so daß der Scheck bei Ablauf Deiner Versicherung am Ende niedriger ausfallen könnte als erwartet.

Sicher ist nur die von der Versicherung garantierte Mindestverzinsung von zumeist 4% (ab 2000 womöglich nur noch 3%). Doch auch hier heißt es aufgepaßt. Bevor Du an Verzinsung denken kannst, zieht die Versicherung erst einmal rd. 16% für Verwaltung und Vertreterprovision sowie 10–20% für den reinen Risikoschutz Deines vorzeitigen Ablebens ab. Verbleiben also etwa 60 bis 75% der Bruttoprämie, die tatsächlich gespart und auch verzinst werden können. Damit schmilzt die Garantieverzinsung von 4% auf lediglich etwa 2,5% zusammen. Drum halte es wie Goethe und beherzige den Rat: »Prüfe, wer sich zeitlich bindet, ob sich nicht was Besseres findet« (vgl. auch ➤ Rz 1259).

---

127 | ## Policendarlehen

Der 13. 2. 1992 war kein guter Tag für die Versicherungsbranche. Denn seitdem sind die Steuervorteile einer Lebensversicherung in Gefahr, wenn deren Ansprüche zur Tilgung oder Sicherung eines Darlehens dienen (Policendarlehen). Die Steuervorteile einer Lebensversicherung bestehen bekanntlich im Abzug der Prämien als Sonderausgaben und in der Steuerfreiheit der Erträge. Stichtag für die Neuregelung ist der 13. 2. 1992, also sind Verknüpfungen zwischen der Lebensversicherung und einem Darlehen vor diesem Stichtag steuerunschädlich.

128 Hast Du als Häuslebauer Deine Wohnung über ein solches Policendarlehen – also eine beliehene Lebensversicherung – finanziert, braucht Dich der ganze Zauber nicht zu interessieren: dann nämlich, wenn Du den ganzen Bau zu 100% privat nutzt. Kritisch wird die Angelegenheit nur, wenn Du noch ein Arbeitszimmer einrichtest oder in der Garage einen beruflich genutzten Wagen unterstellst.

129 Dann beachte folgendes:

- Das Darlehen darf nicht höher sein als die Anschaffungs- oder Herstellungskosten für Haus, Garage, zzgl. etwaiger einmaliger Finanzierungskosten (z. B. Disagio).
- Die Lebensversicherung darf nicht höher beliehen werden als die reinen Anschaffungs- oder Herstellungskosten.
- Auf keinen Fall darf das Darlehen noch weitere Aufwendungen abdecken, sonst bist Du in die Steuerfalle getappt! (Quelle: § 10 Abs. 2 Satz 2 EStG)

◆ *Musterfall Familie Huber*

Herr Huber stellt fest, daß er folgende Sonderausgaben für sich und seine Frau eintragen kann:

Zeile	Sonderausgaben	DM	DM
62			
63 / 64	**Arbeitnehmeranteil am Gesamtsozialversicherungsbeitrag und/oder befreiende Lebensversicherung sowie andere gleichgestellte Aufwendungen** (ohne steuerfreie Zuschüsse des Arbeitgebers) – in der Regel auf der Lohnsteuerkarte bescheinigt –	30 Stpfl./Ehemann **5.560**	31 Ehefrau **3.335**
65	Nur bei steuerpflichtigen Personen, die nach dem 31. 12. 1957 geboren sind: **Zusätzliche freiwillige Pflegeversicherung** (nicht in Zeilen 64 und 68 enthalten)	82	87
66			
67	**Freiwillige Angestellten-, Arbeiterrenten-, Höherversicherung** (abzüglich steuerfreier Arbeitgeberzuschuß) sowie Beiträge von **Nichtarbeitnehmern** zur Sozialversicherung		41 Stpfl./Ehegatten
68	**Kranken- und Pflegeversicherung** (abzüglich steuerfreie Zuschüsse, z. B. des Arbeitgebers; ohne Beträge in den Zeilen 64 und 65)	1999 gezahlte Beiträge —	1999 erstattete Beiträge ▶ 40
69	**Unfallversicherung**	**236**	– ▶ 42 **236**
70	**Lebensversicherung** – nicht in der Anlage VL enthalten – (einschl. Sterbekasse u. Zusatzversorgung; ohne Beträge in Zeile 64)	**72**	– ▶ 44 **72**
71	**Haftpflichtversicherung** (ohne Kasko-, Hausrat- und Rechtsschutzversicherung)	**528**	– **35** ▶ 43 **493**

Sowohl von seinem als auch vom Arbeitslohn seiner Ehefrau sind Sozialversicherungsbeiträge einbehalten worden. Die Arbeitgeber haben die Beiträge auf den Lohnsteuerkarten bescheinigt. Herr Huber übernimmt diese Beträge und trägt sie gesondert für sich und seine Ehefrau in > Zeile 64 ein.

Herr Huber hat für sich sowohl eine Auto-Unfallversicherung als auch eine Freizeit-Unfallversicherung abgeschlossen. Für beide Versicherungen hat er insgesamt 236 DM überwiesen. Diesen Betrag trägt er in > Zeile 69 ein.

Als Sterbekassenbeitrag hat Herr Huber 72 DM gezahlt, die er in > Zeile 70 einträgt. Außerdem hat er für seinen Sohn Volker eine Ausbildungsversicherung abgeschlossen; als Beiträge hat er vom Arbeitgeber insgesamt 624 DM vermögenswirksame Leistungen überweisen lassen. Diese Beträge darf er in > Zeile 70 nicht eintragen, weil sie vermögenswirksame Leistungen sind (vgl. Erläuterungen dazu in > Zeile 23 bis 24 der Anlage N).

Die Kfz-Haftpflichtversicherung hat Herrn Huber 480 DM an Beiträgen gekostet. Die Beiträge für die Kaskoversicherung sind hierin nicht enthalten. Außerdem hat Herr Huber 48 DM für eine private Haftpflichtversicherung gezahlt. Die Summe beider Beträge (528 DM) kann Herr Huber in > Zeile 71 eintragen. Aus der Kfz-Haftpflichtversicherung hat Herr Huber jedoch 1999 auch eine Beitragsrückvergütung von 35 DM erhalten. Herr Huber trägt diesen

Betrag gesondert in den Vordruck ein, zieht ihn von den gezahlten Beiträgen ab und macht nur den verbleibenden Betrag (493 DM) als Sonderausgaben geltend.

131 **TIP** **Lebensversicherung: Nicht zu teuer mit der Steuer**

Der ältere Mensch spürt den Mangel an Penunzen besonders schmerzlich. Hast Du daran gedacht, zur Abrundung Deiner Altersversorgung eine Lebensversicherung abzuschließen, auch wenn Du dadurch Protzbauten und 14 fürstliche Monatsgehälter der dort untätigen Angestellten mitfinanzierst, so bedenke: Du wirst auch an den Überschüssen beteiligt, die Dein Versicherer nicht anderweitig – unter Aufsicht einer Bundesbehörde – verplempern konnte. Doch wisse: Die Überschüsse der einzelnen Gesellschaften sind unterschiedlich hoch, je nachdem, ob sie neben ihren Angestellten auch noch Aktionäre mit zu versorgen haben oder als Verein auf Gegenseitigkeit alle nicht rückzahlbaren Beiträge behalten dürfen.

»Wenn ich das höre, denke ich mir, Du hältst nicht viel von Lebensversicherungen«, so sagst Du.

Eigentlich nicht, schon das Wort ist mir zuwider. Allerdings: Mit Hilfe der Steuer ist eine Lebensversicherung nicht zu teuer, so sagt man.

132 Doch Ältere wissen: Für sie ist der Neuabschluß einer Lebensversicherung meist ungünstig (wegen des hohen Risikoanteils). Da ist Bausparen schon besser, denn dort gibt es später auch die Abschlußgebühr zurück, wenn auf ein Baudarlehen verzichtet wird. Junge Menschen mit Familie entscheiden sich oft für die reine Risikolebensversicherung.

133 **Die steuerlichen Vorteile einer Lebensversicherung:**

1. Abzug bei den Sonderausgaben
Davon profitieren im Normalfall nur Selbständige und Beamte, auch Pensionäre. Für Arbeitnehmer, die Sozialversicherung zahlen, geht der Abzug der Lebensversicherung meistens ins Leere (➤ Rz 161). Für sie lohnt mehr die Direktversicherung über den Arbeitgeber (➤ Rz 139 und 641).

2. Steuerfreiheit der Überschüsse, die zusätzlich zur Versicherungssumme ausbezahlt werden.

Guter Rat:
134 **Schlägt der steuerliche Vorteil bei Dir nicht zu Buche, so weiß ich etwas Besseres für Deine Altersversorgung, wenn Du außerdem noch zielstrebig bist: Du legst regelmäßig über Jahre hinweg Dein Geld genau so an, wie es**

die Versicherungsgesellschaft mit Deinem Geld auch tun würde, in Wertpapieren und in Grundbesitz. Auch kleinere Beträge kannst Du so anlegen, indem Du z. B. Anteile an einem Wertpapierfonds oder an einem Immobilienfonds erwirbst. So kannst Du mit Zinsen und Zinseszinsen alle 10 Jahre Dein Geld verdoppeln. Dafür genügt ein Zinssatz von durchschnittlich 7%.

TIP Lebensversicherung: Statt zwölf nur fünf Jahre zahlen 135

Auf mindestens 12 Jahre muß eine Kapitalversicherung schon abgeschlossen sein, sonst sagt der Fiskus »nein«, schließlich will er ja Deine Altersversorgung fördern. Die Dauer der Beitragsleistung kann jedoch kürzer sein, muß indessen mindestens 5 Jahre betragen (EStH 88). Wenn Du also für die Mindestdauer von 12 Jahren keine Zahlungsverpflichtung eingehen und möglichst gleich zu Anfang höhere Zahlungen leisten willst, um z. B. die Höchstbeträge für Vorsorgeaufwendungen voll auszuschöpfen, dann begrenze doch einfach die Zahlungsdauer auf die ersten 5 Jahre. Besteht schon ein Vertrag mit einer längeren Zahlungsdauer, so laß diesen Vertrag entsprechend ändern.

TIP Lebensversicherung: Vorsicht bei Kombikredit 136

Einige Banken bieten ihren Kunden, die Kreditwünsche haben, den sogenannten Kombikredit an. Dabei wird ein Kreditvertrag mit einem Sparvertrag in Form einer Lebensversicherung kombiniert. **Vorteil des Kreditkunden:** Er zahlt für den Kredit keine Tilgungsraten, nur die laufenden Zinsen. Zusätzlich hat er die Beiträge für die Lebensversicherung aufzubringen, die aber als Vorsorgeaufwendungen abziehbar sind. Die Lebensversicherung dient zugleich als Sicherheit für das Darlehen. Am Ende der Laufzeit, meist nach 12 Jahren, wird das Darlehen mit einem Schlag durch die Versicherung getilgt. Weiterer Vorteil: Die Gewinnanteile aus der Versicherung sind steuerfrei.

Jetzt kommt der Haken: Werden die Höchstbeträge für Vorsorgeaufwendungen durch andere Versicherungsbeiträge bereits voll ausgeschöpft, geht der Steuervorteil aus dem Kombikredit insofern verloren. Kannst Du ferner für das Darlehen andere Sicherheiten bieten als die dafür vorgesehene Lebensversicherung, ist der Kombikredit doppelt so teuer wie ein normaler Ratenkredit. Die Gründe dafür liegen auf der Hand: 137

a) Du zahlst einerseits für den Gesamtbetrag des Darlehens z. B. 12% Zinsen, wohingegen Deine Beiträge in die Lebensversicherung geringer, z. B. mit 5% verzinst werden.

b) Außerdem steckt in den Versicherungsbeiträgen ein Anteil für das Versicherungsrisiko und für die Verwaltungskosten. Diese Anteile streicht die Versicherung ein, sind also für Dich verloren.

138 **Also rate ich Dir: Laß möglichst die Finger weg von einem Kombikredit. Hast Du aber schon einen Kombikredit-Vertrag abgeschlossen, so wisse: Der Bundesgerichtshof hat sich bereits mit derartigen Kombikredit-Verträgen befaßt und in einem Fall die Bank zum Schadensersatz verurteilt, weil sie ihren Kunden nicht ausreichend über die Nachteile dieses Vertrages aufgeklärt habe (BGH-Urt. III ZR 269/87). Am besten, Du läßt Deinen Fall von einer Verbraucherzentrale überprüfen. Vielleicht wirst Du ganz schnell Deine Schulden los, wenn Dich Deine Bank vorher nicht ausreichend über die Nachteile aufgeklärt hat.**
Lies unbedingt jetzt auch noch Policendarlehen (➤ Rz 127).

139 **TIP** Direktversicherung: Gut für Arbeitnehmer

Steuerlich besonders interessant ist die Lebensversicherung als sog. Direktversicherung. Dazu schließt der Betrieb eine Lebensversicherung für den Arbeitnehmer ab, aus der aber nicht der Betrieb, sondern der Arbeitnehmer – direkt – bezugsberechtigt ist.

Vorteil: Die Beiträge werden aus dem Bruttolohn abgezweigt und nicht über die Lohnsteuerkarte versteuert, sondern pauschal mit 20%. Der Steuervorteil besteht aus dem Unterschied zwischen dem Pauschalsteuersatz und dem normalen Steuersatz. Außerdem unterliegt der Beitrag zur Direktversicherung nicht der Sozialversicherungspflicht, sofern diese zusätzlich zum Gehalt gewährt wird.

Nach dem 31. 12. 1989 abgeschlossene Direktversicherungen werden leider nicht mehr durch eine Arbeitnehmer-Sparzulage gefördert. Bei älteren Verträgen ist sie aber noch weiterhin zulagebegünstigt.

»Kann ich denn die Zahlungen in die Direktversicherung als Sonderausgaben absetzen?« möchtest Du wissen.

Dazu sagt der Fiskus: Die pauschale Versteuerung ist Vorteil genug. Mehr gibt es nicht. Zur Direktversicherung als Arbeitslohn ➤ Rz 641.

140 **TIP** Lebensversicherung: Vorsicht, Erbschaftsteuer!

Eine Lebensversicherung abzuschließen will gut überlegt sein: Ein Großteil Deiner Prämien fließt in Protzbauten und in die Gehälter der dort Tätigen. Von der steuerlichen Absetzbarkeit der Prämien können nur die wenigsten profitieren (➤ Rz 107). Außerdem mußt Du wissen, daß der Fiskus im

Versicherungsfalle womöglich auch noch Erbschaftsteuer auf die Versicherungsleistung einfordert. Denn die Leistung des Versicherers gehört zum Nachlaß und unterliegt daher der Erbschaftsteuer.

Du vermeidest die Erbschaftsteuer, wenn der Begünstigte, an dessen Versorgung Du gedacht hast, selbst Anspruch auf die Versicherungsleistung hat. Dazu muß er Versicherungsnehmer sein.

Dies bedeutet: Versichert ist Dein Ableben, Versicherungsnehmer ist jedoch Dein Lebenspartner oder Eure gemeinsamen Kinder. So ist die Versicherungssumme später nicht Teil Deines Nachlasses und bleibt von der Erbschaftsteuer verschont.

Zu den Freibeträgen bei der Erbschaftsteuer siehe ➤ Rz 1269.

Damit kriegst Du keine Probleme, wenn Du still und verschwiegen eine Schweizer Lebensversicherung abschließt. Außerde rettest Du Dein Geld vor dem faulen Euro. Genaueres dazu erfährst Du im »Großen Konz« unter ➤ Rz 953.

Zeile 71 Haftpflichtversicherung 141

Anzusetzen sind:

Haftpflichtbeiträge jeglicher Art, sofern sie keine Betriebsausgaben oder Werbungskosten sind, also die Beiträge für die allgemeine Privathaftpflicht, für die Pkw-Haftpflicht, auch für das Wohnmobil, für das Segelboot oder für den bissigen Hund.

Privatanteil nicht vergessen

Die Selbständigen kürzen die Betriebsausgaben für Pkw-Haftpflicht um den privaten Nutzungsanteil. Vergiß nun aber nicht, den privaten Nutzungsanteil der Pkw-Haftpflicht in > Zeile 71 als Sonderausgaben anzusetzen.

Für Arbeitnehmer, die ihr Fahrzeug für Fahrten zwischen Wohnung und Arbeitsstätte nutzen, gilt die Besonderheit, daß die Pkw-Haftpflicht in voller Höhe als Sonderausgaben abziehbar ist (EStR 88).

TIP Haftpflichtversicherung: Dein Sprößling will ein Auto haben 142

Wer einmal A gesagt hat, der muß auch B sagen, so sagt man. Hast Du Deinem Sprößling den Führerschein bezahlt, will er auch ein Auto haben. Letztendlich kommst Du nicht darum herum, ihm für seinen fahrbaren Untersatz einige Märker zuzuschanzen. Etwas sparen kannst Du bei der Haftpflicht, wenn das Gefährt nicht auf den Namen Deines Sprößlings, sondern auf Deinen Namen angemeldet wird. Denn dadurch umgeht Ihr den happigen Anfängertarif und erhaltet den Zweitwagentarif: Prämiensatz nur 125 %. Einen weiteren Vorteil hast Du bei der Einkommensteuer, denn nun kannst Du als Besserverdienender die Haftpflichtprämie als Sonderausgaben geltend machen.

Versicherungsnehmer

143 Übernimmt später einmal Dein Sprößling die Zahlung der Haftpflichtprämien, ohne daß der Pkw auf ihn umgemeldet wird, dann geratet Ihr in eine böse Steuerfalle, wenn Ihr nicht aufpaßt. Denn nach BFH-Rechtsprechung ist zum Abzug von Versicherungsbeiträgen als Sonderausgaben grundsätzlich nur berechtigt, wer die Beiträge selbst als Versicherungsnehmer schuldet und entrichtet (BFH-Urt. vom 8. 3. 1995 – BStBl 1995 II S. 637). Zahlt also Dein Sprößling Haftpflichtbeiträge, die Du als Versicherungsnehmer schuldest, sind die Haftpflichtbeiträge weder bei Dir noch bei Deinem Sprößling absetzbar.

»Also muß er mir das Geld für die Haftpflicht geben. Und ich zahle es anschließend als Versicherungsnehmer ein«, so sagst Du.

Nicht geben, er muß es Dir schenken, dann klappt es.

144 **TIP** **Haftpflicht für Wohnungseigentum**

Das Wohnen im eigenen Haus ist ein schönes, aber teures Vergnügen. Auch steuerlich ist hier nicht viel zu holen, von der 10e-Förderung bzw. der Eigenheimzulage mal abgesehen. Deshalb vergiß nicht, wenigstens die Gebäudehaftpflicht in > Zeile 71 anzusetzen.

Für Deine Eigentumswohnung soll Dir der Hausverwalter den Jahresbetrag nennen, der auf Deine Wohnung entfällt. Als Selbstnutzer gehört der Betrag in > Zeile 71, als Vermieter bringst Du den Betrag jedoch in der Anlage V (Werbungskosten) unter.

---

145 # Zeile 62–71 Steuerakrobatik mit Höchstbeträgen und Pauschalen

---

Damit Du klarzusehen vermagst, wisse vorab:
Selbständige, Rentner und Pensionäre einerseits und **Arbeitnehmer** andererseits können ihre Vorsorgeaufwendungen (= Versicherungsbeiträge) in

unterschiedlicher Höhe steuerlich absetzen, denn es gelten unterschiedliche Vorsorgehöchstbeträge. Der Vorsorgehöchstbetrag wird in einer komplizierten Berechnung ermittelt und stellt den höchstmöglichen Abzugsbetrag Deiner Versicherungsaufwendungen dar. Im folgenden wirst Du noch sehen, daß Du als Arbeitnehmer durch Deine üppigen Beiträge zur Sozialversicherung diesen Höchstbetrag vermutlich schon ausgeschöpft hast. Deine übrigen Versicherungsbeiträge wirken sich dann steuerlich überhaupt nicht mehr aus. Arbeitnehmer erhalten mindestens die gesetzliche, allein von der Höhe ihres Arbeitslohnes abhängige Vorsorgepauschale.

1. Vorsorgehöchstbetrag für Selbständige, Rentner und Pensionäre   146

Der Vorsorgehöchstbetrag setzt sich aus drei Einzelbeträgen zusammen:

1. Vorwegabzug	6 000/12 000 DM
2. Grundhöchstbetrag	2 610/ 5 220 DM
Summe = Vollabzug	8 610/17 220 DM
3. Hälftiger Abzug	1 305/ 2 610 DM
Summe = Vorsorgehöchstbetrag	9 915/19 830 DM*

* Alleinstehende/Verheiratete

Vollabzug bedeutet: Bis zu diesen Beträgen wirken sich Vorsorgeaufwendungen steuerlich in voller Höhe aus.   147

Hälftiger Abzug bedeutet: Zahlungen über den Vollabzug hinaus wirken sich nur zur Hälfte aus, höchstens bis zur Hälfte des Grundhöchstbetrages.

TIP ## Nutze als Selbständiger den Vorsorgehöchstbetrag voll aus!

Um nicht unnötig noch mehr Geld an den Fiskus zu verplempern, nutzt Du   148
den Vorsorgehöchstbetrag randvoll aus. In welcher Höhe Vorsorgeaufwendungen begünstigt sind, zeigt die folgende Übersicht. Die Beträge in der Zeile ›Vollabzug‹ wirken sich in voller Höhe aus. Um den ›hälftigen Abzug‹ noch in voller Höhe mitzunehmen, benötigst Du den doppelten Betrag des ›Hälftigen‹.

Um die Höchstbeträge auszuschöpfen, sind erforderlich: 149

Vollabzug	8 610/17 220 DM
+ hälftiger Abzug doppelt	2 610/ 5 220 DM
Erforderliche Aufwendungen	11 220/22 440 DM*

* = Alleinstehende/Verheiratete

Berechnung des Vorsorgehöchstbetrages

150 Das nachfolgende Schema erleichtert Dir die Berechnung des Vorsorgehöchstbetrages:

Versicherungsbeiträge	. . . . DM	
Davon vorweg höchstens 6 000/12 000 DM*	. . . . DM>	. . . . DM
Rest (nicht negativ)	. . . . DM	
Grundhöchstbetrag (2 610/5 220 DM*)	. . . . DM>	. . . . DM
Rest (nicht negativ)	. . . . DM	
davon die Hälfte, höchst. 50% des Grund- höchstbetrages	. . . . DM>	. . . . DM
Summe = Vorsorgehöchstbetrag		. . . . DM

* = Alleinstehende/Verheiratete

151 **»Gib mir ein Beispiel«, sagst Du.**

Du bist Gewerbetreibender und nicht verheiratet
und hast im Kalenderjahr
Versicherungsbeiträge von   11 500 DM
geleistet.

Davon sind abziehbar:		
Versicherungsbeiträge	11 500 DM	
Davon vorweg höchstens*	<u>6 000 DM</u>	6 000 DM
Rest	5 500 DM	
Davon abziehbar Grundhöchstbetrag*	<u>2 610 DM</u>	2 610 DM
Rest	2 890 DM	
Davon abziehbar die Hälfte, höchstens*	<u>1 305 DM</u>	<u>1 305 DM</u>
Summe = Vorsorgehöchstbetrag		<u>9 915 DM</u>

* Verheiratete doppelter Betrag

152 **2. Vorsorgehöchstbetrag und Vorsorgepauschale für Arbeitnehmer**

Als Arbeitnehmer mußt Du einen Abschlag vom Vorwegabzug in Höhe von
16% des Bruttolohns hinnehmen, weil der Betrieb mit lohnsteuerfreien
Leistungen zu Deiner Alters- und Krankenvorsorge beiträgt. Der Vorwegabzug wird folglich mit steigendem Arbeitslohn immer niedriger und damit
auch der Vorsorgehöchstbetrag.

Vorsorgehöchstbetrag 153

Vorwegabzug	6 000/12 000 DM*
davon ab 16% des Bruttolohns	16%
Rest (nicht negativ)	X/X DM
+ Grundhöchstbetrag	2 610/5220 DM*
Vollabzug	X/X DM
+ Hälftiger Abzug	1305/2610 DM*
Vorsorgehöchstbetrag	X/X DM*

Top-Tip: **Wie Du Deine DM-Ersparnisse vor dem inflationären Euro rettest und in einer erstklassigen, ertragreichen Lebensversicherung vor dem Finanzamt versteckst und in harte Schweizer Franken wandelst, das verrate ich Dir ausführlich in ➤ Rz 953 meiner »1000 ganz legalen Steuertricks«, dem »Großen Konz«.**

Vorsorgepauschale 154
Die gesetzliche Vorsorgepauschale wird angesetzt, wenn Du keine höheren Vorsorgeaufwendungen geltend machst. Sie soll die lohnsteuerfreien Leistungen des Betriebs zu Deiner Alters- und Krankenversorgung abgelten und beträgt deshalb 20% des Arbeitslohns. Dies bedeutet: Die Vorsorgepauschale wird mit steigendem Arbeitslohn höher, wohingegen der Vorsorgehöchstbetrag, wie gesagt, immer niedriger wird.

Für Arbeitnehmer, die versicherungspflichtig sind, gilt deshalb folgendes:
Ab einem Bruttolohn von 37 500/75 000 DM* sind Vorsorgehöchstbetrag und Vorsorgepauschale gleich hoch. Vorsorgeaufwendungen wirken sich also bei einem Arbeitslohn in dieser Höhe nicht mehr aus.

Für Arbeitnehmer, die nicht versicherungspflichtig sind – das sind insbesondere Beamte –, gilt folgende Besonderheit:

Ihre Vorsorgepauschale ist auf max. 2 214/4 428 DM* begrenzt.

Dies bedeutet: Die Vorsorgepauschale ist immer wesentlich niedriger als der Vorsorgehöchstbetrag, so daß sich bei Beamten usw. Vorsorgeaufwendungen über die Pauschale hinaus regelmäßig steuermindernd auswirken.

* Alleinstehende/Ehegatten

101

155

Vorsorgehöchstbetrag bei Arbeitnehmern			
Versicherungsbeiträge			. . . . DM
Vorweg abziehbar (6 000/12 000 DM*)	. . . . DM		
davon ab 16% des Arbeitslohns	. . . . DM		
Rest (nicht negativ)	. . . . DM >	. . . DM >	. . . DM
Rest (nicht negativ)		. . . DM	
Grundhöchstbetrag (2 610/5 220 DM*)	. . . . DM	. . . DM	
Rest (nicht negativ)		. . . DM	
davon die Hälfte, höchst. 50% des Grund-			
höchstbetrages		. . . DM >	. . . DM
Summe = Vorsorgehöchstbetrag			. . . DM

* Alleinstehende/Ehegatten

»Gib mir dafür ein Beispiel«, sagst Du.

156 Du hast als verheirateter Arbeitnehmer einen Bruttolohn von 50 000 DM
und zahlst somit in die Sozialversicherung (Arbeitnehmeranteil):

Rentenversicherung 9,75% v. 50 000 DM =	4 875 DM
Krankenversicherung ca. 6,75% v. 50 000 DM =	3 375 DM
Arbeitslosenvers. 3,25% v. 50 000 DM =	1 625 DM
Pflegeversicherung 0,85% v. 50 000 DM =	425 DM
Zusammen	10 300 DM
dazu Haftpflicht für Pkw	600 DM
dazu Beiträge zur Lebensversicherung	1 200 DM
dazu Krankenhaustagegeldversicherung	240 DM
Versicherungsbeiträge insgesamt	12 340 DM

Davon sind abziehbar

Versicherungsbeiträge, siehe oben		12 340 DM	
Vorweg abziehbar*	12 000 DM		
Kürzung 16% v. 50 000 DM =	8 000 DM		
	4 000 DM	4 000 DM	4 000 DM
Verbleiben		8 340 DM	
– Grundhöchstbetrag*		5 220 DM	5 220 DM
Verbleiben		3 120 DM	
Davon die Hälfte, höchstens 2 610 DM*			1 560 DM
Summe = Vorsorgehöchstbetrag			10 780 DM

* Als Alleinstehender kannst Du nur den halben Betrag ansetzen

Vom Vorsorgehöchstbetrag verfallen:
Hälftiger Grundhöchstbetrag 2 610 DM – 1 560 DM =   <u>1 050 DM</u>

Mit zusätzlichen Versicherungsbeiträgen von 2 100 DM wäre der Höchstbetrag (11 830 DM) voll ausgeschöpft. Vgl. auch Konz-Vorsorgetabelle
unter ➤ Rz 161.

Berechnung der Vorsorgepauschale	157

Die Vorsorgepauschale beträgt:			
20% des maßgebl. Arbeitslohns =		. . . DM	
Vorw. abziehb. (6 000/12 000 DM)*	. . . . DM		
davon ab 16% des Arbeitslohns	. . . . DM		
Rest (nicht negativ)	. . . . DM >	. . . DM >	. . . DM
Grundhöchstbetrag (2 610/5 220 DM)*		. . . DM >	. . . DM
Rest (nicht negativ)		. . . DM	
davon die Hälfte, höchstens 50% des			
Grundhöchstbetrages		. . . DM >	. . . DM
Summe = Vorsorgepauschale			<u>. . . DM</u>
Abrundung auf einen durch 54 teilbaren Betrag			<u>. . . DM</u>

---

* Alleinstehende/Ehegatten

»Auch dazu sollst Du mir ein Beispiel geben«, sagst Du.   158

Du bist ein verheirateter sozialversicherungspflichtiger Arbeitnehmer mit
einem Jahresbruttolohn von 50 000 DM. Die Vorsorgepauschale beträgt:

20% von 50 000 DM =		10 000 DM	
Vorweg abziehbar*	12 000 DM		
– Kürzung 16% v. 50 000 DM =	<u>8 000 DM</u>		
Rest	4 000 DM	<u>4 000 DM</u>	4 000 DM
Rest		6 000 DM	
– Grundhöchstbetrag 5 220 DM*,		<u>5 220 DM</u>	5 220 DM
Verbleiben		780 DM	
Davon die Hälfte, höchst. 2 610 DM*		<u>390 DM</u>	<u>390 DM</u>
Summe = Vorsorgepauschale			9 610 DM
Abrundung auf einen durch 54 teilbaren Betrag			<u>9 558 DM</u>

* Als Alleinstehender kannst Du nur den halben Betrag ansetzen

Steuerlich wirksam:
Vorsorgehöchstbetrag (➤ Rz 155)   10 880 DM
Vorsorgepauschale   9 558 DM
Unterschied = steuerlich wirksam   1 322 DM

159 Konz-Vorsorgetabellen für Arbeitnehmer

Die folgenden Tabellen zeigen Dir als Arbeitnehmer, ob und in welcher
Höhe sich Deine Vorsorgeaufwendungen steuerlich auswirken. Denn Vorsorgeaufwendungen sind nur steuermindernd wirksam (Spalte 5), soweit
sie die gesetzliche Vorsorgepauschale (Spalte 2) übersteigen. Außerdem ist
ihr Abzug durch den Vorsorgehöchstbetrag (Spalte 3) begrenzt. Dazu
wisse: Bei steigendem Arbeitslohn entwickeln sich Vorsorgepauschale und
Vorsorgehöchstbetrag gegenläufig: Die Vorsorgepauschale steigt, und der
Vorsorgehöchstbetrag fällt. Bei einem Arbeitslohn ab 37 500/75 000 DM
(Alleinstehende/Verheiratete) sind Vorsorgepauschale und Vorsorgehöchstbetrag gleich hoch, so daß sich Vorsorgeaufwendungen steuerlich
nicht auswirken können.

160 Wie liest man nun diese Spezialtabellen? Hier ein kleines Beispiel, damit Du klarzusehen vermagst:

**Du bist alleinstehend und hast z. B. einen Bruttolohn von 25 000 DM.
Dann erhältst Du auf jeden Fall eine Vorsorgepauschale von 4 752 DM.
Willst Du mehr, dann mußt Du 7 220 DM aufwenden, damit weitere 1 163
DM abgezogen werden. Hast Du z. B. bereits Sozialversicherungsbeiträge
von 5 250 DM (21% Deines Bruttolohns), bleibt ein Restbetrag von 1 970
DM. Du kannst also z. B. monatlich 200 DM in eine Lebensversicherung
einzahlen und setzt den höchstmöglichen Betrag von der Steuer ab.**

161 TIP Als Arbeitnehmer die Konz-Tabellen studieren

**Wenn Dir ein falscher Versicherungsvertreter den Abschluß einer Lebens-
versicherung schmackhaft machen möchte mit der Begründung, die Bei-
träge seien steuerlich wirksam, wirst Du vorher besser einen Blick in die
Vorsorgetabelle werfen. Liegt Dein Bruttolohn bei 37 500/75 000 DM, sind
Versicherungsbeiträge für die Steuererklärung völlig uninteressant.**
Die rentenversicherungsfreien Arbeitnehmer, wie Beamte, Berufssoldaten,
Geistliche, sind da besser dran. Durch ihre gekürzte Vorsorgepauschale
können sie bei der Ausgleichsveranlagung immer noch etwas bei den
Vorsorgeaufwendungen herausschlagen.

Wie bei den Lohnsteuertabellen wird auch bei den folgenden Vorsorgetabellen zwischen der **Allgemeinen Vorsorgetabelle** für rentenversicherungspflichtige Arbeitnehmer und der **Besonderen Vorsorgetabelle** für rentenversicherungsfreie (Beamte, Berufssoldaten, Geistliche usw.) unterschieden.

A. Allgemeine Konz-Vorsorgetabellen für 1999   162
(für rentenversicherungspflichtige Arbeitnehmer)

1. Tabelle für Alleinstehende (Steuerklassen I und II)

1	2	3	4	5
Bruttolohn	Vorsorge-pauschale	Vorsorge-höchstbetrag	Erforderlicher Aufwand	Steuerlich wirksam
DM	DM	DM	DM	DM
. .	. .	. .	. .	. .
7 000	1 350	8 795	10 100	7 445
8 000	1 566	8 635	9 940	7 069
9 000	1 782	8 475	9 780	6 693
10 000	1 998	8 315	9 620	6 317
11 000	2 160	8 155	9 460	5 995
12 000	2 376	7 995	9 300	5 619
13 000	2 592	7 835	9 140	5 243
14 000	2 754	7 675	8 980	4 921
15 000	2 970	7 515	8 820	4 545
16 000	3 186	7 355	8 660	4 169
17 000	3 348	7 195	8 500	3 847
18 000	3 564	7 035	8 340	3 471
19 000	3 780	6 875	8 180	3 095
20 000	3 996	6 715	8 020	2 719
21 000	4 158	6 555	7 860	2 397
22 000	4 374	6 395	7 700	2 021
23 000	4 590	6 235	7 540	1 645
24 000	4 752	6 075	7 380	1 323
25 000	4 752	5 915	7 220	1 163
26 000	4 806	5 755	7 060	949
27 000	4 806	5 595	6 900	789
28 000	4 806	5 435	6 740	629
29 000	4 860	5 275	6 580	415
30 000	4 860	5 115	6 420	255
31 000	4 914	4 955	6 260	41
32 000	4 752	4 795	6 100	43
33 000	4 590	4 635	5 940	45
34 000	4 428	4 475	5 780	47
35 000	4 266	4 315	5 620	49
36 000	4 104	4 155	5 460	51
37 000	3 942	3 995	5 300	53
38 000	3 888	3 915	5 220	27
39 000	usw.	usw.	0	0

2. Tabelle für Verheiratete (Steuerklassen III bis VI)

Haben beide Ehegatten Arbeitslohn bezogen, gilt als Berechnungsgrundlage der zusammengerechnete Arbeitslohn.

1	2	3	4	5
Bruttolohn	Vorsorge-pauschale	Vorsorge-höchstbetrag	Erforderlicher Aufwand	Steuerlich wirksam
DM	DM	DM	DM	DM
..	..	..	..	..
14 000	2 754	17 590	20 200	14 836
16 000	3 186	17 270	19 880	14 084
18 000	3 564	16 950	19 560	13 386
20 000	3 996	16 630	19 240	12 634
22 000	4 374	16 310	18 920	11 936
24 000	4 752	15 990	18 600	11 238
26 000	5 184	15 670	18 280	10 486
28 000	5 562	15 350	17 960	9 788
30 000	5 994	15 030	17 640	9 036
32 000	6 372	14 710	17 320	8 338
34 000	6 750	14 390	17 000	7 640
36 000	7 182	14 070	16 680	6 888
38 000	7 560	13 750	16 360	6 190
40 000	7 992	13 430	16 040	5 438
42 000	8 370	13 110	15 720	4 740
44 000	8 748	12 790	15 400	4 042
46 000	9 180	12 470	15 080	3 290
48 000	9 558	12 150	14 760	2 592
50 000	9 558	11 830	14 440	2 272
52 000	9 612	11 510	14 120	1 898
54 000	9 666	11 190	13 800	1 524
56 000	9 720	10 870	13 480	1 150
58 000	9 720	10 550	13 160	830
60 000	9 774	10 230	12 840	456
62 000	9 882	9 910	12 520	82
64 000	9 558	9 590	12 200	32
66 000	9 234	9 270	11 880	36
68 000	8 910	8 950	11 560	40
70 000	8 586	8 630	11 240	44
72 000	8 262	8 310	10 920	48
74 000	7 938	7 990	10 600	52
76 000	7 830	7 830	0	0
78 000	usw.	usw.	0	0

B. Besondere Konz-Vorsorgetabellen (für rentenversiche- 163 rungsfreie Arbeitnehmer, insbesondere Beamte)

1. Tabelle für Alleinstehende (Steuerklassen I und II)

1	2	3	4	5
Bruttolohn	Vorsorge-pauschale	Vorsorge-höchstbetrag	Erforderlicher Aufwand	Steuerlich wirksam
DM	DM	DM	DM	DM
7 000	1 350	8 795	10 100	7 445
8 000	1 566	8 635	9 940	7 069
9 000	1 782	8 475	9 780	6 693
10 000	1 998	8 315	9 620	6 317
11 000	2 160	8 155	9 460	5 995
12 000	2 214	7 995	9 300	5 781
13 000	2 214	7 835	9 140	5 621
14 000	2 214	7 675	8 980	5 461
15 000	2 214	7 515	8 820	5 301
16 000	2 214	7 355	8 660	5 141
17 000	2 214	7 195	8 500	4 981
18 000	2 214	7 035	8 340	4 821
19 000	2 214	6 875	8 180	4 661
20 000	2 214	6 715	8 020	4 501
21 000	2 214	6 555	7 860	4 341
22 000	2 214	6 395	7 700	4 181
23 000	2 214	6 235	7 540	4 021
24 000	2 214	6 075	7 380	3 861
25 000	2 214	5 915	7 220	3 701
26 000	2 214	5 755	7 060	3 541
27 000	2 214	5 595	6 900	3 381
28 000	2 214	5 435	6 740	3 221
29 000	2 214	5 275	6 580	3 061
30 000	2 214	5 115	6 420	2 901
31 000	2 214	4 955	6 260	2 741
32 000	2 214	4 795	6 100	2 581
33 000	2 214	4 635	5 940	2 421
34 000	2 214	4 475	5 780	2 261
35 000	2 214	4 315	5 620	2 101
36 000	2 214	4 155	5 460	1 941
37 000	2 214	3 995	5 300	1 781
38 000	2 214	3 915	5 220	1 701
39 000	usw.	usw.	usw.	usw.

2. Tabelle für Verheiratete (Steuerklassen III bis V)

Haben beide Ehegatten Arbeitslohn bezogen, gilt als Berechnungsgrundlage der zusammengerechnete Arbeitslohn.

1	2	3	4	5
Bruttolohn	Vorsorge-pauschale	Vorsorge-höchstbetrag	Erforderlicher Aufwand	Steuerlich wirksam
DM	DM	DM	DM	DM
..	..	..	..	..
14 000	2 754	17 590	20 200	14 836
16 000	3 186	17 270	19 880	14 084
18 000	3 564	16 950	19 560	13 386
20 000	3 996	16 630	19 240	12 634
22 000	4 374	16 310	18 920	11 936
24 000	4 428	15 990	18 600	11 562
26 000	4 428	15 670	18 280	11 242
28 000	4 428	15 350	17 960	10 922
30 000	4 428	15 030	17 640	10 602
32 000	4 428	14 710	17 320	10 282
34 000	4 428	14 390	17 000	9 962
36 000	4 428	14 070	16 680	9 642
38 000	4 428	13 750	16 360	9 322
40 000	4 428	13 430	16 040	9 002
42 000	4 428	13 110	15 720	8 682
44 000	4 428	12 790	15 400	8 362
46 000	4 428	12 470	15 080	8 042
48 000	4 428	12 150	14 760	7 722
50 000	4 428	11 830	14 440	7 402
52 000	4 428	11 510	14 120	7 082
54 000	4 428	11 190	13 800	6 762
56 000	4 428	10 870	13 480	6 442
58 000	4 428	10 550	13 160	6 122
60 000	4 428	10 230	12 840	5 802
62 000	4 428	9 910	12 520	5 482
64 000	4 428	9 590	12 200	5 162
66 000	4 428	9 270	11 880	4 842
68 000	4 428	8 950	11 560	4 522
70 000	4 428	8 630	11 240	4 202
72 000	4 428	8 310	10 920	3 882
74 000	4 428	7 990	10 600	3 562
76 000	4 428	7 830	10 440	3 402
78 000	usw.	usw.	usw.	usw.

Ich bin steuerlich nicht vor-
gebildet und kann mich deshalb
nur wahrheitsgemäß äußern.
(Steuerzahler im Finanzamt)

4.6.2 Übrige Sonderausgaben – Zeile 73–90

Für die übrigen Sonderausgaben erhältst Du automatisch einen Pauschbe-   **164**
trag von 108 DM (Ehegatten doppelter Betrag), sofern Du nicht höhere
Aufwendungen nachweisen kannst. Die nachgewiesenen Aufwendungen
sind grundsätzlich in voller Höhe absetzbar, wenn man von wenigen
Ausnahmen absieht.

Übersicht für übrige Sonderausgaben	
Aufwendungen für	> Zeile
● Renten und dauernde Lasten	73/74
● Unterhaltsleistungen an den geschiedenen oder getrennt le-benden Ehegatten lt. Anlage U bis 27 000 DM	75
● Kirchensteuer	77
● Pflichtversicherte Haushaltshilfe bis 18 000 DM	78/79
● Steuerberatung, auch Bücher, Fahrten zum Finanzamt	80
● Berufsausbildung, eigene bis 1 800/2 400 DM	81/82
● Schulgeld und Spenden	83–90

Zum Spendenabzug ohne Beleg siehe ➤ Rz 50.

Zeile 73 Renten   165

Damit Du hier den rechten Durchblick bekommst, mußt Du zunächst ein
wenig Steuerrecht am Trapez über Dich ergehen lassen.
Der Abzug von Renten in > Zeile 73 und der Abzug von dauernden Lasten
in > Zeile 74 ist eigentlich im Zusammenhang zu sehen. Beides sind wiederkehrende Zahlungen, wobei, wenn alles gutgeht, die Renten wenigstens zum
Teil absetzbar sind, die dauernden Lasten dagegen in voller Höhe. Alles geht
gut, wenn die wiederkehrenden Zahlungen sogenannte **Versorgungsleistun-**

gen sind im Zusammenhang mit Übertragung von Vermögen. Dazu unten mehr.

Wiederkehrende Zahlungen können nämlich auch Entgelt für den Kauf von Vermögen oder Unterhaltsleistungen sein. In beiden Fällen ist ein Abzug, zumindest an dieser Stelle, nicht möglich.

Bei Kauf von Vermögen ist typisch, daß Leistung und Gegenleistung in etwa gleichwertig sind. Unterhaltsleistungen werden angenommen, wenn der Wert des übertragenen Vermögens weniger als die Hälfte des Werts der wiederkehrenden Leistungen ausmacht.

Renten oder dauernde Lasten sind nur dann als Sonderausgaben absetzbar, wenn, wie bereits gesagt, die Zahlungen als Versorgungsleistungen gelten. Das sind Zahlungen im Zusammenhang mit der Übertragung von Vermögen, wie sie bei einer Erbschaft oder einer Schenkung schon zu Lebzeiten, der sog. vorweggenommenen Erbfolge, vorkommen können.

166 Wichtige Voraussetzung für den Sonderausgabenabzug ist zunächst:

- Die Vermögensübertragung muß zu Bedingungen erfolgen, wie sie unter Fremden nicht üblich wären.
- Das übertragene Vermögen muß »existenzsichernd« sein. Das setzt voraus, daß der Empfänger zumindest teilweise aus dem übertragenen Vermögen die Versorgungsleistungen aufbringen kann. Darunter fallen bebaute Grundstücke, unbebaute nur, wenn sie verpachtet sind, ferner Betriebe und Gesellschaftsanteile. Als nicht existenzsichernd gelten Wertpapiere, auch Aktien, Sammlungen und jegliches Vermögen, bei dem sämtliche Erträge durch Nießbrauch zugunsten des bisherigen Eigentümers abgeschöpft werden.

167 Nun kann es vorkommen, daß die Erträge aus dem existenzsichernden Vermögen nicht ausreichen, um die Versorgungsleistungen aufzubringen. Das führt zu unterschiedlichen Ergebnissen.

1. Es wird Vermögen übertragen, das so viel Ertrag abwirft, um damit die Versorgungsleistungen in vollem Umfang zu finanzieren (Typus 1).
2. Es wird Vermögen übertragen, aus dessen Erträgen die Versorgungsleistungen nur zum Teil finanziert werden können. Der Wert des unentgeltlich übertragenen Vermögensanteils beträgt aber mindestens 50% des Wertes der Versorgungsleistungen (Typus 2).

Zunächst aber ein einfaches Beispiel:

168 Deine Eltern wollen ihren Lebensabend in Spanien verbringen und vermachen Dir ihr Häuschen, das einen Wert von 500 000 Mark hat. Obwohl Du das Haus nicht vermieten, sondern darin einziehen willst, gilt das Haus als existenzsichernd, denn anstelle von tatsächlich vereinnahmten Mieten tritt der Nutzungswert der von Dir selbstgenutzten Wohnung. Zahlst Du Deinen Eltern künftig 2 000 DM im Monat als Versorgungsleistung zusätzlich zu ihrer staatlichen Rente, so kannst Du 24 000 Mark pro Jahr als Sonderausgaben absetzen und Deine Eltern brauchen nichts zu versteuern, weil sie in Spanien leben und deswegen hier in Deutschland nicht mehr steuerpflichtig sind.

»Das ist für mich Kokolores, bei mir liegt der Fall ganz anders«, so wendest Du Dich ab.

So warte doch und lies die beiden Musterfälle, mit denen unser Finanzminister seine Fußtruppen in den Finanzämtern sattelfest macht (BMF-Schreiben vom 23. 12. 1996 – BStBl 1996 I S. 1508):

Musterfall zu Typus I: **169**
S erhält im Januar 1999 im Rahmen einer vorweggenommenen Erbfolgeregelung von seinem Vater V ein Mehrfamilienhaus mit einem Verkehrswert von 1 Mio. DM, das mit einer Verbindlichkeit von 300 000 DM belastet ist. S verpflichtet sich, die Verbindlichkeit zu übernehmen, an seinen Bruder B ein Gleichstellungsgeld von 200 000 DM und an V wiederkehrende Leistungen i. H. von jährlich 18 000 DM zu zahlen.

Die Einkünfte aus Vermietung und Verpachtung betragen:

1997	6 000 DM
1998	20 000 DM
1999 (V + S insgesamt)	10 000 DM
durchschnittliche Einkünfte	12 000 DM

Schuldzinsen und AfA haben die Einkünfte wie folgt gemindert:

	AfA	Schuldzinsen
1997	15 000 DM	10 000 DM
1998	15 000 DM	10 000 DM
1999 (V + S insgesamt)	18 750 DM	13 000 DM
im Durchschnitt	16 250 DM	11 000 DM

S hat Anschaffungskosten für das Mehrfamilienhaus von insgesamt 500 000 DM (Gleichstellungsgeld 200 000 DM, Verbindlichkeit 300 000 DM). S erwirbt nach dem Verhältnis des Verkehrswerts des Grundstücks zu den Anschaffungskosten das Mehrfamilienhaus zu ½ entgeltlich und zu ½ unentgeltlich.

Bei Ermittlung der Erträge sind den Einkünften aus Vermietung und Verpachtung die AfA und die Schuldzinsen hinzuzurechnen.

	durchschnittliche Einkünfte	durchschnittliche AfA	durchschnittliche Schuldzinsen	Durchschnittsertrag
Erträge aus Vermietung und Verpachtung	12 000 DM	+ 16 250 DM	+ 11 000 DM	= 39 250 DM

Die auf den unentgeltlich übertragenen Teil des Vermögens entfallenden Erträge von 19 625 DM (½ von 39 250 DM) reichen demnach aus, um die wiederkehrenden Leistungen an V (18 000 DM) erbringen zu können. Es ist daher eine Vermögensübergabe i. S. des Typus I gegeben.

170 **Musterfall zu Typus II:**
M überträgt im Wege der vorweggenommenen Erbfolge ein Mietwohngrundstück an ihre Tochter T mit einem Verkehrswert von 1 Mio. DM. T verpflichtet sich, eine Grundschuldverbindlichkeit i. H. von 600 000 DM zu übernehmen und wiederkehrende Leistungen an M von jährlich 50 000 DM mit einem Kapitalwert von 700 000 DM zu erbringen. Die wie oben (Typus I) ermittelten Erträge aus Vermietung und Verpachtung betragen jährlich 30 000 DM.
T hat Anschaffungskosten in Höhe von 600 000 DM. Nach dem Verhältnis des Verkehrswerts des Grundstücks zu den Anschaffungskosten erwirbt T das Grundstück zu 40% unentgeltlich und zu 60% entgeltlich. Eine Vermögensübergabe i. S. des Typus I ist nicht gegeben, weil die auf den unentgeltlichen Teil entfallenden Erträge nicht ausreichen, die wiederkehrenden Leistungen zu erbringen. Es handelt sich jedoch um Versorgungsleistungen im Rahmen einer Vermögensübergabe i. S. des Typus II. Das übertragene Mietwohngrundstück ist eine existenzsichernde und ihrem Wesen nach ertragbringende Wirtschaftseinheit. Der auf den unentgeltlich erworbenen Teil des übernommenen Mietwohngrundstücks entfallende Wert (40% von 1 Mio. DM) übersteigt die Hälfte des Kapitalwerts der wiederkehrenden Leistungen (350 000 DM).

171 Und jetzt der entscheidende Unterschied zwischen Typus I und Typus II: Versorgungsleistungen können Renten sein, die nur mit dem Ertragsanteil absetzbar sind, oder in voller Höhe absetzbare dauernde Lasten. Letztendlich kommt es darauf an, ob die Versorgungsleistungen abänderbar sind. Denn nur abänderbare Versorgungsleistungen sind dauernde Lasten und in voller Höhe absetzbar. Fallen die Versorgungsleistungen unter Typus I, wird nach dem obigen BMF-Schreiben die Abänderbarkeit unterstellt. Versorgungsleistungen nach Typus I sind also dauernde Lasten und in voller Höhe absetzbar. Bei Versorgungsleistungen nach Typus II muß die Abänderbarkeit ausdrücklich durch Hinweis auf § 323 ZPO vereinbart sein.

Der feine Unterschied   172

Rente oder dauernde Last

Je nach Typus und nach Ausgestaltung des Vertrages kann es sich um
eine Rente oder um eine dauernde Last handeln. Pech gehabt, wenn das
Finanzamt eine Rente annimmt, denn dann ist nur deren Ertragsanteil
absetzbar (und beim Empfänger steuerpflichtig). Dieser Ertragsanteil
ist abhängig vom Alter des Empfängers zu Beginn der Rente.
Der Ertragsanteil wird aus Tabellen des § 22 EStG abgelesen, die Du
auszugsweise unter ➤ Rz 1114 und 1115 finden kannst. So beträgt z. B.
der Ertragsanteil 27%, wenn der Empfänger zu Beginn der Rente 65
Jahre alt gewesen ist.
Der Übertragsvertrag kann auch so ausgestaltet sein, daß das Finanzamt
eine dauernde Last annimmt. Hier sind die Zahlungen in voller Höhe
absetzbar, allerdings vom Empfänger auch in voller Höhe zu versteuern.
Wie Du den Vollabzug erreichen kannst, dazu mehr im folgenden.

Das Leben – man denkt immer, das
Eigentliche solle erst kommen,
bis man plötzlich sieht, daß alles vorbei ist.
(Bismarck)

TIP Statt Rente konstruiere Dir besser eine dauernde Last   173

Besser als eine Rente macht sich steuerlich eine dauernde Last bemerkbar.
Du kannst sie nämlich in voller Höhe in > Zeile 74 als Sonderausgaben
abziehen. Anderseits muß sie vom Empfänger in voller Höhe versteuert
werden – in > Zeile 45 der Anlage KSO als sonstige Einkünfte zu erklären.
Ist der Empfänger aber z. B. Rentner, geht der Fiskus bei ihm sowieso
meistens leer aus, und wenn nicht, kann der Verpflichtete die Mehrsteuer
ja als weitere Last gleich mit übernehmen.
**Der Abzug als dauernde Last ist dann geritzt, wenn in dem Übertragsver-
trag ein Hinweis auf den § 323 ZPO aufgenommen wird. Dies bedeutet, daß
die zu leistenden Zahlungen jeweils den wirtschaftlichen Verhältnissen
angepaßt werden können, wenn sich diese bei Dir oder bei dem Berechtig-
ten ändern sollten.**
Damit in Zukunft der Laden bestens läuft, nimmst Du einfach nachträglich
diese Klausel in den Vertrag auf.

174 **TIP** Dauernde Last gegen Wohnrecht

»Gib mir ein Beispiel zu diesem § 323 ZPO, den ich nicht kenne«, sagst Du.

Angenommen, Deine Eltern wohnen bei Dir im Haus und haben dort ein Wohnrecht auf Lebenszeit, weil sie Dir das Haus vorzeitig übertragen oder Dir beim Bau des Hauses geholfen haben.

Steuerlich ist da wenig zu holen, das weißt Du inzwischen. Nun wollen Deine Eltern ins Altersheim, vielleicht um Dir nicht zur Last zu fallen. Deswegen verzichten sie auf ihr Wohnrecht und Du zahlst ihnen dafür lebenslänglich 1500 Mark im Monat. Damit die 1500 Mark bei Dir voll absetzbare dauernde Lasten sind, muß es im Vertrag in etwa heißen (BFH-Urt. vom 3. 6. 1992 – BStBl 1993 II S. 98):

Dieser Betrag ist jedoch veränderlich. Er ist bemessen einmal an dem derzeitigen Mietwert des Wohnrechts, zum anderen nach den Bedürfnissen der Eltern. Sie sollen nach Aufgabe ihres Wohnrechts in der Lage sein, unter Berücksichtigung ihrer weiteren Einkünfte ein Leben zu führen wie bisher. Sollten wesentliche Änderungen in diesen Bemessungsgrundlagen eintreten, kann der vorgenannte Betrag neu festgesetzt werden, wie es § 323 ZPO vorsieht. Daher wird auf die Vereinbarung einer Wertsicherungsklausel verzichtet.

175 Diese Regelung bringt Dir 18 000 Mark dauernde Lasten für > Zeile 74.

Für den Fall, daß Ihr Euch nicht mehr so gut versteht, solltest Du vorbeugen. Damit Dir nicht unbezahlbare Forderungen ins Haus flattern, sollten Deine Eltern pflegebedürftig werden. Also sicherst Du Dich zusätzlich mit folgender Klausel ab: »Die jährlichen Leistungen sind in jedem Fall beschränkt auf den Jahresbetrag der Rente, der sich bei einer Verrentung des übertragenen Vermögens ergeben hätte. Eine Anpassung der Leistungen für den Fall, daß der/die Übergeber pflegebedürftig werden, wird ausdrücklich ausgeschlossen.«

»Das läßt sich hören«, sagst Du.

176 **Zeile 74 Dauernde Lasten**

Was sich so bedrohlich anhört, ist in Wirklichkeit ein riesiges Schlupfloch in den Fangnetzen des Fiskus, wenn Du zu den Glücklichen zählst, die von ihren Eltern ein Erbe zu erwarten haben.

Haben Deine Eltern Dir nämlich im Wege der vorweggenommenen Erbfolge schon mal Vermögen übergeben und hast Du ihnen dafür Versorgungsleistungen versprochen, so sind diese Versorgungsleistungen bei Dir in voller Höhe als dauernde Lasten absetzbar. Zwar sind die Leistungen bei Deinen Eltern steuerpflichtig – > Zeile 45 der Anlage KSO –, sind Deine Eltern aber bereits Rentner, zahlen sie wahrscheinlich sowieso keine oder nur wenig Steuern. Und die Mehrsteuern, die sie dann evtl. zahlen müssen, kannst Du ihnen ja noch zusätzlich erstatten. Erbst Du später mal alles, fallen Deine Versorgungsleistungen vielleicht sogar wieder in Form von Bankguthaben an Dich zurück.

Wie hoch ist die Steuerersparnis?
Für Euch gemeinsam ergibt sich daraus eine fette Steuerersparnis, weil Deine Eltern als Empfänger der dauernden Last diese mit einem niedrigeren Steuersatz versteuern als Du, der Du zahlen mußt. Die Steuerersparnis läßt sich überschlägig errechnen aus der Differenz der Steuersätze, multipliziert mit der dauernden Last.

TIP **Du hast Dein Elternhaus übernommen, denn Deine** 177
Mutter wollte nach Mallorca

Seitdem Du Dein Elternhaus übernommen hast, hochformell durch Übertragungsvertrag, darfst Du für Deine Mutter bis an ihr Lebensende monatlich 2 000 Mark hinblättern, damit die Kosten für Mallorca abgedeckt sind. Auch hast Du ihr einen einmaligen Abstand von 20 000 Mark gezahlt, denn Mutter wollte was auf der hohen Kante haben. Für den Notfall, sagte sie.
Mutter ist zufrieden und Du auch. Für die nächste Steuererklärung mußt Du alter Junge aber gut ausgeschlafen sein, denn da läßt sich viel lockermachen.
Was Du monatlich an Deine Mutter zahlst, kannst Du als dauernde Last in voller Höhe als Sonderausgaben absetzen (> Zeile 74). Deine Mutter hingegen müßte eigentlich diese Beträge versteuern (> Zeile 45 ihrer Anlage KSO), wenn bei ihr als Seniorin überhaupt eine nennenswerte Steuer anfallen würde.

Und jetzt spitz mal die Ohren, mein Lieber: weil Deine Mutter auf Mallorca lebt und somit keinen Wohnsitz mehr in Deutschland hat, braucht sie Deine Versorgungszahlungen überhaupt nicht zu versteuern, denn in dem maßgebenden § 49 Einkommensteuergesetz sind diese Art Einkünfte nicht aufgeführt.

»Mensch, das ist ja bombig«, rufst Du. »Dann hätten wir ja auch viel höhere Zahlungen vereinbaren können.«

Das hättet Ihr. Ihr hättet rein theoretisch bis zu 200% des Werts des Elternhauses, soweit es unentgeltlich übertragen wird, als absetzbare dauernde Lasten vereinbaren können. Dieses neue Steuersparmodell nach dem BMF-Schreiben vom 23. 12. 1996 stellt die Vorteile der Eigenheimzulage weit in den Schatten.

178 **Und jetzt höre und staune: Obwohl Du es gar nicht auf die Eigenheimzulage abgesehen hattest, bekommst Du diese noch als Zugabe. Denn Deine Abstandszahlung von 20 000 Mark gilt als Anschaffungskosten, als sogenannter teilentgeltlicher Erwerb, wozu auch übernommene Schulden und Gleichstellungsgelder an Miterben rechnen würden (BFH-Beschluß vom 5. 7. 1990 – BStBl 1990 II S. 847).**

Du machst also geltend:

72			11 tatsächlich gezahlt	12	abziehbar
		Rechtsgrund, Datum des Vertrags			%
73	Renten			10	
74	Dauernde Lasten	*H. Übertragungsvertrag vom 2.1. 1999, beigefügt*		39	24.000

179 Mutter müßte in der Anlage KSO als Einkünfte erklären, wenn sie nicht auf Mallorca leben würde:

43	für mehrere Jahre (in Zeile 40 nicht enthalten)	DM	DM	DM	DM
44	**Andere wiederkehrende Bezüge/Unterhaltsleistungen**		Steuerpflichtige Person Ehemann DM		Ehefrau DM
	Einnahmen aus				
45	*Übertragungsvertrag vom 2.1. 1999*		58 24.000	59	
	Unterhaltsleistungen,		46		

180 **Wohnraumförderung**

Abstandszahlungen wollen die obersten Fiskalhüter in diesen Fällen als Teilentgelt behandelt sehen. Als teilentgeltlicher Erwerber kannst Du deshalb für die Abstandszahlung von 20 000 Mark die Eigenheimzulage beanspruchen.

Und so rechnest Du:

Abstandszahlung = Anschaffungskosten	20 000 DM
Eigenheimzulage 2,5% jährlich	500 DM

Für den Nachwuchs kommen cash 1 500 DM Kinderzulage
pro Kind und Jahr hinzu.

Im Erstjahr der Förderung (= Jahr der Anschaffung = Jahr der Selbstnut-
zung) erhältst du die Zulage innerhalb von vier Wochen, nachdem Du den
Zulage-Bescheid vom Finanzamt bekommen hast. In den folgenden sieben
Jahren überweist der Fiskus das Geld jeweils Mitte März auf Dein Konto.

»Bereits bei zwei Kindern macht das:	
Eigenheimzulage	500 DM
Kinderzulage 1 500 DM x 2	3 000 DM
zusammen jährlich	3 500 DM
macht für acht Jahre insgesamt	28 000 DM

Prima! Bei 20 000 Mark Abstand macht das 8 000 DM Reibach«, freust Du
Dich.

Leider zu früh gefreut. Die Zulage ist auf die Höhe der Anschaffungskosten von 20 000 DM begrenzt. Im Jahr sechs bekommst Du also noch
2 500 DM, und in den Jahren sieben und acht gehst Du ganz leer aus.
Mehr zur Wohnraumförderung findest Du unter ➤ Rz 1152 ff.

Pflegekosten als dauernde Last

Wenn Grundbesitz im Alter zur Last und deshalb vorzeitig vererbt wird, **181**
verpflichten sich Kinder als Erben oftmals, ihre Eltern in alten und kranken
Tagen zu pflegen. Die Aufwendungen dafür sind ähnlich wie die Altenteil-
erleistungen in der Landwirtschaft steuerlich als dauernde Last absetzbar
(BFH-Urt. vom 24. 4. 1991 – BStBl 1991 II S. 794).

Werden die Eltern verpflegt, können dafür die amtlichen Sachbezugswerte
als dauernde Last angesetzt werden (1999: 361 DM monatlich). Bei
Übernahme sonstiger Aufwendungen wie z. B. für Heizung und Strom, sind
die Kosten dafür zusätzlich absetzbar (BFH-Urt. vom 27. 8. 1996 – IX R
68/93).

Sonderausgabenabzug gestrichen – was nun?

Bei Übertragung des Elternhauses wollte Mutter (58) sofort Bares sehen **182**
und hat sich auf die Zahlung monatlicher Versorgungsleistungen nicht
eingelassen. Sohn Siegfried zahlt insgesamt 300 000 DM (Verkehrswert des
Hauses: 400 000 DM, davon Gebäude: 320 000 DM).

Auch wenn die Zahlung nicht dem Wert des Hauses entspricht, ist die **Einmalzahlung** nicht als Sonderausgaben abziehbar.
Welche Auswirkungen das hat, zeigt Dir folgende Blitzrechnung:

Mutter: Die Veräußerung des Hauses ist für sie steuerfrei.

Siegfried hat sein Elternhaus teilentgeltlich erworben. In Höhe von 300 000 DM hat er Anschaffungskosten, die er bei Selbstnutzung mittels der Eigenheimzulage zumindest teilweise wieder hereinholen kann. Im Falle der Vermietung setzt er die Abschreibung für das Gebäude als Werbungskosten ab:

a) entgeltlich erworben: 75%:
(320 000 DM x 75% =) 240 000 DM x 2% =   4 800 DM
b) unentgeltlich erworben: 25%
Fortführung der Abschreibung der Mutter,
angenommene Herstellungskosten 200 000 DM
(200 000 DM x 25% =)   50 000 DM x 2% =   <u>1 000 DM</u>
                  <u>5 800 DM</u>

Haben beide statt der Einmalzahlung *monatliche Leistungen* (z. B. 2 000 DM) *für einen bestimmten Zeitraum* (z. B. 20 Jahre statt auf Lebenszeit der Mutter) vereinbart, so erkennt der Fiskus auch dann Versorgungsleistungen nicht an. Die Auswirkungen zeigt Dir folgende Übersicht:

Mutter:
Einnahmen aus Kapitalvermögen in Höhe des Zinsanteils
(vgl. ➤ Rz 1114)
24 000 DM x 35% =   8 400 DM
Werbungskosten-Pauschbetrag   100 DM
Sparer-Freibetrag   <u>6 000 DM</u>
Einkünfte   2 300 DM
Steuerlast bei 20%:   <u>460 DM</u>

Siegfried:
Barwert der Zahlungen (rd. 300 000 DM) = Anschaffungskosten
a) Eigennutzung: Eigenheimzulage
b) Vermietung: Abschreibung (siehe oben) und
      Zinsanteil der Zahlungen (8 400 DM) = Werbungskosten

Wie Du siehst, ist auch dann, wenn der Abzug der Versorgungsleistungen gescheitert sein sollte, steuerlich durchaus noch was zu holen.
Unter Berücksichtigung des Sparer-Freibetrags (Mutter) und dem Werbungskostenabzug (Sohn Siegfried), könnte die letzte Variante sogar steuerlich günstiger sein als der Sonderausgabenabzug der Versorgungsleistungen und der Versteuerung durch die übertragende Generation.

Zeile 75 Unterhaltsleistungen 183

Geht ein Großteil Deines Einkommens als Folge der »Ersten Runde« an Deine Expartnerin (oder Expartner), dann hol Dir einen Teil davon aus dem Staatssäckel zurück. Denn schließlich hat ja der Staat das ruinöse Scheidungs- und Unterhaltsrecht in die Welt gesetzt. Dann soll er sich gefälligst auch bei den davon Betroffenen an den finanziellen Folgen beteiligen.

Die Unterhaltsleistungen an Deinen bzw. Deine Ex sind bis zu **27 000 DM** jährlich als Sonderausgaben **oder** bis zu **12 000 DM** als außergewöhnliche Belastungen absetzbar. Der Sonderausgabenabzug ist in > Zeile 75 und der Abzug als außergewöhnliche Belastungen in > Zeile 107–115 geltend zu machen. Voraussetzung ist jeweils, daß Du bereits zu Beginn des Jahres geschieden warst oder dauernd getrennt gelebt hast.

Keine Frage, der Sonderausgabenabzug ist günstiger. Doch dafür benötigst Du die Zustimmung Deines Expartners, daß er den entsprechenden Betrag, den Du absetzen kannst, als sonstige Einkünfte versteuert (Anlage KSO, >Zeile 46 ; mehr hierzu unter ➤ Rz 1143).

Der Vorteil liegt darin, daß die Steuerersparnis beim Zahlenden meistens höher ist als die Steuerbelastung beim Empfänger. Weil die Zustimmung auch vom guten Willen des Unterhaltsempfängers abhängt, ist es üblich, daß der Zahlende sich bereit erklärt, dem Empfänger die auf die Unterhaltsleistungen entfallenden Steuerbeträge zu erstatten.

Die Zustimmung ist auf dem Vordruck Anlage U zu erteilen. Das U dient **184** den Finanzbürokraten als Eselsbrücke und weist auf »Unterhalt« hin. Die einmal gewährte Zustimmung ist bis auf Widerruf wirksam. **Laß Dich nicht kirre machen, wenn Deine Expartnerin Dir die Rücknahme der Zustimmung ankündigen sollte. Denn die Rücknahme kann immer nur das nächste Kalenderjahr betreffen.**

Der Sonderausgabenabzug beim Unterhaltsverpflichteten und die Ver- **185** steuerung beim Unterhaltsberechtigten wird als »Realsplitting« bezeichnet. Das Realsplitting nähert sich praktisch dem Splittingtarif, weil es die Unterschiede in der Steuerprogression der Beteiligten ausnutzt und dadurch angleicht.

Natürlich ist das Realsplitting ganz vorzüglich dazu geeignet, »ihm« oder »ihr« nachträglich noch einmal ordentlich eins auszuwischen. Oft genügt schon der Hinweis der Freundin, das Wohngeld könne gekürzt oder die Sozialmiete erhöht werden, wenn Einkünfte zu versteuern seien, um die Unterschrift auf der Anlage U abzulehnen. Doch merke:

Hast Du Dich grundsätzlich bereit erklärt, die finanziellen Nachteile auszugleichen, die Deinem Expartner durch das Realsplitting entstehen, hast Du einen Rechtsanspruch auf Zustimmung. Weigert er sich, kannst Du ihn beim Familiengericht auf Zustimmung verklagen (Urt. des BGH vom 23. 3. 1983 – NJW 1983 S. 1545).

Die Zustimmung kannst Du unter Berufung auf § 894 ZPO erzwingen, wenn Du in einem Prozeß gegen Deinen Expartner obsiegt hast. Die Zustimmung gilt grundsätzlich dann als abgegeben, wenn die Verurteilung dazu rechtskräftig geworden ist (Urt. des BFH vom 25. 10. 1988 – BStBl 1989 II S. 192). Schneller geht es aber, ihn gleich durch eine Klage auf Schadenersatz zur Räson zu bringen (OLG Köln, FamRZ 1983 S. 595).

Zu einem Prozeß muß es jedoch nicht gleich kommen, ein Kuhhandel ist da schon angebrachter. Mehr dazu im nächsten Steuertip.

186 ◆ *Musterfall Backs mit Anlage U*

Freund Backs, der alte Schwerenöter, war bereits früher einmal verheiratet und hat jedes Jahr an seine Verflossene 12 000 DM Unterhalt zu berappen. Nach langem Hin und Her hat er schließlich vor Gericht durchgesetzt, daß seine Exgattin für die Unterhaltszahlungen die »Anlage U« unterschreiben muß. Er kann daher seine Zahlungen als Sonderausgaben in > Zeile 75 eintragen.

74	Dauernde Lasten		
75	Unterhaltsleistungen an den geschiedenen/dauernd getrennt lebenden Ehegatten lt. **Anlage U**	39	12.000

187 **TIP** Was Dir ein Kuhhandel mit der Verflossenen bringt

Endlich bist Du geschieden und weißt jetzt, was Dich die »Erste Runde« von nun an monatlich kostet:

Aufstockungsunterhalt an die Expartnerin	900 Mark
Unterhalt für das Kind	680 Mark

Von Glück kannst Du sprechen, daß Deine Expartnerin für 2 000 Mark brutto halbtags arbeitet, sonst wärst Du noch ärmer dran.

Den Aufstockungsunterhalt kannst Du bei den Sonderausgaben absetzen, wenn Deine Expartnerin die Anlage U unterschreibt und damit zustimmt, den entsprechenden Betrag als sonstige Einkünfte zu versteuern (Realsplitting). Die Zustimmung erreichst Du meistens, wenn Du die steuerlichen Nachteile ausgleichst, die ihr dadurch entstehen.

Ein Abzug der Unterhaltsaufwendungen alternativ als außergewöhnliche Belastung scheidet bei Dir aus, weil die Einkünfte Deiner Expartnerin auf den Höchstbetrag für außergewöhnliche Belastungen von 13 020 DM angerechnet werden, so daß als Abzugsbetrag nichts mehr verbleibt (➤ Rz 310).

Laß uns ausrechnen, was das Realsplitting insgesamt an Steuervorteilen bringt.

Steuervorteil bei Dir

Dein zu verst. Einkommen beträgt bisher	60 000 DM	
ESt darauf nach Grundtabelle		14 359 DM
abzüglich Realsplitting (900 DM x 12)	10 800 DM	
zu versteuerndes Einkommen neu	49 200 DM	
ESt darauf nach Grundtabelle		10 653 DM
Steuervorteil bei Dir		3 706 DM

Steuernachteil bei Deiner Expartnerin

zu verst. Einkommen bisher		11 524 DM	
ESt darauf nach der Grundtabelle			0 DM
zuzüglich Realsplitting	10 800 DM		
abzgl. Werbungskosten-Pauschb.	200 DM		
Sonstige Einkünfte	10 600 DM	10 600 DM	
zu verst. Einkommen neu		22 124 DM	
ESt darauf nach der Grundtabelle			2 392 DM
Steuernachteil Deiner Expartnerin			2 392 DM

Gleichst Du ihr diesen Nachteil aus, bleiben Dir immerhin (3 706 DM ./. 2 392 DM =) 1 314 DM.

Realsplitting durchsetzen	**188**

Wenn Deine Expartnerin ihre Zustimmung zum Realsplitting davon abhängig machen sollte, an Deinem Steuervorteil beteiligt zu werden, so verweise auf das bereits oben zitierte BGH-Urt. vom 23. 3. 1983 – NJW 1983 S. 1545. Danach ist eine derartige Bedingung unzulässig.

189 | **Auch dieses solltest Du wissen:** Lehnt Deine Expartnerin die Zustimmung zum Realsplitting ab, obwohl die Unterhaltsleistungen bei ihr überhaupt keine Steuerbelastung auslösen, so macht sie sich ggf. schadenersatzpflichtig, weil sie die Verpflichtung auf Zustimmung schuldhaft verletzt – Schikaneverbot (entspr. Anwendung des BGH-Urt. vom 13. 10. 1976 – HFR 1977, 297). Auch kann das Finanzamt von sich aus von einer Zustimmung ausgehen, weil das bestehende Wahlrecht des Unterhaltsberechtigten praktisch ins Leere geht (BFH-Urt. vom 12. 8. 1977 – BStBl 1977 II S. 870).

Prozeßkosten absetzen

Bist Du im Unterhaltsprozeß auf Anwalts- und Gerichtskosten hängengeblieben, weil bei Deinem Ex nichts zu holen war, dann rate ich Dir, die entstandenen Kosten in > Zeile 80 als Steuerberatungskosten geltend zu machen (Urt. des Hess. FG vom 10. 7. 1995 – EFG 1996 S. 20, Rev. eingelegt).

> *Eigennutz und Laster sind die Trieb-*
> *federn des Fortschritts und die*
> *wahre Quelle des Wohlstands.*
> (Bernard des Mandeville)

190 **TIP** **Beim Unterhalt doppelt Steuern sparen: Wohnung überlassen**

Bist Du stolzer Eigentümer eines Mietshauses? Dann laß Dein Exmäuschen nach Eurer Scheidung doch da einziehen.

Den Nutzungswert der Wohnung darf der Fiskus nicht besteuern (BFH-Urt. vom 17. 3. 1992 – BStBl 1992 II S. 1009). Also hast Du nur den restlichen Barunterhalt aus versteuertem Einkommen aufzubringen.

Vorteilsrechnung	ohne Wohnung	mit Wohnung
Unterhalt monatlich netto z. B.	1 800 DM	1 800 DM
./. Nutzungswert der Wohnung z. B.	–	1 000 DM
Verbleiben	1 800 DM	800 DM
Steuerlast z. B. 30% = monatlich	540 DM	240 DM
Unterschied = Steuerersparnis: jährlich	3 600 DM	

Aber Du solltest auch hier gleich Nägel mit Köpfen machen und mit Deinem Exmäuschen einen Mietvertrag abschließen. Die Miete behältst Du vom Barunterhalt ein. Nun hast Du zwar steuerpflichtige Einnahmen aus Vermietung und Verpachtung, kannst aber im Gegenzug alle Hausunkosten von A wie Abschreibung bis Z wie Zinsen als Werbungskosten absetzen und so einen Verlust herauswirtschaften, der Dir eine Steuerersparnis beschert (so entschieden vom BFH im Urteil vom 16. 1. 1996 – IX R 13/92).

Sind die Einnahmen höher als die Werbungskosten, und hast Du deswegen einen Überschuß, den Du versteuern müßtest? In diesem Fall vereinbart Ihr besser, die Wohnung als Naturalunterhalt zu überlassen. Damit bist Du steuerlich aus dem Schneider. Das bedeutet: Du versteuerst keine Mieteinnahmen, kannst aber auch keine Werbungskosten absetzen.

Als Unterhaltsleistungen kannst Du in diesem Fall die durch die Nutzung verursachten und von Dir getragenen Kosten wie z. B. Grundsteuer, Heizungs-, Strom- und Wasserkosten sowie die Gebühren für Abwasserbeseitigung und Müllabfuhr geltend machen. Schuldzinsen, Renovierungskosten, Abschreibung und Versicherungsbeiträge wollen Dir die Finanzer allerdings nicht anerkennen.

Zeile 77 Kirchensteuer   191

Anzusetzen sind:
Gezahlte Kirchensteuer einschließlich der Vorauszahlungen. Die Lohnkirchensteuer kannst Du aus der Lohnsteuerkarte übernehmen.

Beispiel:
a) Vom Betrieb bescheinigte Kirchensteuer lt. Lohnsteuerkarte

IV. Lohnsteuerbescheinigung für das Kalenderjahr 1999 und besondere Angaben

	vom – bis		vom – bis		vom – bis	
1. Dauer des Dienstverhältnisses	*1.1.-31.12.*					
2. Zeiträume ohne Anspruch auf Arbeitslohn	Anzahl „U":		Anzahl „U":		Anzahl „U":	
	DM	Pf	DM	Pf	DM	Pf
3. Bruttoarbeitslohn einschl. Sachbezüge ohne 9. bis 11.	*38.836*	*00*				
4. Einbehaltene Lohnsteuer von 3.	*5.489*	*00*				
5. Einbehaltener Solidaritätszuschlag von 3.	*301*	*90*				
6. Einbehaltene Kirchensteuer des Arbeitnehmers von 3.	*494*	*01*				
Einbehaltene Kirchensteuer des Ehegatten						

192 b) So trägst Du die Zahlen in die »Anlage N« ein:

Einkünfte aus nichtselbständiger Arbeit

Zeile	Angaben zum Arbeitslohn	DM	Pf	DM	Pf
1		Erste Lohnsteuerkarte		Weitere Lohnsteuerkarte(n)	
2	Bruttoarbeitslohn	10 38.836	—	11	—
3	Lohnsteuer	40 5.489	00	41	
4	Solidaritätszuschlag	50 301	90	51	
5	Kirchensteuer des Arbeitnehmers	42 494	01	43	
		44			

193 c) Bei der Ausgleichsveranlagung 1998 hat das Finanzamt im Jahre 1999
89,– DM Kirchensteuer erstattet.

Im Hauptformular machst Du als Sonderausgaben geltend:

76					
77	Kirchensteuer		13 1999 gezahlt 495	14	1999 erstattet

Du kannst dem Fiskalritter auch einen Ergänzungsknochen hinschmeißen, an
dem er seine Zähne fletschen kann, indem Du Kästchen 14 einfach leer läßt.

194

Kirchensteuer

Kirchensteuern sind nur die von den kirchensteuerberechtigten Religionsgemeinschaften erhobenen Abgaben.
Bist Du nicht sicher, ob Du einer in der Bundesrepublik kirchensteuerberechtigten Kirche angehörst, so erkundige Dich. Du wärest nicht der erste, dem man jahrelang völlig unberechtigt Kirchensteuer abgeknöpft hat.
Da wird z. B. einem in England getauften Anglikaner von der Gemeindeverwaltung einfach die Zugehörigkeit zur Evangelischen Kirche unterstellt und auf der Lohnsteuerkarte die Abkürzung »ev« verpaßt, obwohl die Anglikanische Kirche hier in der Bundesrepublik überhaupt nicht kirchensteuerberechtigt ist. Folge: Der Arbeitgeber muß Lohnkirchensteuer einbehalten.

Soll der Fiskus die kassierte Kirchensteuer beim Jahresausgleich wieder herausrücken, mußt Du zunächst in den ausgeprägten Tunnelblick des Bearbeiters eine Kurve einbauen, was nicht immer ganz leicht ist. Er benötigt nämlich – im Normalfall – die »Austrittsbescheinigung des Amtsgerichts«, wenn Kirchensteuer vom Betrieb – zunächst lt. Lohnsteuerkarte ganz korrekt – einbehalten wurde und wieder erstattet werden soll. Mit einer solchen »Austrittsbescheinigung« kann der Anglikaner aber nicht dienen, weil er nicht aus seiner Kirche ausgetreten ist. Dann gilt es, dem Bearbeiter die Realitäten nahezubringen.

Achte auch darauf:
Freiwillige Zahlungen an die öffentlich-rechtlichen Religionsgemeinschaften gehören nicht in > Zeile 77, sondern als Spende in > Zeile 86. Mehr über Kirchensteuer unter ➤ Rz 73 u. 675 ff.

◆ *Musterfall Backs* 195

Laut Lohnsteuerkarte des Herrn Backs für 1999 hat man ihm im Laufe des Jahres schon 2 138 DM Kirchensteuer abgeknöpft. Außerdem wurde er 1999 wegen einer leider unvermeidlichen Nachzahlung für 1998 nochmals mit 148 DM Kirchensteuer zur Kasse gebeten. Dafür hat er aber dem Finanzamt wegen eines Fehlers bei der Bearbeitung seiner Steuererklärung 1996 kräftig auf die Finger geklopft. Das Finanzamt mußte seinen 96er Steuerbescheid berichtigen und hat dafür 1999 u. a. auch 185 DM Kirchensteuererstattung ausspucken müssen. Die Kirchensteuerzahlungen und Erstattungen setzt Backs in > Zeile 77 ein.

75	Unterhaltsleistungen an den geschiedenen/dauernd getrennt lebenden Ehegatten lt. Anlage U				
76		lt. LoSt-Karte 2.138.-			
77	Kirchensteuer	Nachzahlung für 98 148.-	13 1999 gezahlt 2.286	14 1999 erstattet 185	

Zeile 78–79 Beschäftigte 196
in der Hauswirtschaft

Mußt Du für Deine Haushaltshilfe Pflichtbeiträge in die gesetzliche Rentenversicherung zahlen, kannst Du bis zu **18 000 DM jährlich als Sonderausgaben** in der Steuererklärung unterbringen (sog. »Dienstmädchenprivileg«, § 10 Abs. 1 Nr. 8 EStG).

197 Gut zu wissen: Übersteigen die Aufwendungen für eine pflichtversicherte Haushaltshilfe den Höchstbetrag von 18 000 DM, kannst Du die übersteigenden Beträge für eine Hilfe im Haushalt in > Zeile 100 ansetzen, sofern die Voraussetzungen dafür vorliegen. Weitere Beträge kannst Du ggf. als Kinderbetreuungskosten in der Anlage Kinder > Zeile 53–60 unterbringen.

198 Nicht gut zu wissen: Für die Jahreshöchstgrenze von 18 000 DM gilt die sogenannte ›Zwölftelung‹, es gibt also praktisch 1 500 DM Freibetrag pro Monat. Auch ist der Freibetrag haushaltsbezogen, d. h., leben zwei Alleinstehende in einem Haushalt, so steht ihnen insgesamt nur ein Freibetrag bis zu 18 000 DM zu. Beide müssen sich den Freibetrag dann teilen, entsprechend der vom einzelnen geleisteten Zahlungen.

199 So bringt der verheiratete Dr. med. dent. Hennes Löwenzahn die Haushaltshilfe in der Steuererklärung unter:

77	Kirchensteuer				
78	Rentenversicherungspflichtig Beschäftigte in der Hauswirtschaft (ohne sog. 630 DM-Arbeitsverhältnisse)				
79	vom – bis **1.1.-31.12.**	Höhe der Aufwendungen **22.586,-** DM	Steuerfreie Einnahmen **- ✕** DM	▶ **22 22.586**	16

200 Wenn Deine Haushaltshilfe auf 630-Mark-Basis bei Dir arbeitet, könntest Du jetzt vielleicht auf die Idee kommen, Deine Kosten hier unterzubringen, denn auch für den Teilzeitjob mußt Du seit April 1999 pauschale Beiträge zur Rentenversicherung berappen.

Den Braten haben die Fiskalbürokraten leider gerochen und dem im § 10 Abs. 1 Nr. 8 Einkommensteuergesetz einen Riegel vorgeschoben. Das Resultat kannst Du dem Hinweis in > Zeile 78 des Mantelbogens entnehmen: *ohne sog. 630-DM-Arbeitsverhältnisse.*

201 **TIP** Was tun, wenn Dich Deine »Haushaltsperle« mehr als 18 000 DM kostet?

Der vom Fiskus festgesetzte Höchstbetrag von 18 000 DM bei den Sonderausgaben sollte für Dich noch nicht der Weisheit letzter Schluß sein. Hast Du mehr als das gezahlt, dann setze die übersteigenden Beträge als außergewöhnliche Belastungen ab. Und zwar bis zu 1 800 DM als Kosten für eine Haushaltshilfe in > Zeile 100–101 und als Kinderbetreuungs-

kosten in der Anlage Kinder > Zeile 53–60. So bringt Dir eine Hausgehilfin dreifachen, manchmal sogar vierfachen Steuersegen.
Wie das klappt, zeigt der Tip unter ➤ Rz 462.

Nachweis der Sozialversicherungspflicht für die Haushaltshilfe 202
Den Nachweis führst Du am einfachsten, indem Du dem Finanzamt die
»Jahresmeldung zur Sozialversicherung« vorlegst. Die mußt Du als Arbeitgeber für Deine Haushaltshilfe der BfA oder LVA für das jeweilige Jahr bis
zum 31. 3. des Folgejahres zusenden. Vordrucke erhältst Du bei jeder
(gesetzlichen) Krankenkasse.

Einfacher geht es mit dem Haushaltsscheckverfahren. 203
Das »Haushaltsscheckheft« erhältst Du bei der BfA, LVA, den Krankenkassen, dem Arbeitsamt, bei Post, Banken und Sparkassen. Den ausgefüll-
ten Haushaltsscheck schickst Du unterschrieben jeden Monat der Krankenkasse und läßt die Versicherungsbeiträge von Deinem Konto abbuchen.
Bleiben Arbeitslohn und Arbeitsstunden monatlich unverändert, kenn-
zeichnest Du den Haushaltsscheck als »Dauerscheck«, und der monatliche
Schreibkram hat sich für Dich erledigt.

Von der Krankenkasse erhältst Du jährlich eine Bescheinigung über die
Höhe der von Dir geleisteten Zahlungen, als Nachweis für Deine Steuererklärung.

Und so sieht der Haushaltsscheck aus: 204

205 **TIP** **Oma schmeißt den Laden**

Ideal ist es, wenn eine Dir vertraute und nahestehende Person im Haushalt hilft, z. B. Deine Mutter. Aber hier argwöhnt der Fiskalvertreter sogleich, es bestehe ein fingiertes, d. h. nicht ernstgemeintes Arbeitsverhältnis nur zum Zwecke der Steuerersparnis. Du nimmst ihm den Wind aus den Segeln, wenn Du das Arbeitsverhältnis so gestaltest, daß es auch zwischen Fremden möglich wäre. Dies setzt voraus: Deine Mutter darf nicht zu Deinem Haushalt gehören, muß also einen eigenen Haushalt haben, muß noch körperlich fit sein, um den Laden schmeißen zu können, und muß zudem auch noch auf das Gehalt aus dem Beschäftigungsverhältnis mit Dir wirtschaftlich angewiesen sein.

»Das bringe ich locker zusammen«, sagst Du.

Na gut. **Nimm aber nicht die Oma, wenn sie Rente bezieht. Dann sind nämlich keine Pflichtbeiträge zu entrichten, was ja Voraussetzung für den Steuerabzug ist.**

206 Übrigens: Für den Bundesfinanzhof ist es kein Beinbruch, wenn die mithelfende Oma oder sogar Tochter zu Deinem Haushalt gehören (Urt. vom 27. 10. 1989 – BStBl 1990 II S. 294: Lebenspartner als Hausgehilfen anerkannt, ebenso Hessisches Finanzgericht mit Urteil vom 2. 7. 1996, Az 2 K 2311/95, allerdings gegen EStH 192; Lebensgefährtin mit Kind jedoch abgelehnt, denn Mutterpflichten verdrängen Hausgehilfin, so die Richter des Finanzgerichts München unter Az 16 K 3205/95).

207 **TIP** **Pflichtversicherte Haushaltshilfe: ein Schuß in den Ofen?**

Für Dich als Otto Normalbürger ist diese Steuervergünstigung ein Schuß in den Ofen, taugt also nicht. Denn wer kann sich schon eine so teure Haushaltshilfe leisten, daß sie pflichtversichert werden muß.
Versuche bloß nicht, Deine billige »Perle« mit Gewalt in die Pflichtversicherung zu bringen, nur um diese Steuervergünstigung mitzunehmen. Das bringt keinen Überschuß, denn die Sozialversicherung ist in etwa genauso hoch wie die Steuerersparnis, und Du mußt obendrein noch in Vorkasse treten.
»Rechne mir das vor«, sagst Du. »Jetzt zahle ich steuerfrei 600 DM Monatslohn und erhalte dafür den Freibetrag für eine Haushaltshilfe von 1 800 DM.«

Angenommen, Du zahlst 770 DM.
Im Haushaltsscheckverfahren mußt Du die Sozialversicherung allein über- **208**
nehmen.

Deine Haushaltshilfe bekommt dann netto:

Monatslohn	770 DM
Lohnsteuer bei Steuerklasse V	− 144 DM
KiSt + Soli-Zuschlag	− 21 DM
netto	605 DM

Die Vergleichsrechnung sieht für Dich dann so aus:

Monatslohn	600 DM	770 DM **209**
Jahreslohn	7 200 DM	9 240 DM
+ Sozialversicherung ca. 40%		3 696 DM
+ pauschale Rentenversicherung 12% =864 DM		
+ pauschale Krankenversicherung 10% 720 DM		
Insgesamt	8 784 DM	12 936 DM

Grundlage für Steuerersparnis	1 800 DM		12 936 DM
Steuerersparnis bei 30%	540 DM		3 880 DM
Höhere Steuerersparnis		3 340 DM	

Wie Du siehst, zahlst Du rund 812 Emmchen im Jahr drauf, nämlich 4 152 Mark mehr Gehalt einschließlich Nebenkosten abzüglich 3 340 Mark mehr Steuerersparnis.

»Hör zu, Deine Rechnung ist falsch. Erstens habe ich 40% Steuersatz in **210** der Spitze und zweitens habe ich eine Idee. Wenn mir meine alleinstehende Tochter, die ganz in der Nähe wohnt, für 800 Emmchen im Haushalt hilft, bringe ich sie auf diese Art in die gesetzliche Krankenversicherung. Außerdem kommt was auf ihr Rentenkonto«, rufst Du.

Na bitte, und das geht glatt durch, denn selbst der Finanzminister hat nichts dagegen (EStH 192).

Zeile 80 Steuerberatungskosten **211**

Steuerberatungskosten sind entweder hier bei den Sonderausgaben oder bei der Berechnung der verschiedenen Einkünfte abzusetzen: Je nachdem, worauf sich die Beratung erstreckt. Bei Steuerberatungskosten bis 1 000 Mark jährlich läßt Dir der Fiskus aber die freie Wahl, sie abzusetzen, wo

Du willst (EStR 102). Also bist Du clever und setzt sie dort an, wo sie nicht durch Pauschalen geschluckt werden.

Am günstigsten ist der Abzug bei den Gewinneinkünften und bei Vermietung und Verpachtung, weil es dort keine Pauschalen gibt.

Auch hier bei den Sonderausgaben kommst Du im allgemeinen – zusammen mit Kirchensteuer und Spenden – locker über die Pauschale von 108/216 DM.

212 **TIP** Den Weg zum Finanzamt absetzen

Wenn es auf dem Weg zum Steuerberater, zum Lohnsteuerhilfeverein oder zum Kauf von Fachliteratur gekracht hat, kannst Du dem Finanzamt zusätzlich zu den Fahrtkosten auch die Unfallkosten, die Dir nicht ersetzt werden, als Steuerberatungskosten aufs Auge drücken. Das gilt auch für Fahrtkosten und Kosten eines Unfalls auf dem Weg zum Finanzamt, wenn Du sagen kannst: Wollte mir bei meinem Sachbearbeiter einen steuerlichen Rat holen oder einige offene Fragen klären (FG München, Urt. vom 5. 12. 1991 – EFG 1992 S. 257).

»In Zukunft war ich auf dem Weg zum Finanzamt, wenn's gekracht hat«, sagst Du listig.

213 Außer diesem Buch und den »1000 GANZ LEGALEN STEUERTRICKS« kannst Du auch andere Literatur, die sich irgendwie mit Steuern befaßt, als Steuerberatungskosten in Deiner Steuererklärung unterbringen. So darf sich eine Loseblattsammlung, die Du beziehst, auch ruhig noch mit anderen Dingen außer Steuern befassen.

Hast Du auch hieran gedacht: Porto für Briefe an Steuerberater und fürs Telefonieren? Teilnahmegebühren plus Fahrtkosten für Steuerrechtslehrgang an der Volkshochschule? Oder war Dein Vereinsvorsitzender (oder Verbandsvorsitzender) so clever, Euch mit einem Steuerreferenten in die Hauptversammlung zu locken? Er soll Dir dann aber auch sofort nach der Versammlung einen Beleg über die Teilnahme – mit Themenangabe – in die Hand drücken.

214 ◆ *Musterfall Backs*

Um sich für seine Steuererklärung fit zu machen, hat sich Backs einen Steuerratgeber für 12,– DM zugelegt. Außerdem ist er einmal für seine Steuererklärung zum Finanzamt und zweimal in eine öffentliche Bücherei

*gefahren und hat sich dort das Einkommensteuergesetz zu Gemüte geführt.
Seine Fahrtkosten – auch die zum Erwerb des Steuerratgebers – von 92 km mal
0,52 DM = 47,84 DM trägt er zusammen mit den 12,– DM für den
Steuerratgeber – natürlich aufgerundet – in > Zeile 80 ein.*

78	Rentenversicherungspflichtig **Beschäftigte in der Hauswirtschaft** (ohne sog. 630 DM-Arbeitsverhältnisse)				
	vom – bis	Höhe der Aufwendungen	DM	Steuerfreie Einnahmen	DM	22
79				–	▶
80	**Steuerberatungskosten**	H. besonderer Aufstellung			16 60
	Aufwendungen für die eigene Berufsausbildung		Art der Aus-/Weiterbildung		

Zeile 81–82 Berufsausbildung   215

Aufwendungen für Deine eigene Berufsausbildung und für die Ausbildung
Deines Ehegatten sind bis zu einem Höchstbetrag von je 1 800 DM jährlich
als Sonderausgaben absetzbar, bei auswärtiger Unterbringung 2 400 DM.
Den Aufwendungen für die Ausbildung sind gleichgestellt die Aufwendungen für die Weiterbildung in einem erlernten, aber zur Zeit nicht ausgeübten Beruf (§ 10 Abs. 1 Nr. 7 EStG).

Gut zu wissen: Auswärtig untergebracht bedeutet hier außerhalb der   **216**
eigenen Wohnung an mindestens einem Tag im Jahr. Dadurch erhöht sich
der maximale Betrag von 1 800 Emmchen auf 2 400 Emmchen (BFH-Urt.
vom 20. 3. 1992 – BStBl 1992 II S. 1033).

Günstiger kann es sein, die entstandenen Kosten als beruflich veranlaßte   **217**
Kosten in > Zeile 45 der Anlage N unterzubringen, indem Du sie als
Fortbildungskosten bezeichnest. Als Fortbildungskosten sind sie nämlich
in unbeschränkter Höhe abziehbar.
Zur Unterscheidung zwischen Ausbildung und Fortbildung siehe ➤ Rz
897 ff.

Höhe der absetzbaren Kosten
Es besteht bei der Höhe der absetzbaren Kosten kein Unterschied zwi-
schen Ausbildungskosten und Werbungskosten. Also gelten sinngemäß die
Regelungen für
Fahrtkosten zur Ausbildungsstätte
(Fahrten zwischen Wohnung und Arbeitsstätte)   ➤ Rz 730 ff.

Fahrtkosten zur Berufsschule (wie Dienstreisen)	➤ Rz 856 ff.
Verpflegungsmehraufwendungen	➤ Rz 837 ff.
häusliches Arbeitszimmer	➤ Rz 809
lies dazu Tip unter	➤ Rz 821
doppelte Haushaltsführung	➤ Rz 966 ff.

Achtung, Ihr Studenten mit Nebeneinkünften!
Ihr könnt die Unigebühren, die angeschafften Lehrbücher und die Fahrtkosten zur Uni hier in > Zeile 82 unterbringen.
Bei einem auswärtigen Studium sind sogar bis zu 2 400 DM absetzbar.
Vergeßt bei einem auswärtigen Studium nicht, die Miete für die Studentenbude anzusetzen.

Achtung, Ihr ehemaligen Sekretärinnen, die Ihr den Wiedereinstieg in den Beruf plant!
Die Gebühren für Lehrgänge zur Weiterbildung in moderner Bürotechnik, in Datenverarbeitung usw. und die Nebenkosten für Fachbücher, Schreibmaterial, Fahrten und Verpflegung gehören in > Zeile 82. Gelingt es Dir, einen Zusammenhang zwischen Deiner Fortbildung und Deinem jetzigen oder auch künftigen Job herzustellen, machst Du Deine Aufwendungen besser als vorweggenommene Werbungskosten geltend. Mehr dazu unter ➤ Rz 729.

218 ◆ *Musterfall Backs*

Weil sich seine Frau zu Hause immer so gelangweilt hat, wenn er nicht da war, hat sie sich in die Uni eingeschrieben und studiert nebenbei Geographie.

Damit auch steuerlich etwas dabei herumkommt, bringt Backs dafür bei den Sonderausgaben folgende Kosten als »Aufwendungen für die Berufsausbildung« in > Zeile 82 unter:

- *Studiengebühren (Sozialbeitrag) 2 mal 48,50 DM = ... 97,– DM*
- *Fachliteratur, Büromaterial, Skripten ca. 200,– DM*
- *Fahrtkosten zum Besuch von Vorlesungen, Seminaren, Klausuren und Arbeitsgemeinschaften 2 400 km mal 0,52 DM = ... 1248,– DM*
- *Abschreibung Computer . . . .   500,– DM*
- *Studienkosten insgesamt . . . . 2 045,– DM*

Eintragen kann er aber nur den Höchstbetrag von 1 800,– DM. Der Rest **219**
verfällt.

80	Steuerberatungskosten		
81	Aufwendungen für die eigene Berufsausbildung oder die Weiterbildung in einem nicht ausgeübten Beruf	Art der Aus-/Weiterbildung *Studium Geographie*	
82	Art und Höhe der Aufwendungen *It. besonderes Aufstellung*		17 *1.800*
	Schulgeld an Ersatz- oder Ergän- der Anlage	Bezeichnung der Schule	71

TIP Als Hausfrau nebenbei studieren 220

Berufsausbildungskosten kannst Du auch dann absetzen, wenn Deine Frau
studiert. Sie kann sich für das Studium ruhig Zeit lassen und es auf kleiner
Flamme köcheln lassen, denn bei der Steuer gibt es keine Regelstudienzei-
ten. Die 1 800 Mark Höchstbetrag kommen durch Studiengebühren, Fahrtkosten und Arbeitsmaterial allemal zusammen.

Kinderermäßigung nicht vergessen!
Ist Deine Frau unter 27, können ihre Eltern Kinderermäßigung für sie
geltend machen (➤ Rz 363 ff.).

**Hast Du dem Finanzamt ein- oder zweimal durch schöne Aufstellungen
nachgewiesen, daß die 1 800 Mark bei weitem überschritten werden, kannst
Du Dir bei künftigen Steuererklärungen die Mühe sparen. Meist reicht es
dann aus, wenn Du die Studienbescheinigungen vorlegst und in > Zeile 82
schreibst: »Studium der Germanistik wie Vorjahr 1 800 DM«.**

Wichtiger Hinweis: Es geht natürlich nicht an, daß Du es einigen dieser **221**
leichtfertigen Hallodris nachmachst und in Deiner Steuererklärung
schreibst:

»Studium, Höchstbetrag von 1 800 DM durch Studiengebühren, Fahrtkosten, Arbeitsmittel unzweifelhaft überschritten«, wenn Deine Frau nur
auf dem Papier angemeldet ist und Ihr nur die Studiengebühr von rd. 100
Mark investiert, um das Doppelte und Dreifache als Steuerersparnis
wieder hereinzuholen.

222 ▀▀▀ **TIP** **Fit für eine Sause nach Bankok**

Sprachkenntnisse sind allemal von Vorteil. Besonders in Englisch. Sei es, um bei einer Sause auf den Fidschi-Inseln glutäugige Schönheiten anmachen zu können oder um auf der Messe den Dolmetscher zu sparen.

Jedenfalls kannst Du immer die Kursusgebühren für einen Sprachkurs in der Steuererklärung unterbringen. Es fragt sich nur, wo sie am günstigsten untergebracht sind, in > Zeile 82 bei den Sonderausgaben oder in > Zeile 45 der Anlage N bei den Werbungskosten.

Dort, in > Zeile 45 der Anlage N, können sie aber ganz oder zum Teil unter den Tisch fallen, weil Dir für Werbungskosten sowieso ein Arbeitnehmer-Pauschbetrag von 2 000 DM zusteht, sich also nur die Werbungskosten auswirken, die 2 000 DM übersteigen. Bei den Sonderausgaben in > Zeile 82 ist der Abzug hingegen auf 1 800 DM begrenzt. Was darüber hinausgeht, ist verloren. Schade, wenn der schöne Kurs in England zweieinhalbtausend Mark gekostet hat.

»Das wäre ja noch schöner!« sagst Du. »Ich lasse doch nichts verfallen und schenke dem Vater Staat Geld.«

Recht so! Liegst Du mit Deinen Kosten über dem Höchstbetrag von 1 800 DM, dann versuche, sie als Werbungskosten in der »Anlage N« unterzubringen. Beim Finanzamt begründest Du das am besten so, falls das für Dich zutrifft:

223 »Um in meinem alten Beruf wieder Tritt zu fassen, ist es unbedingt erforderlich, daß ich Sprachkenntnisse erwerbe. Der von mir besuchte Kurs war nur dazu gedacht, meine Einstellungschancen zu erhöhen. Sie dienten deshalb unbedingt dazu, Einnahmen zu erwerben, und sind deshalb als Werbungskosten anzusehen.« **Fügst Du eine entsprechende Bescheinigung Deiner Firma oder entsprechende Stellenanzeigen, auf die Du Dich bewerben willst und die detaillierte Sprachkenntnisse verlangen, bei, dann klappt der Laden (BFH-Urt. vom 26. 11. 1993 – BStBl 1994 II S. 248).**
Mehr zu vorweggenommenen Werbungskosten unter ➤ Rz 729.

Ausländern gibt das FG Bremen grünes Licht für den Abzug von Aufwendungen für einen Deutsch-Sprachkurs (EFG 1995 S. 19).

224 Bei **Sprachkursen im Ausland** argwöhnt der Fiskus leicht, Du möchtest ihm Deine Urlaubsreise unterjubeln, und verlangt von Dir für jeden Tag Anwesenheitstestate, ferner ein Kursprogramm, das auf Deine beruflichen

Belange ausgerichtet ist. Außerdem muß praktisch die ganze Zeit mit Sprachstudien ausgefüllt sein – im Lehrgangsprospekt darf also nicht stehen »Freizeit«, sondern »praktische Übungen«. Und: Es muß sich um einen Fortgeschrittenen-Kurs handeln, denn einen Grundkurs für Anfänger ohne Vorkenntnisse könntest Du ja auch bei der VHS um die Ecke buchen, sagt der BFH (Urteil vom 4. 3. 1993 – BStBl II 1993, S. 787).

Aber als Englischpauker hast Du bei Sprachreisen nach England steuerlich keine Probleme, insbesondere, wenn Dir der Schulrat dafür Sonderurlaub und einen Reisekostenabschlag zugesteckt hat (FG Baden-Württemberg vom 31. 7. 1991 – 2 K 77/88).

Zeile 83   Schulgeld an Ersatz- oder Ergänzungsschulen

225

Besucht Dein Kind eine Privatschule? Du kannst 30% des Schulgeldes in > Zeile 83 unterbringen, wenn die Schule nach Art. 7 GG staatlich genehmigt oder eine nach Landesrecht erlaubte Ergänzungsschule oder Ersatzschule ist. Als Ersatzschulen gelten solche, die den staatlichen Schulen gleichstehen. Gute Chancen hast Du, Schulgeld abzusetzen, wenn die Schule Deines Kindes in kirchlicher Trägerschaft steht, eine Waldorfschule ist oder zum Rudolf-Steiner-Schulverein gehört.

Gehört die von Deinem Kind besuchte Schule zu den begünstigten, erteilt sie Dir eine Quittung, aus der hervorgeht, daß sie die gesetzlichen Voraussetzungen für den Steuerabzug erfüllt und welcher Anteil Deiner Zahlungen steuerlich wirksam ist, denn Kosten für die Unterkunft, Betreuung und Verpflegung Deines Sprößlings kannst Du nicht absetzen.

226

Die Schulgeldzahlungen kannst Du bereits im Laufe des Jahres als Freibetrag auf der Lohnsteuerkarte eintragen lassen.

Zeile 85–88 Spenden und Beiträge

227

Früher, als Du selbst noch ein armer Hund warst, hast Du oft unerwartet Unterstützung erfahren; deswegen willst Du jetzt, wo es Dir finanziell gutgeht, nicht immer nur nein sagen.

Nun sieh aber auch zu, Deine Aufwendungen in der Steuererklärung unterzubringen. Dazu will der Fiskus nicht nur Zahlungsbelege sehen, hier werden meistens sogar Bescheinigungen verlangt. Dazu unten mehr.

Spenden sind freiwillige Zuwendungen ohne Gegenleistung zur Förderung bestimmter Zwecke. Der Zuwendung darf also keine nennenswerte Gegenleistung des Empfängers gegenüberstehen. Dies trifft vielfach auch auf Mitgliedsbeiträge zu, insbesondere an politische Parteien, weshalb derartige Mitgliedsbeiträge absetzbar sind.

Sportvereine bieten hingegen Mitgliedern echte Gegenleistungen. Deshalb sind Beiträge für die Mitgliedschaft in einem Sportverein nicht absetzbar. Hier müssen es schon echte Spenden sein (➤ Rz 237).

228 ◆ *Musterfall Backs*

Auch 1999 hatte ihn wieder sein gutes Herz dazu gebracht, für gute Zwecke ins Portemonnaie zu greifen. Seine Spenden für das DRK, Kinderhilfswerk, die Kriegsgräberfürsorge und Welthungerhilfe führt er in > Zeile 86 auf. Da er mit 170 DM Spenden jeweils unter 50 DM und insgesamt unter der Nachweispflichtgrenze von 200 DM liegt, fügt er natürlich keine überflüssigen Belege bei, da er die EB-FAGO kennt (➤ Rz 50).

			lt. beigef. Bestätigungen	lt. Nachweis Betriebsfinanzamt	18
84					
85	Spenden und Beiträge für wissenschaftliche, mildtätige und kulturelle Zwecke		+	▶	
86	*DRK 40,- / Kinderhilfswerk 50,- / Kriegsgräberfürsorge 50,-* für kirchliche, religiöse und gemeinnützige Zwecke		*Welthungerhilfe 30,-*	▶	19 /170
	Mitgliedsbeiträge und Spenden				20

229 ## Zeile 85–88 Höchstbeträge für Spenden

Geht es um höhere Spendenbeträge, dann solltest Du noch wissen:

● Ausgaben zur Förderung wissenschaftlicher, mildtätiger und kultureller Zwecke sind abziehbar bis zu **10% des Gesamtbetrags der Einkünfte.**

● Ausgaben zur Förderung kirchlicher, religiöser und gemeinnütziger Zwecke sind abziehbar bis zu **5% des Gesamtbetrags der Einkünfte.** Überschneiden sich die Spendenzwecke (z. B. kirchlich und mildtätig), so wähle das Günstigere.

Die politischen Parteien bereichern sich mit einer Superförderung der **230**
Mitgliedsbeiträge und Spenden:

Von den ersten 3 000/6 000 DM (Alleinstehende/Ehegatten) sind 50%
direkt bei der Steuer absetzbar (§ 34g EStG), d. h., Du erhältst sie in bar
zurück. Der Rest ist als Sonderausgaben absetzbar (Quelle: § 10b EStG).

Die Berechnung des abziehbaren Betrages ist aber komplizierter, als es
zunächst den Anschein hat. Deshalb gebe ich Dir ein

Beispiel
Du hast einen Gesamtbetrag der Einkünfte (GdE) von   90 000 DM. **231**
Deine Spenden betragen

84		lt. beigef. Bestätigungen		lt. Nachweis Betriebsfinanzamt	18	
85	**Spenden und Beiträge** für <u>wissenschaftliche</u>, mildtätige und kulturelle Zwecke	2.000	+	▸		2.000
86	für <u>kirchliche</u>, religiöse und gemeinnützige Zwecke	5.000	+	▸	19	5.000
87	**Mitgliedsbeiträge und Spenden** an politische Parteien (§§ 34 g, 10 b EStG)	7.000	+	▸	20	7.000
					70	

Davon wirken sich steuerlich aus: Bei den Sonderausgaben

Spende für wissensch. Zwecke vorab bis zu 5% des GdE		2 000 DM
Spende für wissenschaftliche und kirchliche Zwecke bis zu 5% des GdE		4 500 DM
Parteispende	7 000 DM	
./. Verbrauch nach § 34g EStG (verh.)	6 000 DM	
Verbleiben	1 000 DM	1 000 DM
Summe		7 500 DM

Als Steuerermäßigung direkt bei der Einkommensteuer
wirken sich aus nach § 34g EStG: 50% von 6 000 DM =   3 000 DM

Zeile 85–88 Nachweis von Spenden   232

Voraussetzung für den Abzug von Spenden ist eine ordnungsgemäße
Spendenbescheinigung nach folgendem Muster:

233

> Name des Ausstellers
> Bestätigung über Zuwendungen
> a) an die Körperschaft des öffentlichen Rechts:
>   Name und Anschrift
>   oder
> b) an die von der Körperschaftsteuer befreite Insti-
>   tution:
>   Name und Anschrift mit Angabe des letzten Frei-
>   stellungsbescheides des zuständigen Finanzamts
>   (St.-Nr. und Datum erforderlich)
>
> Name des Spenders: ....
> Höhe der Spende: .... DM
>
> Wir bestätigen, daß die Zuwendung nur zu folgenden
> - angekreuzten - Zwecken verwendet wird, und zwar zu
> ☐ mildtätigen Zwecken
> ☐ kirchlichen oder religiösen Zwecken
> ☐ wissenschaftlichen Zwecken
> ☐ kulturellen Zwecken
> ☐ als besonders förderungswürdig anerkannten ge-
>   meinnützigen Zwecken
>
> Ort, Datum, Unterschrift

234 ▰▰ **TIP Alte Schätzchen einfach in den Müll werfen?**

In die Altkleidersammlung wäre da schon besser, aber noch besser, wenn Du sie als Sachspende dem Finanzamt unterjubeln könntest … Neuerdings legt Dir jedoch der Fiskus die Beweislast auf für den Wert der alten Sachen. Also mußt Du dafür sorgen, daß man Dir nicht nur einfach den Schätzwert bescheinigt, sondern auch angibt, wie man zu dem Schätzwert gekommen ist. Dazu gehören Angaben zum Neupreis, zum Alter und zum Erhaltungs-zustand eines jeden Kleidungsstücks (BFH-Urt. vom 22. 5. 1989 – BStBl 1989 II S. 879; EStH 111). Die Folge davon:
Viele gemeinnützige Vereine wie Caritas oder DRK lehnen es inzwischen ab, für gebrauchte Kleidung überhaupt Spendenbescheinigungen mit Wert-angaben zu erteilen.

»Das kann ich gut verstehen«, so sagst Du. »Woher sollen die denn wissen, wie teuer die Klamotten waren und wie alt die sind. Ich habe aus einem

Nachlaß 20 Anzüge und vier Mäntel abzugeben, alles Größe 54 und kaum gebraucht. Was soll ich tun?«

Tja, die Behörde will was Schriftliches. Also fertigst Du selbst eine Aufstellung, wenn Du kannst, in etwa so:

Anlage zur Spendenbescheinigung vom					**235**
	Erwerb in	Neupreis	Zustand	Wert	
1 Anzug, grau	1990	900,-	neuw.	150,-	
1 Mantel, braun	1985	1 000,-	neuw.	200,-	
usw.					

Jetzt kann der Verein ruhigen Gewissens die Höhe der Spende bescheinigen, indem er Deine Aufstellung an die Spendenbescheinigung dranheftet.

»Und ich spiele außerdem das schlaue Aschenputtel: Die guten ins Kröpfchen und die schlechten ins Töpfchen«, sagst Du.

Meinst Du etwa, die guten Stücke in den Second-Hand-Laden geben und die schlechten zur Caritas?

Spenden an politische Parteien werden mit einer besonderen Spendenbescheinigung bestätigt. Wie Du sehen kannst, ist alles bestens geregelt.

Ausnahmsweise genügt in folgenden Fällen anstelle einer Spendenbescheinigung der Zahlungsbeleg der Post oder einer Bank oder ein Lastschrift-Beleg:

● Wenn ein Spendenbetrag **bis zu 100 DM** an eine Religionsgemeinschaft, einen Spitzenverband der freien Wohlfahrtspflege, z. B. Caritas, Deutsches Rotes Kreuz, Diakonisches Werk oder für den deutschen Sport, z. B. an den Deutschen Sportbund, geleistet wurde, an übrige gemeinnützige Vereine mit aufgedruckter Verwendungsbestätigung.

● Wenn auf ein Sonderkonto zur Linderung der Not in Katastrophenfällen ein Betrag – in beliebiger Höhe – eingezahlt wurde. Der Inhaber des Sonderkontos muß eine staatliche Stelle oder ein Spitzenverband der freien Wohlfahrtspflege sein.

TIP Spenden bis 200 Mark ohne Belege absetzbar

236

Wenn die Einzelbeträge der Spenden 50 DM und der Gesamtbetrag 200 DM nicht übersteigen, verlangt das Finanzamt meistens keine Belege (EB-FAGO-Erlaß, ➤ Rz 50). Damit aber nicht der Eindruck entsteht, Du hättest gar nicht gespendet, verzichte auf 10 Mark und trage 190 Mark ein. So überschreitest Du nicht die 200-Mark-Grenze, und alles ist in Butter. Es genügt ein Hinweis in der Erklärung, wie sich der geltend gemachte Betrag zusammensetzt (z. B. 50 DM »Deutsches Rotes Kreuz«, 40 DM »SOS-Kinderdorf«, 50 DM »Caritas« usw.) Besteht Dein Sachbearbeiter aber hartnäckig auf Bankschnipseln, so entgegnest Du freundlich: »Leider habe ich die Belege für letztes Jahr nicht mehr greifbar. In der nächsten Steuererklärung werde ich alle Belege vorlegen.« So kannst du Dich für dieses Jahr noch einmal rauswinden.

237 **TIP** **Achtung, Sportsfreunde!**

Das Wort **Durchlaufspende** klingt eigentlich nicht so vielversprechend. Gemeint ist aber eine Spende an Euren Verein, der ja selbst keine steuerbegünstigte Spendenbescheinigung ausstellen kann (EStH 111). Die Durchlaufspende geht zunächst an die »Durchlaufstelle« (das kann das Sportamt der Gemeinde oder der Deutsche Sportbund sein) mit der Auflage, den Betrag oder die Sachspende an Euren Verein weiterzuleiten. Zum Verfahren bei Sachspenden siehe OFD Düsseldorf vom 13. 1. 1984 – S. 2223 A, NWB-DokSt 10/84.

238 Für größere Sportvereine ist das **Listenverfahren** zweckmäßiger. Dabei werden die Spendenbeträge zunächst auf ein dafür eingerichtetes Sammelkonto des Vereins eingezahlt. Die angesammelten Beträge werden von Zeit zu Zeit in einer Summe an die Durchlaufstelle überwiesen. Die Durchlaufstelle leitet den Betrag an den Verein zurück und stellt aufgrund einer beigefügten Liste mit Namen und Anschriften der Spender die Spendenbescheinigungen aus. Weitere Einzelheiten zum Listenverfahren enthält das BMF-Schreiben vom 3. 1. 1986 – BStBl 1986 I S. 52.

Wisse also: Die Quittung des Kassenwarts in Deinem Sportverein ist als Spendenbeleg nicht das Papier wert, auf dem sie steht. Ohne Durchlaufstelle läuft da nichts.

239 **TIP** **Der legale Weg zur Durchlaufspende**

Wie Du gerade schon gelesen hast, läuft bei Sportvereinen die Steuerermäßigung nur über Durchlaufspenden. Eine Durchlaufspende setzt aber immer Fließen von Geld voraus.

Angenommen, Du fährst ständig die Jugendmannschaften Deines Vereins mit Deinem privaten Auto durch die Gegend. Wichtig ist jetzt, eine Durchlaufspende zu erzeugen.

Vereinbare deshalb mit dem Kassierer, daß Dir zunächst einmal Deine Fahrtkosten ersetzt werden. Diesen Fahrtkostenersatz spendest Du dann als Durchlaufspende z. B. über die Stadt an Deinen Verein zurück.

Übrigens, diese Methode ist eine ganz legale Gestaltung der Verhältnisse, auch wenn Du schon vorher mit dem Verein unter der Hand abgesprochen hast, daß Du den Fahrtkostenersatz zurückspenden wirst.

»Das mache ich noch anders: Am Jahresanfang spende ich einen Tausender gegen Quittung. Und am Jahresende rechne ich mit unserem Kassenwart alle Aufwendungen ab. So gibt es keinen zeitlichen Zusammenhang, aus dem irgend jemand uns etwas stricken könnte. Und unser Vorstand braucht nicht zittern, ob ich den ihm ausgezahlten Ersatz vielleicht doch nicht zurückspende!« sagst Du. Klar, geht auch.

TIP Geld vom Fiskus für den Vereinsvorstand   240

Andere Vereine als Sportvereine können Spenden unmittelbar entgegennehmen und dafür Spendenbescheinigungen ausstellen. Die Spende kann auch darin bestehen, daß z. B. Vorstandsmitglieder die ihnen für den Verein entstehenden Kosten als Spenden geltend machen, wenn sich der Anspruch auf Kostenerstattung aus der Satzung ergibt. Entscheidend ist, daß das Vereinsmitglied im Auftrag des Vereins für dessen satzungsmäßige Zwecke tätig wird und dabei eigenes Vermögen aufwendet (BFH-Urt. vom 24. 9. 1985 – BStBl 1986 II S. 726). Also holst Du Dir über den Spendenabzug einen Teil Deiner Kosten vom Fiskus zurück.

Wichtig ist: Die Spendenbescheinigung muß ausführlich alle Aufwendungen enthalten, die Dir in Erfüllung der satzungsmäßigen Zwecke entstanden sind. Pauschale Beträge erkennt der Fiskus nicht an. So sind die Aufwendungen für das Arbeitszimmer und die Telefonkosten einzeln aufzulisten, alle Fahrten für den Verein einzeln abzurechnen (BFH-Urt. vom 29. 11. 1989 XR 5/89 – BFH/NV 215/91).   241

Dazu weiter: Benutzt Du für Deine ehrenamtliche Tätigkeit den eigenen Pkw, sind die Benzinkosten als Spende nach § 10b EStG abziehbar (BFH-Urt. vom 29. 11. 1989 – BStBl 1990 II S. 570). Wende doch die »Vorher/Nacher«-Technik an: Tanke vor der Fahrt Deinen Pkw voll auf, nach der Rückkehr ebenfalls. Die Tankquittungen sind dann der Super-Beleg für die Spendenquittung. Voraussetzung ist aber eine Spendenbescheinigung mit Angaben über Zeit, Ort, Entfernung des Einsatzes und Zweck der Fahrt und Typ des Pkw (BFH-Urt. vom 28. 11. 1990 XR 61/89 – BFH/NV 303/1991).

242 **TIP** Bello mußte unters Messer

Der Professor der Tierärztlichen Hochschule präsentierte Dir für die Operation von Bello eine Kostennote, die Dir die Sprache verschlug. Er sah Dir die Überraschung an und machte sogleich den generösen Vorschlag, die Operation als kostenlosen wissenschaftlichen Versuch anzusehen, dafür aber seinem Institut einen entsprechenden Betrag als Spende für wissenschaftliche Zwecke zukommen zu lassen. Darauf bist Du natürlich nicht eingegangen, denn das wäre ja Steuerhinterziehung gewesen. Zwar nicht von Dir, wohl aber vom Professor. Und von Deiner Seite aus hätte man von Beihilfe dazu sprechen können. Das wiederum nicht, wenn Du dumm geblieben wärest, weil Du dieses Buch nicht erworben hättest ...

243 **TIP** Sachspende aus dem Betrieb: so oder so steuerlich ein Flop

Du mußt die Sachspende nämlich mit dem Verkehrswert – die Steuerbürokraten sagen Teilwert – aus dem Betrieb entnehmen und kannst höchstens nur diesen Wert als Spende absetzen. Spendest Du z. B. Deinem Verein einen Transporter und ist der Transporter ganz abgeschrieben, entsteht in Höhe des Teilwerts ein Entnahmegewinn, der möglicherweise wegen der gesetzlichen Höchstgrenzen für den Spendenabzug noch nicht einmal wieder ausgeglichen wird.

244 Da ist es schon besser, von der Alternative Gebrauch zu machen, den Transporter zum Buchwert, also mit null Mark zu entnehmen. Dann hast Du insoweit zwar keinen Spendenabzug, aber auch keinen Entnahmegewinn (Rechtsquelle: § 6 Abs. 1 und § 10b Abs. 3 EStG).

Egal, wie Du es nun drehst, Mehrwertsteuer fällt bei der Entnahme des Transporters so oder so an. Die Fiskalritter berechnen Dir die Mehrwertsteuer immer nach dem Verkehrswert. Zwar kannst Du sie zusätzlich als Spende geltend machen, aber der Abzug gleicht Deine Kosten natürlich nicht aus.

»Moment mal: Ich hab' da noch ein altes Schätzchen im Betrieb, das möchte ich sowieso gern loswerden, ohne es gleich wegzuwerfen. Wenn ich

den Bulli meinem Verein spende, kann ich doch die Mehrwertsteuer, auf der ich sonst sitzenbleiben würde, von der Steuer absetzen. Zugleich kann ich mir den Wagen sogar noch hin und wieder ausleihen, und der Verein übernimmt die laufenden Kosten.«
Tja, wenn das so ist, dann lohnt sich die Sachspende.

Schlechte Zeiten
haben ihre
Auslesefunktion.

(Manager Schütte)

Zeile 91–93 Verlustabzug   245

Hast Du in den Vorjahren Verluste erlitten, die nicht mit positiven Einkünften ausgeglichen werden konnten?

»Ich nicht, aber meine Frau. Sie ist 1998 mit ihrer Boutique mächtig baden gegangen, Verlust: runde 150 000 Mark. Unsere positiven Einkünfte lagen voriges Jahr bei rund 40 000 Mark. Aber inzwischen sehen wir wieder Land«, so sagst Du.

Na prima, und zum Ausgleich kommt Ihr jetzt in den Genuß des Verlust-   **246** abzugs in Höhe von 110 000 Mark (Verlust 150 000 Mark ./. positive Einkünfte 40 000 Mark = Restverlust 110 000 DM). Der Verlustabzug ist kurios geregelt, wie so vieles im Steuerrecht. **Du mußt nämlich beim Verlustabzug zwischen Verlustrücktrag und Verlustvortrag unterscheiden:** Zunächst werden die nicht ausgeglichenen Verluste (bei Euch Restverlust = 110 000 Mark) grundsätzlich mit dem positiven Einkommen der letzten zwei Jahre aufgerechnet (Verlustrücktrag). Dazu werden die Bescheide der letzten zwei Jahre berichtigt und zuviel gezahlte Steuern erstattet.
Ein evtl. noch verbleibender Rest des Verlustes wird sodann bei der Veranlagung des folgenden Jahres abgezogen. Für die Steuererklärung mußt Du also wissen, ob der Restverlust 1998 in Höhe von 110 000 Mark durch Verlustrücktrag bereits in voller Höhe abgezogen worden ist. Nur ein evtl. Rest kann für 1999 abgesetzt werden. Weil's sich so kompliziert anhört, dazu ein Beispiel, bezogen auf Deinen Fall:

Vorjahre	1996	1997
Einkommen bisher	40 000 DM	50 000 DM
./. Verlustrücktrag aus 1998	40 000 DM	50 000 DM
Berichtigtes Einkommen	0 DM	0 DM

Restverlust 1998 (110 000 DM ./. Verlustrücktrag 1996 von 40 000 DM und 1997 von 50 000 DM) = 20 000 DM, den das Finanzamt Dir bei der Steuerberechnung für 1998 in einem besonderen Bescheid bestätigen mußte. Diesen Restverlust machst Du in 1999 als Verlustvortrag geltend.
Quelle: § 10d EStG

247 Formular dazu

	Verlustabzug			
91				
92	Verlustabzug nach § 10 d EStG lt. Feststellungsbescheid zum 31. 12. 1998		**72** Stpfl./Ehemann	**73** Ehefrau **20.000**
93	(Bitte weder in Rot noch mit Minuszeichen eintragen.) Antrag auf Beschränkung des Verlustrücktrags nach 1998 für nicht ausgeglichene Verluste 1999		**76**	**77**
94				

248 **Steuerreform 1999: Änderungen beim Verlustausgleich**
Mit dem Steuerentlastungsgesetz 1999 ist der Verlustausgleich eingeschränkt worden, was auch Auswirkungen auf den Verlustabzug hat.
Bislang war der Verlustausgleich – also der Ausgleich zwischen positiven und negativen Einkünften – innerhalb eines Jahres nahezu unbegrenzt möglich. Mit der Steuerreform hat man diesen jetzt zunächst auf 100 000 Mark begrenzt. Darüber hinaus gehende Verluste sind nur noch bis zu 50% der verbleibenden positiven Einkünfte ausgleichsfähig.
»Gib mir ein Beispiel«, sagst Du.
Du hast

Arbeitseinkünfte		+ 130 000 DM
Vermietungseinkünfte		
Haus 1	+ 10 000 DM	
Haus 2	– 160 000 DM	
Vermietungseinkünfte insgesamt		– 150 000 DM

Bislang waren die Verluste voll ausgleichsfähig, also bis 130 000 Mark, der Rest konnte mit positiven Einkünften der Vorjahre oder künftiger Jahre verrechnet werden (Verlustabzug ➤ Rz 245). Ab 1999 wird gerechnet:

Verlustausgleich Stufe 1

Arbeitseinkünfte		130 000 DM
Vermietungsverlust	– 150 000 DM	
Unbeschränkt ausgleichsfähig	– 100 000 DM	– 100 000 DM
verbleibende positive Einkünfte		30 000 DM
verbleibender Verlust	– 50 000 DM	

Verlustausgleich Stufe 2
Der verbleibende Verlust darf die
verbleibenden positiven Einkünfte
nur zu höchstens 50% mindern   –15 000 DM   – 15 000 DM
verbleibende zu versteuernde Einkünfte _____   15 000 DM
Restverlust   – 35 000 DM

Der Restverlust in Höhe von 35 000 Mark wird wie gehabt festgestellt und im Vorjahr bzw. im Folgejahr berücksichtigt (Verlustabzug). Neu ist beim Verlustabzug, daß der Restverlust nicht zwei, sondern ab 1999 nur noch ein Jahr zurückgetragen wird.

»Das ist doch egal, ob der Verlust nun zurück- oder vorgetragen wird. Hauptsache er wird steuerlich berücksichtigt und bringt mir einen Steuerrabatt«, meinst Du blauäugig.

Egal ist das natürlich nicht. Da Du den Verlust jetzt nur noch ein Jahr zurücktragen kannst, mußt Du künftig länger auf Deine Erstattung warten, denn ein verbleibender Verlust kann erst in späteren Jahren die Steuerlast mindern. Und darüber hinaus: Wenn die Steuersätze, wie geplant, weiter sinken, wirken sich Deine Verluste in Zukunft geringer auf Deine Steuer aus. Wie Du siehst, ist Vater Staat knapp bei Kasse und setzt seine Schröpfköpfe an, wo er nur kann.

▬ **Tip** Mit spitzem Bleistift Geld verdienen   249

Der Fiskus zieht Verluste ab, bis sich für das Rücktragsjahr ein Einkommen von null DM ergibt, und das, obwohl in den Jahren 1997 und 1998 Erwerbsbezüge in folgender Höhe steuerfrei waren:

          1997:   12 095/24 191 DM   (ledig/verheiratet)
          1998:   12 365/24 730 DM   (ledig/verheiratet)

Damit das Finanzamt also nicht mehr Verluste in alten Jahren abzieht, als Du brauchst, um auf Null zu kommen, läßt Du Dir ausrechnen, wie hoch der Rücktrag sein muß, damit sich keine Steuer mehr für Dich ergibt. Auf ebendiesen Betrag begrenzt Du dann Deinen Verlustrücktrag.

Der Arzt behandelt, die Natur aber heilt.
(Lateinische Weisheit)

250 4.7 Außergewöhnliche Belastungen – Zeile 95–119

Soweit außergewöhnliche wichtige Ausgaben die wirtschaftliche Leistungsfähigkeit des einzelnen beeinträchtigen, soll ihm durch Steuerermäßigung geholfen werden (§§ 33 bis 33c EStG). Also kann der Steuerzahler Ausgaben, die ihm zwangsläufig entstanden sind, als außergewöhnliche Belastung bei der Ermittlung seines Einkommens absetzen.

Die Steuerermäßigung für außergewöhnliche Belastungen in > Zeile 95 bis 115 ist so kompliziert, daß kaum einer richtig durchblickt durch Freibeträge, Höchstbeträge oder Pauschbeträge oder deren Kombination. Ab > Zeile 116 ist es einfacher, da geht das Gesetz ausschließlich von den entstandenen Ausgaben aus. Erstattungen von dritter Seite, z. B. Versicherungsleistungen, und die sogenannte zumutbare Belastung gehen aber davon runter.

251 **Doch wisse:** Was eine außergewöhnliche Belastung ist, das mißt der Fiskus an der Elle der bürgerlichen Normalität, die zu stützen er sich bemüht. Somit werden Belastungen infolge Körperbehinderung (> Zeile 95–99), Hilfe im Haushalt (> Zeile 100–101), Pflege einer hilflosen Person (> Zeile 105–106), Unterstützung bedürftiger Personen (> Zeile 107–115), durch Krankheit, Kur, Ehescheidung, Todesfall, Schadensersatz, Begräbnis oder Wiederbeschaffung von Hausrat (> Zeile 117) anstandslos anerkannt. Das gleiche gilt für Kosten der Ausbildung und Betreuung der Kinder (Anlage Kinder > Zeile 46–60).

252 Wirst Du hingegen aus Deiner Wohnung verjagt, weil der Vermieter Eigenbedarf anmeldet oder weil in Deinem Stadtteil zur Verbesserung der Lebensqualität Totalsanierung angesagt ist, und hast Du deswegen hohe Umzugskosten, kannst Du nicht mit einer Steuerermäßigung rechnen. Oder mußt Du als junger Vater von heute auf morgen eine Wohnung suchen und mit Möbeln ausstatten, damit Deine Familie menschenwürdig leben kann, und hast Du deswegen Schulden wie ein alter Stabsoffizier, zeigt Dir der Fiskus die rote Karte.

253 **Doch wisse:** Auch Du bist außergewöhnlich belastet!
Sieh nach, was es für Dich zu ergattern gibt. Viel hängt hier aber davon ab, wie Du Deine Verhältnisse gestaltet hast. Hapert es in diesem Jahr noch mit der Steuerermäßigung, dann gestalte Deine Verhältnisse entsprechend, damit es im nächsten Jahr klappt.

*Es kann keine Erholung
ohne Freude geben.*
(John Locke)

Zeile 95–99 Behinderte und Hinterbliebene

254

Du hast als Behinderter Anspruch auf einen pauschalen Freibetrag, der bestimmte Erschwernisse ausgleichen soll, die Dir im Verhältnis zu Nichtbehinderten entstehen. Je nach Grad der Behinderung sieht das Gesetz unterschiedliche Pauschbeträge vor (§ 33b EStG). Die Behinderung muß mindestens 25% betragen.

Übersicht: Höhe des Pauschbetrages:

Dieses Werk muß Dir Dein Leben und Deine Gesundheit wert sein (➤ Rz 621 »Der Große Konz«).

255

Behinderungsgrad	Pauschbetrag
25 – 34%	600 DM
35 – 44%	840 DM
45 – 54%	1 110 DM
55 – 64%	1 410 DM
65 – 74%	1 740 DM
75 – 84%	2 070 DM
85 – 94%	2 400 DM
95 –100%	2 760 DM
Blinde und Hilflose	7 200 DM
Hinterbliebene	720 DM

Die sanfte, klassische Naturheilmethode

UrMedizin besiegt

Krebs, Rheuma, Fettsucht, Allergie und chronische Leiden ...

... und hält für immer fit, schlank und gesund

BUND FÜR GESUNDHEIT e.V.

Blinde und Pflegebedürftige (Hilflose) tragen in das Kästchen 56 die Zahl »300« ein und erhalten damit den erhöhten Pauschbetrag. Prüfe aber den Steuerbescheid genau nach, ob dort auch wirklich 7 200 DM und nicht bloß 2 760 DM abgezogen wurden!

Wie üblich hat Herr Filigrani aus dem Hause St. Fiskus den Weg zum Pauschbetrag vorgezeichnet und ihn dabei mit Formularkram zugepflastert. Er unterscheidet zwischen Minderbehinderten und Schwerbehinderten.

256

Minderbehinderte

257

Liegt der Grad der Behinderung unter 50%, ist eine Steuerermäßigung nur möglich,

- wenn wegen der Behinderung ein Anspruch auf Rente besteht, z. B. aus der Berufsunfallversicherung
- oder die Behinderung zu einer dauernden Einbuße der körperlichen Beweglichkeit geführt hat
- oder die Behinderung auf einer typischen Berufskrankheit beruht.

Als Nachweis benötigst Du eine Bescheinigung des Versorgungsamtes, oder Du legst den Rentenbescheid vor, wenn Du wegen der Behinderung Rente beziehst.

258 Schwerbehinderte

Behinderte mit einem Grad der Behinderung von mindestens 50% erhalten als Schwerbehinderte den Pauschbetrag nach Vorlage ihres Schwerbehindertenausweises. Eine Fotokopie des Ausweises genügt. Sollte der Ausweis nämlich auf dem Postweg oder im Finanzamt verlorengehen, hast Du viel Rennerei, um Dir Ersatz zu besorgen.

259 Behindertes Kind

Hast Du ein behindertes Kind, kannst Du den Pauschbetrag für Dich beantragen, wenn Dein Kind die Steuerermäßigung mangels eigener Einkünfte nicht selbst in Anspruch nehmen kann.

260 **TIP** Ohne Formularkram: Freibetrag auf der Lohnsteuerkarte

Laß Dir den Behinderten-Pauschbetrag als Freibetrag in die Lohnsteuerkarte eintragen. Für die Eintragung stellst Du beim Finanzamt einen Antrag auf Lohnsteuerermäßigung und fügst Deine Lohnsteuerkarte und den Nachweis für den Pauschbetrag bei.

Ab dem nächsten Jahr geht es dann ohne Formularkram. Denn die Gemeinde trägt automatisch in die nächste Lohnsteuerkarte den Pauschbetrag ein (§ 39a Abs. 2 EStG). Aber auch hier gilt: Vertrauen ist gut. Kontrolle ist besser.

261 **TIP** Mit leichter Behinderung Steuern sparen

Bei vielen Menschen haben im Laufe ihres Lebens die Erstlingsgaben der Natur leicht Schaden genommen, z. B. durch Unfälle, übermäßigen Sport, Infektionen usw. Oder es liegt schon ab Geburt eine Behinderung vor. Für die Steuer reicht eine Behinderung von 25%, um Deinen Anspruch auf eine Steuerermäßigung zu begründen.

Das Gesetz verlangt allerdings bei einer solchen leichten Behinderung zusätzlich eine dauernde Einbuße der körperlichen Beweglichkeit. Den Nachweis führst Du am einfachsten durch Vorlage einer Bescheinigung des Versorgungsamtes.

Hat Dir das Versorgungsamt auf dem Behindertenausweis ein »H« bescheinigt, steht Dir der erhöhte Pauschbetrag von 7200 DM zu. Dies wisse zur Hilflosigkeit: Eine altersbedingte allgemeine Verminderung der körperlichen Leistungsfähigkeit wird nicht als Behinderung bescheinigt. Der Finanzminister hat indessen die Finanzämter angewiesen, ständige Pflegebedürftigkeit im Alter nicht als Alterserscheinung, sondern stets als Hilflosigkeit anzusehen. Folge: Pauschbetrag 7200 DM.

262

Mehr zur Frage der Hilflosigkeit unter ➤ Rz 288.

Lebst Du im Pflegeheim, kann es weitaus günstiger sein, anstelle des Pauschbetrages von 7200 DM Deine tatsächlichen Pflegekosten als außergewöhnliche Belastung in > Zeile 116 anzusetzen.
Wie das geht, dazu mehr unter ➤ Rz 353.

> *Der Arzt ist schlimmer
> als die Krankheit.*
> (alte Weisheit)

◆ *Musterfall Huber*

263

Herr Huber ist körperbehindert. Der Grad seiner Behinderung beträgt 70%. Sein Behindertenausweis datiert vom 4. 12. 1998 und ist bis 2003 gültig. Dafür steht ihm ein Pauschbetrag von 1740 DM zu.

Zeile	Außergewöhnliche Belastungen			Nachweis	ist beigefügt.			hat bereits ☒ vorgelegen.	
95	Behinderte und Hinterbliebene								
96	Name	Ausweis/Rentenbescheid/Bescheinigung ausgestellt am	gültig bis	hinterblieben	behindert	blind / ständig hilflos	geh- und stehbehindert	Grad der Behinderung	
97	Heribert Huber	4. 12. 98	2003	☐	☒	☐	☐	56 70	57

264 Zeile 95–99 Zusätzlich zum Pauschbetrag abziehbar

Der Pauschbetrag für Behinderte deckt nur die üblichen Aufwendungen ab, die Dir aus der Behinderung erwachsen, wie z. B. Erschwernisaufwendungen, Hilfeleistungen, Erholungen.

Zusätzlich zum Pauschbetrag sind folgende Aufwendungen in > Zeile 117 absetzbar:

● Außerordentliche Krankheitskosten wegen einer akuten Erkrankung, z. B. durch Operation (EStH 194); auch die Aufwendungen für Krankenpflege, z. B. bei MS, zusätzlich absetzen.

● Aufwendungen für eine Heilkur (BFH-Urt. v. 11. 12. 1987 – BStBl 1988 II S. 275).

● Aufwendungen für ein behindertengerechtes Bad (FG Baden-W. vom 29. 1. 1987 – EFG 1987 S. 245).

● Schulgeld für die Privatschule Deines behinderten Kindes, wenn das Schulamt den Besuch der Privatschule befürwortet (EStR 189 Abs. 2).

● Kfz-Kosten für Privatfahrten bis 1 560 DM je Kalenderjahr bei einem GdB von mindestens 80%, bei einem GdB von mindestens 70% zusätzlich mit Merkzeichen »G« = gehbehindert.
Kfz-Kosten für Privatfahrten bis 15 000 km im Kalenderjahr in voller Höhe bei Behinderten mit Merkzeichen aG im Ausweis. Das macht bei z. B. 12 000 km für Privatfahrten mit je 52 Pfennig immerhin pro Jahr 6 240 Emmchen.
Dazu mehr unter ➤ Rz 351.

● Die behindertengerechte Ausstattung des Autos mit Spezialsitz, Handgas und andere Umbauten sind daneben noch absetzbar (Nieders. FG vom 6. 11. 1991 – EFG 1992 S. 341).

● Führerscheinkosten für ein schwer geh- und stehbehindertes Kind (BFH-Urteil vom 26. 3. 1993, BStBl 1993 II S. 749).

265 Zusätzliche Aufwendungen zum Pauschbetrag für > Zeile 100 und Anlage Kinder > Zeile 53

● Aufwendungen für eine Hausgehilfin bei einem GdB von mindestens 45%, geltend zu machen in > Zeile 100 (höchstens 1 800 DM).

● Kinderbetreuungskosten gem. § 33c EStG, geltend zu machen in der Anlage Kinder > Zeile 53–60.

Zusätzliche Aufwendungen zum Pauschbetrag für die Anlage N 266
Als Werbungskosten abziehbar:
- Höhere Pauschsätze bei Fahrten zwischen Wohnung und Arbeitsstätte bei einem GdB von mindestens 70% (§ 9 Abs. 2 EStG), siehe > Zeile 34 der Anlage N.
- Aufwendungen für einen Blindenhund (FG München vom 16. 11. 1984 – EFG 1985 S. 390), > Zeile 45 der Anlage N.

Guter Rat 267
- Denk als Behinderter auch an die **Kraftfahrzeugsteuer:** Es besteht Steuerfreiheit, wenn Du als behinderter Kfz-Halter mit Merkzeichen H, Bl oder aG nachweist, daß Du hilflos, blind oder außergewöhnlich gehbehindert bist. Die Kraftfahrzeugsteuer wird um 50% ermäßigt, wenn Du einen Schwerbehindertenausweis mit orangefarbenem Flächenaufdruck hast (§ 3a KraftStG).

TIP Zeige Dich beim Versorgungsamt auf Draht! 268

Wenn es um Deine Behinderung geht, mußt Du bereits beim Versorgungsamt auf Draht sein. Das Finanzamt richtet sich nämlich mit beamtentypischem Augenarztspiegel nur danach, was im Ausweis oder in der Bescheinigung des Versorgungsamtes steht. Was nicht bescheinigt ist, existiert für die Herren Beamten einfach nicht. Deshalb beachte schon beim Versorgungsamt folgendes:

1. Bei Behinderungen unter 50% dränge mit Nachdruck darauf, daß man Dir
   – Beeinträchtigung der Bewegungsfähigkeit oder
   – typische Berufskrankheit als Ursache bescheinigt.

2. Den Antrag auf Gültigkeit der Behinderung immer rückwirkend (so weit wie möglich) stellen.
   Grund: Bei rückwirkender Gültigkeit muß das Finanzamt noch alle Bescheide berichtigen, für die Dein Behindertenausweis oder Deine Bescheinigung gilt.

3. Möglichst viele Zusatzmerkzeichen beantragen, z. B.:
   - G = gehbehindert
   - aG = außergewöhnlich gehbehindert
   - H = Hilflos
   - RF = Befreiung von den Rundfunkgebühren

Mit den Zusatzzeichen G oder aG im Ausweis kannst Du bei Fahrten zwischen Wohnung und Arbeitsstätte 52 Pf. je gefahrenen km als Werbungskosten absetzen (siehe auch ➤ Rz 736), außerdem hast Du freie Fahrt im öffentlichen Nahverkehr und Vorteile bei der Kfz-Steuer und bei der Kfz-Haftpflicht.

269 **Das Zusatzzeichen »G« wird bei schwerer Gehbehinderung erteilt. Sie liegt vor, wenn Du eine Gehstrecke von mindestens 2 000 Metern nicht innerhalb einer halben Stunde zurücklegen kannst. Eine außergewöhnlich schwere Gehbehinderung führt zum Zusatzzeichen »aG«. Sie wird angenommen, wenn der Behinderte sich außerhalb der Wohnung nur mühsam mit Gehhilfen fortbewegen kann.**

Auf einige Erleichterungen, die Behinderte mit dem Zusatzzeichen »aG« in Anspruch nehmen können, sei noch hingewiesen: Parkerlaubnis für Parkplätze mit dem Rollstuhlfahrerzeichen, ferner Parkerlaubnis bis zu drei Stunden an Stellen im eingeschränkten Halteverbot, kostenloses Parken an allen Parkuhren ohne Begrenzung der Parkzeit; zusätzlich zur Kfz-Steuerbefreiung Freifahrten im öffentlichen Nahverkehr. Man braucht sich also nicht wie beim Merkzeichen »G« entweder für Freifahrten oder für die Steuerermäßigung zu entscheiden.

270 **TIP** **So hast Du beim Amtsarzt bessere Chancen**

Er muß Dir nämlich für jedes Leiden Prozentpunkte attestieren, die Dich schnell über die 50-%-Hürde bringen.

Und so gehst Du vor:
Du besorgst Dir beim Versorgungsamt das Antragsformular für Körperbehinderung und beantragst sodann die Anerkennung derselben. Nach einiger Zeit flattert Dir vom Amtsarzt eine Vorladung zur Untersuchung ins Haus. Bei der Untersuchung wertet der Amtsarzt auch Deine Krankenkarteikarte aus, die er sich inzwischen von Deinem Hausarzt besorgt hat.

271 Etwas Ernsthaftes mußt Du schon haben, wie z. B.

Bandscheibenleiden mit Operation bringt	40%
+ Herzrhythmusstörungen	5%
+ Pollenallergie	5%
Insgesamt	50%

Hurra, es ist geschafft: Pauschbetrag für Schwerbehinderte 1 110 DM auf Lebenszeit. Und nicht vergessen: Zusätzlich 5 Tage bezahlten Urlaub, an dem Du Dich vom Arbeitsstreß erholen und vielleicht etwas an Deiner Steuererklärung basteln kannst, und außerdem erhöhten Kündigungsschutz.

Bist Du nicht gegen Pollen allergisch, dann hast Du vielleicht ein Gehörleiden, etwas Asthma, Platt- oder Spreizfüße, Zucker, Gallenleiden, vielleicht stotterst Du auch etwas. Also versuch es.

TIP: So, und nun hast Du Deinen Körperbehinderten-Ausweis in der Tasche, dann gehst Du hin und heilst Dich schnellstens von all diesen Leiden mit der »Urmedizin« aus der Klassischen Naturheilkunde. Und kannst so diesen Bürokraten mal wieder 'ne lange Nase drehen! (Näheres ➤ Rz 336/337)

Achtung, als Minderbehinderter:
Hast Du nichts Ernsthaftes, ist es schwer, über die 50% zu kommen. Als Behinderte unter 50% haben nur drei Gruppen gute Chancen, und die Behinderung muß mindestens 25% betragen.

1. **Als Behinderter, der deswegen Rente bezieht,** z. B. Unfallrente.
2. **Als Behinderter mit dauernden Einbußen der Beweglichkeit**
   Schäden am Stütz- und Bewegungsapparat, wie z. B. Meniskus, Arthrose, verkürztes Bein; Erblindung eines Auges; Asthma.
3. **Als Behinderter durch typische Berufskrankheit**
   Anerkannt sind:
   Strahlenpilz aus Papierfabrik; Bleivergiftung im Betrieb;
   Lungenerkrankung durch Asbest; Tuberkulose bei Krankenhauspersonal; Gelbsucht bei Chirurgen und Zahnärzten; Stimmerkrankung bei Sängern und Lehrern; Wirbelsäulenerkrankung durch Heben.
   Es sind Erkrankungen, die in unmittelbarem Zusammenhang mit dem Beruf stehen und in der Liste der Berufskrankheiten-VO v. 18. 12. 1992 aufgenommen sind (BGBl 1992 I S. 2343). Die Finanzämter sind an die Feststellungen der Sozialversicherungsträger gebunden.

Berufskrankheiten	272

Häufige Berufskrankheiten sind verursacht durch

- Metalle (wie z. B. Blei, Quecksilber, Chrom, Cadmium, Mangan, Thallium)
- Erstickungsgase wie Kohlenmonoxid, Kokereigase
- Lösemittel und Pestizide
- Mechanische Einwirkungen auf Sehnenscheiden, Meniskus, vibrationsbedingte Durchblutungsstörungen, Wirbelsäulenerkrankungen durch Heben oder Tragen oder PC-Arbeit

- Drucklufterkrankungen, Lärmerkrankungen, Strahlenerkrankungen (grauer Star durch Wärmestrahlung)
- Krankheiten durch Infektionserreger oder Parasiten (wie z. B. Tätigkeit im Gesundheitsdienst, Wurmkrankheit der Bergleute, Tropenkrankheiten, Fleckfieber)
- Erkrankungen der Atemwege und der Lungen (z. B. durch Silikose, Tuberkulose, Asbestose, Lungenfibrose)
- Hautkrankheiten durch Ruß, Rohparaffin, Teer, Anthracen.

Du fragst Dich vielleicht, wozu diese lange Liste. Dazu sage ich: Dieses Buch soll sich für Dich bezahlt machen.
Und vielleicht bringt diese Liste Dich dazu, Deine Erkrankung als Berufskrankheit zu sehen und eine Behinderung oder eine Rente zu beantragen.

273 **TIP** ## Stelle den Antrag für Körperbehinderung unbedingt rückwirkend

Wie beim Umgang mit dem Fiskus gilt es ebenso beim Umgang mit dem Versorgungsamt geschickt zu taktieren. Andernfalls bist Du der Dumme.
Egal, ob Du erstmals einen Antrag auf förmliche Anerkennung Deiner Körperbehinderung stellst oder einen Erhöhungsantrag, achte immer darauf, daß Dir die Körperbehinderung rückwirkend bescheinigt wird.
Geht das Gültigkeitsdatum mehrere Jahre zurück, so kannst Du auch für die alten Jahre noch den Pauschbetrag beanspruchen und auf einen Schlag ordentlich Steuergroschen für Dich heraus holen. Der Fiskus muß alte Steuerbescheide ändern, wenn der Grad der Behinderung nachträglich festgestellt wird.

274 **TIP** ## War Dein Vater jahrelang krank, bevor er starb?

Einen Antrag auf Körperbehinderung zu stellen ist ihm aber nie in den Sinn gekommen. Du als sein Rechtsnachfolger und Erbe kannst indessen nachholen, was er versäumt hat. Die Versorgungsämter sind nämlich angewiesen, auch für bereits Verstorbene die erforderlichen Feststellungen über ihre Körperbehinderung zu treffen, soweit dies nach den vorhandenen Unterlagen möglich ist.

Die nachträgliche Feststellung der Behinderung beantragst Du gleich beim Finanzamt, wenn Du die Steuererklärung Deines Vaters abgibst. Das Finanzamt holt dann eine Stellungnahme des Versorgungsamtes ein. Dann muß es für alle noch nicht verjährten Jahre die Steuerbescheide berichtigen und den Pauschbetrag für Behinderte absetzen. Für die Steuererstattung kannst Du dann als Erbe Dein Konto angeben. Da freust Du Dich, was? (Quelle: § 65 Abs. 5 EStDV)

TIP Steuervergünstigung für ein behindertes Kind 275

Bei Kindern wird häufig eine Behinderung erst spät erkannt. In diesem Fall ist wichtig, daß das Versorgungsamt bescheinigt, ab wann die Behinderung vorliegt, z.B. ab Geburt. So können z.B. die Eltern eines **mongoloiden Kindes** beim Versorgungsamt eine Bescheinigung über den Grad der Behinderung erhalten – rückwirkend ab Geburt – und sodann auch für die zurückliegenden Jahre den Pauschbetrag beanspruchen.

Hier hast Du die Wahl

Nimmt Dein Kind wegen fehlender oder geringer Einkünfte den Pauschbetrag nicht selbst in Anspruch, kannst Du ihn in Deiner Steuererklärung ansetzen. Ihr habt also die freie Wahl, den Pauschbetrag dort geltend zu machen, wo er sich am günstigsten auswirkt, bei Dir oder bei Deinem Kind. Außerdem kannst Du evtl. wegen Deines behinderten Kindes die Kosten für eine Haushaltshilfe (➤ Rz 277) und die Kosten für Privatfahrten (➤ Rz 351) in Deiner Steuererklärung unterbringen. Außerdem kannst Du möglicherweise den Pflege-Pauschbetrag beanspruchen (➤ Rz 288).

Zeile 95–99 Hinterbliebenen-Pauschbetrag 276

Werden Dir als Kriegerwitwe oder Waise Hinterbliebenenbezüge bewilligt, sei es aus der gesetzlichen Rentenversicherung, nach dem Bundesversorgungsgesetz, aus der gesetzlichen oder freiwilligen Unfallversicherung oder aus anderen Gesetzen, so steht Dir ein **Pauschbetrag von 720 DM** zu.

Du beantragst ihn, indem Du der Erklärung den entsprechenden Bescheid der Bewilligungsbehörde beifügst und in > Zeile 97 die entsprechenden Angaben machst.

Der Hinterbliebenen-Pauschbetrag für Kinder kann auf die Eltern übertragen werden (Quelle: § 33b Abs. 4 EStG).

277 Zeile 100–101 Hilfe im Haushalt

Zum Fensterputzen, Keller- und Flurwischen, für den gründlichen Hausputz alle Vierteljahre, zumindest dafür solltest Du Dir Hilfe gönnen. Ob Du nun die hilfsbereite Nachbarin engagierst oder ein Unternehmen mit der Reinigung Deiner Bude beauftragst, ist für den Steuerabzug nicht von Belang. Denn der Fiskus beteiligt sich an den Kosten mit einem Freibetrag von – höchstens – 1 200 DM, wenn jemand im Haushalt über 60 Jahre alt ist. Ist jemand im Haushalt behindert (mindestens 45 %), steigt der Höchstbetrag auf 1 800 DM (Quelle: § 33a Abs. 3 EStG).

Achtung, es wird gezwölftelt!!
Den vollen Betrag von 1200 DM bzw. 1800 DM erhältst Du nur, wenn Du die Haushaltshilfe ganzjährig beschäftigt hast (erste Zahlung im Januar und dann mindestens vierteljährlich) oder Du ganzjährig im Heim untergebracht warst.

Für jeden Monat, in dem die Voraussetzungen nicht vorliegen, kürzt das Finanzamt den Freibetrag um 1/12 = 100/150 DM. Wenn Du den ganzen Betrag beanspruchst, gehört also in > Zeile 100 die Eintragung »1. 1.–31. 12.«.

278 ◆ *Musterfall Huber*

Herr Huber ist 70 % behindert und beschäftigt eine Haushaltshilfe. Somit steht ihm ein Freibetrag von 1 800 DM zu, wenn er Aufwendungen in dieser Höhe hatte.

Zeile	Außergewöhnliche Belastungen				Nachweis	ist beigefügt.			⊠ hat bereits vorgelegen.	
95	Behinderte und Hinterbliebene									
96	Name		Ausweis/Rentenbescheid/Bescheinigung ausgestellt am	gültig bis	hinterblieben	behindert	blind / ständig hilflos	geh- und stehbehindert		Grad der Behinderung
97	Hesibert Huber		4.12.98	2003		⊠				56 70
98										57
99	Nur bei geschiedenen oder dauernd getrennt lebenden Eltern oder bei Eltern nichtehelicher Kinder: Laut beigefügtem gemeinsamen Antrag sind die für Kinder zu gewährenden Pauschbeträge für Behinderte/Hinterbliebene in einem anderen Verhältnis als je zur Hälfte aufzuteilen.									
100	Beschäftigung einer Hilfe im Haushalt			vom – bis 1.1. – 31.12.		Aufwendungen im Kalenderjahr	1.800.– DM			
101	Antragsgrund, Name und Anschrift der beschäftigten Person oder des mit den Dienstleistungen beauftragten Unternehmens Behinderung , verschiedene Hilfen									

Auch wenn Deine Kosten höher liegen als 1200/1 800 DM, nutzt Dir das nichts, es sei denn, Du erfüllst die Voraussetzungen wegen eines hauswirtschaftlichen Beschäftigungsverhältnisses.

Dazu Einzelheiten unter ➤ Rz 196 ff.

Es ist also ganz egal, ob in > Zeile 100 1800 DM oder 7500 DM eingetragen **279**
steht, stets gibt es den gleichen Freibetrag. **Bei höheren Kosten verlangt das
Finanzamt aber regelmäßig von Dir Lohnsteuer, weil es Dich als Arbeitgeber Deiner »Perle des Haushalts« ansieht.**

Damit der Fiskaliero nicht lange überlegen muß, sollst Du in > Zeile 101
den Antragsgrund – entweder Alter (über 60 Jahre) oder Behinderung
(mehr als 45%) – eintragen.

Natürlich interessiert den Fiskus auch, ob Deine »Perle« die Einnahmen in
ihrer Steuererklärung angibt. Damit er das kontrollieren kann, fragt er in
> Zeile 101 nach Name und Anschrift.

Stimme Dich vorher mit Deiner Hilfe ab, damit es wegen der berüchtigten
Kontrollmitteilungen, die sich die Finanzämter gern untereinander zuschicken, nicht zum Krach mit ihr kommt. **Oder Du bist gewitzt genug,
einfach in das Adressenfeld zu schreiben: »Verschiedene Hilfen«, und
wartest ab, was passiert.** Zurücknehmen kannst Du Deinen Antrag ja
später immer noch, wenn es hart auf hart kommt.

Es ist schon eine Schande, daß die Fiskalritter – die sich selbst ja zu den
angeblich Immer-zu-wenig-Verdienenden rechnen – die meist Ärmsten der
Armen, welche sich ein hartes Zubrot als Putzfrau oder Dreckfegerin
erarbeiten, ans Messer liefern. Während sie Weiße-Westen-Kriminelle und
Bankrotteure, die sich mit Millionen hinterzogener Steuern im Ausland ein
feudales Leben machen, ungeschoren lassen.

◆ *Musterfall altes Ehepaar* **280**

*Ein altes Ehepaar beschäftigt eine Hilfe im Haushalt in Teilzeitarbeit auf 630-
DM-Basis. Der Arbeitslohn beträgt monatlich 480 DM, insgesamt also 5 760 DM
zuzüglich der pauschalen Sozialversicherungsbeiträge von 22% (Rentenversicherung 12%, Krankenversicherung 10%) = 1 267 DM. Für die Aufwendungen
von insgesamt 7 027 DM steht ein Freibetrag von höchstens 1 200 DM zu.
Deshalb tragen sie auch nur 1 200 DM im Formular ein.*

99	Laut beigefügtem gemeinsamen ... in einem anderen Verhältnis als je zur Hälfte aufzuteilen.		...ge für Behinderte/Hinterbliebene	
100	Beschäftigung einer Hilfe im Haushalt	vom – bis **1.1.-31.12**	Aufwendungen im Kalenderjahr	DM **1.200.-**
101	Antragsgrund, Name und Anschrift der beschäftigten Person oder des mit den Dienstleistungen beauftragten Unternehmens *Altes (über 60 Jahre), verschiedene Hushilfen*	vom – bis		

Mehr zu den 630-Mark-Jobs unter ➤ Rz 618.

281 ▄▄ **TIP** **Ein-Mann-Putzunternehmen als Hilfe im Haushalt**

Seit dem 1. 4. 1999 stehen Zeitaufwand und Kosten in keinem vernünftigen Verhältnis mehr zum Nutzen, den die Haushaltshilfe Dir bringt. Denn unsere Fiskalbürokraten haben die 630-Mark-Jobber mit ihrer Steuerreform ordentlich aufs Korn genommen. Auch für Dich als Arbeitgeber hat sich eine Menge geändert. Du mußt seitdem schon ein kleines Lohnbüro einrichten, denn Du brauchst zum Beispiel eine Betriebsnummer von der Krankenkasse, an die Du die pauschalen Sozialversicherungsbeiträge regelmäßig überweisen mußt. Du mußt dafür ein Lohnkonto führen und Dir eine Freistellungsbescheinigung von Deiner Reinemachefrau besorgen. Du sollst, Du mußt, Du brauchst!

Dieses Theater kannst Du Dir sparen, indem Du den Vertrag so gestaltest, daß Deine Hilfe im Haushalt selbständig ist. Zunächst einmal vereinbare kein festes Gehalt, sondern ein Leistungsentgelt, etwa so:

Einmaliges Reinigen der gesamten Wohnung 80 qm =	40,– DM,
mit Fensterflächen Zuschlag 100% =	80,– DM.

Weiter: Das Reinigen wird nach jeweiliger Terminabsprache vereinbart. Die Tätigkeit wird selbständig ausgeübt. Wenn dann Deine »Haushaltsperle« noch bei der Stadt ein Gewerbe anmeldet, z. B. »Einfache Glas- und Fensterreinigung«, das als handwerksähnlich anzusehen ist und deswegen nicht den Segen der Handwerkskammer braucht, dann ist die Kuh mit der Lohnsteuereinbehaltung für die Haushaltshilfe vom Eis.

Beachte:

282 Mit den neuen Regelungen zur »Scheinselbständigkeit« haben die Steuerbürokraten weitere Fallstricke ausgelegt, in denen Ihr Euch verfangen könntet. Lies dazu auch ➤ Rz 487.

283 ▄▄ **TIP** **Haushaltshilfe wegen Hautallergie**

Du mußt Dich leider konsequent der Putzarbeit enthalten, denn Deine bedauernswerten Hände laufen regelmäßig krebsrot an, sobald sie mit Putzmittel in Berührung kommen. Die Nachbarin geht Dir deswegen regelmäßig im Haushalt zur Hand und erhält Geld dafür. Du bist zwar weder über 60 Jahre alt noch krank, noch schwerbehindert, aber trotzdem benötigst Du eine Putzhilfe. Der Steuererklärung fügst Du eine Bescheinigung des Hausarztes bei, aus der hervorgeht, daß Du keine Hausarbeiten verrichten kannst. Damit die Bescheinigung für den Fiskus aussagefähig ist, sollte die Art der Erkrankung angegeben sein, z. B. Herzmuskelschwäche oder Hautallergie u. ä.

Die Finanzämter erkennen derartige Bescheinigungen aber nur an, wenn sie nicht älter als drei Jahre sind (OFD Köln v. 20. 3. 1986 S. 2525).

Gesundheit ist nicht alles,
aber ohne Gesundheit ist alles nichts.

▀▀▀ **TIP** Herzblatt als Haushaltshilfe absetzen!　　　　284

Wer sein Herzblatt nicht heiratet, bekommt auch keinen Splittingtarif, zur Strafe.

Einen kleinen Ausgleich dafür kannst Du allerdings einheimsen, wenn Du Deinen Lebenspartner als Haushaltshilfe deklarierst. Voraussetzung: Du mußt über 60 Jahre alt oder zu mindestens 45% behindert sein.

Auf fadenscheinige Abwiegeleien Deines Finanzamts konntest Du mit dem Urteil des Hessischen Finanzgerichts vom 2. 7. 1996 (Az 2 K 2311/95). Die Robenträger haben sich nicht blenden lassen, die Verhältnisse so gesehen, wie sie waren, und die Beschäftigung einer Lebensgefährtin als Hauhaltshilfe steuerlich anerkannt.

So kriegst Du die Haushaltshilfe beim Finanzamt durch:

Will Dein Finanzamt nicht mitspielen und meint, der Bundesfinanzhof habe aber anders entschieden (z.B. mit Urt. vom 6. 11. 1997, BStBl. 1997 II S. 991; EStH 192), läßt Du Dich nicht ins Bockshorn jagen. Im Fall des BFH ging es um die Rechtslage des Jahres 1983. Damals konnten die Kosten für eine Haushaltshilfe abgezogen werden, wenn ein Kind unter 18 zum Haushalt gehörte. Lebten also zwei ohne Trauschein aber mit einem Kind zusammen, kümmerte sich einer um den Nachwuchs und den Haushalt, konnten die Kosten für eine »kindbedingte Haushaltshilfe« aufgrund des Kindschaftsverhältnisses nicht abgezogen werden. Oder kurz gesagt, Mutter verdrängte Haushaltshilfe.

Bei Euch liegen die Verhältnisse aber grundlegend anders. Hier geht es nicht um die Rechtslage des Jahres 1983 und eine »kindbedingte Haushaltshilfe«. Ihr macht die Kosten einer Haushaltshilfe aus Altersgründen oder aufgrund einer Behinderung geltend. Also, bloß nicht einschüchtern lassen.

285 ≡TIP Was Dir die Hausgehilfin sonst noch erbringen kann

Mit diesen Lappöhrchen von 1 200 oder 1 800 Mark brauchst Du Dich aber nicht zufrieden geben, denn viel mehr beschert die Haushaltshilfe auf anderen Gebieten:

Betriebsausgaben in anteiliger Höhe kannst Du als Gewerbetreibender oder Freiberufler geltend machen, wenn Deine Hausgehilfin zusätzlich in Deinem Betrieb Arbeiten verrichtet! (BFH-Urt. vom 11. 8. 1979 – BStBl 1980 II S. 117)

Sonderausgaben bis zum Jahresbetrag von 18 000 DM kannst Du absetzen, wenn das Beschäftigungsverhältnis mit Deiner Hausgehilfin sozialversicherungspflichtig ist.
Mehr dazu unter ➤ Rz 199.

Kinderbetreuungskosten kannst Du als Alleinstehender – für das erste Kind bis 4 000 DM, bis zu 2 000 DM für jedes weitere Kind – geltend machen, wenn die Haushaltshilfe zusätzlich Deine Kinder behütet.
Mehr dazu unter ➤ Rz 445.
Lies auch den Tip unter ➤ Rz 462: Hausgehilfin bringt »Vierfachberücksichtigung«.

286 **Wisse weiter:** Das Finanzamt muß Dir auch Aufwendungen an Deine Mutter oder an Deine Tochter anerkennen, wenn diese Dir im Haushalt helfen, selbst wenn sie zu Deinem Haushalt gehören (BFH-Urt. v. 27. 10. 1989 – BStBl 1990 II S. 294, die Lebenspartner betreffend). Bei einem solchen Arbeitsverhältnis unter Angehörigen verlangt der Fiskus aber einen wasserdichten Nachweis über das Bestehen des Arbeitsverhältnisses in Form eines entsprechenden schriftlichen Vertrags, den vorzulegen Dir nicht schwerfallen dürfte.

287 Zeile 102–104 Heimunterbringung

Lebst Du in einem Heim, steht Dir ein Freibetrag von 1 200/1 800 DM zu, wenn in den Leistungen des Heimes auch solche enthalten sind, die üblicherweise durch eine Haushaltshilfe erledigt werden. Trage deshalb in ➤ Zeile 104 als Art der Dienstleistungen »Reinigungsarbeiten« ein.

101						
102	Heimunterbringung	vom – bis `1.1.-31.12.`		X	der steuerpflichtigen Person	des Ehegatten
103	X ohne Pflegebedürftigkeit	zur dauernden Pflege	Art der Dienstleistungskosten `Reinigungsarbeiten`			
104	Bezeichnung, Anschrift des Heims `Altersheim Höttenstift, Köln`					
	Pflege-Pauschbetrag wegen unentgeltlicher persönlicher Pflege			Nachweis der Hilflosigkeit		

Zur Unterbringung im Pflegeheim (Musterfall Vater Meyer) unter ➤ Rz 355 und 362.

Zeile 105–106 Pflege-Pauschbetrag　　　　288

Kümmerst Du Dich um jemanden, der hilflos ist (Merkzeichen »H« im Schwerbehindertenausweis), hast Du Anspruch auf den Pflege-Pauschbetrag in Höhe von 1 800 Mark. Als Pflegeschützling kommen dabei Deine Eltern, Dein Kind, übrige Angehörige oder auch Personen in Betracht, zu denen Du eine besondere persönliche Beziehung hast (vgl. auch ➤ Rz 294). Die Pauschale kannst Du für Dich verbuchen, wenn Du die Pflege in Deiner bzw. in der Wohnung der Pflegeperson selbst besorgst oder die Arbeit einer ambulanten Pflegekraft überwachst. Auf die Höhe der Dir entstandenen Kosten kommt es dabei überhaupt nicht an. Wichtig ist nur, daß Du Dir Deine Bemühungen nicht bezahlen läßt, versteht sich (zur Anrechnung des Pflegegeldes siehe ➤ Rz 295).

Für jeden Pflegefall gibt es 1 800 DM als Pauschbetrag. Der Pauschbetrag　**289** steht Dir auch dann in voller Höhe zu, wenn Du nur während eines Teils des Jahres die Pflege besorgt hast. Der Pauschbetrag wird also nicht gekürzt, auch wenn sich Deine Pflege nur auf die Wochenenden beschränkt (FG München vom 14. 2. 1995 – 60 K 2261/94–rk) oder der Pflegebedürftige im Laufe des Jahres in einem Pflegeheim untergebracht wird oder verstorben ist. Teilst Du Dir die Pflege mit jemand anders, erhält jeder nur 900 DM, also nur Aufteilung nach Köpfen, nicht nach Arbeits- oder Zeitaufwand. (Quelle: § 33b Abs. 6 EStG)

◆ *Musterfall Familie Huber*　　　　**290**

Frau Huber betreut seit zwei Jahren die Schwester ihres Ehemannes, Frau Hedwig Völler, die nach einer Gehirnblutung schwerbehindert ist mit Merkzei-

*chen »H« im Behindertenausweis. Frau Völler ist verheiratet und wohnt mit
ihrem Ehemann Horst in Köln, Hechtstraße Nr. 10.
Für die Pflege erhält Frau Huber einen Pflege-Pauschbetrag von 1 800 DM.
Diesen Pflege-Pauschbetrag beantragt sie in > Zeile 105–106. Bei Unterbringung im Pflegeheim siehe ➤ Rz 353.*

291

104		
105	**Pflege-Pauschbetrag** wegen unentgeltlicher persönlicher Pflege einer ständig hilflosen Person in ihrer oder in meiner Wohnung im Inland	Nachweis der Hilflosigkeit ☐ ist beigefügt. ☒ hat bereits vorgelegen.
	Name, Anschrift und Verwandtschaftsverhältnis der hilflosen Person(en)	Name anderer Pflegepersonen
106	Hedwig Völler, Hechtstr. 10, Köln / Schwester	

Unterhalt für bedürftige Personen Name und Anschrift der unterhaltenen Person, Beruf, Familienstand

292 **TIP** Hilfloser Ehegatte oder hilfloses Kind

Den Pauschbetrag von 1 800 DM beantrage immer, wenn Dein Ehegatte
oder eines Deiner Kinder hilflos ist. Er steht Dir auf jeden Fall zu, auch
wenn Du für die Behinderung zusätzlich den Behindertenpauschbetrag von
7 200 DM absetzt.

293 **TIP** Ist Dein Kind zuckerkrank?

Den an Zuckerkrankheit leidenden Kindern wird meistens kein so hoher
Grad der Behinderung bescheinigt. Gleichwohl kann die Zuckerkrankheit
bei Kindern eine so hohe Pflegebedürftigkeit mit sich bringen, daß sie
»hilflos« im Sinne der Steuergesetze sind. Nach den Steuergesetzen sind
Personen als »hilflos« anzusehen, die im täglichen Leben ständig in
erheblichem Umfang fremder Hilfe bedürfen.
Das trifft auf zuckerkranke Kinder zu. Weitere Voraussetzung ist, daß der
Grad der Behinderung mindestens 25% beträgt. Außerdem muß das
Versorgungsamt die »Hilflosigkeit« bescheinigen.
Also steht Dir für Dein zuckerkrankes Kind auch der Pflege-Pauschbetrag
von 1 800 Mark zu (Quelle: EStR 194 Abs. 6). Siehe auch ➤ Rz 275.
**Wie Du den Diabetes Deines Kindes schnellstens ohne das schädigende
Insulin heilst, das sage ich Dir in ➤ Rz 953 in meinem Buch *1000 ganz
legale Steuertricks,* dem *Großen Konz.***

294 **TIP** Schau öfter nach der hilflosen Nachbarin

Um die kümmert sich ja sonst niemand. In Deiner Steuererklärung kannst Du
Dir das honorieren lassen. Denn wisse, auch bei Nachbarschaftshilfe kannst
Du den Pauschbetrag von 1 800 DM beanspruchen. (Quelle: EStH 194).

Die Zwangsläufigkeit Deines Bemühens kannst Du dem Finanzamt problemlos dartun. Schließlich hat die Nachbarin früher immer, wenn Not am Mann war, Deine lieben Kinderchen gehütet und so manchen Abend den Babysitter gespielt, ohne mehr als ein Dankeschön zu verlangen. Und da sollst Du sie jetzt im Stich lassen, wo sie selber auf Hilfe angewiesen ist?

▀▀▀ TIP Pauschbetrag trotz Pflegegeld 295

»Das Pflegegeld für mein behindertes Kind bekomme ich direkt von der Pflegeversicherung überwiesen. Muß ich damit auf den Pflege-Pauschbetrag verzichten?« fragst Du.

Grundsätzlich ja, denn das Geld erhältst Du für Deine Pflegeleistungen. Aber dieses Buch dürfte nicht den Namen *Konz* tragen, wenn es hier keinen Ausweg für Dich parat hätte.

Die Überweisung des Pflegegeldes auf Dein Konto ist unschädlich, wenn Du das Geld komplett für die Pflege und Versorgung des Pflegebedürftigen verwendest. Die Belege hierüber bewahrst Du sorgsam auf, und schon geht beim Finanzamt alles glatt über die Bühne (Quelle: Vfg. der OFD Düsseldorf vom 3. 11. 1997, S 2286 A – S 122).

*Knappheit ist das notwendige
Fegefeuer für den Erfolg.*

(Claus Wisser)

Zeile 107–115 Unterhalt für bedürftige Personen 296

Liegt Dir Deine Sippschaft auf der Tasche, so kannst Du dafür unter Umständen erhebliche Beträge als außergewöhnliche Belastungen in der Steuererklärung unterbringen. Steuerbegünstigt kannst Du aber nur Angehörige unterstützen, die einen gesetzlichen Anspruch auf Unterhalt haben. Das sind die Eltern, die Großeltern, die eigenen Kinder, aber auch der geschiedene oder getrennt lebende Ehegatte. Auch bei Deiner Verlobten klappt der Laden.

Hat diese nämlich in froher Erwartung ihre Arbeitsstelle aufgegeben und ist zu Dir gezogen, kannst Du den Unterhalt absetzen. Vorausgesetzt, sie unterschreibt Dir die Quittungen. Und das tut sie doch, oder? (Quelle: BFH-Urteil, vom 30. 7. 1993 – BStBl 1994 II S. 31)

297 Aber auch anderen Dir nahestehenden Personen kannst Du steuerbegünstigt helfen, wenn Du Dich aus besonderen Gründen dazu verpflichtet fühlst, z. B. Deinen Partner in eheähnlicher Gemeinschaft, wenn er wegen Eurer »wilden Ehe« keine Stütze vom Sozialamt bekommt (BFH-Urt. vom 21. 9. 1993 – BStBl 1994 II S. 236) oder ihm deswegen kein BAföG gezahlt wird. Weiter ist Voraussetzung, das niemand für die von Dir unterstützte Person Kindergeld oder einen Kinderfreibetrag bekommt.

Abzugsfähig sind Deine Zahlungen bis zu einem Höchstbetrag. Der Höchstbetrag wird gekürzt um eigene Einkünfte der unterstützten Person, soweit sie den anrechnungsfreien Betrag übersteigen.

Höchstbetrag 13 020 DM (ab 2000: Höchstbetrag 13 500 DM)
Anrechnungsfrei 1 200 DM

298 Anrechnungsfreier Betrag

Du solltest Dir allerdings steuerlich gesehen keine großen Hoffnungen machen, wenn Dein Schützling erhebliche eigene Einkünfte oder Bezüge hat, z. B. Arbeitsbezüge, Renten, Pensionen, Wohngeld oder andere Sozialleistungen. Denn vom Unterhaltshöchstbetrag werden alle Einkünfte und Bezüge abgezogen, die den anrechnungsfreien Betrag übersteigen. BAföG-Zuschüsse mindern den Höchstbetrag sogar voll. Du kannst Dir also die Mühen der Antragstellung ersparen, wenn die Einkünfte und Bezüge Deines Schützlings im Kalenderjahr mehr als 14 220 DM betragen.

Berechnung (für 1999):		
Unterhaltshöchstbetrag		13 020 DM
Eigene Einkünfte und Bezüge	14 220 DM	
./. anrechnungsfreier Betrag	1 200 DM	
./. schädliche Einkünfte und Bezüge	13 020 DM	13 020 DM
abzugsfähiger Jahresfreibetrag		0 DM

(Quelle: § 33a Abs. 1 EStG)
Ab 2000 liegt die Grenze eigener Einkünfte und Bezüge bei 14 700 DM.

299 Achtung Fallstrick: Opfergrenze

Deine Unterhaltsleistungen werden nur insoweit anerkannt, als sie 1 % je 1 000 DM Deines Nettoeinkommens, höchstens 50 %, nicht übersteigen. Davon gehen runter je 5 % für den Ehegatten und für jedes Kind (insgesamt höchstens 25 %). Dies ist die sogenannte »Opfergrenze«.

◆ *Musterfall Familie Huber*   **300**

Der Vater von Herrn Huber ist verwitwet; er lebt in Hamburg in seiner eigenen Wohnung und bezieht eine Rente aus der Rentenversicherung von 7012 DM jährlich. Herr Huber hat deshalb seinen Vater das ganze Jahr über mit monatlich 250 DM unterstützt und beantragt hierfür eine Steuerermäßigung in > Zeile 107–115.

105	einer ständig ... oder in meiner Wohnung im Inland	ist beigefügt.	hat bereits vorgelegen.
106	Name, Anschrift und Verwandtschaftsverhältnis der hilflosen Person(en)	Name anderer Pflegepersonen	
107	**Unterhalt für bedürftige Personen** Name und Anschrift der unterhaltenen Person, Beruf, Familienstand *Fritz Huber, Königstr. 17. Hamburg / Rentner / verwitwet*		
108	Hatte jemand Anspruch auf Kindergeld oder einen Kinderfreibetrag für diese Person? ☒ Nein ☐ Ja	Verwandtschaftsverhältnis zu dieser Person *Vater*	Geburtsdatum *25.4.28*
109	☐ Die unterstützte Person ist der geschiedene Ehegatte. ☐ Die unterstützte Person ist als Kindesmutter/Kindesvater gesetzlich unterhaltsberechtigt.		
110	☐ Die unterstützte Person ist nicht unterhaltsberechtigt, jedoch werden bei ihr öffentliche Mittel wegen der Unterhaltszahlungen gekürzt um		DM
111	Aufwendungen für die unterhaltene Person (Art) *Unterhaltszahlungen*	vom – bis *1.1.–31.12.*	Höhe *3.000* DM
112	Diese Person hatte Bruttoarbeitslohn a) im Unterhaltszeitraum ✓ DM	Öfftl. Ausbildungshilfen ✓ DM	Renten und andere Einkünfte / Bezüge sowie Vermögen (Art und Höhe) *Rente 7.012,- DM*
113	b) außerhalb des Unterhaltszeitraums DM	DM	
114	Diese Person lebte ☐ in meinem Haushalt ☒ im eigenen / anderen Haushalt	zusammen mit folgenden Angehörigen	
115	Zum Unterhalt dieser Person haben auch beigetragen (Name, Anschrift, Zeitraum und Höhe der Unterhaltsleistungen)		
	Andere außergewöhnliche Belastungen	Gesamtaufwand	Erhaltene / zu erwartende Versicherungsleistungen

Das bringt für 1999 an außergewöhnlicher Belastung:

Aufwendungen		3 000 DM
Unterhaltshöchstbetrag		13 020 DM
./. Kürzung wegen eigener Einkünfte und Bezüge des Vaters:		
Rente	7 012 DM	
davon ab pauschal 200 DM + 360 DM	560 DM	
Einkünfte und Bezüge	6 452 DM	
./. anrechnungsfreier Betrag	1 200 DM	
schädliche Einkünfte	5 252 DM	5 252 DM
Gekürzter Unterhaltshöchstbetrag		7 768 DM

Ergebnis: Die Aufwendungen von 3000 DM wirken sich voll aus und werden in dieser Höhe abgezogen, weil der – gekürzte – Unterhaltshöchstbetrag nicht überschritten ist.

»Teufel, ist das kompliziert, das muß man ja studiert haben«, stöhnst Du.

Du sagst es, nimm aber diese Berechnung als Muster und Vorlage, wenn Du einen Rentner unterstützt.

»Bei mir liegen die Verhältnisse aber ganz anders als im Beispiel«, maulst Du weiter.

Dann laß mich erklären und zugleich zeigen, welche Fallstricke auf Dich warten.

301   **TIP**   Ergattere Dir den doppelten Höchstbetrag!

»Ich gebe meinen Eltern jeden Monat 1 500 Mark, damit sie ordentlich über die Runden kommen«, so sagst Du.

Wichtig ist nun, Deine Aufwendungen in den > Zeilen 107 – 115 so unterzubringen, daß der Unterhaltshöchstbetrag für zwei Personen, also doppelt, gewährt wird.

Nun sieh, was das bringt (Berechnung für 1999):

302	Deine Aufwendungen betragen 1 500 DM x 12		18 000 DM
	Unterhaltshöchstbetrag 13 020 DM x 2		26 040 DM
	abzgl. Kürzung wegen eigener Einkünfte und Bezüge Deiner Eltern:		
	Rente Deines Vaters	16 800 DM	
	davon ab pauschal 200 DM und 360 DM	560 DM	
	Einkünfte und Bezüge	16 240 DM	
	abzgl. anrechnungsfreier Betrag (1 200 DM x 2)	2 400 DM	
	schädliche Einkünfte	13 840 DM >	13 840 DM
	Gekürzter Unterhaltshöchstbetrag		12 200 DM

Hättest Du lediglich Deinen Vater in > Zeile 107 eingetragen, so würde der **303** auf ihn entfallende Höchstbetrag durch seine Rente vollständig verbraucht und Dein Abzugsbetrag wäre verloren. Durch die Aufteilung ergatterst Du einen Abzugsbetrag von immerhin 12 200 DM, der Dir bei einem Steuersatz von 35% eine satte Steuererstattung von 4 270 Mark beschert.

Zeile 107 Anschrift der unterstützten Person **304**

Lebt die unterstützte Person im Ausland, kann der Höchstbetrag im Extremfall um bis zu zwei Drittel gekürzt werden (EStR 190 Abs. 4).

Höchstbetrag für Unterhalt	Anrechnungs- frei	Land (auszugsweise)
13 020 DM	1 200 DM	**Ländergruppe 1**
8 680 DM	800 DM	**Ländergruppe 2 (Kürzung ⅓)** Argentinien, Chile, Korea, Libyen, Malta, Mexiko, Slowenien, Südafrika, Zypern
4 340 DM	400 DM	**Ländergruppe 3 (Kürzung ⅔)** Ägypten, Bosnien-Herzegowina, Bulgarien, China, Estland, Ghana, Indien, Irak, Iran, Jugoslawien, Kasachstan, Kroatien, Lettland, Polen, Rumänien, Russische Föderation, Thailand, Tschechische Republik, Türkei, Ungarn

Zeile 107 Familienstand der unterstützten Person **305**

Ist die von Dir unterstützte Person verheiratet, kann das dazu führen, daß das Finanzamt Deine Unterhaltszahlungen nicht als zwangsläufig, d. h. als nicht notwendig ansieht, denn es besteht ja schließlich ein Unterhaltsanspruch gegenüber dem Ehegatten.

Zeile 108 Anspruch auf Kindergeld oder Kinderfreibetrag **306**

Hier hält der Fiskus ein Idiotenkästchen bereit. Machst Du das Kreuz im Ja-Kästchen, wird der Fall für Dich schlecht laufen. Also mußt Du schon Nein ankreuzen, wenn das zutrifft.

307 Zeile 108 Verwandtschaftsverhältnis

Hier darfst Du nur ein Verwandtschaftsverhältnis eintragen, auf Grund dessen gesetzliche Unterhaltspflicht besteht. Wie bereits oben erwähnt, kommen nur Eltern, Großeltern, eigene Kinder oder der geschiedene oder getrennt lebende Ehegatte in Betracht.
Sorgsame Steuerzahler bringen hier und dort leichte Verwirrung in die Formulare ...

308 Zeile 108 Geburtsdatum

Deine Aufwendungen für den Unterhalt erwachsen Dir nur dann zwangsläufig, wenn der Unterhaltsempfänger alle ihm zur Verfügung stehenden Quellen ausschöpft. Dazu gehört auch seine Arbeitskraft, die ihm vom Fiskus bis zu einem Alter von 65 Jahren unterstellt wird. Wer also noch arbeiten kann, ist nicht bedürftig.

Für Jüngere wird als Bedürftigkeit anerkannt:
- schlechter Gesundheitszustand
- fehlende Arbeitsmöglichkeiten (BFH – BStBl 1987 II S. 599)
- Kleinkind zu versorgen (BFH – BStBl 1961 III S. 311).

309 Zeile 109–110 Unterhaltsberechtigung/ öffentliche Mittel

Ist die unterstützte Person unterhaltsberechtigt, so ist alles paletti, und Du mußt nichts ankreuzen. Andernfalls mußt Du angeben, ob Du
- Deinen geschiedenen Ehegatten unterstützt (>Zeile 109)
- Unterhalt an die Mutter Deines Kindes bezahlst, mit der Du aber nicht verheiratet bist (>Zeile 109) bzw.
- in welcher Höhe der unterstützten Person öffentliche Mittel gekürzt worden sind, weil Ihr in einer Haushaltsgemeinschaft lebt (>Zeile 110).

310 **TIP** Unterhalt an den Expartner

Hier gibt es zwei verschiedene Wege, den Fiskus an den Unterhaltskosten zu beteiligen: Entweder

1. Außergewöhnliche Belastung in > Zeile 107–115 oder
2. Sonderausgaben in > Zeile 75 geltend machen.

Zu 1. Außergewöhnliche Belastung 311

Diesen Weg kannst Du gleich vergessen, wenn Dein Expartner eigene Einkünfte hat. Denn diese werden auf den Freibetrag angerechnet, soweit sie 1 200 Mark übersteigen. Schon ein Jahresbruttolohn Deines Expartners von 16 220 Mark bringt den Freibetrag von 13 020 Mark auf Null, wie Du jetzt sehen wirst:

Freibetrag 1999 höchstens		13 020 DM
Eigene Einkünfte und Bezüge Deines		
Expartners, z. B. Bruttoarbeitslohn	16 220 DM	
abzüglich Arbeitnehmer-Pauschbetrag	2 000 DM	
Einkünfte aus nichtselbst. Arbeit	14 220 DM	
abzüglich anrechnungsfreier Betrag	1 200 DM	
./. schädliche Einkünfte und Bezüge	13 020 DM	13 020 DM
abzugsfähiger Freibetrag		0 DM

Zu 2. Sonderausgaben

Daß die außergewöhnliche Belastung Dir etwas bringt, setzt also keine **312** oder nur geringe eigene Einkünfte Deines Expartners voraus. Hat der aber welche, dann liegt es nahe, den Sonderausgabenabzug zu beantragen, weil er Dir einen Freibetrag von bis zu 27 000 DM bescheren kann. Hierfür müßt Ihr Euch aber einig werden, denn Dein Expartner muß den Betrag versteuern, den Du als Sonderausgaben abziehen willst.

Welche Möglichkeiten Du hast, daß Dir Dein Expartner die verflixte »Anlage U« unterschreibt, dazu mehr unter ➤ Rz 183.

═ Du hast Nachwuchs bekommen? Setz doch den 313
TIP Unterhalt an Deinen Lebenspartner ab!

Ein gemeinsames Kind ist heutzutage kein Grund, vor den Traualtar zu treten, zumal Kinder von Eltern ohne Trauschein nun auch per Gesetz die gleichen Rechte genießen wie eheliche Kinder.
Hat sich Nachwuchs angekündigt, ist der Kindesvater für die Zeit des Mutterschutzes (sechs Wochen vor und acht Wochen nach der Geburt des Kindes) zur Unterhaltszahlung an die Mutter verpflichtet. Auch für die Zeit danach muß er kraft Gesetzes für Mutter und Kind aufkommen, wenn sie sich um den Sprößling kümmert und daher eine Arbeitspause (von bis zu drei Jahren nach der Geburt) einlegt.
Für diesen Zeitraum besteht also eine gesetzliche Unterhaltpflicht, so daß

der Vater den Höchstbetrag von 13 020 Mark als Unterhaltsleistungen geltend machen kann (Quelle: EStH 190).

»Wie weise ich denn nach, daß ich Kosten in dieser Höhe hatte?« wirst Du Dich jetzt sicher fragen.

Ganz einfach. Da Ihr zusammen in einem Haushalt lebt, wird unterstellt, daß Du Aufwendungen in dieser Höhe hattest (EStR 190 Abs. 1).

Ach übrigens, selbstverständlich macht es keinen Unterschied, ob er oder sie den Erziehungsurlaub antritt. Unterhaltspflichtig ist immer derjenige, der die Haushaltskasse füllt, versteht sich.

314 **Gemeinschaftsbedingte Unterhaltspflicht**

Lebt Ihr zusammen in einem Haushalt, wird bei der Gewährung öffentlicher Mittel stets auch das Einkommen des Lebenspartners mit berücksichtigt. So kann es also kommen, daß Deinem Herzblatt das BAföG gekürzt oder das Wohngeld gestrichen wird, weil Du ein paar Mark verdienst, und das, obwohl Ihr gar nicht verheiratet seid.

In diesem Fall kannst Du allerdings Unterhaltsleistungen in > Zeile 110 steuerlich geltend machen.

Wichtig zu wissen:

Dein Herzblatt muß auch dann öffentliche Leistungen wie zum Beispiel BAföG oder Wohngeld beantragen, wenn von vornherein feststeht, daß der Antrag abgelehnt wird. Ohne den Ablehnungsbescheid könnt Ihr dem Fiskalritter nur schwer klarmachen, daß Du für Vater Staat in die Bresche springen und Deinem Partner unter die Arme greifen mußtest.

315 **TIP** **Spann die Arbeitsbehörde vor den Karren**

Dein Lebenspartner studiert noch und erhält kein BAföG, weil Ihr in Haushaltsgemeinschaft lebt? Dann füge der Steuererklärung den Bescheid über die Ablehnung des BAföG-Antrages bei. So klappt der Laden.

316 ## Zeile 111 Aufwendungen für die unterhaltene Person (Art)

Abzugsfähig sind an dieser Stelle Unterhaltsleistungen, das heißt die üblichen Kosten für den laufenden Lebensunterhalt. Du kannst hier also eintragen: »Barzahlung« oder »Gewährung von Wohnung« oder »Übernahme von Versicherungen« und dergleichen. Je nachdem, wie Du Deinen Schützling unterstützt hast.

Wohnst Du zusammen mit der unterstützten Person in einem Haushalt, zeigen sich die Fiskalritter ausnahmsweise einmal einsichtig. Da Du in diesem Fall die Unterhaltsaufwendungen nicht nachweisen, geschweige denn direkt zuordnen kannst, erlauben sie Dir, Unterhaltszahlungen in Höhe des Höchstbetrages von 13 020 DM einzutragen (EStR 190 Abs. 1 S. 9). Hast Du außergewöhnliche Kosten wie zum Beispiel Krankheits- oder Kurkosten übernommen, so trägst Du diese unter > Zeile 115 ein. Mehr dazu unter ➤ Rz 328.

Zeile 111 Aufwendungen für die unterhaltene Person vom – bis

317

Der Höchstbetrag von 13 020 DM wird für jeden Monat, in dem keine Unterstützung geleistet wird, um $\frac{1}{12}$ gekürzt. Trage also ein, sofern das zutrifft: 1. 1.–31. 12.

TIP Verteile die Unterhaltszahlungen günstiger

318

Wenn Du nicht regelmäßig monatliche Zahlungen leistest, achte darauf, daß Du zumindest im **Januar** eine Zahlung leistest und ansonsten in jedem **Vierteljahr**. Nur unter dieser Voraussetzung kannst Du einen Unterstützungszeitraum vom 1. 1.–31. 12. angeben.

Beginnst Du z. B. erst im Mai mit Deinen Zuwendungen, rechnet das Finanzamt so:

Unterstützung von Mai bis Dezember =	8 Monate
Unterhaltshöchstbetrag 8/12 von 13 020 DM =	8 680 DM
Auch wenn Deine Unterstützung von Mai bis Dezember	9 600 DM
beträgt, kannst Du nur 8 680 DM absetzen. Wenn Du den	
Unterhalt günstig verteilst, also mindestens vierteljährlich	
zahlst, kannst Du 920 DM mehr absetzen. Steuerersparnis	
bei 30% Steuerbelastung =	<u>276 DM</u>

319 Zeile 111 Aufwendungen für die unterhaltene Person (Höhe)

Hier sind die von Dir geleisteten Zahlungen an Deinen Schützling einzutragen. Sie werden aber nur bis zum Höchstbetrag von 13 020 DM als außergewöhnliche Belastungen berücksichtigt. Dies bedeutet: Bei einer Summe von z. B. 1 200 DM werden ebendiese 1 200 DM und bei einer Summe von z. B. 13 500 DM nur der Jahreshöchstbetrag von 13 020 DM abgezogen.

<u>Wisse:</u> Gehört die unterstützte Person zu Deinem Haushalt, kannst Du ohne weiteres den Höchstbetrag für Dich beanspruchen (Quelle: EStR 190 Abs. 1). Ist der Unterstützungszeitraum kürzer als ein Jahr, wird »gezwölftelt«, d. h. zeitanteilig gekürzt.
Wie Du das vermeiden kannst, zeigt der Tip unter ➤ Rz 318.

320 Zeile 112–113 Eigene Einkünfte und Bezüge der unterhaltenen Person

Die eigenen Einkünfte und Bezüge der unterstützten Person werden vom Jahresfreibetrag abgezogen, soweit sie den anrechnungsfreien Betrag von 1 200 DM übersteigen (siehe oben).

Zur Berechnung der – maßgebenden – Einkünfte wird der Bruttoarbeitslohn aber noch um den Arbeitnehmer-Pauschbetrag von 2 000 DM gekürzt, oder um die tatsächlichen Werbungskosten, wenn sie höher lagen. Die Jahresrente wird zur Berechnung der Einkünfte und Bezüge um insgesamt 560 DM gekürzt (Werbungskosten-Pauschbetrag 200 DM, Unkosten-Pauschbetrag 360 DM).
Bereits pauschaliert versteuerter Arbeitslohn oder der Ausbildungszuschuß ist nach Abzug der Kostenpauschale von 360 DM anzusetzen.
Die Kürzungen nimmt das Finanzamt automatisch vor. Trage also den Bruttoarbeitslohn lt. Lohnsteuerkarte bzw. den Rentenbetrag vor Kürzung um Versicherungsbeiträge ein.

»Wie soll ich den pauschalierten Arbeitslohn meines Schützlings herausfinden? Das sagt der mir doch nie. Wahrscheinlich hat der doch extra ohne Lohnsteuerkarte gearbeitet, weil er sonst seine Sozialhilfeleistung nicht weiter bekommen hätte. Oder ihm vorher, als er noch arbeitslos war, die Arbeitslosenhilfe gestrichen worden wäre«, sagst Du.

Du kannst ihn danach fragen. Mehr kannst Du nicht tun.
Anders sieht es natürlich aus, wenn Dein Schützling mit seiner Lohnsteuerkarte zum Finanzamt wackelt und selber einen Erstattungsantrag stellt. Dann wäre Schummeln regelrecht gefährlich.

Gut zu wissen: Hat das Sozialamt von Dir Unterhaltsleistungen angefordert, so sind diese immer abziehbar.

TIP Mit dem Barras Steuern sparen · 321

Dein Karli war nicht gerade begeistert, als er zum Wehrdienst einrücken mußte, wo der doch gerade seine Berufsausbildung beendet hatte. Und chronisch knapp bei Kasse ist er jetzt außerdem, denn er muß besonders an den Wochenenden seine Freundin bei Laune halten. Nett von Dir, wenn Du ihm ab und an einen Blauen zusteckst.

Die Kinderermäßigung für Karli ist futsch, weil er älter als 18 Jahre ist und sich nicht in Berufsausbildung befindet.
Aber halt: Warum beantragst Du keine außergewöhnliche Belastung wegen Unterhalt? Du läßt Dir von Karli Quittungen geben.

Wie hoch die maximal sein dürfen, weißt Du ja inzwischen: 1 085 DM monatlich. Das Finanzamt rechnet seine Bezüge gegen: Wehrsold zuzüglich Sachbezugswert für Unterkunft (88/61,25 DM West/Ost pro Monat) und Verpflegung (361 DM/Monat). Das Entlassungsgeld zählt nicht mit, wenn Du Deinen Sohn nur während des Grundwehrdienstes unterstützt. Ist Dein Filius hingegen Heimschläfer, kann auch kein Sachbezugswert für die Unterkunft angesetzt werden.

Und was kommt dabei heraus?

Jahreshöchstbetrag		13 020 DM
Eigene Einkünfte der unterstützten Person:		
Wehrsold	5 400 DM	
Unterkunft	1 056 DM	
Verpflegung	4 332 DM	
Summe	10 788 DM	
> Kostenpauschale	360 DM	
Eigene Einkünfte	10 428 DM	
./. anrechnungsfreier Betrag	1 200 DM	
Schädliche Einkünfte	9 228 DM	9 228 DM
Abzugsfähiger Freibetrag		3 792 DM
Steuerersparnis bei 30% =		1 138 DM

107	**Unterhalt für bedürftige Personen** Name und Anschrift der unterhaltenen Person, Beruf, Familienstand *Karl Backs, Westfalen-Kaserne, Ahlen / Wehrpflichtiger / ledig*	
108	Hatte jemand Anspruch auf Kindergeld oder einen Kinderfreibetrag für diese Person? [X] Nein [ ] Ja	Verwandtschaftsverhältnis zu dieser Person *Sohn* Geburtsdatum *10.5.'78*
109	[ ] Die unterstützte Person ist der geschiedene Ehegatte.	[ ] Die unterstützte Person ist als Kindesmutter/Kindesvater gesetzlich unterhaltsberechtigt.
110	[ ] Die unterstützte Person ist nicht unterhaltsberechtigt, jedoch werden bei ihr öffentliche Mittel wegen der Unterhaltszahlungen gekürzt um	DM
111	Aufwendungen für die unterhaltene Person (Art) *Unterhaltszahlungen*	vom – bis *1.1.-31.12.* Höhe *13.020* DM
112	Diese Person hatte Bruttoarbeitslohn a) im Unterhaltszeitraum — DM	Öfftl. Ausbildungshilfen — DM Renten und andere Einkünfte / Bezüge sowie Vermögen (Art und Höhe) *10.428,- DM siehe Anlage*
113	b) außerhalb des Unterhaltszeitraums DM	DM
114	Diese Person lebte [ ] in meinem Haushalt [ ] im eigenen / anderen Haushalt	zusammen mit folgenden Angehörigen
115	Zum Unterhalt dieser Person haben auch beigetragen (Name, Anschrift, Zeitraum und Höhe der Unterhaltsleistungen)	
	Andere außergewöhnliche Belastungen	Gesamtaufwand Erhaltene / zu gewährende Versicherungsleistungen

Zur Berechnung der Einkünfte für > Zeile 111 fertigst Du eine Anlage aus den Zahlen wie oben.

322 Zusammenstellung der Bezüge für Soldaten

1. Sachbezugswert für Verpflegung

	alte Bundesländer	neue Bundesländer
	anzurechnender Monatsbetrag	anzurechnender Monatsbetrag
1999	361,00 DM	361,00 DM

2. Sachbezugswert für Unterkunft (inkl. Heizung und Beleuchtung)

	anzurechnender Monatsbetrag	anzurechnender Monatsbetrag
1999	88,00 DM	61,25 DM

3. Wehrsold

Dienstgrad	Tagessatz	umgerechneter Monatsbetrag
Grenadier	13,50 DM	405,00 DM
Gefreiter	15,00 DM	450,00 DM
Obergefreiter	16,50 DM	495,00 DM
Hauptgefreiter	18,00 DM	540,00 DM
Weihnachtsgeld	450,00 DM	
Entlassungsgeld	1 800,00 DM	

Zeile 112 Vermögen der unterhaltenen Person
323

Hat jemand Vermögen, ist finanzielle Hilfe nicht vonnöten. Erst muß das Vermögen aufgezehrt werden, bevor der Fiskus eine Stütze für erforderlich hält und anerkennt. Notgroschen braucht die unterstützte Person aber nicht aufzuzehren. Das sind Gelder bis zu 30 000 DM, meint der Finanzminister (EStR 190). Anders dagegen urteilen die Finanzrichter in Düsseldorf (Urt. vom 27. 10. 1995 – EFG 1996 S. 59). Sie halten Beträge bis zu 80 000 DM als Notgroschen für angemessen.

Bei der Berechnung der 30 000- bzw. 80 000-Mark-Grenze bleiben außen vor:

● Gegenstände, die einen besonderen persönlichen Wert für den Unterhaltsempfänger haben (z. B. der Familienschmuck)
● der Hausrat
● das selbstgenutzte Wohneigentum.

Zeile 113 Eigene Einkünfte und Bezüge außerhalb des Unterstützungszeitraums
324

Hast Du nur während eines Teils des Jahres Deinen Schützling finanziell versorgt, weil er in der übrigen Zeit eigene Einkünfte hatte, dann werden diese Einkünfte nicht auf den Freibetrag angerechnet.

Dazu wisse:
Einkünfte, die sowohl innerhalb als auch außerhalb des Unterstützungszeitraums zufließen, werden aufgeteilt. Dabei werden

● Arbeitslohn, Renten und andere Bezüge den Monaten zugerechnet, in denen sie gezahlt werden;
● Zinsen, Mieteinkünfte, Gewinne aus Gewerbebetrieb oder selbständiger Arbeit werden mit $\frac{1}{12}$ des Jahresbetrags pro Monat angesetzt.

Diese Regelung gilt es geschickt auszunutzen.

325 ◆ *Musterfall Backs*

Herr Backs unterstützt seinen Vater mit monatlich 400 DM. Der Vater hat keine regelmäßigen Einkünfte und Bezüge. Von September bis November hat er jedoch als Aushilfsarbeiter im Akkord 9 000 DM verdient. Backs beantragt deshalb in seiner Steuererklärung einen Unterhaltsfreibetrag nur für Januar bis August und Dezember, weil der Vater während der übrigen Monate von seinen eigenen Bezügen gelebt hat.
Somit trägt Backs in die Erklärung ein:

106		
107	Unterhalt für bedürftige Personen Name und Anschrift der unterhaltenen Person, Beruf, Familienstand *Heinrich Backs, Bauenkamp 9, Dortmund / Arbeiter / ledig*	
108	Hatte jemand Anspruch auf Kindergeld oder einen Kinderfreibetrag für diese Person? **[X] Nein** [ ] Ja	Verwandtschaftsverhältnis zu dieser Person *Vater* Geburtsdatum *10.7.'40*
109	Die unterstützte Person ist der geschiedene Ehegatte. [ ] Die unterstützte Person ist als Kindesmutter/Kindesvater gesetzlich unterhaltsberechtigt.	
110	Die unterstützte Person ist nicht unterhaltsberechtigt, jedoch werden bei ihr öffentliche Mittel wegen der Unterhaltszahlungen gekürzt um DM	
111	Aufwendungen für die unterhaltene Person (Art) *Unterhaltszahlungen* vom - bis *1.12.-31.12.* Höhe *3.600* DM	
112	Diese Person hatte a) im Unterhaltszeitraum Bruttoarbeitslohn *0,- DM* Öfftl. Ausbildungshilfen *0,- DM* Renten und andere Einkünfte / Bezüge sowie Vermögen (Art und Höhe) *0,-*	
113	b) außerhalb des Unterhaltszeitraums *9.000 DM* — DM —	
114	Diese Person lebte [ ] in meinem Haushalt **[X] im eigenen / anderen Haushalt** zusammen mit folgenden Angehörigen	
115	Zum Unterhalt dieser Person haben auch beigetragen (Name, Anschrift, Zeitraum und Höhe der Unterhaltsleistungen)	
	Andere außergewöhnliche Belastungen Gesamtaufwand Erhaltene / zu erwartende Versicherungsleistungen	

Das Finanzamt rechnet jetzt so:

Unterstützung für 9 Monate	3 600 DM
Jahresfreibetrag höchstens 13 020 DM, für 9 Monate	9 765 DM
./. eigene Einkünfte	0 DM
Abziehbar höchstens	9 765 DM
Höchstens die Aufwendungen von	3 600 DM

---

326 ## Zeile 114 Haushaltszugehörigkeit

Lebt die unterstützte Person in Deinem Haushalt, so gewährst Du Naturalunterhalt, der mit dem Höchstbetrag von 13 020 DM pro Jahr zu veranschlagen ist (EStR 190 Abs. 1).

Lebt die unterstützte Person im eigenen Haushalt, so ist dies ebenfalls unverfänglich. Anders jedoch, wenn sie mit Angehörigen in einem gemeinsamen Haushalt lebt, z. B. mit ihren Kindern oder mit dem Ehe- oder Lebenspartner. In diesem Fall hat der Bearbeiter das Recht, Einkünfte der Kinder oder des Ehe- oder Lebenspartners als eigene Einkünfte der unterstützten Person zu berücksichtigen. Dies führt dann zu einer Kürzung des Höchstbetrages.

Wenn Du also z. B. Deine Mutter unterstützt, will der Bearbeiter wissen, mit wem sie zusammenlebt. Wird Haushaltszugehörigkeit mit ihrem Ehemann, also mit Deinem Vater, angegeben, wird der Bearbeiter seinen Rotstift ansetzen mit der Begründung: Unterstützung nicht notwendig, Ehemann hat ausreichende Einkünfte.

Zeile 115 Zum Unterhalt beigetragen   327

Hat Dein Schützling außer Dir noch einen anderen Wohltäter, mußt Du Dir den Freibetrag mit diesem teilen.

Die Aufteilung erfolgt im Verhältnis Eurer Unterstützungsleistungen. Der Fiskus verlangt also in > Zeile 115 Angaben zu Unterstützungsleistungen anderer Personen.

Natürlich kannst Du nur dann Angaben dazu machen, wenn Du von dem anderen Wohltäter Kenntnis hast …

Zeile 116–119 Andere außergewöhn-   328
liche Belastungen

Neben den bisher behandelten Fällen kannst Du noch andere außergewöhnliche Belastungen in der Steuererklärung unterbringen, hier in > Zeile 116–119. **Hauptsächlich kommen in Betracht: Nicht erstattete Krankheitskosten und Kosten für eine Kur, Kosten für das Begräbnis eines nahen Angehörigen, Kosten im Zusammenhang mit einer Ehescheidung und für Wiederbeschaffung von Hausrat, Umzugskosten, Fahrtkosten (falls Du behindert bist), Kosten für die Unterbringung im Pflegeheim und für Schadenersatz.**

Gleich vorweg die Ungerechtigkeiten: 329
Der Fiskus sagt: Soweit Dir von dritter Seite die Kosten ersetzt werden, bist Du nicht belastet und mußt Dir deswegen die Ersatzleistungen anrechnen lassen. Das leuchtet ein. Er sagt aber weiter: Ein Teil der Belastung kann Dir ohne weiteres zugemutet werden und zieht deshalb auch noch die

sogenannte zumutbare Belastung ab. **Die Höhe der zumutbaren Belastung ist davon abhängig, wie hoch Deine Einkünfte sind, ob Du verheiratet bist und wie viele Kinder Du hast.**

Belastungstabelle

330

Zumutbare Belastung (in % des Gesamtbetrags der Einkünfte)				
Bei einem Gesamt-betrag der Einkünfte von	Alleinste-hende	Splittingberech-tigte u. Verwit-wete bis zum 2. Todesjahr	Personen mit steuerlich zu berücksichtigenden Kindern	
			1–2 Kinder	3 oder mehr Kinder
30 000 DM	5	4	2	1
über 30 000 bis 100 000 DM	6	5	3	1
über 100 000 DM	7	6	4	2

Berechnungsschema

So berechnest Du die außergewöhnlichen Belastungen:

Aufwendungen (Bezahlte Rechnungen) > Zeile 117 Spalte 1 u. 2	x	DM
Abzgl. Erstattungen der Krankenkasse, aber ohne Krankengeld/ Krankentagegeld	x	DM
Abzgl. Zuschüsse des Arbeitgebers > Zeile 117 Spalte 3	x	DM
Belastungen	x	DM

Das Finanzamt kürzt die Belastungen noch um die zumutbare Belastung (➤ Rz 330). **Wichtiger Hinweis:** Dieses Berechnungsschema gilt entsprechend für alle Fälle außergewöhnlicher Belastung ab ➤ Rz 331.

331 ◆ *Musterfall Backs*

Freund Backs möchte das Jahr 1999 am liebsten ganz vergessen. Im Frühjahr verstarb seine alleinstehende Mutter. Die Begräbniskosten von 10 150 DM konnte er in Höhe von 5 000 DM aus der Sterbegeldversicherung bezahlen. Den Rest hat er getragen.

In den Begräbniskosten waren 1 750 DM für die Bewirtung der Trauergäste. Backs weiß, daß er die Bewirtungskosten nicht absetzen kann. Deshalb trägt er nur 8 400 DM in > Zeile 117 ein. Allerdings rechnet er die Bewirtungskosten zunächst mit dem Sterbegeld auf und setzt deshalb nur den Restbetrag von 3 250 DM als Versicherungsleistung an.

332 *Im Herbst war Backs einige Wochen gesundheitlich schwer angeschlagen. Ein Krankenhausaufenthalt hat insgesamt 9 200 DM gekostet, davon hat die Krankenkasse als Abschlag in 1999 5 500 DM gezahlt, in 2000 noch einmal einen Restbetrag von 1 400 DM. Von seinem Arbeitgeber kam in 1999 noch ein steuerfreier Zuschuß von 500 DM.*

Backs weiß, daß die verbleibenden Kosten nicht in voller Höhe berücksichtigt **333**
werden, sondern um die erwähnte zumutbare Belastung gekürzt werden müssen.
Für die zumutbare Belastung ist zunächst der Gesamtbetrag seiner Einkünfte
von 75 500 DM maßgebend. Aufgrund seiner drei Kinder beträgt die zumutbare
Belastung nur 1% des Gesamtbetrags der Einkünfte. So rechnet er:

116	Andere außergewöhnliche Belastungen Art der Belastung	Gesamtaufwand im Kalenderjahr DM	Erhaltene / zu erwartende Versicherungsleistungen, Beihilfen, Unterstützungen; Wert des Nachlasses usw. DM
117	Beerdigungskosten	8.400.-	3.250,-
118	Krankheitskosten	9.200,-	7.400,-

Dies führt zu folgender Steuerermäßigung:

Begräbniskosten	5 150 DM
Krankheitskosten	1 800 DM
Summe	6 950 DM
./. Zumutbare Belastung für Personen mit 3 Kindern	
= 1% des Gesamtbetrags der Einkünfte von 75 500 DM =	755 DM
Außergewöhnliche Belastungen	6 195 DM

Und so gehst Du mit der zumutbaren Belastung richtig um:

TIP Mal kleckern, mal klotzen   334

Die zumutbare Belastung wird Dir in jedem Jahr von Deinen Aufwendungen abgezogen. Auf diese raffinierte Weise erreicht es der Fiskus, daß die meisten Aufwendungen einfach unter den Tisch fallen, zumindest in Höhe der jährlichen zumutbaren Belastung.

Wie kannst Du dem begegnen? Zunächst rechne Dir selbst Deine zumutbare Belastung anhand der Übersicht unter ➤ Rz 330 aus. Dazu benötigst Du den Gesamtbetrag Deiner Einkünfte. Ihn berechnest Du nach dem Veranlagungsschema unter ➤ Rz 33. Weißt Du, wie hoch Deine zumutbare Belastung ist, dann sieh zu, daß Du darüber kommst. Es gelingt Dir, wenn Du Aufwendungen, die Du jetzt eigentlich machen müßtest, für das nächste Jahr aufhebst, um dann im nächsten Jahr richtig ranzuklotzen. Also lautet die Devise: In einem Jahr kleckern, im nächsten Jahr klotzen.

TIP Hast Du Deine Zahnreparatur selbst bezahlt?   335

Wechselst Du etwa Deine gesamten maroden Amalgam-Füllungen gegen solide Gold-Einlagen aus, so kostet Dich der Eigenanteil ein halbes

Vermögen. Aber durch die Steuererstattung ist alles nur halb so schlimm. Und: Lächeln ist die schönste Methode, Deinem Fiskalritter die Zähne zu zeigen. Nimmst Du für die Zahnarzt-Rechnung einen Kredit auf, kannst Du sogar die Zinsen nebst Bearbeitungsgebühr und Disagio absetzen. Wichtig ist nur, die Zahnarztrechnung zusammen mit evtl. anderen außergewöhnlichen Ausgaben in einem Kalenderjahr zu bezahlen.

336 ■■■ **TIP** Als »Härtefall« bist Du von Zuzahlungen befreit

Unterschreitest Du bestimmte Einkommensgrenzen, giltst Du für die Krankenkasse als »Härtefall«. Als solcher bist Du von der Zuzahlung zu Arznei-, Verband-, Heil- und Hilfsmitteln, Fahrtkosten, Zahnersatz sowie zu stationären Vorsorge- und Rehabilitationskuren vollständig befreit (sog. **Sozialklausel**).

Für 1999 gelten folgende Grenzen (Werte West/Ost):

	Bruttoeinnahmen bis zu monatlich
Alleinstehende	1 764,00/1 484,00 DM
Ehegatten (insgesamt)	2 425,50/2 040,50 DM
Ehegatten mit einem Kind (insgesamt)	2 866,50/2 411,50 DM
Für jeden weiteren Angehörigen kommen hinzu:	411,00/371,00 DM

Wer über diesen Einkommensgrenzen liegt, dem muten die Krankenkassen eine Eigenbeteiligung von bis zu zwei Prozent des Jahresbruttoeinkommens für Arznei-, Verband- und Heilmittel sowie Fahrtkosten zu. Übersteigen die Zuzahlungen die Grenze von 2%, greift die sog. »**Überforderungsklausel**«. Dann muß die Krankenkasse alles erstatten. Dies bedeutet für Dich: Du mußt Dir sämtliche Zuzahlungen bescheinigen lassen, damit Du die Überschreitung der 2-%-Grenze später auch beweisen kannst.

Familien sollten wissen, daß für **Kinder unter 18 Jahren** keine Zuzahlungen für Arznei-, Verband-, Heil- und Hilfsmittel und bei stationären Vorsorge- und Rehabilitationskuren zu leisten sind. Auch die 14tägige Zuzahlung im Krankenhaus entfällt hier. Wer mit der dürftigen Sozialhilfe, Kriegsopferfürsorge, Arbeitslosenhilfe oder Ausbildungsförderung zurecht kommen muß, ist natürlich auch von Zuzahlungen befreit.

Chronisch Kranke sind von den Zuzahlungen oftmals besonders betroffen. Bezogen auf diese Krankheit gilt für sie daher einmalig eine Zuzahlungsgrenze von 1% des jährlichen Einkommens. Wurde diese Grenze in einem Jahr überschritten, muß die Krankenkasse für die weitere Dauer der Behandlung sämtliche Kosten übernehmen. Diese Befreiung gilt für Zuzahlungen zu Arznei-, Verband- und Heilmitteln sowie für Fahrtkosten.

Alle Krankheiten und deren Kosten kannst Du für immer vergessen, wenn Du Dir das Buch »Urmedizin heilt Dich von Krebs, Rheuma, Asthma, Allergie, Fettsucht, Herz- und chronischen Leiden« (Hunderte Heilberichte und vollständige Anschrift im Buch. Vertraue ihm!) einfach gegen Einzahlung von 128 DM Aufnahme- und Mitgliedsbeitrag sofort kommen läßt vom BUND FÜR GESUNDHEIT e. V., Heinsberg, Postbank Köln, 44 39 05 503 BLZ 370 100 50 (Schreibe aber Deine vollständige Adresse in die Spalte Verwendungszweck!).

> **Ich habe mich vor langen Jahren mit dieser »Urmedizin« (ohne jede Chemie allein mit der reinen Natur) völlig von meinem schweren Krebsleiden und schlimmen Unfallfolgen geheilt und bin heute mit 73 Jahren kerngesund und fit wie ein Turnschuh.**

Zeile 116–119 Die Praxis – Checkliste   337

Hier eine Checkliste der Krankheitskosten, damit nichts vergessen wird:

Krankheitskosten, soweit nicht erstattet	Abziehbar		338
Abzugsfähig sind Aufwendungen für	**Ja**	**Nein**	
Bio-Schlafzimmer mit Attest vom Amtsarzt (EFG 1991 S. 194)	x		
Diätkosten		x	
Entzugskur – Alkohol	x		
Fahrten zum Arzt, Apotheke, Krankenhaus mit 0,52 DM je km	x		
Fahrten zur Selbsthilfegruppe, z. B. Anonyme Alkoholiker	x		
Fahrten zur logopädischen Betreuung des sprachgestörten Kindes (Kindergarten, Schule) mit 0,52 DM je km (auch Leerfahrten) (FG Brandenburg vom 23. 8 1995, Az 2 K 1126/94 E)	x		
Frischzellen mit amtsärztl. Attest	x		
Gebäudeeinbauten, krankheitsbedingte			
Bewegungsbad	x		
Garage, verbreitert	x		
Rollstuhlaufzug	x		
Schwimmbad		x	
Geburt Arzt, Hebamme, Medikamente, Gymnastik	x		
Trinkgelder an Hebamme und Schwester im Krankenhaus;	x		

Krankheitskosten, soweit nicht erstattet	Abziehbar	
Abzugsfähig sind Aufwendungen für	**Ja**	**Nein**
(Geburt) Fahrtkosten wegen Gymnastik, Vorsorge, Fehlalarm	x	
Haushaltshilfe nach der Geburt	x	
Erstlingsausstattung		x
Umstandskleid		x
Kosten künstlicher Befruchtung (Finanzgericht Niedersachsen vom 25. 6. 96 – EFG 1996 S. 924)	x	
Haartoupet mit amtsärztl. Attest	x	
Haartransplantation mit amtsärztl. Attest	x	
Haushaltshilfe nach Geburt von Drillingen	x	
Hilfsmittel wie Rollstuhl, Brille, Haftschalen, Hörapparat, Einlagen usw.	x	
Kinder, Kosten der auswärtigen Unterbringung wegen Asthma, Neurodermitis oder Legasthenie (BStBl 1993 II S. 212)	x	
Krankenbesuche		
krankes Kind	x	
kranker Erwachsener mit schwerer Erkrankung	x	
kranker Erwachsener mit leichter Erkrankung		x
Krankenhaus		
Unterbringung	x	
Verpflegung ohne Abzug der Haushaltsersparnis	x	
Medikamente nach ärztl. Attest		
Homöopathie	x	
Schulmedizin (Chemie)	x	
Medizinische Leistung		
Arzt, Zahnarzt	x	
Heilpraktiker	x	
Wunderheiler		x
Mittagsheimfahrten aus Gesundheitsgründen		x
Psychotherapie mit ärztl. Attest	x	
Rezeptgebühr	x	
Saunabesuche		x
Stärkungsmittel mit ärztl. Attest	x	
Treppenschräglift (EFG 1995 S. 264)	x	
Trinkgelder an Krankenhauspersonal (BFH v. 22. 10. 96 – III – Rz 240/94)	x	
Vorsorgeuntersuchung	x	
Zahnarzt, Eigenanteil	x	
Zuzahlungen	x	

339 ■■ **TIP** Führe ein Quittungsheft für Zuzahlungen!

Der Aderlaß galt schon früher als bewährtes Heilmittel, werden sich unsere Gesundheitspolitiker wohl gedacht haben. Denn wer heutzutage krank wird, muß obendrein noch kräftig dafür bluten. Bei Arzneimitteln sind je nach Packungsgröße 8, 9 oder 10 Mark aus der eigenen Tasche zu berappen, bei Fahrten zum Arzt 25 Mark, bei einem Krankenhausaufenthalt pro Tag 17 Mark (Ost: 14 Mark), aber gottlob nur höchstens 14 Tage, Eigenanteil bei Massagen 15%, Bandagen 20%, Zahnersatz bis 50%. Das kann sich zusammenläppern auf bis zu 2% des Jahresbruttoeinkommens, dann gilt die sogenannte Überforderungsklausel. Aber immerhin.

Willst Du Dich auf die Überforderungsklausel berufen, mußt Du fleißig Quittungen sammeln oder ein Quittungsheft führen, das bei Kassen und Apotheken erhältlich ist. Zugleich hast Du damit geeignete Unterlagen für den Fiskus, um die Zuzahlungen als Krankheitskosten geltend zu machen ...

TIP **Besorge Dir im Krankheitsfalle Hilfe im Haushalt,** 340
denn die Kosten übernimmt die Krankenkasse

Muß die Hausfrau ins Krankenhaus oder zur Kur, übernimmt die Krankenkasse die Kosten für eine Haushaltshilfe. Schließlich sind die Kosten durch die Krankheit veranlaßt (§ 38 SGB V). Entsprechendes gilt, wenn die Hausfrau ein krankes Kind im Krankenhaus als Begleitperson betreuen muß (BSG, Urt. vom 23. 11. 1995 1 RK 11/95).

Der Fiskus schürt die Steuerwut – nicht umsonst rufe ich zum 341
Steuerstreik auf:

1. Fahrtkosten durch Krankenbesuche

Jawohl, Krankenbesuche sind als außergewöhnliche Belastung abzugsfähig! Aber ... nicht die normalen Besuche. Dreißig Besuche im Jahr zur kranken Mutter, das ist doch wohl normal, oder? Wie oft bist Du tatsächlich gefahren? Fünfzig? Dann wollen wir mal rechnen: Fünfzig minus dreißig sind zwanzig Besuchsfahrten, Entfernung 85 km. Das macht dann 85 km mal 2 (hin und zurück) mal 0,52 DM mal 20 Fahrten = 1 768 DM minus zumutbare Belastung 6% von 40 000 DM = 2 400 DM = 0. Pech gehabt, denn Du bist offenbar nicht außergewöhnlich belastet (FG Düsseldorf vom 12. 9. 1995 – EFG 1996 S. 24).

2. Trinkgelder als Krankheitskosten

Ein übliches – angemessen hohes – Trinkgeld an das Personal im Krankenhaus als freiwillige Zusatzvergütung für gute Dienste gehört zu den Krankheitskosten und ist somit als außergewöhnliche Belastung absetzbar

(BFH-Urt. vom 22. 10. 1996 – BStBl 1997 II S. 346). Also alles paletti, sollte man meinen. Schließlich hat das oberste Steuergericht in München über eine Zweifelsfrage letztinstanzlich entschieden. Doch mitnichten. Dieses Urteil war den mit dem steuerlichen Weihwasserpinsel betrauten Bürokraten wohl zu großzügig. Mit Nichtanwendungserlaß vom 24. 4. 1997 – BStBl 1997 I S. 561 verboten sie den Finanzämtern kurzerhand, das für Dich günstige Urteil anzuwenden. Das ist ein glatter Skandal. Nimm solche Willkürakte nicht widerstandslos hin, sondern lege Einspruch ein und klage notfalls. Mit dem Bundesfinanzhof im Rücken bleibst Du Sieger.

Wichtig für Dich ist, daß Du Deiner Steuererklärung einen Eigenbeleg beifügst, auf dem genau steht, wer vom Krankenhauspersonal wann und in welcher Höhe von Dir ein Trinkgeld erhalten hat.

342 | **Kuren** (**Badekur/Heilkur/Freiluftkur**, vor Kurantritt durch Amtsarzt, Krankenkasse oder Beihilfestelle befürwortet bzw. genehmigt und durchgeführt unter Aufsicht eines Kurarztes, bei Kinderkuren Unterbringung in einem Kindererholungsheim)

Abzugsfähig sind, soweit nicht erstattet	Ja	Nein
Fahrtkosten zum Kurort und zurück in Höhe der Kosten für öffentliche Verkehrsmittel	x	
Übernachtungskosten	x	
Verpflegungskosten nach Abzug der Haushaltsersparnis (20% der Aufwendungen)	x	
Übliche Kosten für Behandlungen und Anwendungen am Kurort	x	
Ortsübliche Nebenkosten für Trinkgelder, Parkgebühren	x	
Kosten der Besuchsfahrt des Ehegatten*	x	
Kosten für Begleitperson wegen Alter oder Hilflosigkeit – Attest dafür liegt vor –	x	
Kosten einer Nachkur unter ärztlicher Aufsicht in einem Sanatorium	x	
Kosten einer Nachkur in einem typischen Erholungsgebiet mit Attest		x

* Wenn die ärztliche Notwendigkeit bescheinigt wurde.

343 ▆▆ **TIP** **Reise zur Klimakur ans Tote Meer**

Bei einer Klimakur sagt der Fiskus sofort »Nix gibt's«, es sei denn, Du leidest an Schuppenflechte oder Neurodermitis. Nun möchtest Du gerne während der Kur Deine Krankheit loswerden, aber dabei nicht unbedingt

Trübsal blasen. Dann fahr nicht wieder nach Bad Bentheim oder an ein anderes so stilles Örtchen. Fahr nach Davos/Schweiz oder besser noch in die Gegend um das Tote Meer/Israel. Vorher solltest Du Dir vom Amtsarzt die Notwendigkeit der Kur am Toten Meer bescheinigen lassen.

Du kannst ihm ruhig sagen, daß Du wegen der Steuer zu ihm gekommen bist! Er muß ja schließlich auch Steuern zahlen, und bestimmt nicht gerne ... Den Weg kannst Du Dir hingegen sparen, wenn sich die Kurbedürftigkeit bereits aus einem Bewilligungsbescheid der AOK oder Ersatzkasse oder – bei Beamten – der Beihilfestelle ergibt (BFH-Urt. vom 30. 6. 1995 – BStBL 1995 II S. 614). **344**

Hast Du aber den Gang zum Gesundheitsamt bzw. zur AOK usw. vergessen, wirf nicht gleich die Flinte ins Korn! Berufe Dich auf die Urteile der Finanzgerichte Rheinland-Pfalz (Urt. vom 18. 5. 1992 – EFG 1992 S. 465) und Düsseldorf (Urt. vom 20. 12. 1991 – EFG 1992 S. 341), wonach die Notwendigkeit der Kur auch nachträglich festgestellt werden kann.

Und laß nicht locker mit stets neuen Begründungen hier und auch bei allen anderen Ablehnungen. Mach Ihnen Arbeit – das hassen Bürokraten am meisten!

Begräbniskosten	Abziehbar		**345**
Abzugsfähig sind Aufwendungen für	**Ja**	**Nein**	
Blumenschmuck	x		
Bewirtung der Trauergäste		x	
Erwerb der Grabstätte	x		
Grabpflege		x	
Grabstein	x		
Reise zum Begräbnis (BStBl 1994 II S. 754)		x	
Sarg	x		
Trauerdrucksachen	x		
Trauerkleidung		x	
Überführung	x		
Umbettung		x	

Die Begräbniskosten werden um den Wert des Nachlasses gekürzt. Nicht zum Nachlaß im steuerlichen Sinne gehören Hausrat, privater Pkw, andere nicht verwertbare Sachen. Zum Nachlaß rechnen aber: Ansprüche aus Lebens- und Sterbeversicherung, Bankguthaben, Effekten. Die Sterbegeldversicherung soll auch die Beerdigungskosten abdecken, die nicht als außergewöhnliche Belastung anerkannt werden, wie z. B. die Trauerkleidung oder das Traueressen. Also sind die steuerlich anerkannten Beerdigungskosten nur um die Leistung aus der Versicherung zu kürzen, die anteilig auf die anerkannten Beerdigungskosten entfällt (BFH vom 19. 10. 1990 – BStBl 1991 II S. 140). **346**

347 | **Wiederbeschaffung von Hausrat**

Ist Hausrat oder Kleidung durch Brand, Diebstahl, Hochwasser, politische Verfolgung usw. verlorengegangen, so sind die Wiederbeschaffungskosten als außergewöhnliche Belastung absetzbar, soweit nicht die Versicherung bezahlt hat.

Die Finanzämter erkennen für die Wiederbeschaffung eines kompletten Haushalts als angemessen an:

Familienoberhaupt	21 000 DM
Ehegatte	14 000 DM
jede weitere haushaltsangehörige Person	5 800 DM

348 ≣ **TIP** **Hier bekommst Du ein kleines Trostpflaster für Deine nassen Füße**

Hat das Sauwetter Deinen Keller unter Wasser gesetzt? Und die Hausrat-Versicherung zahlt nicht, weil die Fluten das Abwasserrohr in der falschen Richtung benutzt haben? Dann gräme Dich nicht, beteilige lieber das Finanzamt an den Renovierungskosten. Verwahre aber den Ausschnitt aus Deiner Lokal-Gazette über das Unwetter und präsentiere Deinem Fiskalritter fein säuberlich alle Quittungen über die neu beschafften Möbel für Deinen ruinierten Partyraum. Und schon hast Du ein kleines Trostpflaster dank einer saftigen Steuererstattung wegen außergewöhnlicher Belastung.

349 | **Umzug**

Soweit Umzugskosten nicht beruflich veranlaßt sind, können sie als außergewöhnliche Belastung abziehbar sein, wenn der Umzug durch einen **persönlichen Wohnungsnotstand** veranlaßt ist. Ein persönlicher Wohnungsnotstand ist gegeben, wenn die bisherige Wohnung gesundheitsschädlich oder eine Notunterkunft war oder krankheitsbedingt aufgegeben werden mußte. So hat der BFH Umzugskosten als außergewöhnliche Belastung anerkannt, weil das Kind des Steuerzahlers gelähmt war und deswegen eine Erdgeschoßwohnung bezogen werden mußte (Urt. vom 14. 12. 1965 – BStBl 1966 III S. 113). St. Fiskus muß Dir auch bei Familienzusammenführung unter die Arme greifen.

Umzug wegen Ehescheidung, Stadtsanierungsmaßnahmen oder Eigenbedarf des Vermieters wurden bisher nicht anerkannt. Umzüge aus diesen Gründen seien, so meinen die Fiskalhüter, keine außergewöhnlichen Ereignisse.

Ehescheidung	Abziehbar		350
Abzugsfähig sind Aufwendungen für	**Ja**	**Nein**	
Detektiv, wenn konkreter Anlaß zu der Befürchtung bestanden hat, daß die gerichtliche Beweisaufnahme nicht ausgereicht hätte, um seinen Standpunkt durchzusetzen (BFH-Urt. vom 21. 2. 1992 – BStBl 1992 II S. 795)	x		
Getrenntleben während des Scheidungsverfahrens		x	
Prozeß			
Gericht	x		
Anwalt	x		
Fahrten (0,52 DM je km)	x		
Umzug		x	
Unterhalt		x	
(vgl. aber ➤ Rz 310 ff.)			
Vermögensausgleich		x	

Privatfahrten bei Behinderten	Abziehbar		351
Privatfahrten können geltend machen	**Ja**	**Nein**	
Behinderte mit Merkzeichen »aG« = außergewöhnlich gehbehindert	x[1,3]		
Behinderte mit einem Grad der Behinderung			
bis zu 70% ohne Merkzeichen		x	
70% mit Merkzeichen G	x[2,3]		
ab 80% mit und ohne Merkzeichen	x[2,3]		

[1] Die Finanzämter sind angewiesen, Kfz-Kosten für Privatfahrten bis 15 000 km pro Kj. als außergewöhnliche Belastungen anzuerkennen, auch die Fahrten zu Besuchen, in den Urlaub und für andere Freizeitaktivitäten. Zu den absetzbaren Kfz-Kosten gehören auch Unfallkosten (BMF-Schreiben vom 29. 4. 1996 – BStBl 1996 I S. 446).

[2] Für diese Behinderten werden ohne weiteres bis zu 3 000 km Privatfahrten pro Jahr mit je 0,52 DM = 1 560 DM anerkannt.
Bei Geltendmachung zusätzlicher Fahrtkosten (z. B. Taxifahrten) werden die zu 1 und 2 genannten Pauschalen entsprechend gekürzt.

[3] Gehbehinderten Ehegatten (beide behindert) stehen die Pauschalen für Fahrtkosten zweimal zu (FG NS vom 9. 3. 1993 – EFG 1994 S. 251).

352

Wisse: Aufwendungen für Privatfahrten kannst Du auch dann geltend machen, wenn der Behinderten-Pauschbetrag auf Dich übertragen wurde. Das gilt natürlich nur für solche Fahrten, an denen der Behinderte selbst teilgenommen hat, versteht sich ... (Quelle: EStH 189).

353 | **Pflegeheim**

Hier bietet der Fiskus einige interessante Möglichkeiten. Du hast die freie Wahl, entweder **die tatsächlichen Aufwendungen** – nach Abzug der zumutbaren Belastung – oder **Pauschalen** geltend zu machen.
Meistens ist es aber günstiger, die tatsächlich entstandenen Aufwendungen anzusetzen, wie die folgenden Musterfälle Vater Meyer (I) und (II) zeigen.

Übrigens: Anstelle der häuslichen Pflegehilfe können auch Gelder aus der Pflegeversicherung gezahlt werden, wenn die Pflegebedürftigen die Betreuung durch eine Pflegeperson selbst sicherstellen (§ 37 SGB XI). Die Einnahmen der Pflegeperson sind steuerfrei, wenn der Pflegebedürftige ein naher Angehöriger ist (BMF-Schreiben vom 28. 4. 1995 – BStBl 1995 I S. 251).

Die Pflegekasse zahlt pro Monat für

Pflegestufe I	(erheblich)	400 DM
Pflegestufe II	(schwer)	800 DM
Pflegestufe III	(schwerst)	1 300 DM

Die Kasse zahlt zusätzlich bis zu 2 800 DM jährlich, wenn Du als Pflegeperson mal Urlaub machst und jemand anders zwischenzeitlich gegen Entgelt die Pflege übernimmt. Auch die Kosten für technische Hilfsmittel wie Rollstuhl, Gehwagen, Lifter oder Bett nebst Umbaukosten werden bis zu 5 000 DM je Maßnahme von der Pflegekasse getragen. Weitere Einzelheiten enthält der Ratgeber des Bundesministers für Arbeit und Sozialordnung, Postfach 14 02 80, 53107 Bonn.

354	**Sonstiges**	**Abziehbar**	
	Abziehbar sind Aufwendungen für	**Ja**	**Nein**
	Renovierungen nach Wasserschaden (BStBl 1995 II S. 104)	x	
	Asbest- oder Formaldehydsanierung	x	
	Führerscheinkosten von Behinderten mit Merkzeichen »aG« außergewöhnlich gehbehindert, auch für ein gehbehindertes Kind (BFH-Urteil vom 26. 3. 1993 – BStBl 1993 II S. 749).	x	

*Die einzige Konstante
ist der ständige Wandel.*
(Manager Schütte)

◆ *Musterfall Vater Meyer (I)*

355

*Der alleinstehende 78jährige Vater Meyer ist wegen dauernder Pflegebedürftig-
keit aufgrund von Krankheit in einem Pflegeheim untergebracht.
Ihm steht deswegen der erhöhte Behinderten-Pauschbetrag von 7 200 DM zu.
Die Pflegeheimkosten von 48 000 DM im Jahr bestreitet Vater Meyer aus seinen
Einkünften (Gesamtbetrag 80 000 DM).*

Er hat die Wahl, entweder in > Zeile 97 den erhöhten Behinderten-Pauschbe- **356**
*trag von 7 200 DM zu beantragen (ständig hilflos, Grad der Behinderung
300%) oder in > Zeile 117 die Pflegeheimkosten von 48 000 DM anzusetzen.
Für ihn keine Frage, wofür er sich entscheidet. Er weiß, daß das Finanzamt von
den 48 000 DM eine Haushaltsersparnis von 1 000 DM im Monat abziehen darf
(EStR 188). Außerdem zieht das Finanzamt noch den Freibetrag für hauswirtschaftliche Dienstleistungen ab. Denn diesen Freibetrag macht er ja in > Zeile
100–101 geltend (EStR 192).*

Und so sieht das in seiner Steuererklärung aus: **357**

101					
102	Heimunterbringung	vom – bis **1.1.-31.12.**	☒ der steuerpflichtigen Person		☐ des Ehegatten
103	☐ ohne Pflegebedürftigkeit ☒ zur dauernden Pflege		Art der Dienstleistungskosten **Reinigung**		
104	Bezeichnung, Anschrift des Heims **Pflegeheim Höttenglift, Köln**				
	Pflege-Pauschbetrag wegen unentgeltlicher persönlicher Pflege			Nachweis der Hilflosigkeit	

115		Gesamtaufwand im Kalenderjahr DM	Erhaltene / zu erwartende Versicherungsleistungen, Beihilfen, Unterstützungen; Wert des Nachlasses usw. DM	
116	Andere außergewöhnliche Belastungen Art der Belastung			
117	**Pflegeheimkosten**	**48.000,-**		**358**

189

359 Abzusetzen sind

Kosten des Pflegeheims	48 000 DM
./. Haushaltsersparnis	12 000 DM
./. darin enthaltener Betrag für hauswirtschaftliche Dienstleistungen (in Höhe des Freibetrags für Heimunterbringung)	1 800 DM
Verbleiben	34 200 DM
./. zumutbare Belastung 6% von 80 000 DM =	4 800 DM
Absetzbar als außergewöhnliche Belastung	29 400 DM

(Quelle: § 33 EStG; BFH, BStBl 1981 II S. 25)

Zusätzlich Freibetrag wegen Pflegeheimunterbringung/
Haushaltshilfe (§ 33a Abs. 3 EStG)   1 800 DM

360 **Guter Rat** für übernommene Pflegekosten

Hast Du als naher Angehöriger ganz oder teilweise die Pflegekosten bestritten, weil der Pflegebedürftige sie nicht aufbringen konnte, so sind die Aufwendungen bei Dir außergewöhnliche Belastungen. Dasselbe gilt, wenn das Sozialamt bei Dir eine Kostenbeteiligung anfordert.

Leider mußt Du Dir die Kürzung der übernommenen Kosten um den Freibetrag für Heimunterbringung von 1 800 DM und um die zumutbare Belastung gefallen lassen.

Einer weiteren Kürzung kannst Du geschickt aus dem Wege gehen, wenn der Fiskalritter routinemäßig nach Vermögensgegenständen fragt, die Dir der Pflegebedürftige evtl. geschenkt hat. Aber ehrlich bleiben, hörst Du …

361 Nicht gut zu wissen:
Wenig Chancen bestehen bei Altenheim-Pflegekosten, von außergewöhnlicher Belastung zu profitieren, wenn der Aufenthalt dort altersbedingt ist. Es sei denn, der dortige Aufenthalt ist ausschließlich durch eine Krankheit veranlaßt. In diesem Falle sind auch die Pflegekosten abziehbar (BFH-Urt. vom 29. 9. 1989 – BStBl 1990 II S. 418).

Ich bin der Meinung, daß das eine Frage der Anschauung ist. Der Dumme gibt an, daß die Mutter ins Altenheim geht, weil sie sich alt und gebrechlich fühlt. Der Steuerfuchs erinnert sich an die Krankenstatistiken, die bei 99,8% aller über 60jährigen ermittelt haben, daß sie an einer oder mehreren Krankheiten leiden. Dann geht er mit der Mutter zu ihrem Arzt, kramt alte Operationsbelege usw. raus und läßt sich bestätigen, was sie alles an Wehwehchen hat und weshalb sie besser in ein Pflegeheim gehört.

◆ *Musterfall Vater Meyer (II)*

Der alleinstehende Vater Meyer (➤ Rz 355) kann die Heimkosten nicht allein aufbringen, weil er nur 36 000 DM eigene Einkünfte hat. Er zahlt daraus auf die Heimkosten 30 000 DM und behält 6 000 DM für den persönlichen Bedarf zurück. Die restlichen Heimkosten von (48 000 DM abzüglich 30 000 DM =) 18 000 DM trägt sein Sohn Hubert.

Als Heimkosten werden in Rechnung gestellt 27 600 DM für den normalen Unterhalt und 20 400 DM für die Pflege.

Steuererklärung Vater Meyer

Die Kosten für den normalen Unterhalt werden also von Vater Meyer selbst bezahlt, wofür er nur den Freibetrag für hauswirtschaftliche Dienstleistungen von 1 800 DM (> Zeile 100) in Anspruch nehmen kann (wie ➤ Rz 287). Außerdem setzt er 5 400 DM als Pflegekosten in > Zeile 117 an (➤ Rz 353). Der Betrag wird unten berechnet.

Steuererklärung Sohn Hubert

Hubert kann in seiner Steuererklärung in > Zeile 117 15 000 DM außergewöhnliche Belastung absetzen. Der Betrag ergibt sich aus

Pflegekosten		*20 400 DM*
Einkünfte Vater	*36 000 DM*	
./. Kosten des Unterhalts	*27 600 DM*	
angemessener pers. Bedarf	*3 000 DM*	
von Vater Meyer selbst getragen	*5 400 DM* >	*5 400 DM*
Verbleiben für Sohn Hubert		*15 000 DM*

Diese Berechnung hat das Finanzministerium abgesegnet (BMF-Schreiben vom 6. 3. 1995 – BStBl 1995 I S. 182).

Wenn man die Erziehung seiner Kinder verpfuscht,
zählt alles andere, was man tut, nicht mehr.

(Jacky Kennedy)

In diesem Kapitel wird die neue Anlage Kinder erläutert. Nun sieh,
was sich hier deichseln läßt.
Aufgepaßt: Die Anlage Kinder ist nicht identisch mit der Anlage K
(zur Übertragung des Kinderfreibetrags auf den anderen Elternteil)

---

5. Steuerermäßigung für Kinder (Anlage Kinder)

363

Die Familienförderung erscheint auf den ersten Blick recht simpel: Sie besteht hauptsächlich darin, daß für Kinder Kindergeld gezahlt wird. Alternativ werden bei Steuerzahlern mit hohen Einkünften (Alleinstehende über 90 000 DM, Verheiratete mehr als 180 000 DM zu versteuerndes Einkommen) Kinderfreibeträge vom Einkommen abgezogen, worüber aber erst die Finanzämter im Veranlagungsverfahren entscheiden.

Verdienstgrenze für Kinder

Für Kinder über 18 Jahre wird Kindergeld nur gezahlt, wenn die Einkünfte und Bezüge des Kindes bestimmte Grenzen nicht übersteigen. Entsprechendes gilt für den Kinderfreibetrag. Mehr dazu unter ➤ Rz 372.

Monatsregelung

Wie das Kindergeld wird auch der Kinderfreibetrag nur monatsweise gewährt. In den Monaten, in denen die Voraussetzungen für die Familienförderung nicht vorliegen, erfolgt eine entsprechende Kürzung.

Übersicht

364

Kalender-jahr	Kinderfreibetrag		monatliches Kindergeld			Verdienst-grenze
	monatlich	jährlich	1. u. 2. Kind	3. Kind	ab 4. Kind	
	DM	DM	DM	DM	DM	DM
1999	576/288	6 912/3 456	250	300	350	13 020
2000/2001	576/288	6 912/3 456	270	300	350	13 500

*Immer dran denken,
nie darüber sprechen*
(Steuerzahlers Rache)

365 Die verflixten Zuschlagsteuern

Die Alternative Kindergeld oder Kinderfreibetrag sollte zu einer erheblichen Steuervereinfachung führen. Dies war gut gedacht, aber schlecht gemacht. Denn der Wegfall der Kinderfreibeträge führt zwangsläufig zu einer höheren Lohnsteuer bzw. Einkommensteuer, die zwar durch höheres Kindergeld ausgeglichen wird. An der höheren Lohnsteuer bzw. Einkommensteuer hängen aber die Kirchensteuer und der Soli-Zuschlag. Damit letztere nicht zu hoch ausfallen, sind in den Steuerformularen nach wie vor Angaben zu Kindern erforderlich.

Die Angaben zu den Kindern werden außerdem benötigt für

- Haushaltsfreibetrag (➤ Rz 427)
- Ausbildungsfreibetrag (➤ Rz 431)
- Kinderbetreuungskosten (➤ Rz 445)
- zumutbare Belastung (➤ Rz 330)
- Kinderzulage (➤ Rz 1164)

> **Vergiß nicht: Steuerstreik soll den Bürokraten Dampf machen**

Von Steuervereinfachung also keine Spur, im Gegenteil.

5.1 Die Familienförderung im einzelnen

366 Je nach Ausbildungsdauer haben Eltern für Unterhalt und Ausbildung pro Kind 100 000 bis 200 000 Mark aufzubringen. Da ist es recht und billig, wenn sich die Allgemeinheit an den Kosten des Unterhalts und der Erziehung der Kinder beteiligt, denn die Kinder von heute bewältigen die Aufgaben von morgen.

Wie sich die Allgemeinheit aber an den Kosten für die Kinder beteiligt, das ist schon mehr als bescheiden. Denn das Kindergeld und die steuerlichen Vergünstigungen wiegen bei weitem die Lasten nicht auf, die Eltern zu tragen haben.

Das Wichtigste in Kürze

367 Eltern erhalten entweder Kindergeld oder statt dessen einen steuerlichen Kinderfreibetrag.

368 Was ist günstiger, Kindergeld oder Kinderfreibetrag?

Liegt Dein zu versteuerndes Einkommen als **Alleinstehender unter 90 000 DM** oder als **Verheirateter unter 180 000 DM,** kommt für Dich nur Kindergeld in Frage, weil das Kindergeld dann höher ist als der Steuervorteil. Der Steuervorteil ist dann höher als das gezahlte Kindergeld, wenn Dein Grenzsteuersatz mindestens 44% ausmacht.

Probe: Kinderfreibetrag 576 DM, davon 44% = 253 DM, also 3 DM mehr als der Kindergeldbetrag für das erste und das zweite Kind. Spitzenverdiener mit einem Steuersatz von 53% (zu versteuerndes Einkommen über 120 000 DM/Alleinstehende und 240 000 DM/Verheiratete) schneiden auch beim dritten Kind mit dem Kinderfreibetrag noch besser ab. Ab dem vierten Kind ist das Kindergeld allerdings immer höher als die Steuerermäßigung durch den Kinderfreibetrag.

Wie das zu versteuernde Einkommen berechnet wird, das erkennst Du am besten aus dem letzten Steuerbescheid, oder Du verwendest das Schema unter ➤ Rz 33. Zum Grenzsteuersatz siehe Steuerbelastungstabelle unter ➤ Rz 32.

Zunächst beziehen alle Kindergeld 369
Die steuerlichen Kinderfreibeträge haben stark an Bedeutung verloren. Für 95% aller Eltern ist nämlich das Kindergeld höher als der Steuervorteil durch den Kinderfreibetrag. Deshalb wird während des Kalenderjahres allen Eltern, unabhängig von ihrem Einkommen, Kindergeld gezahlt. Zuständig für die Auszahlung des Kindergeldes sind die Familienkassen der Arbeitsämter.

Statt Kindergeld den Steuervorteil kassieren 370
Frühestens im Januar des folgendes Jahres können Großverdiener mit einem Steuersatz von mindestens 44% – durch Abgabe einer Steuererklärung für das abgelaufene Jahr – vom Finanzamt die Steuerermäßigung durch den Kinderfreibetrag kassieren. Bei der Veranlagung rechnet dann das Finanzamt das gezahlte Kindergeld der sich ergebenden Jahressteuer hinzu, so daß auf diesem Wege das zunächst gezahlte Kindergeld zurückgefordert wird. Was günstiger ist, Kindergeld oder Kinderfreibetrag, hat das Finanzamt von sich aus zu prüfen (§ 31 EStG). Über diese Frage brauchst Du Dir also keine Gedanken zu machen.

Wisse: Im Zuge der Anhebung des Kindergelds auf 270 DM wird ab 2000 ein zusätzliches Betreuungsgeld von 1512/3024 DM (Alleinstehende/Ehegatten) eingeführt. Voraussetzung für den Abzug des Freibetrags ist, daß das Kind zu Beginn des Jahres das 16. Lebensjahr noch nicht vollendet hatte bzw. aufgrund einer Behinderung außerstande ist, sich selbst zu unterhalten. Der Betreuungsfreibetrag wird in die Günstigerprüfung (Kindergeld oder Steuervorteil) einbezogen. Auf diese Weise wirkt sich der Abzug von Kinder- und Betreuungsfreibetrag künftig schon dann günstiger aus, wenn der Grenzsteuersatz 33% beträgt (= zu versteuerndes Einkommen Alleinstehende 49 000 DM/Ehegatten 98 000 DM).

Im Gegenzug zur Einführung des Betreuungsfreibetrags entfällt die Möglichkeit, Kinderbetreuungskosten (➤ Rz 445) geltend zu machen.

371   Getrennt lebende, geschiedene oder ledige Eltern

Beiden Elternteilen steht je ein halber steuerlicher Kinderfreibetrag zu: also jedem monatlich 288 DM. Aber nur ein Elternteil erhält Kindergeld, das übrigens nicht geteilt ausgezahlt werden kann. Anspruch auf das Kindergeld hat derjenige, der das Kind in seinem Haushalt erzieht. Das ist meistens die Mutter.

Das Finanzamt prüft auch hier automatisch bei der Veranlagung jedes Elternteils, was günstiger ist, der halbe Kinderfreibetrag oder das halbe Kindergeld. Das geschieht auch bei der Veranlagung des Vaters, auch wenn dieser kein Kindergeld bezogen hat. Wenn günstiger, wird bei ihm ein steuerlicher Kinderfreibetrag abgesetzt und das fiktive halbe Kindergeld gegengerechnet.

372   TIP Für Zahlväter

Beim Kindergeld gibt es den sogenannten Halbteilungsgrundsatz nicht. Folglich wird das Kindergeld immer in voller Höhe ausgezahlt, und zwar an denjenigen Elternteil, bei dem das Kind lebt. Das ist meistens die Mutter. Der Vater erhält seinen Kindergeldanteil auf einem Umweg, indem sich seine Unterhaltsverpflichtung in Höhe von 50% des Kindergeldes verringert. Achte also bei der Unterhaltsregelung darauf, daß diese Gegenrechnung nicht unbeachtet bleibt.

Gehörst Du zu den Zahlvätern mit Supereinkünften und zieht das Finanzamt bei der Einkommensteuerveranlagung einen halben Kinderfreibetrag ab, weil das für Dich günstiger ist, so wird im Gegenzug Kindergeld in halber Höhe auf Deine Steuerschuld aufgeschlagen. Ist das halbe Kindergeld bei der Unterhaltsregelung unbeachtet geblieben, kannst Du nicht einfach damit argumentieren, Du habest bei der Unterhaltsregelung vergessen, das Kindergeld zu berücksichtigen.

373   Anrechnung der eigenen Einkünfte und Bezüge des Kindes

Bei Kindern über 18 Jahre werden auch deren Einkünfte und Bezüge geprüft. Übersteigen die Einkünfte und Bezüge des Kindes bestimmte Grenzen, entfällt nicht nur das Kindergeld, auch der Kinderfreibetrag geht zum Teufel.

Die schädliche Grenze liegt bei folgenden Beträgen:

Kalenderjahr 1999	13 020 DM
Kalenderjahre 2000/2001	13 500 DM

Diese Grenzen gelten nicht für behinderte Kinder über 18 Jahre.

Einkünfte und Bezüge 374

Angerechnet werden zunächst die regulären Einkünfte, die im Rahmen der sieben Einkunftsarten der Besteuerung unterliegen. Also z. B. der Arbeitslohn des Kindes nach Abzug des Werbungskosten-Pauschbetrages von 2 000 DM oder höherer Werbungskosten.

Hinzu kommen als Bezüge alle Geldzuflüsse, aus denen Dein Kind seinen Lebensunterhalt selbst bestreiten könnte, die aber keine steuerpflichtigen Einkünfte sind. Das können z. B. Unterhaltszahlungen Dritter sein. Bei Zinseinnahmen haben sich unsere Steuerpolitiker etwas besonders Hinterhältiges ausgedacht. Weil bei der Berechnung der Zinseinkünfte ein Freibetrag von 6 000 Mark abgezogen wird, muß dieser, wenn er in Anspruch genommen wird, unter »Bezüge« angerechnet werden. Im Ergebnis wird der Sparerfreibetrag bei Ermittlung eigener Einkünfte und Bezüge des Kindes also überhaupt nicht berücksichtigt.

Auch nicht gut zu wissen: Liegen die Einkünfte und Bezüge auch nur eine einzige Mark über der Grenze, ist für das ganze Jahr der Anspruch auf Kindergeld und auf den Kinderfreibetrag zum Teufel. Da hilft es auch nichts, freiwillig auf einige Mark zu verzichten. Wie hier aber was zu deichseln ist, das zeigt der Tip und ➤ Rz 1031.

Der Anspruch auf Kindergeld oder auf den Kinderfreibetrag wird an unterschiedliche Voraussetzungen geknüpft, wie Du der folgenden Übersicht entnehmen kannst.

Voraussetzungen für Kindergeld und Kinderfreibetrag (Übersicht)		375
	Kindergeld	Kinderfreibetrag
Kinder sind	leibliche Kinder, Pflegekinder, Enkelkinder	leibliche Kinder, Pflegekinder
Haushaltszugehörigkeit	ja	nein
Gemeinsame zusätzliche Voraussetzungen zum Alter des Kindes		
1.	Kinder bis zum 18. Lebensjahr: Keine	
2.	Kinder über 18 Jahre:	
a)	In Berufsausbildung oder im freiwilligen sozialen oder ökologischen Jahr, begrenzt bis zum 27. Lebensjahr, eigene Einkünfte und Bezüge von nicht mehr als 13 020 DM jährlich oder	
b)	arbeitslos bis zum 21. Lebensjahr, eigene Einkünfte und Bezüge von nicht mehr als 13 020 DM jährlich oder	
c)	wegen Behinderung nicht erwerbsfähig ohne altersmäßige Begrenzung.	

»Und was ist mit Kindern, die Grundwehrdienst oder Zivildienst leisten?« möchtest Du wissen.

Aus und vorbei, hier gibt es keine Vergünstigungen mehr.

376 **TIP** **Das Bundesverfassungsgericht steht den Eltern bei**

Je nach Ausbildungsdauer müssen Eltern für ihr Kind im Schnitt 200 bis 300 Tsd. Mark aufbringen. Die Unterstützung durch die Allgemeinheit ist hingegen spärlich, obwohl die Kinder von heute ja bekanntlich die Lasten von morgen tragen müssen.

Als ungerecht wird empfunden, daß nur unverheirateten Eltern der Haushaltsfreibetrag zusteht und sie obendrein Kinderbetreuungskosten geltend machen können. Unverheiratete Eltern können durch beide Vergünstigungen knapp 2000 Mark Steuerersparnis einfahren. Und dabei ist es ohne Bedeutung, ob sie ohne Trauschein zusammenleben oder nicht.

Diese Ungerechtigkeit muß nach Ansicht des Bundesverfassungsgerichts beseitigt werden. Mit gleich drei Beschlüssen hat es dem Gesetzgeber aufgetragen, die Besteuerung von Eltern steuergerecht zu gestalten.

377 **1. Kinderfreibeträge für die Jahre 1985 bis 1995**

Mit Urteil vom 19. 1. 1999 hat das Bundesverfassungsgericht verkündet, daß der Kinderleistungsausgleich (sprich Kinderfreibetrag) für die streitigen Jahre 1985, 1987 und 1988 zu niedrig bemessen war. Da die Freibeträge erst 1996 gründlich angehoben wurden, sind die Kinderermäßigungen damit für die Jahre 1985 bis 1995 verfassungswidrig.

Sind Deine Steuerbescheide für diese Jahre

● insoweit vorläufig gemäß § 165 Abgabenordnung (AO),
● unter dem Vorbehalt der Nachprüfung ergangen (§ 164 AO) oder
● aus anderen Gründen noch nicht bestandskräftig (einmonatige Einspruchsfrist seit Bekanntgabe noch nicht abgelaufen; Bescheide zuvor mit Änderungsantrag oder Einspruch angefochten, über den noch nicht endgültig entschieden wurde),

hast Du gute Chancen, von einer Erhöhung der Kinderfreibeträge für die Jahre vor 1996 zu profitieren. Die Anhebung der Kinderfreibeträge könnte durchaus rund 4 000 Mark betragen, so daß Du bei einem Steuersatz von 30% gut und gerne 1200 Steuermark pro Kind und Jahr sparen könntest.

Was Du tun mußt? Am besten, Du bittest Dein Finanzamt sofort um Berücksichtigung erhöhter Kinderfreibeträge für die Jahre vor 1996. Sind Deine Bescheide noch änderbar, wird das Finanzamt das Nötige schon veranlassen.

2. Haushaltsfreibetrag auch für Ehegatten mit Kindern 378

Im Gegensatz zu (steuerlich) alleinstehenden Eltern konnten verheiratete Eltern bisher keinen Haushaltsfreibetrag für sich verbuchen. »Glatte Ungerechtigkeit«, wetterten die Karlsruher Robenträger. Zugleich gewährten sie den Fiskalbürokraten jedoch eine Schonfrist bis Ende 2001, diesbezüglich alles wieder ins steuerliche Lot zu bringen. Unklar ist daher, ob verheiratete Eltern für sich auch vorher Vorteile aus diesem Urteil ziehen können.

Auf jeden Fall sollten sie sich alle Chancen wahren und prüfen, ob die letzten Steuerbescheide insoweit vorläufig erlassen wurden (§ 165 AO, der Punkt Haushaltsfreibetrag muß in den Erläuterungen des Steuerbescheides ausdrücklich genannt sein). Falls nicht, unbedingt Einspruch einlegen und auf dem Vorläufigkeitsvermerk bestehen. Auf diese Weise stehst Du auf der Gewinnerseite, wenn die Fiskalbürokraten ein Einsehen haben sollten und Ehegatten mit Kindern bereits für Jahre vor 2002 einen zusätzlichen Freibetrag zugestehen.

Mehr zum Haushaltsfreibetrag findest Du unter ➤ Rz 427.

3. Kinderbetreuungskosten für beiderseits berufstätige Ehegatten 379

Um als Verheirateter Kinderbetreuungskosten geltend machen zu können, muß ein Ehepartner schon behindert oder schwerkrank sein. Sind beide berufstätig und müssen daher für die Betreuung des Kindes tief in die Tasche greifen, können sie vom steuerlichen Abzug ihrer Kosten nur träumen. Aber auch hier hat das Bundesverfassungsgericht dem Gesetzgeber die Auflage erteilt, bis Ende 1999 eine gerechte Lösung zu finden.

Auch diesbezüglich solltest Du Deine Steuerbescheide daraufhin überprüfen, ob sie in diesem Punkte vorläufig sind (§ 165 AO). Falls nicht, per Einspruch einen entsprechenden Vermerk erstreiten. Für den Fall, daß beiderseits erwerbstätige Ehegatten auch für Jahre vor 2000 Kinderbetreuungskosten abziehen dürfen, stehst Du dann jedenfalls auf der sicheren Seite.

Zu Kinderbetreuungskosten siehe auch ➤ Rz 445 ff.

Wer Brot will,
muß ins Geschirr.
(Henry Miller)

Zeile 1–10 Angaben zu Kindern 380

Hier machst Du Angaben für kinderbedingte Steuerermäßigungen (➤ Rz 366). Du trägst Deine Kinder ein in der Reihenfolge ihrer Geburt.

381 ## Zeile 1–4 Familienstand und Wohnort des Kindes

Laß Dich von der Frage zum Familienstand des Kindes nicht irritieren, denn unerheblich ist, ob Dein Kind verheiratet ist und ggf. mit seinem Ehepartner eine gemeinsame Wohnung bezogen hat (BFH-Urt. vom 21. 3. 1975 – BStBl 1975 II S. 488). Letzteres ist sogar vorteilhaft, weil Dein Kind dadurch auswärts untergebracht ist und Dir deswegen der erhöhte Ausbildungsfreibetrag zusteht.

Allerdings gehören Unterhaltsleistungen des Ehegatten des Kindes zu den anrechenbaren Bezügen (BFH-Urt. vom 7. 3. 1986 – BStBl 1986 II S. 554). Sofern also die Unterhaltsleistungen des Ehegatten mit einem Jahresbetrag von 7 800 DM oder mehr veranschlagt werden, geht der Ausbildungsfreibetrag auf 0 DM.

Erkläre also dem Finanzamt, sofern das zutrifft: Mein Kind hat seinen Unterhalt und seine Berufsausbildung ausschließlich von meinen Zuwendungen bestritten. Der Ehegatte hat zwar Einkünfte, diese jedoch ausschließlich für sich verbraucht.

Mit einer solchen Erklärung bist Du aus dem Schneider, denn unerfüllte Unterhaltsansprüche gegen den Ehegatten sind bei der Anrechnung nicht zu berücksichtigen.

Zum Wohnort des Kindes beachte folgenden ...

382 ## **TIP** Kind im Ausland? Kein Beinbruch für die Steuer

Völlig egal ist, ob Dein Kind im Inland oder im Ausland lebt. Die Kinderermäßigung steht Dir so oder so zu. Jetzt kommt ein Haken: Die Kinderermäßigung für Auslandskinder wird nur insoweit abgezogen, als sie nach den Verhältnissen des Wohnsitzstaates des Kindes angemessen ist. Dies bedeutet, daß sie um ein oder sogar zwei Drittel gekürzt werden kann. Dazu gibt es eine Ländergruppeneinteilung, die auch für die Unterstützung von Personen im Ausland gilt (➤ Rz 304). Ist eine Kürzung zu befürchten, bist Du fein heraus, wenn Dein vielleicht im Ausland studierendes Kind weiterhin in Deutschland mit Wohnsitz gemeldet ist und hier sein Zuhause hat. Folge: Volle Kinderermäßigung.

TIP Vater werden ist nicht schwer ...   383

... Mutter sein hingegen sehr. Vor allem, wenn sich der Herr Vater aus dem Staub gemacht hat oder auch sonstwie nicht zu der feinen Sorte gehört. Obwohl Du allein für das Kind sorgst, erhält jeder Elternteil die Hälfte der Kinderermäßigung? Nein, sagst Du, nicht mit Dir. Du beantragst beim Finanzamt die volle Kinderermäßigung, da der Stenz seiner Unterhaltspflicht dem Kind gegenüber nicht nachgekommen ist. Aber Obacht!! Damit ja keiner zuviel von der Steuer absetzen kann, wird Dein Finanzamt dem des Vaters alles brühwarm flüstern – per Kontrollmitteilung. Willst Du nicht, daß er Deine aktuelle Adresse erfährt, um Euch wieder auf die Pelle zu rücken, hüte Dich, seinen Namen und seine Anschrift in > Zeile 19 anzugeben. Besteht das Finanzamt auf Name und Anschrift des Vaters, konterst Du mit einer Entscheidung des Finanzgerichts Düsseldorf, in der es heißt: »Eine Mutter hat auch dann Anrecht auf den vollen Kinderfreibetrag, wenn sie den Vater ihres Kindes verschweigt.« (FG Düsseldorf vom 4. 1. 93 – EFG 1993 S. 519)

Zeile 5–10 Für 1999 ausgezahltes Kindergeld   384

Nun will das Finanzamt auch noch wissen, wieviel Kindergeld Du erhalten hast. Die Angaben dienen zunächst der sogenannten Günstigerprüfung. Sie bedeutet: Das Finanzamt prüft zu Deinen Gunsten, ob evtl. der Steuervorteil durch Abzug des Kinderfreibetrags höher ist als das Kindergeld, was bei den sog. Besserverdienenden möglich ist, wenn deren zu versteuerndes Einkommen 90 000/180 000 DM (Alleinstehende/Verheiratete) übersteigt (➤Rz 368).

Zeile 11–16 Kindschaftsverhältnis   385

Dem natürlichen Empfinden der Menschen entspricht es, jedem Steuerzahler, der ein Kind fürsorglich betreut, eine entsprechende Kinderermäßigung zukommen zu lassen.

Was das Finanzamt betrifft: Weit gefehlt, denn nur Verwandtschaft ersten Grades – sie besteht zu leiblichen Kindern und zu Adoptivkindern – erfüllt die gesetzlichen Voraussetzungen für ein Kindschaftsverhältnis, ohne das es keine Kinderermäßigung gibt. Mehr als ein Kindschaftsverhältnis erwartet der Fiskus aber nicht. Ob die Eltern ihr Kind fürsorglich betreuen, oder ob sie es lieblos verkommen lassen, was ja auch vorkommt, oder ob ihnen überhaupt durch den Unterhalt des Kindes Kosten entstehen, interessiert ihn nicht. Denn auch für Kinder, die verheiratet sind und von ihrem Ehegatten unterhalten werden, erkennt er ohne weiteres Kinderermäßigung an, soweit die übrigen Voraussetzungen wie z. B. Berufsausbildung erfüllt sind.

Aufgepaßt: Kinderermäßigung und Anspruch auf Kindergeld entfallen für Kinder über 18 Jahre, die eigene Einkünfte und Bezüge von mehr als 13 020 DM im Jahr bezogen haben (vgl. > Zeile 30–36).

Auch Pflegeeltern haben Anspruch auf Kinderermäßigung für ihr Pflegekind.

Der Fiskus verlangt also für die Kinderermäßigung lediglich ein Kindschaftsverhältnis, und das kann nur bestehen zu leiblichen Kindern, zu Adoptivkindern und zu Pflegekindern.

---

386 ## Zeile 11–16 Pflegekind

Bei einem Pflegekind mußt Du insbesondere im ersten Jahr zusätzliche Nachweise erbringen. Ein Pflegekind wird Dir anerkannt, wenn es in Deinem Haushalt sein Zuhause hat, also auf Dauer bei Dir bleiben wird und außerdem der Kontakt zu den leiblichen Eltern weitgehend unterbrochen ist.

Folglich kannst Du für Deinen Enkel, der bei Dir lebt, nur einen Kinderfreibetrag beanspruchen, wenn dessen Mutter, also Dein eigenes Kind, nicht auch noch in Deinem Haushalt lebt.

Gelegentliche Besuche der leiblichen Eltern bis zu viermal im Jahr sind aber erlaubt. Ferner müssen die Pflegeeltern zu einem nicht unwesentlichen Teil die Kosten für den Unterhalt des Kindes tragen.

Nicht unwesentlich sind 20% der gesamten Unterhaltskosten bzw. im Jahresdurchschnitt mindestens 250 Mark monatlich. Du hast sie bereits erbracht, wenn das Kind in Deinem Haushalt lebt und von Dir betreut wird (BFH, BStBl 1992 II S. 20). Du siehst, das Kind kann möglicherweise auch doppelt berücksichtigt werden:

Bis 1995 konnten Pflegekinder doppelt berücksichtigt werden, bei den leiblichen Eltern und bei den Pflegeeltern. Damit ist ab 1996 Schluß. Nun gilt es zu überlegen, bei wem die Steuervergünstigung für das Kind besser untergebracht ist, bei den leiblichen Eltern oder bei den Pflegeeltern. Entsprechend müssen die Verhältnisse gestaltet und dargestellt werden.

TIP Mach Dein Enkelchen zum Pflegekind   387

Lebt Dein Enkelchen bei Euch im Haushalt? Dann überleg mal mit Deiner Tochter, wo das Kind gemeldet sein soll und was Ihr dem Finanzamt antwortet, wenn Ihr nach der Zahl der jährlichen Besuche gefragt werdet. Dabei gilt: Je weniger sich die Tochter um ihr Kind kümmern kann, um so eher wird das Enkelkind als Pflegekind anerkannt.

Der Fiskalritter im Finanzamt wird bei weniger als fünf Besuchen der Mutter im Jahr das Enkelkind als Pflegekind ansehen. Der Bundesfinanzhof ist da großzügiger und meint, wenn die Mutter weniger als zwölfmal im Jahr ihr Kind besucht, sei das Kind ein Pflegekind der Großeltern. Das gelte zumindest für noch nicht schulpflichtige Kinder (BFH-Urteil vom 20. 1. 1995 – BStBl 1995 II S. 582).
Liegen diese Voraussetzungen vor, so hast Du Anspruch auf die Kinderermäßigung.
Nach dem Gesetz muß das Pflegekind auf Dauer bei den Pflegeeltern untergebracht sein. Dazu meint der BFH, bei nicht schulpflichtigen Kindern sei das bereits bei einer Aufnahme im Haushalt von mindestens zwei Jahren. (Zur Übertragung des Kinderfreibetrags vgl. ➤ Rz 423 ff.)

TIP Wann geht ein Angehöriger als Pflegekind durch?   388

Kümmerst Du Dich nach dem Tod der Eltern um Deine jüngeren Geschwister, indem Du ihnen ein Zuhause bietest, honoriert der Fiskus dies durch Kinderermäßigungen. Die Finanzrichter haben auch schon ein älteres behindertes Geschwisterteil als Pflegekind anerkannt (EFG 1979 S. 333). In diesem Fall könntest Du Dir sogar den Pauschbetrag für Behinderte übertragen lassen.

Weitere Fälle für Pflegekinder

● Kind aus einer geschiedenen Ehe, das bei seiner Tante lebt, als Pflegekind der Tante anerkannt durch FG Hessen v. 19. 12. 1983 – EFG 1984 S. 349.

● Vollwaise, die bei ihrem Bruder lebt, als Pflegekind des Bruders anerkannt durch BFH-Urt. v. 5. 8. 1977 – BStBl 1977 II S. 832.

389 **TIP** **Kostkinder auf Kosten des Finanzamts**

Nicht als Pflegekinder gelten **Kostkinder**. Wo Du Dir also was nebenbei verdienen willst als **Tagesmutter**. Hier hast Du folgende Möglichkeiten:

● Du rückst eine Lohnsteuerkarte heraus; dann mußt Du hierfür extra die Anlage N ausfüllen und Deiner Steuererklärung beifügen.

● Dein Auftraggeber versteuert (ohne Lohnsteuerkarte) Deinen Lohn pauschal, so daß Du – steuerlich gesehen – nichts mehr zu tun brauchst; frag ihn – oder sie – danach, ob das der Fall ist!
Zur pauschalen Versteuerung ➤ Rz 618 ff.

● Du unterschreibst eine Quittung und versteuerst die Einnahmen selbst. Beachte hier jedoch die neuen Regelungen zur sog. Scheinselbständigkeit (➤ Rz 487).

Hierzu wisse:
Ist Dein Auftraggeber eine alleinstehende Person, kann sie 4 000 DM (also etwa 350 DM pro Monat) von der Steuer absetzen (➤ Rz 445). Alles darüber ist für sie steuerlich uninteressant …!

Du machst hingegen dem Finanzamt folgende Rechnung auf:
Als Einnahmen setzt Du den quittierten Betrag an, also 4 000 DM.
Bei den Ausgaben hast Du die Wahl:

● pauschal 25% der Einnahmen, max. 1 200 DM
oder

● pauschal je Kind und Monat bei

Tagespflege: 350 DM *(bis 4 Std./Tag);* 450 DM *(4–6 Std./Tag);*
                          480 DM *(über 6 Std./Tag)*

Wochenpflege: 580 DM *(5-Tage-Woche)*
                          640 DM *(6-Tage-Woche)*

Vollzeitpflege: 750 DM
oder

● Einzelnachweis (den laß sein, sonst muß Du dem Finanzamt jede einzelne Wurstscheibe vorrechnen)

Du rechnest also:

Einnahmen	4 000 DM
abzgl. Ausgaben (12 Monate x z. B. 480 DM)	5 760 DM
ergibt Verlust	1 760 DM

Den Verlust trägst Du in Rot oder mit ./.-Zeichen auf der Anlage GSE ein, Seite 2, Zeile 39 (➤ Rz 28). Die Finanzer wollen dann nichts mehr von Dir sehen, denn rote Zahlen regen sie auf.

Gut zu wissen: Dein Finanzamt weiß – per Kontrollmitteilung (➤ Rz 63) – von Deiner Tätigkeit als Tagesmutter, wenn Dein Auftraggeber seine Ausgaben von der Steuer abgesetzt hat.

Und: Pflegegelder aus öffentlichen Kassen, z. B. vom Jugendamt, sind steuerfrei (Quelle: § 3 Nr. 11 EStG).

◆ *Musterfall Familie Meyer (Pflegekind)*   **390**

Das Ehepaar Meyer aus Dortmund hat den am 10. 11. 1995 geborenen Tobias als Pflegekind aufgenommen. Es erhält von der ledigen Mutter Frau Martha Schulz aus Lünen 220 DM Unterhalt im Monat. Der amtliche Pflegesatz des Jugendamtes beträgt 270 DM. Tobias wird bei den Meyers als Kind berücksichtigt.

Und so sieht das dann in Meyers Steuererklärung aus:

205

10	Zeile 4								40		42		41		43		44
11	Kindschaftsverhältnis								Bei Pflegekindern: Empfangene Unterhaltsleistungen / Pflegegelder DM								
12	Kind in	zur steuerpflichtigen Person			zum Ehegatten												
		leibliches Kind / Adoptivkind	Pflegekind	Enkelkind / Stiefkind	leibliches Kind / Adoptivkind	Pflegekind	Enkelkind / Stiefkind										
13	Zeile 1		X	☐	☐	X	☐		220,- mH.								
14	Zeile 2	☐	☐	☐	☐	☐	☐										
15	Zeile 3	☐	☐	☐	☐	☐	☐										
16	Zeile 4	☐	☐	☐	☐	☐	☐										
17	Kindschaftsverhältnis zu weiteren Personen																
18	Kind in	durch Tod des anderen Elternteils erloschen am:	hat bestanden zu (Name, letztbekannte Anschrift und Geburtsdatum dieser Personen, Art des Kindschaftsverhältnisses)												vom – bis		
19	Zeile1		Martha Schulz, Gehweg 12, Lünen / leibl. Mutter														

Die leibliche Mutter, Frau Martha Schulz aus Lünen, kann für ihren Sohn Tobias keine Steuerermäßigung mehr beantragen. Da Tobi bereits bei den Meyers als Pflegekind berücksichtigt wird, entfällt für die leibliche Mutter die Kinderermäßigung. Ein Wahlrecht, bei wem die Kinderermäßigung nun berücksichtigt werden soll, gibt es nicht (Quelle: § 32 Abs. 2 EStG).

391 Zeile 17–22 Kindschaftsverhältnis zu weiteren Personen

Zum Kindschaftsverhältnis hast Du bereits in den > Zeilen 11–16 nähere Angaben gemacht. Ein Kindschaftsverhältnis kann nur bestehen zu einem leiblichen Kind (Normalfall), zu einem Adoptivkind oder zu einem Pflegekind. Hier in den > Zeilen 17–22 geht das Finanzamt der Frage nach, ob Dir evtl. nur die halbe Kinderermäßigung und der Haushaltsfreibetrag zusteht. Dazu wisse: Miteinander verheiratete Eltern erhalten für ihr gemeinsames Kind die volle Kinderermäßigung, desgleichen alleinstehende Eltern, wenn der andere Elternteil verstorben ist oder im Ausland lebt. Entsprechendes gilt für eine alleinstehende Mutter, die den Vater des Kindes nicht benennt oder wenn der Wohnsitz des anderen Elternteils nicht ermittelt werden kann.

Volle Kinderermäßigung bedeutet:
Voller Kinderfreibetrag, falls günstiger als Kindergeld,
voller Ausbildungsfreibetrag.

Ungefähr 10% aller Eltern erhalten aber nur die halbe Kinderermäßigung. Diese Eltern sind ledig, geschieden oder leben von ihrem Ehepartner getrennt und müssen sich die Kinderermäßigung mit dem anderen Elternteil teilen.

392

◆ *Musterfall Familie Huber (volle und halbe Kinderermäßigung)*

Bei den Hubers liegen die Verhältnisse so: Sie haben ein gemeinsames Kind, den Sohn Volker, der am 20. 8. 1983 geboren ist. Herr Huber ist zum zweitenmal verheiratet, seine erste Ehe ist geschieden worden. Aus dieser Ehe hat Herr Huber den Sohn Wolfgang und die Tochter Claudia. Wolfgang ist am 3. 1. 1975 geboren und studiert in Hannover; er lebt bei seiner Mutter, Frau Erika Huber-Schmidt, die in Hannover wohnt. Herr Huber zahlt für Wolfgang Unterhalt. Claudia ist am 12. 4. 1976 geboren und studiert in Bonn. An vielen Wochenenden ist Claudia bei den Hubers; sie ist bei ihnen auch mit ihrer Hauptwohnung gemeldet. Bei ihrer Mutter hält sich Claudia nur besuchsweise auf. Die Mutter trägt einen Teil der Unterhaltskosten für Claudia.

Den Eheleuten Huber stehen zu:

Für Volker:
> Voller Kinderfreibetrag, falls günstiger als Kindergeld.

Für Claudia:
> Halber Kinderfreibetrag, falls günstiger als Kindergeld.
> Halber Ausbildungsfreibetrag.

Für Wolfgang:
> Halber Kinderfreibetrag, falls günstiger als Kindergeld.
> Halber Ausbildungsfreibetrag.

Zeile 23–29 Kinder über 18 Jahre

393

Für Kinder im Alter über 18 Jahre steht die Steuerermäßigung nur unter bestimmten Voraussetzungen zu. Die Voraussetzungen werden in den > Zeilen 23–29 abgefragt. Hier geht es um **Berufsausbildung, Arbeitslosigkeit** oder **Behinderung** des Kindes.

Zeile 23–29 Kinder in der Berufsausbildung

394

Die Kinderermäßigung ist Dir sicher, wenn Dein Kind noch in der Berufsausbildung und nicht älter als 27 Jahre ist.

Gut zu wissen: Auch für Kinder, die 1999 älter als 27 Jahre waren, kann Kinderermäßigung in Betracht kommen, wenn sie noch in Berufsausbildung sind und vorher Wehrdienst geleistet haben.

ANLAGE KINDER
Kinderermäßigungen

1999

Name und Vorname
Huber, Heribert und Hannelore

Steuernummer
123 | 4567 | 890

Anlage Kinder

1999

Bei mehr als 4 Kindern
bitte weitere Anlagen Kinder abgeben.

| 99 | 3 | 6 – 1. Anl. |
| 89 | | 7 – 2. Anl. |

Angaben zu Kindern

Zeile	Vorname ggf. abweichender Familienname	verheiratet	Wohnort im Inland	Wohnort im Ausland (Bitte auch Staat eintragen.)	
1	Wolfgang	ja	Hannover		
2	Claudia	ja	Köln		
3	Volker	ja	Köln		
4		ja			86 Haushaltsfreibetrag Ja = 1

Kind in	Geburtsdatum T T M M J J J J	Für 1999 ausgezahltes Kindergeld / Höhe des zivilrechtlichen Ausgleichsanspruchs / vergleichbare Leistungen DM	Wohnort im Inland vom bis T M M T M M	Wohnort im Ausland vom bis T M M T M M	Volle KFB Zahl der Monate Inland	Volle KFB Zahl der Monate Ausland	Halbe KFB Zahl der Monate Inland	Halbe KFB Zahl der Monate Ausland	Länderangaben in Drittel
7 Zeile 1	16 03.06.1975	15			10	12	11	13	14
8 Zeile 2	26 12.04.1976	25 3.000			20	22	21	23	24
9 Zeile 3	36 20.08.1983	35 3.000			30	32	31	33	34
10 Zeile 4	46	45			40	42	41	43	44

Kindschaftsverhältnis

Kind in	zur steuerpflichtigen Person leibliches Kind / Adoptivkind	Pflegekind	Enkelkind / Stiefkind	zum Ehegatten leibliches Kind / Adoptivkind	Pflegekind	Enkelkind / Stiefkind	Bei Pflegekindern: Empfangene Unterhaltsleistungen / Pflegegelder DM
13 Zeile 1	X						
14 Zeile 2	X						
15 Zeile 3	X			X			
16 Zeile 4							

Kindschaftsverhältnis zu weiteren Personen

Kind in	durch Tod des anderen Elternteils erloschen am:	hat bestanden zu (Name, letztbekannte Anschrift und Geburtsdatum dieser Personen, Art des Kindschaftsverhältnisses)	vom – bis
19 Zeile 1		Erika Huber-Schmidt, Berliner Str. 63, Hannover / leibl. Mutter	
20 Zeile 2			
21 Zeile 3			
22 Zeile 4			

Kinder ab 18 Jahren

Kind in	Kinder von 18 bis 27 Jahren Schul-/ Berufsausbildung	Ausbildungsunterbrechung bis max. 4 Monate	Ausbildungsplatz fehlt	freiwilliges soziales oder ökologisches Jahr	Kinder von 18 bis 21 Jahren arbeitslos	Behinderte Kinder körperlich, geistig od. seelisch behindert	21 Jahre arbeitslos	Kinder über 27 Jahre Berufsausbildung	Dauer des gesetzlichen Grundwehr-/ Zivildienstes oder davon befreienden Dienstes vom – bis	Maßgeblicher Ausbildungs- oder vergleichbarer Zeitraum (nach Vollendung des 18. Lebensjahres) vom – bis
26 Zeile 1										1.1. – 31.12.
27 Zeile 2	X									1.1. – 31.12.
28 Zeile 3										
29 Zeile 4										

Anlage Kinder – März 99

Durch den geleisteten Grundwehrdienst verlängert sich die Altersgrenze um die Dauer des Dienstes. Einfacher ist es, dabei so zu rechnen:

Alter des Kindes in 1999	. . . . .
abzüglich Dauer des Wehrdienstes	. . . . .
Alter in 1999 rechnerisch unter	27 J.

Solange das Alter rechnerisch unter 27 Jahre liegt, steht die Kinderermäßigung zu.

Dazu wisse: es gilt das Monatsprinzip. Ist Euer studierender Sohn also im Juli 1999 28 geworden (Wehrdienst geleistet, 12 Monate), so erhaltet Ihr für Januar bis Juli einen Kinderfreibetrag oder Kindergeld. Ab August könnt Ihr lediglich Unterhaltszahlungen als außergewöhnliche Belastungen geltend machen (vgl. ➤ Rz 296 ff.)

Wie Du hier auch noch den Ausbildungsfreibetrag kassierst, zeige ich Dir unter ➤ Rz 437.

Berufsausbildung oder Berufsfortbildung? 395

Damit Du wegen der Berufsausbildung klarzusehen vermagst, mußt Du Dir vorher noch ein paar aufklärende Worte anhören.

Je nachdem, ob sich Dein Kind noch in der Berufsausbildung befindet oder ob es sich nach der Ausbildung in dem erlernten Beruf fortbildet, treten unterschiedliche Folgen ein. Auf den jeweiligen Einzelfall kommt es an, was günstiger ist, Berufsausbildung oder Berufsfortbildung. Ist Dein Kind noch in der Berufsausbildung, so beantragst Du in der Anlage Kinder die Kinderermäßigung, wenn die Einkünfte und Bezüge des Kindes im Jahr 13 020 DM nicht übersteigen.

Übersteigen die Einkünfte und Bezüge den Betrag von 13 020 DM, steht Dir Kinderermäßigung nicht zu.

Typischer Fall: Das Kind ist in Berufsausbildung und erhält als Auszubildender, Beamtenanwärter oder Referendar Einkünfte über 13 000 Mark. Den Eltern steht keine Kinderermäßigung zu (auch kein Kindergeld), das Kind kann aber in seiner Steuererklärung alle Ausgaben, die mit dem Ausbildungsberuf zusammenhängen, als Werbungskosten in der Anlage N geltend machen.

Besonderer Tip: Das Kind kann sogar Aufwendungen für doppelte Haushaltsführung absetzen, wenn es auswärts tätig ist, aber weiterhin zu Hause bei seinen Eltern mit Hauptwohnsitz gemeldet ist. Zur doppelten Haushaltsführung ➤ Rz 966.

---

396 Berufsfortbildung

Hat Dein Kind seine Berufsausbildung bereits abgeschlossen, so kann es in > Zeile 45 der Anlage N seine Fortbildungskosten in unbegrenzter Höhe als Werbungskosten ansetzen. Sie wirken sich steuerlich aus, wenn die Werbungskosten insgesamt den Arbeitnehmer-Pauschbetrag von 2 000 DM übersteigen.

397 ◆ *Musterfall Backs (Kinder in Berufsausbildung)*

Die Familie Backs hat drei Kinder und wohnt in Arnsberg. Der älteste Sohn Klaus ist am 15. 5. 1977 geboren und studiert Maschinenbau in Aachen. In den Semesterferien hat er durch Aushilfsjobs 7 000 DM verdient.

Tochter Claudia ist am 5. 3. 1980 geboren und absolviert eine Lehre als Bürokaufmann bei der Firma Elektro Meyer in Arnsberg. Die Ausbildungsvergütung beträgt monatlich 900 DM.

Nesthäkchen Ingo ist am 25. 8. 1986 geboren und geht noch zur Schule.

Für jedes Kind steht Kinderermäßigung zu.

Zeile 30	Einkünfte und Bezüge der Kinder ab 18 Jahren		Bruttoarbeitslohn	darauf entfallende Werbungskosten	Öffentliche Ausbildungshilfen	* Kapitalerträge (z. B. Zinseinnahmen)	andere Einkünfte/Bezüge (Art und Höhe)
	Kind in Zeile		DM	DM	DM	DM	
31	1	Einnahmen des Kindes im maßgeb. Berücksichtigungszeitraum	DM 7.000				
32		außerhalb des maßgeb. Berücksichtigungszeitraums	—				
33	2	Einnahmen des Kindes im maßgeb. Berücksichtigungszeitraum	8.100				
34		außerhalb des maßgeb. Berücksichtigungszeitraums	—				
Zeile		Einnahmen des Kindes					

398 Zeile 23–29 Was ist Berufsausbildung?

Die Berufausbildung soll fachliche Kenntnisse und Fertigkeiten für die Ausübung eines künftigen Berufs in einem geordneten Ausbildungsgang vermitteln. Dazu gehört die Ausbildung für einen handwerklichen, kaufmännischen, technischen oder wissenschaftlichen Beruf, aber auch Umschulungsmaßnahmen, Besuch von Realschulen, Gymnasien (auch Abendgymnasien), Fachhochschulen und Universitäten.

Die Berufsausbildung ist aber mit einer Abschlußprüfung (z. B. Laufbahnprüfung, Staatsexamen oder Gesellenprüfung) nicht unbedingt beendet. Setzt Dein Kind seine Ausbildung fort, z. B. durch ein Studium an der

ANLAGE KINDER
Kinderermäßigungen

1999

Name und Vorname		Anlage Kinder	**1999**
Backs		Bei mehr als 4 Kindern bitte weitere Anlagen Kinder abgeben.	99 :3 6 - 1 Anl.
Steuernummer *123 4567 890*			89 : 7 - 2. Anl.

Angaben zu Kindern

Zeile		Vorname ggf. abweichender Familienname	verheiratet	Inland	Wohnort im	Ausland (Bitte auch Staat eintragen.)	
1		*Klaus*	ja				
2		*Claudia*	ja				
3		*Ingo*	ja				
4			ja			86	Haushalts- freibetrag Ja = 1

	Kind in	Geburtsdatum	Für 1999 ausgezahltes Kindergeld / Höhe des zivilrechtlichen Ausgleichsanspruchs / vergleichbare Leistungen	Inland vom bis	Wohnort im Ausland vom bis	Volle KFB Zahl der Monate Inland Ausland	Halbe KFB Zahl der Monate Inland Ausland	Länderangaben in Dritteln
5 6		T T M M J J J J	DM	T T M M T T M M	T T M M T T M M			
7	Zeile 1	16 *15 05 1977*	15 *3.000*			10 12	11 13	14
8	Zeile 2	26 *05 03 1980*	25 *3.000*			20 22	21 23	24
9	Zeile 3	36 *25 08 1986*	35 *3.600*			30 32	31 33	34
10	Zeile 4	46	45			40 42	41 43	44

Kindschaftsverhältnis

	Kind in	zur steuerpflichtigen Person			zum Ehegatten			Bei Pflegekindern: Empfangene Unterhaltsleistungen / Pflegegelder
11 12		leibliches Kind / Adoptivkind	Pflegekind	Enkelkind / Stiefkind	leibliches Kind / Adoptivkind	Pflegekind	Enkelkind / Stiefkind	DM
13	Zeile 1	X	☐	☐	☐	☐	☐	
14	Zeile 2	X	☐	☐	X	☐	☐	
15	Zeile 3	X	☐	☐	X	☐	☐	
16	Zeile 4	☐	☐	☐	☐	☐	☐	

Kindschaftsverhältnis zu weiteren Personen

	Kind in	durch Tod des anderen Elternteils erloschen am:	hat bestanden zu (Name, letztbekannte Anschrift und Geburtsdatum dieser Personen, Art des Kindschaftsverhältnisses)	vom – bis
17 18				
19	Zeile 1			
20	Zeile 2			
21	Zeile 3			
22	Zeile 4			

Kinder ab 18 Jahren

	Kind in	Kinder von 18 bis 27 Jahren				Kinder von 18 bis 21 Jahren	Behinderte Kinder körperlich, geistig od. seelisch behindert	21 Jahre arbeitslos	27 Jahre	Kinder über Dauer des gesetzlichen Grundwehr-/ Zivildienstes oder davon befreienden Dienstes vom – bis	Maßgeblicher Ausbildungs- oder vergleichbarer Zeitraum (nach Vollendung des 18. Lebensjahres) vom – bis
23 24 25		Schul-/ Berufsausbildung	Ausbildungsunterbrechung bis max. 4 Monate	Ausbildungsplatz fehlt	freiwilliges soziales oder ökologisches Jahr	arbeitslos			Berufsausbildung		
26	Zeile 1	X	☐	☐	☐	☐	☐	☐	☐		*1.1. - 31.12.*
27	Zeile 2	X	☐	☐	☐	☐	☐	☐	☐		*1.1. - 31.12.*
28	Zeile 3	☐	☐	☐	☐	☐	☐	☐	☐		
29	Zeile 4	☐	☐	☐	☐	☐	☐	☐	☐		

Anlage Kinder - März 99

Bundeswehrhochschule oder durch eine Referendarausbildung wie bei angehenden Lehrern oder Juristen oder sofort nach Abschluß der Gesellenprüfung durch Besuch der Meisterschule, ohne weiterhin als Geselle zu arbeiten, so steht Dir weiterhin die Kinderermäßigung zu.

Jetzt kommt aber ein Haken: In der Berufsausbildung befindet sich nach fiskalischer Sicht nicht mehr, wer sich zwar auf ein Berufsziel vorbereitet, aber zugleich einen Beruf ausübt, der von vielen Arbeitnehmern unter denselben Bedingungen als Dauerberuf ausgeübt wird (BFH v. 2. 7. 1993 – BStBl 1994 S. 101). Unter Hinweis auf dieses Urteil versagen viele Finanzämter den Eltern den Kinderfreibetrag für Kinder, die berufsbegleitende Lehrgänge besuchen, erkennen dafür aber bei den Kindern selbst die Lehrgangskosten als Werbungskosten an (BFH-Urt. vom 15. 12. 1989 – BStBl 1990 II S. 692 betr. Aufwendungen für die Meisterprüfung). Diese wirken sich aber wegen des Arbeitnehmer-Pauschbetrages von 2 000 DM meistens steuerlich nicht aus, der steuerliche Effekt ist also gleich Null.

399   Guter Rat

Hast Du wegen Fortbildung in 1999 keine Lohneinkünfte, wirken sich Fortbildungskosten in 1999 steuerlich nicht aus. Du kannst sie aber in das Vorjahr verlagern (Verlustrücktrag nach § 10d EStG). Dazu kreuzt Du im Kopf des Hauptformulars 1999 das entsprechende Kästchen an und machst die Fortbildungskosten in >Zeile 45 der Anlage N geltend. Außerdem beantragst Du formlos den Rücktrag nach 1998.

> *Strafen können zum Schweigen bringen,*
> *aber sie können nicht überzeugen.*
>
> (Johnson)

**400   TIP   Für Meisterschüler zwei Jahre
Kinderermäßigung**

»Unser Ewald war von September 1998 bis Juli 1999 auf der Meisterschule, hat also nicht nebenbei gearbeitet. Ewald hat das Schulgeld bezahlt, auch die Bücher und die Fahrtkosten, aber für diese Zeit kein Kostgeld abgegeben. Was sollen wir tun?«

Der Abschluß einer Berufsausbildung schließt nicht aus, daß das Kind später erneut in eine Berufsausbildung eintritt, so werden die Fiskalbürokraten in der Einkommensteuer-Richtlinie (EStR) 180 Abs. 3 belehrt. Das kann eine weiterführende Ausbildung, z. B. der Besuch einer Fach- oder Meisterschule oder eine Ausbildung für einen gehobenen oder einen andersartigen Beruf sein.

Also beantragt Ihr für 1998 und 1999 zeitanteilig ($9/12$ bzw. $7/12$) die Kinderermäßigung, außerdem noch zeitanteilig den Ausbildungsfreibetrag, vorausgesetzt, daß Ewald jeweils unter 27 war.

Zugleich soll Ewald seine Ausgaben in der Anlage N als Werbungskosten ansetzen. Wie das? Die Antwort findest Du unter ➤ Rz 729.

Und hier noch ein besonderer Tip:

Sprungbrett für die berufliche Karriere: das Meister-BAföG   401

Ab 1996 fördert die Arbeitsverwaltung die Teilnahme an Meisterkursen. Die Förderung besteht aus folgenden Komponenten:

bei **Vollzeitkursen**

Unterhaltsbeitrag

● zwischen 1 045 DM (alleinstehend) und 1 965 DM (verheiratet mit zwei Kindern) monatlich (Höchstförderung, tlw. als Zuschuß, tlw. als zinsgünstiges Darlehen; Anrechnung eigener Einkünfte und Bezüge sowie der des Ehegatten)

bei **Vollzeit- und Teilzeitkursen:**

Maßnahmebeitrag

● Anspruch auf ein zinsgünstiges Darlehen in Höhe von max. 20 000 DM zur Abdeckung der Lehrgangs- und Prüfungskosten (Zinssatz ca. 3,5% zzgl. Verwaltungskostenaufschlag 1%, Risikoaufschlag 0,7%; Auszahlung des Darlehens bis zu einer Höhe von 8 000 DM in einem Betrag, ansonsten in Teilbeträgen; Zins- und Tilgungsfreiheit bis max. vier Jahre nach Abschluß der Prüfung)

● Zuschuß bis zu 200 DM monatlich zu den notwendigen Kosten der Kinderbetreuung bei Alleinerziehenden

Voraussetzung für die Förderung ist eine lehrgangsmäßige Vorbereitung auf eine Meisterprüfung (Abschluß in einem Ausbildungsberuf muß für Zulassung zur Prüfung Bedingung sein). Der Antrag auf Gewährung des *Maßnahmebeitrages* kann noch bis Ende der Fortbildungsmaßnahme gestellt werden. Zuständig für Gewährung des Meister-BAföG ist die jeweilige Berufsvertretung (Handwerkskammer, Industrie- und Handelskammer, Steuerberaterkammer ...)

Der Clou bei dieser Förderung ist:

- Du erhältst teilweise Zuschüsse, die nicht wieder zurückgezahlt werden müssen (Unterhaltsbeitrag bei Vollzeitkursen, Zuschuß zu den Kosten der Kinderbetreuung).
- Das Darlehen ist für die Dauer der Fortbildungsmaßnahme sowie bis max. vier Jahre nach Abschluß der Prüfung zins- und tilgungsfrei, so daß Du durch Ablösung des Darlehens vor Ablauf dieser Karenzzeit (in Teilbeträgen von mindest. 1 000 DM) die Verzinsung vermeiden kannst.
- Machst Du Dich innerhalb der o. g. Karenzzeit selbständig, so wird Dir auf Antrag die Hälfte Deines Darlehens für Lehrgangs- und Prüfungsgebühren erlassen.

Weitere Informationen zum »Meister-BAföG« sind z. B. beim Landesamt für Ausbildungsförderung, Theaterplatz 14 in 52062 Aachen, erhältlich (Tel. 02 41/4 55 02).

---

402 ## Zeile 23–36 Ausbildungsdienstverhältnis

Dieses sonderbare Wort stammt von der Ministerialbürokratie. Sie spricht von einem Ausbildungsdienstverhältnis, wenn einer in Ausbildung befindlichen Person steuerpflichtiger Arbeitslohn zufließt und das Dienstverhältnis zum Zwecke der Ausbildung eingegangen wurde.

403 **TIP** **Der Kniff mit dem Ausbildungsdienstverhältnis**

Als Auszubildender hast Du steuerpflichtige Bezüge aus einem Ausbildungsdienstverhältnis. Folglich kannst Du alle Kosten, die Dir im Zusammenhang mit Deiner Ausbildung entstehen (für Lehrmaterial, Bücher, Besuch von Seminaren, Lehrgängen und Arbeitsgemeinschaften, Fahrten zur Berufsschule, für Verpflegungsmehraufwendungen, auch für doppelte Haushaltsführung), als Werbungskosten absetzen (LStH 34). **Vielleicht gelingt es Dir, möglichst viel von den Kosten in das Jahr zu verlagern, in dem Du Deine Ausbildung beendest. Dadurch hast Du doppelten Vorteil: Du nimmst leichter die Hürde des Arbeitnehmer-Freibetrags von 2 000 DM, und die Werbungskosten wirken sich stärker aus, weil Du in dem Jahr schon gut verdienst.**

Aber aufgepaßt!
Sobald Deine Einkünfte (Arbeitslohn abzüglich Werbungskosten) 13 020
DM überschreiten, geht Deinen Eltern die Kinderermäßigung und Kin-
dergeld verloren (zur zeitanteiligen Berechnung der 13 020-DM-Gren-
ze bei Beendigung der Berufsausbildung im Laufe des Kalenderjahres
➤ Rz 394).

Wie Auszubildende ihr Finanzamt auf die Palme bringen: ➤ Rz 908.

TIP Mal herhören, Ihr Referendare und Beamtenanwärter!   404

Auch Ihr steht in einem Ausbildungsdienstverhältnis und könnt deswegen
Eure Ausbildungskosten voll als Werbungskosten absetzen. Lies dazu die Tips
unter ➤ Rz 877 und 904 ff. Habt Ihr damit Eure Einkünfte auf unter 13 020
DM jährlich (im Jahr der Beendigung der Berufsausbildung: zeitanteilige Be-
rechnung ➤ Rz 387) drücken können, so erhalten Eure Eltern gleichzeitig für
Euch die Kinderermäßigung und das Kindergeld.

Auch können Eure Eltern dann den Ausbildungsfreibetrag beanspruchen.   405
Eure Einkünfte werden allerdings ab einer bestimmten Höhe mit dem
Ausbildungsfreibetrag aufgerechnet – mit der Folge, daß den Eltern mei-
stens nur im ersten Jahr der Ausbildung ein Ausbildungsfreibetrag zusteht.

Nur Schelme schaufeln
sich ihr Grab.

(Raoul Hoffmann)

TIP Die Masche mit dem Ausbildungsdienstvertrag   406

Der Bundesfinanzhof mußte wieder einmal klare Verhältnisse schaffen,
indem er den Weg gezeigt hat, wie Handwerksbetriebe die Ausbildungskosten für den betrieblichen Nachfolger absetzen können. Grundsätzlich
gehören die Aufwendungen für die Ausbildung der Kinder zu den nicht
abziehbaren Kosten der Lebenshaltung. Anders dagegen, wenn die Ausbildung betrieblich veranlaßt ist. Ein betrieblicher Anlaß liegt nach dem
Urteil des Bundesfinanzhofs vom 14. 12. 1990 (BStBl 1991 II S. 305) vor,
wenn ein Handwerksbetrieb Kosten aufwendet, um einen betrieblichen
Nachfolger auszubilden.
Besonders wichtig ist hier der sog. Fremdvergleich. Die Tatsache, daß Dein

Kind den Betrieb übernehmen soll, darf nicht im Vordergrund stehen. Es kommt vielmehr darauf an, daß Dein Sprößling aufgrund seines beruflichen Werdeganges, seines Alters und der Dauer seiner Betriebszugehörigkeit am besten geeignet ist, Deine Nachfolge anzutreten und Du ebenso einen Angestellten bei gleicher Qualifikation gefördert hättest (BFH-Urt. vom 29. 10. 1997 – X R 129/94).

Weise also ruhig darauf hin, daß Dein Sprößling bereits von Jugend an in den Ferien bei Dir gejobbt hat. Da er den festen Wunsch hat, das Geschäft als Dein Nachfolger fortzuführen bzw. in der Leitung Deiner Firma mitzuarbeiten, hast Du ihn schon seit Jahren in die Geschäftsführung eingebunden, so daß er die besten Voraussetzungen mitbringt ... wenn das zutrifft.

407 **Also, Ihr Meisterväter und Meistermütter, die Kosten für die Ausbildung zum Handwerksmeister trägt der Betrieb, wenn Ihr es richtig anpackt. Und außerdem steht Euch Kinderermäßigung zu, sofern die 13 020-DM-Grenze nicht überschritten wird.**

»Mein Sohn Peter will vorher noch studieren, bevor er die Firma übernimmt«, sagst Du.

Auch gut, aber schließe vorher mit ihm einen Vertrag ab. Du machst es richtig, wenn es ein Vertrag ist, wie er auch zwischen fremden Personen möglich wäre. Etwa so:

408

```
              Ausbildungsvertrag

Zwischen der Firma Walter Holzauge, Holzleimbau-
betrieb, in 12345 Neuhausen und Peter Holzauge,
wohnhaft ebendort, wird folgender Ausbildungs-
dienstvertrag geschlossen:

Peter Holzauge wird ab 1. 2. 19.. an der Fachhoch-
schule für Holzwesen in Rosenheim studieren, um dort
die Prüfung als Ingenieur Holzfachwirt grad.
abzulegen. Danach wird er als solcher in der Firma
Walter Holzauge tätig sein. Die Firma ist auf eine
jüngere Fachkraft angewiesen und deshalb bereit,
die Kosten der Ausbildung zu übernehmen. Übernommen
werden: die Kosten der Unterkunft in Rosenheim (zu
50%), die Semestergebühren und die Aufwendungen für
Lehrmaterial. Außerdem wird das Gehalt von derzeit
3000 DM mtl. in Höhe von 50% bis zum Ablauf der
```

Regelstudienzeit weitergezahlt. Der planmäßige Verlauf des Studiums wird durch Scheine und Testate nachgewiesen, die der Firma Walter Holzauge in Kopie zu überlassen sind. Bei Abbruch des Studiums sind die bis dahin erhaltenen Gehälter zurückzuzahlen.

Das bereits bestehende Dienstverhältnis wird ab 1. 2. 19.. in ein Ausbildungsdienstverhältnis umgewandelt. Nach Ablegung des Ingenieurexamens verpflichtet sich Peter Holzauge, in der Firma Walter Holzauge als Führungskraft tätig zu sein. Kündigt Peter Holzauge vor Ablauf von 10 Jahren, sind die von der Firma getragenen Kosten und die Gehaltsbezüge für jedes ausstehende Jahr in Höhe von einem Zehntel zurückzuzahlen.

Neuhausen, den........

....
        Unterschrift   Unterschrift
     Walter Holzauge   Peter Holzauge

Peter muß sein Gehalt versteuern, kann aber seine Aufwendungen für die Ausbildung als Werbungskosten absetzen (BFH-Urt. vom 28. 9. 1984 – BStBl 1985 II S. 87). Das sind aufs Jahr gerechnet:

Spesen für die ersten drei Monate:

Verpflegungsmehraufwendungen 84 Tage mal 46 DM = ...	3 864 DM
Fahrtkosten 12 Heimfahrten 1 440 km mal 0,52 DM = ...	749 DM
Kosten der Unterkunft 600 DM mal 3 Monate = ...	1 800 DM

Nach Ablauf von drei Monaten doppelte Haushaltsführung: 409

Unterkunft 600 DM mal 9 Monate = ...	5 400 DM
Heimfahrten 36 mal 60 Entfernungskilometer mal 0,70 DM =	1 512 DM
Summe	13 325 DM
./. steuerfreie Erstattung der Unterkunft	3 600 DM
Als Werbungskosten abziehbar...............	9 725 DM

410 ## Zeile 23-36 Arbeitslose Kinder

Kann Dein Sprößling mangels Ausbildungsplatz seine Berufsausbildung nicht fortsetzen, hast Du bis zu seinem 27. Lebensjahr Anspruch auf einen Kinderfreibetrag bzw. auf Kindergeld. Kontert das Finanzamt, jeder bekomme einen Ausbildungsplatz, wenn er sich nur richtig bemühe, beweist Du durch Vorlage von Bewerbungsschreiben oder der Bescheinigung des Arbeitsamtes über die Meldung des Kindes als Bewerber um eine berufliche Ausbildungsstelle das Gegenteil.

Übrigens: Kann Eure Tochter ihre Ausbildung aufgrund der gesetzlichen Mutterschutzfristen nicht beginnen oder fortsetzen, steht Euch weiterhin die Kinderermäßigung zu.

Steht Dein Kind nach der Lehre auf der Straße, kannst Du bis zu seinem 21. Lebensjahr noch die Kinderermäßigung beanspruchen. Den Nachweis der Arbeitslosigkeit führst Du einfach durch Vorlage der Besucherkarte des Arbeitsamtes.

Beachte:
Auch bei Arbeitslosigkeit gilt: Betragen die eigenen Einkünfte und Bezüge des Kindes mehr als 13 020 DM, ist die Kinderermäßigung dahin.

Wie auch Dein Sprößling trotz Arbeitslosigkeit noch Steuern sparen kann, lies dazu ➤ Rz 729.

*Der Wohlstand ist das Durchgangsstadium
von der Armut zur Unzufriedenheit.*
(Paul Spree)

411 ## Zeile 23-36 Behinderte Kinder

Behinderte Kinder werden ohne Altersbeschränkung auch über das 27. Lebensjahr hinaus berücksichtigt, wenn sie sich nicht selbst unterhalten können. Davon kannst Du immer ausgehen, wenn die eigenen Einkünfte und Bezüge Deines Kindes im Jahr unter 13 020 DM liegen. Zweckgebundene Zahlungen zum Ausgleich besonderer Nachteile, z. B. Blindengeld, Pflegegeld u. ä. gehören nicht dazu. Erhält Dein Kind keine besonderen Leistungen für behinderungsbedingten Mehrbedarf, so erhöht sich die Grenze von 13 020 DM um den maßgeblichen Behinderten-Pauschbetrag (vgl. ➤ Rz 254). Außerdem wisse: Ist Dein Kind über 27 Jahre alt und findet wegen der Behinderung keinen Arbeitsplatz oder hat es seine Schul- oder Berufsausbildung noch nicht beendet, muß das Finanzamt auf weitere Prüfungen verzichten und die Kinderermäßigung anerkennen (EStR 180d). Verdient Dein Kind mehr als 13 020 DM im Jahr, ist die Kinderermäßigung noch nicht verloren. Du kannst dann dem Finanzamt klarmachen, daß Dein Kind wegen der Behinderung einen viel höheren Unterhaltsbedarf hat. Denk doch mal an die vielen Fahrten, Diäten, den hohen Verschleiß an Wäsche und auch an Eure persönlichen Betreuungsleistungen. Also befolgst Du den nächsten Tip …

TIP Ist Dein behindertes Kind berufstätig?

412

Trage Dein behindertes Kind, auch wenn es berufstätig ist, immer in > Zeile 1–29 ein und füge auf alle Fälle eine Kopie des Schwerbehindertenausweises bei. Wenn der Ritter vom Paragraphenfels dort liest: »Grad der Behinderung 100%«, muß er schon zu der ganz abgebrühten Sorte gehören, wenn er sich noch dazu hinreißen läßt, die fast peinliche Frage zu stellen, ob sich Dein schwerbehindertes Kind nicht vielleicht doch selbst unterhalten kann.

Übrigens, zu dieser Frage muß er sich natürlich nur dann durchringen, wenn Du im Eifer des Gefechts vergessen hast, die geringen Einkünfte Deines Kindes in > Zeile 30–36 einzutragen.

Beispiel: Steuerermäßigung für schwerbehindertes Kind

Zeile	Angaben zu Kindern									
	Vorname / ggf. abweichender Familienname	verheiratet	Inland		Wohnort im	Ausland (Bitte auch Staat eintragen.)				89
1	Fabian	ja								
2		ja								
3		ja								
4		ja							86	Haushalts-freibetrag ja = 1

Zeile	Kind in	Geburtsdatum	Für 1999 ausgezahltes Kindergeld / Höhe des zivilrechtlichen Ausgleichsanspruchs / vergleichbare Leistungen	Wohnort im				Volle KFB Zahl der Monate		Halbe KFB Zahl der Monate		Länderangaben in Drittel
5				Inland		Ausland		Inland	Ausland	Inland	Ausland	
6		T T M M J J J J	DM	vom T T M M	bis T M M	vom T T M M	bis T M M					
7	Zeile 1	16 27 03 19 67	15 3.000					10	12	11	13	14
8	Zeile 2	26	25					20	22	21	23	24
9	Zeile 3	36	35					30	32	31	33	34
10	Zeile 4	46	45					40	42	41	43	44

Zeile	Kindschaftsverhältnis								Bei Pflegekindern: Empfangene Unterhaltsleistungen / Pflegegelder
11	Kind in	zur steuerpflichtigen Person			zum Ehegatten				DM
12		leibliches Kind / Adoptivkind	Pflegekind	Enkelkind / Stiefkind	leibliches Kind / Adoptivkind	Pflegekind	Enkelkind / Stiefkind		
13	Zeile 1	☒	☐	☐	☒	☐	☐		

		Kinder von 18 bis 27 Jahren				Kinder von 18 bis 21 Jahren	Behinderte Kinder	21 Jahre	27 Jahre	Kinder über	Maßgeblicher Ausbildungs- oder vergleichbarer Zeitraum (nach Vollendung des 18. Lebensjahres) vom – bis
Kind in	Schul-/ Berufsausbildung	Ausbildungsunterbrechung bis max. 4 Monate	Ausbildungsplatz fehlt	freiwilliges soziales oder ökologisches Jahr		arbeitslos	körperlich, geistig od. seelisch behindert	arbeitslos	Berufsausbildung	Dauer des gesetzlichen Grundwehr-/ Zivildienstes oder davon befreienden Dienstes vom – bis	
Zeile 1	☐	☐	☐	☐			☒				

413 Zeile 23–36 Kinder über 27 Jahre

Barras oder Zivildienst?
Die meisten Kinder über 27 sind flügge und bedürfen nicht mehr der elterlichen Fürsorge und diese folglich auch nicht mehr der staatlichen Stütze. Es sei denn, die Kinder sind behindert oder unverschuldet mit ihrer Berufsausbildung noch nicht fertig, weil sie wertvolle Zeit beim Barras oder beim Zivildienst verloren haben.

War Dein Kind beim Barras oder hat Zivildienst geleistet, verschiebt sich die Altersgrenze von 27 Jahren um die Dauer des gesetzlichen Grundwehrdienstes bzw. des Zivildienstes. Wie dabei gerechnet wird, zeigt ➤ Rz 394.

414 Zeile 30–36 Einkünfte und Bezüge der Kinder über 18 Jahre

Für Kinder unter 18 Jahre ist es völlig egal, ob sie eigene Einkünfte haben und, wenn ja, wieviel. Die Kinderermäßigung steht in jedem Fall zu, egal ob Kindergeld oder Kinderfreibetrag.

Für Kinder über 18 Jahre wird Kindergeld nur auf besonderen Antrag bei der Familienkasse des Arbeitsamtes gezahlt.
Angehörige des öffentlichen Dienstes stellen ihren Antrag bei der zuständigen Besoldungsstelle.

»Und wer das nicht weiß?« fragst Du.

Ja, der hat eben Pech gehabt, denn ohne Antrag kein Kindergeld. Also aufgepaßt!

In dem Antrag auf Kindergeld werden auch Fragen zu den voraussichtlichen Einkünften und Bezügen des Kindes gestellt. Wenn diese im Kalenderjahr 13 020 DM nicht übersteigen, ist der Antrag geritzt. Auch kann steuerlich Kinderermäßigung gewährt werden. Andernfalls ist beides verloren, auch wenn die übrigen Voraussetzungen dafür vorliegen.

Für Deinen Antrag auf Kinderfreibetrag bzw. Kindergeld bist Du gottlob auf den guten Willen Deines Kindes angewiesen, um von ihm die Höhe seiner Einkünfte zu erfahren. Also erkundigst Du Dich höflich und trägst ein, was man Dir dazu sagt. Basta.

Im übrigen ist es äußerst schwierig, diese Zeilen korrekt auszufüllen. Darauf mußt Du nämlich vorher studiert haben, sonst machst Du hier vieles falsch.

Was den Bruttolohn Deines Kindes betrifft, der läßt sich ja anhand der Lohnsteuerkarte feststellen. Mit den Bezügen ist es aber kompliziert.

Als Bezüge gelten grundsätzlich alle Einnahmen, die nicht der Steuer unterliegen mit Ausnahme der steuerfreien Erstattung von Werbungskosten und ausbildungsbezogenen Zuschüssen wie z. B. Büchergeld oder Begabtenförderung. Bezüge sind also z. B.

- pauschal versteuerter Aushilfslohn, Freifahrkarten, erstattete Reisekosten,
- der Teil der Rente, der nicht der Steuer unterliegt (Rente ./. Ertragsanteil),
- Arbeitslosengeld, Arbeitslosenhilfe, Kurzarbeitergeld, Krankengeld, Mutterschaftsgeld.

Wichtig zu wissen: 415
Auch der Teil der Zinseinnahmen, der aufgrund des Sparerfreibetrags steuerfrei bleibt, zählt zu den Bezügen. Was das bedeutet, dazu mehr unter ➤ Rz 418. Siehe hierzu auch ➤ Rz 1080.

»Wenn ich meinen Klaus-Peter frage, was er alles so nebenher verdient hat, zeigt der mir glatt den Vogel, das ist sicher. Der denkt nämlich, ich könnte ihm sein Taschengeld kürzen.«

Von Eltern Angaben zu den Einkünften und Bezügen ihrer erwachsenen Kinder zu verlangen beweist doch wieder einmal, daß an den Steuergesetzen lebensfremde Einfaltspinsel stricken. Also ist es nicht zu verdenken, wenn sich die Steuerzahler wegen der Einkünfte ihrer Kinder keine schlaflosen Nächte bereiten, sondern unbekümmert das eintragen, was sie wissen. Dem Finanzamt steht es frei, seiner Ermittlungspflicht nachzukommen und die Angaben zu prüfen.

416 **Rückzahlung von Kindergeld**
Im Zuge des bei uns praktizierten Behördenwahnsinns prüfen die Finanz-
ämter und die Familienkassen unabhängig voneinander die Höhe der
Einkünfte und Bezüge des Kindes.

Hast Du für ein über 18 Jahre altes Kind Kindergeld erhalten, wird sich auch
die Familienkasse bei Dir melden und eine Erklärung über die Höhe der Einkünfte und Bezüge Deines Kindes verlangen. Mußt Du der Familienkasse –
entgegen der im Vorfeld erklärten voraussichtlichen Einkünfte – solche über
13 020 DM offenbaren, wird die Familienkasse Kindergeld von Dir zurückfor-
dern.

417 **Nicht gut zu wissen:**
Wer nun meint, er könnte der Familienkasse oder dem Fiskus ein Schnipp-
chen schlagen, indem er dafür sorgt, daß sich die Einkünfte und Bezüge des
Kindes im Rahmen halten, also unter 13 020 DM bleiben, der muß höllisch
aufpassen: Einfach auf ein paar Mark Einnahmen verzichten, das kann ins
Auge gehen. Denn in § 32 Abs. 4 EStG ist geregelt, daß der Verzicht auf
Teile der dem Kind zustehenden Einkünfte und Bezüge ohne Auswirkung
bleibt. Also gilt es, bereits bei Abschluß des Ausbildungsvertrages genau zu
 kalkulieren.

418 **Achtung, Fangeisen!**
Auch das kommt vor: Reiche Leute schenken ihren Kindern oft vorweg
schon mal Vermögen, denn nach dem Erbschaftsteuergesetz können alle 10
Jahre bis zu 400 000 Mark steuerfrei auf Kinder übertragen werden. Wer
trotz seines Reichtums auch noch scharf auf Kindergeld oder Kinderfreibetrag ist, der muß wissen:
Zinserträge der Kinder aus ihrem Vermögen gelten in voller Höhe als deren
Bezüge, können also nicht mit dem Sparerfreibetrag von 6 000 Mark verrechnet werden. Liegen die Zinserträge des Kindes also über 13 120 DM
(100 Mark Werbungskosten-Pauschbetrag gehen ab), ist der Anspruch auf
Kindergeld und auch auf den Kinderfreibetrag verloren.

419 **TIP** **Hilfe, Ausbildungsvergütung zu hoch!**

Erhält Dein Kind monatlich 1 200 Mark Ausbildungsvergütung und vielleicht zusätzlich Weihnachtsgeld von 650 Mark, sind Kindergeld und
Kinderermäßigung verloren. Berechnung:

Ausbildungsvergütung 1 200 x 12 =	14 400 DM
plus Weihnachtsgeld	650 DM
Zusammen	15 050 DM
abzüglich Werbungskosten-Pauschbetrag	2 000 DM
Einkünfte – über 13 020 DM =	13 050 DM

Nun könntest Du veranlassen, daß in dem schriftlich abzuschließenden Ausbildungsvertrag (§§ 3, 4 BBiG) nur eine Vergütung unter dem Grenzwert von 15 020 DM vereinbart wird. Im vorliegenden Fall könnte also die Zahlung von Weihnachtsgeld vertraglich auf 600 DM begrenzt werden.

Guter Rat   420
Für die Berechnung der maßgeblichen Einkünfte und Bezüge stellt der Gesetzgeber auf solche im Sinne des Einkommensteuergesetzes ab. Also sind die Einnahmen des Kindes, hauptsächlich der Bruttoarbeitslohn, um alle absetzbaren Aufwendungen zu kürzen.

Berechnung:	
Bruttoarbeitslohn wie oben	15 050 DM
abzüglich Werbungskosten	
12 Monatskarten öffentliche Verkehrsmittel à 100 DM	1 200 DM
Fachbücher, Berufsbekleidung	900 DM
Gewerkschaftsbeitrag	120 DM
Einkünfte	12 830 DM

Hurra, unter 13 020 Mark!!
Was meinst Du? Das geht bei Dir nicht? Dann lies den Rat unter ➤ Rz 1031.

Wie Du hier – in der Steuererklärung – die richtigen Eintragungen machst, zeigt der

◆ *Musterfall Emsig*   421

Die Emsigs haben drei Kinder. Ihr am 6. 12. 1973 geborener Sohn Peter studiert auswärts. Nebenher jobbt er an verschiedenen Stellen und verdiente damit im Jahr 1999 13 000 Mark. Auch im Studium ist er ein fleißiger Junge und erhielt deswegen aus der Begabtenförderung ein Büchergeld von 1 500 Mark. Tochter Bärbel, geboren am 12. 5. 1981, begann im August 1999 nach ihrem Abi eine Ausbildung bei einer Bank. Zwischen Abi und Beginn der Ausbildung verdingte sie sich als Kellnerin und verdiente 2 Mille. Ab August 1999 erhält sie eine Ausbildungsvergütung von 1 550 DM monatlich. Nesthäkchen Fritz, geboren am 15. 2. 1990, besucht die Grundschule.

Das Ausfüllen der Anlage Kinder ist ein Klacks. Bei der > Zeile 27 für Tochter Bärbel kommt Vater Emsig aber ins Grübeln, was denn der maßgebliche Ausbildungszeitraum ist. Er entschließt sich richtig, indem er nur die Zeit nach ihrem 18. Lebensjahr einträgt. Denn für die Monate vor dem 18. steht die Kinderermäßigung eh zu.

Bei > Zeile 31 für Peter fällt Vater Emsig nicht darauf rein, das Büchergeld als öffentliche Ausbildungshilfe einzutragen, da das Büchergeld zweckgebunden ist und somit nicht zur freien Verfügung steht.

Zeile	Angaben zu Kindern				Wohnort im			
	Vorname ggf. abweichender Familienname	verheiratet		Inland		Ausland (Bitte auch Staat eintragen.)		
1	Peter	ja						
2	Bärbel	ja						
3	Fritz	ja						
4		ja						86 Haushaltsfreibetrag Ja = 1

Zeile	Kind in	Geburtsdatum T T M M J J J J	Für 1999 ausgezahltes Kindergeld / Höhe des zivilrechtlichen Ausgleichsanspruchs / vergleichbare Leistungen	Wohnort im				Volle KFB Zahl der Monate		Halbe KFB Zahl der Monate		Länderangaben in Drittel
				Inland vom bis T T M M T T M M		Ausland vom bis T T M M T T M M		Inland	Ausland	Inland	Ausland	
5 / 6												
7	Zeile 1	16 06 12 1973	15 3.000 DM					10	12	11	13	14
8	Zeile 2	26 12 05 1981	25 1.250					20	22	21	23	24
9	Zeile 3	36 15 02 1980	35 3.250					30	32	31	33	34
10	Zeile 4	46	45					40	42	41	43	44

Zeile	Kindschaftsverhältnis							Bei Pflegekindern: Empfangene Unterhaltsleistungen / Pflegegelder DM
	Kind in	zur steuerpflichtigen Person			zum Ehegatten			
11 / 12		leibliches Kind / Adoptivkind	Pflegekind	Enkelkind / Stiefkind	leibliches Kind / Adoptivkind	Pflegekind	Enkelkind / Stiefkind	
13	Zeile 1	X	☐	☐	X	☐	☐	
14	Zeile 2	X	☐	☐	X	☐	☐	
15	Zeile 3	X	☐	☐	X	☐	☐	

Zeile	Kinder ab 18 Jahren										Maßgeblicher Ausbildungs- oder vergleichbarer Zeitraum (nach Vollendung des 18. Lebensjahres) vom – bis
23	Kind in	Kinder von 18 bis 27 Jahren				Kinder von 18 bis 21 Jahren	Behinderte Kinder	Kinder über			
24 / 25		Schul-/ Berufsausbildung	Ausbildungsunterbrechung bis max. 4 Monate	Ausbildungsplatz fehlt	freiwilliges soziales oder ökologisches Jahr	arbeitslos	körperlich, geistig od. seelisch behindert	21 Jahre arbeitslos	27 Jahre Berufsausbildung	Dauer des gesetzlichen Grundwehr-/ Zivildienstes oder davon befreienden Dienstes vom – bis	
26	Zeile 1	X	☐	☐	☐	☐	☐	☐	☐		1.1.–31.12.
27	Zeile 2	X	☐	☐	☐	☐	☐	☐	☐		1.6.–31.12.

Zeile	Einkünfte und Bezüge der Kinder ab 18 Jahren					
30	Kind in	Bruttoarbeitslohn DM	darauf entfallende Werbungskosten DM	Öffentliche Ausbildungshilfen DM	Kapitalerträge (z. B. Zinseinnahmen) DM	andere Einkünfte/Bezüge (Art und Höhe)
31	Zeile 1	Einnahmen des Kindes im maßgeb. Berücksichtigungszeitraum 13.000.-				
32		außerhalb des maßgeb. Berücksichtigungszeitraums —				
33	Zeile 2	Einnahmen des Kindes im maßgeb. Berücksichtigungszeitraum 9.750.-				
34		außerhalb des maßgeb. Berücksichtigungszeitraums —				
Zeile	Einnahmen des Kindes					

Und womit können die Emsigs rechnen? Die Kinderermäßigung steht für **422** Peter zu, da seine Einkünfte und Bezüge nicht mehr als 13 020 Mark betragen (Bruttolohn 13 000 Mark abzüglich 2 000 Mark Werbungskosten-Pauschbetrag). Für Bärbel steht aber nur für die Monate Januar bis Mai die Kinderermäßigung zu. Für die Monate ab Juni, in denen sie über 18 ist, steht Kinderfreibetrag und auch Kindergeld nicht mehr zu, weil die Einkünfte in diesem Zeitraum zu hoch sind.

Berechnung:

Bruttolohn	9 750 DM
abzüglich Werbungskosten-Pauschbetrag	2 000 DM
Einkünfte	7 750 DM
Steuerunschädliche Einkünfte im Jahr	13 020 DM
Zeitanteilig für 7 Monate 7/12 =	7 595 DM

Vater Emsig flucht leise vor sich hin. Denn jetzt, wo der Bruttolohn auf Bärbels Lohnsteuerkarte steht, ist nichts mehr zu deichseln. Das hätte vorher geschehen müssen.

Zeile 37–41 Übertragung des Kinderfreibetrags

423

Sind Eltern geschieden oder leben sie dauernd getrennt oder sind die Eltern ledig, so erhält derjenige Elternteil das Kindergeld, in dessen Haushalt das Kind lebt. Gehören die Eltern zu den Besserverdienenden, kann der Kinderfreibetrag günstiger sein. In diesem Fall müssen sich die Eltern den Kinderfreibetrag teilen.

Anders ist die Lage, wenn einer der Eltern beim Unterhalt kneift, d. h. wenn er weit weniger an Unterhalt zahlt, als er für das Kind aufzubringen hat. In diesem Fall erhält derjenige den vollen Kinderfreibetrag, der den Unterhalt aufbringt.

Damit Du hier klarzusehen vermagst, solltest Du wissen: Soweit die Höhe des Unterhalts nicht durch Unterhaltsurteil, Verpflichtungserklärung oder Vergleich festgelegt ist, können dafür im Zweifel die von den Gerichten aufgestellten Unterhaltstabellen, z. B. die sog. »Düsseldorfer Tabelle«, einen Anhalt geben.

424 Nach Meinung des Fiskus kneift ein Elternteil beim Unterhalt, wenn er weniger als 75% der eigentlichen Unterhaltsverpflichtung und nicht mindestens 200 DM monatlich zahlt, es sei denn, daß mit weniger als 200 DM die Unterhaltspflicht zu mindestens 75% erfüllt wird. Dies ist bei Unterhaltsurteilen der Gerichte der ehemaligen DDR möglich (EStH 181a; EFG 1995 S. 887).

Wisse: Ist ein Elternteil nicht zur Leistung von Unterhalt verpflichtet, so kann der ihm zustehende Kinderfreibetrag nicht auf den anderen Elternteil übertragen werden (BFH vom 25. 7. 1997 – BStBl 1998 II S. 329). Das gleiche gilt, wenn ein Elternteil den anderen von der Unterhaltszahlung freistellt.

425

Kindesunterhalt lt. Düsseldorfer Tabelle (Stand ab 1. 7. 1998)				
Altersstufe	bis Volldg. 6. Lbj.	v. 7. bis Volldg. 12. Lbj.	v. 13. bis Volldg. 18. Lbj.	ab Volldg. 18. Lbj.	Bedarfskontrollbetrag
Unterhaltsrelevantes Netto-Einkommen in DM	DM	DM	DM	DM	DM
bis 2 400	349	424	502	580	1 300/1 500
2 400–2 700	374	454	538	621	1 600
2 700–3 100	398	484	573	662	1 700
3 100–3 500	423	514	608	702	1 800
3 500–3 900	447	543	643	743	1 900
3 900–4 300	471	570	677	783	2 000
4 300–4 700	496	603	713	824	2 100
4 700–5 100	524	636	753	870	2 200
5 100–5 800	559	679	804	928	2 350
5 800–6 500	594	721	854	986	2 500
6 500–7 200	629	764	904	1 044	2 655
7 200–8 000	664	806	954	1 102	2 800
über 8 000	nach den Umständen des Falles				

Quelle mit weiteren Anmerkungen: NWB Fach 19 S. 2349

ANLAGE KINDER
Kinderermäßigungen

1999

So beantragst Du den vollen Kinderfreibetrag:

Zeile	Angaben zu Kindern				Wohnort im			89	7.– / 2. Anl.
	Vorname / ggf. abweichender Familienname	ver-heiratet		Inland		Ausland (Bitte auch Staat eintragen.)			
1	Fabian	ja							
2		ja							
3		ja							
4		ja						86	Haushalts-freibetrag Ja = 1

Zeile	Kind in	Geburtsdatum	Für 1999 ausgezahltes Kindergeld / Höhe des zivilrechtlichen Ausgleichsanspruchs / vergleichbare Leistungen	Wohnort im				Volle KFB Zahl der Monate		Halbe KFB Zahl der Monate		Länderangaben in Drittel
		T T M M J J J J	DM	Inland vom bis		Ausland vom bis		Inland	Ausland	Inland	Ausland	
5		16	15	T T M M T T M M		T T M M T T M M						
6												
7	Zeile 1	05 03 1984	3.000					10	12	11	13	14
8	Zeile 2	26 / 25						20	22	21	23	24
9	Zeile 3	36 / 35						30	32	31	33	34
10	Zeile 4	46 / 45						40	42	41	43	44

Zeile	Kindschaftsverhältnis						Bei Pflegekindern: Empfangene Unterhaltsleistungen / Pflegegelder DM	
11	Kind in	zur steuerpflichtigen Person			zum Ehegatten			
12		leibliches Kind / Adoptivkind	Pflegekind	Enkel-kind / Stiefkind	leibliches Kind / Adoptivkind	Pflegekind	Enkel-kind / Stiefkind	
13	Zeile 1	☒	☐	☐	☐	☐	☐	
14	Zeile 2	☐	☐	☐	☐	☐	☐	
15	Zeile 3	☐	☐	☐	☐	☐	☐	
16	Zeile 4	☐	☐	☐	☐	☐	☐	

Zeile	Kindschaftsverhältnis zu weiteren Personen			
17				
18	Kind in	durch Tod des anderen Elternteils erloschen am:	hat bestanden zu (Name, letztbekannte Anschrift und Geburtsdatum dieser Personen, Art des Kindschaftsverhältnisses)	vom – bis
19	Zeile1		Werner Fiesling, Feigenstr. 12, Bremen / leibl. Vater	

36	sichtigungszeitraum			
37	Übertragung des Kinderfreibetrags			
38	Kind in Zeile	Ich beantrage den vollen Kinderfreibetrag, weil der andere Elternteil		Der Übertragung auf die Stief-/Großeltern wurde lt. Anlage K zugestimmt.	Nur bei Stief-/Großeltern: Der Kinderfreibetrag ist lt. Anlage K zu übertragen.
		seine Unterhaltsverpflichtung nicht mind. zu 75% erfüllt hat	im Ausland lebte vom – bis		
39	Zeile	☒ ja		ja	ja
40	Zeile	ja		ja	ja
41	Zeile	ja		ja	ja

42	Haushaltsfreibetrag			Bei Kindern, die bei beiden Elternteilen oder bei einem Elternteil und einem Großelternteil gemeldet sind:
43	Kind in Zeile	Die Kinder lt. den Zeilen 19 bis 22 waren am 1.1.1999 (oder erstmals 1999) mit Wohnung gemeldet		Ich beantrage die Zuordnung der Kinder. Die Mutter / der Vater hat lt. Anlage K zugestimmt.
		bei der stpfl. Person / dem nicht dauernd getrennt lebenden Ehegatten	und / oder bei sonstigen Personen (Name und Anschrift, ggf. Verwandtschaftsverhältnis zum Kind) oder in (Anschrift)	
44	Zeile	☒		Ich habe zugestimmt, daß die Kinder Großelternteil

227

426 **Kinderfreibetrag für ein Enkelkind**

Lebt ein Enkelkind bei Euch, weil z. B. Eure alleinerziehende Tochter auswärtig tätig ist, dann habt Ihr zunächst Anspruch auf Kindergeld.

Gehört Ihr zu den Besserverdienenden (➤ Rz 370), kann der Kinderfreibetrag günstiger sein. Dann bittest Du Deine Tochter, daß sie auf den Kinderfreibetrag verzichtet und ihn auf Euch überträgt.

---

427 ## Zeile 42–45 Haushaltsfreibetrag

Der Haushaltsfreibetrag beträgt stolze 5 616 DM und steht Dir als Alleinstehendem zu, wenn Du für mindestens ein Kind einen Kinderfreibetrag oder Kindergeld bekommst. Vorausgesetzt das Kind ist in Deiner Wohnung gemeldet, versteht sich (§ 32 Abs. 7 EStG).

Wisse also: Dein Kind muß bei Dir gemeldet sein, sonst ist der Anspruch vertan. Es kommt nicht darauf an, wo sich Dein Kind tatsächlich aufhält. Lebt Dein Kind in einem Heim oder in einem Internat oder hat es bereits eine eigene Wohnung, so muß es doch zumindest bei Dir mit zweitem Wohnsitz gemeldet sein.

Nach einem Urteil des Bundesverfassungsgerichts vom Januar 1999 sollen auch Ehegatten künftig einen entsprechenden Freibetrag geltend machen können. Mehr dazu unter ➤ Rz 376.

---

428 ◆ *Musterfall Fuchs (Lebensgemeinschaft mit Kind)*

Alfred Fuchs wohnt mit seiner Lebensgefährtin Helga Müller und dem gemeinsamen Kind Daniel in Köln, Rheinufer 19. Helga ist nicht mehr berufstätig und führt den Haushalt. Sie hat keine Einkünfte und gibt deshalb auch keine Steuererklärung ab. Sie stimmt in der Anlage K zu, daß Daniel ihrem Partner zugeordnet wird, damit er den Haushaltsfreibetrag erhält.

So sieht die Erklärung von Alfred aus:

Name und Vorname **Fuchs, Alfred**	**Anlage Kinder** **1999**
Steuernummer **123 / 4567 / 890**	Bei mehr als 4 Kindern bitte weitere Anlagen Kinder abgeben.

99 : **3**   6 – 1. Anl.
89   7 – 2. Anl.

Zeile	Angaben zu Kindern						
	Vorname ggf. abweichender Familienname	verheiratet	Inland	Wohnort im	Ausland (Bitte auch Staat eintragen.)		
1	Daniel	ja	Köln				
2		ja					
3		ja					
4		ja				86	Haushaltsfreibetrag Ja = 1

Zeile		Geburtsdatum	Für 1999 ausgezahltes Kindergeld / Höhe des zivilrechtlichen Ausgleichsanspruchs / vergleichbare Leistungen	Inland vom bis	Wohnort im Ausland vom bis	Volle KFB Zahl der Monate Inland / Ausland	Halbe KFB Zahl der Monate Inland / Ausland	Länderangaben in Drittel
5 6	Kind in	T T M M J J J J	DM	T M M T T M M	T M M T T M M			
7	Zeile 1	16 **17 01 1995**	15			10 / 12	11 / 13	14
8	Zeile 2	26	25			20 / 22	21 / 23	24
9	Zeile 3	36	35			30 / 32	31 / 33	34
10	Zeile 4	46	45			40 / 42	41 / 43	44

Zeile	Kindschaftsverhältnis						Bei Pflegekindern: Empfangene Unterhaltsleistungen / Pflegegelder
11 12	Kind in	zur steuerpflichtigen Person			zum Ehegatten		DM
		leibliches Kind / Adoptivkind	Pflegekind	Enkelkind / Stiefkind	leibliches Kind / Adoptivkind	Pflegekind	Enkelkind / Stiefkind	
13	Zeile 1	X						
14	Zeile 2							
15	Zeile 3							
16	Zeile 4							

Zeile	Kindschaftsverhältnis zu weiteren Personen		
17 18	Kind in	durch Tod des anderen Elternteils erloschen am:	hat bestanden zu (Name, letztbekannte Anschrift und Geburtsdatum dieser Personen, Art des Kindschaftsverhältnisses)	vom – bis
19	Zeile1		Helga Müller, Rheinufer R, Köln / leibl. Mutter

Zeile	Haushaltsfreibetrag		
41		ja	ja
42		Die Kinder lt. den Zeilen 19 bis 22 waren am 1.1.1999 (oder erstmals 1999) mit Wohnung gemeldet	Bei Kindern, die bei beiden Elternteilen oder bei einem Eltern- und einem Großelternteil gemeldet sind:
43	Kind in	bei der stpfl. Person / dem nicht dauernd getrennt lebenden Ehegatten	und / oder bei sonstigen Personen (Name und Anschrift, ggf. Verwandtschaftsverhältnis zum Kind) oder in (Anschrift)	
44	Zeile **1**		Helga Müller s.o.	X Ich beantrage die Zuordnung der Kinder. Die Mutter / der Vater hat lt. Anlage K zugestimmt.
	Zeile			Ich habe zugestimmt, daß die Kinder Vater / dem Großelternteil

Darüber hinaus macht er noch Kinderbetreuungskosten geltend. Dazu
mehr unter ➤ Rz 445.

429 ## Zeile 42–45 Übertragung des Haushaltsfreibetrags

Den Haushaltsfreibetrag kann immer nur ein (alleinstehender) Elternteil beanspruchen, und zwar derjenige, in dessen Wohnung das Kind gemeldet ist. Doch unterscheide hierbei:

Eltern leben unverheiratet zusammen
Nun leben immer mehr Paare ohne Trauschein zusammen. Stellt sich Nachwuchs ein, wird dieser in der gemeinsamen Wohnung angemeldet, logo. Hier sieht das Gesetz vor, daß zunächst die Mutter den Haushaltsfreibetrag erhält. Sie kann ihn aber mit dem Formular »Anlage K« auf den Vater übertragen. Lebt Ihr jedoch mit mehreren gemeinsamen Kindern in einem Haushalt, können die Kinder nur einheitlich dem einen oder anderen Elternteil zugeordnet werden.

430 **TIP** **Der Meldetrick für getrennt lebende Eltern**

Lebt Ihr von Tisch und Bett getrennt? Und das Kind bei der Mutter, die den schönen Haushaltsfreibetrag von 5 616 DM steuerlich nicht nutzen kann? »Genau, aber was kann ich tun? Der Freibetrag geht bei meiner früheren Verlobten völlig ungenutzt den Bach runter, wo ich ihn doch so gut gebrauchen kann«, sagst Du.

Ganz einfach, Du trabst zum Einwohnermeldeamt und meldest Dein Kind bei Dir mit Nebenwohnsitz an. Dann braucht die Mutter nur noch der Übertragung zuzustimmen, und alles ist (fast) in Butter.

»Warum fast?« fragst Du weiter.

Weil es bei dem Haushaltsfreibetrag darauf ankommt, wo das Kind zu Beginn des Jahres gemeldet war. Du mußt also noch vor Jahresablauf das Kind bei Dir anmelden, um im nächsten Jahr den Haushaltsfreibetrag zu ergattern.

431 ## Zeile 46–51 Ausbildungsfreibetrag

Für Dein in Ausbildung befindliches Kind steht Dir ein besonderer Ausbildungsfreibetrag zu. Einzige Voraussetzung: Du hattest Aufwendungen für Dein Kind – auf deren Höhe es übrigens nicht ankommt –, und Du kannst für Dein Kind den Kinderfreibetrag oder Kindergeld beanspruchen.

Der Ausbildungsfreibetrag beträgt: **432**

Unterbringung	**Kind unter 18**	**Kind über 18**
Auswärts	1 800 DM	4 200 DM
Zu Hause	kein Freibetrag	2 400 DM

Das hört sich recht großzügig an, jedoch werden auch hier die Fleißigen in unserer Gesellschaft bestraft. Denn der Fiskus rechnet auf den Freibetrag die eigenen Einkünfte und Bezüge des Kindes an, soweit sie jährlich 3 600 DM übersteigen.

Angaben über die Höhe der Einkünfte und Bezüge verlangt der Fiskus hier nicht. Er verwendet einfach die Angaben aus > Zeile 30–36.

Du kannst Dir also die Mühen der Antragstellung ruhig ersparen, wenn die Einkünfte und Bezüge Deines auswärts studierenden Kindes 7 800 DM und mehr betragen. Wohnt Dein großjähriges Kind noch bei Dir zu Hause, reichen schon 6 000 DM aus, um den Freibetrag von 2 400 DM auf Null Komma Null zu bringen.

Berechnung für Kinder über 18 Jahre **433**

	Kind auswärts untergebracht		**Kind zu Hause untergebracht**	
Ausbildungsfreibetrag		4 200 DM		2 400 DM
Eigene Einkünfte				
z. B. Bruttolohn	9 800 DM		8 000 DM	
./. ArbN.-Pauschbetr.	2 000 DM		2 000 DM	
Einkünfte	7 800 DM		6 000 DM	
./. anrechnungsfrei	3 600 DM		3 600 DM	
schädliche Einkünfte	4 200 DM	4 200 DM	2 400 DM	2 400 DM
Ausbildungsfreibetrag		0 DM		0 DM

»Mein Kläuschen ist immer unterwegs, und wenn ich ihn frage, was er so macht, sagt er: Pauken. Vom Geldverdienen spricht er nicht. Was gebe ich beim Finanzamt bloß an?« fragst Du ratlos.

434 **TIP** **Wieviel ein Studiosus nebenbei verdienen darf**

Für 460 Mark Monatslohn kann Dein Studiosus auf Lohnsteuerkarte St-Kl I steuer- und sozialversicherungsfrei arbeiten (➤ Rz 1142), ohne daß Dir der Ausbildungsfreibetrag gekürzt wird.

Berechnung:	Jahresarbeitslohn 460 DM x 12 =	5 520 DM
	abzügl. Arbeitnehmer-Pauschbetrag	2 000 DM
	Einkünfte (unter 3 600 DM)	3 520 DM

Arbeitet er in Deinem Betrieb, hast Du mehrfachen Vorteil: Du setzt den Lohn vom Gewinn ab, kürzt ihm entsprechend den Unterhalt und hast gleich die richtigen Zahlen für > Zeile 31 der Anlage Kinder.

Schwerwiegender als eigene Einkünfte des Kindes wirken sich Zuschüsse nach dem BAföG und andere Ausbildungsbeihilfen aus öffentlichen Mitteln aus. Sie mindern den Freibetrag in voller Höhe (abzüglich einer mickrigen Unkostenpauschale von 360 DM).

»Soll ich mich nun freuen, weil mein Sprößling keinen Nebenverdienst hat und auch kein BAföG erhält?« fragst Du.

Freue Dich nicht zu früh, denn der Erklärungsvordruck enthält noch genügend Fußangeln, in denen Du hängenbleiben kannst:

435 ◆ *Musterfall Familie Huber*

Tochter Claudia aus erster Ehe studiert in Bonn, wo sie auch wohnt. Sie hat 2 800 DM Arbeitslohn bezogen. Herr Huber hat sie zusätzlich unterstützt. Er trägt deshalb in > Zeile 31 Claudias Einkünfte ein und beantragt in > Zeile 48 für Claudia einen Ausbildungsfreibetrag. Diesen erhalten er und seine geschiedene Frau je zur Hälfte.

Zeile	Einkünfte und Bezüge der Kinder ab 18 Jahren				Öffentliche Ausbildungshilfen	* Kapitalerträge (z. B. Zinseinnahmen)	andere Einkünfte/Bezüge
30	Kind in	Bruttoarbeitslohn	darauf entfallende Werbungskosten				(Art und Höhe)
	Zeile		DM	DM	DM	DM	
31	1	Einnahmen des Kindes im maßgeb. Berücksichtigungszeitraum	DM 2.800				
32		außerhalb des maßgeb. Berücksichtigungszeitraums					
	Zeile	Einnahmen des Kindes im maßgeb. Berück-					

45	Ausbildungsfreibetrag		Bei Kindern unter 18 Jahren bitte auch die Zeilen 31 bis 36 ausfüllen.		dem Vater / dem Großelternteil zugeordnet werden.
46 47	Kind in	Aufwendungen für die Berufsausbildung entstanden vom – bis	Auf den Ausbildungs- zeitraum entfallen aus den Zeilen 31, 33 od. 35	Bei auswärtiger Unterbringung Anschrift des Kindes	vom – bis
48	Zeile 1 Zeile	1.1.-31.12.	2.800 DM DM	Römerstr. 107. Bonn	1.1.-31.12

Das Finanzamt rechnet so:

Ausbildungsfreibetrag		4 200 DM
./. eigene Einkünfte des Kindes		
Bruttoarbeitslohn	2 800 DM	
./. ArbN-Pauschbetrag	2 000 DM	
Einkünfte	800 DM	
davon anrechnungsfreier Betrag	3 600 DM	
schädliche Einkünfte	0 DM	0 DM
Ausbildungsfreibetrag		4 200 DM
Davon die Hälfte für Vater Huber		2 100 DM

TIP **Umgehe geschickt die Anrechnung von eigenen Einkünften: Verhalte Dich im Sinn unseres Steuerstreiks** 436

Dein Sprößling hat in den Semesterferien von Juli bis September – immer fleißig – bei einer Straßenbaufirma geknechtet und 8 000 DM verdient. Normalerweise wäre dadurch der Ausbildungsfreibetrag von 2 400 DM zum Teufel, denn von den Einkünften (8 000 DM abzüglich 2 000 DM ArbN-Pauschbetrag = 6 000 DM) sind nur 3 600 DM anrechnungsfrei. Nicht mit Dir! Schlage das Finanzamt mit seinen eigenen Waffen, indem Du schreibst: »Von Juli bis September sind mir keine Aufwendungen für die Ausbildung meines Sohnes entstanden, weil er die in diesem Zeitraum aus eigenen Mitteln decken konnte. Ein Ausbildungsfreibetrag steht mir also für diese Monate nicht zu.«

Durch diesen auf den ersten Blick unverständlichen Verzicht machst Du 437 **ein Bombengeschäft. Das Finanzamt darf nämlich Einkünfte aus einem Zeitraum, in dem kein Anspruch auf den Ausbildungsfreibetrag besteht, nicht auf den Ausbildungsfreibetrag für andere Zeiträume anrechnen. Für Dich ergibt sich dadurch folgender Vorteil:**

Ausbildungsfreibetrag für 9 Monate = $9/12$ von 2 400 DM =	1 800 DM
./. eigene Einkünfte in diesem Zeitraum	0 DM
Ausbildungsfreibetrag	1 800 DM

Wie Du siehst, bringt Dir der Verzicht eine Steuerersparnis – bei einem Steuersatz von 30% – von 540 DM.

Die Eintragung in der Erklärung sieht dann so aus:

Zeile	Angaben zu Kindern							
	Vorname ggf. abweichender Familienname	verheiratet	Inland		Wohnort im	Ausland (Bitte auch Staat eintragen.)		
1	Ewald	☐ ja						
2		☐ ja						
3		☐ ja						
4		☐ ja					86	Haushalts-freibetrag Ja = 1

Zeile	Kind in	Geburtsdatum T T M M J J J J	Für 1999 ausgezahltes Kindergeld / Höhe des zivilrechtlichen Ausgleichsanspruchs / vergleichbare Leistungen DM	Inland vom bis T T M M T T M M	Wohnort im Ausland vom bis T T M M T T M M	Volle KFB Zahl der Monate Inland Ausland	Halbe KFB Zahl der Monate Inland Ausland	Länderangaben in Drittel
5 6		16	15					
7	Zeile 1	18 07 19 75	3.000			10 : 12	11 . 13	14
8	Zeile 2	26	25			20 : 22	21 : 23	24
9	Zeile 3	36	35			30 : 32	31 . 33	34
10	Zeile 4	46	45			40 : 42	41 43	44

Zeile	Kindschaftsverhältnis							
11 12	Kind in	zur steuerpflichtigen Person leibliches Kind / Adoptivkind	Pflegekind	Enkelkind / Stiefkind	zum Ehegatten leibliches Kind / Adoptivkind	Pflegekind	Enkelkind / Stiefkind	Bei Pflegekindern: Empfangene Unterhaltsleistungen / Pflegegelder DM
13	Zeile 1	☒	☐	☐	☒	☐	☐	

22	Zeile 4							

Zeile	Kinder ab 18 Jahren									
23 24 25	Kind in	Kinder von 18 bis 27 Jahren Schul-/Berufsausbildung	Ausbildungsunterbrechung bis max. 4 Monate	Ausbildungsplatz fehlt	freiwilliges soziales oder ökologisches Jahr	Kinder von 18 bis 21 Jahren arbeitslos	Behinderte Kinder körperlich, geistig od. seelisch behindert	21 Jahre arbeitslos	27 Jahre Berufsausbildung	Kinder über Dauer des gesetzlichen Grundwehr-/Zivildienstes oder davon befreienden Dienstes vom - bis	Maßgeblicher Ausbildungs- oder vergleichbarer Zeitraum (nach Vollendung des 18. Lebensjahres) vom - bis
26	Zeile 1	☒	☐	☐	☐	☐	☐	☐	☐		1.1.-31.12.

Zeile	Einkünfte und Bezüge der Kinder ab 18 Jahren						
30 31	Kind in Zeile 1	Einnahmen des Kindes im maßgeb. Berücksichtigungszeitraum	Bruttoarbeitslohn DM	darauf entfallende Werbungskosten DM	Öffentliche Ausbildungshilfen DM	* Kapitalerträge (z. B. Zinseinnahmen) DM	andere Einkünfte/Bezüge (Art und Höhe)
32	Zeile	außerhalb des maßgeb. Berücksichtigungszeitraums Einnahmen des Kindes im maßgeb. Berück.	8.000				

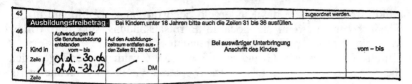

45					zugeordnet werden.
46	Ausbildungsfreibetrag	Bei Kindern unter 18 Jahren bitte auch die Zeilen 31 bis 36 ausfüllen.			
47	Kind in Zeile	Aufwendungen für die Berufsausbildung entstanden vom – bis	Auf den Ausbildungs- zeitraum entfallen aus- den Zeilen 31, 33 od. 35	Bei auswärtiger Unterbringung Anschrift des Kindes	vom – bis
48	1 Zeile	01.01.-30.06 01.10.-31.12	DM		

Wundere Dich nicht, wenn Dein Finanzamt diesen Tip – vielleicht unter Hinweis auf das BFH-Urteil vom 22. 3. 1996 (BStBl 1997 II Seite 30) – ablehnt.

Den obersten Finanzrichtern war die Umgehung der Anrechnung eigener Einkünfte sichtlich ein Dorn im Auge, so daß ihnen keine Begründung zu fadenscheinig erschien, um die vollständige Kürzung des Ausbildungsfreibetrags zu erreichen.

Sie entschieden kurzerhand, daß Eltern »erfahrungsgemäß« auch Aufwendungen für Fachbücher, Schreibutensilien, Computer sowie für Studiengebühren übernehmen. Da diese Kosten der Ausbildung insgesamt zuzuordnen seien, könne die Unterstützung durch die Eltern nicht auf einzelne Monate beschränkt werden.

»Moment mal. Diese unregelmäßigen Ausgaben trägt unser Sprößling **438** selbst, damit er weiß, was es heißt, auf eigenen Füßen zu stehen. Wir greifen ihm nur bei seinen laufenden Kosten wie z. B. Miete, Fahrtkosten und dergleichen unter die Arme. Und das natürlich nur dann, wenn er mangels eigener Einkünfte knapp bei Kasse ist.«

Recht so. Laß Dich von den Steuerjuristen nicht einschüchtern, wenn bei Dir die Verhältnisse anders liegen. Vielleicht hast Du sogar den Mut, Dein Recht bis zum Bundesfinanzhof zu vertreten.

Das einzig Farbige im Leben
ist die Sünde.
(Oscar Wilde)

▬ Ausbildungsfreibetrag für Kinder über 27 Jahre – **439**
TIP Du kannst so viel rausholen!

Du weißt, der Ausbildungsfreibetrag ist an den Kinderfreibetrag bzw. an das Kindergeld gekoppelt, und beides gibt es nur für Kinder bis 27 Jahre. Hier aber die Ausnahme:

Auch für Kinder, die in 1999 älter als 27 Jahre geworden sind, kann der

Kinderfreibetrag bzw. das Kindergeld noch für ganze 12 Monate in Betracht kommen, wenn sie noch in Berufsausbildung sind und vorher Wehrdienst oder Zivildienst geleistet haben.

Durch den geleisteten Grundwehrdienst oder Zivildienst verlängert sich die Altersgrenze um die Dauer des Dienstes. Wie dabei gerechnet wird, siehe ➤ Rz 394.

Du kannst also zusätzlich zum Kindergeld eine Steuerersparnis durch den Ausbildungsfreibetrag kassieren, kannst also doppelt absahnen. Dies beantragst Du, indem Du die Anlage Kinder vollständig ausfüllst und auch Angaben zum Ausbildungsfreibetrag machst.

---

440 ## Zeile 48–50 Aufwendungen für die Berufsausbildung vom – bis

---

Auch mit dieser Frage will Dir der Fiskus ans Leder, denn ein Ausbildungsfreibetrag wird nur für die Zeiten gewährt, in denen Dein Kind tatsächlich in der Ausbildung war. Für jeden vollen Monat, in dem diese Voraussetzungen nicht vorgelegen haben, wird der Freibetrag um $1/12$ gekürzt. Berufsausbildung ist der Besuch von Allgemeinwissen vermittelnden Schulen, die Lehre für einen praktischen Beruf, ein Studium, auch die Ausbildung in der Hauswirtschaft.

Dazu wisse aber: Übergangszeiten bis zu vier Monaten zwischen zwei Ausbildungsabschnitten gehören mit zur Ausbildung, ferner die Zeit zwischen zwei Ausbildungsabschnitten, bevor der gesetzliche Wehrdienst beginnt. Die Zeit beim Bund selbst ist natürlich keine Ausbildung, weil dem Wehrpflichtigen ja dort das in der Berufsausbildung erworbene selbständige Denken wieder abgewöhnt werden soll.

Zur Berufsausbildung zählen auch Unterbrechungszeiten wegen Erkrankung oder Mutterschaft.

---

441 ## Zeile 48–50 Auswärtige Unterbringung vom – bis

Bei auswärtiger Unterbringung ist der erhöhte Freibetrag anzusetzen. Auch hier gilt die zeitanteilige Regelung:

Beispiel

Zu Hause untergebracht bis 30. 6. =   6/12 von 2 400 DM = 1 200 DM
Auswärts untergebracht ab 1. 7. =   6/12 von 4 200 DM = 2 100 DM
Jahresfreibetrag   3 300 DM

Zur auswärtigen Unterbringung wisse: Dein Kind ist auch dann auswärts   442
untergebracht, wenn es in einer anderen Wohnung desselben Mietshauses
lebt, in dem Du selbst wohnst (Urt. des FG Hamburg vom 27. 10. 1981 –
EFG 1982 S. 248), oder wenn Dein Kind verheiratet ist und mit seinem
Ehepartner eine eigene Wohnung bezogen hat (BFH-Urt. v. 8. 2. 1974 –
BStBl 1974 II S. 299).

> **Steuerstreik heißt: Diesmal die Bürokraten zur Verzweiflung bringen**

◆ *Musterfall Familie Huber*   443

Sohn Wolfgang aus erster Ehe, der in Hannover studiert und dort bei seiner Mutter wohnt, hat eine Ausbildungshilfe aus öffentlichen Mitteln in Höhe von 1 000 DM erhalten. Weil Huber eine ehrliche Haut ist, gibt er diese 1 000 DM auch an. Während der Semesterferien hat Wolfgang gearbeitet und brutto 3 500 DM verdient. Vater Huber trägt auch einen Teil der Ausbildungskosten für Wolfgang. Deshalb hat er Anspruch auf den halben Ausbildungsfreibetrag (vgl. > Zeile 51) und füllt > Zeile 31 und 48 aus. Da Wolfgang im Haushalt seiner Mutter lebt, ist er nicht auswärtig im Sinne der steuerlichen Vorschriften untergebracht. Deshalb trägt Herr Huber in > Zeile 48 nur den Ausbildungszeitraum und in > Zeile 31 die Einkünfte und Bezüge des Kindes ein.

Zeile	Einkünfte und Bezüge der Kinder ab 18 Jahren		Bruttoarbeitslohn DM	darauf entfallende Werbungskosten DM	Öffentliche Ausbildungshilfen DM	Kapitalerträge (z. B. Zinseinnahmen) DM	andere Einkünfte/Bezüge (Art und Höhe)
30	Kind in Zeile						
31	λ	Einnahmen des Kindes im maßgebl. Berücksichtigungszeitraum	3.500		1.000		
32		außerhalb des maßgeb. Berücksichtigungszeitraums					
	Zeile	Einnahmen des Kindes					

45					zugeordnet werden.
46	**Ausbildungsfreibetrag**	Bei Kindern unter 18 Jahren bitte auch die Zeilen 31 bis 36 ausfüllen.			
47	Kind in Zeile	Aufwendungen für die Berufsausbildung entstanden vom – bis	Auf den Ausbildungszeitraum entfallen aus den Zeilen 31, 33 od. 35	Bei auswärtiger Unterbringung Anschrift des Kindes	vom – bis
48	λ	1.1.-31.12.	4.500 DM		
	Zeile				

237

444 Und was kommt dabei heraus?

Ausbildungsfreibetrag		2 400 DM
./. eigene Einkünfte		
Bruttoarbeitslohn	3 500 DM	
./. ArbN-Pauschbetrag	2 000 DM	
Einkünfte	1 500 DM	
davon anrechnungsfrei	3 600 DM	
schädliche Einkünfte	0 DM	0 DM
Verbleiben		2 400 DM
./. Öffentlicher Ausbildungszuschuß		
(1 000 DM ./. Unkostenpauschale 360 DM)		640 DM
Restlicher Ausbildungsfreibetrag		1 760 DM
Davon die Hälfte für Vater Huber		880 DM

Als nicht miteinander verheiratete Eltern könnten sie auch eine andere Aufteilung des Ausbildungsfreibetrages wählen. Dazu müßten sie einen gemeinsamen formlosen Antrag stellen und das Kästchen in Zeile 51 ankreuzen.

---

445 ## Zeile 52–60 Kinderbetreuungskosten

An den Betreuungskosten für Deine **Kinder bis zu 16 Jahren** beteiligt sich der Fiskus, indem er Dir eine Steuervergünstigung bei den außergewöhnlichen Belastungen gewährt.

Schön wär's ja, wenn diese Betreuungskosten voll absetzbar wären. Aber nein: Es geht noch die zumutbare Belastung ab.

446 Der verbleibende Betrag ist sodann

für das erste Kind bis	4 000 DM
für jedes weitere Kind bis	2 000 DM

jährlich absetzbar.

Die Höhe der zumutbaren Belastung richtet sich nach dem Gesamtbetrag der Einkünfte, dem Familienstand und der Anzahl der Kinder.
Dazu die maßgebende Übersicht nach § 33 Abs. 3 EStG: ➤ Rz 330.

»Da leg' ich doch gleich lieber den Griffel beiseite, denn da bleibt mir ja nichts«, sagst Du enttäuscht.

447 **Warte bitte und höre diesen kleinen Vorteil:** Sind neben Kinderbetreuungskosten andere außergewöhnliche Belastungen wie z. B. Krankheitskosten

ANLAGE KINDER
Kinderermäßigungen

1999

Name und Vorname **Huber, Heribert**

Steuernummer **123 4567 890**

Anlage Kinder

1999

Bei mehr als 4 Kindern
bitte weitere Anlagen Kinder abgeben.

| 99 | 3 | 6 = 1. Anl. |
| 89 | | 7 = 2. Anl. |

Zeile	Angaben zu Kindern			Wohnort im			
	Vorname ggf. abweichender Familienname	ver-heiratet		Inland	Ausland (Bitte auch Staat eintragen.)		
1	Wolfgang	ja		Hannover			
2		ja					
3		ja					
4		ja			86		Haushaltsfreibetrag Ja = 1

Zeile	Kind in	Geburtsdatum	Für 1999 ausgezahltes Kindergeld / Höhe des zivilrechtlichen Ausgleichsanspruchs / vergleichbare Leistungen	Wohnort im Inland vom bis	Ausland vom bis	Volle KFB Zahl der Monate Inland | Ausland	Halbe KFB Zahl der Monate Inland | Ausland	Länderangaben in Drittel
5 / 6	Kind in	T T M M J J J J 16	15 DM	T T M M T T M M	T T M M T T M M	Inland | Ausland	Inland | Ausland	
7	Zeile 1	03 01 1975				10 | 12	11 | 13	14
8	Zeile 2	26	25			20 | 22	21 | 23	24
9	Zeile 3	36	35			30 | 32	31 | 33	34
10	Zeile 4	46	45			40 | 42	41 | 43	44

Kindschaftsverhältnis

Zeile	Kind in	zur steuerpflichtigen Person			zum Ehegatten			Bei Pflegekindern: Empfangene Unterhaltsleistungen / Pflegegelder DM
11 / 12	Kind in	leibliches Kind / Adoptivkind	Pflegekind	Enkelkind / Stiefkind	leibliches Kind / Adoptivkind	Pflegekind	Enkelkind / Stiefkind	
13	Zeile 1	X	☐	☐	☐	☐	☐	
14	Zeile 2	☐	☐	☐	☐	☐	☐	
15	Zeile 3	☐	☐	☐	☐	☐	☐	
16	Zeile 4	☐	☐	☐	☐	☐	☐	

Kindschaftsverhältnis zu weiteren Personen

Zeile	Kind in	durch Tod des anderen Elternteils erloschen am:	hat bestanden zu (Name, letztbekannte Anschrift und Geburtsdatum dieser Personen, Art des Kindschaftsverhältnisses)	vom – bis
17 / 18	Kind in			
19	Zeile 1		Erika Huber-Schmidt, Berliner Str. 63, Hannover / leibl. Mutter	
20	Zeile 2			
21	Zeile 3			
22	Zeile 4			

Kinder ab 18 Jahren

Zeile	Kind in	Kinder von 18 bis 27 Jahren				Kinder von 18 bis 21 Jahren	Behinderte Kinder körperlich, geistig od. seelisch behindert	21 Jahre arbeitslos	27 Jahre Berufsausbildung	Kinder über Dauer des gesetzlichen Grundwehr-/ Zivildienstes oder davon befreienden Dienstes vom – bis	Maßgeblicher Ausbildungs- oder vergleichbarer Zeitraum (nach Vollendung des 18. Lebensjahres) vom – bis
23 / 24 / 25	Kind in	Schul-/ Berufsausbildung	Ausbildungsunterbrechung bis max. 4 Monate	Ausbildungsplatz fehlt	freiwilliges soziales oder ökologisches Jahr	arbeitslos					
26	Zeile 1	X	☐	☐	☐	☐	☐	☐	☐		1.1. – 31.12.
27	Zeile 2	☐	☐	☐	☐	☐	☐	☐	☐		
28	Zeile 3	☐	☐	☐	☐	☐	☐	☐	☐		
29	Zeile 4	☐	☐	☐	☐	☐	☐	☐	☐		

239

zu berücksichtigen, so sind die Kinderbetreuungskosten und die anderen außergewöhnlichen Belastungen zusammenzurechnen. Erst die Summe ist um die zumutbare Belastung zu kürzen. **Durch diese Rechnung überwindest Du vielleicht die Hürde der zumutbaren Belastung.**

Sind Dir nur geringe Aufwendungen entstanden, bleibt dir immer noch ein kleiner Vorteil:

Pauschbetrag für Kinderbetreuungskosten
Du erhältst für jedes Kind mindestens einen Jahrespauschbetrag von 480 DM, sofern Du zu dem begünstigten Personenkreis gehörst.

Anspruch auf die Steuervergünstigung haben nur

- **Alleinstehende,** die erwerbstätig oder behindert oder krank sind;
- **Verheiratete,** wenn einer behindert oder krank ist und der andere erwerbstätig oder ebenfalls behindert oder krank ist. Dabei ist es ohne Bedeutung, ob der Behinderte ebenfalls erwerbstätig ist (EFG 1994 S. 1053 – rev.).

Sind beide Ehegatten erwerbstätig, aber kerngesund, sagt der Fiskus: »Nix gibt's.«

Dies könnte sich jedoch bald ändern, ginge es nach dem Willen des Bundesverfassungsgerichts. Die Karlsruher Robenträger möchten auch beiderseits berufstätigen Ehegatten den Abzug von Kinderbetreuungskosten ermöglichen. Also solltet Ihr ruhig schon einmal Eure Kosten für Kindergarten oder Kinderaufsicht geltend machen. Mehr dazu unter ➤ Rz 376.

Ab dem Jahr 2000 werden die Kinderbetreuungskosten nicht mehr absetzbar sein. Statt dessen wird es einen Betreuungsfreibetrag von 1512 DM für Alleinstehende bzw. 3024 DM für Ehegatten geben. Mehr dazu unter ➤ Rz 370.

Beispiel: Vater arbeitet, Mutter mußte für einen Monat ins Krankenhaus plus zwei Monate Nachbehandlung. Das bringt für jedes Kind einen Pauschbetrag von $3/12$ von 480 Mark = 120 Mark.

Wichtig zu wissen:
Möchtest Du Kinderbetreuungskosten aufgrund einer Krankheit oder Behinderung steuerlich absetzen, mußt Du bei Bedarf nachweisen können, daß Dir die Kosten **aufgrund** der Krankheit oder Behinderung entstanden sind. Notfalls mußt Du Dir eine ärztliche Bescheinigung besorgen.

Eltern ohne Trauschein aufgepaßt:
Steuerlich gesehen seid Ihr alleinstehend, auch wenn Ihr gemeinsam in einer Wohnung lebt. Damit könnt auch Ihr Kinderbetreuungskosten abziehen, und zwar jeder 50% der Höchst- bzw. Pauschbeträge.
Selbst wenn einer von Euch daheim das Kind versorgt, kann der andere einen Pauschbetrag von 240 DM absetzen, wenn er erwerbstätig, behindert oder krank ist (Quelle: BFH-Urt. vom 5. 6. 1997 – III R 19/96).

◆ *Musterfall Fleißig, alleinstehend*   **448**

Die ledige Lehrerin Wilma Fleißig hat zur Beaufsichtigung ihres dreijährigen Sohnes Robert eine Kinderfrau beschäftigt, der sie monatlich 400 DM bezahlt.

Insgesamt betragen ihre Kosten:

Lohn 12 mal 400 DM =	*4 800 DM*
Pauschale Lohnsteuer 20% =	*960 DM*
zzgl. Kirchensteuer und Soli-Zuschlag	*120 DM*
zzgl. pauschale Sozialversicherung 22%	*1 056 DM*
Insgesamt	*6 936 DM*

Frau Fleißig wohnt in Duisburg, Hafenstr. 12. Der Gesamtbetrag ihrer Einkünfte **449**
beträgt 56 500 DM. Andere außergewöhnliche Belastungen hat Frau Fleißig nicht.

Frau Fleißig kann absetzen:

Mindestens	480 DM
Höchstens:	
Kinderbetreuungskosten	6 936 DM
./. zumutbare Belastung bei einem Kind 3% von 56 500 DM =	1 695 DM
Verbleiben	5 241 DM
Höchstbetrag	4 000 DM

Zur Berechnung des Gesamtbetrags der Einkünfte siehe Übersicht unter
➤ Rz 33.
Wie es spiegelbildlich bei Deiner Tagesmutter aussieht ➤ Rz 389.

450 ◆ *Musterfall Familie Huber, Eheleute*

Die Hubers sind beide berufstätig, Frau Huber ist zu 70% behindert. Die Eheleute haben dem pensionierten Lehrer Heinrich Gosebrock monatlich 150 DM bezahlt, damit der jeden Nachmittag zugegen ist, wenn ihr 15jähriger Sohn Volker seine Schulaufgaben macht. Dazu füllt Huber > Zeile 53–56 aus.

Frau Huber war mehrere Wochen schwer krank. Der Krankenhausaufenthalt hat insgesamt 9 500 DM gekostet. Davon hat die Krankenkasse nur 6 800 DM bezahlt. Ferner hat Frau Huber von ihrem Arbeitgeber eine steuerfreie Unterstützung für ihre Genesung von 500 DM erhalten. Diese Beträge trägt Huber in > Zeile 117 des Mantelbogens ein.

Bei Hubers sind insgesamt drei Kinder zu berücksichtigen. Bei einem Gesamtbetrag der Einkünfte von 72 500 DM beträgt ihre zumutbare Belastung 1% = 725 DM.

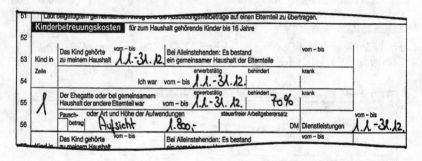

451 **Was können die Hubers absetzen?**

Für die Berechnung der absetzbaren Beträge hat der Finanzminister den Ämtern ein so kniffliges Schema an die Hand gegeben, daß es kaum jemand in den Ämtern versteht. Laß Dir daher auf jeden Fall alles genau vorrechnen, damit Du vielleicht unterlaufene Rechen- oder Übertragungsfehler sofort beanstanden kannst.

Berechnung für den Abzug von Kinderbetreuungskosten und anderen außer- 452
gewöhnlichen Belastungen nach BdF-Erlaß v. 10. 5. 1985 – BStBl 1985 I S. 191.

1. Berücksichtigungsfähige Kinder- betreuungskosten (§ 33c EStG)	1 800 DM	1 800 DM
2. Pauschbetrag (§ 33c Abs. 4 EStG)	480 DM	
3. verbleibt	1 320 DM	
4. Falls Nr. 3 Null oder negativ: abzuziehender Betrag = Pauschbetrag		– DM
5. Falls Nr. 3 positiv: zumutbare Belastung	725 DM	
davon bei den Kinderbetreuungs- kosten abziehbar (höchstens Betrag von Nr. 3)	725 DM*	
6. verbleibt	1 075 DM	
7. Höchstbetrag für Kinderbetreuungskosten	4 000 DM	
8. abzuziehender Betrag = der niedrigere Betrag von Nr. 6 und Nr. 7.		1 075 DM
9. andere außergewöhnliche Belastungen (§ 33 EStG)	2 200 DM	
10. zumutbare Belastung, soweit noch nicht auf die Kinderbetreuungskosten angerechnet	– DM	
11. abzuziehender Betrag	2 200 DM	2 200 DM
12. abzuziehender Gesamtbetrag Nr. 4 + Nr. 11 oder Nr. 8 + Nr. 11		3 275 DM

* Übersicht zumutbare Belastung ➤ Rz 330.

Die Hubers können also insgesamt 3 275 DM außergewöhnliche Belastung
absetzen.

»Bei mir liegt alles ganz anders«, sagst Du.

Na fein! So höre, was die Formulare hier noch alles an Chancen bieten.

Zeile 53   Haushaltszugehörigkeit   453

Damit das Finanzamt beim Absetzen der Betreuungskosten keinen Strich
durch die Rechnung macht, muß das Kind zum Haushalt der Eltern
gehören.

454 ■**TIP** **Betreuungskosten für Kinder im Internat**

Auch wenn das Kind nicht ständig bei Dir wohnt, brauchst Du Dir deswegen keine grauen Haare wachsen zu lassen. Es gehört nämlich steuerlich auch dann zu Deinem Haushalt, wenn es sich mit Deiner Einwilligung vorübergehend anderswo aufhält.

Besucht Dein Sprößling ein Internat, oder ist er unter der Woche anderswo untergebracht, z. B. bei der Oma, kannst Du trotzdem in > Zeile 53 eintragen: »1. 1. bis 31. 12.«.

455 Hast Du Deinen unter 16 Jahre alten Sprößling im Internat untergebracht, setzt Du die Kosten dafür als Kinderbetreuungskosten in > Zeile 53–56 an, das ist doch wohl klar. Zusätzlich trägst Du den Nachwuchs in > Zeile 48 ein und kassierst einen Ausbildungsfreibetrag von 1 800 DM wegen auswärtiger Unterbringung eines minderjährigen Kindes zum Zwecke der Ausbildung.

456 ## Zeile 53   Alleinstehende, gemeinsamer Haushalt der Elternteile

Nach den Steuergesetzen gilt als **alleinstehend**, wer nicht verheiratet ist oder wer von seinem Ehegatten dauernd getrennt lebt.
Die Frage in > Zeile 53 richtet sich in der Hauptsache an die Eltern, die ohne Trauschein zusammenleben. Die Eltern müssen sich die absetzbaren Kinderbetreuungskosten teilen.

457 Die Frage betrifft aber auch miteinander verheiratete Eltern, die sich im Laufe des Jahres getrennt haben. Denn kleinlich, wie der Fiskus nun einmal ist, wird von den Beträgen von 4 000 und 2 000 DM jeweils $^1/_{12}$ abgezogen, wenn in einzelnen Monaten nicht alle Voraussetzungen für Kinderbetreuungskosten erfüllt sind.

458 ## Zeile 54 Erwerbstätig, behindert, krank

Diese Voraussetzungen kannst Du leicht erfüllen:
● **Erwerbstätig** ist jeder, der aufgrund einer Tätigkeit Einnahmen erzielt, z. B. auch aus einer Teilzeitbeschäftigung, die pauschal versteuert wird (mit höchstens 4 Monaten Unterbrechung – EStR 195 Abs. 2).

- **Die Behinderung** muß zwar von einer Versorgungsbehörde festgestellt und bescheinigt sein, auf den Grad der Behinderung kommt es aber nicht an.
- **Die Krankheit** muß mindestens drei Monate andauern.

TIP **Betreuungskosten bei geringer Berufstätigkeit**   459

Auch für die Zeit der Unterbrechung Deiner Erwerbstätigkeit – bis zu 4 Monaten – kannst Du Kinderbetreuungskosten ansetzen. Im günstigsten Fall brauchst Du also nur jeden fünften Monat zu arbeiten und setzt trotzdem für 12 Monate wegen Erwerbstätigkeit die Kinderbetreuungskosten ab. In > Zeile 54 kannst Du dann unter »erwerbstätig« beruhigt »1. 1.–31. 12.« eintragen.

TIP **Betreuungskosten bei Behinderung**   460

Ist Deine Behinderung vom Amtsarzt festgestellt, kannst Du Kinderbetreuungskosten von mindestens 480 DM je Kind absetzen (Pauschbetrag). Auf den Umfang der Behinderung kommt es nicht an. Wichtig ist nur, daß die Kinderbetreuung durch Deine Behinderung veranlaßt ist, damit Du sogar als nicht erwerbstätige alleinstehende Mutter den Pauschbetrag absetzen kannst. Daß dies bei Dir der Fall ist, wird Dir Dein Hausarzt sicher gern bescheinigen.

Sicher ist, daß nichts
sicher ist – selbst das nicht.
(Ringelnatz)

Zeile 56 Pauschbetrag; Art und Höhe der   461
Aufwendungen; Dienstleistungen

Pauschbetrag
Auch wenn Du überhaupt keine Aufwendungen nachweisen kannst, steht Dir mindestens der Pauschbetrag von 480 DM zu. Kreuze dafür das Kästchen »Pauschbetrag« an.

Art und Höhe der Aufwendungen
Kindergarten, Kinderpflegerin, Kindertagesstätte, Kinderhort, Kinderheim, Kinderkrippe, Tages- oder Wochenmutter, Ganztagespflegestelle, Erzieherin, Hausgehilfin, Kinderaufsicht, Unterbringung im Internat, Fahrtkostenerstattungen an die Betreuungsperson.

Nicht abzugsfähig sind Aufwendungen für Unterricht jeglicher Art, weder für Nachhilfe noch für Sport oder für Musik. Also wirst Du nicht so dumm sein, Dir Musikunterricht quittieren zu lassen. Auch Aufsicht bei den Schulaufgaben wird leicht als Nachhilfeunterricht ausgelegt. Richtiger ist da schon eine Quittung über »Aufsichtskosten während des Alleinseins des Kindes …«, falls das zutrifft.

Auch Fahrt- und Verpflegungskosten des Kindes kannst Du nicht absetzen.

462 TIP Hausgehilfin mit »Vierfachberücksichtigung«

Entschuldige bitte, wenn ich hier das Wort »Vierfachberücksichtigung« verwende. Aber es ist ganz korrektes Amtsdeutsch und beschreibt etwas, das bei vielen Finanzbürokraten erhöhten Blutdruck und bei vielen von uns Steuerzahlern Kinnwasser auslöst.

463 »Vierfachberücksichtigung« einer Hausgehilfin kann eintreten, wenn eine Hausgehilfin sowohl im Betrieb als auch im Haushalt arbeitet. Dann ergeben sich folgende Möglichkeiten:

1. **Abzug von Betriebsausgaben** bei den Einkünften aus Gewerbebetrieb oder selbständiger Arbeit in Höhe der anteiligen Lohnkosten.
2. **Abzug von Sonderausgaben** bis zu 18 000 DM (versicherungspflichtiges Arbeitsverhältnis im Privathaushalt, > Zeile 78–79 des Mantelbogens).
3. **Abzug als außergewöhnliche Belastungen** bis zu 1 800 DM (Höchstbetrag für Haushaltshilfe, > Zeile 100–101 des Mantelbogens).
4. **Abzug als außergewöhnliche Belastungen** durch Kinderbetreuungskosten bis zu 4 000 DM für das erste Kind und bis zu 2 000 DM für jedes weitere Kind (> Zeile 53–56).

Laß mich bitte im Amtsdeutsch weitererklären:
Liegen die Voraussetzungen für die Berücksichtigung von Aufwendungen für eine Haushaltshilfe oder Hausgehilfin mehrfach vor – z. B. vierfach wie oben beschrieben –, so sind die Gesamtaufwendungen entsprechend der zeitlichen Beanspruchung durch die verschiedenen Arbeiten aufzuteilen.

»Gib mir ein Beispiel«, sagst Du.

464

◆ *Musterfall Meyer*

Die Eheleute Hans und Gerda Meyer sind beide als Rechtsanwälte freiberuflich tätig. Hans Meyer ist zu 50% behindert. Im Haushalt der Eheleute lebt der am 10. 11. 1993 geborene Pflegesohn Tobias Schulz. Das Ehepaar beschäftigt die Hausgehilfin Karin Hoppe. Die Lohnaufwendungen betrugen für sie im Kalenderjahr 30 000 DM.

Die Hausgehilfin erledigt
1. Reinigung der Praxisräume, Zeitanteil 20%;
2. Putzarbeiten im Haushalt, Zeitanteil 60%;
3. Betreuung des Tobias, Zeitanteil 20%.

Von den 30 000 DM bringen die Eheleute Meyer in ihrer Steuererklärung 465 unter:

1. In der Gewinnermittlung 20% Betriebsausgaben =   6 000 DM
2. Bei den Sonderausgaben in > Zeile 78–79 des
   Mantelbogens (versicherungspflichtiges Arbeitsverhältnis) 16 200 DM
   Höchstbetrag 18 000 DM

77	Kirchensteuer								14	
78	Rentenversicherungspflichtig Beschäftigte in der Hauswirtschaft (ohne sog. 630 DM-Arbeitsverhältnisse)									
79	vom – bis **1.1.–31.12.**	Höhe der Aufwendungen **16.200**	DM	Steuerfreie Einnahmen –		DM	22 **16.200**		22	
								16		16
80	Steuerberatungskosten									

3. Als außergewöhnliche Belastungen in > Zeile 100 – 101 des Mantelbogens (Haushaltshilfe)   1 800 DM

Zeile	Außergewöhnliche Belastungen				Nachweis	ist beigefügt.	☒ hat bereits vorgelegen.		99 53	
95	Behinderte und Hinterbliebene									
96	Name	Ausweis/Rentenbescheid/Bescheinigung ausgestellt am	gültig bis		hinterblieben	behindert	blind/ständig hilflos	geh- und steh- behindert	Grad der Behinderung	
97	Hans Meyer	4.9.'94	1999			☒			56 **50**	56 1. Person *)
98									57	57 2. Person *)
99	Nur bei geschiedenen oder dauernd getrennt lebenden Eltern oder bei Eltern nichtehelicher Kinder: Laut beigefügtem gemeinsamen Antrag sind die für Kinder zu gewährenden Pauschbeträge für Behinderte/Hinterbliebene in einem anderen Verhältnis als je zur Hälfte aufzuteilen.								*) bei Blinden u. ständig Pflegebedürftigen „300" eintragen	
100	Beschäftigung einer Hilfe im Haushalt	vom – bis **1.1.–31.12.**	Aufwendungen im Kalenderjahr **1.800,-**	DM					58 Anzahl	Hinterblieb.-Pauschbetrag
101	Antragsgrund, Name und Anschrift der beschäftigten Person oder des mit den Dienstleistungen beauftragten Unternehmens **Behinderung / Karin Hoppe, Westfalendamm 1, Dortmund**	vom – bis							60	Hilfe im Haushalt/Unterbr.
102	Heimunterbringung								79	Pflege-Pauschbetrag

Weil Hans Meyer behindert ist, beträgt der Freibetrag 1 800 DM.   **466**

4. Als Kinderbetreuungskosten (weil Hans Meyer behindert und Frau Meyer berufstätig ist) in > Zeile 53–56.

Von den 6 000 Mark wirken sich nur 3,6 Mille steuerlich aus, weil der Fiskus den Betrag in Höhe von 3% der Einkünfte (80 000 Mark) als zumutbare Belastung kürzt.

467 Insgesamt steuerlich absetzbar (6 000 DM +
16 200 DM + 1 800 DM + 3 600 DM) =   <u>27 600 DM</u>
Schon bei einem Steuersatz von nur 30% beträgt
die jährliche Steuerersparnis =   <u>8 280 DM</u>

»Wir haben keine Kinderbetreuungskosten, uns hilft die Oma«, sagst Du. Mensch, hast Du ein Glück. Was Du daraus steuerlich machen kannst!! Denk nach!!

»Arbeitsvertrag mit der Oma?«

Fein, daß Du von selbst drauf gekommen bist!

Wie der Arbeitsvertrag mit der Oma aussehen muß, steht unter ➤ Rz 205. Und übrigens, auch wenn Oma mit in Deinem Haushalt lebt (oder Du bei ihr) klappt der Laden.

> *Du mußt jeden Tag Deinen Feldzug*
> *auch gegen Dich selber führen.*
> (Friedrich Nietzsche)

468 ## 5.2 Goldene Steuertips für gutbetuchte Eltern

Geht ein Großteil Deines sauer Verdienten an den Staat, so wisse: dies brauchst Du nicht kampflos hinzunehmen. Du kannst Deine Steuerlast auf einfache Weise mindern, indem Du Einkünfte von Dir auf Deine Kinder verlagerst.

Angenommen, Deine Einkünfte gehen dadurch von 150 000 auf 140 000

Mark runter. Dann sparst Du pro Jahr glatte 3 900 DM, also 39%! »Nicht schlecht«, sagst Du, »aber was zahlen meine Kinder?«

Bei Deinen Kindern sind die Einkünfte auf jeden Fall bis zur Höhe des Grundfreibetrages von 13 067 DM steuerfrei. Hinzu kommen je nach Einkunftsart weitere steuerfreie Beträge, z. B. bei Zinseinnahmen noch 6 100 DM Kapitalfreibetrag und Werbungskosten.

Aber Obacht: Du mußt Dir etwas einfallen lassen, damit alles anstandslos durchgeht. Die Fiskalritter werden nicht müde, Paragraphen wie Stolperfallen auszustreuen, um die Tricks der Steuerzahler scheitern zu lassen. Aber ruhig Blut: Der Kleine Konz hilft! Leider gibt es für Steuersparmodelle mit Kindern kein einheitliches Rezept, denn meistens liegen in jeder Familie die Verhältnisse anders.

TIP **Aufgepaßt, Eltern, die Ihr Euch was leisten könnt,** **469** **und die Ihr selbständig seid**

Beschäftige Deine Kinder als Arbeitnehmer, denn in Deinem Betrieb ist doch immer was zu tun. Dann kannst Du ihnen das Taschengeld als Arbeitslohn auszahlen und sparst gleichzeitig Steuern. Aber behalte das mit dem Sparen für Dich, sonst wollen sie womöglich noch eine *Taschengelderhöhung* ...

Arbeitsverträge zwischen Eltern und Kindern · 470

Bei Arbeitsverträgen mit Kindern mußt Du einige Spielregeln beachten. Zunächst werden Arbeitsverträge mit Kindern unter 14 Jahren nie anerkannt, denn sie sind nach dem Jugendarbeitsschutzgesetz nichtig. Ab dem vierzehnten Lebensjahr kann Dein Kind jedoch problemlos einen solchen Vertrag mit Dir schließen, einen Ergänzungspfleger benötigst Du nicht.

Zwar können Verträge auch mündlich abgeschlossen werden, aber Du brauchst ja etwas, um es Deinem Fiskalritter unter die Nase zu halten. Schließe daher den Vertrag auf jeden Fall schriftlich und führe das, was Ihr als Arbeitszeit, -leistung, -ort und -entgelt vereinbart habt, einzeln und ausdrücklich auf. Auch wenn man später die tatsächliche Ausführung der Arbeitszeitleistung nicht exakt zu kontrollieren vermag, so doch, ob der Arbeitslohn wie vereinbart ausgezahlt wurde. Überweise ihn daher am besten per Dauerauftrag auf ein Konto oder Sparbuch Deines Juniors.

Die Art der Tätigkeiten richtet sich danach, wo Du den Arbeitslohn · 471 steuerlich unterbringen willst. Willst Du eine Haushaltshilfe absetzen, vereinbarst Du Hilfeleistungen im Haushalt. Lies dazu aber ➤ Rz 479. Bei Vermietungseinkünften kann Dein Filius Hauswarttätigkeiten wie Rasenmähen übernehmen. Hast Du einen Gewerbebetrieb, ist Mitarbeit im Büro wie Schreib- oder Ablagedienste, Kraftfahrer- oder Telefondienste usw. möglich. Achte aber darauf, daß Dein Kind sich wirklich nützlich macht und daß Arbeitszeit, Tätigkeit und Lohnhöhe zueinander passen. Also kein Super-Stundenlohn für Hilfsarbeiten.

Außerdem darf die Tätigkeit nicht ganz geringfügig sein, wie z. B. Telefondienste am Wochenende. Auch müßtest Du den Vertrag genauso mit einem fremden Dritten abgeschlossen haben können, zumindest theoretisch. Dazu meint der BFH: zwei Stunden pro Woche Praxiswäsche waschen und bügeln: Das macht man gegen Stundenlohn und nicht gegen Gehalt (Urt. vom 9. 12. 1993 – BStBl 1994 II S. 298) Und weiter:

Die Arbeitszeit muß das Kind auch tatsächlich neben Schule, Ausbildung oder Studium erbringen können. Vereinbare daher am besten einen Teilzeitjob. Bei einem festen Arbeitsverhältnis kannst Du das Festgehalt mit Extras garnieren, z. B. Personalrabatt bis 2 400 DM (➤ Rz 555) oder Heirats- und Geburtshilfen bis 700 DM (➤ Rz 588). Auch ein zinsloses Arbeitgeber-Darlehen bis 5 000 DM ist drin (➤ Rz 603).

Da Du jetzt Arbeitgeber bist, mußt Du auch für die korrekte Einbehaltung der Lohnsteuer sorgen. Du hast zwei Möglichkeiten:

472 ● Dein Kind besorgt sich bei der Gemeinde eine Lohnsteuerkarte. Bei Steuerklasse I brauchst Du bei einem Arbeitslohn bis 1 579 DM monatlich keine Lohnsteuer einzubehalten. Am Jahresende trägst Du das Jahres-Brutto auf die Karte ein und unterschreibst als Arbeitgeber – und schon ist alles geritzt, wenn Du auch an die Sozialversicherung denkst (➤ Rz 1142).

473 ● Oder Du versteuerst den Arbeitslohn pauschal. Dann brauchst Du keine Eintragungen auf der Lohnsteuerkarte vornehmen. Du überweist dem Finanzamt die pauschale Lohnsteuer, nachdem Du eine Lohnsteueranmeldung eingereicht hast. Das Formular hierfür läßt Du Dir vom Finanzamt zuschicken. Schau doch in der Tabelle in ➤ Rz 612 nach, welcher %-Satz für Dich gilt.

Aber Achtung: Überschreitet der Lohn für Dein Kind die Sozialversicherungsgrenze, muß es evtl. selbst krankenversichert werden. Hier mußt Du nachrechnen, ob sich alles für Dich noch lohnt (➤ Rz 480 und 627). Für den Bezug von Kindergeld dürfen die Einkünfte und Bezüge nicht mehr als 13 020 DM betragen (➤ Rz 414).

»Mein Sohn Frank ist ein Computer-Freak! Er hilft mir, wenn der Druk-   **474**
ker spinnt, installiert neue Programme und hilft mir bei den alten«, sagt
Du.

Na bestens. Dann brauchst Du keinen Arbeitsvertrag. Frank kann diese Arbeiten doch auch als Selbständiger erledigen. Ab und an schreibt er
Dir eine saftige Rechnung und kümmert sich um die Versteuerung
selbst ...

TIP Für Eltern mit viel Geld auf der hohen Kante   **475**

Du kannst Geldvermögen auf Deine Kinder übertragen (➤ Rz 1077). So nutzt
Du den hohen Sparerfreibetrag gleich mehrfach. Bis 400 000 Mark je Kind
brauchst Du auch keine Schenkungssteuer zu blechen. Oder Du hältst weiterhin den Daumen drauf und räumst Deinen Kindern einen Kapitalnießbrauch
ein oder schließt ein Wertpapier-Leihgeschäft mit ihnen ab (➤ Rz 1088).

TIP Für Eltern mit größerem Gewerbe: Geld hin und zurück   **476**

Statt den Kindern Geld zu geben, kannst Du sie auch an Deinem Unternehmen als stille Gesellschafter beteiligen.

Um Dich auf den Geschmack zu bringen, laß mich berichten von einem   **477**
Unternehmer, der folgendes getan hat (BFH-Urt. vom 21. 2. 1991 – BStBl
1995 II S. 449). Er ist Gesellschafter einer Kraftfahrzeughandel-KG und
räumte seinen zwei Kindern im Alter von 7 und 4 Jahren je eine typisch
stille Unterbeteiligung von 50 000 DM ein. Das Geld dafür erhielten die
Kinder zuvor von ihm geschenkt. Als Gewinnbeteiligung der Kinder
wurden 20%, höchstens 15% von 50 000 DM vereinbart, also für jedes Kind
pro Jahr 7 500 DM, die das Einkommen des Vaters mindern und bei den
Kindern wegen der hohen Kapitalfreibeträge von 6 100 DM und der
Grundfreibeträge ganz steuerfrei sind.

Ruf sofort Deinen Steuerberater an und sag ihm, daß Du so etwas auch
machen willst.

»Typisch stille Unterbeteiligung, das hört sich ziemlich kompliziert an«,
sagst Du.

Überhaupt nicht kompliziert. Stille Beteiligung bedeutet, der Beteiligte ist nur Geldgeber, nicht im Betrieb tätig.

Typisch still beteiligt bedeutet außerdem, er ist nicht an Gewinnen aus dem Verkauf von Anlagevermögen beteiligt. Nur so haben die Kinder Gewinnanteile, die der Fiskus als Kapitalerträge einstuft und bis zu 6 100 DM steuerfrei läßt.

Quelle: § 20 Abs. 1 Nr. 4 EStG.

478 ▓ **TIP** **Eltern mit vermietetem Grundbesitz**

Schanze Deinen Kindern Mieteinnahmen zu, indem Du ihnen ein Nießbrauchsrecht einräumst oder ihnen Grundbesitz ganz oder anteilig überträgst (➤ Rz 1277 u. 1293). Oder Du senkst ganz einfach Deine Mieteinkünfte, indem Du den Kindern, die schon Einkommen haben, eine Wohnung zum halben Mietpreis überläßt (➤ Rz 1278).

Nun sieh, welcher Tip auf Dich zutrifft.

479 »Leider habe ich weder einen eigenen Betrieb noch viel Geld auf der hohen Kante und auch keine Mietshäuser«, maulst Du. »Dafür sind meine Frau und ich schwerbehindert, haben beide 50%. Und unsere Tochter geht uns beim Kochen, Putzen und Einkaufen etwas zur Hand.«

Mensch, prima! Dann gib sie doch als Haushaltshilfe an (➤ Rz 277). Lebt sie in ihrer eigenen Wohnung? Dann gibt es keine Probleme! Oder wohnt sie noch bei Euch? Auch nicht schlimm! Der Bundesfinanzhof springt Dir hier zur Seite (Urt. vom 27. 10. 1989 – BStBl 1990 II S. 294 gegen H 192 EStH). Nur: Schließe einen wasserdichten, schriftlichen Arbeitsvertrag, in dem die zu verrichtenden Tätigkeiten und der genaue Arbeitslohn festgelegt sind. Weise die Zahlungen per Quittung oder Bankauszug nach, und schon klappt der Laden.

480 **Vorsicht, Beitragsfalle der gesetzlichen Krankenversicherung:** Hast Du Deinen Kindern Einkünfte zugeschanzt, kannst Du leicht in die Beitragsfalle der gesetzlichen Krankenkasse tappen. Du weißt: Deine Kinder sind bis 25 Jahre in der gesetzlichen Krankenversicherung beitragsfrei mitversichert. Aber nur, wenn ihr Gesamteinkommen 630 DM nicht übersteigt. Andernfalls scheiden sie aus der Familienversicherung aus und müssen sich selbst versichern. Frag vorher bei Deiner Krankenkasse oder der AOK nach, was das kosten würde.

Gesamteinkommen nach dem Sozialgesetzbuch | 481

Gesamteinkommen nach dem Sozialgesetzbuch ist die Summe der Einkünfte i. S. des Einkommensteuergesetzes. Dabei gelten aber für die Berechnung der Einkünfte folgende Besonderheiten: Bei Arbeitseinkünften des Kindes dürfen vom Bruttolohn noch die beruflich veranlaßten Ausgaben, mindestens aber der Werbungskosten-Pauschbetrag (Jahresbetrag 2000 DM, Monatsbetrag 167 DM) abgezogen werden. Bei Zinseinkünften des Kindes sind die Zinseinnahmen maßgebend. Der Sparerfreibetrag darf als sog. Steuervergünstigung nicht berücksichtigt werden. Bei Mieteinnahmen des Kindes sind die vereinnahmten Bruttomieten maßgebend abzüglich der mit dem Haus oder der Wohnung verbundenen Kosten. Abschreibungen bleiben unberücksichtigt.

Fehlerfrei bei jeder
Fehlentscheidung
(Vorstand des BFH)

5.3 Goldene Steuertips für gutbetuchte Kinder | 482

Deine Eltern haben Dir Arbeitskraft, Verstand und eine gute Ausbildung mit auf den Weg gegeben. Nun bist Du ziemlich weit oben. Vielleicht können Deine Eltern Dir nun auch noch helfen, Steuern zu sparen.

TIP Für die Eltern eine dauernde Last | 483

Was sich wie ein Klotz am Bein anhört, ist in Wirklichkeit ein großer Riß in den Schleppnetzen des Fiskus. Der Bundesfinanzhof hat es in den vergangenen Jahren mit zig neuen Entscheidungen immer weiter aufgerissen. Du kannst mächtig was als Sonderausgaben absetzen, wenn Du es geschickt anstellst (➤ Rz 176).

TIP Renoviere Dein Elternhaus | 484

Schon längst hätte Dein Elternhaus mal gründlich renoviert werden müssen. Doch leider sind die Renovierungskosten im selbstgenutzten Haus nicht absetzbar. Jedenfalls nicht so ohne weiteres. Also lasse Dir das Haus im Wege der vorweggenommenen Erbfolge übertragen. Damit Deine Eltern nicht argwöhnen, Du wolltest sie anschließend auf die Straße setzen oder in ein Altersheim abschieben, vereinbart Ihr ein Wohnrecht auf Lebenszeit und schwupp: Alle Renovierungskosten gehen bei Dir als dauernde Lasten durch. Deswegen vereinbart ihr im Übertragungsvertrag *»... hat der Grundstückseigentümer die zur ordnungsgemäßen Instandhaltung und Instandsetzung erforderlichen gewöhnlichen Ausbesserungen auf seine Kosten vornehmen zu lassen ...«* Dazu nickt der Fiskalritter, denn der Bundesfinanzhof steht hinter Dir (Urt. vom 25. 3. 1992 – BStBl 1992 II S. 1012). Zu den dauernden Lasten mehr unter ➤ Rz 176.

Ohne Wohnrecht der Eltern klappt der Laden genausogut, wenn Du die Dir übertragene Wohnung anschließend an die Eltern zurückvermietest, vielleicht sogar mit halber Miete (➤ Rz 1278). Dann kannst Du alle Ausgaben als Werbungskosten absetzen.

Nichts gelingt ohne Heiterkeit
(Montaigne)

6. Die Anlage N

In diesem Kapitel geht es um die Höhe Deiner Arbeitseinkünfte. Sie **485**
werden nach folgendem Schema berechnet: DM

Steuerpflichtiger Bruttoarbeitslohn . . . .
./. Versorgungsfreibetrag (40% der Versorgungsbezüge –
Pensionen, höchstens 6 000 DM) . . . .
Verbleiben . . . .
./. Werbungskosten, mindest. Pauschbetrag von 2 000 DM . . . .
Einkünfte aus nichtselbständiger Arbeit . . . .

Zeile 1–63 Bist Du Arbeitnehmer oder **486**
Selbständiger?

Die meisten in einem Betrieb tätigen Personen sind Arbeitnehmer. Feste
Arbeitszeiten, bezahlter Urlaub und Lohnfortzahlung im Krankheitsfall,
das sind Merkmale für ein Arbeitsverhältnis. Folge: Auszahlung der Bezüge erst nach Abzug von Steuer und Sozialversicherung.

Arbeitest du hingegen auf eigene Rechnung – und eigenes Risiko –, ohne
Urlaubsanspruch und ohne Bezahlung im Krankheitsfalle, bist Du selbständig tätig und hast daraus Einkünfte aus Gewerbebetrieb oder freiberuf-
licher Tätigkeit. Folge: Du mußt von diesen Einkünften Einkommensteuer
bezahlen, evtl. sogar Umsatzsteuer (ab 32 500 DM Jahresumsatz) und
Gewerbesteuer (ab 48 000 DM Jahresgewinn).

Mit dem Trick der sog. »Scheinselbständigkeit« will sich die öffentliche **487**
Hand zusätzliche Gelder für ihre ruinierten Haushalte beschaffen. Es geht
darum, ob jemand als »freier Mitarbeiter« und damit sozialversicherungsfrei tätig ist oder als »Scheinselbständiger« mit der Folge, 42% Sozialabgaben (einschließlich Arbeitgeberanteil) zahlen zu müssen. Für die »Scheinselbständigkeit« gelten folgende Kriterien:
● keine Beschäftigung versicherungspflichtiger Arbeitnehmer (außer Familienangehörige)

- regelmäßige Tätigkeit für nur einen Auftraggeber
- Ausübung einer arbeitnehmertypischen Beschäftigung (Weisungsgebundenheit, Einbindung in Arbeitsorganisation des Auftraggebers)
- kein Auftreten als Selbständiger am Markt

(Quelle: § 7 Abs. 4 SGB IV).

Werden mindestens zwei dieser Kriterien erfüllt, unterstellt das Gesetz zunächst eine abhängige Beschäftigung, die zur Versicherungspflicht führt. Um weiterhin der Beitragspflicht zu entgehen, mußt Du in diesem Fall die zuständige Krankenkasse davon überzeugen, daß die Merkmale für die Selbständigkeit bei Dir überwiegen.

Du hast im Betrieb eine Lohnsteuerkarte abgegeben und bist auch bei den Sozialkassen angemeldet. Also bist Du Arbeitnehmer. Zu Deiner Steuererklärung gehört die Anlage N.

Probeerklärung

Am besten, Du fertigst auf den folgenden Formularen erst mal eine Probeerklärung an, in der Du frei wegstreichen und verbessern kannst.

Erledige
das Schwierige zuerst.
(Walter Scheel)

488 ## Zeile 1–63 Arbeitsverträge zwischen nahen Angehörigen

Sei nicht zu bange, Steuerzahlen dadurch zu vermeiden!

Bei Verträgen zwischen Fremden ist der Fiskus schnell dabei, ein Arbeitsverhältnis anzunehmen. Dann kann er nämlich die Mühen der **Steuererhebung** auf einen Dritten – auf den Betrieb – abwälzen. Wohingegen ein Arbeitsverhältnis zwischen Angehörigen, z. B. zwischen Ehegatten oder zwischen Eltern und Kindern, zu bemeckern zu den gängigen Pflichtübungen der Fiskalprüfer gehört. **Argwöhnen sie doch, das Arbeitsverhältnis könnte fingiert sein, um Steuern zu sparen. Der steuerliche Vorteil besteht darin, daß der Zahlende wesentlich mehr absetzen kann, als der Empfänger des Arbeitslohns versteuert – insbesondere durch:**

Arbeitnehmer-Pauschbetrag; steuerfreie Arbeitgeberanteile zur Sozialversicherung; Leistungen in eine Direktversicherung; Überlassung von Vermögensbeteiligungen und vieles mehr.

Anlage N

Name und Vorname

Steuernummer

Bitte Lohnsteuerkarte(n) im Original beifügen!

1999

Jeder Ehegatte mit Einkünften aus nichtselbständiger Arbeit hat eine eigene Anlage N abzugeben.

| 99 | 4 | Stpfl Erwrt -7 Ehefr -8 |

| 89 |

Einkünfte aus nichtselbständiger Arbeit

Zeile	Angaben zum Arbeitslohn		DM	Pf	DM	Pf	
			Erste Lohnsteuerkarte		Weitere Lohnsteuerkarte(n)		
1			10		11		85 Veranlagungsgrund
2	Bruttoarbeitslohn			—		—	10
3	Lohnsteuer		40		41		40
4	Solidaritätszuschlag		50		51		50
5	Kirchensteuer des Arbeitnehmers		42		43		42
6	Nur bei konfessionsverschiedener Ehe: Kirchensteuer für den Ehegatten		44		45		44
7	Versorgungsbezüge (in Zeile 2 enthalten)				32	—	11
8	Außerordentliche Einkünfte, die ermäßigt besteuert werden sollen (vgl. Zeile 45 des Hauptvordrucks): Versorgungsbezüge für mehrere Jahre				33		41
9	Arbeitslohn für mehrere Jahre				13		51
10	Entschädigungen				66		43
11	Steuerabzugsbeträge zu den Zeilen 8 bis 10	46 Lohnsteuer			52 Solidaritätszuschlag		45
12		48 Kirchensteuer Arbeitnehmer			49 Kirchensteuer Ehegatte		32
							33
							13
13	Steuerpflichtiger Arbeitslohn, von dem kein Steuerabzug vorgenommen worden ist				15		Vom Arbeitgeber ausgezahltes Kindergeld
14	Steuerfreier Arbeitslohn nach Doppelbesteuerungsabkommen zwischenstaatlichen Übereinkommen	Staat / Organisation			39	—	70
15	nach Auslandstätigkeitserlaß	Staat			36	—	Länderschlüssel (Arbeitgeber-FA) 67
16	Zu Zeile 14: Unter bestimmten Voraussetzungen erfolgt eine Mitteilung über die Höhe des in Deutschland steuerfreien Arbeitslohns an den anderen Staat. Einwendungen gegen eine solche Weitergabe bitte als Anlage beifügen.						86
17	Grenzgänger nach	Beschäftigungsland Arbeitslohn ▶			16 in ausländischer Währung		Länderschlüssel 17
18	Schweizerische Abzugsteuer				35 SFr		
19	Steuerfrei erhaltene Aufwandsentschädig. aus der Tätigkeit als				Betrag		
20	Kurzarbeitergeld, Winterausfallgeld, Zuschuß zum Mutterschaftsgeld, Verdienstausfallentschädigung nach dem Bundes-Seuchengesetz, Aufstockungsbeträge nach dem Altersteilzeitgesetz, Zuschläge auf Grund des § 6 Abs. 2 des Bundesbesoldungsgesetzes (lt. Lohnsteuerkarte)		19				19
21	Andere Lohnersatzleistungen (z. B. Arbeitslosengeld, Arbeitslosenhilfe, Altersübergangsgeld, Überbrückungsgeld lt. Bescheinigung d. Arbeitsamts u. Krankengeld, Mutterschaftsgeld lt. Leistungsnachweis)		20				20
22	Angaben über Zeiten und Gründe der Nichtbeschäftigung (Nachweise bitte beifügen.)						

	Angaben zum Antrag auf Festsetzung der Arbeitnehmer-Sparzulage						
23	Beigefügte Bescheinigung(en) vermögenswirksamer Leistungen (Anlage VL) des Anlageinstituts/Unternehmens			Anzahl			
24	Wenn Zeilen 1 bis 22 nicht ausgefüllt: Ich habe für Teilzeitbeschäftigung/als Aushilfskraft steuerfreien oder pauschal besteuerten Arbeitslohn erhalten.						99 8 Stpfl / Erwrt -7 Ehefr -8
25	Ergänzende Angaben zu den Vorsorgeaufwendungen						89
26	Es bestand 1999 keine gesetzliche Rentenversicherungspflicht, jedoch eine Anwartschaft auf Altersversorgung (ganz oder teilweise ohne eigene Beitragsleistung) aus dem aktiven Dienstverhältnis			als			Vorsorgeaufwendungen gekürzt = 1 ungekürzt = 2
27	als Beamter.	als Vorstandsmitglied/ GmbH-Gesellschafter-Geschäftsführer.					35
28	Es bestand 1999 keine gesetzliche Rentenversicherungspflicht und auch keine Anwartschaft auf Altersversorgung oder eine Anwartschaft nur aufgrund eigener Beitragsleistung aus der Tätigkeit						Bemessungsgrundlage Vorwegabzug ohne Kürz. 15
29	als Vorstandsmitglied/ GmbH-Gesellschafter-Geschäftsführer.	im Rahmen von Ehegattenarbeitsverträgen, die vor dem 1.1.1967 abgeschloss. wurden.	als (z. B. Praktikant, Student)				
30	Ich habe 1999 bezogen beamtenrechtliche od. gleichgestellte Versorgungsbezüge.	Altersruhegeld aus der gesetzlichen Rentenversicherung.					

Anlage N für Einkünfte aus nichtselbständiger Arbeit – März 99

– 2 –

Zeile	Werbungskosten											
31									40			Tage
									41			km
32	**Fahrten zwischen Wohnung und Arbeitsstätte**								43			Tage
	Aufwendungen für Fahrten mit eigenem oder zur Nutzung überlassenem								44			km
33	privaten Pkw	Firmenwagen	Motorrad/ Motorroller	Letztes amtl. Kennzeichen			Moped/ Mofa	Fahrrad	44			Tage
34	Arbeitstage je Woche	Urlaubs- und Krankheitstage	Erhöhter Kilometersatz wegen Behinderung Behinderungsgrad mindestens 70	Behinderungsgrad mindestens 50 und erhebliche Gehbehinderung					46			km
									47			
35	Arbeitsstätte in (Ort und Straße) – ggf. nach besonderer Aufstellung –			Einsatzwechseltätigkeit vom – bis	40 benutzt an		Tagen	41 einfache Entfernung	km	61		Schlüssez. zu Kz 41
36					43		Tagen	44	km	62		Schlüssez. zu Kz 44
37					46		Tagen	47	km	63		Schlüssez. zu Kz 47
38	Aufwendungen für Fahrten mit öffentlichen Verkehrsmitteln				DM steuerfrei ersetzt DM – ▶			49	DM	49		
39	Fahrtkostenersatz, der vom Arbeitgeber pauschal besteuert oder bei Einsatzwechseltätigkeit steuerfrei gezahlt wurde								50		50	
40	Beiträge zu Berufsverbänden (Bezeichnung der Verbände)								51		51	
41	Aufwendungen für Arbeitsmittel – soweit nicht steuerfrei ersetzt – (Art der Arbeitsmittel bitte einzeln angeben.)						DM					
42							+					
43							+					
44							+ ▶		52		52	
45	Weitere Werbungskosten (z. B. Fortbildungskosten, Reisekosten bei Dienstreisen) – soweit nicht steuerfrei ersetzt –											
46							+					
47							+					
48							+ ▶		53		53	
49	Pauschbeträge für Mehraufwendungen für Verpflegung						Vom Arbeitgeber steuerfrei ersetzt ▼					
50	bei Einsatzwechseltätigkeit	bei Fahrtätigkeit										
51	Abwesenheit mind. 8 Std. Zahl der Tage × 10 DM	Abwesenheit mind. 14 Std. Zahl der Tage × 20 DM	Abwesenheit von 24 Std. Zahl der Tage × 46 DM	Summe = DM			DM – ▶		54		54	
52												
53	Mehraufwendungen für doppelte Haushaltsführung Der doppelte Haushalt wurde aus beruflichem Anlaß begründet			Beschäftigungsort							Werbungskosten zu Zeilen 14 und 15	
54	Grund	am	und hat seitdem ununterbrochen bestanden bis 1999	Es bestand bereits eine frühere doppelte Haushaltsführung am selben Beschäftigungsort	vom – bis							
55	Eigener Hausstand Nein Ja, in		seit	Falls nein, wurde Unterkunft am bisherigen Ort beibehalten? Nein Ja							Werbungskosten zu Zeile 9	
56	Kosten d. ersten Fahrt zum Beschäftigungsort u. d. letzten Fahrt zum eigenen Hausstand mit öffentlichen Verkehrsmitteln / mit eigenem Kfz Entfernung km × DM			DM							Werbungskosten zu Zeile 10	
57	Fahrtkosten für Heimfahrten mit öffentlichen Verkehrsmitteln / m. eigenem Kfz (Entfernung km) Einzelfahrt DM × Anzahl =			DM								
58	Kosten der Unterkunft am Arbeitsort (lt. Nachweis)			DM							Werbungskosten zu Versorgungsbezügen	
59	Verpflegungsmehraufwendungen										87	
60	Abwesenheit mind. 8 Std. Zahl der Tage × 10 DM	Abwesenheit mind. 14 Std. Zahl der Tage × 20 DM	Abwesenheit von 24 Std. Zahl der Tage × 46 DM = DM		Vom Arbeitgeber steuerfrei ersetzt ▼							
61						DM						
62	Summe der Zeilen 56 bis 61			DM – ▶		DM		55		55		
63	Besondere Pauschbeträge für bestimmte Berufsgruppen (Bitte die Berufsgruppe genau bezeichnen und Aufstellung über steuerfreien Ersatz des Arbeitgebers beifügen.)								56		56	

Zeile 1–63 Arbeitsverträge zwischen Ehegatten   489

Durch einen solchen Arbeitsvertrag kannst Du jede Menge Steuern sparen. Kein Wunder, daß der Fiskus dabei Mauschelei wittert.

Ob Dein Lebenspartner tatsächlich in Deinem Betrieb mitgearbeitet hat, kann im nachhinein niemand mehr überprüfen. Deshalb prüft der Fiskus nur die Formalitäten, und wenn da etwas nicht stimmt, setzt er den Rotstift an.

Also sei auf der Hut und baue vor, indem Du auch die kleinste Förmlichkeit beachtest. Dazu gehören: Schriftlicher Arbeitsvertrag, in dem genau festgelegt ist, worin die Arbeit besteht, wie hoch der Lohn samt Nebenleistungen ist, wie die Arbeitszeit und der Urlaub lauten. Sozialversicherung. Lohnsteuerkarte. Regelmäßige Auszahlung des Lohnes wie vereinbart. Angemessenheit des Arbeitslohns (Stundenlohn von 6,67 DM nicht angemessen, Urt. des Niedersächs. FG vom 15. 8. 1996 – EFG 1997 S. 529). Und schon ist alles paletti (Quelle: EStH 19).

»Mir als Nichtselbständigem bringt ein Arbeitsvertrag mit meiner Frau nichts«, maulst Du.

Warum denn nicht, wenn Deine Frau bei der Arbeit mithilft? Indem sie Dir   490 **als leitendem Angestellten im Verkauf die Auftragsbestätigungen und Berichte schreibt, Schriftverkehr mit Kunden erledigt, die Spesenabrechnungen macht und die ganze Ablage? Rückendeckung hast Du vom FG Niedersachsen mit Urt. vom 4. 5. 1982 rk – EFG 1982 S. 616 und vom FG Bremen im Urteil vom 21. 2. 1991 – EFG 1991 S. 314, die ein sog. ›Unterarbeitsverhältnis‹ anerkannt haben.**

Dein Vorteil: Du kannst den Arbeitslohn an Deine Frau und die Nebenabgaben bei Dir als Werbungskosten absetzen! Doch wisse weiter: Das FG Münster hält die Übertragung von Hauptpflichten aus dem Arbeitsvertrag nach § 613 BGB für unzulässig (Urt. vom 7. 8. 1990 – EFG 1991 S. 246). **Sei also clever und beuge vor, indem Deine Frau nur Arbeiten für Dich erledigt, die Du zusätzlich zum Arbeitsvertrag erbringst.**

Übrigens:
Lebt Ihr ohne Trauschein zusammen, so kann der Fiskalritter seinen Fremdvergleich vergessen. Hier geht der Grundsatz der **Vertragsfreiheit** vor (Urt. des Niedersächs. FG vom 13. 11. 1996 – EFG 1997 S. 524).

Nicht gut zu wissen:
Ein Unterarbeitsverhältnis zwischen einer Lehrerin und ihrer studierenden Tochter hat der BFH abgelehnt mit der Begründung, ein solches Arbeitsverhältnis sei zwischen Fremden nicht üblich. Ein beamteter Lehrer müsse schon die Klassenarbeiten selbst korrigieren (BFH-Urt. vom 6. 3. 1995 – BStBl 1995 II S. 394).

---

491 Zeile 1–63 Die Lohnabrechnung für 1999

»Gut und gerne könnte meine Erna bei mir auf Lohnsteuerkarte arbeiten, wo sie doch sowieso jeden Tag mithilft«, sagst Du.

Na also. Und die Lohnabrechnung schaffst Du auch ohne Steuerberater. Erna holt sich von der Gemeinde eine Lohnsteuerkarte, und Du meldest sie bei der AOK an. Dann besorgst Du Dir die Lohnsteuertabelle A – nicht B, die ist für Beamte – und gehst nach diesem Beispiel vor.

492 Monatslohn brutto	3 000,00 DM
./. LSt StKl III	10,66 DM
SolZ	0,00 DM
KiSt 9% von 10,66 DM=	0,96 DM
SozVers ArbN-Anteil (Berechnung unten)	618,00 DM
Monatslohn netto	2 370,38 DM

493 **Berechnung der Sozialversicherungsbeiträge**

Steuerpflichtiger Monatslohn	3 000,00 DM
Rentenversicherung 19,5%	585,00 DM
Krankenversicherung je nach Satzung, z. B. 13,5%	405,00 DM
Arbeitslosenversicherung 6,5%	195,00 DM
Pflegeversicherung 1,7%	51,00 DM
Summe	1 236,00 DM
ArbG-Anteil 50% =	618,00 DM
ArbN-Anteil 50% =	618,00 DM

Vermögenswirksame Leistungen   494
»Und wenn ich vermögenswirksame Leistungen zahle?« möchtest Du wissen.

Vermögenswirksame Leistungen (VL) zählen mit zum steuerpflichtigen Arbeitslohn und werden deshalb normal lohnversteuert und sozialversichert. Der VL-Betrag von maximal 78 DM monatlich wird von Dir als Arbeitgeber an die Bausparkasse oder die Bank überwiesen und deswegen vom Nettolohn abgezogen. Liegt Euer Einkommen unter 70 000 DM (Alleinstehende 35 000 DM), könnt Ihr in der Steuererklärung Anlage N 10% Sparzulage beanspruchen (➤ Rz 708).

Übrigens: Die vermögenswirksamen Leistungen können auch auf Deinen Sparvertrag oder auf einen gemeinsamen Vertrag eingezahlt werden (Quelle: EStH 19).

Fahrtkostenzuschuß   495
»Und wenn ich Erna einen Fahrtkostenzuschuß von z. B. 60 DM monatlich zahle für die Fahrten zum Büro, das auswärts liegt?« möchtest Du weiter wissen.

Der Fahrtkostenzuschuß gehört nicht zum normalen steuerpflichtigen Arbeitslohn und wird auch nicht sozialversichert. Du kannst ihn deswegen einfach auf den Nettolohn draufschlagen und mit auszahlen. Du mußt ihn allerdings pauschal versteuern und die Pauschalsteuer zusammen mit der normalen Lohnsteuer abführen (➤ Rz 613).

Pauschale LSt 15% von 60,00 DM =	9,00 DM **496**
Pauschaler SolZ 5,5% von 9,00 DM =	0,50 DM
Pauschale KiSt 7% von 9,00 DM =	0,63 DM
Summe	10,13 DM

Vorteilsrechnung   497
Zugegeben, die Lohnabrechnung bringt viel Schreibkram mit sich, der sich aber bezahlt macht.

1. Einkommensteuer   498
Das Gehalt mindert Deinen Gewinn aus Gewerbebetrieb, muß aber auf der anderen Seite von dem Lebenspartner versteuert werden, jedoch nach Abzug des Werbungskosten-Pauschbetrags von 2 000 Mark. Bei einem Steuersatz von 35% beträgt die Ersparnis daraus immerhin
(35% von 2 000 DM)   700 DM.

499 **2. Renten-, Kranken- und Pflegeversicherung**
Durch das Arbeitsverhältnis ist der Lebenspartner sozialversichert. Der Arbeitgeberanteil ist betrieblich absetzbar. Bezogen auf den obigen Fall beträgt der Arbeitgeberanteil rd. 21% von 36 000 DM = 7 560 DM, davon Ersparnis an Einkommensteuer 35% =   2 646 DM.

500 **3. Gewerbesteuer**
Das Gehalt des Lebenspartners mindert den gewerbesteuerpflichtigen Gewinn. Die Ersparnis an Gewerbesteuer beträgt rd. 12% des absetzbaren Betrages von rd. 43 000 DM (einschließlich Arbeitgeberanteil zur Sozialversicherung) =   5 160 DM.

501 **4. Pauschalversteuerte Direktversicherung**
Zur Ergänzung der gesetzlichen Altersversorgung kannst du für Deinen Lebenspartner eine Direktversicherung mit einem Jahreshöchstbetrag von 3 408 DM abschließen. Die Versteuerung wird pauschal mit 20% vorgenommen. Dadurch sparst Du

Einkommensteuer	35%
zuzüglich Gewerbesteuer	12%
Summe	47%
abzüglich Pauschalsteuer	20%
verbleiben	27% von 3 408 DM = 920 DM

Mehr zur Direktversicherung unter ➤ Rz 641.

502 **5. Pensionszusage**
Mit einer Pensionszusage könnt Ihr Eure Altersversorgung über die Steuer aufpäppeln. Und so geht das: Der mitarbeitende Lebenspartner erhält später aus betrieblichen Mitteln eine angemessene Pension. Die Zusage berechtigt zur Bildung einer entsprechenden Rückstellung, die den Gewinn mindert (EStR 41 Abs. 11).
Der Vorteil der Pensionszusage besteht darin, das sie den betrieblichen Gewinn mindert, beim Begünstigten aber zunächst keine steuerliche Auswirkung eintritt. Erst bei Fälligkeit ist die Pension als nachträglicher Arbeitslohn zu versteuern.

503 **Berechnung der Pensionsrückstellung**

Alter 40 J., weiblich, Jahrespension ab 60 J.	6 000 DM
Rückstellung ca.	25 000 DM
Ersparnis an Einkommen- und Gewerbesteuer ca.	47%
Steuerersparnis	11 750 DM

Zur Frage der Überversorgung siehe ➤ Rz 643.

Achtung, Fremdvergleich!   504

Je mehr Du mit Grundgehalt und Nebenleistungen in die vollen gehst und alle Möglichkeiten in Anspruch nimmst, um so genauer wird der Fiskus das Arbeitsverhältnis auf seine Angemessenheit hin prüfen. Maßstab für die Anerkennung bildet der sogenannte Fremdvergleich. Dies bedeutet: Betrieblich veranlaßt sind die Aufwendungen nur, wenn und soweit mit hoher Wahrscheinlichkeit vergleichbare Regelungen auch mit einem familienfremden Arbeitnehmer getroffen worden wären. Das gilt auch für die Abwicklung. **Es muß also alles ganz normal ablaufen.**

Dazu gehört auch ein

```
            Arbeitsvertrag (Muster)                505

Zwischen Frau/Herrn........(Arbeitgeber) und Frau/
Herrn........ (Arbeitnehmer) wird folgender
Arbeitsvertrag geschlossen:

§ 1 Beginn
Der Arbeitnehmer wird mit Wirkung vom........
als...................... eingestellt.


Der Aufgabenbereich ist im einzelnen in der als
Anlage beigefügten Stellenbeschreibung geregelt.

§ 2 Kündigungsfristen
Die Kündigungsfrist beträgt........ Wochen  zum
Quartalsende. Verlängert oder verkürzt sich die
Kündigungsfrist für den Arbeitgeber aus gesetzli-
chen oder tariflichen Gründen, gilt diese Verände-
rung auch für den Arbeitnehmer.

§ 3 Arbeitsvergütung
Der monatliche Bruttolohn beträgt........ DM. Als
Weihnachtsgeld wird ein halber Monatslohn zusätz-
lich gezahlt. Die Vergütung wird jeweils zum 15.
eines jeden Monats fällig. Die Zahlung erfolgt
bargeldlos auf das Konto des Arbeitnehmers Nr.....,
BLZ...... bei der........
```

---

§ 4 Arbeitszeit
Die Arbeitszeit beträgt bei fünf Arbeitstagen in der Woche 36 Stunden ohne Berücksichtigung der Pausen. Die Arbeit beginnt um ....Uhr.

§ 5 Urlaub
Der Arbeitnehmer erhält....... Werktage Urlaub. Urlaubsjahr ist das Kalenderjahr. Der Urlaub ist betriebsintern abzustimmen.

§ 6 Arbeitsverhinderung
Ist der Arbeitnehmer wegen Erkrankung oder aus anderem wichtigen Grunde an der Arbeit verhindert, ist der Betrieb umgehend zu benachrichtigen. Bei Erkrankung ist spätestens am 3. Tag eine Arbeitsunfähigkeitsbescheinigung des behandelnden Arztes vorzulegen.

§ 7 Beendigung des Arbeitsverhältnisses im Rentenfall
Wird dieser Vertrag nicht vorher durch Kündigung oder gegenseitiges Einvernehmen gelöst, gilt das Vertragsende ab Beginn der Rentenzahlung als beendet.

§ 8 Nebenabreden
Sie bedürfen zu ihrer Rechtsgültigkeit der Schriftform. Eine etwaige Ungültigkeit einzelner Vertragsbestimmungen berührt die Wirksamkeit der übrigen Bestimmungen nicht.

Ort....... Datum....   Ort....... Datum....

Arbeitnehmer..........   Arbeitgeber..........

6.1 Formularkopf

506

Unter Name und Vorname gehört die Steuernummer, damit die Anlage N, wenn sie mal im Finanzamt verkramt werden sollte, auch wieder richtig einsortiert werden kann.

Zeile 1–30 Die Lohnsteuerkarte mit Steuerklassen

507

Auf der Lohnsteuerkarte bescheinigt der Betrieb den Jahreslohn und die Abzüge. Logisch, daß der Fiskus die Lohnsteuerkarte sehen will, wenn er Deinen fiskalischen Obolus ausrechnet. Vergißt Du, die Lohnsteuerkarte der Anlage N beizufügen, fordert sie der Fiskalritter noch von Dir an, wodurch sich die Bearbeitung Deiner Erklärung verzögert und Du später Dein Geld bekommst.

»Wenn ich aber nachzahlen muß, ist es mein Vorteil«, sagst Du scheinheilig.

Das stimmt. Doch Du willst ja eine Erstattung, und deshalb hefte die 508 **Lohnsteuerkarte fest an die Anlage N, damit sie nicht verlorengeht.**

Auf der Lohnsteuerkarte steht rechts oben Deine Steuerklasse. Sie kann durchaus verräterisch sein, wenn Du dem Fiskus evtl. ein Arbeitsverhältnis verschweigst – natürlich nur aus Versehen. Also aufgepaßt!! Die Steuerklasse SECHS weist auf eine weitere Steuerkarte hin.

»Meine 2. Lohnsteuerkarte mit Steuerklasse SECHS kommt mir regelmäßig irgendwie immer abhanden«, sagst Du scheinheilig. »Taucht dann auch in der Steuererklärung nicht mehr auf.«

Wenn Du andere hohe Einkünfte hast, kann das Steuerhinterziehung sein, das weißt Du doch, oder? **Außerdem denke auch daran:** Die Gemeinde teilt dem Finanzamt brühwarm mit, wenn sie Dir eine Ersatzlohnsteuerkarte

Alle Eintragungen in der Lohnsteuerkarte genau prüfen! | Ordnungsmerkmale des Arbeitgebers
Lesen Sie die Informationsschrift „Lohnsteuer '99"

Lohnsteuerkarte 1999

Gemeinde und AGS

Stadt   48124   Münster   AGS 05515000   01712

Finanzamt und Nr.
Finanzamt   48153   Münster-Außenstadt 3336 | Geburtsdatum
17.01.1945

	I. Allgemeine Besteuerungsmerkmale
Steuer-klasse	Kinder unter 18 Jahren: Zahl der Kinderfreibeträge

Steuerkötter Heinz

Penunzenweg 12

DREI   1,0

Kirchensteuerabzug

-- / RK

48155 Münster

(Datum)

20.09.1998

(Gemeindebehörde)

Stadt Münster

ausstellt, Dir also die Originalkarte verlorengegangen ist. Auf diese Weise dem Finanzamt ein Arbeitsverhältnis zu verschweigen wäre also sehr unklug!

Aus den Steuerklassen VIER und FÜNF ist zu schließen, daß beide Ehegatten Lohnsteuerkarten erhalten haben, wobei sie zwischen der Steuerklassenkombination DREI/FÜNF oder VIER/VIER wählen können.

Dazu folgende Information, damit Du klarsiehst:

509 Einkünfte von Ehegatten werden grundsätzlich gemeinsam besteuert, weil dies günstiger ist. Sind beide Ehegatten werktätig, wird zunächst der Lohnsteuerabzug vom Arbeitslohn getrennt bei jedem einzelnen Ehegatten vorgenommen, das ist klar. Nach Ablauf des Jahres werden die Einkünfte bei der Veranlagung zusammengerechnet, und erst dann ergibt sich die endgültige Steuer. Im Laufe des Jahres ist es also kaum zu vermeiden, daß entweder zuviel oder zuwenig Lohnsteuer abgezogen wird.

Steuerklassenwahl   510

Durch die richtige Steuerklassenwahl (Kombination DREI/FÜNF oder VIER/VIER) solltest Du versuchen, der endgültigen Jahressteuer möglichst nahe zu kommen. Dazu mehr unter ➤ Rz 512.

Übrigens, kennst Du Dich aus mit den Steuerklassen? Noch nicht so gut? Also höre:
Es erhalten:

Personenkreis	StKl.	steuerfrei bis mtl.
Alleinstehende	EINS	1 579,65 DM
Alleinstehende mit Kind und Haushaltsfreibetrag	ZWEI	2 133,15 DM
Verheiratete (nur einer ist Arbeitnehmer)	DREI	2 952,15 DM
Verheiratete (beide sind Arbeitnehmer)		
entweder beide	VIER	1 579,65 DM
oder einer	DREI	2 952,15 DM
und der andere	FÜNF	171,15 DM
Alle für das 2. und jedes weitere Arbeitsverhältnis	SECHS	4,65 DM

Kinderfreibeträge auf der Steuerkarte   511

Neben der Steuerklasse steht die Zahl der Kinderfreibeträge. Für Kinder unter 18 Jahre, die bei den Eltern gemeldet sind, trägt die Gemeinde die Zahl der Kinderfreibeträge ein. Für die Eintragung von Kindern über 18 Jahre ist das Finanzamt zuständig. Grundsätzlich ist für jedes Kind der Zähler 0.5 = halber Kinderfreibetrag einzutragen, z. B. für 2 Kinder der Zähler 1.0.

Beispiel: Eine berufstätige alleinstehende Mutter mit einem Kind, das bei ihr wohnt, erhält die Steuerklasse ZWEI mit Zahl der Kinderfreibeträge 0.5.
Als Kinderermäßigung steht ihr zu:

Halber Kinderfreibetrag monatlich =	288 DM
Haushaltsfreibetrag jährlich =	5 616 DM

Der Vater dieses Kindes erhält die Steuerklasse I mit der Kinderfreibetragszahl 0.5.
Die Kinderfreibetragszahl 1.0 für ein Kind mit vollem Kinderfreibetrag von monatlich 576 DM erhalten Eheleute für ein gemeinsames Kind in der Steuerklasse DREI.

Ab 1996 haben im Lohnsteuerverfahren die Kinderfreibeträge nur noch für die Zuschlagsteuern (Soli- und Kirchensteuerzuschlag) Bedeutung.

512 **TIP** Steuerklassenwechsel bei Ehegatten

In der Steuerklasse DREI sind die Vorteile bei den Freibeträgen und beim Tarif am größten, in der Steuerklasse FÜNF am geringsten. Verdient also ein Ehegatte wesentlich mehr als der andere, nimmt er Steuerklasse DREI, der andere FÜNF.

Wesentlich mehr bedeutet:
Mehr als 60% des Bruttoverdienstes von Euch beiden zusammengenommen.

Ist Euer Verdienst in etwa gleich hoch, empfiehlt sich die Kombination der Steuerklassen VIER/VIER. Dadurch sind die Steuervorteile gleichmäßig verteilt.
Geht ein Ehegatte in Rente, in Mutterschutz oder wird arbeitslos, sollte der weiterhin berufstätige Ehegatte also die Steuerklasse DREI wählen.
Anträge auf Steuerklassenwechsel im Laufe des Jahres sind bei der Gemeindebehörde zu stellen. Letzter Termin 30. 11.
Übrigens: Ein Steuerklassenwechsel ist nur einmal im Jahr möglich. Einen weiteren Wechsel genehmigt der Fiskus aber nach Tod eines Ehegatten oder nach Beginn oder Ende von Arbeitslosigkeit.

Wie Ihr durch geschickte Steuerklassenwahl einen guten Schnitt machen könnt, zeigt folgender ...

513 **TIP** Höheres Mutterschaftsgeld durch Steuerklassenwechsel

Kündigt sich Nachwuchs an, kann ein vorübergehender Wechsel der Steuerklasse von III/V nach IV/IV ein höheres Mutterschaftsgeld bringen, vorausgesetzt, die Mutter hat Steuerklasse V und damit die höheren Abzüge. Denn die Höhe des Mutterschaftsgeldes ist abhängig vom zuvor erzielten Nettolohn. Je höher der Steuerabzug vorher war, desto geringer wird also das Mutterschaftsgeld ausfallen. Wichtig ist, den Steuerklassenwechsel spätestens vier Monate vor der Geburt vorzunehmen, denn Grundlage für das Mutterschaftsgeld ist der Nettolohn der letzten drei Monate vor der Geburt.
Ist der Nachwuchs da, werdet Ihr wieder die Steuerklassen III und V eintragen lassen (Quelle: LStR 109 Abs. 5).
»Moment mal, da muß ich aber doch mehr Steuern berappen als bei Steuerklasse III.«
Richtig erkannt, aber nur für höchstens vier Monate, und bei Eurer

nächsten Steuererklärung wird Euer Einkommen ja ohnehin zusammengerechnet und der Splittingtabelle unterworfen. Die Steuerklassen spielen für die endgültige Jahressteuer damit überhaupt keine Rolle.

Übrigens: **514**
Auch beim **Arbeitslosengeld** ist das letzte *Netto*entgelt maßgebend, so daß sich bei absehbarer Arbeitslosigkeit auch hier ein rechtzeitiger Steuerklassenwechsel in barer Münze auszahlen kann.
Doch aufgepaßt: Ein Steuerklassenwechsel gilt als Rechtsmißbrauch, wenn er nur dem Ziel dient, höhere Sozialleistungen zu kassieren, so das Bundesarbeitsgericht mit Urteil vom 18. 9. 1991. Das soll insbesondere gelten, wenn die Kombination der Steuerklassen offensichtlich nicht dem Verhältnis der monatlichen Arbeitslöhne entspricht. Also, wenn der besser Verdienende die ungünstige Steuerklasse V und der andere die Steuerklasse III wählt. Ein Steuerklassenwechsel muß also anders begründet sein.
Hattet Ihr zuvor die Steuerklassen III und V, so könnt Ihr nun jeder die Steuerklasse IV wählen, um die Steuerlast auf diese Weise gerecht zu verteilen. Mit dem Wechsel von der ungünstigen Klasse V zur Steuerklasse IV hast Du Dein monatliches Netto und damit die Grundlage für die Berechnung der Sozialleistungen erhöht.

TIP Mehr Freibeträge für Kinder **515**

Ich brauche Dir ja nicht noch zu sagen, daß die auf der Lohnsteuerkarte eingetragenen Kinderfreibeträge nicht der Weisheit letzter Schluß sind, oder? Was es für Kinder alles zu holen gibt, dazu mehr unter ➤ Rz 468 ff.

6.2 Angaben zum Arbeitslohn – Zeile 2–21

Zeile 2 Bruttoarbeitslohn **516**

Den Bruttoarbeitslohn aus > Zeile 3 Deiner Lohnsteuerkarte trägst Du in > Zeile 2 der **Anlage N** ein. Hast Du noch eine zweite Lohnsteuerkarte, trägst Du den darin bescheinigten Arbeitslohn daneben ein.
Der Bruttoarbeitslohn ist der Ausgangspunkt für die Berechnung der Einkünfte aus nichtselbständiger Arbeit.

Wir verlieren nur Mitarbeiter,
die wir nicht gebrauchen können.
(Manager Geier)

517 **Zeile 2 Die Milliardenquelle**

Der Arbeitslohn ist die ergiebigste Steuerquelle überhaupt und bringt dem
Fiskus Kohle ohne Ende:

Letztes Aufkommen an Lohnsteuer etwa
250 Milliarden DM = rd. 31% aller Steuereinnahmen.

Zum Vergleich:

Die Umsatzsteuer bringt ihm 240 Milliarden,
die Einkommensteuer aber nur 6 Milliarden.

Damit dem Fiskus auch ja keine müde Mark durch die Lappen geht, sind
zusätzlich Lohnsteueraußenprüfer unterwegs, den Milliardenstrom zu kontrollieren. Sie prüfen, ob die Betriebe

● den steuerpflichtigen Arbeitslohn richtig festgestellt und
● die Lohnsteuer – nach den Angaben auf den Lohnsteuerkarten der
  Arbeitnehmer – richtig berechnet und an die Betriebsfinanzämter
  abgeführt haben.

518 **Zum Arbeitslohn** gehören nach § 2 der Lohnsteuer-Durchführungsverord-
nung:

Alle Einnahmen in Geld und Geldeswert (Sachbezüge), die dem Arbeit-
nehmer aus dem Arbeitsverhältnis zufließen, wobei es nach dem Gesetz
gleichgültig ist, ob der Arbeitslohn laufend oder einmalig gezahlt wird, ob
ein Rechtsanspruch darauf besteht oder nicht und unter welcher Bezeich-
nung er gewährt wird.

519 Was hier juristisch verklausuliert beschrieben ist, erfährt das Lohnbüro,
wenn der Lohnsteueraußenprüfer in Aktion tritt. Er fahndet nach Sachbe-
zügen in Form von Kost und Wohnung oder Firmenwagen, überhöhten
Spesenabrechnungen, Personalrabatten, unüblich teuren Betriebsausflügen, Geldgeschenken, Tantiemen usw. Sogar Trinkgeld kommt nicht »brutto für netto« durch! Alle diese Zuwendungen aus dem Arbeitsverhältnis
werden der Lohnsteuer unterworfen.

▮▮▮ TIP Bitte Deinen Chef um eine Gehaltsminderung 520

Ja, Du hörst richtig. Was nützt Dir ein gutes Gehalt, wenn Dir beim Bau Deines Häuschens Tausende Märker durch die Lappen gehen, nur weil Du keine Zeit hast, Dich darum zu kümmern. Und diese Tausende Märker könntest Du netto verdienen, müßtest sie aber brutto bezahlen!!

Also sagst Du Deinem Chef: Hören Sie, ich muß im nächsten Jahr etwas kürzertreten, muß mich um meinen Bau kümmern. Geben Sie mir künftig 500 Mark weniger, und ich gehe dafür jeden Tag zwei Stunden früher nach Hause.

»Die Idee ist pfundig, obwohl ich mir gerade kein Haus bauen will«, so sagst Du. »Ich will aber im nächsten Sommer in die Sahara und muß mir dazu vorher noch ein Reisemobil ausbauen. Aber sag mir, wieso ich dabei die Steuer austrickse? Immerhin verdiene ich 500 Mark weniger!«

Das will ich Dir vorrechnen: Mal angenommen, Dein Einkommen liegt bei 40 000 Mark. Dann beträgt Deine Steuerbelastung – siehe Steuerbelastungstabelle unter ➤ Rz 32 – als Alleinstehender in der Spitze rd. 30% Einkommensteuer zuzüglich 5% Soli-Zuschlag und Kirchensteuer.

Steuerbelastung insgesamt rd.	35%
hinzu kommt Dein Anteil an den Sozialabgaben rd.	<u>20%</u>
Abgaben insgesamt	<u>55%</u>
Von 500 DM Bruttoarbeitslohn bleiben Dir netto 45%	<u>225 DM</u>

Du verzichtest also auf 225 DM netto und erhältst dafür 40 Stunden mehr Freizeit für den Ausbau des Reisemobils. Also kostet Dich jede Stunde Freizeit (225 DM : 40 Stunden =) 5,63 DM. Einem Handwerker, der Dir das Reisemobil ausbaut, dem müßtest Du aber für seine Arbeitsstunde ein Vielfaches von 5,63 DM geben.

Übrigens: Auch als Beamter wird Dir – unter Verzicht auf einen Teil Deines 521 Gehalts – Teilzeitarbeit genehmigt. Kannst Dir alles so einrichten, wie Du es brauchst, z. B. Teilzeitarbeit mit 30 Wochenstunden für zunächst zwei Jahre.

Guter Rat: Betriebspension im Alter 522

Verzichte doch einfach auf einen Teil Deiner Gehaltsbezüge, z. B. auf 6 000 Mark brutto jährlich, und laß Dir dafür eine Pensionszusage geben, die bei Eintritt in den Ruhestand, frühestens ab dem 62., oder bei Invalidität fällig wird.

Die Vorteile liegen auf der Hand: Du sparst Lohnsteuer in Höhe des Grenzsteuersatzes (➤ Rz 34), minderst damit außerdem die Steuerprogression (➤ Rz 36), ferner sparst Du Solidaritätszuschlag und ggfs. Kirchensteuer, außerdem fallen für 6 000 Mark die Beiträge zur Sozialversicherung weg (➤ Rz 1142).

Erst bei Auszahlung der Pension fällt Lohnsteuer usw. an, es wird aber der Versorgungsfreibetrag von 40% der Pensionsbezüge, bis maximal 6 000 DM jährlich, abgezogen (➤ Rz 691). Und darüber hinaus werden die Steuersätze künftig sinken, so daß Du auf der Gewinnerseite stehst, wenn Du Einkünfte in spätere Jahre verlagern kannst.

Für den Betrieb ist diese Regelung kostenneutral, denn anstelle der Lohnkosten zahlt er meistens in eine Rückdeckungsversicherung. Tut er das nicht, wird er in der Bilanz eine gewinnmindernde Rückstellung bilden und hat dann sogar zusätzlich Geld flüssig, weil er Dich später bezahlt. (Quelle: Erlaß FinMin NRW vom 30. 11. 1994 – S 2332 – 75 – V B 3).

523 ◆ *Musterfall Huber*

Heribert Huber war vom 1. 2. bis 31. 12. als Autoschlosser tätig. Die Beträge zu > Zeile 2 bis 21 der Anlage N entnimmt er seiner Lohnsteuerkarte Seite 2. In > Zeile 21 trägt Huber sein Arbeitslosengeld für Januar 1999 ein. Der Betrag ergibt sich aus einer Bescheinigung, die das Arbeitsamt ihm ohne besondere Aufforderung zugeschickt hat und die er dieser Erklärung beifügt. Für Frau Huber muß eine eigene Anlage N ausgefüllt werden.

524 Lohnsteuerkarte des Herrn Huber Seite 2

IV. Lohnsteuerbescheinigung für das Kalenderjahr 1999 und besondere Angaben

	vom – bis			vom – bis			vom – bis		
1. Dauer des Dienstverhältnisses	*1.2. – 31.12.*								
2. Zeiträume ohne Anspruch auf Arbeitslohn	Anzahl „U":			Anzahl „U":			Anzahl „U":		
	DM	Pf		DM	Pf		DM		Pf
3. Bruttoarbeitslohn einschl. Sachbezüge ohne 9. bis 11.	61.584	00							
4. Einbehaltene Lohnsteuer von 3.	6.266	00							
5. Einbehaltener Solidaritätszuschlag von 3.	238	48							
6. Einbehaltene Kirchensteuer des Arbeitnehmers von 3.	390	24							
7. Einbehaltene Kirchensteuer des Ehegatten									

von 9. bis 11. (nur bei konfessionsverschiedener Ehe)			
16. Kurzarbeitergeld, Winterausfallgeld, Zuschuß z. Mutterschaftsgeld, Verdienstausfalientsch. (Bundes-Seuchengesetz), Aufstockungsbetrag (Altersteilzeitgesetz)	754	00	
Doppelbesteue-			

Huber trägt in der Anlage N ein:

525

Einkünfte aus nichtselbständiger Arbeit

Zeile	Angaben zum Arbeitslohn		DM	Pf		DM	Pf
1			Erste Lohnsteuerkarte			Weitere Lohnsteuerkarte(n)	
2	Bruttoarbeitslohn	10	61.584	—	11		—
3	Lohnsteuer	40	6.266	00	41		
4	Solidaritätszuschlag	50	238	48	51		
5	Kirchensteuer des Arbeitnehmers	42	390	24	43		
	Nur bei konfessionsverschiedener Ehe:	44			45		

19	Aufwandsentschädig:			
20	Kurzarbeitergeld, Winterausfallgeld, Zuschuß zum Mutterschaftsgeld, Verdienstausfallentschädigung nach dem Bundes-Seuchengesetz, Aufstockungsbeträge nach dem Altersteilzeitgesetz, Zuschläge auf Grund des § 6 Abs. 2 des Bundesbesoldungsgesetzes (lt. Lohnsteuerkarte)	19	754	—
21	Andere Lohnersatzleistungen (z. B. Arbeitslosengeld, Arbeitslosenhilfe, Altersübergangsgeld, Überbrückungsgeld lt. Bescheinigung d. Arbeitsamts u. Krankengeld, Mutterschaftsgeld lt. Leistungsnachweis)	20	2.890	—
22	Angaben über Zeiten und Gründe der Nichtbeschäftigung (Nachweise bitte beifügen.) *arbeitslos 1.1.–31.1. / Nachweis beigefügt*			
	Angaben zum Antrag auf Festsetzung der Arbeitnehmer-Sparzulage			
	Beigefügte Bescheinigung(en) vermögenswirksamer Leistungen (Anlage VL) des Anlageinstituts/Unternehmens			

*Nirgends strapaziert sich der
Mensch so sehr wie bei der Jagd
nach Erholung.*

(Laurence Sterne)

6.2.1 Steuerfreier Arbeitslohn – Zeile 2

526

**Bei steuerfreiem Arbeitslohn kommt wahre Freude auf, denn er erscheint
weder auf der Lohnsteuerkarte noch in der Steuererklärung und unterliegt
auch nicht der Sozialversicherung.**

Gut möglich, daß in dem folgenden Lohn-Abc etwas für Dich drin ist.
Dann sage bei der nächsten Gelegenheit: Hören Sie, Chef, wie wär's,
wenn wir diesmal unseren stillen Teilhaber außen vor lassen? Ich habe da
eine Idee.

Zeile 2 Annehmlichkeiten

527

Jawohl, auch Dein Betrieb kann Dir Annehmlichkeiten bereiten, wenn
auch auf etwas andere Art als die im Privatleben, und auch die betrieblichen Annehmlichkeiten sind steuerfrei:

- Betriebseigene Dusch- und Badeanlagen (LStR 70 Abs. 3),
- Betriebskindergärten, Zuschüsse zu betriebsfremden Kindergärten (§ 3 Nr. 33 EStG),
- Beihilfen für Vorsorgekuren mindestens bis zu 1 000 DM im Kalenderjahr (LStR 11),

528
- Abschluß einer Unfallversicherung, soweit sie berufliche Risiken abdeckt. Umfaßt die Unfallversicherung auch den privaten Bereich, ist die darauf entfallende Versicherungsprämie allerdings steuerpflichtig (OFD München vom 18. 3. 1992 S. 2332 wegen BFH-Urt. vom 22. 6. 1990 – BStBl 1990 II S. 901).

529 ## Zeile 2 Aufmerksamkeiten, Geschenke

Kleine Geschenke gehören nun mal zum guten Ton und sind deswegen als Aufmerksamkeiten steuerfrei, wie z. B. ein Blumenstrauß, Genußmittel (Süßigkeiten, Getränke), ein Buch oder eine CD, aber nur im Wert bis zu 60 DM.

530 **Als Anlaß für Aufmerksamkeiten** gelten persönliche Ereignisse wie z. B. eine bestandene Prüfung, Eintritt in den Ruhestand, ein Krankenhausaufenthalt, silberne oder goldene Hochzeit, Kommunion, Konfirmation oder Schulentlassung von Kindern des Arbeitnehmers (LStR 73 Abs. 1). Wie Du siehst, gibt es viele günstige Gelegenheiten.

Mancher Chef ist aber ein richtiger Stiesel, der in dieser Richtung keine Antenne hat. Gib ihm einen Tip, und er freut sich bestimmt, wenn er etwas fürs Betriebsklima tun kann.

Nicht gut zu wissen: Geburtstage sind für den Fiskus keine besonderen persönlichen Ereignisse, auch nicht, wenn sie »rund« sind.
Was ist mit Geldgeschenken? Die sind in jeder Hinsicht steuerpflichtig. Leider.

531 ### TIP Bei Hochbetrieb steuerfreies Essen für 60 Mark

Das sollte der Chef unbedingt wissen: Anläßlich und während eines außergewöhnlichen Arbeitseinsatzes kann er für jeden Essen und Trinken bis zu 60 Mark spendieren, ohne daß dafür Lohnsteuer anfällt. Das gilt noch als Aufmerksamkeit. Quelle: LStR 73.

Auch kann er steuerfrei Essen und Trinken spendieren, wenn jemand als Jubilar geehrt oder ehrend verabschiedet oder in ein höheres Amt eingeführt wird (LStR 72 Abs. 2 S. 6).

TIP Kleine Aufmerksamkeit, große Wirkung ...   532

Um elf Uhr spendiert der Betrieb Kaffee und Tee, frisch aus der Büroküche, dazu Kekse als weitere steuerfreie Genußmittel. Nahrungsmittel spendiert er nicht, weil deren Überlassung steuerpflichtig wäre. Von Nahrungsmitteln kann man sich nämlich, so die spitzfindige Begründung des Fiskus, im Gegensatz zu Genußmitteln dauerhaft ernähren, und das wäre dann steuerpflichtiger Lohn.

»Ist unser Elf-Uhr-Zug etwa auch steuerfrei?« möchtest Du wissen.

Elf-Uhr-Zug, was ist das?

»Jeden Tag um elf Uhr spendiert der Betrieb eine Runde Appelkorn, die schön hintereinander im Sekretariat bereitstehen. Das ist unser Elf-Uhr-Zug«, so klärst Du mich auf.

Appelkorn ist wohl mehr ein Genußmittel als ein Nahrungsmittel, also auch als Aufmerksamkeit steuerfrei (LStR 73). Das gleiche gilt natürlich für die Weihnachtspäckchen mit Keksen und Schokolade.

Zeile 2   Jeden Monat ein steuerfreies   533
Dankeschön von 50 DM

Es müssen nicht unbedingt Annehmlichkeiten oder Aufmerksamkeiten sein, die steuerfrei sind. Auch sonstige Sachleistungen bis zu einer Freigrenze von 50 DM monatlich erscheinen nicht auf der Lohnsteuerkarte (§ 8 Abs. 2 Satz 9 EStG).

Dazu gehören:
- Ferngespräche im Orts- und Nahbereich vom betrieblichen Telefon,
- Geschäftsleitungsessen/Belohnungsessen
  Dazu wisse: Kantinenmahlzeiten und freie Verpflegung bei Lehrgängen o. ä. fallen nicht darunter. Sie sind in Höhe der Sachwertbezugswerte steuerpflichtig (➤ Rz 648 ff.)
- Mietvorteile bei Werkswohnungen,
- betriebliche Gruppen-Unfallversicherung.

Auch hochprozentige Zuwendungen ohne besonderen Anlaß bis 50 DM im Monat sind steuerfrei.

Achtung! Aufpassen! Der steuerfreie Betrag von 50 DM pro Monat ist eine Freigrenze. Das bedeutet: Wird die Grenze auch nur um eine Mark überschritten, ist alles steuerpflichtig.

534 Zeile 2 Aufwandsentschädigung für Nebentätigkeit (Übungsleiter-Freibetrag)

Vielleicht machst Du nebenbei in Deinem **Verein den Übungsleiter oder Trainer,** arbeitest als Erzieher oder Gesundheitsausbilder in einem gemeinnützigen Vollwert- oder Rohkostverein, als Naturlehrer für Mitglieder eines Umweltschutzvereins, als Aufklärer in einem Verein für Haus-, Natur- oder Wassergeburtsverein, oder Du arbeitest für einen öffentlich-rechtlichen Brötchengeber (z. B. Volkshochschule) nebenbei als **Musiker,** als Lehrer oder als **Prüfer,** so dürfen die Einnahmen daraus bis zu 2 400 DM jährlich nicht auf der Lohnsteuerkarte erscheinen, denn sie sind steuerfrei (§ 3 Nr. 26 EStG). Auch Vergütungen für die nebenberufliche Pflege alter, kranker oder behinderter Menschen fallen hierunter.

Der Freibetrag soll alle Ausgaben abgelten, die Dir im Zusammenhang mit der Nebentätigkeit entstanden sind.

535 Fragt der Lohnsteueraußenprüfer nach dem Umfang Deiner Tätigkeit, dann sei auf der Hut. Denn der schöne Freibetrag geht den Bach runter, wenn sich herausstellt, daß Deine Tätigkeit nicht nebenberuflich ausgeübt wird. **Dazu wisse: Sinnigerweise setzt eine nebenberufliche Tätigkeit steuerlich keine hauptberufliche voraus.** Deshalb kannst Du auch als Rentner, Student, Arbeitsloser, Hausfrau oder Vermieter den Freibetrag beanspruchen. Wichtig ist nur, daß die Tätigkeit nicht mehr als ein Drittel des Pensums einer Vollzeitkraft in Anspruch nimmt. (Quelle: BFH-Urt. vom 30. 3. 1990 – BStBl 1990 II S. 854, eine Lehrerin betreffend, die ca. 130 Stunden im Jahr für einen Verein Unterricht erteilte, übrigens in demselben Fach wie in ihrem beamteten Hauptberuf. Der BFH billigte ihr den Freibetrag für Aufwandsentschädigung anstandslos zu.)

536 Der Fiskalritter im Finanzamt möchte die steuerfreie Aufwandsentschädigung in > Zeile 18 der Anlage N abhaken. Mehr dazu unter ➤ Rz 707.

Lebe in Übereinstimmung
mit der eigenen Natur.
(Spinoza)

TIP Ausbilderfreibetrag: 2 400 Mark sind nicht das 537
Ende der Fahnenstange

Bist Du nebenbei als Ausbilder für eine öffentlich-rechtliche Institution tätig, wie z. B. für die IHK oder für eine andere Kammer, für eine Sparkasse oder nur für eine Behörde? Dann vereinbare, daß Dir die Reisekosten extra bezahlt werden. Reisekosten aus öffentlichen Kassen haben nämlich den Vorzug, steuerfrei zu sein (§ 3 Nr. 13 EStG). Zahlst Du die Kosten dagegen selbst aus Deiner Tätigkeitsvergütung, kannst Du sie nur absetzen, wenn sie den Betrag von 2 400 DM übersteigen.

TIP Du bist doch als Ausbilder selbständig, oder? 538

Steht Dir in Deinem Nebenjob (z. B. bei der Volkshochschule oder als Übungsleiter im Sportverein) bezahlter Urlaub und auch Lohnfortzahlung im Krankheitsfalle zu? Nein? Dann arbeitest Du auf eigenes Risiko und bist freiberuflich tätig. Keine Sorge, der Freibetrag nach § 3 Nr. 26 EStG von 2 400 DM ist Dir gleichwohl sicher. Jetzt kannst Du aber selbst bestimmen, in welchem Jahr Dir die Einnahmen aus Deinem Nebenjob zufließen, indem Du zeitlich Deine Honorare so in Rechnung stellst, daß Du Jahr für Jahr den Freibetrag voll ausschöpfst.

So sieht dann vielleicht Deine Gewinnermittlung aus:

Honorare als Musiker oder Lehrer	2 400 DM
./. Freibetrag nach § 3 Nr. 26 EStG	2 400 DM
Gewinn	0 DM

Wisse weiter:

Sind Deine nebenberuflichen Einnahmen als Lehrer oder Prüfer nicht nach 539
§ 3 Nr. 26 EStG begünstigt – weil z. B. Dein Brötchengeber ein gewerbliches
Unternehmen ist –, so nimm wenigstens den Betriebsausgaben-Pauschbetrag
von 25 % Deiner Einnahmen, höchstens 1 200 DM jährlich, mit (BMF-Schrei-
ben vom 21. 1. 1994 – BStBl 1994 I S. 112). Der Betriebsausgaben-Pauschbe-
trag steht Dir auch dann zu, wenn Du daneben steuerfreie Aufwandsentschä-
digungen (z. B. Auslagenersatz, Erstattung von Reisekosten etc.) hast.

Zur Frage der Scheinselbständigkeit siehe ➤ Rz 487.

540 **Tip** **Zusatzbrot bis 800 DM ist steuerfrei**

Bleiben unter dem Strich aus Deiner Nebentätigkeit weniger als 800 Mark übrig, dann will sich das Finanzamt mit Dir nicht befassen, dann sollst Du erst gar keine Steuererklärung abgeben (§ 46 Abs. 2 EStG). Es reicht dem Fiskus, daß Du Lohnsteuer gezahlt hast, basta.

Diese Regelung kannst Du Dir zunutze machen, indem Du immer gerade unter 800 DM bleibst. Als Übungsleiter im Tennisverein könntest Du dann rechnen:

Einnahmen	3 150 DM
./. Freibetrag nach § 3 Nr. 26 EStG	2 400 DM
Gewinn = steuerfrei	750 DM

»Verflixt, in diesem Jahr komme ich auf 3 800 Mark Einnahmen«, so ärgerst Du Dich.

Dann könntest Du doch einen Teil der Einnahmen ins nächste Jahr verlagern. Oder Du gibst die 3 800 Mark Einnahmen an und beanspruchst die sogenannte Härteregelung, die eine volle Versteuerung von Nebeneinkünften erst ab 1 600 Mark Gewinn vorsieht (§ 70 EStDV).

Das Finanzamt muß dann rechnen:

Einnahmen		3 800 DM
./. Freibetrag nach § 3 Nr. 26 EStG		2 400 DM
Gewinn		1 400 DM
Härtegrenze	1 600 DM	
./. Gewinn	1 400 DM	
Freibetrag	200 DM	200 DM
Steuerpflichtiger Gewinn		1 200 DM

»Aha, zusätzlich steuerfrei ist alles, was unter 1 600 Mark liegt«, sagst Du. Richtig erkannt.

541 ## Zeile 2 Auslagenersatz, durchlaufende Gelder

Geldbeträge, die Du zurückerhältst, weil Du sie für den Betrieb verauslagt hast, läßt Du Dir auf keinen Fall als Arbeitslohn bescheinigen, das ist doch wohl klar. Denn es verbleibt Dir ja kein Überschuß.

Steuerfrei sind also verauslagte Gebühren für dienstliche Telefongespräche, verauslagte Beträge zum Betanken oder zur Reparatur eines Betriebsfahrzeugs oder verauslagte Verwaltungsgebühren (§ 3 Nr. 50 EStG).

Zeile 2 Betriebsausflüge, Weihnachtsfeiern 542

»Die sind bei uns super, da geht die Post ab«, sagst Du.

Doch leider auch für den Fiskus. Der nur Ausgaben für **übliche** Betriebsausflüge und Weihnachtsfeiern als steuerfrei anerkennt und hier auch noch mit seiner viel zu kurzen Bürokratenelle abmißt, was für Betriebsveranstaltungen üblich und was unüblich ist.

Unüblich ist danach: »Zu oft, zu lange und zu teuer.« Damit Dir dies nicht zweideutig erscheint, laß mich erklären: »Zu oft« heißt mehr als zweimal im Jahr. »Zu lange« heißt länger als einen Tag, und »zu teuer« heißt Kosten pro Teilnehmer im Durchschnitt mehr als 200 Emmchen.

»Sprichst Du wirklich von Betriebsausflügen?« fragst Du irritiert.

Na klar doch! Von was denn sonst?

Bis 200 Mark pro Teilnehmer im Durchschnitt sind steuerfrei, alles inklusive, also einschließlich der Kosten für den äußeren Rahmen. Liegt der Durchschnitt über 200 DM, ist alles steuerpflichtig (LStR 72 Abs. 4).

Also muß der Betrieb rechnen:

Essen und Trinken	. . . . DM
+ Nebenkosten (Fahrt, Saalmiete, Musiker usw.)	. . . . DM
Gesamtkosten einschließlich Mehrwertsteuer	. . . . DM
Geteilt durch Anzahl der Teilnehmer = z. B.	<u>195 DM</u>
Also unter 200 Mark, alles paletti.	

Kommst Du mit Anhang, wird Dir der Kostenanteil dafür zusätzlich angelastet und, schwupp, ist der Betriebsausflug für Dich steuerpflichtig, wenn Ihr zusammen über die 200-Mark-Grenze kommt.

»Für mich überhaupt kein Problem, weil ich den Betriebsausflug mit organisieren helfe«, sagst Du. »Dadurch ist der Betriebsausflug für mich kein Vergnügen mehr, sondern harter Dienst, und der ist nicht steuerpflichtig, oder?« Die Karte sticht.

Einigen Teilnehmern an der Veranstaltung darf sogar eine Extrawurst in 543
Form von zusätzlichen kleinen Geschenken gebraten werden, wenn sie im

Rahmen der Betriebsveranstaltung eine besondere Ehrung erfahren, wie z. B. Jubilare, Jungvermählte usw. Dazu mehr unter Aufmerksamkeiten (➤ Rz 529. Quelle: LStR 72).

*Die Gegenwart genießen nur
die Kinder.*

(von Schaukal)

544 **TIP** Betriebsausflug mit BAT

Wie wär's mit einem Betriebsausflug mal auf die ganz andere Art, ohne Sauferei und Völlerei: mit dem Fahrrad ins Grüne und ein gesundes Mittagessen in einem Landgasthof. Das kostet den Betrieb nicht viel, vielleicht einen halben Hunderter, und den Rest gibt es bar auf die Hand.

»Ich verstehe: 150 Emmchen BAT oder auf neudeutsch: Bar auf Tatze.«

Und so wird dem Fiskus die Rechnung aufgemacht:

Essen und Trinken pro Teilnehmer	45 DM
Barzuschuß	150 DM
Summe	195 DM

Unter 200 DM, also alles paletti.

Oder vielleicht

> Steuerstreik heißt, sich gegen alles wehren, was von der Bürokratie kommt

545 **TIP** Zum Oktoberfest nach München

Ein ganz heißer Tip für den Betriebsrat: Er soll einen Betriebsausflug mit einem Charterflugzeug nach München zum Oktoberfest unternehmen, Übernachtung im Hotel, denn Gelegenheit macht Liebe. Dazu sagt aber meistens die Geschäftsleitung: »Das geht nicht wegen der Steuer.«

546 **Es geht aber doch. Ein solcher Betriebsausflug fällt zwar aus dem üblichen Rahmen und muß deshalb versteuert werden, doch kann die Firma die anfallende Steuer pauschal mit 25% übernehmen (§ 40 Abs. 2 EStG).**

547 **Zeile 2 Fortbildung**

Steuerfrei sind Aufwendungen des Betriebs für Deine berufliche Fortbildung, auch in außerbetrieblichen Lehrgängen. Die Fortbildung braucht nicht während der regulären Arbeitszeit zu geschehen. Sie ist auch dann steuerbegünstigt, wenn die Veranstaltung, ohne Anrechnung auf die Arbeitszeit, nach Dienstschluß oder am Wochenende durchgeführt wird.

Raffiniert, oder? Da wirft der Fiskus mit der Wurst nach der Speckseite, denn er weiß: Wer sich beruflich fortbildet, wird später möglicherweise mehr verdienen als bisher. Von diesem Mehrverdienst profitiert er dann durch höhere Steuereinnahmen. Deshalb sind auch Fortbildungsmaßnahmen begünstigt, die zu einer Funktionsänderung und zum Aufstieg führen können, wie z. B. vom Meister zum Dipl.-Ing. grad., vom Bilanzbuchhalter zum Steuerberater oder vom Operator zum Programmierer (Quelle: LStR 74). Zum Abzug eigener Fortbildungskosten siehe ➤ Rz 897.

Zeile 2 Jubiläumsgeld | 548

Geld- und Sachgeschenke an Arbeitnehmer nach Ablauf bestimmter Zeiten waren bis einschließlich 1998 bis zu den in § 3 LStDV festgelegten Höchstbeträgen steuerfrei:

Arbeitnehmerjubiläum		549
Betriebszugehörigkeit	Steuerfreie Treueprämie	
10 Jahre	600 DM	
25 Jahre	1 200 DM	
40, 50 und 60 Jahre	je 2 400 DM	
Firmenjubiläum		550
Bestehen der Firma	Steuerfreie Dankesprämie	
25 Jahre oder ein Mehrfaches von 25 Jahren	1 200 DM	

Durch das Steuerentlastungsgesetz 1999 wurde die Steuerfreiheit ersatzlos aufgehoben.

TIP Kassiere Jubiläumsgeld steuerermäßigt | 551

Jubiläumsgeld steuerfrei kassieren, das klappt seit 1999 nicht mehr. Ein kleines Trostpflaster hält das Steuerrecht hier aber nach wie vor für Dich bereit.

Erhältst Du auch weiterhin zum Beispiel alle fünf Jahre Jubelgeld zur Anerkennung Deiner treuen Dienste, so handelt es sich um Arbeitslohn für mehrere Jahre, der nur ermäßigt besteuert wird. Mehr hierzu unter ➤ Rz 692.

552 Zeile 2 Personalrabatte

Statt ein langes Gesicht zu ziehen, weil sich Steuer und Sozialversicherung den größten Teil vom Mehrgehalt unter den Nagel reißen, gehe zu Deinem Chef und dränge darauf, daß er Dir anstelle der Gehaltserhöhung lieber für Sachen oder Dienstleistungen aus dem Betrieb Rabatt gewährt.

Denn wisse: Der Fiskus rechnet zwar den Rabatt, den Du auf Sachen (Lebensmittel, Kleidung, Autos, Strom, Gas, Wasser usw.) oder für Dienstleistungen (Reise, Beförderung, Beratung, Versicherung, Kontoführung usw.) erhältst, mit zum Arbeitslohn – als sogenannten »geldwerten Vorteil« aus dem Arbeitsverhältnis. Vom Rabatt sind indessen bis zu **2 400 DM jährlich steuerfrei (Rabattfreibetrag nach § 8 Abs. 3 EStG)**. Ausgangswert für die Berechnung des Rabatts ist der um 4% geminderte reguläre Ladenpreis. Also nicht der evtl. überhöhte Listenpreis, sondern der durchschnittliche Verkaufspreis der Händler in Deiner Gegend (BFH-Urteil vom 4. 6. 93 – BStBl 1993 II S. 687).

So wird z. B. gerechnet, wenn Du Dir als Automobilwerker einen Jahreswagen holst:

Listenpreis 27 000 DM, Hauspreis (Ladenpreis) z. B.	25 000 DM
./. Abschlag 4%	1 000 DM
Ausgangspreis	24 000 DM
Werksabgabepreis	20 000 DM
Rabatt = Arbeitslohn	4 000 DM
davon lohnsteuerfrei (Rabattfreibetrag)	2 400 DM
davon lohnsteuerpflichtig	1 600 DM

»Leider bin ich kein Automobilwerker, so daß ich den Freibetrag gar nicht ausschöpfen kann. Ich arbeite in einem Lebensmittelladen«, sagst Du.

553 Mensch, hast Du Glück. Laß Dir doch jeden Monat einen Teil Deines Arbeitslohns in Naturalien aushändigen. Dadurch ist Dein Lohn bis zu 2 500 Mark jährlich steuerfrei.

Zur Kontrolle:

Ladenpreis	2 500 DM
./. Abschlag 4%	100 DM
Naturallohn	2 400 DM
davon lohnsteuerfrei (Rabattfreibetrag)	2 400 DM
davon lohnsteuerpflichtig	0 DM

Achtung, aufgepaßt! 554

Für Banker und Hauswarte gut zu wissen: Ist Dein Brötchengeber eine Bank, Sparkasse oder eine Versicherung und hast Du von ihm ein zinsgünstiges Darlehen erhalten, so brauchst Du künftig den Zinsvorteil bis 2 400 Mark jährlich nicht zu versteuern. Dasselbe gilt für Hauswarte eines Wohnungsunternehmens, die verbilligt wohnen, oder Angestellte einer Leihwagenfirma, die ein Auto günstig fahren dürfen. Die Regelung zum Rabattfreibetrag ist nämlich nicht eng auszulegen, so der BFH im Urteil vom 4. 11. 1994 – BStBl 1995 II S. 338. Der Rabattfreibetrag umfaßt die gesamte Liefer- und Leistungspalette Deines Brötchengebers.

Arbeitest Du als pauschalversteuerte Teilzeitkraft, so kannst Du praktisch zusätzlich zu Deinem Pauschallohn jeden Monat ungefähr 208 Mark (¹/₁₂ von 2 500 Mark) steuer- und sozialversicherungsfrei hinzuverdienen, und das ganz legal und ohne krumme Touren zu reiten.

Ratenkäufe untergraben
das Verantwortungsbewußtsein.
(Lee Iacocca)

TIP Wieviel kann ich im Betrieb einkaufen, ohne daß das Finanzamt die Hand aufhält? 555

Bei einem Rabatt von 1 bis 4% fällt niemals Lohnsteuer an, denn ein Abschlag bis zu 4% ist immer steuerfrei. Bei einem Rabatt über 4% kannst Du rechnen:

Rabatt z. B.	25%
./. Abschlag	4%
Verbleiben	21%

Der Rabattfreibetrag von 2 400 Mark ist also 21% der Ware, die Du einkaufen kannst, ohne daß das Finanzamt die Hand aufhält = 11 428 Mark (2 400 : 21 x 100).

Probe: Einkauf	11 428 DM
Rabatt darauf 21% = Sachbezug	2 400 DM
./. Rabattfreibetrag	2 400 DM
Arbeitslohn	0 DM

556 **TIP** Doppelter Rabattfreibetrag

Doppelt kannst Du den Rabattfreibetrag kassieren, wenn Du jemanden in Deiner Firma gut kennst, der seinen Rabattfreibetrag nicht oder nicht voll verbraucht. Angenommen, Dein Rabattfreibetrag ist verbraucht, weil Du wie im Tip oben bei 25% Rabatt schon für 11 428 Mark eingekauft hast. Jetzt kannst Du z. B. mit einem Angehörigen, der in derselben Firma arbeitet, hingehen und für weitere 11 428 Mark Ware einkaufen.

Doppelt läuft es auch in dem Jahr, in dem Du die Firma wechselst. Denn in jeder Firma steht Dir der volle Rabattfreibetrag zu.

557 **TIP** Personalrabatt auch ohne Steuer

Unter Personalrabatte fallen auch Preisnachlässe von dritter Seite, wenn diese dritte Seite wirtschaftlich mit Deiner Firma liiert ist, also im Konzern oder so.

Keine Steuer fällt an, wenn
- Dein Arbeitgeber lediglich den verbilligten Verkauf an Euch duldet,
- er Dir nur Deine Betriebszugehörigkeit bescheinigt,
- Ihr Euch zu einer Sammelbesteller- oder Großabnehmervereinigung zusammengeschlossen habt oder
- der Billig-Kauf vom Betriebsrat organisiert wird.

Was die steuerpflichtigen Rabattkäufe angeht, mußt Du Deinem Arbeitgeber eine Aufstellung aller Deiner Einkäufe präsentieren – für das Lohnkonto nämlich. Verführerisch, hier vergeßlich zu sein (Quelle: BMF-Schreiben vom 27. 9. 93 – BStBl 1993 I S. 814).

558 **Zeile 2 Trennungsentschädigungen, Auslösungen**

Die vom Betrieb gezahlten Trennungsentschädigungen sind steuerfrei, soweit sie beim Empfänger Werbungskosten wären. Dies trifft zu bei doppelter Haushaltsführung (§ 3 Nr. 13 und 16 EStG) und ist ein weiterer Grund für den Betrieb, Dir wegen doppelter Haushaltsführung eine Entschädigung zuzubilligen.

Allerdings wird die gezahlte Trennungsentschädigung, auch als Auslösung bezeichnet, auf die absetzbaren Werbungskosten angerechnet. Aufpassen: Die gezahlte TE erscheint in ➤ Zeile 21 der LSt-Karte. Was im Falle der doppelten Haushaltsführung als Werbungskosten absetzbar ist, dazu mehr unter ➤ Rz 966 ff.

Zeile 2   Kostenersatz für Außendienst   559

Bist Du für Deine Firma auswärts tätig, so werden Dir meistens die entstandenen Auslagen ersetzt. Die ersetzten Beträge sind steuerfrei, denn Dir bleibt ja kein Überschuß.

Für steuerfreie Spesen mußt Du allerdings gewisse Nachweise erbringen. Zahlt Dir die Firma nämlich pauschal einen festen »Spesensatz«, ohne daß Du abrechnen mußt, dann ist der Spesenersatz steuerpflichtig. Du kannst indessen Deine Auslagen als Werbungskosten absetzen.

Du willst aber auf steuerfreie Spesen hinaus, und dazu wisse:

Der Fiskus unterscheidet drei Arten von Außendienst, wobei der Frage der   560
regelmäßigen Arbeitsstätte besondere Bedeutung zukommt:

Regelmäßige Arbeitsstätte
Hast Du eine regelmäßige Arbeitsstätte, also einen festen Arbeitsplatz im Betrieb oder Zweigbetrieb, so ist jede Auswärtstätigkeit eine Dienstreise.
Hast Du keine regelmäßige Arbeitsstätte, so ist jede Auswärtstätigkeit entweder eine Fahrtätigkeit oder eine Einsatzwechseltätigkeit.

Fahrtätigkeit bedeutet: 561
● Du hast einen Arbeitsplatz auf einem Fahrzeug.

Einsatzwechseltätigkeit bedeutet: 562
● Du bist als Bau- oder Montagearbeiter oder Springer auf ständig wechselnden Einsatzstellen tätig.

Reisekosten ist eine zusammenfassende Bezeichnung für
- Verpflegungskosten,
- Fahrtkosten,
- Übernachtungskosten und
- Nebenkosten.

Im Grundsatz gilt:

Der Betrieb kann Reisekosten steuerfrei erstatten in der Höhe, in der die Beträge bei Dir als Werbungskosten abzugsfähig wären (§ 3 Nr. 13 und 16 EStG). Du mußt dem Betrieb die Voraussetzungen für die Steuerfreiheit durch entsprechende Unterlagen nachweisen.

Für steuerfreie Reisekosten gelten also die Regelungen des Werbungskostenabzugs. Lies dazu ➤ Rz 837.

Reisekosten bei Auswärtstätigkeit im Inland

563 Übersicht:

Abgrenzung	Regelmäßige Arbeitsstätte am Betriebssitz		
	ja	nein	
	Dienstreise	Fahrtätigkeit	Einsatzwechseltätigkeit
Verpfle-gungskosten	24 Stunden Abwesenheit pro Tag Pauschale einheitlich 46 DM		
	14 Stunden Abwesenheit pro Tag Pauschale einheitlich 20 DM		
	8 Stunden Abwesenheit pro Tag Pauschale einheitlich 10 DM		
	Dreimonatsfrist beachten[1]	Dreimonatsfrist ohne Bedeutung	

Fahrtkosten	ArbN-Fahrzeug: tats. Kosten auf Nachweis oder 0,52 DM/km Firmenwagen: Keine Werbungskosten	Fahrten zwischen Woh-nung und Standort zäh-len als Fahr-ten zwischen Wohnung und Arbeits-stätte	Fahrten zwischen Wohnung und Einsatzstelle
			a) mehr als 30 km
			  Die ersten 3 Monate wie
			  bei Dienstreisen
			  Folgezeit = Fahrten zwischen
			  Wohnung/Arbeitsstätte
			b) Innerhalb 30 km
			  Fahrten zwischen Wohnung/
			  Arbeitsstätte
			c) Täglich mehrfacher Ortswechsel
			  wie bei Dienstreisen

Übernach-tungskosten	In nachgewiesener Höhe absetzbar[2]		
Erstattung durch den Arbeitgeber	Die als Werbungskosten abziehbaren Beträge können vom ArbG steuerfrei erstattet werden. Ausnahme Übernachtungskosten: Der ArbG kann für jede Übernach-tung pauschal 39 DM steuerfrei erstatten. Das gilt aber nicht für Fahr-tätigkeit.		

[1] Nach dreimonatiger Tätigkeit am selben Ort endet die Dienstreisetätigkeit.
[2] Bei Einsatzwechseltätigkeit ist doppelte Haushaltsführung möglich.

TIP **Bau- und Montagearbeiter! Auslösungen höher steuerfrei!**   564

Übernachtest Du in der Nähe Deiner Einsatzstelle, gelten steuerlich für Dich die Regeln der doppelten Haushaltsführung. Für die Verpflegungskosten kann Dir der Betrieb für die ersten drei Monate je nach Abwesenheit von der Hauptwohnung einheitliche Pauschbeträge steuerfrei auszahlen, im Normalfall 46 DM pro Tag. Hinzu kommen Deine Unterkunftskosten und eine Heimfahrt pro Woche mit 70 Pfg. pro Entfernungskilometer. Alles, was darüber hinaus vom Betrieb gezahlt wird, ist über die Lohnsteuerkarte zu versteuern.

Aber jetzt spitz mal die Ohren, mein Lieber. Der Betrieb darf bei Auswärtstätigkeiten von ihm gezahlte Verpflegungskosten über die steuerfreien Verpflegungspauschalen hinaus pauschal versteuern (➤ Rz 567). Das gilt zwar an sich nicht für die Verpflegungspauschalen wegen doppelter Haushaltsführung. Wenn Du aber nicht auf der Baustelle übernachtest, bist Du Einsatzwechseltätiger, und in dem Umfang, in dem Du bei reiner Einsatzwechseltätigkeit Verpflegungspauschalen geltend machen könntest, muß auch die Pauschalversteuerung möglich sein.

Was das bedeutet, zeigt folgendes

Beispiel:
Du erhältst für jeden Arbeitstag für Verpflegungskosten und Übernachtung eine

Auslösung von	120 DM
Davon sind steuerfrei	
Pauschbetrag für Verpflegungskosten	46 DM
Pauschbetrag für Übernachtungskosten	39 DM
Steuerpflichtiger Arbeitslohn	35 DM

Je nach Abwesenheitsdauer von Deiner Unterkunft kann der Betrieb vom steuerpflichtigen Teil der Auslösung, hier 35 DM, 10 oder 20 DM mit 25% pauschal versteuern und damit für Dich praktisch steuerfrei auszahlen. Der Betrieb hat zwar die Pauschalsteuer zu tragen, ist dafür aber von der Sozialversicherung in entsprechender Höhe (rd. 21%) freigestellt.

565 **TIP** Reisekostenersatz – aus steuerpflichtig mach steuerfrei

»Auslösungen, Reisekostenersatz, Spesen, davon kann ich nur träumen. Dafür bekomme ich mein Gehalt, meint mein Chef, da sei alles drin.«

Das ist ja wohl ..., aber warte. Wenn Du Deine Reisekosten schon nicht zusätzlich abrechnen kannst, sag einfach, Dein Chef soll Dir die Erstattung vom Lohn abziehen. Damit sparst Du immerhin Lohn- und Kirchensteuer, Soli-Zuschlag und Beiträge zur Sozialversicherung, denn Reisekostenersatz ist steuerfrei (Quelle: § 3 Nr. 16 EStG; Thüringer Finanzgericht, Urt. vom 23. 10. 1996, EFG 1997 S. 596).

Auch Dein Chef wird begeistert sein, denn er spart durch Umwandlung Deines steuerpflichtigen Gehalts in steuerfreie Reisekostenerstattung Beiträge zur Sozialversicherung.

566 Zeile 2 Erstattung von Verpflegungskosten

Der Betrieb kann Verpflegungskosten in dem Umfang steuerfrei erstatten, in dem sie beim Arbeitnehmer als Werbungskosten abziehbar wären.

Verpflegungskosten können nur in Höhe fester Pauschbeträge abgezogen werden. Ein Einzelnachweis ist nicht mehr möglich. Die Pauschbeträge sind für alle Arten der Auswärtstätigkeit gleich hoch. Es wird also nicht mehr danach unterschieden, ob Dienstreise-, Fahr- oder Einsatzwechseltätigkeit vorliegt.

567

Die Pauschbeträge für Verpflegungskosten betragen:	
Abwesenheit ab 24 Std.	46 DM
Abwesenheit ab 14 Std.	20 DM
Abwesenheit ab 8 Std.	10 DM

Der Betrieb hat die Möglichkeit, für den steuerpflichtigen Teil der Erstattung die Lohnsteuer pauschal mit 25% zu übernehmen (§ 40 Abs. 2 EStG). Die Pauschalversteuerung ist jedoch begrenzt auf die Höhe der steuerfreien Verpflegungspauschale.

Damit Du den rechten Durchblick bekommst, was sich hier machen läßt, gebe ich Dir ein

Beispiel
Während einer Dienstreise warst Du 15 Stunden vom Betrieb und von
Deiner Wohnung abwesend.

Dein Arbeitgeber zahlt Dir als Verpflegungskosten	davon bleiben steuerfrei	zusätzlich können mit 25% pauschal versteuert werden	verbleiben als steuerpflichtiger Arbeitslohn
20 DM	20 DM	–	–
30 DM	20 DM	10 DM	–
40 DM	20 DM	20 DM	–
75 DM	20 DM	20 DM	35 DM

Obwohl der Betrieb die Pauschalsteuer übernehmen muß, trifft ihn das **568**
kaum, denn er spart ja mindestens 21% Arbeitgeberanteil zur Sozialversicherung. Für den Betrieb geht die Rechnung also auf. Und Du hast auf
diese Weise den doppelten Betrag der Verpflegungspauschalen steuerfrei.

Wegen der weiteren Einzelheiten gebe ich noch zwei Beispiele: **569**

Beispiel 1
Ein ArbN erhält bei 10stündiger Abwesenheit vom Betrieb einen tarifver-
traglich gesicherten Spesenbetrag von 19 DM. Der Unterschied zum
steuerlich zulässigen Pauschbetrag beträgt (19 DM abzüglich 10 DM =)
9 DM und ist steuerpflichtiger Arbeitslohn, den der Betrieb mit 25%
pauschal versteuern kann.

Beispiel 2
Ein ArbN kann bei Dienstreisen die Kosten für das Mittagessen mit dem
Betrieb in tatsächlicher Höhe lt. Beleg abrechnen. Nach einer 9stündigen
Dienstreise legt er einen Restaurantbeleg in Höhe von 35 DM vor. Der
Unterschied zum steuerlich zulässigen Pauschbetrag beträgt (35 DM ab-
züglich 10 DM =) 25 DM und ist zu versteuern, wovon 10 DM pauschal
versteuert werden können.

TIP **Dienstreise von nur 7½ Stunden Dauer –** **570**
Pech gehabt?

Mindestens 8 Stunden müssen zusammenkommen, das weißt Du ja. Statt
nun einfach zu schummeln und eine Stunde Abwesenheit hinzuzumogeln,
solltest Du zunächst überlegen, auf legale Weise dem Fiskus ein paar Mark
aus der Nase zu ziehen. Für die Dauer der Abwesenheit kommt es nämlich

nicht auf die einzelne Dienstreise an. Entscheidend ist die Abwesenheits-dauer während eines Tages. Um diese festzustellen, werden die Abwesen-heitszeiten eines jeden Tages zusammengerechnet, wenn Du mehrmals unterwegs warst (LStR 39 Abs. 1 S. 4). Dies machst Du Dir zunutze und schreibst zusätzlich noch 40 Minuten auf, die Du gebraucht hast, um die Post zu holen.

»Alles klar«, so sagst Du.

571 **TIP** Du gehst mit dem Chef essen?

Wird vom Betrieb unentgeltlich oder teilentgeltlich Verpflegung gestellt, so ist diese nur mit den maßgebenden Sachbezugswerten zu versteuern (LStR 31 Abs. 6). Das gilt auch, wenn Dir Dein Chef während einer Dienstreise ein Essen spendiert. Außerdem kann er Dir die Verpflegungs-pauschale steuerfrei zahlen.

Als Sachbezug hast Du für das Essen mit dem Chef zu versteuern:

für Mittag- oder Abendessen je	4,70 DM
für Frühstück je	2,63 DM

Sachbezug ➤ Rz 649

572 **TIP** Essen im Restaurant – der Chef hat die Musik bestellt

Entsprechend läuft der Hase, wenn Du Dich ohne Chef bewirten läßt. Es reicht aus, wenn der Betrieb Dich im Restaurant als künftigen Stammgast ankündigt und die Musik bestellt, womit die für Dein leibliches Wohl gedachten kulinarischen Genüsse gemeint sind.

Auch in diesen Fällen hast Du für jede Mahlzeit nur vier Mark sechzig zu versteuern. Außerdem kann Dir der Betrieb die Verpflegungspauschale steuerfrei auszahlen.

Weil neuerdings bei den Reisekosten nicht mehr viel zu deichseln ist, wird von diesem Tip fleißig Gebrauch gemacht. Und schon sind die Fiskalhüter bemüht, auch dieses Schlupfloch dicht zu machen. Indem sie anordnen: ... Der Arbeitgeber muß Tag und Ort der Mahlzeit bestimmt haben. Diese Entscheidung muß der Arbeitgeber für den Arbeitnehmer vor Beginn der jeweiligen Auswärtstätigkeit getroffen haben ... Dies ist durch eine ent-sprechende schriftliche Vereinbarung mit dem auswärtigen Hotel oder der

Gaststätte nachzuweisen (BMF-Schreiben vom 5. 6. 1996 – IV B 6 – S. 2334 – 179/96). Fehlt diese, so mußt Du nicht den Sachbezugswert, sondern die weitaus höheren tatsächlichen Aufwendungen versteuern.

Wer so etwas hört, dem wird sofort klar, warum der Standort Deutschland im Gespräch ist. Es sind die Bürokraten, die Deutschland kaputtmachen. Folgerichtig wäre die Anordnung, daß der Betrieb die Restaurantrechnung begleichen muß. Dem ist aber nicht so. **Vielmehr räumen die Fiskalritter ein: Sind die Voraussetzungen für die unentgeltliche Mahlzeitengestellung erfüllt, ist es unerheblich, wie die Hotel- oder Gaststättenrechnung beglichen wird. Es ist dann gleichgültig, ob dies durch den Arbeitnehmer unmittelbar, aufgrund einer Firmenkreditkarte oder durch Banküberweisung des Arbeitgebers geschieht.**

»Ja, wenn das so ist«, sagst Du. »Planung heißt die Devise.«

Oder Du machst es so:

📰 Heraus aus der Besteuerung von Mahlzeiten, gute Kunden zum Essen einladen
TIP   573

Natürlich im Auftrag und auf Kosten des Betriebes, dem Du die Bewirtungsrechnung präsentierst. Die Erstattung der Bewirtungskosten ist als Auslagenersatz steuerfrei. Auf diese Weise verbindest Du das Angenehme mit dem Nützlichen, denn bei Tisch lassen sich gute Geschäfte machen (LStR 31 Abs. 6a).

»Das läßt sich einrichten. Und Zusatzspesen hole ich mir über die Korrekturtaste der Kasse. Ein paar Mark auf die Hand des Kellners, und schon kommt die Rechnung wie gewünscht, in jeder beliebigen Höhe.«

Das ist ..., mein Lieber.
Und übrigens, wurdest Du vom Kunden eingeladen, zählt das selbstverständlich nicht zum Arbeitslohn, ist doch wohl klar. Und darüber hinaus kannst Du die Verpflegungspauschale geltend machen.

📰 Rechne nicht tageweise, sondern monatsweise ab!
TIP   574

Die steuerlichen Verpflegungspauschbeträge sind grundsätzlich Tagesbeträge. Dies bedeutet, daß bei jedem Reisetag von der Arbeitgeberzahlung der steuerfreie Verpflegungspauschbetrag abgezogen wird. Verbleibt

ein Rest, so ist dieser steuerpflichtig. Ist der steuerfreie Verpflegungspauschbetrag höher als die Arbeitgeberzahlung, so bleibt ein steuerfreier
Überhang, den Du als Werbungskosten in Deiner Steuererklärung geltend
machen kannst.

Und nun spitz mal die Ohren, mein Lieber. Aus welchen Gründen auch
immer rückt der Fiskus mehr und mehr von der tageweisen Betrachtung
der Reisekosten ab und läßt es zu, daß mehrere Dienstreisen eines Monats
zusammengefaßt werden können, wenn die Auszahlung der Reisekosten in
einem Betrag erfolgt (Erlaß des Bay. FinMin vom 3. 6. 1996 – S 2338 –
54/111 – 14787; LSt-Mittlg. Aug. 96).

»Ist doch klar, damit will der Fiskus unnötige Veranlagungen vermeiden«,
denkst Du gleich richtig.

Und so wird dann gerechnet:
Ein Reisender erhält für jeden Reisetag durchgehend 40 DM Spesengeld.
Für den Monat April rechnet er 22 Reisetage ab und erhält ausbezahlt:

Spesengeld für 22 Tage x 40 DM =		880 DM
davon steuerfrei:		
16 Tage x 46 DM wegen Übernachtung	736 DM	
4 Tage x 20 DM (> 14 Std.)	80 DM	
2 Tage x 10 DM (> 8 Std.)	20 DM	
Summe	836 DM	> 836 DM
Zu versteuern		44 DM

Bei tageweise Abrechnung wären zu versteuern gewesen:

4 Tage x 20 DM =	80 DM
2 Tage x 30 DM =	60 DM
Summe	140 DM

Monatsweise lohnt doch, oder?

---

575 ## Zeile 2 Erstattung
von Übernachtungskosten

Übernachtungskosten kann der Betrieb nur in der Höhe steuerfrei erstatten, in der sie durch entsprechende Rechnungen nachgewiesen werden.
Ohne Nachweis darf der Betrieb einen Pauschbetrag von 39 DM steuerfrei
zahlen. Dies gilt nicht für Übernachtungen im Fahrzeug.

▬▬ **TIP** Hotelrechnung: Frühstück inklusive?

576

Die Kosten für das Frühstück sind mit der Verpflegungspauschale von 46 Mark abgegolten, das ist klar. Berechnet das Hotel einen Gesamtpreis für Übernachtung und Frühstück, werden daraus 9 Mark für das Frühstück herausgerechnet. Der Betrieb kann Dir somit nur den so gekürzten Betrag als Übernachtungskosten steuerfrei erstatten (LStR 40 Abs. 1).

»Und wenn nur die Übernachtung berechnet wird?« fragst Du scheinheilig.

Dann könntest Du auf das Frühstück im Hotel verzichtet haben und der Rechnungsbetrag könnte ungekürzt erstattet werden.

Meistens kostet das Frühstück mehr als 9 Mark. Wenn nun Übernachtung und Frühstück getrennt berechnet werden, achte darauf, daß die Rezeption die Rechnung richtig ausstellt, also komplett für Übernachtung und Frühstück.

Zeile 2 Fahrtkostenersatz bei Dienstreisen

577

Benutzt Du öffentliche Verkehrsmittel, kann der verauslagte Fahrpreis steuerfrei ersetzt werden, auch mit Zuschlag für I. Klasse und ICE.
Benutzt Du ein privates Fahrzeug, so hat Dein Betrieb die Wahl:

● entweder erstattet er den von Dir errechneten durchschnittlichen km-Satz. Bei der Berechnung ist von den Gesamtkosten des Fahrzeugs auszugehen, die für einen Zeitraum von zwölf Monaten entstanden sind, geteilt durch die Jahresfahrleistung. Diesen Satz kannst Du so lange verwenden, wie sich die Verhältnisse nicht wesentlich ändern, z. B. nach Neuwagenkauf (LStR 38 Abs. 1, ➤ Rz 857)

● oder Dein Betrieb legt den pauschalen amtlichen km-Satz von 52 Pfg/km zugrunde (➤ Rz 579).

Ein Lohnsteuerprüfer achtet auch darauf, ob die von Dir aufgestellte Berechnung der km-Sätze dem Lohnkonto als Beleg beigefügt ist, wenn Du nach der ersten Methode abrechnest.

Nachweis von Fahrzeugkosten bei Dienstreisen

578

Die Berechnung der tatsächlichen Kosten erfolgt nach dem Schema unter ➤ Rz 857. Der Betrieb kann den nach diesem Schema ermittelten Kilometersatz steuerfrei ersetzen.

579

Pauschale Kilometersätze für Fahrzeugkosten bei Dienstreisen

Anstelle der tatsächlichen Fahrzeugkosten (Einzelnachweis wie oben) kann Dir die Firma für jeden Fahrkilometer pauschal steuerfrei ersetzen:

Fahrzeug	Kraftwagen	Motorrad/Roller	Moped	Fahrrad
Pauschale:	0,52 DM	0,23 DM	0,14 DM	0,07 DM
Zuschlag für Mitfahrer	0,03 DM	0,02 DM	–	–

Der zusätzliche Ersatz von Unfallkosten und Parkgebühren ist ebenfalls steuerfrei (LStR 38 Abs. 1).

580 ■■■ **TIP** Verrechne Dienstreisekosten untereinander

Im Grunde genommen ist es völlig egal, unter welcher Bezeichnung Reisekosten erstattet werden. Vom Lohnbüro wird lediglich der insgesamt gezahlte Betrag mit den höchstens steuerfreien oder pauschal versteuerten Fahrtkosten, Verpflegungskosten, Übernachtungskosten und Nebenkosten verglichen.

Damit Du hier gleich verstehst, was ich meine, gebe ich ein

Beispiel
Angenommen, Du bekommst eine Fahrtkostenerstattung von 70 Pf. je km und eine Verpflegungspauschale in Höhe der steuerlichen Pauschalen. Für eine Dienstreise mit 15stündiger Abwesenheit und 200 km Fahrtstrecke wird dann gerechnet:

Fahrtkostenerstattung 200 km x 0,70 DM =	140 DM
Verpflegungskosten pauschal über 14 Std.	20 DM
Auszahlungsbetrag	160 DM
Davon steuerfrei	
Fahrtkostenersatz 200 km x 0,52 DM =	104 DM
Verpflegungskosten pauschal über 14 Std.	20 DM
Verpflegungspauschale, die der Betrieb	
mit 25% pauschal versteuert	20 DM
Über die Lohnsteuerkarte zu versteuern	16 DM

Warum der Betrieb meistens geneigt ist, die Pauschsteuer für den Erhöhungsbetrag der Verpflegungspauschale zu übernehmen, zeigt ➤ Rz 568.

▬ TIP ▬ Unzutreffende Besteuerung? Huste dem Finanzamt hier was!   581

Gehörst Du zu den Vielfahrern, bist mehr als 40 000 km im Jahr bei Dienstreisen auf Achse? Wenn Du nun in Deiner Steuererklärung für jeden Kilometer 52 Pfennig als Werbungskosten ansetzt, kann es Dir passieren, daß der Fiskalhüter von »unzutreffender Besteuerung« redet und den km-Satz runterhandeln möchte (LStH 38). Um dem zu begegnen, könntest Du ihm eine Kostenaufstellung präsentieren. Aber darum soll es hier nicht gehen.

In jedem Fall braucht der Betrieb bei der Erstattung von Fahrtkosten eine »unzutreffende Besteuerung« nicht zu beachten (LStH 38). Der Betrieb kann also unbekümmert für jeden auf Dienstreisen gefahrenen Kilometer mindestens 52 Pfennig steuerfrei auszahlen, auch für mehr als 40 000 km.

Zeile 2 Fahrtkostenersatz bei Fahrtätigkeit   582

Die Fahrten mit dem eigenen Pkw zum Betrieb oder zum Standort des Fahrzeugs werden wie Fahrten zwischen Wohnung und Arbeitsstätte angesehen (➤ Rz 730 ff.). Ein Fahrtkostenzuschuß des Betriebes ist steuerpflichtig, kann aber bis zu 70 Pfennig je Entfernungskilometer vom Betrieb mit 15% außerhalb der LSt-Karte pauschal versteuert werden (➤ Rz 608 ff.).

Zeile 2 Fahrtkostenersatz bei Einsatzwechseltätigkeit   583

Hier kann der Betrieb wie bei Dienstreisen Fahrtkosten steuerfrei auszahlen, wenn der Einsatz in der Fernzone liegt (mehr als 30 km vom Betrieb entfernt). Das gilt aber nur für die ersten drei Monate zu derselben Einsatzstelle. Es können entweder die nachgewiesenen Fahrtkosten (➤ Rz 857) oder pauschale Beträge (➤ Rz 579) steuerfrei gezahlt werden. Das gilt auch für Fahrten zwischen mehreren Einsatzstellen (LStH 38).

Nach Ablauf der Dreimonatsfrist bzw. bei einer Entfernung zur Einsatzstelle von weniger als 30 km werden die Fahrten zur Einsatzstelle als Fahrten zwischen Wohnung und Betrieb angesehen (➤ Rz 730 ff.). Ein Fahrtkostenzuschuß des Betriebes ist steuerpflichtig, kann aber bis zu 0,70 DM je Entfernungskilometer mit 15% pauschal versteuert werden (➤ Rz 608 ff.).

584 ▰▰ **TIP** Vergiß die Reisenebenkosten nicht

Auch die Reisenebenkosten kann der Betrieb steuerfrei ersetzen, als da sind Kosten für Schließfach, Ferngespräche, öffentliche Nahverkehrsmittel, Parkplatz, Trinkgelder oder Reisegepäckversicherung. Auch Verluste an mitgeführten Gegenständen kann der Betrieb steuerfrei ersetzen. Lies dazu den Tip: Geklaute Privatsachen absetzbar unter ➤ Rz 875 (Quelle: LStH 40a).

585 ## Zeile 2 Außerdem sind steuerfrei ...

Statt einer nicht tariflich vereinbarten, also freiwillig gezahlten steuerpflichtigen Weihnachtsgratifikation, von der neben Steuern auch noch die Sozialversicherung runtergeht, soll der Betrieb doch lieber Geld in anderer Form auszahlen. Check kurz durch, was alles möglich ist:

586 ● **Beihilfen und Unterstützungen**
Beihilfen sind bis zu 1 000 Mark jährlich steuerfrei, wenn sie aus besonderen Anlässen gezahlt werden (z. B. in Krankheits- oder Unglücksfällen). Sind im Betrieb mehr als vier Leute beschäftigt, muß die Beihilfe oder Unterstützung aus Mitteln einer Hilfskasse unter Einschaltung des Betriebsrats oder sonstiger Vertreter der Arbeitnehmer gezahlt werden. In besonderen Notfällen kann der Betrag auch höher sein (§ 3 Nr. 11 EStG, LStR 11 Abs. 2).

587 ▰▰ **TIP** Selbstbeteiligung an Krankheitskosten über steuerfreie Beihilfe finanzieren

Als Besserverdienender hast Du Dich für die private Krankenversicherung entschieden, die meistens billiger ist als die gesetzliche, zumal Dein Brötchengeber sich auch hier mit 50% bis zum gesetzlichen Höchstbeitrag an den Beiträgen beteiligt. Noch billiger wird die Kombination mit steuerfreien Beihilfen des Arbeitgebers. Denn viele private Krankenkassen bieten Sondertarife an, wenn die ersten 1 000 DM Krankheitskosten im Jahr nicht erstattet werden. Dieser Eigenanteil bleibt an Dir hängen und kann vom Arbeitgeber bis zu 1 000 DM im Jahr steuerfrei erstattet werden. Mit dieser Kombination drückt Ihr die viel zu hohen Lohnnebenkosten.

588 ● **Diebstahlsverluste,** die der Arbeitgeber ersetzt, sind steuerfrei (BFH-Urteil vom 30. 11. 1993 – BStBl 1994 II S. 256).

▆▆ Dir wurde während der Dienstreise der Mantel geklaut? TIP

Wie in der Nachkriegszeit wird bei uns heutzutage wieder alles geklaut, was nicht niet- und nagelfest ist, Folge materieller Not in unserer multikulturellen Gesellschaft. Um so ärgerlicher ist ein Diebstahlsverlust, wenn er während einer Dienstreise zu beklagen ist. Der Betrieb kann aber den Verlust steuerfrei ersetzen (§ 3 Nr. 16 EStG und LStH 40 a).

Wichtig zu wissen: Steuerfrei ersetzen kann der Betrieb nur Verluste für Gegenstände, die Du mitgenommen hast, weil Du sie auf der Dienstreise verwenden mußtest (Kleidung, Aktentasche, nicht: Geld oder Schmuck). Auch muß der Verlust polizeilich gemeldet worden sein. Lies auch den Tip unter ➤ Rz 875.

● **Fehlgeldentschädigungen** pauschal bis zu 30 DM im Monat für Arbeitnehmer mit Kassierertätigkeit sind steuerfrei (LStR 70).

● **Heirats- oder Geburtsbeihilfe** – bis zu 700 DM kannst Du steuerfrei kassieren (§ 3 Nr. 15 EStG, LStR 15). Vorausgesetzt, Du erhältst sie innerhalb von drei Monaten vor oder nach dem freudigen Ereignis. Die steuerfreien Beträge stehen Dir für jedes Arbeitsverhältnis zu. Hast Du z. B. zwei Brötchengeber, kann Dir jeder 700 DM steuerfrei zahlen.

● **Kinderbetreuungszuschuß** des Betriebes für nicht schulpflichtige Kinder (§ 3 Nr. 33 EStG). Steuerfrei ist der Zuschuß, wenn die Kleinen in einem Kindergarten oder in einer **vergleichbaren Einrichtung** behütet werden. Vergleichbare Einrichtungen sind Schulkindergärten, Kindertagesstätten, Kinderkrippen, Tagesmütter oder Ganztagspflegestellen. Kosten für die Betreuung im Haushalt durch Kinderpflegerinnen, Hausgehilfinnen oder Familienangehörige kann Dir Dein Chef allerdings nicht steuerfrei ersetzen.

▆▆ Mach aus der Kinderfrau eine »vergleichbare Einrichtung« TIP

Die 400 Mark, die Du monatlich für die Betreuung Deiner Kleinen berappen mußt, sind sicherlich gut angelegt, besonders aber, wenn Du aus der Kinderfrau eine »vergleichbare Einrichtung« machen kannst.
»Wie läßt sich das denn deichseln?« fragst Du.
Das klappt, wenn Du sie dazu bewegen kannst, die Kinder bei sich zu Hause statt in Deiner Wohnung zu behüten. Die Tagesmutter wird nämlich dadurch zur »vergleichbaren Einrichtung«, daß die Kleinen außerhalb Deiner Wohnung betreut werden.

Damit Dein Chef Dir den Zuschuß steuerfrei auszahlen kann, legst Du ihm folgende Bescheinigung Deiner Tagesmutter vor:

594

```
Ich bestätige hiermit Herrn/Frau ............., daß
ich die Kinder ............. in meiner Wohnung
betreue. Für die Kinderbetreuung erhalte ich
monatlich 400 DM.
Name ............... Anschrift...............
.............................. ...................
   (Datum)                        (Unterschrift)
```

Zahlt der Chef Dir anstelle einer Gratifikation oder einer Gehaltserhöhung 12 mal 400 DM = 4 800 DM unter der Bezeichnung »Zuschuß zur Kinderbetreuung«, ist das brutto = netto, also ohne Steuer- und Sozialabgaben, und bringt eine Ersparnis von mindestens 40% = 1 920 DM.

595 ● **Parkplatz steuerfrei,** dazu Tip unter ➤ Rz 748.

596 ● **Telefonkostenersatz** ist steuerfrei, soweit es sich um die Erstattung von beruflich veranlaßten Gesprächen handelt (LStR 22).

Die Kosten für Telefonate kann der Betrieb Dir aber nur steuerfrei ersetzen, soweit Du sie dem Betrieb in Rechnung stellst (§ 3 Nr. 50 EStG, BdF-Schreiben vom 11. 6. 1990 – BStBl 1990 I S. 290).

Außerdem verlangt das Finanzamt, daß Du für einen Zeitraum von mindestens drei Monaten den Umfang der beruflichen Telefonate glaubhaft machst, indem Du eine Strichliste führst. Wie die Strichliste zu führen ist, dazu mehr unter ➤ Rz 806. Ohne Strichliste klappt der Laden, wenn Du Dich mit einer steuerfreien Pauschale zufriedengibst. Zu deren Höhe ➤ Rz 802.

Hast Du zusätzlich zum häuslichen Anschluß auch noch ein Autotelefon oder ein Handy, so kann der Betrieb die Kosten für diesen Anschluß in vollem Umfang steuerfrei übernehmen.

Oder Ihr macht es so: Der Betrieb läßt in Deiner Wohnung für berufliche Gespräche einen Zweitanschluß installieren. Nun kann der Betrieb sämtliche Kosten für diesen Zweitanschluß übernehmen, ohne daß diese Kosten in Deinem Lohnkonto auftauchen.

Übrigens: Erlaubt der Betrieb **private** Telefonate vom **betrieblichen** Telefon, sind diese bis zu 50 DM monatlich steuerfrei. (§ 8 Abs. 2 Satz 9 EStG, ➤ Rz 533).

Zu Telefonkosten mehr unter ➤ Rz 799.

- **Trinkgelder** bis zu 200 DM monatlich bleiben von der Steuer verschont **597** (§ 3 Nr. 51 EStG, LStR 70 und 106).

▬ TIP So bleiben Trinkgelder steuerfrei   598

Dein Chef braucht jeden Monat von Dir als Nachweis über die Höhe der Trinkgelder eine Bestätigung. Sie schützt ihn vor einer Haftung für evtl. zu wenig erhobene Lohnsteuer. Die Lohnsteuer auf die monatlichen Trinkgelder über 200 Mark hinaus wird Dir vom übrigen Lohn einbehalten. Das findest Du echt ätzend.

Als Kellner liegst Du aber z. B. gut im Mittelfeld, wenn Du zwischen 1% und 2,5% Deiner Umsätze als Trinkgeld bestätigst (BFH-Urt. vom 23. 10. 1992 – BStBl 1993 II S. 117). Sind Deine Trinkgelder indessen geringer, solltest Du das begründen können. Vielleicht, weil z. B. in Eurem Lokal überwiegend junge Kundschaft verkehrt oder weil Du sehr oft nicht bezahlte Zechen selbst begleichen mußtest.

Übrigens, das Finanzgericht Nürnberg meint, 1% des Umsatzes an Trinkgeld ist für ein einfaches Lokal nicht ungewöhnlich niedrig (Urteil vom 31. 1. 1996 Az V 32/95). Das Finanzgericht Düsseldorf hält sogar 0,5% des Kellnerumsatzes bei einfachen Bierlokalen für angemessen (Urt. vom 30. 1. 1997 – Az 8 K 2101/94 E).

Bei allzu dreisten Trinkgeldschätzungen kannst Du gegenhalten, indem Du sagst: »Habe immer mindestens 25% meiner Trinkgelder an Azubis und Spülhilfen weitergegeben.« Ganz aus dem Schneider bist Du aber, wenn Du dem Prüfer durch eigene tägliche Trinkgeldaufzeichnungen – Notizbuch genügt – keinerlei Handhabe für freie Schätzungen läßt (Urteile des FG Köln vom 8. 2. 1993 – 3 K 2825/92 und 3 K 3313/92, EFG 1993 S. 444).

Weiter sind steuerfrei:

- **Umzugskostenvergütungen** bis zur Höhe der Beträge, die als Werbungskosten abziehbar wären (§ 3 Nr. 16 EStG, LStR 41). Dazu mehr unter ➤ Rz 930 ff.   **599**

- **Vermögensbeteiligung**   **600**
  Zum Vorzugskurs mit einer Wiederverkaufssperre von 6 Jahren. Der Unterschied zwischen dem realen Wert und dem Vorzugskurs ist bis zu 300 DM im Jahr steuerfrei (§ 19a EStG). In Frage kommen: Überlassung von Aktien, Investmentzertifikaten, GmbH-Geschäftsanteile oder stille Beteiligungen.

601 **TIP** **Verheirate Dich mit Deinem Betrieb**

Große Unternehmen geben Belegschaftsaktien heraus, warum wohl? Weil sich die Beschäftigten mehr ins Zeug legen, wenn sie am Unternehmen beteiligt sind. Da wird also ganz klar mit der Wurst nach der Speckseite geworfen. Auch Dein Chef wird daran interessiert sein, Dich als fähigen Mitarbeiter durch eine Beteiligung stärker an den Betrieb zu binden, und Du tust etwas für Deinen Arbeitsplatz.

Schlag Deinem Chef deshalb bei der nächsten Lohnrunde vor, Dir jedes Jahr einen Betrag von 1 100 Mark als stille Beteiligung einzuräumen. Davon sind 300 Mark steuerfrei nach § 19a EStG, den Rest kann er als vermögenswirksame Leistungen verwenden mit Anspruch auf die 20%ige Arbeitnehmer-Sparzulage ➤ Rz 708.

Sage Deinem Chef: Das Kapital der stillen Beteiligung kann weiterhin im Betrieb arbeiten, außerdem sind 300 Mark steuerfrei, für die keine Sozialversicherungskosten anfallen. Ich bin sicher, er wird anbeißen.

602 ● **Werkzeuggeld** für Deine eigenen im Betrieb eingesetzten Werkzeuge (§ 3 Nr. 30 EStG, LStR 19), als da sind Hammer, Zange, Säge und ähnliches. Schreibmaschine, PC und Musikinstrumente gehören nach Meinung des Fiskus leider nicht dazu.

603 **Zinsersparnisse** aus Arbeitgeberdarlehn, wenn der Darlehnsbetrag 5 000 DM nicht übersteigt. Bei einem höheren Arbeitgeberdarlehn ist die Zinsersparnis steuerpflichtig, soweit der Effektivzins 6% unterschreitet (LStR 31 Abs. 8).

Angehörige von Banken, Sparkassen und Versicherungen haben bei Zinsersparnissen Anspruch auf den Rabattfreibetrag von 2 400 DM. Dazu mehr unter ➤ Rz 552.

Beispiel:

Arbeitgeberdarlehn zu 2% Zinsen	50 000 DM
Gezahlte Schuldzinsen 2% von 50 000 DM =	1 000 DM
Steuerlicher Mindestzins 6% von 50 000 DM	3 000 DM
Unterschied = steuerpflichtiger Arbeitslohn	2 000 DM
darauf entfallende Lohnsteuer z. B. 30% =	600 DM

Dir entstehen also durch die Lohnsteuer zusätzliche Kreditkosten in Höhe von 600 DM; insgesamt gesehen betragen die Kreditkosten somit (1 000

DM + 600 DM =) 1 600 DM. **Für ein entsprechendes Bankdarlehn müßtest Du mindestens das Dreifache zahlen, da bin ich sicher. Also: Ist Dein Betrieb gut bei Kasse, solltest Du beim nächsten Lohngespräch auf diese Variante zusteuern.**

TIP Zinsvorteile aus Arbeitgeberdarlehen ganz am Fiskus vorbeischmuggeln

604

Hast Du bereits ein Arbeitgeberdarlehn und liegt dessen Restschuld nur noch knapp über 5 000 Mark, so solltest Du vorzeitig den über 5 000 Mark hinausgehenden Darlehnsbetrag zurückzahlen. Beträgt nämlich die Restschuld nicht mehr als 5 000 Mark, ist die Zinsersparnis in voller Höhe steuerfrei.

Gut zu wissen: Hast Du das Arbeitgeberdarlehn im Zusammenhang mit steuerlichen Einkünften verbraten, kannst Du den steuerpflichtigen Zinsvorteil, das sind hier 2 000 DM (➤ Rz 603), bei den Einkünften absetzen. Das klappt, wenn Du z. B. Dein Mietshaus reparierst. Siehe dazu ➤ Rz 1297.

Zeigt sich Dein Fiskalritter zopfig, rege seine Gehirnzellen an mit dem Hinweis: Umkehrschluß aus § 3c EStG.

● **Zuschläge für Sonntags-, Feiertags- oder Nachtarbeit sind steuerfrei** 605
(Quelle: § 3b EStG).

Arbeitszeit	0.00 bis 4.00	0.00 bis 4.00	4.00 bis 6.00	6.00 bis 14.00	14.00 bis 20.00	20.00 bis 24.00	0.00 bis 4.00
	Arbeits-beginn am Vortag	Arbeits-beginn am Vortag					Arbeits-beginn am Vortag
Nachtzuschlag	40%	25%	25%	–	–	25%	40%
Sonntagszuschlag	90%	75%	75%	50%	50%	75%	90%
Feiertagszuschlag	165%	150%	150%	125%	125%	150%	165%
Silvesterzuschlag (Werktag)	40%	25%	25%	–	125%	150%	165%
Silvesterzuschlag (Sonntag)	90%	75%	75%	50%	125%	150%	165%
Zuschlag 1. Mai	190%	175%	175%	150%	150%	175%	190%
Weihnachtszuschlag	190%	175%	175%	150%	150%	175%	190%
Heiligabendzuschlag (Werktag)	40%	25%	25%	–	150%	175%	190%
Heiligabendzuschlag (Sonntag)	90%	75%	75%	50%	150%	175%	190%

Achtung: Formalitäten!

606 Wenn später der Lohnsteuerprüfer kommt, weiß keiner mehr, wer wann und wo Dienst geschoben hat und ob die steuerfreie Auszahlung von Zuschlägen auch gerechtfertigt war. Deshalb verlangt der Fiskus einen schriftlichen Nachweis darüber, wann und wie lange Du sonntags, feiertags oder nachts gearbeitet hast. Sind alte Stempelkarten oder Schichtpläne vorhanden, reichen die aus. Andernfalls mußt Du Stundenzettel fertigen und darauf Deine Eintragungen machen. Notfalls reichen auch Zeugenaussagen von Kollegen (BFH-Urt. vom 28. 11. 1990 – BStBl 1991 II S. 298).

607 **TIP Rechne Zuschläge steuerfrei ab!**

Dies weiß jeder Schichtarbeiter, ob Krankenpfleger, Monteur oder Feuerwehrmann: Wer neben seinem Grundlohn Zuschläge erhält, weil er zu ungünstigen Zeiten – nachts, sonntags oder feiertags – arbeiten muß, erhält die Zuschläge ganz oder teilweise steuerfrei. Was aber viele nicht wissen: Dies gilt auch für alle diejenigen, die am Wochenende oder abends entweder im Betrieb oder zu Hause wichtige Arbeiten erledigen und dafür einen Zuschlag auf ihre Überstunden erhalten. Voraussetzung ist: Die Zuschläge müssen sowohl dem Grunde als auch der Höhe nach vertraglich vereinbart sein, so daß Grundlohn und Zuschlag einwandfrei voneinander getrennt werden können.

»Wenn ich für wichtige Angebote abends und am Wochenende haufenweise Überstunden mit Lohnzuschlag mache, habe ich das nie besonders geltend gemacht«, so sagst Du.

Ja mein Lieber, Dein Pech. Aber jetzt weißt Du ja, wie Deine Überstundenabrechnung aussehen könnte, nämlich so:

Monatsgehalt bei 38-Stunden-Woche	5 000 DM
zuzüglich vermögenswirksame Leistungen	52 DM
Monatlicher Grundlohn	5 052 DM
Arbeitszeit pro Monat 38 Std. x Faktor 4,35 =	165,3 Std.
Stundengrundlohn 5 052 DM : 165,3 Std. =	30,56 DM

In dem nach § 3b EStG festgelegten Rahmen (➤ Rz 605) könntest Du Dir Zuschläge auf diesen Stundengrundlohn steuerfrei auszahlen lassen, z. B. für jede Stunde Sonntagsarbeit 50% von 30,56 DM = 15,28 DM.

»Das ist toll«, so staunst Du.

Konflikte gehen einher
mit gestörter Kommunikation.
(Rupert Lay)

6.2.2 Pauschal versteuerter Arbeitslohn – Zeile 2   608

»Pauschalieren« bedeutet »vereinfachen«, und weil Vereinfachungsrege-
lungen nicht zu Belastungen führen dürfen gegenüber einer genauen
Berechnung, kannst Du hierdurch Vorteile ergattern. Bei der Lohnsteuer
gibt es besonders viele Pauschalregelungen, um den Fiskalprüfern vor Ort
kniffelige Arbeit zu ersparen.

Jetzt hör Dir erst einmal etwas zur Pauschalversteuerung von Arbeitslohn
an, damit Du Bescheid weißt und bei passender Gelegenheit sagen kannst:
»Hallo, Chef, ich kenne da eine ganz heiße Lohnsteuervariante!«

Grundsätzliches zur Pauschalierung   609

Die Pauschalsteuer trägt der Betrieb. Für den Arbeitnehmer sind somit
pauschaliert besteuerte Löhne praktisch steuerfrei. Für den Betrieb tritt
durch die Übernahme der Pauschalsteuer aber keine zusätzliche Belastung
ein, denn er spart die sonst fälligen Sozialbeiträge. Deshalb sind die
Betriebe vielfach gern bereit, Arbeitslohn pauschal zu versteuern.

Wichtig zu wissen: Steuerliche Vorteile bringt die Pauschalversteuerung
nur, wenn noch andere Einkünfte zu versteuern sind. Alleinstehende, die
keine anderen Einkünfte haben, weil sie z. B. noch in der Ausbildung sind,
legen also ihrem Brötchengeber von Anfang an eine Lohnsteuerkarte vor.
Dann wird in der Steuerklasse I bis 1 579 Mark Monatslohn keine Lohnsteuer erhoben. In der Steuerklasse II ist der steuerfreie Monatslohn noch
höher, versteht sich (➤ Rz 510).

Am meisten kommt es zur pauschalierten Besteuerung bei   610
● Zuschüssen für Fahrten zwischen Wohnung und Arbeitsstätte (§ 40
  Abs. 2 EStG),
● in Fällen der Teilzeitarbeit (§ 40a EStG) und
● bei Leistungen für eine Direktversicherung des Arbeitnehmers (§ 40b
  EStG).

Näheres zur Direktversicherung unter ➤ Rz 641.

Nur wer richtig mitzieht,
wird auch gut bezahlt.
(Manager Schütte)

611	**Pauschalierung von Arbeitslohn**		
	1. Pauschalierung von Teilarbeitslohn (§§ 40 Abs. 2 u. 40 b EStG)	Steuer-satz	Soz.-Vers.
	– Unentgeltliche oder verbilligte Mahlzeiten im Betrieb oder entsprechende Barzuschüsse	25%	nein
	– Arbeitslohn durch unübliche Betriebsveranstaltungen	25%	nein
	– Erholungsbeihilfen je Kalenderjahr für den Arbeitnehmer bis 300 DM für dessen Ehegatten bis 200 DM für jedes Kind bis zu 100 DM	25% 25% 25%	nein nein
	– Fahrtkostenersatz für Fahrten zwischen Wohnung und Arbeitsstätte bis 0,70 DM je Entfernungs-km	15%	nein
	– Direktversicherung des Arbeitnehmers bis zu 3 408 DM im Kalenderjahr	20%	nein
	– Gruppenunfallversicherung Steuerpflichtige Erstattung von Verpflegungskosten	20% 25%	nein nein
612	**2. Pauschalierung von Lohn aus Teilzeitarbeit*** (§ 40a EStG)	Steuer-satz	Soz.-Vers.
	– Kurzfristige vorübergehende Beschäftigung *Voraussetzungen:* Dauer bis zu viermal im Kj. bis zu je 18 Tagen, durchschnittlicher Stundenlohn bis zu 22 DM, durchschnittlicher Tageslohn bis zu 120 DM.	25%	nein[1]
	– Dauernde Beschäftigung, aber in geringem Umfang und gegen geringen Lohn *Voraussetzungen:* Arbeitslohn im Monat bis zu 630 DM (wöchentlich 147 DM, Stundenlohn bis zu 22 DM).	20%	ja[2]

[1] Sozialversicherungsfrei, wenn die Beschäftigungsdauer im Kj. zwei Monate oder insgesamt 50 Tage nicht übersteigt.

[2] Pauschale Beiträge zur Rentenversicherung in Höhe von 12% und zur Krankenversicherung in Höhe von 10% des Arbeitslohns.

*Arbeit ist der Fluch der
trinkenden Klasse.*

(O. Wilde)

Zeile 2 Zuschüsse für Fahrten zwischen Wohnung und Arbeitsstätte

613

Zuschüsse und Fahrtkostenersatz für die täglichen Fahrten zur Arbeit mit **öffentlichen Verkehrsmitteln** sind steuerfrei (§ 3 Nr. 34 EStG).

Von den Zuschüssen für Fahrten mit Deiner Nuckelpinne oder Deinem Knatterrad will der Fiskus aber sein Scherflein abhaben.

Ärgerlich, denn Dir bleibt ja kein Ertrag, vielmehr werden nur gehabte Fahrtauslagen ersetzt.

Der Fiskus rechtfertigt die Versteuerung der erstatteten Beträge mit der scheinheiligen Begründung, die Fahrtkosten seien ja später als Werbungskosten abziehbar. Weiß er aber doch zu genau, daß die Werbungskosten ins Leere gehen, wenn sie den Arbeitnehmer-Pauschbetrag von zwei Mille nicht übersteigen.

Hier ein Ausweg: Der Betrieb kann die steuerliche Fahrtkostenerstattung mit einem Pauschsteuersatz von 15% versteuern (§ 40 Abs. 2 EStG). Hinzu kommt noch Kirchenlohnsteuer von 7% und Solidaritätszuschlag von 5,5% der pauschalen Lohnsteuer.

Doch wisse: Die pauschale Versteuerung ist nur bis zur Höhe der bei Dir abziehbaren Werbungskosten möglich.

Der Betrieb kann Zuschüsse bis zur Höhe folgender Beträge pauschal versteuern:

614

Benutztes Verkehrsmittel	Kilometersatz je Entfernungskilometer	
	Nichtbehinderte Arbeitnehmer	Behinderte GdB mindestens 70% oder 50% + ›G‹
	DM	DM
Taxi, Flugzeug, Fähre, Schiff	tatsächliche Kosten	
Pkw, Kombi, Kleinbus, Wohnmobil	0,70	1,04*
Motorrad oder Motorroller	0,33	0,46*
Moped oder Mofa	0,28	0,28*
Fahrrad	0,14	0,14*

* Statt der Kilometersätze kannst Du als Behinderter auch die tatsächlichen nachgewiesenen Kosten ansetzen, Berechnungsschema ➤ Rz 857.

Nicht gut zu wissen: Der pauschal versteuerte Fahrtkostenersatz wird nach § 40 Abs. 2 EStG auf Deine Werbungskosten, die Du in der Jahreserklärung geltend machst, voll angerechnet (> Zeile 39 der Anlage N). Damit dem Fiskus hier nichts durch die Lappen geht, muß der Betrieb die gezahlten Beträge auf der Lohnsteuerkarte ausweisen.

Und jetzt aufgepaßt: Nachzahlung droht!
Du kannst Dir für die Fahrten zur Arbeit schon im laufenden Jahr einen Freibetrag auf der Lohnsteuerkarte eintragen lassen und damit Deine monatliche Steuerbelastung senken. Wenn Du das tust und der Betrieb den Fahrtkostenersatz pauschal versteuert, dann droht eine Nachzahlung, weil die Werbungskosten infolge Kürzung um den pauschal versteuerten Arbeitslohn niedriger sein können als der auf der Lohnsteuer eingetragene Freibetrag.

Guter Rat
Willst Du mit dem Parkplatz Steuern sparen, so lies Tip ➤ Rz 748.

---

615 **TIP** **Spare Steuern, schone die Umwelt und Deine Nerven**

... indem Du öffentliche Verkehrsmittel benutzt. Busse und Bahnen sind ›die grüne Welle der Vernunft‹, auch für die Steuer. Dein Chef kann Dir nämlich steuerfrei die Fahrscheine erstatten oder ein Job-Ticket schenken. Auch eine Bahncard ist steuerfrei, wenn Du sie für Fahrten zum Betrieb oder für Dienstreisen benutzt (§ 3 Nr. 34 EStG).

»Würde auch gern den Bus nehmen, nur sind die Verbindungen so schlecht«, sagst Du.

Ja, mein Lieber, Pech gehabt, aber laß doch einfach den Fahrtkostenzuschuß pauschal versteuern.

Ein Beispiel für Kfz-Kostenerstattung

Die Firma zahlt einen mtl. Fahrtkostenzuschuß von	250,— DM
Davon werden pauschal versteuert bis zur Höhe der abziehbaren Werbungskosten:	
15 Entfernungskilometer x 20 Tage x 0,70 DM =	<u>210,— DM</u>
Rest über die Lohnsteuerkarte zu versteuern	<u>40,— DM</u>
Pauschale Lohnsteuer 15% von 210 DM =	31,50 DM
+ Kirchenlohnsteuer 7% von 31,50 DM =	2,20 DM
+ Solidaritätszuschlag 5,5% von 31,50 DM =	1,73 DM

Werbungskosten entstehen Dir nicht mehr, denn die möglichen Werbungskosten sind durch die Pauschalversteuerung abgegolten. Trotzdem ist die
Pauschalversteuerung ein gutes Geschäft. Denn Dir bleibt der Arbeitnehmer-Pauschbetrag voll erhalten, und außerdem sparen Du und die Firma
insgesamt rd. 40% Sozialversicherung.

Freie Fahrt im Firmenwagen
Der geldwerte Vorteil durch freie Fahrt im Firmenwagen zur Arbeit ist
ebenfalls lohnsteuerpflichtig. Dazu mehr unter ➤ Rz 654.

TIP Fahrgelder bleiben teilweise steuerfrei 616

**Die guten Zeiten sind vorbei, in denen erstattete Fahrtkosten steuerfrei wa-
ren. Denn der Fiskus braucht Geld.**
Es ist nicht nur Dein Recht, sondern sogar Deine Pflicht und Schuldigkeit,
gegen die Wahnsinns-Steuerschraube zu halten, indem Du jede Chance wahr-
nimmst, die Steuerlast zu drücken. Also fackelst Du nicht lange und sagst
Deinem Chef:»In jedem Monat kommt es doch mindestens ein dutzendmal
vor, wo jemand bei der Firma Müller in Krückeberg was abliefern muß. Das
liegt doch halbwegs auf dem Weg zu mir nach Hause. Wie wär's, wenn ich diese
Fahrten übernehme, und Sie zahlen mir dafür Fahrtkosten?«

**Macht Dein Chef mit, sind diese Fahrtkosten bis 52 Pfennig je gefahrenen
Kilometer steuerfrei, denn durch die Fahrt zum Kunden Müller hat Deine
Heimfahrt das ›Gepräge einer Dienstreise‹, meint wenigstens der BFH in
seinem Urt. vom 12. 10. 1990 – BStBl 1991 II S. 134.**

Macht Dein Chef nicht mit und erledigst Du trotzdem die Auslieferungen
beim Kunden Müller, setzt Du in Deiner Steuererklärung 52 Pfennig je
gefahrenen Kilometer als Werbungskosten an.

Guter Rat für Behinderte: Bist Du zu mindestens 70% behindert oder 617
mindestens 50% mit Gehbehinderung, dürfen 1,04 DM je Entfernungskilometer zwischen Wohnung und Arbeitsstätte erstattet und pauschaliert
besteuert werden.

Achtung, Steuerfalle!
Pauschal versteuerte Fahrgelder erscheinen auf der Lohnsteuerkarte. Da-
mit will der Fiskus verhindern, daß Du Werbungskosten für Fahrten zur
Arbeit geltend machst.

618 Zeile 2 Aushilfs- und Teilzeitarbeit

Gehörst Du zu denen, die sich nebenbei durch Teilzeitarbeit ein Zubrot verdienen, so wisse: Für den Betrieb bist Du eine wertvolle Kraft. Denn Du leistest etwa 20% mehr, als Vollzeitkräfte in derselben Zeit leisten – so die Statistik.

Der Grund dafür liegt auf der Hand: Du wirst immer nur dann gerufen, wenn wirklich etwas zu tun ist. Auch freut sich der Chef, weil Stundenlöhne für Aushilfs- oder Teilzeitarbeit oft niedriger sind als die Stundenlöhne für vergleichbare Vollzeitarbeit.

Seit dem 1. 4. 1999 ist es zumindest mit den niedrigen Lohnkosten vorbei, wenn neben Sozialabgaben auch noch Steuern zu entrichten sind. Doch was die Sozialpolitiker freut: Gleicher Lohn für alle, das ist für Wirtschaftspolitiker und Unternehmer ein Schlag ins Kontor: Steigende Lohnkosten.

Und manche Teilzeitkraft hängt ihren Teilzeitjob an den Nagel, weil sich die Arbeit nicht mehr lohnt. Worum geht es?

619 Für **kurzfristig Beschäftigte oder Saisonarbeiter** bleibt alles beim alten. Ist das Beschäftigungsverhältnis auf zwei Monate oder 50 Arbeitstage im Jahr begrenzt, fallen auch weiterhin keine Sozialversicherungsbeiträge an. Die pauschale Lohnsteuer beträgt hier nach wie vor 25% des Arbeitslohns (zzgl. 7% der Lohnsteuer als Kirchensteuer und 5,5% Soli-Zuschlag).

620 Bei den übrigen **geringfügig Beschäftigten** sieht die Sache allerdings anders aus. Anstelle der pauschalen Lohnsteuer von 20% hat der Arbeitgeber bei Arbeitslöhnen von bis zu 630 DM monatlich 12% an die Rentenkasse und 10% an die Krankenkasse abzuführen. Die Grenze von 630 DM monatlich ist nunmehr festgeschrieben, ändert sich also künftig nicht mehr und gilt einheitlich für Ost und West.

»Na fein, da fahre ich doch besser als bisher«, magst Du jetzt vielleicht denken. »Während ich bislang von der pauschalen Lohnsteuer herzlich wenig hatte, wird jetzt etwas für mein Rentenkonto getan, zudem sind die Krankheitskosten abgesichert.«

621 Das ist richtig, zum Teil jedenfalls. Ein Jahr Teilzeitarbeit beschert Dir einen Rentenanspruch von bis zu 4,17 DM monatlich. Außerdem werden Dir 1,4 Monate auf die 60 Pflichtbeitragsmonate angerechnet. Du kannst außerdem Deinen Rentenversicherungsbeitrag von 12 auf 19,5%, also bis zum Regelbeitrag zur Rentenversicherung durch Zusatzzahlungen aufstocken. Bei 630 DM Monatsverdienst bedeutet das also einen zusätzlichen Beitrag von 47,25 DM pro Monat zu Deinen Lasten. Deine monatliche »Rente« erhöht sich damit um 2,62 DM auf 6,79 Mark je Teilzeitjahr. Darüber hinaus werden zwölf Pflichtbeitragsmonate berücksichtigt.

Ein derart geringes Plus auf dem Rentenkonto ist nun wirklich nicht der Rede wert. Statt sich um die soziale Absicherung der Arbeitnehmer ernsthaft Gedanken zu machen, geht es dem Bundesgesetzgeber darum, der Rentenkasse zusätzliche Mittel zu verschaffen. Dies kommt den nahezu bankrotten Staatsfinanzen zugute, denn die zusätzlichen Mittel mindern den Zuschuß der öffentlichen Hand zur Rentenkasse.

Die Absicht des Gesetzgebers, sich auf schnellem Wege zusätzliche Gelder **622** zu verschaffen, wird besonders deutlich, wenn Du Dir vor Augen hältst, daß Dir der pauschale Krankenversicherungsbeitrag von 10% des Arbeitslohns überhaupt keine Ansprüche bringt.

Wisse:
Bist Du über Deinen Hauptjob bereits in der gesetzlichen Sozialversiche- **623** rung, mußt Du (und Dein (Teilzeit-)Arbeitgeber) auch von Deinem Teilzeitlohn die regulären Beiträge zur Renten-, Pflege- und Krankenversicherung von insgesamt knapp 18% berappen. Die geringeren pauschalen Sozialversicherungsbeiträge gelten für Deine Teilzeittätigkeit dann nämlich nicht.

Die Krankenversicherungsbeiträge kannst Du Dir nur dann sparen, wenn Du ohnehin privat versichert bist. Wenn Du mehrere Teilzeitjobs hast, werden diese zusammengerechnet. Übersteigt Dein Arbeitslohn insgesamt die Grenze von 630 DM monatlich (bzw. wöchentliche Arbeitszeit mehr als 15 Stunden), ist jedes einzelne Beschäftigungsverhältnis sozialversicherungspflichtig. Folge: Arbeitgeber und Arbeitnehmer müssen jeweils etwa 21% des Arbeitslohns an die Sozialkasse abführen.

Guter Rat: Finger weg von der Aufstockung des **624**
Rentenversicherungsbeitrags!
Du kannst den pauschalen Rentenversicherungsbeitrag Deines Arbeitgebers von 12% auf den Regelbeitrag von 19,5% aus eigener Tasche aufstocken. Beträgt Dein Teilzeitlohn 630 Mark, kostet Dich die Aufstockung 47,25 DM monatlich. Und was bekommst Du dafür? Zum einen erhöht sich Deine künftige Rente um 2,62 DM monatlich pro Jahr der Teilzeitarbeit. Macht nach heutigem Stand nach 20 Jahren als 630-Mark-Jobber ein

Rentenplus von etwa 52 Mark. Zum anderen erwirbst Du Ansprüche auf Rehabilitationsleistungen sowie auf Berufs- bzw. Erwerbsunfähigkeitsrente.

Schließt Du statt dessen eine private Lebensversicherung mit gleichem Monatsbeitrag ab, so kannst Du nach 20 Jahren Laufzeit etwa folgende Leistungen erwarten (abhängig vom Geschlecht und Alter des Versicherungsnehmers):

Versicherungssumme:	ca. 13 000 Mark
Leistung bei Tod:	ca. 26 000 Mark
	(bei Unfalltod sogar etwa 40 000 DM)
Ablaufleistung nach 20 Jahren	ca. 21 000 Mark

Du kannst die private Versicherung im Leistungsumfang natürlich auch der gesetzlichen annähern, zum Beispiel durch Einschluß einer Berufsunfähigkeitsversicherung. Die Auszahlung der Ablaufleistung kannst Du auch in eine Rente umwandeln oder daraus bei entsprechender Anlage Zinseinnahmen von etwa 100 DM monatlich erwarten (ohne Kapitalverzehr). (Quelle: Debeka Versicherungen, Stand Juni 1999)

Wie Du siehst, bieten sich zahlreiche andere Möglichkeiten an, Vorsorge zu treffen. Hier bist Du flexibel und kannst die Absicherung auf Deine Verhältnisse gezielt abstimmen. Also wie heißt es doch: Wer nicht vergleicht, ist ...

625 **TIP** ## Eine private Krankenversicherung bringt Dir Vorteile beim Teilzeitjob

Bei Teilzeitjobs muß der Arbeitgeber Sozialversicherungsbeiträge von insgesamt 22% des Arbeitslohns berappen, so die Rechtslage ab dem 1. 4. 1999. Bist Du jedoch bereits privat krankenversichert, z. B. als Beamter oder Student, spart der Arbeitgeber den pauschalen Krankenversicherungsbeitrag von 10%. An diesem Vorteil solltest Du Dich beteiligen lassen, z. B. durch verkürzte Arbeitszeiten, einen höheren Stundenlohn oder steuerfreie bzw. pauschal versteuerte Zusatzvergütungen wie z. B. einen Personalrabatt (➤ Rz 552) oder Fahrtkostenerstattung (➤ Rz 613 f. Bist Du nicht privat versichert, sondern in der gesetzlichen Krankenversicherung, argumentierst Du so:

626 Als Aushilfe oder Teilzeitbeschäftigter hast Du wie alle anderen Arbeitnehmer auch Anspruch auf Lohnfortzahlung im Krankheitsfalle (bis zu sechs Wochen), außerdem Anspruch auf bezahlten Mindesturlaub von drei

Wochen, im Osten sogar von vier Wochen (§ 616 BGB). Aber viele trauen sich nicht, dies geltend zu machen.

Gehörst Du auch zu denen, machst Du es so: Wenn über den Stundenlohn gesprochen wird, sag einfach: Zwei Mark mehr und ich verzichte auf Lohnfortzahlung und bezahlten Urlaub. Ich wette, diese Karte sticht.

»Mir als Teilzeitkraft zahlt der Betrieb kein Weihnachtsgeld, weil ich sonst im Jahresschnitt über 630 Mark komme«, beklagst Du Dich.

Wenn es nur daran liegt, dann laß Dir doch anstelle von Weihnachtsgeld einen Zuschuß zu den Fahrten zum Betrieb zahlen. Dieser Zuschuß kann ebenfalls mit 20% pauschal versteuert werden. Mehr dazu unter ➤ Rz 613.

Teilzeitarbeit und Sozialversicherung   627

Personen	Aushilfen	Teilzeitbeschäftigte
Beschäftigung	kurzfristig = im Jahr bis zu 2 Monate oder 50 Tage	dauernd = bis zu 15 Stunden in der Woche
Arbeitslohn	unbegrenzt	im Monat bis zu 630 DM
Sozialversicherungsausweis abzugeben	ja	ja
Ausschließlich eine Teilzeitarbeit, schriftlich zu bestätigen	ja	ja
Anmeldung bei der zuständigen AOK	ja	ja
Sozialversicherung	nein	pauschal 22% des Arbeitslohns

Steuerlich gesehen läuft der Hase bei geringfügig Beschäftigten ab dem   628
1. 4. 1999 völlig anders.

Der Arbeitslohn aus dem Teilzeitjob bleibt nur dann steuerfrei, wenn Du keine anderen (positiven) Einkünfte zusätzlich hat. Zu den anderen Einkünften gehören alle steuerpflichtigen Einnahmen im Sinne des Einkommensteuergesetzes, also zum Beispiel

● Arbeitslohn aus anderen Beschäftigungsverhältnissen,
● Renten und Pensionen,
● Zinseinnahmen, die die steuerfreien Beträge von derzeit noch 6100 DM (Alleinstehende) bzw. 12 200 DM (Verheiratete) übersteigen (Werte 1999; ab 2000: 3100/6200)
● Einkünfte aus selbständiger Tätigkeit, Gewerbebetrieb oder aus Vermietung und Verpachtung,
● Unterhaltszahlungen des geschiedenen Ehegatten, wenn Du mit der Anlage U dem Sonderausgabenabzug beim Ex-Ehegatten zugestimmt hast.

629 Steuerfreie Einnahmen, wie zum Beispiel Mutterschafts- oder Wohngeld, führen nicht zur Steuerpflicht des Teilzeitjobs. Ebenso die Einkünfte des Ehegatten. Ob Dein Chef nun Lohnsteuer einbehalten muß oder nicht, prüft Dein Finanzamt vorab. Denn Du mußt Dir eine Freistellungsbescheinigung bei Deinem (Wohnsitz-)Finanzamt besorgen, willst Du die 630 Mark brutto gleich netto kassieren.

Gut zu wissen: Die Bundesregierung plant, für bestimmte Berufsgruppen wie Kellner und Haushaltshilfen Ausnahmen zuzulassen.

630 Der Freistellungsantrag
Ohne Freistellungsbescheinigung sind die Einkünfte aus dem 630-Mark-Job erst einmal steuerpflichtig, das heißt, der Arbeitgeber muß den Arbeitslohn über die Lohnsteuerkarte oder pauschal mit 20% (+ Kirchensteuer 7% und Soli-Zuschlag 5,5%) versteuern. Die Bescheinigung muß der Arbeitnehmer bei seinem (Wohnsitz-)Finanzamt beantragen. So sieht dieser Antrag aus (siehe rechte Seite).

631 TIP Vorsicht beim Freistellungsantrag

Im Freistellungsantrag sind unter anderem Angaben zu den Einkünften zu machen, die der Antragsteller voraussichtlich haben wird. Hierdurch macht er sich zum Gläsernen Steuerzahler, der Gefahr läuft, sich in den Fallstricken des Steuer- und Sozialrechts zu verfangen.
Wer z. B. Freistellungsbescheinigungen für gleich mehrere Teilzeitjobs beantragt, wird umgehend zur Sozialversicherungs- und Steuerpflicht sämtlicher Einnahmen verdonnert. Auch Bezieher einer Erwerbsunfähigkeitsrente sollten Vorsicht walten lassen, wenn sie eine entsprechende Bescheinigung beantragen. Schnell könnte die Rentenkasse sonst mit bohrenden Fragen lästig werden. Auch diejenigen sollten sich die Beantragung der Bescheinigung überlegen, deren Eltern weiterhin Kinderermäßigungen kassieren. Alles, was hier eingetragen wird, ist zunächst einmal amtlich. Wird die zulässige Verdienstgrenze (einschließlich steuerfreier Bezüge) von derzeit 13 020 Mark überschritten, ist das Kindergeld schon futsch. Also machst Du es besser so ...

ANLAGE N
Einkünfte aus nichtselbständiger Tätigkeit

1999

Antrag auf Erteilung einer Bescheinigung zur Steuerfreistellung des Arbeitslohns für ein geringfügiges Beschäftigungsverhältnis (630-DM-Arbeitsverhältnis)

1999

Weiße Felder bitte ausfüllen oder ☒ ankreuzen.

Hinweise:

Eine Bescheinigung zur Steuerfreistellung des Arbeitslohns für ein geringfügiges Beschäftigungsverhältnis kann nur erteilt werden, wenn die Summe ihrer anderen Einkünfte im Kalenderjahr nicht positiv ist. Zu den anderen Einkünften gehören alle positiven und negativen Einkünfte im Sinne des § 2 des Einkommensteuergesetzes (EStG). Hierzu zählen insbesondere der Arbeitslohn aus einem anderen Dienstverhältnis, der Ertragsanteil einer Rente, Zinseinnahmen nach Abzug des Werbungskostenpauschbetrags und des Sparerfreibetrags, Einkünfte aus selbständiger Tätigkeit, aus Gewerbebetrieb und aus Vermietung und Verpachtung. Zu den Einkünften gehören auch die Unterhaltszahlungen des geschiedenen Ehegatten, sofern er hierfür den Sonderausgabenabzug in Anspruch nimmt. Einkünfte Ihres Ehegatten werden nicht berücksichtigt und brauchen deshalb nicht angegeben zu werden.

Der Arbeitslohn für ein geringfügiges Beschäftigungsverhältnis kann zudem vom Arbeitgeber nur dann steuerfrei gezahlt werden, wenn er im jeweiligen Lohnzahlungszeitraum für den Arbeitslohn den pauschalen Arbeitgeberbeitrag zur Rentenversicherung in Höhe von 12 % zu entrichten hat.

Wird Ihnen aufgrund dieses Antrags eine Bescheinigung zur Steuerfreistellung des Arbeitslohns aus dem geringfügigen Beschäftigungsverhältnis ausgestellt und stellt sich nach Ablauf des Kalenderjahrs heraus, daß die Summe Ihrer anderen Einkünfte positiv ist, sind Sie nach § 46 Abs. 2a EStG verpflichtet, eine Einkommensteuererklärung abzugeben.

Nach den Vorschriften der Datenschutzgesetze wird darauf hingewiesen, daß die Angabe der Telefonnummer freiwillig im Sinne dieser Gesetze ist und die übrigen die mit der Steuererklärung angeforderten Daten aufgrund der §§ 149 ff. der Abgabenordnung und des § 39a Abs. 6 EStG erhoben werden.

A. Angaben zur Person

Familienname, Vorname					Geburtsdatum	Tag	Monat	Jahr

Anschrift (Straße, Hausnummer, Postleitzahl, Ort)

Ausgeübter Beruf

Verheiratet seit	Verwitwet seit	Geschieden seit	Dauernd getrennt lebend seit	Telefonische Rückfragen unter Nr.

Ich werde (ggf. zusammen mit meinem Ehegatten) zur Einkommensteuer veranlagt:	Nein	Ja, beim Finanzamt	Steuernummer

Ich habe für das Kalenderjahr 1999 bereits eine Bescheinigung zur Steuerfreistellung des Arbeitslohns für ein geringfügiges Beschäftigungsverhältnis erhalten:	Nein	Ja, beim Finanzamt	Steuernummer

B. Angaben zu den Einkünften

Der Arbeitslohn für dieses geringfügige Beschäftigungsverhältnis beträgt	DM	monatlich.

Ich habe außer dem Arbeitslohn für dieses geringfügige Beschäftigungsverhältnis voraussichtlich keine anderen Einkünfte.

Ich beziehe aus weiteren Beschäftigungsverhältnissen Arbeitslohn in Höhe von	DM	monatlich.

Ich habe im Kalenderjahr 1999 voraussichtlich folgende andere Einkünfte:

positive Einkünfte	DM,	negative Einkünfte	DM

Versicherung

Ich versichere, daß ich die Angaben in diesem Antrag wahrheitsgemäß nach bestem Wissen und Gewissen gemacht habe.

Datum	(Unterschrift des Antragstellers)

313

> *Zufriedenheit:*
> *ein reiches Leben,*
> *aber mit einfachen Mitteln.*
> (Arne Naes, Philosoph)

632 **TIP** **Wähle statt Freistellungsantrag lieber die Lohnsteuerkarte!**

Hast Du zusätzlich zu Deinem Arbeitslohn aus dem Teilzeitjob keine weiteren Einkünfte, kannst Du Deinen Teilzeitlohn brutto gleich netto kassieren, denn er ist steuerfrei. Voraussetzung hierfür ist eigentlich, daß Du eine Freistellungsbescheinigung beim Finanzamt beantragst.

Den Gang zum Finanzamt kannst Du Dir allerdings sparen, wenn Du Dir eine Lohnsteuerkarte bei der Gemeinde besorgst und diese Deinem Arbeitgeber vorlegst. Unverheirateten wird der Arbeitslohn bei Steuerklasse I und II auch bei 630 DM Monatslohn ohne Steuerabzug ausbezahlt. Das gleiche gilt, wenn Du verheiratet bist und eine Lohnsteuerkarte mit Steuerklasse III oder IV vorlegen kannst.

In diesen Fällen ist die Freistellungsbescheinigung also entbehrlich. Denn auch hier bekommst Du Deinen Teilzeitlohn (zunächst) brutto gleich netto.

633 **TIP** **Dein Teilzeitjob ist steuerpflichtig? Wähle die Pauschalversteuerung!**

Der Eingangssteuersatz liegt derzeit bei über 23%. Mußt Du also auch ohne Teilzeitjob schon Steuern berappen, kassiert der Fiskus mehr als 23% von jeder zusätzlich verdienten Mark, das ist klar. Kannst Du nun mit Deinem Arbeitgeber vereinbaren, daß er Deinen Teilzeitlohn pauschal versteuert, sparst Du auf jeden Fall, denn die Pauschalsteuer beträgt lediglich 22,5% (einschließlich Kirchensteuer und Soli-Zuschlag).

Also rechnest Du Deinem Arbeitgeber vor:

Arbeitslohn derzeit 630,00 DM : 1,225 = 515,00 DM.
Vereinbart ihr statt 630 Mark (vor Steuern) ein Gehalt von nur 515 DM (pauschalversteuert),
ergeben sich für Deinen Arbeitgeber unterm Strich die gleichen Lohnkosten.

Probe:

Arbeitslohn	515,00 DM
Pauschalsteuer (22,5%)	115,00 DM
Insgesamt	630,00 DM

Auf diese Weise wird Dir monatlich zwar weniger überwiesen, aber dafür mußt Du die 515 Mark nicht mehr versteuern. Liegt Dein Grenzsteuersatz bei 30%, ergibt sich für Dich auf diese Weise ein Steuervorteil von rund 1200 Mark jährlich.

Berechnung:

Arbeitslohn	630,00 DM x 12 =	7560,00 DM
Steuerbelastung	30% Einkommensteuer	– 2268,00 DM
	9% Kirchensteuer	– 204,12 DM
	5,5% Soli-Zuschlag	– 124,74 DM
verbleiben		4963,14 DM
Arbeitslohn bei Pauschalversteuerung		6180,00 DM
Differenz		1216,86 DM

Beachte: 634

Die Rechnung gehrt nur dann für Dich auf, wenn Du ohnehin Steuern zahlen mußt. Liegen Deine Verhältnisse anders, weil Du z. B. Rente beziehst und nur deshalb keine Freistellungsbescheinigung vom Finanzamt bekommst, wisse:

Wegen Deiner Rente ist der Arbeitslohn aus dem Teilzeitjob steuerpflichtig. Das bedeutet aber noch lange nicht, daß Du davon auch tatsächlich Steuern berappen mußt. Deine Rente ist nämlich nur zum Teil, dem sog. Ertragsanteil, steuerpflichtig (siehe ➤ Rz 1105). Dadurch bleibst Du trotz 630 Mark Teilzeitlohn monatlich selbst dann unter dem steuerlichen Grundfreibetrag und damit von der Steuer verschont, wenn Deine Rente im Monat etwa 6500 Mark beträgt (Voraussetzung: verheiratet, ohne weitere steuerpflichtige Einkünfte, Rentenbeginn ab dem 65. Lebensjahr; bei Alleinstehenden liegt die Grenze bei etwa 3000 DM Monatsrente). In diesem Fall solltest Du natürlich nicht die Pauschalversteuerung wählen, sondern Deinem Arbeitgeber eine Lohnsteuerkarte vorlegen, versteht sich.

Achtung!   635

Bei der Pauschalversteuerung mußt Du Deinen Arbeitslohn nicht mehr in der Steuererklärung angeben, denn mit der Pauschalsteuer ist alles abgegolten. Anders bei der Vorlage der Lohnsteuerkarte. Hier will der Fiskus Deinen Arbeitslohn in > Zeile 2 der Anlage N sehen.

Teilzeitarbeit und Lohnsteuer (§ 40a EStG)

Personen	Aushilfen	Teilzeitbeschäftigte
Beschäftigung höchstens	kurzfristig = bis 18 Tage	dauernd
Arbeitslohn höchstens	in der Stunde bis zu 22 DM, am Tag bis zu 120 DM	in der Stunde bis zu 22 DM, in der Woche bis zu 147 DM im Monat bis zu 630 DM
Lohnsteuerkarte	nein	ja, falls nicht steuerfrei (mit Freistellungsbescheinigung) oder pauschal besteuert
Pauschsteuer	25%	20%

636 Private Arbeitgeber aufgepaßt!

Mußtest Du Dir bisher bei Teilzeitbeschäftigung einer privaten Haushaltshilfe keine Gedanken um die Sozialversicherung machen, liegt die Sache jetzt völlig anders. Ab der ersten Mark Arbeitslohn werden bereits pauschale Sozialversicherungsbeiträge fällig. Das heißt für Dich:

● Du mußt die Haushaltshilfe bei der Krankenkasse (als Einzugsstelle auch für die pauschalen Rentenversicherungsbeiträge) anmelden.

● Zur Anmeldung der Haushaltshilfe benötigst Du eine »Betriebsnummer«, die Du vom Arbeitsamt bekommen kannst.

● Die pauschalen Sozialversicherungsbeiträge mußt Du Monat für Monat an die Krankenkasse abführen.

● Falls die Haushaltshilfe keine Freistellungsbescheinigung vorlegt, mußt Du den Arbeitslohn pauschal versteuern, es sei denn, die Haushaltshilfe legt eine Lohnsteuerkarte vor.

● Am Ende des Jahres mußt Du eine Lohnbescheinigung erteilen.

Wie Du siehst, mußt Du Dir nun ein kleines Lohnbüro einrichten, um alles ordnungsgemäß über die Bühne zu bringen. Neben den ganzen Formalitäten ist auch die Einordnung des geringfügigen Beschäftigungsverhältnisses ein Problem. Du mußt beurteilen, ob überhaupt ein geringfügiges Beschäftigungsverhältnis vorliegt, ob Krankenversicherungsbeiträge fällig werden, ob das Arbeitsverhältnis steuerpflichtig ist, und, und, und ...

Hier gibt es nun eine Vielzahl unterschiedlich gelagerter Fälle. Damit Du den Durchblick behältst, findest Du auf den folgenden Seiten eine Übersicht des Bundesministeriums für Arbeit und Sozialordnung zur Einordnung geringfügiger Beschäftigungsverhältnisse.

Auswirkungen der Neuregelung der geringfügigen Beschäftigung   637
(aus einer Information des Bundesministeriums für Arbeit und Sozialordnung entnommen)

| Fallkonstellation | | Zusammen-rechnung (§ 8 SGB IV) | Abgabenbelastung der geringfügigen Beschäftigungsverhältnisse | | | |
Mit Hauptbeschäftigung	Zweite Beschäftigung		RV	KV	AV	Einkommensteuer
Dauerhaft geringfügig[1]	–	–	Vers.frei (keine Änderung) 12% Pauschalbeitrag (mit Aufstockungsoption) (neu)[2]	Vers.frei (keine Änderung), 10% Pauschalbeitrag (ohne Aufstockungsoption), falls bereits in KV versichert (neu)	Vers.frei (keine Änderung	Steuerfrei, wenn keine anderen Einkünfte (Neu)[3]
Kurzfristig geringfügig (Saisonbeschäftigung)[4]	–	–	Vers.frei (keine Änderung)	Vers.frei (keine Änderung)	Vers.frei (keine Änderung	Steuerpflichtig (Pauschalsteuer möglich)[5] (keine Änderung)
Dauerhaft geringfügig[1]	Dauerhaft geringfügig	Ja (keine Änderung)	Vers.pflichtig, wenn 630 DM überschritten oder ab 15 Std./Wo. (keine Änderung)	Vers.pflichtig, wenn 630 DM überschritten oder ab 15 Std./Wo. (keine Änderung)	Vers.pflichtig, wenn 630 DM überschritten oder ab 15 Std./Wo. (keine Änderung)	Steuerpflichtig (Pauschalsteuer möglich)[5/6] (keine Änderung)
Kurzfristig geringfügig (Saisonbeschäftigung)[4]	Kurzfristig geringfügig (Saisonbeschäftigung)	Ja (keine Änderung)	Vers.pflichtig, wenn Zeitgrenze überschritten o. berufsmäßig (keine Änderung)	Vers. pflichtig, wenn Zeitgrenze überschritten o. berufsmäßig (keine Änderung)	Vers.pflichtig, wenn Zeitgrenze überschritten o. berufsmäßig (keine Änderung)	Steuerpflichtig (Pauschalsteuer möglich)[5/6] (keine Änderung)
Vers.pflichtige Hauptbeschäftigung	Dauerhaft geringfügig[1]	Ja, aber nicht in AV (neu)	Vers.pflichtig (neu)	Vers.pflichtig (neu)	Vers.frei (keine Änderung)	Steuerpflichtig (Pauschalsteuer möglich)[5/6] (keine Änderung)
Vers.pflichtige Hauptbeschäftigung	Kurzfristig geringfügig (Saisonbeschäftigung)[4]	Nein (keine Änderung)	Vers.frei (keine Änderung)	Vers.frei (keine Änderung	Vers.frei (keine Änderung)	Steuerpflichtig (Pauschalsteuer möglich)[5/6] (keine Änderung)
Hauptberuf Beamter (vers.frei)	Dauerhaft geringfügig[1]	Im Ergebnis Nein (keine Änderung)	Vers.frei (keine Änderung), 12% Pauschalbeitrag (mit Aufstockungsoption) (neu)[2]	Vers.frei (keine Änderung)	Vers.frei (keine Änderung)	Steuerpflichtig (Pauschalsteuer möglich)[3/5/6] keine Änderung)
Hauptberuf Beamter (vers.frei)	Kurzfristig geringfügig (Saisonbeschäftigung)[4]	Nein (keine Änderung)	Vers.frei (keine Änderung)	Vers.frei (keine Änderung)	Vers.frei (keine Änderung)	Steuerpflichtig (Pauschalsteuer möglich)[5/6]

Fallkonstellation		Zusammen-rechnung (§ 8 SGB IV)	Abgabenbelastung der geringfügigen Beschäftigungsverhältnisse			
Mit Haupt-beschäftigung	Zweite Be-schäftigung		RV	KV	AV	Einkommen-steuer
Selbständig im Haupt-beruf (nicht-vers.pflichtig)	Dauerhaft geringfügig[1]	Im Ergeb-nis Nein (keine Än-derung)	Vers.frei (keine Änderung), 12% Pauschal-beitrag (mit Aufstockungs-option) (neu)[2]	Vers.frei (keine Änderung), 10% Pauschalbeitrag (ohne Auf-stockungs-option), falls be-reits in KV versi-chert (neu)	Vers.frei (kei-ne Änderung)	Steuerpflichtig (Pauschal-steuer mög-lich)[3/5/8] (keine Änderung)
Selbständig im Hauptbe-ruf (nicht vers.pflichtig)	Kurzfristig ge-ringfügig (Sai-sonbeschäfti-gung)[4]	Nein (kei-ne Ände-rung)	Vers.frei (keine Änderung)	Vers.frei (keine Änderung)	Vers.frei (kei-ne Änderung)	Steuerpflichtig (Pauschal-steuer mög-lich)[5/6] (keine Änderung)

Fallkonstellation		Zusam-menrech-nung (§ 8 SGB IV)	Abgabenbelastung der geringfügigen Beschäftigungsverhältnisse			
Ohne Haupt-beschäftigung	Geringfügi-ge Beschäfti-gung		RV	KV	AV	Einkommen-steuer
Rentner mit Vollrente we-gen Alters u. Versorgungs-empfänger (z. B. Beamter i. R.)	Dauerhaft geringfügig[1]	–	Vers.frei (keine Änderung), 12% Pauschal-beitrag (ohne Aufstockungs-option) (neu)[7]	Vers.frei (keine Änderung), 10% Pauschal-beitrag (ohne Aufstockungs-option), falls be-reits in KV ver-sichert (neu)	Vers.frei (keine Änderung)	Steuerpflichtig (Pauschal-steuer mög-lich)[3/5/6/8] (kei-ne Änderung)
Rentner mit Vollrente we-gen Erwerbs-minderung	Dauerhaft geringfügig[1]	–	Vers.frei (keine Änderung), 12% Pauschal-beitrag (mit Auf-stockungs-option) (neu)[2]	Vers.frei (keine Änderung), 10% Pauschal-beitrag (ohne Aufstockungs-option), falls be-reits in KV ver-sichert (neu)	Vers.frei (keine Änderung)	Steuerpflichtig (Pauschal-steuer mög-lich)[3/5/6/8] (kei-ne Änderung)
Rentner mit Vollrente (EU-, Altersrente) u. Versorgungs-empfänger (z. B. Beamter i.R.)	Kurzfristig geringfügig (Saison-beschäfti-gung)[4]	–	Vers.frei (keine Änderung)	Vers.frei (keine Änderung)	Vers.frei (keine Änderung)	Steuerpflichtig (Pauschal-steuer mög-lich)[5/6/8] (keine Änderung)
Hausfrau	Dauerhaft geringfügig[1]	–	Vers.frei (keine Änderung), 12% Pauschal-beitrag (mit Auf-stockungs-option) (neu)[2]	Vers.frei (keine Änderung), 10% Pauschal-beitrag (ohne Aufstockungs-option), falls be-reits in KV ver-sichert (neu)	Vers.frei (keine Änderung)	Steuerfrei, wenn keine an-deren Einkünfte (neu)[9]
Hausfrau	Kurzfristig geringfügig (Saison-beschäfti-gung)[4]	–	Vers.frei (keine Änderung)	Vers.frei (keine Änderung)	Vers.frei (keine Änderung)	Steuerpflichtig (Pauschal-steuer mög-lich)[5/6] (keine Änderung)

Fallkonstellation		Zusam-menrech-nung (§ 8 SGB IV)	Abgabenbelastung der geringfügigen Beschäftigungsverhältnisse			
Ohne Haupt-beschäftigung	Geringfügi-ge Beschäfti-gung		RV	KV	AV	Einkommen-steuer
Arbeitsloser	Dauerhaft geringfügig[1]	–	Vers.frei (keine Änderung), 12% Pauschal-beitrag (mit Auf-stockungs-option) (neu)[2]	Vers.frei (keine Änderung), 10% Pauschal-beitrag (ohne Aufstockungs-option), falls be-reits in KV ver-sichert (neu)	Vers.frei (keine Änderung)	Steuerfrei, wenn keine an-deren Einkünfte (neu)[3/10]
Schüler/ Student	Dauerhaft geringfügig[1]	–	Vers.frei (wie gelt. Recht) 12% Pauschal-beitrag (mit Auf-stockungs-option) (neu)[2]	Vers.frei (wie gelt. Recht) 10% Pauschal-beitrag (ohne Aufstockungs-option), falls be-reits in KV ver-sichert (neu)	Vers.frei (wie gelt. Recht)	Steuerfrei, wenn keine an-deren Einkünfte (neu)[3/11]
Schüler/ Student	Kurzfristig geringfügig (Saison-beschäfti-gung)[4]	–	Vers.frei (keine Änderung)	Vers.frei (keine Änderung)	Vers.frei (keine Änderung)	Steuerpflichtig (Pauschal-steuer mög-lich)[5/6] (keine Änderung)

Hinweis: Bei den geringfügigen Beschäftigungsverhältnissen keine Auswir-kungen auf die Pflegeversicherung (weiterhin versicherungs- und beitrags-frei); Ausnahmen in den Fällen der Zusammenrechnung, dann tritt Versi-cherungspflicht ein (wie in der Krankenversicherung).

Erläuterung der Fußnoten:
1 § 8 Abs. 1 Nr. 1 SGB IV: bis 630 DM/Monat, weniger als 15 Std./Woche.
2 Bei Wahrnehmung der Option Versicherungspflicht in der RV mit anteiliger Beitrags-zahlung durch Beschäftigten (grds. 7,5%, bis 300 DM Mindestbeitrag von 58,50 DM, auf den der Arbeitgeberanteil angerechnet wird).
3 Steuerfreiheit des Entgelts aus der geringfügigen Beschäftigung besteht nur dann, wenn die Summe der anderen Einkünfte des Beschäftigten nicht positiv ist, d. h. insbesondere aus Arbeitslohn (aus weiteren Beschäftigungsverhältnissen), Mieteinkünften, Kapital-einkünften (Zinseinnahmen führen erst oberhalb von 6100 DM zu Zinseinkünften), Alterseinkünften (Renten, Pensionen) besteht – siehe hierzu die jeweilige Fallkonstel-lation. Einkünfte des Ehegatten werden nicht berücksichtigt (keine Zusammenrech-nung). Soweit eine geschiedene Frau von ihrem früheren Mann Unterhalt bekommt, den der Mann im Rahmen des sog. Realsplittings seinerseits abziehen kann, stellen diese Unterhaltszahlungen bei der Frau steuerpflichtige Einkünfte dar.
4 § 8 Abs. 1 Nr. 2 SGB IV: 2 Monate bzw. 50 Arbeitstage/Jahr ohne Begrenzung beim Arbeitsentgelt, soweit Beschäftigung nicht berufsmäßig. Bei den kurzfristigen Beschäf-tigungsverhältnissen ergibt sich aufgrund der Neuregelung grundsätzlich keine Ände-rung gegenüber der bisherigen Rechtslage.
5 Ist eine geringfügige Beschäftigung steuerpflichtig, so bleibt sie wie bisher pauschalie-rungsfähig, soweit die Voraussetzungen von § 40a EStG vorliegen.

6 Im Gegensatz zur Sozialversicherung wird bei der Lohnsteuerpauschalierung jedes Beschäftigungsverhältnis für sich betrachtet (keine Zusammenrechnung); die Lohngrenzen der Beschäftigung gelten jeweils für die Beschäftigung bei einem Arbeitgeber. Durch die Pauschalsteuer ist die Besteuerung dieses Arbeitslohnes in vollem Umfang abgeschlossen; er bleibt bei der individuellen Einkommensteuerveranlagung außer Betracht.

7 Keine Aufstockungsmöglichkeit in der RV, da die Beschäftigung bereits nach § 5 Abs. 4 SGB VI versicherungsfrei ist.

8 Sofern außer dem Entgelt aus der geringfügigen Beschäftigung nur Sozialrente bezogen wird, dürfte es bei Wahl des Lohnsteuerabzugsverfahrens mit Lohnsteuerkarte, letztlich aber wegen der günstigen Rentenbesteuerung (Ertragsanteil) in vielen Fällen nicht zu einer Steuerbelastung kommen, da die Einkünfte (also Einnahmen nach Abzug insbesondere des Arbeitnehmerpauschbetrages und der Vorsorgepauschale) unter dem Grundfreibetrag (1999: 13 067 DM) bleiben.

9 Auch bei einer verheirateten Hausfrau bleibt das Entgelt einer geringfügigen Beschäftigung steuerfrei, wenn der Arbeitgeber für das Arbeitsentgelt die pauschalen Arbeitgeberbeiträge zur Rentenversicherung zu entrichten hat und die Summe der anderen Einkünfte nicht positiv ist. Einkünfte des Ehegatten werden nicht berücksichtigt (keine Zusammenrechnung).

10 Arbeitslosengeld ist nicht steuerpflichtig (nur Progressionsvorbehalt) und führt daher auch nicht zur Steuerpflicht des Entgelts aus einer geringfügigen Beschäftigung. Falls die Arbeitslosigkeit nicht das ganze Jahr bestand und während eines Teils des Jahres noch steuerpflichtiger Arbeitslohn bezogen wurde, tritt hingegen in der Regel Steuerpflicht ein, weil andere eigene Einkünfte im Kalenderjahr vorliegen.

11 Auch wenn wegen anderweitiger geringfügiger Einkünfte Steuerpflicht eintritt, dürfte sich trotzdem bei Wahl des Lohnsteuerabzugsverfahrens mit Lohnsteuerkarte im Regelfall keine Steuerbelastung ergeben. Solange das Entgelt aus der geringfügigen Beschäftigung (abzüglich insbesondere Arbeitnehmerpauschbetrag, Vorsorgepauschale) unter dem Grundfreibetrag (1999: 13 067 DM) bleibt, führt auch die Einkommensteuerveranlagung zu keiner Steuerbelastung.

638 **TIP** Nimm als Teilzeitkraft zusätzlich den Arbeitnehmer-Pauschbetrag mit

Die Pauschalsteuer für Teilzeitarbeit beträgt 20%, hinzu kommen 5,5% Solidaritätszuschlag und 7% der Pauschalsteuer als Kirchensteuer, wenn du Kirchenmitglied bist. Also wird gerechnet:

Bei einem mtl. Nettolohn von	500,– DM
beträgt die Pauschalsteuer 20% =	100,– DM
dazu kommt noch der Solidaritätszuschlag von 5,5% und die Kirchensteuer mit 7% v. 100,– DM	12,50 DM

Schön wäre es, Du könntest bei Deinem Brötchengeber für einen Teil des Jahres auf Lohnsteuerkarte arbeiten und so den Werbungskosten-Pauschbetrag von 2 000 Mark mitnehmen. Nach dem BFH-Urt. vom 20. 12. 1991

– BStBl 1992 II S. 695 wäre das aber ein ›willkürlicher Wechsel‹ und somit unzulässig. Zulässig ist der Wechsel, wenn der Lohn z. B. wegen einer Sondervergütung wie Urlaubs- oder Weihnachtsgeld über der Pauschalierungsgrenze von 620 Mark liegt. Diesen Weg hat der Fiskus aber verbaut, weil eine Sondervergütung, die auf dem Arbeitsverhältnis als Ganzem beruht, gleichmäßig auf das Jahr verteilt werden muß, zu dem sie wirtschaftlich gehört. Wird nämlich die Pauschalierungsgrenze von 630 Mark durch die rechnerische Verteilung überschritten, ist die Pauschalversteuerung vertan und es kommt zu einer dicken Nachforderung an Lohnsteuer. Nicht mit Dir als Steuerfuchs: Du vereinbarst mit Deinem Arbeitgeber ganz einfach, daß Dir das Weihnachtsgeld erst im folgenden Januar ausgezahlt wird. Dann gehört es nämlich auch in das Folgejahr, und schon kannst Du im Januar mit der Lohnsteuerkarte anfangen und ab Februar auf pauschale Lohnsteuer umschalten. Sieh mal, wie sich das rechnet:

Weihnachtsgeld für Vorjahr	1 500 DM
Lohn für Januar	500 DM
Bruttolohn insgesamt	2 000 DM
./. Arbeitnehmer-Pauschbetrag	2 000 DM
Lohneinkünfte im Kalenderjahr	0 DM

Die für Januar einbehaltene Lohnsteuer wird also später vom Finanzamt voll erstattet.

»Fein gedeichselt«, sagst Du.

»Doch bei der Firma Putz und Wisch, wo unsere Nachbarin arbeitet, da schreiben die immer statt ›Weihnachtsgeld‹ auf den Lohnzetteln für November und Dezember: ›Sonderzahlung für Überstunden‹, und dann wird schon im November und Dezember auf Lohnsteuerkarte umgeschaltet.« Das geht, weil Überstundengeld – im Gegensatz zu Weihnachtsgeld – eine Sonderzahlung für einen bestimmten Zeitraum ist. Darf aber nicht geflunkert sein …

TIP 630 Mark im Monat, aber mit Zugaben   639

Hinzu kommen zusätzliche steuerfreie Einnahmen, denn die fallen bei der Prüfung der 630-DM-Grenze völlig unter den Tisch. Der Betrieb kann Dir also als Teilzeitkraft z. B. zusätzlich noch zahlen

Heirats- und Geburtsbeihilfen, Reisekostenersatz oder Jubiläumszuwendungen.

Weiterhin kann der Betrieb zusätzlich Kostenersatz leisten für die täglichen Fahrten zur Arbeit, wenn der Betrieb die darauf entfallende Lohnsteuer mit 20% pauschal übernimmt (§ 40 Abs. 2 EStG).

640 Achtung, Fangeisen!
Dasselbe müßte auch gelten für zusätzliche Leistungen des Betriebs in eine Direktversicherung, wenn diese Leistungen nach § 40b EStG pauschaliert besteuert werden. Doch weit gefehlt. Aufgrund tieferer Einsicht der höchstrichterlichen Fiskalhüter vom BFH in München sind Leistungen in die Direktversicherung mit zu berücksichtigen, wenn es darum geht, ob die Grenze von 630 DM überschritten ist (Urt. vom 13. 1. 1989 – BStBl 1989 II S. 1030).

Der Wolf ändert sein Haar
und bleibt, wie er war.
(Sprichwort)

641 Zeile 2 Direktversicherung

Laß Dich nicht irritieren von diesem harten Wort. Schau lieber, was dahintersteckt: Deine Firma schließt für Dich eine Lebensversicherung ab, aus der Du unmittelbar, das heißt direkt bezugsberechtigt bist. Sie soll Deine Altersversorgung ergänzen. Deshalb kann die Versicherungssumme erst nach Deinem 60. ausgezahlt werden.

»Schon das Wort ›Versicherung‹ ist ätzend, und wenn ich an deren Protzbauten denke, möchte ich am liebsten alle meine Versicherungen loswerden, aber keine neue dazuhaben«, so wendest Du Dich ab.

Verständlich. Doch wisse: Eine Direktversicherung kannst Du Deiner Firma leicht als Zusatzvergütung abkungeln, sie wird Dich also nicht viel Geld kosten. Auch zählt sie nicht zu den unnützen Vorsorgeversicherungen, die sich bei Arbeitnehmern steuerlich nicht mehr auswirken, wenn der Bruttolohn 37 500/75 000 DM (Alleinstehende/Verheiratete) übersteigt. Denn dann ist die gesetzliche Vorsorgepauschale genau so hoch wie der Vorsorgehöchstbetrag, und jede Versicherung ist dann steuerlich ein glatter Schuß in den Ofen (siehe Konz-Vorsorgetabellen ➤ Rz 159).

Doch mit der Direktversicherung hat es die Versicherungslobby geschafft, die Lebensversicherung für Arbeitnehmer steuerlich interessant zu machen.

Dazu vereinbarst Du mit Deiner Firma, Deine nächste Gehaltserhöhung in eine Lebensversicherung einzuzahlen. Die eingezahlten Beträge werden nicht über die Lohnsteuerkarte versteuert, sondern außerhalb derselben (bis zu höchstens 3 408 jährlich) mit einem Pauschsteuersatz von nur 20%. Zeigt sich Deine Firma großzügig und übernimmt die Pauschsteuer, sind für Dich die Zahlungen in die Lebensversicherung steuerfrei. Für die Firma verringert sich die Steuerlast auf rd. 6,5%, weil sie die Pauschsteuer als Betriebsausgabe absetzen kann. Zahlungen in die Direktlebensversicherung sind zudem sozialversicherungsfrei, wenn sie nicht aus dem laufenden Arbeitslohn stammen, sondern aus zusätzlichen Leistungen.

Sieh selbst, was bei einer Direktversicherung herausspringen kann, wenn **642** 3 408 DM eingezahlt werden:

	Bruttolohn	**Lohnsteuer**
Ohne Direktversicherung	70 000 DM	9 060 DM
abzügl. Zahlung in die Direktversicherung	3 408 DM	
Mit Direktversicherung	66 592 DM	7 900 DM
Ersparnis an Lohnsteuer		1 160 DM
Ersparnis an KiSt + SolZ		168 DM
Ersparnis an Sozialversicherung		
(Arbeitnehmeranteil 21% von 3 408)		716 DM
Ersparnis insgesamt		2 044 DM

▪▪ TIP Direktversicherung für Lebenspartner   643

Arbeitet Dein Lebenspartner im Betrieb mit, wirst Du auch die Ausgaben für seine zusätzliche Altersversorgung, z. B. in Form einer Direktversicherung, über den Betrieb absetzen. Eine Direktversicherung geht aber nur glatt durch, wenn sie ›angemessen‹ ist. Dazu sagt der Bundesfinanzhof: Die Ausgaben für die gesamte Altersversorgung des mitarbeitenden Ehegatten sind angemessen, wenn sie 30% des steuerpflichtigen Arbeitslohns nicht übersteigen (Urt. vom 16. 5. 1995 – BStBl 1995 II S. 873).

»Laß mich rechnen«, sagst Du:

Jahresarbeitslohn für meine Erna	24 000 DM
Gesetzliche Rentenversicherung 20,3% =	4 872 DM
Rest 9,7% für Direktversicherung =	2 328 DM

Richtig, mehr als 2 328 DM darfst Du pro Jahr für die Direktversicherung Deiner Erna nicht ausgeben, was drüber ist, wird nicht anerkannt.

»Oder ich erhöhe ihr Gehalt: Prämienhöchstbetrag 3 408 Mark durch 9,7 mal 100 = 35 135 DM«, rechnest Du blitzschnell.

644 TIP Teilzeitlohn plus Direktversicherung für den Ehepartner

Eine Direktversicherung bei Teilzeitarbeit heißt doppelt pauschalieren. Wer das sausen läßt, ist selber schuld.

Wie Du das anstellen sollst, möchtest Du wissen. Ganz einfach: Du vereinbarst z. B. mit Deiner Erna in einem sauberen Arbeitsvertrag eine wöchentliche Mitarbeit von 8 Stunden und einen Monatslohn von 500 DM, für den pauschale Sozialversicherung fällig wird. Nach einer Einarbeitungszeit von drei Monaten wird der Monatslohn auf 700 DM erhöht. Nun besteht die Möglichkeit, den Mehrbetrag von 200 DM als Jahresbeitrag von 2400 DM in eine Direktversicherung zu verwenden, die Deiner Erna mit einem Eintrittsalter von 35 Jahren eine Versicherungssumme von 78 000 DM beschert. Die Beiträge zur Direktversicherung betragen nicht mehr als 30% des maßgeblichen Arbeitslohns, also keine Überversorgung.

Probe:

Teilzeitlohn im Jahr 500 DM x 12 =	6 000 DM
+ ½ der Direktversicherung, da nicht rentenversichert	1 200 DM
Maßgeblicher Arbeitslohn	7 200 DM
Davon 30% = (unter 2 400 DM)	2 160 DM

Quelle: BFH-Urt. vom 16. 5. 1995 – BStBl 1995 II S. 873.

Die Beiträge in die Direktversicherung können pauschal versteuert werden.

645 TIP Pauschalsteuer selber zahlen? So machst Du es richtig!

Konntest Du Deinen Chef trotz eingesparter Sozialversicherungsbeiträge nicht dazu überreden, die Pauschalsteuer auf die Beiträge zur Direktversicherung zu übernehmen? Ab 1999 hat das für Dich böse Folgen.

Die Fiskalieros wollen Deine Belastung durch Zahlung der Pauschalsteuer steuerlich nicht mehr berücksichtigen. Das heißt, bei 80 000 Mark Bruttolohn und 3 000 Mark Beiträge zur Direktversicherung mußt Du nun die vollen 80 000 DM versteuern. Bisher zeigte sich St. Fiskus einsichtig, berücksichtigte Deine Belastung durch die Pauschalsteuer auf die Direktversicherung von insgesamt 600 DM und setzte nur 79 400 Mark steuerpflichtigen Bruttolohn an. In diesem Beispiel macht das ein Steuerplus von etwa 110 Mark aus (einschließlich Kirchensteuer und Soli-Zuschlag).

Diese Mehrsteuer vermeidest Du, wenn Ihr vereinbart, Dein Gehalt um 600 Mark zu kürzen. Für Dich kommt das auf das gleiche raus, denn die 600 Mark hast Du bisher als Pauschalsteuer abgedrückt. Auf die Weise minderst Du allerdings Dein steuerpflichtiges Brutto von 80 000 Mark auf 79 400 Mark. Also schon wieder gut 100 Mark in der Tasche, zum Beispiel für ein schönes Essen mit Deinen Lieben.

Belastungsvergleich
Wie sich der Abschluß einer Direktversicherung bei Gehaltsumwandlung **646** auf die monatliche Lohnabrechnung auswirkt, zeigt folgende Übersicht. Minusbeträge bedeuten Mehrsteuern. Unterstellt wurde, daß der Höchstbetrag von 3 408 DM voll ausgeschöpft wird und der Arbeitnehmer die Pauschalsteuer übernimmt.

Arbeitslohn	Ersparnis bei Steuerklasse						
mtl.	I/0 bzw. IV/0	II/0,5	III/0	III/1,0	III/2,0	IV/1,0	V
	einschließlich Sozialversicherung						
DM	DM	DM	DM	DM	DM	DM	DM
2 000	59,10	– 5,40	– 5,40	– 5,40	– 5,40	54,94	101,09
2 500	90,58	68,26	– 5,40	– 5,40	– 5,40	78,26	104,69
3 000	103,28	96,57	6,21	5,26	5,26	103,73	112,53
3 500	92,61	88,67	56,54	51,43	51,43	92,32	120,38
4 000	96,51	92,58	62,89	62,44	57,26	96,23	128,20
4 500	100,51	96,50	86,42	77,59	74,86	100,23	136,01
5 000	106,24	102,21	85,85	83,57	79,17	105,93	149,95
5 500	108,44	104,43	103,57	108,44	100,57	108,15	161,38
6 000	112,35	108,35	103,19	102,88	107,39	112,07	166,63

647 ## Zeile 2 Kirchensteuer und Solidaritätszuschlag bei Pauschalierung

Ärgerlich ist, daß zusätzlich zu der pauschalen Lohnsteuer noch 7% als Kirchensteuer und 5,5% als Solidaritätszuschlag abzuführen sind.

Insgesamt beträgt die Pauschalsteuer

Lohnsteuer	20,00%	25,00%
davon 7% KiSt =	1,40%	1,75%
davon 5,5% Soli-Zuschlag	1,10%	1,38%
Pauschalsteuer insgesamt	22,50%	28,13%

Doch wisse: Die pauschale Kirchensteuer entfällt, wenn Du keiner steuererhebungsberechtigten Kirche angehörst und dies Deinem Brötchengeber schriftlich versicherst (BMF-Schreiben vom 21. 12. 1990 – BStBl 1992 I S. 45).

6.2.3 Sachbezüge – Zeile 2

Soweit Arbeitslohn nicht in Geld besteht, ist er ebenfalls – als Sachbezug – steuerpflichtig.

648 # Zeile 2 Freie Kost und Wohnung

Besteht Dein Arbeitslohn zum Teil aus freier Kost und Wohnung, so ziehst Du daraus steuerliche Vorteile. Denn der steuerliche Wert dieses Arbeitslohns ist der amtlichen Sachbezugs-Verordnung zu entnehmen. Die darin aufgeführten Werte sind für Dich recht günstig.

649

Aus der Sachbezugs-Verordnung 1999				
	Gruppe I		Gruppe II	
Sachbezug	Alte Bundesländer		Neue Bundesländer	
		Jugendl.		Jugendl.
Unterkunft	328,00	299,20	221,00	208,25
Heizung	24,00	18,00	24,00	18,00

	Gruppe I und II
Wohnung	ortsübliche Miete
Verpflegung (insgesamt)	361,00
– Frühstück	79,00
– Mittagessen	141,00
– Abendessen	141,00
Kantinenmahlzeiten bei pauschaler Besteuerung	
– Frühstück	2,63
– Mittagessen	4,70
– Abendessen	4,70

TIP Mahlzeiten im Betrieb

650

Du hast Glück, wenn sich der Betrieb auch um Dein leibliches Wohl kümmert und unentgeltlich Kantinenmahlzeiten oder Essensmarken für eine Gaststätte ausgibt. Die Mahlzeiten gehören zwar als Sachbezug zum Arbeitslohn, der steuerliche Wert ist aber in der recht günstigen Sachbezugs-Verordnung festgelegt. Hinzu kommt, daß der Sachbezug pauschal versteuert werden kann und meistens der Betrieb die Pauschsteuer übernimmt. Dazu mehr unter ➤ Rz 608 ff.

TIP Schöpfe die Sachbezugswerte voll aus

651

Zahlst Du für die Mahlzeit im Betrieb weniger als 4,70 DM, ist die Differenz als Sachbezug zu versteuern, zahlst Du mindestens 4,70 DM, ist nichts zu versteuern, so lautet die Regel. Nun hat der Fiskus trotz seiner allgemeinen Regulierungswut schlichtweg vergessen, wie denn eine Mahlzeit im Betrieb auszusehen hat, ob Getränke dazugehören oder nicht. Dies kannst Du ausnutzen, wenn die reguläre Kantinenmahlzeit in Eurem Betrieb weniger als 4,70 DM und Getränke extra kosten. Du stellst noch zusätzlich eine Tasse Kaffee als krönenden Abschluß mit aufs Tablett. Und so wird dann gerechnet:

Gericht I	3,50 DM
Tasse Kaffee	<u>1,20 DM</u>
Summe	<u>4,70 DM</u>

Klasse, nichts zu versteuern. Ohne den Kaffee hättest Du 1,20 DM als Sachbezug versteuern müssen.

Im Normalfall wird **steuerpflichtiger Sachbezug aus Mahlzeiten** im Betrieb nicht auf Deiner Lohnsteuerkarte erscheinen. Denn der Betrieb wird meistens die Lohnsteuer pauschal übernehmen. Der Pauschalsteuersatz beträgt nach § 40 Abs. 2 EStG 25%.

652 ▬TIP Arbeitsessen – hier hat der Fiskus Verständnis

Von einem Arbeitsessen profitiert hauptsächlich der Betrieb, denn ein Arbeitsessen verlängert die produktive Arbeitszeit. Deshalb sind Arbeitsessen steuerfrei.

Bei einem Arbeitsessen kannst Du also unbesorgt steuerfrei zubeißen. Anlässe für ein Arbeitsessen können sein:

● eine Betriebsveranstaltung (Betriebsausflug, Weihnachtsfeier, Jubiläum);

● eine außergewöhnliche Besprechung oder ein Arbeitseinsatz, verbunden mit Überstunden. Hier darf aber der Wert der Mahlzeit 60 Mark je Arbeitnehmer nicht übersteigen (LStR 73 Abs. 2);

● ein Essen zusammen mit einem Kunden (LStR 31 Abs. 6a).

Für den Betrieb nicht gut zu wissen:
Der auf die Bewirtung des Kunden entfallende Rechnungsbetrag ist über das Bewirtungskonto zu buchen. In Höhe von 20% des Rechnungsbetrages liegen nicht abzugsfähige Betriebsausgaben vor (§ 4 Abs. 5 Nr. 2 EStG).

»Für mich sind Arbeitsessen geradezu gesundheitsschädlich, weil ich auf meine Pfunde achten muß«, sagst Du.

Das kann ich gut verstehen. Durch häufige Arbeitsessen gesundheitlich Schaden nehmen und obendrein dafür auch noch Steuern zahlen, das wäre wirklich ätzend. Deshalb zeigt der Fiskus ausnahmsweise mal Verständnis und läßt im allgemeinen Arbeitsessen steuerfrei.

653   **Guter Rat:** Weil der Fiskus aber argwöhnt, die Arbeitsessen seien nur als solche deklariert, veranlasse Deinen Chef, auf dem Essensbeleg auch die betriebliche Angelegenheit, die besprochen wurde, festzuhalten und außerdem auch die Dauer des Arbeitsessens zu notieren. Denn ein richtiges Arbeitsessen ist zeitlich so bemessen, daß genügend Zeit bleibt zum Reden übers Geschäft.

Dein Chef darf natürlich nicht einfach schreiben »Dienstbesprechung«. Etwas genauer muß es schon sein: »Produkteinführung des XTR 17« oder »Abbau der Kundenbeschwerden«, dann klappt der Laden (BFH-Urt. vom 4. 8. 1994 – BStBl 1995 II S. 559). Neuerdings reicht auch aus, wenn er schreibt: »Info-Seminar für Mitarbeiter zu …« (BFH-Urt. vom 5. 5. 1995 – BStBl 1994 II S. 771). Und was lehrt uns das? Bei jeder Besprechung kommen auf Kosten der Firma belegte Brote und Kuchen auf den Tisch.

Unendliches Wachstum paßt nicht
in eine endliche Welt.

(Erich Fromm)

Zeile 2   Firmenwagen

654

Steht Dir für Privatfahrten unentgeltlich ein Firmenwagen zur Verfügung, setzt der Fiskus auch hier seine Schröpfköpfe an. Die private Nutzung des Fahrzeugs ist als Sachbezug zu versteuern.

Wird der Firmenwagen von Dir außerdem für die täglichen Fahrten zur Arbeit benutzt, wertet der Fiskus dies als Fahrtkostenerstattung und erhebt auch hiervon Lohnsteuer.

Die Lohnsteuerberechnung ist äußerst kompliziert, denn Du hast zwei Möglichkeiten:

1. Möglichkeit: %-Methode

655

Hier spielen die tatsächlichen Kosten keine Rolle.

Sachbezug für Privatfahrten
Für die Privatfahrten beträgt der Sachbezug pro Monat 1% des Fahrzeuglistenpreises einschließlich Umsatzsteuer.

Sachbezug für Fahrten zur Arbeit
Für die Fahrten zur Arbeit werden zusätzlich als Sachbezug pro Monat 0,03% des Fahrzeuglistenpreises pro km Entfernung zwischen Wohnung und Arbeitsstätte angesetzt. Der Betrieb kann die Fahrten zur Arbeit mit 15% pauschal versteuern, allerdings auf der Grundlage von 0,70 DM je Entfernungskilometer und 15 Arbeitstagen pro Monat. Gegengerechnet wird die 0,03-%-Regelung.

Dazu gebe ich Dir jetzt ein **Beispiel:**

656 1. **Pauschalierter Sachbezug für Privatfahrten**
Fahrzeuglistenpreis z. B. 35 000 DM, davon 12% =   4 200 DM

2. **Zuschlag für Fahrten zur Arbeit**
35 000 DM DM x 0,03% x 12 Mon. x 20 km =   2 520 DM
Davon versteuert der Betrieb pauschal mit 15%:
Entfernung 20 km x 180 Tage x 0,70 DM =   2 520 DM
Verbleiben   0 DM >   0 DM
Insgesamt über die Lohnsteuerkarte versteuern (Sachbezug) 4 200 DM

3. **Als Werbungskosten absetzbar**
Entfernung 20 km x 230 Tage x 0,70 DM =   3 220 DM
abzügl. vom Betrieb pauschal versteuert
20 km x 180 Tage x 0,70 DM =   2 520 DM
Absetzbare Werbungskosten   700 DM

Wie Du sehen kannst, machst Du ein kleines Geschäft, weil Du 230 Fahrten im Jahr absetzen kannst, der Fiskus aber für die Steuer des Sachbezugs nur von 180 Fahrten ausgeht.

Und so sieht der Fall formularmäßig aus:

IV. Lohnsteuerbescheinigung für das Kalenderjahr 1999 und besondere Angaben

	vom – bis	vom – bis	vom – bis
1. Dauer des Dienstverhältnisses	1.1.-31.12.		
Zeiträume ohne Anspruch auf ... zwischen Wohnung und ...			
19. Pauschalbesteuerte Arbeitgeberleistungen für Fahrten zwischen Wohnung und Arbeitsstätte	2.520 00		
20. Steuerfreie Verpflegungszuschüsse bei			

In der Anlage N

Steuerfuchs, paß auf!   657

Für das Lohnbüro ist wichtig zu wissen, daß der Pauschalsteuer der geldwerte Vorteil nur bis zur Höhe des Betrages unterliegt, der sich nach der 0,03%-Regelung ergibt, so Vfg. der OFD Erfurt vom 29. 2. 1996 (– S. 2334 A – 01 – St. 331).

Beträgt also z. B. der Fahrzeuglistenpreis Deines Firmenwagens nur 30 Mille statt wie im obigen Fall 35 Mille, so kommst Du zu einem geldwerten Vorteil für die Fahrten zur Arbeit von nur (30 000 DM x 0,03% x 12 Mon. x 20 km) 2 160 DM. Das Lohnbüro wird aber wahrscheinlich (20 km x 180 Tage x 0,70 DM =) 2 520 DM mit 15% pauschal versteuern, also 360 DM mehr, als zulässig ist. Es geht um 15% Pauschalsteuer von 360 Mark, die der Betrieb zuviel zahlt, und um 360 Mark Werbungskosten, die Du mehr absetzen kannst.

»Lohnt sich nachzuprüfen«, sagst Du.

Kostenbeteiligung
Verlangt der Betrieb für Deine Privatfahrten eine Kostenbeteiligung, vermindert sich der Sachbezug um die von Dir gezahlten Beträge (LStR 31 Abs. 7 Nr. 4). Bei einer **Kostenbeteiligung** von 200 DM monatlich = 2 400 DM jährlich wären nach Adam Riese von Dir noch als Sachbezug 4 200 DM (➤ Rz 656) ./. Kostenbeteiligung 2 400 DM = 1 800 DM zu versteuern.

Aufgepaßt: »Ich darf den Firmenwagen nur für Dienstreisen und für   658
Fahrten zur Arbeit benutzen«, sagst Du. »Der Privatgebrauch ist mir arbeitsvertraglich untersagt.«

Wenn das so ist, dann darf man Dir für die private Nutzung keinen Sachbezug anhängen (Niedersächsisches FG, Urt. vom 4. 8. 1994 – EFG 1995 S. 167).

Wenn Dir während Deines Jahresurlaubs für einen vollen Kalendermonat kein Firmenwagen zur Verfügung steht, ist selbstverständlich auch kein Privatanteil anzusetzen (BMF-Schreiben vom 28. 5. 1996 – BStBl 1996 Teil I S. 654).

2. Möglichkeit: Nachweis der Privatkilometer durch Fahrtenbuch   659
Anstelle der %-Methode kann der Sachbezug für den Firmenwagen anhand der tatsächlich privat gefahrenen Kilometer und der tatsächlichen Fahrzeugkosten besteuert werden. Dazu muß ein Fahrtenbuch geführt werden.

Beispiel:
Anhand von 22 000 km Jahresfahrleistung und 13 860 DM Gesamtkosten pro Jahr ergibt sich ein km-Preis von 0,63 DM. Nach den Aufzeichnungen im Fahrtenbuch wurde das Fahrzeug 5 600 km privat genutzt und 9 500 km für Fahrten zur Arbeit. Auch hier soll angenommen werden, daß der Betrieb die vorteilhafte pauschale Besteuerung der Fahrten zur Arbeit (Entfernung 20 km) übernimmt.

Berechnung des Sachbezugs		
Sachbezug für Privatfahrten 5 600 km x 0,63 DM =		3 528 DM
Sachbezug für Fahrten zur Arbeit		
9 500 km x 0,63 DM =	5 985 DM	
Davon versteuert der Betrieb pauschal:		
20 km x 180 Tage x 0,70 DM =	2 520 DM	
Verbleiben	3 465 DM	3 465 DM
Insgesamt über die Lohnsteuerkarte zu versteuern		6 993 DM

Im Vergleich mit dem Beispiel ➤ Rz 656 ist die dortige %-Regelung günstiger.

---

660 **Mit der Auflage zu einem Fahrtenbuch (= Lügenbuch) wollen uns die Bürokraten nur Zeit stehlen**

Fahrtenbücher sind in vielen Buchhandlungen erhältlich. Wichtig sind folgende Eintragungen:

- Datum und km-Stand zu Beginn und am Ende einer jeden beruflichen Fahrt;
- Reiseziel und Reiseroute;
- Reisezweck und aufgesuchte Kunden und Geschäftspartner.

Für Privatfahrten genügen jeweils km-Angaben, für Fahrten zur Arbeit genügt ein kurzer Vermerk.

Gehörst Du zu den Vielfahrern, bist Du z. B. Handelsreisender, sind Angaben zur Reiseroute nur bei Umwegkilometern erforderlich.

»Warum sprichst Du beim Fahrtenbuch von einem Lügenbuch?« möchtest Du wissen.

Weil es kaum ein Fahrtenbuch gibt, in dem nicht geschummelt wird. Die meisten Autofahrer, die ein Fahrtenbuch führen, schaffen sich doch eine Reserve für Privatkilometer, indem sie für berufliche Fahrten Mehrkilometer aufschreiben. Kommt hinzu: Wenn wir unseren Steuerstreik immer mehr ausdehnen, kommt keiner der Fiskalritter dazu, Dein Fahrtenbuch auch noch nachzuprüfen!

TIP Auf jeden Fall Fahrtenbuch zusammenstoppeln 661

Bei der privaten Nutzung eines Firmenwagens hat der Steuerzahler die Wahl zwischen der %-Methode und der Fahrtenbuchmethode.
Pauschalieren bedeutet zunächst vereinfachen, und das kann für Dich günstig oder ungünstig sein. Die Entscheidung kannst Du aber erst am Ende des Jahres treffen, wenn die genauen Fahrtkosten vorliegen und der Umfang der privaten Nutzung feststeht.

Guter Rat 662
Im ersten Jahr wird der monatliche Sachbezug zunächst am besten nach der %-Methode berechnet. Allerdings solltest Du nebenbei ein Fahrtenbuch führen und die Privatkilometer festhalten. Am Ende des Jahres kannst Du dann entscheiden, welche Methode günstiger ist.

Laß uns Deinen Fall durchrechnen:
Dein Firmenwagen hat neu rd. 60 000 Mark gekostet. Was macht die Buchhaltung? Die Buchhaltung läßt die Betriebskosten über die Firma laufen und erfaßt sie buchhalterisch. Das Lohnbüro berechnet den Sachbezug für die private Nutzung zunächst nach der %-Methode wie folgt:

Pauschalierter Sachbezug für Privatfahrten		
Fahrzeuglistenpreis 60 000 DM x 1% =		600 DM
Zuschlag für Fahrten zur Arbeit		
Fahrzeuglistenpreis 60 000 DM x 0,03% x 20 km =	360 DM	
Davon versteuert der Arbeitgeber pauschal		
mit 25% : 20 km x 15 Tage x 0,70 DM =	210 DM	
Verbleiben	150 DM >	150 DM
Monatlicher Sachbezug		750 DM
Jährlicher Sachbezug (750 DM x 12) =		9 000 DM

Paß am Jahresende auf!! 663
Nach den Eintragungen im Fahrtenbuch hast Du mit dem Fahrzeug insgesamt 29 804 km abgespult. Nun läßt Du Dir aus der Buchhaltung die Betriebskosten für das Fahrzeug angeben und rechnest die Jahres-Abschreibung hinzu (20% der Anschaffungskosten). Die Gesamtkosten betragen einschließlich Abschreibung 15 200 DM.

Ergebnis: Fahrtkosten pro km (15 200 DM : 29 804 km) = 0,51 DM.

664   **Deine Privatrechnung**

Nach den Aufzeichnungen im Fahrtenbuch wurde das Fahrzeug genutzt:

Private Nutzung 7 605 km x 0,51 DM =		3 878 DM
Fahrten zur Arbeit 9 200 km x 0,51 DM =	4 692 DM	
abzüglich bereits pauschal versteuert	2 520 DM	
Verbleiben	2 172 DM >	2 172 DM
Sachbezug nach der Fahrtenbuchmethode		6 050 DM

Aber hallo, fast 3 Mille zuviel versteuert. Jetzt hast Du zwei Möglichkeiten:

1. Möglichkeit:

Entweder Du trabst gleich zu Jahresbeginn ins Lohnbüro, legst das Fahrtenbuch mit der Berechnung der Fahrtkosten vor und bittest um entsprechende Kürzung des geldwerten Vorteils durch die Nutzung des Firmenwagens.

2. Möglichkeit

Spielt das Lohnbüro nicht mit, kannst Du in der Steuererklärung Anlage N > Zeile 2 einen entsprechend niedrigeren Jahresbruttolohn ansetzen, als die Lohnsteuerkarte ausweist. Die Kürzung mußt Du dann begründen, indem Du geltend machst: Die vom Betrieb angewandte 1%-Methode führt zu einem falschen geldwerten Vorteil für die Überlassung des Firmenwagens. Die Fahrtenbuchmethode ist für Dich günstiger, und diese soll zugrunde gelegt werden.

Quelle: LStR 31 Abs. 7 Nr. 3 Satz 4. Dort steht klipp und klar: Bei der Veranlagung zur Einkommensteuer ist der Arbeitnehmer nicht an das für die Erhebung der Lohnsteuer gewählte Verfahren gebunden.

Und noch etwas: Ist Dein Firmenwagen älter als 5 Jahre, so wird Deine Firma ihn schon zu 100% abgeschrieben haben. Bei einem hohen Listenpreis kann es nun sein, daß Dein Privatanteil sogar die tatsächlichen Fahrzeugkosten übersteigt. In diesem Fall darf höchstens der Aufwand der Firma für Dein Vehikel als Privatanteil angesetzt werden (so BMF-Schreiben vom 28. 5. 1996 – BStBl 1996 Teil I S. 654).

665   **TIP Dein Chef soll Dir einen Firmenwagen zur Verfügung stellen**

Dein altes Schätzchen springt kaum noch an, der Rost nagt schon am Blech, und der nächste TÜV-Termin bringt Dich um Deinen Schlaf. Da hilft nur eines: ein neues Auto muß her. Bevor Du nun zum Händler eilst und Dein neues Vehikel über Leasing oder Bank finanzierst, verzichte besser auf einen Teil Deines Gehalts. Im Gegenzug spendiert Dir Dein Chef einen Firmenwagen, den er sich durch Leasing beschafft.

»Unsinn«, tönst Du, »das macht der nie.«
Warte ab, denn dieser Tip lohnt sich für euch beide. Du rechnest wie folgt:

	Mit	ohne
		Firmenwagen
Jahresbrutto (vorher)	80 000 DM	80 000 DM
Gehaltsverzicht		
– Leasingraten	– 9 000 DM	
– Benzinkosten, sonstige Kosten	– 3 000 DM	
Sachbezug Firmenwagen (Listenpreis 50 Mille)		
– Privatfahrten 50 000 x 12%	+ 6 000 DM	
– Fahrten Wohnung–Arbeitsstätte		
50 000 DM x 0,03% x 12 Monate x 10 km	+ 1 800 DM	
Jahresbrutto (nachher)	75 800 DM	80 000 DM
Lohnsteuer (Steuerklasse III/0)	10 978 DM	12 246 DM
Kirchensteuer + Soli-Zuschlag	1 592 DM	1 776 DM
Sozialversicherung	15 918 DM	16 800 DM
Abzüge insgesamt	28 488 DM	30 822 DM

Wie Du siehst, ergibt sich in meiner Beispielsrechnung für Dich bereits eine Ersparnis von 2 334 DM. Mußt Du die Leasingsonderzahlung von vielleicht 6 Mille berappen, mindert diese Deinen Sachbezug und damit Deine Steuerlast.

»Schön und gut, aber wie soll ich meinen Chef überreden?« fragst Du.
Das ist einfacher, als Du denkst, denn auch er profitiert bei diesem Geschäft. Die Leasingraten und Nebenkosten von ihm und Dein Gehaltsverzicht heben sich plus/minus Null auf. Sein Gewinn besteht in der Ersparnis von Sozialversicherung, im Unterschied, wie oben berechnet, zwischen 16 800 DM ohne Firmenwagen und 15 918 DM mit Firmenwagen = <u>882 DM.</u>

▬▬ Firmenwagen: Die schlitzohrige Variante
TIP eines Werkmeisters
▬▬

666

»Ich soll auch noch Steuern zahlen für die Fahrten mit unserem bunten Firmenei?« fragst Du entrüstet. »Da lachen ja die Hühner drüber. Ich fahre hochoffiziell privat und auch beruflich zum Betrieb immer mit meinem alten Ford. Basta!«
Fein, wenn das stimmt und das Lohnbüro mitmacht. Dann zahlst Du eben keine Steuern für den Firmenwagen und kannst zusätzlich noch Werbungskosten für die Fahrten zum Betrieb absetzen.

667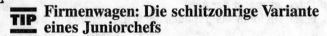

TIP **Firmenwagen: Die schlitzohrige Variante eines Juniorchefs**

»Ich pfeife auf einen Firmenwagen. Ich habe ganz privat mein eigenes Auto, mit dem ich auch für den Betrieb fahre. Der Betrieb zahlt mir für jeden Kilometer 52 Pfennig.«

Und so rechne ich:
Privat angeschaffter Audi Diesel kostet rd. <u>60 000 DM</u>
Mit dem Betrieb abgerechnete Fahrtkosten pro Jahr:
Gefahrene km rd. 40 000 x 52 Pfennig = <u>20 800 DM</u>

»In drei Jahren habe ich den Kaufpreis für den Audi wieder reingefahren, weil ich kaum Kosten habe. Denn Reparaturen gehen in dieser Zeit über Garantie oder Kulanz, den Diesel tanke ich gratis und franco aus unserer Firmenzapfsäule. Und mit steuerpflichtigem Sachbezug durch Privatnutzung eines Firmenwagens habe ich nichts am Hut«, sagst Du.

»Und wenn ich das Auto nach drei Jahren verkaufe, ist der Erlös – ganz anders als bei einem abgeschriebenen Firmenwagen – völlig steuerfrei.«

Nicht schlecht, mein Lieber. Aber rechne damit, daß der Lohnsteuerprüfer, wenn er denn je kommt, Dir den Diesel von der Firmenzapfsäule als lohnsteuerpflichtigen Sachbezug aufbrummt.

668 Unzutreffende Besteuerung? So konterst Du richtig!
Vorsorglich solltest Du Dir anhören, was der Fiskus unter »unzutreffender Besteuerung« versteht. Den pauschalierten km-Satz von 0,52 DM braucht der Lohnsteuerprüfer nämlich nicht anzuerkennen, wenn er im Einzelfall zu überhöhten Werbungskosten führt (LStR 38 Abs. 2): Das heißt, wenn bei einer Jahresfahrleistung von mehr als 40 000 km die km-Sätze von 0,52 DM die tatsächlichen Kilometerkosten offensichtlich übersteigen.

Kommt der Lohnsteuervertreter mit dieser Masche angetanzt, so konterst Du mit dem BFH-Urt. vom 26. 7. 1991 – BStBl 1992 II S. 105. Danach ist eine Kürzung des pauschalierten Satzes von 0,52 DM – wenn überhaupt – nur zulässig, wenn die Fahrtkosten als Werbungskosten geltend gemacht werden. Nicht aber, wenn der Arbeitgeber Fahrtkosten mit 0,52 DM je km erstattet.

»Dann bin ich ja steuerlich aus dem Schneider«, sagst Du. »Denn ich bekomme die Fahrtkosten erstattet.«

Zeigt sich Dein Arbeitgeber knickrig und legt einen niedrigeren Satz zugrunde – z. B. 0,48 DM/km –, kannst Du theoretisch die Differenz zu 0,52

DM/km als Werbungskosten absetzen. Rein praktisch wird Dich das Finanzamt auffordern, die Gesamtkosten des Wagens aufzulisten, wenn Du die Grenze von 40 000 km im Jahr durch Fahrten zwischen Wohnung und Arbeitsstätte nebst Dienstreisen und Urlaubsfahrt überschreitest. Stellt sich dann heraus, daß sich Deine Kosten vielleicht nur auf 40 Pf je km belaufen, mußt Du den Unterschied zu 48 Pf sogar noch versteuern. Für einen Rückzieher kann es dann zu spät sein! **Ergo:** Rechne vorher alles genau durch und gib Dich im Zweifel mit der Arbeitgeber-Erstattung zufrieden. Spart außerdem Arbeit (siehe auch ➤ Rz 856).

TIP Übernimmst Du Benzinkosten?   669

Beteiligst Du Dich an den Kosten des Firmenwagens, indem Du einen Teil der Benzinkosten übernimmst, so mindern Deine Zahlungen auch Deine Abgabenlast. Denn Nutzungsvergütungen an den Betrieb, egal ob sie pauschal oder entsprechend der tatsächlichen Nutzung des Firmenwagens bemessen sind, sind auf den Nutzungswert anzurechnen (LStR 31 Abs. 7 Nr. 4).

TIP Bäumchen-wechsle-dich-Spiel mit dem Firmenwagen   670

Bisher hast Du die private Nutzung des Firmenwagens nach der %-Methode versteuert. Wenn Du privat weniger fährst, kann es günstiger sein, jeden privat gefahrenen km pauschal mit 0,52 DM zu versteuern. **Ist der Firmenwagen älter als fünf Jahre, können sogar die tatsächlichen Kosten unter 0,52 DM liegen. Denn der dickste Batzen an den Kosten, nämlich die Abschreibung, ist dann nicht mehr anzusetzen.**

Wenn Du die Methode wechselst (von der 1%-Regelung zum Einzelnachweis), mußt Du allerdings ein Fahrtenbuch führen und die Privatkilometer festhalten.

Und so wird dann gerechnet:

Gesamtfahrleistung des Firmenwagens	20 000 km
Gesamtkosten im Kalenderjahr	6 400 DM
Kosten je gefahrenen km 6 400 DM : 20 000 km =	0,32 DM
Privat gefahren	9 000 km
Arbeitslohn 0,32 DM x 9 000 km =	2 880 DM

Zum Vergleich nach der %-Methode:
Neupreis des Firmenwagens   40 000 DM
Arbeitslohn 1% pro Monat = 12% im Jahr   4 800 DM

Der Unterschied von knapp 2 000 Mark im Jahr bringt Dir bei einem 30-%-Steuersatz runde 600 Emmchen, die Du mit Papier und Kugelschreiber verdient hast.

671 Das Fahrtenbuch ist ein Klacks. Du schreibst darin fein säuberlich alle Deine Fahrten auf. »Nie und nimmer«, rufst Du sogleich. »Wenn meine Edith das Fahrtenbuch mal zu sehen bekommt und fragt, was ich so oft privat in Hamburg zu erledigen habe, ist der Deiwel im Busch.«

Na gut, überleg es Dir.

So soll nach LStR 31 Abs. 7 das Fahrtenbuch geführt werden:

● Datum und Kilometerstand zu Beginn und am Ende einer jeden Auswärtstätigkeit,
● Reiseziel und Reiseroute,
● Reisezweck und aufgesuchte Geschäftspartner.

Hast Du einen festen Kundenkreis, so reicht es aus, im Fahrtenbuch auf die Kundennummer zu verweisen und Datum sowie die Kilometerstände einzutragen. Das Kundenverzeichnis (mit Kundennummern) fügst Du Deinem Fahrtenbuch bei.

Für Privatfahrten genügen jeweils Kilometerangaben. Für Fahrten zwischen Wohnung und Arbeitsstätte reicht ein kurzer Vermerk. **Vielfahrer geben die Reiseroute nur bei Umwegfahrten an.** Und so sieht das dann aus:

672

Muster für Fahrtenbuch							
Datum	km-Stand		Fahrtziel	Abfahrt	Rückkehr	km	
	Beginn	Ende				Berufl.	Privat
1. 3.	61 210	–	Firma	6.30	16.15	–	24
	–	61 275	Kunde Müller	11.00	12.30	41	–
2. 3.	61 275	–	Firma	6.30		–	12
	–	61 555	Messebesuch	7.10	21.00	268	–
3. 3.	61 555	–	Firma	6.30		–	12
	–	61 731	St. Pauli	16.00	23.15	–	164
...	61 731		...	...	...	...	...
...	...		...	...	...	...	...

Wisse: 673

Ein elektronisches Fahrtenbuch kann Dir die lästige Schreiberei erleichtern. Es gibt sie als Programme für Deinen Computer, aber auch schon im Format eines Taschenrechners.

Das Finanzamt erkennt das elektronische Fahrtenbuch an, wenn es alle erforderlichen Angaben enthält und nachträgliche Veränderungen technisch ausgeschlossen bzw. besonders dokumentiert werden.

TIP Kein Privatfunk mit dem Autotelefon 674

Mit dem Autotelefon im Firmenwagen bist Du für Deinen Chef stets erreichbar. Für Deine Frau aber auch, sagt das Finanzamt. Und dafür sollst Du Steuern zahlen. Es handelt sich angeblich um einen Sachbezug. »Welche Sache?« fragst Du leicht irritiert. Berappen mußt Du jedoch, wenn überhaupt, nur für die privaten Ferngespräche (➤ Rz 596). Oder hattest Du keine privaten Ferngespräche? Dann ist das Thema natürlich für Dich erledigt!

6.3 Einbehaltene Lohnsteuer und Kirchensteuer – Zeile 3–6 675

Die Lohnsteuer, Kirchensteuer und den Solidaritätszuschlag aus > Zeile 4–7 Deiner Lohnsteuerkarte trägst Du in > Zeile 3–6 der Anlage N ein.

Paß aber auf, daß Dir kein Zahlendreher zu Deinen Ungunsten unterläuft. Denn die einbehaltene Lohnsteuer und Kirchensteuer rechnet Dir das Finanzamt bei der Veranlagung in voller Höhe auf Deine Jahressteuer an.

Zur Anrechnung siehe Veranlagungsschema unter ➤ Rz 33.

Zeile 6   Kirchensteuer bei konfessionsverschiedener Ehe 676

Dies hört sich teuflisch kompliziert an und ist es auch. Eigentlich mußt Du vorher drauf studiert haben, um es zu verstehen. Dabei erscheint der Fall zunächst recht einfach: Eine konfessionsverschiedene Ehe führen Eheleute, die gegenüber verschiedenen Kirchen steuerpflichtig sind, z. B. der Ehemann ist römisch-katholisch und die Ehefrau evangelisch. Auf der Lohnsteuerkarte des Ehemannes steht dann eingetragen: Kirchensteuerabzug Arbeitnehmer: rk, Ehegatte: ev.

In diesem Fall erscheint die Kirchensteuer in > Zeile 7 der Lohnsteuerkarte. Die evangelische Kirche freut sich, denn sie profitiert in Höhe von 50% von der Kirchensteuer des – katholischen – Arbeitnehmers (unfaire Halbteilung). Jetzt paß aber auf!!

677 **TIP** **Bei glaubensverschiedener Ehe aufpassen!**

Zunächst noch einfacher erscheint es, wenn nur ein Ehegatte kirchensteuerpflichtig ist. Dann sind die Ehegatten glaubensverschieden, was das auch immer heißen mag. Angenommen, der Ehemann ist werktätig und gehört keiner Kirche an. Dann steht bei ihm auf der Lohnsteuerkarte unter Kirchensteuerabzug: vd oder –. In diesem Fall darf ihm überhaupt keine Kirchensteuer abgezogen werden.

Hat der Ehepartner, der noch einer Kirche angehört, keine Einkünfte, so ist bei diesem Ehepaar die Kirchensteuer »Matthäi am letzten«. Hat er dagegen Einkünfte, so wird für ihn Kirchensteuer nur nach dem Verhältnis der auf ihn entfallenden Einkommensteuer oder Lohnsteuer gesondert festgesetzt.

Immer wieder kommt es aber vor, daß die Finanzämter die volle Kirchensteuer von 8 oder 9% festsetzen, obwohl nur ein Ehepartner kirchensteuerpflichtig ist. Deshalb bei glaubensverschiedener Ehe unbedingt die Kirchensteuer prüfen!

So prüfst Du z.B. den Steuerbescheid auf die richtige Berechnung der Kirchensteuer, wenn beide Eheleute Einkünfte haben und ein Kind zu berücksichtigen ist:

Konfession	Ehemann –	Ehefrau ev
Summe der Einkünfte z. B.	40 000 DM	20 000 DM
Steuer nach Grundtabelle	7 672 DM	1 812 DM
Summe = Verteilungsmaßstab		9 484 DM
Anteilig	80,89%	19,11%
Gemeinsame Einkommensteuer lt. Einkommensteuerbescheid		9 282 DM
Davon entfallen auf den kirchenangehörigen Ehegatten 21,07% (abgerundet) =		1 773 DM
Davon Kirchensteuer 9%		159 DM

Ärgerliches Kirchgeld

678

In einigen Bundesländern wird bei glaubensverschiedener Ehe neben der Kirchensteuer auch noch Kirchgeld erhoben, so in Berlin, Brandenburg, Hamburg, Hessen, Mecklenburg-Vorpommern, Rheinland-Pfalz, Sachsen, Sachsen-Anhalt, Schleswig-Holstein und Thüringen. Dies ist um so ärgerlicher, als auch dann Kirchgeld zu berappen ist, wenn der kirchliche Ehepartner überhaupt nichts zu versteuern hat. Zu diesem Ärger hat aber unser Bundesverwaltungsgericht seinen rechtlichen Segen gegeben (Urt. vom 18. 2. 1977 – NJW S. 1304). Das Kirchgeld wird nach dem gemeinsamen Einkommen berechnet und beträgt z. B. bei 65–80 000 Mark rd. 360 Märker im Jahr.

TIP Die Kirchensteuer ist eine Sonderausgabe

679

Vergiß nicht, die Kirchensteuer und das Kirchgeld in > Zeile 76 des Hauptformulars als Sonderausgaben anzusetzen.

> *Das beste, was Du wissen kannst,*
> *darfst Du dem Buben doch nicht sagen.*

> (Goethes Faust)

6.4 Lohnersatzleistungen – Zeile 20–22

680

Es reicht Vater Staat nicht, von den Erwerbstätigen Steuern zu kassieren. Nein, auch denen, die gerade Flaute in der Kasse haben, weil sie arbeitslos oder länger krank sind, preßt er Geld ab. Merkwürdig: Das Arbeitsamt zahlt aus, das Finanzamt kassiert's wieder ein.

»Moment mal«, wendest Du ein, »ich dachte, Stütze ist steuerfrei.«

Klar, ist sie auch, im Prinzip. Aber »Lohnersatzleistungen«, also Geld, das Du bekommst, weil Dein Arbeitgeber nicht (mehr) zahlt, unterliegt dem *Progressionsvorbehalt*.

»Was ist das denn schon wieder?« sagst Du.

Nehmen wir mal an, Du warst ein Vierteljahr krank und hast Krankengeld **681** erhalten.

Bei einem zu versteuernden Einkommen von z. B. 50 000 DM zahlst Du nach der Grundtabelle 10 905 DM Steuer, das sind etwa 22%.

Das Finanzamt lotst aber die 10 000 DM Krankengeld mit folgendem Steuertrick – ja richtig, die haben auch ihre Tricks! – in Deinen Steuerbescheid.

Zuerst schlagen sie das Krankengeld dem zu versteuernden Einkommen zu, das wären dann 60 000 DM. Hierfür müßtest Du 14 359 DM Steuer, also 24% von 60 000 DM, zahlen – wenn das Krankengeld steuerpflichtig wäre. Ist es aber nicht! Also kassiert es von Dir 24% von 50 000 DM, also 12 000 DM.

»Dann kostet mich das Krankengeld also knapp 1 100 Mark Steuern extra plus Kirchensteuer und Soli-Zuschlag. Das ist nun wirklich eine Schweinerei! Aber wie wollen die das denn wissen, was ich von woanders her habe?« sinnierst Du.

Obacht! Auf Deiner Lohnsteuerkarte steht genau drauf, von wann bis wann Du gearbeitet hast. Und hast Du länger als fünf Arbeitstage keinen Lohn von Deinem Brötchengeber bekommen, muß er auf der Karte unter »U«, soll heißen »Unterbrechung«, eine Eintragung machen. Und das Finanzamt weiß sofort: »Aha, da wurde Krankengeld gezahlt.« Schummeln also zwecklos.

> *Gewohnheiten sind Vorgesetzte,*
> *die man nicht bemerkt.*
> (Hannes Messemer)

682 Zeile 20 Kurzarbeiter- und Schlechtwettergeld usw.

Die Beträge hierfür entnimmst Du Deiner Lohnsteuerkarte und trägst sie in > Zeile 19 der Anlage N ein.

683 Zeile 21 Andere Lohnersatzleistungen (Arbeitslosengeld usw.)

Die Beträge hierfür entnimmst Du der Bescheinigung, die Dir das Arbeitsamt unaufgefordert zugeschickt hat, und trägst sie in > Zeile 20 der Anlage N ein.

684 Weitere Lohnersatzleistungen sind:
- Krankengeld
- Mutterschaftsgeld
- Übergangs-, Überbrückungs-, Eingliederungsgeld
- Konkursausfallgeld

Diese eigentlich steuerfreien Einnahmen unterliegen dem sog. »Progressionsvorbehalt«. Das heißt, sie wirken sich auf die Höhe Deines Steuersatzes aus und werden auf diese Weise, quasi von hinten herum, doch besteuert. Wie dabei gerechnet wird, dazu mehr unter ➤ Rz 681.

Nicht zu den Lohnersatzleistungen und damit auch nicht in > Zeile 21 gehören:

- Erziehungsgeld
- Kindergeld
- Sozialhilfe
- Wohngeld

> ## Laß Deiner Phantasie freien Lauf, solange unser Steuerstreik dauert!

◆ *Musterfall Huber*   685

Huber bezog im Juli wegen Kurzarbeit seiner Firma Kurzarbeitergeld. Die Beträge entnimmt er der > Zeile 16 seiner Lohnsteuerkarte und trägt sie in > Zeile 19 der Anlage N ein.

15 Einbehaltene Kirchensteuer des Arbeitnehmers von 9. bis 11. (nur bei konfessionsverschiedener Ehe)			
16 Kurzarbeitergeld, Winterausfallgeld, Zuschuß z. Mutterschaftsgeld, Verdienstausfallentsch. (Bundes-Seuchengesetz), Aufstockungsbetrag (Altersteilzeitgesetz)	*754 00*		
17 Steuerfrei	Doppelbesteuerungsabkommen		

Bis zum 31. 1. war Huber arbeitslos und erhielt Arbeitslosengeld. Das Arbeitslosengeld übernimmt er aus einer Bescheinigung, die ihm das Arbeitsamt ohne besondere Aufforderung zugeschickt hat, und trägt den Betrag in > Zeile 20 der Anlage N ein.

19	Aufwandsentschädig.:			
20	Kurzarbeitergeld, Winterausfallgeld, Zuschuß zum Mutterschaftsgeld, Verdienstausfallentschädigung nach dem Bundes-Seuchengesetz, Aufstockungsbeträge nach dem Altersteilzeitgesetz, Zuschläge auf Grund des § 6 Abs. 2 des Bundesbesoldungsgesetzes (lt. Lohnsteuerkarte)	19 *754 —*		19
21	Andere Lohnersatzleistungen (z. B. Arbeitslosengeld, Arbeitslosenhilfe, Altersübergangsgeld, Überbrückungsgeld lt. Bescheinigung d. Arbeitsamts u. Krankengeld, Mutterschaftsgeld lt. Leistungsnachweis)	20 *2.890 —*		20
22	Angaben über Zeiten und Gründe der Nichtbeschäftigung (Nachweise bitte beifügen.) *arbeitslos 1.1.-31.1. (Leistungsmitteilung des Arbeitsamts beigefügt)*			
	Angaben zum Antrag auf Festsetzung der Arbeitnehmer-Sparzulage			
23	Beigefügte Bescheinigung(en) vermögenswirksamer Leistungen (Anlage VL) des Anlageinstituts			

Huber weiß, daß Kurzarbeitergeld und Arbeitslosengeld steuerfrei sind, sich aber auf die Steuererstattung nachteilig auswirken (Progressionsvorbehalt nach § 32b EStG).

686 Zeile 22 Angaben über Zeiten und Gründe der Nichtbeschäftigung

Hier will der Fiskus herauskriegen, ob Du nicht doch noch irgendwo – vielleicht während Du arbeitslos warst – was verdient hast. Gib also am besten lückenlos die Zeiten und die Gründe für die Nichtbeschäftigung an, damit der Fiskaljünger beruhigt einen Haken machen kann.

> *Das schlechteste Elternhaus ist immer noch besser als das beste Pflegeheim.*
> (Erfahrung im Jugendamt)

687 6.5 Doppelbesteuerungsabkommen, Versorgungsfreibetrag – Zeile 15 und 7

Auch bei den im Ausland verdienten Arbeitslöhnen, die nach Doppelbesteuerungsabkommen steuerfrei sind, setzt der Fiskus unter dem Vorwand einer gerechteren Besteuerung (Progressionsvorbehalt nach § 32b EStG) seine Schröpfköpfe an, indem er die Einnahmen zur Erhöhung des Steuersatzes mißbraucht.

In der Methode der Steuerschröpfung also identisch wie beim Arbeitslosengeld unter ➤ Rz 683.

Die hier in > Zeile 15 einzutragenden Beträge entnimmst Du der > Zeile 17 der Lohnsteuerkarte.

Achtung: Ist evtl. Auslandslohn im Bruttolohn lt. LSt-Karte > Zeile 3 enthalten? Herausrechnen!

688 Zeile 15 Steuerfreie Arbeitseinkünfte in der Exportindustrie

Dies wird Dich interessieren: Zum Wohle der deutschen Exportindustrie verzichtet der Fiskus darauf, bestimmte ausländische Arbeitseinkünfte zu besteuern.

Damit Du besser klarzusehen vermagst, mußt Du Dir vorher etwas Grundsätzliches anhören: Die Bundesrepublik hat mit vielen Staaten Abkommen dahin gehend geschlossen, daß ausländische Einkünfte ihrer Bürger nicht doppelt besteuert werden: einmal im Herkunftsland und noch einmal in der Bundesrepublik. Diese Abkommen bezeichnen die Fiskalbürokraten sinnigerweise als »Doppelbesteuerungsabkommen« (DBA), obwohl es doch Abkommen zur **Vermeidung** der Doppelbesteuerung sind.

Nach diesen DBA werden Arbeitseinkünfte grundsätzlich im Tätigkeits- **689** land besteuert, also dem Land, in dem die Tätigkeit ausgeübt wird. Im Wohnsitzland, also in der Bundesrepublik, sind diese Einkünfte dann steuerfrei.

Steuerfreien Arbeitslohn nach DBA trägt die Firma in der Lohnsteuerkarte in > Zeile 17 – obere Zeile – ein, und er wird von dort in die > Zeile 15 der Anlage N übernommen, damit der Fiskus seinen Progressions-Schröpf-kopf ansetzen kann.

Zu der abschreckenden Doppelbesteuerung kommt es aber, wenn die Tätigkeit in einem Land ausgeübt wird, für das kein DBA vorliegt, z. B. in Libyen, Liechtenstein, Nigeria oder Saudi-Arabien. Damit die deutsche Exportindustrie auch für eine Tätigkeit in diesen Ländern lukrative Bedin-gungen stellen kann, sind die Arbeitslöhne aus exportorientierter Tätigkeit in diesen Ländern ebenfalls steuerfrei. Dies sieht der sogenannte Auslands-tätigkeitserlaß vom 31. 10. 1983 – BStBl 1983 I S. 470 vor. Nach diesem Erlaß sind begünstigt:

- Planung, Errichtung, Überwachung und Wartung von Anlagen im Ausland;
- Gewinnung von Bodenschätzen im Ausland;
- Beratung ausländischer Auftraggeber beim Anlagenbau und bei der Gewinnung von Bodenschätzen.

Ferner ist die öffentliche Entwicklungshilfe begünstigt.

Der Weg zur Steuerbefreiung: Das Betriebsfinanzamt erteilt auf Antrag **690** Deinem inländischen Arbeitgeber für Dich eine Freistellungsbescheini-gung, und der Betrieb trägt den Arbeitslohn in > Zeile 17 – untere Zeile – der Lohnsteuerkarte ein. Aber auch dieser steuerfreie Arbeitslohn unter-liegt dem sogenannten Progressionsvorbehalt und muß in die > Zeile 15 der Anlage N übernommen werden.

Hat Dein Arbeitgeber den Arbeitslohn doch besteuert, obwohl er nach dem oben genannten Erlaß steuerfrei ist, kannst Du selbst bei Deinem Finanz-amt die Steuerfreiheit beantragen.

Nichtstun ist immer die teuerste Lösung.
(Erkenntnis eines Gesundbeters)

691 Zeile 7 Versorgungsfreibetrag

Versorgungsbezüge (Beamtenpensionen, Betriebsrenten) sind steuerbegünstigt, denn für sie steht Dir ein Versorgungsfreibetrag von 40% der Bezüge, höchstens 6 000 DM zu. Den vollen Versorgungsfreibetrag reizt Du aus, wenn Deine Versorgungsbezüge mindestens 15 000 DM im Jahr betragen (40% von 15 000 DM = 6 000 DM) (Quelle: § 19 Abs. 2 EStG). Bei Betriebspensionen oder Vorruhestandsgeld kommst Du allerdings erst dann in den Genuß des Versorgungsfreibetrags, wenn Du 62, als Schwerbehinderter (mindestens 45%) 60 Jahre alt bist.

Versorgungsbezüge sind nachträglicher Arbeitslohn aus früheren Dienstverhältnissen und unterliegen deshalb dem Lohnsteuerabzug. Sie unterscheiden sich also von den Renten dadurch, daß die auszahlende Stelle – im Gegensatz zu Renten – eine Lohnsteuerkarte benötigt.

Den Versorgungsfreibetrag beantragst Du, indem Du Deine Versorgungsbezüge aus der Lohnsteuerkarte in > Zeile 7 der Anlage N einträgst.

Aber aufgepaßt: Direkt darunter liegt das Kästchen, in das die »Versorgungsbezüge für mehrere Jahre« hineingehören. Wenn Du oder Dein Sachbearbeiter sich irren und eine Zeile tiefer rutschen, kostet das enorm viel mehr Steuern. Denn dann wird der Betrag dem Bruttoarbeitslohn noch mal hinzugerechnet. Prüfe also genau Deinen Steuerbescheid. Ist die Erstattung besonders mickrig oder mußt Du sogar noch etwas nachbezahlen, hake nach, ob ein Fehler bei der Eingabe in den Fiskal-Computer unterlaufen ist: Der Bescheid kann dann jederzeit berichtigt werden (Quelle: § 129 AO).

Eintragungsbeispiel:

				45	
6	Nur bei Konfessionsver... Kirchensteuer für den Ehegatten				
7	Versorgungsbezüge (in Zeile 2 enthalten)		32	32. 851	–
8	Außerordentliche Einkünfte, die ermäßigt besteuert werden sollen (vgl. Zeile 45 des Hauptvordrucks): Versorgungsbezüge für mehrere Jahre		33		–

346

Ich bin der Geist,
der nichts verneint.
(Frei nach Goethe)

6.6 Außerordentliche Einnahmen – Zeile 8–12   692

Eine Wohltat kommt selten allein, sagt man. Hast Du mal außerordentlich abkassiert, zeigt sich zudem der Fiskus vernünftig und nimmt nicht die volle Steuer, sondern gewährt Nachlaß. Ein Nachlaß ist geboten, weil durch zusätzliche steuerpflichtige Einnahmen die Steuerprogression steil ansteigt, was zu einer unerträglichen Belastung führen kann.

Unter außerordentlichen Einnahmen versteht der Fiskus hier

Nachzahlungen, Entschädigungen und **Abfindungen.**
Laß Dir nun aber erklären, wie Herr Filigrani aus dem Geschlecht der Bürokrauts den Nachlaß zu berechnen wünscht:

Die Steuer für eine Nachzahlung wird zunächst aus einem Fünftel des nachgezahlten Betrages berechnet und sodann verfünffacht. Von Abfindungen geht zuvor noch der steuerfreie Teil ab. (Quelle: § 34 EStG)

Zeile 9 Nachzahlungen   693

Erhältst Du vom Betrieb einen größeren Betrag – mehr als 300 Mark – als Nachzahlung oder als Vorauszahlung für einen Zeitraum von mehr als 12 Monaten, so zeigt sich auch der Fiskus mal vernünftig und gewährt dafür eine Steuerermäßigung. Schließlich ballen sich Einnahmen für mehrere Jahre in einem Jahr zusammen, und das ist steuerlich ungesund. (Quelle: § 34 EStG, EStR 200)

Um weiterhin steuerlich gesund zu bleiben, nehmen wir, so gut es geht, diese Steuerermäßigung mit, z. B. bei Jubiläumsgeldern, weil sie die Arbeit mehrerer Jahre vergüten (BFH-Urt. vom 3. 7. 1987 – BStBl 1987 II S. 820).

**Es liegt also auf der Hand, in einem Jubiläumsjahr möglichst viele   694
Sonderleistungen an die Arbeitnehmer als Jubiläumszuwendungen auszuzahlen. Denn der Fiskus billigt Dir einen ermäßigten Steuersatz zu.**
(Quelle: § 34 EStG, EStR 200)

695 Zeile 10 Abfindungen und Entschädigungen

Noch besser als beim Jubiläumsgeld oder bei einer Nachzahlung kommst Du davon, wenn die Zahlung eine **Entschädigung** darstellt, denn Entschädigungen sind bis zu bestimmten Höchstbeträgen steuerfrei. Was unter Entschädigungen zu verstehen ist, wird in dem wenig bekannten § 24 Nr. 1 EStG näher beschrieben. Danach muß es sich um Ersatz für entgangene oder entgehende Einnahmen handeln oder um eine Abfindung für die Aufgabe einer Tätigkeit.

696 Außerdem wird ein eventuell verbleibender steuerpflichtiger Teil der Abfindung nach der sog. »Fünftelregelung« ermäßigt besteuert (Quelle: § 34 EStG). Die vorteilhafte Berechnung mit dem günstigen Steuersatz wird vorgenommen, wenn Du in > Zeile 10 die entsprechenden Beträge einträgst. Hier ist auch der steuerpflichtige Teil einer Abfindung wegen Ausscheidens aus dem Betrieb einzutragen.

697 ◆ *Musterfall Herbert*

Herbert glaubte endlich die Sonne zu sehen, als er mit knapp über 50 in einer anderen Firma den Posten des Verkaufsleiters mit 10 Mille Monatsgehalt erhielt. Doch ein Jahr später möchte er lieber heute als morgen die Brocken hinschmeißen. Denn die Chefetage macht Druck, fordert von ihm höhere Umsätze, und mit denen kann Herbert leider nicht aufwarten. 110 Mille als Abfindung und den Geschäftswagen als Zugabe, das konnte er aushandeln, als er die Konsequenzen zog und ausschied.

Immerhin ein schönes Polster, 120 000 Mark, wenn man den Geschäftswagen auf 10 000 DM taxiert. Davon sind 16 000 DM als Abfindung nach § 3 Nr. 9 EStG steuerfrei. Den Rest von 104 000 DM versteuert Herbert nur nach der sog. Fünftelregelung, wenn er ihn als Entschädigung in > Zeile 10 ansetzt.

698

9	Arbeitslohn für mehrere Jahre			—
10	Entschädigungen		66	104 000 —
11	Steuerabzugsbeträge zu den Zeilen 8 bis 10	46 Lohnsteuer 37.915 00	52 Solidaritätszuschlag 2.085 30	
12		48 Kirchensteuer Arbeitnehmer 3.412 25	49 Kirchensteuer Ehegatte	

Abfindungen, die der Betrieb wegen einer von ihm veranlaßten Kündigung **699**
– als Entschädigung für den verlorenen Arbeitsplatz oder den Verlust
anderer Rechte, z. B. auf Pensionen – zahlt, sind nach § 3 Nr. 9 EStG bis
zu folgenden Beträgen steuerfrei:

Steuerfreier Betrag bis	Alter des Arbeitnehmers	Betriebszugehörigkeit
16 000 DM	ohne Bedeutung	ohne Bedeutung
20 000 DM	50 Jahre	15 Jahre
24 000 DM	55 Jahre	20 Jahre

Zahlt der Betrieb eine höhere Abfindung, so wird der Steuersatz für den
steuerpflichtigen Teil nach der sog. »Fünftelregelung« berechnet, zu beantragen in > Zeile 10 (Quelle § 34 EStG).
Und so wird gerechnet:
Herberts Abfindung von insgesamt 120 000 Mark ist in Höhe von 16 000
Mark steuerfrei (§ 3 Nr. 9 EStG). Die verbleibenden 104 000 Mark werden
nach der Fünftelregelung wie folgt besteuert:

	Arbeitslohn	Lohnsteuer (III/0)
Jahresarbeitslohn ohne Abfindung	60 000 DM	5 840 DM
Zzgl. ⅕ der (steuerpflichtigen) Abfindung	20 800 DM	
	80 800 DM	12 508 DM
Differenz		6 668 DM

Auf den steuerpflichtigen Teil der Abfindung entfällt eine Lohnsteuer in
Höhe von 33 340 DM (6 668 DM x 5). Zusammen mit der Kirchensteuer
und dem Soli-Zuschlag ergibt sich eine Steuerbelastung von insgesamt
38 174 DM.
Ohne den ermäßigten Steuersatz würde sich, bezogen auf den steuerpflichtigen Teil der Abfindung, ein Steuerabzug von insgesamt 40 743 Mark
ergeben. Also gut 2500 Mark gespart.
Voraussetzung für die ermäßigte Besteuerung ist seit Ende 1998, daß durch
die Entschädigungszahlung insgesamt höhere Jahreseinkünfte erzielt werden als bei Fortsetzung des Arbeitsverhältnisses. Bist Du also nach der
Kündigung arbeitslos und gleicht die Abfindung lediglich Deinen Einkom-
mensverlust wieder aus, geht Dir auch noch die ermäßigte Besteuerung des
steuerpflichtigen Abfindungsteils durch die Lappen.
»Leider habe ich selbst gekündigt, als die Chefetage mich auf einen
Nebenposten abschieben wollte. Trotzdem habe ich eine Abfindung erhalten«, sagt Du.

700 **Mensch, dann hattest Du ja einen triftigen Grund zur Kündigung. In diesem Fall muß das Finanzamt die Abfindung ebenfalls steuerfrei lassen.**

Dasselbe gilt, wenn ein Arbeitnehmer kündigt, weil
- der Arbeitsplatz verlegt werden soll,
- der Firma über kurz oder lang der Konkurs droht oder
- der Lohn nicht oder ständig unpünktlich gezahlt wurde.
- Dein Arbeitsplatz wegrationalisiert werden soll.

Arbeitest Du für einen Konzern, der aus vielen verschiedenen Einzelfirmen besteht, und wirst Du bei einer anderen Tochtergesellschaft weiterbeschäftigt, darfst Du keiner Änderungskündigung zustimmen, sondern mußt einen völlig neuen Arbeitsvertrag unterschreiben.

Deinen Fiskalritter wurmt es sehr, wenn Du einen dicken Batzen Geld steuerfrei kassierst, zeigt sich doch sein eigener Arbeitgeber mehr als knickrig bei Jubiläen und ähnlichem der Beamten. Also streicht er nach Strich und Faden Deine Abfindung zusammen.

---

701 | **So schmilzt Deine Abfindung wie Eis in der Sonne**

mit Deinem Boß vereinbarte Abfindung x DM
./. rückständiges Gehalt
./. bereits verdiente Gratifikationen, Tantiemen oder Sonderzahlungen
./. noch nicht genommener Urlaub
./. anteiliges Weihnachtsgeld
./. andere Ansprüche, die zum Zeitpunkt der Kündigung bereits entstanden sind, selbst wenn sie erst später fällig werden
./. Zahlungen wegen eines neu vereinbarten Wettbewerbsverbots o. ä.

= eigentliche Abfindung
./. steuerfreier Betrag nach § 3 Nr. 9 EStG

= steuerpflichtiger Teil der Abfindung (ermäßigter Steuersatz) x DM

Achtung, gefährliches Fangeisen!
Alles, was den steuerlichen Betrag für Abfindungen übersteigt, wird ermäßigt besteuert, das wissen wir. Der günstige Steuersatz ist jedoch verloren, wenn Dir nach dem Ausscheiden noch in irgendeiner Form Arbeitslohn zufließt. Das kann dadurch geschehen, daß Dir noch für eine gewisse Zeit der Dienstwagen oder die Dienstwohnung zusteht oder daß Du noch weiter verbilligt im Betrieb einkaufen kannst. Verzichte lieber auf diese Kleinigkeiten und nimm den günstigen Steuersatz mit.

Abgefunden und arbeitslos – das solltest Du wissen:
Die geplante Anrechnung der Abfindungszahlung auf das Arbeitslosengeld hat Rot-Grün erst einmal wieder vom Tisch genommen. Damit gilt:

● Ruhen des Anspruchs auf Arbeitslosengeld, wenn eine Abfindung gezahlt und die maßgebliche Kündigungsfrist nicht eingehalten wird, und

● Erstattungspflicht des Arbeitgebers bei Entlassung älterer Arbeitnehmer (gemeint ist die Erstattung des Arbeitslosengeldes an das Arbeitsamt).

Also sei wachsam, wenn Du die Höhe Deiner Abfindung aushandelst – nicht zimperlich sein mit den Ansprüchen.

TIP **Bist Du auch steuergünstig ausgeschieden?**   702

Merke Dir genau: Du kannst nur dann Steuern sparen, wenn zusätzliche Freibeträge oder zusätzliche Steuervergünstigungen zu ergattern sind. Also wirst Du bei Aufhebung des Arbeitsverhältnisses auf eine steuerfreie Abfindung hinwirken. Voraussetzung dafür ist, daß der Anlaß zur Aufhebung des Arbeitsverhältnisses vom Betrieb ausgeht.

Die maßgebende Textpassage im Aufhebungsvertrag lautet:
»... wird vereinbart, das Arbeitsverhältnis einvernehmlich auf Veranlassung der Firma aufzuheben ...«

Sodann machst Du Deinem Chef einen Vorschlag: »Hören Sie, mein Gehalt, das nach meinem Ausscheiden aus dem Betrieb ja noch zwei Monate weiterlaufen soll, möchte ich als Abfindung steuerfrei erhalten. **Können wir nicht den Kündigungstermin zwei Monate vorverlegen? Alles, was nach dem Kündigungstermin gezahlt wird, gilt als steuerbegünstigte Abfindung.«**

Meldest Du Dich anschließend arbeitslos, hast Du weitere Vorteile: Das Arbeitsamt löhnt ab sofort weiter und nicht erst nach einer Karenzzeit von drei Monaten. Denn schließlich hat die Firma Dir gekündigt.

Abends beim Bierchen denkst Du zurück an die vielen Jahre, in denen Du für die Firma geschuftet und manches krumme Ding still mitgemacht hast. Und dann kommt Dir noch eine andere Idee.

703 **TIP** **Zum Abschied 'ne Frustabfindung statt Blumen**

Du sagst dem alten Brummbär: Ich habe mich jahrelang für die Firma kaputtgeschuftet und viel zuwenig verdient. Deshalb habe ich bis jetzt auch noch nichts auf der hohen Kante und möchte zum Abschied gerne eine zusätzliche Abfindung, um all den jahrelangen Frust zu vergessen. Und wenn er sich über Deine Forderung empört, dann empörst Du Dich auch
... über die Schlammgrube, die seit Jahren nur bei Nacht und Nebel entsorgt wird, was Dir als umweltbewußter Mensch so manch schlaflose Nacht einbrachte,
... über das Geschäft mit Jugoslawien, von dem plötzlich alle Unterlagen fehlten,
... und über verschiedene andere Merkwürdigkeiten, wo nicht alles koscher abgelaufen ist ...

Sage ihm in aller Ruhe, kleine Abfindungen seien etwas ganz Normales. Du könntest mit einer solchen wieder besser schlafen. Und er sicher auch.

Erst gibt es vielleicht Zoff, aber nach ein paar Tagen, wenn er sich hat gut beraten lassen, kommt bestimmt das erste, gütliche Angebot. Dann darfst Du aber nicht allzu zimperlich sein!

704 **TIP** **Abgefunden? Auf den richtigen Zeitpunkt kommt es an**

Dein Chef macht Dir diesen Vorschlag: »Ich zahle Dir eine Abfindung von 60 000 Mark, zahlbar in 15 Monatsraten von 4 000 DM ab Oktober 1999.«

Die Höhe der Abfindung entspricht in etwa Deinen Vorstellungen. Steuerlich gesehen ist es aber wichtig, daß die Abfindung grundsätzlich in einer Summe zufließt. Denn nur dann fällt für den steuerpflichtigen Teil der Abfindung (60 000 Mark abzüglich Freibetrag 36 000 Mark = Rest 24 000 Mark) nur die ermäßigte Steuer an. Bist Du allerdings ziemlich klamm und daher auf eine Vorauszahlung angewiesen, oder ist Dein Chef gerade knapp bei Kasse und möchte die Abfindung daher in Raten bei Dir abstottern, so könnt Ihr die Zahlung auch auf zwei Jahre verteilen (Quelle: § 34 EStG, BFH-Urt. vom 2. 9. 1992 – BStBl 1993 II S. 831).

Also sagst Du Deinem Chef: »Aus steuerlichen Gründen wäre es mir schon lieber, wenn ich 36 000 Mark steuerfrei in 1999 erhalte, quasi als Vorauszahlung, und den Rest von 24 000 Mark in 2000.«

Dein Chef ist einverstanden, und Du kannst in 2000, wo Du sowieso geringere Einkünfte hast, in > Zeile 11 der Anlage N 24 000 DM eintragen. Das ist der Antrag an das Finanzamt, diese 24 000 DM nur ermäßigt zu versteuern.

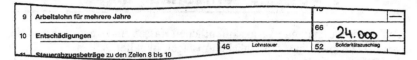

Der größte Ertrag ist die gesunde Lebensart.
(Kleingärtners Trost)

6.6.1 Sonstige Angaben – Zeile 14–21

Zeile 14 Steuerpflichtiger Arbeitslohn ohne Steuerabzug   705

Diese Zeile ist eigentlich überholt, nachdem durch BFH-Urteil vom 24. 10. 1990 – BStBl 1991 II S. 337 Streikgelder und Unterstützungen bei Aussperrung nicht mehr steuerpflichtig sind. Einzutragen bleiben z. B. Arbeitslohn von einem ausländischen Arbeitgeber (soweit steuerpflichtig, vgl. ➤ Rz 688) oder Verdienstausfallentschädigungen.

Zeile 17 Grenzgänger nach …   706

Für Grenzgänger, d. h. für Arbeitnehmer, die im Grenzgebiet der Bundesrepublik wohnen, aber im angrenzenden Ausland nichtselbständig tätig sind und dort täglich ihre Arbeitsstätte aufsuchen, gelten Sonderbestimmungen. Der Arbeitslohn wird regelmäßig im Ausland versteuert und ist deswegen in der Bundesrepublik steuerfrei (durch Doppelbesteuerungsabkommen oder andere Regelungen).

Trotzdem will der Fiskus wissen, was Du als Grenzgänger im Ausland verdient hast, um über den Progressionsvorbehalt – wie bei den Arbeitslosen (➤ Rz 683) – noch einen Steuerzuschlag zu kassieren.

Weil Du genauso ehrlich wie fleißig bist, trägst Du Deine Auslandsbezüge in der Währung des Auslandes in > Zeile 17 ein.

Stöhnen
ist halbe Arbeit.
(Sprichwort)

707 Zeile 19 Aufwandsentschädigungen

Aufwandsentschädigungen aus öffentlichen Kassen sind steuerfrei, weil sie, wenn auch pauschal, tatsächliche Auslagen abgelten sollen (§ 3 Nr. 12 EStG). Andere Zahlungen aus öffentlichen Kassen, die in erster Linie Zeitaufwand abgelten, sind steuerpflichtig, jedoch nach Abzug des sog. Übungsleiter-Freibetrages von 2 400 DM (§ 3 Nr. 24 EStG). So sind z. B. die Vergütungen für die Korrektur von Prüfungsaufgaben keine Aufwandsentschädigungen, sondern nach Abzug von 2 400 DM steuerpflichtige Einkünfte aus selbständiger Arbeit.

Die wirklich steuerfreien Aufwandsentschädigungen aus öffentlichen Kassen gehören im Grunde also gar nicht in die Steuererklärung, jedoch möchte der Fiskus hierüber ein gewisses Kontrollrecht in Anspruch nehmen.

Zum Übungsleiter-Freibetrag mehr unter ➤ Rz 534.

Ich kämpfe um mein Recht,
so zu sein, wie ich bin.
(Marquis de Sade)

6.6.2 Angaben zum Antrag auf Festsetzung der Arbeitnehmer-Sparzulage – Zeile 23

708 Die Arbeitnehmer-Sparzulage beantragst Du, indem Du im Hauptformular Seite 1 ganz oben das entsprechende Kästchen ankreuzt und hier in der Anlage N die > Zeile 23 ausfüllst. Außerdem ist die Anlage VL beizufügen. Dazu unten mehr.

Die Arbeitnehmer-Sparzulage erhältst Du aus dem Staatssäckel für vermögenswirksame Leistungen. Das sind Geldleistungen, die als Teil des Arbeitslohns in bestimmter Weise – vermögenswirksam – fest angelegt werden. Entweder werden die Geldbeträge vom Arbeitgeber zusätzlich zum Arbeitslohn gezahlt, oder der Arbeitnehmer läßt sie unter Kürzung seiner Bezüge anlegen. Die Sparleistung geschieht also doppelgleisig, einmal durch die eigenen – vermögenswirksamen – Leistungen und darüber hinaus durch die staatliche Arbeitnehmer-Sparzulage. Die vermögenswirksame Leistung gehört zum steuerpflichtigen Arbeitslohn, wohingegen die Arbeitnehmer-Sparzulage nicht steuerpflichtig ist.

Einkommensgrenzen (35 000/70 000 DM) für Arbeitnehmer-Sparzulage	**709**

Für Arbeitnehmer ist es oft wichtig zu wissen, bis zu welchem Bruttoarbeitslohn (wenn keine anderen Einkünfte hinzukommen) auf jeden Fall noch Arbeitnehmersparzulage zusteht. Maßgebend ist das zu versteuernde Einkommen (§ 13 VermBG), welches 35 000/70 000 DM (Alleinstehende/Verheiratete) nicht übersteigen darf. Die Einkommensgrenze ist nicht überschritten, wenn der Bruttoarbeitslohn höchstens beträgt

a) bei Verheirateten:
   Nur ein Ehegatte ist Arbeitnehmer   80 046/76 644 DM*
   Beide Ehegatten sind Arbeitnehmer   82 046/78 644 DM*

b) bei Alleinstehenden   40 996/39 322 DM*

* Es besteht Sozialversicherungspflicht: Ja/Nein

Höhe der Arbeitnehmer-Sparzulage   **710**
Bisher gab es 10% Sparzulage für Anlagen bis zu 936 DM jährlich.
Ab 1999 kannst Du zweimal Sparzulage beanspruchen. Zum einen fürs Bausparen, 10% von maximal 936 Mark jährlich, wie bisher. Zum anderen werden Beteiligungen (also zum Beispiel der Erwerb von Aktien oder Anteilen an Aktienfonds) bis 800 Mark zusätzlich mit 20% Sparzulage begünstigt. Arbeitnehmer in den neuen Ländern erhalten bis zum Jahre 2004 sogar 25% Sparzulage auf den Erwerb von Beteiligungen. Und das rechnet sich, wie Du siehst:

	Sparleistung	Arbeitnehmer-Sparzulage
Bausparen	936 DM	94 DM (10%)
Beteiligungen	800 DM	160 DM (20%)
Jährliche Sparzulage insgesamt		254 DM

Zusätzlich kannst Du bis zu 100/200 DM an Wohnungsbauprämie für den Bausparvertrag kassieren, wenn Du zusätzlich 1 000 bzw. 2 000 Mark jährlich in den Vertrag einzahlst (Alleinstehende/Verheiratete).
Als Alleinstehender kannst Du damit insgesamt 354 Mark Förderung für 2 736 Mark Sparleistungen einfahren, immerhin 12,94%. Ehegatten streichen das Doppelte ein, wenn beide als Arbeitnehmer insgesamt 5 472 Mark Sparleistungen aufbringen.

711 | **Anlageformen**

Das Vermögensbildungsgesetz sieht einen ganzen Katalog von Anlageformen vor. Ältere Lebensversicherungen sind – seit 1989 – auslaufende Sparformen, werden aber weiterhin mit den seinerzeitigen Höchstbeträgen gefördert.

Vermögenswirksame Leistungen	Arbeitneh-mer-Sparzulage	Jährlicher Höchstbetrag	Jährliche Einkommensgrenze	Sperrfrist
Wertpapier-Sparvertrag[1]	20%[2]	800 DM	35 000/70 000 DM[3]	7 Jahre
Wertpapier-Kaufvertrag	20%	800 DM	wie vor	6 Jahre
Beteiligungsvertrag	20%	800 DM	wie vor	6 Jahre
Bausparvertrag[4]	10%	936 DM	wie vor	7 Jahre
Anlagen zum Wohnungsbau	10%	936 DM	wie vor	7 Jahre
Lebensversicherung[5]	10%	624 DM	wie vor	12 Jahre

[1] Gilt auch für Sparverträge zum Erwerb anderer Vermögensbeteiligungen wie zum Beispiel Belegschaftsaktien, Wandel- und Gewinnschuldverschreibungen, Fondsanteile, Genußscheine, Genossenschaftsanteile, GmbH-Geschäftsanteile, Stille Beteiligungen oder Genußrechte.
[2] In den neuen Bundesländern beträgt die Förderung 25% bis einschließlich 2004.
[3] Alleinstehende/Verheiratete
[4] Gilt auch für Wohnbau-Sparverträge, Baufinanzierungsverträge mit Wohnungs- und Siedlungsunternehmen oder Verträge über den (erstmaligen) Erwerb von Anteilen an Bau- und Wohnungsgenossenschaften.
[5] Vertragsabschluß vor 1989

712 | ▬**TIP** **Nur nicht verzetteln: Bausparen**

Für Bausparleistungen kannst Du zusätzlich zur Arbeitnehmer-Sparzulage auch noch eine Bausparprämie kassieren. Deshalb ist das Bausparen derzeit die am meisten gefragte Anlageform. Nach Ablauf der Sperrfrist von sieben Jahren kannst Du beliebig über das Bausparguthaben, über die Arbeitnehmer-Sparzulage und über die Bausparprämie verfügen. Was dabei herauskommt? Dazu unter ➤ Rz 1248.

Um beides zu erhalten, die Arbeitnehmer-Sparzulage und die Bausparprämie, muß

1. der Betrieb 936 Emmchen als vermögenswirksame Leistung und
2. der Bausparer aus eigenen Mitteln 1 000/2 000 Emmchen (Alleinstehende/Verheiratete) in den Bausparvertrag einzahlen.

Zur Bausparprämie im einzelnen ➤ Rz 1243 ff.

Achtung! Nicht die Anlage VL vergessen! 713

Neuerdings pflegen unsere Politiker nur noch auf ihren Reisen ins Ausland Spendierhosen zu tragen. Im Inland ist Sparen angesagt. Also wurde angeordnet, die Arbeitnehmer-Sparzulage nicht mehr wie früher mit dem Steuerbescheid auszuzahlen, sondern erst dann, wenn die sogenannte Sperrfrist (je nach Anlageart sechs bis zwölf Jahre) abgelaufen ist. Also wird die Arbeitnehmer-Sparzulage zunächst nur festgesetzt. Und weil die vermögenswirksamen Leistungen nicht mehr auf der Lohnsteuerkarte bescheinigt werden, benötigst Du unbedingt eine entsprechende Bescheinigung des Instituts, bei dem Deine vermögenswirksamen Leistungen angelegt werden. Das ist die Anlage VL. Fehlt diese Anlage, setzt das Finanzamt keine Sparzulage fest, und Du bist anschließend der Dumme.

Möchtest Du Deine Steuererklärung gleich zu Beginn des Jahres abgeben, **714** um zügig an Deine Steuererstattung zu kommen? Kein Problem. Auf die Anlage VL Deines Anlageinstituts mußt Du dabei nicht unbedingt warten. Die Arbeitnehmer-Sparzulage kannst Du auch später separat beantragen. Dazu mußt Du noch einmal den ESt-Mantelbogen abgeben, aber nur Seite 1 ausfüllen und das entsprechende Kästchen im Kopf der Seite 1 ankreuzen (»Antrag auf Festsetzung der Arbeitnehmer-Sparzulage«), außerdem Anlage VL beifügen.

Seid voll Freude, meine Brüder,
wenn ihr in mancherlei Versuchungen geratet.
(Jakobus 1,2)

6.6.3 Ergänzende Angaben zu den Vorsorgeaufwendungen – Zeile 25–30 715

In diesen Zeilen forschen die Fiskalritter danach, ob sie Dir nicht anstelle der vollen nur die gekürzte Vorsorgepauschale zuteilen können.

Zur Vorsorgepauschale wisse:
Die Vorsorgepauschale wird bei den Sonderausgaben angesetzt, wenn sie höher ist als die nachgewiesenen Vorsorgeaufwendungen (Versicherungsleistungen). Sie ist abhängig von der Höhe des Arbeitslohnes.

Einzelheiten zur Berechnung der vollen Vorsorgepauschale und zur gekürzten Vorsorgepauschale unter ➤ Rz 154.

Die gekürzte Vorsorgepauschale erhalten Arbeitnehmer, die keine Beiträge zu Rentenversicherung zahlen müssen, aber dennoch Anspruch auf eine Altersversorgung haben. Darunter fallen Beamte, Berufssoldaten, Geistliche, aber auch mehrheitlich beteiligte GmbH-Geschäftsführer und Vorstände von Aktiengesellschaften und andere Arbeitnehmer – meistens in Großbanken und Versicherungen –, wenn sie von ihrer Firma eine kostenlose Altersversorgung erhalten, z. B. in Form einer Pensionszusage. Auch Pensionäre und Rentenempfänger zählen dazu.

716 Die gekürzte Vorsorgepauschale beträgt höchstens 2 214/4 428 DM (Alleinstehende/Verheiratete), wohingegen die volle Vorsorgepauschale ein Vielfaches der gekürzten Vorsorgepauschale ausmachen kann, wie die Tabelle zeigt unter ➤ Rz 159.

Gehörst Du zu dieser Gruppe, so kreuze das entsprechende Kästchen in > Zeile 27–29 an.

Steuerlich wärest Du besser dran, wenn Du nicht zu den Beamten usw. gehören würdest. Dann könntest Du die volle Vorsorgepauschale von max. 9 882 DM erhalten.

717 ◆ *Musterfall Neureich*

Neureich ist zu 60% Anteilseigner der Neureich u. Co., GmbH und gleichzeitig ihr Geschäftsführer. Da die Firma aber noch nicht so sehr auf Rosen gebettet ist, muß Neureich für seine Altersversorgung selbst sorgen. Er überweist jeden Monat von seinem Gehalt freiwillige Beiträge zur Rentenversicherung an die BfA. Neureich erhält die volle Vorsorgepauschale, weil er über die Firma keinen Anspruch auf Altersversorgung hat.

24	Ich habe ~~für~~ ... steuerfreien oder pauschal besteuerten Arbeitslohn erhalten.
25	**Ergänzende Angaben zu den Vorsorgeaufwendungen**
26	Es bestand 1999 **keine gesetzliche Rentenversicherungspflicht**, jedoch eine Anwartschaft auf Altersversorgung (ganz oder teilweise ohne eigene Beitragsleistung) aus dem aktiven Dienstverhältnis
27	als Beamter. / als Vorstandsmitglied/ GmbH-Gesellschafter-Geschäftsführer. / als
28	Es bestand 1999 **keine gesetzliche Rentenversicherungspflicht und auch keine Anwartschaft auf Altersversorgung** oder eine Anwartschaft nur aufgrund eigener Beitragsleistung aus der Tätigkeit
29	✗ als Vorstandsmitglied/ GmbH-Gesellschafter-Geschäftsführer. / im Rahmen von Ehegatten-arbeitsverträgen, die vor dem 1.1.1967 abgeschloss. wurden. / als (z. B. Praktikant, Student)
30	Ich habe 1999 bezogen beamtenrechtliche od. gleichgestellte Versorgungsbezüge. / Altersruhegeld aus der gesetzlichen Rentenversicherung.

6.7 Werbungskosten – Zeile 32–63

718

Zur Ermittlung der Arbeitseinkünfte werden vom Bruttolohn die beruflich veranlaßten Aufwendungen (Werbungskosten) abgezogen.

Am Bruttoarbeitslohn kannst Du kaum noch etwas zu Deinen Gunsten drehen, wenn das Arbeitsjahr abgelaufen ist und der Betrieb Dein Gehalt auf der Lohnsteuerkarte bescheinigt hat. Bei den Werbungskosten liegt es aber bei Dir, den weiten Spielraum voll auszunutzen.

Das Wort »Werbungskosten« klingt unverständlich, ist aber wohl als Eselsbrücke gedacht. In § 9 EStG werden nämlich Werbungskosten als Kosten zur

719

Erwerbung, Sicherung und Erhaltung von Einnahmen

bezeichnet. Also alles, was Dich Geld gekostet hat und im weitesten Sinne mit Deinem Beruf zusammenhängt. Außer den reinen Geldausgaben sind auch Abschreibungen auf Arbeitsmittel als Werbungskosten absetzbar.

Auf der Suche nach abziehbaren Werbungskosten lohnt es, die steuerliche Phantasie schweifen zu lassen, wie Du noch sehen wirst. Viele Möglichkeiten zur Steuerersparnis sind zuwenig bekannt, insbesondere bei den sogenannten gemischten Aufwendungen. **Darunter sind Aufwendungen zu verstehen, die sowohl beruflich als auch privat veranlaßt sind.**

720

Gemischte Aufwendungen: Für den Fiskus ein rotes Tuch

721

Insbesondere bei den gemischten Aufwendungen argwöhnt der Fiskus, Du könntest versuchen, ihm auch den privaten Anteil als Werbungskosten aufs Auge zu drücken. Deshalb lehnt er sogenannte gemischte Aufwendungen rundweg als nicht abzugsfähig ab. Der Fiskus erkennt also bei gemischten Aufwendungen auch den beruflichen Anteil nicht an.

Allerdings macht er Ausnahmen: **Nur wenn eine Aufteilung der Aufwendungen in privat und beruflich leicht und einwandfrei möglich ist, läßt er den beruflich veranlaßten Teil der Aufwendungen zum Abzug zu (EStR 117).**

722

So werden – weil angeblich nicht aufteilbar – Aufwendungen für Kleidung und Schuhe, die Du bei der Arbeit verschleißt, nicht anerkannt. Abziehbar sind aber z. B. beruflich veranlaßte anteilige **Autokosten, Telefonkosten, Kosten für Dein häusliches Arbeitszimmer, Verpflegungskosten.**

Hier sei ein Abzug zulässig, denn der beruflich veranlaßte Teil lasse sich leicht und einwandfrei vom privaten Anteil trennen. **Weil das aber glatter Unfug ist, denn auch hier ist keineswegs leicht und einwandfrei eine Trennung möglich, eröffnet sich bei diesen Ausgaben für Dich ein weites Feld, das gründlich zu beackern Du nicht versäumen solltest.**

Auch weil sich Dir hier die beste Gelegenheit bietet, dem Fiskalritter viel Zeit zu stehlen, wie wir das im Zuge unseres Steuerstreiks immer wieder halten wollen. Wenn Du immer hartnäckiger Deine Position verteidigst und er nach immer blödsinnigeren Argumenten suchen muß, das wird ihn ganz schön aufregen ...

723 Nichtbeanstandungsgründe

Da jeder Arbeitnehmer auch Ausgaben hat, verzichten die Finanzämter aufgrund interner Dienstanweisungen ganz auf Belege und Quittungen, wenn Du nicht mehr als 5 000 DM als Werbungskosten geltend machst – Kosten für Fahrten zur Arbeit gehen dabei extra. Nur mußt Du Deine Werbungskosten im einzelnen aufschlüsseln, also auf der Anlage N oder einem »Extrablatt« eine genaue Aufstellung fertigen.

724 Arbeitnehmer-Pauschbetrag

Werbungskosten wirken sich steuerlich nur aus, soweit sie den Pauschbetrag von 2 000 DM übersteigen. Dies ist zwar gegenüber denen, die keine oder nur geringe berufliche Kosten haben, höchst ungerecht, denn auch sie erhalten den vollen Pauschbetrag. Aber das Bundesverfassungsgericht hat die Einführung des Arbeitnehmer-Pauschbetrags im April 1997 für verfassungsgemäß erklärt.

725 TIP Bei Werbungskosten mal kleckern, mal klotzen

Berufliche Aufwendungen wirken sich nur aus, soweit sie den Arbeitnehmer-Pauschbetrag von 2 000 DM übersteigen. Auf diese raffinierte Weise fallen Jahr für Jahr alle beruflichen Aufwendungen bis 2 000 DM sang- und klanglos unter den Tisch.

Hast Du keine beruflichen Aufwendungen, bist Du fein heraus, indem Du den Pauschbetrag ohne eigene Aufwendungen in Anspruch nimmst. Sind Dir dagegen Aufwendungen entstanden, mußt Du diese bis 2 000 DM steuerlich in den Wind schreiben. Es sei denn, Du bist in der Lage, das Entstehen der Aufwendungen etwas zu steuern, indem Du in einem Jahr möglichst viele Werbungskosten machst und dadurch den Pauschbetrag locker überspringst, dafür aber im nächsten Jahr möglichst keine Werbungskosten tätigst und nur den Pauschbetrag mitnimmst.

726 Übrigens: Strapazierst Du Deine Nuckelpinne und die Umwelt mit Fahrten zwischen Wohnung und Arbeitsstätte, hast Du bei 13 Entfernungskilometern die Pauschale erreicht:

$$\frac{2\,000\ \text{DM}}{230\ \text{Arbeitstage}\ \times 0{,}70\ \text{DM}} = 13\ \text{km}$$

Alles, was Du zusätzlich noch an Werbungskosten in petto hast, macht sich jetzt steuermindernd bemerkbar. **Übrigens: Bei einer Fahrgemeinschaft mit Deiner besseren Hälfte kannst Du die Fahrkosten beliebig verteilen. Also kriegt einer alles und der andere die Pauschale von 2 000 DM. Das ist proper, oder?**

TIP Sei nicht zimperlich, auch Luxus ist erlaubt   727

Du hast bei den Werbungskosten grundsätzlich **freie Wahl**, d. h., Du kannst selbst bestimmen, ob und in welcher Höhe Du berufliche Aufwendungen tätigst. Der Fiskus kann nicht entscheiden, ob Werbungskosten notwendig oder angemessen sind, das entscheidest Du ganz allein.

Grenzwerte sind lediglich gesetzt bei   728

● Fahrten zwischen Wohnung und Arbeitsstätte (➤ Rz 730);

● Häusliches Arbeitszimmer (➤ Rz 809);

● Verpflegungsmehraufwendungen (➤ Rz 845);

● doppelter Haushaltsführung (➤ Rz 966).

Wisse außerdem: Auch die bereits vor Beginn der beruflichen Tätigkeit entstandenen Aufwendungen sind als **vorweggenommene Werbungskosten** abziehbar, wie z. B. Reisekosten durch Vorstellungsgespräche oder Fortbildungskosten eines Arbeitslosen. Entsprechendes gilt für Aufwendungen nach Beendigung der beruflichen Tätigkeit, z. B. durch Rückumzug in eine Stadt, in der Du beheimatet bist.

> *Was dem Menschen sein Schatten,*
> *ist der Steuer die Hinterziehung.*
> (Georges Pompidou)

TIP Keine Einnahmen, nur Ausgaben?   729
Sichere Dir den Ausgabenabzug!

Wem mehr oder weniger zwangsweise eine Steuerpause verordnet wird, weil er z. B. längere Zeit arbeitslos ist oder eine längere Fortbildung absolviert, soll trotzdem eine Steuererklärung abgeben, um sich dadurch den Ausgabenabzug zu sichern.

»Was soll ich als Arbeitsloser Ausgaben geltend machen, wenn ich keine Einnahmen und deshalb auch keine Steuern zu zahlen habe«, sagst Du. Trotzdem, denn es ist ganz egal, ob Du Einnahmen hattest oder nicht, die beruflich veranlaßten Ausgaben für Bewerbungen, Fachliteratur oder auch Arbeitsmittel kannst Du in der Anlage N geltend machen und über den sogenannten Verlustabzug wahlweise im Vorjahr oder in künftigen Jahren absetzen. Hauptsache, das Finanzamt hat Deinen Verlust zur Kenntnis genommen, amtlicherseits festgestellt und in einem Steuerbescheid bescheinigt. Der Ausgabenabzug ist ein wichtiger Grund für die Abgabe der Steuererklärung. Auf Seite 1 des Mantelbogens gibt es dort im Kopf extra dafür ein Kästchen: Erklärung zur Feststellung des verbleibenden Verlustabzugs.

Auch alle diejenigen, die eine längere Fortbildung absolvieren und deshalb nicht arbeiten, können die Lehrgangskosten und die Kosten für Arbeitsmittel, Dienstreisen, Arbeitszimmer usw. als sogenannte vorweggenommene Werbungskosten geltend machen. Die Aufwendungen sind allerdings nur absetzbar, wenn Fortbildung und Stellensuche nahtlos ineinander übergehen, damit der zeitliche Zusammenhang gewahrt ist. Andernfalls könnte der Fiskalritter die Ausgaben als solche für einen nicht ausgeübten Beruf und damit als Sonderausgaben einstufen (➤ Rz 215 ff). Dann wären sie für den Verlustabzug verloren.

Liegen Deine Verhältnisse so wie beim »Maurer-Fall«, hast Du beim Verlustabzug leichtes Spiel. Nachdem er arbeitslos wurde, belegte er vier Monate einen Meisterkurs und fand danach eine Stelle als Bauleiter. Der Bundesfinanzhof hat die Fortbildungskosten als vorweggenommene Werbungskosten anerkannt (BFH-Urt. vom 18. 4. 1996 – BStBl 1996 II S. 529). Ebenso haben die Finanzrichter bei einem Arbeitslosen entschieden und Aufwendungen für Fachliteratur und Arbeitsmittel anerkannt (BFH-Urt. vom 13. 6. 1996, Az VI R 89/95).

Kein Chef ist dazu da,
seine Mitarbeiter glücklich zu machen.
(Manager Schütte)

730 6.7.1 Fahrten zwischen Wohnung und Arbeitsstätte – Zeile 32–39

Deine Aufwendungen für Fahrten zwischen Wohnung und Arbeitsstätte sind abziehbar, denn Du fährst ja schließlich nicht zu Deinem Privatvergnügen in die Firma. Trotzdem beschneidet der Fiskus den Abzug in folgenden Fällen:

1. **Bei mehreren Fahrten an einem Tag,**
2. **bei Fahrten von und zu einer fremden Wohnung und**
3. **bei Fahrten mit einem eigenen Fahrzeug.**

Bei Fall Nr. 3 schämt sich wohl der Fiskus? 731

Denn er fragt nur nach der Anzahl der Fahrten und nach der einfachen Entfernung zwischen Wohnung und Arbeitsstätte. Den absetzbaren Betrag rechnet er später bei der Veranlagung selbst aus und versteckt ihn im Steuerbescheid in dem großen Posten des gesamten absetzbaren Betrages. Dadurch bleibt vielen verborgen, daß er nur 0,35 DM je km anerkennt, wo doch bei Dienstreisen 0,52 DM je km absetzbar sind. Hier schämt sich wohl der Fiskus wegen des mickrigen km-Pauschbetrages und flüchtet deswegen in Geheimniskrämerei. Und der Gesetzgeber unterstützt dieses Verhalten auch noch, indem er im Gesetz von 0,70 DM je km spricht, die absetzbar seien, allerdings nur bezogen auf den täglichen Hinweg zur Arbeit. Was mit dem Rückweg ist, darüber sagt er nichts. Der pauschale Betrag von 0,70 DM gilt also zwei Fahrten ab, die Hinfahrt zur Arbeitsstätte und die Rückfahrt zur Wohnung.

»So eine linke Bazille. Aber warte ab, der werde ich es geben«, sagst Du nun.

Recht so, setze alles ab, was Dir zusteht, und denke dabei an Deine Familie, für die Du die Verantwortung trägst. Das wird Dir helfen, richtig zu handeln.

Jetzt willst Du wissen, was die tägliche Fahrerei zur Arbeit steuerlich bringt. Also: Bei z. B. 230 Fahrten im Jahr und 13 Entfernungskilometer mußt Du rechnen:

230 Fahrten x 13 km x 0,70 DM = <u>2 093 DM.</u>

Na also, der Arbeitnehmer-Pauschbetrag wäre damit schon einmal geschafft. Für jede weitere Mark, die Du absetzen kannst, klingelt jetzt die Steuerkasse.

Benutzt Du für Fahrten zur Arbeit öffentliche Verkehrsmittel, gelegentlich einen Mietwagen oder ein Taxi, sind die entstandenen Fahrtkosten in voller Höhe abziehbar. Die Aufwendungen machst Du in > Zeile 38 geltend. Dazu mehr unter ➤ Rz 760.

■■■
TIP Was mache ich, wenn ich kein eigenes Auto habe? 732

Dann tust Du Gutes für die Umwelt, denn Du nimmst dann wohl für die Fahrt zur Arbeit ein Fahrrad, den Bus oder die Bahn.

»Leider geht das nicht, aber ich fahre mit dem Auto meiner Freundin«, sagst Du.

Es ist egal, wessen Auto Du benutzt. Du kannst auch ein Auto angeben, das

Dir gar nicht gehört, das Du aber von einem Dritten geliehen oder geleast hast, also auch das Auto Deiner Freundin oder Deiner Eltern (LStR 42 Abs. 2).

733 Was sich aber zunächst sehr großzügig anhört, ist mal wieder ein mieser Trick des Fiskus. Denn solltest Du schon frohlockt haben, ihn an den kompletten Kosten für das Auto beteiligen zu können? Weit gefehlt! Er gönnt Dir auch in diesen Fällen nur die mickrigen 35 Pfg. für den Kilometer, erklärt er doch kurzerhand den fremden Pkw zum »wirtschaftlich eigenen«, was immer das auch sein mag.

»Und was ist, wenn das Auto meiner Freundin mal in die Werkstatt muß, und ich für einige Tage ein Taxi nehme?« möchtest Du wissen.

Taxikosten für Fahrten zur Arbeit sind in voller Höhe absetzbar – da es sich hier nicht um einen »wirtschaftlich eigenen Pkw« handelt.

Schadenersatz
Wird das geliehene Fahrzeug auf der Fahrt zur Arbeit beschädigt und zahlst Du dafür Schadenersatz, kannst Du diesen zusätzlich als Werbungskosten geltend machen (Hess. FG vom 26. 5. 1993 – EFG 1993 S. 647, LStH 42 >Unfallschäden).

734 ▄▄ **Tip** **Spare mit einem privatem Chauffeur Steuern!**

Muß Dein Vehikel in die Werkstatt und ist die Anbindung des Betriebs an den öffentlichen Nahverkehr miserabel?
Dann frag doch einfach Deine Freundin, ob sie Dich zur Arbeit chauffiert. Sie wird nichts dagegen haben, wenn sich für sie kein größerer Umweg ergibt und Ihr sogar 52 Pfg. pro Fahrtkilometer für sie vereinbart.

Das Fahrgeld läßt Du Dir quittieren und setzt es voll von der Steuer ab. Damit hast Du Deine Entfernungspauschale von 70 Pfg. auf stolze 104 Pfg. erhöht.

»Und meine Freundin hat den Salat und darf das Benzingeld fleißig versteuern, oder?« Ich sehe, das 1. Gebot des St. Fiskus »Des einen Freud, des anderen Leid« hast Du schon prima drauf. Aber hier kann nichts passieren, denn sie kann auf der anderen Seite 52 Pfg. pro Umwegkilometer als Ausgabe geltend machen. Für sie bedeutet das also rein steuerlich: plus minus Null.

»Mensch, da gründen wir doch gleich 'ne Fahrgemeinschaft!« rufst Du. Prima Idee. Mehr dazu findest Du unter ➤ Rz 750.

Zeile 33 Art des Fahrzeugs, km-Satz   735

Steigst Du in Deine Nuckelpinne oder auf Dein Knatterrad und trägst dadurch zur Umweltbelastung durch Lärm und Abgase und außerdem zum monetären Defizit der Verkehrsbetriebe bei, so mußt Du Strafabschläge von den tatsächlichen Fahrzeugkosten hinnehmen und Dich mit gesetzlichen Pauschbeträgen zufriedengeben (§ 9 Abs. 1 Nr. 4 EStG). Benutzt Du indessen ein Moped oder ein Fahrrad, ist der Gesetzgeber gnädiger, denn bei diesen Verkehrsmitteln erkennt er die tatsächlichen Kosten – pauschaliert oder per Einzelnachweis – an (LStH 38 > Pauschale Kilometersätze).

Du kannst beim Einzelnachweis auch den gesamten Kaufpreis für ein Fahrrad auf einmal absetzen, wenn es nicht mehr als 928 DM gekostet hat. Das ist für Dich dann günstig, wenn Du ansonsten nicht viel abzusetzen hast und Dich mit dem Pauschalbetrag von 2 000 DM begnügen mußt. So kommst Du wenigstens mit weiteren Kosten im Jahr des Erwerbs über diese Hürde.

Du kannst absetzen:

| | Kilometersatz je Entfernungskilometer | |
| | Nichtbehinderte Arbeitnehmer | Behinderte GdB mindestens 70% oder 50% + ›G‹ |
Benutztes Verkehrsmittel	DM	DM
Taxi, Flugzeug, Fähre, Schiff	tatsächliche Kosten	
Pkw, Kombi, Kleinbus, Wohnmobil	0,70	1,04*
Motorrad oder Motorroller	0,33	0,46*
Moped oder Mofa	0,28	0,28*
Fahrrad	0,14	0,14*

* Statt der Kilometersätze kannst Du auch die tatsächlichen nachgewiesenen Kosten ansetzen.

Behinderte   736

Weil viele Schwer- und Gehbehinderte mit den öffentlichen Verkehrsmitteln nicht klarkommen, billigt der Gesetzgeber ihnen bei Benutzung eines eigenen Fahrzeugs den Abzug der **tatsächlichen Fahrtkosten** zu (§ 9 Abs. 2 EStG). Davon begünstigt sind:

Behinderte mit GdB 70% oder GdB 50% + erheblich gehbehindert.

Durch Einzelnachweis kannst Du als Behinderter aber noch höhere Kilometersätze herausholen (Quelle: LStR 42 Abs. 7). Wie Du Fahrzeugkosten einzeln nachweisen kannst, zeigt die Aufstellung unter ➤ Rz 857.

737 ▆▆ TIP Wenn es mal gekracht hat – Unfallschaden

Die Kosten durch Unfallschaden kannst Du zusätzlich zu den Pauschbeträgen geltend machen, wenn die Fahrt beruflich veranlaßt war. Du machst sie in einer Summe geltend in > Zeile 48 der Anlage N, zusammengestellt auf einem Extrablatt.

738

```
Zusammenstellung der Unfallkosten für > Zeile 48
Der Unfallschaden ereignete sich am.......anläß-
lich einer beruflich veranlaßten Fahrt zwischen
Wohnung und Arbeitsstätte/einer Dienstreise.
Unfallschilderung:...............................
................................................
Unfallkosten:
1.Reparatur (Rechnungen anbei)              ... DM
2.Gericht, Rechtsanwalt                      ... DM
3.Fahrten ... km x 0,52 DM =                 ... DM
4.Schadenersatz an Dritte unter Verzicht
  auf Inanspruchnahme der eigenen Haftpflicht ... DM
5.Nebenkosten (Abschleppen, Gutachter,
  Kleiderreinigung)                          ... DM
6.Wertminderung des Fahrzeugs (siehe unten)  ... DM
7.Totalschaden:
  Zeitwert vor dem Unfall        ...DM
  ./. Schrottwert                ...DM
  Verbleiben                     ...DM  >     ...DM
  Summe                                       ...DM
  ./. Erstattungen von Dritter Seite          ...DM
Gesamtkosten für das Kj. 19...               ...DM
```

Mit dieser Aufstellung gehst Du ins Gefecht, rechne aber mit schwerem Säbel statt Florett, denn für den Fiskalritter geht es hier um höhere Beträge.

Wertminderung/Totalschaden

Die Zeitwertrechnung (siehe oben) wird zwar noch weitestgehend praktiziert (FG Münster vom 26. 1. 1988 – EFG 1988 S. 558).

Neuerdings sieht der Fiskus bei diesen Aufwendungen aber Chancen, seine Streichgelüste austoben zu können. So könnte er Dir mit einem ganz abstrusen BFH-Urteil in die Parade fahren, das besagt: »Wird ein privates Fahrzeug bei einer beruflich veranlaßten Fahrt beschädigt und nicht repariert, so richtet sich die dadurch bedingte außergewöhnliche Abschreibung nach den ursprünglichen Anschaffungskosten abzüglich der normalen Abschreibung ... als Nutzungsdauer bei einem Pkw wird bei einer Jahresfahrleistung bis zu 15 000 km ein Zeitraum von acht Jahren zugrunde gelegt, bei höherer Fahrleistung ein kürzerer Zeitraum.« Dies bedeutet: Es wird gegenübergestellt der rechnerische Buchwert vor dem Unfall (Anschaffungskosten abzügl. jährliche Abschreibung), also nicht der Zeitwert, und der Wert nach dem Unfall. Eine Wertminderung durch Unfall ist also nur möglich, wenn der Wert nach dem Unfall unter den rechnerischen (fiktiven) Buchwert des Fahrzeugs vor dem Unfall gefallen ist. Ist die Nutzungsdauer von fünf Jahren oder weniger abgelaufen und der rechnerische Buchwert null Mark, kann nichts mehr abgesetzt werden, so LStH 42 und BFH, zuletzt im Urt. vom 24. 11. 1994 – BStBl 1995 II S. 318. Andernfalls würde ein und derselbe Steuerzahler ein bereits abgeschriebenes Auto nochmals absetzen können, so die Begründung.

Dasselbe sagte das FG Münster am 18. 10. 1993 – EFG 1994 S. 472: Keine Werbungskosten bei Totalschaden eines Pkw nach Ablauf der Nutzungsdauer, hier von 8 Jahren.

Natürlich ist es völlig absurd, auf der Grundlage fiktiver Abschreibungen für ein Privatfahrzeug eine Verlustrechnung aufzumachen, wenn dieses aus beruflichem Anlaß im Wert gemindert wurde. Hier mußt Du deutlich machen, daß die Nutzungsdauer von fünf Jahren eine fiskalische Nutzungsdauer ist und Du privat mit einer Nutzungsdauer von mindestens 15 Jahren rechnest.

»Mein Audi war acht Jahre alt und hatte noch keinen Stipper Rost«, sagst Du. »Wieso sollte der wertlos gewesen sein?«

Richtig. Also kämpfe notfalls um Dein Recht.

39 Guter Rat:
Geh vor Gericht bis in die letzte Instanz

Beschäftige im Sinne unseres Steuerstreiks die Bürokraten bis zum Erbrechen. Die Rückstände bei Gericht müssen auf viele Jahre anwachsen, die Tische und Schränke überquellen von unerledigten Fällen und Akten. Nur so bringen wir sie dazu, nicht nur nach unten, sondern auch mal nach oben zu treten und händeringend eine echte Steuervereinfachung zu fordern.

Gewerbetreibende und Freiberufler können für Autos eine Nutzungsdauer von fünf Jahren zugrunde legen, Autos also innerhalb von fünf Jahren voll abschreiben. Das hört sich großzügig an, ist es aber nicht. Denn die kurze Nutzungsdauer juckt den Fiskus nicht, weil er weiß: Der Erlös aus dem Verkauf eines voll abgeschriebenen Autos ist in voller Höhe steuerpflichtig. Jetzt kommt der Hammer: Auch für Autos von Arbeitnehmern setzt der Fiskus fünf Jahre Nutzungsdauer an (LStH 38). Fährst Du also Dein fünf Jahre altes Auto auf einer Berufsfahrt zu Schrott, rechnet Dir der Fiskus bei einem Abschreibungssatz von 20% einen fiktiven Buchwert von 0 DM und einen erlittenen Schaden von ebenfalls 0 DM aus.

Das darfst Du Dir aber auf keinen Fall bieten lassen. Berufe Dich zunächst auf den BFH, der von einer Nutzungsdauer von acht Jahren und somit von einem Abschreibungssatz von 12,5% ausgeht (Urt. vom 24. 11. 1994 s. oben). Beanspruche aber selbst aufgrund einer »verlängerten Nutzungsdauer« von 12 Jahren einen Abschreibungssatz von 8,33%.

Und so wird gerechnet, wenn Du ein fünf Jahre altes Auto auf einer Berufsfahrt zu Schrott gefahren hast:

Anschaffungskosten des Autos vor fünf Jahren	40 000 DM
abzgl. Abschreibung 8,33% mal 5 Jahre = 41,65% =	16 660 DM
Fiktiver Buchwert zur Zeit des Unfalls	23 340 DM
Werbungskosten für > Zeile 48	23 340 DM

740 **TIP** Unbedingt »Drittaufwand« vermeiden

Wenn Du Unfallkosten geltend machst, argwöhnt der Fiskalritter leicht, Du könntest ihm eventuell die Unfallkosten einer Privatfahrt unterjubeln, und fahndet nach Anhaltspunkten, verlangt manchmal sogar Zeugen.

Dies wurde einem braven Steuerzahler aus Bonn zum Verhängnis. Hatte er zunächst angegeben, sein Schmuckstück beim Rückwärtsparken auf dem Parkplatz seines Brötchengebers demoliert zu haben, sagte der benannte Zeuge, er habe den Unfall auf dem Parkplatz der Stadtverwaltung gesehen. Und dort, bei der Stadtverwaltung, war die Ehefrau beschäftigt. Also mußte der brave Mann eingestehen, seine Frau zur Arbeit gefahren zu haben, und dabei war das Malheur passiert. Wer nun aber glaubt, die Unfallkosten seien wenigstens bei den Einkünften der Ehefrau abzugsfähig, weit gefehlt, da Drittaufwand. Dies bedeutet: Die Unfallkosten waren zwar durch den Beruf der Ehefrau veranlaßt, sie hat die Kosten jedoch nicht getragen, sondern ein Dritter, nämlich ihr Ehemann. Und beim Ehemann waren sie wiederum nicht durch seinen Beruf veranlaßt. Also war nichts abzugsfähig (BHF-Rechtsprechung, zuletzt Urt. vom 9. 7. 1992 – BStBl 1992 II S. 948).

Du glaubst mir nicht? Kein Wunder. Doch ich habe den oben geschilderten Fall selbst im Klageverfahren vertreten.

Anders wäre die Sache gelaufen, wenn die Ehefrau die Unfallkosten bezahlt hätte, aber das hatte sie nicht, was aktenkundig war.

▦ TIP Du hast ein fremdes Auto zu Schrott gefahren – das ist für die Steuer halb so schlimm   741

Es war Winter, ätzend kalt, und Dein Auto sprang nicht an. Im Büro hattest Du einen wichtigen Termin. Also rein in das Auto Deines Partners, glatte Straße, schon nach zwei Kilometern hat es gekracht, Totalschaden.

Selbstverständlich kannst Du für die gefahrene Strecke von zwei Kilometern (ha, ha ...) die Pauschale von 70 Pfg. ansetzen, das ist klar. Hier kommt es darauf an, den Vermögensschaden anzusetzen, der durch den Unfall entstanden ist. Doch aufgepaßt! Schnell könnte der Fiskalritter mit der Begründung angetanzt kommen, Du habest gar keinen Schaden erlitten, da das Auto nicht Dir gehört habe, sondern Deinem Partner. Der Aufwand sei also Drittaufwand, nicht Eigenaufwand (Urt. des Niedersächsischen FG vom 19. 1. 1994 – EFG 1994 S. 785 rkr).

Dem beugst Du vor, indem Du klare Verhältnisse schaffst und Deinem Partner auf Heller und Pfennig den Schaden ersetzt (Urt. des Hess. FG vom 26. 5. 1993 – EFG 1993 S. 647 rkr). Für das Finanzamt fertigt Ihr ein Papierchen, das so aussehen könnte:

```
            Außergerichtliche Vereinbarung
 Für den von mir auf dem Weg zur Arbeit am ..........
 (Datum) verursachten Totalschaden am Fahrzeug ....,
 Pol. Kennzeichen ........ leiste ich Schadenersatz
 in Höhe des Fahrzeugwerts vor dem Unfall in Höhe
 von ...... DM. Der Fahrzeugwert wurde anhand der
 Schwackeliste unter Berücksichtigung des Gesamt-
 zustandes des Fahrzeugs ermittelt.

 Datum........    Unterschrift.................
```

Ähnlich muß die Vereinbarung aussehen, wenn der Unfall glimpflicher abgelaufen ist und das Fahrzeug repariert wurde. Damit alles wasserdicht ist, wirst Du den Betrag, für den Du einzustehen hast, auf Heller und Pfennig auf das Konto Deines Partners überweisen. Dann klappt der Laden.

742   **Hier noch einige Unfall-Urteile:**
Als beruflich veranlaßt gilt unter anderem
1. Fahrt zwischen der eigenen Wohnung und der Arbeitsstätte, **nicht aber,** wenn die Fahrt von einer fremden Wohnung angetreten oder nicht an der eigenen Wohnung beendet wurde (zweifelhaft, aber so der BFH, BStBl 1988 II S. 706).
Auch können Aufwendungen infolge eines Verkehrsunfalls auf einer Umwegstrecke zum Abholen eines Mitfahrers einer Fahrgemeinschaft abgesetzt werden (LStH 42 > Unfallschäden).
2. Umwegfahrt zum Betanken des Fahrzeugs (BFH, BStBl 1985 II S. 10).
3. Fahrt zur nahe gelegenen Gaststätte, um dort eine Mittagsmahlzeit einzunehmen (BFH, BStBl 1993 II S. 518).
4. Dienstreisen (BFH, 1974 II S. 186)
5. Auf einer Abholfahrt des Ehegatten (BFH, BStBl 1984 II S. 800).
6. Auf einer Leerfahrt des Ehegatten zwischen der Wohnung und der Haltestelle des öffentlichen Verkehrsmittels (BFH, BStBl 1987 II S. 818).
7. Unfallnebenkosten – Prozeß, Porto, Telefon, Taxi (FG Düsseldorf, EFG 1979 S. 440).
8. Zahlung an die eigene Versicherung bei eigenem Verschulden zur Erhaltung des Schadensfreiheitsrabattes (FG Köln, EFG 1981 S. 623) oder direkt an den Geschädigten (BFH, BStBl 1986 II S. 866).
9. Unfallkosten anläßlich einer Fahrt zu einer Betriebsveranstaltung

Weiter beruflich veranlaßt:
Diebstahl des Fahrzeugs während der Arbeitszeit oder während einer Dienstreise (BFH-Urt. vom 25. 5. 1992 – VI R 171/88), oder auch vor der Haustür, wenn das Fahrzeug Arbeitsmittel war, also zu mehr als 90% beruflich genutzt wurde (BFH, BStBl 1983 II S. 586).
»Von der Steuer absetzen, schön und gut. Aber ich bekomme je nach Steuersatz nur 30 – 35% meiner Kosten über die Steuer zurück. Auf dem Rest bleibe ich hängen«, so sagst Du.
Nicht unbedingt. Meistens müssen Unfallkosten vom Arbeitgeber erstattet werden, wenn der die beruflich veranlaßte Fahrt gebilligt oder sogar angeordnet hat. Schließlich hätte der Arbeitgeber ein Fahrzeug stellen

müssen, hättest Du nicht die Fahrt mit Deinem Fahrzeug unternommen. Dann hätte nämlich er die Unfallgefahr getragen, so das Bundesarbeitsgericht im Urt. vom 14. 12. 1995 – 8 AZR 875/94.

> *Man soll den Tag*
> *nicht vor dem Abend loben.*
> (Schiller)

TIP Setz nach dem Unfall einen merkantilen Minderwert an! 743

Läßt Du das Fahrzeug reparieren, setzt Du zusätzlich zu den Instandsetzungskosten noch den Unterschied zwischen dem Zeitwert des Fahrzeugs vor dem Unfall und nach erfolgter Instandsetzung als Werbungskosten an mit der Begründung: Wertminderung, da Unfallwagen (merkantiler Minderwert, neuerdings zweifelhaft, siehe ➤ Rz 738). Doch aufgepaßt: War die Reparatur technisch einwandfrei, soll keine Wertminderung vorliegen (LStH 42 > Unfallschäden). Also wirst Du gehörig darauf hinweisen, daß Du aus Kostengründen auf eine technisch einwandfreie Reparatur verzichtet hast – falls das zutrifft – oder daß eine solche gar nicht möglich war: Kleine Farbunterschiede im Lack sind ja immer da!

Du reitest also darauf herum, daß »die Reparatur den Schaden nur teilweise behoben hat und eine auf technischen Mängeln beruhende erhebliche Wertminderung fortbesteht«, so der BFH im Urteil vom 27. 8. 1993 (BStBl 1994 II S. 235).

Und schon kannst Du problemlos einen zusätzlichen Minderwert geltend machen.

Beachte, die Wertminderung muß bereits im Jahr des Schadeneintritts, also im Unfalljahr, geltend gemacht werden (BFH-Urteil vom 13. 3. 1998, BStBl. 1998 II S. 443).

Versicherungsleistungen mußt Du Dir auf die Wertminderung anrechnen lassen.

Ist Deine olle Kiste schon etwas angejahrt? Siehe ➤ Rz 738: Wertminderung/Totalschaden.

TIP Unfallschaden und keine Zeugen 744

Du sitzt vor der Anlage N und grübelst über Unfallkosten nach. Endlich fällt der Groschen: Voriges Jahr Ende Februar, da war was. Du findest auch die Reparaturrechnung: Vordere Stoßstange ersetzt, ferner eine Lampe und Kotflügel vorne rechts mit Lackierarbeiten, macht insgesamt 2 879,41 DM. Jetzt fällt auch der zweite Groschen. Der Unfall geschah an dem Abend, als Du wegen des Großauftrags für Jugoslawien Überstunden gemacht hast. Der Tag hatte Dich echt geschafft. In der Hofeinfahrt stand dann die noch nicht weggeräumte Mülltonne. An der wolltest Du vorbei, aber es war zu knapp. Zu allem Überfluß ist dabei auch noch das Tor zur Einfahrt und der Zaun zu Deinem Einfamilienhaus zu Bruch gegangen. Beide hast Du im Juni reparieren lassen, Kostenpunkt 1 490 Emmchen. Deine Elli will's mal wieder besser wissen und meint, der Unfall sei nach der Geburtstagsfeier bei Egon passiert. Aber daran kannst Du Dich beim besten Willen nicht erinnern. Und weil Du nun mal die Verantwortung für Deine Familie trägst, wirst Du nichts tun, was zu deren Ungunsten ausfiele, und einsetzen, was Du für wahr hältst.

Die Reparaturkosten bringst Du hier unter:

44				
45	**Weitere Werbungskosten** (z. B. Fortbildungskosten, Reisekosten bei Dienstreisen) – soweit nicht steuerfrei ersetzt –			
46	Unfallschaden	Rechnung vom 4.6.99	+ 2.880	
47	– " –	Rechnung vom 25.6.99	+ 1.490	

Auf einem Begleitzettel vermerkst Du:

Der Unfall geschah am 22. Februar gegen 18.15 Uhr auf der Fahrt von der Arbeit. Dabei habe ich auch das Gartentor und den Zaun zu meinem Einfamilienhaus beschädigt. Rechnungskopien anbei.

745

Alkohol am Steuer

Wenn Du meinst, Du könntest Dir erst einen kräftig hinter die Binde gießen und Dich anschließend ans Steuer setzen, so wisse: Du wirst bei einem Unfall doppelt bestraft, auch wenn das auf einer beruflichen Fahrt passiert ist: vom Fiskus, der die Unfallkosten nicht anerkennt, und von der Justiz (BFH – BStBl 1984 II S. 434). Desgleichen sind die Folgen eines Verkehrsunfalls auf einer Fahrt zur Arbeit nicht abziehbar, die nicht von der eigenen Wohnung aus angetreten oder nicht an der eigenen Wohnung beendet wird (BFH – BStBl 1988 II S. 706).

Dieses Buch soll sich für Dich bezahlt machen, und weil für viele bei der **746** Steuer nicht das meiste zu holen ist, hier noch zwei Tips, wenn's mal gekracht hat:

1. Als Verursacher des Unfalls wirst Du in der Haftplicht zurückgestuft. Das ist für die Versicherung oft ein sattes Geschäft. Sie zahlt zum Beispiel für den Schaden 500 Mark und hält sich bei Dir mit einer Mehrprämie von vielleicht 1 500 Mark schadlos.

   Und so mußt Du rechnen: Bist Du in der Schadensklasse F1 = 100%, wirst Du nach einem Unfall in die Schadensklasse F1/2 = 125% zurückgestuft. Ohne den Unfall wärst Du in F2 = 85% gekommen.

   Der Schaden kostet Dich also im nächsten Jahr 40% der Basisprämie, im darauffolgenden Jahr 30% usw. Schon bei einer Basisprämie von 1 000 Mark zahlst Du im Laufe der nächsten Jahre 1 550 Mark Mehrprämie. Also zahlst Du lieber selber und vermasselst damit der Versicherung ihr Geschäft.

Oder noch besser …

2. Hast Du Dein Wägelchen während einer Dienstfahrt beschädigt, so **747** muß Dein Arbeitgeber den Unfallschaden ersetzen, so das Bundesarbeitsgericht mit Urteil vom 14. 12. 1995 (Az 8 AZR 875/94).

   »Bisher ist bei uns noch nicht darüber gesprochen worden, wer das Unfallrisiko trägt. Aber das werde ich klären. Denn bei Dienstfahrten mit Firmenwagen trägt der Betrieb ja auch das Unfallrisiko. Das muß dann ebenso für Dienstfahrten mit Privatwagen gelten. Künftig werde ich Dienstfahrten mit eigenem Auto ablehnen, wenn ich das Unfallrisiko tragen muß. Denn in dem pauschalen km-Satz von 52 Pfg., den das Finanzamt anerkennt, sind ja außergewöhnliche Kosten wie Unfallkosten nicht mit abgegolten. Dasselbe gilt für die km-Sätze des ADAC.«

Richtig, und noch etwas:
Sind Dienstfahrten für Dich an der Tagesordnung, so daß Dein Wägelchen stets sprungbereit auf dem Hof stehen muß? In diesem Fall muß Dein Arbeitgeber auch dann sein Scheckheft zücken, wenn Dein Auto auf dem Parkplatz beschädigt wurde.

»Und was sagt das Finanzamt dazu?« fragst Du.
Dem ist die Erstattung durch Deinen Arbeitgeber schnuppe, denn Reisekostenersatz ist steuerfrei (Quelle: § 3 Nr. 16 EStG).

748 **TIP** **Spare mit einem Parkplatz Steuern!**

»Ich arbeite mitten in der City. Der Stellplatz im Parkhaus kostet mich sage und schreibe zwei Blaue im Monat«, stöhnst Du. Ja, mein Lieber: Pech gehabt. Parkgebühren, und seien sie auch noch so hoch, sind durch die mickrige Pauschale von 70 Pfennig abgedeckt. Soll heißen: Die Parkgebühren kannst Du nicht extra absetzen.

»Aber mein Boß kann mir doch die Gebühren ersetzen?«

Klar kann er. Aber für Dich wäre das steuerpflichtiger Arbeitslohn. Was tun? Deine Firma mietet selbst den Platz im Parkhaus an. Und läßt Dich dort unentgeltlich parken. Dir ist dann kein Arbeitslohn zuzurechnen, aber Dein Chef kann die Parkgebühren als Betriebsausgaben absetzen.

»Toller Trick!« staunst Du.

749 ## Zeile 34 Arbeitstage je Woche

Von der Anzahl der Arbeitstage je Woche und der Dauer des Urlaubs hängt es ab, wie viele berufliche Fahrten zur Arbeitsstelle im Jahr der Fiskus ohne Wenn und Aber zugesteht:

Das sind bei
Fünftagewoche und drei Wochen Urlaub   ——▶   230 Fahrten,
Fünf- bis Sechstagewoche und drei Wochen Urlaub ——▶ 260 Fahrten,
Sechstagewoche und drei Wochen Urlaub   ——▶   285 Fahrten,
abzüglich der Anzahl der Krankheitstage.

Wenn Du genauso ehrlich wie gesund bist und Dich an keinen Krankheitstag mehr erinnern kannst, setze unbesorgt 230 bzw. 285 Fahrten an. Das Gesetz läßt zwar grundsätzlich pro Arbeitstag nur eine Fahrt zum Betrieb als beruflich veranlaßt zu, also keine Mittagsheimfahrten. Zusatzfahrten aus anderen Gründen laufen aber extra, das ist doch wohl klar. Dazu mehr unter ▶ Rz 751.

TIP Eine Fahrgemeinschaft hilft Dir sparen   750

Übrigens, versuch doch mal, eine Fahrgemeinschaft zustande zu bringen, der Umwelt und Deinem Geldbeutel zuliebe. Der ADAC empfiehlt ein Zeitungsinserat oder einen Anschlag am Schwarzen Brett:»Fahrgemeinschaft gesucht zwischen ... und ... Abfahrt gegen ... Uhr, Rückfahrt gegen ... Uhr.«

Wechselseitige Fahrgemeinschaft

Hierfür nicht gut zu wissen: Arbeitskollegen, die abwechselnd fahren, dürfen nur die Tage ansetzen, an denen sie selbst gefahren sind (BFH vom 24. 1. 1975 – BStBl 1975 II S. 561). Allerdings zählen die Umwegkilometer zum Abholen mit, d. h., die Umwegstrecken gelten als kürzeste benutzbare Straßenverbindung einzutragen in > Zeile 35.
Ein kleines Trostpflaster! Zahlt Ihr Euch gegenseitig eine Mitfahrentschädigung, kann der, der sie zahlt, diese voll von der Steuer absetzen. Der, der sie bekommt, muß sie versteuern – aber erst ab 500 DM (Quelle: § 22 Nr. 3 EStG). Dann zücke mal Deinen Quittungsblock.

Einseitige Fahrgemeinschaft

Anders sieht es aus, wenn Du alleine Taxi für Deine Kollegen spielst. Als Werbungskosten kannst Du nur die mickrigen 70 Pfennig pro Entfernungskilometer ohne Umwegkilometer absetzen.

»Nicht schlimm, wir haben eine BKB – eine Benzinkostenbeteiligung«, sagst Du.

Dann paß aber schön auf, daß die nicht zum Bumerang wird.

»Nanu, wieso das?« bist Du erschrocken.

Ganz einfach, wenn Du eine Quittung unterschrieben hast, können Deine Mitfahrer ihrerseits den quittierten Betrag in ihrer Steuererklärung unter »Fahrtkosten mit öffentlichen Verkehrsmitteln« unterbringen. Du aber mußt das Geld als »sonstige Einkünfte« versteuern, einzutragen in Anlage KSO, > Zeile 55.

Aber Du bist clever und kommst ohne Zusatzsteuer davon. Hat Dir der Kollege als BKB im Jahr 1 200 Mark gezahlt, kannst Du als Mitnahmekosten die Umwegkilometer mit 0,52 DM je km zuzüglich 0,03 DM Mitnahmepauschale für die Gesamtkilometer gegenrechnen (BFH vom 15. 3. 1994 – BStBl 1994 II S. 516).

Beispiel:

Einfache Entfernung für > Zeile 35 z. B.	38 km

Die Umwegkilometer von z. B. zwölf und die Mitnahmepauschale werden in > Zeile 54 der Anlage KSO geltend gemacht:

zwölf Umwegkilometer x 0,52 DM =	6,24 DM
Mitnahmepauschale (38 + 38 + 12 =) 88 km x 0,03 DM =	2,64 DM
Summe	8,88 DM

Mitnahmekosten 8,88 DM x 230 Tage =	2 042,40 DM
Mitnahmeentschädigung	1 200,00 DM
Verlust für > Zeile 55 Anlage KSO	842,00 DM

Zwar bringt Dir der Verlust keine zusätzliche Steuerersparnis, denn er ist nicht mit Deinen übrigen Einkünften ausgleichsfähig. Allerdings kannst Du immerhin die BKB steuerfrei kassieren.

»Wieso weiß das Finanzamt, was ich bekommen habe?« wendest Du ein.

Kontrollmitteilung heißt das Zauberwort. Also wundere Dich nicht über scheinheilige Fragen Deines Fiskalritters, wenn Du in seinem Büro aufkreuzt. Kläre vielmehr vorher mit Deinen Mitfahrern ab, ob sie die BKB absetzen wollen und dafür eine Quittung brauchen.

»Ich habe gehört, daß Finanzer sich gern die Kennzeichen von Fahrzeugen aufschreiben, die öfters an Autobahnauffahrten abgestellt sind, um so Fahrgemeinschaften auf die Spur zu kommen«, sagst Du.

Das halte ich für ein Gerücht. Der Beamte kostet mehr als die paar Steuergroschen, die dadurch mehr zu kassieren sind. Doch ein ständiger Treffpunkt am gleichen Ort einer abgelegenen Autobahnauffahrt muß ja nicht unbedingt sein, schon allein wegen der Langfinger …

751 **TIP** **Du kannst auch mehr als 290 Fahrten im Jahr ansetzen!**

Bei 290 Fahrten im Jahr ist für die meisten Fiskalritter in den Finanzämtern das Ende der Fahnenstange erreicht, weil der finanzamtliche Computer beim Überschreiten dieser Grenze den Fall unbearbeitet rausschmeißt und einen Prüfhinweis gibt. Der Fiskalritter bekommt dann den Fall noch einmal auf den Tisch, um sein ausdrückliches Okay zu mehr als 290 Fahrten zu geben, und das schmeckt ihm nicht.

Sei trotzdem nicht zu bange, mehr als 290 Fahrten anzugeben, sondern setze ruhig z. B. 302 Fahrten an, wenn Du zusätzlich abends und an freien Wochenenden in die Firma mußtest. Etwa wegen einer Betriebsstörung, bei Dienst mit Abrufbereitschaft (BFH-Urt. vom 20. 3. 1992 – BStBl 1992 II S. 835), einer Vertretung, einer abendlichen Besprechung oder auch nur, weil Du Unterlagen von zu Hause geholt hast, die Du dort hast liegenlassen.

Oder hast Du des öfteren Deine Arbeit um mehr als vier Stunden unterbrochen, als Krankenhausbediensteter oder als Bühnenkünstler mit morgens Probe und abends Auftritt? Setze dann zwei Fahrten für den betreffenden Tag an.

– 2 –

Zeile	Werbungskosten							
31								
32	**Fahrten zwischen Wohnung und Arbeitsstätte**							
	Aufwendungen für Fahrten mit eigenem oder zur Nutzung überlassenem							
33	☒ privaten Pkw	Firmenwagen	Motorrad/ Motorroller	Letztes amtl. Kennzeichen	BI - LT 406		Moped/ Mofa	Fahrrad
34	Arbeitstage je Woche 5	Urlaubs- und Krankheitstage 18	Erhöhter Kilometersatz wegen Behinderung					
			Behinderungsgrad mindestens 70	Behinderungsgrad mindestens 50 und erhebliche Gehbehinderung				
35	Arbeitsstätte in (Ort und Straße) – ggf. nach besonderer Aufstellung – Detmold, Lönsweg 9			Einsatzwechseltätigkeit von – bis	40 benutzt an 2 4 0 Tagen	41 einfache Entfernung 2 4 km		
36	Detmold, Lönsweg 9				43 6 2 Tagen	44 2 4 km		
37	→ Doppelfahrten aus versd. Schuflichen Anlässen				46 Tagen	47 km		
				DM	steuerfrei ersetzt DM 48	DM		

Das ergibt an Werbungskosten
302 Tage mal 24 km mal 0,70 DM =   <u>5 074 DM</u>

Damit alles klappt, fügst Du am besten eine Arbeitgeber-Bescheinigung nach folgendem Muster bei:

```
     ARBEITGEBER-BESCHEINIGUNG 19..            752

Herr/Frau/Fräulein ......... wohnhaft in ........
ist bei uns als ................... beschäftigt.
An folgenden Tagen war die Arbeitszeit um mehr als
vier Stunden unterbrochen:....., ......, ..... usw.
An folgenden Tagen hat der Arbeitnehmer zusätzlich
abends/samstags/sonntags gearbeitet: ..., ....., ....
... usw.
     Stempel des Arbeitgebers        Unterschrift
```

753 Zeile 35 Einfache Entfernung (km)

Für den Fiskus ist zunächst grundsätzlich die kürzeste benutzbare Straßenverbindung maßgebend. Wenn allerdings eine längere Straßenverbindung verkehrsgünstiger ist, z. B. über eine Autobahnstrecke, über eine Umgehungsstraße oder über einen Schleichweg, um Staus zu vermeiden – so hast Du den BFH auf Deiner Seite, wenn Du die längere Straßenverbindung einträgst (BFH-Urt. vom 10. 10. 1975 – BStBl 1975 S. 852).

754 Arbeitnehmer mit zwei Wohnungen

Trittst Du Deine Fahrten zur Arbeit von verschiedenen Wohnungen oder Unterkünften an, so werden zunächst nur die Fahrten zu der näher gelegenen Wohnung oder Unterkunft berücksichtigt. Es sei denn, die weiter entfernt liegende Wohnung wird von Dir mit einer gewissen Häufigkeit aufgesucht. Beim Fiskus spricht man vom »Mittelpunkt der Lebensinteressen« und unterscheidet zwischen Verheirateten und Alleinstehenden (LStR 42 Abs. 1).

Bei einem Verheirateten ist die weiter entfernt liegende Familienwohnung als »Mittelpunkt« zu berücksichtigen, wenn er sie mindestens sechsmal im Jahr aufsucht.

755 Bei einem Alleinstehenden ist eine weiter entfernt liegende Wohnung, z. B. die des Freundes oder der Freundin, als »Mittelpunkt« zu berücksichtigen, wenn er sie mindestens zweimal im Monat aufsucht. Warum Du bei Deiner Freundin übernachtet hast, dürfte dem Fiskalritter wohl einleuchten. Du kannst aber auch angeben, Du hättest dort jemand zu versorgen gehabt oder im Betrieb Deiner Eltern mitgearbeitet, falls das zutrifft. Oder Du habest z. B. im Winter in der Stadtwohnung und von Frühjahr bis Herbst auf dem Lande in einem Holzhaus oder in einer Gartenlaube gewohnt (BFH-Urteil vom 10. 11. 1978 – BStBl 1979 II S. 226).

»Ich konnte voriges Jahr meine damalige Verlobte keinen Tag allein lassen, da lief noch was nebenher.«

Das war sicherlich für Dich Grund genug, nach Hause zu fahren. Für die Fiskalritter aber vielleicht nicht so einleuchtend, weshalb Du den wahren Grund nicht preisgeben solltest. Besser, Du sprichst von Krankheiten, Haustieren und Deinen Ehrenämtern in Vereinen, von Übungsleitertätigkeit usw.

Sage dem Fiskalritter, die Unterkunft in der Nähe der Arbeitsstätte hättest Du nur angemietet für den Fall, daß wegen Schnee oder Nebel oder wegen

Überstunden bis in den späten Abend eine Fahrt nach Hause nicht möglich war. Das sei aber selten vorgekommen.

Angenommen: Du hast eine Wohnung 15 km von Deiner Arbeitsstätte. Von dort bist Du 40mal zur Arbeit gefahren. Deine Freundin wohnt 60 km von Deiner Arbeitsstätte entfernt. Von dort bist Du 190mal zur Arbeit gefahren.

Und so bringst Du die Fahrten in den Vordruck:

-2-

Das ergibt Werbungskosten von:

40 Fahrten mit 15 km x 0,70 DM =	420 DM
190 Fahrten mit 60 km x 0,70 DM =	7 980 DM
Insgesamt	8 400 DM

Guter Rat: 756

Zur Beweisvorsorge solltest Du die Fahrten von der weiter entfernt liegenden Wohnung im Terminkalender notieren. Du wirst die Fahrten um so eher anerkannt bekommen, je öfter Du gefahren bist.

»Das kommt mir gerade recht, um so mehr kann ich ja absetzen«, sagst Du.

Außerdem: Das Finanzamt verlangt zwar keinen Nachweis für die entstandenen Fahrtkosten. Als Beweisvorlage solltest Du aber genügend Benzinquittungen und, wenn möglich, Inspektionsrechnungen vorlegen können.

»Ich benutze verschiedene Autos, mein eigenes, das meiner Verlobten und das von meinem Vater«, sagst Du. Die Karte sticht nicht (➤ Rz 732).

Doppelte Haushaltsführung günstiger?
Hast Du die Zweitwohnung am Beschäftigungsort, kannst Du statt Fahrten zwischen Wohnung und Arbeitsstätte zwei Jahre doppelte Haushaltsführung geltend machen, wenn das günstiger ist (➤ Rz 966).

757 **Ab und zu vom weit entfernten Campingplatz zur Arbeit?**

Voraussetzung für eine berufliche Fahrt ist, daß sich dort in dieser Zeit »Dein Mittelpunkt der Lebensinteressen« befindet und Du Dich dort nicht nur gelegentlich aufhältst – mindestens zweimal monatlich – und jeweils von dort Deine Fahrt zur Arbeitsstätte angetreten hast (LStR 42 Abs. 1).

Gut zu wissen: Dein Notizkalender, in dem Du die Übernachtungen auf dem Campingplatz oder im Gartenhaus – kann auch eine Schiffskajüte sein – notiert hast, ist später die einzige beweiskräftige Unterlage dafür, wann und wie oft Du von dort berufliche Fahrten unternommen hast. Für Dich ist also wichtig, alle Übernachtungen dort zu notieren und das Notizbuch für die spätere Steuererklärung gut aufzubewahren.

So bringst Du als Steuerzahler aus Bielefeld Deine Fahrten vom Campingplatz Dümmer/Lohausen in der Steuererklärung unter:

– 2 –

Zeile	Werbungskosten									
31										
32	**Fahrten zwischen Wohnung und Arbeitsstätte** Aufwendungen für Fahrten mit eigenem oder zur Nutzung überlassenem									
33	☒ privaten Pkw	☐ Firmenwagen	☐ Motorrad/Motorroller	Letztes amtl. Kennzeichen	**81 - LX 401**				☐ Moped/Mofa	☐ Fahrrad
34	Arbeitstage je Woche **5**	Urlaubs- und Krankheitstage **21**	Erhöhter Kilometersatz wegen Behinderung ☐ Behinderungsgrad mindestens 70		☐ Behinderungsgrad mindestens 50 und erhebliche Gehbehinderung					
35	Arbeitsstätte in (Ort und Straße) – ggf. nach besonderer Aufstellung – **Herford, Hermannstr.**			Einsatzwechseltätigkeit vom – bis		40 benutzt an **195** Tagen		41 einfache Entfernung **18** km	
36	**Herford, Hermannstr.**					43 **145** Tagen		44 **87** km	
37	–> vom Seegrundstück Dümmer-Lohausen					46 Tagen		47 km	
				.DM steuerfrei ersetzt		DM	40		.DM

Du mußt dem Fiskalritter nur klarmachen, daß Dein auf Dauer in Dümmer/Lohausen abgestellter Wohnwagen oder Dein Mobilheim dort – zumindest für die Sommermonate – der Mittelpunkt Deiner Lebensinteressen ist, und ihn evtl. als Hauptwohnsitz angeben. Weise auch darauf hin, daß Du Dich im dortigen Segelclub engagierst und daß Deine kleine Wohnung in Bielefeld nur eine bessere Schlafstelle ist. Du darfst aber nicht in der Stadtwohnung ein minderjähriges Kind oder Haustiere, die versorgt werden müssen, zurücklassen, so das FG Rheinland-Pfalz (Urteil vom 16. 3. 94 EFG 1994 S. 784 mit weiteren Urt. zu Campingplatz als Mittelpunkt der Lebensinteressen). Ergo: Bello muß mit!

Das ergibt an Werbungskosten

95 Tage mal 18 km mal 0,70 DM =	1 197 DM
145 Tage mal 87 km mal 0,70 DM =	8 831 DM
Summe	10 028 DM

Aber halt, Du hast vergessen, in > Zeile 34 das Kästchen »Behinderungsgrad mindestens 70« anzukreuzen, denn Du bist doch zu mindestens 70% behindert. Als so stark Behinderter kannst Du nämlich die tatsächlichen Fahrtkosten ansetzen. Mangels Einzelnachweis der Fahrzeugkosten stehen Dir pauschal 0,52 DM für jeden gefahrenen Kilometer zu (Werte für Dienstreisen nach LStH 38 > Pauschale Kilometersätze), also für den Entfernungskilometer 1,04 DM.

Das ergibt an Werbungskosten **758**

95 Tage mal 18 km mal 1,04 DM =	1 778,40 DM
145 Tage mal 87 km mal 1,04 DM =	13 119,60 DM
Summe	14 898,00 DM

Nicht gut zu wissen: Campingplatz als vorübergehenden Lebensmittelpunkt abgelehnt durch BFH, BStBl 1975 II S. 278, nur anerkannt bei Wohnungsmangel. Auch das Finanzgericht Düsseldorf hat im Urteil vom 26. 9. 1997 Fahrten vom weiter entfernt gelegenen Campingplatz nicht als beruflich veranlaßt anerkannt. Hiergegen ist eine Nichtzulassungsbeschwerde beim BFH anhängig (Az. VI B 250/97). Unter Bezugnahme auf diese Nichtzulassungsbeschwerde kannst Du in Deiner Angelegenheit Einspruch einlegen und das Ruhen des Verfahrens bis zum Ausgang der Nichtzulassungsbeschwerde beantragen. Besser als Campingplatz: Laubengrundstück.

TIP Ehrlich währt am längsten, oder? **759**

»Eine Kollegin von mir lacht sich immer halbtot, wenn sie hört, daß ich nichts vom Finanzamt zurückbekomme. Dabei sind wir beide gleichgestellt und wohnen beide hier in Köln in derselben Straße. Wie schafft die das bloß, Steuern zurückzukriegen?« so fragst Du. »Gibt die vielleicht beim Finanzamt die Wohnung ihrer Eltern in Düsseldorf als Hauptwohnung an und macht tägliche Fahrten zwischen Düsseldorf und Köln als Werbungskosten geltend?«

Das wäre glatte Steuerhinterziehung, wenn sie wirklich nicht täglich fährt. Aber mal angenommen, alles paßte gut zusammen, dann ginge so was beim Finanzamt unerkannt durch. Ist Düsseldorf der Hauptwohnsitz, müßte die

Lohnsteuerkarte von der Stadtverwaltung Düsseldorf ausgestellt sein (§ 39 Abs. 2 EStG). Auch müßte die Kollegin so konsequent sein, ihren Antrag auf Veranlagung beim Finanzamt Düsseldorf zu stellen (§ 19 AO).

Doch ärgere Dich nicht über die Steuerhinterziehung anderer. Das sind doch kleine Fische. Die Wut sollte Dich nur packen, wenn Du von den weitaus größeren Steuergelderhinterziehungen der Staatsbürokraten hörst. Bleibe Du ehrlich!

> *Jeder will zurück zur Natur, nur nicht zu Fuß.*
> (Erkenntnis der Grünen)

760 ## Zeile 38 Fahrten mit öffentlichen Verkehrsmitteln

Der Fahrpreis ist in voller Höhe als Werbungskosten abziehbar. Zum Nachweis, daß Du nicht mit einem Kollegen in dessen Auto mitgefahren bist, will der Fiskus Belege sehen.

Hast Du mal ein Taxi nehmen müssen, weil Du den Bus oder den Zug verpaßt hast oder weil das Auto in der Werkstatt war, so setze hier auch die Fahrtkosten für das Taxi an. Der BFH hat jedenfalls nichts dagegen (Urt. vom 20. 5. 1980 – BStBl 1980 II S. 582).

761 ## Zeile 39 Fahrtkostenersatz, pauschal besteuert; Firmenwagen

Pauschal versteuerter Fahrtkostenersatz geht von Deinen Fahrtkosten runter.

Den pauschal versteuerten Fahrtkostenersatz mußt Du von der Firma erfragen und in > Zeile 39 der Anlage N eintragen, sofern er nicht schon auf der LSt-Karte bescheinigt ist. Einzelheiten zu den tollen Möglichkeiten beim Fahrtkostenersatz findest Du unter ➤ Rz 613.

Zu Fahrtkostenersatz bei Firmenwagen mehr unter ➤ Rz 654.

762 ### **TIP** Laß den Fiskus richtig zur Ader!

Der Arbeitnehmer-Pauschbetrag von 2 000 DM ist zutiefst ungerecht, weil durch ihn jährlich berufliche Kosten bis 2 000 DM einfach unter den Tisch fallen und verloren sind. **Wir zahlen es dem Fiskus mit unserem Steuerstreik heim, auch mit folgenden Überlegungen:**

Hast Du mit Deinem Pkw eine weite Anfahrt von z. B. 15 km zum Betrieb, entstehen Dir pro Jahr berufliche Kosten von mindestens:

30 km x 0,52 DM x 240 Tage =	3 744 DM

Davon wirken sich steuerlich aus:

15 km x 0,70 DM x 240 Tage =	2 520 DM
./. Arbeitnehmer-Pauschbetrag	2 000 DM
Steuerliche Auswirkung	520 DM

Es wird Dir sicherlich Freude machen, diese ungerechte Regelung zu **763** unterlaufen und es dem Fiskus zu zeigen. Deshalb rate ich Dir:

Wenn demnächst eine Gehaltserhöhung ansteht, zeigst Du Deinem Chef diese Berechnung und sagst ihm: »Hören Sie, wie wäre es, wenn Sie mir von der Gehaltserhöhung 200 DM als Fahrtkostenersatz zahlen. Wenn Sie die Pauschalsteuer von 15 % übernehmen, wäre ich mit einem Fahrtkostenersatz von 170 DM einverstanden. Zusammen sind das auch rd. 200 DM Kosten für Sie, und Sie sparen zusätzlich den Arbeitgeberanteil zur Sozialversicherung von rd. 21 %.«

Wenn Dein Chef darauf eingeht, machst Du ein Bombengeschäft, wie die nachfolgende Vorteilsrechnung zeigt:

Berechnung des Nettolohns ohne Fahrtkostenregelung:

Bruttomonatslohn bisher z. B.		3 000,00 DM
zuzüglich Gehaltserhöhung		200,00 DM
Bruttolohn neu		3 200,00 DM
./. Lohnsteuer StKl I	446,66 DM	
Lohnkirchensteuer 9 %	40,20 DM	
Solidaritätszuschlag	24,57 DM	
Sozialvers. Arbn.-Anteil 21 %	672,00 DM	
Summe	1 183,43 DM >	1 183,43 DM
Nettolohn		2 016,57 DM

Berechnung des Nettolohns mit Fahrtkostenregelung:

Bruttomonatslohn wie bisher		3 000,00 DM
./. Lohnsteuer StKl I	381,50 DM	
Lohnkirchensteuer 9 %	34,34 DM	
Solidaritätszuschlag	20,98 DM	
Sozialvers. Arbn.-Anteil 21 %	630,00 DM	
Summe	1 066,82 DM >	1 066,82 DM
Verbleiben		1 933,18 DM
+ Fahrtkostenersatz		170,00 DM
Nettolohn		2 103,18 DM

764 Wie Du sehen kannst, hast Du durch den Trick (pauschal versteuerter Fahrtkostenersatz) monatlich netto rd. 86 DM mehr auf dem Konto. Dazu wisse: Nach dem BMF-Schreiben BStBl 1990 I S. 112 darf pauschal versteuerter Fahrtkostenersatz nur zusätzlich zum regulären Gehalt bis zur Höhe der als Werbungskosten abzugsfähigen Beträge gezahlt werden. Eine Gehaltsumwandlung von steuerpflichtigem Lohn in Fahrtkostenersatz ist nicht zulässig. Also klappt der Trick nur bei Gehaltserhöhungen.

765 6.7.2 Beiträge zu Berufsverbänden – Zeile 40

Hier setzt Du an die Gewerkschaftsbeiträge, Beiträge zum Beamtenbund oder Beiträge zu einzelnen Berufsverbänden wie Verband Deutscher Ingenieure, Kraftfahrerschutzverband oder Journalistenverband. Sei dem Finanzamt auch mal gut und bezeichne den Verband namentlich, damit der Bearbeiter einen Haken machen kann. Fügst Du keinen Beleg bei, so vermerke: wie bisher. Oft werden Beiträge bis zu 300 DM pro Jahr ohne Nachweis anerkannt (siehe auch ➤ Rz 52).

766 6.7.3 Aufwendungen für Arbeitsmittel – Zeile 41

Hier hast Du ein weites Feld, Aufwendungen in der Steuererklärung unterzubringen. Denn zu den Arbeitsmitteln gehören alle Gegenstände, mit deren Hilfe Du Deinen Beruf ausübst (BFH-Urt. vom 14. Mai 1991 – BStBl 1991 II S. 837). Sie müssen ausschließlich, mindestens aber zu mehr als 90 % Deinen beruflichen Zwecken dienen. Welche Gegenstände Du Dir dafür aussuchst, das bestimmt nicht das Finanzamt, das entscheidest Du allein. Danach gehen Handwerkszeug, typische Berufskleidung, Schutzkleidung, Fachzeitschriften und Fachbücher problemlos durch.

**Achte aber darauf, daß Du beim Kauf eine vollständige, wasserdichte Rechnung erhältst. Also statt »Schuhe« besser »Arbeitsschuhe«, statt »Ledertasche« besser »Aktentasche«, statt »Papierwaren« oder »Buch« lasse besser »Büromaterial« oder »Fachbuch« (mit Autor und Titel) eintragen.
Eine Zusammenstellung der Arbeitsmittel findest Du unter ➤ Rz 793.**

Du kannst aber nicht nur bestimmen, welche Gegenstände Du Dir überhaupt kaufst, sondern auch wie viele. Der Fiskaljünger darf Dir die Kosten nicht einfach nur deshalb streichen, weil sie ihm hoch erscheinen. So hatte ein Lehrer jahrelang für Bücher Tausende hingeblättert und als berufliche Ausgaben geltend gemacht. »Kein Problem!« sagte das FG Niedersachsen (Az. II 342/93, nv), solange nur jedes einzelne Buch einen beruflichen Bezug hat.

Zeile 41 Berufliche und private Arbeitsmittel

767

Weitaus schwieriger hingegen ist es, Lexika, Musikinstrumente oder technische Geräte wie Computer, Schreibmaschine usw. oder gar Kleidung und Schuhwerk als Arbeitsmittel durchzukriegen, weil diese auch privat nützlich sind. Verlangt doch der Fiskus, daß die Gegenstände ausschließlich oder ganz überwiegend (mehr als 90%) beruflich genutzt werden. Ist das nicht der Fall, sollte man meinen, daß zumindest der berufliche Kostenanteil absetzbar wäre. Doch mitnichten. Denn eine solche Aufteilung läßt der Fiskus nur zu, wenn »objektive Merkmale und Unterlagen eine zutreffende und leicht nachprüfbare Aufteilung« ermöglichen, so LStH 44. Diese Möglichkeit sieht er nur bei Fahrzeugen, Telefon und Gebäuden als gegeben an.

Also sorge dafür, daß der berufliche Nutzungsanteil bei anderen Arbeitsmitteln mehr als 90% beträgt. Übertreibe aber nicht dabei.

Wenn Du nämlich sagst: »Bei mir läuft da privat nichts«, dann glaubt man Dir womöglich nicht. Also räumst Du eine kleine Privatnutzung von höchstens 9% ein, und alles ist in Butter. Bei mehr als 9% gehört nämlich der GESAMTE Betrag zu den nicht abziehbaren Kosten der Lebensführung (§ 12 Nr. 1 EStG), was übrigens bei bürgerlicher Kleidung und Schuhen immer der Fall ist. (Quelle: LStR 33 Abs. 2)

768

Daraus folgt: Weil z. B. der berufliche und private Nutzungsanteil eines Computers nicht »nach objektiven Merkmalen und Unterlagen leicht und einwandfrei« festgestellt werden kann, mußt Du dartun können, daß bei Dir eine private Nutzung praktisch kaum erfolgt.

Denke dran: Deine mit dem PC erstellte Steuererklärung ist genauso privat wie Deine Schreiben an das Finanzamt.

Und unterstellt Dir Dein Finanzritter, Deine Kinder spielten den ganzen Tag »Schiffe versenken« am Computer, so antworte höflich: »Die dürfen an das Gerät gar nicht dran. Außerdem bitte ich von Unterstellungen Abstand zu nehmen. Der Familienstand kann ja wohl keinen Einfluß auf die Absetzbarkeit von Arbeitsmitteln haben.«

TIP Wie kriegst Du den Computer als Arbeitsmittel durch?

769

Zunächst wisse: Der Computer muß Arbeitsmittel sein, sonst läuft steuerlich überhaupt nichts. Das setzt eine berufliche Nutzung von mehr als 90% voraus.

Also sagst Du: »Mein Computer steht nur an meinem Arbeitsplatz bzw. in meinem (bereits von Ihnen anerkannten) häuslichen Arbeitszimmer. Ich arbeite unmittelbar für meinen Beruf mit dem PC.« (FG Rheinl.-Pfalz, EFG 1991 S. 602.) Dann hast Du gute Chancen, daß der Computer als Arbeitsmittel anerkannt wird.

Oder Du kannst darauf hinweisen, daß Dein Computer tragbar, also ein Laptop ist. Oder Du sagst ganz einfach: »Für private Spielchen habe ich überhaupt kein Programm.«

Oder Du sagst noch besser: »Für die private Nutzung habe ich einen zweiten Computer« (den Du Dir bei Bedarf von Deinem Bruder ausleihst, sofern das stimmt). Wie Du siehst, gibt es schon einige Argumente, um ein Arbeitsmittel durchzubekommen ...

Wenn Du also für Deinen Betrieb zu Hause Vordrucke entwirfst, in Ruhe Präsentationsgrafiken erstellst oder als Außendienstler Abrechnungen vornimmst, bist Du bereits im Rennen. Am besten, Du fügst Deinen Erläuterungen zur Steuererklärung gleich Muster Deiner Arbeitsergebnisse bei. Ebenso glatt läuft ein PC für die berufliche Fortbildung auf der Technikerschule, im Meisterkurs oder mit beruflichen Lernprogrammen, etwa für Wirtschaftsenglisch. Oder Du erstellst als Lehrer oder Ausbilder für den Unterricht Arbeitsblätter oder ähnliches. Willst Du Dir hingegen erst einen Einblick in die Bedienung eines Computers verschaffen, mußt Du nachweisen können, daß Du für Deinen Arbeitsplatz solche Kenntnisse brauchst. Und sage ja nicht, Du übst für das Büro, indem Du auf Deinem PC private Schreiben abtippst. Das wäre daneben. Garniere die Kaufquittungen außerdem mit Belegen von passenden Computerbüchern und EDV-Kursen.

Du mußt Dir schon überlegen, wie Du alles deichselst, damit Dich der Fiskus nicht doch noch letzten Endes mit seiner Aufteilungstheorie über den Tisch zieht. Am besten, Du fügst gleich eine passende Arbeitgeber-Bescheinigung nach folgendem Muster bei:

770

```
        ARBEITGEBER-BESCHEINIGUNG 19..
Herr/Frau/Fräulein ......, wohnhaft in ...........
ist bei uns als ............ beschäftigt.
Es ist uns bekannt, daß der Arbeitnehmer als
Arbeitsmittel einen Computer angeschafft hat, um
sich daran zu Hause weiterzubilden und betriebliche
Arbeitsvorgänge zu entwickeln bzw. vorzubereiten.
```

> Wir begrüßen dies im Interesse unseres Betriebes
> und halten es für erforderlich.
> Eine besondere Vergütung wird dafür nicht gezahlt.
> Wir halten seine diesbezüglichen Aufwendungen mit
> der Höhe des Gehaltes für abgegolten.
>
>   Stempel   Unterschrift

Achte bereits beim Kauf des Computers darauf, daß er nicht auf Anhieb als Spiele-Gerät zu erkennen ist. Tauchen auf der Rechnung nämlich Joystick, Stereo-Monitor, Gamecard, Soundblaster oder ein CD-ROM-Laufwerk mit »Adventure-Games« oder »Entertainment-CDs« auf, streicht Dir der Fiskalritter gleich alles raus.

Hat das tolle Stück mehr als 928 DM gekostet, kannst Du den Kaufpreis von PC mit Monitor, Drucker und Maus nur anteilig per Abschreibung ansetzen. Dasselbe gilt für das Verarbeitungsprogramm.

Als Nutzungsdauer des Computers setzt Du drei Jahre an (Nieders. FG vom 21. 3. 1991 – EFG 1992 S. 167, Finanzgericht Rheinland-Pfalz vom 17. 7. 1995 – EFG 1996 S. 851).

◆ *Musterfall Backs*   **771**
   (PC als Arbeitsmittel)

Erika Backs ist Lehrerin. Im August 1999 hatte sie sich für ihren Beruf einen PC mit Textverarbeitungsprogramm, Maus und Drucker gekauft und dafür 3 950 DM gezahlt. Sie hat eine Rechnung erhalten, in der das Textverarbeitungsprogramm mit 920 DM gesondert ausgewiesen ist. Im Dezember 1999 hatte sie für 375 DM den Arbeitsspeicher auf 32 MB aufrüsten lassen. In 1999 sind rund 200 DM für Papier, Tintenkartuschen, Computerzeitung, Disketten usw. angefallen.

Das Textverarbeitungsprogramm kann sie als selbständig nutzbares Wirtschaftsgut in der Steuererklärung für 1999 voll absetzen, da die Anschaffungskosten die Grenze von 928 DM (Grenze für geringwertige Wirtschaftsgüter von 800 DM zuzüglich 16% Umsatzsteuer) nicht überschreiten.

Die Anschaffungskosten für den PC kann sie nur über die Nutzungsdauer verteilen, weil die Anschaffungskosten 928 DM überschreiten. Die Nutzungsdauer veranschlagt sie mit drei Jahren. Die jährliche Abschreibung beträgt somit 1 010 DM, für 1999 jedoch nur die Hälfte, da sie das Gerät im 2. Halbjahr gekauft hat.

Die Kosten für das Aufrüsten des Arbeitsspeichers kann sie auf die Restnutzungsdauer des PC verteilen. Das sind hier drei Jahre. Also kann sie in > Zeile 41 eintragen: 1 688 DM

Dazu fertigt sie folgende Aufstellung:

Textverarbeitungsprogramm Word	920 DM
Abschreibung PC ein Drittel von 3 030 DM für ½ Jahr	505 DM
nachträgliche Anschaffungskosten für Arbeitsspeicher	
375 DM, Abschreibung ein Drittel für ½ Jahr	63 DM
Nebenkosten für Computerbetrieb	200 DM
Summe	1 688 DM

TIP Kontere richtig beim PC-Fragebogen!

772 Deinen neuen PC wirst Du beruflich nutzen und deshalb die Kosten steuerlich absetzen wollen. Doch argwöhnt der Fiskalritter, Dein neuer Computer könnte mit einer ISDN-Karte zum Schmökern im Internet ausgestattet sein oder habe vielleicht sogar eine super Grafik- und Soundkarte für die neuesten Computerspiele. Das könnte ihm Anlaß sein, wegen privater Mitbenutzung die Kosten zu streichen (§ 12 EStG).

Um der Sache auf den Grund zu gehen und den Umfang privater Nutzung auszuloten, schickt er Dir einen PC-Fragebogen ins Haus, der etwa so aussehen könnte:

773

> **Fragebogen**
> **zur Berücksichtigung eines Computers als Arbeitsmittel**
>
> 1. Wie lautet die genaue Bezeichnung (Art, Typ, Hersteller) der gekauften Hardware sowie der Zusatzgeräte?
> 2. Wie hoch waren die Anschaffungskosten des PC?
> 3. Haben Sie Arbeitgeber-Zuschüsse zum Kaufpreis erhalten?
> 4. Wie groß ist der Arbeitsspeicher Ihres PC (8, 16 oder mehr MB)?
> 5. Ist ein Modem oder eine ISDN-Karte vorhanden?
> 6. Sind Sie Mitglied eines Online-Dienstes (T-Online, AOL, Compuserve …)?
> 7. Haben Sie Zugang zum Internet durch andere Provider?
> 8. Nutzen Sie auch andere Online-Verbindungen (Mailbox, firmeneigenes Intranet)?
> 9. Besitzen Sie einen Joystick oder ähnliches?
> 10. Welche sonstige Ausstattung, welches Zubehör ist vorhanden?
> 11. Welches Betriebssystem, welche Anwenderprogramme sind vorhanden?
> 12. Wie wird der PC im einzelnen beruflich eingesetzt, und wo ist er installiert?

13. Werden die Arbeitsergebnisse in Ihrer Arbeitsstätte verwertet oder weiterverarbeitet?
14. In welchem zeitlichen Umfang wird der PC durchschnittlich beruflich genutzt?
15. In welchem Umfang wird der PC von Ihnen und von Dritten privat genutzt?

Wie Du siehst, hat der Fiskaliero hier einige Fallstricke für Dich ausgelegt, in denen Du Dich verfangen könntest.

Beachte bei Deinen Angaben, daß Du Deine Kosten nur dann absetzen kannst, wenn Dein PC als Arbeitsmittel durchgeht. Dafür muß der private Nutzungsanteil unter 10% liegen.

Also bedenke sorgfältig, was Du in den Fragebogen einträgst, damit der Finanzer nicht auf die falsche Fährte kommt. Zu den einzelnen Fragen wisse:

zu 1.,
Hardware: Hast Du Dir einen Laptop oder ein Notebook geleistet, ist alles paletti, denn hier wird die berufliche Veranlassung unterstellt.

zu 3.,
Arbeit-
geber-Zuschuß: Hat Dein Chef ein paar Mark beigesteuert, bist Du ebenfalls fein heraus, denn das spricht natürlich für eine berufliche Veranlassung zum Kauf des Rechners.

zu 4. und 11.,
Arbeitsspeicher
und
Programme: Mehr als acht Megabyte Arbeitsspeicher sollten es schon sein, da die heutigen Programme zur Textverarbeitung und Tabellenkalkulation ansonsten kaum funktionieren. Neben diesen Standardprogrammen kannst Du vielleicht sogar auf die Nutzung berufsspezifischer Software wie z. B. firmeneigenes Programm zur Auftragsbearbeitung, spezielle Zeichenprogramme oder dergleichen verweisen.

zu 5. bis 8.,
Online-
Dienste: Bei diesen Fragen ist natürlich Vorsicht geboten, denn Surfen durch das Internet zählt zur privaten Nutzung, und da ist die 10-%-Grenze schnell überschritten. Also steht auf Deiner Rechnung am besten nichts von Modem oder ISDN-Karte, es sei denn, Du nutzt firmeneigene Online-Verbindungen (private Nutzung ausgeschlossen).

zu 9. bis 15., Nutzung: Wenn Du dem Finanzamt die berufliche Nutzung des Computers schilderst, sei nur nicht schüchtern. Berichte von beruflicher Korrespondenz, von Kalkulationen, Zeichnungen und anderen Arbeitsergebnissen. Füge Beispiele bei und erläutere, wie Deine »Heimarbeit« im Betrieb verwertet wird. Beim zeitlichen Umfang beruflicher Nutzung beachte, daß bei etwa zwei Stunden die Woche schon ein privater Brief wöchentlich ausreicht, um die 10%-Grenze zu überschreiten. Also, wenn Du die Sache so richtig überdenkst, sind es schon ... im Jahresdurchschnitt vielleicht fünf Stunden wöchentlich?

Und noch etwas, vom Joystick kein Wort, denn der gehört schließlich Deinen Kindern. Gespielt wird natürlich allein mit dem alten Rechner, denn an Deinen kommen sie nicht ran, versteht sich.

TIP Soldaten, Handwerker, Postler, Polizisten, Bahnbedienstete, mal herhören!

774 Bei jedem Waschgang könnt Ihr Steuern sparen. Indem Ihr Eure Arbeitskleidung in die eigene Waschmaschine steckt. Da kommt ganz schön was zusammen, wenn man jeden Tag unter der Uniform ein frisches Oberhemd braucht oder jeden Tag einen frisch gewaschenen Kittel oder Monteuranzug. Was in > Zeile 41 hierfür anzusetzen ist, muß anhand der entstehenden Kosten geschätzt werden. Der BFH meint, Du könntest ganz gut die Erfahrungswerte übernehmen, die einige Verbraucherverbände herausgefunden haben (BFH-Urt. vom 29. 6. 1993 – BStBl 1993 II S. 837 und 838). Dazu die folgende Übersicht:

Gesamtkosten für ein Kilogramm Wäsche

	1-Personen-Haushalt	2-Personen-Haushalt	3-Personen-Haushalt	ab 4-Personen-Haushalt
Wäschewaschen				
Kochwäsche 95 °C	1,85 DM	1,13 DM	0,92 DM	0,75 DM
Buntwäsche 60 °C	1,80 DM	1,08 DM	0,87 DM	0,70 DM
Pflegeleicht-Wäsche	1,99 DM	1,27 DM	1,06 DM	0,89 DM
Wäschetrocknen				
Ablufttrockner	1,02 DM	0,60 DM	0,49 DM	0,38 DM
Kondensattrockner	1,35 DM	0,78 DM	0,62 DM	0,48 DM
Bügeln				
Dampfbügeleisen	0,28 DM	0,19 DM	0,16 DM	0,14 DM

(Quelle: Arbeitsgemeinschaft der Verbraucherverbände e. V., Stand: März 1997)

Enthalten sind die Kosten für Strom, Wasser und Waschpulver sowie Abschreibung, der Betrieb des Wäschetrockners geht extra. Hast Du als Handwerker in Deinem 3-Personen-Haushalt pro Woche für Arbeitskleidung 4 Kilo Kochwäsche, so setzt Du als Reinigungskosten an:

4 kg x 1,70 DM x 48 Arbeitswochen =   327 DM

Mal hingefallen?   775

Übrigens: Sei nicht zu bange, auch die Kosten für Flickschneiderei und Reinigung **normaler Kleidung** in > Zeile 41 anzusetzen. Erhöhter Verschleiß von normaler Kleidung im Beruf ist zwar für den Fiskus kein Grund, diesen besonders zu berücksichtigen. Ist Dir aber ein Malheur passiert, hast Du ein gutes Teil verschmutzt oder beschädigt, kannst Du die Reparatur- oder Reinigungskosten dafür absetzen. Du mußt nur darlegen, welche konkreten Schäden durch welches Ereignis im Betrieb eingetreten sind (FG Saarland, Urt. vom 26. 7. 1989, 1 K 151/88), z. B.: im Büro oder auf dem Weg nach Hause hingefallen, ABC-Führer Lohnsteuer Hartz-Meeßen-Wolf, Berufskleidung. Mehr dazu unter ➤ Rz 922 ff.

Man erkauft nicht,
was keinen Preis hat: Zuneigung.
(Goethe, Wilhelm Meister)

◆ *Musterfall Huber*   776

Im April und im September hat Huber jeweils einen Monteuranzug für 85 DM gekauft. Für Flicken und Reinigung sind 38 DM angefallen. Die Quittungen hat Huber aufbewahrt. Beide Posten trägt er zusammen unter Arbeitsmitteln in > Zeile 41 ein. Zusammen mit 276 DM Gewerkschaftsbeiträgen kommt Huber auf stolze 484 DM Werbungskosten.

39	der vom Arbeitgeber pauschal besteuert oder bei Einsatzwechseltätigkeit steuerfrei gezahlt wurde			
40	Beiträge zu Berufsverbänden (Bezeichnung der Verbände) Gewerkschaft		51	276
41	Aufwendungen für Arbeitsmittel – soweit nicht steuerfrei ersetzt – (Art der Arbeitsmittel bitte einzeln angeben)		DM	
42	Arbeitskleidung Monteuranzug	+ 170		
43	Reinigung	+ 38		
44		+ ▶	52	208
	Weitere Werbungskosten (z.B. Fortbildungskosten; Reisekosten bei Dienstreisen)			

777 ▬ **TIP** Die Berufskleidung der Sportlehrer

Als Sportlehrer hast Du gute Chancen, Sportkleidung von der Steuer abzusetzen.

Zeigt sich der Fiskalritter zopfig, halte ihm das Urteil des FG Münster vom 12. 11. 1996 (EFG 1997 S. 334) unter sein Näschen.

Ein Sportlehrer mit z. B. elf Stunden Sportunterricht in der Woche, der außerdem an Weiterbildungsmaßnahmen im Fach Sport teilnimmt, habe kein Bedürfnis, seine Gelenke auch noch in der Freizeit zu strapazieren. Eine private Nutzung der Sportkleidung scheide also aus, so die Finanzrichter.

Den letzten Wind nimmst Du dem Fiskalritter aus den Segeln, wenn Du sagen kannst, die Sportkleidung bewahrst Du in einem abschließbaren Schrank in der Schule auf, damit Du Dich jeweils den Witterungsbedingungen entsprechend anziehen kannst. Notfalls läßt Du Dir hierüber eine Bescheinigung vom Rektor ausstellen.

Mehr zu Berufskleidung als Werbungskosten unter ➤ Rz 774 und 793.

778 ## Zeile 41 Mit der EB-FAGO auf du und du

Anstelle der leichten Klimmzüge, die Huber unternimmt (nach dem Motto: Sicher ist sicher), denkt Ferdinand Lässig an die EB-FAGO und setzt einfach ohne Belege an:

39				
40	**Beiträge zu Berufsverbänden** (Bezeichnung der Verbände) Gewerkschaft		51	276
41	**Aufwendungen für Arbeitsmittel** soweit nicht steuerfrei ersetzt – (Art der Arbeitsmittel bitte einzeln angeben.) DM Fachliteratur	125		
42	Berufskleidung	+ 160		
43	Werkzeuge lt. Aufstellung	+ 90		
44		+ ▸	52	375
45	**Weitere Werbungskosten** (z. B. Fortbildungskosten, Reisekosten bei Dienstreisen) – soweit nicht steuerfrei ersetzt –			
46	Kontoführung	+ 30		
47		+		
48		+ ▸	53	30

◆ *Musterfall Ferdinand Lässig*   779

Allerdings macht Lässig sich die Mühe, eine Einzelaufstellung für den Betrag Fachliteratur, Berufskleidung und Werkzeuge anzufertigen und der Erklärung beizufügen.

Lies unbedingt unter ➤ Rz 45, was Du mit der EB-FAGO machen kannst!

TIP TAZ, FAZ oder WAZ – doppelt informiert ist besser   780

Hältst Du Dir neben Eurer Lokal-Zeitung noch ein überregionales Blatt? Dann beteilige doch Vater Staat an den Kosten. Gut informierte Bürger sind schließlich auch bessere Demokraten. Entnimmst Du nämlich aus der Zweit-Zeitung ausschließlich beruflich interessante Informationen, kannst Du die Abo-Kosten nebst Neujährchen für den Austräger als Werbungskosten absetzen. Sagt das Finanzgericht Köln (Urteil vom 7. 7. 1993 EFG 1994 S. 199). Dies bedeutet: Du mußt gegenüber dem Fiskus den Bezug der Zweitzeitung damit begründen, daß es Dir ausschließlich um Informationen aus dem Wirtschaftsteil und um die Stellenanzeigen dieser Zeitung geht. So ist der Zusammenhang zwischen Deinem Beruf und der Zweitzeitung gewahrt.

»Ich habe da noch eine bessere Idee zum doppelten Sparen. Im Betrieb liegt schon das ›Handelsblatt‹ aus, und da schneide ich jeden Tag oben einen Streifen mit Datum und Preis ab. Das sind dann meine Belege für die Steuererklärung«, sagst Du.

Diesbezüglich hattest Du selber aber keine Aufwendungen. Was Du da tust, ist, gelinde gesagt … nicht schön.

TIP Romane und Krimis absetzen? Laß Dich schätzen!   781

Lehrer setzen allgemeinbildende oder schöngeistige Literatur, also Romane und Krimis, ab, indem sie zu jedem einzelnen Buch angeben, in welcher Zeit und in welcher Klasse sie es zu Unterrichtszwecken benutzt haben, also z. B. Ausschnitte kopiert für einen Arbeitsbogen oder zur Interpretation o. ä. Dann handelt es sich bei dem Buch zwar nicht um Fachliteratur, aber um ein Arbeitsmittel, und schon klappt der Laden (BFH-Urt. vom 2. 2. 1990 – BFH/NV 1990 S. 564).

Geht das bei Dir nicht, muß das Finanzamt zumindest den größten Teil der Kosten im Wege der griffweisen Schätzung anerkennen, je nach Umständen 80, 70 oder 60% (BFH-Urt. vom 21. 5. 1992 – BStBl 1992 II. S. 1015). Das läßt sich hören, oder?

Übrigens: Der Bearbeiter im Finanzamt ist bei Fachzeitschriften und Fachliteratur gehalten, selbst kleinste Beträge zu bemeckern, wenn auf der Quittung außer dem Preis nicht auch Autor und Titel steht.

782 Zeile 41 Einrichtung des häuslichen Arbeitszimmers

Dazu gehören alle Gegenstände, mit denen Dein Arbeitszimmer für die Berufsausübung funktionell ausgestattet ist, also Mobiliar, Teppiche, technisches Gerät usw. Auch Liege, Klappcouch und Schaukelstuhl gehen inzwischen als Ausstattung glatt durch (➤ Rz 813).

Bei Kunstgegenständen wie Bildern und Skulpturen zeigt sich der Fiskus meistens zopfig, weil sie nicht zur funktionellen Ausstattung des Arbeitszimmers gehören. So fielen die Kosten für ein Gobelinbild dem Rotstift zum Opfer, weil der Steuerzahler es als Wandbehang und nicht als Teppich deklariert hatte.

Denn wisse:
Ein Teppich zählt zur üblichen Ausstattung des Arbeitszimmers. Hier darf es auch gern ein Orientteppich für z. B. 3 900 Mark sein, den Du verteilt auf fünf Jahre mit jährlich 20% abschreibst (BFH-Urt. vom 8. 11. 1996, Az. VI R 22/96). Aber wie heißt es doch, immer schön auf dem Teppich bleiben. Kostet das gute Stück wesentlich mehr, ist der Rahmen des Üblichen schnell überschritten, und Du bleibst auf Deinen Kosten hängen. Was üblich ist, das ist Ermessenssache und hängt von den Umständen ab. Hier gilt es, das richtige Fingerspitzengefühl zu haben. Weniger stur zeigt sich der Fiskus bei Kunst im Arbeitszimmer, wenn der Steuerzahler glaubhaft macht, daß er häufiger geschäftlichen Besuch im Arbeitszimmer empfängt und das Arbeitszimmer deshalb repräsentativ ausstatten muß (BFH-Urteil vom 30. 10. 1990 – BStBl 1991 II S. 340).

783 Der Zweck von Kunst im Arbeitszimmer, auf die berufliche Arbeit geistig anregend und produktiv zu wirken, wird vom BFH nicht gewürdigt, vielmehr als Privatvergnügen abgetan. So lehnte der BFH Aufwendungen für gerahmte Poster und Drucke im Dienstzimmer eines Beamten als Werbungskosten ab, weil das der Dienstherr stellen müsse (BFH-Urt. vom 14. 5. 1991 – BStBl 1991 II S. 837). Auf derselben knickerigen Welle liegt die Entscheidung des BFH vom 18. 3. 1988 – BFH/NV 1988 S. 556, Geweihe und Jagdwaffen nicht als Schmuck im Arbeitszimmer zuzulassen.

Wie sich Gegenstände im Arbeitszimmer, die keine Arbeitsmittel sind, wie z. B. Fernseher, Radio, Klavier usw., auf die Anerkennung des Arbeitszimmers auswirken und was Du dagegen tun kannst, dazu mehr unter ➤ Rz 813 und 835 ff.

Zeile 41 Profitiere vor allem von Vereinfachungsregelungen

784

Kaufst Du geringwertige Arbeitsmittel – das sind Arbeitsmittel, die nicht mehr als 928 DM gekostet haben –, kannst Du die Kosten dafür im Jahr der Zahlung voll absetzen (LStR 44). Diese Arbeitsmittel gelten steuerlich als geringwertige Wirtschaftsgüter (GWG), für die ein jahrelanges Nachhalten der jährlichen Abschreibung nicht lohnt.

Doch aufgepaßt: Übereifrige Fiskalritter versuchen diese zur Vereinfachung gedachte sinnvolle Regelung zu unterlaufen, indem sie mehrere geringwertige Arbeitsmittel zusammenfassen und dadurch über die 928-DM-Grenze kommen. Ihre Begründung: Die einzelnen Arbeitsmittel seien aufeinander abgestimmt. Dies ist aber nur bei technisch aufeinander abgestimmten Gegenständen wie z. B. Teilen einer Computeranlage (Rechner, Monitor, Tastatur und Drucker) zulässig. Diese Teile müssen wir zu einem einheitlichen Arbeitsmittel »Personalcomputer« zusammenfassen (FG München vom 30. 6. 1992 – EFG 1993 S. 214). Anders dagegen bei Mobiliar für ein Arbeitszimmer. Hier bildet jeder Gegenstand (Schreibtisch, Stuhl, Papierkorb, Lampe und natürlich auch die Schreibmaschine) ein selbständig nutzbares und damit voll absetzbares Arbeitsmittel, wenn seine Anschaffungskosten 928 DM nicht übersteigen. Auch Anleitungsbuch und Speicherkarte eines Taschencomputers sind selbständig nutzbar und fallen unter die 928-DM-Regelung (FG Rheinland-Pfalz vom 8. 11. 95, 1 K 1480/93).

Zeile 41 Abschreibung der Arbeitsmittel

785

Hat der Kaufpreis für ein Arbeitsmittel mehr als 928 DM betragen, so ist er auf die Dauer der Nutzung zu verteilen (Abschreibung). Nur der Abschreibungsbetrag ist in den einzelnen Jahren als Werbungskosten anzusetzen. Für die Nutzungsdauer der einzelnen Arbeitsmittel gibt es Erfahrungswerte.

786

Abschreibungstabelle für Arbeitsmittel		
	Nutzungsdauer	AfA-Satz
Autotelefon	4 Jahre	25%
Büromöbel	10 Jahre	10%
Diktiergerät	5 Jahre	20%
Drucker	4 Jahre	25%
Fotokopiergerät	5 Jahre	20%
Frankiermaschine	5 Jahre	20%
Funktelefon	4 Jahre	25%
Panzerschrank	20 Jahre	5%
Perserteppich	10 Jahre	10%
Personalcomputer	3 Jahre	33⅓%
Pkw	5 Jahre	20%
Schreibmaschine	5 Jahre	20%
Telefaxgerät	5 Jahre	20%

Der Fiskus hat bei der Abschreibung von Arbeitsmitteln einige für Dich günstige Vereinfachungen zugelassen, nicht um Dir, sondern um sich selbst knifflige Rechnereien zu ersparen:

Hast Du das Gerät im ersten Halbjahr gekauft, kannst Du die volle Jahresabschreibung absetzen, ansonsten die Hälfte des Jahresbetrages.

787 **Gut zu wissen:** Wird ein bereits abgeschriebenes Arbeitsmittel später verkauft, so ist der Verkaufserlös nicht steuerpflichtig (LStR 44). Also gibst Du Deinen Alt-PC doch für 920 DM an einen Kollegen! Der kann ihn dann ja später ebenfalls weiterverkaufen, wenn er feststellt, daß das Ding nichts mehr taugt. Aber bitte nicht zehn Rechnungen im Kollegenkreis für ein und dieselbe Kiste … »Warum nicht?« fragst Du. Weil das Steuerhinterziehung wäre, sogar gemeinschaftliche …

Antikes Mobiliar im Arbeitszimmer?

788 Auch steuerlich eine gute Wahl. Die Möbel behalten ihren Wert und können trotzdem auf zehn Jahre abgeschrieben werden (BHF, BStBl 1986 II S. 355). Dasselbe gilt für einen Orientteppich (FG Rheinland-Pfalz vom 15. 11. 1993 – EFG 1994 S. 236). Dies sei für einen Studienrat ein alltäglicher normaler Ausstattungsgegenstand, so das FG.

789 ◆ *Musterfall Backs*

Frau Erika Backs ist Lehrerin und hat am 10. 12. ihre häusliche Arbeitsecke neu ausgestattet. Sie weiß, daß der Kaufpreis für das Mobiliar auf die übliche

Nutzungsdauer abzuschreiben ist. Sie weiß auch, daß aus Vereinfachungsgründen bei Anschaffung in der ersten Jahreshälfte die volle Jahresabschreibung und bei Anschaffung in der zweiten Jahreshälfte die halbe Jahresabschreibung abgesetzt werden kann. Geringwertige Wirtschaftsgüter (bis 928 DM) setzt sie – ebenfalls aus Vereinfachungsgründen – in voller Höhe ab. Aus der Anschaffung eines Computers vor drei Jahren ist noch ein Restwert vorhanden.

Frau Backs fügt folgendes **Einrichtungsverzeichnis** für > Zeile 41 Anlage N bei:

Arbeitsmittel	angeschafft	Kaufpreis brutto DM	AfA-Satz %	AfA 1999 DM	Restwert
Computer	12/1996	3 337	20	668	1 002
Schreibtisch	12/1999	4 500	10	225	4 275
Bürosessel	12/1999	2 300	10	115	2 185
Geringwertige WG					
Schreibtischlampe	12/1999	430	100	430	0
Regal	12/1999	920	100	920	0
Computertisch	12/1999	830	100	830	0
Summe der Abschreibung				3 188	7 462

Der Restwert zeigt ihr, was sie in den kommenden Jahren noch abschreiben kann.

Die Abschreibung und andere Werbungskosten bringt sie sodann in der Anlage N unter.

39		
40	Beiträge zu Berufsverbänden (Bezeichnung der Verbände) *Beamtenbund*	**51** 3 48
41	Aufwendungen für Arbeitsmittel – soweit nicht steuerfrei ersetzt – (Art der Arbeitsmittel bitte einzeln angeben.) DM	
42	*Arbeitsmittel lt. Anlage* + 3. 188	
43	*Fachliteratur* + 200	
44	+ ▸	**52** 3. 388
45	Weitere Werbungskosten (z. B. Fortbildungskosten, Reisekosten bei Dienstreisen) – soweit nicht steuerfrei ersetzt –	
46	*Kontoführung* + 30	
47	+	
48	+ ▸	**53** 30

790 TIP Vergiß privat erworbene Arbeitsmittel nicht!

Das vor zwei Jahren privat angeschaffte Bücherregal paßt vorzüglich in Dein neues Arbeitszimmer. Vergiß nun aber nicht, die Abschreibung dafür als Werbungskosten anzusetzen.

Für die Abschreibung sind die ursprünglichen Anschaffungskosten und die Gesamtnutzungsdauer maßgebend. Die Zeit der privaten Nutzung ist für die berufliche Abschreibung allerdings verloren (LStH 44 > Absetzung für Abnutzung).

Und so wird bei einer Nutzungsdauer von zehn Jahren gerechnet:

Anschaffung 3/1997	1 700 DM
./. Abschreibung 1997 und 1998 je 10% privat =	340 DM
Verbleiben als Werbungskosten	1 360 DM
./ Abschreibung 1999	170 DM
Restwert 31. 12. 1999	1 190 DM
Werbungskosten in > Zeile 41 der Anlage N =	170 DM

Setz alles ab, was nur ein bißchen plausibel erscheint! Denk an den Steuerstreik!

791 TIP Verlängerte Nutzungsdauer – huste dem Amt was!

Auch den alten Schreibtisch Deines Vaters kannst Du im Arbeitszimmer gut gebrauchen. Leider ist das gute Stück schon 10 Jahre alt, und damit ist eigentlich seine steuerliche Gesamtnutzungsdauer abgelaufen, d. h. die gesamte mögliche Abschreibung gilt als im privaten Bereich abgesetzt (fiktive Abschreibung nach LStH 44).

792 **Doch von wegen, nicht mit Dir. Denn die jetzt anstehende berufliche Nutzung beweist ja gerade, daß die Gesamtnutzungsdauer des Schreibtisches noch nicht abgelaufen ist. Also verlängerst Du die Nutzungsdauer auf zwanzig Jahre und setzt von den ursprünglichen Anschaffungskosten von 3 000 DM jährlich 5% = 150 DM als Werbungskosten ab (BFH-Urt. vom 16. 2. 1990 – BStBl 1990 II S. 883).**

»Wenn ich von meinem Freund ein altes Bücherregal kaufe, und er kauft eins von mir, dann können wir doch beide die Abschreibung ansetzen?« fragst Du. Das ist eine glatte Umgehung und ein Mißbrauch von rechtlichen Gestaltungsmöglichkeiten. So steht es in § 42 AO. Wenn das Finanzamt dahinterkommt, wird es die Abschreibung nicht anerkennen …

Man kommt schneller runter als wieder rauf.

(Oskar Lafontaine)

Arbeitsmittel-Abc		**793**

Bezeichnung	Anerkannt ja	Anerkannt nein	
Aktentasche (EFG 1979 S. 225)	x		
Berufskleidung = uniformartige Kleidung oder Schutzkleidung			
Monteuranzug, Robe des Richters, Frack des Kellners oder Orchestermusikers, mit Posthorn versehene Dienstkleidung der Postler (EFG 1991 S. 118), Arztkittel, weiße Hose aus dem Fachhandel (BStBl 1991 II S. 348), Cut eines Empfangschefs; Frack und schwarzer Anzug eines Kellners, schwarze Hose und weiße Jacke eines Kellners, schwarzer Anzug eines Leichenbestatters und eines Geistlichen, Sportbekleidung von Polizeibeamten für Dienstsport (Tennissport – FG Saarland – EFG 1991 S. 377), Sportanzug eines Offiziers mit aufgenähtem Balken, schwarze Hose zur Ausgehuniform (EFG 1992 S. 735), Tropenkleidung (BMF-Schreiben v. 8. 2. 1993 – BStBl 1993 I S. 247)	x x		
Berufskleidung reinigen und ausbessern ➤ Rz 774	x		
Bücherregal	x		
Sofern es ausschließlich oder ganz überwiegend zur Unterbringung von Fachbüchern genutzt wird. Es braucht nicht in einem Arbeitszimmer zu stehen.			**794**
Computer	x		
Sofern er ausschließlich oder ganz überwiegend beruflich genutzt wird. Dieser Nachweis kann dadurch erbracht werden, daß er am Arbeitsplatz steht oder daß der ArbN das Gerät für berufliche Fortbildung benötigt. Ein Laptop wird allgemein als beruflich genutzt angesehen.			
Diktiergerät	x		
Enzyklopädie des Tierreichs, mehrbändig	x		
Berufliche Nutzung bei einem Biolehrer anerkannt.			
Fachbücher, Fachzeitschriften	x		
Dazu gehören Lehrbücher, Fachbücher und Fachzeitschriften, die fachbezogen sind, aber auch solche Sachbücher, die sich an einen breiten Leserkreis wenden, die aber berufsbezogene Themen des ArbN behandeln.			
Im einzelnen zu Fachzeitschriften			**795**
Allgemeine Nachschlagewerke, auch bei Lehrern		x	
Tages- oder Wochenzeitungen		x	
Capital, Wirtschaftswoche, Impulse, Managementwissen, Manager-Magazin (FG Köln – EFG 1991 S. 21)		x	
Handelsblatt	x		
Grzimeks Tierleben bei Biolehrern	x		
Kleidung, bürgerliche		x	
auch wenn sie ausschließlich am Arbeitsplatz getragen wird (BStBl 1980 II S. 75)			
Koffer für Reisenden (EFG 1972 S. 329)		x	

Bezeichnung	Anerkannt ja	nein
Kunstgegenstände im Arbeitszimmer (Bilder, Skulpturen), weil sie keine Arbeitsmittel sind		x
Kunstgegenstände im Arbeitszimmer, das auf Besucher repräsentativ wirken muß (BStBl 1991 II S. 340)	x	
Mobiliar im Arbeitszimmer, auch antikes ➤ Rz 788	x	
Musikinstrument		
Konzertpianistin	x	
Kirchenmusiker	x	
Musiklehrer		x
Rechtsprechung ist bei Musiklehrern nicht einheitlich (abgelehnt vom BFH – BStBl 1978 II S. 459, anerkannt FG Niedersachsen EFG 1982 S. 561).		
Nachschlagewerke		
In englischer Sprache für Englischlehrer	x	
Brockhaus für Lehrer		x
Duden für Deutschlehrer	x	
Reiseutensilien für Dienstreisen (EFG 1988 S. 67)		x
Schreibmaschine		
Prüfer (BStBl 1963 III S. 299)	x	
Referendar (EFG 1969 S. 399, EFG 1988 S. 116)	x	
Richter (BStBl 1971 II S. 327)	x	
Schreibtisch in der Privatwohnung		
zusammen mit Stuhl, Lampe und Papierkorb		
Lehrer (BStBl 1977 II S. 464)	x	
Bauingenieur (BFH vom 28. 11. 1980, nicht veröff.)		x
Sportgeräte, Sportkleidung		
Sportlehrer, wenn ausschließlich beruflich genutzt	x	
Sportlehrer, wenn auch privat genutzt;		x
dazu BStBl 1987 II S. 262 bei einem privaten Nutzungsanteil von nur 15,5%.		
Telefon in der Wohnung	x	
dazu mehr unter ➤ Rz 799		
Teppich im Arbeitszimmer, auch antik oder Orientteppich (FG Niedersachsen, EFG 1992 S. 65 und 1994 S. 236).	x	
Wachhund		
Ärztin (BStBl 1979 II S. 512)		x
Forstbediensteter	x	
Hausmeister (EFG 1989 S. 228 rk)	x	
Wachmann (BStBl 1960 III S. 163)	x	
Waffen		
Richter (EFG 1979 S. 546)		x
Forstbeamter (Jagdwaffe)	x	
Zeitung (zweite) für berufliche Informationen (FG Köln, EFG 1994 S. 199)	x	

796

Auch wenn da ein Nein-Kreuzchen steht – setz es an! Von unserem Steuerstreik schläfrig geworden, läßt der Bürokrat dann den Betrag zum Absetzen zu.

▬ TIP Setz den neuen Zwirn für Dein Outfit von der Steuer ab 797

»… und mache hiermit Ausgaben geltend für durch Farbspritzer unbrauchbar gewordene Kleidung (Hosen) und Schuhe 879,– DM. Ich bin in einem Laboratorium tätig, wo trotz Kittel Kleidung und Schuhe durch Chemikalien und Farbe regelmäßig so verschmutzt werden, daß sie selbst nach der Reinigung nicht mehr getragen werden können.«

Der Fiskalritter guckt auch auf den letzten Pfennig und schreibt: »… und 798
kann nur als Werbungskosten den Unterschied zwischen dem Zeitwert der Kleidungsstücke und Schuhe vor und nach der Beschädigung anerkennen. Da Sie die Zeitwerte nicht nachgewiesen haben, schätze ich den absetzbaren Betrag auf 450,– DM.« Na bitte …

Zeile 41 Telefon als Arbeitsmittel 799

Beruflich veranlaßte Telefonkosten gehören in die Steuererklärung, auch wenn die Gespräche vom privaten Fernsprechanschluß geführt werden. Schwierig ist allerdings, den beruflichen Anlaß und die Höhe der Kosten nachzuweisen oder zumindest glaubhaft zu machen. Diesen Umstand macht sich der Fiskalvertreter gern zunutze und bemeckert selbst kleinste Beträge. Argwöhnt er doch, Dir seien wie ihm selbst überhaupt keine beruflichen Telefonkosten entstanden.

Mache deshalb glaubhaft, daß Du in überdurchschnittlichem Umfang berufliche Telefongespräche in Deiner Wohnung geführt hast. Dies gelingt Dir, indem Du darlegst, daß Deine Position und Dein Aufgabengebiet in der Firma berufliche Telefonate nach Dienstschluß und an Wochenenden erfordern. Besser noch ist diese

```
            Arbeitgeberbescheinigung                    800
Herr/Frau .... ist bei uns als ....... beschäftigt.
Aufgrund dieser Tätigkeit ist es unumgänglich, daß
er/sie auch außerhalb der Dienstzeit von zu Hause
Ferngespräche mit Kunden und Lieferanten führt.
Gegenstand der Gespräche sind ...................
Die dadurch entstehenden Kosten sind mit dem Gehalt
abgegolten.
.........................(Unterschrift, Stempel)
```

Wenn es geht, weise im Telefonbuch auf den beruflichen Charakter Deines Telefonanschlusses hin und ziere Dich nicht, Deinem Namen den Zusatz anzufügen »Assessor, Prokurist, Telekom D2, Werbeberater, Dr. med.« oder ähnliches.

801 Gut zu wissen im umgekehrten Fall:
Kostenlose Privatgespräche im Betrieb

Hier zeigt sich der Fiskus mal von seiner großzügigen Seite: Solche Gespräche sind steuerfrei, allerdings nur im Orts- oder Nahbereich. Ferngespräche sind dagegen steuerpflichtig. Wenn Du indessen den feinen Unterschied zwischen Orts-, Nah- und Ferngesprächen nicht machen kannst, wird Dir das sicherlich nicht groß zum Schaden gereichen.

Wir alle sind Heilige,
Clowns und Gauner gleichzeitig.
(Boltanski)

802 **TIP** **Setz die Telefonkosten-Pauschale unbedingt an!**

Gehörst Du zu den Vieltelefonierern, bist Du also **Verkaufsberater, Reisender, Kundendienstmonteur, Revisor, Journalist, Arbeitnehmer mit Abrufbereitschaft oder einfach leitender Angestellter,** so billigt Dir der Fiskus ohne weiteres einen Anteil der Kosten für Deinen privaten Telefonanschluß als Werbungskosten zu, wenn Du angeben kannst, mit wem Du von Deinem privaten Telefonanschluß aus beruflich telefonierst.

803 Fehlen Dir geeignete Aufzeichnungen über den Umfang der beruflich veranlaßten Telefonate, so setze aus Vereinfachungsgründen die Telefonkosten-Pauschale an (BMF-Schreiben vom 11. 6. 1990 – BStBl 1990 I S. 290).

Die Pauschale sieht drei Stufen von unterschiedlicher Höhe vor:

	Stufe 1 = 20% der Monatsgebühr bis 130 DM
zuzüglich	**Stufe 2** = 40% der Monatsgebühr, die über 130 DM hinausgeht
zuzüglich	**Stufe 3** = 100% der Monatsgebühr, die über 230 DM hinausgeht.

Zusammenstellung der Telefonkosten-Pauschale für > Zeile 45					804
Die beruflich veranlaßten Telefonkosten berechne ich wie folgt:					
	Monatsgebühr insgesamt	Davon beruflich veranlaßt			
		20%	+ 40%	+ 100%	= Gesamt
Januar	306 DM	26 DM	+ 40 DM	+ 76 DM	= 142 DM
Februar	266 DM	26 DM	+ 40 DM	+ 36 DM	= 102 DM
März	221 DM	26 DM	+ 37 DM	+ 0 DM	= 63 DM
April	367 DM	26 DM	+ 40 DM	+ 137 DM	= 203 DM
usw. bis	...	...	...	...	...
Ultimo, Summe ingesamt					= 1 537 DM

Berechnung nach BMF-Schreiben vom 11. 6. 1990 – BStBl 1990 I S. 290

Achtung: Vergiß nicht die erstmalige Anschlußgebühr!

»Muß ich die Rundfunk- und Fernsehgebühren aus der Monatsgebühr herausrechnen?« fragst Du arglos ...

Genauso wie oben rechnest Du mit einem Auto- oder Mobiltelefon. Die Abschreibung für das Telefon teilst Du im Verhältnis der beruflichen zu den Gesamtkosten auf. Die Abschreibung ermittelst Du, indem Du Gesamtkosten aus Kaufpreis, Einbau und Anschluß durch die Nutzungsdauer von vier Jahren teilst (Quelle: BMF-Schreiben vom 14. 10. 1993 – BStBl 1993 I S. 908). Kommst Du bei der Pauschalregelung zu kurz, weil Du Dein Telefon vollständig beruflich nutzt, so lies folgenden ...

TIP **Mobiltelefon: 75% sind beruflich drin durch eine Bescheinigung vom Chef**　　805

Das Handy ist als Zweittelefon grundsätzlich ein Arbeitsmittel und sollte deshalb zu 100% absetzbar sein, einschließlich der laufenden Kosten. Nun meint der Fiskus, Du würdest auch Privatgespräche mit dem Handy führen, und kürzt die Kosten wegen privater Nutzung. Schützenhilfe leistet das FG Rheinland-Pfalz im Urt. vom 28. 11. 1997 – 4 k 1694/96, das 75% der Kosten steuerlich anerkennt, und dies auch nur dann, wenn Du eine Bescheinigung des Arbeitgebers vorlegen kannst, daß Du Dein Handy zu 100% beruflich nutzt.

»Nur 75% trotz 100%iger beruflicher Nutzung? Und was ist mit den restlichen 25%?« fragst Du verwundert.

Man könnte es wohl Sicherheitsabschlag nennen, den die Finanzrichter dem Handyman nicht zugestehen wollten. Bestehst Du auf vollem Kostenabzug, mußt Du mittels Einzelverbindungsnachweis die 100%ige berufliche Nutzung belegen. Siehe hierzu auch ➤ Rz 806.

Zur steuerfreien Erstattung von Telefonkosten ➤ Rz 596.

Auwei, Handy defekt!

Für manche ist steuerlich nicht viel zu holen. Deshalb habe ich auch einige Ratschläge parat, wie Du unnötige Geldausgaben vermeiden kannst, wie zum Beispiel hier:

Wer sein Handy für gesponserte 49,50 DM gekauft hat – in Verbindung mit einem Kartenvertrag – und meint, es ebenso preiswert zur Reparatur geben zu können, kann eine herbe Überraschung erleben. Denn ein Handy zu reparieren ist keine Flickschusterei, solche Reparaturen gehen ins Geld. Da ist es schon besser, ganz schnell den Kartenvertrag zu kündigen und auf den Namen des Lebenspartners einen neuen Kartenvertrag abzuschließen. Und schon hast Du ein nagelneues Handy wieder zu einem gesponserten Spottpreis.

Erst der Fleiß macht das Genie.
(Th. Fontane)

806 **TIP** **Führe den Telefonkostennachweis durch eine Strichliste**

Willst Du mehr als die Telefonkosten-Pauschale, liegt es an Dir, höhere Beträge anhand geeigneter Aufzeichnungen glaubhaft zu machen. Nach dem BMF-Schreiben vom 11. 6. 1990 – BStBl 1990 I S. 290 sind jeweils aufzuzeichnen Tag, Gesprächsteilnehmer, Dauer des Gesprächs sowie der ermittelte Betrag der Gesprächsgebühren. Auch sind ankommende Gespräche zu berücksichtigen. Weil eine dauernde Aufzeichnung aller Telefongespräche nicht zumutbar ist, begnügt sich der Fiskus mit einem Nachweis für drei Monate, der dann auch für die Zukunft gültig ist.

Anhand der Strichliste werden die Gebühren aufgeteilt in beruflich und privat, wobei für die Aufteilung der Grundgebühr auch die ankommenden Gespräche einzubeziehen sind.

Übersicht: Nachweis der Telefonkosten					807
Aufteilung der Telefonkosten (Muster)					
Tag	Zeit	Teilnehmer	selbst		ankommend	
			beruflich	privat	beruflich	privat
Auswertung nach 3 Monaten:						
Anzahl der Gespräche			280	192	235	110
Anteile in % für Grundgebühr			34,3	23,5	28,7	13,5
Anzahl der Gesprächseinheiten			510	350		
Anteile in % für Gesprächsgebühr:			60	40		

Als Werbungskosten sind abziehbar:
Von der Jahresgrundgebühr (34,3% + 28,7%) =   63,0%
Von den Jahresgesprächsgebühren =   60,0%

**Diese Zahlen muß der Fiskalritter ohne Stirnrunzeln akzeptieren, denn er   808
ist ja während der Telefonate nicht dabeigewesen und darf Dich nicht so
ohne weiteres der Unredlichkeit bezichtigen, indem er Deine Aufzeichnungen anzweifelt ...**

Du hast eine Telefonanlage gekauft?
Vergiß nicht, die Kosten dafür entsprechend dem prozentualen Anteil der
beruflichen Nutzung als Werbungskosten abzusetzen. Das gilt auch für
Deinen **Anrufbeantworter.**

Zeile 41 Häusliches Arbeitszimmer   809

Bist Du im Außendienst tätig und mußt zu Hause Abrechnungen schreiben? Bringst Du öfters Arbeit mit nach Hause, um eilige Schriftsätze bis
zum nächsten Tag fertig zu haben? Oder benötigst Du Ruhe, um wichtige
Einsatzpläne oder akkurate Listen anzufertigen? Liest Du zu Hause
Fachliteratur oder Fachzeitschriften, die Du auch hier aufbewahrst? Besuchst Du Fortbildungskurse, bist Du Lehrer oder Richter? Oder bist Du
gar häuslicher Telearbeiter? Wenn ja, kannst Du saftig Steuern sparen.
Richtest Du Dir nämlich ein separates Arbeitszimmer ein, könnten Aufwendungen, die anteilig auf dieses Zimmer entfallen, und die Aufwendungen für dessen Einrichtung als Werbungskosten absetzbar sein.

810 Checkliste für das häusliche Arbeitszimmer

Zunächst wisse: Die Aufwendungen für die eigene Wohnung, deren Einrichtung, Beleuchtung, Heizung, Reinigung usw. gehören zu den Kosten der Lebensführung, die nicht absetzbar sind. Das gilt auch dann, wenn ein Teil der Wohnung beruflich genutzt wird. So kann auch ein teilweiser Abzug wegen des sog. Aufteilungsverbots nicht vorgenommen werden.

Wer also z. B. sein Wohnzimmer zeitweise als Arbeitsraum nutzt, indem er dort an einem Schreibtisch berufliche Arbeiten verrichtet, kann die Kosten für das Wohnzimmer auch nicht zum Teil abziehen. (Die Kosten für den Schreibtisch sind jedoch absetzbar.)

Anders dagegen, wenn ein separater Raum als Arbeitszimmer dient. Das Arbeitszimmer muß aber so gut wie ausschließlich beruflich genutzt werden, entsprechend eingerichtet und auch zwingend notwendig sein. Diese Voraussetzungen prüft der Fiskalritter anhand von vier Fragen nach. Alle Fragen müssen mit Ja beantwortet werden, andernfalls wird kein Arbeitszimmer anerkannt.

811

Frage 1:	Reicht die Größe der Restwohnung für den normalen Wohnbedarf aus?
Frage 2:	Ist das Arbeitszimmer von den Privaträumen getrennt (kein Durchgangszimmer)?
Frage 3:	Ist die Einrichtung berufsbezogen und funktionell?
Frage 4:	Ist das Arbeitszimmer zwingend notwendig?

Was will der Fiskalritter mit seinen Fragen erreichen? Dazu wisse:

Zu Frage 1:
Wenn die Größe der Restwohnung für den normalen Wohnbedarf nicht ausreicht, besteht die Vermutung, daß der Steuerzahler das Arbeitszimmer auch privat in Anspruch nimmt. Folge: Es wird kein Arbeitszimmer anerkannt.

812 Zu Frage 2:

Ein Arbeitszimmer innerhalb der Wohnung muß gegen die anderen Räume abgeschlossen sein, darf also kein galerieartiger Raum und auch kein Durchgangszimmer sein. Denn bei einem galerieartigen Raum und bei einem Durchgangszimmer geht der Fiskus von einer **privaten Mitbenutzung** aus, die steuerschädlich ist (BFH – BStBl 1984 II S. 110); unschädlich ist aber, wenn die Durchquerung des Arbeitszimmers zwar möglich, aber nicht notwendig ist (EFG 1987 S. 80); unschädlich ist auch, wenn das Arbeitszimmer ein Durchgangszimmer zum Schlafzimmer ist (BFH-Urt. vom 31. 1. 1992 –

BFH/NV 1992 S. 460). Unschädlich ist ferner, wenn das Arbeitszimmer ein »gefangener Raum« ist, also nicht vom Flur aus betreten werden kann (EFG 1985 S. 343); unschädlich ist auch, wenn das Arbeitszimmer nur gelegentlich durchquert wird, um ein anderes Zimmer zu erreichen (EFG 1987 S. 20 und 241), oder wenn nur eine »Ecke« des Arbeitszimmers betreten wird, um das Wohnzimmer zu erreichen (BFH – BStBl 1988 II S. 1000).

»Hör auf, das Durchgangszimmer bringt mich ganz durcheinander. Im übrigen habe ich gar kein Durchgangszimmer«, sagst Du.

Aber vielleicht hat Dein Arbeitszimmer einen Balkon, und dann paß auf: Der Balkon kann Deinem Arbeitszimmer den Garaus machen, wenn Du ihn oft privat benutzt, dadurch das Arbeitszimmer privat durchquerst und dies auch noch lauthals kundtust (EFG 1985 S. 392).

Zu Frage 3: 813

Ist das Arbeitszimmer berufsbezogen und funktionell eingerichtet, spricht das eindeutig für eine berufliche Nutzung. Dabei ist Luxus durchaus erlaubt. Es sollten also im Arbeitszimmer möglichst nur Arbeitsmittel vorhanden sein, das heißt, nur Gegenstände, die ausschließlich oder doch weitaus überwiegend beruflich verwendet werden. Gegenstände, die keine Arbeitsmittel sind, wie z. B. eine Stereoanlage, ein Fernseher, im Arbeitszimmer aufbewahrte private Bücher oder selten getragene Kleidung lassen aus fiskalischer Sicht auf eine private Nutzung des Zimmers schließen. Allerdings, je intensiver ein Arbeitszimmer beruflich genutzt wird, um so weniger Bedeutung haben private Gegenstände, die sich im Arbeitszimmer befinden (so der BFH im nicht veröffentlichten Urteil vom 16. 2. 1990 – VI R 144/86). Auch das FG Berlin hielt in seinem Urteil vom 16. 8. 1988 (rk – EFG 1989 S. 17) eine unbedeutende private Nutzung für erlaubt, wenn z. B. in seltenen Fällen ein Besucher auf der im Arbeitszimmer stehenden Liege oder Klappcouch übernachtet.

Übrigens: Als Arbeitsmittel gelten nicht nur die typischen Arbeitsmittel wie zum Beispiel die Schreibmaschine oder der Taschenrechner. Auch die Gegenstände, mit denen die Arbeit stattfindet, gehören dazu. So kannst Du zum Beispiel auch die Kosten für Sitzmöbel, Stuhlsessel oder Lesehocker steuerlich absetzen. Auch Liege und Klappcouch sind inzwischen als Arbeitsmittel (Entspannungsmittel) anerkannt und somit für das Arbeitszimmer unschädlich, ja sogar ein Schaukelstuhl. So setzte ein gewitzter Prof. die Kosten für seinen Schaukelstuhl als Werbungskosten ab und kam damit durch (BFH-Urt. vom 28. 9. 1990 – BFH/NV 1991 S. 298). Es sei dem Arbeitnehmer unbenommen, so der BFH, statt am Schreibtisch zu sitzen, sich im Liegen oder im Schaukelstuhl auf seine Arbeit zu konzentrieren oder Fachliteratur zu lesen.

Pech für den Steuerprüfer!

Auch für eine zeitlich befristete Fortbildung benötigst Du ein Arbeitszimmer. Ist ein entsprechender Raum bei Dir vorhanden, wirst Du diesen zum Arbeitszimmer erklären und die Kosten in der Steuererklärung geltend machen (BFH-Urt. vom 26. 4. 1985 – BStBl 1985 II S. 467 zur Frage der Nutzungsdauer).

Bei Abgabe der Steuererklärung ist der Raum ein Arbeitszimmer **gewesen,** sozusagen Schnee von gestern ...

 Antikes Mobiliar ➤ Rz 786.

814 Zu Frage 4:

Das Arbeitszimmer wird nur dann als zwingend notwendig angesehen, wenn

a) der Steuerzahler mehr als die Hälfte seiner gesamten beruflichen Arbeitszeit in dem Arbeitszimmer verbringt (Arbeitnehmer, die ihre berufliche Arbeit überwiegend zu Hause verrichten, wie z. B. Beschäftigte bei Rechtsanwälten, Steuerberatern, aber auch Richter, Landwirte, Gewerbetreibende oder Hausbesitzer), oder

b) wenn kein anderer Arbeitsplatz zur Verfügung steht (Lehrer, freie Mitarbeiter, Außendienstmitarbeiter, nebenberuflich Tätige).

Dies bedeutet jedoch mitnichten, daß Dir überhaupt kein Arbeitsplatz zur Verfügung stehen darf. Vielmehr nur, daß für die im Arbeitszimmer verrichteten Arbeiten kein anderer Arbeitsplatz vorhanden ist. Dies gilt besonders für Lehrer, die zwar ihren Unterricht in der Schule verrichten, für die Vorbereitung des Unterrichts und für Korrekturarbeiten aber in der Schule keinen Arbeitsplatz haben. Und was bei den Lehrern recht ist, kann Dir nur billig sein. Lies auch ➤ Rz 821.

Sind diese Voraussetzungen nicht erfüllt, wird kein Arbeitszimmer anerkannt.

815 TIP: Arbeitszimmer-Höchstbetrag 2 400 DM

Hat der Fiskalritter viermal einen Haken gemacht und das Arbeitszimmer damit anerkannt, billigt er Dir gleichwohl nicht den Abzug der gesamten Kosten zu, sondern höchstens 2 400 DM.

Du brauchst Dir also gar nicht große Mühe zu geben und alle Belege herauszusuchen. Hast Du Ausgaben bis 2 400 DM zusammen, kannst Du aufhören zu rechnen. Denn was darüber hinausgeht, ist steuerlich verloren. Unter den Arbeitszimmer-Höchstbetrag fallen sowohl die Raumkosten als auch die **Kosten der Ausstattung**. Beide sind also zusammenzurechnen und sodann auf 2 400 DM begrenzt. Zur Ausstattung des Arbeitszimmers gehören Tapeten, Teppiche, Fenstervorhänge und Lampen.

Nicht zur Ausstattung des Arbeitszimmers gehören Arbeitsmittel, die folglich nicht unter die Ausgabenbegrenzung von 2 400 DM fallen, also ohne Einschränkung absetzbar sind. Arbeitsmittel sind Gegenstände, die zu mehr als 90%, also so gut wie ausschließlich, beruflich genutzt werden. Darunter fallen nicht nur die typischen Arbeitsmittel wie Werkzeuge, Computer, Kopierer oder Faxgerät. Auch andere Gegenstände wie Sitzmöbel, Computerschränke oder Lesehocker gehören dazu, sofern sie entsprechend beruflich genutzt werden. In welchem Umfang eine berufliche Nutzung stattgefunden hat, das kann allein der Steuerzahler beurteilen. Schließlich ist der Bearbeiter im Finanzamt nicht zugegen gewesen. Hier gilt es, den Streichgelüsten des Bearbeiters entschieden zu begegnen.

Und hier das Wesentliche zum Arbeitszimmer noch einmal im Überblick: **816**

> ➤ So gut wie ausschließlich berufliche Nutzung des Arbeitszimmers (zu mehr als 90%)?
> ➤ ausreichende Größe der Wohnung
> ➤ räumliche Trennung von den übrigen Wohnräumen
> ➤ berufsbezogene, funktionelle Einrichtung

Nein, kein Werbungskostenabzug

Ja:
1. Gesamte betriebliche und berufliche Tätigkeit wird zu mehr als 50% im Arbeitszimmer ausgeübt (z. B. Richter, Universitätsprofessor).
   ➤ Werbungskostenabzug bis zu 2 400 DM jährlich
2. Für die betriebliche oder berufliche Tätigkeit steht kein anderer Arbeitsplatz zur Verfügung (z. B. Nebentätigkeit, Lehrer oder auch Verwaltung von Kapitalvermögen und Grundbesitz).
   ➤ Werbungskostenabzug bis zu 2 400 DM jährlich
3. Das Arbeitszimmer ist Mittelpunkt der gesamten betrieblichen und beruflichen Tätigkeit (Heimarbeiter, Freiberufler, Hausgewerbetreibender, Schriftsteller, nicht: Lehrer oder Richter).
   ➤ Abzug sämtlicher Kosten des Arbeitszimmers, ohne Begrenzung

Mehr hierzu im folgenden Tip.

TIP Mit einer Hauptarbeitsstätte ganz aus dem Schneider 817

Ab 1996 hat der Fiskus den Abzug von Aufwendungen im sogenannten Pantoffelbereich rigoros beschränkt. Die Voraussetzungen für ein Arbeitszimmer hat er verschärft und zudem auch noch einen Arbeitszimmer-Höchstbetrag von 2 400 DM eingeführt.

Schwer tut sich der Fiskus aber, wenn Du sagen kannst:
»Das häusliche Arbeitszimmer ist meine Hauptarbeitsstätte, also der Dreh- und Angelpunkt meiner gesamten beruflichen Tätigkeit. Nur dort kann ich dauerhaft beruflich tätig sein.«

In diesem Fall muß der Fiskus die Kosten in unbegrenzter Höhe anerkennen. In den Genuß des unbegrenzten Abzugs kommen insbesondere Heimarbeiter oder Außendienstmitarbeiter im Handels- und Versicherungsgewerbe, wenn die Tätigkeit im häuslichen Arbeitszimmer einen wesentlichen Teil ihrer gesamten Arbeitszeit in Anspruch nimmt.

Also gut zu wissen: Alle Telearbeiter, die nicht außerhalb ihres Arbeitszimmer dauerhaft beschäftigt sind, können die gesamten Kosten ihres Arbeitszimmers absetzen, der Höchstbetrag von 2 400 DM gilt für sie nicht. Dasselbe gilt für teilzeitbeschäftigte Telearbeiter, wenn sie daneben kein weiteres Arbeitsverhältnis haben. Für Telearbeiter mit eigenem Arbeitszimmer ist also wichtig: Im Betriebssitz kein Arbeitsplatz zur Verfügung, Anwesenheitszeiten im Betrieb sind nicht vorgeschrieben. Nur so ist der Vollabzug geritzt.

Nicht gut zu wissen: Die Voraussetzung einer Hauptarbeitsstätte erfüllen damit alle diejenigen nicht, die einer nebenberuflichen Tätigkeit in ihrem Arbeitszimmer nachgehen, ihre Hauptarbeit also anderswo verrichten. Dies betrifft regelmäßig Nichtselbständige, wie z. B. Lehrer oder Richter.

Lehrer und Richter z. B. könnten aber sagen:

818 **TIP** **Schaff Dir eine Arbeitsecke im Wohnzimmer mit zusätzlichem Sicherheits- und Lagerraum an!**

»Ich arbeite für mein Amt nur am Schreibtisch im Wohnzimmer. Zusätzlich habe ich noch einen Raum, der als Arbeitsraum ungeeignet ist (weil zu laut, zu klein, zu dunkel, kein Telefon). In dem Raum steht der Kopierer, außerdem lagern dort vertrauliche Unterlagen und Akten, vertrauliche Aufzeichnungen. Ferner habe ich dort mein Archiv, werden dort Fachbücher und Fachzeitschriften aufbewahrt. Auch schließe ich dort meinen Laptop ein. Denn auf der Festplatte sind noch vertrauliche Texte abgelegt. Auch sollen meine Kinder den Laptop nicht privat benutzen.«

Wenn das so ist, dann hast Du gar kein Arbeitszimmer, kannst also die Kosten für den zusätzlichen Sicherheits- und Lagerraum uneingeschränkt absetzen.

TIP: Raus aus dem Pantoffelbereich: Arbeitszimmer bei Tante Olga   819

Ist Deine Wohnung zu klein wegen Deiner vielen Bambini? Dann frag doch mal Tante Olga. Deren Wohnung ist doch viel zu groß für sie als alleinstehende Witwe. Bestimmt vermietet sie Dir ein Zimmer, das Du gut als Arbeitszimmer angeben kannst. Dort hast Du Ruhe und kannst die volle Miete als Werbungskosten abziehen, denn schließlich ist dieses Arbeitszimmer ein Büro und schon gar kein »häusliches«.
Folge: Unbegrenzter Abzug aller Kosten.
Nur: Schließe einen schriftlichen Vertrag, in dem die genaue Miethöhe festgelegt ist. Die Mietzahlung mußt Du nachweisen können, z. B. durch Quittungen von Tante Olga, und schon klappt der Laden. Oder ist sie so froh über Deine Besuche, daß sie gar kein Geld von Dir will? Dann laß Dir was einfallen ..., aber für die Steuer muß schon Geld geflossen sein. Will der Fiskalritter nicht mitziehen, halt ihm das passende BFH-Urteil vom 28. 8. 1991 unter die Nase: BFH/NV 1992 S. 166.
Auch die Fahrtkosten zum außerhäuslichen Arbeitszimmer sind unbegrenzt absetzbar.
Lies auch den Tip: Mit dem Arbeitszimmer für die aushäusige Tochter den Fiskalritter zur Weißglut bringen (➤ Rz 1213).

TIP Der Arbeitszimmer-Höchstbetrag von 2400 Mark gilt hier nicht   820

Dies bringt den Fiskalritter zur Weißglut:

1. Arbeitszimmer/Büro mit separatem Eingang
Wenn das Arbeitszimmer nicht »häuslich« ist, also nicht zum Wohnbereich gehört, kommt der Fiskus mit seinem Höchstbetrag nicht zum Zuge. Fein bist Du raus, wenn Dein Arbeitszimmer einen – von der Wohnung – separaten Eingang hat, was bei vielen Einliegerwohnungen der Fall ist. Folge: Der volle Abzug der Kosten ist geritzt.

Gut zu wissen: Das Arbeitszimmer im ausgebauten Dachgeschoß Deines Hauses gehört zwar aus fiskalischer Sicht zum sogenannten »Pantoffelbereich« und gilt damit als »häuslich«. Dies mag für ein Einfamilienhaus zutreffen, nicht indessen für ein Zweifamilienhaus oder gar für ein Mietwohnhaus (FG Baden-Württemberg im Urteil vom 17. 6. 1998, Az. 5 K 298/97). Der Kläger hatte in einem Mietwohnhaus im Erdgeschoß ein Büro und darüber eine Wohnung gemietet. Die Finanzrichter meinten, das Büro im Erdgeschoß sei kein häusliches Arbeitszimmer, und ließen sämtliche Kosten zum Abzug zu.

2. Gemeinsame Nutzung eines Arbeitszimmers
Als Lehrerehepaar nutzt Ihr Euer häusliches Arbeitszimmer gemeinsam, je zur Hälfte. Jeder kann von den Gesamtkosten bis zu 2 400 DM absetzen, also sind maximal 4 800 DM absetzbar.

3. Ein Arbeitszimmer doppelt nutzen: zum Geldverdienen und zur Ausbildung
Der Fiskalritter will Dir nur den Arbeitszimmerhöchstbetrag von 2 400 Mark als Werbungskosten zubilligen. Aber Du kannst sagen: Ich bin auch noch in der Ausbildung, hole auf der Abendpenne das Abi nach. Folglich kannst Du die Arbeitszimmerkosten, die 2 400 Mark übersteigen, bis maximal 1 800 Mark als Ausbildungskosten bei den Sonderausgaben absetzen (➤ Rz 215 ff.).
So die OFD Düsseldorf, Vfg v. 18. 3. 1997 – S 2354 A St 122/St 1221.

Nicht gut zu wissen: Die steuerzahlerfreundliche Auslegung des Gesetzes der OFD Düsseldorf wird vielerorts nicht geteilt. Werbungskosten und Sonderausgaben seien in einen Topf zu werfen, und 2 400 Mark pro Person sei ab 1997 immer die Obergrenze. Wir sehen das anders. Wird Dein Fiskalritter hier zopfig, so kämpfe um Dein Recht.

821 Sei um gute Argumente nicht verlegen
Will der Fiskalritter die Werbungskosten streichen, weil er denkt, du habest ja als Arbeitnehmer einen Arbeitsplatz, so kannst Du gegenhalten mit der Begründung, daß Dein Arbeitsplatz für die Fortbildung nicht ausreicht oder – noch besser –, daß Dir untersagt ist, während der regulären Arbeitszeit Fachzeitschriften oder Fachbücher zu lesen. Insofern bist Du in derselben Situation wie ein Lehrer, dem ja auch für seinen Unterricht ein Arbeitsplatz zur Verfügung steht, nur nicht für die Vorbereitung des Unterrichts und für Korrekturarbeiten.

822 Zeigt sich der Bearbeiter zopfig, bleibst Du ebenfalls stur und verweist auf einen gleich gelagerten Fall vor dem Bundesfinanzhof (Az. VI R 41/98). Will der Bearbeiter nicht nachgeben, legst Du Einspruch ein und beantragst das Ruhen des Verfahrens, bis zur Entscheidung des Bundesfinanzhofs.

Dazu wisse: Eine lange Rechtsbehelfsliste, so nennt man im Finanzamt die Liste mit den Einsprüchen, ist für den Bearbeiter keine gute Visitenkarte.

Also ist er bemüht, Einsprüche zu vermeiden. Wir können streichwütige Bearbeiter also nur zur Räson bringen, wenn wir sie mit Einsprüchen überziehen und so ihre Streichwut in Grenzen halten.

Häusliches Arbeitszimmer: Berechnung der Kosten 823

Hier mußt Du zweckmäßigerweise unterscheiden zwischen den Raumkosten und den Ausstattungskosten.

Raumkosten
Sie sind anteilig zu berücksichtigen. Ihr Anteil richtet sich nach dem Verhältnis der Größe (Fläche) der Wohneinheit einschließlich Arbeitszimmer zur Größe des Arbeitszimmers. Nebenräume wie Keller, Waschküche, Abstellräume außerhalb der Wohnung, Dachböden, Trockenräume, Schuppen und Garagen bleiben unberücksichtigt.

Umfaßt die Wohnung z. B. 100 qm und das darin enthaltene Arbeitszimmer 14 qm, so betragen die anteiligen Kosten für das Arbeitszimmer 14% der Gesamtkosten. Die Gesamtkosten ergeben sich im einzelnen aus:

Mietwohnung	**Eigene Wohnung**
Miete	Abschreibung Gebäude
Heizkosten	Heizkosten
Stromkosten	Stromkosten
Hausratversicherung	Hausratversicherung
Umlagen	Gebäudeversicherung
Schönheitsreparaturen	Erhaltungsaufwendungen
Putzmittel	Gemeindeabgaben
Reinigungslohn	Putzmittel
	Reinigungslohn
	Finanzierungskosten

Kosten der Ausstattung des Arbeitszimmers
In Betracht kommen:
Malerarbeiten, Fußbodenbelag, Teppich, Gardinen und Lampen.

Anschaffungskosten von mehr als 928 DM – einschließlich Umsatzsteuer – sind auf die Nutzungsdauer des Mobiliars zu verteilen (abzuschreiben). Deine Kosten für Arbeitsmittel kannst Du selbstverständlich darüber hinaus als Werbungskosten absetzen. Mehr dazu unter ➤ Rz 793.

824 ◆ *Musterfall Backs*
(Arbeitszimmer in der Mietwohnung)

Frau Erika Backs ist Lehrerin. Sie ist verheiratet und hat ein Kind. Im Dezember hat sie erstmals ein häusliches Arbeitszimmer eingerichtet. Sie weiß, daß ihr Finanzamt im ersten Jahr besonders genau prüft, ob die Aufwendungen für das Arbeitszimmer als Werbungskosten abziehbar sind. Sie fügt deshalb der Anlage N einen Grundriß ihrer Wohnung mit Einzeichnung des Arbeitszimmers und der Ausstattung desselben bei. Außerdem fertigt sie nach vorgegebenem Schema eine Aufstellung der Kosten.

Name: Backs, Erika;   Steuer-Nr.: 135/0292/0881

Anlage Nr. 1 zur Anlage N

Aufwendungen für das häusliche Arbeitszimmer in der Mietwohnung (ab 1. 12.)

I. Unmittelbare Aufwendungen für das Arbeitszimmer

1. Einrichtungsgegenstände

Einrichtungsverzeichnis für > Zeile 41 Anlage N

	angeschafft	Kaufpreis brutto DM	AfA-satz %	AfA 1999 DM	Restwert DM
Schreibtisch	12/1999	4 500	10	225	4275
Bürosessel	12/1999	2 300	10	115	2185
Geringwertige WG					
Schreibtischlampe	12/1999	430	100	430	0
Regal	12/1999	920	100	920	0
Computertisch	12/1999	830	100	830	0
Summe der Abschreibung				2 520	6 460

2. Renovierung des Arbeitszimmers (Malerarbeiten, Teppichboden) Gesamtaufwendungen lt. beigefügter Aufstellung   2 874 DM

3. Sonstige direkt zurechenbare Aufwendungen
   Zwei neue schalldichte Türen je 774 DM   1 548 DM

II. Anteilige Aufwendungen für das Arbeitszimmer

Gesamtwohnfläche der Wohnung   83,00 qm
davon Fläche des Arbeitszimmers 10,46 qm
Anteil des Arbeitszimmers in % =   13%

Laufende Kosten der Wohnung
Miete (12 mal 825 DM)		9900 DM
Nebenkosten im Jahr		
Heizung	1440 DM	
Strom	1200 DM	
Wasser	540 DM	
Müllabfuhr	384 DM	
Schornsteinfeger	31 DM	
Reinigung	504 DM	
Sonstiges	216 DM	
Summe	4315 DM	>4315 DM
Hausratversicherung		117 DM
Gesamtkosten		14332 DM
Davon 13% Anteil Arbeitszimmer =		1864 DM
Zeitanteilig für Dezember $\frac{1}{12}$ =		156 DM

III. Zusammenstellung der Aufwendungen

1. Abschreibungen von Arbeitsmitteln		2520 DM
2. Renovierung des Arbeitszimmers	2874 DM	
3. Sonstige direkte Aufwendungen	1548 DM	
4. Anteilige Aufwendungen	156 DM	
Summe 2-4:	4578 DM	
maximal	2400 DM	2400 DM
Gesamtbetrag der Werbungskosten für das Arbeitszimmer =		4920 DM

Name: Backs, Erika   Steuer-Nr.135/0292/0881

Anlage Nr. 2 zur Anlage N

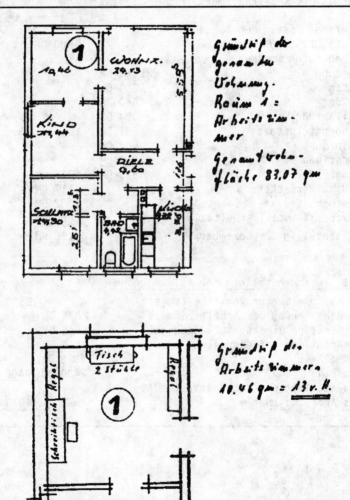

Grundriß der gesamten Wohnung.
Raum 1 = Arbeitszimmer
Gesamtwohnfläche 83.07 qm

Grundriß des Arbeitszimmers
10.46 qm = 13 v.H.

In Anlage N Zeile 41 trägt sie ein:

39	der vom... ...tätigkeit steuerfrei gezahlt wurde		
40	Beiträge zu Berufsverbänden (Bezeichnung der Verbände) _Beamtenbund_	51	326
41	Aufwendungen für Arbeitsmittel – soweit nicht steuerfrei ersetzt – (Art der Arbeitsmittel bitte einzeln angeben.) DM _Arbeitsmittel lt. Anlage_ 2.520		
42	_Fachliteratur_ + 200		
43	_Bürobedarf_ + 149		
44	_Arbeitszimmer_ + 2.400 ▸	52	5.269
45	Weitere Werbungskosten (z. B. Fortbildungskosten, Reisekosten bei Dienstreisen) – soweit nicht steuerfrei ersetzt –		
46	_Reisekosten (Klassenfahrten)_ + 428		
47	_Telefonkosten lt. Anlage_ + 572		
48	_Kontoführung_ + 30 ▸	53	1.030

TIP Arbeitszimmer im eigenen Haus

825

Mit einem Arbeitszimmer im eigenen Haus kannst Du zumindest einen Teil der Hausaufwendungen in der Steuererklärung unterbringen.

Für die Aufteilung der Hausaufwendungen gilt:

a) **Soweit die Hausaufwendungen das ganze Haus betreffen, sind sie anteilig abziehbar.** Zu den anteilig abziehbaren Hausaufwendungen gehört auch die Gebäudeabschreibung.

Für die Aufteilung der Hausaufwendungen ist maßgebend das Verhältnis der Fläche des Arbeitszimmers zur Gesamtfläche (einschließlich Arbeitszimmer). Nebenräume wie Keller, Abstellräume, Garagen usw. zählen nicht zur Gesamtfläche.

Beispiel
Gesamtfläche 140 m², Arbeitszimmer 21 m² = <u>15%</u> Anteil.

b) **Soweit Aufwendungen nur das Arbeitszimmer betreffen, sind sie zu 100% abziehbar,** z. B. Gardinen, Fußbodenbelag, Elektro- und Malerarbeiten usw.

Beispiel
Einfamilienhaus, berufliche Nutzung durch Arbeitszimmer = 15%

1. Anteilig abziehbare Aufwendungen

Jährliche Aufwendungen für Heizung und Elektrizität	2 420 DM
Jahresbetrag für die Hausratversicherung	80 DM
Jährliche Schuldzinsen	12 000 DM
Jährliche Grundsteuer, Gebäudeversicherung	940 DM
Jährliche Abgaben für Wasser, Abwasser, Müllabfuhr, Straßenreinigung	700 DM
Reparaturaufwendungen am Dach	1 860 DM
Gebäudeabschreibung	
Herstellungskosten vor 10 Jahren 300 000 DM	
Davon 2% Abschreibung =	6 000 DM
Summe	24 000 DM
Anteilig auf das Arbeitszimmer entfallen 15% =	3 600 DM

2. In voller Höhe abziehbare Aufwendungen

Schönheitsreparaturen im Arbeitszimmer	970 DM
Reinigungskosten	360 DM
Summe	1 330 DM
Insgesamt (3 600 DM + 1 330 DM) =	4 930 DM
Höchstens absetzbar	2 400 DM

zzgl. Arbeitsmittel wie z. B. Abschreibung der Büroeinrichtung

826 Anbau verschwiegen?
Habt Ihr Euer Wohnzimmer durch Anbau eines Wintergartens vergrö-
ßert? Dann hat sich auch die Wohnfläche geändert und damit der pro-
zentuale Anteil der Kosten für das Arbeitszimmer an den gesamten
Hauskosten. Diese Minderung der Arbeitszimmerkosten läßt sich aller-
dings leicht dadurch ausbügeln, daß Ihr Zinsaufwendungen für Euren
Anbau in die Gesamtkosten einbeziehet und somit anteilig auch dem
Arbeitszimmer zurechnet. Daß die Zinsen mit dem Arbeitszimmer nichts
zu tun haben, hat auch den BFH nicht gestört (Urteil vom 21. 8. 95 –
BStBl 1995 III S. 729).

TIP Im Keller hast Du himmlische Ruhe 827

Ist in Deiner Wohnung kein Platz für ein zusätzliches Arbeitszimmer, kannst Du auch einen Kellerraum als Arbeitszimmer einrichten. Diese Möglichkeit kommt insbesondere für Einfamilienhausbesitzer und Besitzer einer Eigentumswohnung im Erdgeschoß in Betracht, wenn sie den Kellerraum durch entsprechende Baumaßnahmen (Heizung, Elektroinstallation, Verputz) von einem Nebenraum zu einem Hauptraum machen (BFH-Urt. vom 5. 9. 1990 – BStBl 1991 II S. 389). Die Kosten des Ausbaus sind abziehbare Werbungskosten. Die anteiligen Aufwendungen sind dann aus dem Verhältnis der Arbeitszimmerfläche zur Gesamtfläche einschließlich Arbeitszimmer zu berechnen. Noch ein Vorteil: Im Keller hast Du himmlische Ruhe!!

Übrigens ist der Werbungskostenabzug nicht auf einen Raum begrenzt. Ist wegen des Umfangs Deiner Arbeiten zu Hause ein weiterer Raum erforderlich, z. B. für ein Archiv, so bietet sich hierfür auch ein Kellerraum an. (Flächenberechnung Keller FG Köln vom 26. 1. 1995, EFG 1995 S. 830).

TIP Arbeitsecke plus Wand = Arbeitszimmer 828

Ist Deine Wohnung nicht groß genug für ein separates Arbeitszimmer, bleibt oft nur eine Arbeitsecke. Hier sind allerdings nicht die anteiligen Raumkosten abziehbar, wohl aber Deine Aufwendungen für beruflich eingesetzte Arbeitsmittel wie Schreibtisch, Stuhl, Papierkorb, Regale, Lampen.

Auch eine zum privaten Wohnbereich offene Galerie stuft der BFH lediglich als Arbeitsecke ein (Urt. vom 6. 12. 1991 – BStBl 1992 II S. 304). Da nützt auch ein einfacher Raumteiler nichts, um aus der Galerie ein Arbeitszimmer zu machen, sie bleibt Arbeitsecke. Trennst Du aber die Galerie durch eine feste Wand vom Wohnteil ab (Gipskarton reicht auch) – schon klappt der Laden.

Die Kosten für den Einbau der Trennwand sind aber nicht sofort abzugsfähig, meint das FG von Baden-Württemberg (EFG 1995 S. 915), sondern müssen auf die Nutzungsdauer des Arbeitszimmers von ungefähr zehn Jahren verteilt werden.

829 **TIP** Reinigungskosten: Für Angehörige nur ein Dankeschön

Dies ist eigentlich kein Tip, sondern eher eine Warnung. Es geht um folgendes: Absetzbar sind auch die Aufwendungen für die Reinigung des Arbeitszimmers, das dürfte klar sein (sogar anerkannt durch BFH, BStBl 1984 II S. 112). Hat jedoch die Reinigung des Arbeitszimmers ein im Haushalt des Steuerzahlers lebender Angehöriger besorgt, z. B. die Ehefrau, die Tochter oder die Mutter, kommt aus fiskalischer Sicht ein Abzug nicht in Betracht. Die Reinigungsarbeiten werden in diesen Fällen einfach als unbedeutende Hilfeleistungen eingestuft, die üblicherweise – auf familienrechtlicher Grundlage – unentgeltlich erbracht werden (EStH 192 – Angehörige). Oder fühlst Du Dich stark genug für einen Gang bis zum Bundesfinanzhof? Dieser hat ein Hausarbeitsverhältnis mit dem im Haushalt lebenden Partner anerkannt (Urt. vom 27. 10. 1989 – BStBl 1990 II S. 294). Wesentlich größere Chancen hast Du, Reinigungskosten für das Arbeitszimmer durchzukriegen, wenn der Angehörige als Putz- und Reinigungshilfe für die gesamte Wohnung angestellt wird.

830 **TIP** Auch mit einer Hälfte am Haus bist Du voll dabei

Du kannst die volle Abschreibung für Dein Arbeitszimmer auch dann absetzen, wenn Dein Häuschen Dir und Deiner Angetrauten je zur Hälfte gehört. Will der Paragraphenritter diese Aufwendungen auf die Hälfte zusammenstreichen, laß Dich nicht ins Bockshorn jagen. Reibe ihm lieber ein für Dich günstiges BFH-Urteil unter die Nase (BFH – BStBl 1988 II S. 764). Danach wird die Abschreibung ohne Rücksicht auf den halben Miteigentumsanteil der Ehefrau als Werbungskosten berücksichtigt. Das gilt auch für die Schuldzinsen.

Gehört die andere Hälfte Deiner Hütte aber Verwandten, z. B. Deinen Eltern oder Schwiegereltern, kannst Du nur mit der halben Abschreibung rechnen.

831 **TIP** Arbeitgeber-Bescheinigung für Arbeitszimmer

Beim Arbeitszimmer mußt Du gerade im ersten Jahr zusätzliche Nachweise erbringen. Da hilft Dir auch folgende:

```
        ARBEITGEBER-BESCHEINIGUNG                    832
Herr/Frau/Fräulein......, wohnhaft in .........
ist in unserer Firma als ............ tätig.
Es ist uns bekannt, daß der Arbeitnehmer zu Hause ein
Arbeitszimmer eingerichtet hat, in dem er

□ für uns Geschäftsfreunde nach Betriebsschluß
  empfängt
□ zeitweise betriebliche Schreibarbeiten für uns
  erledigt
□ Arbeits-und/oder Weiterbildungsunterlagen aufbe-
  wahrt
□ sich für berufliche Zwecke weiterbildet.

Wir befürworten dies im Interesse unseres Betriebes
und halten es für erforderlich. Eine besondere
Vergütung wird dafür nicht gezahlt. Wir halten die
Aufwendungen für das Arbeitszimmer mit der Höhe des
Gehaltes für abgegolten.

Stempel des Arbeitgebers              Unterschrift
```

Friedfertigkeit verlängert die Lebensdauer.

(Im Wolfsrudel)

■■ TIP Berufliche Nutzung: Du trägst die Beweislast   834

Bei den Einnahmen trägt der Fiskus die Beweislast, bei den Ausgaben der
Steuerzahler, so einfach ist das. Willst Du Ausgaben in Deiner Steuererklärung unterbringen, mußt Du also beweisen, daß Du die Ausgaben auch
tatsächlich hattest. Insbesondere beim Arbeitszimmer solltest Du deshalb
die Gesamtumstände vollständig offenlegen und alle möglichen Zweifel an
der ausschließlich beruflichen Nutzung des Arbeitszimmers beseitigen.
Bleiben nämlich Zweifel, sagt der Paragraphenritter »nein« und verweist
ganz lapidar auf die bei Dir liegende Beweislast.

Auch als Single mit kleiner Zweizimmerwohnung kannst Du einen Raum
zum Arbeitszimmer erklären. Dafür muß aber der andere Raum zum
Wohn-/ Schlafraum umfunktioniert werden. Das bedeutet: Ein herkömm-
liches Bett in diesem Raum macht Deinem Arbeitszimmer den Garaus.

835 **TIP** **Fiskalischer Spontanbesuch: Huste ihm was!**

Sollte dem Paragraphenritter die abstruse Idee kommen, Dein Arbeitszimmer persönlich in Augenschein zu nehmen, muß er sich vorher anmelden. Bei einem Spontanbesuch kannst Du ihm den Zutritt zum Arbeitszimmer verweigern, ohne daß er daraus negative Schlüsse ziehen darf (anderer Ansicht FG Düsseldorf vom 19. 10. 1992 – EFG 1993 S. 64, wenn der Besuch während der normalen Geschäfts- und Arbeitszeit erfolgt).
Vor dem Besuch des Prüfers bleibt eigentlich immer noch Zeit, den Bestimmungen widersprechende Möbelstücke wie z. B. ein altes Klavier aus dem Arbeitszimmer anderswo hinzuschieben. ›Der Spiegel‹ berichtet von einer solchen »Schiebung« in Hamburg, an der sich sogar der Steuerprüfer selbst beteiligte, nachdem er ein Klavier im Arbeitszimmer bemerkt hatte.

Damit kam der Prüfer wohlwissend dem entscheidenden Einwand des Steuerzahlers zuvor: Im letzten Jahr (und nur um das geht es) stand das Klavier nicht hier.

Manchmal bittet der Prüfer darum, auch die Wohnräume besichtigen zu dürfen, vielleicht in der Hoffnung, eine »Schiebung aus dem Arbeitszimmer« aufzuspüren. Dazu kannst Du aber mit Recht »nein« sagen (§ 99 AO).
Für den Fall, daß der Prüfer trotz Deiner Vorsorge noch private Gegenstände entdeckt, weise auf die Urteile des Niedersächsischen Finanzgerichts vom 19. und 30. 9. 1991 – EFG 1992 S. 325 hin. Danach können ein Kleiderschrank oder private Bücher und Unterlagen im häuslichen Arbeitszimmer unschädlich sein, sofern die berufliche Nutzung erheblich ist (mehr als zwölf Std. wöchentlich).

836 **TIP** **Steuerprüfer hat sich angesagt: Wimmle ihn ab!**

Hat der Fiskalritter schriftlich mitgeteilt, daß er das Arbeitszimmer besichtigen möchte, schreibst Du ihm höflich zurück:

»Selbstverständlich können Sie mein Arbeitszimmer besichtigen. Da ich allerdings – genau wie Sie – berufstätig bin und mir extra einen Tag Urlaub nehmen müßte, möchte ich gerne vorher wissen, warum der Besuch notwendig ist. Eine Skizze von Wohnung und Arbeitszimmer liegt Ihnen vor, ebenso alle Belege für die entstandenen Kosten. Da ich nicht davon ausgehe, daß Sie mir als einem ehrlichen Bürger mißtrauen und meine Angaben zur Ausstattung des Arbeitszimmers anzweifeln, bitte ich Sie, mir die noch offenen Fragen mitzuteilen, damit diese möglicherweise einfacher auf schriftlichem Wege beantwortet werden können.«

Oder Du bittest ihn, abends gegen 19 Uhr die Besichtigung vorzunehmen. Vielleicht kommst Du auf diese Weise noch mal davon.

> *Das Recht ist für die*
> *Wachen da.*
> (Juristenweisheit)

6.7.4 Weitere Werbungskosten – Zeile 45–48

Zeile 45–48 Reisekosten

837

Dein Nachteil gegenüber den Innendienstlern: Weil Du unterwegs bist, hast Du ständig das Portemonnaie in der Hand. Deswegen paß auf, daß Du letzten Endes nicht draufzahlst.

Wichtig: Zur Steuerfreiheit von Reisekosten beachte hier unbedingt ➤ Rz 559 ff.

TIP Was kostet Dich der Außendienst?

838

Du solltest Dir Gewißheit darüber verschaffen, was Dich der Außendienst wirklich kostet. Zahlt Deine Firma pauschalen Reisekostenersatz, genügen ihr meistens Angaben über Deine Abwesenheitszeiten und über die gefahrenen Kilometer. Mit genauen Zahlen kannst Du aber ggf. eine Anhebung des Auslagenersatzes begründen.

Reisekosten, die Dir nicht erstattet worden sind, kannst Du steuerlich als Werbungskosten absetzen. Und auch hierüber sind Aufzeichnungen erforderlich.

Zwingende Angaben: Tag, Zielort, Zweck der Reise, Uhrzeit, km-Stände vorher und nachher.

Du kannst Dir ja auch eines der vielen Vordruckbücher kaufen, z. B. den »Rhenus-Reisekostennachweis«. Damit geht Dir garantiert nichts durch die Lappen.

839 Ein genauer Reisekostennachweis macht sich also doppelt bezahlt: Gegenüber Deiner Firma als Abrechnungsunterlage für Reisekostenersatz und gegenüber dem Fiskus als Nachweis für die Werbungskosten.

840 **TIP Zahlt die Firma weniger, als der Fiskus erlaubt?**

In diesem Fall bleibt Dir nichts anderes übrig, als doppelt abzurechnen:
1. Mit der Firma, die Deine Auslagen ersetzen soll.
2. Mit dem Finanzamt für den Abzug als Werbungskosten. Der von der Firma steuerfrei gezahlte Reisekostenersatz ist aber von Deinen Reisekosten abzuziehen.

841 **Wisse außerdem:** Zahlt Deine Firma als Spesenersatz einen festen Betrag, ohne daß Du die Reisekosten im einzelnen abrechnen mußt, dann zählt der Spesenersatz zum steuerpflichtigen Arbeitslohn. Du kannst dann aber Deine nachgewiesenen Reisekosten in voller Höhe als Werbungskosten absetzen. Hierfür benötigst Du wiederum konkrete Zahlen.

> *Auch wer sich auskennt,*
> *zahlt drauf,*
> *nur etwas weniger.*
> (Außendienst in Deutschland)

842 ## Zeile 45–48 Auswärtstätigkeit

Damit Du schnell klarzusehen vermagst, was Du als Reisekosten in der Steuererklärung unterbringen kannst, mußt Du vorher etwas Grundsätzliches hören:

● **Reisekosten ist die zusammenfassende Bezeichnung für alle Kosten im Zusammenhang mit einer Auswärtstätigkeit, und zwar für:**
 – Fahrtkosten,
 – Verpflegungsmehraufwendungen,
 – Übernachtungskosten und
 – Reisenebenkosten

843 ● **Auswärtstätigkeiten**
 Es gibt drei Arten der Auswärtstätigkeit, nämlich
 – Dienstreisen
 – Fahrtätigkeiten,
 – Einsatzwechseltätigkeiten,

wobei der Frage der regelmäßigen Arbeitsstätte entscheidende Bedeutung zukommt:

● **Regelmäßige Arbeitsstätte**
ist der Mittelpunkt der dauerhaft angelegten Tätigkeit, z. B. der Betrieb oder ein Zweigbetrieb. Dies bedeutet für

● **Dienstreisen**
Hast Du eine regelmäßige Arbeitsstätte, so ist jede Tätigkeit außerhalb derselben eine Dienstreise.

● **Fahrtätigkeit oder Einsatzwechseltätigkeit**
Hast Du keine regelmäßige Arbeitsstätte, so ist jede auswärtige Tätigkeit entweder eine Fahrtätigkeit oder eine Einsatzwechseltätigkeit.
  – Fahrtätigkeit bedeutet: Der Arbeitnehmer hat seinen Arbeitsplatz auf einem Fahrzeug
  – Einsatzwechseltätigkeit bedeutet: Der Arbeitnehmer ist ausschließlich auf ständig wechselnden Tätigkeitsstätten eingesetzt, z. B. als Bau- oder Montagearbeiter oder als Springer für Filialen.

»Wo liegen die Unterschiede bei den Auswärtstätigkeiten?« möchtest Du wissen. Da ist zu unterscheiden:

1. Fahrtkosten durch eigenen Pkw bei 844

a) Dienstreisen
Absetzbar sind die nachgewiesenen Pkw-Kosten, ohne Nachweis pauschal 0,52 DM je km.

b) Fahrtätigkeit
Die Fahrten zum Standort des Fahrzeugs oder zur Betriebsstätte sind wie Fahrten zwischen Wohnung und Betrieb zu behandeln (0,70 DM je Entfernungskilometer).

c) Einsatzwechseltätigkeit
Die Fahrten im Nahbereich (bis 30 km) sind wie Fahrten zwischen Wohnung und Betrieb zu behandeln (0,70 DM je Entfernungskilometer). Bei Fahrten im Fernbereich sind die nachgewiesenen Pkw-Kosten absetzbar, ohne Nachweis pauschal 0,52 DM je km.

2. Verpflegungskosten: 845
Hier gibt es einheitliche Pauschbeträge, die für alle Arten der Auswärtstätigkeit gelten, wobei der Abwesenheitsdauer besondere Bedeutung zukommt. Als Unterschied zwischen den Auswärtstätigkeiten ist wichtig zu wissen:

Bei Dienstreisen kommt es auf die Dauer der Abwesenheit von der **Wohnung und dem Betrieb** an. Bei Einsatzwechsel- oder Fahrtätigkeit ist ausschließlich die Abwesenheit von der **Wohnung** maßgebend.

Pauschbeträge für Verpflegungskosten im Inland

Abwesenheit	mind. 24 Std.	= 46 DM
Abwesenheit	mind. 14 Std.	= 20 DM
Abwesenheit	mind. 8 Std.	= 10 DM

Pauschbeträge für Verpflegungskosten im Ausland

Hier gelten unterschiedliche Auslandstagegelder (➤ Rz 885).

Eine weitere größere Übersicht siehe unter steuerfreiem Reisekostenersatz ➤ Rz 563.

An den Pauschbeträgen für Verpflegungskosten darf niemand mehr knabbern. Bekommst Du anläßlich einer Auswärtstätigkeit kostenlose Verpflegung, stehen Dir also zunächst die vollen Pauschbeträge von 10/20/46 DM zu. Für die Mahlzeiten wird Dir aber zum Lohn ein Sachbezug in Höhe der amtlichen Werte (➤ Rz 649) hinzugerechnet, den Du versteuern mußt.

846   **3. Übernachtungskosten**

a) Dienstreisen und Fahrtätigkeit
Die geltend gemachten Kosten mußt Du nachweisen. Bei Dienstreisen im Ausland gelten unterschiedliche Pauschalen.

b) Einsatzwechseltätigkeit
Übernachtungen sind als doppelte Haushaltsführung zu betrachten.

Nachweis:
Damit Dich der Fiskalritter nicht mit seiner Streichwut überrollt, solltest Du Deine Auswärtstätigkeit anhand eines ordentlichen Fahrtenbuches nachweisen können (vgl. ➤ Rz 672).
Aber auch ohne Fahrtenbuch mußt Du Dich nicht so ohne weiteres über den Tisch ziehen lassen. Denn bist Du beispielsweise angestellter Versicherungsvertreter, so muß auch dem Fiskaljünger einleuchten, daß Du Aufwendungen für Dienstreisen hattest. Diese kannst Du notfalls auch schätzen (FG Saarland vom 27. 2. 1996, 1 K 42/95, geschätzter Aufwand eines angestellten Versicherungsvertreters: 24 000 DM jährlich).

Zeile 45–48 Dienstreise

847

Eine Dienstreise ist eine vorübergehende Auswärtstätigkeit einschließlich Hin- und Rückfahrt. Eine Auswärtstätigkeit liegt vor, wenn der Arbeitnehmer außerhalb seiner Wohnung und seiner regelmäßigen Arbeitsstätte beruflich tätig wird, so LStR 37 Abs. 3. Vorübergehend ist eine Tätigkeit bis zu drei Monaten. Bei längerer Tätigkeit am selben Ort ist somit für den Fiskus nach drei Monaten Schluß mit Dienstreisen. Dann wird die auswärtige Arbeitsstätte zur regelmäßigen Arbeitsstätte. Dies bedeutet das Aus für den steuerlichen Spesenabzug. Der Fiskus meint, nach drei Monaten sei die teure Zeit der Eingewöhnung überstanden.

»Ich habe es schon mal nach 14 Tagen geschafft, bei einer netten Einheimischen unterzukommen«, sagt Du.
Da hast Du aber Glück gehabt. Auch wenn die nette Einheimische von Dir kein Geld genommen hat, wirst Du gleichwohl nicht knauserig gewesen sein …

Aber weiter zu Dienstreisen: Nach Ablauf von drei Monaten kannst Du nur noch wie ein Innendienstler Fahrten zwischen Wohnung und Arbeitsstätte oder bei Übernachtung doppelte Haushaltsführung absetzen.
Damit Dir dies nicht passiert …

📰 **TIP** Wie Du aus einer Woche vier Wochen machen kannst

848

Betreust Du z. B. als Techniker für längere Zeit die Aufstellung einer technischen Anlage, droht Dir nach drei Monaten das Aus für den steuerlichen Reisekostenabzug. Es sei denn, Dir gelingt eine Unterbrechung von mindestens vier Wochen.

»Absolut unmöglich«, sagst Du sofort.

Wart ab und höre! Urlaub oder Krankheit unterbrechen zwar für sich allein den Ablauf der Dreimonatsfrist nicht.
Mußt Du aber anderswo einige Tage einen Kollegen vertreten, ist die daran anschließende Zeit des Urlaubs oder der Krankheit der Vertretungszeit hinzuzurechnen …

849   **TIP**   ### Zwischenheimfahrten:
Nur wer die Sehnsucht kennt ...

Zieht es Dich bei längeren Dienstreisen zwischendurch nach Hause, kannst Du die Zwischenheimfahrten ebenfalls absetzen, das ist doch wohl klar. Zur Abwechslung kann Dich aber auch Deine Frau besuchen kommen. Den Besuch setzt Du anstelle Deiner Zwischenheimfahrt als Werbungskosten ab (Fahrtkosten plus Spesen für Deine Frau und Kinder). Begründung gegenüber dem Fiskus, sofern es zutrifft: Du seist beruflich nicht abkömmlich gewesen ...

Verzichtest Du auf die Heimreise, dann zieh die Kosten für Telefongespräche ab (15 Minuten pro Woche, mehr wird nicht anerkannt).

850   **Am Schluß der Rechnerei fertigst Du diese**

```
      Zusammenstellung der Dienstreisekosten
              für > Zeile 45-48
Fahrtkosten
- öffentliche Verkehrsmittel (Bus, Zug, Taxi,
  Flugzeug)                                  .... DM
- eigenes Fahrzeug, gefahrene km x 0,52 DM
  bzw. höherer Pauschsatz                    .... DM
Verpflegungsmehraufwendungen
- Verpflegungspauschale je nach Dauer
  10,- bis 46,- DM                           .... DM
Übernachtungskosten lt. Belege              .... DM
Nebenkosten                                  .... DM
Summe der Reisekosten                        .... DM
./. Kostenerstattung durch ArbG              .... DM
Abzugsfähige Werbungskosten                  .... DM
```

Wie Du zu den Beträgen kommst, dazu mehr unter ➤ Rz 851 ff.

Was für Polizei- und Zollbeamte, Zusteller und Verkaufsfahrer gilt, dazu
➤ Rz 943.

Zeile 45–48 Verpflegungskosten bei Auswärtstätigkeit 851

Die Verpflegungskosten können nur mit Pauschbeträgen berücksichtigt werden. Ein Einzelnachweis Deiner tatsächlichen Kosten ist also nicht möglich.

Außerdem sind die Pauschbeträge für alle Arten der Auswärtstätigkeit gleich hoch. Es wird also nicht mehr danach unterschieden, ob Dienstreise-, Fahr- oder Einsatzwechseltätigkeit vorliegt.

Für die Höhe der Pauschbeträge ist die Dauer der Auswärtstätigkeit am einzelnen Kalendertag maßgebend. Einzelne Kurzreisen am selben Tag dürfen zusammengerechnet werden. Für die Dauer der Auswärtstätigkeit kommt es bei Dienstreisen auf die Abwesenheit von der Wohnung und der – regelmäßigen – Arbeitsstätte an. Bei Fahrtätigkeit oder Einsatzwechseltätigkeit ist ausschließlich die Abwesenheit von der Wohnung maßgebend. Denn bei letzteren ist eine regelmäßige Arbeitsstätte nicht denkbar.

Die Pauschbeträge für Verpflegungskosten betragen 852

Abwesenheit	mind. 24 Std.	46 DM
Abwesenheit	mind. 14 Std.	20 DM
Abwesenheit	mind. 8 Std.	10 DM

Wegen der weiteren Einzelheiten gebe ich einige Beispiele:

Beispiel 1 für Dienstreisetätigkeit
Ein ArbN verläßt um 7 Uhr seine Wohnung und fährt ins Büro. Um 8 Uhr tritt er von dort eine Dienstreise an. Über die Mittagszeit von 13 Uhr bis 14 Uhr hält er sich im Büro auf. Anschließend besucht er einen weiteren Kunden. Um 18 Uhr trifft er in seiner Wohnung ein. Die Abwesenheitsdauer von der Arbeitsstätte beträgt morgens fünf Stunden und nachmittags vier Stunden. Die Zeitabschnitte werden zusammengerechnet. Insgesamt beträgt die Abwesenheitsdauer neun Stunden. Der Verpflegungspauschbetrag beträgt 10 DM.

Beispiel 2 für Fahr- oder Einsatzwechseltätigkeit
Ein ArbN ist Kraftfahrer oder Arbeiter auf einer Baustelle. Er verläßt wie im Beispiel 1 um 7 Uhr seine Wohnung und kehrt um 17.30 Uhr in seine Wohnung zurück. In der Mittagszeit von 13 Uhr bis 14 Uhr hat er den Betrieb zum

Betanken eines Fahrzeugs aufgesucht. Wegen 10½stündiger Abwesenheit von der Wohnung steht ihm ein Verpflegungspauschbetrag von 10 DM zu.

Beispiel 3 für Dienstreisetätigkeit
Ein ArbN ist Bauleiter auf einer Großbaustelle. Wegen seiner häufigen Bürotätigkeit am Betriebssitz hat der Bauleiter dort seine regelmäßige Arbeitsstätte. Die Fahrten zur Großbaustelle sind Dienstreisen, für die ihm Verpflegungspauschbeträge zustehen. Nach Ablauf von drei Monaten wird die Großbaustelle seine regelmäßige Arbeitsstätte, so daß die Fahrten dorthin keine Dienstreisen mehr sind.
Die Tätigkeit der Bauarbeiter ist hingegen als Einsatzwechseltätigkeit einzustufen. Ihnen werden auch über die ersten drei Monate hinaus weiterhin Verpflegungspauschbeträge gewährt.

Beispiel 4 für Nachtdienst
Als Taxifahrer mußt Du gelegentlich auch nachts arbeiten. Hierfür kannst Du ab acht Stunden Abwesenheit von der Wohnung 10 Mark Verpflegungskosten geltend machen. Grundsätzlich ist dabei die Dauer der Abwesenheit *je Kalendertag* maßgebend.
Bei Deiner Nachtschicht, sofern sie vor 24 Uhr beginnt, würdest Du daher nicht nur müde, sondern auch alt aussehen. St. Fiskus hat jedoch ein Einsehen und Deinen Fall wie folgt geregelt:

Eine Tätigkeit, die nach 16 Uhr begonnen und vor 8 Uhr des nachfolgenden Kalendertages beendet wird, ohne daß eine Übernachtung stattfindet, ist mit der gesamten Abwesenheitsdauer dem Kalendertag der überwiegenden Abwesenheit zuzurechnen. Also: Dienst am Mittwoch um 18 Uhr begonnen; Feier*abend* am Donnerstag um 3 Uhr; ergibt eine Abwesenheit von insgesamt neun Stunden, die dem Mittwoch zugerechnet wird, und Dir 10 Mark Verpflegungspauschale bringt.

853   Reisekosten bei Auswärtstätigkeit im Inland (Übersicht)

Abgrenzung	regelmäßige Arbeitsstätte am Betriebssitz		
	ja	nein	
	Dienstreise	Fahrtätigkeit	Einsatzwechseltätigkeit
Verpflegungskosten	24 Stunden Abwesenheit pro Tag Pauschale einheitlich 46 DM 14 Stunden Abwesenheit pro Tag Pauschale einheitlich 20 DM 8 Stunden Abwesenheit pro Tag Pauschale einheitlich 10 DM		
	Dreimonatsfrist beachten[1]	Dreimonatsfrist ohne Bedeutung	

430

Abgrenzung	regelmäßige Arbeitsstätte am Betriebssitz		
	ja	nein	
	Dienstreise	Fahrtätigkeit	Einsatzwechseltätigkeit

Fahrtkosten	ArbN-Fahrzeug: tats. Kosten auf Nachweis oder 0,52 DM/km Firmenwagen: Keine Werbungskosten	Fahrten zwischen Wohnung und Standort zählen als Fahrten zwischen Wohnung und Arbeitsstätte	Fahrten zwischen Wohnung und Einsatzstelle
			a) mehr als 30 km
			   Die ersten drei Monate wie bei Dienstreisen
			   Folgezeit = Fahrten zwischen Wohnung/Arbeitsstätte
			b) Innerhalb 30 km
			   Fahrten zwischen Wohnung/Arbeitsstätte
			c) Täglich mehrfacher Ortswechsel wie bei Dienstreisen

Übernachtungskosten	In nachgewiesener Höhe absetzbar[2]		
Erstattung durch den Arbeitgeber	Die als Werbungskosten abziehbaren Beträge können vom ArbG steuerfrei erstattet werden. Ausnahme Übernachtungskosten: Der ArbG kann für jede Übernachtung pauschal 39 DM steuerfrei erstatten. Das gilt aber nicht für Fahrtätigkeit.		

[1] Nach dreimonatiger Tätigkeit am selben Ort endet die Dienstreisetätigkeit.
[2] Bei Einsatzwechseltätigkeit ist ein Abzug der Übernachtungskosten lediglich im Rahmen doppelter Haushaltsführung möglich.

▬▬ TIP Kohldampf schieben oder lieber tricksen?   854

Ab 1996 beträgt die Pauschale für eintägige Auswärtstätigkeit nur noch höchstens 20 Mark, die Abrechnung per Einzelnachweis wurde ganz abgeschafft.

Statt nun wegen dieser Minipauschalen die Motten zu kriegen, solltest Du so lange feilen, bis wieder alles im Lot ist. Dies gelingt Dir am besten mit Spesenersatz, der steuerfrei ist.

So könntest Du das Angenehme mit dem Nützlichen verbinden und gute Kunden zum Essen einladen. Die Erstattung der Bewirtungskosten ist als Auslagenersatz steuerfrei (Tip ➤ Rz 573).

Hast Du einen festen Bezirk und dort Stammlokale, wo Du regelmäßig einkehrst, so befolge den Tip: Essen im Restaurant ohne den Chef (➤ Rz 572).

855 **TIP** Durch Pauschalierung doppelter Pauschbetrag

Viele Betriebe zahlen ihrem Außendienst mehr, als der Fiskus steuerfrei erlaubt. Der Mehrbetrag ist steuerpflichtiger Arbeitslohn, das ist klar. Der Betrieb kann jedoch die Versteuerung des Mehrbetrages mit 25% pauschal übernehmen, allerdings nur bis zur Höhe des jeweils gültigen Pauschbetrags (§ 40 Abs. 2 EStG).

»Mein Chef zahlt für jede eintägige Dienstreise eine Auslösung von 30 Mark«, so sagst Du. »Was müssen wir versteuern?«

Bei einer Dienstreise von unter acht Stunden Dauer ist die Auslösung in voller Höhe über die Lohnsteuerkarte zu versteuern, da hierfür kein Pauschbetrag vorgesehen ist. Eine Pauschalierung ist deshalb nicht möglich.

Bei einer Dienstreise von neun Stunden Dauer wird gerechnet:

Auslösung	30 DM
davon steuerfrei als Pauschbetrag	10 DM
Rest steuerpflichtig	20 DM
davon pauschalierungsfähig mit 25% bis 10 DM	10 DM
Rest über die Lohnsteuerkarte zu versteuern	10 DM

Bei einer Dienstreise von 15 Stunden Dauer wird gerechnet:

Auslösung	30 DM
davon steuerfrei als Pauschbetrag	20 DM
Rest steuerpflichtig	10 DM
davon pauschalierungsfähig mit 25% bis 20 DM	10 DM
Rest über die Lohnsteuerkarte zu versteuern	0 DM

Preisfrage: Fahren Geistliche nach Rom – reisekostenmäßig gesehen – zu ihrem Chef oder zum Heiligen Vater?

Antwort: Je nachdem sind die Reisekosten beruflich oder privat veranlaßt.

Zeile 45–48 Fahrtkosten bei Dienstreisen 856

Fahrtkosten sind die Aufwendungen, die Dir durch die Benutzung eines Beförderungsmittels entstehen. Bei öffentlichen Verkehrsmitteln ist das der Fahrpreis. Benutzt Du ein privates Fahrzeug, kannst Du für jeden gefahrenen Kilometer pauschale Kosten ansetzen:

Pkw	Motorrad	Moped	Fahrrad
0,52 DM	0,23 DM	0,14 DM	0,07 DM

Bei vielen Fahrzeugen liegen die tatsächlichen Kosten aber deutlich höher. Deshalb kannst Du für Dein Fahrzeug über einen Zeitraum von zwölf Monaten den durchschnittlichen höheren Kostensatz errechnen, der so lange angesetzt werden darf, bis sich die Verhältnisse wesentlich ändern, z. B. nach Ablauf des Abschreibungszeitraums für das Fahrzeug (LStR 38 Abs. 1).

Berechnung der durchschnittlichen Fahrzeugkosten	857

```
1.  Berechnung der Gesamtkosten für zwölf Monate
1.1 Fahrzeugaufwendungen einschließlich Umsatzsteuer
    Treibstoffkosten lt. Belegen oder geschätzt
    Wartung und Pflege                          ....DM
    Reparatur (ohne Unfall)                     ....DM
    Garagenkosten                               ....DM
    Kraftfahrzeugsteuer und -Versicherung       ....DM
    Zinsen für Anschaffungsdarlehen, ADAC       ....DM
    Abschreibung
    Anschaffungskosten (Kaufpreis
    und Nebenkosten)                    ....DM
    davon 1/60 = ... DM mal zwölf Monate =       ....DM
    Dies entspricht einer Nutzungsdauer
    (➤ Rz 870) von fünf Jahren.
    Bei einem Leasingfahrzeug werden abgesetzt:
    Leasinggebühren                             ....DM
    Sonderzahlung (BStBl 1994 II S. 643)        ....DM
    Gesamtkosten in zwölf Monaten             13 805 DM
2.  Berechnung des Kilometersatzes
2.1 Gesamtfahrleistung in zwölf Monaten
    (Differenz Tachostand)                    25 100 km
2.2 Gesamtkosten in zwölf Monaten z.B.        13 805 DM
2.3 Durchschnittlicher Kilometersatz
    (13 805 DM:25 100 km)                       0,55 DM
```

Als Werbungskosten machst Du geltend:

858

```
Gefahren bei Dienstreisen z.B.                    8400 km
Nachgewiesener km-Satz wie oben z.B.              0,55 DM

Gesamtkosten danach 8400 km mal 0,55 DM =         4620 DM
./. steuerfreier Fahrtkostenersatz der Firma, z.B. 3528 DM
Steuerlich abziehbar                              1092 DM
+ Unfallkosten
Reparatur z.B.                      2950 DM
Wertminderung geschätzt z.B.       +1500 DM       4450 DM
Werbungskosten                                    5542 DM
```

Ist es jetzt schon soweit gekommen, daß Du wie ein Hauptbuchhalter von Anno Tuk die Fahrzeugkosten genau ausrechnen mußt, soll der Fiskus auch bei jedem Kilometer, der nicht privat ist, mitfahren und mitbezahlen.

Also fertigst Du eine

859

Aufteilung der Gesamtkilometer			
Anlaß der Fahrten/ Zeile 47 Anlage N	km	km-Satz	Gesamt- kosten
Dienstreisen aus Hauptberuf	8400	0,55 DM	4620 DM
Dienstreisen aus Fortbildung	1200	0,55 DM	660 DM
Zeile 44 Anlage N Sonstige berufliche Fahrten (Arbeitsmittel, Fachliteratur, Kopien, Umzug)	490	0,55 DM	270 DM
Zeile 80 Hauptformular Fahrt zum Finanzamt Steuerratgeber gekauft	126	0,55 DM	70 DM
Zeile 82 Hauptformular Ausbildung Ehefrau	338	0,55 DM	186 DM
Zeile 35 ff. Anlage N Fahrten zwischen Wohnung und Arbeitsstätte*	5980	0,55 DM	3289 DM
Privatfahrten	8566	0,55 DM	4712 DM
Summe	25100	0,55 DM	13806 DM

*) Du weißt inzwischen, daß sich diese Fahrten nur mit 0,35 DM je gefahrenen km auswirken.

»Bei mir liegen die Verhältnisse etwas anders«, sagst Du. »Ich habe gebaut und war dafür oft unterwegs.«

Mensch, dann setz die Fahrten doch als Baukosten an (➤ Rz 1310).

Treibstoffkosten   **860**
Du kannst entweder für den Nachweiszeitraum die Treibstoffkosten anhand von Belegen nachweisen oder die Treibstoffkosten durch Schätzung ermitteln, indem Du rechnest: Gesamtfahrleistung x Literverbrauch pro 100 km x Literpreis : 100 (BFH-Urt. vom 7. 4. 1992 – BStBl 1992 II S. 854).

Unfallkosten   **861**
Wie Du Dich nach einem Unfall schadlos halten kannst, dazu mehr unter ➤ Rz 737.

Leasingfahrzeug   **862**
Ansetzen kannst Du im ersten Jahr die einmalige Leasingsonderzahlung und zusätzlich die laufenden Leasingraten (BFH-Urt. v. 5. 5. 1994 – BStBl 1994 II S. 643).

Wegen der Sonderzahlung kommst Du im ersten Jahr immer über 52 Pf. je km und machst deshalb im ersten Jahr die höheren Kosten geltend. Und danach, wenn nur noch die laufenden Raten zu zahlen sind, kann der Fiskus nichts machen, wenn Du freundlich um Ansatz der Pauschale bittest. Du mußt aber darauf achten, daß Dich das Finanzamt nicht als »wirtschaftlichen Eigentümer« des Pkw ansieht. Aber keine Angst: Du brauchst nicht tagelang dicke Erlasse zu wälzen. Die Leasingfirma weiß Bescheid und hat die passenden Verträge in der Schublade. Verlange nur, daß in Deinen Vertrag der Satz aufgenommen wird: »Der Leasingnehmer ist nach den Vorschriften der Finanzverwaltung nicht wirtschaftlicher Eigentümer des Leasinggegenstandes.« Und schon ist alles geritzt (FG Baden-Württemberg vom 3. 9. 1993 – EFG 1994 S. 242).

Der Leasingerlaß von 1971   **863**

Zum Leasing gibt es einen aberwitzigen Erlaß vom 19. 4. 1971 (BStBl 1971 I S. 264), der immer noch gültig ist. Darin wird geregelt, wem der Leasinggegenstand steuerlich zugerechnet wird, dem Leasingnehmer oder dem Leasinggeber.

Wird der Gegenstand, z. B. ein Pkw, steuerlich dem Leasingnehmer zugerechnet, gehen die steuerlichen Vorteile aus dem Leasingvertrag verloren. Denn der Leasingnehmer wird in diesem Fall wie ein Eigentümer des geleasten Gegenstandes behandelt und kann nur die normale Abschreibung und die in den Leasingraten enthaltenen Zinsanteile und Verwaltungskosten absetzen.

Für die Zurechnung des Gegenstandes spielt die Kaufoption, also die Möglichkeit, den Leasinggegenstand nach Ablauf der Grundmietzeit käuflich zu erwerben, eine besondere Rolle. Leasingverträge ohne Kaufoption werden vom Fiskus anstandslos anerkannt. Bei Verträgen mit Kaufoption sieht der Fiskalritter aber Chancen, den Leasingnehmer als – wirtschaftlichen – Eigentümer einzustufen, wenn der Optionspreis unter dem Preis liegt, den der Leasingnehmer für den Erwerb eines gleichen Objekts am Markt zahlen müßte. Dem liegt der Gedanke zugrunde, daß bei einem Optionspreis unterhalb des sonst am Markt zu zahlenden Preises bereits in der Sonderzahlung und in den Raten versteckte Anzahlungen auf den Kaufpreis enthalten sind.

Der Optionspreis darf also nicht niedriger sein als der gemeine Wert des geleasten Gegenstandes. Zum gemeinen Wert enthält der Leasingerlaß aber eine vereinfachende Regelung. Da der gemeine Wert des Leasinggegenstandes am Ende der Grundmietzeit nicht bekannt ist, wird aus Vereinfachungsgründen angenommen, daß er dem **Buchwert im Zeitpunkt der Option** entspricht. Wobei der Buchwert berechnet wird bei Anwendung des linearen Abschreibungssatzes nach der amtlichen Abschreibungstabelle.

Da die amtliche Abschreibungstabelle für Pkw eine Nutzungsdauer von fünf Jahren vorsieht (BMF-Schreiben vom 28. 5. 1993 – BStBl 1993 I S. 483), darf z. B. der Optionspreis für einen Pkw nach drei Jahren Mietzeit 40% des Neuwertes betragen.

864 TIP Bäumchen-wechsle-dich beim Leasing

Fährst Du ein Leasingfahrzeug, lohnt sich im ersten Jahr immer der Einzelnachweis der Fahrtkosten (➤ Rz 857). Denn die einmalige Sonderzahlung, die bei Übernahme des Fahrzeugs zu leisten ist, rechnet – neben den monatlichen Raten, versteht sich – zu den normalen Fahrzeugaufwendungen (BFH-Urt. vom 5. 5. 1994 – BStBl II S. 643).

865 Im zweiten Jahr kannst Du dann ohne weiteres vom Einzelnachweis zur Pauschalregelung wechseln und 0,52 DM je gefahrenen km ansetzen.

Als Werbungskosten machst Du geltend: **866**
Gefahren bei Dienstreisen z. B.   8 400 km
Pauschaler Kilometersatz z. B. bei Pkw   0,52 DM

Gesamtkosten danach 8 400 km mal 0,52 DM =   4 368 DM
./. steuerfreier Fahrtkostenersatz der Firma z. B.   4 368 DM
Steuerlich abziehbar   0 DM

▬ **TIP** Das Leasingfahrzeug später billig übernehmen   867

Du kannst Dir im Leasingvertrag auch ein Vorkaufsrecht für das Fahrzeug einräumen lassen. Nach Ablauf der Vertragslaufzeit übernimmst Du das Fahrzeug zum vereinbarten Restwert, der aus steuerlichen Gründen dem dann noch vorhandenen Buchwert entsprechen muß. Nach Ablauf einer dreijährigen Vertragslaufzeit muß der Restwert noch ca. 40% des Neuwertes betragen, da Fahrzeuge innerhalb von fünf Jahren abgeschrieben werden.

Autohändler sind wie Pferdehändler, mit denen kannst Du feilschen. Also versuche einen Leasingvertrag auszuhandeln, der eine hohe Sonderzahlung, hohe Raten und einen niedrigen Restwert beinhaltet. Die Sonderzahlung und die Raten sind laufende Fahrzeugkosten im Jahr der Zahlung (BFH-Urt. vom 5. 5. 1994 – BStBl 1994 II S. 643). Wenn Du das Fahrzeug billig übernommen hast, kannst Du es vielleicht mit Gewinn verkaufen. Den Gewinn streichst Du unversteuert ein (vorausgesetzt natürlich, Du wartest die einjährige Spekulationsfrist ab).

▬ **TIP** Unzutreffende Besteuerung abwehren!   868

Nimmst Du die amtliche km-Pauschale in Anspruch und fährst im Jahr mehr als 40 000 km, könnte das Finanzamt das Argument der ›unzutreffenden Besteuerung‹ anführen (LStH 38). Soll heißen: Du könntest mit der Pauschale einen zu hohen Betrag absetzen. Und verlangt von Dir den Einzelnachweis. Vor der zeitraubenden Arbeit des Einzelnachweises kannst Du Dich aber drücken, indem Du dem Finanzamt schreibst:

»Bislang habe ich keine Belege gesammelt, weil ich die Pauschalen anwenden wollte. Außerdem sind die Benzinpreise, Kfz-Steuer und Versicherungsprämien stark gestiegen. Die 52 Pfennig pro Kilometer sind daher wahrscheinlich sogar zu niedrig. Außerdem erhöht sich ja auch die jährliche Abschreibung, wenn ich viel fahre und sich so der Wagen schneller abnutzt.

Ich bitte daher weiterhin um Ansatz der amtlichen km-Pauschale zwecks beiderseitiger Arbeitserleichterung.«

869 Kraftfahrzeugunfall

Wenn es mal gekracht hat – Unfallschaden. Dazu ausführlich unter ➤ Rz 737 ff.

870 TIP Schreib Deinen Pkw optimal ab!

Der Kaufpreis des Pkw ist gleichmäßig auf die Nutzungsdauer zu verteilen. Nach dem BMF-Schreiben vom 3. 12. 1992 – BStBl 1992 I S. 734 ist ein beruflich genutztes Fahrzeug, wenn es vor dem 1. 1. 1993 erstmals zugelassen wurde, innerhalb von 48 Monaten abzuschreiben, was nach Adam Riese einer Nutzungsdauer von vier Jahren entspricht. **Wenn die Erstzulassung nach dem 31. 12. 1992 erfolgte, gilt eine Abschreibungsdauer von sechzig Monaten = Nutzungsdauer von fünf Jahren.**

Hast Du Dir einen Gebrauchten zugelegt, kannst Du den Kaufpreis auf die Restnutzungsdauer verteilen, so steht es im BMF-Schreiben vom 28. 5. 1993 – BStBl 1993 I S. 483. Die Restnutzungsdauer kann bei einem fünf Jahre alten Gebrauchten durchaus noch 3–4 Jahre betragen. Du kannst aber auch sagen: Da die steuerliche Nutzungsdauer mit höchstens fünf Jahren anzunehmen ist, setze ich den Kaufpreis im ersten Jahr voll ab, weil der Gebrauchte schon vier Jahre alt war. So sehen das auch die Finanzrichter, die Dir bei einem Unfall keine Wertminderung mehr zuerkennen wollen, wenn der Unfallwagen z. B. schon fünf Jahre alt und somit abgeschrieben war (➤ Rz 737 ff.).

TIP Geh ruhig mit Deinem Wohnmobil auf Dienstreise! 871

Zunehmend sind Wohnmobile auf Dienstreisen im Einsatz, insbesondere die kleineren Fahrzeuge, weil man mit ihnen schneller voran kommt, aber auch größere Fahrzeuge, die den besseren Komfort für die Nacht bieten. Die Vorteile eines Wohnmobils für Dienstreisen liegen auf der Hand:

● Man ist flexibler, von Hotels unabhängig, keine Vorbuchung nötig;
● bessere Transportmöglichkeiten als im Pkw;
● ideal für vertrauliche Besprechungen mit Kunden und Mitarbeitern;
● man reist kostengünstig: keine Hotel- und kaum Verpflegungskosten;
● Diätverpflegung möglich;
● Rückfahrten im Morgengrauen, wenn die Straßen noch leer sind.

Und nicht zu vergessen: Wenn persönliche und berufliche Interessen in dieselbe Richtung gehen, ist der Nutzen am größten. Wer also ohnehin eine Schwäche für das mobile Umherziehen hat, für den ist es naheliegend, ein Wohnmobil – gegenüber dem Fiskus – aus beruflichen Gründen anzuschaffen und die Kosten in der Steuererklärung geltend zu machen. Die persönliche Neigung zum mobilen Umherziehen muß man dem Fiskus nicht unbedingt offenbaren.

Wir machen es ebenso. Unsere Erfahrungen mit Wohnmobilen kann jeder nachlesen im neuesten Bestseller »Franz Konz/Das Reisemobil-Bordbuch, Basiswissen, Marktberichte, Reisepraxis«, Knaur Taschenbuch ISBN 3-426-82233-4, ca. 350 Seiten, 18,90 DM.

Man erkauft nicht,
was keinen Preis hat.

(Goethe)

▪▪ TIP Bleibe beim Einzelnachweis ehrlich ...   872

Zugegeben, von einem »Konz« erwartest Du Tips, die sich bezahlt machen, und keinen erhobenen Zeigefinger. Doch höre: Den Einzelnachweis erbringst Du gegenüber dem Fiskus jeweils für ein ganz bestimmtes Fahrzeug. Die Kosten für das Wägelchen Deiner Angetrauten müssen da schon unberücksichtigt bleiben. Benötigt das Zweitwägelchen z. B. eine andere Spritsorte, wirst Du die Tankquittungen auch später noch leicht auseinandersortieren können. Laß Dich auch nicht von dem Kfz-Meister Deiner Autowerkstatt verführen, die Rechnung für die Reparatur oder Lackierung des Zweitwägelchens auf Dein beruflich genutztes Fahrzeug auszustellen. Das wäre nämlich Steuerhinterziehung. Und wenn der Tankwart Dir als Stammkunde ohne weiteres die Flasche »Mariacron« als Schmiermittel in Rechnung stellt, auch das ist steuerlich absolut unkorrekt.

Denke auch daran, daß Unfallkosten um Schadenersatz von dritter Seite zu mindern sind und daß der Ritter vom Paragraphenfels Unfallkosten ganz streicht, wenn er erfährt, daß Dir der Unfall passiert ist, als nicht nur die Landschaft, durch die Du gefahren bist, benebelt war, sondern leider auch Dein Geist (BFH-Urt. vom 6. 4. 1984 – BStBl 1984 II S. 434 betr. Fahrt eines Arbeitnehmers unter Alkoholeinfluß).

873 Zeile 45–48 Übernachtungskosten

Die Übernachtung im Heuschober bringt steuerlich überhaupt nichts, denn der Fiskus will Belege sehen, und die hast Du dann nicht. Der Betrieb kann Dir aber ohne Nachweis irgendwelcher Übernachtungskosten bis zu 39 DM steuerfrei auszahlen (LStR 40 Abs. 3).

Warst Du im Hotel, gehört das Frühstück nicht zu den Kosten der Übernachtung, ist also mit der Verpflegungspauschale abgegolten. Deshalb läßt Du Dir die Hotelrechnung ausdrücklich ohne Frühstück ausstellen.

Hast Du einzelne Übernachtungsbelege verkramt, so setze einfach für die Übernachtungen, die Du nicht belegen kannst, Schätzungsbeträge an und mache zudem irgendwie glaubhaft, daß Du tatsächlich an den einzelnen Tagen übernachtet hast und der Betrieb keine freie Unterkunft gestellt hat (BFH-Urt. vom 17. 7. 1980 – BStBl 1981 II S. 14).

Bei Hotelrechnungen mit einem Gesamtpreis incl. Frühstück mußt Du neun Mark für das Frühstück herausrechnen.

874 Zeile 45–48 Reisenebenkosten

Kleinvieh macht auch Mist, so sagt man, und das trifft besonders für Nebenkosten bei Dienstreisen und Dienstgängen zu. Rücktritts- oder Gepäckversicherung, Trinkgelder, Telefonkosten, Telegramme, Telefax, Porto, Gepäckaufbewahrung, Unfallkosten, Parkgebühren, Straßenkarte, Stadtpläne usw. gehen ins Geld. Auch für diese Kleinstbeträge möchte der Fiskus gern Belege sehen. Doch es liegt auf der Hand, daß es für viele Nebenkosten keine Belege geben kann. **Telefonhäuschen, Parkuhren und Trinkgeldempfänger stellen nun mal keine Belege aus. Gleichwohl sind die Aufwendungen absetzbar. Da kann nur eine detaillierte Aufstellung helfen, in der alle Nebenkosten der Art und Höhe nach aufgeführt und soweit möglich belegt sind (LStR 40 a).**

875 ▀▀ TIP Geklaute Privatsachen sind auch absetzbar

Pech hatte ein Angestellter, der zu einer Messe nach Paris gefahren war. Auf einem bewachten Parkplatz wurde sein Auto aufgebrochen und sein Mantel gestohlen. Diesen Schaden hätte er ohne seinen Beruf mit Sicherheit nicht gehabt, urteilten die Finanzrichter messerscharf und ließen den Wertverlust zum Abzug zu (BFH-Urteil vom 30. 6. 1995 – BStBl 1995 II S. 744).

Gottlob hatte der Bestohlene den Verlust bei der Polizei gemeldet und konnte so Nachweise erbringen. Auch konnte er beweisen, wie teuer und wie alt das gute Stück gewesen war (1 400 Mark und zwei Jahre alt). Nun galt es, die Höhe des Schadens festzulegen, also den Wert des Mantels zu bestimmen.

»Mantel ist Mantel, egal wie alt«, sagst Du.

Nicht beim Fiskus. Da wird die bisherige Nutzung vom Neupreis abgezogen. Und so rechnet der Fiskus:
Nutzungsdauer des Mantels z. B. fünf Jahre macht 1 400 DM : 5 = 280 DM pro Jahr Abnutzung. Also betrug der Wert des Mantels, als er gestohlen wurde: 1 400 DM abzüglich 560 DM = 840 DM.

»Unverschämtheit, eine Nutzungsdauer von nur fünf Jahren anzunehmen, ein Mantel ist bei mir eine Anschaffung für das ganze Leben«, so entrüstest Du Dich. »Ich hätte auf einer Nutzungsdauer von zwanzig Jahren bestanden.«

Trotzdem gut zu wissen: Der Fiskus muß den Verlust privater Sachen mittragen, wie z. B. Kleidung, Schmuck, Tasche, Laptop. Allerdings trägst Du die Beweislast. Folglich: Polizei hinzuziehen, Zeugen notieren, Schadensmeldung an die Versicherung aufbewahren (Quelle: LStH 40 a). **876**

Zeile 45–48 Reisekosten bei Besuch von auswärtigen Lehrgängen

877

Gratuliere, Du hast es geschafft, in Deinem Beruf Meister zu werden. Was bescheinigt Dir das Papier? Bankfachwirt? Versicherungsfachwirt? Offizier? Rechtspfleger? Elektromeister? Alles gleich gut. Nur vergiß jetzt nicht, die Kosten dafür in Deiner Steuererklärung unterzubringen, insbesondere die Lehrgangsgebühren.

»Wieso das? Die hat doch mein Brötchengeber bezahlt«, sagst Du.

Dann ist ja alles paletti. Trotzdem kannst Du noch einen schönen Batzen in der Steuererklärung unterbringen: **Du kannst den Besuch des Lehrgangs steuerlich wie eine Dienstreise abrechnen. Das gilt aber nur für die ersten drei Monate. Danach ist die Lehrgangsstätte Deine – zweite – regelmäßige Arbeitsstätte, und dann ist nur noch doppelte Haushaltsführung drin. Es** sei denn, eine Pause von mindestens vier Wochen sorgt für Unterbrechung. **Dann läuft die Dreimonatsfrist neu an (BFH-Urt. vom 4. 5. 1990 – BStBl 1990 II S. 859 und 861).**

Ich möchte Dir mal vorrechnen, was ein fünfmonatiger Lehrgang alles an Werbungskosten bringen kann, auch wenn für Dich keine Lehrgangsgebühren angefallen sind und außerdem Verpflegung und Unterkunft frei waren.

878 Für die ersten drei Monate Dienstreise:
Fahrtkosten mit eigenem Pkw

An- und Rückreise	170 km	
11 Zwischenheimfahrten*	1 870 km	
Zusammen	2 040 km	x 0,52 DM = 1 060,80 DM
Verpflegungsmehraufwand		
82 Tage mit je 46 DM =		3 772,— DM
Reisekosten		4 832,80 DM

* BFH-Urt. vom 24. 4. 1992 – BFH/NV 1993 S. 291

879 Wegen unentgeltlicher Mahlzeiten während einer Dienstreise ist jedoch ein geldwerter Vorteil in Höhe des amtlichen Sachbezugswerts dem Arbeitslohn hinzuzurechnen (Arbeitgebermerkblatt BStBl 1995 I S. 719). Für die Tagesverpflegung hast Du also 12 DM zu versteuern (Sachbezugs-VO ➤ Rz 649). Das sind bei 82 Tagen mit je 12 DM = 984 DM.

880 Aber das ist eigentlich nicht Dein Baby, das erledigt das Lohnbüro. Oder das Lohnbüro übersieht den Sachbezug, und Du kommst ungeschoren davon. Wenn nicht, kannst Du aber auch sagen: Das Kantinenessen sei Dir zuwider gewesen und Du habest Dich auf eigene Kosten versorgt. Berufe Dich dabei auf das sog. Brechurteil des FG Düsseldorf vom 16. 3. 1984 – EFG 1985 S. 17.

881 **Für die Zeit nach den ersten drei Monaten hast du ein Wahlrecht:** Entweder Mehraufwendungen wegen doppelter Haushaltsführung in > Zeile 54 bis 62 oder Aufwendungen für regelmäßige Fahrten zwischen Wohnung und Arbeitsstätte in > Zeile 32 bis 38 geltend machen.

1. Für die Methode ›doppelte Haushaltsführung‹ ergibt sich folgender Betrag:
Heimfahrten mit eigenem Pkw
z. B. 85 Entfernungs-km x 0,70 DM x 8 Fahrten = 476,– DM

2. Wählst Du hingegen die Methode »Fahrten zwischen Wohnung und   882
Arbeitsstätte«, kannst Du jede Fahrt, also Wochenend- und Zwischenheimfahrten, mit 0,70 DM je Entfernungskilometer geltend machen.
Unterkunftskosten fallen dann als Werbungskosten allerdings flach.
Außerdem solltest Du auf die gratis oder verbilligt gestellte Unterkunft
und Verpflegung ausdrücklich verzichten. Denn sonst mußt Du den
entsprechenden Sachbezugswert als Arbeitslohn versteuern. Doch so
ziehst Du Deinen Kopf aus der Schlinge: »Angeboten« heißt ja nicht
»angenommen«. Wenn Du also nicht mitgegessen hast und Dein
Zimmer nach dem Unterricht lediglich zum Lernen, also als Arbeitszimmer, jedenfalls nicht zum Übernachten genutzt hast, ist nichts zum
Versteuern mehr da. Und schon klappt der Laden.

Übrigens: Vergiß nicht, für die vielen Telefonate mit Deinem Ausbilder im   883
Betrieb oder in der Behörde über fachliche Fragen, die Du hattest, die
entsprechenden Kosten anzusetzen.

TIP ## Setze bei Gemeinschaftsverpflegung Deinen Eigenanteil ab   884

Mußt Du als Soldat, Beamtenanwärter, Azubi oder als Student während
eines auswärtigen Lehrgangs mit Gemeinschaftsverpflegung für die Verpflegung in der Kantine oder in der Mensa zusätzlich etwas berappen, so
muß das Lohnbüro den Sachbezugswert für Verpflegung um Deinen Eigenanteil kürzen. Hast Du also z. B. pro Tag für Verpflegung 8 DM gezückt, so
sind diese vom Sachbezugswert für Verpflegung in Höhe von 12 DM abzuziehen. Somit sind nur noch 4 DM von Dir zu versteuern.

In > Zeile 45 der Anlage N trägst Du ein:
Dienstreise wegen Teilnahme am Lehrgang in ....
Verpflegungspauschale für 27 Tage à 46 DM =   <u>1 242,— DM</u>

Von Gemeinschaftsverpflegung sagst Du nichts, das ist das Baby vom
Lohnbüro ...

885 ## Zeile 45–48 Dienstreisen ins Ausland

Reisen ins Ausland, die unmittelbar beruflich veranlaßt sind, z. B. zu Besprechungen mit Geschäftsfreunden, für ein Praktikum oder eine Schulung im Ausland, Halten eines Vortrags usw. gehen beim Fiskus als Dienstreisen glatt durch. Besteht der unmittelbare Anlaß einer Auslandsreise aber z. B. darin, für ein Buch Material zu sammeln, so sind die Reisekosten nur dann abziehbar, wenn die Reisetage wie Arbeitstage mit beruflicher Tätigkeit ausgefüllt waren (BFH-Urt. vom 18. 10. 1990 – BStBl 1991 II S. 92). Hier gilt also, notfalls einen Arbeitsnachweis für die Reisetage bereit zu haben.

Bei Reisen ins Ausland ohne unmittelbaren beruflichen Anlaß gehört ein mehr oder weniger ausgeprägtes Stirnrunzeln des Fiskalritters zu seinem üblichen Arbeitsritual, wenn z. B. Aufwendungen für eine Informations- oder Studienreise oder für eine Reise zu einem Fachkongreß als Werbungskosten in der Steuererklärung auftauchen. Dazu mehr unter ➤ Rz 888.

886 Für Verpflegungskosten gelten Pauschbeträge (Auslandstagegelder), die länderweise unterschiedlich sind. Bei Übernachtungen sind die entstandenen Übernachtungskosten absetzbar. Die Übernachtungskosten dürfen aber auch ohne Einzelnachweise mit Pauschbeträgen (Übernachtungsgelder) abgesetzt werden.

887 ### Übersicht über die Pauschbeträge für Verpflegungsmehraufwendungen und Übernachtungskosten

| Land | Pauschbeträge für Verpflegungsmehraufwendungen bei einer Abwesenheitsdauer je Kalendertag von | | | Pauschbetrag für Übernachtungskosten |
| | mindestens 24 Stunden | weniger als 24 Stunden, aber mindestens 14 Stunden | weniger als 14 Stunden, aber mindestens acht Stunden | |
	DM	DM	DM	DM
Ägypten	48	32	16	120
– Kairo	48	32	16	160
Äquatorialguinea	74	50	25	140
Äthiopien	54	36	18	140
Afghanistan	74	50	25	140
Albanien	54	36	18	130
Algerien	72	48	24	90
Andorra	60	40	20	160
Angola	90	60	30	200
Argentinien	108	72	36	220
Armenien	36	24	12	90

| Land | Pauschbeträge für Verpflegungsmehraufwendungen bei einer Abwesenheitsdauer je Kalendertag von | | | Pauschbetrag für Übernachtungskosten |
	mindestens 24 Stunden	weniger als 24 Stunden, aber mindestens 14 Stunden	weniger als 14 Stunden, aber mindestens acht Stunden	
	DM	DM	DM	DM
Aserbaidschan	48	32	16	100
Australien	72	48	24	140
Bahamas	74	50	25	140
Bahrain	78	52	26	130
Bangladesch	60	40	20	260
Barbados	74	50	25	140
Belgien	74	50	25	130
Benin	54	36	18	80
Bolivien	42	28	14	120
Bosnien-Herzegowina	72	48	24	110
Botsuana	60	40	20	120
Brasilien	90	60	30	130
Brunei (Daressalam)	96	64	32	140
Bulgarien	42	28	14	150
Burkina Faso	54	36	18	80
Burundi	78	52	26	180
Chile	60	40	20	140
China	78	52	26	140
Hongkong	78	52	26	170
– Shanghai	96	64	32	160
(China) Taiwan	84	56	28	200
Costa Rica	54	36	18	130
Cote d'Ivoire	60	40	20	100
Dänemark	96	64	32	100
– Kopenhagen	96	64	32	150
Dominik. Republik	72	48	24	160
Dschibuti	74	50	25	140
Ecuador	54	36	18	140
El Salvador	48	32	16	140
Eritrea	54	36	18	140
Estland	66	44	22	140
Fidschi	60	40	20	110
Finnland	72	48	24	130
Frankreich	78	52	26	100
– Paris	96	64	32	160
Gabun	72	48	24	140
Gambia	74	50	25	140
Georgien	84	56	28	250
Ghana	60	40	20	150
Griechenland	60	40	20	100
Großbritannien	84	56	28	130
– London	96	64	32	210

| Land | Pauschbeträge für Verpflegungsmehraufwendungen bei einer Abwesenheitsdauer je Kalendertag von | | | Pauschbetrag für Übernachtungskosten |
| | mindestens 24 Stunden | weniger als 24 Stunden, aber mindestens 14 Stunden | weniger als 14 Stunden, aber mindestens acht Stunden | |
	DM	DM	DM	DM
Guatemala	72	48	24	150
Guinea	66	44	22	120
Guinea-Bissau	54	36	18	120
Guyana	74	50	25	140
Haiti	90	60	30	140
Honduras	42	28	14	120
Indien	48	32	16	160
– Bombay	48	32	16	230
Indonesien	84	56	28	180
Irak	74	50	25	140
Iran	42	28	14	180
Irland	90	60	30	150
Island	96	64	32	200
Israel	72	48	24	150
Italien	78	52	26	150
Jamaika	66	44	22	150
Japan	114	76	38	140
Jemen	96	64	32	200
Jordanien	60	40	20	100
Jugoslawien	72	48	24	130
Kambodscha	84	56	28	160
Kamerun	60	40	20	80
Kanada	78	52	26	150
Kap Verde	74	50	25	140
Kasachstan	48	32	16	120
Katar	60	40	20	120
Kenia	60	40	20	160
Kirgisistan	36	24	12	120
Kolumbien	60	40	20	120
Komoren	74	50	25	140
Kongo	102	68	34	220
Korea (Nord)	96	64	32	130
Korea (Süd)	108	72	36	220
Kroatien	78	52	26	120
Kuba	60	40	20	140
Kuwait	78	52	26	240
Laos	60	40	20	90
Lesotho	48	32	16	110
Lettland	54	36	18	140
Libanon	72	48	24	180
Liberia	74	50	25	140
Libyen	120	80	40	200

| Land | Pauschbeträge für Verpflegungsmehraufwendungen bei einer Abwesenheitsdauer je Kalendertag von | | | Pauschbetrag für Übernachtungskosten |
	mindestens 24 Stunden	weniger als 24 Stunden, aber mindestens 14 Stunden	weniger als 14 Stunden, aber mindestens acht Stunden	
	DM	DM	DM	DM
Liechtenstein	90	60	30	160
Litauen	42	28	14	100
Luxemburg	74	50	25	140
Madagaskar	42	28	14	150
Malawi	48	32	16	120
Malaysia	60	40	20	80
Malediven	60	40	20	160
Mali	60	40	20	150
Malta	54	36	18	100
Marokko	72	48	24	110
Mauretanien	72	48	24	140
Mauritius	74	50	25	140
Mazedonien	42	28	14	110
Mexiko	48	32	16	140
Moldau, Republik	36	24	12	170
Monaco	78	52	26	100
Mongolei	54	36	18	110
Mosambik	66	44	22	150
Myanmar (Burma)	54	36	18	130
Namibia	48	32	16	90
Nepal	48	32	16	150
Neuseeland	84	56	28	160
Nicaragua	60	40	20	110
Niederlande	78	52	26	140
Niger	60	40	20	140
Nigeria	84	56	28	180
Norwegen	84	56	28	170
Österreich	72	48	24	110
– Wien	72	48	24	160
Oman	84	56	28	120
Pakistan	48	32	16	140
Panama	66	44	22	120
Papua-Neuguinea	72	48	24	170
Paraguay	48	32	16	120
Peru	72	48	24	210
Philippinen	72	48	24	150
Polen	48	32	16	110
– Warschau	66	44	22	200
Portugal	60	40	20	130
Ruanda	74	50	25	140
Rumänien	48	32	16	200
Russische Föderation	102	68	34	250

Land	Pauschbeträge für Verpflegungsmehraufwendungen bei einer Abwesenheitsdauer je Kalendertag von			Pauschbe- trag für Übernach- tungs- kosten
	mindestens 24 Stunden	weniger als 24 Stunden, aber mindestens 14 Stunden	weniger als 14 Stunden, aber mindestens acht Stunden	
	DM	DM	DM	DM
– Moskau	102	68	34	270
Sambia	42	28	14	130
Samoa	54	36	18	110
San Marino	78	52	26	150
Sao Tomé/Principe	74	50	25	140
Saudi-Arabien	78	52	26	130
Schweden	84	56	28	170
Schweiz	90	60	30	160
Senegal	54	36	18	80
Sierra Leone	66	44	22	150
Simbabwe	36	24	12	120
Singapur	66	44	22	140
Slowakei	42	28	14	100
Slowenien	60	40	20	110
Somalia	74	50	25	140
Spanien	60	40	20	160
Sri Lanka	42	28	14	150
Sudan	84	56	28	210
Südafrika	48	32	16	100
Swasiland	74	50	25	140
Syrien	60	40	20	180
Tadschikistan	42	28	14	90
Tansania	42	28	14	120
Thailand	60	40	20	120
Togo	48	32	16	100
Tonga	60	40	20	70
Trinidad/Tobago	72	48	24	140
Tschad	66	44	22	120
Tschechische Republ.	42	28	14	130
Türkei	48	32	16	130
– asiatischer Teil	48	32	16	90
Tunesien	54	36	18	120
Turkmenistan	60	40	20	160
Uganda	60	40	20	140
Ukraine	42	28	14	180
Ungarn	48	32	16	140
Uruguay	66	44	22	90
USA	96	64	32	170
– New York	120	80	40	180
– Washington	114	76	38	180
Usbekistan	60	40	20	100
Vatikanstadt	78	52	26	150

Land	Pauschbeträge für Verpflegungsmehraufwendungen bei einer Abwesenheitsdauer je Kalendertag von			Pauschbetrag für Übernachtungskosten
	mindestens 24 Stunden	weniger als 24 Stunden, aber mindestens 14 Stunden	weniger als 14 Stunden, aber mindestens acht Stunden	
	DM	DM	DM	DM
Venezuela	48	32	16	120
Verein. Arab. Emirate	84	56	28	180
Vietnam	60	40	20	120
Weißrußland	48	32	16	80
Zentralafrik. Republ.	54	36	18	100
Zypern	72	48	24	100

Die Wohlhabenheit der oberen Mittelschicht,
die ist schwerer als Armut.

(Truman Capote)

Zeile 45–48 Studienreisen, Fachkongresse 888

Reisen in die weite Welt als Dienstreisen geltend machen, da kommt Freude auf! Studienreisen, Fachtagungen und Kongresse, sie machen es möglich, steuerliche Vorteile mit beruflichen und privaten Interessen zu verbinden. Wen wundert es, wenn der Fiskus da nicht immer ohne weiteres mitmacht.

Ausgerichtet am Neidkomplex der Fiskalbürokraten, werden Studienreisen, Fachtagungen und Kongresse steuerlich nur anerkannt, wenn sie so gut wie ausschließlich dem Ziel dienen, die beruflichen Kenntnisse zu erweitern. Dient eine Reise zugleich privaten Interessen, der Erholung oder der allgemeinen Information über geographische oder kulturelle Besonderheiten des besuchten Landes, liegt keine ausschließlich berufliche Veranlassung vor (EStR 117 a).

Steuerlich gesehen kannst Du Deine Studienreise oder eine Fachtagung 889 schon vergessen, wenn bereits der Veranstaltungsprospekt in blumigen Worten auf die vielfältigen Möglichkeiten zur Freizeitgestaltung hinweist. So wurde einem Zahnarzt steuerlich zum Verhängnis, daß er als Teilnehmer eines mehrtägigen Fachkongresses in Davos täglich während einer viereinhalbstündigen Mittagspause die Möglichkeit hatte, auf der Skipiste Sauerstoff zu tanken (BFH – BStBl 1990 II S. 1059). Auch eine Kongreßreise, die auf einem Fährschiff stattfindet, auf dem die Kongreßteilnehmer neben dem Fachprogramm ausreichend Zeit haben, von den an Bord gebotenen Freizeitmöglichkeiten Gebrauch zu machen, wird vom Fiskus als Privatvergnügen angesehen (BFH – BStBl 1989 II S. 19).

890 **Bevor Du Dich für eine Studienreise entscheidest, solltest Du den Veranstaltungsprospekt mit Hilfe der Checkliste des Fiskus auf steuerliche Schwachstellen abklopfen.**

Gegen berufsbedingte Aufwendungen sprechen: Besuch bevorzugter Ziele des Tourismus; häufige Ortswechsel; entspannende oder kostspielige Beförderung, z. B. Schiffsreise; Mitnahme des Ehegatten oder naher Angehöriger.

891 **Für berufsbedingte Aufwendungen sprechen:** Die Teilnehmer haben durchweg gleiche oder ähnliche Berufe; straffe und lehrgangsmäßige Organisation, die wenig Raum für Privatinteressen läßt; Gewährung von Dienstbefreiung oder Sonderurlaub; Zuschüsse des Arbeitgebers.

Notfalls wirst Du dem Finanzamt später nur das eigentliche Kursprogramm vorlegen ...

892 **TIP** **Studienreise: Verwahre unbedingt alle Unterlagen!**

Von Vorteil für Dich ist, wenn Du alle Unterlagen (Arbeitsunterlagen, Skripten, Stundenpläne und Deine eigenen Aufzeichnungen) aufbewahrst, um sie notfalls dem Fiskalritter vorlegen zu können. Denn Du trägst die Beweislast, daß die Aufwendungen für die Studienreise beruflich veranlaßt sind. Der Fiskus erkennt Fortbildungskosten ohne weiteres an, wenn per Stempel und Unterschrift jeder Tag vom Tagungsleiter testiert wird. Aus dem Testat muß eine mindestens fünfstündige Anwesenheit ersichtlich sein, die sich zudem nicht auf einen halben Tag beschränken darf (FG des Saarlandes vom 14. 7. 1992 – EFG 1992 S. 727). Diesen überzogenen Nachweispflichten kannst Du manchmal gar nicht nachkommen, weil der Veranstalter nicht mitspielt. Da können aber Deine eigenen Aufzeichnungen aus den Veranstaltungen als Nachweis herhalten (BFH-Urt. vom 13. 2. 1980 – BStBl 1980 II S. 386).

893 **TIP** **Bügele doch einfach die Schwachstellen im Reiseprospekt aus**

Freizeiten im Terminplan der Studienreise lassen Rückschlüsse auf private Interessen zu. Anders hingegen, wenn sie durch Arbeitsgemeinschaften ausgefüllt wurden. Laß Dir von anderen Teilnehmern die Dauer der Arbeitsgemeinschaften bestätigen.

TIP Ein Teilbetrag der Reisekosten ist das mindeste 894

Laß Dich nicht kirre machen, wenn der Bearbeiter die berufliche Veranlassung der Studienreise anzweifelt, weil der Veranstaltungsort im Ausland liegt und außerdem ein beliebter Urlaubsort ist. Bei internationalen Tagungen mit ausländischen Fachleuten und Dozenten ist das so üblich.

Kannst Du außerdem angeben, Du habest neben dieser Reise noch »normalen« Urlaub genommen, bist Du meistens schon aus dem Schneider (BFH-Urt. vom 18. 10. 1990 – BStBl 1991 II S. 92).

Bekommst Du die Gesamtreise steuerlich nicht durch, so sind doch die 895 Teilnahmegebühren für die Fachveranstaltung und die Verpflegungs- und Übernachtungspauschalen für die Veranstaltungstage steuerlich abziehbar (BFH – BStBl 1971 II S. 524 eine Kongreßreise mit dem Schiff nach Malta betreffend; die Kongreßgebühr und die Verpflegungs- und Übernachtungskosten für 4½ Tage Aufenthalt in Malta während der Dauer des Kongresses erkannte der BFH steuerlich an, die 16tägige Schiffsreise nicht).

Zeile 45–48 Kontoführungsgebühren 896

Ersetzt Dir der Betrieb die Kontoführungsgebühren, weil unbare Auszahlung des Lohnes angesagt ist, so gehören sie gleichwohl zum steuerpflichtigen Lohn (LStR 70 Abs. 2), Du kannst sie aber auf jeden Fall bis zu 30 DM pro Jahr als Werbungskosten hier in > Zeile 45 ansetzen (BFH-Urt. vom 9. 5. 1984 – BStBl 1984 II S. 560).

> *Über Nacht wird man nur berühmt,*
> *wenn man tagsüber gearbeitet hat.*
> (H. Carpendale)

Zeile 45–48 Fortbildungskosten 897

Aufwendungen für beruflich veranlaßte Fortbildung erkennt der Fiskus ohne Wenn und Aber als Werbungskosten an.

Die Fiskalbürokraten unterscheiden indessen höchst penibel zwischen Fortbildung und Ausbildung. Letztere gehört in den Bereich der allgemei-

451

nen Lebensplanung und wird deshalb nur durch Sonderausgabenabzug gefördert. Deine Aufwendungen trägst Du in > Zeile 82 des Mantelbogens ein. Dazu mehr unter ➤ Rz 215.

898 **Zunächst vorab, damit Du klarzusehen vermagst: Im Gegensatz zu den als Sonderausgaben nur bis zu 1 800 DM (bei auswärtiger Unterbringung 2 400 DM) abziehbaren Ausbildungskosten sind Fortbildungskosten unbegrenzt – als Werbungskosten – abziehbar. Fortbildung betreibt ein Arbeitnehmer, um seine Kenntnisse im ausgeübten Beruf zu erhalten, zu erweitern oder um sich geänderten Anforderungen anzupassen.**

Gut zu wissen: Hat der Betrieb die Kosten der Fortbildung oder Ausbildung getragen, so ist der Kostenersatz kein steuerpflichtiger Arbeitslohn (➤Rz 547).

899 Auch Aufwendungen für einen **Aufstieg im Beruf** sind als Fortbildungskosten abziehbar. So hat das FG Köln einem angestellten Kirchenmusiker mit B-Examen die Aufwendungen für ein Aufbaustudium an einer staatlichen Musikhochschule, das mit dem A-Examen endet, als Fortbildungskosten anerkannt (EFG 1990 S. 573 n. rk). Entsprechend erging es einem Lehrer mit der Lehrbefähigung an der Sekundarstufe I für ein Studium zur Erlangung der Lehrbefähigung an der Sekundarstufe II (FG Münster v. 19. 12. 1989 – EFG 1990 S. 465 n. rk).

Dienen die Aufwendungen aber einem völlig anders gearteten Beruf (Berufswechsel), so gehören sie zu den Ausbildungskosten. Nun kommt es oft vor, daß durch die Fortbildung im ausgeübten Beruf zugleich auch ein Berufswechsel ermöglicht wird. Gegenüber dem Fiskus wirst Du natürlich die Fortbildung für Deinen jetzigen Beruf heraus- und die Möglichkeiten des Berufswechsels hintanstellen.

900 Hast Du bereits ein Studium absolviert und willst jetzt Deine beruflichen Chancen durch ein **Zweitstudium** erweitern, kannst Du die Kosten hierfür unter die Werbungskosten mischen. Voraussetzung ist, daß Du in Deinem Hauptberuf aktuell tätig bist (sonst hättest Du ja keine Werbungskosten) und daß das Zweitstudium zum Beruf paßt.

Beispiele für berufliche Fortbildung
- Ingenieur zum Wirtschaftsingenieur
- Grundschullehrer wird Realschullehrer
- Erweiterung von Sekundarstufe I auf Sekundarstufe II
- Wissenschaftlicher Assistent wird Professor

- Aufbaustudium eines Kirchenmusikers
- Diplompsychologin wird Psychoanalytikerin
- Kirchenmusiker erweitert von B- auf A-Examen
- Flugingenieur wird Copilot oder Pilot
- Arzt wird Zahnarzt oder Kieferchirurg
- Sparkassenbetriebswirt wird Dipl.-Betriebswirt (FH)
- Handwerksgeselle zum Meister
- Fotolaborant zum Fotografen
- Studium mit Abschluß »Master of Business Administration«
- Diplomgeograph wird Abfallwirtschaftsberater
- Aufbaustudium zum Tonmeister (nach Studium der Musiktheorie)

TIP Im Zweitstudium nicht der Mühelosigkeit trotzen 901

Kannst Du sagen: Ich strebe keinen neuen Hochschulabschluß an, ich will nur einige Semester studieren, um mein Wissen zu ergänzen? Wenn Du das sagen kannst, dann ist alles paletti (BFH – BStBl 1978 II S. 543). Zur Absicherung gegenüber dem Fiskus solltest Du Deiner Steuererklärung eine Bescheinigung Deines Arbeitgebers beifügen, wonach dem Arbeitgeber nicht an einer Abschlußprüfung des Zweitstudiums gelegen ist.

Eigentlich wolltest Du keine Abschlußprüfung für Dein zweites Fach. Doch es 902 war Dir nicht möglich, der Mühelosigkeit zu trotzen. Denn der Mensch kann sich nichts nehmen, es werde ihm denn gegeben. Ähnliche Erfahrungen macht der Fiskus: Er kann nichts wissen, es werde ihm denn offenbart …

TIP Gute Chancen für Fortbildungskosten 903

Gut zu wissen, was alles unter Fortbildung beim Fiskus glatt durchgeht: Fachlehrgänge jeglicher Art, wie z. B.
Bilanzbuchhalterlehrgang; Lehrgang zum Steuerfachwirt; Lehrgang für Datenverarbeitung; Lehrgang für Bürotechnik; Lehrgang für die Meisterprüfung; Sprachkurse; Skilehrer-Lehrgang für Sportlehrer (BFH – BStBl 1989 II S. 91); Lehrgang eines Dipl.-Kfm. für Steuerberaterprüfung (BFH v. 19. 1. 1990 – BStBl 1990 II S. 572), Lehrgang eines Steuerfachgehilfen für Steuerberaterprüfung (Nds. FG v. 15. 6. 1989 – EFG 1990 S. 172); Lehrgang eines Finanzbeamten für Steuerberaterprüfung (BFH-Urt. vom 6. 11. 1992 – BStBl 1993 II S. 108); Lehrgang eines Sportlehrers zum Erwerb des Diploms eines Windsurfing-Instruktors (FG Hamburg v. 23. 3. 1989 – EFG 1990 S. 55); Studium eines Sozialarbeiters (grad.) zur Diplom-Pädagogik/Erziehungswissen-

schaften (EFG 1989 S. 628) bzw. zum Psychagogen (EFG 1982 S. 238); Zweit-studium eines Arztes zum Psychotherapeuten (EFG 1989 S. 105); Lehrgang zum Erwerb der Fluglizenz durch Flugingenieur (BFH/NV 1993 S. 87). Bun-deswehrpilot, Umschulung auf Linienflüge (BFH – BStBl 1997 II S. 337). Kaufmannsgehilfe besucht Wirtschaftsoberschule (EFG 1967 S. 503).

Wichtig für Arbeitslose: Fortbildungskosten, um die Chancen auf einen Arbeitsplatz zu verbessern, sind absetzbar (BFH – BStBl 1996 II S. 482). Wie das klappt, dazu mehr unter ➤ Rz 729.

Zu Sprachkursen lies auch den Tip: Fit für eine Reise nach Manila unter ➤ Rz 222.

Zur Höhe der abziehbaren Aufwendungen durch Teilnahme an auswärti-gen Lehrgängen siehe unter ➤ Rz 877.

904 **TIP** **Diese Ausbildungskosten sind wie Fortbildungskosten absetzbar**

Wirst Du für einen Ausbildungsberuf ausgebildet? Bist Du Beamtenanwär-ter, Referendar, Lehramtsanwärter? So wisse: Weil Deine Unterhaltszu-schüsse steuerpflichtig sind, muß der Fiskus logischerweise alle Aufwen-dungen, die mit Deiner Ausbildung im Zusammenhang stehen, als Wer-bungskosten anerkennen. Zu den Werbungskosten gehören die Aufwen-dungen für Fachliteratur, Reisekosten durch Besuch der Berufsschule, durch Kurse, Repetitorien, Arbeitsgemeinschaften, ferner die Seminar- und Lehrgangsgebühren. Bei den Fiskalbürokraten machst Du Dich ver-ständig, indem Du das Wort »Ausbildungsdienstverhältnis« erwähnst (Quelle: LStH 34).

905 **Finanziert die Bundeswehr Dein Studium, bist Du noch besser dran. Denn neben fürstlichen Bezügen als Offizier – die Dir im Rahmen eines Ausbil-dungsdienstverhältnisses zukommen – kannst Du die Studienkosten als Werbungskosten abziehen (BFH v. 2. 7. 1993 – BStBl 1994 II S. 102). Dassel-be gilt für Postler, wenn ihnen ihre Behörde ein Studium zum Dipl.-Ing. (FH) spendiert (FG Rheinland-Pfalz vom 26. 2. 1992 – EFG 1992 S. 733).**

Aufwendungen eines Soldaten zur Vorbereitung des Übergangs in einen zivilen Beruf sind Fortbildungskosten, wenn die künftige zivile Tätigkeit mit der Tätigkeit bei der Bundeswehr im Zusammenhang steht (BFH-Urt. vom 9. 3. 1979 – BStBl 1979 II S. 337 f).
(Zu Reisekosten bei Soldaten bei Abkommandierungen zu Lehrgängen usw. mehr unter ➤ Rz 957).

Nicht angenehm zu wissen: Als Ausbildungskosten und damit in den **906**
Bereich der Sonderausgaben gehörig haben die obersten Fiskalrichter
eingestuft:

- Kosten eines Erststudiums (BFH – BStBl 1996 II S. 450, siehe dazu
  aber ➤ Rz 913);
- Architekturstudium eines Bauingenieurs (BFH – BStBl 1973 II S. 817);
- Chemie-Ingenieurstudium eines Chemielaboranten (BFH – BStBl 1972
  II S. 254);
- Doktorprüfung, selbst dann, wenn sie nach Eintritt in das Berufsleben
  abgelegt wird (BFH – BStBl 1972 II S. 251);
- Promotionskosten sind allerdings absetzbar, wenn die Dienstleistung in
  einer Forschungstätigkeit besteht, die auch Gegenstand der Promo-
  tionsarbeit ist (EFG 1995 S. 433).
- Führerschein für Pkw Klasse III (BFH – BStBl 1977 II S. 834);
- Volksschullehrer zum Diplompädagogen (BFH – BStBl 1975 II S. 446).
- Studium der Sozialwissenschaften eines Diplom-Verwaltungswirts
  (BFH – BStBl 1996 II S. 444);
- BWL-Studium einer Finanzbeamtin (BFH – BStBl 1996 II S. 445);
- Jurastudium eines Kommunalbeamten oder Dipl.-Finanzwirts (BFH –
  BStBl 1996 II S. 446/448).

Ich weiß, wovor ich flüchte,
aber ich weiß nicht, was mich erwartet.
(Michel de Montaigne)

TIP Achtung, Auszubildende und Studenten: **907**
Nimm den ersten Wohnsitz bei den Eltern!

Behaltet Euren ersten Wohnsitz schön weiter bei Euren Eltern. »Warum«,
maulst Du, »ich will endlich meine eigenen vier Wände!« Kannst Du ja
auch, aber dann als Nebenwohnsitz. Dem Einwohnermeldeamt ist das
ziemlich egal, solange Du Dich nur anmeldest. Und Deine Eltern freuen
sich, daß sie so ein nettes Kind mit Familiensinn haben. »Ja, und was soll
der Zauber?« fragst Du. Ganz einfach. Immer dann, wenn Du in Zukunft
Deine Arbeitsstelle und dabei evtl. auch den Wohnort wechselst, kannst Du
erneut doppelte Haushaltsführung geltend machen und derbe Steuern
sparen (➤ Rz 983). Also eine echte Investition in die Zukunft!

908 ### TIP ### Wie Auszubildende ihr Finanzamt mit Reisekosten steuerstreikgemäß auf die Palme bringen

Inzwischen müssen sich auch Auszubildende um ihre Steuern kümmern, landen doch schließlich von etwa 20 000 Mark Jahressalär immerhin über 850 Mark Lohnsteuer beim Fiskus.

»Das ist echt ätzend! 850 Mark sind glatt zehn Tage *last minute* nach Mallorca«, sagst Du. Dann hol sie Dir doch zurück! Mache die Kosten für Deine ständigen Fahrten zu allen möglichen Ausbildungs-, Schulungs- oder Trainingsstellen steuerlich als Reisekosten geltend. Das klappt immer dann, wenn Du eine Hauptausbildungsstelle hast und vorübergehend woanders eingesetzt wirst. *Vorübergehend* heißt hierbei maximal drei Monate. Besuchst Du längerfristig eine Berufsakademie oder ähnliches, gelten die Vergünstigungen auf jeden Fall für die ersten drei Monate; erst danach gilt die Berufsakademie als neue regelmäßige Arbeitsstätte (BFH-Urt. vom 4. 5. 1990 – BStBl 1990 II S. 859). Mußt Du für einen Lehrgang längere Zeit auswärts übernachten (z. B. bei internatsähnlicher Unterbringung), gilt für Dich das Beispiel unter ➤ Rz 877 ff.!

Die Reisekosten setzten sich bei Dir aus Fahrtkosten, z.B. mit eigenem Pkw (➤ Rz 856) und aus Verpflegungspauschalen (➤ Rz 852) zusammen. Also fertigst Du folgende

---

Zusammenstellung der Reisekosten für > Zeile 48 der Anlage N

Einsatzwechselt. von bis	Filiale	Fahrtkosten Fahrten x km x DM	Verpfl.-Pauschale Tage x Pauschale
2. 1.–25. 1.	Hensenstr.	18 x 62 x 0,52 = 580,32 DM	18 x 10 DM = 180 DM
1. 8.–13. 9.	Albersloh	32 x 84 x 0,52 = 1397,76 DM	32 x 10 DM = 320 DM
18. 11.– 6. 2.	Hadorf	14 x 76 x 0,52 = 553,28 DM	14 x 10 DM = 140 DM
Summe		64 Fahrten 2531,36 DM	64 Tage 640 DM

Die Tätigkeit in den Filialen ist Einsatzwechseltätigkeit. Die Entfernung zu den Filialen beträgt mehr als 30 km und kann folglich mit 0,52 DM je km abgesetzt werden.

Reisekosten insgesamt

Fahrtkosten	2531,36 DM
Verpflegungspauschale	640,— DM
Summe	3 171,36 DM

> Der Besuch der Berufsschule ist ebenfalls Einsatzwechseltätigkeit. Fahrten dorthin werden, da die Entfernung unter 30 km beträgt, wie Fahrten zwischen Wohnung und Arbeitsstätte abgesetzt. Eine Verpflegungspauschale entfällt, da die Abwesenheit nicht mehr als acht Stunden beträgt.
>
> An den übrigen Arbeitstagen erfolgte die Ausbildung in der Hauptstelle. Die Fahrten dorthin werden als Fahrten zwischen Wohnung und regelmäßiger Arbeitsstätte in den > Zeilen 32 ff. geltend gemacht.

Die Fahrten zur Hauptstelle bringen Dir weitere 986 Mark (176 Fahrten bei 8 Entfernungs-km x 0,70 DM). Wenn der Fiskalritter sieht, daß jetzt auch schon Azubis saftige Reisekosten absetzen, geht er bestimmt auf die Palme. Vergiß nun aber nicht, zusätzlich in > Zeile 41 mindestens 200 Mark für Fachliteratur und in > Zeile 45 für Kontoführung weitere 30 Mark anzusetzen (> Rz 52).

Studium an einer Berufsakademie: Auch dann bleibt der Betrieb regelmäßige Arbeitsstätte mit der Folge, daß die Fahrten zur Berufsakademie in den ersten drei Monaten eines Studienabschnitts Dienstreisen sind (Urt. des FG Bad.-Württ. vom 15. 6. 1988 – EFG 1989 S. 19; OFD Karlsruhe vom 3. 6. 1992 S. 2353 A).   **909**

Arbeitsgemeinschaften? Alle Aufwendungen dafür absetzen (> Rz 916).   **910**

▀▀ TIP Fortbildung häppchenweise?   911

Einzelne Vortragsveranstaltungen, die Deinen Beruf betreffen, nimmst Du sozusagen häppchenweise immer mal mit. Also setzt Du an:

8 Fahrten zur Uni Bonn je 15 km =	120 km
3 Fahrten zur Uni Köln je 35 km =	105 km
3 Fahrten zur Uni Düsseldorf je 85 km =	255 km
Zusammen	480 km

Fahrtkosten 480 km x 0,52 DM =	249,60 DM
Eintrittsgelder 14 x 5,– DM	70,— DM
Verpflegungsmehraufwand	
(Pauschale mehr als acht Stunden) 14 x 10,– DM	140,— DM
Zusammen in > Zeile 45	459,60 DM

Sicherheitshalber bewahrst Du auf: Eintrittskarten, Programmhefte, Vortragsverzeichnisse.

912 **TIP** **Promotionskosten – auf einer halben Stelle?**
Gute Chancen

Gehörst Du zu den vielen jungen Wissenschaftlern, die in Deutschland von staatlichen Stellen mit Zeitverträgen beschäftigt werden? Und arbeitest Du auch unter der oftmals vom Geldgeber, z. B. der Deutschen Forschungsgemeinschaft, diktierten Auflage, daß nur promovierte Mitarbeiter das volle Gehalt beziehen können, Dir als nichtpromoviertem Stelleninhaber nur das halbe Gehalt zusteht?

Dann hast Du gute Chancen, die Promotionskosten voll als Werbungskosten abzusetzen, wenn Du sagst: Da ich erst nach Abschluß der Promotion Anspruch auf volles Gehalt habe, sind die Kosten dafür zwangsläufig Werbungskosten. Denn diese sind nach dem Wortlaut des Gesetzes Aufwendungen zur »Erwerbung, Sicherung und Erhaltung von Einnahmen«.

Ich stehe also in einem sog. Promotionsdienstverhältnis, weil die Promotion ausschließlicher oder wesentlicher Vertragsgegenstand ist (BFH-Urt. vom 9. 10. 1992 – BStBl 1993 II S. 115 einen Veterinär am Schlachthof betreffend, der seinen »doctor med. vet.« machen mußte, um weiterhin im Staatsdienst beschäftigt zu werden).

Geldverdienen und Promovieren an einem Projekt?
Glück gehabt: Geltend gemachte Aufwendungen können in einem solchen Fall nicht isoliert teilweise dem Promotionsvorhaben zugeordnet werden. Sie sind deshalb insgesamt zum Werbungskostenabzug zuzulassen, so das FG Köln im Urteil vom 22. 11. 1994 – EFG 1995 S. 510.

913 **TIP** **Auch mit einem Erststudium kannst Du abkassieren**

Ein Erststudium an einer Universität oder Fachhochschule wird vom Finanzamt immer als Ausbildung eingestuft. Du kannst daher nur mickrige 1 800 DM als Sonderausgaben geltend machen, wenn Du Dich z. B. nebenberuflich an der Fernuniversität einschreibst (➤ Rz 215).

Willst Du hingegen in den lukrativeren Bereich der Werbungskosten vorstoßen, mußt Du Deinem Fiskalritter verständlich machen, daß Du Dich erstens im Interesse Deines Berufes fortbildest – also z.B. als Rechtspfleger Jura-Kurse belegst oder als Bürokaufmann Wirtschaftswissenschaften. Und daß Du Dich nur als Gasthörer einschreibst, also kein

Examen anstrebst. Ein späterer Sinneswandel – sprich: Wechsel in die ordentliche Studenten-Laufbahn – ist Dir ja nicht verwehrt. Du kannst Dir sogar die Gasthörer-Scheine ohne weiteres rückwirkend anerkennen lassen. Und im Laufe der Zeit eine Menge Steuern sparen.

Anders sieht die Sache aus, wenn Du an einem privaten Lehrinstitut studierst. Selbst wenn Du am Schluß ein Diplom bekommst: Da es sich um keinen akademischen Abschluß handelt, fällt Dein Studiengang unter »Fortbildung«. Beispiel: »praktischer Betriebswirt DAA oder HWL«. Folge: Kosten = Werbungskosten.

◆ *Musterfall Heidi Goldstein*　　　　914

Heidi ist als Zahnarzthelferin in der 58 km von ihrem Wohnort entfernten Großstadt Dortmund tätig. Zusammen mit ihrem Bruder, der in einem Steuerbüro arbeitet, hat sie ihre Fortbildungskosten und andere Werbungskosten zusammengestellt. Sie hält sich nicht streng an das Formular Anlage N, sondern fertigt eine Zusammenstellung der gesamten Werbungskosten an und trägt die Endsumme in > Zeile 48 ein.

Anlage zur Anlage N　　　　915

44		+	▶	
45	**Weitere Werbungskosten** (z. B. Fortbildungskosten, Reisekosten bei Dienstreisen) – soweit nicht steuerfrei ersetzt –			
46	Fortbildungs Kosten　　siehe Anlage	+ 16.077		
47		+		
48		+	▶	53 16.077

```
          ZUSAMMENSTELLUNG DER WERBUNGSKOSTEN

1.Fahrten zur Arbeitsstätte
    217 Tage x 58 km x 0,70 DM =              8 811,— DM
2.Berufshaftpflicht                               36,— DM
3.Fachliteratur lt. beigefügter Belege        805,81 DM
4.Berufsbekleidung lt. beigefügter Belege     414,60 DM
5.Kontoführungsgebühr                             30,— DM
```

```
6.Fortbildungskosten (Lehrgang in
  Detmold zum Thema: Wie rechne
  ich zahnärztliche Leistungen
  richtig ab?)
  Teilnahmegebühr (Beleg anbei)      3 000,— DM
  Dienstreisen zum Lehrgangsort
  Fahrtkosten mit eigenem Pkw
  36 Fahrten x 232 km x 0,52 DM = 4 343,04 DM
  Reparatur nach Unfall (Blechschaden)
  lt. Rechnung        1 302,70 DM
  ./. Erstattung          —,—
  Verbleiben          1 302,70 DM > 1 302,70 DM
  Mehraufwendungen für Verpflegung
  12 Tage über 14 Stunden x 20 DM =  240,— DM
  24 Tage über  8 Stunden x 10 DM =  240,— DM
  Dienstreisen zur Arbeits-
      gemeinschaft in Hagen
  Fahrtkosten
  22 Fahrten x 56 km x 0,52 DM =     640,64 DM
  Mehraufwendungen für Verpflegung
  22 Tage über acht Stunden x 10 DM =        220,— DM
  Bestätigung der Kollegin Reiz über
  die Arbeitsgemeinschaften anbei _____
  Summe der Fortbildungskosten   9 986,38 DM
  ./. steuerfreier ArbG-Zuschuß    5 500,— DM
  Verbleiben             4 486,38 DM   4 486,38 DM
7.Arbeitsmittel (Belege anbei)
  1 Schreibtisch                      816,— DM
  1 Stuhl                             430,— DM
  1 Lampe                             247,— DM
  Die Anschaffungen waren im Zusammen-
  hang mit dem Lehrgang in Detmold notwendig.
Summe der Werbungskosten            16 076,79 DM
```

»Diese Werbungskosten werden anerkannt?« fragst Du ungläubig.

Ja, selbstverständlich, das ist doch alles korrekt belegt und begründet.

Und dann, wenn das Finanzamt seinen Rotstift ansetzen will – ruf Dich in die Steuerstreikatmosphäre zurück: Kämpfe um jede müde Mark. Du weißt doch besser als der Bürokrat, was Dich alles gekostet hat! Und scheu Dich nie, Einsprüche noch und noch einzulegen. Aus Steuerstreikprinzip! Sie kosten zudem keine Gebühren!

TIP Kollegenbesuch als Arbeitsgemeinschaft absetzen?   916

Nicht jede Feier läßt sich als Arbeitsgemeinschaft absetzen. Denn eine Arbeitsgemeinschaft wird nur anerkannt, wenn das Treffen ausschließlich aus beruflichen Gründen erfolgt. Allerdings gibt es Anlässe für Treffs zuhauf:

● Gemeinsame Prüfungsvorbereitung
● Vertiefung des Lehrstoffs
● allgemeiner Erfahrungsaustausch
● Hausaufgaben

Studenten setzen die Kosten für Arbeitsgemeinschaften bei den Sonderausgaben ab (➤ Rz 215), Auszubildende mit Ausbildungsvergütung hingegen hier bei den Werbungskosten, desgleichen alle, die Fortbildungslehrgänge besuchen.

Steuerlich gesehen ist die Teilnahme an einer Arbeitsgemeinschaft eine Dienstreise (FG Köln vom 28. 10. 1993 – EFG 1994 S. 290), und als solche rechnest Du sie mit dem Finanzamt ab, also mit Fahrtkosten (52 Pf je km) und ggf. Verpflegungsmehraufwand (➤ Rz 853).

Ein wasserdichter Nachweis muß her!
Schnell kommt der Fiskalritter mit der Behauptung angewackelt, die Lerngemeinschaft sei zum Teil auch privat veranlaßt, und streicht Dir alle Kosten zusammen. Deshalb macht Ihr Nägel mit Köpfen und sagt: Die Lerngemeinschaft fand nicht im häuslichen Bereich statt, sondern an der Arbeitsstätte. Außerdem fertigt Ihr über jeden Treff ein Protokoll, in dem genau steht, welche berufliche Frage bzw. welches Prüfungsthema erörtert wurde (BFH, BFH/NV 1993 S. 533; FG Münster v. 23. 6. 1994, EFG 1995 S. 7). Und sagt dem Fiskalritter bloß nicht, Ihr hättet auch privat Freude aneinander gefunden, was sich Altvater Goethe immer wünschte, wenn er in Gesellschaft war ...

Arbeitsgemeinschaften sind indessen kein Vorrecht für Studenten, Auszubildende und Teilnehmer an Fortbildungslehrgängen. Jeder muß heute sehen, wie er am Ball bleibt. Wenn Du Dich also mit Kollegen zusammensetzt und mit ihnen über berufliche Neuerungen sprichst, lassen sich auch diese Treffs als Arbeitsgemeinschaften absetzen. Will Dir das Finanzamt die Kosten streichen, so kontere mit dem Urteil des FG Köln (vom 28. 10. 1993 – EFG 1994 S. 290): Selbst wenn die Verpflegungspau-

schalen zu sehr günstigen Ergebnissen für Dich führen, ist das unbeacht-
lich. Denn die hat ja die Finanzverwaltung selbst erfunden, sagt das
Finanzgericht.

---

917 ## Zeile 45–48 Fahrten zum Mittagstisch

Mittagsheimfahrten zum Essen im Kreis der Lieben, zu einem Nickerchen
oder gar zu einem Schäferstündchen sind steuerlich gesehen schlichte
Privatfahrten. Denn das Gesetz läßt pro Arbeitstag nur eine Fahrt zwischen Wohnung und Arbeitsstätte als beruflich veranlaßt zu, von wenigen
Ausnahmen abgesehen (➤ Rz 730). Doch höre!

918 **TIP** ## Hole Fahrtkosten heraus, wenn Dir das Essen nicht schmeckt!

Wer in einer Arbeitspause zu einer nahe gelegenen Gaststätte fährt, um
dort zu essen, kann die Fahrtkosten absetzen: wenn es keine Kantine auf
der Arbeitsstelle gibt.

Kommt Dein Fiskalritter mit der Einrede angetanzt, Mahlzeiten seien
grundsätzlich privat veranlaßt, und deshalb seien auch Fahrten zur Essens-
aufnahme privater Natur, dann halte ihm das BFH-Urteil vom 18. 12. 1981
– BStBl 1982 II S. 261 unter sein Näschen. Dort kann er nachlesen: »Der
Weg zur Nahrungsaufnahme … gehört, jedenfalls wenn er nur … zu einer
nahe gelegenen und zumutbaren Gaststätte führt, zu den Verrichtungen,
die in notwendigem Zusammenhang mit diesem beruflichen Aufenthalt
stehen.« Wobei der Aufenthaltsort im Urteilsfall als regelmäßige Arbeitsstätte anzusehen war. Wohlgemerkt: Es ging nicht um die Essenskosten
selber – denn Magenfüllen ist privat –, sondern um die Fahrt zur Gaststätte,
die beruflich veranlaßt ist.

919 **Dasselbe erreichst Du, wenn Du sagen kannst, daß Dir das Kantinenessen
nicht schmeckt.**

Also setzt Du z. B. an:

105 Fahrten zum Gasthof »Alter Fritz« je 12 km =	1 260 km
Fahrtkosten 1 260 km x 0,52 DM =	656 DM

Nicht gut zu wissen: Es kann Dir passieren, daß Du auf einen Fiskalritter
triffst, dem es nicht schmeckt, an solche Fahrtkosten einen Haken zu

machen (LStR 33 Abs. 2 Nr. 4). Dann rede von »Einspruch« und kämpfe für Dein Recht. Auf jeden Fall sind nach dem oben genannten Urteil Unfallkosten absetzbar, wenn der Unfall auf der Fahrt zum Mittagstisch passierte. Und da Unfallkosten nur bei beruflicher Veranlassung absetzbar sind, muß auch die Fahrt selbst eine berufliche gewesen sein.

Zeile 45–48 Diebstahl, Reinigung, Flickschneiderei

920

Diebstahlverluste
Haben Langfinger Deinen Laptop oder anderes wertvolles Arbeitsgerät mitgehen lassen und kommt keine Versicherung dafür auf, kannst Du das Finanzamt zur Kasse bitten, indem Du den Wertverlust als Werbungskosten absetzt. Als Wertverlust gelten die Erwerbskosten abzüglich der bereits angefallenen Abschreibungen (BFH-Urt. vom 29. 4. 1983 – BStBl 1983 II S. 586).

Bei Diebstahl von Gegenständen am Arbeitsplatz, die keine Arbeitsmittel   921
sind, wie z. B. Geld, Kleidung oder Schmuck, zeigt sich der Fiskus hingegen zopfig. Solche Verluste stehen aus fiskalischer Sicht nicht mit dem Beruf im Zusammenhang und sind deshalb Privatsache (BFH-Urt. vom 4. 7. 1986 – BStBl 1986 II S. 771).

Doch höre und staune: Dein teils beruflich, teils privat genutzter Pkw ist zwar kein Arbeitsmittel. Kommt er Dir jedoch während einer Dienstreise oder während der Parkzeit am Arbeitsplatz abhanden, läßt der Fiskus den Zeitwert zum Abzug zu, unter Anrechnung von Versicherungsleistungen, versteht sich (BFH-Urt. vom 25. 5. 1992 – BStBl 1993 II S. 44).
Und außerdem: Im Außendienst geklaute Privatsachen sind als Reisenebenkosten absetzbar, wenn Du den Schaden nachweisen kannst (am besten sofort bei der örtlichen Polizei Anzeige erstatten) und auch alle zumutbaren Sicherheitsvorkehrungen gegen einen Diebstahl getroffen hast.
Dazu mehr unter ➤ Rz 875.

Kleiderreinigung und Flickschneiderei   922
Kosten für die Reinigung von Arbeitskleidung sind abziehbar, das sieht selbst der bornierteste Fiskalritter ein. Gibst Du Sachen in eine Fremddreinigung, setzt Du Deine Ausgaben ab. Landen die Sachen in Deiner eigenen Waschmaschine, kannst Du pro Waschgang bis zu 3,62 DM als Werbungskosten absetzen (rechtskräftige Urteile des FG Berlin vom 22. 10. 1981 – EFG 1982 S. 463 und Hess. FG vom 3. 8. 1988 – EFG 1989 S. 173).

Das sind bei wöchentlich zwei Waschgängen im Jahr mit 48 Arbeitswochen = Werbungskosten von 348 Mark.

Hiervon profitieren auch alle, die Uniform tragen und täglich ein frisches Hemd benötigen, also auch Polizisten, Postler und Bahnbedienstete.

Wie sieht es in Büroberufen aus, denen der Fiskus keine Arbeitskleidung zubilligt? Müssen die Arbeitnehmer die Reinigung ihrer Kleidungsstücke wegen Tee- oder Kaffeeflecken, Flecken vom Toner des Kopierers, Verschmutzung durch Kugelschreiber oder Tinte, durch Farbbänder, Stempelkissen usw. aus eigener Tasche bezahlen? Keineswegs! Denn die Reinigungskosten dafür haben ihre Ursache in Gründen, die in der Berufssphäre des Arbeitnehmers liegen, und sind damit als Werbungskosten zu berücksichtigen, so der BFH. Mehr dazu unter ➤ Rz 774.

923 **TIP** **Gefallen und dafür eine Steuerermäßigung erhalten?**

Dasselbe gilt natürlich, wenn Kleidung während der Arbeitszeit oder auf dem Weg von oder zur Arbeit beschädigt wird.

Ausgerutscht und hingefallen, in Eile an der Türklinke hängengeblieben, wie oft passiert das. Kann der Schaden vom Flickschneider nicht mehr behoben werden, etwa bei einer Laufmasche, muß ein neues Kleidungsstück her, natürlich unter Beteiligung Deines stillen Teilhabers. In diesem Fall fertigst Du einen:

924

```
                    Eigenbeleg
Verlust eines Sakkos, Neupreis              450 DM
Abschreibung für altes Sakko 1 Jahr         110 DM
Zeitwert                                     340 DM

Beim Sturz auf dem Weg zum Arbeitsplatz im
Firmengebäude am 17. 1. 19.. Ärmel durchgeschlagen.
```

Sei nicht bange, diese Kosten geltend zu machen, auch wenn Du keinen Zeugen benennen kannst. Richtig ist zwar: Du als Steuerzahler mußt grundsätzlich alles beweisen, was zu einer Steuerminderung führt. Für nicht beweisbare Vorgänge gilt aber der sog. Beweis des ersten Anscheins. Und der spricht dafür, daß Dir dann und wann im Büro durchaus ein kleines Malheur passieren kann. Hauptsache, Du hast Zahlungsbelege ... Quellen: ➤ Rz 774.

Zeile 45–48 Versicherungsbeiträge 925

Soweit Versicherungsbeiträge berufliche Risiken abdecken sollen, sind sie ohne Wenn und Aber absetzbar. Als berufliche Risiken gelten das Unfallrisiko insbesondere im Straßenverkehr und auch das berufliche Prozeßrisiko. Folglich sind berufliche Unfallversicherungen und auch Rechtsschutzversicherungen absetzbar. Deckt die Versicherung sowohl berufliche als auch private Risiken ab, ist nur der berufliche Anteil der Beiträge als Werbungskosten absetzbar. Aufgeteilt wird in dem Verhältnis der Beiträge, als wenn der berufliche und der private Bereich jeweils getrennt versichert wäre (BMF-Schreiben vom 18. 2. 1997 – IV B 6 – S. 2332 – 17/97).

Und so wird gerechnet:

Anteile in %		beruflich	privat
Unfall	Jahresbeitrag z. B. 104 DM	53%	47%
Rechtsschutz	Jahresbeitrag z. B. 181 DM	56%	44%

Also kannst Du hier absetzen:

Unfallversicherung, beruflicher Anteil 53% =	55,12 DM
Rechtsschutzversicherung, beruflicher Anteil 56% =	101,36 DM
Insgesamt für > Zeile 45	157,00 DM

Vergiß nun aber nicht, den privaten Anteil der Unfallversicherung in > Zeile 69 des Mantelbogens einzutragen.
Quelle: Gesamtstatistik HUK-Verband 1978 bis 1984. Für die Folgezeit ergeben sich ähnliche Werte.

Oder aber Du berufst Dich auf das Schreiben des Bundesfinanzministeriums vom 18. 2. 1997, das bei einer gemischten Unfallversicherung den beruflichen Anteil mit 50% ansetzt.

Zeile 45–48 Bewirtungskosten und 926
Geschenke

Wenn der Betrieb die Kosten für Kundenbewirtung nicht trägt, kannst Du sie unter Bewirtungskosten absetzen. Absetzbar sind 80% der als angemessen geltenden Kosten.

Als Nachweis für die Kosten dienen
- Spesenquittung, darin maschinell ausgedruckt:
  1. Name und Anschrift des Restaurants
  2. Tag der Bewirtung
  3. Auflistung der einzelnen Speisen und Getränke mit Preisen
  4. Gesamtpreis, ab 200 DM mit Mehrwertsteuer, sonst 16%.
- Namen der Teilnehmer und Angaben zum Anlaß der Bewirtung

Diese Form der Spesenquittung ist obligatorisch (EStR 21 Abs. 8).

Bewirtungskosten aus Anlaß eines persönlichen oder beruflichen Ereignisses
Hier sagt der Fiskus nein (BFH-Urt. vom 4. 12. 1992 – BStBl 1993 II S. 350).

Somit ist weder Dein Einstand oder Dein Abschied (auch als Behördenleiter, Geschäftsführer usw.) noch Dein runder Geburtstag, Dein Jubiläum oder Deine Beförderung steuerlich absetzbar. Sogar dem Leiter einer Bundesbehörde hat der Bundesfinanzhof den Abzug von Geschenken anläßlich persönlicher Feiern anderer Behördenleiter versagt (Urt. vom 1. 7. 1994 – BStBl 1995 II S. 273). Unerhört!! ...

927 Gut zu wissen: Bist Du Führungskraft mit erfolgsabhängigen Bezügen, hast Du bei Bewirtungskosten keine Probleme (BFH-Urt. vom 13. 1. 1984 – BStBl 1984 II S. 315).
Geschenke und Präsente sind auf 75 DM je Geschäftsfreund und Jahr

 begrenzt.

928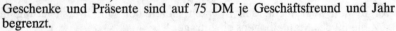

Zeile 45–48 Bewerbungskosten

Bist Du zum Abflug bereit und hältst Ausschau nach einem guten Landeplatz? Dann schlagen Fahrtkosten und Spesen zu Vorstellungsgesprächen mächtig zu Buche. Und vergiß nicht, gehörig Porto und Fotokopierkosten anzusetzen, denn Kleinvieh macht auch Mist, so sagt man.
Als Arbeitsloser hast Du vielleicht überhaupt keine steuerpflichtigen Einnahmen. Dann gib trotzdem eine Steuererklärung ab zur Feststellung eines Verlustes in Höhe Deiner Bewerbungskosten. So sicherst Du Dir den Abzug Deiner Bewerbungskosten für das nächste Jahr. Du kreuzt dann auf der ersten Seite des Hauptformulars oben an: x Erklärung zur Feststellung des verbleibenden Verlustabzugs.

Die Zusammenstellung von Fahrtkosten und Spesen fertigst Du nach dem **929** Muster unter ➤ Rz 850. Zusätzlich setzt Du pauschal 20,– bis 25,– DM je Bewerbung für Porto, Fotos und Kopieren an. Als Nachweis dienen Dir die Antwortschreiben oder Einladungen der Firmen.

Zeile 45–48 Umzugskosten

930

Kosten, die Dir durch einen beruflich veranlaßten Wohnungswechsel entstehen, sind ohne Wenn und Aber als Werbungskosten abziehbar.

Der Fiskus erkennt einen Wohnungswechsel als beruflich veranlaßt an
1. **bei Wechsel des Arbeitsplatzes,** egal aus welchem Grunde;
2. **bei erstmaliger Aufnahme einer Tätigkeit;**
3. **bei Verbesserung der Arbeitsbedingungen = kürzere Fahrt zum Betrieb**

Beispiele **931**
a) Wohnungswechsel in einem Verkehrsballungsgebiet, wodurch sich die Entfernung zum Betrieb von 17 auf 7 km und die Fahrzeit um 30 Minuten verringerte (FG Düsseldorf v. 10. 2. 1989 – EFG 1989 S. 404);

Heftige Kollegenschelte übten andere Finanzrichter in Düsseldorf deswegen und meinten, eine Verkürzung der Fahrtstrecke von nur 10 km reiche nicht aus, erst recht nicht eine Zeitersparnis von arbeitstäglich 30 Minuten. Einen Schluß auf berufliche Veranlassung könne nur eine Zeitersparnis von arbeitstäglich etwa einer Stunde erlauben (Urt. vom 15. 12. 1994 – EFG 1995 S. 514). Besser kam ein Steuerzahler im FG Rheinland-Pfalz zurecht.

Der hatte die alte Fahrtstrecke richtig madig gemacht, von vielen Ampeln, verkehrsberuhigenden Hindernissen, Fahrbahnverengungen und starkem Berufsverkehr gesprochen. Das habe an seinen Nerven gezehrt und ihn zum Umzug veranlaßt. Bei einer Zeitersparnis von 50 Minuten war dann alles paletti (Urt. vom 25. 1. 1995 – EFG 1995 S. 515). Wenn Ihr als Eheleute aber sagen könnt: »Jeder von uns hat arbeitstäglich 30 Minuten eingespart, macht nach Adam Riese für uns beide zusammen eine Stunde«, schwupp, schon sind die Umzugskosten abzugsfähig (FG Baden-Württ. vom 16. 12. 1994 – EFG 1995 S. 517).

b) Wohnungswechsel, wodurch der Arbeitsplatz zu Fuß erreichbar und somit ein Verkehrsmittel entbehrlich ist (FG Baden-Württ. v. 6. 4. 1990 – EFG 1990 S. 627);

4. **bei Bezug einer Dienstwohnung** auf Veranlassung des Arbeitgebers;
5. **bei Begründung einer doppelten Haushaltsführung** (die Kosten des Rückumzugs in die Familienwohnung nach Ablauf der Zweijahresfrist sollen nach Auffassung der Fiskalritter nicht abziehbar sein)
6. **bei zweitem Umzug**, wenn der erste Umzug am Arbeitsort nur eine Zwischenlösung war, weil Du nicht sofort eine passende Wohnung finden konntest (FG München vom 15. 1. 1990 – EFG 1990 S. 418).

932 Nun argwöhnt der Fiskus, im Einzelfall könnten rein private oder privat und beruflich vermischte Gründe für den Umzug vorgelegen haben. In diesem Fall bietet ihm § 12 EStG die Handhabe, die gesamten Umzugskosten als nicht abzugsfähig zu erklären (Kosten der Lebensführung). So mußte ein Steuerzahler, der durch Umzug seinen Arbeitsweg von 10 km auf 1 km verkürzt hatte, sein Recht bis zum BFH verfolgen, nur weil die neue Wohnung größer war als die alte. In diesem Fall hatte der BFH das Finanzamt zurückgepfiffen und gemeint, die Fahrtkosten- und Zeitersparnis sei vorrangig zu werten gegenüber den privaten Motiven, eine größere Wohnung zu beziehen.
Sei also auf der Hut, wenn Dich der Ritter vom Paragraphenfels nach privaten Motiven befragen sollte.

933 **TIP** **Umzugskosten: Die Masche mit der Zwischenlösung**

Heutzutage ist es schwer, schnell am neuen Arbeitsort eine passende Wohnung zu finden, das weiß jeder. Ist aber die erstbeste Wohnung, die Du nimmst, nur eine Zwischenlösung, bis Du eine passende Wohnung gefunden hast, so kannst Du bis dahin Deine Wohnung am bisherigen Wohnort beibehalten und doppelte Haushaltsführung geltend machen (FG München vom 24. 4. 1990 – EFG 1990 S. 627).

Denke daran: Du kannst nicht nur den Umzug absetzen vom bisherigen Wohnort in die endgültige Wohnung am Arbeitsort, sondern auch die Auflösung der Zweitwohnung am Arbeitsort, die als Zwischenlösung diente.

934 **TIP** **Mußtest Du unbedingt in ihrer Nähe wohnen?**

Schmerzlich war die Erkenntnis, daß die Urlaubsschöne in Düsseldorf wohnt und Du in Hannover. Noch schmerzlicher war der Abschied nach wundervollen Urlaubstagen. Und als Du zu Hause – so aus reiner Neugierde – die Stellenanzeigen aus Düsseldorf studiertest und auf Deine Bewerbungen sogar günstige Angebote kamen, da hattest Du doppelte Veranlassung, bald nach Düsseldorf umzuziehen, was dann auch geschehen ist. Inzwischen seid Ihr glücklich verheiratet. Die Umzugskosten gingen völlig problemlos beim Fiskus durch, denn Du hattest ja schließlich Deinen Arbeitsplatz gewechselt. **In diesem Fall ist steuerlich ohne Bedeutung, daß auch private Gründe den Wechsel des Arbeitsplatzes veranlaßt haben (FG Rheinl.-Pfalz vom 29. 8. 1986 – EFG 1989 S. 18).**

Dazu wisse: Vorsicht geboten ist bei Versetzung auf eigenen Wunsch aus persönlichen Gründen, also ganz ohne berufliche Veranlassung (FG Köln vom 19. 4. 1988 – EFG 1988 S. 467). Du kannst also Deinem Fiskalritter brühwarm und genauestens darlegen, warum Du versetzt wurdest. Oder Du läßt es bleiben … **935**

Kehrst Du am Schluß Deines Berufslebens in die heimatlichen Gefilde zurück, vergiß nicht, dem Fiskus die Rückumzugskosten in Rechnung zu stellen (BFH vom 4. 12. 1992 – BStBl 1993 II S. 722; FG Düsseldorf vom 3. 11. 1993 – EFG 1994 S. 347).

Berechnung der Umzugskosten	**936**

Bei einem beruflich veranlaßten Wohnungswechsel sind Umzugskosten bis zu der Höhe als Werbungskosten abziehbar, die nach dem Bundesumzugskostengesetz einem Bundesbeamten bei dienstlichem Umzug erstattet würden. Dabei sind die entstandenen Kosten grundsätzlich nachzuweisen. Lediglich bei den »sonstigen Umzugsauslagen« besteht das Wahlrecht, entweder einen Pauschbetrag in bestimmter Höhe anzusetzen (siehe unten) oder aber die »sonstigen Umzugsauslagen« einzeln nachzuweisen.

Damit Dir keine Mark durch die Lappen geht, orientiere Dich am besten an der folgenden Übersicht:

1. **Beförderungsauslagen** durch den Spediteur .... DM   **937**
   Trinkgelder gehören aber zu den »sonstigen Umzugsauslagen«.

2. **Erstattung der Reisekosten**
   Reisekosten zur Vorbereitung des Umzugs (für höchstens zwei Reisen)
   Pauschale für Verpflegungsmehraufwand ... DM
   Fahrtkosten ... DM
   Reisekosten zur Durchführung des Umzugs
   Pauschale für Verpflegungsmehraufwand (für zwei Reisetage) .... DM
   Fahrtkosten für die gesamte Familie .... DM
   Übernachtungskosten, wenn außerhalb der neuen Wohnung .... DM

3. **Mietentschädigung**
   Miete für die bisherige Wohnung, wenn für dieselbe Zeit Miete für die
   neue Wohnung gezahlt wird oder umgekehrt bis sechs Monate .... DM

4. **Maklergebühren** (nur bei Mietwohnung) ... DM

5. **Entschädigung für notwendige Geräte**, Anschaffungskosten
Kochherd von Gas auf Strom oder umgekehrt bis 450 DM .... DM
Öfen oder Zentralheizung bis 320 DM je Zimmer .... DM

6. **Nachhilfeunterricht** für Kinder: Je Kind bis zu 1 223 DM zu 100% .... DM
bis zu weiteren 1 630 DM zu 75% (= max. 2 446 DM) ... DM

938

7. **Sonstige Umzugsauslagen**
Hier besteht ein Wahlrecht auf Pauschvergütung oder Einzelnachweis

a) **Pauschvergütung**

Zahl der Kinder	0	1	2	3
Alleinstehende	981 DM	1 413 DM	1 845 DM	2 277 DM
Verheiratete	1 961 DM	2 393 DM	2 825 DM	3 257 DM

Die Pauschvergütung erhöht sich für weitere Kinder und Verwandte,
die zum Haushalt gehören, um je 432 DM.

Häufigkeitszuschlag
Ist innerhalb der letzten fünf Jahre bereits ein Umzug vorausgegangen,
sind die Pauschbeträge um 50% zu erhöhen.

b) **Einzelnachweis der sonstigen Umzugsauslagen**
Anzeigen und amtliche Gebühren ... DM
Trinkgelder .... DM
Aufwendungen für das Anschaffen, Ändern, Abnehmen und Anbringen
von Gardinen, Vorhängen, Rollos, Vorhangstangen ... DM
Elektrokochgeschirr bei Umstellung von Gas auf Strom (2/3 der Auf-
wendungen, höchstens 40 DM je haushaltszugehörige Person) .... DM
Aufwendungen für Abbau und Neuanschluß Elektro- und Heizgeräte,
Antenne, Wasserenthärter, Telefonanschluß ... DM
Gebühren beim Einwohnermeldeamt für neuen Personalausweis .... DM
Gebühren für das Umschreiben von Fahrzeugen .... DM
Aufwendungen für Schönheitsreparaturen in der bisherigen Wohnung .... DM
Gebühren für Fernseh-Kabelanschluß .... DM
»Sonderbekleidung« bei Klimawechsel (Umzug vom Ausland in das In-
land – BMF-Schreiben vom 3. 7. 1995 – BStBl 1995 I S. 366) ... DM
Häufigkeitszuschlag 50% der maßgebenden Pauschale zu den sonstigen
Umzugsauslagen, wenn in den letzten fünf Jahren ein Umzug vor-
ausgegangen ist ... DM

Summe der gesamten Umzugskosten ... DM
./. steuerfrei erstattete Umzugskosten des Arbeitgebers .... DM
Abziehbar als Werbungskosten ... DM

---

939 ◆ *Musterfall Dr. Maus*

*Dr. Maus hat es von Bielefeld, wo er Redakteur bei der ›Freien Presse‹ war, nach
Münster verschlagen. Er will sich dort beim ›Westdeutschen Rundfunk‹ versuchen. Dr. Maus ist verheiratet und hat zwei Kinder.*

Die Umzugskosten stellt er auf einer besonderen Anlage zusammen und trägt den Gesamtbetrag von 6 384 DM in > Zeile 46 der Anlage N ein.

44			+	▶	
45	**Weitere Werbungskosten** (z.B. Fortbildungskosten; Reisekosten bei Dienstreisen) – soweit nicht steuerfrei ersetzt –				
46	*Umzugskosten H. Anlage*		+ *6.384*		

Anlage

Umzugskosten (Umzug am 12.09. von Bielefeld nach
                Münster)

Spedition Zapf	1 067,92 DM
Kartonbenutzung	176,— DM
Transportversicherung	115,46 DM
Reisekosten zur Vorbereitung des Umzugs	
02.08.; 09.08.; 16.08.; 23.08.; 06.09.	
Fahrtkosten (höchstens 2 Fahrten)	
138 km x 2 Fahrten x 0,52 DM =	143,52 DM
Verpflegungsmehraufwand 2 Tage x 20 DM =	40,— DM
Reisekosten am Umzugstag	
Fahrtkosten 69 km x 0,52 DM =	35,88 DM
Verpflegungsmehraufwand	
für 2 Personen x 2 Tage x 46 DM =	184,— DM
Pauschalen nach §9BUKG	
nach Abs.1 u.2	2 825,— DM
nach Abs. 6 (Zuschlag 50% - 2. Umzug)	1 412,50 DM
Summe der Umzugskosten	6 000,28 DM

»Ich hätte aber doch lieber Fahrtkosten für fünf Tage angesetzt und außerdem noch das Metergeld für die Packer, obwohl es mit der Pauschale abgegolten ist«, sagst Du.

Um dem Fiskusjünger einen Beanstandungsknochen hinzuwerfen, an dem er sich seine Zähne fletschen kann, ist das gar nicht so übel. Wie bitte, in meiner Aufstellung hat sich ein Rechenfehler eingeschlichen? Tja, das kann schon einmal passieren …

Guter Rat

Möbelkauf aus Steuermitteln

Sind Dir Umzugskosten durch Teilumzug in eine Zweitwohnung am Beschäftigungsort entstanden, wegen doppelter Haushaltsführung?
An den Anschaffungskosten für zusätzliches Mobiliar soll sich der Fiskus beteiligen (➤ Rz 991).

Wer bürgt,
wird gewürgt.
(Juristenweisheit)

940 Zeile 45–48 Sonstige Werbungskosten

Gerne wedeln die Fiskalritter mit dem Gesetz, wenn es für sie günstig ist. Ansonsten lassen sie lieber das alte preußische Landrecht gelten und sagen einfach: »Das geht so nicht« oder gar »Was nicht ist, darf auch nicht sein.« Mit diesem scherzhaften Sinnspruch haben sie schon manchen braven Steuerzahler in die Flucht geschlagen.

So übersehen sie auch gerne in § 9 EStG das Wörtchen ›auch‹. Denn die dortige Aufzählung der Werbungskosten beginnt mit den Worten ›Werbungskosten sind auch‹.

Also laß uns nachsehen, was darüber hinaus noch für Dich drin ist:

Bürgschafts- und Darlehensverluste

Hast Du für Deinen Brötchengeber gebürgt, um ihm die Aufnahme von Bankkrediten zu ermöglichen, so sind Aufwendungen hierfür absetzbar (BFH-Urt. vom 29. 2. 1980 – BStBl 1980 II S. 395). Auch das FG Münster hält im Urt. vom 15. 7. 1987 – EFG 1988 S. 169 Ausgaben aus der Bürgschaft eines Gesellschafter-Geschäftsführers für seine GmbH für absetzbar. Desgleichen kannst Du den Verlust einer Darlehensforderung gegen Deinen Arbeitgeber steuerlich geltend machen, wenn Zweck des Darlehens war, dem Chef unter die Arme zu greifen und damit Deine Einnahmen zu sichern (LStH 33).

Kontoführungsgebühr

Zum Ultimo hat der Arbeitgeber als Lohnschuldner den Lohn zu übermitteln, d. h. auszuhändigen. So will es § 270 BGB. Wenn nun der Arbeitgeber, da er auf unbarer Zahlung besteht, die Kosten für Dein Bankkonto übernimmt, so sind diese Leistungen gleichwohl steuerpflichtiger Arbeitslohn (LStR 70 Abs. 2). Allerdings erkennt der Fiskus 30 DM pro Jahr ohne den Nachweis, daß Du überhaupt ein Konto hast, als Werbungskosten an. Dies bedeutet: Du kannst in > Zeile 45 pauschal 30 DM als Werbungskosten geltend machen.

Prozeßkosten
Im Laufe eines längeren Berufslebens bleibt es nicht aus, seine Rechte notfalls im Streit ausfechten zu müssen. Die dabei entstehenden Kosten sind beruflich veranlaßt und somit absetzbar (BFH-Urteil vom 13. 12. 1994 – BStBl 1995 II S. 457, einen Beamten betreffend, dem im Rahmen eines Disziplinarverfahrens das Gehalt gekürzt werden sollte). Entsprechendes gilt auch für Strafprozeßkosten (auch mit Schuldspruch), wenn der Schuldvorwurf berufliches Verhalten betrifft (BFH-Urteil vom 19. 2. 1982 – BStBl 1982 II S. 467, einen angestellten Ingenieur betreffend, der bei Versuchsarbeiten im Betrieb seine Aufsichtspflicht verletzt hatte; BFH-Urteil vom 22. 7. 1996 – BStBl 1996 II S. 845, einen Geschäftsführer betreffend, der des Subventionsbetruges angeklagt war).

Haftungsverluste für nicht abgeführte Lohnsteuer und Sozialversicherung
Haben Dich Fiskus und Sozialkassen als Haftungsschuldner am Kanthaken, weil Du versäumt hast, rechtzeitig Lohnsteuer und Sozialversicherung für die Belegschaft abzuführen: Die Abzugsbeträge, auch Deine eigenen, sind als nachträgliche Werbungskosten absetzbar (BFH, BStBl 1961 III S. 20).

Solange wir nicht frei sind,
gehören wir unter das Gesetz.
(Johannes Müller)

TIP Vom Bürgen zum stillen Gesellschafter   941

Hast du unvorsichtigerweise für Deine Frau Deinen Friedrich-Wilhelm unter eine Bürgschaftserklärung gesetzt und steht der Crash kurz bevor, dann solltest Du etwas tun, bevor es zu spät ist. Denn in diesem Falle sind Deine Zahlungen nicht absetzbar, da Privatvergnügen. Bevor Dir also die Bank die Daumenschrauben anlegt, solltest Du ihr anbieten, Dich aus der Bürgschaft zu entlassen, nachdem Du ihre Bankschulden in Höhe der Bürgschaftssumme beglichen hast.
Wenn das klappt, hast Du eine solide Forderung, mit der Du Dich in den Betrieb Deiner Frau als atypisch stiller Gesellschafter einkaufen kannst.

Das heißt, Du beteiligst Dich an Gewinn, Verlust und den stillen Reserven. Auf diese Weise erzielst Du Einkünfte aus Gewerbebetrieb, und die Beteiligung gehört zu Deinem Betriebsvermögen. Wenn dann der Crash kommt, setzt Du die stille Beteiligung einkommensmindernd ab. So hältst Du den Schaden in Grenzen.

942 **6.7.5 Einsatzwechseltätigkeit, Fahrtätigkeit – Zeile 49–51**

Träumst Du als langjährig partnerschaftlich Gebundener von einer Einsatzwechseltätigkeit? Nein? Auch gut. Aber wir sollten dem Fiskalbürokraten, dem dieses mißratene Wort eingefallen ist, anstelle der Erfüllung solcher Träume einige Nächte Alpträume wünschen und ihm erst dann verzeihen.

Worum geht es?

Einsatzwechseltätigkeit aus steuerlicher Sicht liegt vor, wenn Arbeitnehmer typischerweise nur an ständig wechselnden Einsatzstellen tätig sind, wie z. B. Bau- und Montagearbeiter oder Springer einer Betriebsreserve für Filialbetriebe oder Rechtsreferendare, die in verschiedenen Verwaltungen ihre Ausbildung durchlaufen, auch Soldaten während ihrer Ausbildung (BFH vom 10. 10. 1994 – BStBl 1995 II S. 137).

Eine **Fahrtätigkeit** üben Arbeitnehmer aus, die ihre regelmäßige Arbeitsstätte auf einem Fahrzeug haben, also Brummifahrer nebst Beifahrer, Flugpersonal, Linienbusfahrer, Taxifahrer, Lokführer, Zugbegleitpersonal (LStR 37 Abs. 4, LStH 37).

Bescheinigt Dir Dein Arbeitgeber, daß der Betrieb Mittelpunkt Deiner beruflichen Tätigkeit ist, weil Du dort einen wesentlichen Teil Deiner Arbeitsleistung zu erbringen hast, wird der Betrieb zu Deiner regelmäßigen Arbeitsstätte (Dienstreise-Bescheinigung).

Folge: Höhere Pauschalen für Fahrtkosten in der Nahzone.
Mehr zur Dienstreise-Bescheinigung unter ➤ Rz 950 ff.

943 **Achtung, aufgepaßt!**
Polizeibeamte im Streifendienst, Zollbeamte, Zusteller, Verkaufsfahrer oder auch Fahrlehrer können sich die Bescheinigung sparen. Die Finanzler meinen, eine Fahrtätigkeit liege hier nicht vor (LStR 37 Abs. 4).
Folge: Für jede Fahrt können Dienstreisen geltend gemacht werden. Also Notizblock gezückt und immer schön die Dauer der Dienstreise notieren, ab acht Stunden gibt's 10 DM Pauschale. Mehr zu Dienstreisen unter ➤ Rz 847 ff.

Zeile 49–51 Verpflegungsmehraufwand bei Einsatzwechseltätigkeit

944

Bist Du als Bau- oder Montagearbeiter vorwiegend auswärts auf Baustellen oder als Springer einer Betriebsreserve auswärts in Filialen tätig (Einsatzwechseltätigkeit), so behandelt Dich der Fiskus wie einen Innendienstler, denn er sieht die Baustelle, auf der Du jeweils tätig bist, oder die Filiale als Deine regelmäßige Arbeitsstätte an. Weil aber dort meistens wegen fehlender Kantine Selbstverpflegung angesagt ist, billigt er Dir zu, Mehraufwendungen für Verpflegung pauschal abzusetzen.

Die Pauschbeträge für Verpflegungskosten betragen		
Abwesenheit	mind. 24 Std.	46 DM
Abwesenheit	mind. 14 Std.	20 DM
Abwesenheit	mind. 8 Std.	10 DM

Wie Du zusätzlich Deine Übernachtungskosten unterbringst, dazu mehr unter ➤ Rz 956.
Maßgebend ist ausschließlich die Abwesenheit von der Wohnung.

Zeile 49–51 Fahrtkosten bei Einsatzwechseltätigkeit

945

Du mußt unterscheiden:
● **Einsatzstelle liegt in der Nahzone bis 30 km:**
Fahrtkostenpauschale je Entfernungskilometer 0,70 DM
● **Einsatzstelle liegt in der Fernzone ab 30 km:**

946

Fahrtkostenpauschale in den ersten drei Monaten je Entfernungskilometer 1,04 DM, danach 0,70 DM
Zum Ablauf der Dreimonatsfrist lies auch den Tip unter ➤ Rz 848.
Um richtig klarzusehen, solltest Du folgende Übersicht studieren:

Fahrtkostenabzug	
Einsatz in der	Fahrtkosten für Pkw je Entfernungs-km
Nahzone (bis 30 km)	0,70 DM
Fernzone (über 30 km)	
erste drei Monate	1,04 DM
danach	0,70 DM

947

Aufpassen: Die Fahrtkosten bringst Du in > Zeile 45–48 unter.

Noch anders sieht es aus, wenn Du an Deiner auswärtigen Einsatzstelle wohnst: Jetzt kannst Du wählen, ob Du nach der Methode *Einsatzwechseltätigkeit* (tatsächliche Fahrtkosten für die ersten drei Monate plus Verpflegungspauschalen) oder nach der Methode *doppelte Haushaltsführung* (nur eine Familienheimfahrt pro Woche, aber zusätzlich Unterkunft und Verpflegungspauschalen) abrechnen willst. (Quelle: BFH-Urteil vom 10. 10. 1994 – BStBl 1995 II S. 137). **Ergo:** Nimm Dir zwei Blätter Papier, auf dem einen rechnest Du aus, wieviel Du als Einsatzwechsler absetzen kannst. Auf dem anderen zählst Du zusammen, was bei doppelter Haushaltsführung rauskommt. Die Einsatzwechselmethode ist meist günstiger, wenn Du weit fahren mußtest, der Einsatz nicht viel mehr als drei Monate gedauert hat und Dir der Chef Unterkunft und Verpflegung gestellt hat. Deiner Steuererklärung legst Du auf jeden Fall das Blatt mit dem höheren Ergebnis bei – und freust Dich über die saftige Steuererstattung! Lies auch ➤ Rz 957.

948 **TIP** **Wie Dir ein kleiner Umweg mehr Freizeit und mehr Geld bringt**

Ärgerlich, wenn die Baustelle 27 km von Deiner Wohnung entfernt ist und Du deswegen in der Nahzone arbeitest. Aber der kürzeste Weg ist nicht immer der beste, und deshalb kommt man oft durch einen kleinen Umweg schneller zur Arbeit und wieder nach Hause. Und wenn diese Fahrtstrecke jetzt 31 km beträgt, dann bist Du auch steuerlich aus dem Schneider und setzt statt der Mickerpauschale von 0,70 DM die normale Pauschale von 1,04 DM je Entfernungskilometer an.

949 **TIP** **Richtig planen mit mehreren Einsatzstellen**

Für alle, die am selben Tag mehrere Einsatzstellen anfahren, heißt es: Richtig planen und richtig rechnen!

Als Kundendienstmonteur z. B. planst Du am besten jede Tour so, daß mindestens ein Kunde in der Fernzone liegt. Dann kannst Du alle Fahrten, auch die in der Nahzone, mit 0,52 DM je gefahrenen Kilometer absetzen.

Klappt das nicht, dann rechnest Du je km ab:

Für die Fahrt zum ersten Kunden   0,35 DM
Für die Fahrten von Kunde zu Kunde   0,52 DM
Für die Fahrt vom letzten Kunden   0,35 DM

▆▆ **Für Bauleiter, Poliere und andere:**   950
TIP **Dienstreise-Bescheinigung**

Wenn Ihr nicht ausschließlich auf Baustellen arbeitet, sondern einen wesentlichen Teil Eurer Arbeit (im Durchschnitt mindestens einen Tag pro Woche) auf dem Bauhof verrichtet, dann ist der Betrieb oder der Bauhof Eure regelmäßige Arbeitsstätte, und Ihr könnt die Fahrten zu den Baustellen als Dienstreisen abrechnen.

Vorteil: Auch bei Einsatzstellen in der Nahzone (bis 30 km) können Fahrtkosten von 0,52 DM je km abgesetzt oder steuerfrei erstattet werden. Diese Möglichkeiten der Steuerersparnis versucht der Fiskus einzuschränken, indem er diese Hürde aufbaut: Es reicht für die Annahme einer regelmäßigen Arbeitsstätte im Betrieb nicht aus, wenn der Arbeitnehmer den Betrieb allein deshalb regelmäßig aufsucht, um Aufträge und Material entgegenzunehmen. Da muß also noch etwas Butter an die Fische.

Für Bauleiter und Poliere ist das ein Klacks, wenn ihnen der Betrieb bescheinigt, daß sie regelmäßig am Betriebssitz an einem Tag in der Woche die Baustellenabrechnung vorbereiten und an Besprechungen teilnehmen. Anderen Handwerkern könnte der Betrieb vielleicht bescheinigen:

         Bescheinigung zur Vorlage beim Finanzamt   951

Herr... ist bei uns überwiegend auf Baustellen als Bauschreiner/Klempner/Elektriker beschäftigt. Über das bloße Entgegennehmen von Aufträgen und Material hinaus war Herr................................... im Kalenderjahr 19.. durchschnittlich an einem Arbeitstag je Arbeitswoche ganztägig ausschließlich im Betrieb tätig. Es handelte sich um vorübergehende Arbeiten in der Werkstatt, die mit der Tätigkeit an auswärtigen Arbeitsstellen zusammenhängen (Herstellen von Verteilern und Halterungen, Sägen von Rohren an stationären Maschinen, Schweißarbeiten u. ä.).

(Quelle: BMF-Schreiben vom 5. 6. 1996 – BStBl 1996 I S. 657)

952 **Übersicht: Einsatzwechseltätigkeit mit guten Chancen für die Dienstreise-Bescheinigung**

Bist Du meistens außerhalb des Betriebs auf Baustellen oder als Springer in Filialen tätig, sofort stuft der Fiskus Deinen Dienst als »Einsatzwechseltätigkeit« ein. Dies bedeutet dann das Aus für Dienstreisen.

Sieh nach, welche Chance Du hast, Dich notfalls mit Hilfe der Dienstreise-Bescheinigung dagegen zu wehren.

953

Berufsgruppe	Gute Chancen Ja	Nein
Bauschreiner[1]	x	
Installateur[1]	x	
Kunstschlosser[1]	x	
Anstreicher[1]	x	
Isolierer[1]	x	
Elektriker[1]	x	
Poliere, Bauleiter, Schachtmeister[2]	x	
Revierförster	x	
Maurer		x
Springer für Filialen		x
Gleisbauarbeiter		x
Referendare	x	

[1] Die in der Werkstatt vorbereitende Arbeiten ausführen.
[2] Die im Bauhof (Betrieb) regelmäßig ihre Berichte schreiben und Außenarbeiten vorbereiten.

954 ◆ *Musterfall Viesang*

Mathias Viesang arbeitet als Bauschreiner für die Firma Schäperbau KG. Er war auf drei Baustellen eingesetzt und kehrte täglich nach Hause zurück:

Baustelle 1 (Nahzone)		Baustelle 2 (Fernzone)		Baustelle 3 (Fernzone)	
18 km	*64 Tage*	*36 km*	*117 Tage*	*31 km*	*62 Tage*

Für die Fahrten zur Baustelle nahm er seinen Pkw. Seine Firma zahlt ihm eine steuerfreie Auslösung von arbeitstäglich 5 DM.

Viesang rechnet seine Fahrtkosten auf einer besonderen Anlage aus, weil > Zeile 32–37 der Anlage N dafür nicht ausreichen, und trägt den Gesamt-

betrag in > Zeile 46 der Anlage N ein. *Er weiß, daß die Fahrten zu Baustellen in der Nahzone immer nur mit 0,70 DM je Entfernungskilometer angesetzt werden. Die Fahrten zu Baustellen in der Fernzone setzt er dagegen mit 1,04 DM je Entfernungskilometer an, aber nur für die ersten drei Monate. Danach gilt wieder der Satz von 0,70 DM.*

Für seine Verpflegungskosten setzt er in > Zeile 50–51 die Pauschale an.

44				
45	**Weitere Werbungskosten** (z. B. Fortbildungskosten, Reisekosten bei Dienstreisen) – soweit nicht steuerfrei ersetzt –			
46	Fahrtkosten Einsatzwechseltätigkeit lt. Anlage	+ 6.636		
47	Kontoführung	+ 30		
48		+	▶	**53** 6.666
49	**Pauschbeträge für Mehraufwendungen für Verpflegung**		Vom Arbeitgeber steuerfrei ersetzt ▼	
50	☒ bei Einsatzwechseltätigkeit ☐ bei Fahrtätigkeit			
51	Abwesenheit mind. 8 Std. Zahl der Tage **179** x 10 DM Abwesenheit mind. 14 Std. Zahl der Tage x 20 DM Abwesenheit von 24 Std. Zahl der Tage x 46 DM Summe – **1.790** DM	– **1.215**	DM **54** ▶ 575	

Anlage zur Anlage N (Fahrtkosten)   955
Baustelle 1 (Nahzone)   18 km x 64 Tage x 0,70 DM =   807 DM
Baustelle 2 (Fernzone)
Drei Monate   36 km x 72 Tage x 1,04 DM =   2 696 DM
nach drei Monaten   36 km x 45 Tage x 0,70 DM =   1 134 DM
Baustelle 3 (Fernzone)   31 km x 62 Tage x 1,04 DM =   1 999 DM
Summe der Fahrtkosten   6 636 DM

»Dieser Musterfall trifft auf mich überhaupt nicht zu, weil wir meistens am Einsatzort übernachtet haben«, so wendest Du Dich ab.

Bei Einsatzwechseltätigkeit mit Übernachtung rechnest Du jeden Einsatz nach diesem Muster ab (doppelte Haushaltsführung):

956

```
Einsatzstelle in ...... vom ....... bis ...... 19..

1. Erste Fahrt von der Wohnung zur Einsatzstelle
a) Kosten öffentlicher Verkehrsmittel oder      .... DM
b) bei eigenem Pkw 0,52 DM je km                .... DM

2. Verpflegungskosten
Pauschal je Tag 46 DM                            .... DM

3. Kosten der Unterkunft nach Belegen ohne Kosten
   für das Frühstück                            .... DM

4. Heimfahrten (eine pro Woche)
a) Kosten öffentlicher Verkehrsmittel oder      .... DM
b) bei eigenem Pkw 0,70 DM je Entfernungskilometer.... DM
   (jeweils eine Wegstrecke)

5. Letzte Fahrt von der Einsatzstelle zur Wohnung
a) Kosten öffentlicher Verkehrsmittel oder      .... DM
b) bei eigenem Pkw 0,52 DM je km.               .... DM
```

957 **TIP** **Steuerablaß für einsatzwechseltätige Zeitsoldaten**

Die Abkommandierungen zu Lehrgängen und anderen Schulungsstätten haben Dir beim Bund den Unteroffiziersrang eingebracht.
Steuerlich warst Du während dieser Zeit ein »Einsatzwechseltätiger mit Übernachtung« und kannst dafür einen gehörigen Steuerablaß erwarten, wenn Du Deine Wohnung am bisherigen Wohnort behältst (nach BFH – siehe unten – genügt auch ein Zimmer im Hause Deiner Eltern).

958 **Du kannst wählen:**
Entweder die Mehraufwendungen nach den Regeln der **doppelten Haushaltsführung** (mit nur einer Heimfahrt pro Woche + Unterkunftskosten + Verpflegungsmehraufwendungen) oder für sämtliche Fahrten mit dem Kfz zwischen Deiner Heimatwohnung und der Einsatzstelle nach den Regeln der **Einsatzwechseltätigkeit** (Fahrtkosten für die ersten drei Monate in tatsächlicher Höhe, mindestens 0,52 DM je km, danach wie bei Fahrten zwischen Wohnung und Arbeitsstätte 0,70 DM je Entfernungskilometer und Verpflegungspauschale) abzusetzen.

Dies bedeutet bei 959

1. Doppelter Haushaltsführung

a) Fahrtkosten
Für die erste Fahrt (Hinweg) und für die letzte Fahrt (Rückweg) 0,52 DM je gefahrenen km, sodann für die Heimfahrten – einmal je Woche – 0,70 DM je Entfernungskilometer.

b) Verpflegungskosten
Wie bei Dienstreisen täglich 46 DM, längstens drei Monate.

Der Bezug von freier Kost und Wohnung ist als Sachbezug steuerpflichtig, abzüglich Eigenanteil. Der steuerpflichtige Sachbezug ist im Bruttolohn enthalten, der auf der Lohnsteuerkarte bescheinigt ist.

2. Einsatzwechseltätigkeit 960

a) Fahrtkosten
In den ersten drei Monaten täglich 0,52 DM je gefahrenen km, danach 0,70 DM je Entfernungskilometer.

b) Verpflegungskosten wie bei Dienstreisen

Zeile 49–51 Verpflegungsmehraufwand bei Fahrtätigkeit 961

Bist Du Brummifahrer, Beifahrer, Linienbusfahrer, Taxifahrer, Müllfahrzeugführer, Beton- oder Kiesfahrer, Lokführer, Zugschaffner oder Zugbegleiter, so behandelt Dich der Fiskus praktisch wie einen Innendienstler, denn er sieht das Fahrzeug bzw. den Zug, auf dem Du jeweils tätig bist, als Deine regelmäßige Arbeitsstätte an.

Der Fiskus räumt Dir allerdings ein, Pauschbeträge für Verpflegungskosten abzusetzen, was dem eigentlichen Innendienstler verwehrt ist.

Die Pauschbeträge für Verpflegungskosten betragen			962
Abwesenheit	mind. 24 Std.	46 DM	
Abwesenheit	mind. 14 Std.	20 DM	
Abwesenheit	mind. 8 Std.	10 DM	

Maßgebend ist ausschließlich die Abwesenheit von der Wohnung, nicht vom Betrieb.

963 Und so gehst Du vor:

Arbeitgeberbescheinigung

Herr/Frau ...... hat bei uns im Kalenderjahr 19..
folgende Fahrten als .... durchgeführt:
Fahrten über 8 Stunden:...............
Fahrten über 14 Stunden:...............
Kostenersatz hat er nicht erhalten.

....
(Unterschrift und Stempel)

964 Aufstellung der Nebenkosten

An Nebenkosten sind mir entstanden:

Telefonkosten	..... DM
Parkgebühren	..... DM
Trinkgelder	..... DM
Summe	..... DM

---

965 Was Du an Nebenkosten verauslagt hast, schreibst Du am besten in Deinen Kalender und rechnest dann alles zusammen. Diese Kosten kannst Du nicht nachweisen, weil es dafür keine Belege gibt. Du brauchst diese Kosten deshalb nur glaubhaft zu machen, indem Du sie aufschreibst und Dich im angemessenen Rahmen hältst, also z. B. für Trinkgelder nicht mehr als fünf Mark pro Tag ansetzt. Heißt Du Krösus, sind zehn Mark am Tag angemessen. Auf diese Weise verdienst Du mit Bleistift und Papier ein schönes Sümmchen nebenbei.

Und so füllst Du > Zeile 50–51 aus:

44	**Weitere Werbungskosten** (z. B. Fortbildungskosten, Reisekosten bei Dienstreisen)		
45	– soweit nicht steuerfrei ersetzt –		
46	Nebenkosten Fahrtätigkeit lt. Anlage	+ 1.100	
47	Kontoführung	+ 30	
48		+ ▸	53 1.130
49	**Pauschbeträge für Mehraufwendungen für Verpflegung**	Vom Arbeit-	
50	☐ bei Einsatzwechseltätigkeit ☐ bei Fahrtätigkeit	geber steuerfrei ersetzt ▾	
51	Abwesenheit mind. 8 Std. Zahl der Tage 180 × 10 DM | Abwesenheit mind. 14 Std. Zahl der Tage 25 × 20 DM | Abwesenheit von 24 Std. Zahl der Tage × 46 DM | Summe = 2.300 DM	– / DM ▸	54 2.300

6.7.6 Doppelte Haushaltsführung – Zeile 53–62

966

Viele Werktätige müssen einen doppelten Haushalt führen, weil sie auswärts arbeiten und nicht täglich zu ihrer Hauptwohnung zurückkehren können. Die Aufwendungen dafür sind als Werbungskosten absetzbar. Sie bestehen aus den Aufwendungen für die Wohnung am Arbeitsort, für Fahrten und für Mehrkosten an Verpflegung (§ 9 Abs. 1 Nr. 5 EStG). Der Familienstand ist hierfür völlig uninteressant. Auch Alleinstehende können doppelte Haushaltsführung geltend machen.

Niemand wird bestreiten, daß die Kosten der doppelten Haushaltsführung beruflich veranlaßt und deshalb absetzbar sind. Für den Gesetzgeber soll das aber nur für die ersten zwei Jahre gelten, und der Verpflegungsmehraufwand wird schon nach drei Monaten nicht mehr anerkannt. Dann soll der Arbeitnehmer entweder täglich zwischen Wohnung und Arbeitsstätte pendeln oder aber an den entfernt gelegenen Arbeitsort umziehen. Die meisten werden, um die Kosten in Grenzen zu halten, die Zweitwohnung am Arbeitsplatz beibehalten und steuerlich Fahrten zwischen Wohnung und Arbeitsstätte geltend machen.

967

Das wird vielen Steuerzahlern schwerfallen, da bin ich sicher. Denn gegen das Gesetz verstoßen bedeutet bei vielen zugleich sündigen. Ehrlich sein bedeutet aber auch, sich und seiner Familie zu schaden. So schürt der Gesetzgeber die Steuerwut.

Beachte die Zweijahresfrist

968

Wer im Januar 1997 mit der doppelten Haushaltsführung begonnen hat, kann für 1999 nichts mehr ansetzen.

TIP Zweijahresfrist verfassungswidrig; Einspruch einlegen

969

Nach zwei Jahren doppelter Haushaltsführung ist Schluß mit dem Abzug Deiner Kosten, so steht es im Gesetz. Ob die Zweijahresfrist jedoch verfassungsgemäß ist, prüfen derzeit die Richter in Karlsruhe.

Du gehst auf Nummer sicher und trägst die Kosten der doppelten Haushaltsführung auf Seite 2 der Anlage N ein, auch wenn bei Dir die Zweijahresfrist schon abgelaufen ist. Streicht der Fiskalritter Deine Kosten raus, legst Du Einspruch ein und beantragst Ruhen des Verfahrens unter Hinweis auf die Klage beim Bundesverfassungsgericht (Az. 2 BvR 400/98).

Kippen die Karlsruher Richter die zeitliche Befristung, muß das Finanzamt Deine doppelte Haushaltsführung nachträglich doch noch anerkennen. Also, sicher ist sicher …

970

Doppelte Haushaltsführung – Übersicht	
Kosten für	Absetzbar sind
Heimfahrten	Eine Heimfahrt pro Woche, begrenzt auf zwei Jahre, bei Pkw-Nutzung 0,70 DM je Entfernungskilometer*
Verpflegung	Pauschal 46 DM pro Tag, begrenzt auf drei Monate
Zweitwohnung	Tatsächliche Kosten, begrenzt auf zwei Jahre

* Nach Ablauf der Zweijahresfrist: Kosten für tägliche Heimfahrten absetzbar (§ 9 Abs. 1 Nr. 4 EStG)

»Einen doppelten Haushalt habe ich nicht, weil ich am Wochenende bei meinen Eltern wohne«, so wendest Du Dich gleich enttäuscht ab.

Halt, warte! Gerade das will der Fiskus erreichen, indem er von »doppelter Haushaltsführung« spricht und Dich so vom Steuersparen abhält. Wohnst Du aber noch bei Deinen Eltern, steht Dir die Steuervergünstigung sehr wohl zu. Für die ersten drei Monate gilt dies uneingeschränkt. Darüber hinaus bis zum Ablauf der Zweijahresfrist, wenn

● die auswärtige Beschäftigung von vornherein auf längstens drei Jahre befristet ist (Abordnung, Probezeit, Teilnahme an einem Lehrgang)

oder

● solange Du am Beschäftigungsort eine nach objektiven Maßstäben angemessene Wohnung nicht erlangen kannst (BFH-Urt. vom 10.10. 1991 – BStBl 1992 II S. 237).

»So ein linker Fürst, jetzt habe ich schon für ein Jahr doppelte Haushaltsführung verschenkt. Aber warte, damit ist jetzt Schluß!«

Recht so, und nun höre:
Hier bei der doppelten Haushaltsführung heißt es besonders wach sein, denn es geht um höhere Beträge, wovon Du Dich gleich überzeugen kannst:

Mal angenommen, Du hast eine Zweitunterkunft an Deinem Beschäftigungsort. Die Zweitunterkunft ist 80 km von Deiner Hauptwohnung entfernt.

Du kannst als Werbungskosten absetzen:

1 Heimfahrt pro Woche = 48 Fahrten jährlich x 80 km x 0,70 DM (wenn Pkw) =	2 688 DM
Kosten der Zweitunterkunft angenommen mtl. 600 DM x 12 Monate =	7 200 DM
Verpflegungsmehraufwendungen lediglich in den ersten drei Monaten 46 DM täglich	4 140 DM
Summe	14 028 DM

Es kommt nicht darauf an, ob Dir die tägliche Rückkehr zur Hauptwohnung möglich ist oder Dir der Umzug zugemutet werden kann. Die doppelte Haushaltsführung muß also nicht zwangsläufig sein. **971**

Nun argwöhnt der Fiskus, im Einzelfall könnten rein private oder zwar berufliche, aber zugleich auch private Motive für die doppelte Haushaltsführung vorliegen, wenn etwa ein Verheirateter wegen der bevorstehenden Scheidung eine Unterkunft in der Nähe seiner Arbeitsstätte nimmt. Dies bietet dem Fiskus dann die Handhabe, die Mehraufwendungen für die doppelte Haushaltsführung ganz dem privaten Bereich zuzurechnen und für nicht abziehbar zu erklären.

Deshalb sei auf der Hut und überlege genau, welchen triftigen beruflichen Anlaß Du für die doppelte Haushaltsführung vorbringst.

Zeile 53–54 Berufliche Veranlassung
972

Die doppelte Haushaltsführung ist ohne Wenn und Aber beruflich veranlaßt bei

- Arbeitgeberwechsel
- Versetzung oder
- erstmaliger Aufnahme einer Tätigkeit.

Ein beruflicher Anlaß ist auch dann gegeben, wenn Du nach längerer Zeit die tägliche Fahrerei leid bist und am Beschäftigungsort eine Unterkunft nimmst (BFH – BStBl 1979 II S. 520). **973**

Schwierig wird es, die doppelte Haushaltsführung durchzukriegen, wenn der Hauptwohnsitz vom Arbeitsort wegverlegt wird ohne gleichzeitigen Wechsel der Arbeitsstätte, z. B. aus einer Großstadt in eine landschaftlich schönere Gegend (BFH – BStBl 1982 II S. 297).

Wichtig: Du kannst auf Dauer nur eine Heimfahrt wöchentlich absetzen. Läßt Du Dich auch unter der Woche zu Hause blicken, kannst Du auch statt doppelter Haushaltsführung Fahrten zwischen Wohnung und Arbeitsstätte absetzen. Stellt Dir allerdings Dein Arbeitgeber Übernachtung und Verpflegung, mußt Du den entsprechenden Sachbezugswert versteuern. Im Grunde ist es eine reine Rechenaufgabe: Nimm einen Zettel und schreibe alle Kosten für die doppelte Haushaltsführung auf, also Fahrtkosten, Unterkunft und Verpflegung. Dann nimmst Du einen weiteren Zettel und schreibst die Fahrten nach Hause x Kilometer x 0,70 DM auf, gegebenenfalls ziehst Du den Sachbezugswert von Wohnung und Verpflegung ab. Wie hoch die für Dich sind, kannst Du ja in Deinem Personalbüro erfragen. Dann setzt Du in der Anlage N den höheren Wert an. Die Rechenzettel hältst Du allerdings in der Schublade. Denn wenn Dein Fiskalritter auf einmal eine Gegenrechnung aufmacht, die für Dich ungünstiger ist: na, dann zückst Du eben Deinen anderen Zettel und legst Einspruch ein.

974 **TIP** Mit einem kurzen Job des Ehepartners doppelte Haushaltsführung herausholen

Einen Umzug abzusetzen kommt nicht von ungefähr, manchmal muß man nachhelfen. Wollt Ihr raus aus der Stadt, lieber woanders leben, ist der Umzug beruflich veranlaßt, wenn Deine Angetraute vorher am neuen Wohnort einen Job annimmt. Dann sind die Umzugskosten beruflich veranlaßt und absetzbar. Behaltet Ihr die Stadtwohnung bei, weil Du dort arbeitest, kannst Du doppelte Haushaltsführung geltend machen. Das bedeutet: Miete der alten Stadtwohnung plus Verpflegung plus Familienheimfahrten sind dann absetzbar (BFH-Urt. vom 2. 10. 1987 – BStBl 1987 II S. 852).

Wenn Du jetzt sagst, daß Deine Angetraute das Jobben nicht lange aushält, dann ist das kein Beinbruch. Denn der Bundesfinanzhof hat zum Glück nicht gesagt, wie lange sie diesem Job nachgehen muß. Wenn sie also z. B. nach vier Monaten aussteigt, kannst Du weiterhin bis zum Ablauf der Zweijahresfrist doppelte Haushaltsführung absetzen. Es reicht nämlich aus, wenn bei ihrem Beginn ein beruflicher Grund vorliegt.

Guter Rat für Vielfahrer:
975 Wenn Ihr die alte Stadtwohnung aufgegeben habt und Du jeden Tag zu Deiner Arbeitsstätte fährst, bringt das nicht viel für die Steuer. Bist Du das Fahren nach ein paar Monaten leid und nimmst Dir am Beschäftigungsort eine kleine Wohnung, kann das – mit ärztlichem Attest – beruflich veranlaß-

te doppelte Haushaltsführung sein. Das geht aber nur, wenn in dem Attest steht, die Zweitunterkunft am Beschäftigungsort sei aus gesundheitlichen Gründen erforderlich (FG Münster vom 24. 9. 1985 – EFG 1986 S. 339).

Zeile 53–54 Wer kann doppelte Haushaltsführung absetzen? Wie lange?

976

Jeder, der außerhalb eines Ortes, in dem er einen eigenen Hausstand unterhält, beschäftigt ist und am Beschäftigungsort wohnt, kann für zwei Jahre doppelte Haushaltsführung beanspruchen. Bist Du alleinstehend und als Zeitsoldat in Bremen stationiert und hast eine Wohnung in Köln? Schwupp, ist die doppelte Haushaltsführung geritzt. Verheiratete können neuerdings sogar zweifach doppelte Haushaltsführung geltend machen.

»Wie soll das denn gehen?« fragst Du ungläubig.

Ganz einfach: Sie haben eine gemeinsame Hauptwohnung und jeder für sich eine Unterkunft am Arbeitsort. Und der BFH gibt grünes Licht für zweifache doppelte Haushaltsführung (Urt. vom 6. 10. 1994 – BStBl 1995 II S. 184).

977

»Zweifach doppelt ist doch eigentlich vierfach«, wendest Du scherzhaft ein. »Aber nun sage mir: Für mich als Single, wo ich ohne eigenen Hausstand noch bei meinen Eltern wohne, ist doppelte Haushaltsführung doch wohl nicht drin, oder«?

Klar doch! Lies dazu ➤ Rz 983.

Manch einer arbeitet so eifrig für seinen Lebensabend, daß er ihn gar nicht mehr erlebt.

(M. Ronner)

Zeile 55 Was ist ein eigener Hausstand?

978

Damit Du ganz klar zu sehen vermagst, solltest Du Dir vorher noch etwas Wichtiges anhören: Neben der Zweitunterkunft am Beschäftigungsort mußt Du an einem anderen Ort einen eigenen Hausstand unterhalten, falls Du mit doppelter Haushaltsführung **für zwei Jahre** spekulierst. Hierfür will der Fiskalritter Papierchen sehen, aus denen sich ergibt, daß Du an einem anderen Ort als dem Ort der Beschäftigung eine eingerichtete Wohnung unterhältst, die Du »aus eigenem Recht«, z. B. als Eigentümer oder Mieter/Untermieter nutzt und die Deinen Lebensmittelpunkt darstellt (Erlaß vom 8. 3. 1995 – BStBl 1995 I S. 168).

Du wohnst noch bei Deinen Eltern? Hier einen eigenen Hausstand anzunehmen, wollen die Fiskalritter nicht gelten lassen, auch wenn Du formell Untermieter wirst und auf eigener Kochplatte Süppchen warm machst und einen Geschirrschrank Dein eigen nennst.

Da ist es schon gewitzter, als Single gleich auf **zeitlich befristete** auswärtige Beschäftigung abzufahren (➤ Rz 983). Für eine zeitlich befristete auswärtige Beschäftigung brauchst Du keinen eigenen Hausstand am bisherigen Hauptwohnort, und dennoch kannst Du doppelte Haushaltsführung für zwei Jahre geltend machen.

979 **TIP Jungvermählt in der elterlichen Wohnung?**

Wie oft kommt es doch vor, daß Jungvermählte noch einige Zeit bei ihren Eltern wohnen bleiben, weil sie noch keine eigene Wohnung gefunden haben oder noch keine eigene Wohnung bezahlen können. Wenn in einem solchen Fall als Familienhausstand die Anschrift der Eltern angegeben wird, ruft das meistens den Fiskalritter auf den Plan. »Hausstand der Eltern ist nicht eigener Hausstand«, so sein Argument.

980 Aber das ist Schnee von gestern, denn neuerdings genügt ein mit eigenen Möbeln ausgestattetes Zimmer in der Wohnung der Eltern, wenn im übrigen jung und alt sozusagen als Großfamilie zusammenleben und sich Küche und Bad teilen (BFH-Urt. vom 27. 7. 1990 – BStBl 1990 II S. 985). Hauptsache, Ihr beide seid in ein und derselben Wohnung gemeldet. Der Steuererklärung fügst Du sicherheitshalber bei:

981

```
                    BESTÄTIGUNG

Wir bestätigen, daß unsere Tochter..............
und ihr Ehemann................. in zwei Räumen
unserer Wohnung einen eigenen Hausstand mit eigenen
Möbeln und mit gemeinsamer Kochgelegenheit führen.

......................
Datum Unterschriften
```

TIP Auch Lebenspartnerschaft bringt doppelte Haushaltsführung

982

Mit der Tatsache, daß mehr als die Hälfte aller jungen Paare in der Bundesrepublik ohne Trauschein zusammenleben, tut sich der Staat sehr schwer. Denn er verlangt ihnen nach der Tabelle wesentlich höhere Steuern ab als den Verheirateten und erkennt bei ihnen so ohne weiteres auch keine doppelte Haushaltsführung an. Wenn hingegen die Lebenspartner mit einem gemeinsamen Kind einen Haushalt führen, an dem sich der Partner, der an einem anderen Ort eine Zweitunterkunft hat, finanziell maßgeblich beteiligt, muß der Fiskus doppelte Haushaltsführung anerkennen (BFH-Urt. vom 22. 9. 1988 – BStBl 1989 II S. 293 und vom 24. 11. 1989 – BStBl 1990 II S. 312). Das gilt bereits ab Beginn der Schwangerschaft (FG Rheinland-Pf. vom 14. 10. 1991 – EFG 1992 S. 325).

TIP Als Single doppelte Haushaltsführung: Wenn nicht so, dann andersrum

983

Als Single bekomme ich doppelte Haushaltsführung ja wohl nicht durch, denkst Du.
Weit gefehlt. Du mußt nur Deinen bisherigen Wohnort beibehalten. Und: Hier muß der Mittelpunkt Deiner Lebensinteressen sein, wie es im Fiskaldeutsch heißt. Im Klartext bedeutet das: Hier bist Du im Kegelklub oder Sportverein, hier wohnen Freunde, Bekannte oder Verwandte oder Dein noch minderjähriges Kind, das noch den Vater oder die Mutter braucht (FG Saarland vom 28. 2. 1995 – EFG 1995 S. 519).
Hast Du am bisherigen Wohnort einen eigenen Hausstand, kannst Du die doppelte Haushaltsführung ohne weiteres begründen. Denn Du mußt ja dort nach dem Rechten sehen.

Ohne eigenen Hausstand am bisherigen Wohnort machst Du geltend, das Arbeitsverhältnis am auswärtigen Ort sei zeitlich befristet oder Du habest dort noch keine geeignete Wohnung gefunden, falls das zutrifft (➤ Rz 978).

984

Umzugskosten

985

Die Kosten der Auflösung Deiner Zweitwohnung kannst Du als Umzugskosten absetzen (➤ Rz 930 ff.), wenn Deine Auswärtstätigkeit noch vor Ablauf der Zweijahresfrist beendet ist und Du daher Deinen Zweitwohnsitz aufgibst (so die Fiskalritter in der Lohnsteuerrichtlinie 43 Abs. 10).

986 Zeile 56–62 Was ist als Werbungskosten abziehbar?

Doppelte Haushaltsführung ist teuer, und der Gesetzgeber hat Einsehen gezeigt. Im Normalfall gehen die abziehbaren Werbungskosten gleich in die Zigtausende.

Bevor Du in das Formular einsteigst, verschaffe Dir vorab einen Überblick. Du kannst drei Kostenarten unterscheiden:
- für Fahrten
- für Unterkunft
- für Verpflegungsmehraufwand

987 Zeile 56–57 Fahrtkosten

Zu Beginn und am Ende der doppelten Haushaltsführung liegt ein Bonbon bereit: Die erste Fahrt hin zum Beschäftigungsort und die letzte Fahrt zurück zum Hauptwohnort kannst Du als Dienstreisen abrechnen. Dein Vorteil sind die bei Dienstreisen höheren Pauschalen für Fahrten mit eigenem Fahrzeug (0,52 DM je gefahrenen km) und eine höhere Verpflegungspauschale. Zu Dienstreisen mehr unter ➤ Rz 847 ff.
Im übrigen erkennt der Fiskus nur eine Heimfahrt pro Woche als beruflich veranlaßt an.

Telefonkostenabzug: 1200 DM anerkannt
Wenn die wöchentliche Heimfahrt ausfallen muß, läßt der Fiskus statt dessen Telefonkosten zum Abzug zu, aber pro Woche nur für ein Telefonat von 15 Minuten Dauer (LStH 43 > Telefonkosten). Den Gesprächsgebühren, übrigens zum Mondscheintarif, sind die anteiligen Grundgebühren hinzuzurechnen (BFH-Urt. vom 8. 3. 1988 – BStBl 1988 II S. 988). Doch was sind schon 15 Minuten, wenn Du die ganze Woche nicht zu Hause gewesen bist. Das sagte sich auch das Niedersächsische FG im Urt. vom 22. 2. 1996 – EFG 1996 S. 1156 und stellte die angemessene Gesprächsdauer ab auf die persönliche Situation der Familie. Zum Glück konnte der streitbare Steuerzahler Aufzeichnungen über die Telefonate vorlegen. Ihm wurden vom FG 1200 DM Telefonkosten für 25 Telefonate anerkannt.

»Dann hat der Schussel 25 Familienheimfahrten ausfallen lassen«, sagst Du entgeistert. »Der hätte doch einfach die Telefonate unter den Teppich kehren können und statt dessen ...«

Obendrein mußte er sein gutes Recht im Klageverfahren erstreiten. Wirklich, manchmal sind die Ehrlichen doch die Dummen.

Außerdem wisse: Benutzt Du für Heimfahrten Dein eigenes Fahrzeug, sind **988** nur die niedrigen Pauschalen für Fahrten zwischen Wohnung und Arbeitsstätte abziehbar. Dies bedeutet:

Bei Fahrten mit Pkw je Entfernungskilometer	0,70 DM
Für Schwerbehinderte gilt	
(0,52 DM je gefahrenen km) je Entfernungskilometer	1,04 DM

Natürlich vergißt Du nicht, auch die Fahrten vom Zweitwohnsitz
zur Arbeitsstelle in > Zeile 35 einzutragen.

Einzelheiten dazu unter ➤ Rz 730 ff.

> *Die zweite Ehe ist der Triumph*
> *der Hoffnung über die Erfahrung.*
>
> (Johnson)

Zeile 58 Unterkunft am Arbeitsort

989

Anzusetzen sind die gezahlten Mieten für die Unterkunft (Hotel, Zimmer, Wohnung) einschließlich Umlagen. Hast Du Dir als Krösus gleich eine Eigentumswohnung zugelegt, so setze alle entstandenen Kosten an (Abschreibung, Hypothekenzinsen, Reparaturen und die Nebenkosten für Grundsteuer, Versicherung, Gas, Strom, Wasser, Entsorgung usw.). Als Obergrenze will der Fiskus aber nur den Betrag anerkennen, den Du als Miete für diese Wohnung aufbringen müßtest (LStR 43 Abs. 9). Wer kann das aber schon so genau bis auf die letzte Mark wissen?

Zeile 58 Umzugskosten,
Schönheitsreparaturen

990

Zu guter Letzt entstehen meistens noch Kosten dafür, die Hauptwohnung oder gar die Zweitwohnung am Beschäftigungsort aufzulösen, z. B. durch Schönheitsreparaturen in der verlassenen Wohnung und durch Umzug. Auch diese Kosten sind absetzbar (FG München vom 6. 11. 1991 – EFG 1992 S. 187).

Zu den Umzugskosten siehe ➤ Rz 936.

991 **TIP** Möbelkauf aus Steuermitteln

Mußt Du Dir die Zweitwohnung am Arbeitsplatz erst noch komplett mit Möbeln einrichten, so setze auch die notwendigen Ausgaben hierfür als Werbungskosten an. Denn schließlich kannst Du ja nicht zwischen Deinen Koffern und vier nackten Wänden leben. Zur notwendigen Einrichtung gehören neben den Möbeln und den Lampen natürlich auch Herd, Spüle, Kühlschrank und Radio, auch Geschirr und Bettwäsche, des weiteren Gardinen und Vorhänge bis zu den Höchstsätzen nach dem BUKG. Fein, wenn Du diese Sachen später zur Komplettierung Deiner Hauptwohnung gut gebrauchen kannst. Nicht gut zu wissen: Orientteppiche, Lautsprecherboxen und Stiche alter Meister gehören nicht zur notwendigen Ausstattung. »Diese Sachen bringt das Möbelhaus locker im Preis für die notwendige Ausstattung unter«, so winkst Du ab (FG Köln vom 5. 2. 1992 rk – EFG 1993 S. 144).

Betragen die Anschaffungskosten für den einzelnen Einrichtungsgegenstand mehr als 928 DM (inkl. Umsatzsteuer), so ist nur die jährliche Abschreibung absetzbar (BFH-Urt. vom 3. 12. 1982 – BStBl 1983 II S. 467).

992 **TIP** Zweiter Herd ist Goldes wert

Wohnungsnot überall, da ist natürlich auch eine preiswerte Unterkunft für Wochenendheimfahrer schwer zu finden. Eine Alternative wäre eine Wohngemeinschaft mit Kollegen. Eine andere: Kauf Dir eine kleine Eigentumswohnung. Ist Dein auswärtiger Einsatz irgendwann einmal beendet, oder nach Ablauf der Zweijahresfrist, kannst Du sie ja wieder verkaufen oder – noch besser – vermieten. Und bis dahin saftig Steuern sparen. Das geht so: Entweder wählst Du die Methode »doppelte Haushaltsführung«.

Methode 1:
Dann kannst Du alle Kosten, die für die Wohnung anfallen, einschließlich Abschreibung und Schuldzinsen, als »Unterkunftskosten« absetzen.

»Moment mal, ist da auch kein Haken dran?« fragst Du zweifelnd.

Klar, sonst wäre es ja auch zu einfach. Dein Fiskalritter möchte natürlich zu gerne mit Deiner Kostenaufstellung ein Streichkonzert veranstalten. Er schreibt Dir: »Unterkunftskosten können nur bis zur Höhe der ortsüblichen Vergleichsmiete abgezogen werden« und verweist auf das diesbezügliche BFH-Urt. vom 27. 7. 1995 – BStBl 1995 II S. 841. Du legst Einspruch ein, besorgst Dir die Samstagszeitung mit den Vermietungs-Anzeigen und schreibst zurück: »Zum einen war leider für den von Ihnen zugrunde gelegten Mietwert keine Wohnung zu bekommen. Auch bei höheren Mieten gestaltete sich die Suche schwierig. Siehe beiliegende Zeitungsausschnitte. Da ich unter Zeitdruck stand – schließlich mußte ich ja auch noch arbeiten –, habe ich mich für den Erwerb der Eigentumswohnung entschieden und auf diese Weise sogar noch den Wohnungsmarkt entlastet. Dafür darf ich nicht auch noch steuerlich bestraft werden. Außerdem müssen Sie der reinen Miete ja auch die üblicherweise umgelegten Nebenkosten für Wasser, Strom, Müllabfuhr usw. hinzurechnen.« Und schon bist Du im Rennen. Eine Liste der umlagefähigen Betriebskosten findest Du unter ➤ Rz 1275.

Methode 2:
Du wählst die Methode »Fahrten zwischen Wohnung und Arbeitsstätte«. Dann kannst Du für die Eigentumswohnung Eigenheimzulage nebst Kinderzulage kassieren.

Oder Du kombinierst beides miteinander, indem Du für die ersten zwei Jahre doppelte Haushaltsführung geltend machst und die folgenden sechs Jahre die Zulage kassierst. Hier mußt Du allerdings rechnen, ob Dir der Werbungskostenabzug mehr bringt als die Zulage.

Wichtig zu wissen:
Läuft die Zweijahresfrist im Laufe des Jahres ab, z. B. zum 31. 3. 1999, so kannst Du bereits für das letzte Jahr der doppelten Haushaltsführung, hier für 1999, die Zulage beanspruchen.

Kannst Du Dich mit beiden Methoden, entweder doppelte Haushaltsführung oder Wohnraumförderung oder mit der Variante, erst doppelte Haushaltsführung, dann Zulage nicht recht anfreunden, so lies folgenden...

TIP Eigenheimzulage statt Abschreibung   993

Auf die Wohnraumförderung mußt Du verzichten, wenn Du die Abschreibung als Werbungskosten im Rahmen der doppelten Haushaltsführung abziehst, so steht es in § 2 Absatz 1 des Eigenheimzulage-Gesetzes. Verzichte also auf die Abschreibung und kassiere statt dessen die Eigenheimzulage. Und so wird vergleichsweise gerechnet:

Abschreibung als Werbungskosten

Kaufpreis der Eigentumswohnung	350 000 DM
davon Grundstücksanteil (20%)	70 000 DM
Berechnungsgrundlage für die Abschreibung	280 000 DM
Abschreibung jährlich 2%	5 600 DM
ergibt eine Steuerersparnis bei 35% Steuersatz von	1 960 DM

oder besser

Eigenheimzulage

Eigenheimzulage jährlich mindestens 2 500 DM, beim Neubau sogar 5 000 DM, und die Kinderzulage von 1 500 DM je Kind kommt noch oben drauf. Die Eigenheimzulage ist also auf jeden Fall günstiger.

Und das Besondere: Als berufliche Werbungskosten wegen doppelter Haushaltsführung kannst Du noch die übrigen Kosten absetzen, welche Dir für die Wohnung entstehen. Das können sein die Zinsen, Nebenkosten, Aufwendungen für die Wohnungseinrichtung und die Kosten für die Familienheimfahrten.

Mehr zur Wohnraumförderung unter ➤ Rz 1152 ff.

994 ## Zeile 59–60 Verpflegungsmehraufwand

Für die ersten drei Monate kannst Du Verpflegungskosten wie bei einer Dienstreisetätigkeit mit 10 bis 46 DM täglich, je nach Dauer der Abwesenheit vom Wohnort ansetzen. Danach ist allerdings der Ofen aus. Verpflegungs**mehr**aufwand gesteht Dir der Fiskalritter dann nicht mehr zu.

995 ◆ *Musterfall Huber*

Nach längerer Arbeitslosigkeit fand Heribert Huber zum 1. 2. 1999 eine Stelle als Kfz-Schlosser bei VW-Fleischmann in Montabaur. Seinen Familienwohnsitz in Köln behält er bei. Huber weiß, daß er in > Zeile 56 für die erste Fahrt nach Montabaur, das 74 km von Köln entfernt ist, 0,52 DM je gefahrenen km, hingegen in > Zeile 57 für die 44 Heimfahrten nur 0,70 DM je Entfernungs-km ansetzen kann. Für seine Zweitunterkunft in Montabaur zahlt er monatlich 640 DM Miete einschließlich aller Nebenkosten. Die Miete trägt er in > Zeile 58 ein, außerdem die Kosten für das neue Mobiliar. Für teure Gegenstände – Anschaffungskosten über 928 DM – setzt er nur die Abschreibung an (➤ Rz 785). So kommt er auf 9 600 DM.

996 *Bei den Mehraufwendungen für Verpflegung setzt Huber die Verpflegungspau-*

schalen drei Monate an. Weil Huber an jedem Wochenende nach Hause gefahren ist, setzt er nur die Wochentage von Montag bis Freitag an.

52			
53	**Mehraufwendungen für doppelte Haushaltsführung** Der doppelte Haushalt wurde aus beruflichem Anlaß begründet		Beschäftigungsort **Montabaur**
54	Grund **Stellenwechsel** am **1.2.99** und hat seitdem ununterbrochen bestanden bis **31.12.** 1999		Es bestand bereits eine frühere doppelte Haushaltsführung am selben Beschäftigungsort vom – bis
55	Eigener Hausstand ☐ Nein ☐ Ja, in **Köln** seit **1975**		Falls nein, wurde Unterkunft am bisherigen Ort beibehalten? ☐ Nein ☐ Ja
56	Kosten d. ersten Fahrt zum Beschäftigungsort u. d. letzten Fahrt zum eigenen Hausstand ☐ mit öffentlichen Verkehrsmitteln ☒ mit eigenem Kfz Entfernung **74** km × 0,52 DM =	**39** DM	
57	Fahrtkosten für Heimfahrten ☐ mit öffentlichen Verkehrsmitteln ☒ m. eigenem Kfz (Entfernung **44** km) Einzelfahrt ~~52~~ **52** × Anzahl **44** =	**2.288** DM	
58	Kosten der Unterkunft am Arbeitsort (lt. Nachweis) **Miete**	**7.040** DM	
59	Verpflegungsmehraufwendungen		
60	Abwesenheit mind. 8 Std. Zahl der Tage × 10 DM / Abwesenheit mind. 14 Std. Zahl der Tage **26** × 20 DM / Abwesenheit von 24 Std. Zahl der Tage **38** × ~6 DM =	**2.268** DM	Vom Arbeitgeber steuerfrei ersetzt
61	**Einrichtung der Wohnung lt Anlage**	**9.600** DM	
62	Summe der Zeilen 56 bis 61 **21.235** DM –	**55** ➤ **21.235** DM	
63	**Besondere Pauschbeträge für bestimmte Berufsgruppen** (Bitte die Berufsgruppe genau bezeichnen und Aufstellung über steuerfreien Ersatz des Arbeitgebers beifügen.)	**56**	

Selbst eine gute Ehe ist eine Zeit der Buße.
(Russisches Sprichwort)

Zeile 53–62 Werde mit diesen Formulartücken fertig!

997

1. > Zeile 54: Mein Ehegatte hat sich an meinem Beschäftigungsort aufgehalten

Für Fahrten, die der Ehegatte zum Beschäftigungsort macht, können anstelle der Heimfahrten des Arbeitnehmers die Fahrtkosten des Ehegatten angesetzt werden (umgekehrte Heimfahrt). Die Fahrt des Ehegatten zählt also wie eine Heimfahrt (BFH vom 28. 1. 1983 – BStBl 1983 II S. 313).

Aus dem Besuch des Ehegatten ziehst Du den steuerlichen Vorteil, auch für Samstag und Sonntag die Verpflegungspauschale anzusetzen. 998

Die Frage wird aber nicht gestellt, um Dir einen steuerlichen Vorteil zuzuschanzen. Wäre auch zu drollig. Sondern sie ist ein hinterfotziger

Fallstrick. Die doppelte Haushaltsführung ist nämlich vermasselt, wenn Deine Frau längere Zeit bei Dir bleibt (mehr als ein Jahr laut BFH-Urt. vom 19. 11. 1989 – BStBl 1990 II S. 308) und dann wieder zurückfährt, wie das bei Gastarbeitern oft vorkommt. Die jetzt erneut entstandene doppelte Haushaltsführung ist nämlich nicht mehr beruflich, sondern privat veranlaßt. Dies bedeutet: Alle steuerlichen Vorteile sind futsch.

999 **Ein Eintrag lohnt sich hier also nur, wenn es sich um einen kurzfristigen Besuch handelt.**

2. > Zeile 55: Eigener Hausstand
Nur wenn am bisherigen Wohnort weiterhin ein eigener Hausstand unterhalten wird, besteht Anspruch auf die Steuervergünstigung der doppelten Haushaltsführung. Also ist > Zeile 55 entsprechend auszufüllen.

Zu den Ausnahmen siehe Tips unter ➤ Rz 979 ff.

3. > Zeile 62: Vom Arbeitgeber steuerfrei ersetzt
Das vom Betrieb evtl. gezahlte Trennungsgeld ist von den Aufwendungen für doppelte Haushaltsführung abzuziehen. Der gezahlte Betrag gehört in > Zeile 62.

1000 ### 6.7.7 Pauschbeträge für bestimmte Berufsgruppen – Zeile 63

Bestimmte Berufe haben es besonders schwer, ihren Papierkram in Ordnung zu halten, weil sie ständig auf der Walz sind. Denn dabei geht so mancher wichtige Beleg flöten.

Deshalb billigt der Fiskus diesen Berufen zu, neben dem Arbeitnehmer-Pauschbetrag von 2 000 DM zusätzlich als Werbungskosten abzuziehen: Kosten für Umzug, Fahrten zwischen Wohnung und Arbeitsstätte und für doppelte Haushaltsführung.

Ein Journalist rechnet also so:
Arbeitnehmerpauschbetrag (2 000 DM)
+ Fahrten Wohnung/Arbeitsstätte
+ Umzugskosten
+ doppelte Haushaltsführung
+ übrige Kosten (z. B. Arbeitszimmer, Reisekosten …), (mindestens Pauschale von 1 380 DM).
= abziehbare Werbungskosten.

Hat sich Dein Fiskalritter bei der EDV vertan und der Computer folglich »richtig falsch« gerechnet, also z.B. den Arbeitnehmerpauschbetrag geschluckt, kannst Du jederzeit die Berichtigung des Bescheides beantragen (Quelle: § 129 AO).

Für die übrigen Werbungskosten wird diesen Berufen ein weiterer Pauschbetrag zugestanden. Dieser Pauschbetrag gehört in > Zeile 63.
Quelle: LStR 47.

Berufe mit Pauschbeträgen

Beruf	Pauschbetrag	
Artisten Zu den Artisten gehören: Akrobaten, Jongleure, Universalartisten, Zauberkünstler, Dressurkünstler, Schnellmaler, Musikalartisten, Bauchredner, Imitatoren, Komiker, Humoristen, Ansager, Diskjockeys, Sänger und Tänzer (Solisten)	265 DM mtl.	**1001**
Darstellende Künstler Aber nur, soweit sie solistische Leistungen erbringen.	365 DM mtl.	**1002**
Darstellende Künstler Soweit sie innerhalb einer Gruppe tätig sind. Zu den darstellenden Künstlern gehören: Schauspieler, Puppenspieler, Opernsänger, Operettensänger, Musicalsänger sowie Sänger der Unterhaltungsmusik, Ballett-Tänzer, Ballett-Meister usw., Regisseure und Regieassistenten	265 DM mtl.	
Journalisten Dazu gehören diejenigen Personen, die in einem Dienstverhältnis die journalistische Arbeit hauptberuflich für Zeitungen oder Zeitschriften, Nachrichtenagenturen oder für den Rundfunk erledigen.	115 DM mtl.	**1003**

Nicht gut zu wissen: Die Pauschalen werden zusammengestrichen, wenn **1004** der Arbeitgeber Auslagen steuerfrei ersetzt hat, wie z. B. Reisekosten.

Wisse: Die Berücksichtigung besonderer Werbungskosten-Pauschbeträge für bestimmte Berufsgruppen soll ab 2000 entfallen.

*Wer zwei Pilze im Wald findet,
sollte nach weiteren suchen.*
(Alte Weisheit)

7. Die Anlage KSO

1005

In der Anlage KSO sind auf Seite 1 die Einkünfte aus Kapitalvermögen (hauptsächlich Zinsen und Dividenden) anzugeben.

Berechnungsschema für Einkünfte aus Kapitalvermögen

Einnahmen aus Kapitalvermögen	..... *DM*
./. Werbungskosten, mind. Werbungskostenpauschbetrag	
100 DM, für Ehegatten 200 DM	..... *DM*
./. Sparer-Freibetrag	
bis einschl. 1999: 6 000 DM, für Ehegatten 12 000 DM	
ab 2000: 3 000 DM, für Ehegatten 6 000 DM	..... *DM*
Einkünfte	..... *DM*

7.1 Einkünfte aus Kapitalvermögen – Zeile 1–29

1006

Zeile 1–29 Kapitalerträge zu versteuern?

Die Versteuerung von Zinsen ist eine Sache von Dummen und Skrupelhaften, meinte kürzlich ein namhafter Professor für Steuer- und Wirtschaftsrecht, was einer weitverbreiteten Auffassung entspricht. Weil es nämlich sehr leicht ist, Steuern auf Zinserträge zu vermeiden, wie wir wissen. Und angesichts einer skrupellosen Steuerpolitik selbst Skrupel an den Tag zu legen, das kann doch nun wirklich niemand erwarten.

Bei der Besteuerung von Kapitalerträgen unterscheidet der Fiskus zwischen den laufenden Erträgen wie z. B. Zinsen oder Dividenden und den Wertsteigerungen der Kapitalanlage. Besteuert werden nur die laufenden Erträge, nicht die Wertsteigerungen. Andernfalls müßten ja auch die Wertverluste gegengerechnet werden.

Bislang gelten großzügige Freibeträge, die allerdings ab dem Jahr 2000 **1007** halbiert werden. Sie betragen:

bis 1999	6 100/12 200 DM (Alleinstehende/Verheiratete)
ab 2000	3 100/ 6 200 DM (Alleinstehende/Verheiratete)

499

Wer also weniger als 77 500/155 000 Mark mit 4% Zinsen auf der hohen Kante hat (Alleinstehende/Verheiratete), kommt auch ab dem Jahr 2000 noch ungeschoren davon (4% von 77 500/155 000 Mark = 3 100/6 200 Mark). Wer mehr hat, muß alle laufenden Erträge, die 3 100/6 200 Mark übersteigen, voll versteuern.

Doch wisse: Von den laufenden Erträgen hält die Bank immer die sogenannte ZASt ein (Zinsabschlagsteuer). Wer die ZASt vermeiden will, muß der Bank einen Freistellungsauftrag erteilen. So bleiben zumindest die Erträge bis zu den obigen Freibeträgen steuerfrei.

Mehr zum Freistellungsauftrag unter ➤ Rz 1033.

Deshalb beherzige den folgenden

1008 **TIP** **Als Rentner bist Du steuerfrei**

Als Rentner hast Du es nicht nötig, Dir auch noch wegen der Zinsen graue Haare wachsen zu lassen. Denn selbst mit einer stattlichen Rente von 3 000 Mark im Monat bleibst Du einkommensteuerfrei, wenn Deine Zinsen bis zu 30 000 DM jährlich betragen. Die Steuererklärungspflicht beginnt nämlich für Verheiratete erst bei einem Gesamtbetrag der Einkünfte von mehr als 26 351 Mark. Den Betrag erreichst Du aber mit diesen Einnahmen nicht (Quelle: § 56 EStDV).

Laß Dir vorrechnen, was gilt:

Jahresbetrag der Rente		36 000 DM
Davon steuerpflichtiger Ertragsanteil 27% =		9 720 DM
./. Werbungskosten-Pauschbetrag		200 DM
Sonstige Einkünfte		9 520 DM
+ Kapitaleinkünfte: Zinsen	30 000 DM	
./. Werbungskosten-Pauschbetrag	200 DM	
./. Sparer-Freibetrag	12 000 DM	
Kapitaleinkünfte	17 800 DM >	17 800 DM
Summe der Einkünfte		27 320 DM
./. Altersentlastungsbetrag 40% der Kapitaleinkünfte von		
17 800 DM, höchst. 3 720 DM =		3 720 DM
Gesamtbetrag der Einkünfte		23 600 DM

Bist Du alleinstehend, kannst Du neben einer Rente von 3 000 Mark monatlich noch 12 000 Mark Zinseinnahmen kassieren, ohne eine Steuererklärung abgeben zu müssen. Mit Halbierung der Sparerfreibeträge ab 2000 sinken diese Zinsgrenzen auf rd. 7 000 DM.

▬ Laß Dir Zinsen erst auszahlen,
TIP wenn Du Rentner bist

Dazu wisse: Zinsen brauchst Du erst zu versteuern, wenn sie Dir zugeflossen sind, so lautet die Fiskalversion. Deshalb verlagere den Zufluß von Zinsen in die Zeit, in der Du Rentner bist und deswegen weniger oder überhaupt keine Steuern zahlen mußt.

Die Möglichkeit, Zinsen in spätere Jahre zu verlagern, bieten Dir sog. Finanzierungsschätze, z. B. Bundesschatzbriefe Typ B. Dazu folgende Information:

Die Bundesregierung gibt sog. Bundesschatzbriefe heraus, auch Bundesschätzchen genannt. Dabei kann der Erwerber zwischen zwei Typen wählen. Beim Typ A werden die Zinsen jährlich ausgezahlt und sind damit auch jährlich zu versteuern. Beim Typ B hingegen werden die Zinsen erst bei Endfälligkeit – nach einigen Jahren – ausbezahlt. Oder vorher bei vorzeitiger Rückgabe, frühestens nach Ablauf der einjährigen Sperrfrist. Erst dann sind sie zu versteuern (BMF-Schreiben vom 20. 12. 1988 – BStBl 1988 I S. 540).

Wenn Du also nicht unbedingt auf laufende Zinseinnahmen für den Lebensbedarf angewiesen bist und Dein Ruhestand nicht mehr allzu fern ist, kaufst Du besser Bundesschatzbriefe Typ B oder abgezinste Sparbriefe und verlagerst damit die Steuerpflicht der Zinsen in eine Zeit, in der Du Rentner bist und deswegen überhaupt keine oder nur wenig Steuern zahlen mußt.

Wenn Du z. B. für 16 875 DM zweijährige Finanzierungsschätze kaufst, erhältst Du in zwei Jahren 20 000 DM zurück. Die Zinsen in Höhe von 3 125 DM = 8,86% Rendite versteuerst Du erst in zwei Jahren.

Dies Buch soll sich für Dich bezahlt machen. Und weil bei den Steuern manchmal nicht viel aufzureißen ist, hier ein Tip, Bankgebühren zu sparen:

Gratisverwaltung für private Anleger

von Bundesschatzbriefen, Bundesobligationen, Anleihen von Bund, Post und Bahn, auch Fonds deutsche Einheit durch die Bundesschuldenverwaltung in Bad Homburg, Tel. 0 61 72/10 80, zur Einrichtung von Konten Apparat 10 84 71.

Diese Behörde wird von eifrigen Bankangestellten heftig verleumdet, ist klar. Denk aber an Deinen Vorteil. Zur Misere der Bundesschulden ➤ Rz 1099.

Anlage KSO — Bitte Steuerbescheinigung(en) im Original beifügen! — **1999**

Name und Vorname/Gemeinschaft/Körperschaft

[ ] zur Einkommensteuererklärung

[ ] zur Körperschaftsteuererklärung

Steuernummer

[ ] zur Feststellungserklärung

99 | 54

89 |

Einkünfte aus Kapitalvermögen, Anrechnung von Steuern

Zeile	Inländische Kapitalerträge	Einnahmen (einschließlich freigestellter Einnahmen, anzurechnender/vergüteter Kapitalertragsteuer/Zinsabschlag/ Solidaritätszuschlag, Körperschaftsteuer)		In Spalten 2 und 3 enthaltene Einnahmen ohne Steuerabzug aufgrund von Freistellungsaufträgen	Anzurechnen sind inländische:			
		Steuerpfl. Person Ehemann Gemeinschaft DM	Ehefrau DM	DM	Kapitalertragsteuer/ Zinsabschlag lt. beigefügter Steuerbescheinigungen		Körperschaftsteuer	
	Zinsen und andere Erträge	2	3	4	DM	Pf	DM	Pf
					5		6	
1								
2								
3								
4	aus Guthaben und Einlagen (z. B. Sparguthaben)							
5	aus Bausparguthaben							
6	aus festverzinslichen Wertpapieren, Investmentanteilen (einschließlich Stückzinsen und Zwischengewinne)							
7	aus Tafelgeschäften mit festverzinslichen Wertpapieren							
8	aus sonstigen Kapitalforderungen jeder Art, die dem Zinsabschlag unterliegen (z. B. Kursdifferenzpapiere, Instandhaltungsrücklagen)							
9	aus Aktien und anderen Anteilen (auch bei Tafelgeschäften)							
10	aus Wandelanleihen und Gewinnobligationen							
11	aus Lebensversicherungen, soweit einkommensteuerpflichtig							
12	aus stiller Gesellschaft / bei partiarischen Darlehen							
13	aus Beteiligung (Gemeinschaft, Finanzamt, St.Nr.)							
14	aus sonstigen Kapitalforderungen, die nicht dem Zinsabschlag unterliegen (z. B. Darlehen zwischen Privatpersonen)							
15	Vom Finanzamt erhaltene Zinsen für Steuererstattungen							
16	Summe der Zeilen 4 bis 15	30	31					
17	**Ausländische Kapitalerträge** — Anlage AUS beachten							
18	(Einnahmen einschließlich der anzurechnenden / abzuziehenden ausländischen Quellensteuern, die in den Zeilen 7 bis 29 der Anlage AUS einzutragen sind, soweit sie nicht als inländischem Sondervermögen stammen.)							
19	Zinsen aus Sparguthaben, Dividenden ggf. einschl. Avoir fiscal, Erträge aus ausl. Investmentanteilen, Erträge aus Beteiligungen, Hinzurechnungsbetrag nach § 10 AStG u. a.							
20	Bezeichnung	32	33					
21	**Sonstiges** — Anzurechnende Kapitalertragsteuer / Zinsabschlag / Körperschaftsteuer aus anderen Einkunftsarten							
22	Summe der Zeilen 4 bis 21				35		34	
23	In Zeile 22 Spalte 5 enthaltener Zinsabschlag				40		30	
					39		31	
24	Summe der anzurechnenden Solidaritätszuschläge zur Kapitalertragsteuer / zum Zinsabschlag						35	
25	Summe der vergüteten Körperschaftsteuer	38	DM	Pf			34 .	
26	**Werbungskosten**						40	
		Steuerpfl. Person Ehemann Gemeinschaft	Ehefrau				39	
27							12	
							13	
28	Werbungskosten zu den inländischen Kapitalerträgen	12	13	davon gesondert u. einheitl. festgestellt			18	
29	Werbungskosten zu den ausländischen Kapitalerträgen, ggf. einschließlich abzuziehender ausländischer Quellensteuer	18	19	davon gesondert u. einheitl. festgestellt			19	

Anlage KSO für Einkünfte aus Kapitalvermögen und sonstige Einkünfte — März 99

Zeile 1–20 Kapitalerträge erklären

1010

Hast Du gut geerbt oder gar selbst einiges auf die hohe Kante gebracht, will der Fiskalritter in der Anlage KSO Kapitalerträge sehen. Dazu fertigst Du am besten eine Zusammenstellung an und überträgst die Zahlen anschließend in das Formular.

Zeile 1–16 Inländische Kapitalerträge

1011

Du kannst bei den Kapitalerträgen drei Gruppen unterscheiden, die sich höchst unterschiedlich auf Deinen fiskalischen Obolus auswirken:

● **Gruppe I**   1012
Spareinlagen, Festgeld, Sparbriefe, Bausparguthaben, festverzinsliche Wertpapiere, Stückzinsen, Tafelgeschäfte, sonstige Kapitalforderungen wie z. B. Kombizinsanleihe oder Step-up-Anleihe sowie Wandelanleihen und Gewinnobligationen
Kapitalerträge (Zinsen) mit Zinsabschlag von 30%,
zu erklären in > Zeile 4–8 und 10 der Anlage KSO

● **Gruppe II**   1013
Aktien, GmbH-Anteile, Genossenschaftsanteile, Investmentanteile
Kapitalerträge mit voller Steueranrechnung (25% plus 30% aus Dividenden/Gewinnanteilen aus Kapitalgesellschaften),
zu erklären in > Zeile 6 und 9 der Anlage KSO

● **Gruppe III**   1014
Lebensversicherungen

Zu Gruppe III (Versicherungen)   1015
Diese Gruppe interessiert steuerlich kaum, denn Versicherungserträge sind im Normalfall nicht steuerpflichtig (Ausnahme siehe ➤ Rz 127).

Weiter zu Gruppe II (Aktien und Aktienfonds)   1016
Freudig erklärst Du dem Fiskus die Erträge aus diesem Geldvermögen, muß er doch hierfür mehr Steuern erstatten oder auf Deine Steuerschuld anrechnen, als Du bezahlen mußt.

Anrechenbare Steuern sind:		1017
Körperschaftsteuer	30,00%/DM	
Kapitalertragsteuer 25% v. d. Barausschüttung	17,50%/DM	
Solidaritätszuschlag 5,5% der KapESt	0,96%/DM	
Zusammen	48,46%/DM	

Kontrolle:

Bruttodividende (Ausschüttung)	100,00%/DM
./. anrechenbare Körperschaftsteuer	30,00%/DM
Bardividende	70,00%/DM
./. Kapitalertragsteuer 25% (anrechenbar)	17,50%/DM
./. Solidaritätszuschlag 5,5% (anrechenbar)	0,96%/DM
Nettodividende	51,54%/DM

1018 Freistellungsauftrag

Auch für Dividenden aus Aktien gelten die persönlichen Kapitalfreibeträge von 6100 DM für Ledige und 12200 DM für Verheiratete. Wenn der Bank ein ausreichender Freistellungsauftrag (höchstens 6100/12200 DM) vorliegt, werden die Dividenden ohne Abzug von Kapitalertragsteuer und Solidaritätszuschlag ausgeschüttet. Zudem wird das Körperschaftsteuerguthaben sofort vergütet. Ab dem Jahr 2000 werden diese Freibeträge auf 3100 DM für Alleinstehende und 6200 DM für Ehegatten herabgesetzt.

Ausgeschüttet werden also, falls freigestellt:

Bardividende	70,00%/DM
+ Körperschaftsteuerguthaben ($^3/_7$ von 70%)	30,00%/DM
Kapitalertragsteuer	0,00%/DM
Solidaritätszuschlag	0,00%/DM
Bruttodividende	100,00%/DM

Der Fiskus erstattet die anrechenbaren Steuern in voller Höhe, wenn Du wegen der Freibeträge keine Steuern zahlst. Andernfalls verringern die anrechenbaren Steuern Deine Steuerschuld, sofern Dein persönlicher Steuersatz unter (48,46% ./. 0,96% =) 47,5% liegt, was für nahezu alle Steuerzahler zutrifft.

Mehr zur Steuerberechnung ➤ Rz 1020.

Erstattet werden also:

Bruttodividende = steuerpflichtige Einnahme	100,00%/DM
Darauf Einkommensteuer z. B. 35% =	35,00%/DM
+ Solidaritätszuschlag 5,5%	1,93%/DM
Zusammen	36,93%/DM
./. anrechenbar	
Körperschaftsteuerguthaben 30% =	30,00%/DM
Kapitalertragsteuer 25% der Bardividende	17,50%/DM
Solidaritätszuschlag 5,5%	0,96%/DM
Erstattung	11,50%/DM

◆ *Musterfall Backs (Dividenden)*   **1019**

Freund Backs hat von seinem verstorbenen Vater nicht nur dessen mächtige Statur und ein unbeschwertes Gemüt, sondern auch ein kleines Vermögen geerbt. Als Beamter will er unbedingt steuerlich sauber bleiben und gibt jeden Pfennig seiner Kapitalerträge an.

Die Zinsen aus einem Sparguthaben bei der Dresdner Bank hat er sich erst kürzlich in Höhe von 980,– DM ins Sparbuch eintragen lassen. Die BHW-Bausparkasse bescheinigte ihm die Bausparleistungen und zugleich auch die Zinsen für das Guthaben. Die Zinsen betrugen 1 530,– DM. Seine Wertpapiere verwaltet die Dresdner Bank. Die Erträgnisaufstellung findet er bei seinen Bankunterlagen.

Freistellungsauftrag

Der Bausparkasse hat Backs natürlich keinen Freistellungsauftrag erteilt, denn dort liegen die Zinsen jahrelang auf Eis. Da ist es ihm lieber, wenn die Bausparkasse ihm die ZASt abzieht und bescheinigt, und er holt sich die ZASt über die Steueranrechnung vom Finanzamt zurück.

Seiner Hausbank hat er jedoch einen Freistellungsauftrag über 12 200 DM erteilt. Die Kapitalerträge zusammenzustellen ist für Freund Backs ein Klacks.

Anlage zur KSO

Zusammenstellung der Kapitalerträge in DM					
	Brutto		ZAST[2]		Netto
Zinserträge Dresdner Bank	980,—		—		980,—
Zinsen BHW	1 530,—		459,—		1 071,—
Zinsen Bundesanleihen	3 688,75		—		3 688,75
Aktien	Bar	KapSt[2]	Netto	KSt	Brutto
Veba[1]	6 885,71	—	6 885,71		6 885,71
Bayer[1]	647,00	—	647,00		647,00
Bayer	8 747,00	2 186,75	6 560,25	3 748,71	12 495,71
VW	498,00	124,50	373,50	213,43	711,43
Summe	16 777,71	2 311,25	14 466,46	3 962,14	20 739,85

Werbungskosten
Die Bank teilt auf der Erträgnisaufstellung mit, in welcher Höhe sie
Backs mit Kosten belastet hat:

Depotgebühren, Vermögensverwaltungsgebühren	292,— DM
Sollzinsen, Kredit- und Überziehungsprovision	334,67 DM
Umsatzprovision, Kosten der Kontoführung	252,80 DM
Zwischensumme	879,47 DM

Zwischensumme	879,46 DM
Backs setzt hinzu	
Jahresabonnement Handelsblatt	362,— DM
Jahresabonnement Effekten-Spiegel	195,— DM
Summe der Werbungskosten	1 436,47 DM

[1] Durch Freistellungsauftrag ohne Steuerabzug zuzüglich anrechenbarer Körperschaftsteuer (Veba 6 885 DM + Bayer 647 DM = 7 532 DM; darin enthalten 30% vergüteter
Körperschaftsteuer 2 259,60 DM > Zeile 25)

[2] Zuzüglich 5,5% Solidaritätszuschlag, insgesamt 152,36 DM in > Zeile 24

Die Zahlen überträgt er alsdann in die Anlage KSO.
Backs hat zu versteuern:

Summe der Einnahmen aus Zeile 16	26 937,– DM
abzüglich Werbungskosten aus Zeile 28	1 437,– DM
Sparerfreibetrag	12 000,– DM
Einkünfte	13 500,– DM

Auf seine Einkommensteuer werden angerechnet:

Zinsabschlagsteuer (ZASt)	459,– DM
Kapitalertragsteuer (KapSt)	2 311,25 DM
Körperschaftsteuer (KSt)	3 962,14 DM
Solidaritätszuschlag (SolZ)	152,36 DM
Insgesamt anzurechnen	6 884,75 DM

Die aufgrund Freistellungsauftrag vergütete Körperschaftsteuer (Veba und
Bayer, 30% der Bruttodividende = 2 259,60 DM) mindert darüber hinaus
die Bemessungsgrundlage für den Soli-Zuschlag (vgl. auch > Rz 98).

ANLAGE KSO
Einkünfte aus Kapitalvermögen, sonstige Einkünfte

1999

Anlage KSO — *Bitte Steuerbescheinigung(en) im Original beifügen!*

Name und Vorname/Gemeinschaft/Körperschaft

Backs, Karl

Steuernummer
123 456 / 890

- [X] zur Einkommensteuererklärung
- [ ] zur Körperschaftsteuererklärung
- [ ] zur Feststellungserklärung

1999

| 99 | 54 |
| 89 | |

Einkünfte aus Kapitalvermögen, Anrechnung von Steuern

Zeile	Inländische Kapitalerträge	Einnahmen (einschließlich freigestellter Einnahmen, anzurechnender/vergüteter Kapitalertragsteuer/Zinsabschlag/ Solidaritätszuschlag, Körperschaftsteuer)		In Spalten 2 und 3 enthaltene Einnahmen ohne Steuerabzug aufgrund von Freistellungsaufträgen	Anzurechnen sind inländische: Kapitalertragsteuer/ Zinsabschlag lt. beigefügter Steuerbescheinigungen		Körperschaftsteuer	
		Steuerpfl. Person Ehemann Gemeinschaft DM	Ehefrau DM	DM	DM	Pf	DM	Pf
	Zinsen und andere Erträge	2	3	4	5		6	
4	aus Guthaben und Einlagen (z. B. Sparguthaben)	980		980				
5	aus Bausparguthaben	1.530	/		459	00		
6	aus festverzinslichen Wertpapieren, Investmentanteilen (einschließlich Stückzinsen und Zwischengewinne)	3.688		3.688				
7	aus Tafelgeschäften mit festverzinslichen Wertpapieren							
8	aus sonstigen Kapitalforderungen jeder Art, die dem Zinsabschlag unterliegen (z. B. Kursdifferenzpapiere, Instandhaltungsrücklagen)							
9	aus Aktien und anderen Anteilen (auch bei Tafelgeschäften)	20.739		7.532	2.311	25	3.962	14
10	aus Wandelanleihen und Gewinnobligationen							
11	aus Lebensversicherungen, soweit einkommensteuerpflichtig							
12	aus stiller Gesellschaft / bei partiarischen Darlehen							
13	aus Beteiligung (Gemeinschaft, Finanzamt, St.Nr.)							
14	aus sonstigen Kapitalforderungen, die nicht dem Zinsabschlag unterliegen (z. B. Darlehen zwischen Privatpersonen)							
15	Vom Finanzamt erhaltene Zinsen für Steuererstattungen							
16	Summe der Zeilen 4 bis 15	30 26.937	31					

Zeile	Ausländische Kapitalerträge — Anlage AUS beachten							
17/18	(Einnahmen einschließlich der anzurechnenden/abzuziehenden ausländischen Quellensteuern, die in den Zeilen 7 bis 29 der Anlage AUS einzutragen sind, soweit sie nicht aus inländischem Sondervermögen stammen.)							
19	Zinsen aus Sparguthaben, Dividenden ggf. einschl. Avoir fiscal, Erträge aus ausl. Investmentanteilen, Erträge aus Beteiligungen, Hinzurechnungsbetrag nach § 10 AStG u. a.							
20	Bezeichnung	32	33					

Zeile	Sonstiges — Anzurechnende Kapitalertragsteuer /							
21	Zinsabschlag / Körperschaftsteuer aus anderen Einkunftsarten							
22	Summe der Zeilen 4 bis 21	12.200	35 2.770 25	34 3.962 14				
23	In Zeile 22 Spalte 5 enthaltener Zinsabschlag		40 459 00	30 / 31				
24	Summe der anzurechnenden Solidaritätszuschläge zur Kapitalertragsteuer / zum Zinsabschlag		39 152 36	35 DM Pf				
25	Summe der vergüteten Körperschaftsteuer	38 DM Pf		34 . / 40				

Zeile	Werbungskosten	Steuerpfl. Person Ehemann Gemeinschaft	Ehefrau		39 / 12			
28	Werbungskosten zu den inländischen Kapitalerträgen	12 1.437	13	davon gesondert u. einheitl. festgestellt	13 / 18			
29	Werbungskosten zu den ausländischen Kapitalerträgen, ggf. einschließlich abzuziehender ausländischer Quellensteuer	18	19	davon gesondert u. einheitl. festgestellt	19			

Anlage KSO für Einkünfte aus Kapitalvermögen und sonstige Einkünfte – März 99

507

Finanzgenies sind genial
bis zum Tage ihres Bankrotts.

(Galbraith)

1020 Zeile 4–16 Fünf Minuten Steuerakrobatik mit anrechenbarer Kapitalertragsteuer und Körperschaftsteuer

Von den Gewinnausschüttungen (Dividenden) der Kapitalgesellschaften holt sich der Fiskus schon gleich an der Quelle sein Scherflein von 25% Kapitalertragsteuer + 5,5% davon als Solidaritätszuschlag = insgesamt 26,375% quasi als Abschlagszahlung auf die künftige Steuerschuld der Aktionäre.

Der 26,375%ige Steuerabzug wird bei Auszahlung der sogenannten *Bardividende* einbehalten und an den Fiskus abgeführt. Nur den Rest, die *Nettodividende,* erhält der Aktionär. Von *Bardividende* spricht man, weil dieser Betrag von der Aktiengesellschaft in bar aufgebracht wird.

1021 Der vorangegangene Musterfall Backs zeigt Dir, wie sich die Kapitalertragsteuer auf die Einnahmen auswirkt.
Von den Dividenden, soweit sie durch Freistellungsauftrag vom Steuerabzug verschont sind, wird die Bardividende ohne Abzug von Kapitalertragsteuer und darüber hinaus auch noch die anrechenbare Körperschaftsteuer in Höhe von $\frac{3}{7}$ der Bardividende ausgezahlt. Die nicht freigestellten Dividenden unterliegen hingegen dem Steuerabzug von 26,375% wie oben, und nur den Rest erhält Backs als Nettodividende ausgezahlt.

»Alles paletti«, sagst Du. »Aber was ist anrechenbare Körperschaftsteuer?«

1022 Dazu wisse: Die ausschüttende Aktiengesellschaft hat die Dividende bereits als Gewinn versteuert und dafür Körperschaftsteuer gezahlt. Eine nochmalige Versteuerung beim Aktionär wäre offensichtlich zu konfiskatorisch. Deshalb soll der Aktionär eigentlich auf Dividenden keine Steuern zahlen.

Anstatt es aber mit der Besteuerung des Gewinns der Aktiengesellschaft bewenden zu lassen und Dividenden einfach für steuerfrei zu erklären, hat sich die Fiskalbürokratie für den Aktionär diese Schikane ausgedacht: Der Aktionär muß die Dividende nochmals versteuern, die von der Aktiengesellschaft gezahlte Körperschaftsteuer – von 30% – und natürlich auch die einbehaltene Kapitalertragsteuer von 25% werden aber auf seine Einkommensteuer angerechnet. Doch damit an Schikane nicht genug: Der

Aktionär muß die anrechenbare Körperschaftsteuer zusätzlich als Einnahme versteuern, also zusätzlich zu der Bardividende.

Steuerpflichtig ist also die Bardividende plus anrechenbarer Körperschaftsteuer = Bruttodividende.

Freund Backs versteuert somit zusätzlich zu der nicht freigestellten Bardividende der Bayer AG von 8 747 DM auch noch die anrechenbare Körperschaftsteuer von 3 748,71 DM (➤ Rz 1050). Damit auch alle Fiskaljünger das begreifen – es sind ja auch einige Dösköppe dabei –, ist der Tarif bei der Körperschaftsteuer so gestaltet, daß immer $3/7$ der Bardividende die anrechenbare Körperschaftsteuer ausmacht.
Probe: $3/7$ von 8 747 DM = 3 748,71 DM.

»Da muß ich ja höllisch aufpassen, daß nur ja keine Mark Dividende unter den Tisch fällt. Schließlich will ich die 25% Kapitalertragsteuer angerechnet haben und obendrein die $3/7$ der Bardividende. Das sind ja weitere 30%. Für Dividenden gibt es also immer Steuern zurück«, so sagst Du.   **1023**

Richtig. Deshalb möchte der Fiskus unbedingt neben der Ertragnisaufstellung der Bank zusätzlich noch die Steuerbescheinigung über die anrechenbare Körperschaftsteuer sehen. Schließlich will er sich vergewissern, daß Körperschaftsteuer gezahlt ist.

Wir können uns mit unserer Arbeit
nicht die Ewigkeit verdienen.
(Pfarrer Schibilsky)

Zeile 6   Investmentanteile, Stückzinsen   **1024**

Auch die Erträge aus Investmentanteilen sind steuerpflichtig.
Bist Du im Investmentsparen bewandert? Nicht so gut? Also höre: Wie wir alle wissen, ist der Erwerb von Aktien mit mehr oder weniger großen Risiken verbunden. Wer kein Wertpapierprofi ist und auch Verluste nicht klaglos verkraften kann, der sollte deshalb eigentlich die Finger von Aktien lassen.

Investment   **1025**
Die Investmentidee besteht darin, dem auf dem Aktienmarkt unkundigen Sparer ziemlich risikolos den – mittelbaren – Erwerb von Aktien zu ermöglichen. Dies geschieht dadurch, daß Wertpapierprofis ein Aktienpaket, bestehend aus Aktien mehrerer Gesellschaften, zusammenstellen. An diesem

Aktienpaket können sich Sparer über Anteilscheine (Investmentzertifikate) beteiligen. Weil das Aktienpaket aus Aktien mehrerer Gesellschaften besteht, ist das Risiko für außergewöhnliche Kursverluste relativ gering, natürlich auch die Chance für außergewöhnliche Kursgewinne.

Ein weiterer Vorteil des Investmentsparens besteht darin, daß die Verwalter des Aktienpaketes (Aktienfonds) durch Spekulation, d. h. durch An- und Verkauf von Papieren, Spekulationsgewinne erzielen, die den Investmentsparern zugute kommen.

Durch die Verwaltung des Aktienpaketes entstehen dem Investmentsparer zwar zusätzliche Kosten, die er nicht hätte, wenn er als unmittelbarer Eigentümer seine Wertpapiere selbst verwalten würde. Aber die Wertpapierprofis sind ihr Geld wohl wert, denn das Investmentsparen hat sich in der ganzen Welt durchgesetzt.

1026 Gerade für Deine private Zusatzvorsorge bieten sich Aktienfonds an, da sie langfristig die beste Rendite abwerfen. Monatliche Einzahlungen von 300 DM über 25 Jahre führten beim Deka-Fonds beispielsweise zu einem Depotwert von etwa 350 000 Mark. Dies entspricht einer Rendite von 9,7% im Durchschnitt. Da Aktien und damit auch Aktienfonds kurzfristig stärkeren Schwankungen unterliegen können, legst Du Dein Geld später in risikoärmere Rentenfonds an. Hier erzielst Du durchschnittlich 7% Rendite und kannst bei 350 000 DM über zwanzig Jahre mit einer Zusatzrente von gut 2 600 DM monatlich rechnen.

Inzwischen gibt es neben reinen Aktienfonds auch Fonds, die nur festverzinsliche Wertpapiere enthalten, auch gemischte Fonds (z. B. Aktien und Anleihen), ja sogar Immobilienfonds.

Die steuerliche Behandlung von Investmenterträgen
Der Fonds erteilt Dir eine Abrechnung, auf der genau draufsteht, was Du in Deiner Steuererklärung angeben mußt.

1027 ◆ *Musterfall Backs (Investmentanteile)*

Freund Backs möchte seinen Lebensabend zumindest finanziell unbeschwert genießen. Drum zahlt er schon seit Jahren monatlich 200 Mark in einen Investmentfond ein. Einen Freistellungsauftrag hat Backs nicht erteilt. Anfang 2000 erhält er von seiner Bank folgende

Steuerbescheinigung für das Jahr 1999

Herrn
Karl Backs, Bielefelder Straße 13
33335 Gütersloh

Kundennummer:
A 1185207
Datum: 31.12.99

	Gesamt
Dividendenanteil	8 288,00 DM
Anrechenbare Körperschaftsteuer	144,00 DM
Erträge, soweit KESt erhoben	6 664,00 DM
Einnahmen aus § 20 EStG aus Investmentanteilen (Privatvermögen)	8 456,00 DM
Einnahmen aus Investmentanteilen im Betriebsvermögen	8 456,00 DM
Anrechenbare Kapitalertragsteuer	1 999,20 DM
Anrechenbarer Solidaritätszuschlag	109,96 DM
Ausländische Einnahmen (oben enthalten)	672,00 DM
Anrechenbare ausländische Quellensteuer	56,00 DM

In die Anlage KSO trägt Backs ein:

Zeile	Inländische Kapitalerträge	Einnahmen (einschließlich freigestellter Einnahmen, anzurechnender/vergüteter Kapitalertragsteuer/Zinsabschlag/ Solidaritätszuschlag, Körperschaftsteuer) Steuerpfl. Person Ehemann Gemeinschaft DM	Ehefrau DM	In Spalten 2 und 3 enthaltene Einnahmen ohne Steuerabzug aufgrund von Freistellungsaufträgen DM	Anzurechnen sind inländische: Kapitalertragsteuer / Zinsabschlag lt. beigefügter Steuerbescheinigungen DM Pf	Körperschaftsteuer DM Pf
1						
2	Zinsen und andere Erträge					
3		2	3	4	5	6
4	aus Guthaben und Einlagen (z. B. Sparguthaben)					
5	aus Bausparguthaben					
6	aus festverzinslichen Wertpapieren, Investmentanteilen (einschließlich Stückzinsen und Zwischengewinne)	8.456	/		1.999 20	144 00
	aus Tafelgeschäften festverzinslichen Wertpapieren					

Zeile					
15	Zinsen für Steuererstattungen				
16	Summe der Zeilen 4 bis 15	30 8.456	31		
	Ausländische Kapitalerträge Anlage AUS beachten				
17					
18	(Einnahmen einschließlich der anzurechnenden / abzuziehenden ausländischen Quellensteuern, die in den Zeilen 7 bis 29 der Anlage AUS einzutragen sind, soweit sie nicht aus inländischem Sondervermögen stammen.)				
19	Zinsen aus Sparguthaben, Dividenden ggf. einschl. Avoir fiscal, Erträge aus ausl. Investmentanteilen, Erträge aus Beteiligungen, Hinzurechnungsbetrag nach § 10 AStG u. a.				
20	Bezeichnung	32	33		
	Sonstiges Anzurechnende Kapitalertragsteuer /				
21	Zinsabschlag / Körperschaftsteuer aus anderen Einkunftsarten				
22	Summe der Zeilen 4 bis 21			35 1.999 20	34 144 00
23	In Zeile 22 Spalte 5 enthaltener Zinsabschlag			40	30
24	Summe der anrechenbaren Solidaritätszuschläge zur Kapitalertragsteuer / zum Zinsabschlag			39 109 96	31 35 DM

In der Anlage AUS macht Backs folgende Angaben:

9	n. § 34 c Abs. 2 EStG							
10 11	Einnahmen aus allen inländischen Sondervermögen (z. B. Investmentfonds), die aus ausländischen Quellen stammen						59	DM 672
12	Werbungskosten zu Zeile 11 (ggf. einschl. abzuziehend. ausl. Steuern)						88	
13	anderen Einkunftsarten	Einkunftsquellen	Einkunftsquellen	Einkunftsquellen	Einkunftsquellen			
14 15	(einschließlich der Einkünfte nach § 20 Abs. 2 AStG) – bei mehreren Einkunftsarten: Einzelangaben bitte auf besonderem Blatt –							
16	Einkünfte	10 DM	12 DM	14 DM	16 DM			
17	Abgezogene ausländische Steuern nach § 34 c Abs. 2 EStG							
18	Anzurechnende ausländ. Steuern							
19	(für alle Einkunftsarten) insgesamt	11 DM	13 DM	15 DM	17 DM		87	DM 56
	In Zeile 19 enthaltene ... ausländische							

1028 **TIP** Gezahlte Stückzinsen nicht vergessen

Du meinst, Stückzinsen sind Korinthen, um die Du Dich nicht zu kümmern brauchst? Recht hast Du, wenn Du zu denen gehörst, die ihre Zinsen bei der Steuer nicht angeben. Dann kannst Du Stückzinsen ruhig vergessen. Andernfalls solltest Du Dir diesen Tip unbedingt merken.

Angenommen, Du hast 6,25%ige Anleihen zum Kurs von 94%, Zinstermin 1. 4., gekauft. Die Bank erteilt Dir am 20. 10. 1999 folgende Abrechnung:

DM-Anleihe XYZ

31 000 DM zu 94%	29 140,00 DM
Stückzinsen: Zinsdatum 1. 4.–12. 10. 1999 (192 Tage)	1 033,00 DM
Ankaufskosten 0,5%	145,00 DM
Endbetrag	30 318,00 DM
Anfang April 2000 freust Du Dich über diese Zinsgutschrift (brutto): 31 000 DM 6,25% Termin 1. 4. 2000	1 937,00 DM

Die Zinsen wirst Du versteuern, das ist für Dich klar. Du kannst jedoch die beim Ankauf in Rechnung gestellten Stückzinsen von 1 033,00 DM in 1999 von der Steuer absetzen.

Die Stückzinsen werden nicht mit den Guthabenzinsen aus der Einlösung des zugehörigen Zinsscheines verrechnet, sondern im Jahr der Zahlung als »negative Einnahmen« abgesetzt. Also kannst Du in der Steuererklärung in > Zeile 6 der Anlage KSO ansetzen: ./. 1 033,00 DM (Stückzinsen). Beziehst Du keine anderweitigen oder nur geringe Zinseinnahmen, führen die Stückzinsen zu einem Verlust, der mit Deinen anderen Einkünften verrechnet wird, Dir also einen Steuerrabatt beschert.

Für die Zinsen, die Dir im Jahre 2000 in Höhe von 1 937 DM zufließen, nimmst Du trotzdem den ungekürzten Sparerfreibetrag mit – eine lukrative Variante, wenn Du noch weitere Zinseinnahmen haben solltest.

TIP Das Steuersparmodell für jedermann: Mit Stückzinsen im Handumdrehen einen Tausender verdienen   1029

»Mit Stückzinsen habe ich nichts am Hut«, so wendest Du Dich ab.

So warte doch und lies weiter! Zunächst aber höre, was es mit den Stückzinsen auf sich hat: Bei festverzinslichen Wertpapieren werden die Zinsen an bestimmten Terminen halbjährlich oder jährlich ausbezahlt. Wer solche Papiere kauft, muß dem Verkäufer die bis dahin entstandenen Zinsen als sogenannte Stückzinsen vergüten. Der Käufer erhält zum nächsten Zinstermin mit dem vollen Halbjahres- oder Jahresertrag die Stückzinsen zurück.

Beim Verkäufer sind die kassierten Stückzinsen steuerpflichtiger Ertrag, beim Käufer als negative Einnahme quasi absetzbarer Aufwand. Die Stückzinsen sind in dem Jahr absetzbar, in dem sie gezahlt worden sind, und können somit als Verlust mit anderen positiven Einkünften verrechnet werden.

»Aha, ich verstehe«, so sagst Du jetzt.

Aber jetzt aufgepaßt! Wenn Du in 2000 keine oder nur geringe Zinserträge hast, dafür aber absetzbare Stückzinsen, dann winkt Dir eine Steuererstattung. Im nächsten Jahr, in 2001, kassierst Du mit dem Zinsschein die Stückzinsen wieder ein, ohne diese versteuern zu müssen. Denn Dir steht ja ein Freibetrag von 6 200 Mark zu.

»Donnerwetter«, so staunst Du.

Und so könntest Du vorgehen: Kurz vor Weihnachten 2000 kaufst Du 5%ige Festverzinsliche im Nennbetrag von 120 000 DM mit jährlicher Fälligkeit der Zinsen zum 20. 1. Zur Finanzierung nimmst Du einen Kredit auf, zu dessen Sicherheit Du die Wertpapiere verpfändest, so gibt es sicherlich keine Probleme. Warum Du keine Vollfinanzierung vornehmen solltest, dazu unten mehr.

Bei Ankauf der Wertpapiere werden Dir 5 500 DM Stückzinsen in Rechnung gestellt, die Dir für 2000 einen entsprechenden Verlust aus Kapitalvermögen bescheren. Den Betrag setzt Du an in > Zeile 16 der Anlage KSO (negative Einnahme), die Finanzierungskosten und Depotgebühren in > Zeile 28 als Werbungskosten.

Steuerersparnis bei 25% Steuersatz =   1 375 DM

Für 2001 hast Du hieraus steuerlich nichts zu befürchten. Denn die Zinseinnahmen liegen unter dem Freibetrag von 6 200 DM. Abzüglich Deiner Kosten für Spesen und Zinsen hast Du auf diese Weise also ruck, zuck einen Tausender gespart.

1030 Zur Vollfinanzierung dieses Steuertips:
Natürlich hat der Fiskus inzwischen Lunte gerochen und versucht dieses Steuerschlupfloch zu stopfen. Doch bislang ohne Erfolg, denn Gesetz ist Gesetz (geltendes Zu- und Abflußprinzip). Nur bei denjenigen, die den Ankauf der Festverzinslichen voll finanzieren, könnte der Fiskus mit der alten Litanei von »Liebhabereigeschäften« und fehlenden Ertragsabsichten angetanzt kommen. Deshalb sollten die Zinseinnahmen per Saldo etwas höher sein als die Summe der gezahlten Stückzinsen und Werbungskosten (Schuldzinsen pp.), so daß insgesamt ein Überschuß verbleibt. So klappt der Laden.

Berechnungsbeispiel:

Anschaffungskosten der Festverzinslichen (Nennwert 120 000 DM; Kurswert 113%)	135 600 DM
Eigenkapital	60 000 DM
Überbrückungskredit über 30 Tage zu 7%	75 600 DM
Überschußrechnung	
Zinseinnahmen 5% von 120 000 DM =	6 000 DM
abzgl. gezahlte Stückzinsen	5 500 DM
gezahlte Schuldzinsen für 30 Tage	496 DM
Überschuß	4 DM

1031 **Hilfe, das Kindergeld geht flöten!**
»Weil unser Großer im 2. Lehrjahr mit seinen Ausbildungsvergütungen über 13 000 Mark an Einkünften hat, werden wir das Kindergeld zurückzahlen müssen« (> Rz 414).

514

Mensch, dann soll Euer Großer doch auch auf die Schnelle einen kleinen Verlust aus Kapitalvermögen produzieren, wie oben. Dann bleibt das Kindergeld im Kasten.

▆▆▆ TIP Mit Stückzinsen die ZASt vermeiden 1032

Wem die Steuerfreibeträge nicht reichen, der kann durch Kauf festverzinslicher Wertpapiere die steuerpflichtigen Kapitalerträge vermindern und so deren Besteuerung vermeiden. Dazu wisse: Viele Banken führen für ihre Kunden einen sogenannten Zinstopf. Das heißt, alle Zinseinnahmen, die ein Kunde bei der Bank erzielt, werden von dieser insgesamt erfaßt und mit dem erteilten Freistellungsauftrag verglichen. Hat der Kunde seiner Bank also einen Freistellungsauftrag über 6 200 DM erteilt, läuft sein Zinstopf über, sofern seine Zinseinnahmen diese Grenze übersteigen. Von den übersteigenden Zinsen behält die Bank den Zinsabschlag ein.

Das Überlaufen des Zinstopfes läßt sich aber verhindern, wenn mit dem Kauf festverzinslicher Wertpapiere auch Stückzinsen erworben werden. Die Stückzinsen gelten als negative Einnahmen aus Kapitalvermögen und drücken damit die übrigen Zinseinnahmen. Stellst Du also gegen Ende des Jahres fest, daß Deine Zinseinnahmen im Jahr 2000 bei etwa 7 000 Mark liegen werden, kannst Du durch Kauf eines festverzinslichen Wertpapiers und damit den Erwerb von Stückzinsen in Höhe von mindestens 801 Mark die Steuerfreiheit der Zinseinnahmen für das Jahr 2000 retten.

Probe:

Zinseinnahmen 2000	7 000 DM
Abzüglich in 2000 gezahlter Stückzinsen	− 801 DM
Kapitalerträge insgesamt	6 199 DM
Steuerfrei ab 2000	6 200 DM (Ehegatten)

»Moment, im nächsten Jahr muß ich die Zinseinnahmen aus dem Festverzinslichen auch noch versteuern und überschreite dann erst recht die Steuerfreigrenze.«

Tja, kein Licht ohne Schatten. Aber das Geschäft mit den Stückzinsen kannst Du auch mehrmals wiederholen. Auf diese Weise verlagerst Du die Versteuerung von Zinseinnahmen in spätere Jahre, in denen Du vielleicht Rente beziehst und Dein Steuersatz daher sehr viel niedriger liegt.

Oder Ihr denkt noch gar nicht an die Rente und müßt die Zinsen versteuern, weil Ihr schon etwas für Euer Häuschen angespart habt. Auch dann lohnt sich der Deal mit den Stückzinsen, da Ihr Euer Erspartes durch den Hausbau sowieso verpulvert haben werdet. Später werdet Ihr die Steuerfreigrenze für Zinseinnahmen auch mit Stückzinsen zunächst nicht mehr überschreiten.

Übrigens, die Mittel für den Kauf des festverzinslichen Wertpapiers und damit der Stückzinsen kannst Du aus der Umschichtung Deines Ersparten nehmen. Oder Ihr rafft Eure gesammelten Spargroschen zusammen. Nach dem Jahreswechsel könnt Ihr das Festverzinsliche ja wieder verkaufen und den Notgroschen zurück in den Sparstrumpf stecken.

 ## Zeile 1–29 Freistellungsauftrag, Steuerflucht

1033 Soll die Bank auf den Zinsabschlag verzichten, mußt Du einen *Freistellungsauftrag* erteilen. Das Antragsformular erhältst Du direkt von Deiner Bank. Hast Du Konten bei verschiedenen Banken, kannst Du Deinen Freibetrag auch aufteilen. Wichtig zu wissen: Der Freistellungsauftrag gilt nicht für Deine Zinsen aus den im Banktresor aufbewahrten Tafelpapieren. Er gilt nur für Dein Bankdepot.

Wichtig zu wissen:
1034 Damit Du den Freibetrag von 6 100 bzw. 12 200 DM (ab 2000: 3 100/6 200 Mark) aber nicht überziehst, werden die Freistellungsaufträge zentral beim Bundesamt für Finanzen erfaßt und für Kontrollmitteilungen an die einzelnen Finanzämter ausgewertet. Deine Bank meldet dem Bundesamt dazu folgende Daten:
- Vor- und Zuname,
- Geburtsdatum,
- Anschrift (auch die des Ehegatten) und
- die Höhe des Betrages, für den aufgrund des Freistellungsauftrags kein Steuerabzug vorgenommen und bei Dividenden ein Erstattungsantrag (zur Vergütung der Körperschaftsteuer) gestellt wurde.

Hast Du insgesamt mehr steuerfrei kassiert, als Dir nach Recht und Gesetz zusteht, hat Dich der Super-Computer des Bundesamtes mir nichts dir nichts aufgespürt und informiert Dein Finanzamt. Dein Bearbeiter weiß dann genau, in welcher Höhe Dir Zinsen steuerfrei ausgezahlt wurden. Schummeln also zwecklos.

Wer den Steuerfreibetrag von 6 100/12 200 DM (ab 2000: 3 100/6 200 Mark) auf mehrere Banken verteilen will, sollte über die Verteilung genau Buch führen.

Automatische Umstellung auf halbierte Beträge   1035

Für Jahre ab 2000 gelten die bisherigen Freistellungsaufträge weiter mit der Einschränkung, daß die Banken Freibeträge nur noch in Höhe von 3 100 bzw. 6 200 DM berücksichtigen. Die Freistellungsaufträge werden also automatisch umgestellt, neuer Aufträge bedarf es nicht.

Vorsicht bei Schwarzgeldkonten! Durch einen Freistellungsauftrag hierfür   1036
weist Du dem Betriebsprüfer genau den Weg für ein dickes Mehrergebnis. Er kennt ja jetzt die Kontonummer und Bankverbindung und wird bei seiner Prüfung als erstes Herkunft und korrekte Versteuerung dieser Guthaben prüfen.

Wenn Du keinen Freistellungsauftrag erteilt hast, ist indessen nichts   1037
verloren. Du erhältst die ZASt bis zu den Freibeträgen voll erstattet, wenn Du die Zinsen in der Steuererklärung angibst und die entsprechenden Zinsbescheinigungen der Bank oder Sparkasse beifügst.

Es sind also nur die Zinsen oberhalb der Freibeträge steuerpflichtig, mithin   1038
nur Zinsen von mehr als 6 100 bzw. 12 200 DM (ab 2000: 3 100/6 200 DM). Beträgt der persönliche Steuersatz bis 30%, entsteht für diese steuerpflichtigen Zinsen keine zusätzliche Einkommensteuer, denn der Zinsabschlag wird ja angerechnet.

Erst die Besserverdienenden, deren persönlicher Steuersatz 30% übersteigt, müssen Zinsen nachversteuern. Spitzenverdiener mit einem Steuersatz von 53% müssen also 23% nachzahlen (denn der Zinsabschlag von 30% wird angerechnet).

Es herrscht das Absurde,
und die Liebe rettet davor.
(Reiner Kunze)

TIP Freistellungsauftrag: Das Fangeisen des Fiskus   1039

Hast Du bisher keinen Freistellungsauftrag abgegeben, darfst Du Deiner Bank sogar am Vorabend der Fälligkeit der Zinsen einen solchen erteilen, und sie muß ihn beachten. Du darfst ihn jederzeit ändern, widerrufen und einer anderen Bank erteilen. Nur eins darfst Du auf keinen Fall: Freistellungsaufträge für mehr als 6 100/12 200 DM (ab 2000: 3 100/6 200 DM). in der Summe erteilen. Dann ist der Deibel im Busch.

Denn die von Dir erteilten Freistellungsaufträge meldet die Bank dem Bundesamt für Finanzen. Dieses wiederum teilt den Finanzämtern mit, wer in welcher Höhe Zinsen ohne Zinssteuerabschlag erhalten hat.

Hast Du mehr ohne Steuerabschlag kassiert, als Dir nach den Steuerfreigrenzen zusteht, werden Dir die Fiskalritter ordentlich auf den Zahn fühlen. Und wisse, durch das neue Meldeverfahren ab 1999 sind die Fiskalritter genau darüber informiert, in welcher Höhe Du Zinsen ohne Abzug der Zinsabschlagsteuer, also brutto gleich netto, bekommen hast. Also aufpassen!

> **Deinen Freistellungsauftrag mußt Du praktisch wie ein wichtiges Dokument aufbewahren. Denn er gilt zeitlich unbegrenzt. Wenn Du später einen weiteren Freistellungsauftrag erteilst und den ersten vergessen hast, kannst Du in Teufels Küche kommen.**

1040 »Wir haben Schwarzgeld auf einem Konto, das für Erna Müller aus Krückeberg geführt wird. So hieß meine Erna, bevor sie mich ehelichte. Für dieses Konto gibt sie einen zusätzlichen Freistellungsauftrag ab. Und wer dahintersteckt, das merkt keiner«, sagst Du. »Erna Müller gibt es nicht mehr, wohl aber ihr Konto.«

Du weißt, daß Erna dadurch Steuern hinterzieht, oder? Übrigens, denke daran: Der Freistellungsauftrag gilt nicht für Zinsen aus den im Bankschließfach aufbewahrten Tafelpapieren. Er gilt also nur für Bankdepots.

Und noch etwas solltest Du wissen:

Wirst du arbeitslos, so darf sich das Arbeitsamt im Zuge der Bedürftigkeitsprüfung für die Arbeitslosenhilfe beim Bundesamt für Finanzen nach den von Dir erteilten Freistellungsaufträgen erkundigen.

Hast Du also fleißig Freistellungsaufträge erteilt, so wissen die »Arbeitsbeamten« auf Heller und Pfennig, wie hoch Deine Zinseinkünfte sind.

1041 **TIP** Den Freistellungsauftrag richtig erteilen

Hast Du Zinserträge oder Dividenden aus mehr als einer Bankverbindung, gilt es, den Freibetrag für Kapitalerträge richtig aufzuteilen:

Du schätzt überschlägig ab, was Du aus der jeweiligen Bankverbindung voraussichtlich an Zinsen oder Dividenden erwarten kannst. Hast Du Dich mal verkalkuliert, ist das kein Beinbruch. Der Freistellungsauftrag gilt immer nur so lange, bis er widerrufen oder geändert wird.

Für den richtigen Überblick machst Du folgende Aufstellung:

Geldanlageform	Geschätzte Zinsen und Dividenden bei		**1042**
	Bank A	Bank B	
Sparbuch			
Festgeld			
Bundesschatzbriefe			
Aktien			
Fondsanteile			
Summe	7900 DM	6800 DM	

Als Verheirateter mit einem Freibetrag von 12200 DM für 1999 erteilst Du nun der Bank A einen Freistellungsauftrag über 7900 DM und der Bank B einen Freistellungsauftrag über den Rest von 4300 DM.

Für Aktienbesitzer: Bei der Berechnung des Freistellungsauftrages rund 1043 50% auf die zu erwartende Dividende draufschlagen!

Wichtig ist: Der Freistellungsauftrag gilt bei Dividenden zugleich als Auftrag zur Erstattung der Kapitalertragsteuer und der anrechenbaren Körperschaftsteuer. Zur Berechnung des Freistellungsbetrages mußt Du also rund 150% der Dividende ansetzen. Und so wird dabei gerechnet, je nachdem, ob Du einen Freistellungsauftrag erteilt hast oder nicht:

Angenommen, Du hast zehn Siemens-Aktien, die Dir eine Dividende von 100 Mark bringen.

	Freistellungsauftrag	
	Ja	Nein
Dividende aus 10 Aktien	100,— DM	100,— DM
./. Kapitalertragsteuer 25%	—,— DM	25,— DM
Solidaritätszuschlag 5,5%	—,— DM	1,38 DM
Verbleiben	100,— DM	73,62 DM
+ anrechenbare Körperschaftsteuer		
$3/7$ von 100,– DM =	42,85 DM	—,— DM
Auszahlungsbetrag	142,85 DM	73,62 DM

Erteilst Du also einen Freistellungsauftrag, wird nicht nur die Kapital- **1044** ertragsteuer von 25% ausbezahlt (nicht zu verwechseln mit dem 30%igen Zinsabschlag auf Zinsen), sondern auch die von der Aktiengesellschaft abgeführte Körperschaftsteuer (im Beispiel oben 42,85 DM). Zur Berechnung des Freistellungsauftrages mußt Du diese Körperschaftsteuer = rund 50% auf die zu erwartende Dividende draufschlagen.

»Und was soll ich als Bausparer oder als Sparer nach dem 936-DM-Gesetz machen?« möchtest Du wissen.

Für diese Geldanlageformen gibst Du besser keinen Freistellungsauftrag ab, und jetzt spitz mal die Ohren: Hier liegen die Zinsen jahrelang auf Eis, Du bekommst sie also sowieso nicht ausgezahlt. Ohne Freistellungsauftrag drückt Dir die Bank oder die Bausparkasse aber eine Zinsbescheinigung in die Hand. Die fügst Du Deiner Steuererklärung bei und bekommst auf diese Weise die Zinssteuer = 30% Deiner Zinsen vorzeitig angerechnet oder erstattet. Da bist Du baff, oder?

»Doch wird die Bausparkasse leider nur 70% der Zinsen als Sparleistung bescheinigen«, so wendest Du ein. Das ist richtig, aber zu verschmerzen.

1045 **TIP** **Hole Dir ZASt und Körperschaftsteuer vom Finanzamt zurück**

Du hast einige Papierchen im Depot. Die Kapitalerträge daraus liegen aber im Jahr 1999 unter 6 100/12 200 Mark, so daß der Fiskus hier leer ausgeht. Deshalb bist Du auch nicht geneigt, eine Anlage KSO abzugeben.

Hast Du aber keinen Freistellungsauftrag erteilt, hat Dir die Bank ZASt einbehalten und an das Finanzamt abgeführt. Bei Aktien im Depot geht außerdem die anrechenbare Körperschaftsteuer verloren. Beide, ZASt und Körperschaftsteuer, holst Du Dir vom Finanzamt zurück, indem Du die Anlage KSO abgibst.

Einkünfte aus Kapitalvermögen,

Zeile	Inländische Kapitalerträge	Einnahmen (einschließlich freigestellter Einnahmen, anzurechnender/vergüteter Kapitalertragsteuer/Zinsabschlag/ Solidaritätszuschlag, Körperschaftsteuer)		In Spalten 2 und 3 enthaltene Einnahmen ohne Steuerabzug aufgrund von Freistellungsaufträgen	Anzurechnen sind inländische:			
		Steuerpfl. Person Ehemann Gemeinschaft DM	Ehefrau DM	DM	Kapitalertragsteuer/ Zinsabschlag lt. beigefügter Steuerbescheinigungen DM | Pf		Körperschaftsteuer DM | Pf	
	Zinsen und andere Erträge	2	3	4	5		6	
4	aus Guthaben und Einlagen (z. B. Sparguthaben)	961	╱		288 |30			
5	aus Bausparguthaben							
6	aus festverzinslichen Wertpapieren, Investmentanteilen (einschließlich Stückzinsen und Zwischengewinne)							
7	aus Tafelgeschäften mit festverzinslichen Wertpapieren							
8	aus sonstigen Kapitalforderungen jeder Art, die dem Zinsabschlag unterliegen (z. B. Kursdifferenzpapiere, Instandhaltungsrücklagen)							
9	aus Aktien und anderen Anteilen (auch bei Tafelgeschäften)	142			24 |85		42 |60	
	aus Wandelanleihen und							

20						
21	**Sonstiges** Anzurechnende Kapitalertragsteuer / Zinsabschlag / Körperschaftsteuer aus anderen Einkunftsarten					
22	Summe der Zellen 4 bis 21		35	3,13 |45	34	42 |60
23	In Zelle 22 Spalte 5 enthaltener Zinsabschlag		40	288 |30	30	— |—
					31	
24	Summe der anzurechnenden Solidaritätszuschläge zur Kapitalertragsteuer / zum Zinsabschlag		39	17 |22	35	
		38 DM Pf				

Auf Deine Einkommensteuerschuld hat das Finanzamt anzurechnen oder zu erstatten:

Zinsabschlagsteuer	288,30 DM
Kapitalertragsteuer	24,85 DM
Anrechenbare Körperschaftsteuer	42,60 DM
Anzurechnender Solidaritätszuschlag	17,22 DM
Summa	372,97 DM

Wie das Spielchen mit der anrechenbaren Körperschaftsteuer geht, dazu mehr unter ➤ Rz 1020.

▪ TIP Drück mit der Anlage KSO den Soli-Zuschlag!

1046

Deine Kapitalerträge bewegen sich im Jahr 1999 unterhalb der Freibeträge von 6 100/12 200 Mark. Der Bank hast Du einen Freistellungsauftrag erteilt. Also ist die Abgabe der Anlage KSO entbehrlich, sollte man meinen.

Doch jetzt spitz mal die Ohren: Hast Du Aktien im Depot, wird ohne Anlage KSO der Soli-Zuschlag zu hoch festgesetzt, denn auch die aufgrund des Freistellungsauftrags vergütete Körperschaftsteuer wirkt sich hier aus. Lies dazu den Tip unter ➤ Rz 98.

Wisse:
Ab dem Jahr 2000 dürfen die Banken bereits zuvor gestellte Freistellungsaufträge nur noch zu 50% berücksichtigen. Also, höchste Zeit, die von Dir erteilten Freistellungsaufträge zu prüfen und ggfs. neu aufzuteilen. Mehr zu Freistellungsaufträgen findest Du unter ➤ Rz 1033 f.

1047 ## Zeile 1–16 Keine Kapitalerträge?

Hast Du keine oder nur Kapitalerträge bis 6100/12200 DM bzw.
3100/6200 DM ab 2000, von denen kein Zinsabschlag (ZASt) vorgenommen
wurde, so brauchst Du die Anlage KSO nicht abzugeben. Es genügt,
wenn Du das zweite Kästchen in > Zeile 31 des Hauptformulars ankreuzt.
Das gilt aber nicht für Dividenden!

1048 ## TIP Vergiß bloß nicht, diese Kapitalerträge zu versteuern

Die Steuer auf Kapitalerträge mit voller Steueranrechnung (Gruppe II –
➤ Rz 1013) brauchst Du nicht groß zu fürchten. Im Gegenteil, Du wärst
schön dumm, diese Kapitalerträge dem Fiskus zu verschweigen, was
übrigens auch nicht korrekt wäre. Denn dadurch entgeht Dir die Steuererstattung in Höhe des Unterschieds zwischen der vollen Steueranrechnung von 47,5% und Deinem persönlichen Steuersatz.

1049 Die Steuern auf Erträge aus der Gruppe I (Spareinlagen, Festgeld, Sparbriefe, Bausparguthaben, festverzinsliche Wertpapiere ...) treffen meistens
sparsame und fleißige Bürger, die ihre Vermögen aus versteuerten Einnahmen angesammelt haben. Weswegen die meisten ihre Zinsen dem Fiskus
verschweigen. Um dem vorzubeugen, hat der Gesetzgeber, übrigens auf
Veranlassung des Bundesverfassungsgerichts, die Zinsabschlagsteuer
(ZASt) eingeführt.

1050 **Steuern auf Zinsen**

Die Bank oder Sparkasse zieht von jeder Zinszahlung eine Zinsabschlagsteuer (ZASt) in Höhe von 30% ab, für Zinsen aus den anonymen
Tafelpapieren sogar 35%, und überweist den ZASt-Betrag zuzüglich 5,5%
Solidaritätszuschlag an ihr Finanzamt. Dein Name wird dabei nicht ge-
nannt. Der Zinsabschlag ist eine Vorauszahlung auf Deine Einkommen-
steuer, wenn Du die Zinsen in Deiner Steuererklärung angibst und die
Zinsbescheinigung der Bank oder Sparkasse beifügst. Der Zinsabschlag
wird also voll auf Deine Einkommensteuer angerechnet, wenn Du die
Zinsen pflichtgemäß in der Steuererklärung angibst.
Von der ZASt befreit sind lediglich niedrig verzinsliche Guthaben (bis 1%
Zinsen), ferner alle Zinsen für Ausländer.
Zugleich gelten Sparer-Freibeträge von jährlich 6000 DM, für Verheiratete

12 000 DM (ab 2000: 3 100/6 200 DM), ferner der Werbungskosten-Pauschbetrag von 100 DM, für Verheiratete von 200 DM. Dadurch sind Zinsen bis zu 6 100 DM bzw. 12 200 DM steuerfrei (ab 2000: 3 100/6 200 DM). Übrigens: Diese Freibeträge kommen auch den Steuerzahlern zugute, die Erträge aus Aktien oder anderen Kapitalbeteiligungen versteuern.

Bei der Veranlagung zur Einkommensteuer werden also einbehaltene Steuern auf Kapitalerträge in Höhe der Freibeträge zuzüglich 5,5% Solidaritätszuschlag – egal ob ZASt von 30%, Kapitalertragsteuer auf Dividenden von 25% oder die anrechenbare Körperschaftsteuer von 30% – voll erstattet.

■■■ TIP Schwarzgeld wird es immer geben müssen   1051

Das meint Unternehmer Jochen K.: »Andernfalls kann ich sonst nirgendwo mitbieten und ein Schnäppchen machen«, so beklagt er sich.
Und wo bringt Jochen sein Schwarzgeld unter?
»In einem thesaurierenden Rentenfonds. Ein solcher Fonds schüttet keine Zinsen aus, sondern legt das Geld gleich wieder an. Das ist pflegeleicht, da brauch' ich mich um nichts zu kümmern. Ich beobachte immer nur den aktuellen Preis. Und Zinssteuer zahle ich auch nicht, kaufe die Papierchen in Luxemburg als Tafelpapiere und lege sie dort in den Safe.«
Jochen, Jochen, das tut man nicht …

Übrigens, so verdienen Banken an der Steuerflucht: 1052
Wer seine Festverzinslichen selbst verwaltet und im Safe verwahrt, hat seine liebe Not mit dem Einlösen der Coupons, denn das geht nicht ohne Lauffereien ab. Außerdem wirst Du dabei gehörig geschröpft. So verlangen die Banken im Inland eine Inkassogebühr von ca. 0,25% des Nennbetrags, weitere 35% gehen als ZASt an den Fiskus. Liegen die Papierchen in Luxemburg im Safe, hast Du noch weitere Wege als zum Safe Deiner Hausbank, außerdem verlangt die dortige Bank eine Inkassogebühr von 3%, allerdings ohne ZASt. Dann stellt sich bei vielen die Frage: Was ist besser: die Pest oder die Cholera?

1053

Anlageformen für Schwarzgeld

Tafelpapiere

Das sind Wertpapiere, die als effektive Stücke über den Banktresen gekauft und meistens im Banksafe verwahrt werden. Wer so verfährt, der kann singen: Keiner weiß, keiner weiß, daß ich ... Nachteilig: Du mußt Dich um alles kümmern: Zum Zinstermin die Kupons abschneiden und Auslosungen beachten, wenn die Anleihe vorzeitig zurückgezahlt wird. Werden die Kupons im Inland eingelöst, ist ein Zinsabschlag von 35% (statt 30%) fällig, weil der Fiskus in dem Besitzer von Tafelpapieren einen potentiellen Steuerhinterzieher sieht. Tafelpapiere aus einem thesaurierenden Rentenfonds haben weniger Nachteile. Warum?

1054

Thesaurierender Rentenfonds

Als beliebt und erfolgreich preist die Sparkasse ihren Rentenfonds »DekaLux Kapital 1–3 : DM« oder »Deka Lux Wachstum 1–2000« an. Die Vorteile: Die Anteile sind jederzeit zu verkaufen; setzen ordentlich Fett an durch Zinseszinseffekt; die auszahlende Stelle befindet sich in Luxemburg, also entgeht der deutsche Anleger dem Zinsabschlag; wenn das Geld im Ausland bleibt (bzw. nicht auf ein Konto im Inland überwiesen wird) kein Währungsrisiko, da auch auf DM lautend.

1055 Ansonsten gilt: Vorsicht bei der Geldanlage!

Kaufst Du Dir ein Auto, so liest Du sicherlich Prospekte, studierst Testergebnisse und machst eine Probefahrt. Bei der Anlage Deiner sauer verdienten Kröten solltest Du ebenso sorgsam vorgehen und Dich nicht von utopischen Verheißungen und Hochglanzprospekten blenden lassen. Also, Hände weg von Immobilienfonds, bei denen sich Dein Risiko nicht klar einschätzen läßt, von telefonischen Anlageangeboten oder Sparmodellen ausländischer Anbieter!

1056 **TIP** **Weiße Weste nach Verjährung**

Viele können Schwarzgeld gut gebrauchen, z.B. für den Urlaub oder für ein Schnäppchen bei Gelegenheit. Aber zum Hausbau, zur Gründung einer Existenz für die Kinder oder zur Schuldentilgung? Kommt hierbei Schwarzgeld ans Licht, schnappt der Fiskus zu.

»War das Geld aber zehn Jahre im dunkeln, ist alles verjährt. Ich habe mein Schwarzgeld kürzlich in abgezinsten Sparbriefen angelegt, Laufzeit zehn

Jahre«, so sagst Du. »Nach zehn Jahren kann der Fiskus dieses Geld nicht mehr als Schwarzeinnahme besteuern«.

Laß mich überlegen, was passieren kann.

Du hast im November 1999 mit 152 500 Mark Schwarzgeld einen Sparbrief im Nennwert von 300 000 Mark gekauft, Zinssatz 7%, der nach zehn Jahren, am 30. 11. 2009, fällig wird. Dann werden Dir 300 000 Mark ausgezahlt. Die Zinsen von 147 500 Mark willst Du im Jahre 2009 ordnungsmäßig versteuern, weil sie erst dann steuerlich zufließen (Tip ➤ 1064). Die Steuererklärung für das Jahr 2009 gibst Du erst im Jahre 2011 ab.

Also, Du hast recht, im Jahre 2011 ist tatsächlich der Anspruch auf Steuern für Schwarzeinnahmen aus der Zeit vor 1999 verjährt. Die Verjährungsfrist beginnt am 1. Januar 2001 zu laufen und endet nach zehn Jahren am 31. 12. 2010 (§§ 169, 170 AO). Dasselbe gilt für die Steuerstrafe (§ 78 StGB, § 370 AO).

▆▆ **TIP** Was weiß das Finanzamt über meine Finanzen? 1057

Du gibst Zinseinnahmen an, evtl. auch keine. Der Fiskalritter macht eine Gegenprobe und errechnet überschlägig, wieviel Du angeben müßtest. Fällst Du bei der Gegenprobe auf, mußt Du mit Fragen rechnen.

Die Gegenprobe ist ein Zusammenspiel der verschiedensten Informationen, auf die sich der Fiskalritter stützen kann, als da sind:

- Freistellungsaufträge und Zinsabschlagsbescheinigungen
- Beiträge zu Lebensversicherungen und Bausparverträgen, Höhe und Fälligkeit derselben, desgleichen von Sparverträgen und Anlagen nach dem Vermögensbildungsgesetz
- Erwerb von Grundbesitz (Kaufverträge teilen die Notare mit), Finanzierung derselben, Entwicklung der Zinsbelastung
- Kfz-Erwerbe, Datenabfrage bei der Kfz-Steuer.

»Den Trick kenn' ich, da fall' ich nicht drauf rein«, sagt Du. »Das mit Schwarzgeld gekaufte Reisemobil ist auf den Namen meiner Tochter angemeldet, die nicht beim Finanzamt geführt wird.«

Nicht schlecht, Herr Specht. Dran bist Du aber, wenn Deine Schuldzinsen 1058 aus Vermietung und Verpachtung von einem Jahr aufs andere deutlich niedriger geworden sind, weil Du vorzeitig Baudarlehn mit Schwarzgeld getilgt hast. Du kannst auch auffallen, wenn Du für ein häusliches Arbeitszimmer immer weniger anteilige Schuldzinsen geltend machst.

»Auch da fall' ich nicht drauf rein. Ich tilge nicht vorzeitig. Das Baudarlehn kostet 8% Zinsen, und das Schwarzgeld bringt auf Termin 7%. Der Unterschied ist Schwund, und etwas Schwund ist immer«, so sinnierst Du.

Hast Du Konten und Erträge in den USA, so rechne mit einer Kontrollmitteilung des amerikanischen Revenue Service. Und außerdem wisse: Für die Steuer gibt es kein Chiffre-Geheimnis. Sei also vorsichtig, für den Verkauf oder die Vermietung Deiner Segelyacht oder Deines Auslands-Ferienhauses Anzeigen aufzugeben.

Wovon Du nicht sprechen kannst,
darüber mußt Du schweigen.
(Wittgenstein, Freund der Weisheit)

1059 **TIP** **Was darf das Finanzamt fragen und was nicht?**

Das Finanzamt darf Dich löchern wie einen Schweizer Käse, und zwar sowohl um Auskunft bitten als auch Belege verlangen. Nur muß das zumutbar sein. Wenn nicht, schreibst Du zurück: »Gerne bin ich bereit, die angeforderten Belege und Unterlagen vorzulegen. Allerdings ist dies mit viel Lauferei und Arbeit verbunden. Bitte teilen Sie mir daher vorab mit, welchen Anlaß Sie für Ihre Anfragen haben und welchem Zweck sie dienen. Ermittlungen ins Blaue hinein oder nur zur Schikane sind ja – wie Sie selbst am besten wissen – unzulässig. Außerdem habe ich ja alle im Steuerformular angeforderten Angaben gemacht und deren Richtigkeit durch Unterschriftsleistung versichert.« So gewinnst Du Zeit.
Und vielleicht läßt der Fiskalritter von Dir ab, weil ihn seine Erledigungsstatistik zum Abschluß Deiner und zur Bearbeitung anderer Fälle drängt.

Sperren gegen Auskünfte darfst Du Dich aber nicht. Denn falls das Finanzamt bei Dir nicht weiterkommt, darf es auch bei Dritten nachfragen, insbesondere bei Deiner Bank. Für solche Einzelauskunftsersuchen gilt das Bankgeheimnis nämlich nicht. Einzelauskunftsersuchen darfst Du also nicht provozieren, indem Du Dich sperrst. Es sei denn, Du hast nichts zu verbergen.

1060 Das Finanzamt darf nicht:
- Verwandte befragen, ohne sie auf ihr Aussageverweigerungsrecht hinzuweisen (z. B. Deinen Filius, der in Deiner Mietwohnung lebt),
- Betriebsprüfungen bei Banken abhalten und dann Konten, Depots oder Bestände abschreiben und mittels Kontrollmitteilungen verwerten,
- Sammelauskunftsersuchen an Banken richten (also z. B. eine Liste aller Kunden mit mehr als 5 000 DM Zinseinnahmen im Jahr anfordern),

... es sei denn, der Fiskus hegt aus irgendwelchen Gründen den Verdacht, Du könntest steuerliche Verfehlungen begangen haben. Dann gelten alle Schutzvorschriften der *Abgabenordnung* nicht mehr. Das Finanzamt kann jetzt die Banken direkt anschreiben und sämtliche Saldenlisten und Depotauszüge anfordern. Und als Verfehlung gilt bereits, wenn Du – vielleicht aus Versehen oder weil Du den Überblick verloren hast – Freistellungsaufträge (➤ Rz 1033) über mehr als 6 100 bzw. 12 200 DM erteilt hast. Denk daran: Durch Auswertung Deiner Freistellungsaufträge, Deiner Zinsabschlagsbescheinigungen und der Kontoangaben auf dem Mantelbogen (➤ Rz 91 ff.) weiß Dein Fiskalritter genau über Deine diversen Bankverbindungen Bescheid.

Kontrollmitteilungen der Bankenprüfer zulässig   1061

Rasterfahndung im Bankenapparat anläßlich einer dortigen Betriebsprüfung ist unzulässig, das ist klar. Wenn der Bankenprüfer aber nach allgemeinen Erfahrungen zu dem Schluß kommt, daß eine Kontrollmitteilung zur Aufdeckung steuererheblicher Tatsachen führen kann, dann darf er sie anfertigen, so der VIII. Senat des BFH, Az VIII R 33/95. Ausdrücklich gebilligt wurde auch die Auswertung der sogenannten CpD-Konten.

Also bleibt Dir nur ...

■ TIP Hopp, hopp in die Steueroase?   1062

Durch Steuerhinterziehung und Kapitalflucht gehen dem hiesigen Fiskus jährlich mindestens 20 Mrd. Steuermark durch die Lappen.
Mit der Frage »Soll ich das auch tun?« beschäftigen sich viele, aber eine Entscheidung ist nicht leicht zu treffen. Es gilt, das Für und Wider genau abzuwägen.

Das solltest Du wissen:
1. Auch wenn Dein Geld im Ausland angelegt ist und dort Zinsen bringt, sind die Zinsen trotzdem hier bei uns steuerpflichtig, wenn Du weiterhin hier wohnst. Denn es gilt nach den Doppelbesteuerungsabkommen für Zinsen das sog. Wohnsitzprinzip, was bedeutet, daß Zinserträge immer dort zu versteuern sind, wo der Eigentümer des Geldvermögens wohnt. Gibst Du den Ertrag in der Steuererklärung nicht an, begehst Du eine Steuerhinterziehung.

»Wenn ich damit nicht auffalle, wird mich das nicht groß stören«, wendest Du ein.

2. Wenn Du Geld ins Ausland bringst, mußt Du dafür auch Zeit haben, d. h. größere Entfernungen überwinden. Hinzu kommen höhere Kosten für Bankspesen usw., mit einem kleineren Anlagebetrag wird man Dir nur unwillig Interesse bekunden.

3. Im Ausland ist Geld nicht so sicher angelegt wie bei uns. Macht die ausländische Bank pleite, kann es sein, daß Du Dein Geld verlierst. Mit größeren Beträgen sind Einlagen nur in Italien (850 000 DM), USA (160 000 DM) und Frankreich (110 000 DM) abgesichert.

4. Auch im Ausland kann Dich die Quellensteuer für Zinserträge treffen. Kontrollmitteilungen an den deutschen Fiskus brauchst Du aber nirgendwo zu fürchten, mit Ausnahme von den USA.

5. Deine Erben kommen vielleicht nicht mehr an Dein Geld heran, wenn es unter einer Tarnbezeichnung angelegt ist und die Erben die Tarnbezeichnung nicht kennen.

6. Wenn Dich dies alles nicht hindern kann, Dein Geld ins Ausland zu bringen, dann such Dir wenigstens eine angenehme Steueroase aus.

»Welche Oase verdient das Prädikat ›angenehm‹?« möchtest Du wissen.

1063

Steueroase	Quellensteuer	Bankgeheimnis	Prädikat
Kanalinseln (Guernsey, Jersey)	0%	ja	sehr angenehm
Luxemburg	0%	ja	angenehm
Liechtenstein[1]	0%	ja	angenehm
Österreich[2]	0%	ja	angenehm
Schweiz[1,3]	35%	ja	angenehm
Niederlande	0%	nein	weniger angenehm

[1] Der Geldkunde muß nachweisen, daß sein Geld ›sauber‹ ist.
[2] Die deutschen Zollanschlußgebiete Jungholz und Kleinwalsertal sind besonders angenehm. Banken müssen im Steuerstrafverfahren nur Auskünfte erteilen, wenn es sich um Steuerhinterziehung handelt. Es besteht zwischen beiden Ländern ein Rechtshilfeabkommen. Vorsorglich für den Todesfall Tarnbezeichnungen notariell hinterlegen.
[3] Quellensteuer nur auf Schweizer Papiere.

Möchtest Du Deinen Sparstrumpf vor den Klauen der hiesigen Fiskalritter in Sicherheit bringen, mußt Du Dich zuvor genau informieren. Zusätzlich zu Deinen Reisekosten rechne auch die Gebühren für Vermögensverwaltung (meist etwa 0,5% jährlich vom Wert) und Nummernkonto ein. Außerdem nehmen einige Banken Kleingeld erst gar nicht an. Unter

150 000 Mark mußt Du Dir über Steueroasen keine Gedanken machen. Schließlich wisse, daß im Zuge der Harmonisierung in Europa auch in den Oasenländern künftig Quellensteuer drohen könnte, so möglicherweise ab 2002 in Luxemburg, Österreich und in der Schweiz.

Interessant zu wissen: **Kontrollmitteilungen**   1064

ERLASSE der obersten Finanzbehörden der Länder vom 25. März 1998

Betr.: Kontrollmitteilungen für die Steuerakten des Erblassers und des Erwerbers

Im Hinblick auf die besondere Bedeutung, die den Kontrollmitteilungen der Erbschaftsteuer-Finanzämter zukommt, ist künftig wie folgt zu verfahren:

a) Kontrollmitteilungen für die Steuerakten des Erblassers

Das für die Erbschaftsteuer zuständige Finanzamt hat dem für die Besteuerung des Erblassers nach dem Einkommen zuständigen Finanzamt den ermittelten Nachlaß mitzuteilen, wenn der Reinwert mehr als 500 000 DM oder das zum Nachlaß gehörende **Kapitalvermögen** mehr als 100 000 DM beträgt. Der Kontrollmitteilung sollen Zweitschriften der Anzeigen der Geldinstitute nach § 33 ErbStG beigefügt werden.

b) Kontrollmitteilung für die Steuerakten des Erwerbers

Das für die Erbschaftsteuer zuständige Finanzamt hat dem für die Besteuerung des Erwerbers nach dem Einkommen zuständigen Finanzamt den Erwerb mitzuteilen, wenn dessen erbschaftsteuerlicher Bruttowert mehr als 500 000 DM oder das zum Erwerb gehörende Kapitalvermögen mehr als 100 000 DM beträgt. Für Schenkungen von Kapitalvermögen gilt die Wertgrenze von 100 000 DM entsprechend.

Die Kontrollmitteilungen sind unabhängig davon zu erteilen, ob es zu einer Steuerfestsetzung gekommen ist.

Es bleibt den Erbschaftsteuer-Finanzämtern unbenommen, bei gegebenem Anlaß, z. B. wenn eine Schenkung erst im Rahmen einer Außenprüfung oder Fahndung aufgedeckt wurde, oder auch, wenn die vorgenannten Beträge unterschritten werden, Kontrollmitteilungen zu übersenden.

Dieser Erlaß ergeht im Einvernehmen mit den obersten Finanzbehörden der anderen Bundesländer.

(BStBl 1998 I S. 357)

Kluge Anleger steuern Gibraltar an.
(Hispano-Commerzbank Ltd.)

1065 ▶ TIP Geld auf den Affenfelsen bringen

Ein Überbleibsel des britischen Kolonialreichs mausert sich zum internationalen Finanzzentrum und Steuerparadies: Gibraltar.

Denn Zinserträge und Dividenden werden dort ohne Abzug irgendwelcher Steuern ausbezahlt. Es gibt weder Mehrwertsteuer noch Erbschaftsteuer. Wer dort ansässig ist – 30 Tage Mindestaufenthalt im Jahr genügen –, zahlt Einkommensteuer wie zu Kaiser Wilhelms Zeiten, also kaum der Rede wert. Außerdem: Ein angelsächsisches Bankrecht garantiert völlige Freizügigkeit des Geldverkehrs und ein Top-Bankgeheimnis.

»Ich kenne die Gegend dort gut, bin jeden Winter an der Costa del Sol«, sagst Du. »Leider habe ich mein Geld aber schon in Holland vergraben.«

Kein Problem, die Jyske Bank und die ABN Amro bieten in Gibraltar deutschsprachige Beratung an, auch die Credit Suisse ist dort vertreten.

1066 Braucht der Steuerbürger Wahlfreiheit?

In Deutschland sind die öffentlichen Finanzen und ihre Bürokratie außer Kontrolle geraten. Die Schulden der öffentlichen Haushalte steigen unaufhörlich weiter an. Inzwischen haben sie die Marke von zwei Billionen DM überschritten, Zinszahlungen von mehr als 140 Milliarden DM pro Jahr beanspruchen ca. 11% der öffentlichen Mittel. An eine Entschuldung ist selbst unter günstigsten Bedingungen nicht zu denken. Dem Wahlvolk wird von der Regierung schon ein geringerer Anstieg der Schuldensumme als Erfolg ihrer Finanzpolitik vorgegaukelt.

Ganz egal, wer uns regiert, die Staatsausgaben und die Schulden werden weiter steigen. Denn der gegenparteiliche Vorwurf des Sozialabbaus verhindert die wirtschaftlich sinnvolle Verwendung der Mittel. Also werden dem »Steueresel« immer neue Lasten aufgebürdet. Schon jetzt gehen 50% unserer wirtschaftlichen Leistung als sogenannte Staatsquote in die öffentlichen Kassen und werden dort mehr oder weniger sinnlos verbraten. Das ist ein Skandal. **Deshalb unser Steuerstreik!**

Wie kann dem begegnet werden? Auf diese Frage gibt es nur eine Antwort: Der »Steueresel« braucht die Freiheit der Wahl, sein Geld dorthin zu bringen, wo die öffentliche Hand besser wirtschaftet und ihn demzufolge geringer belastet. Aus diesem Grunde sind die Möglichkeiten der »Steuerflucht« und des »Steuerasyls« unverzichtbar und dürfen nicht kriminalisiert werden, wie das bei uns noch geschieht. Schon die wenigen prominenten Abwanderer sollten eigentlich genügen, um der Bürokratie vor Augen zu führen, daß der »Steueresel« nicht so blöd ist, für wie man ihn hält. Ein Schuh wird aus dem Gegenteil.

▰▰▰ Wandle steuerpflichtige Mieten
TIP in steuerfreie Zinsen um!

1067

Wer keine Einnahmen aus Kapitalvermögen hat, dem gehen Jahr für Jahr bis zu 12 200 DM (ab 2000: 6 200 Mark) steuerfrei durch die Lappen.

»Wir haben unser Geld in ein Mietshaus gesteckt und müssen jede Mark versteuern«, beklagst Du Dich.

Mensch, da habe ich was für Dich. Deine Erna und Du, Ihr seid doch zu je ½ Miteigentümer an dem Mietshaus in der Flitzerstraße. Also könntest Du doch Deinen Anteil an dem Haus an Erna verkaufen. Die Kaufpreisschuld von Erna wandelt Ihr in eine verzinsliche Darlehnsschuld um (§ 607 BGB). Die Zinsen, die Erna Dir zahlt, sind dann bis zu 12 200 DM (ab 2000: 6 200 Mark) steuerfrei. Erna setzt die Schuldzinsen von den Mieteinnahmen ab.

Laß mich rechnen:

Angenommen, Erna kauft Deinen Anteil am Haus für	300 000,00 DM
Kaufpreisumwandlung in Darlehen, Zinssatz	6,5%
Gemeinsame Einkünfte aus VuV bisher	40 000,00 DM
./. höhere Zinsen 6,5% von 300 000,00 DM =	19 500,00 DM
Einkünfte von Erna	20 500,00 DM
Deine Zinseinnahmen	19 500,00 DM
./. Freibeträge	12 200,00 DM
Einkünfte bei Dir	7 300,00 DM

So mindert Ihr Eure Einkünfte um 12 200 DM, Steuerersparnis bei 30% 3 660 Emmchen (Steuerersparnis ab 2000: 1 860 Mark).

»Donnerwetter, wie Du solch ein Ding aus dem Ärmel holst«, freust Du Dich.

Das Ding stammt nicht von mir, darüber hat das FG Rheinland-Pfalz entschieden (Urt. vom 2. 9. 1993 – EFG 1994 S. 189). Die Eheleute dort hatten aber weder den Darlehensvertrag beurkunden noch das Darlehen selbst durch eine Grundschuld absichern lassen. Auch waren keine Vereinbarungen über die Tilgung getroffen worden. Außerdem hatte die Ehefrau als Käuferin die Zinsen nicht immer bezahlt. Kurzum: Der Darlehnsvertrag hielt einem Drittvergleich nicht stand und wurde abgeschmettert.

Du weißt, was Drittvergleich bedeutet? Nein? Der Fiskus erkennt Verträge zwischen nahen Angehörigen nur an, wenn sie in dieser Form auch unter Dritten üblich sind (BFH-Urt. vom 25. 7. 1991 – BStBl 1991 II S. 842).

1068

1069 Und noch etwas. Schnell kommt der Fiskaljünger mit § 42 AO angetanzt und redet von Steuerumgehung. Das bedeutet: Eine Regelung ist steuerlich unzulässig, wenn sie zu einer Steuerminderung führt und weder wirtschaftliche noch sonstige beachtliche Gründe dies rechtfertigen (BFH-Urt. vom 21. 11. 1991 – BStBl 1992 II S. 446). Also begründet Ihr im Kaufvertrag Eure Entscheidung damit, untereinander eine ›vermögensrechtliche Trennung‹ durchführen zu wollen, sofern das stimmt. Auch muß Deine Erna in der Lage sein, die Schuldzinsen an Dich aus den Mieten zahlen zu können. So klappt der Laden.

1070 ◆ *Musterfall Huber*
(Zinsen unterhalb der Freibeträge)

Wie die meisten Bundesbürger haben auch die Hubers einige Notgroschen angesammelt. Dafür haben sie Zinsgutschriften von 5 639,70 DM erhalten. Die Hubers wissen, daß ihnen als Eheleute ein gemeinsamer Werbungskostenpauschbetrag von 200 DM und ein gemeinsamer Sparer-Freibetrag von 12 000 DM zusteht. Bei Zinseinnahmen unter 12 200 DM können sich für 1999 also keine steuerpflichtigen Einkünfte ergeben.

Weil sie einen Freistellungsauftrag erteilt haben, hat ihnen die Bank die Zinsen ohne Zinsabschlag gutgeschrieben.
Huber kreuzt das Kästchen in > Zeile 31 des Hauptformulars an, und der Fall ist für ihn erledigt.

1071 # Zeile 1–8 Zinseinkünfte verschweigen?

Die Deutschen sind ein steuerehrliches Volk, das kann man wohl behaupten. Denn sie geben im Vergleich zu ihren Nachbarn in Frankreich, Österreich und Italien ziemlich korrekt ihre Einkünfte an, ohne daß der Fiskus mit einem so dicken Knüppel hinter ihnen steht wie z. B. in den USA.

Mit der Steuerehrlichkeit hapert es jedoch, wenn es um Zinsen geht. Die meisten Steuerzahler sehen nämlich die Versteuerung von Zinsen als ungerecht an, weil oft schon die Inflation die Zinsen auffrißt und sie das gesparte Geld ja bereits einmal versteuert haben. Außerdem hat der Staat sogar noch das Bankgeheimnis durch den neuen § 30 a AO besonders schützen lassen und damit den Finanzämtern die Hände gebunden. Kein Wunder, wenn viele brave Bürger denken, die Erklärungspflicht für Zinsen sei nicht ganz so ernst gemeint.

Millionen haben es deshalb als gerecht angesehen, dem unser Geld doch nur verschleudernden Staat keine doppelte Steuer zu zahlen. Und taten dies durchaus moralisch gerechtfertigt und mit bestem Gewissen.

Alte Tradition
1072

Zudem ist es Tradition in Deutschland, Zinsen nicht 100%ig in der Steuererklärung anzugeben. Schon 1920 schrieb der Finanzwissenschaftler Tyszka in seinem Buch »Grundzüge der Finanzreform«: »Nirgends ist die Unsicherheit so groß wie bei Angaben über die Höhe der Renten und Zinsen von Effekten, denn hier ist eine Nachprüfung äußerst schwer, wenn nicht ganz unmöglich. Wer will einem Steuerpflichtigen, der seinen Hauptlebensunterhalt aus seinem Einkommen als Gewerbetreibender oder aus seinem Gehalt oder Salär als Angestellter bestreitet, nachweisen, wieviel Zinsen er außerdem noch aus bei irgendeiner Bank liegenden Effekten bezieht?« Dieser Zustand besteht bis heute, insbesondere nach Schaffung des § 30a AO.

Das heißt: Wenn ein Steuerbürger sein Schwarzgeld bei einer auswärtigen Bank deponiert und das auswärtige Bankkonto bei der Steuer nicht angibt, hat er schon genug getan, um die St.-Fiskus-Jünger ins Leere laufen zu lassen.
1073

Und die das nicht so halten, müssen sich als Dumme ansehen lassen. Weil die Mehrzahl einen Weg gefunden hat, das sauer erarbeitete Geld irgendwo versteckt anzulegen. Besonders akut ist das jetzt, weil die Freibeträge für die doppelte Zinssteuer wieder auf die Hälfte gesenkt werden.

Doch höre: Schon der Wandkalender einer auswärtigen Bank, der in Deiner Wohnung hängt, ist für Fahndungsritter Anlaß genug, dort nach schwarzen Konten zu forschen.

TIP Was so alles passiert, wenn Du das Zeitliche segnest
1074

Nach Deinem Ableben schützen Dich weder Datenschutz noch Dienst-, Bank- oder Steuergeheimnisse, denn Dein Finanzamt wird umfassend informiert: Vom Standesamt über Dein Ableben, was die Erbschaftsteuerstelle interessiert zur Kenntnis nimmt. Die Erbschaftsteuerstelle nimmt auch interessiert die Mitteilung Deiner Bank über Dein Vermögen entgegen, ferner die Mitteilung Deiner Lebensversicherung über die zur Auszahlung anstehenden Versicherungssummen. Ergänzt wird das alles, indem der Notar alle Beurkundungen und Anordnungen meldet, soweit sie für die Erbschaftsteuer von Bedeutung sein könnten. Deine Erben brauchen sich also nicht zu wundern, wenn ihnen eine Erbschaftsteuererklärung ins Haus flattert und außerdem Einkommensteuerformulare für alte Jahre, die sie ausfüllen sollen, wenn nicht alle Zinsen angegeben worden sind.

»Dann erfahren die Finanzämter gottlob erst nach meinem Tode, wie ehrlich ich es mit den Zinsen gehalten habe. Doch halt, meine Ersparnisse schlummern als Festverzinsliche und Finanzierungsschätzchen in meinem Schließfach«, sagst Du.

Selbstverständlich muß die Bank auch Dein Schließfach melden, aber nur dessen Existenz, nicht dessen Inhalt. Denn den Inhalt nimmt die Bank auch nach Deinem Tode nicht zur Kenntnis, egal, ob Deine Erben Vollmacht für das Schließfach haben oder mit einem Erbschein kommen. (Quelle: §§ 33 und 34 ErbStG)

1075 Tafelgeschäft gefällig?
Für Liebhaber von Tafelgeschäften ist das Schlupfloch für »steuerfreie« Zinsen durch das Gewinnaufspürungsgesetz etwas enger geworden.
Das Gesetz verpflichtet die Bank oder Sparkasse bei einem Tafelgeschäft von mehr als 20 000 DM, den Käufer zu identifizieren und ggf. an die mit unerlaubter Geldwäsche befaßten Ermittlungsbehörden zu melden.

1076 Preisfrage:
Welche Partei hat die weitesten Spendierhosen?

Die meisten EU-Staaten sind pleite, Deutschland an erster Stelle. In dieser Lage war früher eine Währungsreform fällig, heute bietet sich eine Währungsunion an. Da werden Währungen verschiedener Art und Güte in einen Topf geworfen und anschließend die Inflation ordentlich angeheizt. Mit sinkendem Geldwert lassen sich die öffentlichen Schulden besser tragen und abtragen.

Um der künftigen Inflation auszuweichen, beginnt bald bei den Bürgern die Umschichtung von Geldvermögen in Sachvermögen. Bei den Aktien ist der Zug bereits abgefahren. Sieh zu, daß Du diesmal nicht wieder der Gelackmeierte bist. Kauf Dir ein Grundstück oder leg Dein Geld wenigstens in Dollar oder Schweizer Franken an.

Eigentlich müßig, aber doch interessant ist die Frage, wer uns in diesen Schlamassel gebracht hat, Rot oder Schwarz. Welche Partei hat die weitesten Spendierhosen?

Anstieg der öffentlichen Schulden in Deutschland seit 1975:

Regierungspartei		
SPD	CDU/CSU	CDU/CSU
1975 bis 1982	1982 bis 1990	1990 bis 1997
Von 150 Mrd. auf 750 Mrd.	von 750 Mrd. auf 1 200 Mrd.	von 1 200 Mrd. auf 2 200 Mrd.

Zeile 1–25 Kapitalerträge der Kinder | 1077

Ärgerlich, wenn ein Kind jahrelang die ihm zustehenden Steuerfreibeträge nicht ausschöpfen kann, weil es kein Einkommen hat. Noch ärgerlicher ist doch wohl, daß die Eltern den Unterhalt für das Kind nicht absetzen können, also aus versteuertem Einkommen bestreiten müssen.

Da liegt es auf der Hand, daß die Eltern ihrem Kind bis zur Höhe der gesetzlichen Freibeträge Einkünfte verschaffen, indem sie eigene Einkünfte auf das Kind übertragen. Eine zusätzliche finanzielle Entlastung tritt bei den Eltern dadurch ein, daß sie anschließend die eigenen Einkünfte des Kindes für dessen Unterhalt verwenden können, also weitgehend von ihrer Unterhaltspflicht entbunden sind (§ 1649 BGB).

Doch leichter gesagt als getan, denn der Fiskus sieht die Übertragung von Einkünften auf Kinder als Einkommensverwendung an und beläßt es bei dem ursprünglichen Sachverhalt. Wird dagegen die Einkunftsquelle auf das Kind übertragen, werden die Einkünfte dem Kind zugerechnet, weil es Eigentümer der Einkunftsquelle ist. So lautet die Fiskalversion.

»Ich merke, worauf Du hinauswillst«, so sagst Du. »Ich soll Wertpapiere auf meinen Sprößling übertragen.«

TIP Nur für den Fiskus gut: Reiche Eltern, arme Kinder | 1078

»Wozu brauchen meine Kinder Geld, die haben doch alles«, sagst Du.

Das ist richtig, doch schade um die schönen Freibeträge, die Jahr für Jahr verlorengehen. Sogar Deinem Jüngsten, das noch in der Wiege liegt, stehen an Freibeträgen für 2000 zu:

1. Grundfreibetrag 2000	13 499 DM
2. Freibetrag bei Zinseinnahmen	3 100 DM
Zusammen	16 599 DM

Von Deinen Zinsen kannst Du also bis 16 000 Mark auf Dein Kind übertragen, die dann nicht steuerpflichtig sind. Deine eigenen Einkünfte verringern sich entsprechend. Welche Steuerersparnis das bringt, kannst Du schnell der Steuerbelastungstabelle (➤ Rz 32) entnehmen. Bist Du ein Krösus, beträgt die Steuerersparnis exakt 53 % von 16 599 DM = 8 797 DM.

Zinseinnahmen über die Freibeträge hinaus können zu einer zusätzlichen Steuerersparnis führen, die sich aus dem Unterschied der Grenzsteuersätze ergibt (➤ Rz 34). Dabei ist die Steuerersparnis um so höher, je höher der Grenzsteuersatz bei demjenigen ist, der Vermögen überträgt. Die Steuerersparnis läßt sich in etwa nach folgender Formel abschätzen:

> **Zusätzliche Zinsen (über 16 599 DM hinaus) x Unterschied der Grenzsteuersätze**

1079 Reicht Dir die Steuerersparnis aus der Übertragung von Kapitalvermögen nicht aus, kannst Du zusätzlich den Vorsorgehöchstbetrag anzapfen. Indem Du z. B. für Dein Kind eine Lebensversicherung abschließt, als Grundlage für den späteren Start ins Berufsleben. Der Vorsorgehöchstbetrag beträgt 9 915 DM (➤ Rz 145). Doch aufgepaßt: Das Kind muß Versicherungsnehmer sein (Vertragspartner des Versicherers) und die Beträge selbst geleistet haben.

Ist Dein Kind noch minderjährig, müßtest Du als gesetzlicher Vertreter die Zahlungen ausdrücklich im Namen des Kindes leisten und dies auch auf den Einzahlungsformularen vermerken (BFH-Urteile vom 19. 4. 1989 – BStBl 1989 II S. 683 und 862). Nur so werden die Steuervorteile wirksam.

1080 Achtung, Fangeisen!

Wird das Kind mit eigenen Einkünften ausgestattet, so kann sich dies für die Eltern nachteilig erweisen. So könnte der Ausbildungsfreibetrag von 2 400 DM bzw. 4 200 DM gekürzt werden oder ganz wegfallen (➤ Rz 431), oder es könnte der Kinderfreibetrag entfallen.

Der Ausbildungsfreibetrag wird gekürzt, wenn die eigenen Einkünfte und Bezüge des Kindes 3 600 DM übersteigen. Bei der Berechnung der eigenen Einkünfte und Bezüge wird auch der Sparer-Freibetrag von 3 000 DM (ab 2000) einbezogen. Daraus folgt: Soll der Ausbildungsfreibetrag nicht angetastet werden, dürfen die Zinseinnahmen des Kindes (3 600 DM + 100 DM Werbungskosten-Pauschbetrag =) 3 700 DM nicht übersteigen.

Der Wegfall des Ausbildungsfreibetrages kann ggf. noch hingenommen werden, weil die Steuerersparnis insgesamt noch überwiegt. Der nächste Grenzbetrag für die Einkünfte und Bezüge des Kindes beträgt 13 500 DM. Wird diese Grenze überschritten, fällt 2000 auch der Kinderfreibetrag bzw. das Kindergeld weg, vorausgesetzt, Dein Sprößling ist älter als 18 Jahre. Für die Höhe der Zinsen kommen noch 100 DM Werbungskosten-Pauschbetrag hinzu, so daß die Zinsen 2000 den Betrag von 13 600 DM nicht übersteigen dürfen.

Diese Grenze darf auch nicht um eine Mark überschritten werden, sonst ist der Kinderfreibetrag bzw. das Kindergeld verloren.

Auch auf den Kinderfreibetrag zu verzichten bzw. das Kindergeld lohnt für die Eltern nur, wenn noch deutlich höhere Zinsen auf das Kind verlagert werden, ab ca. 30 000 DM.

Habt Ihr gebaut oder ein Eigenheim gekauft, geht auch diese Rechnung nicht mehr auf. Ist die Kinderermäßigung aufgrund der hohen Zinseinkünfte des Kindes futsch, verliert Ihr auch das Baukindergeld (1 000 DM jährlich bei § 10 e EStG) bzw. die Kinderzulage (1 500 DM pro Jahr; Eigenheimzulage). Mehr dazu unter ➤ Rz 1218 ff.

Paß auch auf, wenn Du familienversichert bist! 1081

Nun noch ein wichtiger Tip für diejenigen Eltern, deren Kinder durch die gesetzliche Familienversicherung mitversichert sind, für die also keine besonderen Krankenkassenbeiträge anfallen. Durch eigene Einkünfte kann das Kind aus der Familienversicherung herausfallen und eigenständig krankenversicherungspflichtig werden.

Meistens wird das erst dann akut, wenn eine größere Behandlung ansteht. Dann erkundigt sich die AOK gern nach den eigenen Einkünften des Kindes. Deshalb:

TIP Achte auf den Erhalt der Familienversicherung 1082

Familienangehörige (Ehegatte, Kinder) sind in der Krankenversicherung und in der Pflegeversicherung nur dann mitversichert, wenn ihr Gesamteinkommen nach §16 SGB IV ein Siebtel der monatlichen Bezugsgröße nicht überschreitet. Dies entspricht der versicherungsfreien Entgeltgrenze von monatlich 630/530 DM (Werte 1999 West/Ost ➤ Rz 1142).

Beträgt das jährliche Gesamteinkommen somit mehr als 630/530 DM x 12 Monate = 7 560/6 360 DM, müssen sich Ehegatten oder Kinder von Rechts wegen eigenständig versichern. Auch hier wird bei der Berechnung des

Gesamteinkommens nur der Werbungskosten-Pauschbetrag von 100 DM berücksichtigt, so daß jährliche Zinseinnahmen in Höhe von 7 660/6 460 DM (Werte für 1999 West/Ost) die Familienversicherung des Familienangehörigen nicht berühren.

Kinder sind beitragsfrei mitversichert:

● Bis zum vollendeten 23. Lebensjahr, wenn sie nicht erwerbstätig sind,

● bis zum vollendeten 25. Lebensjahr, wenn sie in der Schul- und Berufsausbildung sind (oder bei einem freiwilligen sozialen oder ökologischen Jahr).

● Darüber hinaus werden diese Höchstgrenzen um die Zeit des abgeleisteten Wehr- oder Zivildienstes verlängert.

● Ohne Altersbeschränkung, wenn die Kinder behindert und damit außerstande sind, sich selbst zu unterhalten.

Spare in der Zeit,
dann hast Du in der Not.
(Alte Weisheit)

1083 ## Zeile 1–25 Geldvermögen auf Kinder übertragen: Der richtige Weg

Hast Du Deinem Kind Geldvermögen geschenkt, z. B. Sparguthaben oder Wertpapiere, muß der Fiskus die Erträge daraus Deinem Kind zurechnen, das ist klar. Nun argwöhnt der Fiskus schnell, die Schenkung sei nicht ernst gemeint. Deshalb mußt Du gleich mit handfesten Fakten aufwarten, damit überflüssige Erörterungen darüber gar nicht erst aufkommen.

Dazu wisse: Die Zusage Deinem Kind gegenüber, ihm Geldvermögen zu übertragen, bedarf eigentlich der notariellen Beurkundung (§ 518 Abs. 1 BGB). Wird diese Form nicht eingehalten, weil die Zusage gewöhnlich mündlich erfolgt, so wird der Formmangel durch den späteren Vollzug, die Übereignung des Geldvermögens, wieder geheilt (§ 518 Abs. 2 BGB). Der Vollzug, also die Übertragung des Geldvermögens, muß aber eindeutig sein.

Angenommen, Du willst Wertpapiere in Form von Aktien, Anleihen, Pfandbriefen u. ä. übertragen, so wird die Übertragung der Wertpapiere durch Übergabe vollzogen (§§ 929 ff. BGB). Befinden sich die Wertpapiere jedoch im Depot einer Bank, so erfolgt die Übertragung durch die mündliche Einigung und die anschließende **Abtretung des Herausgabe-anspruchs** gegen die Bank als Verwahrer (§§ 929, 931 BGB).

Die Abtretung des Herausgabeanspruchs solltest Du als Beweis gegen den Fiskus in einem Schriftstück festhalten:

```
                    ABTRETUNGSERKLÄRUNG                        1084
Ich bin Eigentümer folgender Wertpapiere:
 Bezeichnung      Stückzahl    Nennwert       Kurswert
...............  .........  ...............  ........
...............  .........  ...............  ........
...............  .........  ...............  ........
...............  .........  ...............  ........
in meinem Depot bei der............. Nr..........
                        (Name der Bank/Sparkasse)
Hiermit trete ich den Herausgabeanspruch gegen die
.................. (Name der Bank/Sparkasse) hin-
sichtlich der oben genannten Wertpapiere ab an:
Herrn/Frau/Frl. ................ geb. am........
wohnhaft in......................................
.................................................
(Ort, Datum)                    (Unterschrift)
```

Mit dieser Abtretungserklärung gehst Du sodann zu Deiner Depot-Bank und bittest um Übertragung der Wertpapiere auf das neu einzurichtende oder bereits bestehende Depot-Konto Deines Kindes.   **1085**
Hierfür hat die Bank passende Formulare vorrätig. Laß Dir eine Kopie aushändigen, die Du auf Anfrage dem Finanzamt präsentierst. Wenn Du so vorgehst, klappt der Laden.

Sparguthaben auf den Namen minderjähriger Kinder   **1086**

Oft genügt es dem Fiskus nicht, daß das Sparkonto auf den Namen des Kindes lautet. Denn viele Finanzämter betrachten die Eltern einfach als wirtschaftliche Gläubiger des Guthabens und rechnen ihnen die Zinsen zu. Insbesondere, wenn die Eltern das Sparbuch im Besitz und vom Sparkonto abgehobene Geldbeträge wie eigene Mittel verwendet haben (BFH-Urt. vom 24. 4. 1990 – BStBl 1990 II S. 539).
Also teilst Du der Bank schriftlich mit, daß nach Deinem Willen dem Kind

die Guthabenforderung zusteht. Nach Abhebung vom Sparkonto des Kindes notierst Du, was Du damit bezahlt hast (z. B. Moped, Mobiliar oder Gruppenreise für das Kind). So bist Du gut gerüstet, wenn Deinem Fiskaljünger die Idee kommen sollte, die Zinsen aus dem Sparguthaben Dir anstelle Deinem Kind zuzurechnen.

1087 **TIP** **Doppelvergünstigungen bei der Erbschaftsteuer und bei der Einkommensteuer**

Du kannst Freibeträge bei der Erbschaftsteuer und bei der Einkommensteuer ergattern. Dazu wisse: Die vorzeitige Übertragung von Vermögen von Eltern auf Kinder ist jeweils bis zu 400 000 Mark erbschaftsteuerfrei, was alle zehn Jahre wiederholt werden kann).

Anschließend sind auch die Erträge aus dem Vermögen steuerfrei, denn sie werden dem Kind zugerechnet, das aber aufgrund der ihm zustehenden Freibeträge dafür keine Steuern zu zahlen braucht. Der Fiskus möchte nämlich erst dann eine Steuererklärung des Kindes haben, wenn seine Einkünfte 13 175 DM übersteigen. (Quelle: § 56 EStDV)

Berechnung der Einkünfte des Kindes bei Zinserträgen
von jährlich 10 000 DM:

Zinsen	10 000 DM
./. Werbungskosten-Pauschbetrag	100 DM
./. Sparer-Freibetrag	6 000 DM
Einkünfte	3 900 DM

Auch für das Jahr 2000, nach Halbierung des Sparerfreibetrags auf 3 000 DM, geht die Rechnung auf (Einkünfte: 6 900 DM).

»Alles schön und gut«, sagt Du. »Aber mir gefällt nicht, mich schon auszuziehen, bevor ich schlafen gehe.«

Es geht auch auf Nummer Sicher, z. B. mit einem Wertpapierleihgeschäft.

1088 **Zeile 1–25 Wertpapierleihgeschäft**

Willst Du Dein Vermögen noch nicht endgültig aus der Hand geben, bietet sich für börsennotierte Aktien und Wertpapiere ein Leihgeschäft an. Hierdurch räumst Du Deinem Kind für eine bestimmte Zeit ein Nutzungsrecht an Deinem Vermögen ein. Steuerliche Folge: Für die Zeit der Nutzung fallen bei Dir keine Erträge ab. Dein Kind hat die Erträge zu versteuern.

Ergänzungspfleger

Bei minderjährigen Kindern stehen die Eltern aber auf beiden Vertragssei-   **1089**
ten: Einmal als Verleiher und zum anderen als gesetzliche Vertreter des
Kindes auch als Entleiher. In diesem Fall ist zum Schutze der Kinder ein
Ergänzungspfleger einzuschalten (BFH-Urt. vom 13. 5. 1980 – BStBl 1981
II S. 297). Denn der Leihvertrag bringt nicht nur Vorteile, vielmehr können
wegen der gesetzlichen Pflichten auch nachteilige Folgen eintreten.

◆ *Musterfall Dr. Maus*   **1090**

*Der besondere Stolz von Dr. Maus sind seine Zwillingssöhne Stephan und Uwe,
die beide ein »Einser-Abi« hingelegt haben. Kein Wunder, daß sie ihren guten
Schnitt dazu nutzen, den Numerus clausus für Humanmedizin zu knacken. Dr.
Maus hatte sich innerlich auch schon auf länger andauernde Unterhaltsver-
pflichtungen eingestellt, denn solch ein Studium kann auch bei tüchtigen
Kindern lange dauern. Dann erhielt er aber von einem Skatbruder den Tip,
seinen Söhnen eigene Einkünfte für ihren Unterhalt zu verschaffen. Dieser Tip
kam nicht von ungefähr, denn der Skatbruder wußte, daß Dr. Maus durch
elterliches Erbe gut betucht ist. Der Skatbruder konnte auch gleich mit einem
Steuerberater dienlich sein.*

*Schon beim zweiten Gespräch mit dem Steuerberater legte dieser unterschrifts-
reife Verträge vor:*
*Danach gründen die Kinder zunächst eine BGB-Gesellschaft als rechtliche
Basis für ihre gemeinschaftlichen Handlungen. Sodann schließen sie mit ihrem
Vater einen Wertpapierleihvertrag.*

```
           BGB-VERTRAG                            1091

zwischen dem Kind Stephan Maus, geb. am 14. 9. 1982,
und dem Kind Uwe Maus, ebenfalls geboren am 14. 9. 1982,

wird mit Wirkung vom 17. 1. 2000 folgender Vertrag über
eine Gesellschaft bürgerlichen Rechts geschlossen:

1. Die Parteien schließen sich zu einer BGB-Gesellschaft
   zusammen, um mit ihrem Vater Dr. Günter Maus Wertpa-
   pier-Leihgeschäfte abzuwickeln.
2. Die Gesellschaft wird auf unbestimmte Zeit geschlos-
   sen und dauert längstens bis zum 31. 12. 2008. Die
```

Vermögensgegenstände, die sich zu diesem Zeitpunkt noch im Eigentum der Gesellschaft befinden, sind entweder zu liquidieren oder real zu teilen nach Maßgabe der Beteiligungsverhältnisse.

3. Die Parteien sind je zur Hälfte am Vermögen und am Ertrag der Gesellschaft beteiligt.

4. Es gelten die gesetzlichen Bestimmungen des BGB.

Münster, 4. 1. 2000

....
Unterschrift Stephan Maus   Unterschrift Uwe Maus

1092

VERTRAG ÜBER WERTPAPIER-LEIHGESCHÄFTE

zwischen

Herrn Dr. Günter Maus, Mondstr. 39, 64839 Münster
(im folgenden: Verleiher)
und seinen Kindern
Stephan und Uwe Maus, GbR, wohnhaft ebendort
(im folgenden: Entleiher)

Es wird folgender Vertrag vereinbart:

1. Der Verleiher ist Eigentümer des Wertpapierdepots Nr. 0 02 183 9 07 bei der St. Gallischen Creditanstalt, St. Gallen/Schweiz mit einem Wertpapierbestand zum 31. 12. 1999 in Höhe von Sfr. 281 739,-.

2. Der Verleiher überträgt hiermit die Wertpapiere einschließlich der noch nicht ausgezahlten Stückzinsen gemäß dem beiliegenden Depotauszug zum 31. 12. 1999 an die Entleiher mit Wirkung vom 1. 1. 2000 unter den folgenden Bedingungen. Die Entleiher nehmen die Übertragung an.

3. Die Entleiher sind verpflichtet, spätestens am 31. 12. 2008 die ihnen übertragenen Wertpapiere oder Wertpapiere gleicher Art und Güte einschließlich der noch nicht ausgezahlten Stückzinsen wieder an den Verleiher zurückzuübertragen.

Münster, den 17. 1. 2000

....
Unterschrift Verleiher   Unterschrift Entleiher

Steuerliches Ergebnis

Erträgnisaufstellung der St. Gallischen Creditanstalt

8¼ BRD-Anleihen 1998/2008		21 234,– DM
./. Depotgebühren		1 212,– DM
Überschuß der BGB-Gesellschaft		20 022,– DM

Die Kinder versteuern:	Stephan Maus	Uwe Maus
Einnahmen aus Kapitalvermögen	10 617 DM	10 617 DM
./. Werbungskosten	606 DM	606 DM
./. Sparerfreibetrag	3 000 DM	3 000 DM
Einkünfte	7 011 DM	7 011 DM
Einkommensteuer nach Grundtabelle	0 DM	0 DM

(Quelle: BFM-Schreiben vom 3. 4. 90; AZ IV B2 – 52134-2/90; DB 90,836)

*Es werden mehr Tränen vergossen
über erhörte Gebete als über nicht erhörte.*

(Teresa de Jesus)

Zeile 17–20 Ausländische Kapitalerträge 1093

Viele Sparer haben ihr Geldvermögen auf ausländischen Kapitalmärkten angelegt. Meistens wird dort von den Erträgen Quellensteuer – je nach Art des Geldvermögens in unterschiedlicher Höhe – einbehalten und an den dortigen Fiskus abgeführt. Von den ausländischen Erträgen will aber auch der hiesige Fiskus sein Scherflein abhaben, weil der Sparer ja schließlich seinen Wohnsitz im Inland hat. Dadurch ist er nämlich unbeschränkt steuerpflichtig, und die unbeschränkte Steuerpflicht erstreckt sich auch auf ausländische Einkünfte.

Damit der Sparer nicht doppelt geschröpft wird, vom ausländischen Fiskus und vom hiesigen Fiskus, greifen Doppelbesteuerungsabkommen (DBA) ein.

Diese bestimmen für Erträge aus Geldvermögen, daß der Wohnsitzstaat das Besteuerungsrecht hat. Der ausländische Staat geht also leer aus bis auf die einbehaltene Quellensteuer. Die rückt er nicht wieder heraus, wie man gut verstehen kann.

Die im Ausland einbehaltene Quellensteuer kann aber auf die deutsche Einkommensteuer angerechnet werden, soweit sie der deutschen Einkommensteuer entspricht und nicht schon vom Ausland erstattet wurde.

> *Weder weißt Du, was Du weißt,*
> *noch weißt Du, was Du nicht weißt.*
> (Polnisches Sprichwort)

1094 ◆ *Musterfall Pettersen*

Hein Pettersen schippert nach Jahren auf großer Fahrt jetzt als Lotse im Hamburger Hafen. Für sein Altenteil hat er ein paar Festverzinsliche auf der hohen Kante. Die Volksbank Hamburg verwaltet sein Wertpapierkonto.

Erträgnisaufstellung (Beträge in DM)				
Art der Papiere	Netto	Quellensteuer		Brutto
Niederlande	756,42	15%	= 133,48	889,90
Portugal	688,–	15%	= 121,50	809,50
Brasilien (Petrobas)	4 800,–	20%	= 960,–[1]	4 800,–
Summen	6 244,42		1 214,98	6 499,40

[1] Nach dem DBA Brasilien/BRD kann von den Erträgen der Petrobas 20% fiktive Quellensteuer angerechnet werden.

Pettersen weiß, daß die Niederlande, Portugal und Brasilien Steuern auf Kapitalerträge erheben, die der deutschen Einkommensteuer entsprechen. Also wird die einbehaltene Quellensteuer auf seine Einkommensteuer angerechnet. Nach dem DBA mit Brasilien ist bei bestimmten Einkünften nicht die tatsächlich gezahlte, sondern eine im DBA besonders angegebene fiktive Quellensteuer anzurechnen. Sie beträgt 20%.

Formularbeispiel KSO

16	Summe der Zeilen 4 bis 15			
17	**Ausländische Kapitalerträge** Anlage AUS beachten			
18	(Einnahmen einschließlich der anzurechnenden / abzuziehenden ausländischen Quellensteuern, die in den Zeilen 7 bis 29 der Anlage AUS einzutragen sind, soweit sie nicht aus inländischem Sondervermögen stammen.)			
19	Zinsen aus Sparguthaben, Dividenden ggf. einschl. Avoir fiscal, Erträge aus ausl. Investmentanteilen, Erträge aus Beteiligungen, Hinzurechnungsbetrag nach § 10 AStG u. a.			
20	Bezeichnung Val. Aufstellung	32 6.498 33		
21	**Sonstiges** Anzurechnende Kapitalertragsteuer / Zinsabschlag / Körperschaftsteuer aus anderen Einkunftsarten			

Formularbeispiel AUS

Name und Vorname		**Anlage AUS**	**1999**
Pe Hessen, Hein		zur Einkommensteuererklärung	
Steuernummer 987	6543 210	Jeder Ehegatte mit ausländischen Einkünften hat eine eigene Anlage AUS abzugeben.	

			Statt/ Brtr = 1 Brtr = 2
	Ausländische Einkünfte und Steuern	99	9
		89	

Zeile	Steuerpflichtige ausländische Einkünfte, die in den Anlagen GSE, KSO, L und/oder V enthalten sind							
1	– Anrechnung und Abzug ausländischer Steuern –							

		1. Staat 31	2. Staat 34	3. Staat 37	4. Staat 39	Inländisches Sondervermögen (z. B. inländische Investmentfonds) mit allen Einkünften aus ausländischen Quellen		5. Staat
2							42	
3	aus	Portugal	Brasilien	Niederlande			71	
4	**Kapitalvermögen**	Einkunftsquellen	Einkunftsquellen	Einkunftsquellen	Einkunftsquellen		72	
	(einschließlich der Einkünfte nach § 10 Abs. 6 AStG)						73	
5							18	
6							19	
								6. Staat
7	Einnahmen (aus Zeile 20 der Anl. KSO, getrennt nach Staaten)	50 DM 809	53 DM 4.800	56 DM 889	68 DM		44	
8	Werbungskosten ohne ausl. Steuern lt. Zeile 9	51	54	57	69		74	
							75	
9	Abzuziehende ausländische Steuern n. § 34 c Abs. 2 EStG	52	55	58	70		76	
10	Einnahmen aus allen inländischen Sondervermögen (z. B. Investmentfonds), die aus ausländischen Quellen stammen						20	
11						59 DM	21	
								7. Staat
12	Werbungskosten zu Zeile 11 (ggf. einschl. abzuziehend. ausl. Steuern)					88	45	
							77	
13	**anderen Einkunftsarten**	Einkunftsquellen	Einkunftsquellen	Einkunftsquellen	Einkunftsquellen		78	
14	(einschließlich der Einkünfte nach § 20 Abs. 2 AStG – bei mehreren Einkunftsarten:						79	
							22	
15	Einzelangaben bitte auf besonderem Blatt –						23	
16	**Einkünfte**	10 DM	12 DM	14 DM	16 DM			
17	Abgezogene ausländische Steuern nach § 34 c Abs. 2 EStG							
18	**Anzurechnende ausländ. Steuern**							
19	(für alle Einkunftsarten) insgesamt	11 DM 122	13 DM 960	15 DM 134	17 DM	87 DM		
20	In Zeile 19 enthaltene fiktive ausländische Steuern nach DBA		960					

Man muß kaufen,
wenn die Kanonen donnern.
(Alter Börsenspruch)

1095 GUTER RAT bei DM-Auslandsanleihen

Du solltest unbedingt prüfen, ob ein Anspruch auf fiktive Quellensteuer besteht.
Folgende Länder haben DM-Auslandsanleihen mit fiktiver Quellensteuer herausgegeben, in Klammern der fiktive Quellensteuersatz:
Argentinien (15%), Brasilien (20%), China (15%), Griechenland (10%), Indien (15%), Korea (20%), Malaysia (15%), Portugal (15%).

Im Normalfall behält der ausländische Staat von den Zinsen Kapitalertragsteuer (Quellensteuer) ein, die der Kapitalanleger auf seine Einkommensteuer anrechnen kann (§ 34c EStG). Die ausländische Quellensteuer wird auf der Zinsgutschrift bescheinigt. **Eine solche Bescheinigung fehlt aber bei der fiktiven Quellensteuer, vielmehr wird nach den einzelnen Doppelbesteuerungsabkommen davon ausgegangen, daß ein bestimmter Prozentsatz der Zinseinnahmen aus dem betreffenden Staat als entrichtet gilt. Diese fiktiven Steuerbeträge ersetzen die normalerweise erforderlichen Belege.**

Bei Ankauf ist den meisten Kapitalanlegern durchaus bewußt, daß sie Anspruch auf fiktive Quellensteuer haben. Diese wird aber später oft vergessen anzugeben, weil sie nirgendwo ausgewiesen ist.

1096 Zeile 24 Solidaritätszuschlag

Hier trägst Du ein, was Dir die Bank einbehalten hat für den Aufbau Ost.

1097 Zeile 28 Werbungskosten

Aufwendungen, die mit Kapitalerträgen im Zusammenhang stehen, sind als Werbungskosten abziehbar. Davon sind Aufwendungen zu unterscheiden, die bei Ankauf oder Verkauf von Wertpapieren entstehen. Die An- und Verkaufskosten sind nicht als Werbungskosten abziehbar. Auch Kursverluste sind nicht abziehbar, weil Kursgewinne nicht steuerpflichtig sind. Für Werbungskosten steht mindestens ein Pauschbetrag von 100 DM, bei

Ehegatten ein gemeinsamer Werbungskosten-Pauschbetrag von 200 DM zu. Gemeinsamer Werbungskosten-Pauschbetrag bedeutet: Es sind auch dann 200 DM abziehbar, wenn nur einer der Ehegatten Kapitalerträge bezogen hat (Quelle: § 9a EStG).

Werbungskosten bei Kapitalvermögen

1098

Werbungskosten sind
Abschlußgebühr Bausparvertrag (wenn Du die Bausparzinsen auf Anlage KSO angibst)
Beiträge Gläubigerschutzverband
– Honorar für den Vermögensberater
– Fahrt- und Telefonkosten für Kontakte mit dem Anlageberater der Bank
Börsendienste
Bürokosten, soweit Zusammenhang mit Kapitalerträgen (Kosten eines häuslichen Arbeitszimmers, Bürobedarf, Buchführungskosten ...)
Chartdienste
Computer
– Programme zur Aktien- und Wertpapierverwaltung
– Abschreibung für den Computer
– Datex- oder Btx-Kosten
Depotgebühren
Fachzeitschriften (z. B. Handels- oder Börsenblätter)
Finanzierungskosten (z. B. Darlehenszinsen/Damnum/Disagio bei Kauf der Wertpapiere auf Kredit)
laufende Verluste bei stiller Beteiligung (BFH-Urt. vom 10. 11. 1987, BStBl 88 II S. 186)
Reisekosten für Fahrten zur Hauptversammlung
Safe- oder Schließfachmiete
Seminarkosten (z. B. Infos über ertragbringende Kapitalanlagen)
Versicherungsbeiträge
Vermögens- oder Depotverwaltung, wenn Du auf Dauer mit Deinen Einkünften im Plus bleibst (BFH-Urteil vom 4. 5. 1993, BStBl 1993 II S. 832)

Fachzeitschriften: Abo-Kosten für das Handelsblatt als Werbungskosten

Mit Urteil vom 29. 12. 1998 hat das FG Niedersachsen die Abo-Kosten als Werbungskosten aus Kapitalvermögen anerkannt, da der Kläger darlegen konnte, daß er die Zeitung seit Jahren für den Ausbau seines Depots und als Informationsdienst für seine Anlage- und Investitionsstrategien nutzt. Das kannst Du doch auch, oder?

*Leiden ist leichter
als handeln.*

(Aus China)

1099 **TIP** Weg von den Währungen, hin zu den Sachwerten!

Unseren Berufspolitikern reichen die Steuergelder bei weitem nicht aus, mit dem Geld ihrer Wähler gute Werke zu tun, sie brauchen weitere Milliarden aus deren Sparstrümpfen – durch Bundesanleihen, Schatzbriefe und Obligationen. Was aber für jeden guten Hausvater selbstverständlich ist, geliehenes Geld möglichst bald wieder zurückzuzahlen, scheint für unsere Berufspolitiker nicht zu gelten. **Denn inzwischen betragen die Schulden – für die wir Steuerzahler geradestehen müssen – 2 250 Milliarden, die jährlich mit 150 Milliarden Mark Zinsen den Haushalt belasten.**

»Das ist bitter, aber warum zahlt der Staat seine Schulden nicht zurück?« Weil er sie seinen eigenen Bürgern gegenüber schuldet. Viele Bürger sind unmittelbar Gläubiger, wenn sie selbst die Papierchen gekauft haben, die meisten aber mittelbar über Versicherungen und Banken, denen sie ihre Ersparnisse anvertraut und die mit den Ersparnissen die Papiere gekauft haben. Die Bürger aber sind nun mal zugleich der Staat, und es ist zu verlockend, einfach zu sagen: An die Bürger zahle ich nichts zurück, das wäre ja eine Zahlung von der linken in die rechte Tasche.

Dazu konstatiert der Bundesrechnungshof: »Die Schulden des Bundes werden bei wirtschaftlicher Betrachtungsweise nicht getilgt; die fälligen Tilgungen werden vielmehr im wesentlichen durch neu aufgenommene Kredite finanziert. Dies führt im Ergebnis dazu, daß heute und in Zukunft Zinsen auch für solche Kredite gezahlt werden, deren Gegenwert ganz oder teilweise schon nicht mehr vorhanden ist.«

Da haben wir also den Salat, unser Staat ist formell überschuldet und müßte eigentlich Konkurs anmelden. Da aber die Bürger Gläubiger und Schuldner zugleich sind, wäre es unsinnig, Konkurs anzumelden. Das ist nirgendwo geregelt. Im übrigen werden Politiker durch Schuldenmachen populär.

1100 **»Wieso werden Politiker durch Schuldenmachen populär?« fragst Du.**

Laß Dir sagen: Wenn der Staat nach Geld schreit, akzeptieren die meisten Wähler eher höhere Schulden als höhere Steuern. Sodann: Die eigenen Wähler honorieren Wahlgeschenke eher, wenn sie mit Schulden bezahlt werden. Schließlich müssen die anderen Wähler dafür mitbezahlen. Außerdem sind da noch die älteren Wähler. Viele davon sagen sich: Nach mir die Sintflut, ich brauche für die Schulden nicht mehr aufzukommen. Also ist Schuldenmachen für Politiker populär.

»Wo soll das hinführen, wenn die Schulden immer höher werden?«

Daß bald mal wieder Tabula rasa gemacht wird. Eine Geldentwertung wäre aber politischer Selbstmord und auch wegen unserer mächtigen Bundesbank nicht machbar. Deshalb könnte die Bundesbank bald ausgeschaltet werden. Möglicherweise durch ein internationales Komplott der überschuldeten EU-Staaten. Die versuchen, mit dem billigeren Esperantogeld ihr Schuldenimage unter der neuen Euro-Währung loszuwerden.

Also sieh schleunigst zu, daß Du Dein Geld sicher anlegst, und zwar in Sachwerten, bevor es mit dem Euro-Bazillus die Schwindsucht bekommt und dahinsiecht wie der Rubel in der freien Marktwirtschaft. Kauf Dir ein Grundstück, Immobilienanteile oder Aktien. Am zweckmäßigsten aber legst Du's in einer Schweizer-Franken-Lebensversicherung (siehe dazu unter der ➤ Rz 953 alles Erforderliche). Und vergiß für den schlimmsten Fall nicht ein Säckchen voll Gold ... Nun winke nicht ab, tu, was ich Dir rate, sonst bist Du der Gelackmeierte. Denn der Staat spekuliert langfristig auf Inflation, durch die er sich heimlich entschuldet. Schon jetzt sind es jährlich rd. 50 Milliarden Mark Schulden, von denen er sich unbemerkt befreien kann. Wie sagte bereits Schopenhauer: Der Staat ist seinem Wesen nach nicht gut. Ich sage Dir: Er wird von Bürokraten geführt. Sagt Dir das nicht genug? Außerdem: Der Mensch ist nun mal des Menschen Wolf.

Alles muß ich gelten lassen,
was ich besser weiß.

(Goethe im Alter)

Aus den Anfangsjahren der DM-Zeit: Der Juliusturm   1101

In den Jahren 1952 bis 1956 waren die Steuereinnahmen um insgesamt 7 Milliarden höher als die veranschlagten Haushaltsausgaben. Die Überschüsse wurden aber nicht zusätzlich ausgegeben, sondern als Guthaben bei der Bundesbank geführt. Das damalige Guthaben von 7 Milliarden war unter dem Namen Juliusturm bekannt, in Anlehnung an den Festungsturm in Spandau, in dem bis 1914 gemünztes Gold im Werte von 120 Millionen Mark als eiserne Reserve aufbewahrt wurde. Damals dachte man noch an die Zukunft und sorgte vor. Jetzt hat unser Staat keine Reserven, nur noch riesige Schulden. Die Verantwortungslosigkeit der Politiker ist eine Schande!

Deshalb rate ich Dir: Bevor Du einen Pfennig an Steuern zuviel zahlst, denke zuerst an Deine Familie, für die Du Verantwortung trägst, und sodann an die Staatsbankrotteure, die mit den öffentlichen Finanzen Schindluder treiben und mit Deinem Geld in Deutschlands Namen in der weiten Welt gute Werke tun. Auf daß die dafür Maschinenpistolen kaufen und Andersdenkende abschlachten können.

Lies auch den Tip: Warum der Euro ein Weichei wird (➤ Rz 1338).

7.2 Sonstige Einkünfte – Zeile 30–52

> *In der Anlage KSO sind auf Seite 2 die sonstigen Einkünfte (haupt-*
> *sächlich die Renten) anzugeben.*
>
> Berechnungsschema für Renteneinkünfte
>
> | | |
> |---|---|
> | *Renteneinnahmen* | ..... *DM* |
> | *Davon Ertragsanteil ... % =* | ..... *DM* |
> | *./. Werbungskosten, mindestens Pauschbetrag 200 DM* | ..... *DM* |
> | *Einkünfte* | ..... *DM* |

1102 ## Zeile 30–43 Leibrenten

Bei vielen Rentnern ist die Auffassung verbreitet, Renten seien nicht
steuerpflichtig. Das ist aber ein Irrtum. Beziehst Du beispielsweise eine
Rente aus der gesetzlichen Rentenversicherung, unterliegt diese in Höhe
des ›Ertragsanteils‹ der Einkommensteuer. Den Ertragsanteil kannst Du
aus einer Tabelle des Einkommensteuergesetzes entnehmen. Er ist abhängig vom Lebensalter bei Beginn des Rentenbezugs. Wer z. B. mit 65 in
Rente geht, hat 27% der Rente als ›Ertragsanteil‹ zu versteuern (vgl. ➤ Rz
1102). Die zahlreichen Freibeträge bei der Einkommensteuer sind aber
oftmals höher als der steuerpflichtige Ertragsanteil, so daß viele Rentenbe-
zieher tatsächlich keine Steuern zahlen müssen.

Wenn zur Rente aber noch andere Einkünfte hinzukommen, z. B. Beamten-
oder Werkspensionen, Lohneinkünfte des Ehegatten oder Mieten, werden
die Freibeträge schnell überschritten, und schon will der Fiskus sein Scherflein abhaben. Die Steuer aus Renteneinkünften ist also nicht ganz leicht zu
berechnen. Hinzu kommt die Vielzahl der Rentenmöglichkeiten.

1103 **Wisse vorab: Die Staats- und Betriebspensionen sind keine Renten, son-**
dern nachträglicher Arbeitslohn, und gehören deshalb in die Anlage N.
Dasselbe gilt für Vorruhestandsleistungen an Arbeitnehmer, die vorzeitig
aus dem Erwerbsleben ausscheiden und hierfür von ihrem Betrieb für eine
Übergangzeit Vorruhestandsgeld erhalten. Für Pensionen und Vorruhe-
standsleistungen steht ein Versorgungsfreibetrag von 40% der Jahrespen-
sion, höchstens 6 000 DM zu. Der Versorgungsfreibetrag wird beantragt,
indem > Zeile 7 der Anlage N ausgefüllt wird. Das besondere Kennzeichen

Sonstige Einkünfte

– 2 –

Zeile	**Leibrenten** Einnahmen	Steuerpflichtige Person Ehemann		Ehefrau		99	55
		1. Rente	2. Rente	1. Rente	2. Rente	89	
30	Altersrente (Arbeiterrenten- oder Angestellten-Versicherung)		(Angaben zu weiteren Renten bitte auf besonderem Blatt)		(Angaben zu weiteren Renten bitte auf besonderem Blatt)		
31	Berufs- oder Erwerbsunfähigkeitsrenten (Arbeiterrenten- oder Angest.-Versichg.)						
32	Witwen-/ Witwerrenten						
33	Sonstige Renten (z. B. Bergmannsrenten, Knappschaftsruhegeld)					50	
34	Renten aus Grundstücksveräußerungen					52	%
35	Renten aus Versicherungsverträgen					54	
						56	%
36	Renten aus (bitte angeben)					48	
						51	
37	Die Rente läuft seit	Tag Monat Jahr	Tag Monat Jahr	Tag Monat Jahr	Tag Monat Jahr	53	%
38	Die Rente erlischt mit dem Tod von					55	
39	Die Rente erlischt/wird umgewandelt spätest. am	Tag Monat Jahr	Tag Monat Jahr	Tag Monat Jahr	Tag Monat Jahr	57	%
						49	
40	Rentenbetrag (ohne 1999 zugeflossene Nachzahlungen für mehrere Jahre)	50 DM	54 DM	51 DM	55 DM	40	Renteneink. § 34
41	Falls bekannt: Ertragsanteil der Rente	52 %	56 %	53 %	57 %	41	Renteneink. § 34
42	Werbungskosten (Summe je Person)	48 DM		49 DM		XX	
43	Nachzahlungen für mehrere Jahre (in Zeile 40 nicht enthalten)	XX DM	XX DM	XX DM	XX DM	XX XX	
44	**Andere wiederkehrende Bezüge/Unterhaltsleistungen** Einnahmen aus	Steuerpflichtige Person Ehemann DM		Ehefrau DM		XX	
45		58		59		58	
46	Unterhaltsleistungen, soweit sie vom Geber als Sonderausgaben abgezogen werden können	46		47		59	
47	Werbungskosten zu den Zeilen 45 und 46	60		61		46 47	
48	**Private Veräußerungsgeschäfte**					60	
49	Veräußerungspreis/Differenzausgleich/der durch den Wert einer veränderlichen Bezugsgröße bestimmte Geldbetrag oder Vorteil					61	
50	Anschaffungs-/Herstellungskosten abzüglich Absetzungen für Abnutzungen, erhöhte Absetzungen und Sonderabschreibungen; Werbungskosten (ggf. Aufstellung beifügen)	–		–		62 63	
51	Einkünfte	62		63		XX	
52	Antrag auf Beschränkung des Rücktrags nach 1998 für Verluste aus Zeile 51	XX		XX		64	
53	**Leistungen** Einnahmen					65	
54	Werbungskosten	–		–		XX 70	
55	Einkünfte	64		65		71	
56	Antrag auf Beschränkung des Rücktrags nach 1998 für Verluste aus Zeile 55	XX		XX		72	
57	**Abgeordnetenbezüge** Steuerpflichtige Einnahmen ohne Vergütungen für mehrere Jahre	70		71		73	
58	In Zeile 57 enthaltene Versorgungsbezüge	72		73		74 75	
59	Vergütungen für mehrere Jahre (in Zeile 57 nicht enthalten) lt. Angaben auf besonderem Blatt	74		75		66	
60	In Zeile 59 enthaltene Versorgungsbezüge	66		67		67	

für diese Staats- und Betriebspensionen ist, daß die Zahlstelle vom Pensionsberechtigten eine Lohnsteuerkarte anfordert.

Wisse: Bei Betriebspensionen oder Vorruhestandsgeld kommst Du allerdings erst dann in den Genuß des Versorgungsfreibetrags, wenn Du 62, als Schwerbehinderter (mindestens 45%) 60 Jahre alt bist.

1104   Diese Renten sind steuerfrei!
Folgende Renten haben in der Steuererklärung überhaupt nichts zu suchen, weil sie steuerfrei sind:

- Renten aus der gesetzlichen Unfallversicherung, z. B. von der Berufsgenossenschaft;
- Leistungen für Kindererziehung der Mütter (bei Geburtsjahrgängen vor 1921);
- Kriegs- oder Schwerbeschädigtenrenten;
- Wiedergutmachungsrenten.

*Bestehen ohne
Eitelkeit.*
(Sabine Sinjen)

**1105   Zeile 30–43 Ertragsanteil – für Dich
als Rentner günstig**

»Warum zahlen viele Rentner keine Einkommensteuer?« möchtest Du wissen.

Das ist leicht zu erklären: Die Rente besteht aus zwei Teilen, die aber in einer Summe ausgezahlt werden. Mit dem einen Teil wird das Geld zurückgezahlt, das Du in die Rentenversicherung eingezahlt hast. Bei der gesetzlichen Rentenversicherung sind das die Arbeitnehmer- und Arbeitgeberbeiträge während Deines Berufslebens. Dieser Teil der Rente ist steuerfrei, denn schließlich bekommst Du ja nur Dein eigenes Geld wieder zurück.

Der zweite Teil der Rente besteht aus Zinsen, die sich während der Jahre angesammelt haben, als das Geld bei der Versicherung gearbeitet und dabei Zinsen verdient hat. Dieser Zinsanteil wird vom Fiskus als Ertragsanteil bezeichnet, und nur dieser Teil ist steuerpflichtig. Der Ertragsanteil wird aus Tabellen abgelesen, die weiter unten abgedruckt sind.

Die Tabelle 1 gilt für Renten wegen Alters, also für die Regelaltersrenten ab 65 oder für die Renten ab 63 an langjährig Versicherte, desgleichen für die sogenannte »Große Witwenrente«, die ab dem 45. Lebensjahr gezahlt wird.

Die Tabelle 2 gilt für Renten wegen verminderter Erwerbsfähigkeit und für die »Kleine Witwenrente«. Diese Renten werden so lange gezahlt, bis ein Anspruch auf Rente wegen Alters oder auf »Große Witwenrente« besteht.

Damit Du schnell klarzusehen vermagst, einiges zu den Renten vorab:

Rente wegen Alters   1106

Mit Erreichen der Altersgrenze erhalten Arbeiter und Angestellte aufgrund ihrer bisherigen Beitragsleistung zur Rentenversicherung eine Altersrente. Die Altersgrenze wird mit Vollendung des 65. Lebensjahres erreicht. Bei Vorliegen der versicherungsrechtlichen Voraussetzungen – Wartezeit 35 Jahre – kann man bereits ab dem 63. Lebensjahr die Altersrente beziehen, wer schwerbehindert, berufsunfähig oder erwerbsunfähig ist, bereits ab dem 60. Lebensjahr. Diese wird aber höher besteuert als eine Rente wegen verminderter Erwerbsunfähigkeit. Außerdem solltest Du Dir – sofern Du hier ein Wahlrecht hast – von einem Sozialversicherungsberater genau ausrechnen lassen, welche Vorgehensweise für die Rentenhöhe am günstigsten ist. Die Höhe des steuerpflichtigen Ertragsanteils richtet sich bei Altersrenten nach **Tabelle 1**. Auch den Ertragsanteil für Altersrenten wegen Arbeitslosigkeit (zeitlich befristete Sonderregelung für die neuen Bundesländer) liest Du aus Tabelle 1 ab.

Rente wegen verminderter Erwerbsfähigkeit   1107

Vor Erreichen der Altersgrenze werden Renten wegen verminderter Erwerbsfähigkeit gezahlt. Sie werden später in Altersrenten umgewandelt, sobald die Voraussetzungen dafür erfüllt sind. Dies ist im allgemeinen bei Frauen ab dem 60. und bei Männern ab dem 62. Lebensjahr der Fall. Die Höhe des steuerpflichtigen Ertragsanteils richtet sich nach der Laufzeit der Rente und somit nach **Tabelle 2.** Nach der Umwandlung in Altersrente ist für die Höhe des Ertragsanteils das Lebensalter zum Zeitpunkt der Umwandlung und somit Tabelle 1 maßgebend. Hast Du ein Wahlrecht zwischen dieser Rente und Arbeitslosengeld, laß Dich auch hier genau beraten, wie hoch im einzelnen später die Altersrente sein wird.

Rente wegen Todes   1108

Wenn der Versicherte stirbt, erhält der hinterbliebene Ehegatte die Witwen- bzw. Witwerrente. Der Ertragsanteil der Rente wird für Berechtigte nach Vollendung des 45. Lebensjahres nach Tabelle 1 ermittelt (»Große Witwenrente«). Maßgeblich ist das Alter zu Beginn der Rente. Im Falle der »Kleinen Witwenrente« (Alter bis 45 Jahre) richtet sich der Ertragsanteil nach der Laufzeit der Rente und somit nach Tabelle 2.

1109 **Fünf Beispiele zum Ertragsanteil**

1. Ein Arbeitnehmer tritt mit seinem 65sten in den Ruhestand. Der Ertragsanteil seiner Rente beträgt nach Tabelle 1 konstant 27%.

Weil nur der Ertragsanteil besteuert wird, sind die Renten bis zu mtl. 5 090 DM, bei Eheleuten bis zu sage und schreibe 10 100 DM völlig steuerfrei, wie die folgende Berechnung zeigt:

	Alleinstehende	Verheiratete
Rente monatlich	5 090 DM	10 000 DM
jährlich	61 080 DM	121 200 DM
davon 27% Ertragsanteil	16 492 DM	32 724 DM
Werbungskostenpauschale	− 200 DM	− 200 DM
Sonderausgaben-Pauschbetrag	− 108 DM	− 216 DM
Eigenanteil Krankenversicherung	− 4 093 DM	− 8 120 DM
zu versteuerndes Einkommen	12 091 DM	24 188 DM
Einkommensteuer	0 DM	0 DM

Erst wenn der Rentner zusätzlich weitere steuerpflichtige Einkünfte erklärt, flattert ein Abgabebescheid ins Haus.

1110 2. Ein Arbeitnehmer tritt mit seinem 63sten in den vorgezogenen Ruhestand. Der Ertragsanteil seiner Rente beträgt nach Tabelle 1 konstant 29%.

1111 3. Ein Arbeitnehmer erhält wegen Berufsunfähigkeit ab seinem 57sten eine Berufsunfähigkeitsrente. Sie wird ihm bis zum 65sten gezahlt und dann in ein Altersruhegeld umgewandelt. Der Ertragsanteil der Berufsunfähigkeitsrente beträgt für 8 Jahre (vom 57sten bis 65sten) nach Tabelle 2 konstant 15%. Beträgt die Laufzeit nicht volle Jahre, kannst Du bis zu sechs Monaten abrunden. Nach seinem 65sten beträgt der Ertragsanteil für das Altersruhegeld nach Tabelle 1 konstant 27%. Entsprechendes gilt für eine vorzeitige Rente wegen Erwerbsunfähigkeit.

Zu den Begriffen »vorgezogenes Altersruhegeld, Berufsunfähigkeitsrente und Erwerbsunfähigkeitsrente« unten mehr.

1112 4. Eine Steuerzahlerin erhält seit ihrem 50. Lebensjahr die »Große Witwenrente«, weil der Rentenfall – Tod des versicherten Ehemannes – nach ihrem 45. Lebensjahr eingetreten ist. Diese Rente steht ihr bis zu ihrem Lebensende zu. Der Ertragsanteil für die »Große Witwenrente« ab dem 50sten beträgt nach Tabelle 1 konstant 43%.

1113 5. Eine 42jährige Steuerzahlerin erhält die »Kleine Witwenrente«. Diese wird mit dem 45. Lebensjahr umgewandelt in die »Große Witwenrente«. Bis dahin beträgt der Ertragsanteil wegen der dreijährigen Laufzeit 4% (Tabelle 2).

Tabelle 1

1114

Bei Beginn der Rente vollendetes Lebensjahr des Rentenberechtigten	Ertragsanteil der Rente in %	Bei Beginn der Rente vollendetes Lebensjahr des Rentenberechtigten	Ertragsanteil der Rente in %	Bei Beginn der Rente vollendetes Lebensjahr des Rentenberechtigten	Ertragsanteil der Rente in %
0 bis 3	73	44	49	68	23
4 bis 5	72	45	48	69	22
6 bis 8	71	46	47	70	21
9 bis 11	70	47	46	71	20
12 bis 13	69	48	45	72	19
14 bis 15	68	49	44	73	18
16 bis 17	67	50	43	74	17
18 bis 19	66	51	42	75	16
20 bis 21	65	52	41	76	15
22 bis 23	64	53	40	77	14
24 bis 25	63	54	39	78	13
26 bis 27	62	55	38	79	12
28	61	56	37	80 bis 81	11
29 bis 30	60	57	36	82	10
31	59	58	35	83	9
32 bis 33	58	59	34	84 bis 85	8
34	57	60	32	86 bis 87	7
35	56	61	31	88	6
36 bis 37	55	62	30	89 bis 91	5
38	54	63	29	92 bis 93	4
39	53	64	28	94 bis 96	3
40	52	65	27	ab 97	2
41 bis 42	51	66	26		
43	50	67	25		

Tabelle 2

1115

Ertragsanteil aus § 55 EStDV (Auszug) für alle steuerpflichtigen Renten, die für eine bestimmte Dauer gezahlt werden

Laufzeit der Rente in Jahren bei Beginn der Rente	Ertragsanteil der Rente in %	Laufzeit der Rente in Jahren bei Beginn der Rente	Ertragsanteil der Rente in %	Laufzeit der Rente in Jahren bei Beginn der Rente	Ertragsanteil der Rente in %
1	0	8	15	15	28
2	2	9	17	16	29
3	4	10	19	17	31
4	7	11	21	18	32
5	9	12	23	19	34
6	11	13	25	20	35
7	13	14	26		

1116 Aufgepaßt bei Nachzahlungen!

Hast Du erst nach zähem Ringen den Kampf um die Rente gewonnen, so mußt Du Deine Nachzahlung in dem Jahr versteuern, in dem Dir das Geld überwiesen wurde.

Bezieht sich die Nachzahlung auf vergangene Jahre, so trage sie unbedingt in > Zeile 43 ein, denn sie darf nur ermäßigt besteuert werden.

Wurde Deine Nachzahlung mit Kranken- oder Arbeitslosengeld verrechnet, so heißt es aufgepaßt! Nicht der gekürzte Auszahlungsbetrag, sondern die gesamte Nachzahlung mußt Du in > Zeile 43 ansetzen. Das bedeutet allerdings, daß sich das Kranken- und Arbeitslosengeld in den Vorjahren nicht auf Deinen Steuersatz auswirken dürfen (vgl. > Rz 680, Progressionsvorbehalt). War das der Fall, mußt Du einen Berichtigungsantrag für die Vorjahre stellen (Quelle: § 175 Abs. 1 Nr. 2 AO).

Zu Beratungs- und Prozeßkosten bei Renteneinkünften siehe > Rz 1124.

Sonstige Einkünfte

– 2 –

Zeile	Leibrenten / Einnahmen	Steuerpflichtige Person Ehemann				Ehefrau			
		1. Rente		2. Rente		1. Rente		2. Rente	
30	Altersrente (Arbeiterrenten- oder Angestellten-Versicherung)	☒		☐ (Angaben zu weiteren Renten bitte auf besonderem Blatt)		☐		☐ (Angaben zu weiteren Renten bitte auf besonderem Blatt)	
31	Berufs- oder Erwerbsunfähigkeitsrenten (Arbeiterrenten- oder Angest.-Versichg.)	☐							
32	Witwen-/ Witwerrenten	☐							
33	Sonstige Renten (z. B. Bergmannsrenten, Knappschaftsruhegeld)	☐							
34	Renten aus Grundstücksveräußerungen	☐							
35	Renten aus Versicherungsverträgen	☐							
36	Renten aus (bitte angeben)								
37	Die Rente läuft seit	Tag 0 1 / Monat 0 8 / Jahr 9 9		Tag Monat Jahr		Tag Monat Jahr		Tag Monat Jahr	
38	Die Rente erlischt mit dem Tod von								
39	Die Rente erlischt/wird umgewandelt spätest. am	Tag Monat Jahr		Tag Monat Jahr		Tag Monat Jahr		Tag Monat Jahr	
40	Rentenbetrag (ohne 1999 zugeflossene Nachzahlungen für mehrere Jahre)	50 17.512 DM		54 DM		51 DM		55 DM	
41	Falls bekannt: Ertragsanteil der Rente	52 27 %		56 %		53 %		57 %	
42	Werbungskosten (Summe je Person)	48 DM				49 DM			
43	Nachzahlungen für mehrere Jahre (in Zeile 40 nicht enthalten)	XX 15.300 DM		XX DM		XX DM		XX DM	

Andere wiederkehrende Bezüge/Unterhaltsleistungen | Steuerpflichtige Person Ehemann

▀▀ Kapitalabfindung steuerfrei kassieren, statt   1117
TIP Ertragsanteil versteuern

Leibrenten sind in Höhe des Ertragsanteils steuerpflichtig, daran läßt sich nichts ändern. Entscheidest Du Dich jedoch für eine Kapitalabfindung statt der monatlichen Rentenzahlung, so kannst Du die Abfindung steuerfrei kassieren (EStH 167 > Kapitalabfindung). Die Auszahlung des Rentenanspruchs kann zum Beispiel sinnvoll sein, wenn Du als kleiner Krösus auf die laufenden Einnahmen z.B. aus einer privaten Berufsunfähigkeitsrente nicht angewiesen bist. Statt die Berufsunfähigkeitsrente nun zu versteuern, auch wenn nur der Ertragsanteil steuerpflichtig ist, läßt Du Dich mit einem größeren steuerfreien Kapitalbetrag abfinden und machst mit dem Geld, was Dir beliebt.

Rentenreform 1999   1118

Mit der Rentenreform 1999 haben unsere Politiker zum Großangriff auf den Vorruhestand geblasen. Wer vorzeitig Büro oder Werkbank den Rücken kehren möchte, um seinen Arbeitsplatz für einen unserer vier Millionen Arbeitslosen frei zu machen, wird dafür künftig auch noch mit saftigen Rentenabschlägen bestraft.

Die Änderungen im Überblick:

Altersrente für langjährig Versicherte   1119
Kannst Du 35 Versicherungsjahre vorweisen, so steht Dir derzeit ab dem 63. Lebensjahr der Weg in den verdienten Vorruhestand offen. Ab dem Jahr 2000 wird diese Altersgrenze stufenweise auf 65 Jahre angehoben. Ab 2010 können langjährig Versicherte schon mit 62 Jahren einen Rentenantrag stellen. Der Haken bei der Sache: Jeder Monat vorzeitiger Inanspruchnahme kostet 0,3% der Rente. Bei einer Altersrente von 62 ergibt das einen Rentenabschlag von immerhin 10,8%.

Altersrente wegen Arbeitslosigkeit   1120
Bislang konntest Du schon mit 60 einen Rentenantrag stellen, wenn Du mindestens 15 Jahre in der Rentenversicherung und 1½ Jahre arbeitslos warst. Bereits ab 1997 wird die Altersgrenze nun schon stufenweise auf das 65. Lebensjahr angehoben. Möchtest Du Dir dennoch den mühseligen Gang zum Arbeitsamt ersparen, mußt Du Dir jeden Monat des Vorruhestands mit 0,3% Deiner Rente erkaufen. Also Rente ab 63 bedeutet einen Verlust

von 7,2%. Stellst Du den Rentenantrag schon mit 60, mußt Du Dich künftig mit einem Abschlag von 18% abfinden.

1121 Altersrente für Frauen

Auch Frauen müssen künftig bis zu ihrem 65. schuften. Ab 2000 wird die Altersgrenze von jetzt 60 Jahren schrittweise heraufgesetzt.

1122 Vorzeitige Rente für Schwerbehinderte

Plagst Du Dich mit einer Behinderung herum (Grad der Behinderung mindestens 50%), bleibt Dir derzeit schon ab 60 der tägliche Weg zur Arbeit erspart, wenn Du mindestens 35 Versicherungsjahre nachweisen kannst.

Ab 2000 wird diese Altersgrenze Schritt für Schritt auf 63 Jahre angehoben (ausgesetzt bis Ende 2000, Gesetz zur Korrektur in der Sozialversicherung). Zwar kannst Du auch weiterhin bereits mit 60 einen Rentenantrag stellen, aber auch hier kostet Dich der Vorruhestand 0,3% der Rente je Monat vorzeitiger Inanspruchnahme. Also, Rente ab 60 bedeutet Rentenkürzung von 10,8%.

Für die Änderungen durch die Rentenreform gilt eine Vielzahl von Übergangsregelungen. Ob Dich die Neuerungen treffen, klärst Du also am besten mit Deinem Berater der Rentenversicherung.

Übrigens, Deine Fahrtkosten zur Rentenkasse kannst Du von der Steuer absetzen. Siehe hierzu ➤ Rz 1124.

Im Frühling, da blühen die Blumen,
im Herbst ist Erntezeit.

(Aus Rumänien)

1123 TIP Nutze alle Freibeträge aus!

Gehörst Du zu denen, die auch als Rentner nicht die Hände in den Schoß legen möchten und deshalb noch hinzuverdienen? Wegen der Steuer brauchst Du Dich nicht groß zu sorgen. Denn Dir steht für Nebeneinkünfte der Altersentlastungsbetrag von 40% der Nebeneinkünfte zu, also auf alle Einkünfte, die keine Renten (oder Pensionen) sind, § 24a EStG. Er beträgt maximal 3 720 DM und wird ohne besonderen Antrag berücksichtigt.

Von einem Hinzuverdienst von jährlich	24 000 DM
geht ab: Arbeitnehmer-Freibetrag	2 000 DM
Verbleiben als Arbeitseinkünfte	22 000 DM
./. Altersentlastungsbetrag 40% von 24 000 DM, höchstens	3 720 DM
Steuerpflichtig	18 280 DM

»Davon Steuer zu zahlen würde mich aber ärgern«, sagst Du.

Ob Du dafür Steuern zahlen mußt, hängt von der Höhe Deiner anderen Einkünfte ab.

Deine Rente beträgt im Jahr	30 000 DM
Davon Ertragsanteil, angenommen 27% =	8 100 DM
./. Werbungskosten-Pauschbetrag	200 DM
Renteneinkünfte	7 900 DM
+ Arbeitseinkünfte wie oben	22 000 DM
Summe	29 900 DM
./. Altersentlastungsbetrag wie oben	3 720 DM
Gesamtbetrag der Einkünfte	26 180 DM
./. Sonderausgaben	
Eigenanteil zur Krankenversicherung z. B.	2 010 DM
Sonderausgaben-Pauschbetrag für Verheiratete	216 DM
Zu versteuerndes Einkommen	23 954 DM
Einkommensteuer nach Splittingtabelle 1999	0 DM

Na, was sagst Du? Alles paletti?

▬ **Vergiß auch als (künftiger) Rentner Werbungskosten**   1124
TIP **nicht!**

Unsere Rente ist sicher – das predigen die Politiker schon seit Jahren. Gehörst Du auch zu denen, die sich darauf nicht verlassen wollen und sich daher informieren und beraten lassen? Dann vergiß nicht, die Beratungskosten als Werbungskosten bei den Renteneinkünften in > Zeile 42 der Anlage KSO einzutragen, auch wenn Du noch keine Rente bekommst. Die Eintragung beschert Dir einen Verlust bei den Renteneinkünften und damit eine Minderung Deiner Steuerlast.

Ebenso wirken sich natürlich Prozeß- und Beratungskosten aus, die Du im Zusammenhang mit Deinem Rentenantrag berappen mußtest. Beratungs- und Prozeßkosten hinsichtlich der privaten Rentenversicherung kannst Du aber nur dann in > Zeile 42 eintragen, wenn es sich um eine Erwerbs- bzw. Berufsunfähigkeitsversicherung handelt. Bei der üblichen Lebensversicherung (mit Kapitalwahlrecht) sind die Kosten nicht absetzbar (Quelle: BMF-Schreiben vom 20. 11. 1997 – IV B 5 – S 225 – 356/97).

Zu Werbungskosten bei Renteneinkünften siehe auch ➤ Rz 84.

1125 **TIP** **Eigenanteil zur Krankenversicherung nicht vergessen**

Auch als Altersrentner bleibst Du von Krankenversicherungsbeiträgen nicht verschont. Die Hälfte davon übernimmt die Rentenversicherung als Zuschuß. Der Rest ist als Eigenanteil bei den Sonderausgaben abziehbar.

Ein Blick in Deine Rentenanpassungsmitteilung

	Bisherige	Neue
	Monatsbeiträge	
Bruttorente monatlich	1726,06	1787,09
Beitragsanteil zur Krankenvers. 6,7%	./. 115,65	./. 119,74
Monatlicher Zahlbetrag (netto)	1610,41	1667,35

Der Zuschuß zur Krankenversicherung ist nach § 3 Nr. 14 EStG nicht steuerpflichtig, ist aber vom Krankenversicherungsbeitrag abzuziehen.

Du kannst in der Steuererklärung unterbringen:

Eigenanteil Januar bis Juni: 115,65 DM x 6 Monate =	693,90 DM
Eigenanteil Juli bis Dezember: 119,74 DM x 6 Monate =	718,44 DM
Summe	1412,34 DM

1126 **Guter Rat**

Als Rentner mußt Du nicht allein von der Rente, sondern auch von übrigen Einkünften Beiträge zur Krankenversicherung bezahlen. Daher kann es sich lohnen, sich von der bisherigen Krankenkasse zu trennen und eine Kasse mit niedrigeren Beiträgen zu wählen (siehe auch ➤ Rz 122).

1127 ## Zeile 30–43 Vorgezogenes Altersruhegeld wegen Erwerbsunfähigkeit oder Berufsunfähigkeit

---

In bestimmten Berufszweigen scheiden besonders viele aus gesundheitlichen Gründen vorzeitig aus dem Arbeitsleben aus, z. B. in der Baubranche, im Bergbau oder in der Landwirtschaft, und sind dann nicht mehr erwerbsfähig. Viele werden vorzeitig berufsunfähig, z. B. nach Unfällen, und können dann ihren alten Beruf nicht mehr ausüben.

Je nachdem erhalten diese früheren Arbeitnehmer entweder eine Erwerbsunfähigkeitsrente oder eine Berufsunfähigkeitsrente. Diese Unterscheidung hat aber nur Bedeutung für die Höhe der Rente. Auch ist die Hinzuverdienstgrenze unterschiedlich (Berufsunfähige erhalten weniger Rente und können deswegen mehr hinzuverdienen).

Für den Fiskus ist diese Unterscheidung völlig uninteressant. Ihn interessiert nur der Ertragsanteil. Ein Arbeitnehmer, der ab seinem 60sten aufgrund Berufs- und Erwerbsunfähigkeit vorzeitig in Rente gegangen ist, versteuert seine Rente bis zum 65sten nach Tabelle 2 mit 9% Ertragsanteil, weil die Laufzeit der Rente fünf Jahre beträgt. Ab dem 65sten erhält er das reguläre Altersruhegeld bis zu seinem Lebensende. Dies versteuert er nach Tabelle 1 mit 27%.

1128

Zur Erwerbs- und Berufsunfähigkeitsrente wisse:

1129

Erwerbsunfähig ist ein Versicherter, der wegen Krankheit oder Behinderung auf nicht absehbare Zeit außerstande ist, durch Erwerbstätigkeit ein Einkommen von mehr als $1/7$ der monatlichen Bezugsgröße (1999 = 630/530 DM West/Ost) zu erzielen. Übrigens, auch wenn Du den täglichen Arbeitsweg aufgrund einer Gehbehinderung nicht mehr zu Fuß bewältigen kannst, bist Du erwerbsunfähig (Urt. des Bundessozialgerichts, Az 5 RJ 16/97).

Berufsunfähig ist hingegen ein Versicherter, dessen Erwerbsfähigkeit wegen Krankheit oder Behinderung auf weniger als die Hälfte derjenigen von gesunden Versicherten gesunken ist. Ein Berufsunfähiger erhält weniger Rente als ein Erwerbsunfähiger und kann deshalb bis zu 50% des Verdienstes eines vergleichbaren Arbeitnehmers hinzuverdienen.

1130

Vorgezogenes Altersruhegeld

1131

Auf Antrag wird bereits nach Vollendung des 63. Lebensjahres das »vorgezogene Altersruhegeld« gezahlt. Der Ertragsanteil beträgt nach Tabelle 1 konstant 29%.

Zeile 31 Witwen-/Witwerrente

1132

Mit dem Begriff »Witwenrente« tritt die Erkenntnis zutage, daß die meisten Menschen, deren Ehepartner verstorben ist, Frauen sind, weil sie rein statistisch eine höhere Lebenserwartung als Männer haben und im umgekehrten Fall Rentenansprüche nur entstehen, wenn der weibliche Part berufstätig war, was weniger häufig ist. Von Witwerrenten spricht man deshalb kaum.

Der Fiskus unterscheidet zwischen der »kleinen« und der »großen« Witwenrente, je nachdem, ob der Eintritt in den Witwenstand vor oder nach dem 45. Lebensjahr erfolgte. Wer nun meint, mit dem Eintritt in den Witwenstand vor dem 45. sei die »große« Witwenrente verbunden, der irrt gewaltig. Es ist gerade umgekehrt. Die »kleine« Witwenrente mit einem Eintrittsalter vor dem 45. gilt als abgekürzte und deshalb »kleine« Leibrente. Diese Rente wird nur bis zum 45. Lebensjahr gezahlt und dann in die »große« Witwenrente – auf Lebenszeit – umgewandelt.

Dementsprechend wird der steuerpflichtige Ertragsanteil für die »kleine« Witwenrente nach Tabelle 2 ermittelt mit einer Laufzeit ab Beginn des Witwenstandes bis zum 45. Lebensjahr. Danach beginnt die »große« Witwenrente, deren Ertragsanteil nach Tabelle 1 besteuert wird, also mit 48%.

1133 ◆ *Musterfall Hedwig Jäger (»Große Witwenrente«)*

Die jetzt 80jährige Frau Hedwig Jäger bezieht seit ihrem 55. Lebensjahr – nach dem Tod ihres Ehemannes – die »Große Witwenrente«, die im Kj. 19 850 DM betragen hat. Den Eigenanteil zur Kranken- und Pflegeversicherung von 7,55% hat sie mit 1 499 DM berechnet. Der frühere Arbeitgeber ihres Ehemannes, die BASF AG, zahlt eine monatliche Betriebspension von 340 DM. Davon sind lt. Lohnsteuerkarte keine Abzugssteuern einbehalten. Für ihre vier Kinder, die sie großgezogen hat, erhält sie Kindererziehungsgeld von mtl. 138 DM.

Frau Jäger weiß, daß sie eine Einkommensteuererklärung abgeben muß, denn sie wird beim Finanzamt als Einkommensteuerzahler mit Steuernummer geführt. Vor einigen Jahren hat sie sich einmal von einem Steuerberater ihre Steuererklärung ausfüllen lassen. Seitdem macht sie die Erklärung selbst. Sie weiß, daß der Ertragsanteil ihrer »Großen Witwenrente« konstant 38% beträgt. Für die Versteuerung der Betriebspension der BASF füllt sie die Anlage N aus, auch die > Zeile 7, mit deren Ausfüllung sie den Versorgungsfreibetrag von 40%, höchstens 6 000 DM, beantragt. Den Eigenanteil zur Kranken- und Pflegeversicherung trägt sie in > Zeile 68 des Hauptformulars ein. Das Kindererziehungsgeld ist nicht steuerpflichtig.

		Erste Lohnsteuerkarte		Weitere Lohnsteuerkarte(n)			
Name und Vorname	Jäger, Hedwig			**Anlage N**	Bitte Lohnsteuerkarte(n) im Original beifügen!		**1999**
Steuernummer	304 / 222 / 3330			Jeder Ehegatte mit Einkünften aus nichtselbständiger Arbeit hat eine eigene Anlage N abzugeben.		99 4 / 89	Stpfl Ehefr = 7 Ehefr = 8

Einkünfte aus nichtselbständiger Arbeit

Zeile	Angaben zum Arbeitslohn	DM	Pf	DM	Pf		
1		Erste Lohnsteuerkarte		Weitere Lohnsteuerkarte(n)		85	Veranlagungsgrund
2	Bruttoarbeitslohn	10 4.080	—	11	—	10	
3	Lohnsteuer	40		41	—	50	
4	Solidaritätszuschlag	50		51		42	
5	Kirchensteuer des Arbeitnehmers	42		43		44	
6	Nur bei konfessionsverschiedener Ehe: Kirchensteuer für den Ehegatten	44		45		11	
7	Versorgungsbezüge (in Zeile 2 enthalten)			32 4.080	—	41 / 51	

Außerordentliche Einkünfte, die ermäßigt besteuert werden sollen (vgl. Zeile 45 des Hauptvordrucks)

Zeile	Sonderausgaben		
62			

		DM	DM
63	Arbeitnehmeranteil am Gesamtsozialversicherungsbeitrag und/oder befreiende Lebensversicherung sowie andere gleichgestellte Aufwendungen (ohne steuerfreie Zuschüsse des Arbeitgebers)	**30** Stpfl./Ehemann	**31** Ehefrau
64	– in der Regel auf der Lohnsteuerkarte bescheinigt –		
65	Nur bei steuerpflichtigen Personen, die nach dem 31. 12. 1957 geboren sind: Zusätzliche freiwillige Pflegeversicherung (nicht in Zeilen 64 und 68 enthalten)	**82**	**87**
66			
67	Freiwillige Angestellten-, Arbeiterrenten-, Höherversicherung (abzüglich steuerfreier Arbeitgeberzuschuß) sowie Beiträge von Nichtarbeitnehmern zur Sozialversicherung	**41** Stpfl./Ehegatten	

68	Kranken- und Pflegeversicherung (abzüglich steuerfreie Zuschüsse, z. B. des Arbeitgebers; ohne Beiträge in den Zeilen 64 und 65)	1999 gezahlte Beiträge **1.499**	1999 erstattete Beiträge – ▶	**40** 1.499

Sonstige Einkünfte

– 2 –

Zeile	Leibrenten Einnahmen	Steuerpflichtige Person Ehemann		Ehefrau	
		1. Rente	2. Rente (Angaben zu weiteren Renten bitte auf besonderem Blatt)	1. Rente	2. Rente (Angaben zu weiteren Renten bitte auf besonderem Blatt)
30	Altersrente (Arbeiterrenten- oder Angestellten-Versicherung)	☐	☐	☐	☐
31	Berufs- oder Erwerbsunfähigkeitsrenten (Arbeiterrenten- oder Angest.-Versichg.)	☐	☐	☐	☐
32	Witwen-/Witwerrenten	☒	☐	☐	☐
33	Sonstige Renten (z. B. Bergmannsrenten, Knappschaftsruhegeld)	☐	☐	☐	☐
34	Renten aus Grundstücksveräußerungen	☐	☐	☐	☐
35	Renten aus Versicherungsverträgen	☐	☐	☐	☐
36	Renten aus (bitte angeben)				

		Tag	Monat	Jahr	Tag	Monat	Jahr	Tag	Monat	Jahr	Tag	Monat	Jahr
37	Die Rente läuft seit	0 1	0 3	7 0									
38	Die Rente erlischt mit dem Tod von												
39	Die Rente erlischt/wird umgewandelt spätest. am												

40	Rentenbetrag (ohne 1999 zugeflossene Nachzahlungen für mehrere Jahre)	**50** 19.850 DM	**54** DM	**51** DM	**55** DM
41	Falls bekannt: Ertragsanteil der Rente	**52** 38 %	**56** %	**53** %	**57** %
	Werbungskosten	**48**			

Hedwig Jäger zahlt an Einkommensteuer:
Einkünfte aus nichtselbständiger Arbeit

Bruttolohn	4 080 DM
./. Versorgungsfreibetrag 40%	1 632 DM
Arbeitnehmer-Pauschbetrag	2 000 DM
Einkünfte	448 DM > 448 DM

Sonstige Einkünfte

Rentenbezüge	19850 DM	
Davon Ertragsanteil 38% =	7543 DM	
./. Werbungskosten-Pauschbetrag	200 DM	
Einkünfte	7343 DM	> 7343 DM
Summe der Einkünfte		7791 DM
./. Sonderausgaben		
Eigenanteil zur Krankenversicherung		1499 DM
Sonderausgaben-Pauschbetrag		108 DM
Zu versteuerndes Einkommen		6184 DM
Einkommensteuer nach Grundtabelle		0 DM

1134

Zeile 30–43 Hinzuverdienstgrenzen, Sozialversicherung

In vielen Fällen scheiden Arbeitnehmer vorzeitig aus dem Arbeitsleben aus, weil sie nicht mehr das volle Pensum schaffen können. Auch Dir ist es so ergangen. Du möchtest Dich aber nicht ganz aus dem Erwerbsleben zurückziehen, eine Halbtagsbeschäftigung, das wäre optimal. Du fragst Dich aber, ob evtl. durch Nebenverdienst Deine Rente gefährdet ist, wenn die Sozialkasse davon Kenntnis erhält, z. B. durch Betriebsprüfung. Dazu wisse:

Vollrentner wegen Alters
Wer als Vollrentner vor seinem 65. nebenbei arbeitet, dem wird nur eine Teilrente gewährt oder die Rente sogar ganz verweigert, wenn die folgenden Verdienstgrenzen überschritten werden:

1135

Vollrentner wegen Alters	Lebensalter	Verdienstgrenze 1999 (Rentenbeginn ab 1. 1. 1992)	
– als langjährig Versicherter	ab 63	10 Monate	630 DM
– als Schwerbehinderter	ab 60	2 Monate	1260 DM
– nach Arbeitslosigkeit	ab 60		
– bei Frauen	ab 60		

Ab dem 65. Lebensjahr bestehen keine Verdienstgrenzen.

1136 **Teilrentner wegen Alters**
Es kann auch auf Antrag eine Rente von ⅔, ½ oder ⅓ der Vollrente gewährt werden. Dafür gelten dieselben Altersgrenzen.

564

Der Antrag auf Teilrente kann sinnvoll sein, weil der Teilrentenbezieher der gesetzlichen Versicherungspflicht unterliegt und die während des Teilrentenbezugs erworbenen Beitragszeiten später bei der Vollrente zusätzlich berücksichtigt werden.

Bei Altersteilrente gelten folgende Hinzuverdienstgrenzen: **1137**

Teilrente von	Hinzuverdienstgrenze von
²/₃	833,88 DM/Monat (West), 715,23 DM/Monat (Ost)
½	1 250,81 DM/Monat (West), 1 072,89 DM/Monat (Ost)
⅓	1 667,75 DM/Monat (West), 1 430,45 DM/Monat (Ost)

Innerhalb eines Jahres darf zweimal bis zum Doppelten der obigen Beträge hinzuverdient werden. Angegeben sind die allgemeinen Hinzuverdienstgrenzen. Je nach Durchschnittsverdienst vor Rentenbeginn können sich Hinzuverdienstgrenzen von mehr als dem Zweifachen der genannten Beträge ergeben.

Ausnahmefälle **1138**
Wer nach bisherigem Recht bis Ende 1991 bei langfristiger Beschäftigung zu seiner Rente zehn Monate 1 000 DM und zwei Monate 2 000 DM hinzuverdienen durfte, kann auch weiterhin diese Beträge hinzuverdienen. Bei kurzfristiger Beschäftigung (bis zu zwei Monate im Jahr) kann unbegrenzt hinzuverdient werden.

Weitere Renten	Lebensalter	Verdienstgrenze 1999
Rente wegen		
– Erwerbsunfähigkeit/ Erwerbsminderung	ohne Bedeutung	Mtl. 630 DM
– Berufsunfähigkeit	ohne Bedeutung	
volle Rente	–	Mtl. 1 250,81/1 072,84 DM (West/Ost)
Teilrente zu ²/₃	–	Mtl. 1 667,75/1 430,45 DM (West/Ost)
Teilrente zu ⅓	–	Mtl. 2 084,69/1 788,06 DM (West/Ost)
– Todes (Witwenrente)	ohne Bedeutung	Mtl. 1 257,96/1 078,97 DM (West/Ost)*
– Todes (Waisenrente)	ohne Bedeutung	Mtl. 838,64/ 719,31 DM (West/Ost)*

* Anrechnung des übersteigenden Betrags zu 40%

Zweimal jährlich darf das Doppelte der o. g. Beträge hinzuverdient werden.

Diese Hinzuverdienstregelung ist ein glatter Skandal, weil hierdurch Zigtausenden von leistungswilligen Menschen, die Rente beziehen, völlig unnötig bürokratische Fesseln angelegt werden. Zudem werden der deutschen Wirtschaft wertvolle Arbeitskräfte entzogen.

Völlig unverständlich ist auch die starre Regelung der Grenzwerte. Was denkt sich die Bürokratie überhaupt dabei, einen Frührentner, der z. B. kurz zuvor noch als leitender Angestellter mehrere tausend Mark im Monat verdient hat, auf eine Grenze von 630 Mark zu setzen? Dafür kann er doch höchstens noch die Post aus dem Briefkasten holen. Wie findige Leute in dieser Lage aus der Klemme kommen, dazu mehr im Tip unter ➤ Rz 1141.

1140 Erwerbsminderungsrente ab 2000
Durch das Rentenreformgesetz wird die Berufsunfähigkeitsrente ab 2000 abgeschafft. Künftig wird es nur noch eine Erwerbsminderungsrente geben. Folgendes Stufensystem ist hier vorgesehen:

Umfang möglicher Erwerbstätigkeit	Rentenanspruch
unter 3 Stunden täglich	volle Rente
zwischen 3 und 6 Stunden täglich	halbe Rente
mehr als 6 Stunden täglich	keine Rente

Die Erwerbsminderungsrente wird ab 2000 grundsätzlich nur noch für jeweils drei Jahre, also als Zeitrente geleistet. Danach ist eine erneute Gesundheitsprüfung fällig. Schließlich sind auch künftig pingelige Verdienstgrenzen vorgesehen. Ringst Du gerade um die Anerkennung Deines vorzeitigen Ruhestandes, solltest Du daher alle Hebel in Bewegung setzen, damit Du Deine Rente noch in 1999 durchkriegst. Du weißt ja, wer zu spät kommt ...

* Neuregelung ausgesetzt bis Ende 2000 (Gesetz zur Korrektur in der Sozialversicherung).

1141 📑 TIP So hilfst Du Dir als Jungrentner aus der Klemme

Richtig, Du darfst als Rentner unter 65 nur 630 Mark im Monat hinzuverdienen, sonst geht's mit der Rente den Bach runter. Klar! Aber Du hast doch einen Full-Time-Job. Sind da nicht 630 Mark im Monat etwas wenig?

»Na klar, bin doch kein Lehrling mehr. Mein reguläres Gehalt beträgt 2 000 Mark im Monat. Weil ich aber bis zu meinem 65sten nur 630 Mark im Monat hinzuverdienen darf, wird der Rest später – nach meinem 65sten – in einer Summe nachbezahlt, das habe ich sogar schriftlich«, sagst Du. Gratuliere, die Nachzahlung ist später steuerbegünstigt.

»Donnerwetter, volle Rente und Steuerermäßigung auf die Nebeneinkünfte!! Da kommt Freude auf«, rufst Du.

Beitrags- und Entgeltgrenzen für die Sozialversicherung 1999		
	Westdeutschland	Ostdeutschland
Beitrag vom Arbeitsentgelt		
Rentenversicherung	19,5*	19,5
Arbeitslosenversicherung	6,5	6,5
Krankenversicherung	2)	2)
Pflegeversicherung	1,7	1,7
Beitragsbemessungsgrenzen monatlich		
Rentenversicherung	8 500,—	7 200,—
Arbeitslosenversicherung	8 500,—	7 200,—
Krankenversicherung	6 375,—	5 400,—
Pflegeversicherung	6 375,—	5 400,—
Höchstbeiträge monatlich[1]		
Rentenversicherung	1 657,50	1 404,—
Arbeitslosenversicherung	552,50	468,—
Krankenversicherung	2)	2)
Pflegeversicherung	108,38	91,80
Versicherungspflichtgrenzen monatlich		
Rentenversicherung[3]	—	—
Arbeitslosenversicherung[3]	—	—
Krankenversicherung	6 375,—	5 400,—
Pflegeversicherung	—	—
Entgeltgrenzen monatlich		
Versicherungsfreiheit	630,—	530,—
Alleinige Beitragspflicht des Arbeitgebers	630,—	630,—

[1] Je ½ ArbG und ArbN
[2] je nach Krankenkasse unterschiedlich, Durchschnittssatz 13,5%
[3] Keine Begrenzung, siehe aber Beitragsbemessungsgrenzen
* Senkung des Rentenversicherungsbeitrags ab 1. 4. 1999 von 20,3 auf 19,5%.

1143 ## Zeile 44–47 Andere wiederkehrende Bezüge/Unterhaltsleistungen

Erhältst Du Unterhaltsleistungen vom Expartner (bzw. von der Expartnerin) als Folge der »Ersten Runde«, so mußt Du diese (wohl oder übel) in > Zeile 46 eintragen. Vorausgesetzt allerdings, Du hast die Anlage U unterschrieben und damit dem Sonderausgabenabzug beim (bei der) Ex zugestimmt. Welche Folgen sich daraus für Dich ergeben, dazu mehr unter ➤ Rz 183 ff.

Wisse: Von den Unterhaltszahlungen geht der Werbungskosten-Pauschbetrag von 200 Mark runter. Hast Du höhere Werbungskosten, wie zum Beispiel Rechtsberatungskosten, Mahnkosten oder sonstige Gerichtskosten im Zusammenhang mit den Unterhaltsleistungen, trägst Du diese in > Zeile 47 ein.

Mehr zu wiederkehrenden Bezügen und Erbschaftsangelegenheiten mit Eintragungsbeispielen unter ➤ Rz 165 ff.

1144 ## Zeile 48–52 Private Veräußerungsgeschäfte

Wer privates Vermögen innerhalb bestimmter Fristen (Grundstücke zehn Jahre, andere Wirtschaftsgüter ein Jahr) mit Überschuß losschlagen kann, muß künftig damit rechnen, daß der Fiskus seine Hand aufhält. Was bislang weitgehend steuerfrei war, nämlich private Gewinne aus dem Verkauf von Grund und Boden, einem Einfamilienhaus oder einer Eigentumswohnung, von Wertpapieren etc., wird neuerdings besteuert. Hintergrund: Steuerfrei Vermögen bilden, das soll nicht mehr sein.

Betriebliche Veräußerungsgewinne waren bisher schon immer ohne Rücksicht auf irgendwelche Fristen steuerpflichtig. Nun werden auch Gewinne aus privaten Veräußerungsgeschäften besteuert, wenn An- und Verkauf innerhalb der obengenannten Fristen erfolgt.

Je nachdem, ob es sich um den Verkauf eines Grundstücks (oder grundstücksgleichen Rechts wie z. B. Erbbaurecht) oder anderer privater Wirtschaftsgüter wie zum Beispiel Wertpapiere oder Autos handelt, gelten unterschiedliche Spekulationsfristen. Beträgt der Zeitraum zwischen Kauf und Verkauf weniger als die jeweilige Spekulationsfrist, so ist ein Gewinn aus diesem Geschäft grundsätzlich zu versteuern.

Spekulationsfristen bei privaten Veräußerungsgeschäften

1145

Grundstücke, grundstücksgleiche Rechte (z. B. Erbbaurechte)	10 Jahre
Andere Wirtschaftsgüter (z. B. Wertpapiere, Anteile, Termingeschäfte, Autos, Computer ...)	1 Jahr

Maßgebend für die Berechnung der Frist ist jeweils das Datum des Kaufvertrags.

Die privaten Veräußerungsgeschäfte bleiben steuerfrei, wenn der Gesamtgewinn aus allen betreffenden Verkäufen im Jahr weniger als 1 000 Mark beträgt. Hört sich vielleicht etwas kompliziert an, ist es im Grunde aber nicht. Hier daher ein kleines Beispiel:

1146

Am 4. Juni 01 hast Du Aktien gekauft. Beim Verkauf dieser Aktien vor dem 5. Juni 02 wirst Du vom Vater Staat zur Kasse gebeten, vorausgesetzt Du hast einen Kursgewinn erzielt und dieser beträgt insgesamt mehr als 999,99 DM.

Solche Rechenspielchen wie oben kriegst Du nur zustande, wenn Du über Deine Aktienkäufe und -verkäufe genau Buch führst. Andernfalls wirst Du bei Abgabe der Steuererklärung die Zahlen wohl kaum noch auf die Reihe bekommen, oder?

1147

Ohne ernsthaften Hintergrund laß uns mal ein Spielchen durchrechnen, nur um das Prinzip zu sehen, was unserem Fiskalgesetzgeber so alles vorschwebt:

Angenommen, aus Wertpapiergeschäften im Jahr 2000 ließe sich mit aller Gewalt bei Dir ein Überschuß von 1 200 Mark errechnen, der prinzipiell steuerpflichtig wäre. Für Deinen Winterurlaub 2000 hast Du aber eine neue Skiausrüstung gekauft und im Sommer weit unter Neupreis Deinem Bruder verkauft. Also rechnest Du:

Überschuß aus Wertpapiergeschäften		1 200 Mark
Verlust aus Skiausrüstung		
Anschaffungskosten	1 000 Mark	
Abschreibung für ½ Jahr	<u>125 Mark</u>	
Restwert	875 Mark	
Verkaufspreis	<u>500 Mark</u>	
Veräußerungsverlust	375 Mark	<u>375 Mark</u>
Gesamtgewinn privater Veräußerungsgeschäfte		<u>825 Mark</u>

Damit unter 1 000 DM und steuerfrei.

»Na fein«, so sagst Du. »Das war aber nicht der einzige Verlust. Im Frühjahr 2000 habe ich für 5000 Mark eine Brosche gekauft und meiner Freundin zur Verlobung geschenkt. Leider ging die Verlobung in die Brüche und die Brosche wieder an mich zurück. Ich habe die Brosche dann im Herbst 2000 für 2500 Mark an meine Schwester verkauft.«

Aus diesem privaten Veräußerungsgeschäft hast Du einen Verlust von 2500 Mark. Eine Abschreibung wollen wir nicht rechnen, denn ein echtes Schmuckstück unterliegt keiner Abnutzung. Mit diesem Verlust kommst Du nunmehr insgesamt ins Minus. hast also negative Einkünfte (Gewinn aus Aktien 1200 Mark abzüglich Verlust aus Skiausrüstung 375 Mark abzüglich Verlust aus Schmuckerwerb 2500 Mark = Gesamtverlust 1675 Mark). Diesen Verlust muß das Finanzamt förmlich feststellen, quasi bestätigen. **114**

Nun hast Du die freie Entscheidung: Du kannst den Verlust nach 1999 zurücktragen oder nach 2001 vortragen lassen und damit zurückliegende oder künftige Überschüsse aus privaten Veräußerungsgeschäften ausgleichen.

TIP Wie sich das Finanzamt bei Dir verspekuliert   **114**

Kaufst Du eine Aktie, willst Du eine gute Dividende sehen. Oder Du verkaufst sie bei passender Gelegenheit mit Gewinn. Aber paß auf: Zwischen An- und Verkaufstag muß mindestens ein Jahr liegen. Sonst stuft das Finanzamt Deinen Deal als Spekulationsgeschäft ein und besteuert den Gewinn. Nicht mit Dir! Hattest Du nämlich noch alte Aktien der gleichen Art in Deinem Sammeldepot, kannst Du ja behaupten, Du hättest die alten Schätzchen verscherbelt, nicht den Neuerwerb. Und schon schaut das Finanzamt in die Röhre. Ausdrücklich abgesegnet wurde der Kniff vom BFH (Urteil vom 24. 11. 93; BStBl 1994 II S. 591).

Private Veräußerungsgeschäfte bei Grundstücken   **115**
Während es bei Spekulationsgeschäften mit Wertpapieren und sonstigen beweglichen Dingen vielfach nur um Peanuts geht, kommen beim Verkauf eines Grundstücks meist größere Beträge ins Spiel. Die Folge:
Verkaufst Du ein Grundstück innerhalb von zehn Jahren seit Erwerb mit Gewinn, ist dieser zu versteuern und in > Zeile 51 einzutragen. Schummeln ist hier zwecklos, denn die Notare melden den Finanzämtern die von ihnen beglaubigten Kaufverträge mit Angabe der Kaufpreise, so daß Dein Fiskalritter bestens im Bilde ist, was Du wann und zu welchem Preis ge- und wieder verkauft hast.

Wisse:
Das private Veräußerungsgeschäft erstreckt sich nicht nur auf den Grund und Boden, sondern auch auf das Gebäude, das Du innerhalb dieses Zeitraums darauf errichtet hast.

◆ *Musterfall Huber (privates Veräußerungsgeschäft – Grundstück)*

Heribert Huber hat im Jahr 1996 geerbt und das Geld in Immobilien angelegt. Am 1.7. 1996 hat er ein unbebautes Grundstück für 150 000 Mark gekauft und mit einem Doppelhaus bebaut, das er vermietet (Fertigstellung 1. 3. 1997, Herstellungskosten 580 000 Mark). Mit Vertrag vom 1. 7. 1999 verkauft er nun das Grundstück zu einem Preis von 800 000 DM.

Bevor er die Anlage KSO ausfüllen kann, muß Huber seinen Spekulationsgewinn berechnen.

Veräußerungspreis		800 000 DM
Anschaffungskosten		
Grundstück	150 000 DM	
Gebäude	580 000 DM	
– Abschreibung		
580 000 DM x 2% x $^{28}/_{12}$	– 27 067 DM	
Restwert Gebäude	552 933 DM	552 933 DM
Summe		702 933 DM
Spekulationsgewinn 1999		– 702 933 DM
		97 067 DM

In die Anlage KSO trägt Huber ein

47	Werbungskosten zu den Zeilen 45 und 46		
48	**Private Veräußerungsgeschäfte**		
49	Veräußerungspreis/Differenzausgleich/der durch den Wert einer veränderlichen Bezugsgröße bestimmte Geldbetrag oder Vorteil	800. 000	
50	Anschaffungs-/Herstellungskosten abzüglich Absetzungen für Abnutzungen, erhöhte Absetzungen und Sonderabschreibungen; Werbungskosten (ggf. Aufstellung beifügen)	– 702.933 –	
51	Einkünfte	62 97.067	63
52	Antrag auf Beschränkung des Rücktrags nach 1998 für Verluste aus Zeile 51	xx	xx
	Leistungen		

1151 Der Steuerpflicht bei Grundstücksverkäufen innerhalb des Zehn-Jahres-Zeitraums entkommst Du nur, wenn Du das Haus oder die Eigentumswohnung

- zwischen Anschaffung oder Fertigstellung und Veräußerung ausschließlich zu eigenen Wohnzwecken genutzt hast oder
- im Jahr der Veräußerung und in den beiden vorangegangen Jahren zu eigenen Wohnzwecken genutzt hast.

Also, langfristig planen heißt die Devise.

Entweder den Zehn-Jahres-Zeitraum zwischen Kauf und Verkauf abwarten oder Haus bzw. Wohnung vor Verkauf mindestens für zwei Jahre zu eigenen Wohnzwecken nutzen. Übrigens, die unentgeltliche Überlassung an ein Kind wird Dir als Selbstnutzung angerechnet und führt daher zur Steuerfreiheit (vgl. auch ➤ Rz 1184)

8. Wohnraumförderung

8.1 Eigenheimzulage

> *In diesem Kapitel geht es um die staatliche Förderung von selbst-genutztem Wohnraum durch die Eigenheimzulage, durch den Steuerabzug nach § 10e EStG und durch die Wohnungsbauprämie.*

1152

Das Wohnen in den eigenen vier Wänden bleibt für viele nur ein Traum, weil unerschwinglich; für andere ist der Traum in Erfüllung gegangen, aber manchen ist er zum finanziellen Alptraum geworden, trotz der umfangreichen Hilfe, die ihnen Vater Staat zukommen läßt.

Der Erwerb von Wohnungseigentum wird auf mehrfache und unterschiedliche Weise durch Zulagen und Steuervergünstigungen staatlich gefördert. Wundere Dich aber nicht, wenn Du hier nicht sofort durchblickst. Denn unser deutsches Steuerrecht ist inzwischen zu einem grandiosen Unfug verkommen, wie man weiß. Und das trifft besonders für die Wohnraumförderung zu.

Ab 1. 1. 1996 gilt das Eigenheimzulagegesetz. Es stellt die Wohnraumförderung um von dem steuerlichen Abzugsbetrag nach § 10e EStG auf ein Zulagesystem. Die neue Wohnraumförderung ist also nicht mehr davon abhängig, ob der Berechtigte Einkünfte hat. Die Förderungsdauer von acht Jahren wurde aber beibehalten.

Altregelung nach § 10e EStG läuft nebenher weiter

Für Erwerbe oder Baumaßnahmen bis Ende 1995 läuft die alte Wohnraumförderung nach § 10e EStG weiter und endet somit erst im Jahre 2003.

1153

8.1.1 Die Eigenheimzulage im Überblick

Das Zulagesystem ist einkommensunabhängig und begünstigt deshalb in besonderem Maße Geringverdiener und Kinderreiche, läßt Spitzenverdiener außen vor.

1154

1155 **TIP** **Als Student kaufe lieber statt zu mieten**

Um auch Steuerzahlern mit normalem Einkommen den Erwerb ihrer eigenen vier Wände zu ermöglichen, wurde ab 1996 die progressionsabhängige Förderung nach § 10e gegen ein neues Zulagesystem ausgetauscht. Nun reichen bereits Anschaffungskosten von 100 000 DM, um bei einem Neubau achtmal den Höchstbetrag von 5 000 DM zu kassieren. Billiger kann ein Student seine Unterkunft nicht finanzieren.

Beispiel:

Neue Eigentumswohnung, 30 qm, Kaufpreis	150 000 DM
Eigenkapital angenommen	30 000 DM
Finanzbedarf	120 000 DM
Jährliche Zinsen bei 7%	8 400 DM
./. jährliche Eigenheimzulage vom Fiskus	5 000 DM
Eigenanteil jährlich	3 400 DM

Nach acht Jahren wird das Studium beendet und die Studentenbude durch einen Lebenspartner oder sogar Nachwuchs vielleicht zu klein geworden sein. Dann richtet sich das Interesse oftmals schon auf ein Häuschen im Grünen. Der Erlös aus der Studentenbude ist dann Grundstock zum Eigenkapital. Ist die Wohnraumförderung noch in Kraft, kann sie dann noch einmal in Anspruch genommen werden, Ehepartner vorausgesetzt.

1156 **Wie wird gefördert?**

Unabhängig vom Steuersatz erhält der Häuslebauer über einen Zeitraum von acht Jahren eine Grundzulage von jährlich 5 000 Mark. Hinzu kommt eine Kinderzulage von jährlich 1 500 DM je Kind, wenn das Kind zum Haushalt gehört. Bei drei Kindern zahlt der Fiskus also jährlich 5 000 Mark Gundzulage plus 4 500 Mark Kinderzulage, macht zusammen 9 500 Mark, die jeweils zum 15. März eines jeden Jahres ausbezahlt werden. Nach Adam Riese gerechnet sind das auf acht Jahre Summa 76 000 Mark.
Der Käufer eines **Altbaus** wird nicht so hoch gefördert. Hier beträgt die Grundzulage nur 2 500 Mark, Kinderzulage wie oben geht extra.

Egal, ob Neubau oder Altbau, zusätzlich werden Anschaffungen zur Energieeinsparung durch weitere Zulagen bis zu jährlich 900 Mark belohnt.

1157 **Auch Ausbauten und Erweiterungen** werden mit 2,5% der Herstellungskosten, maximal 2500 Mark Grundzulage pro Jahr gefördert. Allerdings kannst Du hier höchstens die Hälfte Deiner Aufwendungen über die Zulage zurückbekommen. Mehr zu Ausbauten und Erweiterungen unter ➤ Rz 1203.

Vorab solltest Du wissen: 1158

a) Du mußt selbst in das Haus oder in die Wohnung einziehen, und zwar schon im Jahr der Fertigstellung bzw. des Erwerbs. Denn der Achtjahreszeitraum für die Wohnraumförderung beginnt in diesem Jahr. Wer in diesem Jahr nicht einzieht, verliert ein ganzes Jahr, erhält also die Zulagen nur sieben Jahre. Das ist die

Neujahrsfalle: Wer im Dezember ein Haus oder eine Wohnung kauft und erst im Januar des nächsten Jahres einzieht, verliert ein ganzes Jahr der Förderung. Also aufpassen!

b) Die Wohnraumförderung setzt voraus, daß Dir der Bau der Wohnung, des Ausbaus oder der Erweiterung **zuvor** von der zuständigen Baubehörde genehmigt wurde. Also aufgepaßt, insbesondere bei Ausbauten und Erweiterungen.

Ist eine Baugenehmigung nicht erforderlich, solltest Du Dir darüber eine Bestätigung vom Bauamt ausstellen lassen. Denn auch bei einer nachträglich erteilten Baugenehmigung wollen Dir die Fiskalritter die Zulage nicht rückwirkend zubilligen. Für den Zeitraum von der Fertigstellung Deines Ausbaus oder Deiner Erweiterung bis zur Erteilung der Baugenehmigung wäre die Wohnraumförderung damit verloren.

c) Spitzenverdiener – das sind hier Steuerzahler mit Einkünften von mehr als 240 000/480 000 Mark (Alleinstehende/Verheiratete) im ersten Jahr und im Vorjahr – erhalten keine Zulagen.

d) Auch bei Erwerb eines Anteils an einer Wohnung hast Du Anspruch auf die Zulage, aber nur anteilig. Dies bedeutet: Kaufen zwei Alleinstehende gemeinsam eine Wohnung, die sie dann auch gemeinsam nutzen, steht jedem nur die Hälfte der höchstmöglichen Zulage zu. Denn es wird immer nur eine komplette Wohnung voll gefördert. Zugleich tritt für jeden Miteigentümer Objektverbrauch ein, da auch ein Anteil an einer Wohnung als Wohnobjekt gilt. Hier ist also Vorsicht geboten.

Was Du bei der doppelten Haushaltsführung beachten solltest, dazu mehr unter ➤ Rz 993.

Übersicht

1159 ### Wohnraumförderung nach dem EigZulG

Anwendungsbereich
Herstellung oder Anschaffung einer eigengenutzten oder einem Angehörigen unentgeltlich überlassenen Wohnung im Inland nach dem 31. 12. 1995.

Personenkreis
Voraussetzung: Kein Objektverbrauch, Einkunftsgrenze insgesamt bis 240 000/480 000 DM (Alleinstehende/Ehegatten) im Erstjahr der Förderung und im vorausgegangenen Jahr.

Förderobjekt
Neubau: Herstellung oder Ausbau/Erweiterung (keine Zubehörräume) oder Erwerb innerhalb von zwei Jahren nach Fertigstellung
Altbau: Anschaffung (nach Ablauf von zwei Jahren seit Fertigstellung)

Förderzeitraum
Jahr der Herstellung/Anschaffung und die folgenden sieben Jahre.

Folgeobjekt
Nicht ausgenutzte Jahre des Förderzeitraums können vom Erstobjekt auf ein Folgeobjekt übertragen werden.

Bemessungsgrundlage
Herstellungs-/Anschaffungskosten einschließlich Grund und Boden.

Art und Höhe der Eigenheimzulage
Die Eigenheimzulage ist progressionsunabhängig und besteht aus der Grundzulage und der Kinderzulage.

Höhe der Grundzulage	Neubau	Altbau/Erweiterung/Ausbau
Bemessungsgrundlage in DM, höchstens	100 000	100 000
davon jährlich in %	5	2,5
jährlich in DM höchstens	5 000	2 500
Höhe der Kinderzulage pro Kind/Jahr in DM	1 500	1 500

Begrenzung: Die Summe der EigZul im Förderzeitraum (Grundzulagen + Kinderzulagen) darf die Bemessungsgrundlage nicht überschreiten.
Bei Ausbau und Erweiterung beträgt die Summe der Zulage höchstens 50% der Bemessungsgrundlage.

Zulage für ökologische Maßnahmen (nicht für Ausbau/Erweiterung)

a) Einbau von Solaranlagen, Wärmepumpen etc. im Förderzeitraum jährlich 2% der Aufwendungen, höchstens jährlich	500 DM
b) Neubau eines Niedrigenergiehauses im Förderzeitraum jährlich	400 DM

Bei Anschaffung oder Herstellung eines Eigenheims bis einschließlich 1998 konnten außerdem eine Vorkostenpauschale (3 500 Mark) und Erhaltungsaufwendungen vor Bezug (max. 22 500 DM) steuerlich abgesetzt werden. Seit 1999 ist damit Schluß.

8.1.2 Die Eigenheimzulage im einzelnen

1160

Zum 1. 1. 1996 ist die bisherige Wohnraumförderung nach dem § 10e EStG von dem nunmehr geltenden Eigenheimzulagegesetz abgelöst worden. Die Fälle der Wohnraumförderung nach § 10e EStG werden als sog. Altfälle noch bis zum Jahre 2003 fortgeführt.

Die jetzige Förderung wird vom Finanzamt auf Antrag als Zulage für das erste Jahr innerhalb eines Monats nach Bescheid und sodann jeweils zum 15. März eines jeden Jahres ausgezahlt. Die Eigenheimzulage setzt sich aus der Grundzulage und der Kinderzulage zusammen.

Was wird gefördert?

1161

Gefördert wird die Herstellung oder die Anschaffung einer Wohnung in einem im Inland gelegenen Haus oder einer Eigentumswohnung im Inland. Wichtig: Ausbauten oder Erweiterungen an einer Wohnung stehen der Herstellung einer Wohnung gleich (§ 2 EigZulG). Voraussetzung: Der Anspruch auf Zulage besteht nur für Kalenderjahre, in denen der Eigentümer die Wohnung zu eigenen Wohnzwecken nutzt oder in denen er die Wohnung einem Angehörigen unentgeltlich zu Wohnzwecken überläßt.

Wie lange wird gefördert?

1162

Der Eigentümer kann die Förderung acht Jahre in Anspruch nehmen. Der Förderzeitraum beginnt mit dem Jahr der Fertigstellung oder Anschaffung der Wohnung. Achtung: Neujahrsfalle. Dazu ➤ Rz 1158.

Wie hoch wird gefördert?

1163

● **Fördergrundbetrag**

Der Fördergrundbetrag beträgt bei Neubauten 5% der Herstellungskosten (einschließlich Grund und Boden), höchstens 5 000 DM, bei Altbauten, Ausbauten und Erweiterungen höchstens 2,5% der Anschaffungs- oder Herstellungskosten, höchstens 2 500 DM. Die höchste Berechnungsgrundlage ist somit 100 000 DM.

Was darüber liegt, ist steuerlich ohne Belang. Hat der Eigentümer Aufwendungen zur Energieeinsparung getätigt, erhält er eine Zusatzförderung von 2%, höchstens 500 DM jährlich. Die höchste Berechnungsgrundlage für die Zusatzförderung ist also 25 000 DM. Eine zusätzliche Förderung von jährlich 400 DM kann ergattern, wer ein Niedrigenergiehaus baut oder kauft. Das ist ein Haus, dessen Jahresheizwärmebedarf den allgemein geforderten Wert nach der Wärmeschutzverordnung vom 16. 12. 1994 – BGBl I S. 2121 um mindestens 25% unterschreitet. Wichtig zu wissen: Die Zusatzförderungen gelten nicht für Ausbauten und Erweiterungen.

1164 ● **Kinderzulage**

Die Kinderzulage beträgt für jedes in dem jeweiligen Kalenderjahr einkommensteuerlich zu berücksichtigende Kind (➤ Rz 363 ff.) jährlich 1500 DM. Voraussetzung ist, daß das Kind zum Haushalt des Steuerzahlers gehört. Lies auch ➤ Rz 1220: Kinderzulage für Nestflüchter.

1165 ● **Begrenzung der Eigenheimzulage**

Hat der Steuerzahler nur wenig aufgewandt, um Wohnraum zu schaffen bzw. zu erwerben, so wird die Summe der Eigenheimzulage – ohne die ökologischen Zulagen – auf die Höhe der Aufwendungen begrenzt.

Bei Ausbauten und Erweiterungen können maximal 50% der Aufwendungen an Zulagen kassiert werden.

»Dazu solltest Du mir ein Beispiel geben«, sagst Du.
In Ordnung:

Eltern mit vier Kindern haben im Jahr 1999 das Dachgeschoß ihres Einfamilienhauses für 40 000 DM ausgebaut.
Die Eigenheimzulage beträgt

Fördergrundbetrag 2,5% von 40 000 DM =	1 000 DM
Kinderzulage 4 x 1 500 DM =	6 000 DM
Eigenheimzulage jährlich	7 000 DM

Also zahlt der Fiskus nur zwei Jahre 7 000 Mark jährlich und im dritten Jahr noch 6 000 Mark, bis zur Höhe von 50% der Ausbaukosten von 40 000 Mark, dann macht er Schluß. Zulagen für fünf Jahre = 36 000 Mark sind verloren.

1166 ● **Einkommensgrenzen – Spitzenverdiener aufgepaßt!**

Wer im Jahr der Anschaffung/Fertigstellung und im vorangegangenen Jahr als Lediger Einkünfte von zusammen 240 000 Mark oder als Verheirateter von zusammen 480 000 Mark bezogen hat, dem sagt der Fiskus nein zur Eigenheimzulage. Doch auch hier ist ein Schlupfloch: Wenn es zunächst wegen hoher Einkünfte mit der Zulage hapert, kann später durchaus eine Zulage in Frage kommen.

Beispiel:
Ein lediger Krösus kauft 1999 eine Eigentumswohnung. Seine Einkünfte betragen:

1998	1999	2000	2001
130 000 DM	149 000 DM	80 000 DM	500 000 DM

Der maßgebliche Achtjahreszeitraum für die Zulage beginnt 1999, im Jahr des Erwerbs. Für 1999 besteht kein Anspruch auf Zulage, weil die Einkünfte in 1999 plus Vorjahr die Grenze von 240 000 Mark übersteigen. Aber für 2000 klappt der Laden: Einkünfte 2000 plus Vorjahr unter 240 000 Mark. Hurra, es ist geschafft, jetzt gibt es für den Rest des Achtjahreszeitraums die Eigenheimzulage, obwohl in 2001 plus Vorjahr die Grenze von 240 000 Mark wieder weit überschritten wird.

»Soviel Kohle und trotzdem noch eine Zulage, ist das denn gerecht?« fragst Du.

Wie kommst Du an das Geld? 1167

Der Anspruch auf Eigenheimzulage entsteht mit der erstmaligen Nutzung der Wohnung zu eigenen Wohnzwecken, sagt das Gesetz. Ab diesem Zeitpunkt kannst Du den Antrag auf Eigenheimzulage stellen. Das Finanzamt setzt die Eigenheimzulage sodann für das Erstjahr und die Folgejahre fest. Für das Erstjahr wird die Zulage innerhalb eines Monats nach Bekanntgabe des Bescheides ausgezahlt. Für die Folgejahre entsteht der Zulagenanspruch mit Beginn des Jahres, doch läßt sich der Fiskus mit der Auszahlung Zeit bis zum 15. März. Dies bedeutet: **Hast Du ein Haus oder eine Wohnung z. B. im Oktober 1999 bezogen und sogleich einen Antrag gestellt, der im Dezember beschieden wird, so erhältst Du im Januar 2000 die Zulage für 1999 und zum 15. März 2000 die Zulage für 2000.**

Änderung der Verhältnisse 1168

Bei Familienzuwachs wirst Du dies dem Finanzamt schleunigst mitteilen, damit es die Zulage höher festsetzt. Umgekehrt bist Du verpflichtet, bei Änderungen zu Deinen Ungunsten, z. B. Dein Anspruch auf Kinderfreibetrag oder Kindergeld fällt weg (vgl. auch ➤ Rz 1220), dies ebenfalls mitzuteilen (§ 12 EigZulG).

Und jetzt vernimm diese Unverschämtheit: Sollte das vielleicht in Unkenntnis der Bestimmungen übersehen werden, droht ein Strafverfahren wegen Subventionsbetrugs nach § 264 StGB, so steht es dick in § 15 des EigZulG. Wer diese Vorschrift übersieht, kann mächtig Ärger bekommen. Also aufpassen!

Vorkostenpauschale und Vorkostenabzug 1169

Wer bis Ende 1998 mit der Herstellung des Hauses begonnen (Bauantrag gestellt) oder in 1998 den Kaufvertrag abgeschlossen hat, kann zusätzlich zur Eigenheimzulage eine Vorkostenpauschale von 3 500 DM und bei Kauf eines Altbaus auch noch Reparaturkosten vor Bezug bis zur Höhe von insgesamt 22 500 DM steuerlich absetzen (>Zeile 56 und 57 der Anlage FW). Diese Steuerwohltat ist der Steuerreform 1999 zum Opfer gefallen.

579

1170 **8.1.3 Antrag auf Eigenheimzulage**

Der Antrag wird unabhängig von der Einkommensteuererklärung gestellt, und zwar nur einmal für die gesamte achtjährige Förderungsdauer.

Sofort nach Bezug der Wohnung oder des Hauses stellst Du den Antrag bei dem für Dich zuständigen Finanzamt. Das ist Dein Wohnsitzfinanzamt, also das Finanzamt, bei dem Du auch zur Einkommensteuer veranlagt wirst.

1171 ## Zeile 1–15 Anspruchsberechtigte

Du mußt im Grundbuch als Eigentümer der Wohnung eingetragen sein. Wisse deshalb: Hast Du z.B. einen Ausbau im Hause Deiner Eltern vorgenommen, ohne vorher die Eigentumsverhältnisse zu Deinen Gunsten zu ändern, können nur die Eltern die Zulage beanspruchen, Du aber gehst leer aus.

Haben Deine Eltern aber wegen Objektverbrauch keine Wohnraumförderung mehr frei, gehen auch sie leer aus.

Deine Zulage kannst Du in diesem Fall nur dann retten, wenn Dir Deine Eltern das Grundstück übertragen.

1172 ## TIP Dachausbau im Haus der Eltern oder anderswo

Bevor Du anfängst, laß Dir im Grundbuch ein Dauerwohnrecht eintragen. Diese Möglichkeit besteht nach § 31 Wohnungseigentumsgesetz. Das Dauerwohnrecht kann zeitlich unbefristet oder befristet sein. Ist es zeitlich befristet, muß es über eine Zeitspanne von mindestens zwanzig Jahren währen.

Das Dauerwohnrecht macht Dich zum sogenannten wirtschaftlichen Eigentümer der Ausbauwohnung und damit zulagenberechtigt.

Also: Nur ein Dauerwohnrecht macht Dich zulagenberechtigt. Eine einfache Gebrauchsregelung über die Ausbauwohnung, auch wenn sie notariell beurkundet ist, reicht für die Wohnraumförderung nicht aus (FG Köln vom 19. 7. 1995 – EFG 1995 S. 1065). Ein Mustervertrag über ein Dauerwohnrecht ist im Bundesbaublatt 1956 S. 615 enthalten. Die mußt Du Dir aber nicht beschaffen, die hat der Notar auch.

Ist die Eigentumsfrage geklärt, trägst Du in > Zeile 1–15 Deine persönlichen Daten ein.

Auch wenn Ihr vor Baubeginn ein vererbliches Nutzungsrecht für die voraussichtliche Nutzungsdauer der Wohnung vereinbart habt, erkennen die Fiskalritter wirtschaftliches Eigentum an.

Graue Felder nur vom Finanzamt auszufüllen

StNr.		VG	ZTR	Eingangsstempel
			71 73 02	

1 = Erstobjekt, 2 = Folgeobjekt zu 1, 3 = Zweitobjekt
4 = Folgeobjekt zu 3, 5 – 8 = Genossenschaftsanteile

Antrag auf Eigenheimzulage ab dem Jahr
An das Finanzamt

Steuernummer

99 10 Anspruchsberechtigte
bei gemeinschaftlichem Eigentum von Ehegatten: Ehemann

Telefonische Rückfragen tagsüber unter Nr.

Zeile				
1	11	Name		**69** Anschrift
2	13	Vorname		Titel d. Anspr.b./Ehemanns Titel d. Ehefrau **14** . **18**
3	72	Geburtsdatum Tag Monat Jahr Zur Einkommensteuer veranlagt? Ja Nein		Anrede **10** Anspr.b. Person .**40** Postempfänger
4		Bei Wohnsitzwechsel: bisheriges Finanzamt/Steuernummer		
5	22	Straße und Hausnummer		
6	20	Postleitzahl, derzeitiger Wohnort		
7				
8	15	Vorname des Ehegatten		
9	16	ggf. von Zeile 2 abweichender Name		
10	73	Geburtsdatum Tag Monat Jahr Zur Einkommensteuer veranlagt? Ja Nein		**99 11**
11		Bei Wohnsitzwechsel: bisheriges Finanzamt/Steuernummer		**10** Art der Bescheid-Kennzeichnung
12		Straße und Hausnummer, Postleitzahl, derzeitiger Wohnort (falls von Zeilen 5 und 6 abweichend)		**11** Art der Zulagenfestsetzung
13		Verheiratet seit dem Verwitwet seit dem Geschieden seit dem Dauernd getrennt lebend seit dem		**15** Ablehnungsbescheid
14				**73** Angaben zur Erstattung
15				**83** Bescheid ohne Anschrift
16		**Bankverbindung** Bitte stets angeben!		**75** Zahl d. zusätzlichen Bescheide Ja = 1
		Die angegebene Bankverbindung gilt auch für andere Auszahlungen des Finanzamts, z.B. für Einkommensteuererstattungen		
17	31	Nummer des Bankkontos, Postgirokontos, Sparbuchs, Postsparbuchs Bankleitzahl **30**		
18	34	Geldinstitut (Zweigstelle) und Ort		
19		Kontoinhaber lt. Zeilen 1 u.2 oder: **32** Name (im Fall der Abtretung bitte amtlichen Abtretungsvordruck beifügen)		
20				
21		**Empfangsvollmacht**		
		Der Bescheid soll nicht mir/uns zugesandt werden, sondern:		
22	41	Name		
23	42	Vorname		
24	43	Straße und Hausnummer oder Postfach		
25	45	Postleitzahl, Wohnort		

EZ 1 A – Antrag auf Eigenheimzulage –
Nr. 725/1 (12.95) OFD Dü – St 12

Recyclingpapier aus 100% Altpapier – erspart Energie, Rohstoffe und Ac'sı.

WOHNRAUMFÖRDERUNG

Eigenheimzulage/Anlage FW/Wohnungsbauprämie

1999

								Im Ferien- oder Wochenend-gebiet belegen	Zum Dauerwohnen baurechtlich zugelassen
99 15	**Begünstigte Wohnung** Lage der Wohnung (falls vom derzeitigen Wohnsitz lt. Zeile 5 und 6 abweichend)								

Zeile										
27	**22**	Straße und Hausnummer								
28	**20**	Postleitzahl, Ort								
29		Eigentümer	Name						Miteigentumsanteil	%
30			Name						Miteigentumsanteil	%

99 20	Die Eigenheim-zulage wird beantragt als			Kaufvertrag vom		Übergang von Besitz, Nutzen und Lasten am		Baujahr	
		Erwerber	**20**		**21**			**22**	
32		Bauherr (auch bei Ausbau/Erweiterung)	**25**	Bauantrag gestellt am **26**		Baubeginn am		Jahr d. Fertigstellung **27**	

33	Eigengenutzt / unentgeltlich an Angehörige zu Wohnzwecken überlassen	seit **30**		
34	Bei unentgelt-licher Nutzungs-überlassung	Name des Nutzenden, Verwandtschaftsverhältnis		
35	Für folgende Objekte wurden bereits erhöhte Absetzungen (z.B. n. § 7 b EStG) / Abzugsbeträge (z.B. n. §.10 e EStG) / Eigenheimzulage beansprucht (bei Ehegatten: auch Name d. Eigentümers):			
36				
37	Die Eigenheimzulage wird für ein Folgeobjekt beantragt	Lage des Erstobjekts, Begünstigungszeitraum		

38								Anspruchsberechtigter 1 = männlich 2 = weiblich 3 = Ehegatten
39	**Anschaffungskosten / Herstellungskosten** Angeschafft / hergestellt wurde							**10**
40	Einfamilienhaus Eigentumswohnung	einschließlich Anschaffungskosten des Grund und Bodens				DM	Miteigentum **11** %
41	Ausbau / Erweiterung einer eigengenutzten Wohnung	ohne Anschaffungskosten des Grund und Bodens				DM	Ausbau /Erweiterung **32** Ja = 1
42	Anderes Haus (einschl. Anschaffungs-kosten Grund u. Boden)	Anzahl der Woh-nungen	Nutz-fläche m²	- 100 % -	DM		Letztes Begünstigungsjahr **31**
43	Auf die Nutzfläche der eigengenutzten / unentgeltlich an An-gehörige zu Wohnzwecken überlassenen Wohnung entfallen		m²	% -	DM	DM	
44	Werden Teile der Wohnung nicht zu eigenen Wohnzwecken genutzt:						
45	Wohnfläche der Wohnung		m²	- 100 %			
46	davon entfallen auf eigenbetrieblich / beruflich genutzte, vermietete oder an Nicht-Angehörige überlassene Räume		m²	% -	- DM		
47	Bemessungsgrundlage				**40**	**40**	
48	Bei Miteigentum: Anteil an der Bemessungsgrundlage				**46**	**46**	
49	Nur bei gesonderter und einheitlicher Feststellung: Festgestellter Anteil an der Bemessungsgrundlage	Finanzamt, Steuernummer			**41**	**41**	

50				
51	**Ökologische Zusatzförderung**			
52	Für Wärmepumpenanlagen, Solaranlagen, Anlagen zur Wärmerückgewinnung			
53	Bei Selbsteinbau: Aufwendungen für vor Bezug – und vor dem 1.1.1999 – eingebaute Anlagen (auch wenn in Zeile 47 enthalten)		**42**	**42**
54	Bei Anschaffung einer Neubauwohnung vor dem 1.1.1999: Von den Anschaffungskosten entfallen auf diese Anlage (in Zeile 47 enthalten)		**43**	**43**
55	Bei Miteigentum: Anteil an den Beträgen in Zeile 53 oder 54		**47**	**47**
56	Nur bei gesonderter und einheitlicher Feststellung: Festgestellter Anteil an den Aufwendungen	Finanzamt, Steuernummer	**44**	**44**
57	Für vor dem 1.1.1999 fertiggestellte oder im Jahr der Fertigstellung angeschaffte Niedrigenergiehäuser: Der Jahres-Heizwärmebedarf unterschreitet um mindestens 25% den nach der Wärmeschutzverordnung geforderten Wert (Wärmebedarfsausweis ist beigefügt)		**45**	Ja = 1

99 15 Begünstigte Genossenschaftsanteile (Satzung der Genossenschaft und Registerauszug bitte beifügen)

| Zeile 58 | **50** | Name der nach dem 1.1.1995 in das Genossenschaftsregister eingetragenen Genossenschaft |

99 20

60	Höhe der Geschäftsanteile			**51** DM
60	Einzahlung auf die Geschäftsanteile	**53**	Datum	**52** DM
61	Beitrittszulassung vom	**50**		

62

99 16 Angaben für die Kinderzulage

64	Vorname des haushaltszugehörigen Kindes (ggf. auch abweichender Familienname)	Geboren am	Für das Kind erhält der Anspruchsberechtigte oder sein Ehegatte Kindergeld/ einen Kinderfreibetrag	Der andere Elternteil ist Miteigentümer der Wohnung (ausgenommen Ehegatten)	Kinderzulage 1 = 1, 2 = ½ 3 = 0
65	1	**31**			**51**
66	2	**32**			**52**
67	3	**33**			**53**
58	4	**34**			**54**

69

70 Einkunftsgrenze

71 Der Gesamtbetrag der Einkünfte des Jahres, für das erstmals dieser Antrag gestellt wird, wird zusammen mit dem Gesamtbetrag der Einkünfte des vorangegangenen Jahres 240 000 DM, bei Ehegatten 480 000 DM

72 voraussichtlich nicht übersteigen.

73

74 Zusätzliche Angaben

75 Bewilligte Zuschüsse aus öffentlichen Mitteln (Bitte Bewilligungsbescheid beifügen)   DM

76 Die Eigenheimzulage wurde bereits für den Erwerb von Genossenschaftsanteilen in Anspruch genommen

77 in den Jahren | Finanzamt / Steuernummer

78

79 Für das begünstigte Objekt wurde für ein Kalenderjahr nach 1994 keine Steuerbegünstigung nach §§ 10 e, 10 h EStG (insbesondere für Aufwendungen vor Bezug der Wohnung) in Anspruch genommen.

80

81

82 Unterschrift   Bei der Anfertigung dieses Antrags hat mitgewirkt:

Ich versichere, daß ich die Angaben wahrheitsgemäß nach bestem Wissen und Gewissen gemacht habe.

83 Ich werde dem Finanzamt unverzüglich Änderungen der Verhältnisse mitteilen, die zu einer Minderung oder dem Wegfall der Eigenheim-

84 zulage führen, insbesondere wenn in einem Jahr des Förderzeitraums
– die Eigennutzung oder die unentgeltliche Nutzungsüberlassung endet, weil die Wohnung z.B. vermietet, veräußert oder verschenkt

85 wird;
– für ein Kind, für das die Kinderzulage gewährt wird, das Kindergeld / der Kinderfreibetrag wegfällt.

86 Mir ist **bekannt**, daß die von mir in diesem Antrag angegebenen Tatsachen sowie die Tatsachen, die ich unverzüglich anzuzeigen habe, **subventionserhebliche Tatsachen** im Sinne des § 264 des Strafgesetzbuches sind.

87

88

89 Datum, Unterschrift(en): der Antrag ist eigenhändig, bei gemeinschaftlichem Eigentum von Ehegatten von beiden zu unterschreiben

1173 TIP Rette Deine Eigenheimzulage durch nachträgliche Einräumung eines Dauerwohnrechts

Du hast auf dem Grundstück Deiner Eltern gebaut oder das Dachgeschoß im elterlichen Haus als Wohnung hergerichtet? Als Du die Eigenheimzulage für Haus bzw. Wohnung beantragen wolltest, bist Du aus allen Wolken gefallen. Der Paragraphenreiter machte Dir klar, daß nur Eigentum gefördert werde und das Gebäude bzw. die Wohnung gehöre nicht Dir, sondern Deinen Eltern. Aber auch sie, die Eltern, könnten nichts vom Fiskus erwarten, denn sie hätten die Herstellungskosten nicht getragen.

Tja, recht hat er. Aber warte, noch ist nicht alles verloren. Aus dieser Misere kannst Du Dich befreien, indem Du Dir nachträglich ein Dauerwohnrecht nach § 31 Wohneigentumsgesetz an »Deinem« Heim einräumen läßt. Damit kannst Du immerhin ab dem Jahr der notariellen Vereinbarung des Dauerwohnrechts die Eigenheimzulage für den verbleibenden Förderzeitraum beanspruchen. Die Jahre zwischen Fertigstellung und Vertragsabschluß sind allerdings verloren.

Anders sieht es aus, wenn das Haus/die Wohnung vor 1998 fertiggestellt wurde. In diesem Fall gilt die Einräumung des Dauerwohnrechts als Anschaffung, und Du kannst die Eigenheimzulage ab dem Jahr des Vertragsabschlusses für die vollen acht Jahre kassieren (Quelle: Verfügung der OFD Nürnberg vom 10. 12. 1998 – EZ 1110 – 1/St 32).

1174 TIP Kassiere die Eigenheimzulage durch ein Nießbrauchrecht

Bei den heutigen Grundstückspreisen können viele junge Familien vom Bau eines Eigenheims nur träumen. Fein raus ist jedoch, wer auf dem Grundstück seiner Eltern noch ein Plätzchen zum Bauen findet. Wollen Deine Altvorderen ihr Grundstück noch nicht aus den Händen geben, können sie zu Euren Gunsten einen Nießbrauch eintragen lassen. Auf diese Weise kann ohne Bedenken im Garten der Eltern mit Eigenheimzulage gebaut werden.

Nachdem die Wohnraumförderung für das »Gartenhäuschen« abgelaufen ist, geht das Spielchen weiter: Eure Eltern kaufen nun das Häuschen, weil es kleiner und ruhiger gelegen ist. Ihr übernehmt im Gegenzug das Haus der Eltern. Jeweils 100 000 Mark als Kaufpreis reichen hier vollkommen aus, denn damit ist der Höchstbetrag der Bauförderung schon erreicht. Auf diese Weise erhalten sowohl die Eltern als auch ihr selbst die Wohnraumförderung ein zweites Mal, und Vater Staat hat insgesamt stolze 80 000 Mark beigesteuert.

1. Eigenheimzulage für den Neubau des Kindes	40 000 DM
2. Eigenheimzulage für den Kauf des elterlichen Hauses 2 500 Mark x 8 Jahre =	20 000 DM
3. Eigenheimzulage für den Kauf des »Gartenhauses« 2 500 Mark x 8 Jahre	<u>20 000 DM</u>
Bauzulage insgesamt:	<u>80 000 DM</u>

Sind noch Enkel mit von der Partie, legt der Fiskus noch einmal 1 500 Mark pro Kind und Jahr oben drauf. Bei einem Sprößling also immerhin 24 000 Mark alles in allem (Zulage für insgesamt 16 Jahre).

Bei Einräumung des Nießbrauchs zugunsten des Kindes (ggf. unentgeltlich) und teilentgeltlichem Erwerb der Häuser acht Jahre später (Kaufpreis jeweils 100 000 Mark) müßt Ihr die Schenkungssteuer im Auge behalten (siehe auch ➤ Rz 1268 f.) Damit Ihr hier nicht zur Kasse gebeten werdet, sprecht vorher doch besser einmal mit einem Steuerberater. Sicher ist sicher.

Ist die Eigentumsfrage geklärt, trägst Du in > Zeile 1–15 Deine persönlichen Daten ein.

Zeile 26–38 Begünstigte Wohnung   1175

Nachdem Du inzwischen über das Grundsätzliche informiert bist, solltest Du noch von einigen Besonderheiten hören. Denn der Teufel steckt ja im Detail, so sagt man, und tatsächlich hat der Fiskus im Kleingedruckten noch einige Fallstricke ausgelegt, in denen Du Dich verhakeln könntest …

Zeile 26 Ferien- oder Wochenendhaus   1176

Taucht in Steuerakten eine Ferienwohnung auf, wittert der Fiskalritter gleich Mauschelei. Denn hier liegen oft Kommerz und Privatvergnügen eng beisammen.

Als Ferienwohnung bezeichnet man allgemein eine solche, die speziell für die Ferien- oder Urlaubszeit als Unterkunft genutzt wird. Wobei es eigentlich nicht darauf ankommt, ob die Wohnung in einem ausgesprochenen Ferien- und Erholungsgebiet liegt und deshalb nicht ganzjährig bewohnt werden darf. Für die Eigenheimzulage ist dies aber entscheidend.

Steht Dein Häuschen in einem solchen Gebiet und darf baurechtlich nicht ganzjährig bewohnt werden, wird Dir die Eigenheimzulage verwehrt (BFH-Urteil vom 31. 5. 1995 – BStBl 1995 II S. 720). Die Finanzrichter weisen aber in ihrem Urteil einen Weg, doch noch zu einer Förderung zu gelangen. Wenn die zuständige Baurechtsbehörde aufgrund einer Ausnahmeregelung des Bebauungsplanes die dauernde Nutzung der Wohnung genehmigt, dann klappt der Laden.

1177 Hier in > Zeile 26 sollst Du ankreuzen, wenn Dein Haus ein Ferien- oder Wochenendhaus ist. Das ist das »Idiotenkästchen«. Machst Du hier ein »X«, ist die gesamte Förderung futsch, denn Ferien- oder Wochenendhäuser werden nicht gefördert.

Also nimm lieber ein anderes Kästchen, weil Dein Haus – im Gegensatz zu einem Ferien- und Wochenendhaus – rechtlich und tatsächlich ganzjährig nutzbar ist, auch für die Nutzung im Winter geschaffen ist und mindestens 25 qm Wohnfläche hat.

Für die Vorausplanung ist somit wichtig zu wissen, ob Dein zukünftiges Häuschen in einem ausgesprochenen Erholungs- und Feriengebiet liegt und ganzjährig zu Wohnzwecken genutzt werden darf.

Übrigens: Kurgebiet ist nicht gleich Feriengebiet. Liegt Deine Wohnung in einem Kurgebiet und ist sie zudem ganzjährig bewohnbar, so ist alles paletti (FG Rheinland-Pfalz vom 26. 6. 1995 – EFG 1995 S. 1017).

Aufgepaßt: Möchtest Du die Eigenheimzulage kassieren, darfst Du den Fiskalritter nicht mit falschen Begriffen wie »Ferienwohnung« oder »Wochenendhaus« verwirren. Sprich also besser von Deinem Zweitwohnsitz, da Du die Wohnung nicht nur gelegentlich oder vorübergehend nutzt, sondern dort wohnst, so oft es Dir eben möglich ist.

1178 **Vermietest Du Dein Häuschen im Grünen gelegentlich, so heißt es aufgepaßt. Bislang war Dir auch bei zeitweiser Vermietung die Wohnraumförderung sicher. Dies war den Rittern vom Paragraphenfels aber schon lange ein Dorn im Auge, denn zusätzlich zur Bauförderung auch noch Vermietungsverluste geltend machen – das geht ihnen offenbar zu weit. Also haben sie kurzerhand im neuen Erlaß zur Eigenheimzulage festgelegt, eine gelegentlich vermietete Ferienwohnung diene nicht Wohnzwecken und könne somit auch nicht gefördert werden (BMF-Schreiben vom 10. 2. 1998, BStBl 1998 II S. 190). Hast Du Dein Feriendomizil aber noch vor 1998 gebaut oder gekauft (Kauf-**

vertrag maßgebend), so kannst Du auch weiterhin Zulage und Vermietungsverluste einheimsen. Andernfalls mußt Du Dich entscheiden, entweder Wohnraumförderung oder Vermietung.

»Ist doch klar. Hat man sich eine Ferienwohnung gekauft, so möchte man sie in den ersten Jahre so oft wie möglich selbst nutzen. Oder man lädt auch schon mal seine Verwandtschaft ein. Später wird die Sache uninteressant, und man vermietet die Wohnung.«

Genau. Also für die ersten acht Jahre kassierst Du die Eigenheimzulage. Wenn Deine Verwandtschaft die Wohnung gelegentlich und zudem kostenlos nutzt, zählt das wie Eigennutzung. Nachdem die Wohnraumförderung ausgelaufen ist, wirst Du die Wohnung möglichst durchgängig vermieten und Deine Kosten von A wie Abschreibung bis Z wie Zinsen (bezogen auf die Dauer der Vermietung) von der Steuer absetzen.

Zur Vermietung siehe auch ➤ Rz 1284.

Zeile 27–28 Lage der Wohnung   1179

Nur Wohnungen im Inland werden gefördert. Also will der Bearbeiter vor dem Wohnort, den Du hier einträgst, eine deutsche fünfstellige Postleitzahl sehen.

Zeile 29–30 Miteigentumsanteile   1180

Hier ist der Fiskus den Steuerzahlern auf der Spur, die evtl. leichtsinnigerweise mit einem geringen Anteil an einer Wohnung die Wohnraumförderung für ein selbständiges Wohnobjekt verbrauchen. Denn auch Anteile an einer Wohnung führen zum Objektverbrauch (§ 2 Abs. 2 EigZulG). Eine Ausnahme gilt bei Ehegatten. Weil Ehegatten meistens ein Wohnobjekt gemeinschaftlich erwerben, soll bei ihnen die Ausnahme gelten, daß ein Anteil an einer Wohnung kein selbständiges Wohnobjekt ist.

Benachteiligt sind offensichtlich Paare in moderner Lebensgemeinschaft, die zusammen eine Wohnung erwerben und nutzen. Denn jedem Miteigentümer steht lediglich die Hälfte der Eigenheimzulage zu, weil immer nur eine komplette Wohnung voll gefördert wird.

Lies dazu die Tips unter ➤ Rz 1193.

Für jeden Partner tritt durch den Anteil, den er an der Wohnung hat, Objektverbrauch ein. Andererseits haben unverheiratete Paare bei Erwerb eines Zweifamilienhauses tolle Chancen. Denn für jede Wohnung in dem

Zweifamilienhaus, die sie gemeinschaftlich zu Wohnzwecken nutzen, erhalten sie die Eigenheimzulage. Entsprechendes gilt für zwei nebeneinanderliegende Eigentumswohnungen. Kinderzulage erhält der Partner, in dessen Wohnung das Kind mit Wohnsitz gemeldet ist.

»Das haut ja mächtig rein«, sagst Du.

1181 Zeile 31–32 Erwerber oder Bauherr

Je nachdem, ob Du Dich als Erwerber oder als Bauherr einträgst, beträgt die Eigenheimzulage jährlich maximal 2 500 DM oder 5 000 DM.

Eine Ausnahme gilt beim Erwerb von Neubauten. Hast Du die Wohnung im Jahr der Fertigstellung, spätestens jedoch innerhalb der folgenden zwei Jahre gekauft, steht Dir ebenfalls der Förderbetrag von 5 000 Mark jährlich zu. Eine neue Wohnung wird auch dadurch geschaffen, daß Du

● ein Gebäude aufstockst oder einen Anbau errichtest,
● Büroräume in Wohnräume umbaust oder
● eine vorhandene Wohnung in mehrere Wohnungen aufteilst.

Voraussetzung ist, daß Deine Baukosten einschließlich des Werts der Eigenleistung den Wert der Altsubstanz übersteigen. Die Kosten der Renovierung (z. B. Austausch der Fenster, Renovierung vorhandener Bäder) bleiben bei der Vergleichsrechnung allerdings außen vor (Quelle: BMF-Schreiben vom 10. 2. 1998, BStBl 1998 I S. 190).

»Nachdem die Kinder aus dem Haus sind, möchten wir das Dachgeschoß vermieten. Vorher müssen natürlich beide Wohnungen getrennt und gegeneinander abgeschlossen sein. Damit haben wir doch eine neue Wohnung geschaffen, oder?«

Tja, die erste Hürde, Schaffung einer neuen Wohnung, habt Ihr genommen. Aber bei der zweiten kommt Ihr wohl ins Schleudern. Eure Baukosten werden trotz Eurer Eigenleistungen kaum den Wert der Altsubstanz übersteigen, denn Renovierungskosten werden nicht mitgerechnet.

1182 Zeile 33 Eigengenutzt seit . . .

Der achtjährige Begünstigungszeitraum beginnt immer in dem Jahr, in dem Du die Wohnung erworben hast, durch Kaufen oder Bauen. **Willst Du nicht ein ganzes Jahr verschenken, mußt Du noch im selben Jahr einziehen, in dem die Wohnung fertiggestellt wurde oder der Erwerb stattgefunden hat.** Also trägst Du in beide Kästchen dasselbe Kalenderjahr ein, sofern das zutrifft. Wenn Du den Einzug nicht mehr vor Jahreswechsel schaffst, solltest Du die offizielle Fertigstellung bzw. die reguläre Übergabe in das nächste Jahr verschieben. Nur so rettest Du für ein Jahr die Steuervorteile.

Achtung, Neujahrsfalle! 1183

Wer im Dezember ein Haus oder eine Wohnung kauft und erst im Januar des nächsten Jahres einzieht, verliert ein ganzes Jahr der Förderung. Entsprechendes gilt für den Bauherrn, wenn das Haus im Dezember fertiggestellt und erst im Januar bezogen wird. Also aufpassen!

Den genauen Einzugstermin wirst Du bei Erwerb eines Altbaus wegen der abziehbaren Erhaltungsaufwendungen nicht allzu früh ansetzen, möglichst erst im Dezember.

Nun argwöhnt der Fiskalritter, Du könntest schon früher eingezogen sein, als Du in der Erklärung angegeben hast, und erkundigt sich deswegen gern danach, ab wann Deine alte Wohnung wieder vermietet wurde, ab wann die Kosten der Stadtwerke auf den Nachmieter laufen, fragt nach der Ummeldebescheinigung. Also wirst Du Dich erst dann ummelden, wenn Du auch tatsächlich in die neuerworbene Wohnung eingezogen bist. Oder Du präsentierst Deinem Fiskalritter einfach die Quittung eines Lkw-Verleihers, aus der sich der Umzugstermin ergibt.

Wohingegen es oft vorkommt, daß die alte Wohnung vom Nachmieter schon vorher übernommen wurde.

Dann bist Du fein raus, weil Du ein Wohnmobil hast und zeitweise auch in der Gartenlaube Deiner Eltern unterkommen konntest, währenddessen Dein gebraucht gekauftes Haus gründlich aufgemöbelt wurde. Erst als alles tipptopp fertig war, seid Ihr eingezogen. Die Möbel standen in der Zwischenzeit in der Garage und bei Bekannten, war es nicht so?

Zeigt sich Dein Fiskalritter zopfig, so weise darauf hin, daß die Zeit, in der Du die Wohnung renoviert hast, keine Eigennutzung im Sinne des Steuerrechts ist (BFH-Urt. vom 29. 11. 1988 – BStBl 1989 II S. 322).

TIP So wird die Studentenbude steuerbegünstigt 1184

Hier darfst Du nicht nach Schema F vorgehen und Dich einfach für die Eigenheimzulage entscheiden. Du stellst Dich vielleicht besser, wenn Du die Bude an den Studiosus vermietest. Laß uns überlegen:

Ihr habt in Köln, wo Euer Karl-Peter studieren will, eine kleine Studentenbude gekauft. Hierfür könnt Ihr die Eigenheimzulage beanspruchen, denn das Wohnen von Karl-Peter wird Euch Eltern als eigenes Wohnen in Euren vier Wänden zuerkannt, weil Ihr dem Kind die Wohnung »in Erfüllung Eurer Unterhaltspflicht zur Verfügung stellt«, so der BFH im Urteil vom 26. 1. 1994 – BStBl 1994 II S. 544.

Also kannst Du beanspruchen:

Eigenheimzulage	
Grundzulage	
Anschaffungskosten 150 000 DM, davon 2,5%, höchstens	2 500 DM
Kinderzulage für zwei Kinder	3 000 DM
Eigenheimzulage jährlich	5 500 DM

Zur Kinderzulage wisse: Auch für Karl-Peter bekommt Ihr die Kinderzulage, da er zu Beginn des Förderzeitraums zu Eurem Haushalt gehörte (Urt. des FG Niedersachsen vom 23. 12. 1998 – XII 495/98).

1185 **Extrabonbon:** Für Karl-Peter den erhöhten Ausbildungsfreibetrag wegen auswärtiger Unterbringung in > Zeile 46–47 der Anlage Kinder beantragen.

1186 **Oder mit halber Miete tieroten Verlust?**

Ihr könnt aber auch mit Karl-Peter einen Mietvertrag abschließen und einen tiefroten Verlust herauswirtschaften, der Euch eine satte Steuerermäßigung beschert. Dazu muß Karl-Peter aber eigene Mittel haben, aus denen er die Miete bezahlt.

»Eigene Mittel hat er aber nicht«, sagst Du bekümmert.

Dann mach es doch anderen Eltern nach. Die haben ihrem Studiosus 130 000 Mark geschenkt mit der Auflage, diesen Betrag bei einer Bank im Rahmen eines Sparplans anzulegen und mit den daraus fließenden Mitteln von monatlich 2 000 Mark alles zu bezahlen, auch die Miete (BFH-Urt. vom 23. 2. 1994 – BStBl 1994 II S. 694). Bei der Miete könnt Ihr bis auf 50% der Marktmiete heruntergehen und erwirtschaftet so einen tiefroten Verlust, der aber nicht weh tut, sondern Euch im Gegenteil erfreut (➤ Rz 1278).

Der Verlust aus Vermietung errechnet sich aus

Jahresbetrag der Kaltmiete (Marktmiete)	7 200 DM
Davon 50% = Mieteinnahme	3 600 DM
./. Werbungskosten	
Abschreibung 2% von 150 000 DM	3 000 DM
Renovierungskosten (Maler, Elektriker)	5 000 DM
Neue Einbauküche 7 000 DM	
Abschreibung 10%	700 DM
Gezahlte Schuldzinsen 8% von 100 000 DM	8 000 DM
Nicht umlagefähige Nebenkosten	1 200 DM
Verlust aus Vermietung und Verpachtung	14 300 DM

»Und wozu sollen wir uns entscheiden?« möchtest Du jetzt wissen.

Wenn Eure Wohnraumförderung schon verbraucht ist, bleibt sowieso nur die Mietvariante. Habt Ihr noch eine Wohnraumförderung frei, ist diese besser.

Übrigens: Wenn Ihr Euch für die Mietvariante entscheidet, dann braucht Ihr nicht unbedingt 130 Mille als Geschenk an Karl-Peter lockerzumachen. Nach dem BFH-Urteil vom 23. 3. 1995 – IX R 47/93 genügen schon 20 000 Mark. Für die Finanzrichter war entscheidend, daß das Kind die Miete nicht aus den Unterhaltszahlungen der Eltern bestreitet, sondern über eigene Mittel verfügt. Im Urteilsfall waren 20 000 Mark ausreichend. **1187**

Ganz ohne Geschenk klappt der Laden, wenn Ihr Karl-Peter schon eine Ausbildung finanziert habt. Dann besteht bei seiner zweiten Ausbildung für Euch keine Unterhaltpflicht mehr. Also können auch keine Unterhaltszahlungen als Miete verwendet werden.

Zeile 34 Bei unentgeltlicher Nutzungsüberlassung

1188

Die Eigenheimzulage kannst Du auch dann einheimsen, wenn Du die eigenen vier Wände unentgeltlich Angehörigen zu Wohnzwecken überläßt. Wer Angehöriger ist, regelt die Abgabenordnung in § 15 (z. B. Verlobte, Ehegatten, Verwandte und Verschwägerte in gerader Linie, Geschwister, Nichten und Neffen).

▰▰ Laß mit freier Wohnung an die Exfrau **1189**
TIP den Vater Staat zur Ader

Du kannst also ohne weiteres Deinen Eltern, Deinen Kindern oder Deiner Verlobten zulagewirksam Unterkunft gewähren. Auch bei Überlassung an Deine Ex klappt der Laden. Den Mietwert kannst Du gegen den Unterhalt aufrechnen. Dazu mehr unter ➤ Rz 183 ff.

Aber aufgepaßt:
Die unentgeltliche Überlassung führt zum Objektverbrauch (vgl. hierzu ➤ Rz 1190). Daher solltest Du prüfen, ob Du nicht bei Vermietung steuerlich besser fährst. Du kannst die Wohnung ja auch verbilligt überlassen. Dazu mehr unter ➤ Rz 1278 ff.

1190 ## Zeile 35–36 Für folgende Objekte ... bereits ... beansprucht

Hast du nicht auf Steuerrecht studiert, kommst Du hier bestimmt ins Grübeln, denn es geht um den sogenannten Objektverbrauch. Gemeint ist: **Der Fiskus will jedem Steuerzahler nur einmal in seinem Leben den Erwerb von Wohneigentum durch ein Steuergeschenk bzw. durch eine Zulage versüßen.** Die Wohnraumförderung ist also auf eine Wohnung (= Objekt) beschränkt, wobei auch eine nach § 7b EStG abgeschriebene oder nach § 10e EStG geförderte Wohnung angerechnet wird. In diesem Zusammenhang wird von den Fiskalbürokraten auch von »Objektverbrauch« gesprochen, wenn ein Antragsteller die Eigenheimzulage nicht mehr beanspruchen kann.

Nutzen mehrere Eigentümer gemeinsam eine Wohnung, so ist jeder Anteil an der Wohnung ein selbständiges Objekt. Durch den Erwerb und die Nutzung eines Anteils tritt also ebenfalls Objektverbrauch ein.

Dies gilt aber nicht für Eheleute.

1191 ### TIP Gemeinsamkeit macht stark

Zusammen veranlagte Ehegatten können die Abzugsbeträge für insgesamt zwei Objekte beanspruchen. Es ist egal, wem welches Objekt gehört. Hast Du in erster Ehe bereits zwei Objekte abgesetzt, kannst Du sogar noch ein drittes draufsatteln, wenn Dein neuer Ehegatte noch kein Objekt verbraucht hat.

Höre weiter:
Ehegatten dürfen die Abzugsbeträge nicht gleichzeitig für zwei Wohnungen in Anspruch nehmen, die in räumlichem Zusammenhang stehen, wie es § 6 EigZulG ausdrückt. Das kann z. B. der Fall sein bei den beiden Wohnungen in einem Zweifamilienhaus oder bei zwei neben- oder übereinanderliegenden Eigentumswohnungen oder nebeneinanderliegenden Reihenhäusern.

1192 ### Hier ein Extratip

Wohl aber können Ehegatten, die vielleicht kürzlich gut geerbt haben, sich eine schicke Wohnung in ihrem Wohnort und außerdem irgendwo eine Ferienwohnung kaufen. Für beide Wohnungen erhalten sie die Eigenheimzulage. Denn beide Wohnungen stehen nicht in räumlichem Zusammenhang. Lies dazu auch ➤ Rz 1176 und den Tip unter ➤ Rz 1262.

»Meine Tochter wird flügge und will eine eigene Wohnung, möglichst hier in unserem Stadtviertel«, sagst Du.

Kein Problem. Auch wenn Eure erste Wohnraumförderung noch nicht abgelaufen ist, könnt Ihr für ein Zweitobjekt in Eurem Wohnviertel die Eigenheimzulage beanspruchen. Lies dazu die Tips unter ➤ Rz 1184 (Studentenbude).

TIP Doppelt absetzen: Erst bauen und dann heiraten   1193

Ehegatten können die Eigenheimzulage doppelt ergattern, wenn sie z. B. vor der Eheschließung gemeinschaftlich ein Haus mit zwei Eigentumswohnungen errichten und diese bewohnen. Denn die Einschränkung, daß sie nicht gleichzeitig die Abzugsbeträge für zwei Wohnungen in Anspruch nehmen dürfen, gilt nicht, wenn sie bereits *vor* der Eheschließung Eigentümer von zwei benachbarten Wohnungen waren.

Aber nicht so: Gemeinsam bauen und nicht heiraten

Viele Paare leben heute ohne Trauschein zusammen, was sie aber nicht daran hindert, gemeinsam ein Einfamilienhaus oder eine Eigentumswohnung zu erwerben. Jeder Partner macht dann für seinen Anteil die Eigenheimzulage geltend. Gehört ein gemeinsames Kind zum Haushalt, kann jeder Kinderzulage beanspruchen.

Jetzt kommt der Haken: Jedem Miteigentümer steht nur die Hälfte der   1194
Eigenheimzulage zu. Das gilt auch für die Kinderzulage. Denn es wird immer nur eine komplette Wohnung voll gefördert. Zugleich tritt für jeden Miteigentümer Objektverbrauch ein. Da ist es schon besser so:

Erst heiraten, dann bauen!   1195

Zum einen läuft es besser bei den Banken. Zum anderen habt Ihr als Ehepaar nur einen Objektverbrauch. Das bedeutet: Ihr könnt später als Ehepaar noch ein Objekt geltend machen. Also z. B. jetzt erst mal eine Eigentumswohnung, und später – wenn die Schulden abbezahlt sind – einen Neubau im Grünen. Laßt Ihr Euch scheiden, übernimmt einer von Euch im letzten gemeinsamen Jahr die Haushälfte des anderen und führt die Steuervergünstigung zu Ende, der andere kann sich dann noch einmal neu versuchen.

1196

> **Scheiden tut weh – Häuschen ade**
>
> Laßt Ihr Euch scheiden, ist für den, dem das Häuschen gehörte, Objektverbrauch eingetreten. Gehörte es Euch beiden, teilt Ihr dasselbe Schicksal. Hat einer von Euch gleich zwei Objekte, kann er nur das ältere zu Ende führen.

1197 **TIP** Steuerlich unverbraucht aus dem Ehetrip

Habt Ihr Euer Haus gemeinsam erworben, tritt nach der Scheidung für Euch beide Objektverbrauch ein. Es kann sich aber einer von Euch steuerlich unverbraucht aus dem Ehetrip herauswinden und dann später wieder die Zulage kassieren. Dazu müßt Ihr Euch frühzeitig einigen. Spätestens im letzten Jahr, in dem es noch die Splitting-Zusammenveranlagung für Euch gibt, muß einer dem anderen seinen Anteil am Haus verkaufen oder übertragen (BMF-Schreiben vom 31. 12. 1994 – BStBl I S. 887, Tz 31). Für den, der hinzukauft, bleibt es beim Objektverbrauch. Er bekommt die volle Förderung – wie bisher. Der andere wird dadurch steuerlich unverbraucht. Er kann also ein neues Objekt kaufen und fördern lassen.

Häufig kommen in einer Ehekrise die steuerlichen Überlegungen zu spät, weil das letzte Jahr für die Zusammenveranlagung bereits abgelaufen ist. Hier weiß das FG Münster Rat (Urt. vom 22. 3. 1996 – 14 K 3008/94 E). Für einen von Euch kann der Objektverbrauch wieder rückgängig gemacht werden, wodurch ihm die Eigenheimzulage wieder offensteht. Ein Versöhnungsversuch im Sinne des Eherechts macht es möglich. Hierdurch schafft Ihr für ein Jahr die Voraussetzungen für eine Zusammenveranlagung und könnt in diesem Jahr die Anteilsübertragung arrangieren. Zum Versöhnungsversuch mehr unter ➤ Rz 81.

1198 **TIP** Der Fiskus lindert Ossis den Scheidungsfrust

Kaufst Du Deinem Expartner seinen Anteil am gemeinsam erworbenen Haus ab, weil Du dort wohnen bleibst, ist dieser Erwerb nach dem EigZulG begünstigt. Doch als Wessi zeigt Dir der Fiskus die lange Nase, wegen Objektverbrauch (➤ Rz 1190).

Als Ossi bist Du hingegen steuerlich unverbraucht und kannst die Eigenheimzulage beanspruchen. Sind noch Kinder im Haus, gibt es auch Kinder-zulage.

Du mußt nur aufpassen, daß Du frühestens im ersten Jahr hinzukaufst, in dem die Splitting-Zusammenveranlagung mit Deinem Expartner nicht mehr möglich ist. Sonst kommt der Fiskalritter mit der sog. Ehegattenklau-sel angetanzt. Danach bleiben Erwerbe von Ehegatten unberücksichtigt (§ 2 Abs. 1 EigZulG).

Zeile 37 Folgeobjekt

1199

Dazu wisse: Du kannst nicht ausgenutzte Förderjahre von einer Wohnung auf eine andere Wohnung übertragen. Der Grund für diese großzügige Regelung: Die Wohnraumförderung soll Dir erhalten bleiben, wenn Du innerhalb der acht Förderungsjahre z. B. Deinen Arbeitsplatz an einen anderen Ort verlegst und dort Wohneigentum erwirbst. Die Fiskalbürokra-ten bezeichnen das neu erworbene Wohneigentum als »Folgeobjekt«.

Wisse also: Du kannst nicht ausgenutzte Förderjahre vom Erstobjekt auf ein Folgeobjekt übertragen.
Da muß die Wurst herhalten, mit der der Fiskus nach der Speckseite wirft. Denn er weiß: Von der neuen Arbeitsstelle mit höheren Bezügen profitiert auch er durch höhere Steuereinnahmen.

Mit dem Erwerb eines Folgeobjektes kannst Du Dir aber Zeit lassen. Auch wenn Du nach Jahren wieder eine Wohnung kaufst, kannst Du die verblei-benden Förderungsjahre in Anspruch nehmen.

Hier ein Extratip   1200
Bei der alten Wohnraumförderung nach § 7b und auch nach 10e gab es diese Folgeprojektregel auch schon. Allerdings war damals eine Schika-ne eingebaut: Der Steuerzahler mußte das Folgeobjekt innerhalb von zwei Jahren vor oder drei Jahren nach Auszug kaufen und beziehen. Wer das nicht schaffte, für den waren die restlichen Jahre verloren.

Jetzt dämmert unseren Steuerchaoten die Ungerechtigkeit dieser Rege-lung, und sie räumen in § 7 EigZulG die Möglichkeit ein, bei einem nach dem 1. 1. 1996 angeschafften Objekt die damals – vielleicht vor 15 Jah-ren – verlorenen Förderjahre durch Eigenheimzulage in Anspruch zu nehmen.

»Das trifft für mich nicht zu und ist auch viel zu kompliziert. Und dann noch die vielen Änderungen. Da blickt keiner mehr durch«, sagst Du.

Irrtum, mein Lieber. Die Beamten in den Finanzministerien und in den Oberfinanzdirektionen blicken wohl durch. Dort arbeiten Experten, die für ein genau abgegrenztes Gebiet zuständig sind, im Einzelfall nur für einen einzigen Paragraphen. Seinen Paragraphen kann der Experte vorwärts und, wenn es sein muß, sogar rückwärts aufsagen. Und er weiß auch noch ganz genau, wie sein Paragraph vor fünf Jahren gelautet hat. Kommt ihm jemand mit einem anderen Paragraphen, sagt er sogleich: »Dafür bin ich nicht zuständig« und verweist auf seinen Kollegen. Berührt eine Frage zwei Arbeitsgebiete, setzen sich die beiden Experten zusammen und beraten.

Also: In jeder oberen Finanzbehörde, also im Bundesfinanzministerium, in den 16 Länderfinanzministerien und auch in den x Oberfinanzdirektionen, gibt es Experten, die zwar nicht jeder einzeln, wohl aber zusammen durchaus das Einkommensteuergesetz verstehen.

»Na gut, doch für mich ist es der reine Wahnsinn«, sagst Du.

Es gibt kein Zeichen,
das so krumm ist wie der Paragraph.

(Der Verfasser)

1201 **TIP** **Manchmal ist ein zweites Objekt besser**

Ein verheirateter Steuerzahler, der bisher nur für ein Haus-)Objekt die Förderung zum Teil verbraucht hat, kann wählen, ob er eine angeschaffte Wohnung als Folgeobjekt behandelt und nur noch die Restjahre ausnutzt oder ob er die Wohnung als Zweitobjekt einstuft und die Förderung für diese Wohnung acht Jahre geltend macht.

1202 ## Zeile 39–40 Anschaffungskosten/ Herstellungskosten

Hier geht es um die Berechnungsgrundlage für die Eigenheimzulage. Maßgebend ist die Höhe der Anschaffungskosten bzw. Herstellungskosten, maximal 100 000 DM. Weil die Berechnungsgrundlage auf 100 000 Mark begrenzt ist, sind meistens keine großen Überlegungen erforderlich, um diese Höchstgrenze zu erreichen. Für die Zusammenstellung der Beträge ist aber eine allgemeine Richtschnur durchaus nützlich.

Anschaffungskosten

Zu den Anschaffungskosten einer Wohnung oder eines Hauses gehören alle Aufwendungen, die erforderlich waren, um das Eigentum zu erwerben, einschließlich der Aufwendungen für den Grund und Boden. Zu den Anschaffungskosten gehören auch die Nebenkosten, wie z. B. Makler-, Notar- und Grundbuchgebühren. Zu Anschaffungskosten bei vorweggenommener Erbfolge siehe ➤ Rz 178 ff.

Herstellungskosten

Zu den Herstellungskosten eines Gebäudes rechnen alle Aufwendungen, um das Gebäude zu errichten und es für die vorgesehenen Zwecke nutzbar zu machen. Für die Eigenheimzulage gehört der Grund und Boden mit dazu.

Zeile 41 Ausbau/Erweiterung   1203

Als selbständiges Wohnobjekt gilt auch der Ausbau oder die Erweiterung eines Hauses (§ 2 EigZulG).

Obwohl hier eindeutig Herstellungskosten anfallen und damit eine 5%ige Förderung gerechtfertigt wäre, hat der Fiskus ab 1997 die Förderung auf 2,5% vermindert und zudem noch die Summe der Zulagen einschließlich Kinderzulage auf 50% der Herstellungskosten begrenzt. Damit hat der Fiskus künftig allen die Möglichkeit verbaut, sich auf Staatskosten einen Wintergarten zulegen zu können. Ab 1997 wird also gerechnet:

Baukosten für Wintergarten 80 000 DM, drei Kinder im Haus.

Grundzulage 2,5% von 80 000 DM =	2 000 DM
Kinderzulage 1 500 DM x 3 =	4 500 DM
Eigenheimzulage jährlich	6 500 DM

Insgesamt darf die Förderung nicht mehr als 50% der Baukosten = 40 000 DM betragen. Bis zum sechsten Jahr hat der Bauherr Zulagen in Höhe von 39 000 DM erhalten. Im siebten Jahr gibt es noch einmal 1000 DM, 12 000 DM gehen verloren.

»Mensch, ich Hornochse hätte einen größeren Wintergarten bauen müssen. Wieviel Baukosten hätte ich haben müssen, um volle acht Jahre die Zulage zu erhalten?« so fragst Du.

Das hängt von der Kinderzahl ab. Es sind erforderlich

112 000 DM bei drei Kindern
88 000 DM bei zwei Kindern
64 000 DM bei einem Kind.

Probe mit Baukosten in Höhe von 112 000 DM

Grundzulage max. 100 000 x 2,5% x 8 J. =	20 000 DM
Kinderzulage 1500 x 3 Kd. x 8 J. =	36 000 DM
Eigenheimzulage insgesamt	56 000 DM
Erforderliche Baukosten (verdoppelt)	112 000 DM

Damit Du bei Ausbauten und Erweiterungen klarzusehen vermagst, solltest Du noch wissen: **Es kommt auch auf den richtigen Zeitpunkt an.**

Eigenheimzulage kannst Du nur beanspruchen, wenn die Wohnraumförderung für das Haus, in dem der Ausbau oder die Erweiterung vorgenommen wird, bereits ausgelaufen ist. Eheleuten steht zwar die Wohnraumförderung für insgesamt zwei Wohnobjekte zu, und die Förderung kann auch gleichzeitig erfolgen, aber nicht bei zwei Objekten, die in räumlichem Zusammenhang stehen.

Stell also auf jeden Fall die Ausbau- oder Erweiterungsmaßnahme so lange zurück, bis die alte Wohnraumförderung ausgelaufen ist.

1204 Was sind alles Ausbauten und Erweiterungen?

Voraussetzung ist, daß Du dadurch neuen Wohnraum schaffst, somit vollwertige Wohnräume i. S. des § 44 II. Berechnungs-VO. Diese Voraussetzung wird erfüllt durch diese Maßnahmen:

1. **Ausbau des Dachgeschosses,** auch von Teilen desselben.
2. **Ausbau von Kellerräumen,** wenn sie im Anschluß daran nach den Bauvorschriften als Wohnraum benutzt werden dürfen.
3. **Erweiterungen,** sofern sie keine selbständigen Wohnungen darstellen und mit der Hauptwohnung verbunden sind. Dazu gehören auch Wintergärten, wenn diese beleuchtet und beheizbar sind.

Gut zu wissen: Die Förderung setzt nicht voraus, daß für den Ausbau oder die Erweiterung eine Baugenehmigung eingeholt worden ist (FG des Saarlandes, Urt. vom 10. 4. 1992 – EFG 1992 S. 519). Wegen der Steuer brauchst Du hierfür also nichts unnötig aufzuwenden.

Ist allerdings für die Baumaßnahme nach baurechtlichen Vorschriften eine Baugenehmigung notwendig, muß eine solche vorliegen. Andernfalls sagt der Fiskus nein zu Deinem Antrag auf Wohnraumförderung (BMF-Schreiben vom 31. 12. 1994 – BStBl 1994 I S. 887, bestätigt durch BFH-Urteil vom 31. 5. 1995 – BStBl 1995 II S. 875).

Für Dachausbauten einfacher Art (Isolierung, Trennwände, Türen, Heizung, Dachfenster, Fußbodenbelag), also ohne Dachgauben, ist keine Baugenehmigung erforderlich. Die Finanzämter argumentieren aber über den im Gesetz verwendeten Wohnungsbegriff und sagen: »Die Herstellung einer Wohnung setzt einen Bauantrag voraus.« Es ist also ratsam, auch bei Dachausbauten einfacher Art eine Baugenehmigung einzuholen.

TIP Mit Zubehör mehr Komfort

1205

Das gilt auch für Wohnungen. Ergänzt Du Deine Wohnung durch Zubehörräume, wie z.B. durch einen Boden, durch eine Waschküche oder einen Trockenraum, so ist auch diese Maßnahme wohnraumbegünstigt (Verwaltungsansicht der OFD Münster).

TIP Der Fiskus bezahlt Deinen Dachausbau

1206

Deine Familie braucht mehr Platz, und Du denkst daran, für die größeren Kinder das Dachgeschoß auszubauen? Mensch, hast Du ein Glück, daß die 10e-Förderung gerade ausgelaufen ist und Du als Verheirateter noch ein Objekt frei hast.

Laß mich schnell rechnen, was der Fiskus von den 60 000 Mark übernimmt, die Dich der Dachausbau kosten wird:

Herstellungskosten	60 000 DM
Förderbetrag 2,5% =	1 500 DM
Kinderzulage für ein Kind	1 500 DM
Summe = Eigenheimzulage jährlich	3 000 DM
Insgesamt für acht Jahre =	24 000 DM

»Das sind ja 40% dessen, was der Ausbau gekostet hat«, rufst Du begeistert.

Übrigens: Leider wird beim Dachausbau die vorhandene Bausubstanz nicht in die Rechnung miteinbezogen. Es gibt aber keine Mindestkosten. Wenn es Dir gelingt, für 10 000 Mark den Ausbau zu bewerkstelligen, so hat das Finanzamt nichts dagegen. Denn Fiskalia weiß, die Eigenheimzulage wird auf 50% Deiner Kosten begrenzt.

1207 Guter Rat

Die uneingeschränkte Eigenheimzulage kannst Du bei Ausbauten und Erweiterungen ergattern, wenn Du es sein läßt, die Wohnung zu erweitern oder auszubauen, sondern eine neue selbstgenutzte Wohnung schaffst. Dabei könntest Du sogar Räume des Altgebäudes mit in die neugeschaffene Wohnung einbeziehen. Dann bekommst Du statt der 2,5%igen Grundzulage die 5%ige, wobei auch noch der Grund und Boden mit in die Berechnung einzubeziehen ist. Eine Beschränkung auf 50% der Baukosten findet hier nicht statt.

»Leider haben wir keine Dachreserve mehr für einen Ausbau, sondern nur Kellerräume«, winkst Du ab.

Mensch, hast Du Glück, auch das wird gefördert. Aber hier mußt Du aufpassen:

1208 TIP Wandle doch den Keller mit Hilfe des Fiskus in Wohnraum um

Das klappt nur bei wesentlichem Bauaufwand. Solcher liegt vor, wenn die Baukosten mindestens ⅓ der Kosten eines vergleichbaren Neubaus – bezogen auf die umgebauten Räume – ausmachen. Dabei ist auch die eigene Mitarbeit zu berücksichtigen. Hier könntest Du mauscheln, wenn Du wolltest …

Angenommen, Du hast Rechnungen über	27 310 DM
zuzüglich Eigenleistung 100 Std. mal 30 DM =	3 000 DM
Bauaufwand	30 310 DM
Der Neubauwert der umgebauten Räume beträgt	100 000 DM
Davon ⅓ =	33 333 DM

Also reicht der Bauaufwand von 30 000 Mark nicht. Folglich sagst Du Dir: Ich arbeite etwas länger und besser und setze an:

Summe der Baurechnungen	27 310 DM
zuzüglich Eigenleistung 217 Std. mal 35 DM =	7 595 DM
Neuer Bauaufwand	34 905 DM

Für die Berechnung der Eigenheimzulage bleibt aber die Eigenleistung ausgeklammert, weil Du insoweit keine Kosten hattest. Auch wird die Altbausubstanz nicht mit einbezogen.

Die Eigenheimzulage beträgt somit bei einem Kind jährlich:

Grundzulage 2,5% von 27 310 DM =	683 DM
Kinderzulage für ein Kind	1 500 DM
Eigenheimzulage insgesamt jährlich	2 183 DM

Aber leider auch hier Einschränkung auf 50%

Also bekommst Du sechs Jahre lang 2183 Mark und im siebten Jahr noch einmal 557 Mark, insgesamt damit 13 655 Mark, der Rest = 3809 Mark ist verloren.

Umbau von Wohnräumen

Übrigens wird genau wie oben gerechnet, wenn Du Wohnräume, die nicht mehr zu Wohnzwecken geeignet sind, zur Anpassung an heutige Wohnbedürfnisse neu gestaltest. Es darf aber nicht lediglich eine Instandsetzung sein.

Quelle: BMF-Schreiben vom 31. 12. 1984 – BStBl 1984 I S. 887.

TIP Kassiere durch einen Umbau die Eigenheimzulage! 1209

Wenn der Fiskus Geld zum Umbau dazulegt, ist die Entscheidung schon leichter. Das muß aber vorher klar sein. Deshalb solltest Du wissen: Zulagebegünstigt ist der Ausbau einer Wohnung (§ 2 Abs. 2 EigzulG). Was darunter zu verstehen ist, regelt für das Steuerrecht § 17 II. WoBauG: Der unter wesentlichem Bauaufwand durchgeführte Umbau von Wohnräumen, die infolge Änderung der Wohngewohnheiten nicht mehr für Wohnzwecke geeignet sind, zur Anpassung an die geänderten Wohngewohnheiten. Also: Bad einbauen, Heizung neu, Wände versetzen, Außenwände isolieren, neue Fenster und Türen usw.

Es darf also nicht lediglich eine Instandsetzung sein. Ein wesentlicher Umbauaufwand liegt dann vor, wenn die Kosten des Umbaus etwa 1/3 des für eine vergleichbare Neubauwohnung erforderlichen Aufwands erreichen (BFH-Urt. vom 16. 2. 1993 – BStBl 1993 II S. 659). Die Finanzrichter hatten begünstigten Umbauaufwand anerkannt, weil der Steuerzahler ein bisher nicht vorhandenes Badezimmer geschaffen hatte.

Aber es gibt noch andere bereits entschiedene Umbaufälle, die zulagebegünstigt sind: Das Zusammenlegen von zwei kleinen Wohnungen zu einer großen Wohnung (FG Nürnberg vom 19. 10. 1993 – EFG 1994 S. 348 und FG Baden-Württemberg vom 15. 2. 1995 – EFG 1995 S. 967). Umbaukosten 113 000 DM bzw. 200 000 DM.

Für Dich auch wichtig zu wissen: Die umgebaute Wohnung darf für heutige Wohnbedürfnisse nicht mehr geeignet sein (§ 17 II WoBauG). Dies ist aber großzügig auszulegen, weil die Modernisierung und Sanierung überalterter Wohnungen zu den vordringlichen wohnungspolitischen Aufgaben gehört (Begründung des § 17 II. WoBauG im Bundestag – BT-Drucksache 10/3633, 10 in 1985). Darauf kannst Du Dich notfalls berufen.

1210 **TIP** **Du hast ein Haus geerbt?**

Für Dein geerbtes Haus rückt der Fiskus keine Mark raus, denn Du hattest keine Erwerbskosten. Ist das geerbte Haus zu klein, und Du nimmst deswegen einen Ausbau oder eine Erweiterung vor, spielt der Fiskus aber sofort wieder mit und gewährt auf die Aus- oder Anbaukosten die Eigenheimzulage.

Auch hast Du Anspruch auf Eigenheimzulage, wenn Du Miterben hast abfinden oder Hypotheken übernehmen müssen. In diesem Fall sprechen die Fiskalritter von teilentgeltlichem Erwerb. Von den Abfindungsbeträgen und Hypotheken als den Teilentgelten kannst Du dann jährlich die Förderbeträge geltend machen.

Auch kannst Du Kinderzulage beantragen (➤Rz 1220).

»Ich habe weder ausgebaut, noch hatte ich Miterben. Nach Vaters Tod wollte Mutter aber ins Altersheim, und wir haben das Haus übernommen«, so sagst Du.

Wenn Du für das Haus nichts gezahlt hast, kannst Du auch nichts vom Fiskus erwarten. Also rate ich Dir: Kauf Deiner Mutter das Haus ab. Willst Du den Höchstbetrag für den Erwerb gebrauchter Häuser von 2 500 DM voll ausschöpfen, müßt Ihr einen Kaufpreis von 100 000 DM vereinbaren.

»Das mache ich, den Kaufpreis finanziere ich über Darlehn. Das Geld bekomme ich sowieso später von Mutter wieder zurück.«

Und übrigens:
Auch wenn Deine Mutter das Haus weiterhin bewohnt, klappt der Laden, da auch die unentgeltliche Überlassung des Hauses durch die Zulage gefördert wird.

Wie Du Renovierungskosten für das geerbte Haus dennoch von der Steuer abziehst, zeigt der Tip: Lieber erben als erwerben (➤ Rz 1227).

Zeile 42 Anderes Haus mit ...   1211

Hast Du Dir ein Zweifamilienhaus zugelegt und willst beide Wohnungen
selbst nutzen, wird nur eine Wohnung gefördert. Das gilt auch für Ehegatten, weil Ehegatten nicht für zwei in räumlichem Zusammenhang liegende
Wohnungen die Förderung erhalten.

Hast Du Dir ein Zwei- oder Mehrfamilienhaus angeschafft, in dem Du eine
Wohnung selbst bewohnst, so fördert der Fiskus nur die auf Deine Wohnung entfallenden Herstellungs-/Anschaffungskosten.

»Das tangiert mich nur peripher, denn die maximale Bemessungsgrundlage
von 100 000 Mark hab' ich auch mit den auf meine Wohnung entfallenden
Kosten dicke erreicht«, sagst Du.

Recht hast Du.

Zeile 44–46 Teile der Wohnung nicht zu   1212
eigenen Wohnzwecken genutzt

Wird die Wohnung nicht zu 100% zu eigenen Wohnzwecken genutzt,
sondern vielleicht teilweise als Büro oder Arbeitszimmer, setzt der Fiskus
seinen Rotstift an, indem er die Anschaffungs- bzw. Herstellungskosten
anteilig kürzt. Die Kürzung geht aber meistens ins Leere, weil ja nur
maximal 100 000 DM zulagebegünstigt sind.

TIP **Mit dem Arbeitszimmer für die auswärts wohnende**   1213
Tochter den Fiskalritter zur Weißglut bringen
So was gehört klar zum Steuerstreik!

Nur selten offenbart sich eine vom Fiskus vorgesehene Maßregelung im
nachhinein als Vorteil. Es geht um die anteilige Kürzung der Anschaffungs-
oder Herstellungskosten, z.B. wegen eines Arbeitszimmers. Die Kürzung
geht im Normalfall aber ins Leere, denn die Kosten sind ja nur bis 100 000
Mark zulagebegünstigt.

Da ein Arbeitszimmer im eigenen Haus nur selten anerkannt wird und
zudem die Kosten auf 2 400 DM gedeckelt sind, weiß ich etwas Besseres für
Dich. Du vermietest einfach ein Zimmer, z. B. an Deine inzwischen
aushäusige Tochter. Das wird den Fiskalritter zur Weißglut bringen, wenn
er die Zahlen sieht.

Von Dir zu versteuern:

Mieteinnahmen (50% der Marktmiete)	1 350 DM
abzüglich Werbungskosten:	
anteilige Abschreibung, Schuldzinsen	970 DM
Nebenkosten	630 DM
Überschuß (Verlust)	250 DM

Vgl. hierzu auch ➤ Rz 1284.

Die aushäusige Tochter kann als beruflich veranlaßte
Aufwendungen absetzen:

Gezahlte Miete für Arbeitszimmer	1 350 DM

Wisse außerdem:
Beim außerhäuslichen Arbeitszimmer sind die strengen Grundsätze zum
häuslichen Arbeitsraum nicht anwendbar, so das FG München mit Urteil
vom 16. 8. 1995 (EFG 1996, 221).

Also kann sich Deine Tochter durchaus auch privat in ihrem »außerhäuslichen Arbeitszimmer« aufhalten, neben beruflichen auch private Bücher
und Kleidung dort aufbewahren oder ein Fernsehgerät aufstellen.

»Meiner Tochter wird es gefallen, die Kosten für ihr früheres Kinderzimmer von der Steuer abzusetzen. Und wenn meine Tochter nicht da ist, ordne
ich dort meine Briefmarkensammlung«, sagst Du.

Siehe hierzu auch ➤ Rz 1288

1214 ## Zeile 51–57 Ökologische Zusatzförderung

Öko-Zulage I: **Wärmepumpen, Solaranlagen, Anlagen zur Wärme-
rückgewinnung**

Der Fördergrundbetrag von 5 000 DM bzw. 2 500 DM bei Altbauten erhöht
um sich bis zu 500 DM jährlich, wenn Du vor Deinem Einzug eine
Wärmepumpenanlage, eine Solaranlage oder eine Anlage zur Wärmerück-
gewinnung in Dein Eigenheim einbaust. Das gleiche gilt, wenn in den
Anschaffungskosten Deiner Wohnung Kosten für den Einbau der genannten Anlagen enthalten sind. Voraussetzung ist in diesem Fall nur, daß die
Anschaffung bis zum Ende des zweiten auf das Jahr der Fertigstellung
folgenden Jahres erfolgt ist. Bei Erwerb in 1997 darf die Fertigstellung
des von Dir erworbenen Hauses also nicht vor 1995 liegen. Die Höhe der
Öko-Zulage I beträgt 2% Deiner Aufwendungen bzw. der anteiligen Anschaffungskosten, höchstens 500 DM jährlich.

Hier kassierst Du also doppelt: Zum einen erhältst Du einen Zuschuß von Vater Staat von insgesamt bis zu 4 000 Mark (16% Deiner Aufwendungen), zum anderen sparst Du im Laufe der Jahre Heizkosten und trägst somit aktiv zum Umweltschutz bei.

Aufgepaßt!
1215

Möchtest Du Dir diese Zusatzförderung nicht entgehen lassen, so achte darauf, daß der Einbau der Anlage vor Deinem Einzug abgeschlossen ist, denn ansonsten gibt's hier nichts. Also aufgepaßt, ob das Einbaudatum auf Deiner Rechnung vor dem Tag der Eigennutzung laut > Zeile 33 liegt.

Nimmst Du die Wohnraumförderung für einen Ausbau oder eine Erweiterung Deines Eigenheims in Anspruch, so kannst Du diese Zusatzförderung vergessen. Für derartige Maßnahmen ist die Öko-Zulage nicht vorgesehen.

Öko-Zulage II: Niedrigenergiehäuser
1216

Auch die Anschaffung oder Herstellung einer Wohnung in einem Niedrigenergiehaus wird mit einer Zusatzförderung versüßt. Die Grundförderung erhöht sich um jährlich 400 DM, wenn der Jahres-Heizwärmebedarf den nach der Wärmeschutzverordnung 1994 geforderten Wert um mindestens 25% unterschreitet. Als Nachweis fügst Du Deinem Zulagenantrag den Wärmebedarfsausweis bei, den Du vom Architekten, Bauingenieur oder Heizungsbauer erhältst.

Aufgepaßt!

Die Öko-Zulage II bekommst Du nur dann, wann Du die Wohnung hergestellt oder noch im Jahr der Fertigstellung gekauft hast. Für Altbau, Ausbauten oder Erweiterungen ist auch hier nichts für Dich drin.

Vorsicht bei Begrenzung des Förderbetrags!
Die Eigenheimzulage ist auf die Höhe Deiner Anschaffungs- oder Herstellungskosten begrenzt (➤ Rz 1163). Allerdings gilt dies nicht bei der Förderung durch die Öko-Zulagen.

Zeile 58–62 Begünstigte Genossenschaftsanteile
1217

Auch für Geschäftsanteile an Wohnungsbaugenossenschaften kannst Du die Eigenheimzulage kassieren. Voraussetzung ist:

1. Dein Anteil beträgt mindestens 10 000 DM.
2. Die Genossenschaft wurde nach dem 1. 1. 1995 in das Genossenschaftsregister eingetragen.

3. Die Satzung sieht vor, daß Mieter, die zugleich Mitglieder der Genossenschaft sind, ein Vorkaufsrecht für ihre Wohnung haben.

Die Förderung beläuft sich auf 3% der Einlage (maximal 2400 DM jährlich) zuzüglich 500 DM Kinderzulage pro Kind und Jahr. Erhältst Du zeitgleich die Eigenheimzulage für Deine Wohnung, wird die Genossenschaftszulage angerechnet, und die Förderung geht damit ins Leere. Die Anrechnung vermeidest Du, wenn die Genossenschaftsanteile einem Ehegatten gehören und der andere die Wohnung hat.

Das sind ja Peanuts, magst Du jetzt vielleicht denken. Aber höre, welche Vorteile Dir diese Förderung bringt.

1218 **TIP Setze Deine Kinder als Rendite-Turbo ein!**

Kannst Du 10 000 Mark lockermachen, so stellt sich für Dich die Frage, bei welcher Geldanlage (bei etwa gleichem Risiko) am meisten rauszuholen ist. Bei festverzinslichen Wertpapieren oder Bundesschatzbriefen ist meist bei 5 oder 6% das Ende der Fahnenstange erreicht.

Doch laß uns einmal durchrechnen, was beim Erwerb von Genossenschaftsanteilen abfällt:

Grundförderung bei einer Einlage von 10 000 DM	300 DM
Kinderzulage bei zwei Kindern	1 000 DM
Zulage jährlich	1 300 DM

Das entspricht immerhin einer Verzinsung von 13% jährlich, im achten Jahr 9% (Beschränkung der Förderung auf den Wert der Einlage, damit Zulage im achten Jahr: 900 DM).

Folgendes solltest Du noch wissen:
Die Gewährung der Zulage setzt nicht voraus, daß Du selbst in einer Wohnung der Genossenschaft lebst (OFD Erfurt mit Verfügung vom 14. 10. 1996 – EZ 1170 A-02-St 334). Darüber hinaus kannst Du die Zulage selbst dann beanspruchen, wenn Du bereits eine Wohnraumförderung nach § 7b oder § 10e EStG hinter Dir hast.

1219 Wichtig zu wissen: Den Stichtag für den Beitritt zur Genossenschaft.
Viele haben erkannt, wie sehr sich der Kauf von Genossenschaftsanteilen zur Geldanlage eignet, leider auch die Fiskalritter. So haben sie mit ihrem Erlaß zur Eigenheimzulage vom 10. 2. 1998 (BStBl. 1998 II S. 190) die Notbremse gezogen und bestimmt, daß spätestens im letzten Jahr des achtjährigen Förderzeitraums eine Genossenschaftswohnung bezogen werden muß. Diese Regelung gilt für diejenigen, die nach dem **15. 2. 1998** der Genossenschaft beigetreten sind.

Zeile 64–68 Angaben für die Kinderzulage   1220

Hier beantragst Du Kinderzulage in Höhe von jährlich 1 500 DM für jedes
Kind, für das Kindergeld gezahlt wird oder Du Anspruch auf einen
Kinderfreibetrag hast.

Kinderzulage auch für Nestflüchter
Gerechterweise wird für die Kinderzulage nur verlangt, daß das Kind zu
Beginn oder später zu Deinem Haushalt gehört hat. Zieht das Kind aus,
weil es z.B. auswärts studiert, kann die Kinderzulage weiter beansprucht
werden. Denn schließlich mußte anfangs entsprechend groß gebaut bzw.
gekauft werden. Wichtig ist nur, daß Dir weiterhin Kindergeld bzw. der
Kinderfreibetrag zusteht.

Zeile 71 Einkommensgrenze   1221

Die Wohnraumförderung geht Dir durch die Lappen, wenn Du die Einkommensgrenzen von 240 000 bzw. 480 000 DM (ledig/verheiratet) überschreitest. Bevor Du sagst:»Da bin ich locker drunter«, beachte, daß sich
diese Einkommensgrenze jeweils auf zwei Jahre bezieht: Die Einkünfte des
Einzugsjahrs werden denen des Vorjahres hinzugerechnet.

>»Ich gehe nach dem Motto vor:
>Mache stets ein Kreuzchen rein
>und hoff', es wird schon richtig sein.«

Wenn Du nicht zu den Spitzenverdienern zählst, dann wirst Du mit ruhigem
Gewissen Dein Kreuzchen machen können. Im übrigen kannst Du sicher
sein, daß der Fiskalritter die Einkommensgrenze bei Dir prüft, denn er
kennt ja Deine Steuernummer aus >Zeile 4 Deines Zulagenantrags.
Vorteilhaft kann sein, durch die Wahl der getrennten Veranlagung (➤
Rz 87), durch Inanspruchnahme der Ansparabschreibung nach § 7g EStG
(bei Gewerbetreibenden und Selbständigen) oder durch zeitliche Verlage-
rung die Einkünfte zu mindern.

Wisse: Unsere Steuerbürokraten planen eine Herabsetzung der Einkommensgrenzen auf 160 000 bzw. 320 000 DM (Alleinstehende/Ehegatten;
Grenze jährlich damit 80 000/160 000 DM). Also aufgepaßt.

1222 ### 8.1.4 Vorkostenabzug

Den Vorkostenabzug können nur noch diejenigen beanspruchen, die vor 1999 den Kaufvertrag unterschrieben bzw. den Bauantrag gestellt haben.
Der Abzug besteht aus zweierlei: Einer Pauschale in Höhe von 3 500 DM und Erhaltungsaufwendungen bis zur Höhe von 22 500 DM, die beide vom Einkommen abgesetzt werden können, was zu einer Steuerermäßigung führt. Der Vorkostenabzug ist also progressionsabhängig und muß damit im Rahmen der **Einkommensteuererklärung** beantragt werden.
Hierfür benötigst Du das Formular Anlage FW.

»Dieser Behördenwahnsinn treibt mich noch ins Irrenhaus«, rufst Du.
Halt an, Aufregung führt zu nichts. Denn bedenke: Zum allgemeinen Wirrwarr in Bonn kommt nun auch noch der bevorstehende Umzug nach Berlin. Wen wundert es, wenn jetzt alles drunter und drüber geht. Aber in Berlin soll ja alles anders – preußischer – werden, so hört man.

Der Vorkostenabzug
Wie bereits gesagt, besteht der Abzug aus zweierlei: Einer Pauschale, für die Du in > Zeile 53 der Anlage FW ein Kreuzchen machst. Dafür werden 3 500 DM pauschal vom Einkommen abgesetzt, was zu einer Steuerermäßigung führt.
Ferner kannst Du Erhaltungsaufwendungen vor Bezug bis zur Höhe von 22 500 DM absetzen. Diese gehören in > Zeile 54.
Erhaltungsaufwendungen hast Du nur bei Erwerb einer Altimmobilie, versteht sich, sie scheiden also für Bauherren aus.
Und jetzt spitz die Ohren: Erhaltungsaufwendungen vor Bezug für Deine selbstgenutzte Wohnung kannst Du auch dann hier in > Zeile 54 geltend machen, wenn wegen Objektverbrauch oder zu hoher Einkünfte kein Anspruch auf Eigenheimzulage besteht (Quelle: § 10i EStG).

1223 **TIP** **Erhaltungsaufwendungen vor Bezug? Stop bei 15%!!**

In der für das Finanzamt vorgesehenen hinteren Spalte in > Zeile 56 kannst Du ein %-Zeichen erkennen. Dies deutet darauf hin, daß der Fiskalritter eine Vergleichsrechnung anstellt, die zu Deinen Ungunsten ausgehen kann. In der Vergleichsrechnung prüft er nach, ob Deine Erhaltungsaufwendungen 15% der auf das Gebäude entfallenden Anschaffungskosten übersteigen. Wenn ja, erklärt er Deine Erhaltungsaufwendungen schlichtweg zu anschaffungsnahen Herstellungskosten und streicht den Vorkostenabzug.

Alles, was 15% oder 22 500 DM übersteigt, läßt Du am besten unter den Tisch fallen. So kommt der Fiskalritter nicht auf die falsche Fährte.

Abflußprinzip

1224

»Was mache ich eigentlich mit den Reparaturkosten vor Bezug des Hauses, die ich erst im nächsten Jahr bezahlt habe?« möchtest Du noch wissen.

Keine Sorge, da ist nichts verloren. Diese Kosten setzt Du im nächsten Jahr als Vorbezugskosten an.

Dazu wisse: Die Reparaturkosten müssen vor Bezug der Wohnung entstanden sein. Sie entstehen dann, wenn der Handwerker die Reparaturarbeiten ausführt. Für die Frage, in welchem Jahr die Reparaturkosten absetzbar sind, gilt das sogenannte Abflußprinzip. Dies bedeutet: Die Aufwendungen sind in dem Kalenderjahr absetzbar, in dem der Geldbetrag geflossen ist (Quelle: § 11 EStG).

Für die Entstehung der Reparaturkosten gibt es eine Ausnahme beim:

Mieterkauf

1225

Kaufst Du die Wohnung als bisheriger Mieter, kannst Du noch bis zum Ablauf des auf das Jahr der Anschaffung folgenden Jahres steuerwirksam renovieren (Quelle: §10i EStG).

◆ *Musterfall Familie Meyer (Anschaffungskosten und Vorbezugskosten)*

1226

Klaus Meyer und seine Angetraute Monika haben zwei minderjährige Kinder. Die Eheleute erwarben am 30. 10. 1998 das Einfamilien-Reiheneckhaus in Dortmund, An den Teichen 19, das der Verkäufer im Jahre 1980 errichtet hatte (Grundstücksgröße 780 qm, Nutzfläche des Gebäudes 133 qm).

Die Meyers haben bisher noch keine steuerliche Wohnraumförderung in Anspruch genommen und planen diese bei der Finanzierung des Einfamilienhauses fest ein. Sie wissen, daß sie die vor Bezug des Hauses entstandenen Reparaturkosten bis zur Höhe von 22 500 DM absetzen können. Deshalb lassen sie das Haus vorher gründlich renovieren, und auch die Einbauküche wird noch vor Einzug montiert. Sie sind am 1. 12. 1998 eingezogen.

Herr Meyer fügt dem Antrag folgende Aufstellung nebst Belegen bei:

Anschaffungskosten

Kaufpreis	310 000 DM
Grunderwerbsteuer 2% v. 310 000 DM =	6 200 DM
Notarkosten (Auflassung)	217 DM
Kosten für Grundbucheintragung	550 DM
Insgesamt	316 967 DM

Renovierungskosten vor Bezug

Malerarbeiten	13 217 DM
Teppichboden	4 595 DM
Geräte u. Maschinen: Bohrer, Stichsäge, Flex, Werkzeuge	1 100 DM

Kosten der Einbauküche, soweit sie auf Spüle und Herd entfallen; vorausgesetzt eine alte Spüle wird durch eine neue ersetzt, der alte Herd ausgemustert und ein neuer gekauft (BFH-Urt. vom 13. 3. 1990 – BStBl 1990 II S. 514)

– Herd	1 300 DM		
– Kochfeld	850 DM		
– Spüle mit Unterschrank	975 DM		
– Anteil Arbeitsplatte	130 DM		
– Anteil Montage	70 DM		
Insgesamt	3 325 DM	>	3 325 DM
Vorbezugskosten			22 237 DM

Einbau einer Solaranlage vor Bezug
Rechnung vom 17. 2. 1999   28 400 DM

Der Antrag auf Wohnraumförderung

Dazu benötigen die Meyers zwei Vordrucke
1. Antrag auf Eigenheimzulage
2. Anlage FW

In den Antrag auf Eigenheimzulage tragen sie ein:

WOHNRAUMFÖRDERUNG
Eigenheimzulage/Anlage FW/Wohnungsbauprämie

99	15	**Begünstigte Wohnung**	Im Ferien- oder Wochenend- gebiet belegen	Zum Dauerwohnen baurechtlich zugelassen
		Lage der Wohnung (falls vom derzeitigen Wohnsitz lt. Zeile 5 und 6 abweichend)		

Zeile			
27	22	Straße und Hausnummer	An den Teichen 19
28	20	Postleitzahl, Ort	44339 Dortmund

29	Eigentümer	Name	Eheleute Meyer	Miteigentumsanteil %
30		Name		Miteigentumsanteil %

99	20	Die Eigenheim- zulage wird beantragt als	Erwerber	Kaufvertrag vom 20 30 10 1998	Übergang von Besitz, Nutzen und Lasten am 21 01 12 1998	Baujahr 22 1980 Jahr d. Fertigstellung
32			Bauherr (auch bei Ausbau/ Erweiterung)	Bauantrag gestellt am 25	Baubeginn am 26	27

33	Eigengenutzt / unentgeltlich an Angehörige zu Wohnzwecken überlassen	seit	30 01 12 1998

34	Bei unentgelt- licher Nutzungs- überlassung	Name des Nutzenden, Verwandtschaftsverhältnis

35	Für folgende Objekte wurden bereits erhöhte Absetzungen (z.B. n. § 7 b EStG) / Abzugsbeträge (z.B. n. § 10 e EStG) / Eigenheimzulage beansprucht (bei Ehegatten: auch Name d. Eigentümers):
36	

37	Die Eigenheimzulage wird für ein Folgeobjekt beantragt	Lage des Erstobjekts. Begünstigungszeitraum

38		Anspruchsberechtigter 1 = männlich 2 = weiblich 3 = Ehegatten

Anschaffungskosten / Herstellungskosten

39	Angeschafft / hergestellt wurde			10	
40	Einfamilienhaus Eigentumswohnung	einschließlich Anschaffungskosten des Grund und Bodens	316.967 DM	Miteigentum 11 %
41	Ausbau / Erweiterung einer eigengenutzten Wohnung	ohne Anschaffungskosten des Grund und Bodens	DM	Ausbau/Erweiterung 32 Ja = 1
42	Anderes Haus (einschl. Anschaffungs- kosten Grund u. Boden)	Anzahl der Woh- nungen	Nutz- fläche m² - 100 % =	DM	Letztes Begünstigungsjahr 31
43	Auf die Nutzfläche der eigengenutzten / unentgeltlich an An- gehörige zu Wohnzwecken überlassenen Wohnung entfalle	m² % -	▶	DM	

44	Werden Teile der Wohnung nicht zu eigenen Wohnzwecken genutzt:		
45	Wohnfläche der Wohnung	m² - 100 %	
46	davon entfallen auf eigenbetrieblich / beruflich genutzte, vermietete oder an Nicht-Angehörige überlassene Räume	m² - % - -	DM

47	Bemessungsgrundlage	40 316.967	40
48	Bei Miteigentum: Anteil an der Bemessungsgrundlage	46	46
49	Nur bei gesonderter und einheitlicher Feststellung: Festgestellter Anteil an der Bemessungsgrundlage	Finanzamt, Steuernummer 41	41

50	

Ökologische Zusatzförderung

51	
52	☒ Für Wärmepumpenanlagen, Solaranlagen, Anlagen zur Wärmerückgewinnung
53	Bei Selbsteinbau: Aufwendungen für vor Bezug – und vor dem 1.1.1999 – eingebaute Anlagen (auch wenn in Zeile 47 enthalten)	42 28.400	42
	Bei Anschaffung einer Neubauwohnung vor dem 1.1.1999:	43	43

611

99	15	Begünstigte Genossenschaftsanteile	(Satzung der Genossenschaft und Registerauszug bitte beifügen)			
Zeile 58	50	Name der nach dem 1.1.1995 in das Genossenschaftsregister eingetragenen Genossenschaft				
99	20	Höhe der Geschäftsanteile			51	DM
60		Einzahlung auf die Geschäftsanteile	Datum	53	52	DM
61		Beitrittszulassung vom		50		
62						

99	16	Angaben für die Kinderzulage			Für das Kind erhält der Anspruchberechtigte oder sein Ehegatte Kindergeld/ einen Kinderfreibetrag	Der andere Elternteil ist Miteigentümer der Wohnung (ausgenommen Ehegatten)	Kinderzulage 1 = 1, 2 = ½ 3 = 0
64		Vorname des haushaltszugehörigen Kindes (ggf. auch abweichender Familienname)		Geboren am			
65		1 Hennes	31	18 04 1990	X		51
66		2 Julia	32	01 01 1992	X		52
67		3	33				53
38		4	34				54
69							
70		Einkunftsgrenze					
71		☒ Der Gesamtbetrag der Einkünfte des Jahres, für das erstmals dieser Antrag gestellt wird, wird zusammen mit dem Gesamtbetrag der Einkünfte des vorangegangenen Jahres 240 000 DM, bei Ehegatten 480 000 DM voraussichtlich nicht übersteigen.					
72							

50		Vorkostenabzug bei einer nach dem Eigenheimzulagengesetz begünstigten Wohnung		
51				
52		Das Objekt steht im ☒ Alleineigentum. ☐ Miteigentum zu	%	
53		☒ Bei Anschaffung/Fertigstellung 1999 und Kaufvertrag/Bauantrag/Herstellungsbeginn vor dem 1. 1. 1999: Vorkostenpauschale (§ 10 i EStG), wenn die Eigenheimzulage für 1999, 2000 oder 2001 in Anspruch genommen wird.		
54		Bei Kaufvertrag vor dem 1. 1. 1999: 1999 geleistete Erhaltungsaufwendungen (§ 10 i EStG) bei Alleineigentum	41	22.237
55		Anteil an den 1999 geleisteten Erhaltungsaufwendungen (§ 10 i EStG) bei Miteigentum	43	
		Steuerermäßigung für Kinder bei Inanspruchnahme eines Abzugsbetrags nach § 10 e Abs. 1 bis 5 EStG		

1227 **TIP** **Lieber erben als erwerben, oder?**

Keine Frage, denn nichts kommt von selbst, so sagt man. Und das trifft besonders für den Erwerb der eigenen vier Wände zu, für die sich manche ihr ganzes Leben lang krummlegen. Es sei denn, die eigenen vier Wände fallen dem Glücklichen durch Erbschaft oder Schenkung zu.

Auch der Fiskus zeigt sich darüber erfreut, kann er doch mit Erbschaft- oder Schenkungsteuer rechnen und braucht zudem keine Wohnraumförderung zu leisten. Denn ohne eigene Aufwendungen gibt es keine staatliche Stütze.

Es sei denn ...
»Ich kaufe Mutter ihr Haus ab. Das Geld bekomme ich sowieso später von
ihr wieder zurück«, sagst Du.

Fein, daß Du von selbst darauf gekommen bist. Es reichen 100 000 Mark,
um die volle Förderung zu erhalten.
Lies auch den Tip unter ➤ Rz 1210: Haus geerbt?

TIP Das Zweikontenmodell

1228

Bauen ist süßes Armmachen, so sagt man. Denn nach dem Bau ist das
Grundstück und das darauf errichtete Haus zunächst weniger wert, als der
Bauherr aufgewendet hat, zumindest für einen gedachten Erwerber, der
anders bauen würde. Erst später stellt sich Wertzuwachs ein. Und dann sind
da noch die Schulden mit ihren Zinsen, die nicht absetzbar sind, weil ein
Einfamilienhaus in den Augen des Fiskus reine Privatsache ist.

Da gab es bislang die Möglichkeit, private Schulden in betriebliche umzu-
wandeln: mit Hilfe des Zweikontenmodells. Kein Wunder, daß der Fiskus
dem nicht hold war.
Doch kaum hatte der BFH das Zweikontenmodell am 8. 12. 1997 endgültig
abgesegnet, ist es nunmehr mit Wirkung zum 1. 1. 1999 der Steuerreform
zum Opfer gefallen.
Zur Erinnerung: Für Selbständige gab es den Dreh, wie private Schulden zu
betrieblichen und damit absetzbar werden. Dieser Dreh war in Finanzkrei-
sen unter der Bezeichnung »Zweikontenmodell« bekannt. Und das ging so:

Der Fiskus kann Dir als selbständig Tätigem nicht vorschreiben, welche
betrieblichen Ausgaben Du mit Kredit finanzierst und welche mit eigenen
Mitteln. Deshalb kannst Du ohne weiteres Deine laufenden Betriebsausgaben über einen Kontokorrentkredit der Bank finanzieren und alle Betriebs-
einnahmen zur Bezahlung Deines Einfamilienhauses verwenden. Die Zinsen für den Kontokorrentkredit sind dann als Betriebsausgaben absetzbar.
Schulden für Dein Einfamilienhaus hast Du nicht.

Damit das funktioniert, braucht man **zwei Konten:**
Ein Kontokorrentkonto als Schuldkonto und ein Guthabenkonto. Auf das
Guthabenkonto zahlst Du sämtliche Tageseinnahmen ein, während alle
Ausgaben vom Schuldkonto abgebucht werden. So baut sich auf dem
Guthabenkonto ein Guthaben und zwangsläufig auf dem Schuldkonto ein
Schuldsaldo auf. Hat sich ein entsprechender Betrag auf dem Guthaben-
konto angesammelt, kannst Du damit Baurechnungen bezahlen.

Nun werden Dich logischerweise die hohen Zinsen für den Kontokorrentkredit stören. Deshalb wirst Du alsbald – aber nicht zu früh – eine Umschuldung vornehmen, indem Du die Kontokorrentschuld in ein normalverzinsliches betriebliches Darlehn umwandeln läßt. Als Sicherheit für das betriebliche Darlehn kann das gerade errichtete Einfamilienhaus herhalten.

Damit ist per Gesetzesänderung jetzt leider Schluß.

1229 **Rechtslage ab 1999**
Mit der Steuerreform ist das Zweikontenmodell bis auf eine Bagatellgrenze (siehe nächste Seite) so gut wie gestorben. Konntest Du bisher Einnahme- und Ausgabe-Konto fein säuberlich voneinander trennen und so den Zinsabfluß steuern, so sind ab 1999 sämtliche Konten zusammenzurechnen, soweit sie kontokorrentartig geführt werden.

Entsteht durch eine Entnahme insgesamt ein Sollsaldo oder erhöht sich dieser, so sind die durch die Privatentnahme veranlaßten Zinsen steuerlich nicht abzugsfähig.

»Gib mir ein Beispiel«, so sagst Du.

Angenommen, Du hast zwei Konten. Das eine Konto ist mit 100 000 DM im Plus, auf dem anderen hast Du ein Minus von 80 000 DM. Hebst Du jetzt 30 000 Mark für private Zwecke von Deinem Guthaben ab, so entsteht dadurch insgesamt (unter Beachtung beider Konten) ein Sollsaldo von – 10 000 Mark.

	Konto 1	Konto 2	Summe
Saldo	100 000 DM	– 80 000 DM	20 000 DM
Entnahme	–30 000 DM		– 30 000 DM
Saldo	70 000 DM	– 80 000 DM	– 10 000 DM

Das hat ab 1999 zur Folge, daß nunmehr $\frac{1}{8}$ der entstehenden Zinsen steuerlich nicht mehr absetzbar ist (Sollsaldo Negativkonto bisher – 80 000 Mark, davon durch Entnahme privat veranlaßt 10 000 Mark = $\frac{1}{8}$).

Erhöht sich ein bereits bestehender Sollsaldo durch eine Entnahme, wird gerechnet:

	Konto 1	Konto 2	Summe
Saldo	100 000 DM	– 150 000 DM	– 50 000 DM
Entnahme	– 30 000 DM		– 30 000 DM
Saldo	70 000 DM	– 150 000 DM	– 80 000 DM

In diesem Fall erhöht sich der Schuldenstand insgesamt gesehen von – 50 000 DM auf – 80 000 DM. Damit wird der bisher betrieblich veranlaßte Kontostand von – 150 000 DM zu $\frac{1}{5}$ zu einer Privatschuld, so daß die Schuldzinsen insoweit steuerlich nicht mehr abzugsfähig sind (Sollsaldo Negativkonto bisher – 150 000 Mark, davon durch Entnahme privat veranlaßt 30 000 Mark = $\frac{1}{5}$).

Bagatellgrenze

Betragen die (sowohl privat als auch betrieblich veranlaßten) Schuldzinsen weniger als 8 000 Mark per anno, verzichtet St. Bürokratius auf die penible Zuordnung. In diesem Fall sind pauschal 50% der Schuldzinsen abzugsfähig.

Ist Dein Betrieb schuldenfrei, kannst Du auf diese Weise auch ab 1999 immerhin 4 000 Mark private Schuldzinsen steuerlich geltend machen. Wie? Na, ganz einfach. Du nimmst jährlich Sondertilgungen für Deinen privaten Hauskredit über das Firmenkonto vor, paßt dabei allerdings auf, daß die Schuldzinsen pro Jahr die Grenze von 8 000 Mark nicht übersteigen. Nach der Bagatellgrenze kannst Du nun 50% der Schuldzinsen, also knapp 4 000 Mark von der Steuer absetzen.

TIP Zeige dem Fiskus die Zinsnase! 1230

Private Schuldzinsen auf elegante Weise bei den Einkünften abzusetzen, das würde Dir ein besonderes Vergnügen bereiten. Hier ein Fall, über den das FG Düsseldorf befunden hat (Urt. vom 9. 11. 1994 – EFG 1995 S. 421) und der Dich ermuntern soll, es gleichzutun.

Der Steuerzahler nahm im März 1991 zur Finanzierung eines privaten Wohnhauses ein Darlehn von 260 000 DM auf. In der Folgezeit benutzte er sämtliche Einnahmen aus seinem Betrieb zur Tilgung dieses Darlehns, was im Juli 1991 bewirkt war. Die betrieblichen Ausgaben sowie die Wareneinkäufe während dieser Zeit wurden über das betriebliche Girokonto abgewickelt, auf dem dadurch bis Ende Juli 1991 ein hoher Schuldsaldo entstand. Noch im Juli 1991 nahm der Steuerzahler zur Abdeckung dieses Schuldsaldos ein langfristiges Darlehn über 265 000 DM auf.

Das Finanzamt machte auf Spielverderber und wollte die Zinsen für die Bankschulden auf dem Girokonto und für das 2. Darlehn nicht als Betriebsausgaben anerkennen. Doch das Finanzgericht verwies auf die BFH-Rechtsprechung vom 4. 7. 1990 – BStBl 1990 II S. 817 und erklärte: Auch wenn die

Überziehung des betrieblichen Kontos durch Entnahmen – Tilgung eines privaten Darlehns – verursacht wurde, so sind die späteren Schulden gleichwohl betrieblich veranlaßt. Denn einem Unternehmer steht es grundsätzlich frei, ob er seinen Betrieb mit Eigen- oder Fremdkapital finanziert. Recht so. Zur Rechtslage seit 1999 siehe ➤ Rz 1229.

1231 ▄▄▄ TIP Du hast einige Blaue in den Sand gesetzt?

Du warst nahe dran an den eigenen vier Wänden. Doch dann hast Du alles abgeblasen, wegen persönlicher und auch finanzieller Umstände, was das auch immer heißen mag. Die bis dahin investierten Beträge sind leider verloren und wirken sich nicht einmal steuerlich aus (BMF-Schreiben vom 25. 10. 1990 – BStBl 1990 I S. 626, Tz. 56 und BFH-Urt. vom 17. 7. 1991 – BStBl 1991 II S. 916). Denn Vorbezugskosten sind nicht mehr absetzbar.

Steuerlich besser stündest Du da, könntest Du sagen: Wollte das Haus gar nicht selbst bewohnen, sondern vermieten. Dann muß Dir der Fiskus die in den Sand gesetzten Blauen als Verluste aus Vermietung und Verpachtung anerkennen (BFH im Beschluß vom 4. 7. 1990 – BStBl 1990 II S. 830). Das gilt selbst dann, wenn es überhaupt nicht zu Mieteinnahmen gekommen ist. Nun weißt Du, was günstiger ist: geplante Vermietung statt geplanter Eigennutzung.

8.2 Wohnraumförderung nach § 10e EStG (Altregelung)

8.2.1 Überblick

Herstellungsbeginn oder Kaufvertrag vor dem 1. 1. 1996: Wohnraumförderung nach § 10e EStG > Anlage FW

1232 Hast Du bereits vor dem 1. 1. 1996 mit der Herstellung Deines Eigenheims begonnen oder den Kaufvertrag abgeschlossen, so gilt die Altregelung nach § 10e EStG – noch bis zum Jahr 2003.

Für einen Neubau können über einen Zeitraum von acht Jahren bis zu 145 200 DM steuerlich abgesetzt werden. Die Steuerersparnis beträgt bei einem Steuersatz in der Spitze von z.B. 35% = 50 820 DM. Ferner erhältst Du für jedes Kind 8 000 DM Baukindergeld, das jährlich mit 1 000 DM direkt von der Steuerschuld abgezogen wird.

Wenn ich richtig gerechnet habe, klingeln insgesamt 74 820 fiskalische Mark in Deiner Kasse, wenn Du drei Kinder hast.

Für einen Altbau (Kauf später als zwei Jahre nach der Fertigstellung), dessen Erwerb nicht so hoch gefördert wird wie ein Neubau, kannst Du immerhin noch 66 000 DM absetzen.

Wichtig zu wissen:

1. Du mußt selbst in das Haus oder in die Wohnung einziehen, sonst läuft nach § 10e EStG überhaupt nichts.

2. Für Spitzenverdiener nicht angenehm zu wissen: Die Grundförderung ist einkommensabhängig. Sie entfällt für die Jahre, in denen der Gesamtbetrag der Einkünfte 120 000 DM, bei Eheleuten 240 000 DM übersteigt.

Dies ist die Regelung nach § 10e EStG. Für die ab 1996 geltende Eigenheimzulage läuft der Hase anders (➤ Rz 1152).

Übersicht zur Wohnraumförderung nach § 10e EStG (Altfälle bis 31. 12. 1995)   **1233**

Grundförderung (§ 10e Abs. 1 und 2 EStG)	Wegfall der Grundförderung	Abzug von Kosten vor Bezug (§ 10e Abs. 6 EStG)
1. Die Grundförderung erstreckt sich auf den Erwerb einer selbstgenutzten Wohnung oder eines Anteils derselben, ferner auf Ausbauten und Erweiterungen	1. Die Grundförderung steht dem Steuerzahler nur einmal zu. Die Förderung nach § 7b EStG wird dabei angerechnet (Objektverbrauch § 10e Abs. 4 EStG).	Vor Bezug entstandene Kosten, die mit der Anschaffung oder Herstellung der Wohnung zusammenhängen und im Falle der Vermietung Werbungskosten wären, können im Jahr der Zahlung in unbegrenzter Höhe abgezogen werden. Beispiele: Steuern und Gebühren, Zinsaufwendungen, Kosten der Instandsetzung; letzteres nur bis zu 15% der Anschaffungskosten, höchstens 22 500 DM
2. Bemessungsgrundlage: Anschaffungs-/Herstellungskosten, vom Grund und Boden nur die Hälfte; Höchstgrenze 330 000/150 000 DM (Neubau/Altbau)	2. Fehlende Selbstnutzung der Wohnung (§ 10e Abs. 1 Satz 2 EStG)	
3. Förderungsdauer 8 Jahre	3. Die Grundförderung entfällt für die Jahre, in denen der Gesamtbetrag der Einkünfte 120 000 DM, bei Ehegatten 240 000 DM übersteigt (§ 10e Abs. 5a EStG).	
4. Förderungssätze: 1.–4. Jahr 6 v. H. 5.–8. Jahr 5 v. H.		

Abzug von Kosten nach Bezug (§ 10e Abs. 6a EStG)	Nachholung von Abzugsbeträgen; nachträgliche Herstellungskosten (§ 10e Abs. 3 EStG)	Baukindergeld nach § 34f EStG
Grundsätzlich kein Abzug von Kosten nach Bezug, mit einer Ausnahme: Zinsaufwendungen unter folgenden Voraussetzungen: 1. Die Wohnung ist ein Neubau 2. Begrenzung auf die ersten drei Jahre nach Bezug 3. Höchstbetrag 12 000 jährlich 4. Fertigstellung bis 31. 12. 1995	Der Steuerzahler kann Abzugsbeträge aus der Grundförderung, die er nicht ausgenutzt hat, bis zum 8. Jahr nachholen. Nachträgliche Herstellungskosten werden so behandelt, als wären sie im ersten Jahr angefallen.	Steuererstattung oder Verrechnung mit der Steuerschuld 1. Nur bei Inanspruchnahme der Grundförderung nach § 10e Abs. 1 oder 2 EStG 2. Höhe 1 000 DM jährlich für jedes haushaltszugehörige Kind; höchstens die Bemessungsgrundlage nach § 10e Abs. 1 oder 2 EStG

8.2.2 Regelung im einzelnen

1234 **1. Grundförderung (§ 10e Abs. 1 und 2 EStG) – Zeile 30–41**

Hast Du eine Wohnung zu eigenen Wohnzwecken gekauft oder selbst gebaut, so kannst Du acht Jahre lang in den ersten vier Jahren jährlich 6% der Erwerbskosten bis höchstens 330 000 DM = 19 800 DM, in den nächsten vier Jahren jährlich 5% von höchstens 330 000 DM = 16 500 DM vom Einkommen absetzen.

Bei Erwerb einer gebrauchten Immobilie (älter als zwei Jahre) kannst Du in den ersten vier Jahren nur noch 9 000 DM und in den letzten vier Jahren nur noch höchstens 7 500 DM abziehen.

Die Erwerbskosten für den Grund und Boden kannst Du sinnigerweise nur zur Hälfte in den Höchstbetrag von 330 000/150 000 DM (Neubau/Altbau) einbeziehen.

Die Grundförderung steht auch für Ein- und Ausbauten zu. So kannst Du z. B. durch Dachausbau, Bau eines beheizbaren Wintergartens oder sogar durch den Bau einer Garage die 10e-Förderung herausholen.

1235 Für Spitzenverdiener nicht angenehm zu wissen: Die Grundförderung ist einkommensabhängig. Sie entfällt für die Jahre, in denen der Gesamtbetrag der Einkünfte 120 000 DM, bei Ehegatten 240 000 DM übersteigt, sofern das Objekt nach dem 31. 12. 1991 angeschafft oder hergestellt wurde.

2. Baukindergeld nach § 34f EStG – Zeile 56–57   1236

Für jedes haushaltszugehörige Kind erhältst Du acht Jahre lang eine Barvergütung oder Verrechnung mit einer Steuernachzahlung von jährlich 1 000 DM.

Zeile 39–40 Nachholung von Abzugsbeträgen   1237

Im Normalfall wird in > Zeile 30 das Kästchen »Abzugsbetrag wie Vorjahr« angekreuzt, womit die Sache ihren Lauf nimmt. Oft wirken sich aber Abzugsbeträge steuerlich nur teilweise oder überhaupt nicht aus. In diesen Fällen muß etwas mehr getan werden, um Nachteile zu vermeiden. Damit Du hier klarzusehen vermagst, sollst Du zuvor etwas Grundsätzliches hören:

Für die acht Förderjahre stehen Dir Abzugsbeträge in Höhe von jährlich anfangs 6 und später 5% der Berechnungsgrundlage zu. Nun kann in den einzelnen Jahren das Einkommen in der Höhe schwanken, z. B. durch sehr hohe Fahrtkosten bei den Arbeitseinkünften. Dies kann dazu führen, daß sich Fahrtkosten und Abzugsbeträge steuerlich nur zum Teil auswirken. Bei den Fahrtkosten hast Du keine Wahl: Du mußt sie im Jahr der Entstehung absetzen, sonst sind sie verloren. Bei den Abzugsbeträgen nach § 10e EStG billigt Dir der Gesetzgeber jedoch zu, die Abzugsbeträge beliebig auf den Förerzeitraum zu verteilen.

◼◼◼ **TIP** Günstigerprüfung   1238

Also wird der Abzugsbetrag nach § 10e EStG nur bis zu der Höhe in Anspruch genommen, bis sich eine Einkommensteuer von null DM ergibt, was dazu führt, daß gezahlte Lohnsteuer und Vorauszahlungen in voller Höhe erstattet werden. Wieviel vom Abzugsbetrag benötigt wird, um steuerlich auf null DM zu kommen, wird vom Finanzamt ganz automatisch berechnet. Dies bezeichnen die Finanzer als Günstigerprüfung.

Und jetzt paß mal auf: Aus dem Steuerbescheid des Vorjahres kannst Du entnehmen, wieviel vom Abzugsbetrag verbraucht wurde, um auf Steuer null DM zu kommen. Den Unterschied setzt Du nun zusätzlich in > Zeile 40 an.

Und so werden die Eintragungen vorgenommen, wenn aus dem Vorjahr noch ein Rest von 2 100 DM verblieben ist und Du zusätzlich nachträgliche Herstellungskosten von 20 000 DM hattest:

			%	–	–
36	beruflich genutzte oder vermietete				
37	Bemessungsgrundlage (höchstens 330 000 DM, bei Kaufvertrag nach dem 31.12.1993 einer mehr als 2 Kj. vor der Anschaffung fertiggestellten Wohnung: 150 000 DM; bei § 15 b BerlinFG 300 000 DM)				.
38	Abzugsbetrag nach § 10 e EStG / Kaufvertrag/Bauantrag /Herstellungsbeginn nach dem 30.9.91 6% (1. bis 4. Jahr) ☒ 5%	nach §15b BerlinFG % –		12.500	
39	Nachholung von Abzugsbeträgen Beträge lt. Zeile 33 Spalten 2 und 3, ggf. gekürzt entsprechend den Zeilen 35 bis 37 **DM** 20.000	davon 24 % –	+	4.800	
40	die vor 1999 nicht in Anspruch genommen wurden (nur bei Kaufvertrag/Bauantrag/Herstellungsbeginn nach dem 30.9.1991)		+	2.100 ▸	Summe Zeilen 38 bis 40 19.400
41	1999 werden in Anspruch genommen			10	19.400
	Steuerbegünstigungen für bestimmte Baumaßnahmen				

1239 Damit Du bei alledem den Überblick behältst, fertigst Du am besten folgende Übersicht an:

Mausbachstraße 47; Fertigstellung: Dezember 1995

	1995	1996	1997	1998	1999	2000	2001	2002
Herstellungskosten	200 000	200 000	200 000	200 000	200 000	220 000		
nachträgliche Herstellungskosten					20 000			
Anschaffungskosten Grund u. Boden x 1/2	30 000	30 000	30 000	30 000	30 000	30 000		
Summe	230 000	230 000	230 000	230 000	250 000			
./. Arbeitszimmer								
Bemessungsgrundlage max. 330 000	230 000	230 000	230 000	230 000	250 000			
Abzugsbetrag	6%	12%	18%	24%	29%	34%	39%	44%
	13 800	27 600	41 400	55 200	72 500			
abzgl. bereits in Anspruch genommen		13 800	27 600	41 400	53 100	72 500		
Abzugsbetrag insg.	13 800	13 800	13 800	15 100	19 400			
Inanspruchnahme	**13 800**	**13 800**	**12 500**	**13 000**	**19 400**			

1240 ## 8.3 Sonderregelungen für Wohnraumförderung in den neuen Bundesländern

Eigengenutzte Wohnung/Gebäude	
In einem Sanierungsgebiet (§ 10f EStG)	außerhalb eines Sanierungsgebietes (§ 7 FGG)
Aufwendungen in unbegrenzter Höhe sind abziehbar im Kj. der Baumaßnahme und in den folgenden neun Jahren mit je 10%.	Aufwendungen bis zu insgesamt 40 000 DM sind abziehbar im Kalenderjahr der Baumaßnahme und in den folgenden neun Jahren mit je 10%.

Eigengenutzte Wohnung im Beitrittsgebiet – Zeile 9–14 — 1241

Diese Zeilen kommen für Dich in Betracht, wenn Du Deine Immobilie in den jungen Bundesländern vor dem 1. 1. 1991 angeschafft und nach dem 1. 1. 1991 aufgemöbelt und vielleicht auch erweitert oder ausgebaut hast. Oder ist Dir ein Häuschen durch Erbschaft zugefallen, kannst also nicht mit Anschaffungskosten für 10e aufwarten?

Nach § 7 Fördergebietsgesetz kannst Du Ausgaben für Deine Immobilie, egal ob Herstellungs- oder Instandsetzungskosten, im Jahr der Zahlung und in den folgenden neun Jahren vom Einkommen absetzen. Doch wisse: Begünstigt sind nur Maßnahmen, die bis zum 31. 12. 1998 vorgenommen werden, und auch nur bis zu insgesamt 40 000 DM.

◆ *Musterfall Hecht* — 1242

Bärbel Hecht aus Magdeburg läßt steuerlich nichts anbrennen. So ist denn ihr Häuschen kaum wiederzuerkennen, nachdem Fenster- und Türenbauer, Dachdecker und Maler sich acht Wochen gegenseitig die Klinke in die Hand gegeben haben. Gesamtkosten 32 000 Mark. Die bezahlt sie auf ihre Art: Wer zuerst kommt, mahlt zuerst …
Und so bringt Bärbel die Kosten in der Anlage FW unter:

Name und Vorname/Gemeinschaft	**Anlage FW**	**1999**
Hecht, Bärbel	☒ zur Einkommensteuererklärung	
Steuernummer 123 4567 890	☐ zur Feststellungserklärung	

Förderung des Wohneigentums

Zeile	Lage der Wohnung (Ort, Straße, Hausnummer)			Im Ferien- oder Wochenendgebiet belegen	Zum Dauerwohnen baurechtlich zugelassen
1	39 128 Magdeburg, Tischbeinweg 6				
2	Eigentümer (Namen, ggf. Miteigentumsanteile) Bärbel Hecht				
	Anderes	Wohn	davon	Anzahl	Ausbau/Erweiterung

Zeile							DM	
9	Eigengenutzte Wohnung im Beitrittsgebiet bei Anschaffung oder Herstellung vor dem 1. 1. 1991							
10						DM	99	46
11	Aufwendungen nach § 7 Fördergebietsgesetz	gezahlt 1991 – 1998 wie Vorjahr	gezahlt 1999 32.000 DM	Abzugsbetrag 10% (höchstens 4000 DM)	60	3.200	89	
	Erhaltungsmaßnahmen	fertiggestellt 1991 – 1998 wie Vorjahr	fertiggestellt 1999	Abzugsbetrag	62			

1243 ## 8.4 Bausparförderung

Gehörst Du zu denen, die am liebsten um Bausparkassen einen großen Bogen machen, weil sie Dir das Fell über die Ohren ziehen, sobald sie Dich am Schlafittchen haben? Weil sie mit ihrer staatlichen Lizenz aus einem großen Gebührenfettnapf lecken und mit Protzbauten das Geld der Bausparer verplempern? Aber auch Du kannst Dich bequem bedienen, indem Du mit Hilfe einer Bausparkasse staatliche Förderung in Anspruch nimmst.

1244

> Die Bausparprämie beträgt 10% der Bausparleistung, höchstens jährlich 100/200 DM (Alleinstehende/Verheiratete). Voraussetzung: Zu versteuerndes Einkommen im Sparjahr nicht mehr als 50 000/100 000 DM (Alleinstehende/Verheiratete).
>
> Die monatliche Sparrate, die zur höchstmöglichen Bausparprämie führt, beträgt demnach 83,33/166,33 DM (Alleinstehende/Verheiratete). Probe für Alleinstehende: 83,33 DM x 12 Monate = 999,96 DM zuzüglich Zinsen, davon 10%, höchstens 100 DM.

Nach Ablauf der Sperrfrist von sieben Jahren kannst Du frei über das Bausparguthaben – einschließlich Prämien – verfügen. Vor Ablauf der Sperrfrist kannst Du zwar auch an das Geld heran, verlierst aber die Prämie. Es sei denn, Du verwendest das Guthaben nach vorangegangener Zuteilung der Bausparsumme zum Erwerb einer Wohnung. Ein vorzeitiger Verbrauch des Bausparguthabens ohne Verwendung zum Wohnungsbau bleibt aber prämienbegünstigt, wenn der Bausparer verstirbt, erwerbsunfähig oder arbeitslos wird.

Übrigens: Die Zuteilung des Bausparvertrages ist abhängig von der Höhe des Guthabens und der Dauer des Vertrags. Je höher das Guthaben – mindestens 40% der Bausparsumme –, desto schneller erfolgt die Zuteilung.

1245 **Was Du sonst noch wissen solltest:**
Kinder unter 16 Jahren (genauer gesagt, die zu Beginn des Sparjahres das 16. Lebensjahr noch nicht vollendet haben), bilden zusammen mit ihren Eltern eine sogenannte Höchstbetragsgemeinschaft. Dies bedeutet: Der Antrag auf Bausparprämie für das Kind ist so auszufüllen, als ob die Eltern Sparer wären. Erst ab dem 16. Lebensjahr steht den Kindern selbst Bausparprämie zu.

Außerdem: Einzahlungen in die Bausparkasse, die vermögenswirksame Leistungen sind, sind nicht prämienbegünstigt. Wer beides ergattern will, Arbeitnehmer-Sparzulage und Bausparprämie, muß für beide getrennt Einzahlungen leisten. Dazu sind nicht gleich zwei Bausparverträge erforderlich, einer genügt. Auf dem Konto dieses einen Bausparvertrags kann der Betrieb vermögenswirksame Leistungen einzahlen, zusätzlich kannst Du darauf prämienwirksam sparen.
Zur Arbeitnehmer-Sparzulage ➤ Rz 708.

Einkommensgrenzen

1246

Für Arbeitnehmer ist es oft wichtig zu wissen, bis zu welchem Bruttoarbeitslohn (wenn keine anderen Einkünfte hinzukommen) auf jeden Fall noch Arbeitnehmer-Sparzulage und Wohnungsbauprämie zustehen. Maßgebend ist das zu versteuernde Einkommen. Ab 1996 sind die Einkommensgrenzen für Arbeitnehmer-Sparzulage und für Wohnungsbauprämie unterschiedlich hoch:

	Sparzulage	**Prämie**
Einkommensgrenze	35 000/70 000 DM*	50 000/100 000 DM*

Die Einkommensgrenze ist nicht überschritten, wenn der Bruttoarbeitslohn höchstens beträgt:

	Sparzulage	**Prämie**
a) Alleinstehende	40 996/39 322 DM**	55 996/54 322 DM**
b) Verheiratete	80 046/76 644 DM**	110 046/106 644 DM**

   * Alleinstehende/Verheiratete
** Es besteht Sozialversicherungspflicht: Ja/Nein

Berechnungsbeispiel für	**Alleinstehende**	**Verheiratete**
Bruttoarbeitslohn ca.	40 996 DM	80 046 DM
Davon ab:		
Arbeitnehmer-Pauschbetrag	2 000 DM	2 000 DM
Sonderausgaben-Pauschbetrag	108 DM	216 DM
Vorsorgepauschale	3 888 DM	7 830 DM
Einkommensgrenze ca.	35 000 DM	70 000 DM

Stehen Kinderfreibeträge zu, sind diese dem höchstmöglichen Bruttoarbeitslohn noch hinzuzurechnen.
Bei diesem Bruttoarbeitslohn ist aber nicht unbedingt das Ende der Fahnenstange erreicht. Werden höhere Werbungskosten oder Sonderausgaben als die Pauschbeträge und Pauschalen geltend gemacht, erhöht sich der Bruttolohn entsprechend.

Sperrfristen beim Bausparen

1247 Staatlich gefördertes Bausparen soll der Erlangung von Baudarlehn dienen, anderenfalls riskierst Du eine Nachversteuerung oder den Verlust der Bausparprämie. Entsprechendes gilt für die Arbeitnehmer-Sparzulage. Es sei denn, Du wartest den Ablauf der Sperrfrist ab. Denn nach Ablauf der Sperrfrist ist das Bausparguthaben zu beliebiger Verwendung frei, so z. B. für eine Weltreise oder für die Briefmarkensammlung.

Die Sperrfristen betragen: Seit Vertragsabschluß

- 7 Jahre bei der Bausparprämie,
- 7 Jahre bei der Arbeitnehmer-Sparzulage.

Vor Ablauf der Sperrfrist können Bausparmittel »unschädlich« verwendet werden

a) zur Verwendung im Wohnungsbau nach vorangegangener Zuteilung der Bausparsumme,
b) bei Tod des Bausparers,
c) bei völliger Erwerbsunfähigkeit des Bausparers oder
d) bei Arbeitslosigkeit des Bausparers von mindestens einem Jahr.

1248 ### Kalkulation eines Bausparvertrags

Geldregen gibt es nur im Märchen, und nur beharrliches Sparen führt zu materieller Sicherheit, so sagt man. Das gilt insbesondere für das Bausparen, weil der Fiskus mehr Taler dazulegt als bei anderen Sparformen. Denn Bausparen ist die einzige Sparform mit Anspruch auf Arbeitnehmersparzulage und Bausparprämie von je 10%. Voraussetzung: Das jährliche Einkommen liegt unterhalb der förderungsfähigen Höchstgrenze nach ➤ Rz 1246. Dann steht Dir jährlich für 936 DM vermögenswirksame Leistungen eine Sparzulage von 93,60 DM zu. Für weitere Einzahlungen erhältst Du zusätzlich 10% Prämie auf maximal 1 000/2 000 DM (Alleinstehende/Verheiratete) = 100/200 DM. Die Kombination von Arbeitgeberleistungen und eigenen Bausparleistungen führt über einen Zeitraum von sieben Jahren (Sperrfrist nach § 13 VermBG) zu einem Guthaben von über 16 000 DM, wie die folgende Berechnung für einen Alleinstehenden zeigt.

	VL	WOB
Vermögenswirksame Leistungen des Arbeitgebers monatlich 78 DM = jährlich	<u>936 DM</u>	
Eigene Bausparleistungen jährlich		<u>1 000 DM</u>
Summe nach sieben Jahren	6 552 DM	7 000 DM
zuzüglich Zinsen, abzüglich Gebühren ca.	910 DM	873 DM
zuzüglich Wohnungsbauprämien nebst Zinsen		793 DM
Endsumme nach sieben Jahren	<u>7 462 DM</u>	<u>8 666 DM</u>

Hinzu kommt die Arbeitnehmer-Sparzulage (➤ Rz 708).

Freistellungsauftrag für Bausparzinsen?

1249

Bausparzinsen liegen jahrelang auf Eis. Hol Dir 30% der Zinsen vom Finanzamt. Wie das geht, dazu mehr unter ➤ Rz 1044.

TIP Wofür ein Bausparvertrag sonst noch gut ist

1250

Viele meinen, der Bausparvertrag könne nur zum Bau oder zum Kauf einer Wohnung in Anspruch genommen werden. Das ist aber keineswegs so. Prämienbegünstigt ist auch der Erwerb von Bauland, um darauf ein Wohngebäude zu errichten, desgleichen die Ablösung von Baudarlehn oder die Abfindung von Miterben bei einer Erbauseinandersetzung über Haus- oder Wohnungseigentum. Auch gut zu wissen: Das Geld der Bausparkasse kann ferner für die Verbesserung einer Wohnung verwendet werden, durch Renovierung, Umbau, Ausbau oder Modernisierung.

Übrigens: Renovierungskosten z. B. infolge Erneuerung der Fassade, der Fenster oder des Fußbodens sind als Werbungskosten absetzbar, wenn die Wohnung vermietet ist.

TIP Hilfe, unser Einkommen ist zu hoch!

1251

In so einem doch wohl eher erfreulichen Fall solltest Du Dir etwas einfallen lassen. So erlaubt die Bausparregelung, daß Jugendliche, die im Sparjahr 16 Jahre alt werden, erstmals auf ihren Namen einen Bausparvertrag abschließen können. Bezogen auf 2000 bedeutet dies: Der jugendliche Bausparer muß vor dem 1. 1. 1985 geboren sein. Zahlst Du nun für Dein vor dem 1. 1. 1985 geborenes Kind in 2000 1 000 Mark und in den folgenden Jahren monatlich 83,33 DM auf dessen Bausparvertrag ein, hat das Kind nach sieben Jahren ein Guthaben von 8 717 DM, bestehend aus 6 999 DM Einzahlung, 1 017 DM Zinsen der Bausparkasse und 700 Mark Prämien.

Später läßt Du den Bausparvertrag auf Deinen Namen umschreiben, schließlich bist Du Angehöriger (§ 2 Abs. 2 WoPG).

»Geht das auch auf den Namen der Oma?« fragst Du.
Fein, daß Du von selbst darauf gekommen bist.

> *Nichts kommt von selbst,*
> *und nur wenig ist von Dauer.*
> (Willy Brandt)

1252 **TIP** Bausparen: Setze die Abschlußgebühr ab!

Vom ersten Zahlungseingang kassiert die Bausparkasse für ihr mühevolles Tun gleich 1% der Bausparsumme als Abschlußgebühr. Diesen Aderlaß kannst Du aber zum Teil über die Steuer wieder hereinholen:

● Hast Du konkrete Bauabsichten für eine künftig vermietete Immobilie, so kannst Du die Abschluß- oder auch die Bausparerhöhungsgebühr als Werbungskosten in > Zeile 34 der Anlage V absetzen.

● Fehlen Dir konkrete Bauabsichten, so setzt Du die Abschlußgebühr in der Anlage KSO in > Zeile 28 unter den Werbungskosten an.

Außerdem erhältst Du die Abschlußgebühr zumeist wieder zurück, wenn Du das Bauspardarlehn nicht in Anspruch nimmst. So kassierst Du auf einfache Weise durch Steuerersparnis eine zusätzliche Rendite.

1203 **TIP** Was ist günstiger: Bausparen oder Banksparen?

Fast alle tun sich schwer, hier schnell durchzublicken. Um so leichter fällt es den Rittern vom Bausparfels, Gutgläubige über den Tisch zu ziehen, indem sie ihnen Verträge mit unnötig hohen Bausparsummen andrehen. Denn ihre Provision von 1% ist an die Bausparsumme gekoppelt. Je höher die Bausparsumme, desto höher ihr Profit.

Nun ist gut zu wissen, daß der Vorteil des Bausparens ausschließlich in dem Anspruch besteht, aus dem Steuersäckel eine Prämie zu erhalten. Von der Bausparkasse selbst hast Du nur Kosten zu erwarten. Aber ohne die Bausparkasse kommst Du nicht an die Prämie, so will es das Gesetz. Es geht also darum, möglichst ohne hohe Gebühren die staatliche Prämie zu kassieren.

Auf das angeblich so günstige Bauspardarlehn kannst Du getrost verzichten. Es ist letztendlich genau so teuer wie ein Baudarlehn von der Bank. Denn den Zinsvorteil des Bauspardarlehns mußt Du erkaufen durch Zinsverzicht in der Ansparphase. Außerdem muß das Bauspardarlehn in wesentlich kürzerer Zeit getilgt werden, nämlich innerhalb von acht Jahren. Das hat schon viele in die Klemme gebracht. Wohingegen Baudarlehn der Banken bis zu 30 Jahre laufen.

Der Zusammenhang zwischen Zinsverzicht in der Ansparphase und der Zinshöhe des Bauspardarlehns wird schnell deutlich, wenn Du die vertraglichen Konditionen einer größeren Bausparkasse – Stand: Mitte 1997 – betrachtest:

Guthabenzins	Darlehnszins
4% (für Renditesparer)	5,5%
2%	4,0%
0%	2,25%

Zu den Konditionen der Bausparkasse: 1254

Die Gewinnmarge zwischen Guthabenzins und Darlehnszins ist beim höchsten Guthabenzins (für Renditesparen) am geringsten, beim niedrigsten Guthabenzins am höchsten. Wenn Du also unbedingt ein Bauspardarlehn haben möchtest, solltest Du den höchsten Guthabenzins wählen. Dabei fährst Du am besten.

Noch besser fährst Du aber, wenn Du gar kein Bauspardarlehn anstrebst, sondern nur Zinsen von der Bausparkasse und die Prämie vom Staat kassierst. Dazu wähle eine Bausparsumme, die nach sieben Jahren des Bausparens in etwa dem dann bestehenden Guthaben entspricht. Das wären dann für

Alleinstehende	Verheiratete
9 000 DM	18 000 DM

Wird zusätzlich für die Arbeitnehmersparzulage ein Teil des Lohnes vermögenswirksam angelegt, sollte die Bausparsumme nicht mehr als 17 000/34 000 DM betragen.

Zur Berechnung Tip unter ➤ Rz 1248.

Außerdem entscheidest Du Dich für den höchsten Guthabenzins, so fährst Du am besten. Ein weiterer Vorteil: Wenn Du kein Darlehn in Anspruch nimmst, bekommst Du auch meistens die Abschlußgebühr von der Bausparkasse zurück.

Übrigens: Der Zinssatz von grundbuchlich gesicherten Bankdarlehn mit fünfjähriger Laufzeit – Stand: Mitte 1997 – betrug 5,25%.

Dies bedeutet:
Banksparen ist günstiger als Bausparen. Willst Du bauen, so spare Eigenkapital bei der Bank an, nicht bei der Bausparkasse.

*Vergessen
ist das Seelenheil.*
(Peter von Zahn)

1255 TIP Beteilige Deinen Arbeitgeber am Bausparen!

Schließt Dein Boß für Dich einen Bausparvertrag ab und zahlt die Mindestansparsumme ein? Dann braucht er keine Lohnsteuer einzubehalten, wenn er bei Kreditauszahlung sein Geld von der Bausparkasse zurückerhält (Erlaß des Berliner Senats vom 5. 10. 93; II D 12 – S. 2354 – 12/92). Und das Baugeld von der Bausparkasse ist steuerfrei, wenn der vereinbarte Zinssatz für das Bauspardarlehn über 6% liegt – was meist, unter Berücksichtigung der Darlehnsgebühr, der Fall ist.

Vorteil für Dich: Du erhältst für Dein Häuschen ein willkommenes Bauspardarlehn.

1256

Zulässige Verwendung von Bausparmitteln
Die vor Ablauf der Sperrfrist (➤ Rz 1247) ausgezahlten Bausparmittel (Guthaben und Darlehn) müssen – nach vorangegangener Zuteilung oder Zwischenfinanzierung – innerhalb von zwölf Monaten unmittelbar für eine Wohnung im Inland verwendet werden. Unschädlich ist, wenn die Bausparmittel vorübergehend auf ein eigenes Bankkonto eingezahlt werden. Als zulässige Verwendung zählt der Erwerb von Grund und Boden und die anschließende Bebauung mit einem Gebäude, das – zumindest überwiegend – Wohnzwecken dient. Entsprechendes gilt für den Erwerb eines bebauten Grundstücks.

Grenzfälle bei der Verwendung von Bausparmitteln (ABC)	Ver-wendung möglich	1257
Abfindung von Miterben zum Erwerb von Grundstücksteilen	ja	
Ablösung von Baudarlehn	ja	
Ablösung an Gemeinde zum Bau von Pkw-Einstellplätzen	ja	
Abstandszahlung an Mieter für Auszug nach Erwerb	ja	
Altenwohnheim, Neubau, keine Dienstleistung	ja	
Anliegerbeiträge	ja	
Ausbau Dach oder Keller	ja	
Bodenbeläge	ja	
Einbaumöbel, wenn sie wesentliche Bestandteile des Gebäudes sind (Möbel, die lediglich den Raummaßen angepaßt sind, rechnen nicht zu den Einbaumöbeln)	ja	
Einfriedung (Mauer, Zaun, Hecke)	ja	
Entschuldung von Verwandtendarlehn, auch wenn dieses nicht dinglich gesichert ist	ja	
Fassaden-, Fenster- oder Fußbodenerneuerung	ja	
Garage	ja	
Gartenanlage (siehe aber Einfriedung)	nein	
Grunderwerbsteuer	ja	
Hofbefestigung	ja	
Instandsetzung, sofern erheblich	ja	
Kabelanschluß für Fernsehempfang	ja	
Kachelofen	ja	
Küchenspüle mit Unterschrank	ja	
Klimaanlage (nicht begünstigt nach dem EigZulG)	ja	
Luftschutzraum (auch nach § 10e EStG begünstigt, soweit keine Sonder-AfA nach dem Schutzbaugesetz)	ja	
Markise, wenn fest mit dem Gebäude verbunden	ja	
Modernisierung von Mietwohnungen durch den **Vermieter** (Baumaßnahmen, die den Wohnwert nachhaltig verbessern, rechtfertigen auch zur Mieterhöhung nach dem Miethöhegesetz)	ja	
Modernisierung von Mietwohnungen durch den **Mieter**	ja	
Richtfestkosten, soweit sie auf Handwerker entfallen	ja	
Sauna, Schwimmbad (nicht begünstigt nach § 10e EStG)	ja	
Waschmaschine	nein	
Wintergarten (ggfs. auch nach § 10e EStG begünstigt)	ja	
Zufahrtswege, Asphaltierung	ja	

*Erhalten ist mühsamer
als erwerben.*
(Spruch)

9. Die Anlage V

---

*In diesem Kapitel geht es um Deine Einkünfte aus Vermietung und
Verpachtung, insbesondere aus vermietetem Grundbesitz.*

Sie werden nach folgendem Schema berechnet:

Einnahmen	*..... DM*
./. Werbungskosten	*..... DM*
Einkünfte	*..... DM*

*Sei dem Finanzamt mal gut und gib für jedes vermietete Haus und
für jede vermietete Eigentumswohnung eine gesonderte Anlage V ab
– damit auch das Finanzamt den Überblick behält.*

9.1 Einkünfte aus dem bebauten Grundstück – Zeile 1–17

**Die Freude an vermietetem Grundbesitz wird am meisten beeinträchtigt 1258
durch den Fiskus, die Banken, den Verwalter und die Handwerker. Du bist
fein raus, wenn es Dir gelingt, den Aufwand dafür gering zu halten.**

Ich frage: Was hindert Dich daran, Dein Erspartes unmittelbar in einem
kleinen Mietshaus anzulegen und einen handwerklich geschickten Rentner
zu bitten, dort regelmäßig nach dem Rechten zu sehen?
Anstatt Dein gutes Geld einem Dir fremden Bauträger anzuvertrauen, der
Dich zuerst mit einem windigen Steuersparmodell ködert, Dir anschließend zur Finanzierung seiner übersteuerten Leistungen happige Baudarlehn andreht und sich zu guter Letzt einen lukrativen Job als Verwalter
sichert. Auf diese Art sind schon viele finanziell zu Boden gegangen,
insbesondere unter unseren Spitzenverdienern in Weiß. Ich kenne aber
einen, der es richtig gemacht hat.

**Der war schlau genug, sich ältere Mietshäuser zuzulegen, immer eins nach
dem andern, so wie gerade Bargeld da war. Ein Architekt machte die**

Hausverwaltung. Für Reparaturen und für die sonstige Pflege beschäftigte er einen Allround-Handwerker, dem er eine fahrbare Werkstatt (einen mit Werkzeug und Ersatzmaterial gut bestückten Transporter) an die Hand gab. Nach ungefähr 15 Jahren hatte Dr. Schlaumeier 340 Wohnungen und war vielfacher Millionär.

Aber das ist wirklich ein Ausnahmefall. Nach dem Normalfall frage ich jetzt:

1259 **TIP** **Liebst Du Selbstläufer?**

Ein Selbstläufer ist eine vermietete Eigentumswohnung, wenn sie vernünftig finanziert ist. Mieten und Kosten halten sich dann die Waage, und den Kleinkram erledigt der Hausverwalter. Die Abschreibung von 5% – bei einer Neubauwohnung – bringt Dir dann einen steuerlichen Verlust und damit eine Steuerersparnis, die Wertsteigerung steuerfreien Gewinn.

Rechnet Dir Dein Fiskalritter aber vor, daß Du bis weit ins nächste Jahrtausend in der Verlustzone bleibst und Du deshalb keinen Steuerrabatt erhalten sollst, alldieweil angeblich »Liebhaberei« vorliegt? Dann rechne entgegen: Erhaltungsaufwand wie nach dem Kauf einer Gebraucht-Immobilie fällt ja nicht jedes Jahr an. Außerdem sinkt die Zinsbelastung mit jeder Mark, mit der Du die Hypotheken tilgst. Und die Mieten kannst Du ja alle drei Jahre anpassen. Im übrigen könne man erst nach Ablauf von fünfzig Jahren sagen, ob eine Immobilie einen Überschuß abgeworfen habe, so das FG Berlin in Urt. vom 4. 10. 1994 – EFG 1995 S. 362.

1260 **Guter Rat**

Wenn Du ein Mietshaus zu kaufen beabsichtigst, so achte zunächst auf eine gute Lage. Für Wohnungen in guter Lage kannst Du jederzeit Mieter finden. Sodann sollte der Kaufpreis nach den Mieten ausgerichtet sein. Bei einem Neubau sollte der Kaufpreis nicht mehr als das Zwanzigfache und bei einem Altbau nicht mehr als das Fünfzehnfache der Jahresmiete betragen. Nur so kommst Du langfristig auf Deine Kosten.

Laß Dich beim Kauf eines Hauses oder einer Wohnung bloß nicht durch hohe Steuervorteile blenden. Schließlich vermag die Steuererstattung auch bei der höchsten Steuerprogressionsstufe meistens nur etwa 25% des gesamten Kapitalbedarfs abzudecken. Der Rest, also 75%, ist zusätzlich von Dir aufzubringen. Kaufe lieber preisgünstig ein, vielleicht zum Zehn-

oder Elffachen der Jahresmiete, und saniere anschließend. Da weißt Du, was Du hast. Die Kosten für die Sanierung kannst Du steuerlich absetzen. Zur 15%-Grenze siehe ➤ Rz 1322 und 1324.

Viele Erbengemeinschaften trennen sich von ihrem Grundbesitz durch Verkauf. Wenn Du von einer Erbengemeinschaft kaufst, wirst Du im Normalfall nicht betrogen. Warum? Weil meistens die Erbengemeinschaft ein Wertgutachten hat erstellen lassen.

Die Erben sind zufrieden, wenn ihr Treuhänder das Grundstück zu dem Preis verhökert, der in etwa dem Gutachterwert entspricht.

Anschließend sagst Du Dir:

■■ TIP Steuern runter, Mieten rauf   1261

Hast Du in einem älteren Mietshaus bauliche Änderungen durchgeführt, die den Gebrauchswert der Wohnungen nachhaltig erhöhen, die allgemeinen Wohnverhältnisse auf die Dauer verbessern oder nachhaltig Einsparungen von Heizenergie oder Wasser bewirken, so kannst Du danach die Miete um 11% der aufgewendeten Kosten erhöhen (§ 3 Miethöhegesetz). Zugleich kannst Du die aufgewendeten Kosten als Werbungskosten steuerlich absetzen.

Nun mußt Du nicht gleichzeitig alle Wohnungen im Haus auf diese Weise verbessern. Du kannst auch schrittweise vorgehen und Dir eine Wohnung nach der anderen vornehmen.

Für die Anhebung der Mieten ist aber wichtig, daß Du bestimmte Vorschriften beachtest. Du mußt Deinem Mieter spätestens zwei Monate vor Beginn der baulichen Maßnahmen deren Art, Umfang, Beginn und voraussichtliche Dauer sowie die zu erwartende Erhöhung des Mietzinses mitteilen. Der Mieter ist sodann berechtigt, kurzfristig zu kündigen (§ 541b BGB).

Laß uns rechnen:
Du läßt erneuern: Fenster, Eingangstüren, Balkontüren und Bäder/Toiletten, außerdem läßt Du die Elektroinstallation verstärken. Kostenpunkt pro Wohnung 23 000 DM. Die Mieterhöhung beträgt aufgrund dieser Maßnahmen jährlich 11% von 23 000 DM = 2 530 DM. Die laufende Mietanpassung nach dem Mietspiegel geht extra, versteht sich. Außerdem kannst Du pro Wohnung 23 000 DM in > Zeile 44 der Anlage V als Werbungskosten absetzen.

»Das rechnet sich gut«, so sagst Du.

Dabei ist aber zu bedenken, daß der Wert des Hauses kaum um denselben Absolutbetrag wächst, der für die baulichen Änderungen eingesetzt wird. Die Wertsteigerungen liegen oft bei nur 70% der Aufwendungen. Erst die Mischung aus dem umlegbaren Anteil, den die Mieter zu tragen haben, und den steuerlichen Möglichkeiten führt zu einer wirtschaftlich sinnvollen Investition.

1262 **TIP** **Ferienwohnung! Neue Möbel und den jährlichen Kurzurlaub von der Steuer absetzen?**

Noch lukrativer ist vielleicht eine Ferienwohnung, die Du möbliert vermietest. Du kannst selbst dort Urlaub machen und noch 'ne Mark nebenbei verdienen. Liegt die Wohnung in den neuen Bundesländern, kannst Du eine Sonderabschreibung von 25% (der Anschaffungs-, Herstellungskosten eines Neubaus, der nachträglichen Herstellungskosten an einem erworbenen Altbau) ergattern (§§ 3 und 4 FördergebietsG; befristet auf Investitionen, die bis Ende 1998 abgeschlossen wurden).

»Die Idee ist klasse!« rufst Du. »In die Ferienwohnung stelle ich meinen alten Hausrat und kaufe für zu Hause endlich was Neues, mit fiskalischer Unterstützung.«

Das geht so nicht. Du mußt schon beide Wohnungen getrennt sehen ...

Von den Einnahmen aus der Vermietung Deiner Ferienwohnung kannst Du die Kosten absetzen, die auf die Zeit der Vermietung entfallen. Und jetzt höre: Kümmerst Du Dich selbst um die Vermietung, werden Dir auch die Leerzeiten als Selbstnutzung angekreidet (BFH v. 30. 7. 1991 – BStBl 1992 II S. 27). Leerzeiten außerhalb der Saison (an der Nordsee vom 1. 10. bis 31. 3.) bleiben dabei jedoch außen vor, da eine Eigennutzung in dieser Zeit wegen der klimatischen Verhältnisse ausscheidet; FG Münster vom 17. 8. 1993 – EFG 1994 S. 21; ebenso FG Niedersachsen vom 3. 3. 1998 – Rev. anhängig beim BFH unter Az. IX R 2/99).

Also überträgst Du besser die Vermietung einem Verwalter. Wenn Du jetzt mit diesem vereinbarst, daß Du die Wohnung selbst nur z. B. einen Monat im Jahr nutzen darfst, und sie im übrigen zur Vermietung zur Verfügung steht, dann klappt der Laden: $11/12$ der Kosten kannst Du absetzen (BFH v. 25. 6. 1991 – BStBl 1992 II S. 24).

Und jetzt setzt Du noch eins drauf und machst geltend, Du müßtest mindestens einmal im Jahr nach dem Rechten sehen, insbesondere selbst einmal im Jahr eine Grundreinigung und Kleinreparaturen vornehmen, Bäume und Sträucher beschneiden usw. Denn der Verwalter arbeite schlampig. Außerdem verweist Du auf eine Eigentümerinteressengemeinschaft gegen die schlampige Verwaltung. Und jetzt höre weiter: Wenn Du dann dort nach dem Rechten siehst, mußt Du für den Fiskus später nachweisen können, daß der Aufenthalt während der normalen Arbeitszeit vollständig mit Arbeiten für die Wohnung ausgefüllt war (BFH v. 25. 11. 1993 – BStBl 1994 II S. 350). Also schreibst Du auf, was Du den ganzen Tag für die Wohnung getan hast, und nun kannst Du zusätzlich zu den Kosten für Reparatur- und Reinigungsmaterial auch die Fahrtkosten und den Mehraufwand für Verpflegung absetzen.

Hast Du noch die Wohnraumförderung frei, spielst Du ggf. andersrum ... Dazu der folgende Tip:

TIP **Ferienwohnung: Extrageld durch Wohnraumförderung**   1263

Dieser finanzamtlichen Kleinlichkeitskrämerei begegnest Du am besten, indem Du Deine Ferienwohnung zum Zweitwohnsitz erklärst und dafür die Eigenheimzulage kassierst. Denn schließlich nutzt Du die Zweitwohnung so oft es eben geht zu eigenen Wohnzwecken. Voraussetzung, Du hast noch eine Wohnraumförderung offen. Mehr dazu unter ➤ Rz 1176.
Zur Vermietung einer Ferienwohnung siehe auch ➤ Rz 1284.

TIP **Blutzoll beim Verscherbeln?**   1264

War die gekaufte Wohnung doch nicht die richtige für Dich und denkst Du ans Verscherbeln, werde nicht hektisch. Mindestens zehn Jahre (ab Erwerb) mußt Du warten, sonst knöpft Dir der Fiskus vom Verkaufsgewinn deftig Steuern ab, weil er in Dir einen Spekulanten sieht (§ 23 EStG). Sind hingegen zehn Jahre verstrichen, will er keinen Blutzoll haben. Denn private Verkaufsgewinne außerhalb der Spekulationsfrist gehören nicht zu den steuerpflichtigen Einkünften. **Auch wenn Du die Wohnung im Jahr der Veräußerung und in den zwei vorangegangenen Jahren zu eigenen Wohnzwecken genutzt hattest, bleibt der Verkaufsgewinn steuerfrei.**
Noch vorsichtiger mußt Du sein, wenn Du ein Mehrfamilienhaus gekauft und in Eigentumswohnungen umgewandelt hast. Verkaufst Du innerhalb von fünf Jahren mehr als drei Wohnungen, stuft Dich Dein Besteuerer als »nachhaltig

tätigen« gewerblichen Grundstückshändler ein, und dann sind auch Verkäufe nach Ablauf der Spekulationsfrist steuerpflichtig. Die Steuer dafür kann in die Hunderttausende gehen. Und das Finanzamt schert sich einen Dreck darum, ob Du – wegen der unerwarteten, für Dich aus heiterem Himmel fallenden und beim Hauskauf nicht einkalkulierten Umsatz- und Einkommensteuer – darüber pleite gehen kannst oder nicht. Zur nachhaltigen Tätigkeit gehört aber auch das Tätigwerden auf der Einkaufsseite, und die fehlt bei nur einem Hausobjekt. Mit diesem Hinweis an den Fiskus ziehst Du Deinen Kopf aus der Schlinge (BFH-Urt. vom 28. 4. 1988 – BFH/NV 1989 S. 101).

Andersherum klappt der Laden, wenn Dir der Verkauf der Wohnungen Verluste beschert hat. Jetzt machst Du dem Herrn Grafen von Taxhausen klar, daß Du einen gewerblichen Grundstückshandel betreiben wolltest und wegen der Verluste von weiteren Geschäften Abstand genommen hast. Und schon kassierst Du eine saftige Steuergutschrift, weil der Verlust mit Deinen positiven Einkünften verrechnet wird. Nun sag selbst: Was Verrückteres als Steuergesetze und darauf bezogene höchstrichterliche Urteile gibt es nicht. Daß die Finanzer sich da überhaupt noch ernst nehmen ...
Mehr zu privaten Veräußerungsgeschäften unter ➤ Rz 1144 ff.

1265 **TIP** **Zum ersten, zum zweiten und ... zum dritten**

So lauten ungefähr 40 000mal in Deutschland die letzten Worte im Versteigerungsgericht, bevor de facto Grundeigentum in andere Hände übergeht, meistens rund 20% unter dem Verkehrswert.

Doch was des einen Leid, ist des anderen Freud. Wer aber letztlich der Leidtragende ist, das stellt sich erst später heraus, wenn die Folgekosten offenbar werden, z. B. in Form von Reparaturen. Der Leidtragende kann also auch der Erwerber sein, denn er trägt das volle Risiko.

Willst Du Dein Risiko möglichst gering halten und Dir gute Chancen auf den Zuschlag verschaffen, gehst Du am besten wie folgt vor:
1. Objekt von außen und (wenn möglich) von innen besichtigen
2. Informationen beim Amtsgericht beschaffen (gerichtliches Verkehrswertgutachten und Grundbuchauszug einsehen), ggfs. mit Verwalter und Mieter des Objekts sprechen
3. Kontakt mit Gläubiger aufnehmen (da dieser Einfluß nehmen kann, zu welchem Gebot der Zuschlag erteilt wird)
4. Finanzierung sicherstellen
5. Teilnahme an Versteigerungsterminen (zur Probe)

6. Versteigerungstermin vorbereiten
   (Ausweis bereitlegen, Daten des Objekts notieren, Bietstrategie – Limit
   – festlegen, Sicherheitsleistung beschaffen – Verrechnungsscheck über
   10% des Verkehrswerts –)

Wie Du siehst, kommt es auf die richtige Strategie es an.

Weitere Tips für Interessierte enthält ein Ratgeber bei der OVB Allfinanz
in 50441 Köln.

TIP Mieten ist günstiger als kaufen   1266

so sagt man. Die Landesbausparkasse NRW wollte es für Wohnungseigentum aber genau wissen und hat eine Vergleichsrechnung angestellt. Verglichen wurden die laufenden Aufwendungen von Eigentümern und Mietern
und außerdem die Wertentwicklung ihrer Kapitalanlagen. Der Wohnungs-
eigentümer hatte sein Eigenkapital bei der Finanzierung seiner Wohnung
eingesetzt, der Mieter ein entsprechend hohes Kapital mit 7% Verzinsung
in Wertpapieren angelegt. Das Ergebnis zeigt die Graphik.

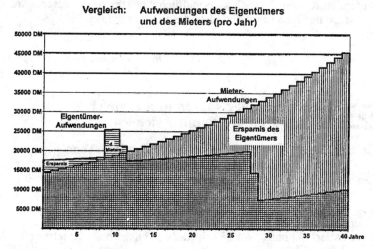

Vergleich: Aufwendungen des Eigentümers und des Mieters (pro Jahr)

Ergebnis: Bis zum elften Jahr sind die Aufwendungen des Wohnungseigen-
tümers trotz staatlicher Hilfen höher als die des Mieters. Nach elf Jahren ist
Gleichstand erreicht. Danach hat der Eigentümer größere Vorteile, die nach
ca. dreißig Jahren, wenn die Hypotheken getilgt sind, noch größer werden.

<table>
<tr><td>1267</td></tr>
</table>

1267 **TIP** ### So leimst Du das Finanzamt bei geplanter Eigennutzung und bei Verkauf

Endlich hast Du Deine Wohnung zwecks Eigennutzung oder Verkauf frei bekommen. An den Kosten für die anschließende Renovierung willst Du den Fiskus als Zahlmeister beteiligen. Doch wisse: Der wird Deine Berechnungen mit dem Einwand durchkreuzen: »Ohne Einnahmen keine Werbungskosten« und verweist auf § 3c Einkommensteuergesetz. Aus der Traum vom schönen Verlust aus Vermietung und Verpachtung.

Doch paß auf! Sei ein cleveres Kerlchen und beginne mit der Renovierung schon dann, wenn die Wohnung noch vermietet ist. Liegt dann zwischen der Renovierung und der späteren Eigennutzung bzw. dem Verkauf ein angemessener Zeitraum, fragt der Fiskalritter nicht mehr, ob das Renovieren für die spätere Eigennutzung oder für den Verkauf geschah. Zwischendurch schaltest Du noch eine Anzeige »Mieter gesucht«, auf die sich leider kein Interessent gemeldet hat. »Und so, liebes Finanzamt«, schreibst Du auf etwaige Nachfragen höflich zurück, »war ich gezwungen, die Wohnung selbst zu nutzen bzw. zu verkaufen, da ein längeres Leerstehen bei weiterlaufenden Kosten für mich wirtschaftlich nicht tragbar gewesen wäre.« So leimst Du das Finanzamt und nicht das Finanzamt Dich.

Reformer nehmen ein schlimmes Ende.
(Jonas Korczak)

1268 **TIP** ### Schenkungsteuer sparen und zugleich das Vermögen der Familie sichern

Du hast durch Fleiß und etwas Glück ein ziemliches Vermögen erworben. Nun soll auf keinen Fall der Fiskus nach Deinem Tode mehr als nötig erhalten. Deshalb solltest Du schon vorher alle zehn Jahre steuerfrei 400 000 DM an Dein Kind verschenken, Eltern können zusammen sogar den doppelten Betrag steuerfrei verschenken. Am besten stellst Du Dich noch immer, wenn Du Grundbesitz verschenken kannst. Denn für die Schenkungsteuer ist z. B. bei einem Mietwohnhaus das 12,5fache der im Durchschnitt der letzten drei Jahre erzielten Jahresmiete maßgebend, was zumeist lediglich rund 80% des Marktwertes entspricht.

»Leider habe ich keinen Grundbesitz zu verschenken, höchstens Sparguthaben und Wertpapiere«, wendest Du Dich ab.

Das macht überhaupt nichts, mit einem speziellen Trick kannst Du ohne weiteres die günstigen Grundstückswerte beanspruchen. Du schenkst dem Kind Geld, jedoch unter der Bedingung, es zum Kauf eines bestimmten Grundstücks zu verwenden. Nun hast Du gleich zwei Fliegen mit einer Klappe: Vorteile bei der Schenkungsteuer und das vererbte Vermögen in Sachwerten sicher angelegt.

Der Schenkungsvorgang muß aber für die Finanzbehörde nachprüfbar sein, denn die Behörde will was Schriftliches. Außerdem muß das zu erwerbende Grundstück genau bezeichnet werden. Sonst kommt der Fiskalritter Dir vielleicht noch mit der Einrede »Schenkung unter Auflage« angewackelt, und dann war alles umsonst (BMF-Schreiben vom 2. 11. 1989 – BStBl 1989 I S. 443).

Also geht Ihr so vor: Erst das passende Grundstück zum Kauf suchen und dann den Schenkungsvertrag abschließen. Das Kind muß dann spätestens innerhalb eines Jahres das Grundstück gekauft haben. Wenn der Kauf scheitern sollte, dann einen geänderten Schenkungsvertrag mit Angabe eines anderen Grundstücks in Schriftform abschließen, dann klappt der Laden. Ist der Kaufpreis für das Grundstück höher, als Du schenken kannst, wird der günstigere Grundstückswert angesetzt. Also auch für Dich günstig.

Jetzt kommt ein Haken: Will das Kind ein Haus kaufen, um darin selbst zu wohnen, kann es die Wohnraumförderung nicht beanspruchen, da es keine Anschaffungskosten für das Haus hat. Das Haus wird als von Dir geschenkt betrachtet. Also solltest Du hier 100 000 DM Bares schenken und nur den Rest mit dem Kauf eines bestimmten Grundstücks verbinden. Die 100 000 Mark stellen dann eigene Anschaffungskosten des Kindes dar.

Soll das geschenkte Haus aber vermietet werden, ist alles paletti. Denn hier kann das Kind die üblichen Abschreibungen des Vorbesitzers – das warst Du – fortführen (§ 11d EStDV).

»Und was spare ich dabei an Steuern?« willst Du wissen.

Angenommen, Du und Deine Frau seid richtige Krösusse und schenkt Eurem Kind 1 Mio. DM.

Dann ist an Schenkung-/Erbschaftsteuer zu berappen:

Bemessungsgrundlage (500 000 DM mal 2)	1 000 000 DM
./. Freibetrag (400 000 DM mal 2)	800 000 DM
Steuerpflichtig (100 000 DM mal 2)	200 000 DM
Schenkung-/Erbschaftsteuer 7% =	14 000 DM

Wird das Geld entsprechend der Bedingung im Schenkungsvertrag für den Kauf eines Mietshauses verwendet (Grundstückswert 800 000 DM), dann sieht die Rechnung des Fiskus so aus:

Bemessungsgrundlage	800 000 DM
./. Freibetrag (400 000 DM mal 2)	800 000 DM
Steuerpflichtig	0 DM

»14 000 Mark gespart und das Geld gut angelegt, das läßt sich hören«, so sagst Du.

Übrigens: Die Schenkungsteuer ist eine Ergänzung der Erbschaftsteuer. Beide sind gleich hoch. Die Schenkungsteuer soll eine Umgehung der Erbschaftsteuer durch Schenkung zu Lebzeiten verhindern. Vom Fiskus clever ausgedacht, oder?

Besonders gut weg kommen auch hier mal wieder die Gewerbetreibenden. Weil ein dicker Aderlaß die Betriebe schwächt, sind im Erb- oder Schenkungsfall zusätzlich zu den persönlichen Freibeträgen wie unten schon mal vorab 500 000 DM steuerfrei, der Rest wird mit nur 60% angesetzt. § 13a ErbStG.

1269 **Steuerklassen und Freibeträge nach §§ 15, 16 ErbStG**

Es gehören in	Persönliche Freibeträge
Steuerklasse I die Ehegatten die Kinder die Enkelkinder die Eltern und Großeltern (im Erbfall)	600 000 DM 400 000 DM 100 000 DM (falls deren Eltern verstorben sind: 400 000 DM) 100 000 DM
Steuerklasse II die Eltern und Großeltern (bei Schenkung) die Geschwister und deren Kinder die Stief-/Schwiegereltern der geschiedene Ehegatte	 20 000 DM 20 000 DM 20 000 DM 20 000 DM
Steuerklasse III alle übrigen Erwerber	10 000 DM

Versorgungsfreibetrag (§ 17 ErbStG)

Neben dem obigen Freibetrag erhält der Ehegatte im Erbfall einen Versorgungsfreibetrag von 500 000 DM. Bei Kindern ist der Versorgungsfreibetrag wie folgt gestaffelt:

Alter des Kindes	Versorgungsfreibetrag
bis zu 5 Jahren	100 000 DM
bis zu 10 Jahren	80 000 DM
bis zu 15 Jahren	60 000 DM
bis zu 20 Jahren	40 000 DM
bis zu 27 Jahren	20 000 DM

Steuersätze (§ 19 ErbStG)

Steuerpflichtiger Erwerb bis einschließlich DM	Steuerklasse I v.-H.-Satz	Steuerklasse II v.-H.-Satz	Steuerklasse III v.-H.-Satz
100 000	7	12	17
500 000	11	17	23
1 000 000	15	22	29
10 000 000	19	27	35
25 000 000	23	32	41
50 000 000	27	37	47
über 50 000 000	30	40	50

*Zuwachs der Nettoverschuldung
verringert.*

(Volksverdummung)

▬ Rein in die Sachwerte!
TIP Euro-Geld, Fluchtweg der großen Parteien

1270

»Warum sind die Politiker eigentlich so scharf auf die Euro-Währung?« möchtest Du wissen.

Ganz klar, sie sitzen in der Falle, sie haben Deutschland in den Bankrott gewirtschaftet, riesige Schulden angehäuft, die Sozialkassen geplündert, die wirtschaftlichen Bedingungen verhunzt, die uns in der Spitze der Industrienationen halten sollten. Dafür sind alle Parteien verantwortlich, besonders aber die großen Parteien CDU und SPD. Und die Scharfmacher und Dummköpfe in den Gewerkschaften. Deren Macht man längst hätte beschneiden sollen.

Nun versuchen sie, ihrer Verantwortung zu entkommen, indem sie durch Währungsunion verschiedene Währungen in einen Topf werfen und damit die Verantwortung für die riesigen Schulden verschleiern, mit denen sie sich jahrelange Macht erkauft und sich tolle Versorgungen ergaunert haben. Nach dieser stillen Währungsunion durch Einführung des Euro wird dann die Inflation angeheizt.

Dann können Schulden, Löhne und Renten wieder steigen, natürlich bei geringerer Kaufkraft. Die anschließende Geldentwertung hat dann die Währungsunion verursacht, die ja alle gewollt haben. So einfach ist das.

»Ist doch clever, oder?« sagst Du.

Lieber Leser, denk an Dein Geld. Sein Wert schmilzt nach der Währungsunion wie Schnee in der Märzsonne. Geh rechtzeitig in die Sachwerte, raus aus den Währungen.

»Mich betrifft das nicht, ich hab' kein Geld«, wendest Du Dich ab. Was soll denn das heißen? Wer das nicht in unserem kapitalistischen System besitzt, ist der ärmste Hund. Willst Du das wirklich sein? Raff Dich auf. In der letzten, neuen Auflage meines Buches »1000 Tips und Tricks für Existenzgründer« weise ich tolle Wege auf, wie Du auch ohne einen Pfennig Geld auf der hohen Kante schnell zu einem Vermögen kommen kannst.

Lies auch den Tip: Warum der Euro ein Weichei wird (➤ Rz 1338).

1271 ## Zeile 2 Eigengenutzter Wohnraum

Diese Zeile ist nur dann für Dich von Bedeutung, wenn Du ein Haus teilweise selber bewohnst und teilweise vermietest. Anhand der Angaben zur Wohnfläche (> Zeilen 2 und 4) stellt der Fiskaliero fest, in welchem Umfang die Hauskosten auf Deine Wohnung entfallen und damit nicht absetzbar sind.

Die Berechnung der Wohnfläche ist gesetzlich geregelt. Sie ist vorzunehmen nach den §§ 42 bis 44 der II. Berechnungsverordnung (II. BV).

1272 Diese lauten: Teil IV Wohnflächenberechnung

§ 42 Wohnfläche

(1) Die Wohnfläche einer Wohnung ist die Summe der anrechenbaren Grundflächen der Räume, die ausschließlich zu der Wohnung gehören.

(2) Die Wohnfläche eines einzelnen Wohnraumes besteht aus dessen anrechenbarer Grundfläche; hinzuzurechnen ist die anrechenbare Grundfläche der Räume. die ausschließlich zu diesem einzelnen Wohnraum gehören. Die Wohnfläche eines untervermieteten Teils einer Wohnung ist entsprechend zu berechnen.

Name und Vorname/Gemeinschaft/Körperschaft	**Anlage V**	**1999**
	☐ zur Einkommensteuererklärung	
Steuernummer	☐ zur Körperschaftsteuererklärung	
	☐ zur Feststellungserklärung	

Einkünfte aus Vermietung und Verpachtung
(Bei ausländischen Einkünften: Anlage AUS beachten.)

Zeile	Einkünfte aus dem bebauten Grundstück					Angeschafft am	Fertiggestellt am	Bitte nur volle DM-Beträge eintragen. DM
1	Lage des Grundstücks / der Eigentumswohnung (Ort, Straße, Hausnummer)							
2	Eigengenutzter oder unentgeltlich an Dritte überlassener Wohnraum				m²			
3	Mieteinnahmen für Wohnungen (ohne Umlagen)	Erdgeschoß DM	1. Obergeschoß DM	2. Obergeschoß DM	3. Obergeschoß DM	weitere Geschosse DM		
4		Anzahl Wohnfläche m²	Anzahl Wohnfläche m²	Anzahl Wohnfläche m²	Anzahl Wohnfläche m²	Anzahl Wohnfläche m²		—
5	für andere Räume (ohne Umlagen)	DM	DM	DM	DM	DM		
6	Einnahmen für an Angehörige vermietete Wohnungen (ohne Umlagen)					Anzahl Wohnfläche m²		
7	Umlagen, verrechnet mit Erstattungen (z. B. Wassergeld, Flur- und Kellerbeleuchtung, Müllabfuhr, Zentralheizung usw.) auf die Zeilen 3 und 5 entfallen							
8	auf die Zeile 6 entfallen							
9	Vereinnahmte Mieten für frühere Jahre/auf das Kalenderjahr entfallende Mietvorauszahlungen aus Baukostenzuschüssen							
10	Einnahmen aus Vermietung von Garagen, Werbeflächen, Grund und Boden für Kioske usw. sowie erstattete Umsatzsteuer							
11	Öffentliche Zuschüsse nach § 88 d II. WobauG oder zu Erhaltungsaufwendungen, Aufwendungszuschüsse, Guthabenzinsen aus Bausparverträgen und sonstige Einnahmen	Gesamtbetrag DM	davon entfallen auf Wohnungen lt. Zeile 2				DM =	
12	Summe der Einnahmen							
13	Summe der Werbungskosten (Übertrag aus Zeile 56)							–
14	Überschuß (zu übertragen nach Zeile 16 oder nach Zeile 17 der zusammenfassenden Anlage V)							–

Zeile			Stpfl./Ehemann Gesellschaft DM	Ehefrau DM		
15		In diese Spalten bitte nur volle DM-Beträge eintragen.			99	25
16	Zurechnung des Betrags aus Zeile 14		20	21	89	
17	Summe der Beträge aus Zeile 14 aller weiteren Anlagen V		50	51	20	
18	**Anteile an Einkünften** aus (Gemeinschaft, Finanzamt, Steuer-Nr.)				21	
19	Bauherrengemeinschaften / Erwerbergemeinschaften		76	77	50	
20	geschlossenen Immobilienfonds		74	75	51	
21	Grundstücksgemeinschaften		56	57	76	
22			58	59	77	
23			24	25	74	
24	**Andere Einkünfte** Einkünfte aus Untervermietung von gemieteten Räumen (Berechnung auf bes. Blatt)		66	67	75	
25	Einkünfte aus Vermietung und Verpachtung unbebauter Grundstücke, von anderem unbeweglichem Vermögen,				56	
26	von Sachinbegriffen sowie aus Überlassung von Rechten (Erläuterung auf besonderem Blatt)		52	53	57	
27					58	
					59	

Werbungskosten

Nr	aus dem bebauten Grundstück in Zeile 1	Nur ausfüllen, wenn die Aufwendungen für das Gebäude nur teilweise Werbungskosten sind (siehe Anleitung zu den Zeilen 30 bis 55).				Werbungskosten DM
		Gesamtbetrag DM	Ausgaben, die nicht mit Vermietungseinkünften zusammenhängen			ggf. Spalte 1 abzüglich Spalte 4
			ermittelt durch direkte Zuordnung	ermittelt verhältnismäßig	nicht abziehbarer Betrag DM	
		1	2	3 %	4	5
33	Schuldzinsen (ohne Tilgungsbeträge)					
34	Absetzung für Abnutzung nach §§ 7, 7 b Abs. 1 S. 2 EStG					
35	linear / degressiv % / wie 1998 / lt. bes. Blatt					
36	Erhöhte Absetzungen nach §§ 7 c, 7 k EStG (Zeilen 61 und 62 beachten) / wie 1998					
37	nach § 14 a BerlinFG / wie 1998					
38	nach § 14 d BerlinFG (Zeile 62 beachten) / wie 1998					
39	nach § 82 a EStDV / wie 1998					
40	nach §§ 7 h, 7 i EStG, §§ 82 g, 82 i EStDV, Schutzbaugesetz / wie 1998 / lt. bes. Blatt					
41	Sonderabschreibungen nach § 4 Fördergebietsgesetz / wie 1998 / lt. bes. Blatt					
42	Geldbeschaffungskosten (z. B. Schätz-, Notar-, Grundbuchgebühren)					
43	Renten, dauernde Lasten (Einzelangaben auf besonderem Blatt)					
44	1999 voll abzuziehende Erhaltungsaufwendungen, die ausschließlich auf den vermieteten Teil des Gebäudes entfallen					
45	auf das gesamte Gebäude entfallen					
46	Auf bis zu 5 Jahre zu verteilende Erhaltungsaufwendungen – nach §§ 11 a, 11 b EStG – nach § 82 b EStDV (vor dem 1.1.1999 entstanden, 1999 gezahlt) / davon 1999 abzuziehen					
47	Gesamtaufwand DM / DM					
48	Erhaltungsaufwendungen aus früheren Jahren / aus 1995 / aus 1996 DM+ / DM ▶					
49	aus 1997 DM+ / aus 1998 DM ▶					
50	Grundsteuer, Straßenreinigung, Müllabfuhr					
51	Wasserversorgung, Entwässerung, Hausbeleuchtung					
52	Heizung, Warmwasser					
53	Schornsteinreinigung, Hausversicherungen					
54	Hauswart, Treppenreinigung, Fahrstuhl					
55	Sonstiges					
56	Summe der Werbungskosten (zu übertragen nach Zeile 13)					

Zusätzliche Angaben

Nr		Stpfl./Ehemann	Ehefrau
60	1999 vereinnahmte oder bewilligte Zuschüsse aus öffentlichen Mitteln zu den Anschaffungs-/Herstellungskosten (Erläuterungen auf besonderem Blatt)	DM	DM
61	In Fällen der §§ 7 c, 7 k EStG (Zeile 36): Mittel aus öffentlichen Haushalten wurden unmittelbar oder mittelbar	gewährt.	nicht gewährt.
62	In Fällen des § 7 k EStG/§ 14 d BerlinFG und bei Buchwertentnahme nach § 6 Abs. 1 Nr. 4 Satz 4 EStG vor dem 1. 1. 1999:	Bescheinigung nach § 7 k Abs. 3 EStG ist beigefügt.	

(3) Die Wohnfläche eines Wohnheimes ist die Summe der anrechenbaren Grundflächen der Räume, die zur alleinigen und gemeinschaftlichen Benutzung durch die Bewohner bestimmt sind.

(4) Zur Wohnfläche gehört nicht die Grundfläche von

1. Zubehörräumen; als solche kommen in Betracht: Keller, Waschküchen, Abstellräume außerhalb der Wohnung, Dachböden, Trockenräume, Schuppen (Holzlegen), Garagen und ähnliche Räume:
2. Wirtschaftsräumen; als solche kommen in Betracht: Futterküchen, Vorratsräume, Backstuben, Räucherkammern, Ställe, Scheunen, Abstellräume und ähnliche Räume;
3. Räumen, die den nach ihrer Nutzung zu stellenden Anforderungen des Bauordnungsrechts nicht genügen;
4. Geschäftsräumen.

§ 43 Berechnung der Grundfläche

(1) Die Grundfläche eines Raumes ist nach Wahl des Bauherrn aus den Fertigmaßen oder den Rohbaumaßen zu ermitteln. Die Wahl bleibt für alle späteren Berechnungen maßgebend.

(2) Fertigmaße sind die lichten Maße zwischen den Wänden ohne Berücksichtigung von Wandgliederungen, Wandbekleidungen, Scheuerleisten, Öfen, Heizkörpern, Herden und dergleichen.

(3) Werden die Rohbaumaße zugrunde gelegt, so sind die errechneten Grundflächen um drei vom Hundert zu kürzen.

(4) Von den errechneten Grundflächen sind abzuziehen die Grundflächen von

1. Schornsteinen und anderen Mauervorlagen, frei stehenden Pfeilern und Säulen, wenn sie in der ganzen Raumhöhe durchgehen und ihre Grundfläche mehr als 0,1 Quadratmeter beträgt
2. Treppen mit über drei Steigungen und deren Treppenabsätze.

(5) Zu den errechneten Grundflächen sind hinzuzurechnen die Grundflächen von

1. Fenster- und offenen Wandnischen, die bis zum Fußboden herunterreichen und mehr als 0,13 Meter tief sind,
2. Erkern und Wandschränken, die eine Grundfläche von mindestens 0,5 Quadratmeter haben,
3. Raumteilen unter Treppen, soweit die lichte Höhe mindestens zwei Meter ist.

Nicht hinzuzurechnen sind die Grundflächen der Türnischen.

(6) Wird die Grundfläche auf Grund der Bauzeichnung nach den Rohbaumaßen ermittelt, so bleibt die hiernach berechnete Wohnfläche maßge-

645

bend, außer wenn von der Bauzeichnung abweichend gebaut ist. Ist von der Bauzeichnung abweichend gebaut worden, so ist die Grundfläche auf Grund der berichtigten Bauzeichnung zu ermitteln.

§ 44 Anrechenbare Grundfläche

(1) Zur Ermittlung der Wohnfläche sind anzurechnen

1. voll die Grundflächen von Räumen und Raumteilen mit einer lichten Höhe von mindestens zwei Metern;

2. zur Hälfte die Grundflächen von Räumen und Raumteilen mit einer lichten Höhe von mindestens einem Meter und weniger als zwei Metern und von Wintergärten, Schwimmbädern und ähnlichen, nach allen Seiten geschlossenen Räumen;

3. nicht die Grundflächen von Räumen oder Raumteilen mit einer lichten Höhe von weniger als einem Meter.

(2) Gehören ausschließlich zu dem Wohnraum Balkone, Loggien, Dachgärten oder gedeckte Freisitze, so können deren Grundflächen zur Ermittlung der Wohnfläche bis zur Hälfte angerechnet werden.

(3) Zur Ermittlung der Wohnfläche können abgezogen werden

1. bei einem Wohngebäude mit einer Wohnung bis zu zehn vom Hundert der ermittelten Grundfläche der Wohnung,

2. bei einem Wohngebäude mit zwei nicht abgeschlossenen Wohnungen bis zu zehn vom Hundert der ermittelten Grundfläche beider Wohnungen,

3. bei einem Wohngebäude mit einer abgeschlossenen und einer nicht abgeschlossenen Wohnung bis zu zehn von Hundert der ermittelten Grundfläche der nicht abgeschlossenen Wohnung.

(4) Die Bestimmung über die Anrechnung oder den Abzug nach Absatz 2 oder 3 kann nur für das Gebäude oder die Wirtschaftseinheit einheitlich getroffen werden. Die Bestimmung bleibt für alle späteren Berechnungen maßgebend.

Mehr zur Aufteilung der Kosten bei gemischt genutzten Häusern unter ➤ Rz 1332.

1273 ## Zeile 2 Unentgeltlich an Dritte überlassener Wohnraum

---

Wenn Du jemandem eine Wohnung umsonst überläßt, hast Du insoweit auch nichts zu versteuern. Logisch. Auf der anderen Seite kannst Du insoweit aber auch keine Kosten geltend machen. Steuerlich vorteilhafter wäre es, Du würdest die Wohnung verbilligt überlassen. Dazu mehr unter ➤ Rz 1278.

Geben ist seliger denn nehmen.
(Boxerprinzip)

Zeile 3–12 Mieteinnahmen
1274

Die einzutragenden Mieten sind die sogenannten Kaltmieten, aufgeteilt nach einzelnen Geschossen. Enthält das Gebäude mehr als fünf Geschosse, sind die Angaben dazu auf einem besonderen Blatt zu machen.

Umlagen
Die Formulare sehen vor, die vereinnahmten Umlagen in > Zeile 7 einzutragen und die umlagefähigen Kosten in den > Zeilen 50 bis 55 als Werbungskosten geltend zu machen.
Rein theoretisch könnte man intern die vereinnahmten Umlagen mit den umlagefähigen Kosten verrechnen und sich so die ganze Schreiberei ersparen. Seien wir aber dem Finanzamt mal gut und füllen die Formulare so aus, wie es sich St. Bürokratius wünscht.

*Aus einem kleinen Gebüsch
springt oft ein großer Hase.*
(Jägerweisheit)

TIP Hast Du alle umlagefähigen Kosten weitergegeben?
1275

Dieses Buch soll sich für Dich bezahlt machen, und deshalb frage ich Dich: Hast Du auch alle umlagefähigen Nebenkosten weiterberechnet? Gottlob brauchst Du darüber nicht lange nachzudenken, denn das ist geregelt in der Berechnungsverordnung vom 12. 10. 1990 – BStBl 1990 I S. 735. Zu den umlagefähigen Kosten gehören:

- Grundsteuer, Hausversicherung
- Wasser, Strom, Energie (Heizung)
- Straßenreinigung, Müllabfuhr, Entwässerung
- Gartenpflege
- Hausreinigung, Beleuchtung, Schornsteinreinigung
- Gemeinschaftsantenne, Kabelanschluß

1276 **Zeile 3 Keine Mieteinnahmen**

Auch das kann vorkommen, weil das Haus z. B. noch nicht fertiggestellt war oder einfach mangels Mieter leer stand oder der Mieter mit der Kohle nicht rüberkam. Dann machst Du bei der Summe der Einnahmen einfach einen Strich.

Dies hindert Dich aber nicht, die Ausgaben für das Haus auf Seite 2 der Anlage V anzusetzen. Die Ausgaben führen dann zu einem steuerlichen Verlust, der Dir eine Steuererstattung beschert.

Steht das Haus leer, ist für den Fiskalritter wichtig zu wissen, daß Du weiterhin die Absicht hast, es zu vermieten. Argwöhnt er indessen, Du könntest das Grundstück günstig verkaufen wollen, streicht er Dir womöglich die Ausgaben mit der Begründung, ein Zusammenhang mit Einkünften sei nicht gegeben. **Deswegen solltest Du Deine Vermietungsabsicht notfalls belegen können, indem Du das Haus dann und wann zur Vermietung annoncierst (Anzeigen aufbewahren, die Kosten dafür in > Zeile 55 ansetzen).**

Keine Mieteinnahmen, aber Ausgaben für > Zeile 55 hast Du auch, wenn Deine Anzahlung für den Bau eines Hauses durch Konkurs des Bauunternehmers verloren ist. Oder Du willst ein Haus kaufen und schaust Dir interessante Objekte an, die Du dann letztendlich aber doch nicht erwirbst. Die dafür entstandenen Fahrtkosten (bei Pkw 0,52 DM je km) und den Verpflegungsmehraufwand setzt Du ebenfalls an. Übernachtungs- und Telefonkosten nicht vergessen. Lies dazu: Einige Blaue in den Sand gesetzt? ➤ Rz 1231.

Oder hast Du Bauerwartungsland auf Pump gekauft? Die Finanzierungskosten kannst Du in > Zeile 34 unterbringen, wenn Du bereits beim Kauf konkrete Pläne für die Bebauung hattest (BFH-Urt. vom 4. 6. 1991 – BStBl 1991 II S. 761).

1277 **Zeile 3   Keine Mieteinnahmen durch Nießbrauch für Kinder**

Du hast Dich schon oft gefragt, ob es nicht besser wäre, Deine Steuerlast zu drücken, indem Du Deinem Kind Einkünfte verschaffst. Denn ohne Einkünfte gehen Jahr für Jahr die schönen Grundfreibeträge verloren, die Deinem Kind zustehen. Auch könnte sich das Kind anschließend selbst finanziell unterhalten.

Die einfachste Lösung dafür wäre, dem Kind Vermögen zu übertragen, das steuerpflichtige Erträge bringt. Aber die einfachste Lösung ist nicht immer die beste, denn Du willst eigentlich noch eine Zeitlang die Hand auf Deinem Vermögen halten. Wie wäre es denn mit Nießbrauch?

Übrigens, kennst Du Dich mit Nießbrauch aus? Nicht so gut? So höre: Unter Nießbrauch versteht man das zeitlich begrenzte oder zeitlich unbegrenzte Recht zur Nutzung eines fremden Gegenstandes, z. B. von Kapitalvermögen oder von Grundbesitz. Dadurch werden die Einkünfte vom Eigentümer auf den Nießbraucher verlagert. Damit dies nicht oder nur schwer gelingt, hat der Fiskus den sog. Nießbraucherlaß vom 15. 11. 1984 – BStBl I S. 561 – in die Welt gesetzt. Er baut so einige Hürden auf, die Du aber mit fachlicher Unterstützung locker nehmen kannst.

Zunächst muß der Nießbrauch an einem Grundstück wirksam bestellt, also im Grundbuch eingetragen werden. Bei Bestellung zugunsten minderjähriger Kinder muß das Vormundschaftsgericht dadurch mitwirken, daß ein Ergänzungspfleger bestellt wird, weil der Nießbrauch aufgrund der Regelungen im Bürgerlichen Gesetzbuch rechtlich nicht nur vorteilhaft ist.

Ferner sind die Mieten an den Nießbraucher zu zahlen, bei unbarer Zahlung auf dessen Konto.

»Damit bin ich dann die steuerpflichtige Miete los«, sagst Du.

Richtig, Du hast aber auch keine Werbungskosten mehr, denn Du hast ja auf die Einnahmen verzichtet (BFH-Urt. vom 13. 5. 1980 – BStBl 1980 II S. 297). Dadurch geht die Gebäudeabschreibung leider verloren, die nur dem Eigentümer zusteht.

Dein Kind versteuert die Mieteinnahmen abzüglich der Grundstücksaufwendungen, die Dein Kind nach dem Nießbrauchvertrag und nach dem Gesetz zu leisten hat.

»Auf die Gebäudeabschreibung verzichten? Das gefällt mir nicht«, sagst Du.

Das stimmt. Das ist ätzend. Doch wisse: Bei z. B. ererbten älteren Gebäuden ist die steuerliche Abschreibung oft geradezu lächerlich gering, so daß man darauf getrost verzichten kann. So beträgt die Abschreibung eines ererbten Gebäudes, das der Erblasser vor der Währungsreform 21. 6. 1948 erworben hat, nur 2% von dem Teil des Einheitswertes, der auf das Gebäude entfällt (§ 7 Abs. 4 EStG i. V. mit § 11c und d EStDV). Angenommen, der Einheitswert 21. 6. 1948 hat für das ganze Mietwohngrundstück 30 000 DM betragen. Davon gehen dann 20% für Grund und Boden ab, also bleiben noch 24 000 DM, davon 2% = 480 DM Abschreibung pro Jahr.

Die schreibst Du ausnahmsweise mal in den Wind und holst Dir dafür
steuerfreie Mieteinnahmen durch Nießbrauchbestellung.
Zur Gebäudeabschreibung mehr unter ➤ Rz 1303 ff.

1278 ## Zeile 3–6 **Vorteile aus verbilligter Überlassung**

Aufgepaßt! Du kannst ruhig weniger an Miete einnehmen, als die übliche
Miete (Vergleichsmiete, z.B. laut Mietspiegel) wäre, und kannst trotzdem
die Werbungskosten in voller Höhe absetzen. **Wenn Du aber weniger
verlangst als die Hälfte der Vergleichsmiete, streicht Dir der Fiskalritter
anteilig die Kosten.** Also fragt er in > Zeile 4 bzw. 6 nach der Größe der
vermieteten Wohnung. Die durchschnittliche Miete pro qm aus der regulär
vermieteten Wohnung entnimmt der Finanzer der > Zeile 3.

Nimmst Du z. B. von Deiner Freundin statt 500 Mark Monatsmiete nur 200
Mark, weil Du sie gern in Deiner Nähe haben möchtest, fallen ⅗ der
Kosten dem Rotstift zum Opfer, also glatte 60%. Also müßtest Du von ihr
– aus steuerlichen Gründen – mindestens fünfzig Mark im Monat mehr
haben (Quelle: § 21 Abs. 2 EStG).

Die Angaben in > Zeile 6 haben Kontrollfunktion. Mit ihnen läßt sich
überprüfen, ob die verlangte Miete angemessen ist oder nicht.

1279 **TIP** **Der Steuern wegen: Miete von den eigenen Kindern**

Zu welch argen Klimmzügen unser Steuerstaat seine Bürger verleitet, zeigt
das Urteil des Bundesfinanzhofs vom 28. 3. 1995 IX R 47/93, das zu
veröffentlichen er sich wohl nicht getraut hat, von dem aber die Zeitschrift
»Der Betrieb« 1995 auf Seite 1546 zu berichten wußte.

In dem Urteilsfall hatten die Eltern eine in ihrem Zweifamilienhaus frei
werdende Wohnung an ihren Sohn vermietet, nachdem er sein Abitur gemacht und danach ein Studium begonnen hatte. Der Sohn zahlte 500 Mark
Miete im Monat, von den Eltern erhielt er monatlich 1 000 Mark Unterhalt.

Bei einer Miete von 500 Mark = halbe Marktmiete hatten die Eltern sich
ausgerechnet, daß ein steuerlicher Verlust entsteht, der ihnen eine Steuererstattung beschert.

Nun wußten die Eltern, daß der Fiskus das Mietverhältnis zwischen ihnen und ihrem Sohn nur anerkennen wird, wenn der Sohn über eigene Mittel verfügt, um die Miete zahlen zu können. Deshalb schenkten sie ihm zuvor 20 000 Mark. Heikel an der Sache war nur die Frage, ob 20 000 Mark ausreichen, um die Miete aus eigenen Mitteln zahlen zu können.

Das hat der Bundesfinanzhof uneingeschränkt bejaht und ausgeführt: Da der Sohn eigene Mittel zur Zahlung der Miete besaß, bestand kein Unterhaltsanspruch auf Unterbringung. Basta!

Dieses für die Steuerzahler so gerechte Urteil schmeckt dem Finanzminister nicht, logo. Zur Verunsicherung der Steuerzahler hat er deshalb verbreitet, das Urteil werde über den entschiedenen Fall hinaus nicht angewendet. Begründung: Die Eltern erfüllen mit der Geldschenkung den Unterhaltsanspruch des Kindes im voraus (BMF-Schreiben vom 22. 1. 1996 – IV B 3 – S. 2253 – 130/95). Doch er weiß: Ist das Urteil – für ihn – noch so schlecht, der BFH hat immer recht.

Auf der sicheren Seite bist Du aber in jedem Fall, wenn Du es Eltern gleichtun kannst, die ihrem Kind anstelle von 20 000 Mark gleich 130 000 Mark geschenkt haben. Die Schenkung haben sie mit der Auflage verbunden, das Geld im Rahmen eines Sparplans anzulegen. Die Eltern hatten ihrer Unterhaltspflicht damit mehr als Genüge getan und ihr Kind finanziell von sich unabhängig gemacht (BFH vom 23. 2. 1994, BStBl 1994 II S. 694).

Guter Rat

1280

Studentenbude gekauft: Langfristig heißt die Devise

Kaufst Du eine Studentenbude nur zu dem Zweck, diese während des Studiums an Dein Kind unter Wert zu vermieten, um offensichtlich Verluste zu produzieren, sagt der Fiskus nein und winkt mit § 42 Abgabenordnung. Dies bedeutet: Gestaltungsmißbrauch. Wegen der begrenzten Zeit der Vermietung hätten offensichtlich Renditeüberlegungen keine Rolle gespielt, so lautet meistens die Begründung. Also ist Anschaffung und Vermietung der Studentenbude Privatvergnügen, sozusagen Liebhaberei (FG Saarland vom 14. 6. 1995 – EFG 1995 S. 837).

Was lehrt uns das? Du darfst die Wohnung nicht sofort wieder verkaufen, wenn Dein Kind seine Ausbildung abgeschlossen hat, sondern mußt sie noch ein paar Jährchen anderweitig vermieten, dann klappt der Laden.

1281 **TIP** **Halbe Miete geschenkt?**

Du warst schon immer ein guter Junge, und jetzt hast Du sogar dafür gesorgt, daß Deine Eltern preisgünstig wohnen können. Indem Du eine Wohnung gekauft und sie ihnen gegen halbe Miete überlassen hast. Das bringt Dir schöne Verluste für die Steuererklärung. Denn Du brauchst nur die halbe Miete zu versteuern, kannst aber die vollen Kosten für die Wohnung absetzen.

»Die Verluste kann ich besser gebrauchen als meine Eltern, die schon Rentner sind und deswegen wenig Steuern zahlen. Aber was ich eigentlich nicht so laut sagen dürfte: Meine Eltern schenken mir jeden Monat den Rest zur vollen Miete«, sagst Du.

Na ja. Aber paßt auf, daß Ihr nicht in eine Steuerfalle tappt. Als Vergleichsmiete nehmt Ihr den Mietwert laut öffentlichem Mietspiegel. Davon die Hälfte zuzüglich der auf die Wohnung entfallenden Umlagen (➤ Rz 1275). Und es muß tatsächlich Geld fließen, am besten per Dauerauftrag aufs Sparkonto, denn sonst gilt der Vertrag als nicht durchgeführt und die Wohnung als unentgeltlich überlassen. Ihr müßt außerdem regelmäßig die gezahlte Miete den Änderungen der Vergleichsmiete anpassen. Denn sonst kann es Euch passieren, daß im Laufe von zwei, drei Jahren die gezahlte Miete tatsächlich weniger als die Hälfte der Vergleichsmiete beträgt, und dann werden Dir die Werbungskosten gekürzt, dann hast Du vielleicht anstelle von Verlusten sogar Überschüsse.

1282 **TIP** **Wenn Dein Partner bei Dir wohnt**

Lebst Du mit Deinem Partner zusammen, kannst Du den Fiskus über die Steuer an den Kosten Deiner Wohnung beteiligen. **Damit das klappt, mußt Du einen bestimmten Raum in der Wohnung zur ausschließlichen Eigennutzung dem Partner vermieten.** Du darfst den vermieteten Raum selbst nicht mitbenutzen, müßtest eigentlich wegen der Steuer bitte schön jedesmal vorher anklopfen, bevor Du das Zimmer Deines Partners betrittst.

»Ich glaube, Du spinnst!« rufst Du. »Wer kontrolliert denn das?«

Alles halb so schlimm. Wie so ein Mietvertrag mit Deinem Partner aussehen könnte, hat der BFH in seinem Urteil vom 8. 8. 1990 – BStBl 1991 II S. 171 vorgezeichnet:

Beispiel für einen Mietvertrag, wenn Dein Partner bei Dir wohnt:

1283

Mietvertrag

Vermietet wird ein möbliertes Zimmer, 30 qm. Die Warmmiete einschließlich aller Nebenkosten beträgt 55% der ortsüblichen Vergleichsmiete zuzüglich Umlagen = 75 DM. Bei Änderung des Mietspiegels der Gemeinde ändert sich die Miete prozentual. Das Zimmer wird dem Mieter zur ausschließlichen Eigennutzung überlassen. Die Kündigungsfristen und die dem Vermieter zustehenden Rechte und Pflichten bestimmen sich nach den §§ 535 ff. des Bürgerlichen Gesetzbuches.

Steuerliches Ergebnis: Du setzt die geringere Miete in > Zeile 2 an. Die anteiligen Kosten für das Zimmer setzt Du als Werbungskosten ab, sogar noch die Abschreibung für die Zimmereinrichtung. Daraus ergibt sich meistens ein Verlust und eine Steuerrückerstattung, von der Du mit Deinem Partner ein schönes Wochenende bestreiten kannst und vielleicht noch mehr …

TIP 100% Werbungskosten trotz Mini-Miete

1284

Unterschreitest Du die 50%-Marke, so darf der Fiskalritter nur dann den Rotstift bei Deinen Werbungskosten ansetzen, wenn Du eine Wohnung zu Wohnzwecken vermietest; so steht es im § 21 Abs. 2 Satz 2 EStG.
Diese Vorschrift hebst Du einfach aus den Angeln, wenn Du z.B. Deiner aushäusigen Tochter ihr ehemaliges Kinderzimmer für z. B. 30% der Marktmiete überläßt (siehe auch ➤ Rz 1213). In diesem Fall hast Du keine Wohnung, sondern nur ein Zimmer vermietet. Der Finanzer darf seinen Rotstift also wieder einstecken, und Du setzt die anteiligen Werbungskosten voll ab (so das FG Münster mit Urteil vom 12. 3. 1996 – EFG 1997 Seite 73).

Das gleiche gilt übrigens auch für Deine Ferienwohnung, die Du Deinen Geschwistern oder Freunden günstig überläßt. Denn eine Ferienwohnung dient nicht Wohnzwecken, meint St. Fiskus (EStR 42a Abs. 1).

Übertreiben solltest Du dieses Spielchen allerdings nicht, denn sonst kommen die Fiskalritter womöglich auf die Idee, Du würdest nur aus Jux und Tollerei vermieten. Dann kommen sie mit »Liebhaberei« angetanzt und streichen die Verluste.

1285 **TIP** **Bäumchen, wechsle dich: Durch gegenseitige Vermietung Steuern sparen**

Wohnst Du mit Deinen Eltern in deren Zweifamilienhaus, so habt Ihr für die Steuer drei Möglichkeiten:

1. Deine Eltern überlassen Dir eine Wohnung kostenlos. Hier ist nichts abzugsfähig, was den Fiskalritter freut – wie jede Steuererklärung, in der nichts geltend gemacht wird.

2. Deine Eltern vermieten Dir eine Wohnung mit halber Miete, wie im Tip unter ➤ Rz 1281. Schon besser, denn nun können die Eltern von den Mieteinnahmen die anteiligen Hauskosten abziehen und kommen so im Normalfall zu einem Verlust, der ihnen eine Steuererstattung beschert.

3. Deine Eltern wandeln das Zweifamilienhaus in zwei selbständige Eigentumswohnungen um und übertragen Dir die Wohnung, in sie selbst wohnen. Jetzt könnt Ihr Euch gegenseitig die Wohnungen – mit halber Miete – vermieten und alle Hauskosten absetzen, abgesegnet durch BFH-Urt. vom 12. 9. 1995 – IX R 54/93. Der Fiskalritter springt wütend im Quadrat, kann aber nichts dagegen tun.

Und so wird gerechnet, wenn beide Wohnungen in etwa gleich groß sind, das Zweifamilienhaus ursprünglich 300 000 Mark gekostet hat, jetzt 400 000 Mark wert und noch mit 200 000 Mark belastet ist, von denen Du die Hälfte übernommen hast:

Wohnung der	Eltern	Kinder
Halbe Jahresmiete z. B.	7 500 DM	7 500 DM
./. Werbungskosten		
Abschreibung z.B. 2% von 150 000 DM	3 000 DM	
Abschreibung z.B. 2% von 175 000 DM		3 500 DM
Schuldzinsen	8 000 DM	8 000 DM
Reparaturen, Grundsteuer, Versicherungen	5 000 DM	5 000 DM
Verlust	8 500 DM	9 000 DM
Jährliche Steuerersparnis bei 30% Steuersatz	2 550 DM	2 700 DM

Die Masche mit der gegenseitigen Vermietung lohnt besonders, wenn noch Schulden auf dem Haus und Zinsen abzusetzen sind.

1286

Gebäudeabschreibung

Zur Abschreibung mußt Du Dir etwas Grundsätzliches anhören, damit Du durchzublicken vermagst. Abgeschrieben wird immer von den ursprünglichen Herstellungs- oder Anschaffungskosten des Hauses. Das gilt auch im Schenkungsfall für den Bedachten (unentgeltlicher Erwerb, § 11d EStDV). Hat der Bedachte jedoch Schulden übernommen, so hat er insoweit, das heißt teilweise, die Wohnung entgeltlich erworben. Also wird Deine Abschreibung berechnet aus Deiner Schuldenübernahme und, soweit wirklich eine Schenkung vorliegt, aus den ursprünglichen Herstellungs- oder Anschaffungskosten Deiner Eltern.

Berechnung:

Wert der Wohnung	200 000 DM	
– Anschaffungskosten d. Darlehnsübernahme	100 000 DM	100 000 DM
Unentgeltlich erworben 50%	100 000 DM	
50% von 150 000 DM =		75 000 DM
Abschreibungsgrundlage für Dich		175 000 DM

»Ist sogar logo und leuchtet mir ein«, sagst Du.

Schenkungsteuer

1287

Übrigens, für die Schenkungsteuer gelten die zumeist günstigen Grundstückswerte, Schenkungsteuer fällt also für die übertragene Wohnung nicht an, weil der Grundstückswert unter dem Freibetrag von 400 000 Mark liegt (➤ Rz 1268).

Ermittlung des Grundstückswerts:

übliche Miete jährlich	15 000 DM
mal 12,5 =	187 500 DM
zzgl. 20% (da Zweifamilienhaus) =	225 000 DM

GUTER RAT

Erbst Du später die Wohnung, die Du von Deinen Eltern gemietet hast, so wird für die Freibeträge die vorher übertragene Wohnung nicht dem Erbe zugerechnet, wenn die Übertragung mehr als zehn Jahre zurückliegt. Also: So früh wie möglich Vermögen übertragen, das ist günstig für die Erbschaftsteuer.

Der Verlust von Scham
ist das erste Zeichen von Schwachsinn.
(Sigmund Freud)

1288 **TIP Mach die Mietverträge mit Angehörigen wasserdicht**

Bei der Vermietung an Angehörige wittern die Fiskalritter gleich Mauschelei. Darum werden sie auch haarklein prüfen, ob Euer Mietvertrag wie
unter Fremden ernsthaft vereinbart und tatsächlich durchgeführt wurde.
Du bist fein raus, wenn Du die folgenden Fragen ruhigen Gewissens mit
»Ja« beantworten kannst:

● Wurde die Wohnung aus eigenem Interesse des Mieters angemietet?
● Steht dem Mieter die Wohnung jederzeit zur Verfügung (während der
   Abwesenheit keine Nutzung der Wohnung zu eigenen Wohnzwecken
   durch den Vermieter)?
● Wird die Wohnung eigenständig, daß heißt nicht nur im Rahmen von
   Besuchen beim Vermieter genutzt?
● Wird die vereinbarte Miete tatsächlich gezahlt?

(Quelle: Checkliste der OFD Münster – Information 22/97)
Habt Ihr es mit der Miete einmal schleifen lassen oder die Heizkosten nicht
wie vereinbart abgerechnet, ist das Kind allerdings noch nicht gleich in den
Brunnen gefallen. Der BFH hat mit Urteil vom 7. 5. 1996 (Az IX R 69/94,
Der Betrieb 1996 Seite 1755) entschieden, daß ein Mietvertrag bei unregelmäßigen Mietzahlungen nicht gleich abzulehnen ist, wenn das Mietverhältnis insgesamt ernsthaft vereinbart und tatsächlich durchgeführt wurde.

Der Wille macht gesund.
(Alter Spruch)

1289 **Zeile 4 und 6 Wohnfläche**

Anhand der Angaben zur Wohnfläche in > Zeile 4 und 6 prüft das
Finanzamt die Höhe der Mieteinnahmen dahin gehend, ob Du vielleicht
eine Wohnung unter Marktwert vermietest. Dies kann dazu führen, daß
Deine Werbungskosten nur noch anteilig abgezogen werden. Dazu mehr
unter ➤ Rz 1278 und 1332.

Zeile 11 Guthabenzinsen aus Bausparverträgen

1290

Sie gehören eigentlich in die Anlage KSO zu den Kapitaleinnahmen, denn das Bausparguthaben ist ja Kapitalvermögen. Dort – in der Anlage KSO – sind sie auch am besten aufgehoben, denn dort nimmst Du ja auch 6 100 Mark Freibeträge (ab 2000 nur noch 3 100 DM; Verheiratete doppelter Betrag) in Anspruch. Anders dagegen, wenn der Bausparvertrag in eine konkrete Hausfinanzierung eingebunden ist. Dann kannst Du sogar die Abschlußgebühr als Werbungskosten in > Zeile 34 in der Anlage V unterbringen, mußt jedoch konsequenterweise die Bausparzinsen ebenfalls in der Anlage V, nämlich hier in > Zeile 11, ansetzen (BFH-Urt. vom 24. 7. 1990 – BStBl 1990 II S. 975).
Zu Bausparverträgen siehe ➤ Rz 1243 ff.

Lieben und leben lassen.
(Peter von Zahn)

9.2 Anteile an Einkünften

Zeile 21 Grundstücksgemeinschaften

1291

Grundstücksgemeinschaften entstehen meistens durch Erbschaft, werden also selten freiwillig eingegangen. Wenn Du schon jetzt weißt, daß Deine Kinder sowieso alles erben, warum beteiligst Du sie nicht an Deinem Mietshaus und drückst damit Deine Steuerlast?

◆ *Musterfall Familie Vogt (teils vermietetes Zweifamilienhaus)* 1292

Dieter Vogt denkt wirtschaftlich und hat 1992 sein 195 qm großes Haus als Zweifamilienhaus konzipiert. Die Wohnung im Erdgeschoß (135 qm) bewohnt er selbst und nimmt dafür in 1999 letztmalig die Wohnraumförderung nach dem alten § 10e EStG in Anspruch. Die Einliegerwohnung hat er an seine Schwiegermutter Käthe vermietet. Käthe ist in jeder Hinsicht kulant, hütet gern die Kinder und finanziert auch meistens den halben Jahresurlaub der gesamten Familie. Vogt nimmt von ihr lt. Vertrag nur 60% der Vergleichsmiete, wobei er sich am örtlichen Mietspiegel orientiert. Also erhält er eine Miete von 8,94 DM je qm, aufs Jahr gerechnet sind das bei 60 qm 6 436 DM. Diesen Betrag trägt er in > Zeile 3 und 6 ein. Für die Nebenkosten berechnet Vogt 20% der Kaltmiete. Macht für ein Jahr 1 287 DM, einzutragen in > Zeile 8.

Und so trägt Dieter Vogt die Zahlen in die Anlage V ein:

Einkünfte aus Vermietung und Verpachtung
(Bei ausländischen Einkünften: Anlage AUS beachten.)

Zeile	Einkünfte aus dem bebauten Grundstück					Angeschafft am	Fertiggestellt am	Bitte nur volle DM-Beträge eintragen. DM
1	Lage des Grundstücks / der Eigentumswohnung (Ort, Straße, Hausnummer) Nettesheim, Burgstr. 36						1992	
2	Eigengenutzter oder unentgeltlich an Dritte überlassener Wohnraum						135 m²	
3	Mieteinnahmen für Wohnungen (ohne Umlagen)	Erdgeschoß DM	1. Obergeschoß DM 6.436 DM	2. Obergeschoß DM	3. Obergeschoß DM	weitere Geschosse DM		6.436
4		Anzahl Wohnfläche m²	Anzahl 1 Wohnfläche 60 m²	Anzahl Wohnfläche m²	Anzahl Wohnfläche m²	Anzahl Wohnfläche m²		———
5	für andere Räume (ohne Umlagen)	DM	DM	DM	DM	·DM		
6	Einnahmen für an Angehörige vermietete Wohnungen (ohne Umlagen)					Anzahl 1 Wohnfläche 60 m²		
7	Umlagen, verrechnet mit Erstattungen (z. B. Wassergeld, Flur- und Kellerbeleuchtung, Müllabfuhr, Zentralheizung usw.) auf die Zeilen 3 und 5 entfallen							
8	auf die Zeile 6 entfallen							1.287
9	Vereinnahmte Mieten für frühere Jahre/auf das Kalenderjahr entfallende Mietvorauszahlungen aus Baukostenzuschüssen							
10	Einnahmen aus Vermietung von Garagen, Werbeflächen, Grund und Boden für Kioske usw. sowie erstattete Umsatzsteuer							
11	Öffentliche Zuschüsse nach § 88 d II. WobauG oder zu Erhaltungsaufwendungen, Aufwendungszuschüsse, Guthabenzinsen aus Bausparverträgen und sonstige Einnahmen	Gesamtbetrag DM	davon entfallen auf Wohnungen lt. Zeile 2	—	DM =			
12	Summe der Einnahmen							7.723

1293 TIP Die Steuerlast auf die ganze Familie verteilen

Um Dich richtig scharf zu machen, diesen Vorteil mitzunehmen, rechne ich Dir jetzt mal vor:

Du überträgst von Deinem Mietshaus je ein Viertel auf Deine beiden Kinder Hans und Grete. Die Miete abzüglich Gebäudeverschleiß (Abnutzung) und laufende Hauskosten verteilst Du dann einfach nach Anteilen. Die Übertragung der Anteile ist übrigens grunderwerbsteuerfrei.

Die Verteilung der Einkünfte sieht dann so aus:

	Du selbst	Hans	Grete	Gesamt
Mieteinnahmen	24 000 DM	12 000 DM	12 000 DM	48 000 DM
./. Abschreibung	2 000 DM	1 000 DM	1 000 DM	4 000 DM
./. lfd. Hauskosten	4 000 DM	2 000 DM	2 000 DM	8 000 DM
Einkünfte	18 000 DM	9 000 DM	9 000 DM	36 000 DM

Du siehst: Deine Einkünfte verringern sich von 36 000 Mark auf 14 000 Mark. Und außerdem bist Du den Unterhalt für Deine Sprößlinge los. Denn die müssen jetzt selbst aus den Mieten ihre Ausbildung finanzieren. Schließlich gehen Dir auch die Kinderermäßigungen wie Kindergeld und Ausbildungsfreibetrag nicht verloren, denn die eigenen Einkünfte von Hans und Grete liegen unter 13 020 Mark.

Damit alles klappt, denke daran: Notarieller Übertragungsvertrag, Umstellung der Mietverträge auf die Gemeinschaft und dem Finanzamt eine sogenannte Feststellungserklärung einreichen. Die Gemeinschafter erhalten anschließend vom Finanzamt einen Feststellungsbescheid, aus dem sich die Einkünfte ergeben, die Du dann in > Zeile 21 eintragen kannst. So einfach ist das. **1294**

9.3 Werbungskosten – Zeile 30–56 **1295**

Hier setzt Du alle Aufwendungen an, die Dir für das Haus entstanden sind. Ein Blick in > Zeile 30–56 zeigt, was Du alles unterbringen kannst.

◆ *Musterfall Familie Vogt (teils vermietetes Zweifamilienhaus)* **1296**

Auf Seite 2 der Anlage V bestätigt sich für Vogt, daß es richtig war, einen Teil seines Zweifamilienhauses verbilligt an seine Schwiegermutter zu vermieten (Musterfall ➤ Rz 1292). So kann er 11 374 DM Schuldzinsen zuzüglich 75 DM Verwaltungskostenbeitrag an die Hypothekenbank und 7 850 DM Schuldzinsen an die Bausparkasse plus 12 DM für Kontoführung in > Zeile 34 unterbringen. Auch die Reparaturen für die vermietete Wohnung von 2 720 DM setzt er an.

Die Kosten für die Fassadenerneuerung von 19 960 DM gehen auch glatt durch. Diesen Betrag möchte Vogt jedoch nicht sofort ganz verbraten, sondern nach § 82b EStDV auf vier Jahre verteilen, um auch in den kommenden Jahren die Steuerprogression zu drücken. Vogt weiß, daß eine Verteilung auf bis zu fünf Jahre möglich ist, denn Arbeiten wurden noch in 1998 durchgeführt, aber erst 1999 bezahlt.

Die Umlagen von 5 750 DM setzt er ebenfalls als Ausgaben an. Für verschiedene Kosten (Fahrten, Telefon, Porto) setzt er 500 DM pauschal an. Dafür hat er einige Ausgabenbelege in petto, die er dem Finanzamt notfalls präsentieren kann.

Als Abschreibung setzt Vogt von 380 000 DM Baukosten die lineare Abschreibung nach § 7 Abs. 4 EStG von 2% an.

Leider kann Vogt die Kosten nur insoweit abziehen, als sie auf den vermieteten Teil des Hauses entfallen.

Er rechnet sich aus:

Summe der Einnahmen (> Zeile 12)	7 723 DM
./. Summe der Ausgaben (=31% der Gesamtkosten, > Zeile 56)	15 458 DM
Verlust	7 735 DM
Steuererstattung bei 30% Steuersatz	2 320 DM

Zeile	Werbungskosten	Gesamtbetrag DM	ermittelt durch direkte Zuordnung	ermittelt verhältnismäßig	nicht abziehbarer Betrag DM	Werbungskosten DM lt. Spalte 1 abzüglich Spalte 4
30	aus dem bebauten Grundstück in Zeile 1					
31/32		1	2	%	4	5
34	Schuldzinsen (ohne Tilgungsbeträge) Hypothek 11.449 / Bausparkasse 7.862.-	19.311		69	13.324	5.987
35	Absetzung für Abnutzung nach §§ 7, 7 b Abs. 1 S. 2 EStG ☒ linear degressiv 2 % ☒ wie 1998 lt. bes. Blatt	7.600		69	5.244	2.356
36	Erhöhte Absetzungen nach §§ 7 c, 7 k EStG (Zeilen 61 und 62 beachten) wie 1998					
37	nach § 14 a BerlinFG wie 1998					
38	nach § 14 d BerlinFG (Zeile 62 beachten) wie 1998					
39	nach § 82 a EStDV wie 1998					
40	nach §§ 7 h, 7 i EStG, §§ 82 g, 82 i EStDV, Schutzbaugesetz wie 1998 lt. bes. Blatt					
41	Sonderabschreibungen nach § 4 Fördergebietsgesetz wie 1998 lt. bes. Blatt					
42	Geldbeschaffungskosten (z. B. Schätz-, Notar-, Grundbuchgebühren)					
43	Renten, dauernde Lasten (Einzelangaben auf besonderem Blatt)					
44	1999 voll abzuziehende Erhaltungsaufwendungen, die ausschließlich auf den vermieteten Teil des Gebäudes entfallen	2.720				2.720
45	auf das gesamte Gebäude entfallen					
46	Auf bis zu 5 Jahre zu verteilende Erhaltungsaufwendungen — nach §§ 11 a, 11 b EStG — nach § 82 b EStDV (vor dem 1.1.1999 entstanden, 1999 gezahlt)					
47	Gesamtaufwand 19.960 DM davon 1999 abzuziehen 4.990 DM	4.990		69	3.443	1.547
48	Erhaltungsaufwendungen aus früheren Jahren aus 1995 aus 1996 DM+ DM▶					
49	aus 1997 aus 1998 DM+ DM▶					
50	Grundsteuer, Straßenreinigung, Müllabfuhr					
51	Wasserversorgung, Entwässerung, Hausbeleuchtung					
52	Heizung, Warmwasser	5.750		69	3.967	1.783
53	Schornsteinreinigung, Hausversicherungen					
54	Hauswart, Treppenreinigung, Fahrstuhl					
55	Sonstiges	500		69	345	155
56	Summe der Werbungskosten (zu übertragen nach Zeile 13)					15 458

Doch halt!
Hat sich doch das Schlitzohr Vogt eine zu hohe Erstattung in die Tasche gerechnet, indem ihm bei der Addition der Werbungskosten in der Anlage V ein Zahlendreher unterlaufen ist (15 458 DM statt 14 548 DM). Gute Medizin für des Prüfers Frust, wenn er den Zahlendreher entdeckt ...

> *Ein Tenor, der einen Ton höher singt,*
> *als in der Partitur vorgesehen:*
> *Das bin ich.*
>
> (Pablo Picasso)

Zeile 34 Schuldzinsen   1297

Hier verschenkst Du keine müde Mark: Du setzt an die Zinsen lt. Zinsplan der Hypo-Bank, die Zinsen aus der Zinsbescheinigung der Bausparkasse nebst Verwaltungskosten und Kontoführungsgebühren. Auch ein Disagio gehört dazu, und wenn Deine Hütte auf einem Erbbaugrundstück steht, dann setzt Du hier auch die Erbbauzinsen an.

Geldbeschaffungskosten (Abschlußgebühr für Bausparvertrag, Gebühr für Notar und Amtsgericht für die Eintragung der Hypothek im Grundbuch, Honorar für den Finanzierungsmakler sowie Fahrtkosten und Telefon hierfür) trägst Du in > Zeile 42 ein.

Bauplatz auf Pump gekauft?   1298

Auch die Zinsen vor Fertigstellung des Hauses kannst Du als vorweggenommene Werbungskosten hier absetzen, desgleichen die Zinsen für ein Darlehn zum Kauf eines Bauplatzes. Dir erscheint dies zunächst selbstverständlich. Der Fiskus argwöhnt aber leicht, Du könntest gar keine Bauabsichten haben und nur auf einen steuerfreien Spekulationsgewinn kalkulieren. In so einem Fall sind Schuldzinsen nicht absetzbar, weil sie mit steuerfreien Einkünften im Zusammenhang stehen. Mindestens zehn Jahre kannst Du Dir aber Zeit lassen, bevor das Finanzamt beginnt, den Rotstift anzusetzen. Ein Finanzamt in Baden-Württemberg hat sogar in einem Fall 15 Jahre lang Zinsen anerkannt (EFG 1995 S. 880).

Entsprechendes gilt beim Erwerb von Bauerwartungsland.   1299

Bis der Bebauungsplan in Kraft getreten ist und das Haus steht, da können viele Jahre vergehen. Vergiß nun aber nicht, sogleich ab Erwerb hier Schuldzinsen abzusetzen. Mieteinnahmen brauchst Du dafür nicht (BFH-Urt. vom 4. 6. 1991 – BStBl 1991 II S. 761).

1300 **TIP** Schulden richtig plazieren

Du brauchst ein neues Auto für 30 000 Mark und Deine Hütte neue
Pfannen, Kostenpunkt ebenfalls 30 000 Mark. Dein Konto gibt aber nur
30 000 Mark her, also wird der Rest finanziert.
Ich brauche Dir ja nicht noch extra zu sagen, daß Du natürlich die Pfannen
finanzierst, weil Du die Zinsen dann absetzen kannst, oder? **Bei dieser
Sache darfst Du aber kein Wischiwaschi machen. Also den Darlehnsvertrag wegen Dacherneuerung abschließen und die Dachdeckerrechnung nur
mit dem Darlehnsgeld bezahlen. So klappt der Laden.**

1301 **TIP** **Eigenheim teilweise vermietet? Dann ordne die
Schuldzinsen richtig zu!**

In sein eigenes Mietshaus soll man nie selbst einziehen, das ist klug und
weise. Wer es trotzdem tut, handelt sich bei der Finanzierung zusätzlich ein
steuerliches Problem ein.
Das Problem besteht darin, das Eigenkapital auf die selbstgenutzte Wohnung zu lenken und das Fremdkapital auf die vermieteten Wohnungen. Nur
so lassen sich die Zinsen von den Mieteinnahmen absetzen.
Beim Hauskauf ist es am besten, wenn das Haus zuvor bereits in Eigentumswohnungen aufgeteilt wird. So kannst Du für jede Wohnung einen separaten Kaufvertrag abschließen und Eigen- und Fremdkapital den einzelnen
Wohnungen bestens zuordnen. Klappt die Sache mit den Eigentumswoh-
nungen nicht, mußt Du darauf achten, daß der Kaufpreis im Vertrag getrennt nach den einzelnen Wohnungen aufgeschlüsselt ist. Für den Kauf der
eigengenutzten Wohnung wirst Du Dein Eigenkapital verwenden.
Beim Bau eines Zwei- oder Mehrfamilienhauses klappt der Laden mit der
Zuordnung der Hypothek, wenn Du Dir für die eigene und die vermietete
Wohnung getrennte Abrechnungen vom Bauunternehmer geben läßt.
Kosten, die das gesamte Haus betreffen (zum Beispiel für den Aushub der
Baugrube, den Rohbau oder das Dach), sind dem eigengenutzten und dem
vermieteten Teil im Verhältnis der Wohnfläche zuzuordnen. Wenn Du jetzt
für die Finanzierung des vermieteten Teils ein besonderes Konto einrichtest, dessen Guthaben nur aus Darlehensmitteln besteht und von dem Du
ausschließlich die Kosten für den vermieteten Teil bezahlst, kannst Du die
gesamte Schuldzinsen als Werbungskosten absetzen. Also messerscharf
trennen und richtig zuordnen heißt die Devise (Quelle: Urteil des BFH
vom 27. 10. 1998, Az IX R 44/95).
Siehe hierzu auch ➤ Rz 1336.

⫶TIP Löse bloß nicht alle Hypotheken ab!

1302

Du wirst es nicht den Hallodris gleichtun, die sich als Politiker verdungen haben und Schulden einfach nicht zurückzahlen. Vielmehr wirst Du darauf bedacht sein, Deinen Besitz schuldenfrei zu machen, weil Du für Deine Familie die Verantwortung trägst.

Ergibt sich nun die Gelegenheit, nach Ablauf der Bindungsfrist eine Resthypothek abzulösen, und es sind auch die Mittel vorhanden, so ist zu bedenken, ob es nicht günstiger ist, die Resthypothek weiterzuführen und die vorhandenen Mittel in Pfandbriefen anzulegen, deren Zinsen bis zur Höhe von 6 100/12 200 DM bzw. 3 100/6 200 DM (Alleinstehende/Verheiratete) ab dem Jahr 2000 steuerfrei sind (➤ Rz 1006). Die Hypothekenzinsen kannst Du hingegen absetzen.

Allerdings sind die Hypothekenzinsen regelmäßig höher als die Zinsen aus den Pfandbriefen, nämlich ca. 0,6 bis 0,8%. Und es stellt sich die Frage, ob der Steuervorteil diesen Nachteil bei weitem überwiegt. Andernfalls solltest Du die Resthypotheken ablösen. Entscheidend ist somit Deine persönlich Steuerbelastung.

»Dazu solltest Du ein Beispiel geben«, sagst Du.

Angenommen, Du könntest eine Resthypothek von 200 000 Mark ablösen, weil entsprechende Mittel aus einer Lebensversicherung vorhanden sind. Für eine Weiterführung der Hypothek bietet Deine Hausbank an: Zinssatz 6,7% bei 100% Auszahlung, Laufzeit fünf Jahre; Pfandbriefe mit einer Restlaufzeit von fünf Jahren rentieren sich aktuell mit 6%.

Dein persönlicher Steuersatz liegt bei 40% in der Spitze.

Vorteilsrechnung:

	Hypothek	Pfandbriefe
Zinssatz	6,7%	6%
Zinsen auf 200 000 DM	13 400 DM	12 000 DM
	absetzbar	steuerfrei

Steuerersparnis 40% =	5 360 DM
abzüglich Mehraufwand an Zinsen	1 400 DM
Verbleibender Vorteil	3 960 DM

Ergebnis: Hypothek nicht ablösen, denn der steuerliche Vorteil überwiegt bei weitem den Mehraufwand an Zinsen.

1303 Zeile 35–41 Absetzung für Abnutzung (AfA) bei Gebäuden

Die Gebäudeabschreibung, von den Fiskalbürokraten Absetzung für Abnutzung (AfA) genannt, bringt Dir einen steuerlichen Verlust und damit eine Steuerersparnis, wenn sich Mieten und laufende Kosten die Waage halten.

Beispiel:

Mieteinnahmen einschl. Umlagen	12 000 DM
./. laufende Kosten wie Schuldzinsen, Versicherungen, Steuern und Gebühren, Reparaturen usw.	12 000 DM
Bleiben	0 DM
Abschreibung z. B. 5% von 190 000 DM Herstellungskosten für das Gebäude	9 500 DM
Verlust aus Vermietung und Verpachtung	9 500 DM
Steuerersparnis bei 35%	3 325 DM

Kennst Du Dich mit der Abschreibung aus? Nicht so gut? So höre:

Durch die Abschreibung verteilst Du die Anschaffungskosten für das Gebäude auf die Nutzungsdauer (ND). Bei Gebäuden wird aber nicht die tatsächliche ND von meistens hundert Jahren zugrunde gelegt, sondern eine wesentlich kürzere ND von höchstens fünfzig Jahren.

Abschreibungsfähig ist nur das Gebäude, nicht der Grund und Boden. Unterscheiden mußt Du zwischen der linearen Abschreibung mit einem immer gleich bleibenden Prozentsatz (Nr. 1 der folgenden Übersicht) und der degressiven Abschreibung (Nr. 2 und 3). Hier sind die Prozentsätze anfangs höher und verringern sich in Stufen. Außerdem gibt es die erhöhte Abschreibung als besondere Möglichkeit, steuerlich Verluste zu machen (Nr. 4 bis 6).

Abschreibung bei Gebäuden			1304
Gebäude	ND	AfA-Satz	Quelle
1. Lineare AfA (> Zeile 35 der Anlage V) Baujahr nach dem 31. 12. 1924	50 J.	2%	§ 7 Abs. 4
Baujahr vor dem 1. 1. 1925	40 J.	2,50%	§ 7 Abs. 4
2. Degressive AfA für Geschäftsgebäude, Neubauten (> Zeile 35 der Anlage V)	50 J.	8 J. 5% 6 J. 2,50% 36 J. 1,25%	§ 7 Abs. 5
3. Degressive AfA für Mietwohngebäude, Neubauten (> Zeile 35 der Anlage V) Wurde der Bauantrag nach dem 31. 12. 95 gestellt, gilt die weniger günstige Abschreibungsregelung wie für Geschäftsgebäude (siehe oben unter 2.).	40 J.	4 J. 7% 6 J. 5% 6 J. 2% 24 J. 1,25%	§ 7 Abs. 5
4. Erhöhte AfA (> Zeile 40 der Anlage V) Sanierung in städtebaulichen Entwicklungsgebieten	10 J.	10 J. 10%	§ 7
5. Erhöhte AfA (> Zeile 40 der Anlage V) Sanierung bei Baudenkmälern	10 J.	10 J. 10%	§ 7
6. Degressive AfA (> Zeile 36 der Anlage V) auf Neubauten, Bauantrag nach dem 28. 2. 1989, fertig bis 31. 12. 1995, keine öffentl. Mittel, Vermietung an Sozialmieter gegen Höchstmiete nach Mieten-VO, Mindestgröße der Wohnungen 23 qm	50 J.	5 J. 10% 5 J. 7% 30 J. 3,5% vom Restwert	§ 7k

Ein Beispiel zur linearen Abschreibung nach Nr. 1   **1305**

Du hast im Juli 1999 für 400 000 Mark ein Mietshaus gekauft, Bj. 1955.
Die Abschreibung beträgt:

Anschaffungskosten	400 000 DM
./. Anteil Grund und Boden 20%	80 000 DM
Gebäudeanteil	320 000 DM
Jahresabschreibung 2%	6 400 DM
Abschreibung für 1999 halbes Jahr bzw. $^{6}/_{12}$	3 200 DM

Hast Du von Deinen Eltern ein Haus geerbt, schreibst Du weiterhin so ab, wie Deine Eltern abgeschrieben haben (§ 11d EStDV).

665

1306 **TIP** **Wenn Dein Haus ein Denkmal ist**

dann kannst Du sogar die Kosten für einen neuen Wintergarten mit 10%
absetzen (Übersicht unter ➤ Rz 1304). Diese Überraschung erlebten Steuerzahler, denen die zuständige Denkmalbehörde zuvor bescheinigt hatte, daß
ihr vermietetes Wohnhaus ein Baudenkmal ist. Die hieran durchgeführten
Instandsetzungsarbeiten einschließlich der Aufwendungen für den Wintergarten sind steuerbegünstigt, denn die Bescheinigung der Denkmalbehörde
ist für den Fiskus bindend (BFH-Urt. vom 5. 11. 1996 – BStBl 1997 II S. 244).

Nicht gut zu wissen: Die 10%ige Abschreibung gilt nur für vermietete
Denkmalgebäude (§ 82 i EStDV).

1307 **TIP** **Beim Dachausbau 3% Abschreibung mehr ergattern**

Das klappt, wenn Du beim Dachausbau eine Eigentumswohnung schaffst,
die grundbuchmäßig nicht zum übrigen Gebäude gehört. Dann kannst Du
5% Abschreibung beanspruchen, von den Herstellungskosten und auch
sogar vom beanspruchten Gebäuderestwert (Übersicht unter ➤ Rz 1304).

Ohne diesen Handstreich werden die Herstellungskosten für den Dachausbau einfach den bisherigen Herstellungskosten des Gebäudes zugeschlagen
und mit nur 2% abgeschrieben.
Auch könntest Du die Dachwohnung jetzt separat verkaufen.

1308 **Zeile 35 Abschreibungsfähige Baukosten**

Abgeschrieben werden die Herstellungskosten des Gebäudes und was man
darunter versteht, das sollte eigentlich jeder Handelsschüler auswendig
gelernt haben: alle Aufwendungen, die erforderlich waren, um das Gebäude zu errichten und es für den vorgesehenen Zweck nutzbar zu machen.
Zusätzlich abschreibungsfähig sind die Außenanlagen.
Also nimmst Du den Ordner mit den Rechnungen und machst vier
Häufchen:

A = Kosten für Grund und Boden
B = Herstellungskosten für das Gebäude
C = Herstellungskosten für Außenanlagen, Abschreibung 10%
D = Werbungskosten, im Jahr der Zahlung absetzbar

Hier die

Übersicht zur Aufteilung der Grundstückskosten	Gruppe	
1. Baugrundstück (Kaufpreis)	A	**1309**
2. Makler (Vermittlung des Grundstücks)	A	
3. Notar (Kaufvertrag)	A	
4. Finanzamt (Grunderwerbsteuer)	A	
5. Amtsgericht (Grundbuch/Eigentumswechsel)	A	
6. Erschließungsbeiträge an die Kommune	A	
7. Vermessungsbüro (Grundstück)	A	
8. Handwerker, Architekt, Bauämter, Schornsteinfeger (auch Baugrube, Kachelofen, Trinkgelder, Richtfest, Bauschutt, Rodung, Hangabtragung, Zubehör: Mülltonne, Rasenmäher, Waschmaschine, Außen- und Flurbeleuchtung, Schrank- und Trennwände, die als Raumteiler dienen – EFG 1995 S. 103)	B	
9. Vermessungsbüro (Gebäudeeinmessung)	B	
10. Fußbodenbelag, auch Teppichboden auf Estrich	B	
11. Abwasseranschluß (Tiefbauunternehmer)	B	
12. Anschlußkosten (Strom, Gas, Wasser, Wärme)	B	
13. Umzäunung, auch grüne; Einbaumöbel	B	
14. Nacharbeiten wegen Baumängeln	B	
15. Hofbefestigungen, Wege, Terrassen, Grünanlagen	C	
16. Notar (Grundschuld)	D	
17. Finanzamt (Grundsteuer)	D	
18. Versicherung (Bauzeit + fertiges Gebäude)	D	
19. Amtsgericht (Grundbuch/Grundschuld)	D	
20. Fahrten zu 3. =	A	
Fahrten zu 8. =	B	
Fahrten zu 16. =	D	

»Wenn ich das allein schaffe, brauche ich hierfür weder Architekt noch Steuerberater und habe viel Geld gespart«, sagst Du. Für die Berechnung der Nebenkosten lies den nächsten Tip.

TIP Vergiß die Nebenkosten nicht

1310

Während der Bauzeit hast Du eigentlich Wichtigeres zu tun, als Dich um ein paar blaue Lappöhrchen zu kümmern. Trotzdem rate ich Dir, abends im Kalender Fahrten zur Baustelle, zum Architekten, zum Bauamt usw.

aufzuschreiben, auch die Telefonate und die Portokosten, desgleichen Belege aus dem Supermarkt für Speisen und Getränke aufzuheben (BFH-Urteil vom 10. 5. 1995 – BStBl 1995 II S. 713).

Bei der Steuererklärung wird der Fiskalritter Bauklötze staunen, wenn Du ihm diese Abrechnung präsentierst:

```
         Aufstellung über Baunebenkosten

62 Fahrten z. Baustelle à 38 km    2356km
4 Fahrten z. Architekten à 18 km     72 km
Insgesamt                          2428 km 0,52 DM = 1263 DM
Telefonkosten geschätzt                              500 DM
Portokosten geschätzt                                120 DM
Speisen und Getränke während der Bauzeit
für mitarbeitende Verwandte und Bekannte
(Belege anbei),                    1290 DM
Davon Eigenanteil Bauherr            200 DM
./. Haushaltsersparnis 20% von 200 DM  =       40 DM
Verbleiben                         1250 DM
+ Richtfest (nur für Bauarbeiter)   960 DM
Insgesamt                          2210 DM > 2210 DM
Nebenkosten insgesamt                               4093 DM
```

1311 **TIP** **Außenanlagen gehören zum Gebäudewert**

Geht Dein Fiskalritter in die Einzelheiten und will Dich mit einem hohen Bodenanteil übervorteilen, dann lasse ihn wissen: Bebauter Grund ist weniger wert als unbebauter (BFH-Urt. vom 15. 1. 1985 – BStBl 1985 II S. 252). Er darf sich also nicht so ohne weiteres am Bodenwert nach der Richtwertkarte für Bauland orientieren, sondern muß einen Abschlag für die bereits durchgeführte Bebauung vornehmen.

Des weiteren: Die Außenanlagen wie die Garagenzufahrt, Zugang zur Haustür, die Plattierung der Terrasse und die Einfriedung des Grundstücks durch Mauer oder Hecke gehören zum Gebäudewert (BFH-Urteil von 15. 12. 1977 – BStBl 1978 II S. 210).

Außerdem: Grünanlagen und Vorgärten gehören nicht zum Gebäude. Die Kosten dafür schreibe deshalb schneller ab, nämlich mit jährlich 10% (BFH-Urteil vom 15. 10. 1965 – BStBl 1966 III S. 12). Dasselbe machst Du mit einer für die Mieter angeschafften Waschmaschine und mit einem Trockner. Hier beträgt die Abschreibung jährlich 20% (BFH-Urteil vom 30. 10. 1970 – BStBl 1971 II S. 95).

Der Rest ist Gebäudewert. Also wird gerechnet:

Gesamtwert	x DM
abzüglich Bodenwert	x DM
abzüglich Grünanlagen u. Vorgärten	x DM
verbleibt Gebäudewert	x DM

Außerdem gut zu wissen: 1312
Zum Gebäudewert (Herstellungskosten) gehören:
Geschenkte Materialien zum Marktpreis, die Anschaffungskosten für Baumaschinen, auch die Raten für geleaste Maschinen, außerdem alles andere an Werkzeug, Bohrmaschine, Stichsäge, Flex, Schweißapparat. **Was später, wenn der Bau steht, davon noch zu gebrauchen ist, wandert sang- und klanglos in Deinen Hobbykeller, das ist doch wohl klar.**

Hast du Deine bislang gemietete Wohnung gekauft und schon vorher – wegen Deiner künftigen Eigentümerstellung – kräftig in die Wohnung investiert? Hier hilft Dir das FG Münster (Az. 1 K 2709/93 E): Wenn Ihr den Kaufpreis mindert, weil Du vorher als Mieter schon investiert hast, **kannst Du den vollen Verkehrswert als Förderungsgrundlage ansetzen.** Hast Du also als Mieter die Fliesen erneuert, Holzdecken eingezogen und im Garten gewirkt, kannst Du diese Kosten dem Kaufpreis wieder draufrechnen. Und was Ihr in den Kaufvertrag unter »Kaufpreis« schreibt, ist schließlich Euer Bier, also von welchem Verkehrswert Ihr ausgegangen seid und wie Ihr letztendlich den Kaufpreis ermittelt habt.

TIP Ältere Häuser in Ostdeutschland   1313

Für Häuser mit Bj. vor dem 1. 7. 1990 ist die Abschreibungsgrundlage durch Schätzung zu ermitteln. Dabei ist § 10 DM-Bilanzgesetz (BStBl 1991 I Seite 714) anzuwenden, aber nur sinngemäß, weil Du ja kein Bilanzer bist. Nun höre und staune, wie sich Dein Besteuerer die Schätzung der Abschreibungsgrundlage vorstellt:

Entweder

Wiederherstellungskosten (Neubaukosten)	... DM
abzüglich Wertabschlag für bisherige Nutzung (1% jährlich)	... DM
abzüglich Wertabschlag für unterlassene Instandhaltung	... DM
Zeitwert	... DM

Oder

Verkehrswert ... DM

Hier ein Beispiel:
Ermittlung des Zeitwerts eines im Jahre 1952 gebauten Hauses mit einer Wohnfläche von 150 qm.

Wiederbeschaffungs-, Wiederherstellungswert (Neuwert)
umbauter Raum x Normalherstellungskosten 19 DM/m^3 x Baupreisindex x 1 744,5% (Normalherstellungskosten bei Plattenbauten und Gebäuden mit Baujahr von 1926: 15 DM/m^3),
der umbaute Raum kann hilfsweise mit 5 m^3 je qm Wohnfläche geschätzt werden

→ 150 qm x 5 m3 x 19 DM/m3 x 1744,5% = 248 592 DM

Zwischenwert
Abschreibung für die Jahre 1952 bis 1990
jährlich 1% = 38% – 94 464 DM
(Abschlag bei Plattenbauten: 1,66%)

Zeitwert (mindestens 20% des Neuwerts) 154 128 DM
Angleichungsabschlag in Höhe von 20% – 30 825 DM
(Abschlag bei Plattenbauten: 40%) 123 303 DM

Vom Zeitwert oder vom Verkehrswert nimmst Du als jährliche Abschreibung 2%, was einer Restnutzungsdauer von fünfzig Jahren entspricht. Beträgt die Restnutzungsdauer weniger als fünfzig Jahre – möglichst gleich durch Architektengutachten belegt –, nimmst Du einen entsprechend höheren Prozentsatz. Hier kannst Du also schon was deichseln. Aber noch mehr kannst Du am Zeitwert oder Verkehrswert deichseln, die ja Schätzwerte sind, wie Du oben gelesen hast. Vielleicht besorgst Du Dir auch ein Sachverständigengutachten zum aktuellen Zeitwert (Stichtag: 1. Juli 1990). Damit hast Du alle Trümpfe in der Hand.

1314 **TIP** **Wenn Du an einen Fiskalritter gerätst, der zuviel Zeit für Dich hat**

Hast Du ein bebautes Grundstück gekauft, kannst Du nur den Anteil des Gebäudes an den Anschaffungskosten per AfA absetzen. Der reine Kaufpreis muß also in einen Grund-und-Boden-Anteil und einen Gebäudeanteil aufgeteilt werden. Im Verhältnis dieser Anteile werden dann auch die Anschaffungsnebenkosten (Grunderwerbsteuer, Maklercourtage, Notarkosten) gesplittet. Nimm einfach pauschal 20% für den Grund-und-Boden-Anteil, damit liegst Du im Schnitt richtig.

Die Ohren mußt Du aber anlegen, wenn Du an einen Fiskalritter mit zuviel Zeit gerätst. Der fängt dann nämlich an, von Richtwertkarten und Baupreisindex 2 zu faseln, und beginnt eine wilde Rechnerei. Die Richtwertkarten werden von einem Gutachterausschuß erstellt, der nach den Verkäufen in einer Gegend den dort gültigen Wert für unbebaute baureife Grundstücke in DM/qm festlegt.

Dein Gegenspieler im Finanzamt berechnet dann den Wert des Grund und Bodens einfach mit

Grundstücksgröße x Richtwert.

Den Gebäudewert ermittelt er (vereinfacht) wie folgt:

Wohnfläche x Baupreisindex.

Der Baupreisindex ist durch Verordnungen geregelt und wird unter Berücksichtigung üblicher Herstellungskosten (Stand 1913) und Preissteigerungen ermittelt.

Aus dem Verhältnis beider Werte errechnet sich der Hobbymathematiker dann den Aufteilungsmaßstab für Grundstück und Gebäude.

Wie Du siehst, muß Dein Fiskalritter schon eine Menge Zeit übrig haben, um diese Rechnerei über die Bühne zu bringen. Aber mal angenommen, Dein Fiskalritter hat in der Schule den Mathematik-Leistungskurs belegt und präsentiert Dir für Dein Häuschen (150 qm Wohnfläche, Grundstück 800 qm, Kaufpreis einschließlich Nebenkosten 650 000 DM) stolz folgende Rechnung:

Grundstückswert:	
800 qm x 200 DM (lt. Richtwertkarte)	= 160 000 DM
Gebäudewert:	
150 qm x 2500 DM (Baupreisindex)	= 375 000 DM
ergibt folgenden Aufteilungsmaßstab:	
Bodenwert:	30% von 650 000 DM = 195 000 DM
Gebäudewert:	70% von 650 000 DM = 455 000 DM

Was jetzt? Laß Dir als erstes die Richtwertkarte zeigen. Vielleicht liegt Dein Grundstück ganz am Rande der 200-DM/qm-Zone, gleich daneben ist die 150-DM/qm-Zone, so daß Du schon einmal auf 170 DM/qm runterhandeln kannst. Außerdem ist Dein Grundstück bebaut, so daß der Bodenwert auf jeden Fall unter dem Richtwert liegt, denn man müßte ja erst das Gebäude abreißen, um ein unbebautes Grundstück zu erhalten. Also ist bebauter Grund weniger wert als unbebauter (BFH-Urt. vom 15. 1. 1985 – BStBl 1985 II S. 252). Ungünstige Lage, Eckgrundstück, schlechter Zuschnitt rechtfertigen einen weiteren Abschlag von 50 DM/qm. Du machst also folgende Gegenrechnung auf:

Bodenwert:
800 qm x 120 DM   = 96 000 DM
Gebäudewert:
150 qm x 2500 DM (Baupreisindex) = 375 000 DM
ergibt folgenden Aufteilungsmaßstab:

| Bodenwert: | 20% von 650 000 DM | = 130 000 DM |
| Gebäudewert: | 80% von 650 000 DM | = 520 000 DM |

Geht der Fiskalritter auf Dein Angebot nicht ein, zeigst Du Dich mal als netter Junge und läßt Dich auf einen Gebäudeanteil von 500 000 DM runterhandeln.

1315 **TIP** ### Mit der Geschoßflächenberechnung den Gebäudewert erhöhen

Ist das erworbene Grundstück geringer bebaut, als es der Bebauungsplan zuläßt, wurde also die zulässige Nutzung nicht ganz ausgeschöpft, so rechtfertigt dies einen Abschlag beim Bodenwert, was automatisch dem Gebäudewert zugute kommt. Ansatzpunkt für die Verhandlung mit dem Fiskalritter ist die im Bebauungsplan festgelegte Geschoßflächenzahl (FG Düsseldorf vom 10. 9. 1993 – EFG 1994 S. 190). Damit Du hier klarzusehen vermagst, solltest Du zunächst folgendes wissen:

Der gemeindliche Bebauungsplan sieht für jedes Grundstück eine bestimmte Geschoßflächenzahl vor. Diese Zahl gibt an, wieviel qm Geschoßfläche je qm Grundstücksfläche zulässig ist. Die Geschoßfläche ist das Außenmaß des Gebäudes in allen Vollgeschossen.

Das von Dir für 510 000 Mark erworbene Zweifamilienhaus steht auf einem Grundstück von 402 qm. Die beiden Vollgeschosse haben zusammen eine Größe von 191 qm. Unter Berücksichtigung der örtlichen Geschoßflächenzahl von 0,6 wäre dagegen eine bauliche Nutzung in den Vollgeschossen von 241,20 qm möglich gewesen (402 qm x 0,6). Die tatsächliche Nutzung des Grundstücks bleibt also um 20,75% hinter der zulässigen Nutzung zurück. Der in der Bodenwertrichtkarte ausgewiesene Bodenwert von 460 DM je qm Grund und Boden ist somit um 20,75% zu vermindern. Der maßgebliche Bodenwert beträgt somit 364 DM.

Also wird gerechnet:

Bodenwert 402 qm x 364 DM =	146 328 DM =	31,18%
Gebäudewert 170 qm Wohnfläche x 1900 DM Baupreisindex =	323 000 DM =	68,82%
Summe	469 328 DM =	100,00%

Die Anschaffungskosten von 510 000 DM sind somit wie folgt aufzuteilen:

Bodenwert	31,18% von 510 000 DM =	159 018 DM
Gebäudewert	68,82% von 510 000 DM =	350 982 DM

»Na bitte, jetzt kann ich mehr abschreiben«, so sagst Du.

Zeile 42 Geldbeschaffungskosten 1316

Bei Deinen Finanzierungskosten mußt Du unterscheiden.
Die laufenden Kosten des Darlehens wie z. B. Darlehenszinsen, das Damnum, Bereitstellungszinsen, laufende Erbbauzinsen und Vorfälligkeitsentschädigungen gehören in > Zeile 34 (➤ Rz 1297). Deine Aufwendungen, um das Darlehen überhaupt erst zu erhalten, wie z.B. Schätzgebühren, Gebühren für die Hypothekenvermittlung, Bürgschaftsgebühren sowie Notar- und Grundbuchgebühren zur Eintragung der Hypothek, sind keine Schuldzinsen, sondern Geldbeschaffungskosten. Sie gehören in > Zeile 42.

Zeile 43 Renten und dauernde Lasten 1317

Wenn Grundbesitz zur Last wird – was besonders bei älteren Menschen vorkommt –, wird er gern gegen Rente verkauft, um im Alter finanziell gesichert zu sein.

Hast Du auf diese Weise ein Haus erworben, kannst Du die in den Rentenzahlungen enthaltenen Zinsanteile als Hauskosten absetzen. Dazu wisse vorab: Bisher wurde hierbei höchst penibel unterschieden, ob es sich bei den Zahlungen um Renten oder dauernde Lasten handelt. Letztere konnten in voller Höhe abgesetzt werden. Damit ist es jetzt vorbei (BFH-Urt. vom 9. 2. 1994 – BStBl 1995 II S. 47). Es ist also künftig einerlei, ob es sich um Renten oder dauernde Lasten handelt, es sind immer nur die Zinsanteile absetzbar.

Laß uns ausrechnen, was bei Deinem Mietshaus absetzbar ist: Der Kaufpreis für das Mietshaus bestand aus einer einmaligen Zahlung von 200 000 DM und wiederkehrenden jährlichen Zahlungen von 60 000 DM. Die jährlichen Zahlungen sind auf Lebenszeit an den damals 73 Jahre alten Verkäufer zu leisten. Falls der Verkäufer vor seiner damals 54 Jahre alten Ehefrau versterben sollte, hat diese weiterhin Ansprüche bis an ihr Lebensende in Höhe von 75% von 60 000 DM = 45 000 DM.

Die Zinsanteile entnimmst Du der Tabelle unter ➤ Rz 1102.

Berechnung:
Jahresleistung 60 000 DM, davon

75% = 45 000 DM,	bezogen auf das Alter der Ehefrau, mit 39% Zinsanteil =	17 550 DM
25% = 15 000 DM,	bezogen auf das Alter des Verkäufers, mit 18% Zinsanteil =	2 700 DM
Zinsanteile insgesamt		20 250 DM

»Teufel, ist das kompliziert. Man geht also zunächst vom Anteil der Ehefrau von 75% der Jahresleistung aus, weil sie 19 Jahre jünger ist als ihr Mann und ihn wohl überleben wird. Vom Rest der Jahresleistung wird dann der Zinsanteil nach dem Alter des Mannes berechnet. Und was kann ich abschreiben?« fragst Du.

1318 Die Abschreibung richtet sich nach den Anschaffungskosten für das Gebäude, also ohne Grund und Boden. Die Anschaffungskosten setzen sich zusammen aus der Einmalzahlung von 200 000 DM und dem Kapitalwert der wiederkehrenden Zahlungen. Zur Berechnung des Kapitalwerts benötigst Du eine besondere Tabelle 9 zu § 14 BewG.

Berechnung:

Einmalzahlung	200 000 DM
+ Kapitalwert der wiederkehrenden Zahlungen Jahresleistung 60 000 DM, davon	
75% = 45 000 DM bezogen auf das Alter der Ehefrau mit Faktor 13,495 =	607 275 DM
25% = 15 000 DM bezogen auf das Alter des Verkäufers mit Faktor 6,604 =	99 060 DM
Anschaffungskosten insgesamt	906 335 DM
Gebäudeanteil geschätzt auf 80% =	725 068 DM
Gebäudeabschreibung 2% von 725 068 DM =	14 501 DM

»Das läßt sich hören«, sagt Du.

Zeile 44–45 Erhaltungsaufwendungen 1319

Kosten für laufende Instandhaltung, also Renovierung im weitesten Sinne, kannst Du als Erhaltungsaufwand sofort und in voller Höhe absetzen. Dein Fiskalritter rechnet schon damit, daß Du mit einem dicken Bündel Quittungen vom Baumarkt anrückst. Behauptet er aber dreist, dies wären keine ordnungsgemäßen Belege, weil weder Dein Name noch die genaue Artikelbezeichnung draufsteht und es außerdem so aussieht, als ob Du auf dem Heimweg von der Arbeit regelmäßig beim Baumarkt herumfliegende Kassenbons aufgelesen hättest, kontere mit dem Urteil des Niedersächsischen Finanzgerichts vom 26. 10. 89 (VI 164/88; nv): Kassenbons reichen zumindest zur Schätzung von Werbungskosten aus, auch wenn die Artikelbezeichnung fehlt.

Doch aufgepaßt! Dein Fiskalritter wird nicht müde, doch noch etwas zusammenzustreichen. Wittert er nämlich *Herstellungskosten*, weil etwas Neues, bisher noch nicht Vorhandenes geschaffen worden ist, genehmigt er statt des kompletten Betrages nur die mickrige Abschreibung von 2%. Hierunter fallen z. B. die Errichtung eines Anbaus, Dachausbau oder die Umwandlung von Groß- in Kleinwohnungen.

Gut für Dich, diesen Satz zweimal zu lesen: Aufwendungen für die Erneuerung von Gebäudeteilen sind immer Erhaltungsaufwand, auch wenn durch fortschrittliche Technik zugleich eine deutliche Verbesserung eintritt (BFH-Urt. vom 8. 3. 1966 – BStBl 1966 III S. 324). Deshalb sind absetzbar:

- Austausch einfach verglaster Fenster gegen solche mit Doppel- bzw. Isolierglas
- nachträglicher Einbau einer Zentralheizung
- nachträglicher Anschluß an eine Kanalisation
- Ergänzungsbeiträge an die Gemeinde für moderne Kanalisation
- Anschluß an die öffentliche Wasser-, Strom- oder Gasversorgung oder an ein Fernheizsystem.

Auf den Zustand oder die Brauchbarkeit der ausgetauschten Teile kommt **1320** es grundsätzlich nicht an. Doch beim ausgetauschten offenen Kamin gegen einen Kachelofen soll etwas anderes gelten …

- Ersatz eines **reparaturbedürftigen** offenen Kamins durch einen Kachelofen ist absetzbar (und war er nicht reparaturbedürftig, dann kannst Du diesen Zustand ja ändern; und der Heizungsinstallateur soll die Rechnung genau so titulieren!).

1321 Mit der Aufteilung der Erhaltungsaufwendungen in > Zeile 44 und 45 will Dich St. Fiskus wieder einmal daran erinnern, daß Du nur die Kosten absetzen kannst, die auf vermietete Wohnungen entfallen. Wenn Du Dein Haus also teilweise vermietest und teilweise selbst nutzt bzw. Dritten unentgeltlich überläßt, sollst Du die Kosten, die das gesamte Haus betreffen, in > Zeile 45 eintragen. Diese Aufwendungen sind nur insoweit abzugsfähig, als sie nach dem Verhältnis der Wohnflächen auf den vermieteten Teil entfallen. Du bist also besser dran, wenn Du möglichst hohe Reparaturkosten in > Zeile 44 eintragen kannst. Diese beziehen sich nämlich allein auf den vermieteten Teil des Hauses und sind daher zu 100% abzugsfähig.

1322 **TIP** **Fangeisen: Größere Erhaltungsaufwendungen kurz nach Erwerb**

Alle Reparaturen am Haus bescheren Dir einen schönen Steuerrabatt. Das wurmt den Fiskus so sehr, daß er keine Möglichkeit ausläßt, Dir Knüppel zwischen die Beine zu werfen. Beliebtes Foul ist, den Reparaturaufwand kurz nach Erwerb des Hauses zu den Herstellungskosten zu rechnen. Damit fließt dieser Aufwand über Jahre hinweg in die Abschreibung ein, was den steuerlichen Effekt verwässert.

Nicht mit Dir! Du triffst den Fiskus mit seinen eigenen Waffen, indem Du auf das Stoppschild in Form von EStR 157 Abs. 4 weist. Danach hat der BMF nur den Abzug größeren Erhaltungsaufwands der ersten drei Jahre nach Erwerb eingeschränkt. Anschließend handelt es sich nur dann um »Herstellungsaufwand«, wenn Du eine Grundsanierung vornimmst.

Also steckst Du zunächst taggenau den Drei-Jahre-Zeitraum ab. Die in diesem Zeitraum angefallenen Reparaturen verminderst Du zunächst nach Taktik 1:

1323
Gesamte Kosten für Arbeiten am Haus
abzgl. typische Herstellkosten (z. B. Ausbauten, Erweiterungen)
abzgl. laufender Erhaltungsaufwand, der jährlich üblicherweise anfällt
abzgl. Aufwendungen zur Beseitigung versteckter Mängel
= Restaufwand

1324 Bleibt der Restaufwand unter 15% der Kosten für die Anschaffung des Gebäudes, bist Du am Ziel. Du kannst ihn in voller Höhe absetzen. Andernfalls wendest Du jetzt Taktik 2 an: Bei Überschreiten der 15-%-Grenze liegen nämlich nicht automatisch Herstellungskosten vor. Vielmehr ist dies jetzt erst zu **prüfen.** Deine Renovierungsarbeiten sind nämlich nur dann als Herstellungskosten anzusehen, wenn sie das Wesen des Gebäudes geändert (z.B. aus Kate wurde Landsitz), den Nutzungswert erheblich erhöht (z.B. Verdoppelung der Fensterfläche) oder die Nutzungsdauer erheblich verlängert haben (z.B. Ersatz der Holzböden durch Gießbeton). Nachzulesen in EStR 157 Abs. 4.

»Natürlich«, antwortest Du dem Fiskalritter höflich, »ist der Komfort meines Hauses gestiegen. Aber von erheblich kann hinwiederum keine Rede sein. Ich habe viele Arbeiten selbst ausgeführt und immer nur die billigsten Baumaterialien verwendet. Es muß daher bei sofort abziehbarem Erhaltungsaufwand verbleiben.« Und das Gegenteil soll man Dir erst mal nachweisen.

Gibt das Finanzamt jedoch immer noch keine Ruhe, verweise auf das Urteil des Finanzgerichts Schleswig-Holstein vom 11. 9. 90, welches EStR 157 Abs. 4 für rechtswidrig erklärt hat (III 676/89; EFG 91, 70). Warum? Reparaturen sind weder Anschaffungskosten noch Herstellungskosten. Oder ganz einfach: Warte mit den Renovierungsarbeiten bis zum vierten Jahr. Geht doch auch.

TIP Gesamtmaßnahme? Du hustest dem Fiskus was!

1325

Dem Fiskus ist kein Trick zu mies, um Hausbesitzern, die grundlegend renovieren müssen und dabei zugleich Räume verändern (Wände versetzen), den vollen Abzug der Reparaturkosten streitig zu machen. Hast Du z.B. in einer Etage den Zuschnitt der Räume geändert, handelt es sich um Herstellungskosten, das ist klar. Der Fiskus rechnet aber nun auch die Reparaturkosten zu den Herstellungskosten, weil angeblich ein »enger räumlicher und sachlicher Zusammenhang« besteht, und zieht alle Kosten zu einem einzigen Betrag zusammen. Steuerlich ist die Luft dann raus (EStH 157).

Nicht mit Dir! Du zerstörst den zeitlichen Zusammenhang, indem Du nach dem Innenausbau die Handwerker für einige Zeit nach Hause schickst. Erst dann erfolgen die übrigen Reparaturen. Außerdem erteilst Du für alle Maßnahmen getrennte Aufträge und läßt Dir dafür jeweils eine Rechnung geben. Dadurch werden die Reparaturkosten sofort absetzbar. »Fein gedeichselt«, sagst Du anerkennend.

Rückendeckung gibt neuerdings der BFH, der bei einer Gesamtmaßnahme auch eine Schätzung in Herstellungskosten und Erhaltungskosten für zulässig erachtet. Wenn man die Umbaumaßnahmen durch Schätzung sachgerecht aufteilen kann, ist der zeitliche und räumliche Zusammenhang wurscht, sagen die Richter. So wollte das Finanzamt einen Steuerzahler aufs Kreuz legen, der beim Ausbau des Dachgeschosses gleichzeitig für rd. 44 000 Mark das Dach neu eindecken ließ. Die Neueindeckung ist grundsätzlich Erhaltungsaufwand, so die Finanzrichter. Nur die Kosten der Dachziegel sind den Herstellungskosten des Dachausbaus zuzurechnen (BFH-Urt. vom 16. 7. 1996 – BStBl 1996 II S. 649).

1326 **TIP** **Renovier Dein Elternhaus mit Hilfe des Fiskus**

Deine Eltern tun alles für Dich, helfen Dir sogar beim Steuersparen. Dein Ziel: Die Renovierungskosten für Dein Elternhaus willst Du bei Dir als Werbungskosten absetzen. Das klappt, wenn Du Eigentümer des Hauses bist und daraus steuerpflichtige Einnahmen ziehst. Und so gehst Du vor:

1. Schritt: Deine Eltern sollen Dir ihr Häuschen schon mal als vorweggenommenes Erbe übertragen, obwohl sie weiter darin wohnen bleiben. Vielleicht vereinbart ihr dabei zugleich eine dauernde Last für Dich (siehe unten).

2. Schritt: Damit Du steuerpflichtige Einnahmen, aus dem Haus hast, sollen Deine Eltern mit Dir einen Mietvertrag abschließen, mit jährlicher Kündigungsmöglichkeit oder mit Verlängerungsklausel (gilt ein Jahr, wenn nicht bis zum … gekündigt wird). Zwar mußt Du die Mieteinnahmen versteuern. Wenn Ihr aber nur die halbe Miete vereinbart (siehe Tip ➤ Rz 1278 ff.), fällt dieser Umstand nicht groß ins Gewicht. Nun kannst Du unbeschwert renovieren, denn Du hast den Fiskus als stillen Zahlmeister an Deiner Seite.

3. Schritt: Nach Ablauf von zwei oder drei Jahren wird das Mietverhältnis nicht verlängert, vielmehr überläßt Du nunmehr Deinen Eltern das Häuschen unentgeltlich, weil sie so schwach bei Kasse sind. Damit verabschiedet sich dann auch der Fiskus als Zahlmeister, das ist wohl klar.

»Mensch, das machen wir«, freust Du Dich. »Und das Geld für die Renovierung geben mir meine Alten als Darlehn.«

Dann vergiß aber nicht, ordentlich Zinsen zu vereinbaren. Denn die Zinsen kannst Du während der Mietphase als Werbungskosten absetzen, und Deine Eltern brauchen sie wegen der hohen Sparerfreibeträge vielleicht gar nicht mal zu versteuern. So bleibt alles in der Familie.

Aber aufpassen, damit nichts schiefgeht: Notarieller Übergabevertrag; zeitlich unbefristeter schriftlicher Mietvertrag mit den Eltern mit Kündigungsklausel; sodann schriftlicher Vertrag über die anschließende unentgeltliche Überlassung des Hauses an die Eltern; schriftlicher Darlehnsvertrag mit angemessener Verzinsung, dabei auch Sicherheitsleistung ansprechen: »Wir verzichten darauf, eine Grundschuld einzutragen, das Grundstück darf aber nicht vorrangig belastet werden«; getrenntes Hauskonto einrichten, über das sämtliche Zahlungen fließen, damit alle Zahlungsvorgänge leicht nachprüfbar sind.

Wenn Ihr schon mal so weit seid, daß Ihr einen Übergabevertrag macht, dann gehe in die vollen und vereinbare zugleich eine dauernde Last zugunsten Deiner Eltern. Die kannst Du nämlich auch noch absetzen, und zwar in voller Höhe. Lies dazu den Trick unter ➤ Rz 176 ff.

»Das ist alles fein gedeichselt«, sagst Du. »Nur, warum um Himmels willen muß es denn unbedingt ein zeitlich unbefristeter Mietvertrag sein, den ich mit den Eltern abschließen soll?«

Das will ich Dir wohl sagen: Bei einem befristeten Mietvertrag über zwei oder drei Jahre könnte der Fiskalritter mit »Liebhaberei« angewackelt kommen, weil Du in dieser Zeit keinen Überschuß gemacht hast. Dem beugst Du durch einen unbefristeten Mietvertrag vor.

TIP Setz die Kosten für die Generalüberholung sofort ab   1327

Wer sein altes Mietshaus grundlegend saniert, will seinen Modernisierungsaufwand im Jahr der Bezahlung auch als Werbungskosten absetzen. Dabei stellen sich die Finanzämter oftmals quer, sprechen von »Generalüberholung des Gebäudes« und wollen den Aufwand als Herstellungskosten nur über die magere Abschreibung von 2% jährlich steuerlich berücksichtigen. Der Bundesfinanzhof hat mit diesem Irrglauben aufgeräumt und klargestellt, daß auch die Kosten einer »Generalüberholung« sofort steuerlich absetzbar sind. Im Urteilsfall hatte ein Vermieter Fenster, Türen, Heizungs- und Sanitäranlagen, Elektroinstallationen und Badezimmer erneuert, Trennwände und neue Decken eingezogen, die Fassade neu verputzt und gestrichen und das Dach neu gedeckt. Nach Auffassung der Richter beim Bundesfinanzhof dienen derartige Arbeiten der Erhaltung des Hauses und nicht seiner (Wieder-)Herstellung. Schließlich sei das Mietshaus vermietet gewesen. Im übrigen könne Herstellungsaufwand nur dann vorliegen, wenn tragende Teile des Gebäudes erneuert worden seien. Dieses sei aber im vorliegenden Fall nicht gegeben (Urt. des BFH Az. IX R 61/95).

1328 Zeile 46–49 Größere Erhaltungs- aufwendungen

Hast Du ein oder mehrere »Großprojekte« durchgeführt (Dacheindeckung, Außenanstrich, neue Heizungsanlage, neue Fenster usw.), konntest Du die Kosten bislang auf zwei bis fünf Jahre gleichmäßig verteilen. Damit ist seit 1999 Schluß. Für Arbeiten, die nach 1998 durchgeführt wurden, gilt das sogenannte Abflußprinzip, das heißt, Du mußt alle Kosten in dem Jahr steuerlich geltend machen, in dem Du sie bezahlt hast.

Wisse:
Hast Du größere Ausgaben, kannst Du diese künftig nur dann über mehrere Jahre verteilen, wenn Du sie in verschiedenen Kalenderjahren bezahlst. Allerdings müssen Deine Handwerker mitspielen. Vielleicht lassen sie sich auf folgendes ein:
1. Vorauszahlung Ende 1999
2. Abschlagszahlung 2000
3. Restzahlung/Endabrechnung 2001

1329 Zeile 50–55 Betriebskosten

Für die Höhe der Betriebskosten ziehst Du die Abrechnungen der Gemeinde und der Energie- und Wasserwerke heran. Bist Du ein Netter und hast den Müllmännern 50 DM als »Neujährchen« zukommen lassen? Das gehört genauso dazu wie die Rechtsschutzversicherung für den Grundbesitz und der Beitrag zum Hausbesitzerverband.
Noch einfacher ist die Sache, wenn Du eine Eigentumswohnung besitzt. Dann hast Du alle Zahlen aus der Verwalterabrechnung parat. Allerdings kannst Du nicht die Zuführungen zur Instandhaltungsrücklage absetzen, sondern nur deren tatsächliche Inanspruchnahme.
Fahrten zur Eigentümerversammlung, Inspektions- oder Besichtigungsfahrten setzt Du mit 0,52 DM/km bei Sonstiges an, ebenso Fahrtkosten zur Beschaffung von Renovierungsmaterial. Oder Du machst für Pkw, Porto und Telefon pauschal 500 DM geltend. Wenn es sein muß, läßt Du Dich dann auf 400 DM herunterhandeln.

Umzugskosten nicht vergessen!   **1330**

Gibst Du eine bisher eigengenutzte Wohnung auf, um sie zu vermieten,
wirst Du Deine Umzugskosten in > Zeile 55 ansetzen. Schließlich machst
Du ja die Wohnung frei, um durch ihre Vermietung Einkünfte zu erzielen.
Andere mehr private Gründe für den Umzug (Finanzen, Ehe, Gesundheit,
Ausbildung der Kinder usw.) brauchst Du nicht anzugeben, so FG des
Saarlandes vom 25. 2. 1993 – nv.

Arbeitszimmer geltend machen!   **1331**

Unter ➤ Rz 809 hast Du bereits gesehen, daß Arbeitnehmer kaum noch
Chancen haben, ihr häusliches Arbeitszimmer durchzukriegen. Als Vermieter hast Du allerdings gute Karten, die Kosten für Dein Arbeitszimmer
von der Steuer abzusetzen. Vorausgesetzt, Du nutzt den Raum nahezu
ausschließlich für die Verwaltung Deines Mietshauses, was sich ja einrichten läßt. Siehe dazu auch ➤ Rz 816.

Zeile 34–55 Kostenzuordnung   **1332**
bei gemischtgenutzten Häusern

In den Spalten 2 bis 4 geht es um die Aufteilung von Gebäudekosten. Hier
versucht der Fiskus immer wieder, möglichst hohe Aufwendungen der
eigengenutzten Wohnung zuzuordnen, wo sie sich steuerlich nicht auswirken. Indem er den Gesamtbetrag der Spalte 1 unzulässig kürzt und in
Spalte 5 nur den gekürzten Betrag zum Abzug zuläßt.

Worum geht es? Angenommen, Du hast

● **Zeile 2 ausgefüllt (eigengenutzter oder unentgeltlich an Dritte überlassener Wohnraum) oder in**

● **Zeile 6 Angaben zur verbilligten Überlassung einer Wohnung gemacht.**

In diesen Fällen mußt Du die anteiligen Grundstückskosten, die auf diese
Gebäudeteile entfallen, aus dem Gesamtbetrag lt. Spalte 1 herausnehmen,
in Spalte 4 eintragen, und in Spalte 5 nur den gekürzten Betrag ansetzen.

Ich gebe Dir ein Beispiel, damit Du klarzusehen vermagst: **1333**

Du hast ein Mietshaus. Im Erdgeschoß betreibst Du ein Ladengeschäft, die
I. Etage bewohnst Du selbst, die II. Etage ist vermietet Die Grundstückskosten, die auf das Ladengeschäft entfallen, sind Betriebsausgaben und
gehören deshalb nicht in die Anlage V, sondern in die Gewinnberechnung.
Soweit die Grundstückskosten auf Deine Wohnung entfallen, gehören sie

ebenfalls nicht in die Anlage V, denn sie sind steuerlich überhaupt nicht abziehbar. Nur die Grundstückskosten, die die vermietete Wohnung betreffen, erscheinen hier als abziehbare Aufwendungen in Spalte 5.

Die nicht hier oder überhaupt nicht abziehbaren Aufwendungen möchte der Fiskalritter in Spalte 4 (nicht abziehbarer Betrag) sehen, damit er beruhigt einen Haken machen kann. Außerdem möchte er sehen, daß Du die anteiligen Ausgaben richtig berechnet hast. Und da gibt es zwei Möglichkeiten:

● Ermittelt durch direkte Zuordnung = Spalte 2 ankreuzen oder
● Verhältnismäßig ermittelt = Spalte 3 ankreuzen.

1334 **Zu Spalte 2**
Dieses Verfahren (direkt zuordnen) wendest Du bei Reparaturen an, die ausschließlich den vermieteten Teil des Hauses betreffen. So gehören z. B. die Kosten für den neuen Fußbodenbelag in der vermieteten Wohnung (> Zeile 44) von 3 500 DM in voller Höhe in Spalte 1 und 5.

1335 **Zu Spalte 3**
Dieses Verfahren (verhältnismäßig ermittelt) wendest Du in allen anderen Fällen an. So werden die Schuldzinsen in Höhe von 12 600 DM verhältnismäßig ermittelt, weil sie das gesamte Haus betreffen. Also trägst Du zwei Drittel = 8 400 DM in Spalte 4 und den Rest = 4 200 DM in Spalte 5 ein. Außerdem kreuzt Du Spalte 3 an, damit der Fiskalritter beruhigt ist. Dasselbe Spielchen läuft z.B. bei Versicherungen, Grundsteuer, Abgaben und Reparaturen am Dach, im Treppenhaus, an der Zentralheizung oder an den Außenwänden (vgl. > Zeile 45).

1336 **TIP Wie Du Zinsen absetzbar machst**

Die Kosten für die eigengenutzte oder gratis überlassene Wohnung fallen steuerlich unter den Tisch. Einfacher Trick dagegen: Teile das Mehrfamilienhaus in Eigentumswohnungen auf, möglichst noch beim Kauf oder vor Baubeginn. Eine ETW gehört Dir, die andere Deiner Frau. Leicht kannst Du eine ETW auch später auf Deine Kinder übertragen. Und so gehst Du vor: Für das Darlehen A, welches auf Deine Wohnung entfällt, wählst Du doppelte Tilgung, das Darlehen B, mit dem Du die vermietete Wohnung finanzierst, bleibt hingegen tilgungsfrei.

»Nanu, dann werde ich meine Schulden nie los?« zweifelst Du.
Na klar doch. Du beginnst mit der Tilgung von Darlehen B, wenn Dein

Privatdarlehn abbezahlt ist. Doch, o Wunder: Mit jeder Mark, mit der Du Darlehn A tilgst, sinkt der Zinsanteil Deiner Raten. Die Schuldzinsen für Darlehn B kannst Du jedoch in voller Höhe als Werbungskosten absetzen. In der Summe sind die Schuldzinsen gleich hoch im Vergleich zur Tilgung beider Darlehn, aber der absetzbare Anteil steigt. Und die Steuer sinkt und sinkt ...

Wichtig zu wissen: 1337

Damit auch alles glatt läuft, müßt Ihr messerscharf zwischen vermieteter und eigengenutzter Wohnung trennen. Am besten kauft Ihr ein bereits in Eigentumswohnungen aufgeteiltes Haus und vereinbart den Kaufpreis je Wohnung in getrennten Verträgen.

Wenn Ihr baut, müßt Ihr für jede Wohnung getrennte Bauverträge abschließen. Das gilt besonders, wenn Ihr das Geld für Eure Wohnung als Eigenkapital habt und die vermietete Wohnung auf Pump bezahlen wollt.

Zum Schluß dieses schwierigen Kapitels laß mich noch von der Euro-Währung berichten, die allen denen zum Schaden gereichen wird, die ihr Vermögen, zumindest teilweise, nicht in Sachwerten, sondern in Geldtiteln angelegt haben.

■TIP Warum der Euro ein Weichei wird 1338

Jedes Jahr entledigt sich unser Staat Deutschland heimlich um 50 Mrd. Mark seiner Schulden durch Inflation. Aber das reicht nicht aus, den Staatsbankrott abzuwenden. Schließlich sind Schulden von über 2 000 Mrd. Mark kein Pappenstiel. Deshalb muß die Inflation noch stärker werden. Das gelingt aber nur nach Ausschaltung unserer Bundesbank, die den verfassungsmäßigen Auftrag hat, unsere Währung stabil zu halten. Ausgeschaltet ist die Bundesbank, wenn der Euro und mit ihm die Europäische Notenbank kommt, die die Bundesbank ablöst. Mit dem Euro werden weiche und harte Währungen in einen Topf geworfen, und die Inflation beginnt wahrscheinlich wieder stärker zu laufen.

Erst dann können unsere Staatsbankrotteure auch wieder neue Schulden 1339 machen, ohne natürlich die alten Schulden zurückzuzahlen. Denn der Staat Deutschland ist ihre Beute, doch nur auf Zeit. Ihren Nachfolgern die Beute in guter Verfassung zu überlassen, das wäre wohl zuviel verlangt.

Aber es gibt außer den Staatsbankrotteuren noch andere, die den Euro herbeisehnen. Das sind die Großkonzerne und die Banken.

1340 Die Großkonzerne insbesondere mit hohem Exportanteil sehen in der harten Mark einen Standortnachteil, den ein weicher Euro zu verbessern vermag. Schließlich haben sie unter den hohen Staatsabgaben und hohen Lohnnebenkosten genug zu tragen. Der weiche Euro kann da Entlastung bringen. So beziffert Mercedes-Benz die jährlichen Verluste durch Währungsverschiebungen durch den harten Außenwert der Deutschen Mark auf 600 Mio. Mark. Nach Recherchen des »Spiegel« beim BDI (27/1996) sehen die Großkonzerne verbesserte Absatzchancen durch die weiche Euro-Währung.

Aber auch die Banken sehen dem Euro in froher Erwartung entgegen. Gibt es doch durch die Währungsumstellung viel zu tun. Die Kosten der Währungsumstellung müssen die Kunden tragen, mit entsprechenden Gewinnaufschlägen, versteht sich. Schließlich ist die Währungsumstellung eine politische Entscheidung, die sie, die Banken, nicht zu verantworten haben. Sie können sich also als Leidtragende darstellen und genüßlich abkassieren.

1341 Dem Volk wird eingeredet, der Euro werde genauso hart wie die Deutsche Mark werden. Dies sei durch die Vorgaben des Maastrichter Vertrages gewährleistet. Der Maastrichter Vertrag läßt aber diesbezüglich einen weiten Ermessensspielraum zu. So wird bereits von vielen Politikern, aber insbesondere von den Großkonzernen und den Banken gefordert, dem Maastrichter Vertrag entsprechend die Kriterien großzügig auszulegen. Dabei wird vor Erbsenzählerei gewarnt. Die Einhaltung des Zeitplans ist vorrangig, ein stabiler Euro nachrangig.

1342 Der Zug in die Sachwerte, zumindest bei Aktien, ist inzwischen abgefahren. Deshalb rate ich Dir, so schnell wie eben möglich aus jeglicher europäischen Währung auszusteigen und Dir solide Sachwerte zuzulegen. Jetzt ist es Zeit, Grund und Boden und Gold zu kaufen. Mach so, wie ich Dir sage! Lies auch den Tip: Weg von den Währungen (➤ Rz 1099 und 1270).

Wir Steuerzahler sollten »denen da oben« aber durch unseren Steuerstreik zeigen, daß wir auch noch ein Wörtchen mitzureden haben. Steuerstreik heißt auch: *Kapital dem Steuerstaat entziehen!* Nur so können wir ihn treffen. Und ihm zeigen, daß er durch doppelte Besteuerung unseres Ersparten mehr Nachteile in Kauf nehmen muß, als er Vorteile durch die überhöhte Besteuerung gewinnt.

10. Freibetrag auf der Lohnsteuerkarte

Freust Du Dich immer über die dicke Erstattung vom Finanzamt? Überleg **1343**
mal: Fast anderthalb Jahre hast Du dem Fiskus einen zinslosen Kredit in
Höhe Deiner Steuererstattung eingeräumt. Würdest Du Dir von einer
Bank ein Sparbuch andrehen lassen, ohne Zinsen zu erhalten? Wohl kaum!
Also prüfe, ob es sich für Dich nicht lohnt, einen Ermäßigungsantrag zu
stellen. Dann erhältst Du jeden Monat gleich mehr Knete. Und mit der
Abgabe der Steuererklärung kannst Du Dir ja im nächsten Jahr Zeit lassen,
besonders, wenn Du wegen eines zu hohen Freibetrags nachzahlen mußt.

»Genau, dann habe ich den zinslosen Kredit erhalten und nicht der
Fiskus«, rufst Du.

Stimmt! Außerdem hast Du einen dicken Vorteil, in allen Fällen, wo der
Nettolohn möglichst hoch sein soll, z. B. bei Lohnersatzleistungen wie
Mutterschutz- oder Krankengeld. Soll er besonders niedrig sein, etwa bei
Festlegung des Unterhalts im Scheidungsprozeß oder beim einkommens-
abhängigen Erziehungsgeld, läßt Du natürlich die Finger davon.

»Verstehe!« sagst Du. »Aber mir graut vor dem Formularkram …«

Halb so schlimm. Wichtig ist zunächst, zu wissen, **was** Du **wo** eintragen
lassen kannst:

Was?	Wo?	1344
Ehegatten ändern Lohnsteuerklasse	Gemeindeamt	
Alleinstehende ändern Lohnsteuerklasse	Finanzamt	
Kinder unter 18 Jahren eintragen	Gemeindeamt	
Kinder über 18 Jahre eintragen	Finanzamt	
Zähler für Kind (0,5 oder 1,0) ändern	Finanzamt	
Behindertenfreibetrag eintragen		
Erstjahr	Finanzamt	
Folgejahre	Gemeindeamt	
Wohnraumförderung nach § 10e	Finanzamt	
Vermietungsverluste	Finanzamt	
Berufliche Kosten (Werbungskosten)	Finanzamt	
Sonderausgaben	Finanzamt	
Außergewöhnliche Belastungen	Finanzamt	
Verluste aus anderen Einkunftsarten (z. B. Musikkapelle, Schiffcharter, Wohnmobilvermietung)	Finanzamt	
Verluste bei den Einkünften aus Kapitalvermögen (z.B. bei stiller Beteiligung an Deiner Firma)	Finanzamt	

Beginn der Lohnsteuerpflicht

Ein Freibetrag auf der Lohnsteuerkarte bringt nichts, wenn Du sowieso keine Lohnsteuern zu zahlen hast. In der folgenden Tabelle gebe ich Dir die Mindestgrenzen an, ab denen man Lohnsteuer zu zahlen hat.

1345

Beginn der Lohnsteuerpflicht	
Steuerklasse	Lohnsteuerpflicht ab ... DM jährlich
	1999
I	18 956 DM
II	25 598 DM
III	35 426 DM
IV	18 956 DM
V	2 054 DM
VI	56 DM

1346

Vereinfachter Antrag

Dazu wisse: Hast Du einmal einen Antrag gestellt, kannst Du in den folgenden Jahren einen »Vereinfachten Antrag« abgeben. Indem Du auf dem Formular Kreuzchen machst, hinter denen der Satz steht: Die Verhältnisse haben sich gegenüber dem Vorjahr nicht wesentlich geändert. Und schon zückt der Bearbeiter sein Schreibzeug und übernimmt für die neue Lohnsteuerkarte einfach die Eintragungen des Vorjahres.

10.1 Vereinfachter Antrag

1347 Für Deinen vereinfachten Antrag besorgst Du Dir vom Finanzamt das Formular »Antrag auf Lohnsteuer-Ermäßigung Nr. LSt 3« und füllst die erste Seite aus. Damit hat sich's.

Ⓑ **Lohnsteuer-Ermäßigung im vereinfachten Verfahren**

Aufgrund des Lohnsteuer-Ermäßigungsantrags 1996 hatte das	Finanzamt Köln - Ost	Steuernummer 123/4567/890	auf der Lohnsteuerkarte 1996 bescheinigt:
bei der antragstellenden Person	Zahl der Kinderfreibeträge **3,0**	steuerfreier Jahresbetrag **4.600** DM	– Bitte eine Gehaltsabrechnung oder sonstige Unterlagen beifügen, aus denen sich der steuerfreie Jahresbetrag für 1996 ergibt –
beim Ehegatten	Zahl der Kinderfreibeträge **3,0**	steuerfreier Jahresbetrag DM	

Die Verhältnisse haben sich gegenüber 1996 nicht wesentlich geändert; es wird deshalb beantragt, auf der/den beigefügten Lohnsteuerkarte(n) 1997 zu bescheinigen

☒ Zahl der Kinderfreibeträge	☒ wie 1996	☐ weniger als 1996, und zwar nur	Zahl der Kinderfreibeträge	
☒ steuerfreier Jahresbetrag	☒ wie 1996	☐ weniger als 1996, und zwar nur	Antragsteller DM	Ehegatte DM

10.2 Normaler Antrag

1348

Auch hierfür benötigst Du das Formular LSt 3.

10.2.1 Kinder auf der Lohnsteuerkarte

Kinder unter 18 Jahren bescheinigt die Gemeinde. Für Kinder über 18 bleibt Dir der Weg zum Finanzamt nicht erspart.
Gottlob ist das Formular hier identisch mit dem Einkommensteuer-Hauptformular Seite 2. Lies dort nach, wenn Du Fragen hast (➤ Rz 363).

10.2.2 Unbeschränkt antragsfähige Ermäßigungsgründe

1349

● **Behinderten-Pauschbetrag**
Auch hier kann Dich das Formular nicht schrecken, denn es geht um den Behinderten-Pauschbetrag. Wenn Du ihn einmal hast eintragen lassen, druckt ihn die Gemeinde in den Folgejahren auf Anweisung des Finanzamts automatisch in die neu ausgestellte Lohnsteuerkarte ein, so wenigstens, wenn Du in einer größeren Stadt wohnst.

● **Freibetrag bei Wohnraumförderung**

1350

Der Antrag ist eigentlich nur im ersten Jahr schwierig: Du besorgst Dir das Formular LSt 3D, das im wesentlichen der Anlage FW zur Steuererklärung entspricht. Steht Dir das Baukindergeld von 1 000 Mark pro Kind zu, erhältst Du dafür einen Freibetrag von 4 000 Mark pro Kind eingetragen.
Vergiß nicht, eine Kopie des Antrags zu machen, damit Du später die Zahlen für die Anlage FW zur Steuererklärung parat hast.
Soll aber alles bleiben wie im Vorjahr, genügt ein Kreuz im gleichnamigen Kästchen.
Für die neue Wohnraumförderung ab 1996 hat sich die Eintragung auf der Lohnsteuerkarte erübrigt. Nunmehr wird nicht ein Steuerabzug gewährt, sondern eine jährliche Zulage ausgezahlt.

10.2.3 Beschränkt antragsfähige Ermäßigungsgründe

Ab hier wird der Antrag knifflig. Damit sich die Antragsarbeit auch lohnt, 1351 mußt Du Ausgaben von mehr als 1 200 DM nachweisen, denn das ist in etwa die Grenze, ab der erst ein Freibetrag eingetragen wird. Berufliche Ausgaben zählen dabei nur mit, soweit sie über dem Werbungskosten-

Pauschbetrag von 2 000 DM liegen. Du bist aber bereits mit von der Partie, wenn Du bei 230 Arbeitstagen mit dem Pkw mehr als 19 km (eine Wegstrecke) zur Arbeit fährst.

Probe:

230 Tage x 20 km x 0,70 DM =	3 220 DM
Abzüglich Werbungskosten-Pauschbetrag	2 000 DM
Antragsgrenze überschritten	1 220 DM

Vorsorgeaufwendungen, also private Versicherungen, zählen überhaupt nicht mit, weil Du dafür ja die Vorsorgepauschale erhältst, die bereits in die Lohnsteuertabellen eingearbeitet ist.

1352 ● Werbungskosten
Siehe selbst und staune, das Formular ist identisch mit dem Formular zur Anlage N Seite 2 zur Einkommensteuererklärung. Dazu mehr unter ➤ Rz 729 ff. Wie bereits gesagt: Hier zählt nur, was über 2 000 Mark hinausgeht.

1353 ● Sonderausgaben
Vorsorgeaufwendungen kannst Du vergessen, weil es dafür ja im Lohnsteuerverfahren die Vorsorgepauschale gibt. Also kannst Du hier nur die »übrigen Sonderausgaben« unterbringen. Die sind wiederum identisch mit den Sonderausgaben für die Einkommensteuererklärung (Hauptformular Seite 3). Mehr dazu unter ➤ Rz 164 ff.

1354 ● Außergewöhnliche Belastungen
Auch hier kannst Du von Deinem Wissen für die Einkommensteuererklärung zehren, denn formularmäßig ist alles identisch (➤ Rz 250 ff.).

Übersicht:

1355 Schema zum Prüfen der Antragsgrenze

Werbungskosten	.... DM	
./. Werbungskosten-Pauschbetrag	2 000 DM	
Verbleiben	..... DM	..... DM
+ Sonderausgaben		..... DM
+ außergewöhnliche Belastungen		..... DM
Summe		..... DM

Liegst Du über 1 200 DM? Glückwunsch! Du hast die Hürde genommen und darfst einen Antrag stellen.

Ob sich der Antrag zur Eintragung eines Freibetrags für Dich lohnt, zeigt **1356**
Dir folgende

Übersicht									
zur Steuerersparnis bei Eintragung eines Freibetrags auf der Lohnsteuerkarte									
Brutto-gehalt mtl.	bei Steuer-klasse	Lohnsteuerersparnis							
		I bzw. IV			II			III	
	Freibetrag	100	500	1 000	100	500	1 000	100	500	1 000
3 000		34,09	160,92	294,92	32,75	154,42	247,08	10,66	10,66	10,66
3 500		30,09	154,75	315,67	29,00	148,92	303,34	20,67	98,67	109,33
4 000		31,33	155,58	310,33	30,25	149,91	298,83	21,83	107,33	206,00
4 500		32,50	161,67	317,25	31,33	155,92	305,83	27,17	132,34	239,67
5 000		35,25	169,25	330,92	34,08	163,58	319,50	27,83	137,66	270,00
5 500		36,50	173,83	343,08	35,34	168,09	331,67	36,17	156,17	293,83
6 000		36,17	179,92	353,75	35,00	174,25	342,34	34,34	167,67	323,84

Und so sieht das verflixte Formular – für 1999 – in seiner ganzen Größe **1357**
aus:

Steuernummer

Antrag auf Lohnsteuer-Ermäßigung

1999

Weiße Felder bitte ausfüllen oder ☒ ankreuzen.

Zur Beachtung:

! Verwenden Sie diesen Vordruck bitte nur, wenn Sie – und ggf. Ihr Ehegatte – **erstmals** einen **Steuerfreibetrag** oder einen **höheren** Freibetrag als 1998 beantragen. Wenn Sie **keinen höheren Freibetrag** als für 1998 beantragen oder **nur die Zahl der Kinderfreibeträge** und ggf. die **Steuerklasse I** in **II** auf der Lohnsteuerkarte geändert werden sollen, verwenden Sie an Stelle dieses Vordrucks den „Vereinfachten Antrag auf Lohnsteuer-Ermäßigung 1999".

Der Antrag kann nur bis zum **30. November 1999** gestellt werden. Nach diesem Zeitpunkt kann ein Antrag auf Steuerermäßigung nur noch bei einer Veranlagung zur Einkommensteuer für 1999 berücksichtigt werden.

Bitte fügen Sie die **Lohnsteuerkarte(n) 1999 – ggf. auch die des Ehegatten – bei**. Das sorgfältige Ausfüllen des Vordrucks liegt in Ihrem Interesse; dadurch werden unnötige Rückfragen und Verzögerungen in der Antragsbearbeitung vermieden.

Für die Zulässigkeit eines Antrags auf Lohnsteuer-Ermäßigung können u. U. die Antragsgründe maßgebend sein. Aus diesem Grund sind in Abschnitt Ⓒ dieses Antrags alle Antragsgründe zusammengefaßt, für die ein Antrag ohne Einschränkung möglich ist. Aus dem Abschnitt Ⓓ ergeben sich die Antragsgründe, für die ein Antrag nur dann zulässig ist, wenn die Aufwendungen und Beträge in 1999 insgesamt höher sind als **1200 DM**. Bei der Berechnung dieser Antragsgrenze zählen Werbungskosten nur mit, soweit sie **2000 DM** übersteigen. Einzelheiten finden Sie in der Informationsschrift „Lohnsteuer '99", die Ihnen mit der Lohnsteuerkarte 1999 zugestellt worden ist.

Wird Ihnen aufgrund dieses Antrags ein Steuerfreibetrag gewährt – ausgenommen Behinderten-/Hinterbliebenen-Pauschbetrag oder Änderungen bei der Zahl der Kinderfreibeträge –, sind Sie nach § 46 Abs. 2 Nr. 4 des Einkommensteuergesetzes **verpflichtet**, für das Kalenderjahr 1999 eine **Einkommensteuererklärung abzugeben.**

Dieser Antrag ist auch zu verwenden, wenn Sie im Inland weder einen Wohnsitz noch Ihren gewöhnlichen Aufenthalt haben, Ihre Einkünfte jedoch mindestens zu 90 % der deutschen Einkommensteuer unterliegen oder die nicht der deutschen Einkommensteuer unterliegenden Einkünfte nicht mehr als 12 000 DM (dieser Betrag wird ggf. nach den Verhältnissen Ihres Wohnsitzstaates gemindert) betragen. Sind Sie Staatsangehöriger eines Mitgliedstaates der Europäischen Union oder eines Staates, auf den das Abkommen über den Europäischen Wirtschaftsraum (Island, Liechtenstein, Norwegen) anwendbar ist, fügen Sie bitte die „Anlage Grenzpendler EU/EWR" bei. Diese Anlage ist auch zu verwenden, wenn Sie als Staatsangehöriger eines EU/EWR-Mitgliedstaates Ihren Wohnsitz oder gewöhnlichen Aufenthalt im Inland haben und für den in einem EU/EWR-Mitgliedstaat lebenden Ehegatten oder Kinder familienbezogene Steuervergünstigungen (z. B. Steuerklasse III) in Anspruch nehmen wollen. In den anderen Fällen fügen Sie bitte die „Anlage Grenzpendler außerhalb EU/EWR" bei.

Nach den Vorschriften der Datenschutzgesetze wird darauf hingewiesen, daß die Angabe der Telefonnummer freiwillig im Sinne dieser Gesetze ist und im übrigen die mit der Steuererklärung angeforderten Daten aufgrund der §§ 149 ff. der Abgabenordnung und der §§ 39 Abs. 3 a und 5, 39 a Abs. 2 des Einkommensteuergesetzes erhoben werden.

Ⓐ Angaben zur Person

Die Angaben für den Ehegatten bitte immer ausfüllen!

Name/Antragstellende Person		Name/**Ehegatte**	
Vorname	Ausgeübter Beruf	Vorname	Ausgeübter Beruf
Straße und Hausnummer		Straße und Hausnummer	
Postleitzahl, Wohnort		Postleitzahl, Wohnort	

Geburtsdatum	Tag	Monat	Jahr	Religion	Geburtsdatum	Tag	Monat	Jahr	Religion

Verheiratet seit	Verwitwet seit	Geschieden seit	Dauernd getrennt lebend seit	Telefonische Rückfragen tagsüber unter Nr

Ich beantrage als Staatsangehöriger eines EU/EWR-Mitgliedstaates die Steuerklasse III.
Die Anlage „Grenzpendler EU/EWR" ist beigefügt. | Arbeitgeber im Inland (Name, Anschrift)

Voraussichtlicher Bruttoarbeitslohn 1999	(einschl. Sachbezüge, Gratifikationen, Tantiemen usw.)	DM	(einschl. Sachbezüge, Gratifikationen, Tantiemen usw.)	DM
	darin enthaltene steuerbegünstigte Versorgungsbezüge	DM	darin enthaltene steuerbegünstigte Versorgungsbezüge	DM
Voraussichtliche andere Einkünfte 1999	Einkunftsart		Einkunftsart	
	Höhe	DM	Höhe	DM

Ich werde/wir werden zur Einkommensteuer veranlagt	Nein	Ja, beim Finanzamt	Steuernummer

Versicherung

Bei der Ausfertigung dieses Antrags hat mitgewirkt Herr/Frau/Firma	in	Fernsprecher

Ich versichere, daß ich die Angaben in diesem Antrag und in den ihm beigefügten Anlagen wahrheitsgemäß nach bestem Wissen und Gewissen gemacht habe. Mir ist bekannt, daß erforderlichenfalls Angaben über Kindschaftsverhältnisse und Pauschbeträge für Behinderte der für die Ausstellung von Lohnsteuerkarten zuständigen Gemeinde mitgeteilt werden.

(Datum)	(Unterschrift der antragstellenden Person)	(Unterschrift des Ehegatten)

ANTRAG
auf Lohnsteuerermäßigung

1999

(B) Angaben zu Kindern

1) Die Kinder werden nur bis zum 21. Lebensjahr berücksichtigt
2) Die Kinder werden nur bis zum 27. Lebensjahr berücksichtigt
3) Bei Kindern, die Grundwehrdienst, Zivildienst oder befreienden Dienst leisten oder geleistet haben, verlängert sich der Zeitraum der Berücksichtigung um die Dauer des Dienstes

2

Bitte auch Kinder eintragen, die bereits an der Lohnsteuerkarte bescheinigt sind. Leibliche Kinder sind nicht anzugeben, wenn vor dem 1.1.1999 das Verwandtschaftsverhältnis durch Adoption erloschen ist oder ein Pflegekindschaftsverhältnis zu einer anderen Person begründet wurde

Vorname des Kindes (ggf. auch abweichender Familienname)	geboren am	bei Wohnort im Ausland Staat eintragen	Kindschaftsverhältnis zur antragstellenden Person		zum Ehegatten		Bei Pflegekindern: Für 1999 zu erwartende Unterhaltsleistungen/ Pflegegelder DM
			leibliches Kind/ Adoptivkind	Pflegekind	leibliches Kind/ Adoptivkind	Pflegekind	
1							
2							
3							
4							

Bei Kindern unter 18 Jahren   Nr.   Das in   eingetragene Kind ist auf der Lohnsteuerkarte noch zu berücksichtigen.   Die Lebensbescheinigung ist beigefügt für das Kind in   Nr.

Bei Kindern über 18 Jahre (nur eintragen, wenn die Einkünfte und Bezüge des Kindes nicht mehr als 13020 DM im Kalenderjahr betragen)
Die Eintragung auf der Lohnsteuerkarte wird beantragt, weil das Kind
a) arbeitslos ist und der Arbeitsvermittlung im Inland zur Verfügung steht 1) 3)
b) in Berufsausbildung steht (ggf. Angabe der Schule, der Ausbildungsstelle usw.) 1) 2) 3)
c) sich in einer Übergangszeit zwischen zwei Ausbildungsabschnitten von höchstens 4 Monaten befindet 2)
d) eine Berufsausbildung mangels Ausbildungsplatzes nicht beginnen oder fortsetzen kann 2)
e) ein freiwilliges soziales oder ökologisches Jahr leistet 2)
f) sich wegen körperlicher, geistiger oder seelischer Behinderung nicht selbst unterhalten kann

Einkünfte und Bezüge während des Berücksichtigungszeitraums

zu Nr.	Antragsgrund	vom – bis

Kindschaftsverhältnis der in Nr. 1 bis 4 genannten Kinder zu weiteren Personen

zu Nr.	ist durch Tod des anderen Elternteils erloschen am:	hat bestanden zu Name, letztbekannte Anschrift und Geburtsdatum dieser Personen, Art des Kindschaftsverhältnisses (einschließlich Pflegekindschaftsverhältnis)

Angaben entfallen für Kinder nicht dauernd getrennt lebender Ehegatten, für die bei jedem Ehegatten dasselbe Kindschaftsverhältnis angekreuzt ist:
Ich beantrage den vollen/halben Kinderfreibetrag, weil der andere/leibliche Elternteil des Kindes

zu Nr.	seine Unterhaltsverpflichtung nicht mindestens zu 75% erfüllt	im Ausland lebt seit	der Übertragung lt. Anlage K auf die Stief-/Großeltern zugestimmt hat	zu Nr.	seine Unterhaltsverpflichtung nicht mindestens zu 75% erfüllt	im Ausland lebt seit	der Übertragung lt. Anlage K auf die Stief-/Großeltern zugestimmt hat

Das Kind ist/war am 1.1.1999 (oder – z.B. in Fällen der Geburt oder des Zuzugs aus dem Ausland – erstmals in 1999) im Inland mit Wohnung gemeldet

zu Nr.	bei der antragst. Person/ beim nicht dauernd getrennt lebenden Ehegatten	und/oder bei sonstigen Personen (Name und Anschrift, ggf. Verwandtschaftsverhältnis zum Kind) ODER in (Anschrift)

Ich beantrage als leiblicher Eltern-/Großelternteil die Steuerklasse II.

Bei Kindern, die bei beiden Elternteilen oder auch einem Großelternteil gemeldet sind, hat die Mutter/der Elternteil der Zuordnung der Kinder lt. Anlage K zugestimmt.

(C) Unbeschränkt antragsfähige Ermäßigungsgründe

I. Behinderte und Hinterbliebene
(Bei Kindern auch Abschnitt (B) ausfüllen.)

Name	Ausweis/Rentenbescheid/Bescheinigung ausgestellt am	gültig bis	Nach- weis hinterblieben	ist beigefügt behindert	hat bereits vorgelegen blindständig hilflos	geh- und steh- behindert	Grad der Be- hinderung	Vermerke des Finanzamts

II. Freibetrag wegen Förderung des Wohneigentums
(z. B. nach §§ 10 e, 10 i, 34 f des Einkommensteuergesetzes)
oder
wegen Verlusten aus anderen Einkunftsarten

Erstmalige Antragstellung oder Änderung gegenüber dem Vorjahr. (Bitte den **Vordruck Anlage LSt 3 D** ausfüllen und beifügen.)

wie im Vorjahr   DM

Anfrage an V-Stelle am:

Bitte Belege beifügen!

691

Ⓓ **Beschränkt antragsfähige Ermäßigungsgründe** 3

I. Werbungskosten der antragstellenden Person

1. Aufwendungen für Fahrten zwischen Wohnung und Arbeitsstätte

a) Aufwendungen für Fahrten mit eigenem oder zur Nutzung überlassenem

privatem Pkw	Firmenwagen	Motorrad/ Motorroller	Letztes amtl. Kennzeichen		Moped/ Mofa	Fahr- rad

Arbeitstage je Woche	Urlaubs- und ggf Krankheitstage	Erhöhter Kilometersatz wegen Behinderung		
		Behinderungsgrad mindestens 70	Behinderungsgrad mindestens 50 und erheb- liche Beeinträchtigung der Bewegungsfähigkeit	

Arbeitsstätte in (Ort und Straße) – ggf nach besonderer Aufstellung –	Einsatzwechsel- tätigkeit vom – bis 5)	benutzt an Tagen	einfache Entf. (km)6)	Kilometer- pauschale7)

		Aufwendungen	steuerfreier Arbeitgeberersatz
b) mit öffentlichen Verkehrsmitteln		DM	DM =

2. Beiträge zu Berufsverbänden (Bezeichnung der Verbände)

3. Aufwendungen für Arbeitsmittel (Art der Arbeitsmittel) 8) – soweit nicht steuerfrei ersetzt –

4. Weitere Werbungskosten (z. B. Fortbildungskosten und Reisekosten bei Dienstreisen) 8) – soweit nicht steuerfrei ersetzt –

5. Pauschbeträge für Mehraufwendungen für Verpflegung   Abwesenheitsdauer mindestens 8 Std.

Art der Tätigkeit	Zahl der Tage	× 10 DM

Abwesenheitsdauer mindestens 14 Std.	Abwesenheitsdauer 24 Std.	steuerfreier Arbeitgeberersatz
Zahl der Tage	× 20 DM	Zahl der Tage	× 46 DM	–	DM =

6. Mehraufwendungen für doppelte Haushaltsführung

Der doppelte Hausstand ist aus beruflichem Anlaß begründet worden.

Grund 8)		am	und hat seitdem ununter- brochen bestanden bis 1999	Es bestand bereits eine frühere doppelte Haushaltführung am selben Beschäftigungsort	vom – bis

Eigener Hausstand			seit	Falls nein, wurde Unterkunft am bisherigen Ort beibehalten ?	
Nein	Ja, in			Nein	Ja

Kosten der ersten Fahrt zum Beschäftigungsort und der letzten Fahrt zum eigenen Hausstand			steuerfreier Arbeitgeberersatz	
mit öffentlichen Verkehrsmitteln	mit eigenem Kfz Entfernung	km ×	DM =	DM –	DM =

Fahrtkosten für Heimfahrten 9)		Einzelfahrt	Anzahl		
mit öffentlichen Verkehrsmitteln	mit eg. Kfz (Ent- fernung km)	DM	×		DM =	DM –	DM =

Kosten der Unterkunft am Arbeitsort (lt. Nachweis)		DM =	DM –	DM =

Mehraufwendungen für Verpflegung 10)	Zahl der Tage			
täglich	DM	×		=	DM –	DM =

7. Besondere Pauschbeträge für bestimmte Berufsgruppen (genaue Bezeichnung der Berufsgruppe) 11)

	Summe

II. Werbungskosten des Ehegatten

1. Aufwendungen für Fahrten zwischen Wohnung und Arbeitsstätte

a) Aufwendungen für Fahrten mit eigenem oder zur Nutzung überlassenem

privatem Pkw	Firmenwagen	Motorrad/ Motorroller	Letztes amtl. Kennzeichen		Moped/ Mofa	Fahr- rad

Arbeitstage je Woche	Urlaubs- und ggf Krankheitstage	Erhöhter Kilometersatz wegen Behinderung		
		Behinderungsgrad mindestens 70	Behinderungsgrad mindestens 50 und erheb- liche Beeinträchtigung der Bewegungsfähigkeit	

Arbeitsstätte in (Ort und Straße) – ggf nach besonderer Aufstellung –	Einsatzwechsel- tätigkeit vom – bis 5)	benutzt an Tagen	einfache Entf. (km)6)	Kilometer- pauschale7)

		Aufwendungen	steuerfreier Arbeitgeberersatz
b) mit öffentlichen Verkehrsmitteln		DM	DM =

2. Beiträge zu Berufsverbänden (Bezeichnung der Verbände)

	Übertrag

Bitte Belege beifügen !

Fahrtkostenersatz des Arbeitgebers 4)

DM

Im Kalenderjahr volle DM

Erläuterungen

4) Nur Fahrtkosten- ersatz eintragen, der pauschal be- steuert oder bei Ein- satzwechseltätigkeit steuerfrei gezahlt wird

5) Nur auszufüllen, wenn die Einsatz- stelle mehr als 30 km von der Wohnung entfernt ist

6) Kürzeste Straßen- verbindung zwischen Wohnung und Arbeitsstätte

7) Kilometerpauschale
PKW: 0,70 DM
Motorrad/
-roller: 0,33 DM
Moped/
Mofa: 0,28 DM
Fahrrad: 0,14 DM

Erhöhter Kilometersatz wegen Behinderung und bei Einsatz- wechseltätigkeit:
PKW: 1,04 DM
Motorrad/
-roller: 0,46 DM

8) Ggf. auf besonde- rem Blatt erläutern

9) Die an Stelle der Kosten für Heimfahrten ent- stehenden Telefon- kosten bitte auf besonderem Blatt erläutern

10) Nur für die ersten drei Monate am selben Beschäf- tigungsort

11) Bitte Aufstellung über steuerfreie Ersatzleistungen des Arbeitgebers beifügen

Vermerke des Finanzamts

→ Summe

– 2000 DM (Abzug unterbleibt, wenn außerdem Pauschbeträge nach Nr 7 anzu- setzen sind)

Se.:

Übertragen in Vfg.: ggf. Pausch- beträge nach Nr 7 (zuziehen und getrennt übertragen.

Fahrtkostenersatz des Arbeitgebers 4)

DM

Im Kalenderjahr volle DM

ANTRAG
auf Lohnsteuerermäßigung

1999

4

	Im Kalenderjahr volle DM	Erläuterungen
noch Werbungskosten des Ehegatten		8) Ggf. auf besonderem Blatt erläutern
Übertrag von Seite 3		9) Die an Stelle der Kosten für Heimfahrten entstehenden Telefonkosten bitte auf besonderem Blatt erläutern
3. Aufwendungen für Arbeitsmittel (Art der Arbeitsmittel) 8) – soweit nicht steuerfrei ersetzt –		
4. Weitere Werbungskosten (z. B. Fortbildungskosten und Reisekosten bei Dienstreisen) 8) – soweit nicht steuerfrei ersetzt –		10) Nur für die ersten drei Monate am selben Beschäftigungsort

5. Pauschbeträge für Mehraufwendungen für Verpflegung — Abwesenheitsdauer mindestens 8 Std.

Art der Tätigkeit		Zahl der Tage	× 10 DM	
Abwesenheitsdauer mindestens 14 Std.	Abwesenheitsdauer 24 Std.		steuerfreier Arbeitgeberersatz	
Zahl der Tage × 20 DM	Zahl der Tage × 46 DM		– DM =	

6. Mehraufwendungen für doppelte Haushaltsführung
Der doppelte Haushalt ist aus beruflichem Anlaß begründet worden

Grund 8)	am	und hat seitdem ununterbrochen bestanden bis 1999	Es bestand bereits eine frühere doppelte Haushaltsführung am selben Beschäftigungsort	vom – bis	Beschäftigungsort
Eigener Hausstand: Ja, in	seit		Falls nein, wurde Unterkunft am bisherigen Ort beibehalten?		
Nein			Nein	Ja	

Kosten der ersten Fahrt zum Beschäftigungsort und der letzten Fahrt zum eigenen Hausstand				steuerfreier Arbeitgeberersatz	
mit öffentlichen Verkehrsmitteln	mit eigenem Kfz Entfernung	km × DM =	DM	– DM =	

Fahrtkosten für Heimfahrten 9)		Einzelfahrt DM	Anzahl			
mit öffentlichen Verkehrsmitteln	mit eig. Kfz (Entfernung km)	× =	DM	– DM =		

Kosten der Unterkunft am Arbeitsort (lt. Nachweis)			
		DM	– DM =

Mehraufwendungen für Verpflegung 10)	Zahl der Tage			
täglich	×	= DM	– DM =	

7. Besondere Pauschbeträge für bestimmte Berufsgruppen (genaue Bezeichnung der Berufsgruppe) 11)

Summe

Erläuterungen rechts:
11) Bitte Aufstellung über steuerfreie Ersatzleistungen des Arbeitgebers beifügen

Vermerke des Finanzamts

→ Summe

– 2000 DM

(Abzug unterbleibt, wenn außerdem Pauschbeträge nach Nr. 7 anzusetzen sind)

Se.:
Übertragen in Vfg.; ggf. Pauschbeträge nach Nr. 7 abziehen und getrennt übertragen.

III. Sonderausgaben

Versicherungsbeiträge (z. B. Beiträge zu Renten-, Kranken-, Pflege-, Lebensversicherungen usw.) können **nicht im Ermäßigungsverfahren** geltend gemacht werden. Diese sogenannten Vorsorgeaufwendungen werden beim laufenden Lohnsteuerabzug pauschal berücksichtigt.

1. Renten, dauernde Lasten (Empfänger, Art und Grund der Schuld)

2. Unterhaltsleistungen an den geschiedenen/dauernd getrennt lebenden Ehegatten lt. Anlage U

3. Kirchensteuer

4. Zinsen für Nachforderung, Stundung und Aussetzung von Steuern

5. Steuerberatungskosten

6. Aufwendungen für die eigene Berufsausbildung oder die Weiterbildung in einem nicht ausgeübten Beruf (Bitte auf besonderem Blatt erläutern)

7. Aufwendungen für ein hauswirtschaftliches Beschäftigungsverhältnis, für das **Pflichtbeiträge** zur inländischen gesetzlichen Rentenversicherung entrichtet werden.

Aufwendungen		Leistungen aus der Pflegeversicherung		
	DM	–	DM =	

8. Schulgeld an Ersatz- oder Ergänzungsschulen für das Kind lt. Abschn. B Nr. — Bezeichnung der Schule

9. Spenden und Beiträge (Bitte Bescheinigungen nach vorgeschriebenem Muster beifügen)
a) für wissenschaftliche, mildtätige und kulturelle Zwecke

b) für kirchliche, religiöse und gemeinnützige Zwecke

c) an politische Parteien

Summe

→ Summe

– 108 DM

– 216 DM

Se.:
Übertragen in Vfg.

Bitte Belege beifügen!

5

IV. Außergewöhnliche Belastungen

1. Unterhalt für gesetzlich unterhaltsberechtigte und ihnen gleichgestellte Personen
(z. B. Eltern, geschiedene Ehegatten, im Ausland lebende Ehegatten oder Kinder, sofern weder Sie noch andere Personen für den Unterhaltenen Anspruch auf einen Kinderfreibetrag oder Kindergeld haben. Bei mehreren Personen besonderes Blatt verwenden.)

Name und Anschrift der unterhaltenen Person

Familienstand, Beruf, Verwandtschaftsverhältnis der unterhaltenen Person	geboren am

Hat jemand Anspruch auf einen Kinderfreibetrag oder Kindergeld für diese Person?

☐ Nein ☐ Ja

☐ Die unterstützte Person ist unterhaltsberechtigt	Die unterstützte Person ist nicht unterhaltsberechtigt, jedoch werden öffentliche Mittel wegen der Unterhaltszahlungen gekürzt um		DM
Aufwendungen für die unterhaltene Person (Art)		vom – bis	Höhe
			DM

Diese Person hat a) im Unterhaltszeitraum 1999	Bruttoarbeitslohn DM	Offtl. Ausbildungshilfen¹²⁾ DM	Renten und andere Einkünfte/Bezüge sowie Vermögen (Art und Höhe)
b) außerhalb des Unterhaltszeitraums 1999	Bruttoarbeitslohn DM	Offtl. Ausbildungshilfen¹²⁾ DM	Renten und andere Einkünfte/Bezüge (Art und Höhe)

Diese Person lebt ☐ in meinem Haushalt	☐ Im eigenen/anderen Haushalt	zusammen mit folgenden Angehörigen

Zum Unterhalt dieser Person tragen auch bei (Name, Anschrift, Zeitraum und Höhe der Unterhaltsleistung)

2. Ausbildungsfreibeträge:

Ein Ausbildungsfreibetrag kommt nur in Betracht, wenn Ihnen Aufwendungen für die Berufsausbildung eines Kindes entstehen, für das Sie einen Kinderfreibetrag oder Kindergeld erhalten.

(Bitte auch Abschnitt ⒷAusfüllen!)

1. Kind: Vorname, Familienstand			Aufwendungen für die Berufsausbildung	vom – bis

Einnahmen des Kindes a) im Ausbildungszeitraum 1999	Bruttoarbeitslohn DM	Renten DM	andere Einkünfte/Bezüge (Art und Höhe)
b) außerhalb des Ausbildungszeitraums 1999	Bruttoarbeitslohn DM	Renten DM	andere Einkünfte/Bezüge (Art und Höhe)

Öffentliche Ausbildungshilfen¹²⁾	vom – bis	Höhe DM	Andere Ausbildungshilfen¹²⁾	vom – bis	Höhe DM
bei auswärtiger Unterbringung	auswärtige Anschrift des Kindes			vom – bis	

2. Kind: Vorname, Familienstand			Aufwendungen für die Berufsausbildung	vom – bis

Einnahmen des Kindes a) im Ausbildungszeitraum 1999	Bruttoarbeitslohn DM	Renten DM	andere Einkünfte/Bezüge (Art und Höhe)
b) außerhalb des Ausbildungszeitraums 1999	Bruttoarbeitslohn DM	Renten DM	andere Einkünfte/Bezüge (Art und Höhe)

Öffentliche Ausbildungshilfen¹²⁾	vom – bis	Höhe DM	Andere Ausbildungshilfen¹²⁾	vom – bis	Höhe DM
bei auswärtiger Unterbringung	auswärtige Anschrift des Kindes			vom – bis	

3. Aufwendungen für eine Hilfe im Haushalt oder für hauswirtschaftliche Dienstleistungen bei Heim-/Pflegeunterbringung

Beschäftigung einer Hilfe im Haushalt	vom – bis	Aufwendungen im Kalenderjahr	DM

Name und Anschrift der beschäftigten Person oder des mit den Dienstleistungen beauftragten Unternehmens

☐ Die antragstellende Person	☐ Der Ehegatte	ist/sind in einem Heim oder dauernd zur Pflege untergebracht. Es entstehen auch Kosten für Dienstleistungen, die mit denen einer Hilfe im Haushalt vergleichbar sind.
bei Heimunterbringung ☐ ohne Pflegebedürftigkeit	☐ zur dauernden Pflege	Bezeichnung, Anschrift des Heims
Unterbringung vom – bis		Art der Dienstleistungskosten

Antragsgründe Vollendung des 60. Lebensjahres	Die antragstellende Person, der Ehegatte, ein Kind oder eine zum Haushalt gehörende Person ist		
☐ der antragstellenden Person	☐ des Ehegatten	☐ krank	☐ hilflos oder schwerbehindert

Nur bei Ehegatten:	Eine gemeinsame Haushaltsführung ist wegen der Pflegebedürftigkeit eines Ehegatten nicht möglich.

Bitte Belege beifügen!

Seitenspalte rechts:

Erläuterungen

12) Bei Zahlung von Ausbildungshilfen in monatlich unterschiedlicher Höhe bitte Art, Höhe und Zeitraum auf besonderem Blatt erläutern.

Vermerke des Finanzamts

Abziehbar

DM

Abziehbar

+

DM

Abziehbar

+

DM

Summe

DM

Übertragen in Vfg.

6

4. Kinderbetreuungskosten für haushaltszugehörige unbeschränkt einkommensteuerpflichtige Kinder bis 16 Jahre

(ggf. bitte auf besonderem Blatt erläutern und zusammenstellen)

(Bitte auch Abschnitt Ⓑ ausfüllen!)

Vorname und Anschrift des Kindes/der Kinder				Das (Die) Kind(er) gehört (gehören) zu meinem Haushalt	vom – bis
		Bei Alleinstehenden:		Es besteht ein gemeinsamer Haushalt der Elternteile	vom – bis
Erwerbstätigkeit der antragstellenden Person	vom – bis	Behinderung der antragstellenden Person	vom – bis	Krankheit der antragstellenden Person	vom – bis
Erwerbstätigkeit des Ehegatten/des anderen Elternteils bei gemeinsamem Haushalt	vom – bis	Behinderung des Ehegatten/des anderen Elternteils bei gemeinsamem Haushalt	vom – bis	Krankheit des Ehegatten/des anderen Elternteils bei gemeinsamem Haushalt	vom – bis
Pauschbetrag	oder Art und Höhe der Aufwendungen			Dienstleistungen	vom – bis

Vermerke des Finanzamts

Aufwendungen für Kinderbetreuung

DM

Übertragen in Berechnungsschema

5. Außergewöhnliche Belastungen allgemeiner Art

(ggf. bitte auf besonderem Blatt erläutern und zusammenstellen)

Art der Belastung (z. B. durch Krankheit, Todesfall)	Gesamtaufwendungen DM	Abzüglich erhaltene oder zu erwartende Ersatzleistungen DM	Zu berücksichtigende Aufwendungen DM

Gesamtbetrag der außergewöhnlichen Belastungen allgemeiner Art

DM

Übertragen in Berechnungsschema

6. Pflege-Pauschbetrag: Ein Pflege-Pauschbetrag kommt in Betracht, wenn Sie oder Ihr Ehegatte eine nicht nur vorübergehend hilflose Person **unentgeltlich** in Ihrer Wohnung oder in deren Wohnung im Inland persönlich pflegen.

Name, Anschrift und Verwandtschaftsverhältnis der hilflosen Person

Nachweis der Hilflosigkeit
☐ ist beigefügt ☐ hat vorgelegen

Name und Anschrift anderer Pflegepersonen

Abziehbar

DM

Übertragen in Vfg.

Verteilung der Freibeträge

Werbungskosten können nur auf der Lohnsteuerkarte des Ehegatten eingetragen werden, bei dem sie entstanden sind. Wenn der Freibetrag im übrigen anders als je zur Hälfte auf den Lohnsteuerkarten der Ehegatten aufgeteilt werden soll, dann geben Sie bitte das Aufteilungsverhältnis an (: %) und fügen Sie die Lohnsteuerkarte des Ehegatten bei.

Vermerk des Finanzamts	Antragstellende Person/ Ehegatte	Kinderbetreuungskosten für ___ Kinder	Außergewöhnliche Belastungen allgemeiner Art
Berechnung des Freibetrags nach §§ 33, 33c EStG			
Jahresarbeitslohn	DM	DM	DM
abzüglich Versorgungs-Freibetrag, Altersentlastungsbetrag, Werbungskosten (mindestens 2000 DM)	DM	hochstens Kinderbetreuungskosten 13)	restliche zumutbare Belastung
Zumutbare Belastung nach § 33 Abs. 3 EStG: ___ % von	DM		
ergibt zumutbare Belastung	DM –	DM = –	DM

13) nur, soweit die anerkannten Kinderbetreuungskosten den Pauschbetrag nach § 33 c Abs 4 EStG übersteigen

14) ggf anteilmäßig (§ 33 c Abs. 3 Sätze 3 und 4 EStG)

	Überbelastungsbetrag	=	DM = DM in Vfg übertragen
davon höchstens abziehbar nach § 33 c Abs. 3 EStG 14)			DM
mindestens Pauschbetrag nach § 33 c Abs. 4 EStG 14)			DM — höheren Betrag in Vfg. übertragen

15) Die auf der Lohnsteuerkarte eingetragene Zahl der Kinderfreibeträge ist ggf entsprechend zu vermindern

16) einschl Zahl der Kinderfreibeträge

	DM
1. Kinderfreibeträge i.S.d. § 39 a Abs. 1 Nr. 6 EStG 15)..	DM
Pauschbeträge für Behinderte und Hinterbliebene	
Freibetrag wg. Förderung des Wohneigentums usw.	
Sonderausgaben	
Außergewöhnliche Belastungen in besonderen Fällen ___	
Kinderbetreuungskosten	
Außergewöhnliche Belastungen allgemeiner Art .... ___	
Pflege-Pauschbetrag	
Zwischensumme	
Werbungskosten	
zu bescheinigender Jahresfreibetrag	
bisher berücksichtigt	
zu verteilender Betrag	
Monatsbetrag	
Wochenbetrag	
Tagesbetrag	

Verfügung

Gültig vom

bis 31. 12. 1999

	Antragstellende Person DM	Ehegatte DM

1. Gültig vom 31. 12. 1999

2. Freibetrag bei WK-Pauschbeträgen monatlich

DM

Gültig vom _____ 1999 an

3. Änderung der StK 16) in StK 16)

Gültig vom – bis 31. 12. 1999

4. LStK und Belege an antragstellende Person zurück am

5. Bescheid zur Post am

6. ☐ Mitteilung für Gemeinde fertigen

7. Vormerken für die ESt-Veranlagung 1999 – ggf Mitteilung an Veranlagungsstelle; Freibetrag zur Speicherung angewiesen – am

8. Z. d. A.

_____ (Sachgebietsleiter/in)   _____ (Datum)   _____ (Sachbearbeiter/in)

695

Legst Du nicht aus,
so legst Du unter.
(Juristenweisheit)

11. Umgang mit dem Finanzamt

11.1 Die Abgabe der Steuererklärung

Bist Du erst einmal beim Finanzamt als **Einkommensteuerzahler** erfaßt – **1358**
Kennzeichen ist die Vergabe einer Steuernummer –, so zollst Du fortan
Jahr für Jahr der Steuerbürokratie Deinen Tribut durch Abgabe einer
Einkommensteuererklärung. Diese Erklärung fordert von Dir mehr an
Mühen, Nervenkraft und Zeitaufwand als irgendeine andere behördliche
Auflage, die Du kennst, das weißt Du sicher. Ist die Erklärung endlich fertig
und abgegeben, so mußt Du meistens noch mit ergänzenden Nachweisen
aufwarten. Am Schluß des Verfahrens wirst Du – per Nachzahlungs-
bescheid – über Deinen fiskalischen Obolus aufgeklärt.

Die Lohnsteuerzahler zollen der Bürokratie denselben Tribut, wenn sie
zuviel Lohnsteuer gezahlt haben und deshalb eine Steuererklärung abgeben, damit das Finanzamt eine Ausgleichsveranlagung durchführt.

Diesem Tribut unterwerfen sich lammfromm und obrigkeitsergeben Jahr **1359**
für Jahr Millionen von Steuerzahlern. Viele fragen sich, ob das denn alles
so sein muß, ob es denn nicht etwas einfacher geht. Nein, lieber Leser, es
geht nicht einfacher. **Denn der bürokratische Ungeist hat bei uns im Laufe
von Jahrzehnten ein wirres und verrücktes Steuersystem geschaffen, das
sich nun zwangsläufig in den Steuerformularen widerspiegelt.**

Hinzu kommt das unverständliche Beamtendeutsch und die umständliche
Gestaltung. Von Logik keine Spur, da geht es wie Kraut und Rüben
durcheinander.

Doch wisse: Die Ausschüsse in den Ministerien zur Gestaltung der Steuer- **1360**
formulare arbeiten mit Scheuklappen. Sie haben ausschließlich den rei-
bungslosen Ablauf der Bearbeitung in den Finanzämtern im Sinn. Nur ein
Bravo von dort bringt Punkte für ihre Karriereleiter. Und die Steuerberater
und Lohnsteuerhilfevereine sollen sich gefälligst Mühe geben, mit den
Steuerformularen fertigzuwerden, so offensichtlich deren Kalkül. Doch
was ist mit den vielen Steuerzahlern, die es allein machen wollen?

**Sie schenken dem Finanzminister jährlich mehr als 800 Millionen Mark,
weil sie die Vordrucke nicht verstehen und darum unvollständig oder
falsch ausfüllen. Ein Lump, wer sich dabei was Übles denkt?**

1361 **TIP** **Wovon ich nichts weiß**

In bestimmten Fällen mußt Du von Dir aus, also ohne besondere Aufforderung des Finanzamtes, eine Steuererklärung abgeben. Du kannst ja mal nachfragen, ob das auf Dich zutrifft. Wenn ja, bekommst Du fortan die Formulare automatisch zugeschickt. Bei diesem Service erwartet das Finanzamt allerdings auch Deine Rückantwort und vor allem: Dein Geld! Oder Du fragst nicht nach ... Dann bekommst Du allerdings auch keine Formulare zugeschickt.

1362 **TIP** **Gehe nie zu Deinem Fürst, wenn Du nicht gerufen wirst!**

Dieses alte deutsche Sprichwort soll Dich davon abhalten, womöglich mit Deiner Steuererklärung persönlich im Amt vorzusprechen. Dort ist Dein Fiskalritter der Hausherr und entsprechend nicht aus der Ruhe zu bringen. Vielleicht möchte er von Dir genau den Beleg sehen, den Du nicht mithast, und schon fängst Du an zu schwitzen. Diesen Streß nutzt er dann weidlich aus. Oder er erklärt Dir ausführlichst, warum er diese oder jene Ausgabe streicht. Dabei nebelt er Dich mit einer Flut von Einzelheiten ein und wirft nur so mit Paragraphen und Richtlinien um sich. Ob Du hinterher überhaupt noch alles nachhalten kannst, ist eine weitere Frage. Später heißt es dann: »Die Änderungen wurden Ihnen an Amtstelle mitgeteilt.« Da hast Du dann den Salat!

Genau das gleiche gilt, wenn er Dich auf der Arbeit anruft oder Deinen Schatz zu Hause. Bestehe daher stets darauf, daß er Dir schriftlich die Abweichungen von Deiner Erklärung zusammenstellt, damit Du per Einspruch doch noch einiges durchdrücken kannst. Denk an den Steuerstreik!

1363 **Reichst Du hingegen die Steuererklärung schriftlich ein, muß er Dich von etwaigen Abweichungen in Kenntnis setzen. Auf ein solches »rechtliches Gehör« hast Du einen gesetzlichen Anspruch!** Und wird dieser verletzt und Du verpaßt deshalb die Einspruchsfrist, sagst Du das Zauberwort »Wiedereinsetzung in den vorigen Stand«, und schon bist Du wieder mit Deinem Einspruch im Rennen (Quelle: § 91 AO – Recht auf Gehör – § 110 AO – Wiedereinsetzung –) ➤ Rz 1409.

1364 **Die Misere der fiskalischen Datenverarbeitung**

Zu allem Übel enthalten die Steuerformulare auch noch Kennziffern und Abkürzungen für die Eingabe der Daten in die Datenverarbeitungsanlage des Finanzamts. Diese Kennziffern und Abkürzungen tragen ebenfalls zur Verwirrung der Steuerzahler bei. Dabei sind die Kennziffern und Abkürzungen völlig überflüssig, weil eine Verarbeitung der Angaben aus den Steuererklärungen auch ohne zusätzliche Kennziffern möglich wäre, z. B. über die Nummer des Formulars in Verbindung mit der jeweiligen Zeile. Aber dazu müßten die Finanzbehörden zunächst einmal ein intelligentes Computerprogramm haben, das zu erstellen sie aber wohl nicht in der Lage sind. Die Folge davon ist, daß wir Steuerzahler uns mit diesem Formularwirrwarr herumschlagen müssen. Anstatt einen deutschen Wirtschaftsführer mit der Organisation der Steuererhebung zu beauftragen, mühen sich »verdiente« Juristen der Steuerverwaltung damit ab und sind dabei offensichtlich völlig überfordert.

Die Steuerformulare sind schon ein richtiges Ärgernis! Gibt es vielleicht einen Ausweg, sich vor ihnen zu drücken, ohne gleich auswandern zu müssen?

Erfolge bedürfen des Schmerzes.
(Aus China)

▬ Bring im Zuge des Steuerstreiks mit einer Petition   1365
TIP das Finanzamt zur Räson

Ab 1996 sind die Rechte der Steuerzahler weiter beschnitten worden. Denn die Möglichkeit, sich gegen ungerechte Ermessensentscheidungen der Finanzämter mit Hilfe einer Beschwerde an die Oberfinanzdirektion zu wehren, ist weggefallen (§ 349 AO). Statt wie bisher im Beschwerdefall der Oberfinanzdirektion ausführlich mit Aktenvorlage Bericht zu erstatten, das brauchen sie nicht mehr. Jetzt können sie Einsprüche gegen frühere Beschwerdefälle wie die Ablehnung einer Fristverlängerung, einer Stundung, eines Steuererlasses, einer Aussetzung der Vollziehung oder eines Vollstreckungsaufschubs mit einem fröhlichen Zweizeiler selbst erledigen.

Was aber geblieben ist, das ist das Grundrecht der Petition an den Landtag (Artikel 17 Grundgesetz). Eine begründete Petition ist ein Kaliber, das dem Finanzamt Respekt abnötigt. Schon die Ankündigung Deinerseits, daß Du von Deinem Petitionsrecht Gebrauch machen willst, kann das Finanzamt zur Räson bringen. Denn eine Petition macht dem Finanzamt eine Heidenarbeit, das kannst Du mir glauben. Und das wollen wir ja steuerstreikend vor allem erreichen.

Zunächst fordert der Petitionsausschuß im Landtag vom Finanzminister einen ausführlichen Bericht. Der Finanzminister fordert seinerseits die zuständige Oberfinanzdirektion zum Bericht auf und die Oberfinanzdirektion wiederum das betroffene Finanzamt.

Sodann rückwärts marsch, marsch:
1. Das Finanzamt berichtet der Oberfinanzdirektion
2. Die Oberfinanzdirektion berichtet dem Finanzminister

3. Der Finanzminister berichtet dem Petitionsausschuß, der sodann über die Petition befindet.

Den Schwarzen Peter hat das Finanzamt, das den Zauber ausgelöst hat, und Du kannst mir glauben, daß schon dort alles Erdenkliche getan wird, um ihn loszuwerden, also die Petition im Vorfeld als erledigt zu erklären. Das ist Deine Chance.

Nur wer sich isoliert,
kann überleben.

(Gerd Binnig)

1366 11.2 Abgabefrist für die Steuererklärung

Rechnest Du mit einer Erstattung an Einkommensteuer, wirst Du nicht so bequem sein, lange mit der Abgabe der Erklärung zu warten. **Im Falle einer zu erwartenden Nachzahlung solltest Du Dir aber bis zum letzten Moment Zeit lassen.**

1367 **Doch wisse:** Nachzahlungszinsen drohen, wenn Dir der Nachforderungsbescheid erst 15 Monate nach Ablauf des Veranlagungsjahres ins Haus flattert. Für das Kalenderjahr 1999 bedeutet dies: Der Zinslauf nach § 233a AO beginnt 1. 4. 2001. Die Nachzahlungszinsen betragen 0,5% pro Monat, liegen also weit unter den üblichen Bankzinsen. Wenn Dein Konto sowieso im Soll steht, ist der Fiskus gegenüber der Bank die bessere Wahl.
Ob und in welcher Höhe eine Nachzahlung fällig sein wird, kannst Du Dir schnell anhand des Veranlagungsschemas unter ➤ Rz 33 ausrechnen.

1368 **TIP** **Steuererklärung: Abgabetermin**
31. Mai ist harmlos

Übrigens, der erste Abgabetermin **31. Mai des Folgejahres** ist völlig harmlos, weil dessen Überschreitung keine nachteiligen Folgen für Dich hat. Das Finanzamt darf nämlich Verspätungszuschläge erst erheben, wenn der für Steuerberater geltende zweite Abgabetermin 30. September überschritten wird. (Quelle: AO-Kom. Tipke-Kruse, § 152 Tz 4a)

Der zweite Termin 30. September ist also schon wichtiger. Allerdings solltest Du wissen: Auf Antrag erhältst Du ohne weiteres Fristverlängerung, sogar bis Ende Februar des nächsten Jahres, wenn Du Arbeitsüberlastung oder gesundheitliche Probleme anführst. Auch fehlende Unterlagen reichen als Begründung aus. Aber für die verlängerte Abgabefrist (über den 31. 5. hinaus) mußt Du einen Antrag stellen, sonst drohen Verspätungszuschläge. Natürlich stellst Du ihn, denn Du vergißt den Steuerstreik nicht so schnell.

Die Finanzämter gewähren den Steuerberatern (in einem vereinfachten Antragsverfahren) ohne weiteres Fristverlängerung bis Ende Februar des nächsten Jahres, wenn diese sich auf Arbeitsüberlastung berufen. Sogar darüber hinaus wird Steuerberatern in Einzelfällen Fristverlängerung wegen Arbeitsüberlastung gewährt.

Logisch, daß auch Dir, der Du nicht steuerlich beraten wirst, bei Arbeitsüberlastung das Recht auf Fristverlängerung zusteht.

Also schreibst Du z. B. dem Finanzamt – Ende September – (falls das für Dich zutrifft): **1369**

```
           Betrifft: Fristverlängerung
        für Einkommensteuererklärung 19..;
   Steuer-Nr. 123/456/7890      Datum: 30. 9. 2000

Sehr geehrte Damen und Herren,
ich bitte für meine ESt-Erklärung 19.. um Frist-
verlängerung bis Ende Dezember. Durch unvorherseh-
bare Belastungen im Beruf war es mir bisher nicht
möglich, die Erklärung zu erstellen. Hinzu kommt,
daß ich durch Erkrankung meiner Ehefrau verstärkt
im Haushalt mitarbeiten muß.
Ich werde mich bemühen, die Erklärung früher als
Ende Dezember abzugeben. Ob das gelingt, kann ich
aber jetzt noch nicht übersehen. Sofern Sie meiner
Bitte entsprechen, erübrigt sich ein schriftlicher
Bescheid. Vielen Dank im voraus.

                      Mit freundlichen Grüßen
```

TIP Letzte Frist für die Steuererklärung Ende Februar **1370**

Die Finanzämter machen Ende Februar des zweiten Folgejahres ernst und beginnen systematisch damit, ausstehende Steuererklärungen anzumahnen. Dies geschieht mittels Datenverarbeitung. Hast Du Pech, dann flattert Dir schon früher eine Mahnung ins Haus, weil einige Bundesländer schon früher mit dem Mahnverfahren beginnen.

Du mußt also spätestens Ende Februar abgeben, sonst könntest Du Ärger bekommen. Denn die Finanzämter nehmen ab März schon das nächste Veranlagungsjahr ins Visier und wollen das vorangegangene Veranlagungsjahr möglichst bald abschließen.

1371   **11.2.1 Die Drohgebärden des Fiskus**

Du möchtest wissen, was Dir passiert, wenn Du die Steuererklärung bis Ende Februar noch nicht abgegeben hast? Das Finanzamt mahnt die Abgabe der Erklärung an und droht auch gleich mit Zwangsmitteln.

Erste Mahnung,
innerhalb von vier Wochen die ausstehende Erklärung abzugeben; Hinweis auf Festsetzung eines Verspätungszuschlages nach § 152 AO.

Zweite Mahnung,
die Erklärung innerhalb von vier Wochen einzureichen; es wird angedroht, andernfalls ein Zwangsgeld nach § 328 AO festzusetzen.

Dritte Mahnung,
die Erklärung innerhalb von vier Wochen einzureichen; zugleich wird das zuvor angedrohte Zwangsgeld festgesetzt und ein weiteres Zwangsgeld angedroht (meistens in doppelter Höhe wie vorher).

Vierte Mahnung,
die Erklärung innerhalb von vier Wochen einzureichen; zugleich wird auch das zweite zuvor angedrohte Zwangsgeld festgesetzt; außerdem wird darauf hingewiesen, andernfalls die Besteuerungsgrundlagen nach § 162 AO frei zu schätzen.

1372   **Schätzungsbescheid**
Es ergeht ein Schätzungsbescheid mit einer horrenden Steuerforderung und mit Verspätungszuschlägen. Gegen den Schätzungsbescheid wirst Du innerhalb eines Monats Einspruch einlegen, damit die Steuerforderung nicht bestandskräftig und damit vollstreckbar wird. Den Einspruch kannst Du nur durch **Abgabe der ausstehenden Steuererklärung wirksam begründen.**

1373   **Zum Zwangsgeld solltest Du wissen:**
Hast Du die angemahnte Steuererklärung eingereicht, ist damit auch das Zwangsverfahren beendet. Das bedeutet, das festgesetzte Zwangsgeld mußt Du nicht mehr berappen. Dumm ist nur, wenn Du das Zwangsgeld bereits gezahlt hast, denn zurück bekommst Du es auch nach Abgabe der Erklärung nicht. Also merke: Wer sofort zahlt, den bestraft St. Fiskus!

1374   **TIP** **Gib Dir keine unnötige Blöße!**

Sei also gescheit und weiche den Zwangsmaßnahmen geschickt aus. Gib entweder die Steuererklärung – nach erfolgter Mahnung – innerhalb der gesetzten Frist ab, oder stelle rechtzeitig einen Antrag auf Fristverlängerung.

Zum Verspätungszuschlag (§ 152 AO) wisse:
Der Verspätungszuschlag kann 10% der **festgesetzten** Steuer betragen, also 1375
nicht etwa der Nachzahlung. Er ist aber der Höhe nach auf 10 000 DM
begrenzt. Die Finanzämter sind angewiesen, erst dann einen Verspätungszuschlag festzusetzen, wenn die Steuererklärung **wiederholt** nicht pünktlich
abgegeben wurde (OFD Frankfurt/M. vom 10. 10. 1988 – S 0062 A).
Zum Verspätungszuschlag mehr unter ➤ Rz 1387.

11.2.2 Antrag auf Fristverlängerung, zumal eine größere   1376
Nachzahlung droht

»Letztes Jahr habe ich doch tatsächlich vergessen, meine Steuererklärung
abzugeben«, sagst Du.

Na so was, aber das kann passieren. Wer denkt schon gern an seine
Steuererklärung, besonders wenn eine höhere Nachzahlung droht. So
etwas belastet, und man hört, daß belastende Dinge sehr leicht innerlich
verdrängt werden, damit unser Wohlbefinden erhalten bleibt.

»Na schön, doch Anfang März wollte das Finanzamt innerhalb von vier Wochen die Steuererklärung haben. Das ist mir schwergefallen, weil ich damals
krank war«, so sagst Du weiter. »Aber mir blieb ja nichts anderes übrig.«

Du hättest Fristverlängerung beantragen sollen.   1377

```
An das      Finanzamt Neuhausen

Betrifft: Steuererklärung für das Kj. 01;
          StNr. 231/222/1411
hier:     Fristverlängerung     Datum: 1. 4. 2000

Sehr geehrte Damen und Herren,
die mit Schreiben vom... angemahnte Einkommen-
steuererklärung für das Kj. 01 kann ich leider
nicht bis zu dem von Ihnen gesetzten Termin 10. 04.
03 abgeben, weil ich zur Zeit schwer erkrankt bin.
Ich liege mit einer fiebrigen Grippe zu Bett.
Ich bitte um Fristverlängerung bis zum 31. 05. 03.
Sofern Sie meiner Bitte entsprechen, erübrigt sich
ein schriftlicher Bescheid.
Vielen Dank im voraus.

Mit freundlichen Grüßen

Walter Knecht
```

Die Finanzämter akzeptieren außerdem folgende Antragsgründe:

- Ein längerer Erholungsurlaub steht kurz bevor,
- es fehlen noch Unterlagen, die kurzfristig nicht zu beschaffen sind.

1378 **TIP** Antrag auf Nachfrist für die Steuererklärung

Kurz vor Ablauf der – ggf. stillschweigend gewährten – Fristverlängerung beantragst Du eine Nachfrist von 14 Tagen, wenn Dir die Abgabe der Erklärung noch immer nicht möglich ist.

1379 **TIP** Einspruch

Lehnt das Finanzamt die Nachfrist oder überhaupt eine Fristverlängerung ab, legst Du dagegen Einspruch ein.

1380

```
An das                        Datum: 7. 7. 2000
Finanzamt Neuhausen

Betrifft: Fristverlängerung für die Abgabe der
          Einkommensteuererklärung für das Kj. 01;
          StNr. 231/222/1411
hier:     Ihr ablehnender Bescheid vom...

Sehr geehrte Damen und Herrn,

gegen Ihren ablehnenden Bescheid vom... betr.
Fristverlängerung zur Abgabe der Einkommensteuer-
erklärung für das Kj. 01 lege ich hiermit Einspruch
ein. Die Einspruchsgründe ergeben sich aus meinem
Antrag auf Fristverlängerung.

Sofern Sie nicht dem Einspruch abhelfen und
Fristverlängerung gewähren, bitte ich um formelle
Entscheidung.

Mit freundlichen Grüßen

Walter Knecht
```

Übrigens, das Einspruchsverfahren ist für Dich kostenfrei. Die Finanz- **1381** ämter sind bestrebt, formelle Verfahren zu vermeiden, weil diese ihre Rechtsbehelfsstellen unnötig belasten. Da geben sie lieber nach und gewähren Fristverlängerung. Du hast also eine gute Chance, aufgrund des Einspruchs doch noch eine Fristverlängerung zu erhalten.

TIP Solltest Du zunächst Einkünfte in geschätzter Höhe erklären? **1382**

»Wenn das Finanzamt jetzt unbedingt meine Steuererklärung haben will, dann soll es doch, verdammt noch mal, die Steuererklärung bekommen. Ich trage einfach geschätzte Beträge ein«, so sagst Du. »Später, wenn ich alles zusammenhabe, kann ich ja die Erklärung berichtigen.«

Du denkst da offensichtlich an eine nicht ganz korrekte Sache, mein Lieber. Meinst Du etwa, Du könntest zunächst geschätzte Einkünfte eintragen, mal angenommen, viel zu niedrige, wie sich später herausstellt, und danach eine berichtigte Steuererklärung nach § 153 AO abgeben, wenn Du alle Unterlagen zusammen hast?

Laß mich nachdenken, was Dir dabei passieren kann. Verspätungszuschläge hast Du nicht zu befürchten, das ist klar, denn Du hast die Steuererklärung ja fristgemäß abgegeben.

Man könnte Dir allerdings Steuerhinterziehung anhängen, weil die zunächst **1383** **erklärten Einkünfte zu niedrig waren. Die berichtigte Steuererklärung ist indessen als eine Selbstanzeige nach § 371 AO zu werten, die strafbefreiende Wirkung hat. Also kann Dir auch steuerstrafrechtlich nichts passieren.**

Aber so ein Spielchen solltest Du mit dem Finanzamt, wenn überhaupt, möglichst nur einmal machen. Denn es könnte Dir passieren, daß das Finanzamt im nächsten Jahr gleich eine Kurzprüfung anordnet, nachdem Deine – erste – Steuererklärung eingegangen ist. Durch die Anordnung der Kurzprüfung kommt Deine Selbstanzeige aber zu spät. Denn eine berichtigte Steuererklärung wird nur dann als strafbefreiende Selbstanzeige gewertet, wenn das Finanzamt nicht vorher Kenntnis von der Unrichtigkeit der ersten Steuererklärung erlangt hat, oder, und das ist wichtig zu wissen, wenn die Erlangung der Kenntnis nicht unmittelbar bevorsteht, z. B. durch eine Kurzprüfung, die bereits vor Eingang der berichtigten Erklärung angeordnet worden ist.

»Aha, sollte ich dann nicht besser in der Steuererklärung darauf hinweisen, daß ich geschätzte Beträge angegeben habe?« möchtest Du weiter wissen.

Das wohl nicht. Du trägst ja Beträge ein, die nach Deiner Einschätzung den **1384** **tatsächlichen Einkünften entsprechen. Wenn sich später herausstellt, nachdem Du alles nachgerechnet hast, daß die angegebenen Beträge falsch sind, gibst Du pflichtgemäß unverzüglich eine berichtigte Steuererklärung ab.**

1385 **TIP** Veranlagungsverzug wegen fehlender Unterschrift

»Habe ich doch letztes Jahr tatsächlich vergessen, die Steuererklärung von meiner Frau mit unterschreiben zu lassen«, sagst Du. »Ungefähr drei Wochen später kam die Erklärung wieder vom Finanzamt zurück mit der Bitte, die fehlende Unterschrift nachzuholen.«

Das kann schon mal passieren. Aber dadurch hast Du das Veranlagungsverfahren nicht unerheblich verzögert, mein Lieber. Dein Vorteil: Der erste Eingangsstempel des Finanzamts auf der Steuererklärung ist maßgebend dafür, wann die Steuererklärung abgegeben wurde. Alle Verzögerungen, die danach eintreten, rechtfertigen keinen Verspätungszuschlag, denn von da ab konnte das Finanzamt das Veranlagungsverfahren in Gang setzen. 1. Amtshandlung: Unterschrift der Ehefrau anfordern!!

So etwas gehört selbstverständlich auch zum Steuerstreik!

1386 **TIP** Veranlagungsverzug wegen fehlender Belege

Soll Dir das Finanzamt möglichst bald die Steuererstattung überweisen, so vergiß bloß nicht, auch wirklich alle wichtigen Belege, wie z.B. die Lohnsteuerkarte oder den Kontoauszug der Bausparkasse, der Erklärung beizufügen.

»Was soll das denn heißen?« fragst Du.

Überleg doch mal! Wenn der Fiskalritter sich Deine Erklärung zur Brust nimmt und sieht, daß so wichtige Belege fehlen, dann legt er die Erklärung gleich wieder beiseite und fordert erst einmal schriftlich die Belege bei Dir an, mit Frist von 14 Tagen. Du wartest natürlich keine 14 Tage, sondern bringst ihm die fehlenden Belege sofort vorbei, damit alles schneller geht. Aber vielleicht ist er dann gerade für drei Wochen in Urlaub, und so verschimmelt Dein schönes Geld beim Finanzamt.

»Wenn ich aber nachzahlen muß, ist das mein Vorteil«, sagst Du.

1387 **TIP** Einspruch gegen Verspätungszuschlag

Setzt das Finanzamt einen Verspätungszuschlag fest, gehe dagegen mit einem Einspruch an. Der Einspruch ist für Dich kostenfrei.

An das   Datum: 3. 3. 2000
Finanzamt Neuhausen
Betrifft: Einkommensteuerbescheid für das Kj. 01
         vom... 03; StNr...
hier: Einspruch gegen die Festsetzung des
         Verspätungszuschlages in Höhe von... DM

Sehr geehrte Damen und Herren,

gegen die Festsetzung des Verspätungszuschlages lege ich Einspruch ein.

Begründung: Die verspätete Abgabe der Erklärung hat offensichtlich den Gang der Veranlagung in Ihrer Behörde nicht beeinträchtigt, so daß ein Verspätungszuschlag nicht gerechtfertigt ist. Der Gang der Veranlagung ist nicht beeinträchtigt worden, weil ich erst zwei Monate nach Abgabe meiner Erklärung den Steuerbescheid erhalten habe. Es waren also offensichtlich noch zahlreiche andere Veranlagungen durchzuführen.

Sofern Sie meinem Einspruch nicht abhelfen und den Zuschlag nicht zurücknehmen, bitte ich um formelle Entscheidung.

Mit freundlichen Grüßen

Walter Knecht

Die Finanzämter müssen bei der Festsetzung von Verspätungszuschlägen **von sich aus prüfen, ob die verspätete Abgabe der Erklärung entschuldbar erscheint. Hast Du die Steuererklärung verspätet, also nach dem 30. September des Folgejahres abgegeben, dann gib auch gleich den Grund dafür an:**

● Infolge hoher Arbeitsbelastung ist die Abgabe der Erklärung in Vergessenheit geraten.
● Längere Krankheit.
● Die Beschaffung von Unterlagen für die Erklärung hat sich verzögert.

Bist Du wirklich der Meinung gewesen, die Steuererklärung sei erst nach besonderer Aufforderung des Finanzamts abzugeben, so gebe dies unbedingt als Entschuldigungsgrund an. Dieser Entschuldigungsgrund reicht nämlich aus, wenn Du steuerlich noch unerfahren bist.

»Nun sag doch mal ehrlich, wer soviel Theater mit seiner Steuererklärung macht, der ist doch beim Finanzamt ein für allemal unten durch«, sagst Du.

Wieso denn? Alle paar Jahre kannst Du ruhig mal Theater machen. Außerdem kannst du Dich ja auch von Deiner netten Seite zeigen und Dich mit der Halbierung des Verspätungszuschlages einverstanden erklären. Da trefft Ihr Euch in der Mitte, und alle sind zufrieden!

Der Reichtum der Menschen liegt nicht in der Erde
vergraben, sondern in ihren Gehirnen.
(Bankier Steinhart)

1390 11.3 Abgabefrist für die Antrag- bzw. Ausgleichsveranlagung

Mit dem Antrag auf Ausgleichsveranlagung zum Zwecke der Erstattung von Lohnsteuer läßt Dir der Fiskus großzügig **zwei Jahre Zeit, nämlich bis zum 31. Dezember des zweiten auf das Ausgleichsjahr folgende Jahr.** Die Frist ist deshalb so großzügig bemessen, damit Du möglichst spät den Antrag einreichst, weil Du dadurch dem Fiskus ein zinsloses Darlehn in Höhe Deines Erstattungsanspruchs gewährst. Auch hofft der Fiskus insgeheim, Du könntest in der Zwischenzeit den Antrag auf Erstattung der Lohnsteuer ganz vergessen, und das passiert häufiger, als man denkt.

1391 Zuviel gezahlte Lohnsteuer holst Du Dir auf Antrag zurück. Vergeblich wirst Du Dich aber um ein »Antragsformular zur Erstattung von Lohnsteuer« bemühen. Nein, Du mußt einen »Antrag auf Veranlagung« stellen, indem Du eine ganz normale Einkommensteuererklärung abgibst. Aufgrund dieser Erklärung führt dann das Finanzamt eine sogenannte »Ausgleichsveranlagung« durch. Dieses umständliche Verfahren lohnt sich für den Fiskus, denn für viele Lohnsteuerzahler ist die Abgabe einer Steuererklärung zu schwierig, und sie lassen es gleich ganz bleiben.
So bleiben dem Staatssäckel Milliarden erhalten.
Du wirst dem Fiskus aber nicht den Gefallen tun, weder Deine Mäuse beim Finanzamt verschimmeln lassen noch sie ganz vergessen, vielmehr wirst Du möglichst bald nach Ablauf des Ausgleichsjahres den Erstattungsantrag stellen.

1392 **TIP** Schneller an die Erstattung vom Finanzamt kommen

Normalerweise warten alle Lohnsteuerzahler geduldig auf die Erstattung aus der Ausgleichsveranlagung. Ich will Dir heute verraten, wie Du schneller an die Steuererstattung gelangen kannst.
Das ist immer dann möglich, wenn Du beabsichtigst auszuwandern und Deine Abreise kurz bevorsteht. Du wirst dann staunen, wie schnell hier sogar eine Behörde arbeiten kann.

»Aber wer will denn auswandern! Ich nicht! Ich finde, daß es sich in Deutschland gut leben läßt«, sagst Du.

Da hast Du recht, in anderen Ländern geht es schlimmer zu. Auch wenn da einem die Behörden nicht soviel Ärger machen. Mach es doch ganz anders:

TIP Kassiere die Erstattung als erster 1393

Laß Dir gegen Jahresende einen Freibetrag auf der Lohnsteuerkarte eintragen, indem Du einen Antrag auf Lohnsteuerermäßigung stellst. Letzter Termin dafür ist der 30. 11. Zu dieser Zeit kannst Du in dem Ermäßigungsantrag schon fast alle Jahresausgaben belegen, denn nur die vom Dezember fehlen noch. Der Jahresfreibetrag, den Dir das Finanzamt bescheinigt, wird von der Firma beim internen Jahresausgleich in der Dezemberabrechnung berücksichtigt. Wie das geht mit dem Ermäßigungsantrag: ➤ Rz 1343 ff. So hast Du als erster die Steuer zurück – zumindest den größten Teil.

Vergiß aber bloß nicht, außerdem beim Finanzamt die Ausgleichsveranla- 1394
gung zu beantragen, denn gerade der Freibetrag auf der Lohnsteuerkarte führt dazu, daß die einbehaltene Jahreslohnsteuer – trotz vorangegangenem Ausgleich durch die Firma – noch zu hoch ist. Dies kommt daher, weil Dir durch den Freibetrag auf der Lohnsteuerkarte die Vorsorgepauschale evtl. nicht in voller Höhe zugute kommt. Denn die Vorsorgepauschale wird nur nach dem steuerpflichtigen Arbeitslohn berechnet, also nach Abzug steuerfreier Beträge.

TIP Wer kann mit einer Erstattung rechnen? 1395

Mit einer Erstattung kann rechnen:

● Wer im Jahr nicht ununterbrochen gearbeitet hat. Das sind Arbeitslose, Studenten, Wehrpflichtige, Berufsanfänger, Neurentner, Saisonarbeiter usw.

● Wessen Arbeitslohn im Jahr stark geschwankt hat, ohne daß der Betrieb einen internen Jahresausgleich gemacht hat. Das sind insbesondere Werktätige im Akkord und Auszubildende, die ihre Prüfung bestanden und danach voll entlohnt werden.

● Wer einen Freibetrag auf der Lohnsteuerkarte hatte. Dadurch wird die Vorsorgepauschale zu niedrig berechnet. Hast Du jedoch die Eintragung des Freibetrags beantragt, mußt Du sowieso eine Erklärung einreichen.

● Bei höheren Werbungskosten als dem Arbeitnehmer-Pauschbetrag von 2 000 DM, höheren Sonderausgaben als dem Sonderausgaben-Pauschbetrag von 108/216 DM (Alleinstehende/Verheiratete) und der Vorsorgepauschale oder bei außergewöhnlichen Belastungen, ferner bei Geburt eines Kindes oder nach Eheschließung.

1396 11.4 Eine Ausgabe oder eine Steuervergünstigung nachträglich geltend machen

Hast Du bei der Abgabe Deiner Steuererklärung oder Deines Ausgleichsantrags eine Vergünstigung vergessen, so kannst Du das nachholen, indem Du einfach eine berichtigte Erklärung oder einen berichtigten Ausgleichsantrag abgibst. Mit der Berichtigung eilt es nicht, denn da brennt nichts an, solange Du noch keinen Steuerbescheid erhalten hast. Doch aufgepaßt: **Hältst Du den Bescheid bereits in Deinen Händen, so hast Du nur einen Monat Zeit – vom Tag der Zustellung an gerechnet –, Änderungen zu reklamieren. ➤ Rz 1406. Danach hast Du nur noch eine Chance, wenn Deinerseits kein grobes Verschulden vorliegt. ➤ Rz 1410. Deshalb im Verlauf unseres Steuerstreiks nicht immer, aber immer mal wieder darauf zurückgreifen!**

Jede Wirkungseinheit muß sich
durch Abgrenzung schützen.
(Gerd Binnig)

1397 11.5 Der Steuerbescheid

Wenn die Mitteilung über den fiskalischen Obolus – sprich Steuerbescheid – ins Haus flattert, gibt es meistens lange Gesichter. Je nach Temperament ist die Reaktion unterschiedlich. Wütend: »Das kann doch nicht wahr sein!« oder resignierend: »Da kann man nichts machen.«
Beide Reaktionen sind verständlich, aber nicht angemessen. Besser ist, Du legst den Bescheid erst einmal zur Seite und knöpfst ihn Dir in einer ruhigen Stunde vor.

1398 **Nachdem Steuerbescheide zu 99% maschinell gefertigt werden, wirst Du äußerliche (formelle) Mängel am Bescheid kaum noch finden. Dafür kannst Du aber um so mehr mit inhaltlichen (materiellen) Mängeln rechnen. Deshalb gehst Du den Bescheid kritisch durch.**

Vielleicht hat Dein Sachbearbeiter selbst nicht ganz durchgeblickt – was bei unserem chaotischen Steuerrecht kein Wunder ist. Und hat Dir zu Unrecht Beträge gestrichen oder Dir falsche Auskünfte gegeben. Deshalb ist es besser, Du siehst ihm genau auf die Finger. Und sei hartnäckig. Das hat noch nie geschadet – außerdem hat das Finanzamt keine Lust, über die paar Märker zu streiten, und erteilt Dir – »ausnahmsweise und nur wegen der geringen steuerlichen Bedeutung« – einen Abhilfebescheid.

11.5.1 Wie prüfe ich meinen Steuerbescheid?

Hoffentlich hast Du meinen Tip unter ➤ Rz 58 beherzigt, von Deiner Erklärung eine Durchschrift oder eine Ablichtung anzufertigen? Hast Du gemacht? Alles paletti, dann kann es losgehen:

A. Du beginnst mit den Erläuterungen des Steuerbescheides   **1400**

Ist das Finanzamt von der Steuererklärung abgewichen, muß es die Abweichungen im Steuerbescheid erläutern, z. B. Kürzung von Abschreibungen, von Kfz-Kosten oder ähnliches. Teilt das Finanzamt nichts mit, bedeutet dies, daß es die Angaben in der Steuererklärung unverändert übernommen hat oder vergessen hat, Dir die Änderungen zu erläutern. Das solltest Du anhand der nachfolgenden Checkliste genau überprüfen.

B. Checkliste zur Überprüfung des Steuerbescheides:

1. Ist das Finanzamt von den Angaben in der Steuererklärung abgewi-   **1401**
chen? Die wichtigsten Punkte sind:
   a) Einkünfte?
      (Versorgungsfreibetrag, Altersentlastungsbetrag)
   b) Sonderausgaben?
   c) Außergewöhnliche Belastungen?
      (Unterstützungsleistungen, Körperbehinderung, Hausgehilfin, Kinderbetreuungskosten)
   d) Kinderermäßigungen?
      (Kinderfreibeträge, Ausbildungsfreibeträge, Haushaltsfreibetrag)

2. Habe ich Steuervergünstigungen oder Ausgaben vergessen zu beantra-   **1402**
gen?
   Vielleicht fällt Dir bei der Überprüfung des Bescheides noch etwas ein, mit dem Du die Nachforderung drücken kannst. Denn bis zur Rechtskraft des Bescheides können Angaben nachgeholt oder geändert werden.

3. Hat das Finanzamt die Steuer richtig festgesetzt?   **1403**
   a) Tarif: Splittingtarif bei Verheirateten? Gnadensplitting bei Verwitweten?
   b) Steuerermäßigungen?
      (Baukindergeld 1 000 DM bei altem § 10e EStG, Mitgliedsbeiträge an politische Parteien 1 500/3 000 DM – Alleinstehende/Verheiratete, ausländische Quellensteuer)

4. Hat das Finanzamt die Steuerschuld richtig festgesetzt?   **1404**
   a) Abrechnung der Vorauszahlungen?
   b) Anrechnung der Steuerabzugsbeträge? (Lohnsteuer, Zinsabschlag, Kapitalertragsteuer, Körperschaftsteuer)

Meister der Beredsamkeit ist der,
der alles Nötige sagt und nur dies.
(La Rochefoucauld)

1405   11.5.2 So zahlst Du zu spät und doch ohne Folgen

Du kannst den im Steuerbescheid angegebenen Fälligkeitstermin bis zu
fünf Tagen überschreiten. Das ist die sogenannte Schonfrist. Nur wer die
Schonfrist überschreitet, hat mit Säumniszuschlägen zu rechnen (§ 240
AO). Die Säumniszuschläge sind unverschämt hoch. Sie betragen 1% des
rückständigen Betrages pro angefangenen Monat. Bei Überweisung des
Steuerbetrages mußt Du aber drei bis vier Tage zeitlichen Vorlauf berücksichtigen. Bei Zahlung durch Scheck ist der Zeitpunkt des Scheckeingangs
beim Finanzamt maßgebend.

Bei Zahlung mit Scheck gibt es jedoch keine Schonfrist. Der Scheck muß
also am letzten Tag der Fälligkeit beim Finanzamt eingegangen sein.
Trotzdem kommst Du auch bei Zahlung mit Scheck zu einer Schonfrist,
weil der Scheckbetrag erfahrungsgemäß erst mehrere Tage später von
Deinem Konto abgebucht wird. **Also: Am besten, den Scheck am letzten
Tag der Fälligkeit – nach Dienstschluß – in den Briefkasten des Finanzamts werfen.**

Auch möglich: Erteilst Du dem Finanzamt eine Einzugsermächtigung, bist
Du immer spät dran. Vor allem, wenn Du ein Konto bei einer Privatbank
oder Post unterhältst, da dauern die Lastschriften besonders lang.

1406   11.6   Fehlerhafter Steuerbescheid

11.6.1 Einspruch

Hast Du bei Überprüfung des Bescheides festgestellt, daß er von Deiner
Erklärung abweicht, legst Du Einspruch ein. Das kostet nichts, und Du
kannst ihn jederzeit problemlos zurücknehmen, wenn Du mit den Änderungen des Finanzamtes doch einverstanden bist. Du gewinnst so aber
genug Zeit, Dich zu informieren und der Sache auf den Grund zu gehen.
Aber Obacht: Für die Erhebung des Einspruchs hast Du nur einen Monat
Zeit. Die Monatsfrist beginnt drei Tage nach Aufgabe des Bescheides zur
Post. Nimm den Briefumschlag des Finanzamts mit zu Deinen Unterlagen,
damit Du das Aufgabedatum des Briefes nachweisen kannst.

Beispiel:

Poststempel 16. 3. + 3 Tage = 19. 3.

Die Monatsfrist endet am 19. 4., 24 Uhr.

Das Einspruchsschreiben muß also spätestens am 19. 4. dem Finanzamt zugegangen sein. Letzte Chance am 19. 4., den Brief bis 24 Uhr in den Hausbriefkasten des Finanzamts einzuwerfen. Ein paar Tage kannst Du vielleicht noch rausschinden. Wenn Du darauf verweisen kannst, daß der Bescheid länger als drei Tage gebraucht hat, z. B. weil die falsche Postleitzahl ausgedruckt worden ist.

```
An Finanzamt                      Datum: 4. 4. 2000

Betrifft: Einkommensteuerbescheid für 19.. vom...
          Steuer-Nr. ...

Sehr geehrte Damen und Herren,
gegen den obigen Bescheid lege ich Einspruch ein.
Begründung folgt.

Mit freundlichen Grüßen

Walter Knecht
```
1407

TIP Das Finanzamt als Schreibbüro
1408

Kommst Du gerade zufällig am Finanzamt vorbei, und paßt es Dir nicht, selbst den Einspruch aufzusetzen, geh in die Höhle des Löwen und erkläre dort, daß Du Einspruch gegen den Bescheid einlegen willst. Der Bearbeiter muß dann ein Einspruchsprotokoll fertigen, das Du nur noch zu unterschreiben brauchst. Vergiß nicht, eine Kopie für Deine Unterlagen zu verlangen.

TIP Einspruchsfrist abgelaufen! Was tun?
1409

Dann ist noch nicht alles verloren, wenn Du ohne Verschulden verhindert warst, den Einspruch einzulegen. Für diesen Fall sorge mit den Worten »Wiedereinsetzung in den vorigen Stand« nach § 110 AO dafür, daß bei dem Fiskalritter der richtige Groschen fällt.

Den Antrag auf »Wiedereinsetzung« mußt Du aber innerhalb eines Monats nach Wegfall des Hinderungsgrundes stellen. Der Hinderungsgrund kann eine längere Reise oder ein längerer Krankenhausaufenthalt sein.

Ein Wiedereinsetzungsgrund ist aber auch, wenn Dir das Finanzamt nicht genau die Abweichungen von Deiner Erklärung mitgeteilt hat. Vielleicht bist Du erst bei Erstellung der Steuererklärung für das Folgejahr über die Änderungen gestolpert. Lege also Einspruch ein und beantrage für die Verspätung die »Wiedereinsetzung in den vorigen Stand« (Quelle: § 126 Abs. 3 AO).

Ganz aus dem Schneider bist Du, wenn Du sagen kannst, Du habest überhaupt noch keinen Steuerbescheid erhalten, sofern das zutrifft. Und deshalb auch noch nicht gezahlt. Denn ein Steuerbescheid wird durch einfachen Brief zugestellt, und der kann ja schließlich verlorengehen (§ 122 Abs. 2 AO; BFH, BStBl 1967 III S. 99, BStBl 1975 II S. 286). Dann schickt Dir das Finanzamt einen neuen Bescheid, diesmal wohl aber mit Postzustellungsurkunde.

1410 **TIP** Stell Dich hier dümmer, als Du bist

Wenn es nämlich darum geht, daß Du erst nach Ablauf der Einspruchsfrist von einer Steuervergünstigung erfahren hast. Dann kannst Du die Steuervergünstigung nachträglich beantragen. Das klappt aber nur, wenn Dich kein grobes Verschulden daran trifft, daß Du versäumt hast, die Steuervergünstigung bereits in der Steuererklärung zu beantragen (Quelle: § 173 AO).

Bist Du ein Steuerexperte, wird das Finanzamt Dir sagen, Du hättest von der Steuervergünstigung wissen müssen, und Dir grobes Verschulden vorhalten. Darum ist es immer besser, beim Finanzamt nicht den Schlaumeier zu spielen. Sage einfach, Du habest aufgrund der vielen Gesetzesänderungen den Überblick verloren (BFH-Urt. vom 10. 8. 1988 – BStBl 1989 II S. 131 – und vom 21. 7. 1989 – BStBl 1989 II S. 960). Das FG Saarland hat sogar einem Volljuristen kein grobes Verschulden unterstellt, der vergessen hatte, sein häusliches Arbeitszimmer abzusetzen (Urt. vom 25. 10. 1989 – EFG 1990 S. 147). Selbst ein Fachanwalt für Steuerrecht, der die Bauspargebühr auf dem Kontoauszug übersehen hatte, bekam Rückendeckung vom Finanzgericht (FG Baden-Württemberg mit Urt. vom 17. 10. 1996 – EFG 1997 Nr. 97).

Schreibe also höflich: »Hiermit beantrage ich die Änderung des Steuerbescheides vom 17. 3. 98. Leider habe ich erst jetzt bemerkt, daß ich einen Hefter Belege nicht in der Steuererklärung aufgeführt habe.«

Problem: Das Finanzamt unterstellt Dir grobes Verschulden, weil Du eine im Vordruck ausdrücklich gestellte Frage übersehen hast. Dann sagst Du:

»Na klar, die Frage habe ich wohl gelesen, aber nicht verstanden! Die Erläuterungen waren so verwirrend, daß ich dachte, hier nichts eintragen zu müssen. Erst jetzt habe ich erfahren, daß mir der Staat hier eine Steuervergünstigung zugedacht hat. Hilfsweise beantrage ich daher den Erlaß der anteiligen Steuer.«

Hast Du Deine Steuererklärung sorgfältig ausgefüllt, so hast Du besonders gute Karten, wenn Du einzelne Werbungskosten nachschieben möchtest (z. B. Beleg für ein Fachbuch, eine Schreibtischlampe oder Aktentasche). Das Finanzgericht Baden-Württemberg jedenfalls hast Du auf Deiner Seite, denn dessen Richter haben erkannt: »Nobody is perfect«, und jeder kann einmal etwas vergessen oder einen Beleg übersehen (Quelle: siehe oben). Recht so!

TIP Mach den Rückzieher beim Verbösern 1411

Dein Einspruch landet zunächst in dem für Dich zuständigen Veranlagungsbezirk. Entweder gesteht der dort tätige Fiskalritter den Fehler ein und erteilt einen nachgebesserten Bescheid. Oder, etwas weniger nett, er schreibt Dir, Dein Einspruch sei völlig haltlos (aus den und den Gründen), und Du mögest ihn wieder zurücknehmen. Tust Du das nicht, geht Dein Einspruch zur Rechtsbehelfsstelle, und das sagt schon deutlich genug, was Dich dort erwartet: nur ein Rechts*behelf*. Denn der Veranlagungsbezirk und die Rechtsbehelfsstelle arbeiten Hand in Hand nach dem Motto: Keine Krähe …
Deshalb könnte es Dir passieren, daß Du zwar in Deiner Einspruchssache recht bekommst, die Rechtsbehelfsstelle aber z. B. durch Streichung anderer Ausgaben, bei denen der Veranlagungsbezirk großzügig war oder etwas übersehen hat, einen Nachschlag verlangt. So daß Du per saldo noch draufzahlen mußt. So etwas nennt man »verbösern«. Gottlob kann Dir dabei nicht viel passieren, wenn Du aufpaßt. Denn die besagte Stelle muß Dich vorab von der Verböserungsabsicht in Kenntnis setzen (rechtliches Gehör gewähren unter Angabe der Gründe und der steuerlichen Auswirkung) und Dir eine ausreichende Frist für eine Stellungnahme einräumen (Quelle: § 367 AO).

Du kannst dann abwägen, welche Chancen Du hast, entweder der Verböserungsabsicht entgegenzutreten oder aber einen eleganten Rückzieher zu machen, indem Du sang- und klanglos Deinen Einspruch zurücknimmst, also schreibst: »Hiermit nehme ich meinen Einspruch zurück.«

Vielleicht hast Du aber auch Glück und erhältst einen nachgebesserten Bescheid, so wie Du ihn haben willst. Denn wer nicht wagt, der nicht gewinnt.

1412   **11.6.2 Aussetzung der Vollziehung**

Der Einspruch gegen den Steuerbescheid bewahrt Dich aber nicht davor, den angeforderten Betrag zum Fälligkeitszeitpunkt zahlen zu müssen. Zahlst Du nicht rechtzeitig, so entstehen Säumniszuschläge in Höhe von 1% für jeden angefangenen Monat. Das ist ein unverschämter Prozentsatz und gilt als Druckmittel zur rechtzeitigen Zahlung (Quelle: § 240 AO).

Willst Du nicht zahlen und auch Säumniszuschläge vermeiden, hilft nur ein Antrag auf Aussetzung der Vollziehung (§ 361 AO). Den Aussetzungsantrag begründest Du damit, daß »ernstliche Zweifel an der Richtigkeit des angefochtenen Steuerbescheides« bestehen. Den Aussetzungsantrag kombinierst Du am besten mit dem Einspruch.

1413
```
An Finanzamt              Datum: 5. 5. 2000
Betrifft: Einkommensteuerbescheid 19.. vom...
          Steuer-Nr...
hier:     Einspruch und Aussetzung der Vollziehung

Sehr geehrte Damen und Herren,
gegen den obigen Bescheid lege ich Einspruch ein.
Begründung: Der Bescheid ist unrichtig, weil ...
Gleichzeitig beantrage ich Aussetzung der Vollzie-
hung des Bescheides, weil ernstliche Zweifel an
dessen Rechtmäßigkeit bestehen, wie die obige
Einspruchsbegründung zeigt.

Mit freundlichen Grüßen
Walter Knecht
```

Lehnt das Finanzamt Deinen Aussetzungsantrag als unbegründet ab, gehst Du dagegen mit einem für Dich kostenlosen Einspruch an.

Nachwort

»Weißt Du, ich habe die *1000 ganz legalen Steuertricks* gelesen, und auch in 1414 diesem Buch bringst Du wieder – wie ich sehe – neue Tips. Doch bei manchen Tips, da ist mir nicht ganz wohl. Ich bin da eigentlich mehr für die feinere Art, zu meinem Recht zu kommen«, sagst Du.

Richtig. Doch bedenke: Gegen meine *1000 Steuertricks* klotzt der Staat mit 100 000 Tricks an, niedergelegt in Verfügungen, Erlassen, Verordnungen und Gesetzen, um dem Bürger noch mehr Geld aus der Tasche zu holen. Deshalb sollte man es mir nicht verübeln, daß ich die Steuerzahler anhalte, die wenigen Lücken der mit deutschem Perfektionismus errichteten Steuergesetze zu nutzen und die Vorteile wahrzunehmen.

Und außerdem: Dein Gegenspieler ist ein Gigant, dem die besten juristischen Köpfe und die eisernste Beamtenschaft der Welt zur Verfügung steht, die dafür sorgen, daß der Bürger zur Ader gelassen wird, wo immer er tätig wird. Also sei schlau, denn Du hast ein Recht dazu.

Aufruf zum Steuerstreik!

Wie man die Bürokraten und Abkassierer in die Knie zwingt!

Unter dieser Überschrift berichtet BILD am 7. 9. 1999 über 400 Bürger von Großharsmannsdorf, die für einen längst erfolgten Kanalnetzanschluß nochmals 1 000 bis 15 000 Mark berappen sollten. Sie zahlten nicht. Als Pfändungen ihrer Konten angedroht wurden, zogen sie geschlossen zur Sparkasse und räumten alle Konten leer. Dann klagten sie vor dem Verwaltungsgericht Chemnitz und gewannen den Prozeß. Jetzt erhalten auch alle die ihr Geld zurück, die brav gezahlt hatten.

Die haben es uns vorgemacht. Einigkeit macht stark! Üben wir nun alle den Aufstand. Unter der Begründung »Die Steuergesetze sind ungerecht und unmoralisch« müßte unser Verfassungsgericht uns Bürgern mehr Rechte und weniger Steuern verschaffen.

12. Die Einkommensteuertabellen für 1999

Die folgenden Einkommensteuertabellen sind auf das zu versteuernde **1415** Einkommen anzuwenden. Dessen Berechnung erfolgt nach dem Veranlagungsschema unter ➤ Rz 33.

Bei den Einkommensteuertabellen ist zwischen der Grundtabelle und der Splittingtabelle zu unterscheiden. Letztere ist wesentlich günstiger als die Grundtabelle. Zur Steuerprogression und zum Splittingtarif mehr unter ➤ Rz 36 und 76.

Die Splittingtabelle gilt für die Zusammenveranlagung von Eheleuten, ferner für Verwitwete, jedoch nur für das Todesjahr des Ehegatten und für das darauffolgende erste volle Witwenjahr (Witwensplitting). Die Splittingtabelle ist auch maßgebend für solche Personen, deren Ehe im Veranlagungsjahr durch Scheidung aufgelöst worden ist, sofern sie zu Beginn des Jahres noch nicht dauernd getrennt gelebt haben. Hat im Jahr der Scheidung einer der Ehegatten wieder geheiratet, so erhält er bereits in diesem Jahr mit seinem neuen Ehepartner die Splittingtabelle, sofern die Neuvermählten die Zusammenveranlagung wählen. Der andere Ehegatte, der nicht wieder geheiratet hat, erhält ebenfalls die Splittingtabelle, obwohl er einzeln veranlagt wird (Gnadensplitting).

In allen anderen Fällen richtet sich die Einkommensteuer nach der Grundtabelle. Diese wird – mit Ausnahme der o. a. Fälle – auch dann angewendet, wenn die Eheleute im Jahr der Eheschließung die besondere Veranlagung beantragt haben. Im Rahmen dieser Veranlagung werden sie so behandelt, als wäre die Ehe nicht geschlossen worden. Dazu mehr unter ➤ Rz 85.

1. Einkommensteuer-Grundtabelle 1999

zu versteuerndes Einkommen in DM von	bis	Einkommensteuer in DM	zu versteuerndes Einkommen in DM von	bis	Einkommensteuer in DM	zu versteuerndes Einkommen in DM von	bis	Einkommensteuer in DM
0 –	13067	0	16254 –	16307	849	19494 –	19547	1720
13068 –	13121	13	16308 –	16361	864	19548 –	19601	1735
13122 –	13175	27	16362 –	16415	878	19602 –	19655	1750
13176 –	13229	41	16416 –	16469	892	19656 –	19709	1764
13230 –	13283	55	16470 –	16523	907	19710 –	19763	1779
13284 –	13337	70	16524 –	16577	921	19764 –	19817	1794
13338 –	13391	84	16578 –	16631	935	19818 –	19871	1809
13392 –	13445	98	16632 –	16685	950	19872 –	19925	1823
13446 –	13499	112	16686 –	16739	964	19926 –	19979	1838
13500 –	13553	126	16740 –	16793	979	19980 –	20033	1853
13554 –	13607	140	16794 –	16847	993	20034 –	20087	1868
13608 –	13661	154	16848 –	16901	1007	20088 –	20141	1882
13662 –	13715	168	16902 –	16955	1022	20142 –	20195	1897
13716 –	13769	182	16956 –	17009	1036	20196 –	20249	1912
13770 –	13823	196	17010 –	17063	1051	20250 –	20303	1927
13824 –	13877	210	17064 –	17117	1065	20304 –	20357	1941
13878 –	13931	224	17118 –	17171	1079	20358 –	20411	1956
13932 –	13985	238	17172 –	17225	1094	20412 –	20465	1971
13986 –	14039	252	17226 –	17279	1108	20466 –	20519	1986
14040 –	14093	266	17280 –	17333	1123	20520 –	20573	2001
14094 –	14147	280	17334 –	17387	1137	20574 –	20627	2015
14148 –	14201	295	17388 –	17441	1152	20628 –	20681	2030
14202 –	14255	309	17442 –	17495	1166	20682 –	20735	2045
14256 –	14309	323	17496 –	17549	1181	20736 –	20789	2060
14310 –	14363	337	17550 –	17603	1195	20790 –	20843	2075
14364 –	14417	351	17604 –	17657	1210	20844 –	20897	2090
14418 –	14471	365	17658 –	17711	1224	20898 –	20951	2104
14472 –	14525	379	17712 –	17765	1239	20952 –	21005	2119
14526 –	14579	393	17766 –	17819	1253	21006 –	21059	2134
14580 –	14633	408	17820 –	17873	1268	21060 –	21113	2149
14634 –	14687	422	17874 –	17927	1282	21114 –	21167	2164
14688 –	14741	436	17928 –	17981	1297	21168 –	21221	2179
14742 –	14795	450	17982 –	18035	1311	21222 –	21275	2194
14796 –	14849	464	18036 –	18089	1326	21276 –	21329	2208
14850 –	14903	478	18090 –	18143	1340	21330 –	21383	2223
14904 –	14957	493	18144 –	18197	1355	21384 –	21437	2238
14958 –	15011	507	18198 –	18251	1369	21438 –	21491	2253
15012 –	15065	521	18252 –	18305	1384	21492 –	21545	2268
15066 –	15119	535	18306 –	18359	1398	21546 –	21599	2283
15120 –	15173	549	18360 –	18413	1413	21600 –	21653	2298
15174 –	15227	564	18414 –	18467	1428	21654 –	21707	2313
15228 –	15281	578	18468 –	18521	1442	21708 –	21761	2328
15282 –	15335	592	18522 –	18575	1457	21762 –	21815	2343
15336 –	15389	606	18576 –	18629	1471	21816 –	21869	2358
15390 –	15443	621	18630 –	18683	1486	21870 –	21923	2373
15444 –	15497	635	18684 –	18737	1501	21924 –	21977	2388
15498 –	15551	649	18738 –	18791	1515	21978 –	22031	2403
15552 –	15605	663	18792 –	18845	1530	22032 –	22085	2417
15606 –	15659	678	18846 –	18899	1544	22086 –	22139	2432
15660 –	15713	692	18900 –	18953	1559	22140 –	22193	2447
15714 –	15767	706	18954 –	19007	1574	22194 –	22247	2462
15768 –	15821	720	19008 –	19061	1588	22248 –	22301	2477
15822 –	15875	735	19062 –	19115	1603	22302 –	22355	2492
15876 –	15929	749	19116 –	19169	1618	22356 –	22409	2507
15930 –	15983	763	19170 –	19223	1632	22410 –	22463	2522
15984 –	16037	778	19224 –	19277	1647	22464 –	22517	2537
16038 –	16091	792	19278 –	19331	1662	22518 –	22571	2552
16092 –	16145	806	19332 –	19385	1676	22572 –	22625	2567
16146 –	16199	821	19386 –	19439	1691	22626 –	22679	2583
16200 –	16253	835	19440 –	19493	1706	22680 –	22733	2598

1. Einkommensteuer-Grundtabelle 1999

zu versteuerndes Einkommen in DM		Ein-kommen-steuer in DM	zu versteuerndes Einkommen in DM		Ein-kommen-steuer in DM	zu versteuerndes Einkommen in DM		Ein-kommen-steuer in DM
von	bis		von	bis		von	bis	
22734	22787	2613	25974	26027	3526	29214	29267	4461
22788	22841	2628	26028	26081	3542	29268	29321	4477
22842	22895	2643	26082	26135	3557	29322	29375	4492
22896	22949	2658	26136	26189	3572	29376	29429	4508
22950	23003	2673	26190	26243	3588	29430	29483	4524
23004	23057	2688	26244	26297	3603	29484	29537	4540
23058	23111	2703	26298	26351	3619	29538	29591	4556
23112	23165	2718	26352	26405	3634	29592	29645	4571
23166	23219	2733	26406	26459	3650	29646	29699	4587
23220	23273	2748	26460	26513	3665	29700	29753	4603
23274	23327	2763	26514	26567	3680	29754	29807	4619
23328	23381	2779	26568	26621	3696	29808	29861	4635
23382	23435	2794	26622	26675	3711	29862	29915	4650
23436	23489	2809	26676	26729	3727	29916	29969	4666
23490	23543	2824	26730	26783	3742	29970	30023	4682
23544	23597	2839	26784	26837	3758	30024	30077	4698
23598	23651	2854	26838	26891	3773	30078	30131	4714
23652	23705	2869	26892	26945	3789	30132	30185	4730
23706	23759	2884	26946	26999	3804	30186	30239	4746
23760	23813	2900	27000	27053	3820	30240	30293	4761
23814	23867	2915	27054	27107	3835	30294	30347	4777
23868	23921	2930	27108	27161	3851	30348	30401	4793
23922	23975	2945	27162	27215	3866	30402	30455	4809
23976	24029	2960	27216	27269	3882	30456	30509	4825
24030	24083	2975	27270	27323	3898	30510	30563	4841
24084	24137	2991	27324	27377	3913	30564	30617	4857
24138	24191	3006	27378	27431	3929	30618	30671	4873
24192	24245	3021	27432	27485	3944	30672	30725	4889
24246	24299	3036	27486	27539	3960	30726	30779	4904
24300	24353	3052	27540	27593	3975	30780	30833	4920
24354	24407	3067	27594	27647	3991	30834	30887	4936
24408	24461	3082	27648	27701	4006	30888	30941	4952
24462	24515	3097	27702	27755	4022	30942	30995	4968
24516	24569	3112	27756	27809	4038	30996	31049	4984
24570	24623	3128	27810	27863	4053	31050	31103	5000
24624	24677	3143	27864	27917	4069	31104	31157	5016
24678	24731	3158	27918	27971	4084	31158	31211	5032
24732	24785	3173	27972	28025	4100	31212	31265	5048
24786	24839	3189	28026	28079	4116	31266	31319	5064
24840	24893	3204	28080	28133	4131	31320	31373	5080
24894	24947	3219	28134	28187	4147	31374	31427	5096
24948	25001	3235	28188	28241	4163	31428	31481	5112
25002	25055	3250	28242	28295	4178	31482	31535	5128
25056	25109	3265	28296	28349	4194	31536	31589	5144
25110	25163	3280	28350	28403	4210	31590	31643	5160
25164	25217	3296	28404	28457	4225	31644	31697	5176
25218	25271	3311	28458	28511	4241	31698	31751	5192
25272	25325	3326	28512	28565	4257	31752	31805	5208
25326	25379	3342	28566	28619	4272	31806	31859	5224
25380	25433	3357	28620	28673	4288	31860	31913	5240
25434	25487	3372	28674	28727	4304	31914	31967	5256
25488	25541	3388	28728	28781	4319	31968	32021	5272
25542	25595	3403	28782	28835	4335	32022	32075	5288
25596	25649	3418	28836	28889	4351	32076	32129	5304
25650	25703	3434	28890	28943	4367	32130	32183	5320
25704	25757	3449	28944	28997	4382	32184	32237	5337
25758	25811	3465	28998	29051	4398	32238	32291	5353
25812	25865	3480	29052	29105	4414	32292	32345	5369
25866	25919	3495	29106	29159	4429	32346	32399	5385
25920	25973	3511	29160	29213	4445	32400	32453	5401

1. Einkommensteuer-Grundtabelle 1999

zu versteuerndes Einkommen in DM von	bis	Einkommensteuer in DM	zu versteuerndes Einkommen in DM von	bis	Einkommensteuer in DM	zu versteuerndes Einkommen in DM von	bis	Einkommensteuer in DM
32454	32507	5417	35694	35747	6394	38934	38987	7393
32508	32561	5433	35748	35801	6411	38988	39041	7410
32562	32615	5449	35802	35855	6427	39042	39095	7426
32616	32669	5465	35856	35909	6444	39096	39149	7443
32670	32723	5481	35910	35963	6460	39150	39203	7460
32724	32777	5498	35964	36017	6477	39204	39257	7477
32778	32831	5514	36018	36071	6493	39258	39311	7494
32832	32885	5530	36072	36125	6510	39312	39365	7511
32886	32939	5546	36126	36179	6526	39366	39419	7528
32940	32993	5562	36180	36233	6543	39420	39473	7544
32994	33047	5578	36234	36287	6559	39474	39527	7561
33048	33101	5595	36288	36341	6576	39528	39581	7578
33102	33155	5611	36342	36395	6592	39582	39635	7595
33156	33209	5627	36396	36449	6609	39636	39689	7612
33210	33263	5643	36450	36503	6625	39690	39743	7629
33264	33317	5659	36504	36557	6642	39744	39797	7646
33318	33371	5676	36558	36611	6658	39798	39851	7663
33372	33425	5692	36612	36665	6675	39852	39905	7680
33426	33479	5708	36666	36719	6692	39906	39959	7697
33480	33533	5724	36720	36773	6708	39960	40013	7713
33534	33587	5740	36774	36827	6725	40014	40067	7730
33588	33641	5757	36828	36881	6741	40068	40121	7747
33642	33695	5773	36882	36935	6758	40122	40175	7764
33696	33749	5789	36936	36989	6775	40176	40229	7781
33750	33803	5805	36990	37043	6791	40230	40283	7798
33804	33857	5822	37044	37097	6808	40284	40337	7815
33858	33911	5838	37098	37151	6824	40338	40391	7832
33912	33965	5854	37152	37205	6841	40392	40445	7849
33966	34019	5870	37206	37259	6858	40446	40499	7866
34020	34073	5887	37260	37313	6874	40500	40553	7883
34074	34127	5903	37314	37367	6891	40554	40607	7900
34128	34181	5919	37368	37421	6908	40608	40661	7917
34182	34235	5936	37422	37475	6924	40662	40715	7934
34236	34289	5952	37476	37529	6941	40716	40769	7951
34290	34343	5968	37530	37583	6958	40770	40823	7968
34344	34397	5984	37584	37637	6974	40824	40877	7985
34398	34451	6001	37638	37691	6991	40878	40931	8002
34452	34505	6017	37692	37745	7008	40932	40985	8019
34506	34559	6033	37746	37799	7024	40986	41039	8036
34560	34613	6050	37800	37853	7041	41040	41093	8053
34614	34667	6066	37854	37907	7058	41094	41147	8070
34668	34721	6083	37908	37961	7074	41148	41201	8087
34722	34775	6099	37962	38015	7091	41202	41255	8104
34776	34829	6115	38016	38069	7108	41256	41309	8122
34830	34883	6132	38070	38123	7124	41310	41363	8139
34884	34937	6148	38124	38177	7141	41364	41417	8156
34938	34991	6164	38178	38231	7158	41418	41471	8173
34992	35045	6181	38232	38285	7175	41472	41525	8190
35046	35099	6197	38286	38339	7191	41526	41579	8207
35100	35153	6214	38340	38393	7208	41580	41633	8224
35154	35207	6230	38394	38447	7225	41634	41687	8241
35208	35261	6246	38448	38501	7242	41688	41741	8258
35262	35315	6263	38502	38555	7258	41742	41795	8275
35316	35369	6279	38556	38609	7275	41796	41849	8293
35370	35423	6296	38610	38663	7292	41850	41903	8310
35424	35477	6312	38664	38717	7309	41904	41957	8327
35478	35531	6328	38718	38771	7326	41958	42011	8344
35532	35585	6345	38772	38825	7342	42012	42065	8361
35586	35639	6361	38826	38879	7359	42066	42119	8378
35640	35693	6378	38880	38933	7376	42120	42173	8395

1. Einkommensteuer-Grundtabelle 1999

zu versteuerndes Einkommen in DM		Einkommensteuer in DM	zu versteuerndes Einkommen in DM		Einkommensteuer in DM	zu versteuerndes Einkommen in DM		Einkommensteuer in DM
von	bis		von	bis		von	bis	
42174 –	42227	8413	45414 –	45467	9454	48654 –	48707	10516
42228 –	42281	8430	45468 –	45521	9471	48708 –	48761	10534
42282 –	42335	8447	45522 –	45575	9489	48762 –	48815	10552
42336 –	42389	8464	45576 –	45629	9506	48816 –	48869	10570
42390 –	42443	8481	45630 –	45683	9524	48870 –	48923	10588
42444 –	42497	8499	45684 –	45737	9541	48924 –	48977	10605
42498 –	42551	8516	45738 –	45791	9559	48978 –	49031	10623
42552 –	42605	8533	45792 –	45845	9577	49032 –	49085	10641
42606 –	42659	8550	45846 –	45899	9594	49086 –	49139	10659
42660 –	42713	8567	45900 –	45953	9612	49140 –	49193	10677
42714 –	42767	8585	45954 –	46007	9629	49194 –	49247	10695
42768 –	42821	8602	46008 –	46061	9647	49248 –	49301	10713
42822 –	42875	8619	46062 –	46115	9664	49302 –	49355	10731
42876 –	42929	8636	46116 –	46169	9682	49356 –	49409	10749
42930 –	42983	8654	46170 –	46223	9700	49410 –	49463	10767
42984 –	43037	8671	46224 –	46277	9717	49464 –	49517	10785
43038 –	43091	8688	46278 –	46331	9735	49518 –	49571	10803
43092 –	43145	8705	46332 –	46385	9752	49572 –	49625	10821
43146 –	43199	8723	46386 –	46439	9770	49626 –	49679	10839
43200 –	43253	8740	46440 –	46493	9788	49680 –	49733	10857
43254 –	43307	8757	46494 –	46547	9805	49734 –	49787	10875
43308 –	43361	8775	46548 –	46601	9823	49788 –	49841	10893
43362 –	43415	8792	46602 –	46655	9841	49842 –	49895	10911
43416 –	43469	8809	46656 –	46709	9858	49896 –	49949	10929
43470 –	43523	8826	46710 –	46763	9876	49950 –	50003	10947
43524 –	43577	8844	46764 –	46817	9894	50004 –	50057	10965
43578 –	43631	8861	46818 –	46871	9911	50058 –	50111	10983
43632 –	43685	8878	46872 –	46925	9929	50112 –	50165	11001
43686 –	43739	8896	46926 –	46979	9947	50166 –	50219	11019
43740 –	43793	8913	46980 –	47033	9964	50220 –	50273	11037
43794 –	43847	8930	47034 –	47087	9982	50274 –	50327	11055
43848 –	43901	8948	47088 –	47141	10000	50328 –	50381	11073
43902 –	43955	8965	47142 –	47195	10018	50382 –	50435	11091
43956 –	44009	8983	47196 –	47249	10035	50436 –	50489	11109
44010 –	44063	9000	47250 –	47303	10053	50490 –	50543	11127
44064 –	44117	9017	47304 –	47357	10071	50544 –	50597	11145
44118 –	44171	9035	47358 –	47411	10088	50598 –	50651	11164
44172 –	44225	9052	47412 –	47465	10106	50652 –	50705	11182
44226 –	44279	9069	47466 –	47519	10124	50706 –	50759	11200
44280 –	44333	9087	47520 –	47573	10142	50760 –	50813	11218
44334 –	44387	9104	47574 –	47627	10160	50814 –	50867	11236
44388 –	44441	9122	47628 –	47681	10177	50868 –	50921	11254
44442 –	44495	9139	47682 –	47735	10195	50922 –	50975	11272
44496 –	44549	9157	47736 –	47789	10213	50976 –	51029	11290
44550 –	44603	9174	47790 –	47843	10231	51030 –	51083	11308
44604 –	44657	9191	47844 –	47897	10248	51084 –	51137	11327
44658 –	44711	9209	47898 –	47951	10266	51138 –	51191	11345
44712 –	44765	9226	47952 –	48005	10284	51192 –	51245	11363
44766 –	44819	9244	48006 –	48059	10302	51246 –	51299	11381
44820 –	44873	9261	48060 –	48113	10320	51300 –	51353	11399
44874 –	44927	9279	48114 –	48167	10337	51354 –	51407	11417
44928 –	44981	9296	48168 –	48221	10355	51408 –	51461	11436
44982 –	45035	9314	48222 –	48275	10373	51462 –	51515	11454
45036 –	45089	9331	48276 –	48329	10391	51516 –	51569	11472
45090 –	45143	9349	48330 –	48383	10409	51570 –	51623	11490
45144 –	45197	9366	48384 –	48437	10427	51624 –	51677	11508
45198 –	45251	9384	48438 –	48491	10444	51678 –	51731	11527
45252 –	45305	9401	48492 –	48545	10462	51732 –	51785	11545
45306 –	45359	9419	48546 –	48599	10480	51786 –	51839	11563
45360 –	45413	9436	48600 –	48653	10498	51840 –	51893	11581

1. Einkommensteuer-Grundtabelle 1999

zu versteuerndes Einkommen in DM		Einkommensteuer in DM	zu versteuerndes Einkommen in DM		Einkommensteuer in DM	zu versteuerndes Einkommen in DM		Einkommensteuer in DM
von	bis		von	bis		von	bis	
51894	51947	11600	55134	55187	12704	58374	58427	13830
51948	52001	11618	55188	55241	12723	58428	58481	13849
52002	52055	11636	55242	55295	12742	58482	58535	13868
52056	52109	11654	55296	55349	12760	58536	58589	13887
52110	52163	11673	55350	55403	12779	58590	58643	13906
52164	52217	11691	55404	55457	12797	58644	58697	13925
52218	52271	11709	55458	55511	12816	58698	58751	13944
52272	52325	11727	55512	55565	12835	58752	58805	13963
52326	52379	11746	55566	55619	12853	58806	58859	13982
52380	52433	11764	55620	55673	12872	58860	58913	14001
52434	52487	11782	55674	55727	12891	58914	58967	14020
52488	52541	11800	55728	55781	12909	58968	59021	14039
52542	52595	11819	55782	55835	12928	59022	59075	14058
52596	52649	11837	55836	55889	12946	59076	59129	14077
52650	52703	11855	55890	55943	12965	59130	59183	14096
52704	52757	11874	55944	55997	12984	59184	59237	14115
52758	52811	11892	55998	56051	13003	59238	59291	14134
52812	52865	11910	56052	56105	13021	59292	59345	14153
52866	52919	11929	56106	56159	13040	59346	59399	14172
52920	52973	11947	56160	56213	13059	59400	59453	14191
52974	53027	11965	56214	56267	13077	59454	59507	14210
53028	53081	11984	56268	56321	13096	59508	59561	14230
53082	53135	12002	56322	56375	13115	59562	59615	14249
53136	53189	12021	56376	56429	13133	59616	59669	14268
53190	53243	12039	56430	56483	13152	59670	59723	14287
53244	53297	12057	56484	56537	13171	59724	59777	14306
53298	53351	12076	56538	56591	13190	59778	59831	14325
53352	53405	12094	56592	56645	13208	59832	59885	14344
53406	53459	12112	56646	56699	13227	59886	59939	14363
53460	53513	12131	56700	56753	13246	59940	59993	14382
53514	53567	12149	56754	56807	13265	59994	60047	14401
53568	53621	12168	56808	56861	13283	60048	60101	14420
53622	53675	12186	56862	56915	13302	60102	60155	14440
53676	53729	12205	56916	56969	13321	60156	60209	14459
53730	53783	12223	56970	57023	13340	60210	60263	14478
53784	53837	12241	57024	57077	13359	60264	60317	14497
53838	53891	12260	57078	57131	13377	60318	60371	14516
53892	53945	12278	57132	57185	13396	60372	60425	14535
53946	53999	12297	57186	57239	13415	60426	60479	14555
54000	54053	12315	57240	57293	13434	60480	60533	14574
54054	54107	12334	57294	57347	13453	60534	60587	14593
54108	54161	12352	57348	57401	13471	60588	60641	14612
54162	54215	12371	57402	57455	13490	60642	60695	14631
54216	54269	12389	57456	57509	13509	60696	60749	14650
54270	54323	12408	57510	57563	13528	60750	60803	14670
54324	54377	12426	57564	57617	13547	60804	60857	14689
54378	54431	12445	57618	57671	13566	60858	60911	14708
54432	54485	12463	57672	57725	13585	60912	60965	14727
54486	54539	12482	57726	57779	13603	60966	61019	14747
54540	54593	12500	57780	57833	13622	61020	61073	14766
54594	54647	12519	57834	57887	13641	61074	61127	14785
54648	54701	12537	57888	57941	13660	61128	61181	14804
54702	54755	12556	57942	57995	13679	61182	61235	14823
54756	54809	12574	57996	58049	13698	61236	61289	14843
54810	54863	12593	58050	58103	13717	61290	61343	14862
54864	54917	12611	58104	58157	13736	61344	61397	14881
54918	54971	12630	58158	58211	13755	61398	61451	14901
54972	55025	12649	58212	58265	13774	61452	61505	14920
55026	55079	12667	58266	58319	13792	61506	61559	14939
55080	55133	12686	58320	58373	13811	61560	61613	14958

1. Einkommensteuer-Grundtabelle 1999

zu versteuerndes Einkommen in DM		Ein-kommen-steuer in DM	zu versteuerndes Einkommen in DM		Ein-kommen-steuer in DM	zu versteuerndes Einkommen in DM		Ein-kommen-steuer in DM
von	bis		von	bis		von	bis	
61614 –	61667	14978	64854 –	64907	16146	68094 –	68147	17337
61668 –	61721	14997	64908 –	64961	16166	68148 –	68201	17357
61722 –	61775	15016	64962 –	65015	16186	68202 –	68255	17377
61776 –	61829	15036	65016 –	65069	16205	68256 –	68309	17397
61830 –	61883	15055	65070 –	65123	16225	68310 –	68363	17418
61884 –	61937	15074	65124 –	65177	16245	68364 –	68417	17438
61938 –	61991	15094	65178 –	65231	16264	68418 –	68471	17458
61992 –	62045	15113	65232 –	65285	16284	68472 –	68525	17478
62046 –	62099	15132	65286 –	65339	16304	68526 –	68579	17498
62100 –	62153	15152	65340 –	65393	16323	68580 –	68633	17518
62154 –	62207	15171	65394 –	65447	16343	68634 –	68687	17539
62208 –	62261	15190	65448 –	65501	16363	68688 –	68741	17559
62262 –	62315	15210	65502 –	65555	16382	68742 –	68795	17579
62316 –	62369	15229	65556 –	65609	16402	68796 –	68849	17599
62370 –	62423	15248	65610 –	65663	16422	68850 –	68903	17619
62424 –	62477	15268	65664 –	65717	16442	68904 –	68957	17640
62478 –	62531	15287	65718 –	65771	16461	68958 –	69011	17660
62532 –	62585	15307	65772 –	65825	16481	69012 –	69065	17680
62586 –	62639	15326	65826 –	65879	16501	69066 –	69119	17700
62640 –	62693	15345	65880 –	65933	16521	69120 –	69173	17721
62694 –	62747	15365	65934 –	65987	16540	69174 –	69227	17741
62748 –	62801	15384	65988 –	66041	16560	69228 –	69281	17761
62802 –	62855	15404	66042 –	66095	16580	69282 –	69335	17782
62856 –	62909	15423	66096 –	66149	16600	69336 –	69389	17802
62910 –	62963	15443	66150 –	66203	16620	69390 –	69443	17822
62964 –	63017	15462	66204 –	66257	16639	69444 –	69497	17843
63018 –	63071	15481	66258 –	66311	16659	69498 –	69551	17863
63072 –	63125	15501	66312 –	66365	16679	69552 –	69605	17883
63126 –	63179	15520	66366 –	66419	16698	69606 –	69659	17904
63180 –	63233	15540	66420 –	66473	16718	69660 –	69713	17924
63234 –	63287	15559	66474 –	66527	16738	69714 –	69767	17944
63288 –	63341	15579	66528 –	66581	16758	69768 –	69821	17965
63342 –	63395	15598	66582 –	66635	16778	69822 –	69875	17985
63396 –	63449	15618	66636 –	66689	16798	69876 –	69929	18005
63450 –	63503	15637	66690 –	66743	16817	69930 –	69983	18026
63504 –	63557	15357	66744 –	66797	16837	69984 –	70037	18046
63558 –	63611	15676	66798 –	66851	16857	70038 –	70091	18067
63612 –	63665	15696	66852 –	66905	16877	70092 –	70145	18087
63666 –	63719	15715	66906 –	66959	16897	70146 –	70199	18108
63720 –	63773	15735	66960 –	67013	16917	70200 –	70253	18128
63774 –	63827	15754	67014 –	67067	16937	70254 –	70307	18148
63828 –	63881	15774	67068 –	67121	16957	70308 –	70361	18169
63882 –	63935	15793	67122 –	67175	16977	70362 –	70415	18189
63936 –	63989	15813	67176 –	67229	16997	70416 –	70469	18210
63990 –	64043	15833	67230 –	67283	17017	70470 –	70523	18230
64044 –	64097	15852	67284 –	67337	17037	70524 –	70577	18251
64098 –	64151	15872	67338 –	67391	17057	70578 –	70631	18271
64152 –	64205	15891	67392 –	67445	17077	70632 –	70685	18292
64206 –	64259	15911	67446 –	67499	17097	70686 –	70739	18312
64260 –	64313	15930	67500 –	67553	17117	70740 –	70793	18333
64314 –	64367	15950	67554 –	67607	17137	70794 –	70847	18353
64368 –	64421	15970	67608 –	67661	17157	70848 –	70901	18374
64422 –	64475	15989	67662 –	67715	17177	70902 –	70955	18395
64476 –	64529	16009	67716 –	67769	17197	70956 –	71009	18415
64530 –	64583	16028	67770 –	67823	17217	71010 –	71063	18436
64584 –	64637	16048	67824 –	67877	17237	71064 –	71117	18456
64638 –	64691	16068	67878 –	67931	17257	71118 –	71171	18477
64692 –	64745	16087	67932 –	67985	17277	71172 –	71225	18498
64746 –	64799	16107	67986 –	68039	17297	71226 –	71279	18518
64800 –	64853	16127	68040 –	68093	17317	71280 –	71333	18539

1. Einkommensteuer-Grundtabelle 1999

zu versteuerndes Einkommen in DM von	bis	Einkommensteuer in DM	zu versteuerndes Einkommen in DM von	bis	Einkommensteuer in DM	zu versteuerndes Einkommen in DM von	bis	Einkommensteuer in DM
71334	71387	18559	74574	74627	19814	77814	77867	21100
71388	71441	18580	74628	74681	19835	77868	77921	21121
71442	71495	18601	74682	74735	19856	77922	77975	21143
71496	71549	18621	74736	74789	19877	77976	78029	21165
71550	71603	18642	74790	74843	19898	78030	78083	21186
71604	71657	18663	74844	74897	19919	78084	78137	21208
71658	71711	18683	74898	74951	19941	78138	78191	21230
71712	71765	18704	74952	75005	19962	78192	78245	21252
71766	71819	18725	75006	75059	19983	78246	78299	21273
71820	71873	18745	75060	75113	20004	78300	78353	21295
71874	71927	18766	75114	75167	20026	78354	78407	21317
71928	71981	18787	75168	75221	20047	78408	78461	21339
71982	72035	18808	75222	75275	20068	78462	78515	21361
72036	72089	18828	75276	75329	20089	78516	78569	21382
72090	72143	18849	75330	75383	20111	78570	78623	21404
72144	72197	18870	75384	75437	20132	78624	78677	21426
72198	72251	18891	75438	75491	20153	78678	78731	21448
72252	72305	18911	75492	75545	20175	78732	78785	21470
72306	72359	18932	75546	75599	20196	78786	78839	21492
72360	72413	18953	75600	75653	20217	78840	78893	21513
72414	72467	18974	75654	75707	20239	78894	78947	21535
72468	72521	18995	75708	75761	20260	78948	79001	21557
72522	72575	19016	75762	75815	20281	79002	79055	21579
72576	72629	19036	75816	75869	20303	79056	79109	21601
72630	72683	19057	75870	75923	20324	79110	79163	21623
72684	72737	19078	75924	75977	20346	79164	79217	21645
72738	72791	19099	75978	76031	20367	79218	79271	21667
72792	72845	19120	76032	76085	20388	79272	79325	21689
72846	72899	19141	76086	76139	20410	79326	79379	21711
72900	72953	19162	76140	76193	20431	79380	79433	21733
72954	73007	19182	76194	76247	20453	79434	79487	21755
73008	73061	19203	76248	76301	20474	79488	79541	21777
73062	73115	19224	76302	76355	20495	79542	79595	21799
73116	73169	19245	76356	76409	20517	79596	79649	21821
73170	73223	19266	76410	76463	20538	79650	79703	21842
73224	73277	19287	76464	76517	20560	79704	79757	21865
73278	73331	19308	76518	76571	20581	79758	79811	21887
73332	73385	19329	76572	76625	20603	79812	79865	21909
73386	73439	19350	76626	76679	20624	79866	79919	21931
73440	73493	19371	76680	76733	20646	79920	79973	21953
73494	73547	19392	76734	76787	20667	79974	80027	21975
73548	73601	19413	76788	76841	20689	80028	80081	21997
73602	73655	19434	76842	76895	20710	80082	80135	22019
73656	73709	19455	76896	76949	20732	80136	80189	22041
73710	73763	19476	76950	77003	20754	80190	80243	22063
73764	73817	19497	77004	77057	20775	80244	80297	22085
73818	73871	19518	77058	77111	20797	80298	80351	22107
73872	73925	19539	77112	77165	20818	80352	80405	22129
73926	73979	19560	77166	77219	20840	80406	80459	22151
73980	74033	19581	77220	77273	20861	80460	80513	22174
74034	74087	19602	77274	77327	20883	80514	80567	22196
74088	74141	19623	77328	77381	20905	80568	80621	22218
74142	74195	19644	77382	77435	20926	80622	80675	22240
74196	74249	19666	77436	77489	20948	80676	80729	22262
74250	74303	19687	77490	77543	20970	80730	80783	22284
74304	74357	19708	77544	77597	20991	80784	80837	22306
74358	74411	19729	77598	77651	21013	80838	80891	22329
74412	74465	19750	77652	77705	21035	80892	80945	22351
74466	74519	19771	77706	77759	21056	80946	80999	22373
74520	74573	19792	77760	77813	21078	81000	81053	22395

1. Einkommensteuer-Grundtabelle 1999

zu versteuerndes Einkommen in DM		Einkommensteuer in DM	zu versteuerndes Einkommen in DM		Einkommensteuer in DM	zu versteuerndes Einkommen in DM		Einkommensteuer in DM
von	bis		von	bis		von	bis	
81054 –	81107	22418	84294 –	84347	23767	87534 –	87587	25149
81108 –	81161	22440	84348 –	84401	23790	87588 –	87641	25172
81162 –	81215	22462	84402 –	84455	23813	87642 –	87695	25196
81216 –	81269	22484	84456 –	84509	23836	87696 –	87749	25219
81270 –	81323	22507	84510 –	84563	23858	87750 –	87803	25242
81324 –	81377	22529	84564 –	84617	23881	87804 –	87857	25266
81378 –	81431	22551	84618 –	84671	23904	87858 –	87911	25289
81432 –	81485	22573	84672 –	84725	23927	87912 –	87965	25312
81486 –	81539	22596	84726 –	84779	23950	87966 –	88019	25336
81540 –	81593	22618	84780 –	84833	23973	88020 –	88073	25359
81594 –	81647	22640	84834 –	84887	23995	88074 –	88127	25382
81648 –	81701	22663	84888 –	84941	24018	88128 –	88181	25406
81702 –	81755	22685	84942 –	84995	24041	88182 –	88235	25429
81756 –	81809	22707	84996 –	85049	24064	88236 –	88289	25453
81810 –	81863	22730	85050 –	85103	24087	88290 –	88343	25476
81864 –	81917	22752	85104 –	85157	24110	88344 –	88397	25500
81918 –	81971	22774	85158 –	85211	24133	88398 –	88451	25523
81972 –	82025	22797	85212 –	85265	24156	88452 –	88505	25546
82026 –	82079	22819	85266 –	85319	24179	88506 –	88559	25570
82080 –	82133	22842	85320 –	85373	24201	88560 –	88613	25593
82134 –	82187	22864	85374 –	85427	24224	88614 –	88667	25617
82188 –	82241	22886	85428 –	85481	24247	88668 –	88721	25640
82242 –	82295	22909	85482 –	85535	24270	88722 –	88775	25664
82296 –	82349	22931	85536 –	85589	24293	88776 –	88829	25687
82350 –	82403	22954	85590 –	85643	24316	88830 –	88883	25711
82404 –	82457	22976	85644 –	85697	24339	88884 –	88937	25734
82458 –	82511	22999	85698 –	85751	24362	88938 –	88991	25758
82512 –	82565	23021	85752 –	85805	24385	88992 –	89045	25781
82566 –	82619	23043	85806 –	85859	24408	89046 –	89099	25805
82620 –	82673	23066	85860 –	85913	24431	89100 –	89153	25828
82674 –	82727	23088	85914 –	85967	24454	89154 –	89207	25852
82728 –	82781	23111	85968 –	86021	24477	89208 –	89261	25875
82782 –	82835	23133	86022 –	86075	24500	89262 –	89315	25899
82836 –	82889	23156	86076 –	86129	24523	89316 –	89369	25923
82890 –	82943	23179	86130 –	86183	24546	89370 –	80423	25946
82944 –	82997	23201	86184 –	86237	24570	89424 –	89477	25970
82998 –	83051	23224	86238 –	86291	24593	89478 –	89531	25993
83052 –	83105	23246	86292 –	86345	24616	89532 –	89585	26017
83106 –	83159	23269	86346 –	86399	24639	89586 –	89639	26041
83160 –	83213	23291	86400 –	86453	24662	89640 –	89693	26064
83214 –	83267	23314	86454 –	86507	24685	89694 –	89747	26088
83268 –	83321	23336	86508 –	86561	24708	89748 –	89801	26112
83322 –	83375	23359	86562 –	86615	24731	89802 –	89855	26135
83376 –	83429	23382	86616 –	86669	24754	89856 –	89909	26159
83430 –	83483	23404	86670 –	86723	24778	89910 –	89963	26183
83484 –	83537	23427	86724 –	86777	24801	89964 –	90017	26206
83538 –	83591	23450	86778 –	86831	24824	90018 –	90071	26230
83592 –	83645	23472	86832 –	86885	24847	90072 –	90125	26254
83646 –	83699	23495	86886 –	86939	24870	90126 –	90179	26277
83700 –	83753	23518	86940 –	86993	24893	90180 –	90233	26301
83754 –	83807	23540	86994 –	87047	24917	90234 –	90287	26325
83808 –	83861	23563	87048 –	87101	24940	90288 –	90341	26349
83862 –	83915	23586	87102 –	87155	24963	90342 –	90395	26372
83916 –	83969	23608	87156 –	87209	24986	90396 –	90449	26396
83970 –	84023	23631	87210 –	87263	25009	90450 –	90503	26420
84024 –	84077	23654	87264 –	87317	25033	90504 –	90557	26444
84078 –	84131	23676	87318 –	87371	25056	90558 –	90611	26468
84132 –	84185	23699	87372 –	87425	25079	90612 –	90665	26491
84186 –	84239	23722	87426 –	87479	25103	90666 –	90719	26515
84240 –	84293	23745	87480 –	87533	25126	90720 –	90773	26539

1. Einkommensteuer-Grundtabelle 1999

zu versteuerndes Einkommen in DM		Einkommensteuer in DM	zu versteuerndes Einkommen in DM		Einkommensteuer in DM	zu versteuerndes Einkommen in DM		Einkommensteuer in DM
von	bis		von	bis		von	bis	
90774	90827	26563	94014	94067	28008	97254	97307	29486
90828	90881	26587	94068	94121	28033	97308	97361	29511
90882	90935	26610	94122	94175	28057	97362	97415	29536
90936	90989	26634	94176	94229	28081	97416	97469	29560
90990	91043	26658	94230	94283	28106	97470	97523	29585
91044	91097	26682	94284	94337	28130	97524	97577	29610
91098	91151	26706	94338	94391	28155	97578	97631	29635
91152	91205	26730	94392	94445	28179	97632	97685	29660
91206	91259	26754	94446	94499	28203	97686	97739	29685
91260	91313	26778	94500	94553	28228	97740	97793	29710
91314	91367	26801	94554	94607	28252	97794	97847	29735
91368	91421	26825	94608	94661	28277	97848	97901	29760
91422	91475	26849	94662	94715	28301	97902	97955	29785
91476	91529	26873	94716	94769	28326	97956	98009	29810
91530	91583	26897	94770	94823	28350	98010	98063	29835
91584	91637	26921	94824	94877	28375	98064	98117	29860
91638	91691	26945	94878	94931	28399	98118	98171	29885
91692	91745	26969	94932	94985	28424	98172	98225	29910
91746	91799	26993	94986	95039	28448	98226	98279	29935
91800	91853	27017	95040	95093	28473	98280	98333	29960
91854	91907	27041	95094	95147	28497	98334	98387	29985
91908	91961	27065	95148	95201	28522	98388	98441	30010
91962	92015	27089	95202	95255	28546	98442	98495	30035
92016	92069	27113	95256	95309	28571	98496	98549	30061
92070	92123	27137	95310	95363	28595	98550	98603	30086
92124	92177	27161	95364	95417	28620	98604	98657	30111
92178	92231	27185	95418	95471	28645	98658	98711	30136
92232	92285	27209	95472	95525	28669	98712	98765	30161
92286	92339	27233	95526	95579	28694	98766	98819	30186
92340	92393	27257	95580	95633	28718	98820	98873	30211
92394	92447	27282	95634	95687	28743	98874	98927	30236
92448	92501	27306	95688	95741	28768	98928	98981	30262
92502	92555	27330	95742	95795	28792	98982	99035	30287
92556	92609	27354	95796	95849	28817	99036	99089	30312
92610	92663	27378	95850	95903	28842	99090	99143	30337
92664	92717	27402	95904	95957	28866	99144	99197	30362
92718	92771	27426	95958	96011	28891	99198	99251	30387
92772	92825	27450	96012	96065	28916	99252	99305	30413
92826	92879	27475	96066	96119	28940	99306	99359	30438
92880	92933	27499	96120	96173	28965	99360	99413	30463
92934	92987	27523	96174	96227	28990	99414	99467	30488
92988	93041	27547	96228	96281	29014	99468	99521	30514
93042	93095	27571	96282	96335	29039	99522	99575	30539
93096	93149	27595	96336	96389	29064	99576	99629	30564
93150	93203	27620	96390	96443	29089	99630	99683	30589
93204	93257	27644	96444	96497	29113	99684	99737	30615
93258	93311	27668	96498	96551	29138	99738	99791	30640
93312	93365	27692	96552	96605	29163	99792	99845	30665
93366	93419	27717	96606	96659	29188	99846	99899	30691
93420	93473	27741	96660	96713	29212	99900	99953	30716
93474	93527	27765	96714	96767	29237	99954	100007	30741
93528	93581	27789	96768	96821	29262	100008	100061	30767
93582	93635	27814	96822	96875	29287	100062	100115	30792
93636	93689	27838	96876	96929	29312	100116	100169	30817
93690	93743	27862	96930	96983	29337	100170	100223	30843
93744	93797	27887	96984	97037	29361	100224	100277	30868
93798	93851	27911	97038	97091	29386	100278	100331	30893
93852	93905	27935	97092	97145	29411	100332	100385	30919
93906	93959	27960	97146	97199	29436	100386	100439	30944
93960	94013	27984	97200	97253	29461	100440	100493	30970

1. Einkommensteuer-Grundtabelle 1999

zu versteuerndes Einkommen in DM		Einkommensteuer in DM	zu versteuerndes Einkommen in DM		Einkommensteuer in DM	zu versteuerndes Einkommen in DM		Einkommensteuer in DM
von	bis		von	bis		von	bis	
100494	100547	30995	103734	103787	32536	106974	107027	34109
100548	100601	31020	103788	103841	32562	107028	107081	34136
100602	100655	31046	103842	103895	32588	107082	107135	34162
100656	100709	31071	103896	103949	32614	107136	107189	34189
100710	100763	31097	103950	104003	32640	107190	107243	34215
100764	100817	31122	104004	104057	32666	107244	107297	34242
100818	100871	31148	104058	104111	32692	107298	107351	34268
100872	100925	31173	104112	104165	32718	107352	107405	34295
100926	100979	31199	104166	104219	32744	107406	107459	34322
100980	101033	31224	104220	104273	32770	107460	107513	34348
101034	101087	31250	104274	104327	32796	107514	107567	34375
101088	101141	31275	104328	104381	32822	107568	107621	34401
101142	101195	31301	104382	104435	32848	107622	107675	34428
101196	101249	31326	104436	104489	32874	107676	107729	34454
101250	101303	31352	104490	104543	32900	107730	107783	34481
101304	101357	31377	104544	104597	32927	107784	107837	34508
101358	101411	31403	104598	104651	32953	107838	107891	34534
101412	101465	31428	104652	104705	32979	107892	107945	34561
101466	101519	31454	104706	104759	33005	107946	107999	34588
101520	101573	31480	104760	104813	33031	108000	108053	34614
101574	101627	31505	104814	104867	33057	108054	108107	34641
101628	101681	31531	104868	104921	33083	108108	108161	34668
101682	101735	31556	104922	104975	33109	108162	108215	34694
101736	101789	31582	104976	105029	33136	108216	108269	34721
101790	101843	31608	105030	105083	33162	108270	108323	34748
101844	101897	31633	105084	105137	33188	108324	108377	34774
101898	101951	31659	105138	105191	33214	108378	108431	34801
101952	102005	31685	105192	105245	33240	108432	108485	34828
102006	102059	31710	105246	105299	33266	108486	108539	34854
102060	102113	31736	105300	105353	33293	108540	108593	34881
102114	102167	31762	105354	105407	33319	108594	108647	34908
102168	102221	31787	105408	105461	33345	108648	108701	34935
102222	102275	31813	105462	105515	33371	108702	108755	34961
102276	102329	31839	105516	105569	33398	108756	108809	34988
102330	102383	31864	105570	105623	33424	108810	108863	35015
102384	102437	31890	105624	105677	33450	108864	108917	35042
102438	102491	31916	105678	105731	33476	108918	108971	35069
102492	102545	31942	105732	105785	33503	108972	109025	35095
102546	102599	31967	105786	105839	33529	109026	109079	35122
102600	102653	31993	105840	105893	33555	109080	109133	35149
102654	102707	32019	105894	105947	33581	109134	109187	35176
102708	102761	32045	105948	106001	33608	109188	109241	35203
102762	102815	32071	106002	106055	33634	109242	109295	35230
102816	102869	32096	106056	106109	33660	109296	109349	35256
102870	102923	32122	106110	106163	33687	109350	109403	35283
102924	102977	32148	106164	106217	33713	109404	109457	35310
102978	103031	32174	106218	106271	33739	109458	109511	35337
103032	103085	32200	106272	106325	33766	109512	109565	35364
103086	103139	32225	106326	106379	33792	109566	109619	35391
103140	103193	32251	106380	106433	33819	109620	109673	35418
103194	103247	32277	106434	106487	33845	109674	109727	35445
103248	103301	32303	106488	106541	33871	109728	109781	35472
103302	103355	32329	106542	106595	33898	109782	109835	35499
103356	103409	32355	106596	106649	33924	109836	109889	35526
103410	103463	32381	106650	106703	33951	109890	109943	35552
103464	103517	32407	106704	106757	33977	109944	109997	35579
103518	103571	32433	106758	106811	34004	109998	110051	35606
103572	103625	32458	106812	106865	34030	110052	110105	35633
103626	103679	32484	106866	106919	34056	110106	110159	35660
103680	103733	32510	106920	106973	34083	110160	110213	35687

1. Einkommensteuer-Grundtabelle 1999

zu versteuerndes Einkommen in DM		Ein-kommen-steuer in DM	zu versteuerndes Einkommen in DM		Ein-kommen-steuer in DM	zu versteuerndes Einkommen in DM		Ein-kommen-steuer in DM
von	bis		von	bis		von	bis	
110214	–	110267	35714	113508	–	113561	37379	116802	–	116855	39076
110214	– 110267	35714	113508	– 113561	37379	116802	– 116855	39076
110268	– 110321	35741	113562	– 113615	37406	116856	– 116909	39104
110322	– 110375	35768	113616	– 113669	37434	116910	– 116963	39133
110376	– 110429	35796	113670	– 113723	37462	116964	– 117017	39161
110430	– 110483	35823	113724	– 113777	37489	117018	– 117071	39189
110484	– 110537	35850	113778	– 113831	37517	117072	– 117125	39217
110538	– 110591	35877	113832	– 113885	37544	117126	– 117179	39245
110592	– 110645	35904	113886	– 113939	37572	117180	– 117233	39273
110646	– 110699	35931	113940	– 113993	37600	117234	– 117287	39301
110700	– 110753	35958	113994	– 114047	37627	117288	– 117341	39330
110754	– 110807	35985	114048	– 114101	37655	117342	– 117395	39358
110808	– 110861	36012	114102	– 114155	37683	117396	– 117449	39386
110862	– 110915	36039	114156	– 114209	37710	117450	– 117503	39414
110916	– 110969	36066	114210	– 114263	37738	117504	– 117557	39442
110970	– 111023	36094	114264	– 114317	37766	117558	– 117611	39471
111024	– 111077	36121	114318	– 114371	37793	117612	– 117665	39499
111078	– 111131	36148	114372	– 114425	37821	117666	– 117719	39527
111132	– 111185	36175	114426	– 114479	37849	117720	– 117773	39555
111186	– 111239	36202	114480	– 114533	37876	117774	– 117827	39584
111240	– 111293	36229	114534	– 114587	37904	117828	– 117881	39612
111294	– 111347	36257	114588	– 114641	37932	117882	– 117935	39640
111348	– 111401	36284	114642	– 114695	37960	117936	– 117989	39668
111402	– 111455	36311	114696	– 114749	37987	117990	– 118043	39697
111456	– 111509	36338	114750	– 114803	38015	118044	– 118097	39725
111510	– 111563	36365	114804	– 114857	38043	118098	– 118151	39753
111564	– 111617	36393	114858	– 114911	38071	118152	– 118205	39782
111618	– 111671	36420	114912	– 114965	38098	118206	– 118259	39810
111672	– 111725	36447	114966	– 115019	38126	118260	– 118313	39838
111726	– 111779	36474	115020	– 115073	38154	118314	– 118367	39867
111780	– 111833	36502	115074	– 115127	38182	118368	– 118421	39895
111834	– 111887	36529	115128	– 115181	38210	118422	– 118475	39923
111888	– 111941	36556	115182	– 115235	38237	118476	– 118529	39952
111942	– 111995	36583	115236	– 115289	38265	118530	– 118583	39980
111996	– 112049	36611	115290	– 115343	38293	118584	– 118637	40008
112050	– 112103	36638	115344	– 115397	38321	118638	– 118691	40037
112104	– 112157	36665	115398	– 115451	38349	118692	– 118745	40065
112158	– 112211	36693	115452	– 115505	38377	118746	– 118799	40094
112212	– 112265	36720	115506	– 115559	38405	118800	– 118853	40122
112266	– 112319	36747	115560	– 115613	38432	118854	– 118907	40150
112320	– 112373	36775	115614	– 115667	38460	118908	– 118961	40179
112374	– 112427	36802	115668	– 115721	38488	118962	– 119015	40207
112428	– 112481	36830	115722	– 115775	38516	119016	– 119069	40236
112482	– 112535	36857	115776	– 115829	38544	119070	– 119123	40264
112536	– 112589	36884	115830	– 115883	38572	119124	– 119177	40293
112590	– 112643	36912	115884	– 115937	38600	119178	– 119231	40321
112644	– 112697	36939	115938	– 115991	38628	119232	– 119285	40350
112698	– 112751	36967	115992	– 116045	38656	119286	– 119339	40378
112752	– 112805	36994	116046	– 116099	38684	119340	– 119393	40407
112806	– 112859	37021	116100	– 116153	38712	119394	– 119447	40435
112860	– 112913	37049	116154	– 116207	38740	119448	– 119501	40464
112914	– 112967	37076	116208	– 116261	38768	119502	– 119555	40492
112968	– 113021	37104	116262	– 116315	38796	119556	– 119609	40521
113022	– 113075	37131	116316	– 116369	38824	119610	– 119663	40549
113076	– 113129	37159	116370	– 116423	38852	119664	– 119717	40578
113130	– 113183	37186	116424	– 116477	38880	119718	– 119771	40607
113184	– 113237	37214	116478	– 116531	38908	119772	– 119825	40635
113238	– 113291	37241	116532	– 116585	38936	119826	– 119879	40664
113292	– 113345	37269	116586	– 116639	38964	119880	– 119933	40692
113346	– 113399	37296	116640	– 116693	38992	119934	– 119987	40721
113400	– 113453	37324	116694	– 116747	39020	119988	– 120041	40749
113454	– 113507	37351	116748	– 116801	39048			

Für zu versteuernde Einkommensbeträge ab 120 042 DM beträgt die Einkommensteuer 53% abzüglich 22 842 DM.

Beispiel:

Zu versteuerndes Einkommen	120 500 DM
Davon 53%	63 865 DM
abzüglich	22 842 DM
Einkommensteuer	41 023 DM

2. Einkommensteuer-Splittingtabelle 1999

zu versteuerndes Einkommen in DM		Ein-kommen-steuer in DM	zu versteuerndes Einkommen in DM		Ein-kommen-steuer in DM	zu versteuerndes Einkommen in DM		Ein-kommen-steuer in DM
von	bis		von	bis		von	bis	
0 –	26135	0	29916 –	30023	1014	33804 –	33911	2044
26136 –	26243	26	30024 –	30131	1042	33912 –	34019	2072
26244 –	26351	54	30132 –	30239	1070	34020 –	34127	2102
26352 –	26459	82	30240 –	30347	1098	34128 –	34235	2130
26460 –	26567	110	30348 –	30455	1128	34236 –	34343	2158
26568 –	26675	140	30456 –	30563	1156	34344 –	34451	2188
26676 –	26783	168	30564 –	30671	1184	34452 –	34559	2216
26784 –	26891	196	30672 –	30779	1212	34560 –	34667	2246
26892 –	26999	224	30780 –	30887	1242	34668 –	34775	2274
27000 –	27107	252	30888 –	30995	1270	34776 –	34883	2304
27108 –	27215	280	30996 –	31103	1298	34884 –	34991	2332
27216 –	27323	308	31104 –	31211	1326	34992 –	35099	2362
27324 –	27431	336	31212 –	31319	1356	35100 –	35207	2390
27432 –	27539	364	31320 –	31427	1384	35208 –	35315	2420
27540 –	27647	392	31428 –	31535	1412	35316 –	35423	2448
27648 –	27755	420	31536 –	31643	1440	35424 –	35531	2478
27756 –	27863	448	31644 –	31751	1470	35532 –	35639	2506
27864 –	27971	476	31752 –	31859	1498	35640 –	35747	2536
27972 –	28079	504	31860 –	31967	1526	35748 –	35855	2564
28080 –	28187	532	31968 –	32075	1556	35856 –	35963	2594
28188 –	28295	560	32076 –	32183	1584	35964 –	36071	2622
28296 –	28403	590	32184 –	32291	1612	36072 –	36179	2652
28404 –	28511	618	32292 –	32399	1642	36180 –	36287	2680
28512 –	28619	646	32400 –	32507	1670	36288 –	36395	2710
28620 –	28727	674	32508 –	32615	1698	36396 –	36503	2738
28728 –	28835	702	32616 –	32723	1728	36504 –	36611	2768
28836 –	28943	730	32724 –	32831	1756	36612 –	36719	2796
28944 –	29051	758	32832 –	32939	1784	36720 –	36827	2826
29052 –	29159	786	32940 –	33047	1814	36828 –	36935	2856
29160 –	29267	816	33048 –	33155	1842	36936 –	37043	2884
29268 –	29375	844	33156 –	33263	1870	37044 –	37151	2914
29376 –	29483	872	33264 –	33371	1900	37152 –	37259	2942
29484 –	29591	900	33372 –	33479	1928	37260 –	37367	2972
29592 –	29699	928	33480 –	33587	1958	37368 –	37475	3002
29700 –	29807	956	33588 –	33695	1986	37476 –	37583	3030
29808 –	29915	986	33696 –	33803	2014	37584 –	37691	3060

2. Einkommensteuer-Splittingtabelle 1999

zu versteuerndes Einkommen in DM		Einkommensteuer in DM	zu versteuerndes Einkommen in DM		Einkommensteuer in DM	zu versteuerndes Einkommen in DM		Einkommensteuer in DM
von	bis		von	bis		von	bis	
37692	37799	3088	44172	44279	4864	50652	50759	6684
37800	37907	3118	44280	44387	4894	50760	50867	6714
37908	38015	3148	44388	44495	4924	50868	50975	6744
38016	38123	3176	44496	44603	4954	50976	51083	6776
38124	38231	3206	44604	44711	4984	51084	51191	6806
38232	38339	3236	44712	44819	5014	51192	51299	6836
38340	38447	3264	44820	44927	5044	51300	51407	6868
38448	38555	3294	44928	45035	5074	51408	51515	6898
38556	38663	3324	45036	45143	5104	51516	51623	6930
38664	38771	3352	45144	45251	5134	51624	51731	6960
38772	38879	3382	45252	45359	5166	51732	51839	6990
38880	38987	3412	45360	45467	5196	51840	51947	7022
38988	39095	3440	45468	45575	5226	51948	52055	7052
39096	39203	3470	45576	45683	5256	52056	52163	7084
39204	39311	3500	45684	45791	5286	52164	52271	7114
39312	39419	3528	45792	45899	5316	52272	52379	7144
39420	39527	3558	45900	46007	5346	52380	52487	7176
39528	39635	3588	46008	46115	5376	52488	52595	7206
39636	39743	3618	46116	46223	5406	52596	52703	7238
39744	39851	3646	46224	46331	5436	52704	52811	7268
39852	39959	3676	46332	46439	5466	52812	52919	7300
39960	40067	3706	46440	46547	5496	52920	53027	7330
40068	40175	3736	46548	46655	5526	53028	53135	7360
40176	40283	3764	46656	46763	5558	53136	53243	7392
40284	40391	3794	46764	46871	5588	53244	53351	7422
40392	40499	3824	46872	46979	5618	53352	53459	7454
40500	40607	3854	46980	47087	5648	53460	53567	7484
40608	40715	3882	47088	47195	5678	53568	53675	7516
40716	40823	3912	47196	47303	5708	53676	53783	7546
40824	40931	3942	47304	47411	5738	53784	53891	7578
40932	41039	3972	47412	47519	5768	53892	53999	7608
41040	41147	4002	47520	47627	5800	54000	54107	7640
41148	41255	4030	47628	47735	5830	54108	54215	7670
41256	41363	4060	47736	47843	5860	54216	54323	7702
41364	41471	4090	47844	47951	5890	54324	54431	7732
41472	41579	4120	47952	48059	5920	54432	54539	7764
41580	41687	4150	48060	48167	5950	54540	54647	7796
41688	41795	4180	48168	48275	5982	54648	54755	7826
41796	41903	4208	48276	48383	6012	54756	54863	7858
41904	42011	4238	48384	48491	6042	54864	54971	7888
42012	42119	4268	48492	48599	6072	54972	55079	7920
42120	42227	4298	48600	48707	6104	55080	55187	7950
42228	42335	4328	48708	48815	6134	55188	55295	7982
42336	42443	4358	48816	48923	6164	55296	55403	8012
42444	42551	4388	48924	49031	6194	55404	55511	8044
42552	42659	4416	49032	49139	6224	55512	55619	8076
42660	42767	4446	49140	49247	6256	55620	55727	8106
42768	42875	4476	49248	49355	6286	55728	55835	8138
42876	42983	4506	49356	49463	6316	55836	55943	8168
42984	43091	4536	49464	49571	6346	55944	56051	8200
43092	43199	4566	49572	49679	6378	56052	56159	8232
43200	43307	4596	49680	49787	6408	56160	56267	8262
43308	43415	4626	49788	49895	6438	56268	56375	8294
43416	43523	4656	49896	50003	6470	56376	56483	8326
43524	43631	4686	50004	50111	6500	56484	56591	8356
43632	43739	4716	50112	50219	6530	56592	56699	8388
43740	43847	4746	50220	50327	6560	56700	56807	8420
43848	43955	4776	50328	50435	6592	56808	56915	8450
43956	44063	4806	50436	50543	6622	56916	57023	8482
44064	44171	4834	50544	50651	6652	57024	57131	8514

2. Einkommensteuer-Splittingtabelle 1999

zu versteuerndes Einkommen in DM		Einkommensteuer in DM	zu versteuerndes Einkommen in DM		Einkommensteuer in DM	zu versteuerndes Einkommen in DM		Einkommensteuer in DM
von	bis		von	bis		von	bis	
57132	57239	8544	63612	63719	10448	70092	70199	12394
57240	57347	8576	63720	63827	10480	70200	70307	12428
57348	57455	8608	63828	63935	10512	70308	70415	12460
57456	57563	8638	63936	64043	10544	70416	70523	12492
57564	57671	8670	64044	64151	10576	70524	70631	12526
57672	57779	8702	64152	64259	10608	70632	70739	12558
57780	57887	8734	64260	64367	10640	70740	70847	12592
57888	57995	8764	64368	64475	10674	70848	70955	12624
57996	58103	8796	64476	64583	10706	70956	71063	12656
58104	58211	8828	64584	64691	10738	71064	71171	12690
58212	58319	8858	64692	64799	10770	71172	71279	12722
58320	58427	8890	64800	64907	10802	71280	71387	12756
58428	58535	8922	64908	65015	10834	71388	71495	12788
58536	58643	8954	65016	65123	10866	71496	71603	12822
58644	58751	8984	65124	65231	10898	71604	71711	12854
58752	58859	9016	65232	65339	10930	71712	71819	12888
58860	58967	9048	65340	65447	10962	71820	71927	12920
58968	59075	9080	65448	65555	10996	71928	72035	12954
59076	59183	9112	65556	65663	11028	72036	72143	12986
59184	59291	9142	65664	65771	11060	72144	72251	13020
59292	59399	9174	65772	65879	11092	72252	72359	13052
59400	59507	9206	65880	65987	11124	72360	72467	13086
59508	59615	9238	65988	66095	11156	72468	72575	13118
59616	59723	9270	66096	66203	11190	72576	72683	13152
59724	59831	9300	66204	66311	11222	72684	72791	13184
59832	59939	9332	66312	66419	11254	72792	72899	13218
59940	60047	9364	66420	66527	11286	72900	73007	13250
60048	60155	9396	66528	66635	11318	73008	73115	13284
60156	60263	9428	66636	66743	11352	73116	73223	13316
60264	60371	9460	66744	66851	11384	73224	73331	13350
60372	60479	9492	66852	66959	11416	73332	73439	13384
60480	60587	9522	66960	67067	11448	73440	73547	13416
60588	60695	9554	67068	67175	11480	73548	73655	13450
60696	60803	9586	67176	67283	11514	73656	73763	13482
60804	60911	9618	67284	67391	11546	73764	73871	13516
60912	61019	9650	67392	67499	11578	73872	73979	13550
61020	61127	9682	67500	67607	11610	73980	74087	13582
61128	61235	9714	67608	67715	11644	74088	74195	13616
61236	61343	9746	67716	67823	11676	74196	74303	13648
61344	61451	9778	67824	67931	11708	74304	74411	13682
61452	61559	9808	67932	68039	11740	74412	74519	13716
61560	61667	9840	68040	68147	11774	74520	74627	13748
61668	61775	9872	68148	68255	11806	74628	74735	13782
61776	61883	9904	68256	68363	11838	74736	74843	13816
61884	61991	9936	68364	68471	11872	74844	74951	13848
61992	62099	9968	68472	68579	11904	74952	75059	13882
62100	62207	10000	68580	68687	11936	75060	75167	13916
62208	62315	10032	68688	68795	11968	75168	75275	13948
62316	62423	10064	68796	68903	12002	75276	75383	13982
62424	62531	10096	68904	69011	12034	75384	75491	14016
62532	62639	10128	69012	69119	12066	75492	75599	14048
62640	62747	10160	69120	69227	12100	75600	75707	14082
62748	62855	10192	69228	69335	12132	76708	75815	14116
62856	62963	10224	89336	69443	12166	75816	75923	14148
62964	63071	10256	69444	69551	12198	75924	76031	14182
63072	63179	10288	69552	69659	12230	76032	76139	14216
63180	63287	10320	69660	69767	12264	76140	76247	14248
63288	63395	10352	69768	69875	12296	76248	76355	14282
63396	63503	10384	69876	69983	12328	76356	76463	14316
63504	63611	10416	69984	70091	12362	76464	76571	14350

733

2. Einkommensteuer-Splittingtabelle 1999

| zu versteuerndes Einkommen in DM | | Ein-kommen-steuer in DM | zu versteuerndes Einkommen in DM | | Ein-kommen-steuer in DM | zu versteuerndes Einkommen in DM | | Ein-kommen-steuer in DM |
von	bis		von	bis		von	bis	
76572	76679	14382	83052	83159	16414	89532	89639	18488
76680	76787	14416	83160	83267	16448	89640	89747	18522
76788	76895	14450	83268	83375	16482	89748	89855	18558
76896	77003	14484	83376	83483	16516	89856	89963	18592
77004	77111	14516	83484	83591	16550	89964	90071	18628
77112	77219	14550	83592	83699	16586	90072	90179	18662
77220	77327	14584	83700	83807	16620	90180	90287	18698
77328	77435	14618	83808	83915	16654	90288	90395	18732
77436	77543	14652	83916	84023	16688	90396	90503	18768
77544	77651	14684	84024	84131	16722	90504	90611	18802
77652	77759	14718	84132	84239	16756	90612	90719	18838
77760	77867	14752	84240	84347	16790	90720	90827	18872
77868	77975	14786	84348	84455	16826	90828	90935	18908
77976	78083	14820	84456	84563	16860	90936	91043	18942
78084	78191	14852	84564	84671	16894	91044	91151	18978
78192	78299	14886	84672	84779	16928	91152	91259	19012
78300	78407	14920	84780	84887	16962	91260	91367	19048
78408	78515	14954	84888	84995	16998	91368	91475	19082
78516	78623	14988	84996	85103	17032	91476	91583	19118
78624	78731	15022	85104	85211	17066	91584	91691	19154
78732	78839	15056	85212	85319	17100	91692	91799	19188
78840	78947	15088	85320	85427	17134	91800	91907	19224
78948	79055	15122	85428	85535	17170	91908	92015	19258
79056	79163	15156	85536	85643	17204	92016	92123	19294
79164	79271	15190	85644	85751	17238	92124	92231	19328
79272	79379	15224	85752	85859	17272	92232	92339	19364
79380	79487	15258	85860	85967	17308	92340	92447	19400
79488	79595	15292	85968	86075	17342	92448	92555	19434
79596	79703	15326	86076	86183	17376	92556	92663	19470
79704	79811	15360	86184	86291	17410	92664	92771	19504
79812	79919	15394	86292	86399	17446	92772	92879	19540
79920	80027	15426	86400	86507	17480	92880	92987	19576
80028	80135	15460	86508	86615	17514	92988	93095	19610
80136	80243	15494	86616	86723	17550	93096	93203	19646
80244	80351	15528	86724	86831	17584	93204	93311	19682
80352	80459	15562	86832	86939	17618	93312	93419	19716
80460	80567	15596	86940	87047	17652	93420	93527	19752
80568	80675	15630	87048	87155	17688	93528	93635	19788
80676	80783	15664	87156	87263	17722	93636	93743	19822
80784	80891	15698	87264	87371	17756	93744	93851	19858
80892	80999	15732	87372	87479	17792	93852	93959	19894
81000	81107	15766	87480	87587	17826	93960	94067	19928
81108	81215	15800	87588	87695	17860	94068	94175	19964
81216	81323	15834	87696	87803	17896	94176	94283	20000
81324	81431	15868	87804	87911	17930	94284	94391	20036
81432	81539	15902	87912	88019	17966	94392	94499	20070
81540	81647	15936	88020	88127	18000	94500	94607	20106
81648	81755	15970	88128	88235	18034	94608	94715	20142
81756	81863	16004	88236	88343	18070	94716	94823	20176
81864	81971	16038	88344	88451	18104	94824	94931	20212
81972	82079	16072	88452	88559	18138	94932	95039	20248
82080	82187	16106	88560	88667	18174	95040	95147	20284
82188	82295	16140	88668	88775	18208	95148	95255	20320
82296	82403	16174	88776	88883	18244	95256	95363	20354
82404	82511	16208	88884	88991	18278	95364	95471	20390
82512	82619	16244	88992	89099	18314	95472	95579	20426
82620	82727	16278	89100	89207	18348	95580	95687	20462
82728	82835	16312	89208	89315	18382	95688	95795	20496
82836	82943	16346	89316	89423	18418	95796	95903	20532
82944	83051	16380	89424	89531	18452	95904	96011	20568

2. Einkommensteuer-Splittingtabelle 1999

zu versteuerndes Einkommen in DM		Einkommen-steuer in DM	zu versteuerndes Einkommen in DM		Einkommen-steuer in DM	zu versteuerndes Einkommen in DM		Einkommen-steuer in DM
von	bis		von	bis		von	bis	
96012 –	96119	20604	102492 –	102599	22762	108972 –	109079	24964
96120 –	96227	20640	102600 –	102707	22798	109080 –	109187	25000
96228 –	96335	20674	102708 –	102815	22834	109188 –	109295	25038
96336 –	96443	20710	102816 –	102923	22872	109296 –	109403	25074
96444 –	96551	20746	102924 –	103031	22908	109404 –	109511	25112
96552 –	96659	20782	103032 –	103139	22944	109512 –	109619	25148
96660 –	96767	20818	103140 –	103247	22980	109620 –	109727	25186
96768 –	96875	20854	103248 –	103355	23016	109728 –	109835	25222
96876 –	96983	20888	103356 –	103463	23054	109836 –	109943	25260
96984 –	97091	20924	103464 –	103571	23090	109944 –	110051	25298
97092 –	97199	20960	103572 –	103679	23126	110052 –	110159	25334
97200 –	97307	20996	103680 –	103787	23162	110160 –	110267	25372
97308 –	97415	21032	103788 –	103895	23200	110268 –	110375	25408
97416 –	97523	21068	103896 –	104003	23236	110376 –	110483	25446
97524 –	97631	21104	104004 –	104111	23272	110484 –	110591	25484
97632 –	97739	21140	104112 –	104219	23308	110592 –	110699	25520
97740 –	97847	21176	104220 –	104327	23346	110700 –	110807	25558
97848 –	97955	21210	104328 –	104435	23382	110808 –	110915	25594
97956 –	98063	21246	104436 –	104543	23418	110916 –	111023	25632
98064 –	98171	21282	104544 –	104651	23454	111024 –	111131	25670
98172 –	98279	21318	104652 –	104759	23492	111132 –	111239	25706
98280 –	98387	21354	104760 –	104867	23528	111240 –	111347	25744
98388 –	98495	21390	104868 –	104975	23564	111348 –	111455	25782
98496 –	98603	21426	104976 –	105083	23600	111456 –	111563	25818
98604 –	98711	21462	105084 –	105191	23638	111564 –	111671	25856
98712 –	98819	21498	105192 –	105299	23674	111672 –	111779	25892
98820 –	98927	21534	105300 –	105407	23710	111780 –	111887	25930
98928 –	99035	21570	105408 –	105515	23748	111888 –	111995	25968
99036 –	99143	21606	105516 –	105623	23784	111996 –	112103	26006
99144 –	99251	21642	105624 –	105731	23820	112104 –	112211	26042
99252 –	99359	21678	105732 –	105839	23858	112212 –	112319	26080
99360 –	99467	21714	105840 –	105947	23894	112320 –	112427	26118
99468 –	99575	21750	105948 –	106055	23930	112428 –	112535	26154
99576 –	99683	21786	106056 –	106163	23968	112536 –	112643	26192
99684 –	99791	21822	106164 –	106271	24004	112644 –	112751	26230
99792 –	99899	21858	106272 –	106379	24042	112752 –	112859	26266
99900 –	100007	21894	106380 –	106487	24078	112860 –	112967	26304
100008 –	100115	21930	106488 –	106595	24114	112968 –	113075	26342
100116 –	100223	21966	106596 –	106703	24152	113076 –	113183	26380
100224 –	100331	22002	106704 –	106811	24188	113184 –	113291	26416
100332 –	100439	22038	106812 –	106919	24224	113292 –	113399	26454
100440 –	100547	22074	106920 –	107027	24262	113400 –	113507	26492
100548 –	100655	22110	107028 –	107135	24298	113508 –	113615	26530
100656 –	100763	22146	107136 –	107243	24336	113616 –	113723	26566
100764 –	100871	22182	107244 –	107351	24372	113724 –	113831	26604
100872 –	100979	22218	107352 –	107459	24410	113832 –	113939	26642
100980 –	101087	22254	107460 –	107567	24446	113940 –	114047	26680
101088 –	101195	22290	107568 –	107675	24482	114048 –	114155	26718
101196 –	101303	22328	107676 –	107783	24520	114156 –	114263	26754
101304 –	101411	22364	107784 –	107891	24556	114264 –	114371	26792
101412 –	101519	22400	107892 –	107999	24594	114372 –	114479	26830
101520 –	101627	22436	108000 –	108107	24630	114480 –	114587	26868
101628 –	101735	22472	108108 –	108215	24668	114588 –	114695	26906
101736 –	101843	22508	108216 –	108323	24704	114696 –	114803	26942
101844 –	101951	22544	108324 –	108431	24742	114804 –	114911	26980
101952 –	102059	22580	108432 –	108539	24778	114912 –	115019	27018
102060 –	102167	22616	108540 –	108647	24816	115020 –	115127	27056
102168 –	102275	22654	108648 –	108755	24852	115128 –	115235	27094
102276 –	102383	22690	108756 –	108863	24890	115236 –	115343	27132
102384 –	102491	22726	108864 –	108971	24926	115344 –	115451	27170

2. Einkommensteuer-Splittingtabelle 1999

zu versteuerndes Einkommen in DM		Einkommensteuer in DM	zu versteuerndes Einkommen in DM		Einkommensteuer in DM	zu versteuerndes Einkommen in DM		Einkommensteuer in DM
von	bis		von	bis		von	bis	
115452	115559	27206	121932	122039	29494	128412	128519	31822
115560	115667	27244	122040	122147	29532	128520	128627	31860
115668	115775	27282	122148	122255	29570	128628	128735	31900
115776	115883	27320	122256	122363	29608	128736	128843	31940
115884	115991	27358	122364	122471	29646	128844	128951	31978
115992	116099	27396	122472	122579	29686	128952	129059	32018
116100	116207	27434	122580	122687	29724	129060	129167	32056
116208	116315	27472	122688	122795	29762	129168	129275	32096
116316	116423	27510	122796	122903	29802	129276	129383	32136
116424	116531	27548	122904	123011	29840	129384	129491	32174
116532	116639	27584	123012	123119	29878	129492	129599	32214
116640	116747	27622	123120	123227	29916	129600	129707	32254
116748	116855	27660	123228	123335	29956	129708	129815	32292
116856	116963	27698	123336	123443	29994	129816	129923	32332
116964	117071	27736	123444	123551	30032	129924	130031	32372
117072	117179	27774	123552	123659	30072	130032	130139	32410
117180	117287	27812	123660	123767	30110	130140	130247	32450
117288	117395	27850	123768	123875	30148	130248	130355	32490
117396	117503	27888	123876	123983	30188	130356	130463	32528
117504	117611	27926	123984	124091	30226	130464	130571	32568
117612	117719	27964	124092	124199	30264	130572	130679	32608
117720	117827	28002	124200	124307	30304	130680	130787	32646
117828	117935	28040	124308	124415	30342	130788	130895	32686
117936	118043	28078	124416	124523	30380	130896	131003	32726
118044	118151	28116	124524	124631	30420	131004	131111	32764
118152	118259	28154	124632	124739	30458	131112	131219	32804
118260	118367	28192	124740	124847	30496	131220	131327	32844
118368	118475	28230	124848	124955	30536	131328	131435	32884
118476	118583	28268	124956	125063	30574	131436	131543	32922
118584	118691	28306	125064	125171	30614	131544	131651	32962
118692	118799	28344	125172	125279	30652	131652	131759	33002
118800	118907	28382	125280	125387	30690	131760	131867	33042
118908	119015	28420	125388	125495	30730	131868	131975	33080
119016	119123	28460	125496	125603	30768	131976	132083	33120
119124	119231	28498	125604	125711	30808	132084	132191	33160
119232	119339	28536	125712	125819	30846	132192	132299	33200
119340	119447	28574	125820	125927	30886	132300	132407	33240
119448	119555	28612	125928	126035	30924	132408	132515	33278
119556	119663	28650	126036	126143	30962	132516	132623	33318
119664	119771	28688	126144	126251	31002	132624	132731	33358
119772	119879	28726	126252	126359	31040	132732	132839	33396
119880	119987	28764	126360	126467	31080	132840	132947	33436
119988	120095	28802	126468	126575	31118	132948	133055	33476
120096	120203	28840	126576	126683	31158	133056	133163	33516
120204	120311	28880	126684	126791	31196	133164	133271	33556
120312	120419	28918	126792	126899	31236	133272	133379	33596
120420	120527	28956	126900	127007	31274	133380	133487	33634
120528	120635	28994	127008	127115	31314	133488	133595	33674
120636	120743	29032	127116	127223	31352	133596	133703	33714
120744	120851	29070	127224	127331	31392	133704	133811	33754
120852	120959	29110	127332	127439	31430	133812	133919	33794
120960	121067	29148	127440	127547	31470	133920	134027	33834
121068	121175	29186	127548	127655	31508	134028	134135	33874
121176	121283	29224	127656	127763	31548	134136	134243	33914
121284	121391	29262	127764	127871	31586	134244	134351	33954
121392	121499	29300	127872	127979	31626	134352	134459	33994
121500	121607	29340	127980	128087	31666	134460	134567	34034
121608	121715	29378	128088	128195	31704	134568	134675	34074
121716	121823	29416	128196	128303	31744	134676	134783	34114
121824	121931	29454	128304	128411	31782	134784	134891	34154

2. Einkommensteuer-Splittingtabelle 1999

zu versteuerndes Einkommen in DM		Einkommensteuer in DM	zu versteuerndes Einkommen in DM		Einkommensteuer in DM	zu versteuerndes Einkommen in DM		Einkommensteuer in DM
von	bis		von	bis		von	bis	
134892	134999	34194	141372	141479	36624	147852	147959	39120
135000	135107	34234	141480	141587	36666	147960	148067	39162
135108	135215	34274	141588	141695	36706	148068	148175	39204
135216	135323	34314	141696	141803	36748	148176	148283	39246
135324	135431	34354	141804	141911	36790	148284	148391	39288
135432	135539	34394	141912	142019	36830	148392	148499	39332
135540	135647	34434	142020	142127	36872	148500	148607	39374
135648	135755	34474	142128	142235	36912	148608	148715	39416
135756	135863	34514	142236	142343	36954	148716	148823	39458
135864	135971	34554	142344	142451	36996	148824	148931	39500
135972	136079	34594	142452	142559	37036	148932	149039	39542
136080	136187	34634	142560	142667	37078	149040	149147	39584
136188	136295	34674	142668	142775	37118	149148	149255	39628
136296	136403	34714	142776	142883	37160	149256	149363	39670
136404	136511	34754	142884	142991	37202	149364	149471	39712
136512	136619	34794	142992	143099	37242	149472	149579	39754
136620	136727	34836	143100	143207	37284	149580	149687	39796
136728	136835	34876	143208	143315	37326	149688	149795	39838
136836	136943	34916	143316	143423	37366	149796	149903	39882
136944	137051	34956	143424	143531	37408	149904	150011	39924
137052	137159	34996	143532	143639	37450	150012	150119	39966
137160	137267	35036	143640	143747	37490	150120	150227	40008
137268	137375	35078	143748	143855	37532	150228	150335	40052
137376	137483	35118	143856	143963	37574	150336	150443	40094
137484	137591	35158	143964	144071	37616	150444	150551	40136
137592	137699	35198	144072	144179	37656	150552	150659	40178
137700	137807	35238	144180	144287	37698	150660	150767	40222
137808	137915	35280	144288	144395	37740	150768	150875	40264
137916	138023	35320	144396	144503	37782	150876	150983	40306
138024	138131	35360	144504	144611	37822	150984	151091	40350
138132	138239	35400	144612	144719	37864	151092	151199	40392
138240	138347	35442	144720	144827	37906	151200	151307	40434
138348	138455	35482	144828	144935	37948	151308	151415	40478
138456	138563	35522	144936	145043	37990	151416	151523	40520
138564	138671	35564	145044	145151	38032	151524	151631	40562
138672	138779	35604	145152	145259	38072	151632	151739	40606
138780	138887	35644	145260	145367	38114	151740	151847	40648
138888	138995	35686	145368	145475	38156	151848	151955	40692
138996	139103	35726	145476	145583	38198	151956	152063	40734
139104	139211	35766	145584	145691	38240	152064	152171	40776
139212	139319	35808	145692	145799	38282	152172	152279	40820
139320	139427	35848	145800	145907	38324	152280	152387	40862
139428	139535	35888	145908	146015	38364	152388	152495	40906
139536	139643	35930	146016	146123	38406	152496	152603	40948
139644	139751	35970	146124	146231	38448	152604	152711	40990
139752	139859	36010	146232	146339	38490	152712	152819	41034
139860	139967	36052	146340	146447	38532	152820	152927	41076
139968	140075	36092	146448	146555	38574	152928	153035	41120
140076	140183	36134	146556	146663	38616	153036	153143	41162
140184	140291	36174	146664	146771	38658	153144	153251	41206
140292	140399	36216	146772	146879	38700	153252	153359	41248
140400	140507	36256	146880	146987	38742	153360	153467	41292
140508	140615	36296	146988	147095	38784	153468	153575	41334
140616	140723	36338	147096	147203	38826	153576	153683	41378
140724	140831	36378	147204	147311	38868	153684	153791	41420
140832	140939	36420	147312	147419	38910	153792	153899	41464
140940	141047	36460	147420	147527	38952	153900	154007	41508
141048	141155	36502	147528	147635	38994	154008	154115	41550
141156	141263	36542	147636	147743	39036	154116	154223	41594
141264	141371	36584	147744	147851	39078	154224	154331	41636

2. Einkommensteuer-Splittingtabelle 1999

zu versteuerndes Einkommen in DM von	bis	Ein- kommen- steuer in DM	zu versteuerndes Einkommen in DM von	bis	Ein- kommen- steuer in DM	zu versteuerndes Einkommen in DM von	bis	Ein- kommen- steuer in DM
154332	154439	41680	160812	160919	44302	167292	167399	46990
154440	154547	41722	160920	161027	44348	167400	167507	47036
154548	154655	41766	161028	161135	44392	167508	167615	47080
154656	154763	41810	161136	161243	44436	167616	167723	47126
154764	154871	41852	161244	161351	44480	167724	167831	47172
154872	154979	41896	161352	161459	44524	167832	167939	47216
154980	155087	41940	161460	161567	44568	167940	168047	47262
155088	155195	41982	161568	161675	44612	168048	168155	47308
155196	155303	42026	161676	161783	44658	168156	168263	47352
155304	155411	42070	161784	161891	44702	168264	168371	47398
155412	155519	42112	161892	161999	44746	168372	168479	47444
155520	155627	42156	162000	162107	44790	168480	168587	47490
155628	155735	42200	162108	162215	44836	168588	168695	47534
155736	155843	42242	162216	162323	44880	168696	168803	47580
155844	155951	42286	162324	162431	44924	168804	168911	47626
155952	156059	42330	162432	162539	44968	168912	169019	47672
156060	156167	42372	162540	162647	45014	169020	169127	47716
156168	156275	42416	162648	162755	45058	169128	169235	47762
156276	156383	42460	162756	162863	45102	169236	169343	47808
156384	156491	42504	162864	162971	45146	169344	169451	47854
156492	156599	42546	162972	163079	45192	169452	169559	47900
156600	156707	42590	163080	163187	45236	169560	169667	47946
156708	156815	42634	163188	163295	45280	169668	169775	47990
156816	156923	42678	163296	163403	45326	169776	169883	48036
156924	157031	42722	163404	163511	45370	169884	169991	48082
157032	157139	42764	163512	163619	45414	169992	170099	48128
157140	157247	42808	163620	163727	45460	170100	170207	48174
157248	157355	42852	163728	163835	45504	170208	170315	48220
157356	157463	42896	163836	163943	45548	170316	170423	48266
157464	157571	42940	163944	164051	45594	170424	170531	48312
157572	157679	42984	164052	164159	45638	170532	170639	48358
157680	157787	43026	164160	164267	45684	170640	170747	48402
157788	157895	43070	164268	164375	45728	170748	170855	48448
157896	158003	43114	164376	164483	45772	170856	170963	48494
158004	158111	43158	164484	164591	45818	170964	171071	48540
158112	158219	43202	164592	164699	45862	171072	171179	48586
158220	158327	43246	164700	164807	45908	171180	171287	48632
158328	158435	43290	164808	164915	45952	171288	171395	48678
158436	158543	43334	164916	165023	45998	171396	171503	48724
158544	158651	43378	165024	165131	46042	171504	171611	48770
158652	158759	43422	165132	165239	46086	171612	171719	48816
158760	158867	43466	165240	165347	46132	171720	171827	48862
158868	158975	43510	165348	165455	46176	171828	171935	48908
158976	159083	43554	165456	165563	46222	171936	172043	48954
159084	159191	43598	165564	165671	46266	172044	172151	49000
159192	159299	43642	165672	165779	46312	172152	172259	49046
159300	159407	43684	165780	165887	46358	172260	172367	49092
159408	159515	43730	165888	165995	46402	172368	172475	49140
159516	159623	43774	165996	166103	46448	172476	172583	49186
159624	159731	43818	166104	166211	46492	172584	172691	49232
159732	159839	43862	166212	166319	46538	172692	172799	49278
159840	159947	43906	166320	166427	46582	172800	172907	49324
159948	160055	43950	166428	166535	46628	172908	173015	49370
160056	160163	43994	166536	166643	46672	173016	173123	49416
160164	160271	44038	166644	166751	46718	173124	173231	49462
160272	160379	44082	166752	166859	46764	173232	173339	49508
160380	160487	44126	166860	166967	46808	173340	173447	49556
160488	160595	44170	166968	167075	46854	173448	173555	49602
160596	160703	44214	167076	167183	46900	173556	173663	49648
160704	160811	44258	167184	167291	46944	173664	173771	49694

738

2. Einkommensteuer-Splittingtabelle 1999

zu versteuerndes Einkommen in DM		Einkommensteuer in DM	zu versteuerndes Einkommen in DM		Einkommensteuer in DM	zu versteuerndes Einkommen in DM		Einkommensteuer in DM
von	bis		von	bis		von	bis	
173772	173879	49740	180252	180359	52554	186732	186839	55434
173880	173987	49786	180360	180467	52602	186840	186947	55482
173988	174095	49834	180468	180575	52650	186948	187055	55530
174096	174203	49880	180576	180683	52698	187056	187163	55578
174204	174311	49926	180684	180791	52744	187164	187271	55628
174312	174419	49972	180792	180899	52792	187272	187379	55676
174420	174527	50018	180900	181007	52840	187380	187487	55724
174528	174635	50066	181008	181115	52888	187488	187595	55774
174636	174743	50112	181116	181223	52936	187596	187703	55822
174744	174851	50158	181224	181331	52982	187704	187811	55870
174852	174959	50206	181332	181439	53030	187812	187919	55920
174960	175067	50252	181440	181547	53078	187920	188027	55968
175068	175175	50298	181548	181655	53126	188028	188135	56016
175176	175283	50344	181656	181763	53174	188136	188243	56066
175284	175391	50392	181764	181871	53220	188244	188351	56114
175392	175499	50438	181872	181979	53268	188352	188459	56162
175500	175607	50484	181980	182087	53316	188460	188567	56212
175608	175715	50532	182088	182195	53364	188568	188675	56260
175716	175823	50578	182196	182303	53412	188676	188783	56310
175824	175931	50624	182304	182411	53460	188784	188891	56358
175932	175039	50672	182412	182519	53508	188892	188999	56406
176040	176147	50718	182520	182627	53556	189000	189107	56456
176148	176255	50764	182628	182735	53602	189108	189215	56504
176256	176363	50812	182736	182843	53650	189216	189323	56554
176364	176471	50858	182844	182951	53698	189324	189431	56602
176472	176579	50906	182952	183059	53746	189432	189539	56652
176580	176687	50952	183060	183167	53794	189540	189647	56700
176688	176795	51000	183168	183275	53842	189648	189755	56750
176796	176903	51046	183276	183383	53890	189756	189863	56798
176904	177011	51092	183384	183491	53938	189864	189971	56848
177012	177119	51140	183492	183599	53986	189972	190079	56896
177120	177227	51186	183600	183707	54034	190080	190187	56946
177228	177335	51234	183708	183815	54082	190188	190295	56994
177336	177443	51280	183816	183923	54130	190296	190403	57044
177444	177551	51328	183924	184031	54178	190404	190511	57092
177552	177659	51374	184032	184139	54226	190512	190619	57142
177660	177767	51422	184140	184247	54274	190620	190727	57190
177768	177875	51468	184248	184355	54322	190728	190835	57240
177876	177983	51516	184356	184463	54370	190836	190943	57290
177984	178091	51562	184464	184571	54418	190944	191051	57338
178092	178199	51610	184572	184679	54466	191052	191159	57388
178200	178307	51656	184680	184787	54514	191160	191267	57436
178308	178415	51704	184788	184895	54564	191268	191375	57486
178416	178523	51752	184896	185003	54612	191376	191483	57536
178524	178631	51798	185004	185111	54660	191484	191591	57584
178632	178739	51846	185112	185219	54708	191592	191699	57634
178740	178847	51892	185220	185327	54756	191700	191807	57684
178848	178955	51940	185328	185435	54804	191808	191915	57732
178956	179063	51986	185436	185543	54852	191916	192023	57782
179064	179171	52034	185544	185651	54900	192024	192131	57832
179172	179279	52082	185652	185759	54950	192132	192239	57880
179280	179387	52128	185760	185867	54998	192240	192347	57930
179388	179495	52176	185868	185975	55046	192348	192455	57980
179496	179603	52224	185976	186083	55094	192456	192563	58028
179604	179711	52270	186084	186191	55142	192564	192671	58078
179712	179819	52318	186192	186299	55190	192672	192779	58128
179820	179927	52366	186300	186407	55240	192780	192887	58178
179928	180035	52412	186408	186515	55288	192888	192995	58226
180036	180143	52460	186516	186623	55336	192996	193103	58276
180144	180251	52508	186624	186731	55384	193104	193211	58326

2. Einkommensteuer-Splittingtabelle 1999

zu versteuerndes Einkommen in DM		Einkommensteuer in DM	zu versteuerndes Einkommen in DM		Einkommensteuer in DM	zu versteuerndes Einkommen in DM		Einkommensteuer in DM
von	bis		von	bis		von	bis	
193212 –	193319	58376	199692 –	199799	61382	206172 –	206279	64450
193320 –	193427	58424	199800 –	199907	61432	206280 –	206387	64502
193428 –	193535	58474	199908 –	200015	61482	206388 –	206495	64554
193536 –	193643	58524	200016 –	200123	61534	206496 –	206603	64606
193644 –	193751	58574	200124 –	200231	61584	206604 –	206711	64658
193752 –	193859	58624	200232 –	200339	61634	206712 –	206819	64710
193860 –	193967	58674	200340 –	200447	61686	206820 –	206927	64762
193968 –	194075	58722	200448 –	200555	61736	206928 –	207035	64814
194076 –	194183	58772	200556 –	200663	61786	207036 –	207143	64866
194184 –	194291	58822	200664 –	200771	61838	207144 –	207251	64916
194292 –	194399	58872	200772 –	200879	61888	207252 –	207359	64968
194400 –	194507	58922	200880 –	200987	61940	207360 –	207467	65020
194508 –	194615	58972	200988 –	201095	61990	207468 –	207575	65072
194616 –	194723	59022	201096 –	201203	62040	207576 –	207683	65124
194724 –	194831	59072	201204 –	201311	62092	207684 –	207791	65176
194832 –	194939	59120	201312 –	201419	62142	207792 –	207899	65228
194940 –	195047	59170	201420 –	201527	62194	207900 –	208007	65280
195048 –	195155	59220	201528 –	201635	62244	208008 –	208115	65332
195156 –	195263	59270	201636 –	201743	62296	208116 –	208223	65384
195264 –	195371	59320	201744 –	201851	62346	208224 –	208331	65436
195372 –	195479	59370	201852 –	201959	62398	208332 –	208439	65488
195480 –	195587	59420	201960 –	202067	62448	208440 –	208547	65540
195588 –	195695	59470	202068 –	202175	62500	208548 –	208655	65592
195696 –	195803	59520	202176 –	202283	62550	208656 –	208763	65644
195804 –	195911	59570	202284 –	202391	62602	208764 –	208871	65696
195912 –	196019	59620	202392 –	202499	62652	208872 –	208979	65748
196020 –	196127	59670	202500 –	202607	62704	208980 –	209087	65800
196128 –	196235	59720	202608 –	202715	62754	209088 –	209195	65854
196236 –	196343	59770	202716 –	202823	62806	209196 –	209303	65906
196344 –	196451	59820	202824 –	202931	62856	209304 –	209411	65958
196452 –	196559	59870	202932 –	203039	62908	209412 –	209519	66010
196560 –	196667	59920	203040 –	203147	62960	209520 –	209627	66062
196668 –	196775	59970	203148 –	203255	63010	209628 –	209735	66114
196776 –	196883	60020	203256 –	203363	63062	209736 –	209843	66166
196884 –	196991	60070	203364 –	203471	63112	209844 –	209951	66218
196992 –	197099	60122	203472 –	203579	63164	209952 –	210059	66272
197100 –	197207	60172	203580 –	203687	63216	210060 –	210167	66324
197208 –	197315	60222	203688 –	203795	63266	210168 –	210275	66376
197316 –	197423	60272	203796 –	203903	63318	210276 –	210383	66428
197424 –	197531	60322	203904 –	204011	63370	210384 –	210491	66480
197532 –	197639	60372	204012 –	204119	63420	210492 –	210599	66532
197640 –	197747	60422	204120 –	204227	63472	210600 –	210707	66586
197748 –	197855	60472	204228 –	204335	63524	210708 –	210815	66638
197856 –	197963	60524	204336 –	204443	63574	210816 –	210923	66690
197964 –	198071	60574	204444 –	204551	63626	210924 –	211031	66742
198072 –	198179	60624	204552 –	204659	63678	211032 –	211139	66796
198180 –	198287	60674	204660 –	204767	63728	211140 –	211247	66848
198288 –	198395	60724	204768 –	204875	63780	211248 –	211355	66900
198396 –	198503	60774	204876 –	204983	63832	211356 –	211463	66952
198504 –	198611	60826	204984 –	205091	63884	211464 –	211571	67006
198612 –	198719	60876	205092 –	205199	63934	211572 –	211679	67058
198720 –	198827	60926	205200 –	205307	63986	211680 –	211787	67110
198828 –	198935	60976	205308 –	205415	64038	211788 –	211895	67162
198936 –	199043	61028	205416 –	205523	64090	211896 –	212003	67216
199044 –	199151	61078	205524 –	205631	64142	212004 –	212111	67268
199152 –	199259	61128	205632 –	205739	64192	212112 –	212219	67320
199260 –	199367	61178	205740 –	205847	64244	212220 –	212327	67374
199368 –	199475	61230	205848 –	205955	64296	212328 –	212435	67426
199476 –	199583	61280	205956 –	206063	64348	212436 –	212543	67478
199584 –	199691	61330	206064 –	206171	64400	212544 –	212651	67532

2. Einkommensteuer-Splittingtabelle 1999

zu versteuerndes Einkommen in DM		Einkommensteuer in DM	zu versteuerndes Einkommen in DM		Einkommensteuer in DM	zu versteuerndes Einkommen in DM		Einkommensteuer in DM
von	bis		von	bis		von	bis	
212652	212759	67584	219132	219239	70782	225612	225719	74042
212760	212867	67638	219240	219347	70836	225720	225827	74098
212868	212975	67690	219348	219455	70890	225828	225935	74152
212976	213083	67742	219456	219563	70944	225936	226043	74208
213084	213191	67796	219564	219671	70998	226044	226151	74262
213192	213299	67848	219672	219779	71052	226152	226259	74318
213300	213407	67902	219780	219887	71104	226260	226367	74372
213408	213515	67954	219888	219995	71158	226368	226475	74428
213516	213623	68008	219996	220103	71212	226476	226583	74482
213624	213731	68060	220104	220211	71266	226584	226691	74538
213732	213839	68112	220212	220319	71320	226692	226799	74592
213840	213947	68166	220320	220427	71374	226800	226907	74648
213948	214055	68218	220428	220535	71428	226908	227015	74702
214056	214163	68272	220536	220643	71482	227016	227123	74758
214164	214271	68324	220644	220751	71536	227124	227231	74812
214272	214379	68378	220752	220859	71592	227232	227339	74868
214380	214487	68430	220860	220967	71646	227340	227447	74924
214488	214595	68484	220968	221075	71700	227448	227555	74978
214596	214703	68536	221076	221183	71754	227556	227663	75034
214704	214811	68590	221184	221291	71808	227664	227771	75088
214812	214919	68644	221292	221399	71862	227772	227879	75144
214920	215027	68696	221400	221507	71916	227880	227987	75200
215028	215135	68750	221508	221615	71970	227988	228095	75254
215136	215243	68802	221616	221723	72024	228096	228203	75310
215244	215351	68856	221724	221831	72078	228204	228311	75366
215352	215459	68908	221832	221939	72132	228312	228419	75420
215460	215567	68962	221940	222047	72188	228420	228527	75476
215568	215675	69016	222048	222155	72242	228528	228635	75532
215676	215783	69068	222156	222263	72296	228636	228743	75586
215784	215891	69122	222264	222371	72350	228744	228851	75642
215892	215999	69176	222372	222479	72404	228852	228959	75698
216000	216107	69228	222480	222587	72458	228960	229067	75752
216108	216215	69282	222588	222695	72514	229068	229175	75808
216216	216323	69336	222696	222803	72568	229176	229283	75864
216324	216431	69388	222804	222911	72622	229284	229391	75920
216432	216539	69442	222912	223019	72676	229392	229499	75974
216540	216647	69496	223020	223127	72730	229500	229607	76030
216648	216755	69548	223128	223235	72786	229608	229715	76086
216756	216863	69602	223236	223343	72840	229716	229823	76142
216864	216971	69656	223344	223451	72894	229824	229931	76196
216972	217079	69708	223452	223559	72948	229932	230039	76252
217080	217187	69762	223560	223667	73004	230040	230147	76308
217188	217295	69816	223668	223775	73058	230148	230255	76364
217296	217403	69870	223776	223883	73112	230256	230363	76420
217404	217511	69922	223884	223991	73166	230364	230471	76474
217512	217619	69976	223992	224099	73222	230472	230579	76530
217620	217727	70030	224100	224207	73276	230580	230687	76586
217728	217835	70084	224208	224315	73330	230688	230795	76642
217836	217943	70138	224316	224423	73386	230796	230903	76698
217944	218051	70190	224424	224531	73440	230904	231011	76754
218052	218159	70244	224532	224639	73494	231012	231119	76810
218160	218267	70298	224640	224747	73550	231120	231227	76864
218268	218375	70352	224748	224855	73604	231228	231335	76920
218376	218483	70406	224856	224963	73660	231336	231443	76976
218484	218591	70460	224964	225071	73714	231444	231551	77032
218592	218699	70512	225072	225179	73768	231552	231659	77088
218700	218807	70566	225180	225287	73824	231660	231767	77144
218808	218915	70620	225288	225395	73878	231768	231875	77200
218916	219023	70674	225396	225503	73934	231876	231983	77256
219024	219131	70728	225504	225611	73988	231984	232091	77312

2. Einkommensteuer-Splittingtabelle 1999

zu versteuerndes Einkommen in DM		Einkommensteuer in DM	zu versteuerndes Einkommen in DM		Einkommensteuer in DM	zu versteuerndes Einkommen in DM		Einkommensteuer in DM
von	bis		von	bis		von	bis	
232092 –	232199	77368	234792 –	234899	78772	237492 –	237599	80188
232200 –	232307	77424	234900 –	235007	78828	237600 –	237707	80244
232308 –	232415	77480	235008 –	235115	78884	237708 –	237815	80300
232416 –	232523	77536	235116 –	235223	78942	237816 –	237923	80358
232524 –	232631	77592	235224 –	235331	78998	237924 –	238031	80414
232632 –	232739	77648	235332 –	235439	79054	238032 –	238139	80472
232740 –	232847	77704	235440 –	235547	79110	238140 –	238247	80528
232848 –	232955	77760	235548 –	235655	79168	238248 –	238355	80586
232956 –	233063	77816	235656 –	235763	79224	238356 –	238463	80642
233064 –	233171	77872	235764 –	235871	79280	238464 –	238571	80700
233172 –	233279	77928	235872 –	235979	79336	238572 –	238679	80756
233280 –	233387	77984	235980 –	236087	79394	238680 –	238787	80814
233388 –	233495	78040	236088 –	236195	79450	238788 –	238895	80870
233496 –	233603	78096	236196 –	236303	79506	238896 –	239003	80928
233604 –	233711	78152	236304 –	236411	79564	239004 –	239111	80984
233712 –	233819	78208	236412 –	236519	79620	239112 –	239219	81042
233820 –	233927	78266	236520 –	236627	79676	239220 –	239327	81098
233928 –	234035	78322	236628 –	236735	79734	239328 –	239435	81156
234036 –	234143	78378	236736 –	236843	79790	239436 –	239543	81214
234144 –	234251	78434	236844 –	236951	79846	239544 –	239651	81270
234252 –	234359	78490	236952 –	237059	79904	239652 –	239759	81328
234360 –	234467	78546	237060 –	237167	79960	239760 –	239867	81384
234468 –	234575	78602	237168 –	237275	80016	239868 –	239975	81442
234576 –	234683	78660	237276 –	237383	80074	239976 –	240083	81498
234684 –	234791	78716	237384 –	237491	80130			

Für zu versteuernde Einkommensbeträge ab 240 084 DM beträgt die Einkommensteuer 53% abzüglich 45 684 DM.

Beispiel:
Zu versteuerndes Einkommen   241 000 DM
Davon 53%   127 730 DM
abzüglich   45 684 DM
Einkommensteuer   82 046 DM

Register

(Zahlen bezeichnen die Randziffern ➤ Rz)

Berichtigung Steuerbescheid 1379 ff., 1406 ff.
Beruf 74
Berufliche Aufwendungen – siehe Werbungskosten
Berufliche Bewirtung 571 f.
Berufliche Fortbildung – siehe Fortbildung
Berufliche Telefonkosten: Erstattung 596
Beruflicher Wiedereinstieg: Sonderausgaben 217
Berufsakademie: Ausbildung 909
Berufsausbildung 164, 215 ff., 906
– Anwärter 404
– Arbeitszimmer 820
– Ausbildungsfreibetrag 440 ff.
– Betriebsausgaben 406
– Dienstverhältnis 402
– Doppelte Haushaltsführung 907
– Kinder 375, 394 ff., 403
– Referendar 404
– Reisekosten 908
– Werbungskosten 403, 897 ff, 904
Berufsfortbildung: Kinderermäßigung 395
Berufsgenossenschaft: Rente 1104
Berufskleidung 52, 793 ff., 766 ff.
– Reinigung 774, 922
– Reparaturkosten 775
– Sportbekleidung 777
Berufskrankheit 268, 271
Berufsschule: Fahrtkosten 217, 403, 856
Berufssoldaten: Vorsorgepauschale 715
Berufsunfähigkeitsrente 1127 ff., 1111
Berufsunfähigkeitsversicherung 109
– Werbungskosten 1124
Berufsverband: Beiträge 52, 55, 765
Berufswechsel: Fortbildung 899
Beschädigung: Kleidung 797, 923

Beschäftigung Teilzeit 618 ff.
– Pauschalversteuerung 610
Beschäftigungsverhältnis – siehe Arbeitsverhältnis
Beschäftigungsverhältnis – siehe Haushaltshilfe
Bescheinigung
– Computer 770
– Spenden 232, 235 f.
Beschränkte Steuerpflicht – siehe Steuerpflicht
Beschwerde Finanzamt 1365
Besichtigung Arbeitszimmer 835
Besondere Berufsgruppen: pauschale Werbungskosten 53
Besteuerung unzutreffend 868
– Fahrtkosten 581, 668
Besuchsfahrten
– Krankheitskosten 341
– Kur 342
Beteiligung Arbeitslohn 600
Beteiligung Benzinkosten – siehe Fahrgemeinschaft
Beteiligungen Arbeitnehmer-Sparzulage 710 ff.
Beteiligungsfonds Ost 102
Betreuung – siehe Pflege-Pauschbetrag
Betreuung: Kinder, Zuschuß 592
Betreuungskosten – siehe Kinderbetreuungskosten
Betriebliche Unfallversicherung: Pauschalversteuerung 611
Betriebliche Wohnung: Arbeitslohn 648 ff.
Betriebsausflug: Arbeitslohn 542
Betriebsausgaben
– Ausbildungskosten 406
– Haushaltshilfe 285, 462
– Unfallversicherung 123
Betriebsfeier Arbeitslohn 652
Betriebsfeste, -veranstaltungen: Pauschalversteuerung 611
Betriebskindergarten: Arbeitslohn 527
Betriebskosten: Vermietungseinkünfte 1329 ff.

Betriebskrankenkasse 122
Betriebsnummer 636
– Haushaltshilfe 281
Betriebspension 522, 1102
– Versorgungsfreibetrag 71
Betriebsprüfung Banken 1060
Betriebsrenten 691 ff.
Betriebsreserve: Reisekosten 942 ff.
Betriebsveranstaltung
– Arbeitslohn 542
– Unfallkosten 742
Betriebsvermögen: Sachspende 243
Betriebswirt: Fortbildung 900
Betriebswohnung 533
Bewegungsbad 338
Bewerbung: Werbungskosten 728 f., 928
Bewirtung
– Arbeitseinsatz, Überstunden 531
– Dienstreise 345, 533, 571, 854, 926
Bezüge
– Anrechnung: Unterhalt 320 ff.
– Ausbildungsfreibetrag 436
– behinderte Kinder 411
– Hinterbliebene 276
– Kinder 363, 373 ff., 403, 414 ff.
Bilanzbuchhalter: Fortbildung 903
Blinde: außergewöhnliche Belastungen 255
Blindengeld: Kinder 411
Blindenhund 266
Blumenschmuck: Beerdigung 345
Blumenstrauß: Arbeitslohn 529
Bodenrichtwert 1314
Bootshaftpflichtversicherung 109
Börsenblatt, -dienste: Werbungskosten, Zinseinkünfte 1098
Brand 347
Brille 338
Bruttodividende 1022
Btx-Kosten: Werbungskosten, Zinseinkünfte 1098

750

755

Noch Fragen?

Du hast weitere Fragen zu Steuerproblemen und möchtest rasch und unkompliziert Rat? – Dann wende Dich an die Steuerberater, die unter Telefon **01 90/87 32 45 41** erreichbar sind. Egal, ob Fragen zur Einkommen-, Umsatz- oder Erbschaftssteuer, die Steuerberater helfen Dir weiter – auf Wunsch auch anonym. Die Steuerhotline ermöglicht den Sofortkontakt zu Steuerberatern bei allgemeinen Steuerfragen. Darüber hinaus sind über die Hotline auch Steuerberater verschiedener Fachgebiete erreichbar, wenn Du nach der Aufforderung folgende Kennziffern eingibst:

- Bilanzsteuerrecht . . . . - 1
- Umsatzsteuerrecht . . . . - 2
- Erbschaftssteuerrecht . . . . - 3
- Steuerstrafrecht . . . . - 4
- Lohnsteuerrecht . . . . - 5
- Einkünfte aus Vermietung und Verpachtung . . . . . . - 6
- Einkünfte aus Kapitalvermögen einschließlich Spekulationsgewinne . . . . - 7

Solltest Du Dir nicht sicher sein, welchem Bereich Deine Fragen zuzuordnen sind, dann wähle die Hauptnummer **01 90/87 32 45 41**, die Du ohne zusätzliche Eingabe einer Kennziffer automatisch erreichst. Hierdurch erhältst Du sofort Kontakt zu einem Steuerberater in allgemeinen Steuerfragen.
Die Steuerhotline ist täglich, auch am Wochenende, zwischen 8.00 und 22.00 Uhr für Deine Anrufe freigeschaltet. Das Gespräch kostet 3,63 DM pro Minute. Die Gebühren werden mit der normalen Telefonrechnung eingezogen. In diesem Betrag ist das Beratungshonorar für den Steuerberater enthalten. Weitere Kosten entstehen Dir nicht.
Technischer Betreiber der Steuerhotline ist die Global Connect GmbH.
Die Steuerhotline wird von Franz Konz empfohlen.